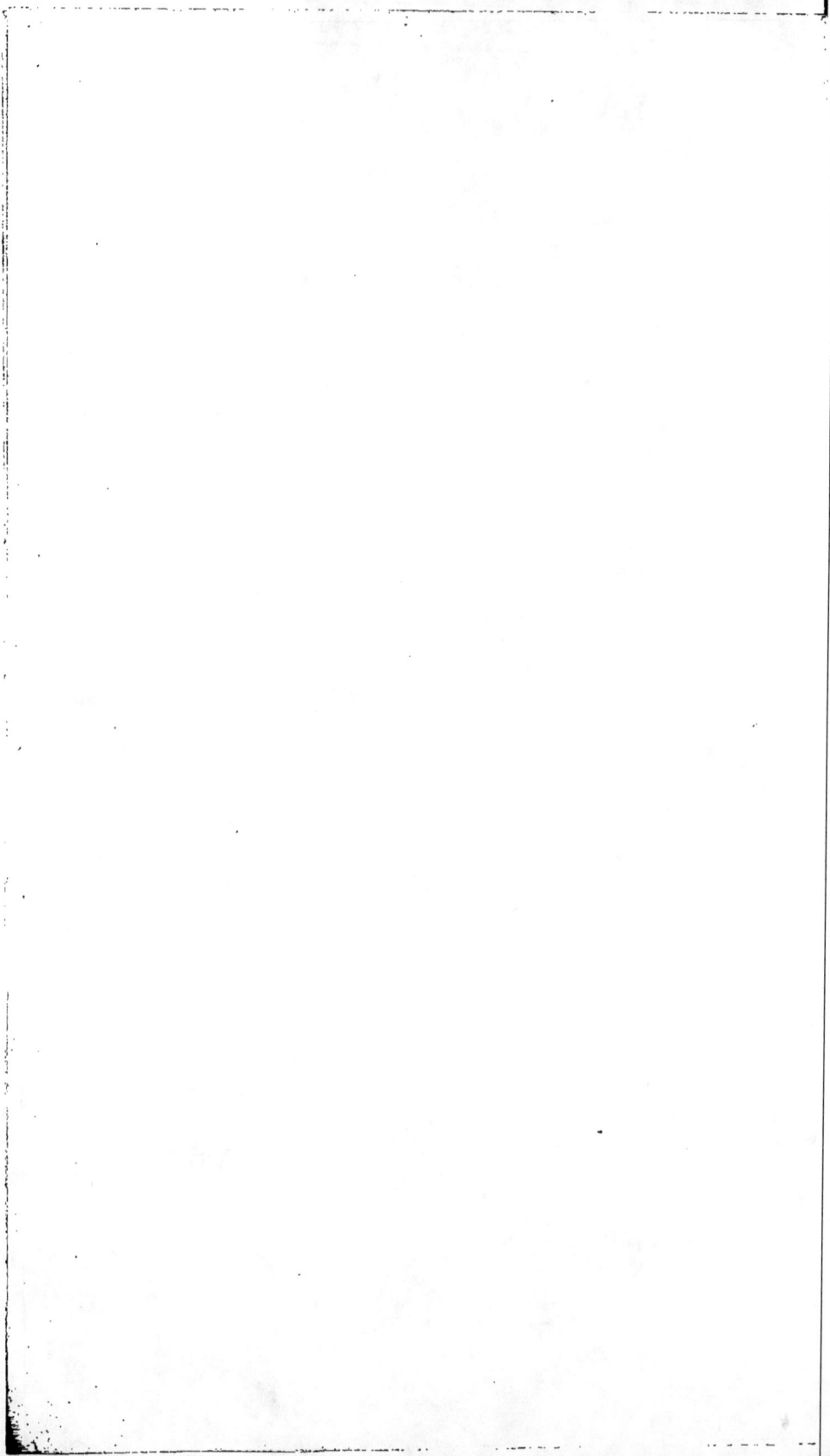

LOIS, DÉCRETS,

ORDONNANCES, RÉGLEMENS

ET

AVIS DU CONSEIL D'ÉTAT.

———

TOME QUARANTE-DEUXIÈME.

IMPRIMERIE DE POMMERET ET GUÉNOT, RUE MIGNON, 2.

COLLECTION COMPLÈTE

DES

LOIS, DÉCRETS,

ORDONNANCES, RÉGLEMENS

ET

AVIS DU CONSEIL D'ÉTAT,

(De 1788 à 1830 inclusivement, par ordre chronologique),

PUBLIÉE SUR LES ÉDITIONS OFFICIELLES,

Continuée depuis 1830, et formant un volume chaque année;

Contenant : *les actes insérés au Bulletin des Lois*; l'Analyse des *Débats parlementaires* sur chaque Loi, des Notes indiquant les *Lois analogues*; les *Instructions ministérielles*; les *Rapports au Roi*, et divers *Documens* inédits;

PAR J. B. DUVERGIER,

AVOCAT A LA COUR ROYALE DE PARIS, CONTINUATEUR DE TOULLIER.

TOME QUARANTE-DEUXIEME.

DEUXIÈME ÉDITION.

PARIS.

S'ADRESSER AU DIRECTEUR DE L'ADMINISTRATION,

RUE DE SEINE, N° 56.

1844.

COLLECTION COMPLÈTE

DES

LOIS, DÉCRETS,

ORDONNANCES, RÈGLEMENTS

ET

AVIS DU CONSEIL D'ÉTAT.

1842.

~~~~~~

MONARCHIE CONSTITUTIONNELLE.— LOUIS-PHILIPPE.

PREMIÈRE PARTIE.

4 = 18 janvier 1842. — Ordonnance du roi portant convocation du conseil général du département de la Haute-Saône. (IX, Bull. DCCCLXXIX, n. 9806.)

Louis-Philippe, etc., sur le rapport de notre ministre secrétaire d'Etat au département de l'intérieur ; vu l'art. 12 de la loi du 22 juin 1833, etc.

Art. 1er. Le conseil général du département de la Haute-Saône est convoqué pour le 20 janvier présent mois, à l'effet de délibérer sur le projet de construction d'un chemin de fer de Mulhausen à Dijon, ainsi que sur les autres affaires qui lui seraient soumises par le préfet. Cette session extraordinaire ne pourra durer plus de cinq jours.

2. Notre ministre de l'intérieur (M. Duchâtel) est chargé, etc.

5 = 18 janvier 1842. — Ordonnance du roi qui augmente le nombre des membres du tribunal de commerce de Lyon. (IX, Bull. DCCCLXXIX, n. 9807.)

Louis-Philippe, etc., sur le rapport de notre garde des sceaux, ministre secrétaire d'Etat au département de la justice et des cultes ; vu la demande formée, le 13 août 1841, par les membres du tribunal de commerce de Lyon (Rhône), à l'effet d'obtenir que le nombre des juges de ce tribunal soit augmenté ; vu la délibération de la chambre de commerce de Lyon, en date du 4 novembre 1841 ; vu les avis de notre procureur général près la cour royale de Lyon et de notre ministre de l'agriculture et du commerce, en date des 29 septembre et 23 novembre 1841 ; vu les autres pièces jointes au dossier ; vu le décret du 6 octobre 1809 ; vu l'art. 617 du Code de commerce ; considérant qu'il résulte de l'instruction que les besoins du service exigent que le nombre des membres du tribunal de commerce de Lyon soit augmenté ; notre conseil d'Etat entendu, etc.

Art. 1er. A l'avenir, le tribunal de commerce de Lyon sera composé d'un président, de dix juges et de six suppléants.

2. Nos ministres de la justice et des

42.

1

cultes, et du commerce (MM. Martin du Nord et Cunin-Gridaine) sont chargés, etc.

11 = 22 JANVIER 1842. — Ordonnance du roi qui ajoute le bureau de Propriano à ceux que désigne l'art. 5 de la loi du 21 avril 1818 pour l'importation de certaines marchandises en Corse. (IX, Bull. DCCCLXXX, n. 9809.)

Louis-Philippe, etc., vu la loi du 21 avril 1818; vu l'art. 4 de la loi du 5 juillet 1856; sur le rapport de notre ministre secrétaire d'Etat de l'agriculture et du commerce, et de notre ministre secrétaire d'Etat des finances, etc.

Art. 1er. Le bureau de Propriano (Corse) est ajouté à ceux que désigne l'art. 5 de la loi du 21 avril 1818, pour l'importation de certaines marchandises en Corse.

2. Nos ministres des finances et de l'agriculture et du commerce (MM. Humann et Cunin-Gridaine) sont chargés, etc.

7 DÉCEMBRE 1841 = 22 JANVIER 1842. — Ordonnance du roi qui ouvre, sur l'exercice 1841, un crédit extraordinaire pour des travaux exécutés au palais de la Chambre des Pairs et dans la prison du Luxembourg. (IX, Bull. DCCCLXXX, n. 9810.)

Louis-Philippe, etc., vu notre ordonnance du 16 octobre 1840 portant convocation de la Cour des Pairs, à l'effet de procéder au jugement de l'auteur de l'attentat commis le 15 octobre; considérant qu'il importe de pourvoir au paiement des dépenses des travaux qu'a occasionnés ce procès, tant au palais de la Chambre des Pairs que dans la prison du Luxembourg; sur le rapport de notre ministre secrétaire d'Etat des travaux publics, de l'avis de notre conseil des ministres, etc.

Art. 1er. Il est ouvert à notre ministre secrétaire d'Etat des travaux publics, sur l'exercice 1841, un crédit extraordinaire de neuf mille quatre cent quatre-vingt-dix francs quatre-vingt-quatre centimes (9,490 fr. 84 c.), affecté au paiement des dépenses des travaux exécutés au palais de la Chambre des Pairs et dans la prison du Luxembourg, à l'occasion du procès Darmès.

2. La régularisation de ce crédit extraordinaire sera proposée aux Chambres lors de leur prochaine session.

3. Nos ministres des travaux publics et des finances (MM. Teste et Humann) sont chargés, etc.

7 DÉCEMBRE 1841 = 22 JANVIER 1842. — Ordonnance du roi qui reporte sur l'exercice 1842 une partie des crédits affecté, par les ordonnances des 17 janvier et 20 juillet 1841, pour l'exercice 1841, au rétablissement des communications interrompues par la crue et le débordement des eaux. (IX, Bull. DCCCLXXX, n. 9811.)

Louis-Philippe, etc., vu les art. 1er et 2 de la loi du 25 novembre 1840, qui ouvrent au ministre des travaux publics, sur l'exercice 1840, 1° un crédit d'un million de francs, à l'effet de pourvoir au rétablissement des communications interrompues sur les routes royales et sur les voies navigables par la crue et le débordement des eaux; 2° un crédit de cinq cent mille francs, pour être appliqué, à titre de secours extraordinaire, dans les départements qui ont souffert de la crue et du débordement des eaux, au rétablissement des communications interrompues sur les routes départementales; vu l'art. 5 de la même loi, portant que les fonds non consommés sur un exercice pourront être reportés, par une ordonnance royale, sur un exercice ultérieur; vu nos ordonnances des 17 janvier et 20 juillet 1841, qui reportent sur l'exercice 1841, à titre de crédits extraordinaires, une partie des crédits rappelés ci-dessus; vu la situation provisoire des dépenses de l'exercice 1841 imputables sur ces crédits; sur le rapport de notre ministre secrétaire d'Etat des travaux publics, et de l'avis de notre conseil des ministres, etc.

Art. 1er. Il est ouvert à notre ministre secrétaire d'Etat des travaux publics, sur l'exercice 1842, un crédit extraordinaire de cent mille francs (100,000 fr.), pour le rétablissement des communications interrompues sur les routes royales et sur les voies navigables par la crue et le débordement des eaux. Les crédits affectés à ce service pour l'exercice 1841, par nos ordonnances des 17 janvier et 20 juillet 1841 précitées, sont réduits de pareille somme de cent mille francs.

2. Il est également ouvert à notre ministre secrétaire d'Etat des travaux publics, sur l'exercice 1842, un crédit extraordinaire de cinquante mille francs (50,000 fr.), pour être appliqué, à titre de secours extraordinaire, dans les départements qui ont souffert de la crue et du débordement des eaux, au rétablissement des communications interrompues sur les routes départementales. Les crédits affectés à ce service par nos ordonnances précitées des 17 janvier et 20 juillet 1841, pour l'exercice 1841, sont réduits de pareille somme de cinquante mille francs.

3. La régularisation de la présente ordonnance sera proposée aux Chambres dans leur prochaine session.

4. Nos ministres des travaux publics et

des finances (MM. Teste et Humann) sont chargés, etc.

———

7 DÉCEMBRE 1841 = 22 JANVIER 1842. — Ordonnance du roi qui reporte sur l'exercice 1842 une partie des crédits ouverts sur l'exercice 1841, par la loi du 31 janvier 1841, pour la réparation des dommages causés par les inondations. (IX, Bull. DCCCLXXX, n. 9812.)

Louis-Philippe, etc., vu les art. 1 et 2 de la loi du 31 janvier 1841, qui ouvrent au ministère des travaux publics, sur l'exercice 1841, 1° un crédit de trois millions de francs, pour la réparation des dommages causés par les inondations extraordinaires aux routes royales et départementales, aux voies navigables, ainsi qu'aux digues et levées qui bordent les rivières; 2° un crédit de six cent mille francs, qui formera un chapitre spécial pour subventions aux compagnies concessionnaires des ponts suspendus qui ont été emportés ou endommagés par les eaux, à la charge par ces compagnies de leur donner l'élévation réclamée par les nouveaux besoins de la navigation; vu l'art. 3 de la même loi, portant que les fonds non consommés sur un exercice pourront être reportés, par ordonnance royale, sur l'exercice suivant; vu la situation provisoire des dépenses de l'exercice 1841 imputables sur les crédits ci-dessus rappelés; sur le rapport de notre ministre secrétaire d'État des travaux publics, et de l'avis de notre conseil des ministres, etc.

Art. 1er. Il est ouvert à notre ministre secrétaire d'État des travaux publics, sur l'exercice 1842, un crédit extraordinaire de cent mille francs (100,000 fr.), qui seront employés à la réparation des dommages causés par les inondations extraordinaires aux routes royales et départementales, aux voies navigables, ainsi qu'aux digues et levées qui bordent les rivières. Toutefois les subventions pour les travaux relatifs aux routes départementales et aux digues et levées qui n'appartiennent pas à l'État ne pourront excéder les deux tiers de la dépense. Le crédit affecté aux réparations dont il s'agit par la loi du 31 janvier 1841, pour l'exercice 1841, est réduit, en conséquence, à la somme de deux millions neuf cent mille francs (2,900,000 fr.)

2. Il est également ouvert à notre ministre secrétaire d'État des travaux publics, pour l'exercice 1842, un crédit extraordinaire de cent mille francs (100,000 fr.), qui formera un chapitre spécial pour subventions aux compagnies concessionnaires des ponts suspendus qui ont été emportés ou endommagés par les eaux, à la charge par ces compagnies de leur donner l'élévation réclamée par les nouveaux besoins de la navigation. En conséquence, le crédit affecté à ces subventions par la loi du 31 janvier 1841, pour l'exercice 1841, est réduit à cinq cent mille francs (500,000 fr.)

3. La régularisation de la présente ordonnance sera soumise aux Chambres dans leur prochaine session.

4. Nos ministres des travaux publics et des finances (MM. Teste et Humann) sont chargés, etc.

———

7 DÉCEMBRE 1841 — 22 JANVIER 1842. — Ordonnance du roi qui reporte sur l'exercice 1842 une partie du crédit ouvert sur l'exercice 1841, par la loi du 13 juin 1841, pour la réparation des dommages causés aux voies navigables, ainsi qu'aux digues et levées qui bordent les rivières, par la crue et le débordement des eaux. (IX, Bull. DCCCLXXX, n. 9813.)

Louis-Philippe, etc., vu l'art. 1er de la loi du 13 juin 1841, qui ouvre au ministre des travaux publics, sur l'exercice 1841, un crédit de quinze cent mille francs, pour la réparation des dommages causés aux voies navigables, ainsi qu'aux digues et levées qui bordent les rivières, par la crue et le débordement des eaux; vu l'art. 2 de la même loi, portant que les fonds non consommés sur un exercice pourront être reportés, par ordonnance royale, sur l'exercice suivant; vu la situation provisoire des dépenses de l'exercice 1841 imputables sur le crédit dont il s'agit; sur le rapport de notre ministre secrétaire d'État au département des travaux publics, et de l'avis de notre conseil des ministres, etc.

Art. 1er. Il est ouvert à notre ministre secrétaire d'État au département des travaux publics, sur l'exercice 1842, un crédit extraordinaire de huit cent mille francs (800,000 fr.), qui seront employés à la réparation des dommages causés aux voies navigables, ainsi qu'aux digues et levées qui bordent les rivières, par la crue et le débordement des eaux. Toutefois les subventions pour les digues et levées qui n'appartiennent pas à l'État ne pourront excéder les deux tiers de la dépense. En conséquence, le crédit de quinze cent mille francs affecté à l'exercice 1841 par la loi précitée est réduit à sept cent mille francs.

2. La régularisation de la présente ordonnance sera proposée aux Chambres dans leur prochaine session.

3. Nos ministres des travaux publics et des finances (MM. Teste et Humann) sont chargés, etc.

———

7 DÉCEMBRE 1841 = 22 JANVIER 1842. — Ordonnance du roi qui annule une somme de cent quatre-vingt mille francs sur les crédits de la seconde section du budget du ministère des travaux publics, exercice 1840, et ouvre sur l'exer-

cice 1842, un crédit supplémentaire de pareille somme. (IX, Bull. DCCCLXXX, n. 9814.)

Louis-Philippe, etc., vu l'art. 1er de la loi du réglement définitif du budget de 1837, en date du 6 juin 1840, portant que le fonds extraordinaire créé par la loi du 17 mai 1837, pour l'exécution de travaux publics, et les crédits ouverts par les lois annuelles de finances ou par des lois spéciales pour en acquitter la dépense, sont et demeurent réunis au budget ordinaire de l'Etat ; vu l'art. 2 de la même loi, portant que ces dépenses formeront une deuxième section du budget du ministère des travaux publics, et seront l'objet d'une série de chapitres par nature principale d'entreprises ; vu l'art. 3 de la même loi, portant que la portion de crédits spéciaux énoncés à l'art. 1er qui n'aura pas été employée, dans le courant d'une année, pourra être réimputée sur l'exercice suivant, au moyen de crédits supplémentaires qui seront ouverts provisoirement par ordonnance royale, et soumis à la sanction des Chambres, dans le projet de loi que le ministre des finances est chargé de présenter, conformément à l'art. 5 de la loi du 24 avril 1833 ; vu la situation provisoire des crédits de l'exercice 1840, de laquelle il résulte que les crédits des chapitres 2 et 4 de la deuxième section du budget ne sont pas employés en totalité ; considérant que, pour assurer, dès le 1er janvier 1842, le paiement de dépenses ; de ces chapitres pour lesquels il n'existe pas de crédits au budget de l'exercice 1842, il est nécessaire de reporter sur cet exercice une portion des fonds non employés au 31 décembre 1840 ; sur le rapport de notre ministre secrétaire d'Etat des travaux publics, et de l'avis de notre conseil des ministres, etc.

Art. 1er. Il est ouvert à notre ministre secrétaire d'Etat des travaux publics, sur l'exercice 1842 (deuxième section du budget), un crédit supplémentaire de cent quatre-vingt mille francs (180,000 fr.), à prélever sur la portion des crédits des chapitres 2 et 4 de la deuxième section du budget de 1840 non consommée au 31 décembre 1840, savoir : chap. 2. Routes royales classées depuis le 1er janvier 1837, 100,000 fr. Chap. 4. Routes stratégiques de l'Ouest, 80,000 fr. — Total, 180,000 fr. Pareille somme de cent quatre-vingt mille francs demeure annulée sur les crédits des deux chapitres précités pour l'exercice 1840.

2. La régularisation de la présente ordonnance sera soumise aux Chambres dans la prochaine session.

5. Nos ministres des travaux publics et des finances (MM. Teste et Humann) sont chargés, etc.

23 décembre 1841 = 22 janvier 1842. — Ordonnance du roi qui ouvre, sur l'exercice 1841, un crédit extraordinaire applicable au chemin de fer de Strasbourg à Bâle. (IX, Bull. DCCCLXXX, n. 9815.)

Louis-Philippe, etc., vu la loi du 11 juin 1841, sur les crédits supplémentaires et extraordinaires de l'exercice 1841, laquelle fixe les allocations et annulations de crédits sur ce même exercice, pour les travaux publics extraordinaires ; vu les art. 4 et 6 de la loi du 24 avril 1833, et l'art. 12 de la loi du 25 mai 1834 ; vu les art. 26, 27 et 28 de notre ordonnance du 31 mai 1838, portant réglement sur la comptabilité publique ; vu la loi du 15 juillet 1840, autorisant notre ministre des travaux publics à consentir, au nom de l'Etat, sous certaines conditions y exprimées, un prêt de douze millions six cent mille francs à la compagnie du chemin de fer de Strasbourg à Bâle ; vu la convention passée en conséquence le 12 octobre 1840, entre notre ministre des travaux publics et la compagnie, et portant, art. 2 : « Aucun versement ne « sera fait à la compagnie tant que le sieur « Nicolas Kœchlin, entrepreneur à forfait « des travaux du chemin de fer, n'aura pas « justifié de la réalisation des dix-huit qua- « rantièmes des travaux et dépenses néces- « saires à l'achèvement de l'entreprise. « Après cette justification, les versements « s'effectueront par douzièmes et au fur et « à mesure de nouveaux travaux ou de « nouvelles dépenses. Ainsi le premier dou- « zième sera versé lorsque les dix-huit qua- « rantièmes des travaux et dépenses né- « cessaires à l'exécution de l'entreprise se- « ront réalisés ; le second douzième, après « la réalisation des vingt quarantièmes ; le « troisième douzième, après la réalisation « des vingt-deux quarantièmes, et ainsi de « suite de deux en deux quarantièmes. Le « dernier douzième ne sera versé qu'après « la réception des travaux et la mise en « exploitation du chemin tout entier. Le « ministre des travaux publics se réserve « de déterminer les formes d'après les- « quelles la compagnie justifiera vis-à-vis de « lui de la quotité des travaux qui seront « successivement exécutés, et les sieurs « Risler, David, Issot, Girard, audit nom, « s'obligent à se soumettre à ces mesures; » considérant que, d'après les justifications produites par la compagnie du chemin de fer de Strasbourg à Bâle, les travaux exécutés et dépenses faites sur ce chemin s'élèvent aux trente-sept quarantièmes de l'entreprise, et qu'elle a droit dès lors au paiement de dix douzièmes du prêt de douze millions six cent mille francs, ou d'une somme de dix millions cinq cent mille francs ; considérant néanmoins qu'à raison de l'insuffisance de l'allocation inscrite en 1841 au chapitre 10 de la 2e section du budget du ministère des travaux publics, pour le service du prêt autorisé en faveur de ladite compagnie, il n'a été possible de lui payer jusqu'à ce jour qu'une somme de neuf millions quatre cent cinquante mille francs, et qu'il y a lieu en conséquence de pourvoir au paiement de un million cinquante mille francs qui lui sont dus, par voie de crédit extraordinaire et d'urgence ; sur le rapport de notre ministre secrétaire d'Etat des travaux publics, et de l'avis de notre conseil des ministres, etc.

Art. 1er. Il est ouvert à notre ministre secrétaire d'Etat des travaux publics, sur l'exercice 1841, un crédit extraordinaire de un million cinquante mille francs, applicable au chapitre 10 de la 2e section du budget du ministère des travaux publics, et au chemin de fer de Strasbourg à Bâle.

2. La régularisation de ce crédit extraordinaire sera proposée aux Chambres lors de leur prochaine session.

3. Nos ministres des travaux publics et des finances (MM. Teste et Humann) sont chargés, etc.

4 = 29 janvier 1842. — Ordonnance du roi concernant le corps royal d'artillerie de la marine. (IX, Bull. DCCCLXXXI, n. 9821.)

Louis-Philippe, etc., sur le rapport de notre ministre secrétaire d'Etat au département de la marine et des colonies, etc.

TITRE Ier. — COMPOSITION ET RÉPARTITION DU CORPS D'ARTILLERIE.

Art. 1er. Le corps royal d'artillerie de marine, institué en vertu des ordonnances des 7 août et 13 novembre 1822, continuera d'avoir dans ses attributions : le service et les travaux des directions d'artillerie dans les arsenaux maritimes; la fabrication des bouches à feu et des projectiles; la construction des affûts, ainsi que la confection des objets d'armement et de gréement nécessaires à l'artillerie; l'armement des forts et batteries destinés à la défense des ports et des rades; le service de l'artillerie dans les colonies; la garde des différents postes confiés à l'artillerie dans les ports militaires.

Ce corps sera composé, savoir : d'une inspection générale du matériel ; du nombre d'officiers sans troupe nécessaires au service des forges, fonderies et directions d'artillerie ; d'un régiment d'artillerie et de six compagnies d'ouvriers.

2. L'inspection générale du matériel de l'artillerie sera confiée à un officier général de l'arme, qui aura sous ses ordres un lieutenant-colonel ou chef de bataillon et deux capitaines.

3. Le nombre d'officiers à employer dans les arsenaux et dans les divers établissements du matériel est déterminé comme suit :

DIRECTION DES PORTS.	BREST.	TOULON.	ROCHEFORT.	LORIENT.	CHERBOURG.	TOTAL.
Colonels, directeurs.	1	1	»	»	»	2
Lieutenants-colonels, directeurs.	»	»	1	1	1	3
Chefs de bataillon, sous-directeurs.	1	1	»	»	»	2
Capitaines en premier, adjoints.	1	1	1	1	1	} 8
Capitaines en premier, inspecteurs d'armes.	1	1	1	»	»	
Chef de bataillon ou capitaine, directeur de l'école de pyrotechnie.	»	1	»	»	»	1
Capitaines en second, adjoints.	1	1	1	1	1	5
DIRECTION DES COLONIES.						
Capitaines en premier, adjoints. (Martinique et Guadeloupe).	»	»	»	»	»	2

FORGES ET FONDERIES.	LA VILLENEUVE.	RUELLE.	NEVERS.	SAINT-GERVAIS.	TOTAL.
Lieutenant-colonel, directeur.	»	1	»	»	1
Lieutenants-colonels, ou chefs de bataillon, directeurs.	1	»	1	1	3
Chef de bataillon, sous-directeur.	»	1	»	»	1
Chefs de bataillon ou capitaines en premier, sous-directeurs ou adjoints.	1	2	1	1	5
Capitaines en 1er ou en second, inspecteurs des fabrications de projectiles.	»	»	»	»	2
TOTAL.					30

4. Le régiment d'artillerie sera composé, sur le pied de paix, d'un état-major, d'un petit état-major, de trente compagnies actives, d'un cadre de compagnie de dépôt et d'une compagnie hors rang.

OFFICIERS. — *État-major.* — Colonel, 1; lieutenants-colonels, 2; chefs de bataillon, 7, dont 3 aux colonies; major, 1; capitaine trésorier, 1; capitaines adjudants-majors, 4; capitaine chargé du matériel de l'école, 1; capitaine officier d'habillement, 1; lieutenant adjoint au trésorier, 1; lieutenants officiers payeurs et d'habillement, 4; lieutenant en second ou sous-lieutenant adjoint à l'officier d'habillement, 1; chirurgien-major, 1; aides-chirurgiens, 2. — Total, 27.

TROUPE. — *Petit état-major.* — Adjudant sous-officier à l'école de pyrotechnie à Toulon, 1; adjudants sous-officiers aux colonies, 2; adjudants sous-officiers chargés de l'armement, 3; adjudants sous-officiers affectés aux diverses portions du corps en France, 4; chefs artificiers, 4; sergent clairon, 1; caporaux clairons, 4; chef de musique, 1; caporal de musique, 1; soldats musiciens, 25. — Total, 46.

Cadre d'une compagnie active. — Capitaine en premier, 1; capitaine en second, 1; lieutenant en premier, 1; lieutenant en second ou sous-lieutenant, 1; sergent-major, 1; sergents, 6; fourrier, 1; artificiers, 6; premiers canonniers, 22; premiers canonniers, ouvriers en fer ou en bois, 2; seconds canonniers, 48; seconds canonniers, ouvriers en fer ou en bois, 2; clairons, 2. — Total, 104.

Cadre de la compagnie de dépôt. — Capitaine en premier, 1; lieutenant en premier, 1; lieutenants en second ou sous-lieutenants, 2; sergent-major, 1; sergents, 8; fourrier, 1; caporaux, 8; clairons, 2. — Total, 24.

COMPAGNIE HORS RANG.

GRADES.	LORIENT.	BREST.	ROCHEFORT.	TOULON.	CHERBOURG.	COLONIES.	TOTAL.
Sergent-major, moniteur général.	1	»	»	»	»	»	1
Fourrier.	1	»	»	»	»	»	1
Sergents.							
Moniteurs.	1	1	1	»	»	»	3
Vaguemestres.	1	1	»	»	»	»	2
Premier secrétaire du trésorier.	1	»	»	»	»	»	1
Premier secrétaire de l'officier d'habillement.	1	»	»	»	»	»	1
Maître d'escrime.	1	»	»	»	»	»	1
Maître armurier.	1	»	»	»	»	»	1
Maître tailleur.	1	»	»	»	»	»	1
Maître cordonnier.	1	»	»	»	»	»	1
Gardien bibliothécaire.	1	»	»	»	»	»	1
Caporaux.							
Second secrétaire du trésorier.	1	»	»	»	»	»	1
Secrétaire de l'officier d'habillement, garde-magasin.	1	»	»	»	»	»	1
Second maître d'écriture et de lecture.	1	1	»	»	»	»	2
Premiers ouvriers tailleurs.	1	1	1	1	»	»	4
Premiers ouvriers cordonniers.	1	1	1	1	»	»	4
Chargés de l'infirmerie.	1	1	1	»	»	»	3
Premiers ouvriers armuriers.	1	1	1	»	»	»	3
Soldats.							
Secrétaire du colonel.	1	»	»	»	»	»	1
Secrétaire du lieutenant-colonel.	»	1	»	»	»	»	1
Ouvriers armuriers.	2	1	»	»	1	»	4
Ouvriers tailleurs.	45	3	2	»	1	»	51
Ouvriers cordonniers.	17	2	1	1	1	»	22
Secrétaire du major.	1	»	»	»	»	»	1
Secrétaires des officiers payeurs.	»	1	1	»	»	2	4
Secrétaire du trésorier.	1	»	»	»	»	»	1
Secrétaire de l'officier d'habillement.	1	»	»	»	»	»	1
Secrétaires des adjudants chargés de l'armement.	1	1	1	»	»	»	3
TOTAUX.	87	16	10	3	3	2	121

5. Lorsque le régiment d'artillerie passera du pied de paix au pied de guerre, il sera augmenté de dix compagnies actives, et la compagnie hors rang sera portée à cent quarante-cinq hommes par l'augmentation de quinze ouvriers tailleurs et de neuf ouvriers cordonniers.

Ainsi, sur le pied de paix, ce corps présentera un effectif de trois mille trois cent trente-huit hommes, savoir: état-major, 27; petit état-major, 46; compagnies actives, capitaines en premier, 30; en second, 30; lieutenants en premier, 30; en second ou sous-lieutenants, 30; sergents-majors, 30; sergents, 180; fourriers, 30; caporaux, 300; artificiers, 180; premiers canonniers, 660; ouvriers, 60; seconds canonniers, 1,440; ouvriers, 60; clairons, 60; compagnie de dépôt, 24; compagnie hors rang, 121. — Total, 3,338.

Et sur le pied de guerre cet effectif sera porté à 4,402.

Il sera attaché à chaque compagnie deux enfants de troupe. Le régiment d'artillerie sera réparti, selon les besoins du service, dans les ports de Cherbourg, Brest, Lorient, Rochefort et Toulon, ainsi que dans les différentes possessions françaises d'outre-mer.

6. Il y aura à Lorient une école d'artillerie dont la direction sera confiée au lieutenant - colonel du régiment d'artillerie, sous l'autorité du colonel, et à laquelle seront attachés : 1 professeur de mathématiques, de physique et de chimie; 1 professeur de dessin et de fortification; 1 garde d'artillerie de 1re ou de 2e classe.

7. Les compagnies d'ouvriers seront composées et réparties comme suit :

1re *compagnie, à Brest.* — Capitaine en premier, 1; en second, 1; lieutenant en premier, 1; en second ou sous-lieutenant, 1; sergent-major, 1; sergents, 8; fourrier, 1; caporaux, 8; maîtres ouvriers, 14; ouvriers de 1re classe, 18; de 2e classe, 54; de 3e classe, 54; clairons, 2. — Total, 144.

2e *compagnie, à Toulon.* — Capitaine en premier, 1; en second, 1; lieutenant en premier, 1; en second ou sous-lieutenants, 2; sergent-major, 1; sergents, 8; fourrier, 1; caporaux, 8; maîtres ouvriers, 14; ouvriers de 1re classe, 18; de 2e classe, 54; de 3e classe, 54; clairons, 2. — Total, 145.

3e *compagnie, à Rochefort.* — Capitaine en premier, 1; en second, 1; lieutenant en premier, 1; en second ou sous-lieutenant, 1; sergent-major, 1; sergents, 7; fourrier, 1; caporaux, 7; maîtres ouvriers, 10; ouvriers de 1re classe, 14; de 2e classe, 26; de 3e classe, 42; clairons, 2. — Total, 114.

4e *compagnie, à Lorient.* — Même composition que dessus, 114.

5e *compagnie, à Cherbourg.* — Même composition que dessus, 114.

6e *compagnie, à Brest et aux colonies.* — Capitaine en premier, 1; en second, 1; lieutenant en premier, 1; en second ou sous-lieutenants, 3; sergent-major, 1; sergents, 12; fourrier, 1; caporaux, 15; maîtres ouvriers, 20; ouvriers de 1re classe, 25; de 2e classe, 40; de 3e classe, 82; clairons, 4. — Total, 206.

Le nombre des enfants de troupe restera fixé à quinze, et sera réparti ainsi qu'il suit: 1re compagnie, 3; 2e, 3; 3e, 2; 4e, 2; 5e, 2; 6e, 3. — Total, 15.

Détail de l'effectif. — Officiers. Capitaines en premier, 6; en second, 6; lieutenants en premier, 6; en second ou sous-lieutenants, 9. — Total, 27. — Troupe. Sergents-majors, 9; sergents, 49; fourriers, 6; caporaux, 52; maîtres ouvriers, 78; ouvriers de 1re classe, 103; de 2e classe, 186; de 3e classe, 316; clairons, 14. — Total, 810. — Enfants de troupe, 15. — Total, 852.

TITRE II. — SERVICE DU RÉGIMENT D'ARTILLERIE EN FRANCE.

8. Les compagnies actives seront employées à la garde des arsenaux et à celle des poudrières; à la confection des artifices, mitrailles et gréement de canon, à l'emmagasinement des armes, aux épreuves des bouches à feu, etc., et elles armeront les forts et batteries destinés à défendre l'entrée des ports et des rades. Elles fourniront, en outre, des sergents et des caporaux d'armes aux bâtiments de l'État, concurremment avec les équipages de ligne et les corps d'infanterie de marine.

9. Les capitaines en second des compagnies restant en France seront, autant que possible, détachés dans les directions, les manufactures d'armes, les forges et les fonderies, et ils ne rentreront au corps que lorsqu'ils passeront au grade de capitaine en premier, ou lorsqu'ils seront appelés à partir pour les colonies ou pour toute autre expédition. Ces officiers ne devront jamais rester plus de deux années dans le même établissement; et le ministre de la marine les fera permuter, de manière que tous puissent acquérir les mêmes connaissances et le même degré d'instruction.

10. Les jeunes soldats destinés pour les compagnies employées aux colonies seront placés, à leur arrivée au corps, dans la compagnie de dépôt, et ils y resteront jusqu'au moment où ils pourront être envoyés à leur destination. La compagnie de dépôt recevra, en outre, les hommes du régiment d'artillerie revenant en France pour cause de maladie, ou qui rejoindront le corps à l'expiration de leur congé, et ils y seront

administrés et instruits jusqu'à l'époque de leur départ pour les colonies. Lorsqu'il y aura lieu à les renvoyer à leurs compagnies respectives, ou à compléter, par suite de vacances, les compagnies employées dans les possessions françaises d'outre-mer, les détachements, s'ils sont composés de plus de vingt-quatre hommes, seront placés sous les ordres d'un lieutenant en second ou sous-lieutenant de la compagnie de dépôt, qui les conduira à leur destination, et effectuera ensuite son retour en France. Cette mission sera remplie par un sergent toutes les fois que les détachements seront au-dessous de vingt-cinq hommes.

11. Les sous-officiers et canonniers seront fréquemment exercés aux manœuvres d'artillerie à terre et sur les batteries flottantes, ainsi qu'à tous les travaux qui s'y rattachent, et ils seront formés, en outre, aux manœuvres d'infanterie.

12. Dans le cas où il y aurait lieu à comprendre des troupes d'artillerie dans une expédition extraordinaire, le tour de service des détachements suivra l'ordre des numéros de compagnies, et ce tour sera accompli du moment où le détachement sera sorti de rade, si l'expédition pour laquelle il était destiné ne doit plus avoir lieu.

13. Le ministre de la marine placera, autant qu'il le jugera utile au bien du service, dans chaque escadre ou division commandée par un officier général, un capitaine d'artillerie qui aura pour mission spéciale de faire, pendant le cours de la campagne, des observations sur les différentes parties du matériel d'artillerie, afin de signaler à son retour les améliorations dont le système d'artillerie navale lui paraîtrait susceptible. Ce capitaine sera embarqué sur le vaisseau commandant, et l'officier général lui fera donner tous les renseignements dont il pourrait avoir besoin pour rédiger le mémoire qu'il soumettra à son arrivée à l'inspecteur général du matériel d'artillerie.

TITRE III.

SECTION Ier. — *Formation des détachements pour les colonies.*

14. Le service des colonies continuera à être fait, dans le régiment d'artillerie, par compagnie et par section, en suivant l'ordre des numéros de compagnie.

15. La 1re section sera toujours commandée par le capitaine en premier, qui aura sous ses ordres le lieutenant en second ou sous-lieutenant, le sergent-major et un clairon. La 2e section sera commandée par le capitaine en second, qui aura sous ses ordres le lieutenant en premier, le fourrier

et un clairon. Lorsqu'une seule des deux sections devra marcher, celle que commande le capitaine en second devra partir la première.

16. Une compagnie qui aura fourni une section aux colonies achèvera son tour de détachement par section ; elle ne marchera comme compagnie entière que lorsque son tour reviendra.

17. Ne pourront être commandés pour les colonies, 1° les officiers, sous-officiers et canonniers qui, y ayant déjà été employés, seront de retour en France depuis moins d'un an ; 2° les sous-officiers, caporaux et canonniers qui, ayant moins d'un an de service à faire, ne voudront pas se rengager ; 3° les jeunes officiers et soldats qui ne comptent pas six mois de présence au corps.

18. Dans tous les cas de détachement aux colonies, les officiers absents par congé recevront l'ordre de rejoindre immédiatement ; et, s'ils en étaient empêchés par des motifs légalement justifiés, le passage leur serait ensuite accordé sur un bâtiment de guerre ou de commerce. Il en sera de même des officiers détachés pour leur instruction dans les fonderies et les directions d'artillerie en France. Le passage sera également accordé aux militaires de tout grade qui se trouveraient malades à l'époque du départ du détachement, et qui seraient obligés de rester en France par le fait de leur maladie.

19. A l'avenir, et nonobstant toutes dispositions contraires, les capitaines en premier du corps royal d'artillerie de marine, quels que soient les emplois dont ils seront pourvus en France, concourront pour le commandement des compagnies d'artillerie destinées à aller aux colonies, aussi bien que pour celui de la 6e compagnie d'ouvriers pour les emplois d'adjoint dans les directions d'outre-mer ; les capitaines en second, les lieutenants en premier, les lieutenants en second, et sous-lieutenants, concourront aussi entre eux pour remplir les emplois de leur grade dans les compagnies partant pour les colonies.

20. Il sera dressé, au ministère de la marine, un tableau par grade et par rang d'ancienneté des capitaines en premier, des capitaines en second, des lieutenants en premier, des lieutenants en second et sous-lieutenants de l'arme, lequel servira invariablement de règle dans les destinations coloniales.

21. Les officiers n'ayant jamais été employés aux colonies, soit dans un grade inférieur, soit dans le grade qu'ils occupent actuellement, seront portés en tête dudit tableau, d'après leur rang d'ancienneté ; les autres officiers ayant déjà été dans les possessions françaises d'outre-mer, quelque

soit le temps qu'ils y aient passé, seront inscrits ensuite dans le même ordre, et ceux qui reviendront des colonies seront portés à la queue du même tableau, au fur et à mesure de leur retour en France, pour reprendre leur rang de départ à la date de leur rentrée au corps.

22. Six mois, au moins, avant le départ des expéditions, les officiers désignés pour marcher seront placés dans les compagnies ou détachements avec lesquels ils devront partir, afin qu'ils connaissent les hommes qu'ils seront appelés à commander.

23. Dans le cas où les besoins du service exigeraient l'envoi inopiné d'une ou de plusieurs compagnies d'artillerie aux colonies, et où il serait impossible d'y affecter les officiers dont le tour de départ serait arrivé, on commanderait les officiers présents sur les lieux, en suivant toujours l'ordre d'ancienneté du tableau.

24. Les capitaines en premier destinés à aller remplir les fonctions d'adjoint aux colonies ne seront déplacés qu'au moment où ils devront être embarqués pour aller occuper les emplois vacants.

25. Les sous-officiers, caporaux et soldats malades ou absents au moment d'une expédition coloniale seront remplacés par des hommes des mêmes grades, pris dans la compagnie dont le tour de départ sera le plus rapproché; et si cette dernière ne peut suffire à tous les remplacements, on aura recours aux compagnies qui suivront immédiatement, en épuisant ce que chacune pourra fournir, avant de prendre dans la suivante. Les vacances occasionnées par ces remplacements seront remplies au fur et à mesure du retour des militaires absents, et l'on aura soin de compléter les premières compagnies à partir, avant de compléter les autres. Il sera pourvu immédiatement aux emplois vacants parmi les sous-officiers, caporaux, artificiers ou premiers canonniers, conformément aux règles de l'avancement. Quant aux vacances qui existeront parmi les seconds canonniers, on les remplira en prenant, sur toutes les compagnies restantes, les moins anciens de ceux qui auront au moins six mois de présence au corps.

26. Si le détachement à fournir ne comporte qu'une section, la portion de compagnie restant en France fournira aux remplacements de toute espèce qui pourraient être nécessaires dans la section expéditionnaire, et l'on se conformera à tout ce qui a été prescrit par l'art. 25. On ne recourra aux autres compagnies que dans le cas où l'autre section serait déjà détachée.

27. Les sous-officiers et canonniers qui seraient restés en France, par suite de ce qui a été prévu par l'art. 25, seront toujours les premiers à partir, lorsqu'il s'agira de remplacements partiels aux colonies ou de former de nouveaux détachements.

28. Lorsqu'il surviendra des vacances parmi les sous-officiers et artificiers, aux colonies, on y pourvoira sur les lieux, en prenant dans les grades ou classes immédiatement inférieurs de la compagnie ou section où se trouvent ces vacances, et, à défaut de sujets, dans les autres portions du corps. Les règles pour ces avancements seront les mêmes qu'en France; le directeur commandant l'artillerie remplacera, à cet égard, le chef du corps. S'il ne se trouvait pas dans le détachement de sujets remplissant les conditions voulues pour être nommés aux places vacantes, le gouverneur de la colonie en rendrait compte au ministre, qui y pourvoirait. Quant aux seconds canonniers manquants, ils seront toujours envoyés de France.

29. Désormais tous les détachements d'ouvriers à envoyer aux colonies seront fournis par la 6e compagnie, qui aura, en outre, à pourvoir aux remplacements partiels effectués annuellement dans les colonies.

30. Les détachements de la 6e compagnie seront commandés, savoir: celui de Bourbon, par le capitaine commandant ou par le capitaine en second; celui de la Martinique, par le lieutenant en premier; ceux de la Guadeloupe et du Sénégal, par deux des lieutenants en second ou sous-lieutenants.

31. Lorsque les détachements d'ouvriers seront rappelés en France, à l'expiration de leur service colonial, qui demeure fixé à quatre ans, les cinq premières compagnies fourniront de nouveau un contingent à la 6e compagnie, et les hommes revenus des colonies qui seront encore liés au service, à quelque titre que ce soit, seront répartis dans les premières compagnies, pour y attendre l'époque de leur libération. Les sous-officiers, caporaux et soldats formant le contingent des diverses compagnies seront pris à tour de rôle et par rang d'ancienneté dans chaque profession, en commençant par ceux qui n'ont jamais été aux colonies, ou qui, après y avoir été, ont fait, depuis leur retour, le plus long séjour en France, en se conformant toutefois à ce qui a été dit à l'art. 17.

32. Les lieutenants en premier ou en second, à leur retour des colonies, seront placés, soit dans le régiment d'artillerie, soit dans les compagnies d'ouvriers, selon les besoins du service.

33. Dans le cas où il y aurait des remplacements partiels à faire aux colonies parmi

les officiers de la 6e compagnie , ils seront effectués par des officiers des grades correspondants, pris par rang d'ancienneté, en exécution de ce que prescrit l'art. 21.

34. Il sera pourvu aux vacances qui surviendront aux colonies parmi les caporaux, maîtres ouvriers et ouvriers de première et de deuxième classe, en prenant dans les grades ou les classes immédiatement inférieurs du détachement. Les règles pour cet avancement seront les mêmes qu'en France, et le directeur ou l'officier commandant l'artillerie remplacera, à cet égard, le chef du corps. Le ministre pourvoira aux vacances de sous-officiers qui pourront survenir dans les détachements. Quant aux ouvriers de troisième classe qui viendront à manquer, ils seront envoyés de France par la 6e compagnie.

SECTION II. — *Ordre de service des officiers d'état-major de l'artillerie de marine destinés pour les colonies.*

35. Les directeurs d'artillerie à la Martinique , à la Guadeloupe et à Bourbon seront pris parmi tous les chefs de bataillon de l'arme , quelles que soient les fonctions qu'ils remplissent en France. Le chef de bataillon , major du régiment, concourra pour ce service avec les chefs de bataillon ; et , lorsque son tour l'appellera à marcher, il sera remplacé par un autre chef de bataillon de l'arme. En cas d'absence ou de maladie du chef de bataillon directeur d'artillerie, il sera provisoirement remplacé par le capitaine le plus ancien de l'arme , présent dans la colonie. Les officiers payeurs et d'habillement seront pris parmi les lieutenants proposés pour cet emploi par l'inspecteur général.

36. Les fonctions de directeur d'artillerie au Sénégal et à Caïenne seront remplies par l'officier de l'arme le plus ancien dans le grade le plus élevé.

37. Les chefs de bataillon directeurs d'artillerie seront envoyés aux colonies par ordre d'ancienneté de grade, en commençant par la tête.

TITRE IV. — MASSE GÉNÉRALE.

38. Il sera établi dans le régiment d'artillerie et dans les compagnies d'ouvriers une masse générale, destinée à subvenir aux dépenses de l'habillement, du grand équipement, de la première mise des sous-officiers faits officiers, de la réparation des armes, du combustible nécessaire à la cuisson des aliments et au chauffage des chambres, de l'entretien de l'hôpital régimentaire et de la retenue des trois pour cent qui doivent être versés à la caisse des invalides , tant sur le fonds de la masse elle-même , que sur la solde des sous-officiers et soldats. Cette masse sera fixée tous les ans par le ministre de la marine , et elle sera payée à l'effectif des hommes présents aux corps, embarqués, aux hôpitaux ou en congé, les officiers non compris. Il sera alloué, en outre, une somme de douze francs par homme et par an, pour faire face à toutes les dépenses de casernement. Indépendamment de la masse générale, il sera alloué, pour tout homme nouvellement incorporé, cinquante francs de première mise d'habillement et de grand équipement, plus une première mise de quarante-neuf francs, destinée à pourvoir à l'achat des objets du petit équipement.

TITRE V. — CONSEIL D'ADMINISTRATION.

39. Il sera formé dans le régiment d'artillerie, à Lorient , un conseil d'administration chargé, sous sa responsabilité, de tous les détails relatifs à l'administration intérieure du corps, et qui sera composé comme suit : le colonel , président ; le lieutenant-colonel , un chef de bataillon , le major, un capitaine, le trésorier, l'officier d'habillement.

Il y aura, en outre, un conseil secondaire à Brest, à Rochefort, à la Martinique et à la Guadeloupe. Le conseil du détachement de Brest sera composé : du lieutenant-colonel , président ; du chef de bataillon , de deux capitaines , et de l'officier payeur et d'habillement.

A Rochefort , à la Martinique et à la Guadeloupe, le conseil sera composé : du chef de bataillon , président ; du plus ancien des capitaines en premier, et de l'officier payeur et d'habillement.

40. Le 1er janvier de chaque année, les capitaines membres des divers conseils d'administration seront remplacés, dans chaque localité, par des officiers de ce grade, pris à l'ancienneté parmi ceux qui seront présents au corps.

41. Au besoin, les membres du conseil d'administration seront suppléés par des officiers pris par rang d'ancienneté dans les mêmes grades , et subsidiairement dans les grades immédiatement inférieurs.

42. En cas d'absence du major, pour quelque motif que ce soit, le trésorier et l'officier d'habillement rempliront les fonctions de rapporteur, chacun en ce qui le concerne.

43. Le trésorier et l'officier d'habillement seront suppléés au conseil par leurs adjoints ou par les officiers désignés par le conseil pour en remplir les fonctions.

44. Chacune des compagnies d'ouvriers aura un conseil d'administration qui sera

formé, du directeur, président; du commandant de la compagnie, de l'officier chargé de l'habillement. Le sergent-major de la compagnie remplira les fonctions de secrétaire du conseil, mais il n'y aura point voix délibérative. Chaque détachement aux colonies sera administré par l'officier qui le commandera.

Dispositions générales.

45. Les officiers des directions, les officiers payeurs, les compagnies du régiment d'artillerie et les détachements d'ouvriers envoyés aux colonies seront relevés tous les quatre ans.

46. Lors de leur départ pour les colonies, les sous-officiers qui en feront la demande seront admis à faire preuve, devant une commission d'examen, des connaissances qu'ils possèdent pour parvenir au grade de sous-lieutenant, et, s'ils sont suffisamment instruits, l'inspecteur général, lors de sa tournée, les classera d'office, selon leur capacité, au rang qu'ils doivent occuper parmi les candidats restés en France.

47. Les sous-lieutenants et les lieutenants en second qui, pendant leur séjour dans les possessions françaises d'outre-mer, passeraient à un grade ou à un emploi supérieur, resteront affectés aux compagnies ou aux détachements dont ils faisaient partie au moment de leur promotion, jusqu'à ce que lesdites compagnies ou les détachements effectuent leur retour en France, et ils y recevront la solde attribuée à leur nouveau grade.

48. Les dispositions des lois, ordonnances et règlements sur la police, la discipline, l'uniforme, le recrutement, les rengagements, les congédiements, les remplacements, l'avancement, la solde, les hautes-paies, les indemnités de toute espèce, les récompenses militaires et les pensions de retraite dans les corps d'artillerie de l'armée de terre, sont et demeurent applicables aux officiers, sous-officiers, canonniers et ouvriers du corps royal d'artillerie de la marine.

49. Toutes les dispositions contraires à celles qui sont contenues dans la présente ordonnance sont et demeurent abrogées. (Contresigné Duperré).

RÉPARTITION ÉVENTUELLE DU RÉGIMENT D'ARTILLERIE.

GRADES.	LORIENT, 8 compagnies.	BREST, 6 compagnies.	CHERBOURG, 2 compagnies.	ROCHEFORT, 4 compagnies.	TOULON, 2 compagnies.	COLONIES, 8 compagnies.	TOTAL, 30 compagnies.
ÉTAT-MAJOR.							
Colonel.	1	»	»	»	»	»	1
Lieutenants-colonels.	1	1	»	»	»	»	2
Chefs de bataillon.	2	1	»	1	»	3	7
Major.	1	»	»	»	»	»	1
Capitaine trésorier.	1	»	»	»	»	»	1
Capitaines adjudants-majors. . . .	2	1	»	1	»	»	4
Capitaine chargé du matériel de l'école.	1	»	»	»	»	»	1
Capitaine officier d'habillement. . . .	1	»	»	»	»	»	1
Lieutenant adjoint au trésorier. . . .	1	»	»	»	»	»	1
Lieutenants officiers payeurs et d'habillement. .	»	1	»	1	»	2	4
Sous-lieutenant adjoint à l'officier d'habillement. .	1	»	»	»	»	»	1
Chirurgien-major.	1	»	»	»	»	»	1
Aides-chirurgiens.	»	1	»	1	»	»	2
PETIT ÉTAT-MAJOR.							
Adjudants sous-officiers.	4	2	»	1	1	2	10
Chefs artificiers.	1	1	»	»	»	2	4
Sergent clairon.	1	»	»	»	»	»	1
Caporaux clairons.	2	1	»	1	»	»	4
Chef de musique.	1	»	»	»	»	»	1
Caporal de musique.	1	»	»	»	»	»	1
Musiciens.	25	»	»	»	»	»	25
TROUPE.							
30 compagnies actives, de 104 homm. (officiers compris).	832	624	208	416	208	832	3,120
Compagnie hors rang.	87	16	3	10	3	2	121
Cadre de la compagnie de dépôt (y compris 4 officiers).	24	»	»	»	»	»	24
TOTAUX.	99	649	211	432	212	843	3,338

9 = 29 janvier 1842. — Ordonnance du roi qui modifie celle du 7 septembre 1840, concernant le gouvernement du Sénégal et dépendances. (IX, Bull. DCCCLXXXI, n. 9822.)

Louis-Philippe, etc., sur le rapport de notre ministre secrétaire d'Etat au département de la marine et des colonies, etc.

Art. 1er. Le paragraphe 1er de l'art. 20 de l'ordonnance royale du 7 septembre 1840 relative au gouvernement du Sénégal et dépendances, est remplacé par le paragraphe ci-après : « Art. 20. § 1er. Le gou-« verneur suit les mouvements du com-« merce et prend les mesures qui sont en « son pouvoir pour en encourager les opé-« rations et en favoriser les progrès. Il « règle le mode, les conditions et la durée « des opérations commerciales avec les « peuples de l'intérieur de l'Afrique, et dé-« termine les localités où les échanges sont « permis. »

2. L'attribution déterminée par l'art. 20, paragraphe 1er, est mise au nombre de celles qui ne peuvent être exercées par le gouverneur, conformément à l'art. 110 de la même ordonnance, qu'après avoir pris l'avis du conseil d'administration, mais sans qu'il soit tenu de s'y conformer.

3. Notre ministre de la marine et des colonies (M. Duperré) est chargé, etc.

11 = 29 janvier 1842. — Ordonnance du roi sur l'organisation du corps des équipages militaires. (IX, Bull. DCCCLXXXI, n. 9823.)

Louis-Philippe, etc., vu l'ordonnance du 26 février 1823, constitutive du personnel de la direction des parcs de construction des équipages militaires; vu l'ordonnance du 10 novembre 1830, constitutive du corps du train des équipages militaires et des compagnies d'ouvriers de cette arme; vu nos ordonnances des 24 décembre 1830, 27 août 1831, 1er février et 3 mai 1832, 16 mars 1838, 25 septembre 1840 et 8 septembre 1841; sur le rapport de notre ministre secrétaire d'Etat de la guerre, président du conseil, etc.

Art. 1er. Le corps des équipages militaires pourvoit à deux services distincts, savoir : à la construction et à la conduite des équipages.

2. Les établissements du service des équipages militaires sont : un parc principal de construction, à Vernon (Eure); un parc secondaire de construction à Châteauroux (Indre); un dépôt du matériel à Sampigny (Meuse); un parc de réparations à Alger. En cas de guerre, d'autres parcs de réparations pourront être établis à la suite des armées.

3. Les compagnies d'ouvriers construc-

teurs attachées aux établissements du service des équipages militaires sont au nombre de quatre; elles s'administrent séparément. Le conseil d'administration de chaque compagnie est présidé par le commandant de l'établissement près duquel elle est employée.

4. Le parc secondaire de Châteauroux, le dépôt de Sampigny, et tous autres établissements du service des équipages militaires dirigés par des chefs particuliers, sont placés, de même que les quatre compagnies d'ouvriers, sous le commandement supérieur du colonel ou lieutenant-colonel directeur du parc principal de Vernon.

5. Le train des équipages militaires se compose de quatre escadrons s'administrant séparément. L'organisation de chaque escadron comporte un état-major, un peloton hors rang, quatre compagnies actives, et un cadre de dépôt. En temps de guerre, et lorsque les besoins du service l'exigent, il peut être ajouté à chaque escadron des *compagnies temporaires*, jusqu'à concurrence de deux : ces compagnies sont formées des mêmes éléments que les quatre premières de l'escadron.

6. Il pourra être formé aussi, en temps de guerre, au moyen de cadres pris dans le corps des équipages militaires et de conducteurs civils, de chevaux et de voitures mis en réquisition ou pris à loyer, des *compagnies auxiliaires*, sans toutefois que le nombre total des compagnies de chaque escadron puisse dépasser huit.

7. La composition du personnel de direction, celle des compagnies d'ouvriers, et celle des escadrons du train, tant sur le pied de paix que sur le pied de guerre (y compris les compagnies temporaires et les compagnies auxiliaires), sont déterminées par les tableaux annexés à la présente ordonnance. Cependant l'effectif en hommes de troupe et en chevaux des compagnies employées en Algérie peut être modifié, suivant la nature et l'importance du service, par notre ministre secrétaire d'Etat de la guerre, qui peut aussi prescrire l'emploi simultané, dans ces compagnies, de chevaux de trait, de chevaux ou de mulets de bât. Le nombre et l'espèce de voitures à affecter à chaque compagnie, tant sur le pied de paix que sur le pied de guerre, sont déterminés, selon les besoins du service, par notre ministre secrétaire d'Etat de la guerre.

8. Des sections, prises dans les compagnies d'ouvriers, sont placées à la suite des corps d'armée et des divisions actives, pour les réparations du matériel des équipages. La composition de ces sections, commandées chacune par un officier, est fixée par

notre ministre secrétaire d'Etat de la guerre. Elles reçoivent de la direction des parcs le matériel et les voitures nécessaires pour leur service. Ces voitures sont desservies par des détachements du train. Ces sections et ces détachements continuent d'être administrés au titre des compagnies d'ouvriers et des escadrons du train auxquels ils appartiennent.

9. En temps de guerre il est affecté au service de la trésorerie et des dépôts des chevaux, des mulets et des voitures du train des équipages, en nombre déterminé par notre ministre secrétaire d'Etat de la guerre, sur la demande de notre ministre secrétaire d'Etat des finances.

10. L'avancement dans le corps des équipages militaires a lieu d'après les règles tracées par notre ordonnance du 16 mars 1838, sauf les modifications suivantes : Dans les *compagnies d'ouvriers*, le commandant du parc près duquel est stationnée la compagnie nomme aux emplois de maitre ouvrier, sur la proposition du capitaine commandant cette compagnie. Il nomme également aux emplois de caporal ; à cet effet, le capitaine commandant la compagnie lui présente, pour chaque emploi vacant, trois candidats pris sur le tableau d'avancement. Le directeur des parcs nomme aux emplois de sous-officier. Lorsqu'un emploi de sous-officier est vacant, le commandant du parc, d'après le rapport du capitaine commandant la compagnie, en rend compte au directeur, qui désigne, pour occuper l'emploi, un des trois candidats présentés par ce capitaine, et portés au tableau d'avancement. Dans les *escadrons du train*, l'avancement au grade de brigadier et aux emplois de sous-officiers, à l'exception de celui d'adjudant, roule séparément sur chaque escadron. Les commandants des escadrons nomment aux emplois de brigadier et de sous-officier. A cet effet, les commandants de compagnie présentent, pour chaque emploi vacant, trois candidats pris sur le tableau d'avancement ; la proposition est transmise par le capitaine-major au commandant de l'escadron, qui désigne pour occuper l'emploi un des trois sujets présentés. L'avancement à l'emploi d'adjudant sous-officier roule sur tous les escadrons. Lorsqu'un emploi d'adjudant est vacant, le commandant de l'escadron en rend compte à notre ministre secrétaire d'Etat de la guerre, qui nomme à cet emploi un des candidats portés au tableau d'avancement. L'avancement aux différents grades d'officier a lieu conformément aux règles générales déterminées par notre ordonnance du 16 mars 1838 ; il roule sur tous les escadrons. L'instructeur d'équita-

tion et de conduite des voitures est choisi parmi les lieutenants ou parmi les sous-lieutenants du train proposés pour l'avancement. Le capitaine-major est choisi parmi les capitaines du train portés sur la liste d'aptitude à cet emploi. Les capitaines employés à l'état-major des parcs et des escadrons du train des équipages, les capitaines en premier des compagnies d'ouvriers, et les capitaines commandant les compagnies du train, concourent entre eux pour les emplois de chef d'escadron sous-directeur et de chef d'escadron commandant les troupes du train ; toutefois, par suite de la présente organisation, un emploi de chef d'escadron sous-directeur pourra être conféré à un capitaine des armes de l'artillerie, du génie ou du corps royal d'état-major, proposé pour l'avancement. L'emploi de directeur des parcs est donné, soit à un lieutenant-colonel du corps ou d'une arme spéciale, soit à un chef d'escadron du corps ou à un chef de bataillon ou d'escadron d'une arme spéciale, proposé pour l'avancement. Le lieutenant-colonel directeur peut être promu au grade de colonel. Notre ministre secrétaire d'Etat de la guerre nomme à l'emploi de professeur de dessin et de mathématiques élémentaires, créé par la présente ordonnance. Le traitement affecté à cet emploi est le même que celui des professeurs de dessin dans les écoles d'artillerie.

11. Les officiers généraux exercent, sur les troupes des équipages militaires, la même autorité que sur les autres corps placés sous leur commandement ; mais la direction du service du corps des équipages militaires appartient spécialement aux fonctionnaires de l'intendance militaire. En conséquence, si des circonstances impérieuses de service obligeaient les officiers généraux à faire emploi momentané des troupes du corps des équipages comme force militaire, ils en donneraient avis immédiatement au fonctionnaire de l'intendance sous la direction duquel le service de cette troupe serait placé, afin qu'il puisse, au besoin, assurer le service des transports par d'autres moyens.

12. Tous les ans notre ministre secrétaire d'Etat de la guerre nous soumet la nomination d'un inspecteur général chargé de l'inspection des troupes des équipages militaires et de celle du matériel des parcs.

13. Un règlement, établi d'après les bases fixées par la présente ordonnance, déterminera, 1° les règles de gestion et de comptabilité des établissements ; 2° les rapports entre la direction des parcs et les troupes du corps des équipages militaires ; 3° la composition et la forme des objets

d'armement, d'équipement et d'habillement de ces troupes.

Dispositions transitoires.

14. En attendant la publication du règlement à intervenir, les dispositions des réglements en vigueur seront appliquées au corps et aux établissements des équipages militaires, en tant qu'elles ne sont point contraires à la présente ordonnance.

15. Des quatre escadrons du train à organiser conformément à la presente ordonnance, il en sera immédiatement formé un dans l'intérieur et trois en Algérie; chacun de ces derniers comprendra deux compagnies temporaires.

16. Notre ministre de la guerre (duc de Dalmatie) est chargé, etc.

Organisation du personnel de direction, des escadrons et compagnies d'équipages militaires.

PERSONNEL DE DIRECTION.

Direction centrale à Vernon.

1 lieutenant-colonel ou colonel, directeur des parcs.
1 capitaine d'état-major. }
1 lieutenant. . . . . . . } adjoints au directeur.

3 officiers.

Parc principal à Vernon.

1 chef d'escadron sous-directeur, commandant le parc.
1 capitaine en résidence fixe.
1 lieutenant d'état-major adjoint.
1 officier payeur (lieutenant ou sous-lieutenant).
1 chirurgien aide-major (pour les compagnies d'ouvriers et les détachements du train affectés au service du parc de Vernon).

5 officiers.

1 professeur de dessin et de mathématiques élémentaires.

1 garde de 1re classe.
1 — de 2e.
2 — de 3e.
1 — de 4e.

5 gardes.

1 chef ouvrier d'état.
4 sous-chefs ouvriers d'état.
6 ouvriers d'état.

11 ouvriers d'état.

1 portier consigne.
1 aide-portier consigne.

2 sous-employés.

24 officiers et employés ou sous-employés.

Parc secondaire de Châteauroux.

1 chef d'escadron sous-directeur, commandant le parc.
1 capitaine en résidence fixe.
2 lieutenants ou sous-lieutenants d'état-major adjoints (dont un remplissant les fonctions d'officier payeur).

4 officiers.

1 garde de 1re classe.
1 — de 2e.
1 — de 3e.
1 — de 4e.

4 gardes.

1 chef ouvrier d'état.
2 sous-chefs ouvriers d'état.
3 ouvriers d'état.

6 ouvriers d'état.

1 portier consigne.

15 officiers et employés ou sous-employés.

Dépôt de Sampigny.

1 capitaine en premier, commandant le parc.
1 lieutenant ou sous-lieutenant d'état-major adjoint (remplissant les fonctions d'officier payeur).

2 officiers.

1 garde de 3e classe.
1 — de 4e.

2 gardes.

1 sous-chef ouvrier d'état.
1 ouvrier d'état.

2 ouvriers d'état.

1 portier consigne.

7 officiers et employés ou sous-employés.

Parc de réparation d'Alger.

1 capitaine en premier, commandant le parc.
2 lieutenants ou sous-lieutenants d'état-major adjoints (dont un remplissant les fonctions d'officier payeur).

3 officiers.

1 garde de 2e classe.
1 — de 3e.
2 — de 4e.

4 gardes.

1 sous-chef ouvrier d'état.
2 ouvriers d'état.

3 ouvriers d'état.

10 officiers et employés ou sous-employés.

COMPAGNIE D'OUVRIERS CONSTRUCTEURS.

	PIED de paix.	PIED de guerre.
Capitaine en premier.	1	1
Capitaine en deuxième.	1	1
Lieutenants en premier.	2	2
Lieutenants en deuxième.	2	2
TOTAL des officiers.	6	6
Sergent-major.	1	1
Sergents.	8	8
Fourrier.	1	1
Caporaux.	8	8
Maîtres ouvriers.	8	8
Clairons.	2	2
Enfants de troupe.	2	2
TOTAL.	30	30
Soldats ouvriers. de 1ʳᵉ classe.	24	36
de 2ᵉ classe.	30	40
de 3ᵉ classe.	60	80
TOTAL des sous-officiers et soldats.	144	186

ESCADRON DU TRAIN DES ÉQUIPAGES.
ÉTAT-MAJOR.

	PIED de paix.		PIED de guerre.	
	Hommes.	Chevaux.	Hommes.	Chevaux.
Chef d'escadron. (Un lieutenant-colonel pourra commander l'un des escadrons.).	1	2	1	3
Capitaine-major.	1	1	1	3
Lieutenant instructeur (chargé des fonctions d'adjudant-major.	1	1	1	2
Trésorier (capitaine, lieutenant ou sous-lieutenant).	1	1	1	2
Officier d'habillement et d'armement (capitaine, lieutenant ou sous-lieutenant).	1	1	1	2
Chirurgien aide-major (Un chirurgien-major sera attaché à l'un des escadrons.).	1	1	2	2
TOTAL des officiers.	6	7	7	14
Adjudant.	1	1	2	2
Vétérinaire en premier.	1	1	1	1
Brigadier trompette. (Un maréchal-des-logis trompette pourra être attaché à l'un des escadrons.).	1	1	1	1
TOTAL des sous-officiers.	3	3	4	4

PELOTON HORS RANG.

	MARÉCHAL-DES-LOGIS CHEF.	MARÉCHAUX-DES-LOGIS.	MAÎTRES OUVRIERS.	BRIGADIER élève fourrier.	BRIGADIERS.	SOLDATS.	TOTAL.
Pour le service du peloton. . . .	1	1	»	1	2	»	5
Secrétaires du commandant. . . .	»	»	»	»	»	1	1
— du capitaine-major.	»	»	»	»	»	1	1
— du trésorier.	»	1	»	»	1	2	4
— de l'officier d'habillement. . .	»	1	»	»	1	1	3
Ateliers.							
Armuriers-éperonniers.	»	»	1	»	»	3	4
Selliers-bourreliers.	»	»	1	»	1	4	6
Tailleurs.	»	»	1	»	1	14	16
Bottiers.	»	»	1	»	1	12	14
Enfants de troupe.	»	»	»	»	»	1	1
TOTAL.	1	3	4	1	7	39	55

COMPAGNIE ACTIVE.

	PIED DE PAIX.			PIED DE GUERRE.		
	Hommes.	Chevaux		Hommes.	Chevaux	
		de selle.	de trait.		de selle.	de trait.
Capitaine (de 1ʳᵉ ou de 2ᵉ classe). .	1	2	»	1	3	»
Lieutenant en premier.	1	1	»	1	2	»
— en deuxième.	1	1	»	1	2	»
Sous-lieutenants.	3	3	»	3	6	»
TOTAL des officiers. . .	6	7	»	6	13	»
Vétérinaire en second.	1	1	»	1	1	»
Maréchal-des-logis chef. . . .	1	1	»	1	1	»
Maréchaux-des-logis.	8	8	»	12	12	»
Fourrier.	1	1	»	1	1	»
Brigadier élève fourrier. . . .	1	1	»	1	1	»
Brigadiers.	16	16	»	24	24	»
Maréchaux ferrants.	3	»	»	4	4	»
Selliers, bourreliers, bâtiers . . .	3	»	»	6	»	»
Ouvriers en bois et en fer. . . .	6	»	»	8	»	»
Trompettes.	4	4	»	4	4	»
Enfants de troupe.	2	»	»	2	»	»
TOTAL.	46	32	»	64	48	»
Soldats de première classe. .	50	»	120	65	»	280
— de deuxième classe. . . .	100			130		
	196	32	220	259	48	280
TOTAL des sous-officiers et soldats.	196	252		259	328	

CADRE DE DÉPÔT.

	PIED DE PAIX.	
	Hommes.	Chevaux.
Capitaine ou lieutenant en premier commandant.	1	1
Lieutenant en second.	1	1
Sous-lieutenant.	1	1
TOTAL des officiers.	3	3

	PIED DE PAIX.	
	Hommes.	Chevaux.
Maréchal-des-logis chef.	1	1
Maréchaux-des-logis (dont un vaguemestre).	5	5
Fourrier.	1	1
Brigadier élève fourrier.	1	1
Brigadiers.	8	8
Maréchal ferrant.	1	»
Sellier-bourrelier.	1	»
Ouvriers en bois et en fer.	2	»
Soldats (un nombre non déterminé de recrues ou d'anciens soldats qui auraient été dirigés sur le dépôt).	»	50
Trompettes.	2	2
Enfants de troupe.	2	»
TOTAL des sous-officiers et soldats.	24	68

Complet de paix d'un escadron composé d'un état-major, de quatre compagnies actives et d'un cadre de dépôt.

	HOMMES.			CHEVAUX		
	Officiers.	Sous-officiers et soldats.	Enfants de troupe.	d'officiers.	de troupe, de selle.	de trait.
État-major.	6	3	»	7	3	»
Peloton hors rang.	»	54	1	»	»	»
Quatre compagnies actives.	24	776	8	28	128	880
Un cadre de dépôt.	3	22	2	3	18	50
TOTAL.	33	855	11	38	149	930

Complet de guerre d'un escadron également composé d'un état-major, de quatre compagnies actives et d'un cadre de dépôt.

	HOMMES.			CHEVAUX		
	Officiers.	Sous-officiers et soldats.	Enfants de troupe.	d'officiers.	de troupe, de selle.	de trait.
État-major.	7	4	»	14	4	»
Peloton hors rang.	»	54	1	»	»	»
Quatre compagnies actives.	24	1,028	8	52	192	1,120
Un cadre de dépôt.	3	22	2	3	18	50
TOTAL.	34	1,108	11	69	214	1,170

	AVEC CHEVAUX et voitures.			AVEC CHEVAUX ou mulets de bât.		
COMPAGNIE TEMPORAIRE.	Hommes.	Chevaux de selle.	de trait.	Hommes.	de troupe, de selle.	de bât ou mulets.
Lieutenant en premier.	1	2	»	1	2	»
Lieutenant en second.	1	2	»	1	2	»
Sous-lieutenants (1).	1	2	»	1	2	»
TOTAL.	3	6	»	3	6	»

(1) Des sous-lieutenants des compagnies actives de l'intérieur seront détachés près les compagnies temporaires pour les compléter à deux officiers de ce grade.

	AVEC CHEVAUX et voitures.	Chevaux		AVEC CHEVAUX et mulets de bât.	Chevaux	
	Hommes.	de selle.	de trait.	Hommes.	de selle.	de bât ou mulets
Vétérinaire en second.	1	1	»	1	1	»
Maréchal-des-logis chef. . . .	1	1	»	1	1	»
Maréchaux-des-logis.	8	8	»	8	8	»
Fourrier..	1	1	»	1	1	»
Brigadier élève fourrier. . . .	1	1	»	1	1	»
Brigadiers.	16	16	»	16	16	»
Maréchaux ferrants.	3	»	»	3	»	»
Selliers, bourreliers, bâtiers. .	5	»	»	5	»	»
Ouvriers en bois et en fer. . .	4	»	»	4	»	»
Trompettes..	2	2	»	2	2	»
Enfants de troupe..	2	»	»	2	»	»
TOTAL. . . .	44	30	»	44	30	»
Soldats { de première classe.	45			70		
de deuxième classe (dont 30 haut-le-pied). .	95	»	190	150	»	190
	184	30	190	264	30	190
TOTAL des sous-officiers et soldats.	184	220		264	220	

COMPAGNIE AUXILIAIRE.

(La compagnie se complète au moyen de conducteurs civils, de voitures et de chevaux requis ou pris à loyer.)

	HOMMES.	CHEVAUX de selle.	de trait.
Lieutenant en premier.	1	2	»
Sous-lieutenants.	2	4	»
TOTAL des officiers. . . .	3	6	»
Adjudant sous-officier.	1	1	»
Vétérinaire en second.	1	1	»
Maréchal-des-logis chef.	1	1	»
Maréchaux-des-logis.	4	4	»
Fourrier.	1	1	»
Brigadiers.	8	8	»
Maréchaux ferrants.	2	»	»
Ouvriers en bois et en fer. . . .	4	»	»
Soldats { de première classe. . . .	12	12	»
de deuxième classe. . . .	12	»	24
Trompettes.	2	2	»
TOTAL des sous-officiers et soldats. . . .	48	32	24

23 = 20 JANVIER 1842. — Ordonnance du roi portant convocation du conseil général du département du Gard. (IX, Bull. DCCCLXXXI, n. 9825.)

Louis-Philippe, etc., sur le rapport de notre ministre secrétaire d'Etat au département de l'intérieur; vu l'art. 12 de la loi du 22 juin 1833, etc.

Art. 1er. Le conseil général du département du Gard est convoqué pour le 15 février prochain, à l'effet de délibérer sur le projet de construction d'un chemin de fer de Marseille au Rhône, ainsi que sur les autres affaires qui lui seraient soumises par le préfet. Cette session extraordinaire ne pourra durer plus de cinq jours.

2. Notre ministre de l'intérieur (M. Duchâtel) est chargé, etc.

11 = 29 janvier 1842. — Ordonnance du roi qui modifie l'art. 63 du règlement du mont-de-piété de Limoges. (IX, Bull. supp. DLXXX, n. 16189.)

Louis-Philippe, etc., sur le rapport de notre ministre secrétaire d'Etat au département de l'intérieur; vu la délibération de la commission administrative de l'hospice de Limoges, en date du 6 février 1841; vu la délibération de la commission administrative du mont-de-piété, en date du 24 mai suivant; vu l'avis du préfet; notre conseil d'Etat entendu, etc.

Art. 1er. L'art. 63 du règlement du mont-de-piété de Limoges est supprimé et remplacé par l'article suivant: « A l'avenir, « les fonds versés dans la caisse du mont- « de-piété de Limoges, tant à titre de prêts « qu'à titre de cautionnement, auront pour « garantie la dotation de l'établissement. »

2. Notre ministre de l'intérieur (M. Duchâtel) est chargé, etc.

26 janvier = 1er février 1842. — Ordonnance du roi qui transfère à Axat le chef-lieu de la justice de paix du canton de Roquefort (Aude). (IX, Bull. DCCCLXXXII, n. 9832.)

Louis-Philippe, etc., sur le rapport de notre garde des sceaux, ministre secrétaire d'Etat au département de la justice et des cultes; vu la demande formée par les maires des communes d'Artigues, Axat, Bessède de Sault, Cailla, le Clat, Sainte-Colombe-sur-Guête, Gincla, Montfort, Puylaurent (Aude), en date du 24 novembre 1839, à l'effet d'obtenir la translation du chef-lieu de la justice de paix du canton de Roquefort dans la commune d'Axat; vu les délibérations des conseils municipaux d'Axat, Artigues, Bessède, Cailla, le Clat, Sainte-Colombe, Gincla, Montfort, Puylaurent Roquefort, Counozouls, Escouloubre, Bousquet, en date des 8, 9, 10, 11, 13, 15, 16, 17 et 20 mai 1840; vu les observations des maires et conseillers municipaux des communes de Roquefort, Bousquet, Leclat, Montfort, Sainte-Colombe-sur-Guête, Bessède, Counozouls, Escouloubre, en date du 16 décembre 1840; vu

les avis du sous-préfet de Limoux et du préfet de l'Aude, en date du 27 novembre 1840; vu les avis du conseil d'arrondissement de Limoux et du conseil général du département de l'Aude, en date des 26 juillet et 25 août 1840; vu les avis de notre procureur général près la Cour royale de Montpellier et du premier président de la même Cour; vu l'avis de notre ministre de l'intérieur, en date du 20 mars 1841; vu les autres pièces jointes au dossier; vu la loi du 8 pluviôse an 9; notre conseil d'Etat entendu, etc.

Art. 1er. Le chef-lieu de la justice de paix du canton de Roquefort, arrondissement de Limoux, département de l'Aude, sera transféré à Axat, commune du même canton.

2. Notre ministre de la justice et des cultes (M. Martin du Nord) est chargé, etc.

4 janvier = 2 février 1842. — Ordonnance du roi qui autorise la ville de Bourg (Ain) à élever un monument à la mémoire de Bichat. (IX, Bull. DCCCLXXXIII, n. 9833.)

Louis-Philippe, etc., sur le rapport de notre ministre secrétaire d'Etat de l'instruction publique; vu la délibération, en date du 27 novembre 1838, par laquelle le conseil municipal de Bourg a voté des fonds pour élever un monument en l'honneur du médecin Marie-François-Xavier Bichat; vu la délibération prise par le conseil général de l'Ain, pour le même objet, dans la session de 1840; vu l'ordonnance royale en date du 10 juillet 1816, etc.

Art. 1er. La ville de Bourg, département de l'Ain, est autorisée à élever un monument à la mémoire de Marie-François-Xavier Bichat, né à Thoirette, en Bresse, en 1771, mort à Paris en 1802.

2. Nos ministres de l'instruction publique et de l'intérieur (MM. Villemain et Duchâtel) sont chargés, etc.

9 janvier = 2 février 1842. — Décision du roi qui fixe à trente ans l'âge d'admissibilité aux épreuves du concours pour les chaires de professeurs dans les facultés de médecine. (IX, Bull. DCCCLXXXIII, n. 9834.)

Sire, l'ordonnance royale du 5 octobre 1830, qui a rétabli le concours comme mode de nomination aux chaires vacantes dans les facultés de médecine, fixe à vingt-cinq ans l'âge d'admissibilité aux épreuves. Lorsque cette modification aux anciens règlements fut proposée à Votre Majesté, le nombre des médecins était beaucoup moins considérable qu'il ne l'est aujourd'hui, et on pouvait regarder comme une chose utile d'ouvrir la carrière de l'enseignement à la plus grande partie des docteurs. Mais l'importance des études médicales est devenue telle, par les mesures successivement prescrites depuis quelques années, qu'un élève qui veut donner à ces études le temps qu'elles réclament peut à peine être reçu docteur avant l'âge de vingt-cinq ans. La dignité des concours paraît donc intéressée à ce que les jeunes médecins qui n'ont encore ni l'expérience de la pratique médicale, ni celle de l'enseignement, ne puissent compromettre l'éclat de ces épreuves publiques. En fait, aucun candidat de cet âge n'a jamais pris part à un concours pour une place de professeur; mais il convient que les règlements universitaires soient d'accord en ce point avec ce que l'expérience indique comme nécessaire. L'âge de vingt-cinq ans restera la condition d'admissibilité aux concours pour les places d'agrégés; mais Votre Majesté, pour les motifs qui viennent d'être exposés, jugera sans doute utile d'appliquer aux facultés de médecine la règle qui n'a pas cessé d'être en vigueur pour toutes les autres facultés, et qui a même été prescrite pour les écoles préparatoires de médecine et de pharmacie nouvellement constituées : cette règle fixe à trente ans l'âge du professorat, et conséquemment l'âge d'admissibilité aux épreuves des concours pour les chaires de professeur.

J'ai l'honneur de prier Votre Majesté de vouloir bien, en approuvant ce rapport, consentir à cette modification de l'ordonnance royale du 5 octobre 1830. Je suis avec un profond respect, Sire, de Votre Majesté, le très-humble, très-obéissant et fidèle serviteur, le ministre secrétaire d'État au département de l'instruction publique.

Signé Villemain.

Approuvé. *Signé* LOUIS-PHILIPPE.

11 JANVIER = 4 FÉVRIER 1842. — Ordonnance du roi qui approuve des modifications aux statuts de la compagnie d'assurances maritimes l'*Avenir*. (IX, Bull. supp. DLXXXII, n. 16240.)

Louis-Philippe, etc., sur le rapport de notre ministre secrétaire d'État de l'agriculture et du commerce ; vu l'ordonnance royale du 16 septembre 1838, qui autorise la société anonyme formée à Paris sous la dénomination d'*Avenir*, compagnie d'assurances maritimes; vu la délibération prise par l'assemblée générale des actionnaires de ladite compagnie, le 28 avril 1841, ayant pour objet de convertir en deux cents actions de cinq mille francs chacune les mille actions de mille francs représentant le capital de ladite société; notre conseil d'État entendu, etc.

— Art. 1er. Les modifications aux art. 6, 17, 24, 26 et 29 des statuts de la compa-

gnie d'assurances maritimes l'*Avenir*, sont approuvées telles qu'elles sont contenues dans l'acte passé, le 2 décembre 1841, pardevant Me Hallig et son collègue, notaires à Paris, lequel acte restera annexé à la présente ordonnance.

2. Notre ministre de l'agriculture et du commerce (M. Cunin-Gridaine) est chargé, etc.

Par-devant, etc., ont comparu, etc., lesquels comparants susnommés ont exposé ce qui suit : Par une délibération du 28 avril 1841, prise en vertu de l'art. 41 des statuts de la société, et dont extrait dûment enregistré, certifié véritable et signé par les comparants, est, après mention faite dessus par les notaires soussignés, demeuré annexé au présent acte, l'assemblée générale des actionnaires a décidé de convertir les mille actions de mille francs chacune qui représentent actuellement le capital de la compagnie en deux cents actions de cinq mille francs chacune, et d'apporter aux dispositions des statuts les changements nécessaires pour attribuer aux propriétaires d'une action nouvelle les avantages réservés actuellement aux propriétaires de cinq actions de mille francs. La même délibération contient, conformément à l'art. 41 des statuts, une disposition ainsi conçue : « Tous pouvoirs sont donnés au conseil d'adminis- « tration de la société, pour demander à l'autorité « l'approbation des modifications sus-indiquées, et « consentir les changements qu'elle pourrait exi- « ger. » En conséquence et pour se conformer aux observations qui leur ont été faites par le gouvernement, les comparants déclarent qu'il soit les modifications à apporter aux art. 6, 17, 24, 26 et 29 des statuts de l'*Avenir*, en vertu de la délibération de l'assemblée générale de ladite compagnie, du 28 avril 1841 :

Art. 6. Le premier paragraphe de cet article, qui est ainsi conçu :

« Le capital social est de un million de francs « divisé en mille actions de mille francs, » est remplacé par les trois paragraphes suivants : « Le « capital social est de un million de francs divisé en « deux cents actions de cinq mille francs chacune. « En conséquence, tous propriétaires de cinq ac- « tions de mille francs sont tenus de les convertir « en une seule action de cinq mille francs avant le « paiement du premier semestre ou avant l'épo- « que du premier transfert qui suivra la promul- « gation de l'ordonnance approbative des présentes « modifications. Quant aux propriétaires d'un « nombre d'actions inférieur à cinq, la conver- « sion ne sera obligatoire à leur égard qu'au fur « et à mesure de l'inscription en leur nom de « cinq actions. »

Par suite de cette disposition nouvelle, les articles suivants sont ainsi modifiés :

« Art. 17. Paragraphe 2.) Chaque membre du « conseil d'administration doit être propriétaire, « sous son nom ou sous celui de sa maison, de « deux actions au moins »

« Art. 24. Paragraphe 1er.) Le directeur doit « être propriétaire de quatre actions, qui sont « inaliénables pendant ses fonctions, et demeu- « rent affectées à la garantie de sa gestion. »

« Art. 26. (Paragraphe 2.) Tout propriétaire « d'une action a le droit d'être admis à l'assem- « blée générale. »

« Art. 29. (Paragraphe 3.) La propriété d'une

« action donne une voix ; celle de trois actions , « deux voix, et celle de six ou plus , trois voix. »

Les dispositions qui précèdent recevront leur exécution à partir du jour où elles auront reçu l'approbation du roi. Sauf les modifications résultant du changement apporté dans le taux nominal des actions , les statuts sus-énoncés de la compagnie d'assurances maritimes *l'Avenir* continueront à recevoir leur exécution comme par le passé. Pour faire publier le présent acte partout où besoin sera , tous pouvoirs sont donnés au porteur d'une expédition.

11 JANVIER = 4 FÉVRIER 1842. — Ordonnance du roi portant autorisation de la société anonyme du pont de Champ (Isère). (IX , Bull. supp. DLXXXII, n. 16241.)

Louis-Philippe, etc. , sur le rapport de notre ministre secrétaire d'Etat de l'agriculture et du commerce ; vu l'ordonnance royale du 22 mars 1838 , qui autorise l'établissement d'un pont en maçonnerie sur la Romanche, dans la commune de Champ (Isère) ; vu l'adjudication passée au profit des sieurs Félix Penet et Henri Giroud , suivant procès-verbal du 27 février 1839 , et approuvée par ordonnance royale du 5 juin suivant ; notre conseil d'Etat entendu , etc.

Art. 1er. La société anonyme formée à Grenoble (Isère) sous la dénomination de *Société anonyme du Pont de Champ* est autorisée. Sont approuvés les statuts de ladite société , tels qu'ils sont contenus dans l'acte passé , le 12 octobre 1841 , par-devant Me Robert et son collègue , notaires à Grenoble , lequel acte restera annexé à la présente ordonnance.

2. La société est substituée à tous les droits et obligations qui dérivent , pour les sieurs Félix Penet et Henri Giroud , de l'adjudication passée à leur profit le 27 février 1839.

3. Nous nous réservons de révoquer notre autorisation en cas de violation ou de non exécution des statuts approuvés , sans préjudice des droits des tiers.

4. La société sera tenue de remettre , tous les six mois , un extrait en état de situation au ministère de l'agriculture et du commerce , au préfet du département de l'Isère et au greffe du tribunal de commerce de Grenoble.

5. Notre ministre de l'agriculture et du commerce (M. Cunin-Gridaine) est chargé , etc.

Formation de la société.

Art. 1er. Il est formé , par ces présentes, une société anonyme , entre les comparants , sous la dénomination de *Société anonyme du Pont de Champ*. Elle commencera le jour de l'ordonnance royale qui l'aura autorisée , conformément à l'art. 37 du Code de commerce ; sa durée sera celle de la con-

cession ci-dessus rappelée. Elle a pour objet exclusif et spécial la jouissance des droits de péage du pont en maçonnerie construit sur la Romanche, dans la commune de Champ (Isère) , pendant la durée de la concession , et de satisfaire à toutes les charges et conditions de l'adjudication , notamment en ce qui concerne l'entretien du pont et la remise qui en sera faite à l'administration. Le siége de la société est à Grenoble.

2. Les comparants , étant seuls propriétaires du droit de péage dont il s'agit , apportent ce droit dans la société , franc et libre de toutes dettes, charges et obligations autres que celles qui résultent du cahier des charges de l'adjudication. En conséquence , la société jouira et disposera dudit droit de péage , ainsi qu'elle le jugera convenable ; et , à cet effet, elle demeure subrogée, sans aucune réserve ni restriction , dans tous les droits, charges et obligations qui dérivent , pour MM. Félix Penet et Henri Giroud , du cahier des charges de l'adjudication. Le fonds social consiste dans la jouissance du droit de péage du pont de Champ. Ce fonds est divisé en quatre-vingt-neuf actions , représentant chacune un quatre-vingt-neuvième de l'entreprise. Ces actions seront au porteur ; elles seront extraites d'un registre à souche , qui restera déposé au siége de l'administration ; elles seront signées par les membres du comité d'administration. La transmission des actions s'opérera par la tradition , selon l'art. 35 du Code de commerce. Ces actions seront délivrées aux comparants dans la proportion suivante , savoir. (*Suivent les noms.*)

3. Les actions sont indivisibles : en cas de faillite ou de décès d'un actionnaire , ses créanciers , héritiers ou autres ayants-droit , quel qu'en soit le nombre , devront se faire représenter par l'un d'entre eux , de manière que les actions du failli ou du décédé ne puissent jamais donner à plusieurs individus le droit d'intervenir dans la société , et ils seront tenus, comme aurait été tenu celui qu'ils représentent , d'admettre le résultat des comptes arrêtés par l'assemblée générale.

4. Il sera établi un fonds de réserve de dix mille francs destiné à faire face aux grosses réparations , et à subvenir aux cas imprévus. Il sera formé au moyen d'un prélèvement de cinq pour cent sur le produit net du péage , avant toute répartition ou dividende. Les sommes provenant du prélèvement seront employées en acquisitions de rentes sur l'Etat ; les arrérages en seront capitalisés jusqu'à ce que le fonds de réserve ait atteint dix mille francs. Lorsque ce chiffre aura été atteint , le prélèvement annuel , destiné à former la réserve , cessera ; il reprendra son cours dans le cas où la réserve aurait été entamée.

5. La société est gérée par un comité d'administration composé de trois membres révocables par l'assemblée générale des actionnaires. La durée des fonctions des administrateurs sera de trois ans ; ils seront renouvelés tous les ans par tiers, pendant les deux premières années. Le sort désignera le membre sortant ; ensuite le renouvellement aura lieu par rang d'ancienneté. Les membres sortants pourront être réélus. Pendant la durée de leurs fonctions , les membres du comité devront être propriétaires chacun au moins de trois actions de la société. Ces actions seront inaliénables pendant le cours de la gestion , et affectées à sa garantie ; elles resteront déposées , à cet effet , entre les mains d'un notaire , qui les détiendra pour le compte et au nom de la société.

6. Le comité d'administration est chargé du

choix des employés nécessaires à la perception et du contrôle des recettes. Il veille à la conservation du pont, et fait pourvoir aux réparations qui seraient nécessaires, aux frais de la société. Il fixe le traitement de tous les employés, règle le mode de comptabilité. Ses fonctions sont gratuites. Conformément à l'art. 32 du Code de commerce, les administrateurs ne contractent, à raison de leur gestion, aucune obligation personnelle ni solidaire relativement aux engagements de la société. Ils ne répondent que de l'exécution de leur mandat.

7. Chaque année, dans les dix premiers jours de janvier, le comité d'administration établit les comptes de l'année expirée, et les soumet à l'assemblée générale. Il ne doit jamais avoir plus de cinq cents francs en caisse; le surplus est versé par lui en compte courant chez le banquier de la société, qui lui sera désigné, au moment de sa nomination, par l'assemblée générale; les fonds de ce compte courant ne pourront être retirés que sur mandats signés par les membres du comité d'administration. Le comité d'administration ne pourra faire aucun emprunt, ni contracter aucun engagement au nom de la société, autres que les marchés nécessaires pour lesdites réparations du pont. Le comité d'administration désignera un de ses membres, qui représentera la société en justice, tant en demandant qu'en défendant.

8. En cas de décès ou de démission de l'un des membres du comité d'administration, les deux membres restant pourvoiront à son remplacement provisoire, et il sera procédé à son remplacement définitif par la plus prochaine assemblée générale.

9. Le produit annuel du péage et les intérêts produits par les fonds placés pour le compte de la société, déduction faite, 1° des frais de perception; 2° des réparations ordinaires et extraordinaires; 3° des cinq pour cent montant du prélèvement annuel opéré pour former le fonds de réserve mentionné sous l'art. 4, seront répartis entre toutes les actions de la société dans la proportion de un quatre-vingt-neuvième par action. Le fonds de réserve, à l'expiration de la société, après distraction faite des dépenses de réparations ou de remise du pont, sera distribué de la même manière. Les paiements qui seront la suite de chaque répartition auront lieu à Grenoble, au siége de la société, dans le mois de février qui suivra l'année expirée.

10. Tous les ans, dans le mois de janvier, les actionnaires se réuniront en assemblée générale, au siége de la société, sur la convocation que le comité d'administration sera tenu de faire par un avis inséré quinze jours d'avance dans les journaux d'annonces légales désignés par le tribunal de commerce de Grenoble, conformément à la loi du 31 mars 1833, et qui fera connaître l'objet de la réunion. Chaque membre de l'assemblée n'aura droit qu'à une voix délibérative, quel que soit le nombre de ses actions. L'assemblée sera présidée par le propriétaire du plus grand nombre d'actions parmi ceux présents; les fonctions de secrétaire seront remplies par le plus jeune des actionnaires aussi présents. Les actionnaires devront, deux jours au moins avant la tenue de l'assemblée générale, déposer leurs titres entre les mains du comité d'administration, qui en fournira récépissé, et devra faire mention de ce dépôt sur un registre spécial. L'assemblée ne pourra délibérer qu'autant que les actionnaires présents réuniront la moitié, plus une, des actions. Si une première fois l'assemblée

ne se trouve pas en nombre suffisant pour délibérer, elle s'ajournera à quinzaine; de nouvelles convocations seront faites, au moins huit jours à l'avance, par un avis inséré dans les journaux, lequel énoncera la cause de la remise de l'assemblée générale, et rappellera les objets sur lesquels il doit être délibéré. Les délibérations de l'assemblée générale convoquée sur cette remise seront valables, quel que soit le nombre des membres présents et des actions représentées, pourvu que ces délibérations aient été prises à la majorité des voix des actionnaires présents, et qu'elles ne portent que sur les objets à l'ordre du jour de la première réunion; elles seront obligatoires pour tous les actionnaires, qu'ils y aient ou non assisté.

11. La réunion de l'assemblée générale annuelle a pour objet : 1° d'entendre le compte de gestion présenté par le comité d'administration; 2° de discuter et d'approuver, s'il y a lieu, ce compte; 3° de procéder à la nomination des membres du comité; 4° de délibérer sur toutes les mesures d'administration qui pourraient intéresser la société, ou sur des modifications à apporter à l'acte social, conformément à ce qui est prévu par l'art. 14.

12. Outre cette assemblée, le comité d'administration pourra convoquer des assemblées générales extraordinaires chaque fois qu'il le jugera convenable, et il sera même tenu d'en convoquer toutes les fois que la demande lui en sera faite par les propriétaires du tiers au moins des actions; la première assemblée, pour la nomination du comité d'administration, aura lieu aussitôt que les présents statuts auront été approuvés par ordonnance royale. L'assemblée générale qui sera convoquée au moment où cessera la perception du droit de péage au profit de la société, fixera les mesures à prendre pour opérer le réglement définitif à titre de liquidation du compte de la société.

13. Les membres du comité d'administration ne pourront voter dans les délibérations qui auront pour objet l'arrêté des comptes. Il sera tenu un registre des assemblées générales; toutes les délibérations devront constater les noms des actionnaires présents et le nombre des actions dont ils sont propriétaires; les délibérations prises seront signées par les membres du bureau et les actionnaires présents à la séance.

14. Si des circonstances imprévues viennent à démontrer la nécessité ou la convenance de modifier quelques dispositions des présents statuts, ces modifications pourront être arrêtées par l'assemblée générale des actionnaires, sur la proposition du comité d'administration, mais elles ne seront exécutoires qu'après l'approbation du gouvernement. Toutefois, l'assemblée générale ne pourra délibérer qu'autant qu'elle aura été convoquée, pour ce cas particulier, un mois d'avance, et la décision ne sera valable qu'autant qu'elle aura été prise par un nombre d'actionnaires représentant la moitié des actions dont se compose le fonds social.

15. En cas de contestation entre les actionnaires et la société, ou les actionnaires entre eux à raison des affaires sociales, elles seront jugées en dernier ressort et sans appel ni recours de cassation ou requête civile, à la majorité des voix, par un tribunal arbitral composé de trois arbitres, sur le choix desquels les parties seront tenues de s'accorder dans un délai de huitaine, ou qui, à défaut, seront nommés d'office par le président du tribunal de commerce de Grenoble, à la requête de la partie la plus diligente : les arbitres prononceront

comme amiables compositeurs. Tout pouvoir est donné au porteur d'un extrait du présent, pour le publier où besoin sera.

———

9 JANVIER = 8 FÉVRIER 1842. — Ordonnance du roi qui établit une école préparatoire de médecine et de pharmacie dans la ville de Bordeaux. (IX, Bull. DCCCLXXXIV, n. 9838.)

Louis-Philippe, etc., sur le rapport de notre ministre secrétaire d'État au département de l'instruction publique, grand-maître de l'université; vu l'ordonnance royale du 18 mai 1820, concernant les écoles secondaires de médecine; vu l'ordonnance du 26 mars 1829, en ce qui concerne l'école secondaire médicale de Bordeaux; vu nos ordonnances des 13 octobre 1840, 12 mars et 18 avril 1841, relatives aux écoles préparatoires de médecine et de pharmacie; vu la délibération en date du 6 décembre 1841, par laquelle le conseil municipal de Bordeaux a voté une somme de dix-sept mille cinq cents francs pour l'entretien annuel d'une école préparatoire de médecine et de pharmacie; vu la délibération prise par le conseil général du département de la Gironde dans sa dernière session, et par laquelle ledit conseil vote une subvention annuelle de deux mille cinq cents francs, qui viendra en déduction des dépenses garanties par le conseil municipal de Bordeaux pour l'entretien annuel de l'école préparatoire de médecine et de pharmacie; vu l'approbation donnée auxdites délibérations par notre ministre secrétaire d'État de l'intérieur, sous la date du 24 décembre 1841; vu l'avis du conseil royal de l'instruction publique, en date du 28 du même mois.

Art. 1er. Une école préparatoire de médecine et de pharmacie est établie dans la ville de Bordeaux.

2. Les cours de pathologie interne et de pathologie externe qui, aux termes de notre ordonnance du 13 octobre 1840, sont annexés aux cours de clinique interne et de clinique externe, demeureront provisoirement confiés, dans ladite école, à deux professeurs titulaires.

3. Il est maintenu dans ladite école, en dehors du cadre d'enseignement déterminé par l'ordonnance précitée, une chaire d'opérations et appareils, une chaire d'hygiène et de médecine légale.

4. Pour la première organisation de l'école, la nomination des professeurs sera faite directement par notre ministre secrétaire d'État au département de l'instruction publique.

5. Notre ministre de l'instruction publique (M. Villemain) est chargé, etc.

21 JANVIER = 8 FÉVRIER 1842. — Ordonnance du roi portant que le bureau de navigation d'Arras sera ouvert pour le jaugeage des bateaux. (IX, Bull. DCCCLXXXIV, n. 9839.)

Louis-Philippe, etc., vu l'art. 10 de la loi du 9 juillet 1836, portant que les bureaux de jaugeage seront désignés par ordonnance royale; vu les ordonnances des 15 octobre 1836, 30 décembre 1839 et 21 décembre 1841 rendues en exécution de ladite loi; voulant pourvoir au jaugeage des bateaux sur la rivière de Scarpe; sur le rapport de notre ministre secrétaire d'État au département des finances, etc.

Art. 1er. A partir de la promulgation de la présente ordonnance, le bureau de navigation d'Arras, département du Pas-de-Calais, sera ouvert pour le jaugeage des bateaux, qui sera effectué conformément aux dispositions de notre ordonnance du 15 octobre 1836.

2. Notre ministre des finances (M. Humann) est chargé, etc.

23 JANVIER = 19 FÉVRIER 1842. — Ordonnance du roi qui crée, à la faculté de théologie de Lyon, une chaire spéciale pour l'enseignement de l'Écriture sainte. (IX, Bull. DCCCLXXXV, n. 9843.)

Louis-Philippe, etc., sur le rapport de notre ministre secrétaire d'État au département de l'instruction publique, grand-maître de l'Université; vu l'art. 9 du décret du 17 mars 1808; vu la loi de finances en date du 25 juin 1841, vu notre ordonnance du 24 août 1838; vu la délibération du conseil royal de l'instruction publique, en date du 21 janvier 1842, etc.

Art. 1er. Il est créé, à la faculté de théologie de Lyon, une chaire spéciale pour l'enseignement de l'Écriture sainte. La chaire d'Écriture sainte et d'hébreu actuellement existante dans ladite faculté reste affectée au seul enseignement de l'hébreu.

2. Notre ministre de l'instruction publique (M. Villemain) est chargé, etc.

25 JANVIER = 19 FÉVRIER 1842. — Ordonnance du roi concernant la contribution spéciale à percevoir, en 1842, pour les dépenses des chambres et bourses de commerce. (IX, Bull. DCCCLXXXV, n. 9844.)

Louis-Philippe, etc., sur le rapport de notre ministre secrétaire d'État de l'agriculture et du commerce; vu la loi du 28 juillet 1820; vu l'art. 4 de la loi du 14 juillet 1838 et la loi de finances du 25 juin 1841, etc.

Art. 1er. Une contribution spéciale, de la somme de cent vingt-six mille sept cent quatre francs, nécessaire au paiement de la dépense des chambres et bourses de commerce, suivant les budgets approuvés, d'après leur proposition, par notre ministre secrétaire d'Etat de l'agriculture et du commerce, plus cinq centimes par franc pour couvrir les non valeurs, et trois centimes par franc pour subvenir aux frais de perception, sera répartie en 1842, conformément au tableau annexé à la présente ordonnance, sur les patentes désignées en l'art. 12 de la loi du 25 juillet 1820.

2. Le produit de ladite contribution sera mis, sur les mandats des préfets, à la disposition des chambres de commerce, qui en rendront compte à notre ministre de l'agriculture et du commerce.

5. Nos ministres de l'agriculture et du commerce, et des finances (MM. Cunin-Gridaine et Humann) sont chargés, etc.

TABLEAU.

| NOMS | | CHAMBRES | SOMMES | DÉSIGNATION |
des villes.	des départements.	et bourses.	à imposer.	des patentés imposables.
			fr.	
Abbeville........	Somme..........	Chambre	559	Patentés du département compris dans la circonscription de ladite chambre.
Amiens..........	Idem.	Idem....	3,270	Idem.
Arras...........	Pas-de-Calais. ...	Idem.... Bourse...	1,400 455	Idem. Patentés de la ville d'Arras.
Avignon........	Vaucluse........	Chambre	1,500	Patentés de tout le département.
Bayonne........	Basses-Pyrénées. ...	Idem....	3,839	Patentés de tout le département et de la ville de Saint-Esprit (Landes).
Besançon.......	Doubs..........	Idem....	1,750	Patentés de tout le département.
Boulogne.......	Pas-de-Calais. ...	Idem....	2,300	Patentés du départem.t compris dans la circonscription de ladite chambre.
Caen...........	Calvados........	Idem....	1,480	Patentés de tout le département.
Calais..........	Pas-de-Calais.....	Idem....	1,400	Patentés du départem.t compris dans la circonscription de ladite chambre.
Carcassonne......	Aude...........	Idem....	1,067	Patentés de tout le département
Cherbourg.......	Manche.........	Idem....	775	Patentés du départem.t compris dans la circonscription de ladite chambre.
Clermont-Ferrand.	Puy-de-Dôme.....	Idem....	900	Patentés de tout le département.
Dieppe..........	Seine-Inférieure...	Idem.... Bourse...	4,892 188	Patentés du départem.t compris dans la circonscription de ladite chambre. Patentés de la ville de Dieppe.
Dunkerque.......	Nord..........	Chambre	4,003	Patentés du départem.t compris dans la circonscription de ladite chambre.
Granville........	Manche.........	Idem....	1,200	Idem.
Le Havre........	Seine-Inférieure..	Idem.... Bourse...	9,500 3,259	Idem. Patentés de la ville du Havre.
Lille...........	Nord..........	Chambre Bourse. .	3,303 1,173	Patentés du départem.t compris dans la circonscription de ladite chambre. Patentés de la ville de Lille.
Lorient.........	Morbihan.......	Chambre Bourse...	250 300	Patentés de tout le département. Patentés de la ville de Lorient.
Lyon...........	Rhône.........	Chambre Bourse...	6,300 600	Patentés de tout le département. Patentés de la ville de Lyon.
Metz...........	Moselle.........	Chambre Idem....	5,178 4,000	Patentés de tout le département. Idem.
Montpellier......	Hérault..........	Bourse...	600	Patentés de la ville de Montpellier.
Morlaix.........	Finistère........	Chambre	2,122	Patentés de tout le département.
Mulhausen.......	Haut-Rhin......	Idem ... Bourse...	2,593 1,619	Patentés de tout le département. Patentés de la ville de Mulhausen.
Nantes..........	Loire-Inférieure...	Chambre Bourse...	4,700 1,300	Patentés de tout le département. Patentés de la ville de Nantes.
Nimes..........	Gard...........	Chambre Idem....	1,356 1,600	Patentés de tout le département. Idem.
Orléans.........	Loiret..........	Bourse...	1,600	Patentés de la ville d'Orléans.
Paris..........	Seine.........	Chambre Bourse...	9,829 10,885	Patentés de tout le département. Patentés de la ville de Paris.
Reims..........	Marne..........	Chambre	1,696	Patentés de tout le département.

NOMS		CHAMBRES et	SOMMES à	DÉSIGNATION des
des villes.	des départements.	bourses.	imposer.	patentés imposables.
			fr.	
Rochelle (La).....	Charente-Infér....	Chambre	3,198	Patentés de tout le département.
		Bourse...	146	Patentés de la ville de La Rochelle.
		Chambre	5,830	Patentés du départem¹ compris dans la circonscription de ladite chambre.
Rouen..........	Seine-Inférieure...			
		Bourse...	3,800	Patentés de la ville de Rouen.
Saint-Brieuc....	Côtes-du-Nord....	Chambre	1,000	Patentés de tout le département.
Saint-Malo.......	Ille-et-Vilaine.....	Idem....	1,228	Idem.
		Bourse...	272	Patentés de la ville de Saint-Malo.
Toulon..........	Var...........	Chambre	3,200	Patentés de tout le département.
Toulouse........	Haute-Garonne...	Idem....	3,000	Idem.
Tours...........	Indre-et-Loire....	Idem....	1,718	Idem.
Troyes..........	Aube...........	Idem....	418	Idem.
Valenciennes.....	Nord...........	Idem....	1,953	Patentés du départem¹ compris dans la circonscription de ladite chambre.
		TOTAL.	126,704	

30 JANVIER = 19 FÉVRIER 1842. — Ordonnance
du roi qui crée, à l'école préparatoire de médecine et de pharmacie de Poitiers, une troisième chaire de professeur adjoint. (IX, Bull.
DCCCLXXXV, n. 9845.)

Louis-Philippe, etc., sur le rapport de
notre ministre secrétaire d'Etat au département de l'instruction publique, grand-
maître de l'Université ; vu nos ordonnances
en date des 13 octobre 1840, 12 mars et
18 avril 1841 relatives aux écoles préparatoires de médecine et de pharmacie ; vu
notre ordonnance du 14 février 1841, qui
constitue dans la ville de Poitiers une école
de cet ordre ; vu la délibération du conseil
municipal de Poitiers, en date du 15 décembre 1841 ; vu l'avis du conseil royal de
l'instruction publique, en date du 28 janvier 1842, etc.

Art. 1er. Il est créé, à l'école préparatoire de médecine et de pharmacie de
Poitiers, en dehors du cadre d'enseignement
déterminé par notre ordonnance du 13 octobre 1840, une troisième chaire de professeur adjoint. Ledit professeur sera spécialement chargé de l'enseignement de la
matière médicale et de la thérapeutique.

2. Notre ministre de l'instruction publique (M. Villemain) est chargé, etc.

9 = 19 FÉVRIER 1842. — Ordonnance du roi qui
maintient M. le lieutenant-général baron Pelletier dans la première section du cadre de
l'état-major général. (IX, Bull. DCCCLXXXV,
n. 9846.)

Louis-Philippe, etc., sur le rapport de notre ministre secrétaire d'Etat de la guerre, et
de l'avis de notre conseil des ministres, etc.

Art. 1er. M. le lieutenant-général baron
Pelletier (Jean-Baptiste) est maintenu dans
la première section du cadre de l'état-major
général.

2. Notre ministre de la guerre (duc de
Dalmatie) est chargé, etc.

7 = 28 FÉVRIER 1842. — Ordonnance du roi portant que les fonctions de secrétaire du conseil
des travaux de la marine seront désormais désormais par un sous-ingénieur des constructions
navales. (IX, Bull. DCCCLXXXVI, n. 9849.)

Louis-Philippe, etc., sur le rapport de
notre ministre secrétaire d'Etat au département de la marine et des colonies.

Art. 1er. Les fonctions de secrétaire du
conseil des travaux de la marine institué par
l'ordonnance royale du 19 février 1831 seront remplies désormais par un sous-ingénieur des constructions navales, qui sera
désigné par notre ministre secrétaire d'Etat
de la marine et des colonies. Ce sous-ingénieur aura seulement voix consultative dans
les délibérations du conseil.

2. La disposition de l'art. 5 de l'ordonnance du 19 février 1831 qui était contraire
à ce qui précède est seule révoquée.

3. Notre ministre de la marine et des
colonies (M. Duperré) est chargé, etc.

11 = 28 FÉVRIER 1842. — Ordonnance du roi qui
classe dans la première série des places de guerre
l'ouvrage à cornes d'Harraucourt, établi en
avant de Marsal, sur la rive droite de la Seille.
(IX, Bull. DCCCLXXXVI, n. 9850.)

Louis-Philippe, etc., vu la loi du 17 juillet 1819, relative aux servitudes imposées à

la propriété pour la défense de l'Etat; vu l'ordonnance réglementaire du 1er août 1821 rendue pour l'exécution de cette loi; vu l'urgence, que le comité des fortifications a constatée, de classer dans la première série des places de guerre l'ouvrage à cornes d'Harraucourt, établi en avant de Marsal, sur la rive droite de la Seille, afin d'attribuer à cet ouvrage les zones de prohibition convenables et d'empêcher ainsi que des bâtisses particulières, élevées dans le voisinage, ne viennent masquer les feux ou en gêner l'action; considérant que, s'il est essentiel de garantir sous ce point de vue les intérêts de l'Etat, il importe de ne pas s'écarter du respect dû aux propriétés privées, et qu'aux termes de l'art. 1er de la loi du 17 juillet 1819 comme aussi de l'art. 71 de l'ordonnance du 1er août 1821, le classement dont il s'agit ne peut s'opérer qu'en vertu d'une ordonnance spéciale publiée et affichée dans les communes intéressées; sur le rapport de notre président du conseil, ministre secrétaire d'Etat de la guerre, etc.

Art. 1er. L'ouvrage à cornes d'Harraucourt, établi en avant de Marsal, sur la rive droite de la Seille, est classé dans la première série des places de guerre.

2. Les effets qui résulteront de ce classement, dans l'application des servitudes imposées à la propriété pour la défense de l'Etat, n'auront lieu toutefois qu'après que la présente ordonnance aura été publiée et affichée dans les communes intéressées. Les zones de prohibition qui dériveront pour le nouvel ouvrage du classement dont il s'agit seront établies conformément aux prescriptions mentionnées par l'art. 72 de l'ordonnance du 1er août 1821.

3. Nos ministres de la guerre, de l'intérieur et de la justice (MM. duc de Dalmatie, Duchâtel et Martin-du-Nord) sont chargés, etc.

11 = 28 FÉVRIER 1842. — Ordonnance du roi qui accorde un entrepôt réel de douanes à la ville de Saint-Etienne (Loire). (IX, Bull. DCCCLXXXVI, n. 9851.)

Louis-Philippe, etc., sur le rapport de notre ministre secrétaire d'Etat de l'agriculture et du commerce; vu la loi du 27 février 1832, qui autorise la création d'entrepôts réels de douanes à l'intérieur et aux frontières; vu la délibération du conseil municipal de Saint-Etienne, en date du 1er décembre 1841; vu la lettre de la chambre de commerce de cette ville, en date du 25 novembre de la même année; vu la lettre de notre ministre secrétaire d'Etat des finances, du 5 janvier 1842, etc.

Art. 1er. Un entrepôt réel de douanes

est accordé à la ville de Saint-Etienne, département de la Loire, à charge de se conformer aux dispositions des art. 9 et 10 de la loi du 27 février 1832.

2. Notre ministre secrétaire d'Etat des finances prescrira les mesures nécessaires pour l'accomplissement des obligations imposées par ladite loi du 27 février 1832.

3. Le tarif des droits de magasinage à percevoir dans l'entrepôt de Saint-Etienne sera fixé et arrêté par notre ministre secrétaire d'Etat de l'agriculture et du commerce, sur la proposition de la chambre de commerce et l'avis du préfet.

4. Nos ministres des finances et de l'agriculture et du commerce (MM. Humann et Cunin-Gridaine) sont chargés, etc.

11 = 28 FÉVRIER 1842. — Ordonnance du roi qui ouvre le bureau de douanes de Tellancourt (Moselle) à l'importation et à l'exportation des céréales. (IX, Bull. DCCCLXXXVI, n. 9852.)

Louis-Philippe, etc., vu la loi du 2 décembre 1814, d'après laquelle nous avons à désigner les ports et bureaux de douanes par lesquels il est permis d'importer ou d'exporter les grains et farines; les ordonnances des 17 janvier et 25 août 1830, relatives au même objet; sur le rapport de notre ministre secrétaire d'Etat au département de l'agriculture et du commerce, etc.

Art. 1er. Le bureau de Tellancourt, département de la Moselle, est ouvert à l'importation et à l'exportation des céréales.

2. Nos ministres de l'agriculture et du commerce, et des finances (MM. Cunin-Gridaine et Humann) sont chargés, etc.

13 = 28 FÉVRIER 1842. — Ordonnance du roi portant répartition du produit du centime de non valeurs attribué au ministère des finances par la loi du 25 juin 1841. (IX, Bull. DCCCLXXXVI, n. 9853.)

Louis-Philippe, etc., vu l'état annexé à la loi des finances du 25 juin 1841, duquel il résulte qu'il est imposé additionnellement au principal des contributions foncière, personnelle et mobilière de 1842, deux centimes, dont l'un à la disposition de notre ministre de l'agriculture et du commerce, pour secours effectifs en raison de grêles, incendies, etc., et l'autre à la disposition de notre ministre des finances pour couvrir les remises, modérations et non valeurs sur lesdites contributions; voulant déterminer la portion dont les préfets des départements pourront disposer sur le centime affecté aux dégrèvements; sur le rapport de notre ministre secrétaire d'Etat au département des finances, etc.

Art. 1er. Le produit du centime de non valeurs attribué au ministère des finances sera réparti de la manière suivante : Un tiers de ce centime, résultant des sommes imposées aux rôles dans chaque département, est mis à la disposition des préfets. Les deux autres tiers, composant le fonds commun, resteront à la disposition de notre ministre des finances, pour être par lui distribués ultérieurement entre les divers départements, en raison de leurs pertes et de leurs besoins.

2. Ce centime sera exclusivement employé à couvrir les remises et modérations à accorder sur les contributions foncière, personnelle et mobilière, et les non valeurs qui existeront sur ces contributions.

3. Seront imputés sur ce fonds les mandats délivrés sur le fonds de non valeurs de 1841, et qui n'auraient pas été acquittés, faute de présentation aux caisses du trésor, avant l'expiration du délai fixé pour le paiement des dépenses de ce dernier exercice.

4. Notre ministre des finances (M. Humann) est chargé, etc.

18 = 28 février 1842. — Ordonnance qui autorise la publication des bulles d'institution canonique de MM. Dupont et Giraud pour les archevêchés de Bourges et de Cambrai, et de MM. Gignoux et Guibert pour les évêchés de Beauvais et de Viviers. (IX, Bull. DCCCLXXXVI, n. 9854.)

Louis-Philippe, etc., sur le rapport de notre garde des sceaux, ministre secrétaire d'État au département de la justice et des cultes ; vu les art. 1er et 18 de la loi du 18 germinal an 10 ; vu le tableau de la circonscription des métropoles et diocèses du royaume annexé à l'ordonnance royale du 31 octobre 1822 ; vu notre ordonnance du 2 décembre dernier qui érige en siége métropolitain le siége épiscopal de Cambrai ; vu notre ordonnance du 2 décembre dernier, qui nomme M. Giraud, évêque de Rodez, à l'archevêché de Cambrai ; vu nos diverses ordonnances du 15 décembre dernier, qui nomment M. Dupont, archevêque d'Avignon, à l'archevêché de Bourges, et M. Gignoux, chanoine de Beauvais, au siége épiscopal de Beauvais ; vu notre ordonnance du 30 juillet dernier, qui nomme M. Guibert, supérieur du séminaire diocésain d'Ajaccio, au siége épiscopal de Viviers ; vu les bulles d'institution canonique accordées par Sa Sainteté Grégoire XVI auxdits archevêques et évêques nommés ; notre conseil d'État entendu, etc.

Art. 1er. 1° La bulle donnée à Rome, près Saint-Pierre, le 9 des calendes de février de l'année de l'incarnation 1841, style de la chancellerie romaine (24 janvier

1842), portant institution canonique de M. Dupont (Jacques-Marie-Antoine-Célestin) pour le siége archiépiscopal de Bourges ; 2° la bulle donnée à Rome, près Saint-Pierre, le 9 des calendes de février de l'année de l'incarnation 1841, portant institution canonique de M. Giraud (Pierre) pour le siége archiépiscopal de Cambrai ; 3° la bulle donnée à Rome, près Saint-Pierre, le 9 des calendes de février de l'année de l'incarnation 1841, portant institution canonique de M. Gignoux (Joseph-Armand) pour le siége épiscopal de Beauvais, 4° la bulle donnée à Rome, près Saint-Pierre, le 9 des calendes de février de l'année de l'incarnation 1841, portant institution canonique de M. Guibert (Joseph-Hippolyte) au siége épiscopal de Viviers, sont reçues et seront publiées dans le royaume en la forme ordinaire.

2. Lesdites bulles d'institution canonique sont reçues sans approbation des clauses, formules ou expressions qu'elles renferment, et qui sont ou qui pourraient être contraires à la Charte constitutionnelle, aux lois du royaume, aux franchises, libertés et maximes de l'Église gallicane.

3. Lesdites bulles seront transcrites en latin et en français sur les registres de notre conseil d'État ; mention de ladite transcription sera faite sur l'original par le secrétaire général du conseil.

4. Notre ministre de la justice et des cultes (M. Martin du Nord) est chargé, etc.

25 = 28 février 1842. — Ordonnance du roi sur la pêche de la morue. (IX, Bull. DCCCLXXXVI, n. 9855.)

Louis-Philippe, etc., sur le rapport de notre ministre secrétaire d'État de l'agriculture et du commerce ; vu les lois des 22 avril 1832, 21 avril 1833, 9 juillet 1836 et 25 juin 1841, relatives aux encouragements accordés pour la pêche de la morue ; vu nos ordonnances des 26 avril 1833, 2 septembre 1836 et 8 février 1840, rendues pour l'exécution desdites lois ; vu la loi du 5 juillet 1836 et notre ordonnance du 18 novembre 1837 relative au jaugeage des bâtiments à voile de commerce, etc.

Art. 1er. Le minimum d'équipage déterminé par l'art. 1er de notre ordonnance du 26 avril 1833, pour la pêche de la morue expédiés à la pêche de la morue sur les côtes de Terre-Neuve, sera fixé comme suit à partir du 1er mars 1842, savoir : vingt hommes au moins pour les navires au-dessous de cent tonneaux ; trente hommes au moins pour les navires de cent à cent cinquante-huit tonneaux exclusivement, et cinquante hommes au moins pour les navires de cent cinquante-huit tonneaux et au-dessus.

2. A partir de la même époque, les navires expédiés pour la pêche avec sécherie à Saint-Pierre-et-Miquelon, seront assimilés, quant au nombre d'hommes à embarquer, aux armements pour les côtes de Terre-Neuve.

3. Le minimum d'équipage imposé par l'art. 4 de la loi du 9 juillet 1836 aux armements pour la pêche sur le grand banc avec sécherie, soit à Saint-Pierre-et-Miquelon, soit sur la côte de Terre-Neuve, sera fixé à l'avenir à trente hommes pour les navires jaugeant moins de cent cinquante-huit tonneaux, et cinquante hommes pour les navires de cent cinquante-huit tonneaux et au-dessus.

4. Les navires expédiés au grand banc pour la pêche de la morue, salaison à bord, ne pourront, dans aucun cas, porter les produits de leur pêche, en partie ou en totalité, soit à Saint-Pierre-et-Miquelon, soit sur les côtes de Terre-Neuve, sous peine par les armateurs de payer le double de la prime reçue ou indûment demandée, sans préjudice des condamnations pour cause de contravention aux lois sur les douanes.

5. La déclaration d'armement des navires expédiés au grand banc pour la pêche de la morue, salaison à bord, devra, conformément au modèle n. 1 annexé à la présente ordonnance, contenir, indépendamment des indications prescrites par l'art. 3 de notre ordonnance du 26 avril 1833, l'engagement de rapporter en France la totalité des produits de leur pêche.

6. Au retour des navires pêcheurs dans les ports de France, l'interrogatoire de l'équipage, prescrit par l'art. 4 de notre ordonnance du 26 avril 1833, sera fait par l'administration des douanes de concert avec l'administration de la marine. Le modèle n. 3 joint à notre ordonnance précitée sera remplacé par le modèle n. 2 annexé à la présente ordonnance.

7. La faculté d'entrepôt des morues sèches de pêche française, accordée par l'art. 2 de la loi du 9 juillet 1836 et réglée par notre ordonnance du 2 septembre de la même année, s'exercera, à l'avenir, sous les conditions de l'entrepôt fictif des douanes.

8. Si l'exportation aux colonies des morues entreposées n'a pas lieu directement du port d'entrepôt, la morue ne pourra être dirigée sur le port de départ qu'après avoir été emboucautée, et sous la garantie du plombage et d'un passavant. Dans ce cas, la douane du port d'escale, constatera, à la suite du certificat de chargement délivré au port d'entrepôt, l'identité des colis représentés, la date de leur départ pour la colonie, et, s'il y a eu transbordement, le

nom du navire exportateur et celui du capitaine. Le séjour à terre des boucauts de morue non vérifiés à fond ne pourra avoir lieu au port d'escale que sous la double clef de la douane et du commerce, dans un magasin fourni par ce dernier et agréé par elle.

9. L'expédition des morues par mutation d'entrepôt pourra avoir lieu par mer, sous la garantie d'un passavant contenant les indications nécessaires pour la rédaction des soumissions d'entrepôt au port de destination.

10. A partir du 1er mars 1842, les duplicata des déclarations de retour, certificats de chargements, expéditions de morue et importations de rogues mentionnés aux art. 4, 7, 12 et 13 de notre ordonnance du 26 avril 1833, et à l'art. 5 de notre ordonnance du 2 septembre 1836, seront remplacés par des états présentant les diverses indications contenues dans ces pièces et conformes aux modèles 3, 4, 5, 6 et 7, annexés à la présente ordonnance. Ces états seront transmis par l'administration des douanes à notre ministre de l'agriculture et du commerce, dans les dix premiers jours de chaque mois, et comprendront les déclarations et certificats reçus ou délivrés pendant le cours du mois précédent.

11. Les dispositions de nos ordonnances des 26 avril 1833, 2 septembre 1836 et 8 février 1840, non contraires à la présente, sont maintenues.

12. Nos ministres de l'agriculture et du commerce, des finances, et de la marine et des colonies (MM. Cunin-Gridaine, Humann et Duperré) sont chargés, etc.

13 FÉVRIER = 1er MARS 1842. — Ordonnance du roi relative à la composition des conseils d'instruction, de discipline et d'administration du collège royal militaire. (IX, Bull. DCCCLXXXVII, n. 9860.)

Louis-Philippe, etc., vu l'ordonnance royale du 12 avril 1831 portant organisation du collège royal militaire ; vu les décisions royales des 25 octobre 1834 et 3 avril 1840, qui ont modifié les art. 19, 20 et 22 de ladite ordonnance concernant la composition des conseils d'instruction, de discipline et d'administration ; voulant donner à ces conseils une composition plus rationnelle, et répartir en même temps d'une manière plus exacte, entre les divers professeurs du collège, les devoirs qu'ils sont appelés à remplir dans lesdits conseils ; sur le rapport de notre ministre secrétaire d'Etat de la guerre, président du conseil, etc.

Art. 1er. La composition des conseils

d'instruction , de discipline et d'administration du collége royal militaire est déterminée comme il est indiqué ci-après, savoir :

1° *Conseil d'instruction.* — Le commandant du collége , président , 1 ; le commandant en second , 1 ; le professeur de philosophie alternant avec le plus ancien professeur de rhétorique , 1 ; un professeur de rhétorique alternant avec un professeur de seconde, 1 ; le professeur de physique alternant avec le plus ancien professeur de mathématiques élémentaires, 1 ; un des autres professeurs de mathématiques élémentaires, à tour de rôle, 1 ; un des professeurs de langues vivantes alternativement , 1. — Total , 7.

2° *Conseil de discipline.* — Le commandant , président , 1 ; le commandant en second , 1 ; le capitaine, 1 ; un professeur pris parmi ceux de philosophie , de rhétorique , de seconde, de mathématiques et de langues vivantes, 1 ; un professeur pris parmi ceux de 3e, 4e , 5e, 6e , 7e et de dessin , 1. — Total , 5.

5° *Conseil d'administration.* — Le commandant en premier, 1 ; le commandant en second , 1 ; le capitaine, 1 ; deux professeurs pris parmi ceux de 3e, 4e, 5e, 6e, 7e et de dessin , 2.—Total , 5.

2. Aucun professeur ne peut faire partie en même temps de deux conseils différents.

5. Les membres amovibles des conseils d'instruction , de discipline et d'administration seront renouvelés chaque année intégralement , suivant le classement indiqué ci-dessus, et en observant l'ordre d'ancienneté. Les professeurs qui devront remplacer les membres sortants seront désignés par l'officier général qui sera chargé d'inspecter le collége. Toutefois , ces nouveaux membres n'entreront en fonctions qu'au 1er janvier qui suivra leur désignation.

4. En cas d'absence ou d'empêchement quelconque , les membres militaires des trois conseils seront suppléés , suivant l'ordre de grade ou à grade égal, suivant le rang d'ancienneté, d'abord par les officiers membres des conseils , et ensuite par les autres officiers attachés au collège. Les membres civils seront remplacés , conformément aux distinctions précédemment établies , par les professeurs disponibles.

5. Il sera établi au collége royal militaire, pour le temps des vacances, un conseil spécial dit *conseil de vacances*, qui réunira les diverses attributions dévolues aux conseils d'instruction , de discipline et d'administration. Ce conseil sera composé ainsi qu'il suit : le commandant en premier, président, 1; le commandant en second , 1 ; le capitaine, 1 ; un professeur, membre du conseil d'instruction , 1 ; un professeur, membre du conseil de discipline, 1 ; un professeur, membre du conseil d'administration, 1. — Total , 6.

6. Les professeurs appelés à siéger au conseil de vacances seront désignés , à tour de rôle , en commençant par le moins ancien de services dans chaque conseil , et de manière que tous les professeurs du collége satisfassent successivement à cette obligation.

7. Toutes les dispositions antérieures concernant l'organisation des conseils d'instruction , de discipline et d'administration sont abrogées.

8. Notre ministre de la guerre (duc de Dalmatie) est chargé , etc.

25 JANVIER = 5 MARS 1842. — Ordonnance du roi qui approuve une modification aux statuts de la société anonyme d'assurances à primes contre l'incendie établie à Paris sous la dénomination de *la France*. (IX, Bull. supp. DLXXXVI, n. 16295.)

Louis-Philippe , etc., sur le rapport de notre ministre secrétaire d'Etat au département de l'agriculture et du commerce ; vu l'ordonnance royale du 27 février 1857 portant autorisation de la société anonyme formée à Paris , pour l'assurance à primes contre l'incendie, sous la dénomination de *la France*, et approbation de ses statuts ; vu la délibération prise , le 25 avril 1840, par l'assemblée générale des actionnaires de ladite compagnie, et ayant pour objet d'ajouter aux opérations de la société l'assurance contre les dommages résultant de l'explosion du gaz ; notre conseil d'Etat entendu , etc.

Art. 1er. La modification à l'art. 5 des statuts de la société anonyme d'assurances à primes contre l'incendie établie à Paris sous la dénomination de *la France* est approuvée telle qu'elle est contenue dans l'acte passé, le 9 décembre 1841 , par-devant Me *Huet* et son collègue, notaires à Paris, lequel acte restera annexé à la présente ordonnance.

2. Notre ministre de l'agriculture et du commerce (M. Cunin-Gridaine) est chargé, etc.

Modifications aux statuts de l'assurance contre l'incendie la France.

Par-devant , etc., ont comparu , etc., lesquels, pour l'intelligence de ce qui fait l'objet du présent acte , et consiste dans la modification de l'article troisième des statuts, ont préalablement exposé ce qui suit : L'assemblée générale des actionnaires de la compagnie d'assurance contre l'incendie *la France*, convoquée ordinairement pour délibérer, aux termes de l'art. 43 des statuts, sur les questions prévues par les art. 22, 40, 41, 42 et 43 des statuts, et extraordinairement par le conseil d'administration, conformément à l'art. 44 des statuts, pour délibérer, aux termes de l'art. 45, sur la pro-

position du conseil d'administration d'ajouter aux
opérations de la compagnie d'assurance, contre le
risque de l'explosion du gaz, constituée conformément
aux art. 38 et 39, a pris, le 25 avril 1841,
délibération par laquelle elle a, à l'unanimité,
adopté une modification de l'art. 3 des statuts
ayant pour objet d'ajouter à cet article le paragraphe
qui suit : « Les opérations de la compagnie
consistent encore dans l'assurance des dommages
résultant de l'explosion du gaz. » Cette délibération,
soumise par les soins du conseil d'administration
à l'approbation du gouvernement, conformément
à l'art. 45 des statuts, a été visée au
conseil d'État, suivant l'avis que M. le ministre
des travaux publics en a donné à M. Leger, le 22
février dernier, avec invitation de convertir cette
délibération en acte public et indication des formalités
à remplir.

Modifications des statuts.

L'art. 3ᵉ des statuts de la compagnie d'assurance
contre l'incendie *la France*, ainsi conçu : « Les
» opérations de la compagnie consistent dans l'as-
» surance contre l'incendie de toutes les propriétés
» mobilières ou immobilières que le feu peut dé-
» truire ou endommager, à l'exception, 1° des
» dépôts, magasins et fabriques de poudre à tirer,
» des billets de banque, titres, contrats, lingots
» d'or et d'argent et argent monnayé; 2° des dia-
» mants, pierreries et perles fines, autres que
» ceux montés à usage personnel, ou compris
» parmi des objets déposés dans des établissements
» publics, tels que monts-de-piété et autres, » est
modifié en ce sens qu'il y est ajouté le paragraphe
qui suit : « Les opérations de la compagnie consis-
» tent encore dans l'assurance des dommages ré-
» sultant de l'explosion du gaz. » Le conseil d'administration se pourvoira sans délai auprès du
gouvernement pour obtenir son approbation de
ladite modification.

———

25 JANVIER = 5 MARS 1842. — Ordonnance du roi
portant autorisation de la société des bateaux à
vapeur entre Dunkerque et Hambourg. (IX,
Bull. supp. DLXXXVI, n. 1629.)

Louis-Philippe, etc., sur le rapport de
notre ministre secrétaire d'État de l'agriculture et du commerce; vu les art. 29 à 37,
40 et 45 du Code de commerce; notre conseil d'État entendu, etc.

Art. 1ᵉʳ. La société anonyme formée à
Dunkerque (Nord) sous la dénomination de
*Société des bateaux à vapeur entre Dunker-
que et Hambourg* est autorisée. Sont approuvés les statuts de ladite société, tels qu'ils
sont contenus dans l'acte passé, le 18 décembre 1841, par-devant Mᵉ Hovell et son
collègue, notaires à Dunkerque, lequel acte
restera annexé à la présente ordonnance.

2. Nous nous réservons de révoquer notre
autorisation en cas de violation ou de non
exécution des statuts approuvés, sans préjudice des droits des tiers.

3. La société sera tenue de remettre, tous
les six mois, un extrait de son état de situation au ministère de l'agriculture et du com-

merce, au préfet du département du Nord,
à la chambre de commerce et au greffe du
tribunal de commerce de Dunkerque.

4. Notre ministre de l'agriculture et du
commerce (M. Cunin-Gridaine) est chargé, etc.

STATUTS.

Art. 1ᵉʳ. Il est formé une société anonyme ayant
pour objet l'établissement et l'exploitation d'un
service de navigation à vapeur entre Dunkerque et
Hambourg.

2. Les bateaux de la société seront affectés au
transport des voyageurs, marchandises, matières
d'or et d'argent, lettres, dépêches, etc., entre
Dunkerque et Hambourg. Cependant ces bateaux
pourront être employés temporairement à toute
autre navigation, par décision du conseil d'administration.

3. La société prendra la dénomination de *Société
des bateaux à vapeur entre Dunkerque et Hambourg*.
Sa durée sera de douze années, qui commenceront à partir de la date de l'ordonnance royale
qui l'aura autorisée. Le siége de la société et son
domicile sont fixés à Dunkerque.

4. Le capital social est fixé à quatre cent cinquante mille francs, divisés en quatre cent cinquante actions de mille francs chacune, ainsi qu'il
suit, entre les comparants, savoir :

(*Suivent les noms.*)

5. Les actionnaires ne sont passibles que de la
perte du montant de leur intérêt dans la société.

6. Les actions seront nominatives; elles devront
être signées par le directeur et deux administrateurs délégués; elles pourront être au porteur,
après leur paiement intégral. Elles peuvent être
divisées en coupons d'actions de deux cent cinquante francs. Leur paiement est immédiatement
exigible. Les titres des actions ne seront délivrés
aux actionnaires qu'en échange du versement intégral du montant de chaque action. Chaque action donne droit à un 1/450 (quatre cent cinquantième) dans la propriété de l'actif social, dans
celle de la réserve et dans les bénéfices.

7. La cession des actions nominatives s'opère
par une déclaration de transfert, inscrite sur un
registre tenu à cet effet, et signée par le cédant et
le cessionnaire, ou par leurs fondés de pouvoir; la
cession des actions au porteur s'opère par la tradition du titre.

8. La cession d'une action, soit nominative, soit
au porteur, comprend toujours, à l'égard de la société, celle des dividendes échus au moment où
la mutation s'opère. Tout cessionnaire ou porteur
d'action est, par ce seul fait, considéré comme
ayant adhéré aux présents statuts.

9. Dans le cas où un actionnaire ne verserait
pas le montant de ses actions dans le mois où
l'avis de l'autorisation de la société lui sera donné
par le conseil d'administration, ses actions seront
vendues publiquement, à ses risques et périls, par
un agent de change. L'excédant du produit de la
vente sera rendu au titulaire, et il sera responsable
du déficit, s'il y en a.

10. Dans le cas de décès d'un actionnaire, ses
héritiers ou ayants-cause seront tenus de se faire
représenter, pendant l'indivision de l'héritage, par
un seul fondé de pouvoirs. Il en sera de même, en
cas de faillite d'un actionnaire, à l'égard de ses
créanciers. Les héritiers ou ayants-cause d'un actionnaire ne pourront, en aucun cas, faire apposer

aucun scellé, former aucune opposition, exiger aucun inventaire extraordinaire, ni provoquer aucune licitation ; ils seront tenus de s'en rapporter aux inventaires annuels arrêtés par l'assemblée générale.

11. La société sera représentée par l'assemblée générale des actionnaires. Les affaires seront gérées par un directeur, sous la surveillance et l'autorité du conseil d'administration.

12. Le directeur devra être titulaire de dix actions nominatives, lesquelles seront inaliénables pendant la durée de ses fonctions et jusqu'à l'apurement de ses comptes. Le directeur est nommé par l'assemblée générale, qui peut le révoquer sur la proposition du conseil d'administration. Le traitement et les avantages qui peuvent être alloués au directeur pendant la durée de ses fonctions seront également déterminés par l'assemblée générale des actionnaires.

13. Le directeur réside à Dunkerque ; il lui est interdit de faire, en commission pour son compte, la réception ou l'expédition des marchandises destinées à être reçues ou expédiées par les bateaux à vapeur de la société.

14. Le directeur gère les affaires de la société ; il la représente tant activement que passivement, en toutes circonstances. Il ne peut contracter, transiger ou compromettre, ni nommer à aucun emploi, sans l'approbation du conseil d'administration.

15. Le conseil d'administration est composé de cinq actionnaires résidant à Dunkerque, lesquels choisiront entre eux leur président. Leurs fonctions seront gratuites. La durée de ces fonctions est fixée à cinq ans. Le conseil d'administration sera renouvelé chaque année par cinquième. Le membre sortant sera désigné par le sort pendant les quatre premières années, et ensuite par l'ancienneté : il pourra être réélu.

16. Les attributions du conseil d'administration consistent, 1° à surveiller la gestion du directeur et à s'opposer à toutes dépenses qu'il jugera inutiles ou excessives ; 2° à donner au directeur l'autorisation nécessaire pour contracter, transiger ou compromettre ; 3° à examiner les comptes qui devront être soumis aux assemblées générales ; 4° à déterminer l'emploi au profit de la société de l'excédant des fonds nécessaires au service ; 5° à proposer à l'assemblée le remplacement du directeur dans le cas où cette mesure serait jugée nécessaire, et même à prononcer sa suspension provisoire jusqu'à décision de l'assemblée générale, qui devra être convoquée dans la huitaine. Le conseil tient un registre de ses délibérations.

17. Les administrateurs de la société ne contractent, à raison de leur gestion, aucune obligation personnelle ni solidaire relativement aux engagements de la société. Ils ne sont responsables que de l'exécution de leur mandat.

18. Provisoirement M. Edmond Hovelt est nommé directeur de la société, et MM. Chaveron-Wattel, Auguste Petyt, Morel-Agie, Constant Bourdon et Louis Monier sont nommés membres du conseil d'administration. Ces nominations seront soumises à l'approbation de la première assemblée générale, qui devra avoir lieu dans les trois mois de l'autorisation royale.

19. Les assemblées générales auront lieu à Dunkerque. Tout propriétaire d'action nominative ou au porteur a droit d'assister à l'assemblée personnellement, ou par un fondé de pouvoir, choisi parmi les actionnaires. Pour prendre part aux délibérations des assemblées, il faut être propriétaire d'au moins quatre coupons d'actions. Les propriétaires d'actions au porteur seront tenus de faire le dépôt de leurs titres entre les mains du directeur, pour être admis aux assemblées générales.

20. Les suffrages des actionnaires en assemblée générale seront comptés comme suit : Sociétaires possédant une à quatre actions, une voix ; id., cinq à neuf actions, deux voix ; id., dix à quatorze actions, trois voix ; id., quinze à dix-neuf actions, quatre voix ; id., vingt actions et au-dessus, cinq voix. Dans aucun cas un membre de l'assemblée ne pourra avoir plus de cinq voix, soit de son chef, soit comme mandataire. Les délibérations seront prises à la majorité des voix des membres présents ou représentés.

21. Le président et le secrétaire de l'assemblée générale seront élus à chaque séance, ainsi que les scrutateurs.

22. L'assemblée générale ne peut délibérer qu'autant que les membres présents réunissent au moins la moitié des actions. Dans le cas où cette condition ne serait pas remplie, il sera convoqué, dans le délai de vingt jours, une nouvelle réunion qui pourra délibérer à la majorité des membres présents ou dûment représentés, mais seulement sur les objets à l'ordre du jour de la première convocation. Toutefois, dans le cas où il s'agirait de modifications aux statuts, d'augmentation du fonds social ou de dissolution de la société, aux termes du premier paragraphe de l'art. 28, les délibérations, même dans le cas de seconde convocation, ne pourront être prises qu'à une majorité représentant au moins la moitié plus une des actions. Dans le cas de seconde convocation, l'assemblée générale ne peut délibérer que sur les objets à l'ordre du jour de la première réunion.

23. Il y aura annuellement une assemblée générale dans la première quinzaine de janvier. Tout propriétaire d'action devra être averti quinze jours à l'avance, par lettres à domicile, pour les actions nominatives, et, pour celles au porteur, par insertions dans les journaux de Paris et de Dunkerque, désignés pour les publications légales des actes de société, conformément à la loi du 31 mars 1833. Cette assemblée aura pour objet, 1° d'entendre le compte du directeur et le rapport à faire par lui sur la situation de la société et sur les améliorations à apporter dans les diverses branches du service ; 2° d'entendre les rapports que pourra avoir à lui faire le conseil d'administration ; 3° de délibérer, tant sur les rapports que sur l'apurement des comptes du directeur ; 4° d'arrêter le chiffre des bénéfices nets de l'exercice, et d'en déterminer l'emploi ; 5° de procéder à la nomination des administrateurs, lorsqu'il y aura lieu.

24. Outre l'assemblée annuelle dont il vient d'être parlé, le conseil d'administration aura le droit de convoquer des assemblées générales extraordinaires, lorsqu'il le jugera utile aux intérêts de la société. Une demande par écrit, adressée au conseil d'administration par vingt actionnaires rend obligatoire la convocation d'une assemblée générale.

25. Un quart net des bénéfices sera annuellement prélevé pour la formation d'un fonds de réserve. Le fonds de réserve ne pourra excéder le tiers du capital social ; lorsque ce chiffre sera atteint, le prélèvement cessera pour recommencer lorsque la réserve sera entamée. Le placement et

l'emploi en seront effectués par le directeur, sur la décision du conseil d'administration.

26. Il sera tenu un registre des délibérations prises en assemblée générale. Les résolutions seront obligatoires pour tous les actionnaires, même pour ceux qui n'auront pas assisté à l'assemblée. Toutes les délibérations devront constater les noms des actionnaires présents et le nombre des actions dont ils sont propriétaires ou qu'ils représentent. Les procès-verbaux seront signés par le président, les membres du bureau, et par le directeur.

27. Toutes les contestations qui pourraient s'élever entre la société et les actionnaires, ou entre les actionnaires entre eux, pour raison de la société, seront jugées par trois arbitres nommés d'accord entre les parties, et, à défaut, par le tribunal de commerce de Dunkerque. Ces arbitres prononceront à la majorité des voix ; ils agiront comme amiables compositeurs, sans être assujettis aux formes ni aux délais de la procédure ; leur jugement sera souverain et sans appel ni recours en cassation.

28. Dans le cas où, par suite de pertes effectives éprouvées par la compagnie, le fonds social se trouverait réduit d'un tiers, la dissolution de la société pourra être prononcée par l'assemblée générale. La dissolution aura lieu de plein droit dans le cas de perte de la moitié du fonds social.

29. Dans le cas de dissolution, le mode de liquidation de la société sera arrêté par l'assemblée générale.

30. Les présents statuts pourront être modifiés en assemblée générale, si cela était jugé nécessaire aux intérêts de la société. Les changements seront votés conformément aux dispositions de l'art. 22, et soumis à la sanction du gouvernement. Les modifications aux statuts ne seront exécutoires qu'après l'approbation du gouvernement.

31. Chacun des comparants, pour lui et les intéressés qu'il représente, fait élection de domicile, aux fins de tout ce qui concerne la société, savoir : à Dunkerque, pour ceux habitant Dunkerque ; en la demeure de leurs représentants, pour ceux étrangers à la ville ; et en leur demeure respective, pour ceux étrangers à la ville, mais habitant dans l'arrondissement.

5 FÉVRIER = 7 MARS 1842. — Ordonnance du roi qui proroge le délai fixé par l'art. 4 de l'ordonnance du 15 février 1837, relative au poids des voitures de roulage et des voitures publiques, et rapporte l'art. 3 de ladite ordonnance. (IX, Bull. DCCCLXXXVIII, n. 9863.)

Louis-Philippe, etc., sur le rapport de notre ministre secrétaire d'État des travaux publics ; vu l'art. 4 de notre ordonnance du 15 février 1837, qui détermine le tarif des poids des voitures de roulage et des voitures publiques, ledit article ainsi conçu : « Les poids déterminés par l'art. ne seront obligatoires que deux ans après la promulgation de la présente ordonnance, pour les voitures à quatre roues de dix-sept centimètres de largeur de jantes et pour les voitures à deux roues de dix-sept centimètres de largeur de jantes et au-dessus ; » vu nos ordonnances des 21

décembre 1838, 3 février 1840 et 31 janvier 1841, qui ont prorogé successivement jusqu'au 15 février 1842 le délai fixé par l'article ci-dessus rappelé ; vu également l'art. 3 de ladite ordonnance du 15 février 1837, qui affranchit de la vérification de leurs poids les voitures publiques employées au transport des voyageurs, portées sur quatre roues, suspendues sur ressorts métalliques, allant au trot avec relais, ou ne parcourant au trot et sans relais qu'une distance de vingt mille mètres au plus, attelées de trois chevaux au plus, avec roues à jantes de sept centimètres au moins, ou de quatre chevaux au plus, avec roues à jantes de neuf centimètres au moins.

Art. 1er. Le délai fixé par l'art. 4 de notre ordonnance du 15 février 1837 est prorogé jusqu'au 15 février 1843.

2. L'art. 3 de ladite ordonnance est et demeure rapporté.

3. Notre ministre des travaux publics (M. Teste) est chargé, etc.

28 FÉVRIER = 7 MARS 1842. — Ordonnance du roi concernant la translation de la Cour des comptes au palais du quai d'Orsay. (IX, Bull. DCCCLXXXVIII, n. 9865.)

Louis-Philippe, etc., sur le rapport de notre ministre secrétaire d'État au département des finances, etc.

Art. 1er. A partir du 15 avril 1842, la Cour des Comptes tiendra ses séances dans le palais du quai d'Orsay.

2. Les papiers contenus dans les dépôts et archives de la Cour seront transportés dans les galeries de ce palais destinées à leur conservation ; la translation s'opérera sous la surveillance du greffier en chef et sous l'autorité du premier président.

3. Notre ministre des finances (M. Humann) est chargé, etc.

1er = 7 MARS 1842. — Ordonnance du roi portant convocation du conseil général du département d'Eure-et-Loir. (IX, Bull. DCCCLXXXVIII, n. 9866.)

Louis-Philippe, etc., sur le rapport de notre ministre secrétaire d'État au département de l'intérieur ; vu l'art. 12 de la loi du 22 juin 1833, etc.

Art. 1er. Le conseil général du département d'Eure-et-Loir est convoqué pour le 8 mars courant, à l'effet de délibérer sur le projet de construction d'un chemin de fer de Versailles à Chartres et au-delà, ainsi que sur les autres objets urgents que le préfet croira devoir lui soumettre. Cette session extraordinaire ne pourra durer plus de trois jours.

2. Notre ministre de l'intérieur (M. Duchâtel) est chargé, etc.

—

11 FÉVRIER = 10 MARS 1842. — Ordonnance du roi portant autorisation de la caisse d'épargne établie à Agde. (IX, Bull. supp. DLXXXVIII, n. 16322.)

Louis-Philippe, etc., sur le rapport de notre ministre secrétaire d'Etat de l'agriculture et du commerce; vu les délibérations du conseil municipal d'Agde, en date des 26 juin et 3 novembre 1841; vu les lois des 5 juin 1835 et 31 mars 1837, relatives aux caisses d'épargne; le comité des travaux publics, de l'agriculture et du commerce de notre conseil d'Etat entendu, etc.

Art. 1er. La caisse d'épargne établie à Agde (Hérault) est autorisée. Sont approuvés les statuts de ladite caisse, tels qu'ils sont contenus dans la délibération du conseil municipal d'Agde, en date du 3 novembre 1841, dont une expédition conforme restera déposée aux archives du ministère de l'agriculture et du commerce.

2. Nous nous réservons de révoquer notre autorisation en cas de violation ou de non exécution des statuts approuvés, sans préjudice des droits des tiers.

3. La caisse sera tenue de remettre, au commencement de chaque année, au ministère de l'agriculture et du commerce et au préfet du département de l'Hérault, un extrait de son état de situation arrêté au 31 décembre précédent.

4. Notre ministre de l'agriculture et du commerce (M. Cunin-Gridaine) est chargé, etc.

—

11 FÉVRIER = 10 MARS 1842. — Ordonnance du roi portant autorisation de la caisse d'épargne établie à Gannat. (IX, Bull. supp. DLXXXVIII, n. 16323.)

Louis-Philippe, etc., sur le rapport de notre ministre secrétaire d'Etat de l'agriculture et du commerce; vu les délibérations du conseil municipal de Gannat, en date des 3 août et 14 novembre 1841; vu les lois des 5 juin 1835 et 31 mars 1837, relatives aux caisses d'épargne; le comité des travaux publics, de l'agriculture et du commerce de notre conseil d'Etat entendu, etc.

Art. 1er. La caisse d'épargne établie à Gannat (Allier) est autorisée. Sont approuvés les statuts de ladite caisse, tels qu'ils sont contenus dans la délibération du conseil municipal de Gannat, en date du 14 novembre 1841, dont une expédition conforme restera déposée aux archives du ministère de l'agriculture et du commerce.

2. Nous nous réservons de révoquer notre autorisation en cas de violation ou de non

exécution des statuts approuvés, sans préjudice des droits des tiers.

3. La caisse sera tenue de remettre, au commencement de chaque année, au ministère de l'agriculture et du commerce et au préfet du département de l'Allier, un extrait de son état de situation arrêté au 31 décembre précédent.

4. Notre ministre de l'agriculture et du commerce (M. Cunin-Gridaine) est chargé, etc.

—

28 FÉVRIER = 15 MARS 1842. — Ordonnance du roi portant prorogation du tarif fixé par l'ordonnance du 21 mai 1839, pour la perception des droits de navigation établis sur le canal des Ardennes. (IX, Bull. DCCCLXXXIX, n. 9873.)

Louis-Philippe, etc., vu la loi du 5 août 1821 relative à la construction du canal des Ardennes; vu l'ordonnance du 21 mai 1839, portant réduction des droits sur ledit canal; vu l'ordonnance du 5 mars 1841; vu la lettre, en date du 7 février 1842, par laquelle la compagnie des Trois-Canaux consent à la prorogation du tarif actuel; sur le rapport de notre ministre secrétaire d'Etat au département des finances, etc.

Art. 1er. Les droits de navigation établis sur le canal des Ardennes continueront d'être perçus, jusqu'au 1er janvier 1843, conformément au tarif fixé par l'ordonnance du 21 mai 1839.

2. Notre ministre des finances (M. Humann) est chargé, etc.

—

28 FÉVRIER = 15 MARS 1842. — Ordonnance du roi qui modifie celle du 15 novembre 1830, en ce qui concerne la pêche des ablettes. (IX, Bull. DCCCLXXXIX, n. 9874.)

Louis-Philippe, etc., vu les art. 26, 27, 28 et 29 de la loi du 15 avril 1829, relative à la pêche fluviale; vu notre ordonnance du 15 novembre 1830 contenant la désignation de certains filets et engins de pêche dont l'usage est prohibé; sur le rapport de notre ministre secrétaire d'Etat au département des finances, notre conseil d'Etat entendu, etc.

Art. 1er. L'art. 2 de notre ordonnance précitée du 15 novembre 1830 est modifié en ce qui concerne la pêche des ablettes seulement, dans ce sens que la largeur des mailles de filets et l'écartement des baguettes ou verges des nasses d'osier ou autres engins employés à cette pêche pourront être réduits à huit millimètres.

2. Les préfets, dans chaque département, détermineront dans quels lieux et à quelles conditions ce mode spécial de pêche pourra être pratiqué.

3. Notre ministre des finances (M. Humann) est chargé, etc.

12 = 15 MARS 1842. — Ordonnance du roi sur la pêche de la baleine. (IX, Bull. DCCCLXXXIX, n. 9875.)

Louis-Philippe, etc., sur le rapport de notre ministre secrétaire d'Etat de l'agriculture et du commerce; vu les lois des 22 avril 1832, 9 juillet 1836 et 25 juin 1841, relatives aux encouragements accordés pour la pêche de la baleine ; vu nos ordonnances des 26 avril 1833 et 20 février 1839 rendues pour l'exécution desdites lois; vu la loi du 5 juillet 1836 et notre ordonnance du 18 novembre 1837 relatives au jaugeage des navires du commerce, etc.

Art. 1er. A partir de la promulgation de la présente ordonnance, il sera procédé au jaugeage des bâtiments expédiés pour la pêche de la baleine conformément au mode déterminé par la loi du 12 nivôse an 2 et par notre ordonnance du 18 novembre 1837, et en prenant les mesures de dedans en dedans. Le certificat, modèle n. 2, joint à notre ordonnance du 26 avril 1833, sera, en conséquence, remplacé par le certificat, modèle n. 2, annexé à notre ordonnance du 10 août 1841, relative à la pêche du cachalot.

2. A partir de la même époque, les dispositions des art. 4 et 11 de notre ordonnance du 10 août 1841 seront applicables aux armements expédiés pour la pêche de la baleine.

3. Notre ordonnance du 20 février 1839 est abrogée, et les dispositions de celle du 26 avril 1833 non contraires à la présente, sont maintenues.

4. Nos ministres de l'agriculture et du commerce, de la marine et des finances (MM. Cunin-Gridaine, Duperré et Humann) sont chargés, etc.

7 FÉVRIER = 19 MARS 1842. — Ordonnance du roi concernant l'organisation de l'ordre judiciaire et l'administration de la justice dans les établissements français de l'Inde. (IX, Bull. DCCCLXL, n. 9879.)

Louis-Philippe, etc., vu l'art. 25 de la loi du 24 avril 1833, sur le régime législatif des colonies, ainsi conçu : « Les éta-« blissements français dans les Indes « orientales continueront d'être régis par « ordonnances du roi; » sur le rapport de notre ministre secrétaire d'Etat de la marine et des colonies, et de notre garde des sceaux ministre de la justice et des cultes, etc.

TITRE Ier. — DISPOSITIONS PRÉLIMINAIRES.

Art. 1er. La justice est rendue en notre nom dans les établissements français des Indes orientales par des tribunaux de paix, des tribunaux de première instance et une Cour royale.

2. Les juges sont nommés et révoqués par nous, sur le rapport de notre garde des sceaux ministre de la justice et des cultes, et de notre ministre de la marine et des colonies. Ils peuvent être provisoirement suspendus de leurs fonctions par une décision du gouverneur, ainsi qu'il est dit aux art. 80, 88 et 94 de la présente ordonnance.

3. Les audiences sont publiques en matière civile et en matière criminelle, à moins que cette publicité ne soit dangereuse pour l'ordre ou pour les mœurs ; et, dans ce cas, le tribunal le déclare par un jugement préalable. Dans tous les cas, les jugements autres que ceux qui interviennent sur des incidents nés pendant le huis-clos sont prononcés publiquement. Les jugements doivent être motivés, à peine de nullité.

4. Les juges ne peuvent, à peine de forfaiture, troubler de quelque manière que ce soit les opérations des corps administratifs, ni citer devant eux les administrateurs, pour raison de leurs fonctions.

5. Continueront d'être observées, relativement aux affaires dites de caste, les règles de compétence déterminées par l'ordonnance locale du 26 mai 1827 et les autres dispositions en vigueur dans la colonie. Le comité consultatif continuera d'être appelé à donner son avis sur toutes les questions de droit indien qui lui seront soumises par les tribunaux.

TITRE II. — DES TRIBUNAUX ET DE LA COUR.

CHAPITRE Ier. — Des tribunaux de paix.

6. Des tribunaux de paix sont établis à Pondichéry, à Chandernagor et à Karikal. Ils sont composés d'un juge de paix et d'un greffier, et, s'il y a lieu, d'un juge suppléant et d'un commis greffier.

7. Les juges de paix connaissent de toutes actions purement personnelles ou mobilières, et des actions commerciales, en premier et dernier ressort, jusqu'à la valeur de soixante et quinze francs en principal exprimé dans la demande, et à charge d'appel, jusqu'à la valeur de cent cinquante francs.

8. Les juges de paix prononcent, sans appel, jusqu'à la valeur de soixante et

quinze francs, et à charge d'appel, jusqu'à cinq cents francs, sur, 1º les contestations entre les hôteliers, aubergistes ou logeurs, et les voyageurs ou locataires en garni, pour dépenses d'hôtellerie et pertes ou avaries d'effets déposés dans l'auberge ou dans l'hôtel; 2º celles entre habitants et étrangers, pour frais de logement et de nourriture; 3º celles entre les voyageurs et les voituriers, ou capitaines de navires ou bateliers, pour retards, frais de route et pertes ou avaries d'effets accompagnant les voyageurs, et celles relatives au loyer des palanquins, coulis, boués, charrettes, chevaux, bêtes de somme, et à tous autres moyens de transport, par terre, de personnes, effets ou marchandises; 4º celles entre les voyageurs et les carrossiers ou autres ouvriers, pour fournitures, salaires et réparations faites aux voitures de voyage; 5º les dégradations et pertes imputables au locataire pendant sa jouissance, et arrivées, soit par son fait, soit par celui des personnes de sa maison ou de ses sous-locataires (Code civil, 1732-1735), sauf les cas d'incendie (Code civil, 1733-1734) et d'inondation, pour lesquels la compétence sera restreinte dans les termes de l'art. 7; 6º les contestations entre Indiens propriétaires de paillotes, soit dans les villes, soit dans les campagnes, au sujet des murs en terre, toits, pendales et autres dépendances desdites paillotes.

9. Les juges de paix connaissent, sans appel, jusqu'à la valeur de soixante et quinze francs, et à charge d'appel, à quelque valeur que la demande puisse s'élever: des actions en paiement de loyers ou fermages, des congés, des demandes en résiliation de baux fondées sur le seul défaut de paiement des loyers ou fermages, des expulsions de lieux et des demandes en validité de saisie-gagerie; le tout lorsque les locations verbales ou par écrit n'excédent pas annuellement trois cents francs à Pondichéry, et deux cents francs partout ailleurs.

10. Les juges de paix connaissent, également sans appel, jusqu'à la valeur de soixante et quinze francs, et à charge d'appel, à quelque valeur que la demande puisse s'élever, 1º des actions pour dommages faits aux champs, fruits et récoltes, soit par l'homme, soit par les animaux, et de celles relatives à l'élagage des arbres ou haies, et au curage, soit des fossés, soit des canaux servant à l'irrigation des propriétés ou au mouvement des usines, lorsque les droits de propriété ou de servitude ne sont pas contestés; 2º des réparations locatives des maisons ou fermes, mises par la loi à la charge du locataire; 3º des indemnités réclamées par le locataire ou fer-

mier, pour non jouissance provenant du fait du bailleur, lorsque le droit à une indemnité n'est pas contesté; 4º des contestations relatives aux engagements respectifs des propriétaires, et de leurs gérants ou économes; des gens de travail au jour, au mois, à l'année, et de ceux qui les emploient; des maîtres et des domestiques ou gens de service à gages; des maîtres fabricants et entrepreneurs, et de leurs ouvriers ou apprentis; 5º des actions civiles pour diffamation verbale, et pour injures et expressions outrageantes publiques ou non publiques, verbales ou par écrit; des mêmes actions pour rixes ou voies de fait: le tout lorsque les parties ne se sont pas pourvues par la voie criminelle.

11. Les juges de paix connaissent en outre, à charge d'appel, 1º des entreprises commises, dans l'année, sur les cours d'eau servant à l'irrigation des propriétés et au mouvement des usines et moulins, sans préjudice des attributions de l'autorité administrative dans les cas déterminés par les lois et par les règlements locaux; des dénonciations de nouvel œuvre, complaintes, actions en réintégrande, et autres actions possessoires fondées sur des faits également commis dans l'année; 2º des actions en bornage et de celles relatives à la distance prescrite par la loi, les règlements particuliers et l'usage des lieux, pour les plantations d'arbres ou de haies, lorsque la propriété ou les titres qui l'établissent ne sont pas contestés; 3º des actions relatives aux constructions et travaux énoncés dans l'art. 674 du Code civil, lorsque la propriété ou la mitoyenneté du mur ne sont pas contestées; 4º des demandes en pensions alimentaires n'excédant pas trois cents francs par an, lorsqu'elles sont formées en vertu des art. 205, 206 et 207 du Code civil, et qu'elles ne sont pas accessoires à une instance principale précédemment intentée.

12. Les juges de paix connaissent de toutes les demandes reconventionnelles ou en compensation qui, par leur nature ou leur valeur, sont dans les limites de leur compétence, alors même que, dans les cas prévus par l'art. 7, ces demandes, réunies à la demande principale, s'élèveraient au-dessus de cent cinquante francs. Ils connaissent en outre, à quelque somme qu'elles puissent monter, des demandes reconventionnelles en dommages-intérêts fondées exclusivement sur la demande principale elle-même.

13. Lorsque chacune des demandes principales, reconventionnelle ou en compensation, est dans les limites de la compétence du juge de paix en dernier ressort, il pro-

nonce sans qu'il y ait lieu à appel. Si l'une de ces demandes n'est susceptible d'être jugée qu'à charge d'appel, le juge de paix ne prononce sur toutes qu'en premier ressort. Si la demande reconventionnelle ou en compensation excède les limites de sa compétence, il peut, soit retenir le jugement de la demande principale, soit renvoyer, sur le tout, les parties à se pourvoir devant le tribunal de première instance.

14. Lorsque plusieurs demandes formées par la même partie sont réunies dans une même instance, le juge de paix ne prononce qu'en premier ressort, si leur valeur totale s'élève au-dessus de soixante et quinze francs, lors même que quelqu'une de ces demandes serait inférieure à cette somme. Il est incompétent sur le tout, si ces demandes excèdent, par leur réunion, les limites de sa juridiction.

15. Dans les cas où la saisie-gagerie ne peut avoir lieu qu'en vertu de permission de justice, cette permission est accordée par le juge de paix du lieu où la saisie doit être faite, toutes les fois que les causes rentrent dans sa compétence. S'il y a opposition de la part de tiers pour des causes et pour des sommes qui, réunies, excéderaient cette compétence, le jugement en sera déféré au tribunal de première instance.

16. L'exécution provisoire des jugements est ordonnée dans tous les cas où il y a titre authentique, promesse reconnue, ou condamnation précédente dont il n'y a pas eu appel. Dans tous les autres cas, le juge peut ordonner l'exécution provisoire nonobstant appel, sans caution lorsqu'il s'agit d'une pension alimentaire, avec ou sans caution lorsque la somme n'excède pas cent cinquante francs, et avec caution au-dessus de cette somme. La caution est reçue par le juge de paix. Le tout, sans qu'il soit dérogé aux règles établies dans les possessions françaises de l'Inde, en matière de contrainte par corps, soit avant, soit après jugement.

17. S'il y a péril en la demeure, l'exécution provisoire peut être ordonnée sur la minute du jugement, avec ou sans caution, suivant les distinctions exprimées en l'article précédent.

18. Les jugements rendus en dernier ressort par les juges de paix ne peuvent être attaqués par voie de recours en cassation. Ils ne peuvent être déférés à la Cour royale, par voie d'annulation, que dans les cas prévus par les art. 69 et suivants.

19. Les tribunaux de paix connaissent des contraventions de police définies par les lois, ainsi que des infractions aux règlements de police légalement faits par l'autorité administrative. Leurs jugements sont rendus, savoir : en premier et en dernier ressort, lorsque l'amende, les restitutions et autres réparations civiles n'excèdent pas dix francs, outre les dépens; et en premier ressort seulement, lorsqu'ils prononcent l'emprisonnement, ou lorsque le montant des amendes et des condamnations civiles excède la somme de dix francs, sans les dépens.

20. Les dispositions des deux ordonnances locales du 25 mai 1827, qui règlent la pénalité en matière de contraventions de police et qui modifient les art. 401 et 463 du Code pénal, sont et demeurent confirmées.

21. Les fonctions du ministère public, auprès du tribunal de police de Pondichéry, sont remplies par le commissaire ou inspecteur de police, et, en cas d'absence ou d'empêchement, par l'officier de l'état civil. Le tribunal ne prononce qu'après avoir entendu le ministère public dans ses réquisitions. Les tribunaux de police de Chandernagor et de Karikal pourront, jusqu'à nouvel ordre, ne pas être assistés d'un officier du ministère public.

22. Indépendamment des fonctions qui sont départies aux juges de paix, par le Code civil et par les Codes de procédure civile, de commerce et d'instruction criminelle, ils reçoivent, dans tous les cas où elle est exigée, l'affirmation des procès-verbaux dressés en matière de police, de voirie, de chasse, de pêche, de délits ruraux et forestiers, de douanes et de contributions indirectes, et en toutes autres matières. Ils délivrent, s'il y a lieu, des sauf-conduits aux individus qui, étant exposés à la contrainte par corps, sont cités devant eux comme prévenus ou comme témoins.

CHAPITRE II.—*Des tribunaux de première instance.*

SECTION Iʳᵉ. — DES TRIBUNAUX DE PONDICHÉRY, DE CHANDERNAGOR ET DE KARIKAL.

23. Les tribunaux de première instance sont composés, savoir : 1° celui de Pondichéry, d'un juge royal, d'un lieutenant de juge, et d'un juge suppléant; 2° celui de Chandernagor, d'un juge royal et d'un lieutenant de juge; 3° celui de Karikal, d'un juge royal. Il y a, près de chacun de ces tribunaux, un procureur du roi, un greffier, et, s'il y a lieu, un ou plusieurs commis greffiers assermentés. Ces tribunaux, comme tribunaux civils, prononcent sur l'appel des jugements rendus en premier ressort par les justices de paix. Ils connaissent, en premier et en dernier ressort, des actions personnelles, mobilières et commerciales, au-dessus de cent cinquante francs jusqu'à cinq cents francs, et des ac-

tions immobilières jusqu'à vingt-cinq francs de revenu déterminé, soit en rente, soit par prix de bail. Au-dessus de cinq cents francs pour les actions personnelles, mobilières et commerciales, ou lorsque la chose qui fait l'objet de l'action immobilière ne produit pas de revenu susceptible d'évaluation de la manière ci-dessus déterminée, ils jugent en premier ressort seulement. Toutefois, et à raison de son éloignement de la Cour royale, le tribunal de Chandernagor juge en dernier ressort les actions personnelles, mobilières et commerciales jusqu'à mille francs, et les actions immobilières jusqu'à cinquante francs de revenu, déterminé comme il est dit ci-dessus.

24. Ces tribunaux, comme tribunaux correctionnels, connaissent, en dernier ressort, de l'appel des jugements des tribunaux de police. Ils prononcent, en premier ressort, sur les matières correctionnelles définies par le Code d'instruction criminelle, ainsi que sur les contraventions en matière de commerce étranger, de contributions indirectes et autres, qui entraînent une amende de plus de quinze francs.

25. Le juge royal rend seul la justice dans les matières qui sont de la compétence du tribunal de première instance statuant au civil ou au correctionnel. Il remplit les fonctions attribuées aux présidents des tribunaux de première instance par le Code civil et par les Codes de procédure civile, de commerce et d'instruction criminelle. Il est chargé, au lieu de sa résidence, de la visite des navires, ainsi qu'il est réglé par les lois, ordonnances et autres actes en vigueur dans la colonie. Il vise, cote et paraphe les répertoires des notaires, ceux des huissiers et commissaires-priseurs, ainsi que les registres des curateurs aux successions vacantes.

26. Les fonctions attribuées au juge d'instruction par le Code d'instruction criminelle sont remplies, savoir: à Pondichéry et à Chandernagor, par le lieutenant de juge, et à Karikal, par le juge de paix.

27. Le juge suppléant de Pondichéry assiste aux audiences, où il n'a, dans tous les cas, que voix consultative. Il peut être chargé, par le juge royal, des enquêtes, des interrogatoires, des ordres, des contributions, et de tous les actes d'instruction civile, ainsi que des fonctions de juge-commissaire, de juge-rapporteur, et de celles indiquées aux deux derniers alinéa de l'art. 25. Il peut, en outre, être chargé, par le procureur du roi, des fonctions du ministère public.

28. En cas d'absence ou d'empêchement, le juge royal est remplacé, savoir: à Pondichéry et à Chandernagor, par le lieutenant

de juge, et à Karikal, en matière civile et correctionnelle, par le magistrat qu'aura désigné le gouverneur; et en matière criminelle, par le préposé de l'inspection coloniale, qui sera lui-même remplacé comme il est dit à l'art. 50.

29. En cas d'empêchement momentané du juge royal et du lieutenant de juge, à Pondichéry, l'audience est tenue par le plus ancien des conseillers auditeurs; mais si les causes de l'empêchement doivent se prolonger, elle l'est par le magistrat nommé spécialement à cet effet par le gouverneur. A Chandernagor, le lieutenant de juge peut remplacer aussi le procureur du roi, en cas d'absence ou d'empêchement.

SECTION II. — DES TRIBUNAUX D'YANAON ET DE MAHÉ.

30. Le chef du comptoir, remplissant les fonctions de juge royal, connaît en premier et dernier ressort, 1° de toutes les affaires attribuées aux tribunaux de paix et de police par le chapitre 1er, titre 2 de la présente ordonnance; 2° de toutes les affaires dont la connaissance, en dernier ressort, est attribuée aux tribunaux de première instance de Pondichéry et de Karikal. Il connaît, en premier ressort seulement, de toutes les autres affaires civiles ou commerciales et de toutes les affaires correctionnelles.

31. La police judiciaire, l'instruction criminelle et l'action publique sont dirigées, sous la surveillance du procureur général, par un commis entretenu de la marine, lequel remplit également les fonctions du ministère public dans les affaires civiles et criminelles portées devant le chef du comptoir.

32. Il y a, dans chacune de ces résidences, un greffier chargé d'assister le chef du comptoir et le commis de la marine dans leurs fonctions respectives.

CHAPITRE III. — De la Cour royale.

SECTION Ire. — DES SERVICES CIVIL ET CORRECTIONNEL.

33. La Cour royale est composée d'un président, de quatre conseillers et de deux conseillers auditeurs. Il y a près de la Cour un procureur général, un substitut du procureur général, un greffier en chef et un commis greffier assermenté.

34. La Cour royale statue souverainement sur l'appel des jugements rendus en premier ressort par les tribunaux civils et correctionnels.

35. Elle connaît des faits de discipline, conformément aux dispositions du chapitre 4 du titre 4 ci-après.

36. Trois magistrats, au moins, sont nécessaires pour rendre arrêt en matière civile et en matière correctionnelle. Tous

arrêts qui ne sont pas rendus par le nombre de juges ci-dessus prescrit sont nuls. Lorsque le nombre des magistrats nécessaires pour rendre arrêt est incomplet, le président y pourvoit en appelant des magistrats honoraires, suivant l'ordre d'ancienneté; à défaut de ceux-ci des notables. Le service de la chambre d'accusation ne dispense pas des services civil et correctionnel.

SECTION II. — DE LA CHAMBRE D'ACCUSATION ET DE L'INSTRUCTION CRIMINELLE.

37. Les instructions criminelles et correctionelles, dirigées à Pondichéry par le lieutenant de juge, sont par lui communiquées au procureur du roi, qui, dans les trois jours, les transmet avec son avis au procureur général.

38. Le procureur général est tenu de mettre l'affaire en état, et de faire son rapport dans les dix jours. Pendant ce temps, la partie civile et le prévenu peuvent fournir tels mémoires qu'ils estiment convenable, sans que le rapport puisse être retardé.

39. La chambre d'accusation, composée d'un conseiller de la Cour royale, du juge royal et du lieutenant de juge, ou, à son défaut, du juge suppléant, qui dans ce cas, a voix délibérative, se réunit au moins une fois par semaine en la chambre du conseil, pour statuer sur les réquisitions du procureur général. Elle statue au plus tard dans les trois jours du rapport du procureur général.

40. Le conseiller qui préside la chambre d'accusation est désigné par trimestre, à tour de rôle, et en commençant par le plus ancien.

41. Les procureurs du roi de Chandernagor et de Karikal saisissent directement le tribunal de la connaissance des affaires correctionnelles ou criminelles, même après une instruction. S'ils pensent qu'il n'y ait lieu à suivre sur l'instruction qui leur est communiquée, ils adressent leur réquisitoire au juge d'instruction, qui décide s'il y a lieu ou non au renvoi devant la juridiction criminelle, correctionnelle ou de police.

42. Le ministère public instructeur d'Yanaon et de Mahé saisit directement le tribunal de la connaissance de toutes les affaires correctionnelles ou criminelles. S'il pense qu'il n'y a lieu à suivre sur une instruction qu'il aurait dirigée, il en fait rapport au chef de comptoir, qui décide s'il y a lieu ou non au renvoi mentionné dans l'article précédent.

43. Toutes les ordonnances portant qu'il n'y a lieu à suivre, rendues soit à Chandernagor et à Karikal, soit à Mahé et à Yanaon, sont transmises immédiatement au procureur général, qui peut, s'il n'approuve pas

le décision intervenue, en faire rapport à la chambre d'accusation, dans les quinze jours de la réception des pièces, sans préjudice du droit, pour le ministère public, de reprendre les poursuites en cas de charges nouvelles. Cette disposition n'est applicable que dans les affaires où le fait incriminé est de nature à emporter peine afflictive ou infamante.

44. Dans toutes les affaires où le fait incriminé est de nature à entraîner peine afflictive ou infamante, le procureur général à Pondichéry, et, dans les autres établissements, l'officier chargé du ministère public, est tenu de rédiger un acte d'accusation.

CHAPITRE IV. — De la chambre criminelle.

45. La chambre criminelle se compose de cinq magistrats de la Cour royale, et de deux notables, désignés comme il est dit ci-après (titre 5). Le procureur général, ou son substitut, y porte la parole. Le greffier de la Cour royale y tient la plume.

46. La chambre criminelle connaît: 1° de toutes les affaires où le fait qui est l'objet de la poursuite est de nature à emporter peine afflictive ou infamante; 2° des appels de toutes les affaires criminelles jugées à Chandernagor, à Karikal, à Mahé et à Yanaon.

47. Après la clôture des débats, le président pose d'abord la question de culpabilité résultant de l'acte d'accusation; elle ne peut être résolue, pour l'affirmative, qu'à la majorité de cinq voix sur sept. Toutes les autres dispositions des arrêts, telles que l'application de la loi pénale l'appréciation des excuses légales, des circonstances aggravantes ou atténuantes, et celle des dommages-intérêts, etc. sont prises à la simple majorité.

CHAPITRE V. — Des tribunaux des établissements secondaires jugeant en matière criminelle.

48. Dans les établissements secondaires, les tribunaux ne peuvent juger en matière criminelle qu'au nombre de trois membres, sauf, quant à Mahé, le cas prévu par l'art. 51 ci-après.

49. Le tribunal criminel, à Chadernagor, se compose: 1° du juge royal; 2° de l'officier ou du commis d'administration de la marine chargé de l'inspection; 3° du juge de paix. En cas d'empêchement de l'inspecteur ou du juge de paix, ou de l'un et l'autre en même temps, ils sont remplacés dans l'ordre ci-après: par l'officier ou commis d'administration chargé du service, par le chef du service de santé, et, à défaut, par des notables.

50. Le tribunal criminel de Karikal se compose: 1° du juge royal; 2° de l'officier

ou du commis d'administration de la marine chargé de l'inspection ; 5° de l'officier ou du commis d'administration chargé du service. En cas d'empêchement de l'inspecteur, ou de l'officier d'administration chargé du service, ou de l'un et l'autre en même temps, ils sont remplacés dans l'ordre ci-après : par le chef du service de santé, par le capitaine de port, et, à défaut, par des notables.

51. Les tribunaux criminels d'Yanaon et de Mahé se composent : 1° du chef de comptoir remplissant les fonctions de juge royal; 2° de deux notables. Néanmoins, en cas d'impossibilité absolue d'adjonction de deux notables au tribunal de Mahé, le président est autorisé à juger seul, après que cette impossibilité a été constatée, sur la réquisition du ministère public. Copie du procès-verbal dressé à cet effet est envoyée au procureur général à Pondichéry.

52. Les jugements de ces tribunaux sont toujours en premier ressort; les formes et les délais de l'appel continueront à être réglés conformément aux dispositions des lois et arrêtés en vigueur dans la colonie.

CHAPITRE VI. — *Du ministère public.*

53. Les fonctions du ministère public sont spécialement et personnellement confiées au procureur général. Il porte la parole aux audiences quand il le juge convenable.

54. Le procureur général exerce l'action de la justice criminelle dans toute l'étendue de son ressort. Il veille au maintien de l'ordre dans tous les tribunaux. Il a la surveillance de tous les officiers de police judiciaire, des juges d'instruction, des greffiers et des officiers ministériels du ressort.

55. En matière civile, le ministère public agit d'office dans les cas spécifiés par la loi. Il surveille l'exécution des lois, des arrêts et des jugements; il poursuit d'office cette exécution dans les dispositions qui intéressent l'ordre public.

56. Le procureur général veille à ce que les lois et règlements soient exécutés dans les tribunaux; et lorsqu'il a des observations à faire à cet égard, le président de la Cour royale est tenu, sur sa demande, de convoquer une assemblée générale.

57. Le procureur général n'assiste pas aux délibérations des juges, lorsque ceux-ci se retirent en la chambre du conseil pour les jugements; mais il est appelé à toutes les délibérations qui regardent l'ordre et le service intérieur ainsi que la discipline. Il a le droit de faire inscrire sur les registres de la Cour ou du tribunal les réquisitions qu'il juge à propos de faire sur cette matière.

58. Dans les affaires qui intéressent le gouvernement, le procureur général est tenu, lorsqu'il en est requis par le gouverneur, de faire, conformément aux instructions qu'il en reçoit, les actes nécessaires pour saisir les tribunaux.

59. Le substitut ne participe à l'exercice des fonctions du procureur général que sous sa direction. Toutes les fois qu'il en est requis par le procureur général, il est tenu de lui communiquer les conclusions qu'il se propose de donner. En cas de dissentiment, le procureur général porte la parole.

60. Le procureur général a l'inspection des actes judiciaires et registres des greffes, des registres constatant l'état civil, et de ceux des curateurs aux successions vacantes. Il est chargé de réunir, pour être envoyés au ministre de la marine, les doubles registres, doubles minutes et documents divers destinés au dépôt des archives coloniales, créé par l'édit du mois de juin 1776.

61. Les procureurs du roi, à Chandernagor et à Karikal, et les officiers du ministère public à Mahé et à Yanaon, exercent, sous la direction du procureur général, la même action et la même surveillance.

CHAPITRE VII. — *Des greffiers de la Cour et des tribunaux.*

62. Les greffiers tiennent la plume aux audiences.

63. Ils sont chargés de recueillir et de conserver les actes des délibérations de la Cour et des tribunaux.

64. Ils sont chargés de tenir en bon ordre les rôles et les différents registres prescrits par les Codes, par les ordonnances et par les règlements, et de conserver avec soin les collections et la bibliothèque à l'usage de la Cour ou du tribunal auquel ils sont attachés. Ils ont la garde du sceau de la Cour ou du tribunal près duquel ils exercent leurs fonctions.

65. Il leur est interdit, sous peine de destitution, de recevoir sur leurs registres aucunes protestations, soit de la Cour ou du tribunal, soit d'aucun magistrat en particulier.

66. Les greffiers sont tenus d'établir, pour le dépôt des archives coloniales, des doubles minutes des actes de greffe, jugements et arrêts en matière civile, correctionnelle et criminelle, concernant les Européens. Dans les huit premiers jours de chaque semestre, ils déposent ces pièces au parquet de la Cour ou du tribunal auquel ils sont attachés.

67. Le greffier de la Cour assiste aux assemblées générales, et y tient la plume.

68. Les greffiers des tribunaux de première instance sont chargés, sous leur responsabilité, de la garde et de la conservation des anciennes minutes de notaires, et de toutes les pièces et actes dont les lois,

ordonnances et règlements prescrivent le dépôt au greffe.

TITRE III. — DES RECOURS EN ANNULATION ET EN CASSATION.

69. Si le procureur général apprend qu'il ait été rendu, soit en premier, soit en dernier ressort, par un tribunal de paix ou de police, ou par un tribunal de première instance, civil ou correctionnel, un jugement contraire aux lois ou aux formes de procéder, ou dans lequel un juge ait excédé ses pouvoirs, et contre lequel cependant aucune des parties intéressées n'ait réclamé dans le délai fixé, il peut d'office (et seulement après l'expiration du délai d'appel, s'il s'agit d'un jugement en premier ressort) en donner connaissance à la Cour royale. Si les formes ou les lois ont été violées, le jugement sera cassé dans le seul intérêt de la loi, sans que les parties puissent se prévaloir de cette cassation pour éluder les dispositions de ce jugement, lequel vaudra transaction pour elles.

70. Le gouverneur, par la voie du procureur général, et sans préjudice du droit des parties intéressées, peut dénoncer à la Cour royale les actes par lesquels les membres des tribunaux de paix, de police ou de première instance, auraient excédé leurs pouvoirs, ou les délits par eux commis relativement à leurs fonctions. La Cour annulera ces actes, s'il y a lieu, et les officiers de police ou les juges pourront être poursuivis comme il est dit au Code d'instruction criminelle.

71. Dans les cas prévus aux deux articles précédents, la Cour royale ne peut rendre arrêt, sur le rapport d'un conseiller, qu'au nombre de cinq juges au moins, et, dans ce cas, à la majorité de quatre voix. Si la Cour est composée de six ou de sept magistrats, une majorité de cinq voix est nécessaire. Ses arrêts ne peuvent être déférés à la Cour de cassation, à moins qu'ils n'aient pas été rendus par le nombre de juges qui vient d'être prescrit.

72. Le recours en cassation est ouvert en matière civile contre les jugements en dernier ressort des tribunaux de première instance, et contre les arrêts des cours royales, conformément à la législation de la métropole, et sauf le droit accordé au procureur général de la Cour de cassation, dans le cas des art. 80 et 88 de la loi du 27 ventôse an 8 (1).

73. En matière criminelle, les jugements et arrêts ne seront pas susceptibles du recours en cassation, sauf, 1° le droit du procureur général de la Cour royale de dénoncer au gouvernement les jugements et arrêts qui lui paraissent contraires à la loi ; 2° le droit réservé au gouvernement et au procureur général près la Cour de cassation par les art. 441 et 442 du Code d'instruction criminelle de la métropole.

TITRE IV. — DES MEMBRES DE L'ORDRE JUDICIAIRE.

CHAPITRE Ier. — Des conditions d'âge et de capacité.

74. Nul ne peut être juge de paix, ou suppléant de juge de paix, s'il n'a vingt-sept ans accomplis. Nul ne peut être juge royal s'il n'a vingt-sept ans accomplis, et s'il n'est licencié en droit. Nul ne peut être lieutenant de juge, juge-suppléant ou procureur du roi, s'il n'est âgé de vingt-cinq ans accomplis, et s'il n'est licencié en droit. Les greffiers des tribunaux de paix et de première instance doivent être âgés de vingt-cinq ans accomplis. Les greffiers des tribunaux de première instance doivent, en outre, être licenciés en droit ou justifier de deux années de pratique, soit chez un avoué, soit dans un greffe. Nul ne peut être conseiller, ou conseiller auditeur, s'il n'a vingt-sept ans accomplis, et s'il n'est licencié en droit. Nul ne peut être président, ou procureur général, s'il n'a trente ans accomplis, et s'il n'est licencié en droit. Le substitut du procureur général doit être licencié en droit, et peut être nommé à vingt-cinq ans. Le greffier de la Cour doit avoir vingt-sept ans accomplis et être licencié en droit, ou, à défaut du titre de licencié, avoir rempli pendant deux ans les fonctions

---

(1) « Art. 80. Le gouvernement, par la voie de « son commissaire, et sans préjudice du droit des « parties intéressées, dénoncera au tribunal de « cassation, section des requêtes, les actes par « lesquels les juges auront excédé leurs pouvoirs, « ou les délits par eux commis relativement à leurs « fonctions. La section des requêtes annulera ces « actes, s'il y a lieu, et dénoncera les juges à la « section civile, pour faire à leur égard les fonc- « tions de jury d'accusation : dans ce cas, le prési- « dent de la section civile remplira toutes celles « d'officier de police judiciaire et de directeur de « jury. Il ne votera pas. Il pourra déléguer, sur « les lieux, à un directeur du jury, l'audition des

« témoins, les interrogatoires et autres actes d'in- « struction seulement.

« Art. 88. Si le commissaire du gouvernement « apprend qu'il ait été rendu en dernier ressort un « jugement contraire aux lois ou aux formes de « procéder, ou dans lequel un juge ait excédé ses « pouvoirs, et contre lequel, cependant, aucune « des parties n'ait réclamé dans le délai fixé, après « ce délai expiré il en donnera connaissance au « tribunal de cassation ; et, si les formes ou les « lois ont été violées, le jugement sera cassé, sans « que les parties puissent se prévaloir de la cassa- « tion pour éluder les dispositions de ce jugement, « lequel vaudra transaction pour elles. »

de greffier ou de commis greffier assermenté dans un tribunal de première instance, ou celles de conseil près la Cour et les tribunaux.

75. Les parents et alliés, jusqu'au degré d'oncle et de neveu inclusivement, ne peuvent être simultanément membres de la Cour ou d'un même tribunal, soit comme conseillers, conseillers auditeurs, juges, lieutenants de juges ou juges suppléants, soit comme officiers du ministère public ou comme greffiers.

76. Il ne peut, sous aucun prétexte, être accordé de dispense pour l'accomplissement des conditions prescrites par le présent chapitre.

CHAPITRE II. — *De la nomination et de la prestation de serment.*

77. Sont nommés par nous, de la manière déterminée par notre ordonnance du 28 juillet dernier, concernant le personnel de la magistrature coloniale, les magistrats et les greffiers de la Cour royale et des tribunaux de première instance. Sont également nommés par nous, les juges de paix et leurs suppléants. Sont nommés par le gouverneur, les greffiers des tribunaux de paix. Les commis greffiers sont, sur la présentation des greffiers, agréés par la Cour ou par le tribunal où ils doivent exercer. En cas de décès, d'absence, de démission, ou de suspension, le gouverneur pourvoit provisoirement aux fonctions vacantes.

78. Avant d'entrer en fonctions, le président de la Cour royale et le procureur général prêtent, devant le gouverneur, en conseil, le serment dont la teneur suit : « Je « jure fidélité au roi des Français, obéis- « sance à la Charte constitutionnelle, aux « lois, ordonnances et arrêtés en vigueur « dans la colonie. » Les autres membres de la Cour, le substitut du procureur général, le greffier en chef et le commis greffier, les membres du tribunal de première instance de Pondichéry, et le procureur du roi de ce tribunal, prêtent serment à l'audience de la Cour. Les juges, lieutenant de juge, et procureur du roi des autres tribunaux, prêtent serment devant l'administrateur de la localité. Les tribunaux de première instance reçoivent le serment de leurs greffiers et commis greffiers, ainsi que des juges de paix de leur ressort, et de leurs suppléants. Les juges de paix reçoivent le serment de leurs greffiers et commis greffiers.

CHAPITRE III. — *De la résidence et des congés.*

79. Les membres de la Cour et des tribunaux, ainsi que les juges de paix, sont tenus de résider dans le lieu même où siége la Cour ou le tribunal dont ils font partie.

80. Les magistrats ne peuvent s'absenter sans congé, si ce n'est pour cause de service. Le magistrat qui s'absente sans un congé, délivré suivant les dispositions prescrites par les règlements, est privé de son traitement pendant le double du temps qu'a duré son absence. Si cette absence excède quinze jours, il lui est enjoint par le procureur général de se rendre à son poste. Faute par lui d'obtempérer à cette injonction dans le même délai, il en est rendu compte au gouverneur, qui, suivant les circonstances, peut, après l'avoir entendu ou dûment appelé, le suspendre de ses fonctions pendant six mois, au plus, et même provoquer sa révocation. La disposition ci-dessus est applicable à tout magistrat qui n'aura pas repris ses fonctions à l'expiration de son congé, ou qui ne résiderait pas dans le lieu qui lui est assigné par ses fonctions. L'absence sans congé, hors de la colonie, pendant plus de cinq jours, emporte démission.

81. Tout congé qui excède un mois entraîne la privation de moitié du traitement pendant sa durée. Cette disposition n'est pas applicable au cas de maladie dûment constatée.

82. Les dispositions des précédents articles ne s'appliquent pas aux absences que pourraient faire, pendant les vacances, les membres de la Cour et des tribunaux qui ne sont pas de service.

CHAPITRE IV. — *Des peines de discipline et de la manière de les infliger.*

83. La Cour de cassation a, sur les magistrats et sur la Cour royale de la colonie, les droits qui lui sont attribués sur les cours et les magistrats de la métropole. La Cour royale a droit de surveillance sur ses membres, ainsi que sur les tribunaux de première instance et les tribunaux de paix de leur ressort. Le président de la Cour avertit d'office, ou sur la réquisition du ministère public, tout juge qui manquerait aux convenances de son état.

84. Si l'avertissement reste sans effet, ou si le fait reproché au magistrat est de nature à compromettre la dignité de son caractère, le président ou le procureur général provoque contre ce magistrat, par forme de discipline, l'application de l'une des peines suivantes : la censure simple ; la censure avec réprimande ; la suspension provisoire.

85. La censure avec réprimande emporte de droit la privation, pendant un mois, de la totalité du traitement. La suspension provisoire emporte aussi, pendant le temps de sa durée, la privation du traitement, sans que, dans aucun cas, la durée de cette privation puisse être moindre de deux mois.

86. L'application des peines déterminées par l'art. 84 est faite par la Cour, en chambre du conseil, sur les conclusions écrites du procureur général, après toutefois que le magistrat inculpé a été entendu ou dûment appelé.

87. Tout magistrat qui se trouve sous les liens d'un mandat d'arrêt, de dépôt, ou d'une ordonnance de prise de corps, est suspendu de ses fonctions. En cas de condamnation correctionnelle emportant emprisonnement, la suspension a lieu à dater du jour de la condamnation jusqu'à celui où il aura subi sa peine, sans préjudice des mesures de discipline qui pourraient être prises contre lui, et même de la révocation, s'il y a lieu.

88. Il est rendu compte au gouverneur, par le procureur général, des décisions prises par la Cour. Quand elle a prononcé la censure avec réprimande, ou la suspension provisoire, sa décision n'est mise à exécution qu'après avoir été approuvée par le gouverneur.

89. Le gouverneur peut, quand il le juge convenable, mander auprès de lui les membres de l'ordre judiciaire, à l'effet de s'expliquer sur les faits qui leur seraient imputés.

90. Les officiers du ministère public dont la conduite est répréhensible sont rappelés à leur devoir par le procureur général ; il en est rendu compte au gouverneur, qui, suivant la gravité des circonstances, leur fait faire par le procureur général les injonctions qu'il juge nécessaires, ou les mande près de lui.

91. La Cour royale instruit le gouverneur, toutes les fois que les officiers du ministère public, autres que le procureur général, exerçant leurs fonctions près la Cour, s'écartent du devoir de leur état, et qu'ils en compromettent l'honneur, la délicatesse et la dignité. Les tribunaux instruisent le président et le procureur général de la Cour royale des reproches qu'ils croient avoir à faire aux officiers du ministère public exerçant dans l'étendue de l'arrondissement.

92. Les greffiers de la Cour et des tribunaux sont avertis ou réprimandés par les présidents, et ils sont dénoncés, s'il y a lieu, au gouverneur.

93. Les décisions de la Cour royale, en matière de discipline, ne peuvent être rendues que par cinq magistrats : les notables n'y peuvent jamais participer; elles ne sont pas susceptibles de recours en cassation.

94. Si les faits reprochés à un magistrat sont de telle nature qu'ils ne permettent pas de le maintenir dans l'exercice de ses fonctions, le gouverneur, après l'avoir déféré, ou même sans le déférer à la Cour royale, lui offre les moyens de venir en France rendre compte de sa conduite. Si cette offre est refusée, le gouverneur peut prononcer la suspension du magistrat jusqu'à nouvel ordre. Il rend immédiatement compte de sa décision à notre ministre de la marine et des colonies, et lui transmet en même temps la réponse écrite du magistrat inculpé.

95. Dans les cas de suspension prévus par les art. 80 et 94, le traitement du magistrat suspendu est réduit dans la proportion indiquée au paragraphe 5 de l'art. 83 de notre ordonnance du 23 juillet 1840, concernant le gouvernement des établissements français dans l'Inde. Sont d'ailleurs maintenues les dispositions contenues dans les autres paragraphes du même article.

96. Le ministre de la marine exerce, avec le concours de notre garde des sceaux, le pouvoir disciplinaire à l'égard des membres de l'ordre judiciaire de la colonie. Après avoir reçu les explications du magistrat inculpé, ils statuent définitivement sur l'action disciplinaire. Lorsqu'il y a lieu à révocation, il est procédé conformément aux dispositions de l'art. 1er de notre ordonnance du 28 juillet dernier.

CHAPITRE V. — Des traitements.

97. Le traitement des membres de la Cour royale est fixé ainsi qu'il suit :

	TRAITEMENT	
	colonial.	intermédiaire ou d'Europe.
Pour le président de la Cour.	9,000 f.	4,000 f.
Pour chaque conseiller.	6,000	3,000
Pour chaque conseiller auditeur.	3,000	1,500
Pour le procureur général.	12,000	5,000
(Plus, une indemnité à titre de frais de secrétariat du parquet.)		
Pour le substitut du procureur général.	5,000	2,500
Pour le greffier.	3,000	1,500
Pour le commis greffier.	1,000	600

98. Le traitement des membres des tribunaux de première instance est fixé ainsi qu'il suit :

	TRAITEMENT	
	colonial.	intermédiaire ou d'Europe.
TRIBUNAL DE PONDICHÉRY.		
Pour le juge royal.	6,000 f.	3,000 f.
Pour le lieutenant de juge.	4,000	2,000
Pour le juge suppléant.	1,800	1,000
Pour le procureur du roi.	6,000	3,000
(Plus, une indemnité à titre de frais de secrétariat du parquet.)		
Pour le greffier européen.	2,000	1,000
Pour le commis greffier.	800	500
TRIBUNAL DE CHANDERNAGOR.		
Pour le juge royal.	5,000	2,500
Pour le lieutenant de juge.	3,000	1,500
Pour le procureur du roi.	5,000	2,500
Pour le greffier.	2,000	1,000
TRIBUNAL DE KARIKAL.		
Pour le juge royal.	4,000	2,000
Pour le procureur du roi.	4,000	2,000
Pour le greffier européen.	1,500	900

99. Le traitement des membres des tribunaux de paix est fixé ainsi qu'il suit :

	TRAITEMENT	
	colonial.	intermédiaire ou d'Europe.
TRIBUNAL DE PONDICHÉRY.		
Pour le juge de paix.	4,000 f.	2,000 f.
(Plus, 960 fr. à titre de frais de palanquin.)		
Pour le suppléant	2,000	1,000
Pour le greffier européen.	1,000	600
Pour le commis greffier.	800	400
TRIBUNAL DE CHANDERNAGOR.		
Pour le juge de paix.	3,600	1,800
Pour le greffier.	800	500
Pour le commis greffier.	600	400
TRIBUNAL DE KARIKAL.		
Pour le juge de paix.	3,000	1,500
Pour le greffier.	600	400
100. TRIBUNAUX DE MAHÉ ET D'YANAON.		
Le traitement de chacun des greffiers est fixé à.	1,200	700

101. Le traitement colonial des greffiers de la Cour et des différents tribunaux n'est déterminé que provisoirement. Il sera statué ultérieurement sur la perception des droits de greffe au profit du trésor, et sur les allo-cations à faire aux greffiers pour leur tenir lieu de traitement.

102. Les frais de déplacement des magistrats envoyés de France sont fixés ainsi qu'il suit, savoir :

COUR ROYALE.

Pour le président, 2,000 fr.; pour chaque conseiller, 1,500 fr., pour chaque conseiller auditeur, 800 fr.; pour le procureur général, 2,500 fr.; pour son substitut, 1,200 fr.

TRIBUNAUX DE PREMIÈRE INSTANCE.

A Pondichéry.

Pour le juge royal, 1,500 fr.; pour le lieutenant de juge, 1,000 fr.; pour le juge suppléant, 600 fr.; pour le procureur du roi, 1,500 fr.

A Chandernagor.

Pour le juge royal, 1,200 fr.; pour le lieutenant de juge, 800 fr., pour le procureur du roi, 1,200 fr.

A Karikal.

Pour le juge royal, 1,000 fr., pour le procureur du roi, 1,000 fr.

JUSTICE DE PAIX.

Pour chacun des juges de paix de Pondichéry, 1,000 fr.; de Chandernagor, 900 fr.; de Karikal, 800 fr.

105. Les menues dépenses de la Cour et des tribunaux sont réglées annuellement dans le budget de la colonie.

TITRE V. — DES NOTABLES.

CHAPITRE Ier.—Des notables à Pondichéry.

104. Dans le mois qui précède la rentrée de la Cour royale, le gouverneur dresse en conseil une liste de vingt notables habitants de Pondichéry, jouissant de la qualité de Français, qui sont appelés à faire le service à la chambre criminelle de la Cour royale, pendant les douze mois suivants. Ils doivent être âgés de vingt-sept ans au moins. Les Indiens peuvent faire partie du collège des notables.

105. Indépendamment de ce service, et seulement pour compléter le nombre prescrit par la présente ordonnance, pour rendre arrêt, les notables remplacent les conseillers et conseillers auditeurs empêchés, en toute matière, sauf à la chambre d'accusation et aux assemblées générales.

106. En cas de vacance dans le collège des notables, il est pourvu au remplacement pour le reste de l'année.

107. Les notables peuvent être réélus indéfiniment.

108. Le gouverneur statue en conseil sur les demandes à fin d'exemption définitive du service de notable, soit pour cause d'infirmités, soit pour toute autre cause. Les sexagénaires sont exemptés de droit lorsqu'ils le requièrent.

109. Avant d'entrer en fonctions les notables prêtent, à l'audience de rentrée de la Cour, sur la convocation du président, faite de la manière réglée ci-après, le serment dont la teneur suit : « Je jure fidélité « au roi des Français, obéissance à la Charte « constitutionnelle, aux lois, ordonnances « et règlements en vigueur dans la colonie, « et de m'acquitter de mes fonctions en mon « âme et conscience. »

110. Ils font le service à tour de rôle, dans l'ordre de leur nomination. Ceux qui ont été nommés par suite de vacance prennent le tour de rôle de celui qu'ils remplacent.

111. La convocation des notables est faite, par le président de la Cour, aussitôt qu'il a connaissance du motif qui nécessite leur concours, sans toutefois qu'il soit tenu de la faire plus de cinq jours avant l'audience.

112. Les notables émargent l'avis de convocation, qui est ensuite rapporté au président.

113. Le notable qui ne peut se rendre à l'audience, soit pour siéger, soit pour prêter serment, doit en prévenir le président, sans retard, par lettre où sont exposés ses motifs.

114. A l'audience pour laquelle le notable a été convoqué, le président fait à la Cour le rapport de l'affaire, toutes autres affaires cessantes. Le notable peut développer ses motifs par lui-même ou par quelqu'un chargé de le représenter. Le ministère public donne ses conclusions. La Cour déclare que le notable est ou n'est pas excusable.

115. Si elle déclare qu'il n'est pas excusable, elle le condamne, contradictoirement ou par défaut, sauf opposition, et, dans tous les cas, par corps, savoir : pour la première fois, à une amende de vingt-cinq à cinquante francs; pour la deuxième fois, à une amende de cinquante à cent francs; pour la troisième fois, à une amende de cent à quatre cents francs. Le notable fonctionnaire public condamné à l'amende est, en outre, signalé au gouverneur par le procureur général. Après trois condamnations, le notable peut être rayé de la liste, et, dans ce cas, il est pourvu à son remplacement.

116. Cette mesure ne sera prise, et les peines d'amende en récidive ne seront prononcées que pour les infractions commises dans le courant d'une année.

117. Le notable, excusé ou non, conserve son tour de rôle. S'il n'a pas été excusé, il doit, en outre, être convoqué de nouveau pour la plus prochaine audience où la présence d'un notable est nécessaire.

118. Lorsqu'un notable a fait connaître au président qu'il ne peut se rendre à sa convocation, ce magistrat convoque sans retard celui qui vient après dans l'ordre du

tableau, de manière à pourvoir au service. Il est procédé, s'il y a lieu, à l'égard de celui-ci, de la même manière qu'à l'égard du premier appelé.

119. Il sera fait application des articles ci-dessus à ceux qui, sans avoir envoyé d'excuses, ne se rendraient pas à l'audience.

120. Les empêchements pour les juges, à raison de leur parenté ou alliance entre eux, sont applicables aux notables, soit entre eux, soit entre eux et les juges, soit entre eux et les accusés ou prévenus et la partie civile.

121. Les notables peuvent être récusés pour les mêmes causes que les juges, suivant les lois et ordonnances en vigueur dans la colonie.

122. La récusation peut être proposée à l'audience même, mais avant toute exception ou défense au fond, et avant l'ouverture des débats, en matière criminelle ou correctionnelle. A cet effet, toute partie a le droit d'interpeller le président sur les noms des notables siégeant.

123. Le tableau des notables est et restera affichée, en langue française et malabare, dans la chambre du conseil et dans la salle d'audience de la Cour royale.

CHAPITRE II. — *Des notables dans les établissements secondaires.*

124. Le gouverneur dresse, en conseil, pour le jugement des affaires criminelles dans les établissements secondaires, des listes de notables, sur la présentation des administrateurs locaux. Ces listes comprendront quatre membres pour chaque établissement.

125. Les règles tracées dans le chapitre précédent pour les notables de Pondichéry sont applicables aux notables des établissements secondaires; néanmoins, dans ces localités, les notables peuvent être nommés à l'âge de vingt-cinq ans. Les attributions de la Cour royale, du président et du procureur général sont, à l'égard de toutes dispositions relatives aux notables des établissements secondaires, dévolues respectivement au tribunal criminel, au juge royal, et au procureur du roi.

126. Les jugements rendus à l'occasion du refus de service des notables ne sont pas susceptibles d'appel.

TITRE VI. — DES OFFICIERS MINISTÉRIELS.

CHAPITRE Ier. — *De la défense et des conseils.*

127. Toute partie a le droit de se défendre elle-même devant la Cour royale et devant les divers tribunaux de la colonie, et d'y présenter la défense de ses cohéritiers, coassociés et consorts, sans l'assistance des conseils commissionnés dont il va être parlé.

128. Les fils, petits-fils, beaux-fils, gendres, frères et beaux-frères, pourront défendre leurs pères, grands-pères ou beaux-pères, frères ou beaux-frères, et réciproquement. Ils pourront également défendre leurs mères, grand's-mères ou belles-mères, leurs filles, petites-filles, belles-filles ou brus, leurs sœurs ou belles-sœurs. Les maris pourront défendre leurs femmes, les tuteurs ou curateurs leurs pupilles. Dans le cas du présent article et de l'article précédent, la défense pourra être présentée, soit en français, soit en langue native.

129. Les parties qui ne profitent pas de la faculté accordée par les deux articles précédents ne peuvent se faire représenter, devant la Cour royale et devant les tribunaux civils de première instance de Pondichéry, de Chandernagor et de Karikal, que par des conseils commissionnés.

130. Dans toutes les autres juridictions civiles des établissements français de l'Inde, les parties peuvent, si elles ne se défendent pas elles-mêmes, se faire représenter par des fondés de pouvoir, dont le choix demeure libre, sauf les exclusions prononcées par l'art. 86 du Code de procédure civile.

131. Le nombre des conseils est fixé : pour Pondichéry, à dix-huit, dont six Européens ou Topas, et douze Indiens; pour Chandernagor, à dix, dont quatre Européens ou Topas, et six Indiens; pour Karikal, au même nombre qu'à Chandernagor. Ils sont nommés par le gouverneur.

132. Tous les conseils doivent avoir vingt-cinq ans accomplis. Ceux qui ne sont pas licenciés en droit doivent être soumis, avant leur nomination, à un examen public sur les lois et ordonnances en vigueur dans la colonie. Cet examen a lieu devant un magistrat désigné, à Pondichéry par le gouverneur, à Chandernagor et à Karikal par le chef de l'établissement, et en présence d'un officier du ministère public. Les conseils indiens doivent parler et écrire correctement la langue française.

133. Tout licencié en droit porteur de son diplôme, et qui justifie de sa bonne conduite, peut être autorisé par le gouverneur à remplir les fonctions de conseil, soit à Pondichéry, soit à Chandernagor, soit à Karikal, à la charge de se conformer aux dispositions de l'article ci-après.

134. Avant d'entrer en fonctions, les conseils autres qu'indiens versent un cautionnement de trois mille francs à Pondichéry, et de deux mille francs à Chandernagor et à Karikal. Le cautionnement n'est que de cinq cents francs pour les conseils

indiens. Ils prêtent ensuite, soit devant la Cour royale, soit devant le juge royal de **Chandernagor** ou de **Karikal**, le serment dont la teneur suit : « Je jure d'être fidèle « au roi, de ne rien dire ou publier de con- « traire aux lois, ordonnances, arrêtés et « réglements, aux bonnes mœurs, à la sù- « reté de l'État et à la paix publique ; de « ne jamais m'écarter du respect dû aux « tribunaux et aux autorités publiques, et « de ne plaider aucune cause que je ne croi- « rai pas juste en mon âme et conscience. »

135. Ils ne peuvent, lorsqu'ils sont dé- signés par le juge, refuser, sans motifs lé- gitimes et admis, la défense des accusés en matière criminelle, ou celle des absents et des indigents, en toute matière, devant les tribunaux de leur résidence.

136. Les conseils plaident pour leurs parties, tant en demandant qu'en défen- dant, et ils rédigent, s'il y a lieu, toutes consultations, mémoires et écritures. Ils exercent librement leur ministère pour la défense de la justice et de la vérité; mais ils doivent s'abstenir de toute supposition dans les faits, de toute surprise dans les ci- tations, et autres mauvaises voies, même de tous discours inutiles et superflus.

137. Il leur est défendu de se livrer à des injures et à des personnalités offensantes envers les parties ou leurs défenseurs; d'avancer aucun fait contre l'honneur et la réputation des parties, à moins que les né- cessités de la cause ne l'exigent, et qu'ils n'en aient charge expresse et par écrit de leurs clients.

138. Il leur est enjoint pareillement de ne jamais s'écarter, soit dans leurs discours, soit dans leurs écrits, du respect dû aux institutions religieuses et à la justice; de ne point attaquer les principes de la monar- chie, le système constitutif du gouverne- ment colonial, les lois, ordonnances, ar- rêtés ou réglements de la colonie, comme aussi de ne point manquer au respect dû aux magistrats devant lesquels ils exercent.

139. Il leur est expressément défendu de recevoir aucune somme des parties sans en donner des reçus détaillés.

140. Il leur est interdit, sous peine de destitution, de faire des traités pour leurs honoraires, ou de forcer les parties à recon- naître leurs soins avant les plaidoiries; de faire entre eux aucune association, d'acheter aucune affaire litigieuse, et d'oc- cuper, sous le nom d'un autre, pour les parties qui auraient des intérêts différents ou communs. Un tarif de leurs honoraires sera fixé par le gouverneur, en conseil, la Cour royale préalablement consultée.

141. Le procureur général exerce direc- tement la discipline sur les conseils. Il peut les mander, les rappeler à l'ordre, les cen- surer avec réprimande, leur donner tous avertissements convenables, et les dénoncer au gouverneur.

142. Si les conseils s'écartent, soit à l'audience, soit dans leurs défenses écrites, soit dans leur conduite, des devoirs qui leur sont prescrits, les tribunaux peuvent, suivant l'exigence des cas, d'office ou à la réquisition du ministère public, leur appli- quer l'une des peines de discipline sui- vantes : l'avertissement, la réprimande, l'interdiction pendant six mois au plus. Le procureur général et les tribunaux peuvent, en outre, proposer au gouverneur la desti- tution du conseil contre lequel l'interdiction a été prononcée. Ces peines sont prononcées sans préjudice de poursuites extraordinaires, s'il y a lieu.

143. Si le jugement du tribunal de pre- mière instance prononce l'interdiction pour plus d'un mois, l'appel peut en être porté à la Cour.

144. Le droit accordé aux tribunaux et au procureur général, par les articles ci- dessus, n'est pas exclusif des pouvoirs con- férés au gouverneur dans les mêmes cas. Toutefois le gouverneur ne peut prononcer la destitution qu'après avoir pris, à Pon- dichéry, l'avis de la Cour royale et, dans les arrondissements, l'avis des tribunaux, qui entendent, en chambre du conseil, l'officier inculpé.

CHAPITRE II. — *Des huissiers.*

145. Toutes assignations et significations, ainsi que tous actes et exploits nécessaires pour l'exécution des ordonnances de jus- tice, jugements et arrêts, seront faits par le ministère d'huissiers, sauf les exceptions portées par les lois, ordonnances, arrêtés et réglements.

146. Ils ne peuvent faire le service de l'audience et les significations de *conseil à conseil*, que près de la Cour ou du tribunal où ils sont immatriculés. En cas d'empê- chement, ils peuvent être remplacés par un autre huissier.

147. Les huissiers font, en matière cri- minelle, tous les actes dont ils sont requis par le procureur général, le procureur du roi, le juge d'instruction ou les parties.

148. Les huissiers sont tenus d'exercer leur ministère toutes les fois qu'ils en sont requis.

149. Les conditions exigées pour être huissier sont : 1° d'être âgé de vingt-cinq ans accomplis; 2° d'avoir obtenu du juge de paix et du procureur du roi un certificat de bonnes vie et mœurs, et de capacité.

150. Le gouverneur nomme les huissiers. Il peut les révoquer sur la proposition du

procureur général, ou sur celle des tribunaux.

151. Sur la proposition du procureur général, le gouverneur, en conseil, détermine
le nombre des huissiers, et décide, 1° si
tous, ou quelques-uns d'eux, doivent être
assujettis à un cautionnement; 2° quel
doit être le taux de ce cautionnement.

152. Avant d'entrer en fonctions, les
huissiers du tribunal de première instance
et des tribunaux de paix prêtent, devant
le tribunal de première instance, le serment suivant : « Je jure d'être fidèle au
« roi, de me conformer aux lois, ordon-
« nances et réglements concernant mon
« ministère, et de remplir mes fonctions
« avec exactitude et probité. » Les huissiers de la Cour prêtent le même serment
devant elle.

153. Les huissiers sont placés sous la
surveillance du ministère public, sans préjudice de celle des tribunaux, qui peuvent
aussi leur appliquer, s'il y a lieu, les peines
énoncées en l'art. 142 ci-dessus.

TITRE VII.—DE L'ORDRE DU SERVICE.

CHAPITRE Iᵉʳ. — *Du rang de service aux audiences.*

154. Le rang de service, à l'audience,
est réglé ainsi qu'il suit : *Cour royale.* Le
président, les conseillers, les conseillers
auditeurs, les notables. *Tribunaux de première instance.* Le juge royal, le lieutenant
de juge, le juge suppléant. *Tribunaux de
paix.* Le juge de paix, le suppléant.

155. Les conseillers, les conseillers auditeurs et les notables prennent rang entre
eux d'après la date et l'ordre de leur prestation de serment.

CHAPITRE II. — *De la police des audiences.*

SECTION Iʳᵉ. — DE LA POLICE DES AUDIENCES DE LA COUR ROYALE.

156. La police de l'audience de la Cour
royale appartient au président. Le temps
destiné aux audiences ne peut être employé
ni aux assemblées générales, ni à aucun autre service.

157. Le président ouvre l'audience à
l'heure indiquée par le règlement. Si l'audience vient à manquer par défaut de juge,
ou de notable, ou d'officier du ministère
public, le président, ou, en son absence, le
conseiller le plus ancien, en dresse un procès-verbal qui est envoyé au gouverneur
par le procureur général.

158. Avant d'entrer à l'audience, le
président fait prévenir par un huissier le
procureur général, en son parquet, que
la chambre est complète et qu'il est attendu.

SECTION II. — DE LA POLICE DES AUDIENCES DES TRIBUNAUX DE PREMIÈRE INSTANCE ET CRIMINELS, ET DES TRIBUNAUX DE PAIX.

159. La police des audiences des tribunaux de première instance et des tribunaux
criminels appartient au juge royal, ou à
celui qui en remplit les fonctions. L'article
précédent est observé par le juge royal à
l'égard du procureur du roi.

160. Si l'audience vient à manquer par
défaut de juge, ou de notable, ou d'officier
du ministère public, le procès-verbal constatant le fait est dressé par le juge royal
ou par le procureur du roi, et envoyé au
procureur général, qui en rend compte au
gouverneur.

161. Les juges de paix ont la police de
leurs audiences.

CHAPITRE III. — *Des assemblées générales.*

162. Les assemblées générales ont pour
objet de délibérer sur les matières qui concernent l'ordre et le service intérieur, ainsi
que la discipline, et qui sont dans le cercle
des attributions de la Cour. Elles se tiennent en chambre du conseil et à huis clos,
et n'ont lieu que sur la convocation du président, faite, ou de son propre mouvement,
ou sur la demande de deux membres de
la Cour, ou sur la réquisition du procureur
général, ou sur l'ordre du gouverneur. Le
procureur général doit toujours être prévenu à l'avance, par le président, et de la
convocation et de son objet. Il est tenu
d'en informer le gouverneur. Lorsque l'assemblée est formée, le procureur général
y est appelé et y assiste. Néanmoins il
doit se retirer avant la délibération, lorsqu'il s'agit de l'application d'une peine de
discipline.

163. L'assemblée générale se compose
de tous les membres de la Cour. La Cour ne
peut prendre de décision qu'au nombre de
cinq membres au moins. Ses décisions sont
prises à la simple majorité. Le greffier de la
Cour assiste aux assemblées générales, et y
tient la plume.

164. Le président ne permet point qu'il
soit mis en délibération d'autre objet que
celui pour lequel la convocation a été faite.
Le procureur général rend compte au gouverneur du résultat de la délibération.

165. Dans le mois qui suit la rentrée, la
Cour se réunit en assemblée générale, à la
réquisition du procureur général, pour
entendre le rapport qu'il lui fait sur la manière dont la justice civile et la justice criminelle ont été rendues pendant l'année
précédente dans l'étendue du ressort. Le
procureur général signale, dans ce rapport,
les abus qu'il a remarqués, et fait, d'après
les dispositions des lois, ordonnances et rè-

glements, toutes réquisitions qu'il juge convenables, et sur lesquelles la Cour est tenue de délibérer. Il adresse au gouverneur copie de son rapport, ainsi que de ses réquisitions et des arrêts intervenus. Copie du rapport est transmise à notre ministre de la marine et des colonies, qui le communique à notre gardes des sceaux ministre de la justice et des cultes.

CHAPITRE IV. — Des vacations.

166. Chaque année, la Cour et les tribunaux de première instance, à l'exception de ceux de Mahé et d'Yanaon, prennent deux mois de vacance. L'époque en est fixée par un règlement de la Cour, arrêté en assemblée générale et approuvé par le gouverneur.

167. Pendant les vacances, la chambre civile de la Cour tient au moins deux audiences par mois pour l'expédition des affaires sommaires. Les tribunaux de première instance tiennent au moins une audience par semaine.

168. Le service de la Cour et des tribunaux de première instance en matière criminelle et correctionnelle, celui de la chambre d'accusation, ainsi que l'instruction criminelle, ne sont point interrompus.

169. Les juges de paix ne prennent point de vacances.

CHAPITRE V. — De la rentrée de la Cour royale et des tribunaux de première instance.

170. Au jour fixé pour la rentrée de la Cour, le gouverneur, les diverses autorités et les notables sont invités par le président à assister à l'audience.

171. Le procureur général ou son substitut fait tous les ans, le jour de la rentrée, un discours sur le maintien des lois et les devoirs des magistrats; il trace aux conseils la conduite qu'ils ont à tenir dans l'exercice de leur profession, et il exprime ses regrets sur les pertes que la magistrature et le barreau auraient faites, dans le courant de l'année, de membres distingués par leur savoir, leurs talents et leur probité. Il lui est interdit de traiter de toute autre matière. Copie du discours de rentrée est remise par le procureur général au gouverneur, pour être adressée à notre ministre de la marine et des colonies, qui le communiquera à notre garde des sceaux ministre de la justice et des cultes.

172. Le président, sur le réquisitoire du procureur général, reçoit des conseils présents à l'audience le serment prescrit par l'art. 134 ci-dessus.

173. Les tribunaux de première instance reprennent leurs audiences ordinaires le lendemain du jour de la rentrée de la Cour.

CHAPITRE VI. — De l'envoi des états indicatifs des travaux de la Cour et des tribunaux.

174. Les juges de paix sont tenus, dans les cinq premiers jours des mois de janvier et de juillet, d'adresser au procureur du roi, qui le transmet immédiatement au procureur général, un état conforme au modèle A ci-annexé. Cet état doit être certifié par le greffier et visé par le juge de paix.

175. Dans les quinze premiers jours des mêmes mois, les procureurs du roi adressent au procureur général deux états conformes aux modèles B et C ci-annexés. Ces états sont certifiés par les greffiers et visés par les procureurs du roi.

176. Le procureur général est tenu, dans les deux mois de l'expiration de chaque semestre, de remettre au gouverneur, pour être adressés au ministre, deux états relatifs au service du semestre précédent, l'un pour la justice civile, l'autre pour la justice criminelle.

177. Ces états, dressés au greffe de la Cour sur les états particuliers des diverses juridictions, sont conformes aux modèles D et E ci-annexés. Ils sont certifiés par le greffier et visés par le procureur général.

TITRE VIII. — Du costume.

178. Aux audiences ordinaires, les conseillers de la Cour royale, les conseillers honoraires, les conseillers auditeurs, et les membres du parquet, portent la toge et la simarre noires, la chausse de licencié sur l'épaule gauche, la ceinture moirée en soie noire, large d'un décimètre, avec frange et une rosette sur le côté gauche, la cravate en batiste tombante et plissée, la toque en velours noir. Le président et le procureur général ont autour de leur toque deux galons d'or en haut et deux galons d'or en bas. Les conseillers, le substitut du procureur général, et les conseillers honoraires en ont deux en bas. Les conseillers auditeurs n'en ont qu'un en bas. Ces galons sont chacun de quinze millimètres, et placés, soit en haut, soit en bas, à cinq millimètres de distance l'un de l'autre.

179. Aux audiences solennelles, savoir: celles de rentrée et autres, auxquelles le gouverneur a le droit d'assister, celles où il s'agit de questions d'État ou de prise à partie, celles où la Cour exerce les attributions qui lui sont conférées par les art. 69 et 70 de la présente ordonnance, ainsi qu'aux cérémonies publiques, les mem

bres de la Cour portent la toge et la chausse rouges. La toge du président et celle du procureur général sont bordées, sur le devant, d'une fourrure d'hermine large d'un décimètre.

180. Le greffier de la Cour porte, soit aux audiences ordinaires, soit aux audiences solennelles, soit dans les cérémonies publiques, le même costume que celui des conseillers, à l'exception des galons d'or à la toque, qui sont remplacés par deux galons de soie noire.

181. Le commis greffier porte la robe fermée à grandes manches en étamine noire et la toque en étoffe de laine, avec un galon de laine de la même couleur.

182. Les notables, à toutes les audiences, et dans les cérémonies publiques, sont vêtus de noir.

183. Les membres des tribunaux de première instance de Pondichéry, Chandernagor et Karikal, ont, soit aux audiences, soit dans les cérémonies publiques, le costume fixé par l'art. 178 pour les magistrats de la Cour, à l'exception des galons de la toque, qui sont en argent. Le nombre de ces galons est le même pour les juges royaux et pour le procureur du roi que pour le président de la Cour et le procureur général; pour le lieutenant de juge et les juges honoraires que pour les conseillers; pour les juges suppléants que pour les conseillers auditeurs.

184. Les greffiers des tribunaux de première instance ont, soit aux audiences, soit dans les cérémonies publiques, le même costume que les magistrats. Seulement, au lieu de galons d'argent, ils portent autour de leur toque deux galons de soie noire.

185. Les commis greffiers ont le même costume que celui qui est réglé pour le commis greffier de la Cour.

186. Les chefs de comptoir, remplissant les fonctions de juges royaux à Yanaon et à Mahé, les employés exerçant les fonctions du ministère public dans ces résidences, les juges de paix et leurs suppléants, les membres des tribunaux criminels de Chandernagor et de Karikal, et les notables dans tous les établissements secondaires, portent, soit aux audiences, soit dans les cérémonies publiques, l'habillement noir, s'il n'appartient pas à un corps militaire.

187. Les greffiers des tribunaux de première instance d'Yanaon et de Mahé, et des tribunaux de paix des autres établissements, sont vêtus de noir s'ils appartiennent à la classe des Européens ou des topas, et portent le costume de leurs castes respectives s'ils sont indigènes.

188. Les conseils européens et topas portent, aux audiences de la Cour et des tribunaux, et dans les cérémonies publiques, l'habillement noir, la cravate en batiste tombante et plissée, et le petit manteau. Lorsqu'ils sont licenciés, ils ont le droit de porter la robe et la chausse noires, et la toque en étoffe de laine noire, bordée d'un galon de velours. Les conseils indiens portent le costume en usage dans leurs castes respectives.

189. Les huissiers de la Cour et des tribunaux sont vêtus de noir, soit aux audiences, soit dans les cérémonies publiques, s'ils appartiennent à la classe des Européens ou des topas, et suivant les usages de leurs castes s'ils sont indigènes. Ils portent, en outre, une baguette noire de quatre décimètres, surmontée d'une boule d'ivoire.

TITRE IX. — DES HONNEURS.

CHAPITRE Iᵉʳ. — Des préséances.

190. Les corps judiciaires et les membres qui les composent prennent rang entre eux dans l'ordre ci-après:

COUR ROYALE. — Le président; les conseillers; les conseillers honoraires; les conseillers auditeurs; les juges notables.

Parquet. — Le procureur général; le substitut du procureur général.

Greffe. — Le greffier; le commis greffier.

TRIBUNAL DE PREMIÈRE INSTANCE DE PONDICHÉRY. — Le juge royal; le lieutenant de juge; les juges honoraires; le juge suppléant.

Parquet. — Le procureur du roi.

Greffe. — Le greffier; le commis greffier.

TRIBUNAUX DE PREMIÈRE INSTANCE DES ÉTABLISSEMENTS SECONDAIRES. — Le juge royal; le lieutenant de juge; les membres du tribunal criminel, dans l'ordre établi par les art. 49, 50 et 51; les magistrats honoraires; les notables.

Parquet. — Le procureur du roi ou l'officier remplissant les fonctions du ministère public.

Greffe. — Le greffier; le commis greffier.

TRIBUNAUX DE PAIX. — Le juge de paix; le suppléant; le commissaire ou inspecteur de police; le greffier; le commis greffier.

191. Lorsque la Cour et les tribunaux ne marchent point en corps, le rang individuel des membres de l'ordre judiciaire est réglé ainsi qu'il suit: le procureur général; le président de la Cour; les conseillers; les conseillers honoraires; le juge royal; le procureur du roi; le substitut du procureur général; les conseillers auditeurs; les juges honoraires; le lieutenant de juge; le greffier de la Cour; le juge suppléant; le juge de paix; le suppléant du juge de paix; le

greffier du tribunal de première instance ; le commissaire ou inspecteur de police ; le greffier du tribunal de paix.

192. Les magistrats ayant parité de titres prennent rang entre eux d'après la date et l'ordre de leur prestation de serment.

CHAPITRE II. — *Du cérémonial à observer lorsque le gouverneur se rend à la Cour royale.*

193. Lorsque le gouverneur doit se rendre au palais de justice pour prendre séance à la Cour, il en informe à l'avance le procureur général, qui en donne aussitôt connaissance au président.

194. Le gouverneur fait prévenir le procureur général de l'heure à laquelle il doit arriver ; il est attendu en avant de la porte extérieure du palais par une députation composée d'un conseiller et d'un conseiller auditeur, désignés par le président, et est conduit au fauteuil du roi, placé, à cet effet, au centre de l'estrade où siège la Cour.

195. A l'entrée du gouverneur, les membres de la Cour se lèvent et se tiennent découverts. Ils s'asseyent et peuvent se couvrir lorsque le gouverneur a pris place.

196. La présidence d'honneur appartient au gouverneur. Il parle assis et couvert.

197. Le gouverneur a à sa droite le président, à sa gauche le plus ancien des conseillers.

198. Lorsque le gouverneur se retire, il est reconduit jusqu'à la porte du palais par la députation qui l'a reçu.

199. Les fonctionnaires publics qui accompagnent le gouverneur sont placés, dans l'ordre des préséances entre eux, sur des sièges en dedans de la barre, et au bas de l'estrade où siège la Cour.

200. Lorsque le gouverneur prend séance à la Cour royale, il ne peut être prononcé de discours qu'avec son autorisation, et après qu'il lui en a été donné communication.

CHAPITRE III. — *Des honneurs à rendre à la Cour et aux tribunaux.*

201. Dans les cérémonies qui ont lieu hors de l'enceinte du palais de justice, les corps judiciaires sont convoqués par le gouverneur, ou en cas d'absence, par le fonctionnaire appelé à le remplacer ; la lettre de convocation est transmise aux tribunaux par le procureur général. Dans les établissements secondaires, la convocation est faite par l'administrateur et transmise par le procureur du roi.

202. Lorsque le gouverneur se trouve dans le lieu de la résidence de la Cour, elle se rend en corps à son hôtel à l'heure indiquée. Dans tout autre cas, les autorités judiciaires se réunissent au palais de justice, d'où part le cortège.

203. Dans les églises, la Cour et les tribunaux occupent les bancs de la nef les plus rapprochés du chœur, du côté de l'épître. Ils se placent dans l'ordre de préséance déterminé par l'art. 190.

204. Les commandants de troupes, sur la réquisition du procureur général, à Pondichéry, et du procureur du roi, dans les établissements secondaires, fournissent à la Cour et aux tribunaux, lorsqu'ils marchent en corps, une garde d'honneur composée ainsi qu'il suit : pour la Cour royale, vingt hommes commandés par un lieutenant ou un sous-lieutenant ; pour les tribunaux de première instance, dix hommes commandés par un sergent.

205. Les gardes devant lesquelles passent les corps ci-dessus dénommés prennent les armes, les portent pour la Cour royale, et les reposent pour le tribunal de première instance.

206. Les tambours rappellent pour la Cour royale, et sont prêts à battre pour les tribunaux de première instance.

CHAPITRE IV. — *Des honneurs funèbres à rendre aux membres de l'ordre judiciaire.*

207. Le convoi du procureur général et du président de la Cour est accompagné par tous les membres de l'ordre judiciaire du chef-lieu. Le convoi de tous les autres magistrats, soit en activité de service, soit honoraires, est accompagné par les membres de l'ordre judiciaire que désigne le président de la Cour, à Pondichéry, et le juge royal, dans les établissements secondaires. En cas de décès du juge royal, la désignation est faite par le procureur du roi.

208. Une députation des membres du barreau désignée par le président de la Cour, à Pondichéry ; par le juge royal ou par le procureur du roi, dans les établissements secondaires, assiste au convoi des membres de la Cour et des tribunaux de leur résidence.

TITRE X. — DISPOSITIONS GÉNÉRALES.

209. Sont abrogées les ordonnances organiques des 23 décembre 1827, et 11 septembre 1832, et toutes autres dispositions contraires à la présente ordonnance. Continueront d'être observés les lois, ordonnances, règlements et arrêtés en vigueur dans l'Inde, concernant les diverses classes d'habitants, sur toutes les matières et juridictions qu'elle n'a pas réglées.

210. Notre ministre de la marine et des colonies, et de la justice et des cultes (MM. Duperré et Martin du Nord) sont chargés, etc.

8 = 19 MARS 1842. — Ordonnance du roi portant que les officiers en possession d'une pension de réforme seront admis, lorsqu'ils n'auront pas été écartés de l'armée par mesure de discipline, à concourir pour les places vacantes aux invalides. (IX, Bull. DCCCLXL, n. 9880.)

Louis-Philippe, etc., sur le rapport de notre ministre secrétaire d'État de la guerre, président du conseil, etc.

Art. 1er. Les officiers mis en possession d'une pension de réforme, en vertu de l'art. 18 de la loi du 19 mai 1834, seront admis, lorsqu'ils n'auront pas été écartés de l'armée par mesure de discipline, à concourir avec les officiers en retraite pour les places vacantes aux invalides, en tant qu'ils rempliront, comme ceux-ci, les conditions d'âge et d'infirmités déterminées par les règlements de l'hôtel et de sa succursale.

2. Notre ministre de la guerre (duc de Dalmatie) est chargé, etc.

9 = 19 MARS 1842. — Ordonnance du roi portant qu'à compter du 1er avril 1842 les taxes de pilotage, telles qu'elles sont déterminées par les tarifs existants, sont surhaussées de quinze pour cent. (IX, Bull. DCCCLXL, n. 9881.)

Louis-Philippe, etc., sur le rapport de notre ministre secrétaire d'État au département de la marine et des colonies; vu la loi du 15 août 1792 sur le pilotage; vu le décret du 12 décembre 1806, portant règlement sur le service des pilotes lamaneurs; vu les délibérations des assemblées commerciales formées en vertu de la loi précitée du 15 août 1792, et spécialement convoquées pour l'examen de la question de surhaussement des taxes de pilotage, en raison du nouveau mode de jaugeage établi pour les navires du commerce par l'ordonnance du 18 novembre 1837; vu les délibérations des conseils d'administration des divers arrondissements maritimes, etc.

Art. 1er. A compter du 1er avril 1842, les taxes de pilotage, telles qu'elles sont déterminées par les tarifs existants, sont surhaussées de quinze pour cent.

2. Notre ministre de la marine et des colonies (M. Duperré) est chargé, etc.

13 FÉVRIER = 23 MARS 1842. — Ordonnance du roi portant autorisation de la société anonyme formée à Argentan sous la dénomination de l'Union, compagnie des messageries d'Alençon à Caen. (IX, Bull. supp. DLXL, n. 16346.)

Louis-Philippe, etc., sur le rapport de notre ministre secrétaire d'État de l'agriculture et du commerce; vu les art. 29 à 37, 40 et 45 du Code de commerce; notre conseil d'État entendu, etc.

Art. 1er. La société anonyme formée à Argentan (Orne) sous la dénomination de l'Union, compagnie des messageries d'Alençon à Caen, est autorisée. Sont approuvés les statuts de ladite société, tels qu'ils sont contenus dans l'acte passé, le 6 février 1842, par-devant Me Lair-Dubreuil, notaire à Argentan, et en présence de témoins, lequel acte restera annexé à la présente ordonnance.

2. Nous nous réservons de révoquer notre autorisation en cas de violation ou de non exécution des statuts approuvés, sans préjudice des droits des tiers.

3. La société sera tenue de remettre, tous les six mois, un extrait de l'état de sa situation au ministère de l'agriculture et du commerce, au préfet du département de l'Orne et au greffe du tribunal de commerce d'Argentan.

4. Notre ministre de l'agriculture et du commerce (M. Cunin-Gridaine) est chargé, etc.

CHAPITRE Ier. — Fondation de la société, son objet, son siége, sa durée et sa dénomination.

Art. 1er. Il est formé par le présent acte, entre les sus-nommés et tous ceux qui deviendront cessionnaires des actions dont on parlera ci-après, une société anonyme ayant pour objet spécial et exclusif l'établissement et l'exploitation d'un service de diligence d'Alençon à Caen et de Caen à Alençon.

2. Le siége de la société et son domicile social sont fixés à Argentan (Orne).

3. La dénomination de la société est l'Union, compagnie des messageries d'Alençon à Caen.

4. La durée est de dix années, à partir du jour où une ordonnance royale l'aura autorisée.

CHAPITRE II. — Fonds social et actions.

5. Le capital est fixé à cinquante mille francs, divisé en cinq cents actions de cent francs chacune. Ces actions sont souscrites dans les proportions suivantes par les personnes ci-après nommées.
(Suivent les noms.)

6. Les actionnaires verseront entre les mains du conseil d'administration ou de ses délégués, en échange de remise des titres de leurs actions, huit jours après qu'ils auront été prévenus, par simples lettres missives, de l'autorisation de la présente société, la moitié du montant de leurs actions, et souscriront en outre, à cette époque, l'obligation de verser, s'il y a lieu, la seconde moitié, dans les cas et de la manière prévus par l'art. 7 ci-après : l'obligation indiquera un domicile élu dans l'une des villes d'Argentan, Caen, Falaise, Séez ou Alençon. Si les fonds versés par les actionnaires n'étaient pas employés en totalité aux besoins du service, l'excédant serait placé de la manière qui serait déterminée par le conseil d'administration.

7. Toutes les fois que les besoins du service l'exigeront, le conseil d'administration pourra exiger des actionnaires le versement de tout ou partie des sommes non encore payées sur le montant de chaque action.

8. Sur la notification de la demande du conseil

d'administration, adressée à chaque sociétaire par circulaire du conseil d'administration, et insérée en outre dans les journaux désignés pour la publication des actes de société, conformément à la loi du 31 mars 1833, par les tribunaux de commerce d'Alençon, d'Argentan, de Falaise et de Caen, les actionnaires seront tenus, dans les dix jours de cette notification, d'effectuer le versement demandé.

9. A défaut de paiement dans ce délai de dix jours, l'actionnaire en retard y sera contraint par une sommation, qui lui sera faite à ses frais ; et quinze jours après cette sommation, restée infructueuse, les actions qu'il possédera seront vendues aux enchères, à ses risques et périls : il profitera de l'excédant, s'il y en a, et sera poursuivi par toutes les voies de droit pour le paiement du déficit, s'il s'en trouve.

10. Les actionnaires ne seront passibles que de la perte du montant de leur intérêt dans la société.

11. Chaque action est indivisible : ainsi, dans le cas où plusieurs personnes deviendraient, par suite de décès, faillite ou autre cause, propriétaires d'une action, elles seront tenues de se faire représenter par une seule personne. Comme aussi, dans le cas de décès ou de faillite d'un actionnaire possédant plusieurs actions, les héritiers, créanciers ou ayants-cause devront se faire représenter par un seul fondé de pouvoirs pendant l'indivision de l'héritage ou la liquidation de la faillite.

12. Dans aucun cas, le décès, l'absence, la faillite ou l'incapacité d'un actionnaire ne peuvent donner lieu à aucune apposition de scellés, inventaire, partage ou licitation ; et ses créanciers, héritiers ou ayants-droit sont tenus de s'en rapporter aux comptes arrêtés par la dernière assemblée générale.

13. Les actions sont nominatives ; leurs titres sont extraits d'un registre à souche et revêtus de la signature de trois membres du conseil d'administration : ils portent un numéro d'ordre.

14. Les actions sont aliénables, conformément à l'art. 30 du Code de commerce, par une déclaration de transfert inscrite sur les registres de la compagnie tenus à cet effet, et signée tant par le cédant que par le cessionnaire ou leurs fondés de pouvoirs. Le cédant demeurera garant du cessionnaire, vis-à-vis-vis de la société, pour le paiement de la portion de l'action qui n'aura pas encore été payée au moment où s'opérera le transfert.

CHAPITRE III. — De l'administration.

15. La société est administrée par un conseil d'administration composé de sept membres, tous propriétaires de cinq actions au moins, lesquelles seront inaliénables pendant la durée de leurs fonctions et jusqu'à l'apurement de leurs comptes.

16. La durée des fonctions des administrateurs est de cinq ans : ces fonctions sont gratuites.

17. Les administrateurs sont nommés par l'assemblée générale, au scrutin secret et à la majorité des suffrages. En cas d'égalité de voix, la préférence est donnée à l'actionnaire le plus âgé : ils sont rééligibles.

18. Sont nommés membres du conseil d'administration, pour la première période de cinq ans.
    (Suivent les noms.)

Les nominations qui précèdent seront soumises à la confirmation de la première assemblée générale, qui sera convoquée dans les trois mois de l'autorisation de la société.

19. Les administrateurs décédés ou démission-

naires sont remplacés par la prochaine assemblée générale, mais les fonctions des nouveaux élus ne durent que le temps restant à courir pour atteindre la fin de l'exercice des titulaires remplacés.

20. Les membres du conseil d'administration choisissent entre eux un président, dont les fonctions durent une année, et qui, en cas d'absence, est remplacé par le plus âgé des membres présents. Aucun membre du conseil d'administration ne peut personnellement se faire remplacer aux délibérations de ce conseil. Le président est aussi rééligible.

21. Les membres du conseil d'administration ne peuvent délibérer sur quelque objet que ce soit, s'ils ne sont au nombre de quatre au moins. Les délibérations sont prises à la majorité absolue des voix : en cas de partage, celle du président est prépondérante. Les délibérations sont consignées sur un registre spécial, qui est mis sous les yeux des actionnaires dans l'assemblée générale annuelle.

22. Le conseil d'administration se réunit au moins une fois par mois. Il lui est rendu compte de toutes les affaires de la compagnie.

23. Le conseil d'administration gère toutes les affaires de la société, et est chargé de veiller à l'exécution des délibérations de l'assemblée générale. Il délibère et arrête les conditions principales de tous les marchés qui sont passés pour le compte de la société. Il peut compromettre et transiger sur toutes les contestations qui intéressent la société. Il règle et arrête le paiement de tous les mémoires et dettes à la charge de la société. Il nomme, révoque et destitue les agents et employés salariés de la compagnie. Il règle et arrête aussi leurs traitements et salaires, ainsi que les dépenses générales de l'administration, sauf ce qui sera dit plus bas pour le directeur. Il prend communication de tous les registres, correspondances, comptes et pièces relatifs à la compagnie.

24. Les membres du conseil d'administration ne sont responsables que de l'exécution de leur mandat ; ils ne contractent, à raison de leur gestion, aucune obligation personnelle ni solidaire relativement aux engagements de la société.

25. Les comptes annuels et les répartitions de bénéfices seront réglés et arrêtés par le conseil d'administration, sous l'approbation de l'assemblée générale, qui les arrête définitivement sur le vu de toutes les pièces justificatives.

CHAPITRE IV. — De la direction.

26. La direction des opérations de la société est attribuée, sous l'autorité et la surveillance immédiate du conseil d'administration, à un directeur, qui aura sous ses ordres cinq sous-directeurs, dont les bureaux seront établis à Alençon, Séez, Argentan (Orne), Falaise et Caen (Calvados).

27. Les sous-directeurs, les agents et les conducteurs sont nommés et révocables par le conseil d'administration, qui détermine leurs traitements et émoluments.

28. Le directeur est nommé et peut être révoqué, sur les propositions du conseil d'administration, par l'assemblée générale, qui détermine en même temps son traitement et ses émoluments. Le conseil d'administration peut suspendre provisoirement le directeur de ses fonctions, sauf à en référer dans les trois mois à l'assemblée générale.

29. Le directeur et les sous-directeurs sont astreints à fournir un cautionnement en numéraire, qui est fixé, savoir : à mille francs pour le direc-

teur, et à cinq cents francs pour chacun des sous-directeurs. Indépendamment de ce cautionnement, ils devront être propriétaires au moins, le directeur, de cinquante actions, et chacun des sous-directeurs, de cinq actions. Ces actions sont inaliénables pendant toute la durée des fonctions de ces directeur et sous-directeurs et jusqu'à l'apurement de leurs comptes.

30. Le directeur assiste aux séances du conseil ; il y a voix consultative et remplit les fonctions de secrétaire ; il est chargé de l'exécution des délibérations et arrêtés du conseil d'administration ; il lui soumet des rapports sur les plaintes qu'il aurait à faire contre les sous-directeurs, les agents, les conducteurs et relayeurs ; il règle provisoirement toutes les difficultés qui s'élèvent au sujet du service dans l'intervalle des séances du conseil d'administration. En cas de maladie ou d'absence qui devrait se prolonger au-delà de trois jours, le directeur se fait remplacer, à ses frais, par une personne préalablement agréée par le conseil. Les traités et obligations doivent être signés par quatre membres au moins du conseil d'administration. Les correspondances et les acquits sont signés par le directeur. Les actions judiciaires sont exercées et défendues au nom de la société, poursuites et diligences du directeur, sur une délibération du conseil d'administration, où doivent siéger, dans ce cas, cinq membres au moins.

CHAPITRE V. — Assemblée générale.

31. L'assemblée générale se compose de tous les actionnaires ; elle se réunit de droit chaque année, au siège de la société, dans le courant de mai. Elle se réunit en outre extraordinairement, 1° lorsque, par suite de décès ou de démission, le nombre des administrateurs se trouve réduit à cinq ; 2° toutes les fois que le conseil d'administration en reconnaît l'utilité, ou lorsque la demande en aura été faite par un nombre d'actionnaires réunissant en leurs mains le quart des actions. Dans tous les cas, les actionnaires doivent être prévenus, par une circulaire du conseil d'administration adressée à chacun d'eux, huit jours au moins avant l'époque fixée pour la réunion, et, en outre, par un avis inséré dans un ou deux journaux d'annonces légales des départements de l'Orne et du Calvados.

32. Il lui est chaque fois rendu compte des opérations de la société ; elle entend, discute et arrête les comptes. Elle est présidée par le président du conseil d'administration : ce conseil choisit un de ses membres pour être secrétaire.

33. Tout actionnaire peut s'y faire représenter par un fondé de pouvoirs pris dans le nombre des actionnaires ; mais le même mandataire ne peut pas représenter plus de deux actionnaires : dans aucun cas, les membres du conseil d'administration ni le directeur ne peuvent représenter les actionnaires absents.

34. Les délibérations prises en assemblée générale ne seront valables qu'autant que le tiers au moins des actions y aura été représenté. Dans le cas où l'assemblée générale ne satisferait pas à cette condition, il serait procédé à une seconde convocation à quinze jours d'intervalle ; et, dans cette nouvelle réunion, l'assemblée générale délibérerait quel que fût le nombre des membres présents et des actions représentées, mais seulement sur les objets à l'ordre du jour de la première réunion et indiquées dans les lettres de convocation.

35. L'assemblée générale, convoquée ainsi qu'on l'a dit ci-dessus, représente tous les actionnaires, et délibère sur tous les intérêts généraux et particuliers de la société qui lui seront soumis par le conseil d'administration : ces délibérations sont prises à la majorité des voix et sont obligatoires pour tous, même pour ceux qui n'y auraient pas concouru. Les procès-verbaux sont signés par les membres du conseil d'administration. Chaque actionnaire n'aura qu'une voix, quel que soit le nombre d'actions qu'il possède ; il a de plus une autre voix pour chacun des actionnaires qu'il représenterait, aux termes de l'art. 33.

CHAPITRE VI. — Comptes annuels.

36. Chaque année, il sera fait un inventaire estimatif de l'actif et du passif de la société ; il sera arrêté à la date du 1er mai par le conseil d'administration et le directeur : il y sera tenu compte d'une somme annuelle de deux mille francs, pour la dépréciation du matériel.

37. Sur les bénéfices résultant de l'inventaire, un quart sera mis en réserve et le surplus sera réparti entre les actionnaires ; il ne pourra cependant être fait de répartition de bénéfices que deux ans après la mise en activité de la société : le conseil d'administration déterminera l'époque à laquelle sera faite la première répartition. Le maximum du fonds de réserve est fixé à douze mille francs. Ce fonds, dont l'emploi sera déterminé par le conseil d'administration, devra toujours être maintenu à ce taux ; s'il venait à être entamé, le prélèvement sur les bénéfices recommencerait jusqu'à ce que le fonds de réserve fût complétement reconstitué.

CHAPITRE VII. — Dissolution et liquidation.

38. La dissolution de la société ne pourra être prononcée avant le terme fixé par l'art. 4, à moins qu'elle ne soit demandée par un nombre d'actionnaires représentant les trois cinquièmes des actions. Cependant elle aura lieu de plein droit, si les pertes de la compagnie atteignent les deux tiers du capital social.

39. Dans les cas prévus par l'article précédent, le conseil d'administration convoquera immédiatement l'assemblée générale des actionnaires.

40. L'assemblée générale nommera, séance tenante, cinq commissaires liquidateurs, qui s'occuperont incessamment d'obtenir la résiliation des marchés, abonnements et locations à la charge de la société, et de vendre le matériel qu'elle possédera ; ils règleront et effectueront le paiement de toutes les dettes de la compagnie ; ils pourront compromettre et transiger sur toutes contestations et demandes.

41. Trois mois après la dissolution de la société, il sera fait un état des comptes qu'elle aura encore à payer. Il en sera rendu compte à l'assemblée générale, qui ordonnera d'en effectuer le paiement.

42. Sur la demande qui leur en sera faite par la commission de liquidation, de la manière indiquée à l'art. 8 ci-dessus, et dans les dix jours de cette demande, les actionnaires seront tenus d'effectuer, jusqu'à concurrence du montant de leurs actions, les versements nécessaires pour opérer le paiement desdites dettes de la société.

43. Il sera procédé de la même manière à la liquidation de la société, si sa dissolution n'a lieu que par l'expiration du temps pour lequel elle est constituée.

44. Toutes contestations qui pourraient s'élever relativement aux affaires de la société, soit entre

les actionnaires et la compagnie, soit entre les actionnaires entre eux, seront jugées par deux arbitres : chaque partie nommera le sien. En cas de désaccord, les arbitres s'en adjoindront un troisième ; et, s'ils ne peuvent s'entendre sur le choix de celui-ci, il sera nommé par le président du tribunal de commerce d'Argentan. Les arbitres prononceront comme amiables compositeurs, et leur décision sera sans appel ni recours en cassation.

45 et dernier. Les actionnaires réunis en assemblée générale auront la faculté de modifier les statuts de la société ; mais, dans ce cas particulier, l'assemblée devra être composée de la moitié au moins des actionnaires, représentant les deux tiers des actions, et les modifications adoptées ne seront exécutoires qu'après avoir été approuvées par le gouvernement.

---

28 FÉVRIER = 23 MARS 1842. — Ordonnance du roi qui modifie celle du 3 août 1840, concernant la cession, à la ville de Narbonne, des bâtiments et terrains de l'ancien archevêché. (IX, Bull. supp. DLXL, n. 16347.)

Louis-Philippe, etc., vu notre ordonnance du 3 août 1840, qui autorise la cession par l'Etat, à la ville de Narbonne, département de l'Aude, moyennant la somme de cent quarante-sept mille francs, des bâtiments et terrains de l'ancien archevêché de Narbonne, destinés par cette ville à divers services d'utilité publique communale ; l'art. 2 de cette ordonnance, ainsi conçu : « L'acte de cession devra énoncer « la condition spéciale : que les parties de « bâtiments occupées pour le service des « télégraphes, et qui servent de cabinet à « la direction, de logement au directeur, et « de position aux postes établis sur une des « tours, conserveront leur destination actuelle, tant que cette destination sera reconnue nécessaire au service des lignes « télégraphiques, et sans que l'occupation « de ces parties de bâtiments puisse être « soumise à d'autres conditions que celles « auxquelles elle est aujourd'hui soumise, « notamment quant à la quotité du loyer ; » vu les délibérations des 27 septembre 1840, 7 juin et 4 juillet 1841, par lesquelles le conseil municipal de Narbonne a demandé à affecter d'autres parties de l'immeuble au logement du directeur des lignes télégraphiques, en offrant de supporter les dépenses d'appropriation des parties de bâtiments qui serviraient de logement au directeur en remplacement de ceux qu'il occupe ; vu la délibération du même conseil municipal, du 24 octobre 1841, relative à la rédaction des stipulations destinées à remplacer celles qu'énonce l'art. 2 de notre ordonnance du 3 août 1840 ; ladite délibération exprimant en outre le vœu que les clauses qui seraient ainsi définitivement adoptées soient sanctionnées par une nouvelle ordonnance ; vu les lettres de notre ministre secrétaire d'Etat au département de l'intérieur, des 10 août, 10 novembre et 13 décembre 1841, portant adhésion, 1° à la rédaction définitive proposée par le conseil municipal de Narbonne, au sujet des réserves susceptibles d'être stipulées dans l'intérêt du service des lignes télégraphiques ; 2° au vœu émis par le même conseil municipal, pour que cette rédaction soit soumise à notre approbation ; considérant que les dispositions de l'art. 2 de l'ordonnance du 3 août 1840 avaient pour but d'assurer au service des lignes télégraphiques, dans les bâtiments de l'ancien archevêché de Narbonne, les locaux nécessaires à ce service, et d'empêcher que, quant à la partie de ces locaux, qui servirait de logement personnel au directeur, ce directeur ne fût astreint, en devenant locataire de la ville, à payer un loyer supérieur à celui dont il était tenu comme locataire de l'Etat ; que ce double but se trouvera également atteint au moyen des nouvelles dispositions proposées ; sur le rapport de notre ministre secrétaire d'Etat au département des finances, etc.

Art. 1er. Les dispositions de l'art. 2 de notre ordonnance du 3 août 1840 sont rapportées, et celles ci-après devront être stipulées dans l'acte de cession. L'administration des lignes télégraphiques conservera indéfiniment la jouissance de la partie supérieure de la tour occupée par les télégraphes, et de la chambre d'observation adhérente aux télégraphes. Elle aura, en outre, la jouissance indéfinie des quatre pièces autrefois occupées par la justice de paix, qui touchent à la tour, ainsi qu'un escalier particulier affecté au service de ces quatre pièces, l'une desquelles sera destinée à servir de cabinet au directeur, et enfin du caveau de la tour qui avoisine cet appartement. Elle ne paiera aucun loyer ni rétribution quelconque à la ville, pour la partie supérieure de la tour, la chambre d'observation et le cabinet du directeur ci-dessus indiqué. Le loyer annuel à payer à la ville, pour les autres pièces, fixé à la somme de deux cents francs, demeurera invariable, et ne pourra être augmenté ni diminué, sous quelque prétexte que ce soit, tant qu'il conviendra à l'administration télégraphique de conserver la jouissance des locaux ainsi réservés pour cette administration. Elle ne sera tenue que des réparations locatives, tant que durera la jouissance ; elle pourra, du reste, faire cesser cette jouissance à son gré. Quant au local affecté au cabinet du directeur, et aux pièces qui doivent composer le logement de ce directeur, l'arrangement et la distribution en seront faits aux frais de la ville, suivant le plan dont le conseil municipal a voté l'adoption par sa délibération du 4 juillet 1841, en laissant la faculté d'y effectuer les changements de distribution intérieure qui, dans le cours de l'exécution des travaux, seraient jugés nécessaires par l'administration des lignes télégraphiques. Ce plan restera joint au contrat de cession. Dans le cas où la ville de Narbonne cesserait d'être le chef-lieu d'une direction télégraphique, les locaux réservés pour le directeur seront remis en la possession de la ville.

2. Les dispositions qui sont l'objet des autres articles de notre ordonnance du 3 août 1840 sont maintenues.

3. Nos ministres des finances et de l'intérieur (MM. Humann et Duchâtel) sont chargés, etc.

---

6 = 26 MARS 1842. — Ordonnance du roi qui établit une école préparatoire de médecine et de pharmacie dans la ville de Bordeaux (1). (IX, Bull. DCCCLXLI, n. 9884.)

Louis-Philippe, etc., sur le rapport de notre ministre secrétaire d'Etat au département de l'instruction publique, grand-maître de l'Université; vu l'ordonnance royale du 18 mai 1820, concernant les écoles secondaires de médecine; vu l'ordonnance du 26 mars 1829, en ce qui concerne l'école secondaire médicale de Bordeaux; vu nos ordonnances des 13 octobre 1840, 12 mars et 18 avril 1841, relatives aux écoles préparatoires de médecine et de pharmacie; vu la délibération, en date du 6 décembre 1841, par laquelle le conseil municipal de Bordeaux a voté une somme de dix-sept mille cinq cents francs pour l'entretien annuel d'une école préparatoire de médecine et de pharmacie; vu la délibération prise par le conseil général du département de la Gironde, dans sa dernière session, et par laquelle ledit conseil vote une subvention annuelle de deux mille cinq cents francs, qui viendra en déduction des dépenses garanties par le conseil municipal de Bordeaux, pour l'entretien annuel de l'école préparatoire de médecine et de pharmacie; vu l'approbation donnée auxdites délibérations par notre ministre secrétaire d'Etat de l'intérieur; vu les avis du conseil royal de l'instruction publique, en date des 28 décembre 1841 et 4 mars 1842, etc.

Art. 1er. Une école préparatoire de médecine et de pharmacie est établie dans la ville de Bordeaux, et devra être mise en activité, au plus tard, pour le semestre d'avril.

2. Les cours de pathologie interne et de pathologie externe qui, aux termes de notre ordonnance du 13 octobre 1840, sont annexés aux cours de clinique interne et de clinique externe, demeureront provisoirement confiés, dans ladite école, à deux professeurs titulaires.

3. Il est maintenu, dans ladite école, en dehors du cadre d'enseignement déterminé par l'ordonnance précitée, une chaire d'opérations et appareils; une chaire d'hygiène et de médecine légale.

4. Pour la première organisation de l'école, la nomination des professeurs sera faite directement par notre ministre secrétaire d'Etat au département de l'instruction publique.

5. Notre ministre de l'instruction publique (M. Villemain) est chargé, etc.

---

12 = 26 MARS 1842. — Ordonnance du roi relative aux droits de navigation établis sur le canal latéral à la Loire, de Digoin à Briare. (IX, Bull. DCCCLXLI, n. 9885.)

Louis-Philippe, etc., vu la loi du 14 août 1822, relative à la construction du canal latéral à la Loire; vu le cahier des charges annexé à ladite loi; vu les ordonnances des 10 février 1840, 18 mai et 19 octobre 1841, qui ont modifié temporairement le tarif des droits de navigation sur ledit canal; vu la lettre de la compagnie des Quatre-Canaux, en date du 22 février 1842; sur le rapport de notre ministre secrétaire d'Etat au département des finances, etc.

Art. 1er. A partir du 1er avril prochain, et jusqu'au 1er octobre 1842, le droit de navigation établi sur le canal latéral à la Loire, de Digoin à Briare, sera perçu, sur le coke, à raison de trente centimes par tonne de mille kilogrammes, et par distance d'un myriamètre.

2. Sont maintenues, également jusqu'au 1er octobre prochain, les autres dispositions du tarif en vigueur aux termes des ordonnances visées ci-dessus.

3. Notre ministre des finances (M. Humann) est chargé, etc.

---

12 = 26 MARS 1842. — Ordonnance du roi relative aux droits de navigation établis sur les canaux de Bretagne. (IX, Bull. DCCCLXLI, n. 9886.)

Louis-Philippe, etc., vu la loi du 14 août 1822, relative à l'achèvement des canaux de Bretagne; vu le cahier des charges annexé à ladite loi; vu les ordonnances des

---

(1) La présente ordonnance remplace celle du 9 janvier 1842 (suprà, p. 23), laquelle doit être considérée comme non avenue.

19 décembre 1838, 3 mai 1839, 5 mars et 21 août 1841, qui ont modifié temporairement le tarif des droits de navigation sur lesdits canaux; vu la lettre de la compagnie des Quatre-Canaux, en date du 22 février 1842; sur le rapport de notre ministre secrétaire d'Etat au département des finances, etc.

Art. 1er. A partir du 1er avril prochain, et jusqu'au 1er octobre 1842, le droit de navigation établi sur les canaux du Blavet, d'Ille-et-Rance et de Nantes à Brest, sera perçu, sur le coke, à raison de vingt-quatre centimes par tonne de mille kilogrammes, et par distance d'un myriamètre.

2. Sont maintenues, également jusqu'au 1er octobre prochain, les autres dispositions du tarif en vigueur aux termes des ordonnances visées ci-dessus.

3. Notre ministre des finances (M. Humann) est chargé, etc.

13 = 26 mars 1842. — Ordonnance du roi relative à la fixation du prix des inscriptions à acquitter par les élèves en pharmacie pour être admis à suivre les cours des écoles préparatoires de médecine et de pharmacie. (IX, Bull. DCCCLXLI, n. 9887.)

Louis-Philippe, etc., sur le rapport de notre ministre secrétaire d'Etat au département de l'instruction publique, grand-maître de l'Université; vu nos ordonnances des 15 octobre 1840, 12 mars et 18 avril 1841, relatives aux écoles préparatoires de médecine et de pharmacie; vu la délibération du conseil royal de l'instruction publique, en date du 4 mars 1842, etc.

Art. 1er. A l'avenir, dans les villes où est établie une école préparatoire de médecine et de pharmacie, le prix des inscriptions à acquitter par les élèves en pharmacie, pour être admis à suivre les cours de ladite école, sera déterminé, chaque année, par délibération du conseil municipal, sous l'approbation de notre ministre de l'instruction publique.

2. Le prix de chaque inscription ne pourra jamais excéder le taux de trente-cinq francs, précédemment déterminé.

3. Notre ministre de l'instruction publique (M. Villemain) est chargé, etc.

16 = 26 mars 1842. — Ordonnance du roi portant convocation du conseil général du département de la Haute-Marne. (IX, Bull. DCCCLXLI, n. 9888.)

Louis-Philippe, etc., sur le rapport de notre ministre secrétaire d'Etat au département de l'intérieur; vu l'art. 12 de la loi du 22 juin 1833, etc.

Art. 1er. Le conseil général du département de la Haute-Marne est convoqué pour le 29 mars présent mois, à l'effet de délibérer sur les projets de construction de chemins de fer de Paris à Strasbourg, et de Paris à Marseille et à Cette, ainsi que sur les autres affaires urgentes qui lui seraient soumises par le préfet. Cette session extraordinaire ne pourra durer plus de cinq jours.

2. Notre ministre de l'intérieur (M. Duchàtel) est chargé, etc.

18 = 26 mars 1842. — Ordonnance du roi qui augmente le nombre des membres du tribunal de commerce du Havre. (IX, Bull. DCCCLXLI, n. 9889.)

Louis-Philippe, etc., sur le rapport de notre garde des sceaux, ministre secrétaire d'Etat au département de la justice et des cultes; vu les demandes, en date des 2 juin et 5 août 1841, formées par la chambre et le tribunal de commerce du Havre, à l'effet d'obtenir que le nombre des juges de ce tribunal soit augmenté; vu l'avis émis sur lesdites demandes par notre procureur général près la Cour royale de Rouen, en date du 28 octobre 1841; vu l'avis de notre ministre de l'agriculture et du commerce, en date du 26 décembre 1841; vu le décret du 6 octobre 1809; vu l'art. 617 du Code de commerce, modifié par l'art. 5 de la loi du 3 mars 1840; considérant qu'il résulte de l'instruction que les besoins du service exigent que le nombre des membres du tribunal de commerce du Havre soit augmenté; notre conseil d'Etat entendu, etc.

Art. 1er. A l'avenir, le tribunal de commerce du Havre sera composé d'un président, de six juges et de quatre suppléants.

2. Nos ministres de la justice et des cultes, et de l'agriculture et du commerce (MM. Martin du Nord et Cunin-Gridaine) sont chargés, etc.

23 = 30 mars 1842. — Loi portant concession de l'église de la Madeleine à la ville de Paris (1). (IX, Bull. DCCCLXLII, n. 9894.)

Art. 1er. Il est fait concession à la ville de Paris, à titre de propriété, de l'église de la Madeleine, pour être affectée au service

(1) Présentation à la Chambre des Pairs le 17 janvier (Mon. des 18 et 19); rapport par M. de Cambacérès le 5 février (Mon. du 6); discussion et adoption le 10 (Mon. du 11), à l'unanimité de 110 voix.
Présentation à la Chambre des Députés le 23 février (Mon. du 24); rapport par M. Vitet le 10 mars (Mon. du 12); discussion et adoption le 14 (Mon. du 15), à la majorité de 229 voix contre 14.
« Le projet de loi relatif à la cession de l'église de la Madeleine à la ville de Paris, a dit M. de Cambacérès, a pour but de donner à l'un des beaux

de la paroisse principale du premier arrondissement municipal.

Ladite concession est faite à la charge, par la ville, de pourvoir aux dépenses des abords de l'édifice et de son appropriation au service religieux.

2. Les travaux restant à faire à l'église de la Madeleine, aux frais de l'Etat, sur les crédits précédemment alloués, et ceux qui sont mis à la charge de la ville de Paris,

continueront à être exécutés par l'architecte du gouvernement, sous la surveillance et l'autorité directe du ministre des travaux publics; et, à l'avenir, aucune modification ne pourra être apportée à l'édifice, sans l'approbation expresse du même ministre.

———

23 = 30 mars 1842. — Loi relative à la police de la grande voirie (1). (IX, Bull. DCCCLXLII, n. 9895.)

monuments de l'art moderne une destination définitive et utile. Ce sera celle qui avait été primitivement destinée à l'édifice que l'on devait construire en remplacement de l'église de la Ville-l'Evêque, devenue trop petite pour contenir les fidèles qui s'y pressaient, et dont la première pierre fut posée en avril 1764, sur l'emplacement où s'élève aujourd'hui la Madeleine. La lenteur avec laquelle cette entreprise a été conduite à fin est plus regrettable que surprenante, quand on se rappelle les événements qui, depuis son origine, se sont succédé dans notre pays. Ils n'ont pas été, vous le savez, sans influence sur elle. C'est ainsi que cette construction, après avoir subi de grandes et successives modifications, et destinée, dans le principe, à servir d'église aux habitants d'un bourg situé hors des murs de clôture de la capitale, dut devenir ensuite le temple de la Gloire, où l'on aurait inscrit, sur des tables d'or, les noms de nos braves, et fut, en 1816, restituée à l'exercice du culte catholique; mais avec une affectation spéciale. On vous propose aujourd'hui d'attribuer l'édifice, enfin terminé, à un service public, et d'y établir le siège de la paroisse du premier arrondissement municipal. •

(1) Présentation à la Chambre des Pairs le 17 janvier (Mon. des 18 et 19); rapport par M. Camille Périer le 10 février (Mon. du 12; discussion et adoption le 14 (Mon. du 15), à l'unanimité de 117 voix.

Présentation à la Chambre des Députés le 23 février (Mon. du 24); rapport par M. Guilhem le 12 mars (Mon. du 13); discussion et adoption le 14 (Mon. du 15), à la majorité de 217 voix contre 16.

« La loi du 19-22 juillet 1791, sur la police municipale et correctionnelle, a dit M. Camille Périer, ne s'occupe point des délits de la voirie pour les définir, en faire la classification et déterminer les peines qui leur seraient applicables.

« La première de nos assemblées législatives reconnut toutes les difficultés qu'offrirait la révision instantanée d'une foule de règlements, soit généraux, soit particuliers, qui formaient la législation sur la matière.

« Mais elle sentit en même temps la nécessité de donner une sanction nouvelle à l'ensemble des dispositions ayant pour objet la police de nos communications, la salubrité, la sûreté publique et la libre circulation dans l'intérieur de nos villes.

« Tel fut le but de l'art. 29 de la loi des 19-22 juillet 1791.

« D'une part, il confirma provisoirement les règlements concernant la voirie.

« D'autre part, il attribua aux tribunaux de police la répression des contraventions à ces mêmes règlements, dont jusque-là divers tribunaux particuliers avaient été appelés à connaître.

« La loi du 28 pluviôse an 8, en instituant les

conseils de préfecture, créa une véritable juridiction administrative, et si, dès lors, la connaissance des délits de grande voirie ne leur fut pas attribuée, déjà ils durent prononcer sur les difficultés qui pourraient naître sur cette matière. (Voy. art. 4.)

« La juridiction administrative fut pleinement établie pour ce qui la concerne par la loi du 29 floréal an 10. Le décret du 16 décembre 1811 en détermina, d'une manière plus précise, l'étendue et les limites.

« Les conseils de préfecture prononçaient sur les amendes et sur les dommages dont la réparation pourrait être due à l'Etat.

« S'il y avait eu violence, vols de matériaux, voies de fait, ou si des réparations de dommages étaient réclamées par des particuliers, c'était aux tribunaux à prononcer.

« Ainsi, à partir de la loi de floréal an 10, les tribunaux ordinaires n'ont conservé des attributions que leur conférait l'art. 29 de la loi des 19-22 juillet 1791, que la connaissance des délits de petite voirie, sauf les actes que l'on vient d'énumérer, et qui, bien que liés à une contravention de grande voirie, ne perdaient pas le caractère qui devait les faire rentrer dans la juridiction de droit commun.

« Depuis 1791, quelques-unes des branches du service de la grande voirie ont été l'objet de dispositions nouvelles; mais ce sont encore les anciens règlements qui, dans le plus grand nombre des cas, fournissent les moyens de tenir nos routes et nos rivières navigables dans les conditions reconnues nécessaires pour qu'elles remplissent leur destination, qui assurent la répression des contraventions et des délits dont l'effet serait de les dégrader.

« Ces règlements sont en grand nombre. Il y en a de généraux et d'autres qui sont purement locaux; quelques-uns remontent à plus de deux siècles. Promulgués quelquefois dans l'intérêt de branches du service public indépendantes les unes des autres et appliqués par des tribunaux divers, dont la jurisprudence pouvait être difficilement ramenée à l'uniformité, ces règlements n'ont pas toujours été coordonnés entre eux comme ils l'eussent été si leurs prescriptions si nombreuses et si variées eussent été refondues en un code unique.

« D'ailleurs, leur système de pénalité comprend des dispositions qui ne sont plus en harmonie avec les principes généraux qui ont présidé à la rédaction de nos Codes. Ainsi, dans plusieurs cas, le taux des amendes n'était pas déterminé, la fixation en était laissée à l'arbitraire du juge. Si, dans les premiers temps, quelques conseils de préfecture ont pu croire qu'ils pouvaient user d'un pouvoir dont l'exercice n'est plus compatible avec l'esprit de notre législation, la question de légalité qui devait s'élever à ce sujet se trouve aujourd'hui résolue autant qu'elle peut l'être par la jurisprudence du conseil d'Etat.

« Indépendamment des amendes, les anciens

Art. 1er. A dater de la promulgation de la présente loi, les amendes fixes, établies par les réglements de grande voirie antérieurs à la loi des 19-22 juillet 1791 pourront être modérées, eu égard au degré d'importance ou aux circonstances atténuantes des délits, jusqu'au vingtième desdites amendes, sans toutefois que ce minimum puisse descendre au-dessous de seize francs.

A dater de la même époque, les amendes dont le taux, d'après ces règlements, était laissé à l'arbitraire du juge, pourront varier entre un minimum de seize francs et un maximum de trois cents francs (1).

2. Les piqueurs des ponts et chaussées

règlements prononçaient, dans certains cas, la confiscation et l'emprisonnement. Il est inutile de dire que la peine pécuniaire est seule appliquée par les conseils de préfecture, sauf à saisir les tribunaux des faits aggravants qui exigent l'action de la vindicte publique.

« Mais ce qui, dans l'application de la pénalité des anciens règlements, a donné naissance à de graves difficultés, c'est, d'une part, le taux généralement très-élevé des amendes, d'autre part, leur fixité.

« Les peines ne sont peut-être que suffisantes pour chaque nature de délit, quand ceux-ci atteignent leur plus haute gravité. Mais si la peine est irréductible, si elle ne peut être abaissée par le juge lorsque le délit, sans changer de nature, est d'une faible importance relative et accompagné de circonstances atténuantes, la pénalité, dans le plus grand nombre des cas, doit se trouver hors de toute proportion avec la gravité des faits à punir.

« L'exposé des motifs fait ressortir les conséquences fâcheuses d'une situation que la loi de 1791 déclara ne maintenir que provisoirement et qui se perpétue depuis cinquante ans.

« Ceux des conseils de préfecture qui ne se seraient pas crus autorisés à modifier le taux fixe des amendes pouvaient répugner à le prononcer quand l'amende était excessive, eu égard à la gravité du délit. Ainsi la loi, respectée en un sens, aurait été violée dans un autre, quoique c'eût été pour obéir à l'équité que les conseils se fussent abstenus d'appliquer la peine.

« Si les conseils de préfecture, ainsi que l'ont fait beaucoup d'entre eux, et sans que pendant longtemps l'administration y mît obstacle, adoptaient une jurisprudence d'après laquelle il leur était facultatif de modérer le taux des amendes, le pouvoir arbitraire du juge se substituait à l'autorité de la loi. D'ailleurs ces conseils ne prononçaient le plus souvent que des peines illusoires, ce qui assurait une sorte d'impunité aux contrevenants et provoquait des récidives.

« Il est vrai que la jurisprudence résultant de nombreux arrêts du conseil d'État a établi que les règlements ne faisant mention nulle part de la faculté pour le juge de modérer le taux des amendes, il était du devoir des conseils de préfecture de les appliquer littéralement, sauf les recours des délinquants à la clémence royale. Mais la majorité de ces conseils se soumet difficilement à cette jurisprudence, et, dans les départements où elle a prévalu, chaque condamnation, pour ainsi dire, devient l'objet d'un recours en grâce. La justice se trouve ainsi déplacée, parce que l'administration est obligée de procéder à une instruction sur le mérite de chaque demande et de recourir ensuite à la prérogative royale, qu'il conviendrait de ne faire intervenir que dans des cas beaucoup plus restreints.

« Le système du projet de loi, qui a pour objet de porter remède à cet état de choses, autant que cela est possible, sans une révision complète, est fort simple.

« Son principal, et on pourrait dire son seul objet, est d'obvier à ce que des délits évidemment punissables et quelquefois déclarés tels, restent sans répression, quand ils ne sont punissables que de peines arbitraires, et en même temps d'assurer cette répression dans les autres cas, en laissant au juge la faculté de rechercher dans une échelle de pénalités sagement déterminée, celle qui sera appropriée à la gravité du délit. »

(1) L'art. 1er du projet du gouvernement était ainsi conçu : « A dater de la promulgation de la présente loi, le taux des amendes fixes ou arbitraires établies par les règlements de grande voirie antérieurs à la loi des 19-22 juillet 1791, pourra varier d'un minimum de 16 fr. à un maximum de 300 fr., eu égard au degré d'importance ou aux circonstances atténuantes des délits. »

Le projet établissait donc un maximum et un minimum uniques pour tous les délits, quelle que fût leur nature. Il détruisait l'ancien système de pénalité et toute classification des faits punissables. Il ne restait rien des anciens règlements que l'indication des actes qualifiés délits de grande voirie.

La commission de la Chambre des Pairs a pensé que cette disposition aurait des conséquences qui seraient, sous quelques rapports, en opposition avec les motifs qui avaient fait désirer des modifications au système actuel de pénalité.

« Si, pour arriver à ce maximum uniforme de 300 fr., a-t-elle dit, on abaisse les anciennes amendes dont le taux supérieur, il semble, d'autre part, que l'on élève celles dont le taux fixe est aujourd'hui inférieur à 300 fr.

« Or, les règlements prononcent, dans beaucoup de cas, des peines de 100 fr., de 60 fr. et même d'une quotité inférieure. Le résultat d'une loi, réclamée au nom de la nécessité d'adoucir une législation trop rigoureuse, serait donc, pour les délits de plusieurs classes, d'armer le juge de la faculté de les punir d'une amende égale à trois fois, à cinq fois le maximum de celles qu'ils peuvent faire encourir aujourd'hui.

« L'établissement d'un maximum unique anéantit l'espèce de classification des délits qui se trouve résulter des anciens règlements. Mais il est presque inévitable qu'il soit suppléée par les tribunaux administratifs chargés d'appliquer la législation de la grande voirie, car il y a de grandes variétés dans l'espèce des délits, indépendamment des degrés de gravité dans chaque espèce. Chaque conseil de préfecture se fera à cet égard une jurisprudence qui pourra présenter les plus grandes différences de département à département. Ces disparates dans le mode de répression des délits de même nature ne seront pas l'effet d'une fausse application de la loi, mais une conséquence nécessaire en quelque sorte de ses dispositions, de l'usage légal du pouvoir qu'elle laisserait aux conseils de préfec-

et les cantoniers chefs, commissionnés et assermentés à cet effet, constateront tous les délits de grande voirie, concurremment avec les fonctionnaires et agents dénommés

---

ture sur les choses qui doivent rester dans son domaine.

« Ce n'est pas tout. Si le maximum de 300 fr. est excessif pour certaines classes de délits, il n'est pas assez élevé pour quelques branches du service de la voirie.

« L'amende de 300 fr., dont l'ordonnance de 1669 et l'arrêt du conseil du 24 juin 1777 punissent l'encombrement des fleuves et rivières et des chemins de halage, ne nous paraît pas hors de proportion avec la gravité des dommages que les contraventions de cette nature peuvent produire, et avec l'importance des intérêts que les règlements sur la navigation sont destinés à protéger.

« En comparant le taux de cette amende avec celle de 300 fr. dont sont punies le plus grand nombre des contraventions sur les grandes routes, la différence dans les peines nous a paru assez bien déterminée pour que celles-ci fussent appropriées à l'importance et surtout aux conséquences possibles des délits qui, lorsqu'ils sont relatifs à la navigation, peuvent compromettre la vie des hommes.

« Nous nous bornerons à ce seul rapprochement, pour ce qui concerne la grande voirie, qu'on peut appeler le droit commun.

« Mais la loi nouvelle régirait aussi une partie de la grande voirie, qui n'est telle qu'exceptionnellement.

« Toute la voirie de Paris est réputée grande voirie et placée sous la juridiction administrative. Mais elle n'est pas régie exclusivement par les règlements généraux sur la grande voirie; elle l'est également par des règlements particuliers.

« Parmi ceux dont elle fait une fréquente application, se trouvent les règlements du 10 avril 1783 et du 25 août 1784, qui fixent, d'une part, le maximum d'élévation qui pourra être donné aux maisons, et qui déterminent, d'autre part, une échelle des hauteurs permises corrélatives à la largeur des rues sur l'alignement desquelles elles devront être bâties.

« Les contrevenants sont punis par des amendes de 3,000 fr. et de 1,000 fr. infligées, les premières, aux propriétaires, les secondes, aux constructeurs.

« La nécessité de maintenir les dispositions prohibitives de ces règlements est plus grande aujourd'hui qu'il y a soixante ans..... La cherté excessive des terrains excite vivement la cupidité à excéder les hauteurs prescrites, et des amendes de 3,000 fr. et de 1,000 fr., qui ne représentent pas aujourd'hui la même valeur qu'en 1783, sont à peine suffisantes pour réprimer ce genre de délit.

« Cependant ces amendes seraient abaissées au niveau commun déterminé par le projet de loi et réduites subitement dans la proportion de 10 à 1.

« Il est impossible, Messieurs, qu'on enlève ainsi presque toute leur sanction à des dispositions prohibitives qui ont pour but de parer à l'une des conséquences les plus fâcheuses des grandes agglomérations de population, d'empêcher que les habitations d'une partie de celle de la capitale ne deviennent des foyers d'infection par la privation de ce qui est le plus nécessaire à la vie, l'air et la lumière. »

L'article du gouvernement a donc été écarté et remplacé par la disposition actuelle qui consiste à maintenir les anciennes amendes fixes comme maximum pour chaque classe de délits, et à permettre de les modérer, eu égard au degré d'importance des délits, jusqu'à un minimum du vingtieme, et qui, dans tous les cas, ne saurait être inférieur à 16 fr.

« Quel a été, poursuivait l'organe de la commission, le principal, on pourrait dire l'unique sujet de la sollicitude du gouvernement?

« Est-ce l'excès dans la répression, d'après la jurisprudence que s'était fait un grand nombre de conseils de préfecture, et dans laquelle beaucoup persistent, malgré les arrêts du conseil d'État? Nullement.

« Ce serait, au contraire, l'insuffisance de la répression.

« Ce qui est évident, c'est que les amendes actuelles, si elles doivent être toujours appliquées sans réduction, sont, dans le plus grand nombre de cas, d'une excessive rigueur.

« Mais une chose qui n'est pas aussi évidente et même dont le contraire a paru prouvé à la commission, c'est que, dans certains cas, et pour les délits qui, dans chaque classe, s'élèveraient au plus haut degré de gravité, les amendes fixes des règlements ne sont pas hors de proportion avec cette gravité. Il n'y a donc aucune raison pour ne pas les maintenir comme maximum respectif de chaque classe.

« Le projet de loi, en admettant un maximum unique était amené, par une déduction logique, à l'unité pour le minimum.

« Nous sommes d'accord avec lui pour fixer à 16 fr. la limite absolue au-dessous de laquelle l'amende ne doit descendre dans aucun cas, pour que les contraventions de grande voirie ne soient pas confondues avec celle de simple police. Mais nous avons pensé que la distinction entre les espèces de délits devait être caractérisée par le minimum comme par le maximum des amendes dont elles sont passibles.

« Dans le système d'un minimum absolu, une amende de 16 fr. au minimum serait le tiers de la peine que les règlements prononcent pour certaines contraventions, tandis qu'elle n'équivaudrait guère qu'à la deux centième partie de celle portée par les règlements de 1783 et de 1784.

« Cette justice distributive, cette proportion entre le délit le moins grave dans chaque classe et la peine qui peut lui être justement appliquée, ne sauraient donc être obtenues d'un minimum unique. Elles pourront résulter, au contraire, d'un rapport commun dans toutes les classes entre la peine la plus élevée et la peine la plus faible.

« Ce rapport, dans le projet du gouvernement et dans le système d'un seul maximum et d'un seul minimum, était à peu près de 20 à 1. Nous le concevons : son application à des amendes dont le taux varie de 50 à 3,000 fr., laissera subsister, pour l'espèce des délits que pourrait frapper cette dernière peine dans leur gravité la plus élevée, un minimum de 150 fr. pour les cas où, au contraire, la gravité serait la plus faible.

« . . . . . Nous vous proposons, d'ailleurs, de conserver, pour les cas où l'amende devait être déterminée arbitrairement, la pénalité du projet du gouvernement. Son taux le plus élevé sera 300 fr. Ce chiffre est une sorte de moyenne entre ceux des anciennes amendes fixes qui deviennent des maximum et qui ne dépassaient pas 500 fr. pour la grande voirie de droit commun ; les amendes de 1,000 fr. et de 3,000 ne se trouvent que dans les règlements de la grande voirie exceptionnelle de la ville de Paris. »

M. le baron de Gérando a proposé, sur le second paragraphe, un amendement qui élevait le taux du maximum de 300 fr. à 500 fr., qui est le chiffre le plus ordinaire du maximum fixé par les anciens règlements pour les contraventions en matière de grande voirie. Il a dit que les contraventions frappées d'une amende indéterminée par les anciens règlements avaient généralement autant de gravité que celles auxquelles ces règlements appliquaient des amendes fixes et qu'elles leur étaient quelquefois parfaitement identiques ; que même on en trouvait de plus graves dans la première des deux catégories ; qu'en effet, à l'amende arbitraire ou indéterminée, les anciens règlements ajoutaient, dans certains cas, la prison, les galères, le carcan et quelquefois le fouet ; que ces peines corporelles étant supprimées, il devenait nécessaire d'élever le taux de l'amende de manière à assurer une répression efficace ; qu'enfin le chiffre de 500 fr. était loin de représenter une valeur égale à celle qu'il exprimait aux dix-sept et dix-huitième siècles.

On a répondu que les règlements, en laissant au juge la fixation des amendes pour certaines contraventions, reconnaissent indirectement qu'elles étaient d'une moindre gravité que celles qui étaient frappées d'une amende fixe, puisque le juge qui se trouvait obligé à appliquer une amende irréductible à celles-ci avait la faculté, à l'égard des autres, d'en prononcer une beaucoup plus faible ; que, de plus, si l'on adoptait le chiffre de 500 fr., le minimum se trouvant porté à 25 fr. serait trop élevé dans une foule de circonstances.

M. de Gérando a retiré son amendement.

A la Chambre des Députés, M. de la Plesse a présenté un article additionnel ainsi conçu : « Les dispositions pénales de ces divers règlements seront publiés avec la présente loi.

« Elles seront soumises à la révision des Chambres, dans la session de 1845. »

Cette disposition, dont il est aisé d'apercevoir le but, n'a été que faiblement appuyée. La Chambre l'a rejetée d'après les observations de M. le ministre des travaux publics.

Pour suppléer, autant que possible à cette nomenclature, j'ai recueilli l'indication des anciens règlements sur la voirie dont l'application est le plus fréquente.

22 septembre 1600, ordonnance du prévôt de Paris pour la police générale et le règlement de la voirie, à Paris. — Edit de décembre 1607, confirmatif de l'ordonnance du prévôt de Paris et contenant l'ordre, la fonction et les droits du grand-voyer et de ses commis. — Septembre 1608, lettres-patentes relatives aux bouchers, au maître des hautes et basses œuvres pour la propreté des rues, des égouts, des maisons et des ruisseaux. — 30 avril 1663, arrêt du Parlement de Paris relatif au nettoiement de la capitale. — 16 octobre 1666, ordonnance sur ceux qui ont obtenu la permission d'établir des échafauds. — 26 octobre 1666, ordonnance sur le mode d'établissement des bornes. — 29 novembre 1666, arrêt du conseil pour la conservation du pavé. — 18 août 1667, ordonnance du bureau des finances de Paris sur les pignons et pans de bois. — 25 février 1669, ordonnance de police sur le choix et le mode de placement du pavé. — Août 1669, or-

donnance sur les eaux et forêts (titre 27, art. 41 et titre 58, art. 7). — 4 janvier 1670, ordonnance du lieutenant de police de Paris sur l'enlèvement des neiges et des glaces. — 14 février 1670. Ordonnance de police qui défend aux cochers, charretiers, etc., de troubler les paveurs dans leurs travaux. — 26 janvier 1672 ordonnance du lieutenant de police de Paris sur le mode de rétablissement ou construction des maisons. — 1672, ordonnance sur la navigation de la Seine et de ses affluents. — 3 août 1685, arrêt du conseil d'Etat concernant les caves sous les rues. — 29 octobre 1685, jugement du maître général des bâtiments sur les murs en fondation. — 17 mai 1686, ordonnance des trésoriers de France sur la largeur des chemins publics. — 1er juillet 1687, arrêt du conseil d'Etat sur la qualité du pavé de Paris. — 16 juin 1693, déclaration portant règlement pour les fonctions et droits des officiers de la voirie. — 1er avril 1697, règlement sur les saillies, étalages et autres embarras sur la voie publique. — Novembre 1697, édit portant tarif des droits de voirie. — Edit de décembre 1697 qui défend aux teinturiers et autres de faire sécher leurs étoffes sur des perches aux fenêtres donnant sur les rues. — Juin 1700, édit sur l'établissement des échafauds. — 8 mars 1701, arrêt du conseil sur les droits des officiers de la voirie. — 29 avril 1704, ordonnance sur les échelles employées sur la voie publique et les ouvriers travaillant sur les toits, à Paris. — 26 mai 1705, règlement pour l'alignement des ouvrages de pavé, le dédommagement des propriétaires expropriés pour cause d'utilité publique. — 29 octobre 1712, règlement du maître général des bâtiments sur la construction des entablements. — 28 avril 1719, règlement du maître général des bâtiments sur la construction de la maçonnerie sur les pans de bois. — 22 mars 1720, ordonnance portant défense de déposer des décombres, etc., sur la voie publique. — 3 mai 1720, arrêt du conseil qui prescrit l'élargissement des grands chemins et leurs plantations. — 17 juin 1721, arrêt du conseil sur l'alignement et la police des grands chemins. — 21 juin 1721, ordonnance de police sur les égouts de Paris. — 13 octobre 1724, règlement du maître général des bâtiments et des juges de la maçonnerie sur les pans de bois. — 22 mai 1725, arrêt du conseil sur la demande par les propriétaires, de la pente du pavé. — 14 décembre 1725, ordonnance qui fixe la dimension des saillies. — 3 juillet 1728, ordonnance de police qui défend de jeter des bottes de foin ou de paille par les fenêtres à des heures indues, à Paris. — 18 juillet 1729 et 18 août 1730, déclarations sur les formes à suivre pour la démolition des bâtiments en péril. — 4 août 1731, ordonnance portant défense aux particuliers de dépaver les rues de Paris. — 4 août 1731, arrêt du conseil sur la distance à la quelle il faut planter des arbres le long des routes. — 6 octobre 1733, arrêt du conseil d'Etat sur les droits de voirie. — 12 décembre 1747, ordonnance du bureau des finances qui prescrit une autorisation pour élever des échafauds afin de construire et réparer des bâtiments. — 29 mars 1754, ordonnance du bureau des finances de Paris, sur la police des routes et chemins. — 27 juin 1760, ordonnance du bureau des finances de Paris qui met la réparation de pavé à la charge des particuliers. — 25 mai 1761, ordonnance du bureau des finances de Paris sur les enseignes. — 17 décembre 1761, ordonnance du lieutenant de police de Paris sur

dans les lois et décrets antérieurs sur la matière (1).

25 MARS = 8 AVRIL 1842. — Ordonnance du roi portant convocation du conseil général du département de l'Isère. (IX Bull. DCCCLXLIV, n. 9908.)

Louis-Philippe, etc., sur le rapport de notre ministre secrétaire d'Etat au département de l'intérieur; vu l'art. 12 de la loi du 22 juin 1833, etc.

Art. 1er. Le conseil général du département de l'Isère est convoqué pour le 10 avril prochain, à l'effet de délibérer sur les dépenses qu'occasionneront la réparation des routes départementales endommagées par les inondations de l'automne dernier et la reconstruction des ponts qui ont été emportés par les eaux, ainsi que sur les autres affaires urgentes qui lui seraient soumises par le préfet. Cette session extraordinaire ne pourra durer plus de cinq jours.

2. Notre ministre de l'intérieur (M. Duchâtel) est chargé, etc.

28 MARS = 8 AVRIL 1842. — Ordonnance du roi portant nouvelle organisation du personnel de l'inspection générale des finances (IX, Bull. DCCCLXLIV, n. 9909.)

Louis-Philippe, etc., sur le rapport de notre ministre secrétaire d'Etat des finances, etc.

Art. 1er. Le personnel de l'inspection générale des finances est composé ainsi qu'il suit : 10 inspecteurs généraux; 10 inspecteurs de première classe; 10 inspecteurs de deuxième classe; 12 inspecteurs de troisième classe; 12 sous-inspecteurs; 12 adjoints à l'inspection.

2. Le traitement annuel des agents de l'inspection générale sera fixé ainsi qu'il suit : pour les inspecteurs généraux, à 12,000 fr.; pour les inspecteurs de première classe, à 8,000 fr.; pour les inspecteurs de deuxième classe, à 6,000 fr.; pour les inspecteurs de troisième classe, à 4,000 fr.; pour les sous-inspecteurs, à 2,500 fr. Les indemnités de tournées à allouer aux inspecteurs de chaque grade seront déterminées par un arrêté de notre ministre des finances.

3. Les adjoints à l'inspection des finances seront choisis exclusivement parmi les employés de l'administration des finances âgés de vingt-deux ans au moins et de trente ans au plus, ayant plus de deux ans de service et pourvus du diplôme de licencié en droit. Pourront également être nommés adjoints à l'inspection les élèves de l'école polytechnique sortis admissibles dans les services du gouvernement, ayant au moins un an

les enseignes. — 13 juillet 1764, ordonnance de police sur les gouttières saillantes. — 27 février 1765, ordonnance du bureau des finances de Paris sur les alignements. — 18 juin 1765, arrêt du conseil sur la police et la conservation des grands chemins. — 15 juillet 1766, ordonnance du bureau des finances de Paris sur la manière de border les routes. — 1er septembre 1769, ordonnance de police sur les dépôts de matériaux, etc., sur la voie publique, à Paris. — 5 avril 1772, arrêt du conseil d'Etat sur les carrières aux environs des routes. — 2 août 1774, ordonnance du bureau des finances portant défense d'endommager les bornes milliaires et d'étaler le linge sur les arbres des routes. — 2 août 1774, ordonnance du bureau des finances de Paris sur l'autorisation à obtenir pour élever des échafauds afin de construire ou de réparer les maisons. — 2 août 1774, ordonnance portant défense aux ouvriers paveurs et carriers de déserter leurs ateliers. — 1er février 1776, ordonnance des trésoriers de France concernant les échoppes à Paris. — 6 février 1776, arrêt du conseil sur la classification et la largeur des routes. — 29 mars 1776, ordonnance du bureau des finances qui fixe le mode et les constructions des corniches. — 24 juin 1777, arrêt du conseil qui maintient les ordonnances sur le fait de la navigation, notamment celles de 1669 et de 1672. — 26 juillet 1777, ordonnance relative au balayage. — 12 juillet 1779, déclaration du roi sur les autorisations à accorder pour faire sécher des étoffes sur des perches et aux fenêtres. — 1er septembre 1779, ordonnance de police sur la reconstruction des maisons faisant encoignures, les

écriteaux, les gouttières, à Paris. — 8 novembre 1780, ordonnance sur le balayage devant les maisons, etc., à Paris. — 17 juillet 1781, ordonnance du bureau des finances de Paris, sur la police et la plantation des chemins. —10 novembre 1781, arrêt du conseil d'Etat relatif à l'entretien des rues et des chemins qui ne font pas partie des grandes routes. —10 avril 1783, déclaration concernant les alignements et ouvertures des rues dans Paris. —Mai 1784, lettres-patentes relatives aux échoppes mobiles. — Mai 1784, ordonnance qui fixe le mode de reconstruction des bâtiments situés à l'encoignure de deux rues d'inégale largeur. —21 mai 1784, ordonnance de police sur la fermeture des portes d'entrée des maisons. — 25 août 1784, lettres-patentes sur la hauteur des maisons de Paris. —10 décembre 1784, ordonnance du bureau des finances de Paris portant suppression des enseignes et étalages en saillies sur les routes de traverse. — 22 janvier 1785, arrêt du conseil concernant les égouts, à Paris. — 20 janvier 1786, ordonnance de police sur le dépôt de pierres de taille par les ouvriers. — 26 janvier 1786, ordonnance de police sur les couvreurs. — 4 février 1786, règlement pour les rouliers, charretiers et autres. — 22, 25 février 1787, ordonnances du bureau des finances sur l'établissement des bornes.

(1) Aux termes du 29 floréal an 10, art. 2, les ingénieurs et les conducteurs des ponts et chaussées, agents de la navigation, les commissaires de police et les gendarmes avaient seuls qualité pour dresser les procès-verbaux.

de service dans l'administration des finances. Dans les deux catégories, ils devront, en outre, avoir justifié d'un revenu personnel de deux mille francs ou d'un engagement contracté par leurs parents pour leur servir une pension d'égale somme pendant toute la durée de l'adjonction.

4. Les adjoints ne pourront être promus au grade de sous-inspecteur qu'après deux tournées d'inspection au moins, et lorsque, d'après le mode qui sera déterminé par notre ministre des finances, ils auront été reconnus aptes à remplir les fonctions de ce grade. Ceux des adjoints qui auront été déclarés non admissibles pourront être replacés dans l'administration avec la position qu'ils y occupaient.

5. Seront admissibles au grade d'inspecteur de troisième classe, pour la moitié des vacances et en tant qu'ils ne seront pas âgés de plus de trente-cinq ans, les employés occupant les positions suivantes, savoir:

DANS L'ADMINISTRATION CENTRALE. — Le grade de commis de première classe ou de sous-chef.

DANS LES ADMINISTRATIONS FINANCIÈRES. — *Aux domaines*, le grade de vérificateur; *aux forêts*, celui de sous-inspecteur; *aux contributions indirectes*, celui de contrôleur ambulant ou de comptabilité; *aux contributions directes*, celui de contrôleur principal ou d'inspecteur; *aux douanes*, celui de sous-inspecteur; *aux postes*, celui d'inspecteur.

6. Les agents de l'inspection des finances pourront concourir aux emplois vacants et analogues à leur position dans l'administration ou la direction à laquelle ils auraient précédemment appartenu.

7. L'organisation arrêtée par la présente ordonnance recevra son exécution au fur et à mesure des extinctions, vacances, admissions à la retraite ou promotions à d'autres emplois.

8. Toutes les dispositions antérieures à la présente ordonnance sont abrogées.

9. Notre ministre des finances (M. Humann) est chargé, etc.

---

29 mars = 8 avril 1842. — Ordonnance du roi qui répartit entre les départements du royaume les quatre-vingt mille hommes appelés sur la classe de 1841. (IX, Bull. DCCCLXXIV, n. 9910.)

Louis-Philippe, etc., vu la loi du 11 octobre 1830, relative au vote annuel du contingent de l'armée, et celle du 21 mars 1832, sur le recrutement; vu l'ordonnance du 24 novembre 1841, relative aux opérations préliminaires de l'appel de la classe de 1841; vu la loi du 16 mai 1841, qui a fixé à quatre-vingt mille hommes le contingent de cette classe pour le recrutement des troupes de terre et de mer; sur le rapport de notre ministre secrétaire d'État de la guerre, etc.

Art. 1er. Les quatre-vingt mille hommes appelés sur la classe de 1841 sont répartis entre les départements du royaume suivant le tableau ci-joint, dressé en exécution des dispositions de l'art. 2 de la loi du 16 mai 1841.

2. La sous-répartition du contingent assigné à chaque département aura lieu entre les cantons, conformément à l'art. 3 de la même loi. Elle sera faite par le préfet en conseil de préfecture, et rendue publique par voie d'affiches avant l'ouverture des opérations du conseil de révision.

3. Les opérations du conseil de révision commenceront le 2 mai prochain, et la réunion des listes de contingent cantonal, pour former la liste du contingent départemental, sera effectuée le 16 juin suivant.

4. Après cette dernière opération, et ainsi qu'il est prescrit par l'art. 29 de la loi du 21 mars 1832, les jeunes gens définitivement appelés, ou ceux qui auront été admis à les remplacer, seront inscrits sur les registres matricules des corps pour lesquels ils seront désignés.

5. Notre ministre de la guerre (duc de Dalmatie) est chargé, etc.

Tableau annexé à l'ordonnance du 9 mars 1842, et présentant la répartition de quatre-vingt mille hommes appelés sur la classe de 1841, établie conformément à l'art. 2 de la loi du 16 mai 1841.

Ain, 3,388 (1) (899); Aisne, 4,865 (1,291); Allier, 2,807 (745); Alpes (Basses-), 1,332 (353); Alpes (Hautes-), 1,228 (326); Ardèche, 3,326 (883); Ardennes, 2,751 (730); Ariège, 2,345 (622); Aube, 2,394 (635); Aude, 2,299 (610); Aveyron, 3,332 (884); Bouches-du-Rhône, 2,887 (766); Calvados, 3,940 (1,046); Cantal, 2,351 (624); Charente, 3,380 (897); Charente-Inférieure, 3,851 (1,022); Cher, 2,604 (691); Corrèze, 3,084 (818); Corse, 1,958 (520); Côte-d'Or, 3,490 (926); Côtes-du-Nord, 5,990 (1,590); Creuse, 2,475 (657); Dordogne, 4,152 (1,102); Doubs, 2,523 (670); Drôme, 2,711 (719); Eure, 3,570 (947); Eure-et-Loir, 2,621 (696); Finistère, 5,305 (1,408); Gard, 3,135 (832); Garonne (Haute-), 4,101 (1,088); Gers, 2,631 (698); Gironde, 4,865 (1,291); Hérault, 3,032 (805); Ille-et-Vilaine, 5,027 (1,334); Indre, 2,387 (633); Indre-et-Loire, 2,706 (718); Isère, 5,490 (1,457); Jura, 2,910 (772); Landes, 2,920 (775); Loir-

---

(1) Le premier chiffre indique le nombre des jeunes gens inscrits sur les listes de tirage de la classe de 1841; le deuxième chiffre le contingent de chaque département.

et-Cher, 2,203 (585) ; Loire, 3,984 (1,057) ; Loire (Haute-), 2,880 (766) ; Loire-Inférieure, 4,168 (1,106) ; Loiret, 2,911 (772) ; Lot, 2,429 (645) ; Lot-et-Garonne, 2,830 (751) ; Lozère, 1,246 (331) ; Maine-et-Loire, 4,245 (1,126) ; Manche, 5,108 (1,355); Marne, 3,108 (825) ; Marne (Haute-), 2,273 (603) ; Mayenne, 3,423 (908) ; Meurthe, 4,096 (1,140) ; Meuse, 2,919 (775) ; Morbihan, 4,421 (1,173) ; Moselle, 4,344 (1,153) ; Nièvre, 3,012 (799) ; Nord, 9,348 (2,481) ; Oise, 3,429 (910) ; Orne, 3789 (1,005) ; Pas-de-Calais, 6,140 (1,629) ; Puy-de-Dôme, 5,299 (1,406) ; Pyrénées (Basses-), 4,152 (1,102) ; Pyrénées (Hautes-), 2,468 (655) ; Pyrénées-Orientales, 1,405 (373) ; Rhin (Bas-), 6,013 (1,596) ; Rhin (Haut-), 4,578 (1,215); Rhône, 3,977 (1,055); Saône (Haute-), 3,382 (897) ; Saône-et-Loire, 5,172 (1,372,) ; Sarthe, 4,271 (1,133) ; Seine, 6,657 (1,767) ; Seine-Inférieure, 6,188 (1,642) ; Seine-et-Marne, 3,034 (805) ; Seine-et-Oise, 3,689 (979) ; Sèvres (Deux-), 2,536 (673) ; Somme, 4,892 (1,298) ; Tarn, 3,002 (797); Tarn-et-Garonne, 1,911 (507) ; Var, 2,583 (685) ; Vaucluse , 1,920 (510) ; Vendée, 3,011 (799) ; Vienne, 2,616 (694) ; Vienne (Haute-), 2,690 (714) ; Vosges, 4,030 (1,069) ; Yonne, 3,323 (882). Totaux (1), 301,474 (80,000).

31 MARS = 8 AVRIL 1842. — Ordonnance du roi qui maintient M. le lieutenant-général baron Buchet dans la première section du cadre de l'état-major général. (IX, Bull. DCCCLXLIV, n. 9911.)

Louis-Philippe, etc., vu la loi du 4 août 1839 ; sur le rapport de notre ministre secrétaire d'Etat de la guerre, et de l'avis de notre conseil des ministres, etc.

Art. 1ᵉʳ. M. le lieutenant général baron Buchet (François-Louis-Julien) est maintenu dans la première section du cadre de l'état-major général.

2. Notre ministre de la guerre (duc de Dalmatie) est chargé, etc.

5 == 9 AVRIL 1842. — Ordonnance du roi qui prescrit la publication de la convention provisoire et additionnelle de commerce et de navigation, conclue, le 9 février dernier, entre la France et le Danemark. (IX ,Bull. DCCCLXLV, n. 9913.)

Louis-Philippe, etc., savoir faisons que, entre nous et S. M. le roi de Danemark, il a été conclu à Paris, le 9ᵉ jour du mois de février de la présente année 1842, une convention provisoire et additionnelle de commerce et de navigation ; convention dont les ratifications ont été échangées, également à Paris, le 4 du présent mois, et dont la teneur suit :

Convention.

S. M. le roi des Français et S. M. le roi de Danemark, désirant imprimer aux rapports mutuels de commerce et de navigation, entre la France et le Danemark, un nouveau degré d'activité qui pourrait servir à resserrer encore plus étroitement les liens d'amitié qui unissent si heureusement les deux Etats, ont jugé utile de conclure une convention provisoire et additionnelle au traité de commerce entre la France et le Danemark, du 23 août 1742, laquelle convention demeurera en vigueur jusqu'à la conclusion d'un nouveau traité définitif de commerce et de navigation. Et, dans ce but, les hautes parties contractantes ont nommé pour leurs plénipotentiaires, savoir : S. M. le roi des Français, le sieur François-Pierre-Guillaume Guizot, son ministre et secrétaire d'Etat au département des affaires étrangères, grand-croix de son ordre royal de la Légion-d'Honneur, etc., etc., etc. ; et S. M. le roi de Danemark, le sieur Joseph-Albert-Frédéric-Christophe de Koss, son chambellan et son envoyé extraordinaire et ministre plénipotentiaire près S. M. le roi des Français, commandeur de son ordre du Danebrog et décoré de la croix d'argent du même ordre, etc., etc., etc. ; lesquels, après s'être communiqué leurs pleins pouvoirs respectifs, trouvés en bonne et due forme, sont convenus des articles suivants :

Art. 1ᵉʳ. Les Français en Danemark et dans les duchés, et les Danois en France, continueront à jouir, pour leurs personnes et leurs propriétés, de tous les droits et privilèges stipulés, en faveur des sujets respectifs, dans le traité conclu, le 23 août 1742, entre la France et le Danemark, autant que ces droits et privilèges seront compatibles avec la législation actuelle des deux Etats.

2. Les navires français dans les ports de Danemark et des duchés, et les navires danois dans les ports de France, n'acquitteront, soit à l'entrée, soit à la sortie, d'autres ni de plus forts droits de tonnage et de navigation que ceux dont les navires danois sont passibles dans les ports de Danemark; les uns et les autres seront d'ailleurs assimilés aux navires nationaux, dans les ports respectifs, pour les droits de pilotage, de jaugeage, de courtage, de quarantaine ou autre de même nature, et ce, quel que soit le lieu de leur départ ou celui de leur destination, conformément à l'esprit du traité de 1742. Des commissaires, nommés par les gouvernements respectifs, seront chargés de rechercher le terme moyen des divers droits qui se perçoivent en Danemark sur le pavillon national et qui correspondent à ceux qui se trouvent compris en

---

(1) La proportion entre le nombre des inscrits et le contingent est de 265,362 sur 100.

France dans le droit de tonnage, afin d'en déduire le chiffre du droit unique que le pavillon danois aura à acquitter, dans les ports français, conformément au principe de réciprocité établi par le présent article. Les exceptions au traitement national qui atteindraient en France les navires français venant d'ailleurs que du Danemark, ou allant ailleurs qu'en Danemark, seront communes aux navires danois faisant les mêmes voyages, et cette disposition sera réciproquement applicable en Danemark aux navires français.

3. La navigation et le commerce français continueront à être traités dans le Sund, les Belts et le canal de Holstein, comme ceux des nations les plus favorisées, et conserveront nommément tous les avantages qui leur ont été reconnus par le traité de 1742.

4. En tout ce qui concerne les droits de douane et de navigation, les deux hautes parties contractantes se promettent réciproquement de n'accorder aucune faveur, privilège ou immunité à un autre État, qu'il ne soit aussi, et à l'instant, étendu à leurs sujets respectifs, gratuitement si la concession en faveur de l'autre État est gratuite, et en donnant la même compensation ou l'équivalent si la concession a été conditionnelle.

5. Les consuls respectifs et leurs chanceliers jouiront dans les deux pays des privilèges généralement attribués à leur charge, tels que l'exemption des logements militaires, et celle de toutes les contributions directes, tant personnelles que mobilières ou somptuaires, à moins toutefois qu'ils ne soient sujets du pays ou qu'ils ne deviennent soit propriétaires, soit possesseurs de biens immeubles, ou enfin qu'ils ne fassent le commerce; pour lesquels cas, ils seront soumis aux mêmes taxes, charges et impositions que les autres particuliers. Les consuls jouiront, en outre, de tous les autres privilèges, exemptions et immunités qui pourront être accordés dans leur résidence aux agents du même rang de la nation la plus favorisée. Ils pourront nommer des vice-consuls ou agents consulaires dans l'arrondissement de leur consulat.

6. Les consuls respectifs pourront faire arrêter et renvoyer, soit à bord, soit dans leur pays, les marins qui auraient déserté des bâtiments de leur nation. A cet effet, ils s'adresseront par écrit aux autorités locales compétentes, et justifieront par l'exhibition des registres du bâtiment ou du rôle d'équipage, ou, si le navire était parti, par copies desdites pièces, dûment certifiées par eux, que les hommes qu'ils réclament faisaient partie dudit équipage. Sur cette demande, ainsi justifiée, la remise ne pourra leur être refusée. Il leur sera, de plus, donné toute aide et assistance pour la recherche, saisie et arrestation desdits déserteurs, qui seront même détenus et gardés dans les prisons du pays, à la réquisition et aux frais des consuls, jusqu'à ce que ces agents aient trouvé une occasion de les faire partir. Si pourtant cette occasion ne se présentait pas dans un délai de trois mois, à compter du jour de l'arrestation, les déserteurs seraient mis en liberté et ne pourraient plus être arrêtés pour la même cause. Il est entendu que les marins sujets du pays où la désertion a lieu sont exceptés de la présente disposition.

7. En cas d'échouement d'un navire français sur les côtes de Danemark, ou d'un navire danois sur les côtes de France, le consul de la nation en sera immédiatement informé, à l'effet de faciliter au capitaine les moyens de remettre à flot le navire, sous la surveillance et avec l'aide de l'autorité locale. S'il y a bris et naufrage, ou abandon du navire, l'autorité concertera avec le consul les mesures à prendre pour la garantie de tous les intérêts dans le sauvetage du navire et de la cargaison, jusqu'à ce que les propriétaires ou leurs fondés de pouvoirs se présentent. Les marchandises sauvées ne seront passibles d'aucun droit de douane, à moins qu'elles ne soient admises à la consommation intérieure. Pour les droits et frais de sauvetage et de conservation du navire et de la cargaison, le bâtiment échoué sera traité comme le serait un bâtiment national en pareil cas.

8. Les dispositions de la présente convention ne s'étendront pas aux colonies françaises d'outre-mer ni aux colonies danoises d'outre-mer, y compris les îles de Fœroë, l'Islande et le Groenland. Il est toutefois arrêté que les navires de commerce français ou danois y seront respectivement admis aux mêmes conditions et traités de la même manière que les navires de commerce de la nation la plus favorisée le sont actuellement ou le seront à l'avenir; et, en outre, que les stipulations contenues dans le dernier paragraphe de l'art. 7, sur les échouements et naufrages, seront exécutoires dans les possessions d'outre-mer des deux couronnes.

9. La présente convention sera ratifiée, et les ratifications en seront échangées à Paris, dans l'espace de deux mois, ou plus tôt, si faire se peut. En foi de quoi, les plénipotentiaires respectifs l'ont signée en double original et y ont apposé leurs cachets. Fait à Paris, le 9ᵉ jour du mois de février de l'an de grâce 1842. (L. S.) Signé GUIZOT. (L. S.) DE KOSS.

12 MARS = 11 AVRIL 1842. — Ordonnance du roi qui approuve des modifications aux statuts de la caisse d'épargne de Pont-Audemer. (IX, Bull. supp. n. DLXLIII, n. 16387.)

Louis-Philippe, etc., sur le rapport de notre ministre secrétaire d'Etat de l'agriculture et du commerce; vu l'ordonnance royale du 11 février 1835, portant autorisation de la caisse d'épargne de Pont-Audemer et approbation de ses statuts; vu les modifications proposées à notre approbation; vu les lois du 5 juin 1835 et du 31 mars 1837; notre conseil d'Etat entendu, etc.

Art. 1er. Les modifications aux art. 1er, 4, 16 et 26 des statuts de la caisse d'épargne de Pont-Audemer, proposées par délibération des administrateurs de cette caisse, en date du 25 janvier 1841, sont approuvées telles qu'elles sont contenues dans l'acte passé, le 14 janvier 1842, par-devant Me Fontaine, notaire à Pont-Audemer, et en présence de deux témoins, lequel acte restera déposé aux archives du ministère de l'agriculture et du commerce.

2. Notre ministre de l'agriculture et du commerce (M. Cunin-Gridaine) est chargé, etc.

12 MARS = 11 AVRIL 1842. — Ordonnance du roi portant autorisation de la caisse d'épargne établie à Tarare. (IX, Bull. supp. DLXLIII, n. 16388.)

Louis-Philippe, etc., sur le rapport de notre ministre secrétaire d'Etat de l'agriculture et du commerce; vu les délibérations du conseil municipal de Tarare (Rhône), en date des 10 février et 6 novembre 1841; vu les lois des 5 juin 1835 et 31 mars 1837, relatives aux caisses d'épargne; le comité des travaux publics, de l'agriculture et du commerce de notre conseil d'Etat entendu, etc.

Art. 1er. La caisse d'épargne établie à Tarare (Rhône) est autorisée. Sont approuvés les statuts de ladite caisse, tels qu'ils sont contenus dans la délibération du conseil municipal de Tarare, en date du 6 novembre 1841, dont une expédition conforme restera déposée aux archives du ministère de l'agriculture et du commerce.

2. Nous nous réservons de révoquer notre autorisation en cas de violation ou de non exécution des statuts approuvés, sans préjudice des droits des tiers.

3. La caisse sera tenue de remettre, au commencement de chaque année, au ministère de l'agriculture et du commerce, au préfet du département du Rhône, un extrait de son état de situation arrêté au 31 décembre précédent.

4. Notre ministre de l'agriculture et du commerce (M. Cunin-Gridaine) est chargé, etc.

7 = 19 AVRIL 1842. — Loi qui ouvre un crédit extraordinaire pour complément des dépenses secrètes de l'exercice 1842 (1). (IX, Bull. DCCCLXVI, n. 9920.)

Art. 1er. Il est ouvert au ministre de l'intérieur un crédit extraordinaire d'un million de francs, pour complément des dépenses secrètes de l'exercice 1842.

2. Il sera pourvu à la dépense autorisée par la présente loi, au moyen des ressources accordées par la loi du 25 juin 1841 pour les besoins de l'exercice 1842.

9 = 12 AVRIL 1842. — Loi portant qu'il sera fait, en 1843, un appel de quatre-vingt mille hommes sur la classe de 1842 (2). (IX, Bull. DCCCLXVI, n. 9921.)

Art. 1er. Il sera fait en 1843, un appel de quatre-vingt mille hommes sur la classe de 1842, pour le recrutement des troupes de terre et de mer.

(1) Présentation à la Chambre des Députés le 23 février (Mon. du 24); rapport par M. Jars le 7 mars (Mon. du 8); discussion et adoption le 10 (Mon. du 11), à la majorité de 219 voix contre 142.

Présentation à la Chambre des Pairs le 16 mars (Mon. du 17); rapport par M. de Gasparin le 30 (Mon. du 31); discussion et adoption le 2 avril (Mon. du 3), à la majorité de 124 voix contre 7.

Après avoir passé en revue successivement les diverses phases que la question des fonds secrets a subies depuis l'établissement du gouvernement de juillet, M. le rapporteur de la commission de la Chambre des Députés a exprimé, au nom de la commission, le vœu « que les crédits nécessaires aux dépenses secrètes fussent dorénavant réunis et portés en un seul article au budget ordinaire des dépenses. » « On comprend assez généralement aujourd'hui, a-t-il dit, que, s'il y a

une question où l'existence d'un ministère ne doive pas être engagée, c'est assurément celle des fonds secrets, où la nécessité domine, où le but que l'on se propose importe également à toutes les opinions et n'implique essentiellement aucun système ministériel. »

Cette opinion n'a point été partagée par la commission de la Chambre des Pairs.

(2) Présentation à la Chambre des Députés le 12 février (Mon. du 13); rapport par M. le général Paixhans le 28 février (Mon. du 1er mars); discussion et adoption le 4 mars (Mon. du 5), à la majorité de 229 voix contre 10.

Présentation à la Chambre des Pairs le 16 mars (Mon. du 17); rapport par M. le général Cubières le 29 (Mon. du 30); discussion et adoption le 4 avril (Mon. du 5), à la majorité de 104 voix contre 4.

2. La répartition de ces quatre-vingt mille hommes entre les départements du royaume sera faite par une ordonnance royale, proportionnellement au nombre des jeunes gens inscrits sur les listes de tirage de la classe appelée.

Si, par suite de circonstances extraordinaires, le nombre des jeunes gens inscrits sur les listes de tirage de quelques cantons ou départements ne peut être connu dans le délai qui aura été déterminé par la même ordonnance royale, ce nombre sera remplacé, pour les cantons ou départements en retard, par la moyenne des jeunes gens inscrits sur les listes de tirage des dix classes précédentes.

Le tableau général de la répartition sera inséré au Bulletin des lois et communiqué aux Chambres.

3. La sous-répartition du contingent assigné à chaque département aura lieu entre les cantons, proportionnellement au nombre des jeunes gens inscrits sur les listes de tirage de chaque canton.

Elle sera faite par le préfet en conseil de préfecture, et rendue publique par voie d'affiches, avant l'ouverture des opérations des conseils de révision.

Dans le cas où les listes de tirage de quelques cantons ne seraient pas parvenues en temps utile au préfet, il sera procédé, pour la sous-répartition, à l'égard des cantons en retard, de la manière indiquée au deuxième paragraphe de l'art. 2 ci-dessus.

10 = 12 AVRIL 1842. — Ordonnance du roi portant que la Cour d'assises de la Seine sera divisée en quatre sections pendant les deux derniers mois du deuxième trimestre et le premier mois du troisième trimestre de 1842. (IX, Bull. DCCCLXLVI, n. 9923.)

Louis-Philippe, etc., sur le rapport de notre garde des sceaux, ministre secrétaire d'État au département de la justice et des cultes; sur ce qui nous a été représenté que la Cour d'assises de la Seine, divisée en deux sections, conformément à l'ordonnance du 20 juillet 1828, ne pourrait expédier, dans le cours des deuxième et troisième trimestres de cette année, la totalité des procès renvoyés devant elle; voulant prévenir les retards préjudiciables à la bonne administration de la justice; vu les dispositions du Code d'instruction criminelle concernant le service des Cours d'assises, et l'art. 5 de la loi du 20 avril 1810; notre conseil d'État entendu, etc.

Art. 1ᵉʳ. Pendant les deux derniers mois du deuxième trimestre et le premier mois du troisième trimestre de la présente année, la **Cour d'assises** de la Seine sera divisée en

quatre sections, qui auront chacune une session par mois, et qui siégeront, la troisième en même temps que la première, et la quatrième en même temps que la deuxième. Il sera en conséquence délégué, conformément à la loi, un nombre suffisant de conseillers à la Cour royale pour la formation de ces quatre sections.

2. Notre ministre de la justice et des cultes (M. Martin du Nord) est chargé, etc.

9 = 15 AVRIL 1842. — Lois relatives à des changements de circonscriptions territoriales. (IX, Bull. DCCCLXLVII, n. 9939.)

PREMIÈRE LOI. — Maine-et-Loire.

Article unique. La commune de Marans, canton du Lion-d'Angers, arrondissement de Segré, département de Maine-et-Loire, est distraite de ce canton, et réunie à celui de Segré, même arrondissement.

DEUXIÈME LOI. — Basses-Pyrénées.

Article unique. Les communes de Bielle et de Bilhéres, canton d'Arudy, arrondissement d'Oloron, département des Basses-Pyrénées, sont distraites de ce canton, et réunies à celui de Laruns, même arrondissement.

TROISIÈME LOI. — Vienne.

Art. 1ᵉʳ. La limite entre les communes de Saint-Léger, de Montbrillais et des Trois-Moutiers, canton des Trois-Moutiers, arrondissement de Loudun, département de la Vienne, est fixée dans la direction indiquée par un liséré jaune sur le plan annexé à la présente loi. En conséquence, les terrains cotés A audit plan, ainsi que l'enclave de Bournais, circonscrite par un liséré vert, sont distraits de la commune de Saint-Léger et réunis à la commune des Trois-Moutiers, et les terrains cotés B, circonscrits par un liséré rose, sont distraits de cette dernière commune, et réunis à celle de Saint-Léger.

2. Les dispositions qui précèdent auront lieu sans préjudice des droits d'usage, et autres qui pourraient être respectivement acquis.

Les autres conditions de distractions prononcées seront, s'il y a lieu, ultérieurement déterminées par une ordonnance du roi.

QUATRIÈME LOI. — Côtes-du-Nord.

Art. 1ᵉʳ. La limite entre les communes de Plumaudan et de Saint Maden, canton de Jouan-de-l'Isle, arrondissement de Dinan, département des Côtes-du-Nord, est modifiée suivant la direction indiquée par le liséré jaune A B B" N" O" P" Q" R" G

H I K L M sur le plan annexé à la présente loi.

En conséquence, le territoire compris entre ce liséré et l'ancienne limite est distrait de la commune de Plumaudan, et réuni à la commune de Saint-Maden.

2. Les dispositions qui précèdent auront lieu sans préjudice des droits d'usage ou autres qui seraient réciproquement acquis.

Les autres conditions de la distraction prononcée seront, s'il y a lieu, ultérieurement déterminées par une ordonnance du roi.

CINQUIÈME LOI.— Côtes-du-Nord.

Art. 1er. La section C, dite la Frairie de Bublion, est distraite de la commune de Plémet, canton de la Chèze, arrondissement de Loudéac, département des Côtes-du-Nord, et réunie à la commune de Laurenan, canton de Merdrignac, même arrondissement.

En conséquence, la limite entre les communes de Plémet et de Laurenan est fixée conformément à la direction indiquée par la ligne bistre A B du plan annexé à la présente loi.

2. Ces dispositions auront lieu sans préjudice des droits d'usage et autres qui seraient respectivement acquis.

Les autres conditions de la distraction prononcée seront, s'il y a lieu, ultérieurement déterminées par une ordonnance du roi.

SIXIÈME LOI. — Indre.

Art. 1er. Les communes de Paulmery et de Lucioux, canton de Valençay, arrondissement de Châteauroux, département de l'Indre, sont réunies en une seule, qui aura son chef-lieu à Fonguenand, dont elle prendra le nom.

2. Ces communes continueront à jouir séparément, comme section de commune, des droits d'usage ou autres qui pourraient leur appartenir, sans pouvoir se dispenser de contribuer en commun aux charges municipales.

Les autres conditions de la réunion prononcée seront, s'il y a lieu, ultérieurement déterminées par une ordonnance du roi.

7 MARS = 22 AVRIL 1842. — Ordonnance du roi qui affecte à l'exercice 1842 le crédit ouvert sur l'exercice 1841, par la loi du 13 juin 1841, pour la réparation des dommages causés aux voies navigables, ainsi qu'aux digues et levées qui bordent les rivières, par la crue et le débordement des eaux. (IX, Bull. DCCCLXLVIII, n. 9931.)

Louis-Philippe, etc., vu l'art. 1er de la loi du 13 juin 1841, qui ouvre au ministre des travaux publics, sur l'exercice 1841, un crédit de quinze cent mille francs, pour la réparation des dommages causés aux voies navigables, ainsi qu'aux digues et levées qui bordent les rivières, par la crue et le débordement des eaux ; vu l'art. 2 de la même loi, portant que les fonds non consommés sur un exercice pourront être reportés par ordonnance royale sur l'exercice suivant ; vu notre ordonnance du 7 décembre dernier, qui a déjà reporté sur l'exercice 1842 une somme de huit cent mille francs, à prendre sur le crédit de quinze cent mille francs ouvert par la loi précitée ; considérant qu'il n'a été fait, en 1841, aucune dépense imputable sur ce crédit ; sur le rapport de notre ministre secrétaire d'Etat au département des travaux publics, et de l'avis de notre conseil des ministres, etc.

Art. 1er. Il est ouvert, sur l'exercice 1842, à notre ministre des travaux publics, un crédit extraordinaire de sept cent mille francs (700,000 fr.), qui seront employés à la réparation des dommages causés aux voies navigables, ainsi qu'aux digues et levées qui bordent les rivières, par la crue et le débordement des eaux. Toutefois les subventions pour les digues et levées qui n'appartiennent pas à l'Etat ne pourront excéder les deux tiers de la dépense. En conséquence, le crédit de quinze cent mille francs ouvert sur l'exercice 1841 par la loi précitée se trouve annulé pour cet exercice et entièrement affecté à l'exercice 1842.

2. La régularisation de la présente ordonnance sera proposée aux Chambres dans la session de 1843.

3. Nos ministres des travaux publics et des finances (MM. Teste et Humann) sont chargés, etc.

18 MARS = 22 AVRIL 1842. — Ordonnance du roi portant réception du bref qui confère à M. Bernet, archevêque d'Aix, les titres honorifiques d'évêque assistant au trône pontifical et de comte romain. (IX, Bull. DCCCLXLVIII, n. 9932.)

Louis-Philippe, etc., sur le rapport de notre garde des sceaux, ministre secrétaire d'Etat au département de la justice et des cultes ; le bref émané de Sa Sainteté le pape Grégoire XVI, le 14 juillet 1840, et qui confère à M. Bernet (Joseph), archevêque d'Aix, les titres honorifiques d'évêque assistant au trône pontifical et de comte romain; vu l'art. 1er de la loi du 18 germinal an 10 ; notre conseil d'Etat entendu, etc.

Art. 1er. Est reçu et sera mis à exécution le bref donné à Rome, près Sainte-Marie-Majeure, le 14 juillet 1840, par Sa Sainteté le pape Grégoire XVI, et qui confère à M. Bernet, archevêque d'Aix, les titres d'évêque assistant au trône pontifical et de comte romain.

2. Ledit bref est reçu sans approbation des clauses, formules ou expressions qu'il renferme, et qui sont ou pourraient être contraires à la Charte constitutionnelle, aux lois du royaume, aux franchises, libertés et maximes de l'Eglise gallicane.

3. Ledit bref sera transcrit en latin et en français sur les registres de notre conseil d'Etat; mention de ladite transcription sera faite sur l'original par le secrétaire général du conseil d'Etat.

4. Notre ministre de la justice et des cultes (M. Martin du Nord) est chargé, etc.

18 MARS = 22 AVRIL 1842. — Ordonnance du roi portant réception du bref qui confère à M. Bouvier, évêque du Mans, les titres honorifiques d'évêque assistant au trône pontifical et de comte romain. (IX, Bull. DCCCLXLVIII, n. 9933.)

Louis-Philippe, etc., sur le rapport de notre garde des sceaux, ministre secrétaire d'Etat au département de la justice et des cultes; vu le bref émané de Sa Sainteté le pape Grégoire XVI, le 24 janvier 1840, et qui confère à M. Bouvier, évêque du Mans, les titres honorifiques d'évêque assistant au trône pontifical et de comte romain; vu l'art. 1ᵉʳ de la loi du 18 germinal an 10; notre conseil d'Etat entendu, etc.

Art. 1ᵉʳ. Est reçu et sera mis à exécution le bref donné à Rome, près Saint-Pierre, le 24 janvier 1840, par Sa Sainteté le pape Grégoire XVI, et qui confère à M. Bouvier, évêque du Mans, les titres honorifiques d'évêque assistant au trône pontifical et de comte romain.

2. Ledit bref est reçu sans approbation des clauses, formules ou expressions qu'il renferme, et qui sont ou pourraient être contraires à la Charte constitutionnelle, aux lois du royaume, aux franchises, libertés et maximes de l'Eglise gallicane.

3. Ledit bref sera transcrit en latin et en français sur les registres de notre conseil d'Etat; mention de ladite transcription sera faite sur l'original par le secrétaire général du conseil.

4. Notre ministre de la justice et des cultes (M. Martin du Nord) est chargé, etc.

19 = 22 AVRIL 1842. — Ordonnance du roi qui ouvre les bureaux de douanes d'Agon (Manche), de Marchipont, et de Gognies-Chaussée (Nord), à l'importation et à l'exportation des céréales. (IX, Bull. DCCCLXLVIII, n. 9934.)

Louis-Philippe, etc., vu la loi du 2 décembre 1814, d'après laquelle nous avons

à désigner les ports et bureaux de douanes par lesquels il est permis d'importer ou d'exporter les grains et farines; les ordonnances des 17 janvier et 23 août 1830, relatives au même objet; sur le rapport de notre ministre secrétaire d'Etat au département de l'agriculture et du commerce, etc.

Art. 1ᵉʳ. Les bureaux d'Agon, département de la Manche; de Marchipont et de Gognies-Chaussée, département du Nord, sont ouverts à l'importation et à l'exportation des céréales.

2. Nos ministres de l'agriculture et du commerce, et des finances (MM. Cunin-Gridaine et Humann) sont chargés, etc.

12 = 22 AVRIL 1842. — Ordonnance du roi relative au recrutement des régiments de chasseurs d'Afrique. (IX, Bull. DCCCLXLVIII, n. 9935.)

Louis-Philippe, etc., vu la loi du 21 mars 1832, sur le recrutement de l'armée; vu l'ordonnance du 28 avril 1832, relative aux engagements volontaires; vu l'ordonnance du 31 août 1839, sur l'organisation des chasseurs d'Afrique; vu l'ordonnance du 8 septembre 1841, portant organisation des cadres des divers corps de toutes armes; vu l'ordonnance du 7 décembre 1841, portant organisation des corps de troupes indigènes en Algérie; sur le rapport de notre ministre secrétaire d'Etat de la guerre, président du conseil, etc.

Art. 1ᵉʳ. Le recrutement des quatre régiments de chasseurs d'Afrique a lieu, 1º par des jeunes soldats provenant des appels; 2º par des engagements volontaires contractés conformément aux dispositions de la loi du 21 mars 1832 et des ordonnances des 28 avril 1832 et 15 janvier 1837; 3º et subsidiairement par des militaires appartenant aux régiments de cavalerie de l'armée.

2. Les dispositions de notre ordonnance du 31 août 1839 contraires aux prescriptions ci-dessus sont et demeurent rapportées.

3. Notre ministre de la guerre (duc de Dalmatie) est chargé, etc.

28 FÉVRIER = 23 AVRIL 1842. — Ordonnance du roi qui établit une caisse spéciale d'épargne et de prévoyance en faveur des institutrices communales de la ville de Paris. (IX, Bull. supp. DLXLV, n. 16413.)

Louis-Philippe, etc., sur le rapport de notre ministre secrétaire d'Etat au département de l'instruction publique; vu l'art. 15 de la loi du 28 juin 1833, sur l'instruction primaire, en vertu duquel une caisse d'épargne et de prévoyance a été établie dans chaque département en faveur des instituteurs primaires communaux; vu notre ordonnance en date du 13 février 1838, qui a réglé les statuts de ces caisses ; vu la délibération du conseil municipal de la ville de Paris, en date du 15 juillet 1841 ; vu l'avis de notre conseil royal de l'instruction publique, etc.

Art. 1er. Il sera établi une caisse spéciale d'épargne et de prévoyance en faveur des institutrices communales de la ville de Paris.

2. Cette caisse sera organisée et administrée conformément aux dispositions de notre ordonnance ci-dessus visée du 13 février 1838, relative à la caisse d'épargne et de prévoyance établie en faveur des instituteurs primaires communaux.

3. Notre ministre de l'instruction publique (M. Villemain) est chargé, etc.

———

25 MARS — 23 AVRIL 1842. — Ordonnance du roi portant autorisation de la caisse d'épargne établie à Joigny. (IX, Bull. supp. DLXLV, n. 16411.)

Louis-Philippe, etc., sur le rapport de notre ministre secrétaire d'Etat de l'agriculture et du commerce ; vu les délibérations du conseil municipal de Joigny, en date des 31 août 1841 et 9 février 1842 ; vu les lois des 5 juin 1835 et 31 mars 1837, relatives aux caisses d'épargne; le comité des travaux publics, de l'agriculture et du commerce de notre conseil d'Etat entendu, etc.

Art. 1er. La caisse d'épargne établie à Joigny (Yonne) est autorisée. Sont approuvés les statuts de ladite caisse, tels qu'ils sont contenus dans la délibération du conseil municipal de Joigny, en date du 9 février 1842, dont une expédition conforme restera déposée aux archives du ministère de l'agriculture et du commerce.

2. Nous nous réservons de révoquer notre autorisation en cas de violation ou de non exécution des statuts approuvés, sans préjudice des droits des tiers.

3. La caisse sera tenue de remettre, au commencement de chaque année, au ministère de l'agriculture et du commerce et au préfet du département de l'Yonne, un extrait de son état de situation arrêté au 31 décembre précédent.

4. Notre ministre de l'agriculture et du commerce (M. Cunin-Gridaine) est chargé, etc.

———

25 MARS — 23 AVRIL 1842. — Ordonnance du roi qui autorise la cession de trois terrains domaniaux à la ville de Bayonne. (IX, Bull. supp. DLXLV, n. 16415.)

Louis-Philippe, etc., vu la demande du conseil municipal de la ville de Bayonne, département des Basses-Pyrénées, tendant à obtenir la concession de trois terrains situés dans la même ville et appartenant à l'Etat, l'un, d'une étendue de trois cents mètres, pour y ériger un temple protestant, et les deux autres, contenant ensemble cinq mille cinq cent quatre-vingt-quinze mètres un centimètre, pour la construction des bâtiments propres à la tenue des écoles et au logement des instituteurs ; vu le plan des lieux et les procès-verbaux d'estimation rédigés par les experts et par le tiers-expert ; vu notamment le procès-verbal du tiers-expert qui fixe la valeur des terrains dont il s'agit à soixante-quatre mille cent quarante francs douze centimes ; une délibération en date du 5 mai 1841, par laquelle le conseil municipal a adhéré à cette estimation ; l'avis favorable du préfet et celui de notre ministre secrétaire d'Etat au département de l'intérieur; vu aussi l'avis du conseil d'Etat approuvé le 21 février 1808 ; considérant que la demande de la ville de Bayonne est motivée sur des causes d'utilité publique communale suffisamment justifiées ; sur le rapport de notre ministre secrétaire d'Etat au département des finances, etc.

Art. 1er. Le préfet du département des Basses-Pyrénées est autorisé à concéder à la ville de Bayonne les trois terrains situés sur la place d'Armes de la même ville, tels qu'ils sont désignés au plan des lieux et dans les procès-verbaux d'estimation, lesquels resteront annexés à la minute de l'acte de cession.

2. Cette cession sera faite à la charge par la ville de Bayonne de verser dans la caisse du domaine la somme de soixante-quatre mille cent quarante francs douze centimes, prix déterminé par le procès-verbal du tiers-expert : ce prix sera payable dans les délais et avec les intérêts fixés par les lois des 15 floréal an 10 et 5 ventôse an 12.

3. La ville devra, en outre, supporter tous les frais auxquels la cession a pu ou pourra donner lieu, y compris les frais de l'expertise et de la tierce expertise.

4. Nos ministres des finances et de l'intérieur (MM. Humann et Duchâtel) sont chargés, etc.

———

25 — 28 AVRIL 1842. — Ordonnance du roi qui nomme M. Lacave-Laplagne ministre des finances. (IX, Bull. DCCCLXLIX, n. 9938.)

Louis-Philippe, etc., M. Lacave-Laplagne, membre de la Chambre des Députés, est nommé ministre secrétaire d'Etat au département des finances, en remplacement de M. Humann, qui est décédé.

(*Contresigné* duc de DALMATIE.)

10 = 28 avril 1842. — Ordonnance du roi qui crée, à l'école préparatoire de médecine et de pharmacie de Lyon, une chaire spéciale de pathologie et de thérapeutique générales. (IX, Bull. DCCCLXLIX, n. 9938.)

Louis-Philippe, etc., sur le rapport de notre ministre secrétaire d'Etat au département de l'instruction publique, grand-maître de l'Université; vu nos ordonnances des 13 octobre 1840, 12 mars et 18 avril 1841, relatives aux écoles préparatoires de médecine et de pharmacie; vu notre ordonnance du 13 juin 1841, qui constitue dans la ville de Lyon un établissement de cet ordre; vu la délibération, en date du 13 janvier 1842, par laquelle le conseil municipal de Lyon comprend, dans les dépenses de ladite école, pour l'exercice 1842, les fonds nécessaires à la création d'une chaire nouvelle; vu l'avis du conseil royal de l'instruction publique, en date du 5 avril 1842, etc.

Art. 1er. Il est créé, à l'école préparatoire de médecine et de pharmacie de Lyon, en en dehors du cadre déterminé par notre ordonnance du 13 octobre 1840, une chaire spécialement affectée à l'enseignement de la pathologie et de la thérapeutique générales.

2. La première nomination à ladite chaire sera faite directement par notre ministre secrétaire d'Etat au département de l'instruction publique.

3. Notre ministre de l'instruction publique (M. Villemain) est chargé, etc.

_____

10 = 28 avril 1842. — Ordonnance du roi portant que les élèves des écoles préparatoires de de médecine et de pharmacie aspirant, soit au doctorat en médecine ou en chirurgie, soit au titre d'officier de santé, seront tenus de faire, pendant une année, le service d'un hôpital. (IX, Bull. DCCCLXLIX, n. 9940.)

Louis-Philippe, etc., sur le rapport de notre ministre secrétaire d'Etat au département de l'instruction publique, grand-maître de l'Université; vu notre ordonnance du 3 octobre 1841, et spécialement l'art. 5 de ladite ordonnance; vu la délibération du conseil royal de l'instruction publique, en date du 5 avril 1842, etc.

Art. 1er. Dans toute école préparatoire de médecine et de pharmacie établie en exécution de nos ordonnances des 13 octobre 1840, 12 mars et 18 avril 1841, les élèves aspirant, soit au doctorat en médecine ou en chirurgie, soit au titre d'officier de santé, seront tenus de faire, pendant la deuxième année du cours d'études, le service d'un des hôpitaux de la ville où est située l'école, en se conformant aux dispositions d'ordre intérieur déterminées par les administrations des hospices.

2. Les sixième, septième et huitième inscriptions ne seront délivrées auxdits élèves que sur l'attestation du directeur de l'hospice constatant qu'ils ont rempli avec assiduité, pendant le trimestre expiré, les fonctions auxquelles ils auront été appelés pour le service des malades.

3. Ceux des élèves desdites écoles qui auront obtenu au concours le titre d'interne ou d'externe dans un hôpital, d'après un règlement particulier audit établissement, seront admis à faire compter leur temps de stage à partir de leur entrée en exercice dans l'une des fonctions précitées. Ils seront, comme tous les autres élèves, tenus de justifier par certificats trimestriels, délivrés en la forme indiquée en l'art. 2, de leur assiduité dans les hôpitaux.

4. L'année de stage prescrite par la présente ordonnance dispensera du stage spécialement imposé par notre ordonnance du 3 octobre 1841 pour l'admission au doctorat en médecine ou en chirurgie.

5. Notre ministre de l'instruction publique (M. Villemain) est chargé, etc.

_____

12 = 28 avril 1842. — Ordonnance du roi qui établit une chambre consultative des arts et manufactures dans la ville de Montbéliard. (IX, Bull. DCCCLXLIX, n. 9941.)

Louis-Philippe, etc., sur le rapport de notre ministre secrétaire d'Etat au département de l'agriculture et du commerce; vu la loi du 22 germinal et l'arrêté du 10 thermidor an 11; vu notre ordonnance du 16 juin 1832; vu la délibération du conseil municipal de la ville de Montbéliard, en date du 14 décembre 1841, etc.

Art. 1er. Il est établi une chambre consultative des arts et manufactures dans la ville de Montbéliard, département du Doubs; cette chambre sera composée de six membres.

2. Notre ministre de l'agriculture et du commerce (M. Cunin-Gridaine) est chargé, etc.

_____

24 = 29 avril 1842. — Lois qui autorisent les départements des Basses-Pyrénées et des Landes à s'imposer extraordinairement. (IX, Bull. DCD, n. 9946.)

PREMIÈRE LOI. — Basses-Pyrénées.

Article unique. Le département des Basses-Pyrénées est autorisé, conformément à la demande qu'en a faite son conseil général, dans sa session du 4 septembre 1841, à s'imposer extraordinairement, en 1843, cinq centimes additionnels au principal des quatre contributions directes, dont le produit sera appliqué à subvenir à l'insuffisance des ressources ordinaires pour l'entretien des routes départementales.

La portion du produit de cette imposition qui ne serait pas absorbée par la dépense de l'entretien serait appliquée aux grosses réparations de celles de ces routes qui sont livrées à la circulation.

DEUXIÈME LOI. — Landes.

Article unique. Le département des Landes est autorisé, conformément à la demande qu'en a faite son conseil général, dans sa séance du 25 août 1841, à porter à sept centimes, pendant cinq années, à partir de 1843, l'imposition extraordinaire de cinq centimes additionnels au principal des quatre contributions directes, autorisée par la loi du 10 avril 1833, à l'effet de couvrir l'insuffisance de cette imposition pour le service de l'emprunt autorisé par la même loi.

La portion du produit de cette imposition qui ne serait pas absorbée pour le service de l'emprunt sera appliquée aux travaux d'achèvement des routes départementales.

---

29 JUIN 1841 = 1er MAI 1842. — Ordonnance du roi qui prescrit la consolidation des bons du trésor appartenant à la caisse d'amortissement au 31 décembre 1840. (IX, Bull. DCDI, n. 9955.)

Louis-Philippe, etc., vu l'art. 8 de la loi du 11 juin présent mois qui affecte aux dépenses générales du budget de l'exercice 1841 la portion non consolidée de la réserve de l'amortissement au 31 décembre 1840, et qui autorise la consolidation de ladite réserve en rentes sur l'Etat; vu l'état des bons du trésor délivrés à la caisse d'amortissement en exécution de l'art. 4 de la loi du 10 juin 1833, et s'élevant, à ladite époque du 31 décembre 1840, en capitaux, à la somme de 104,863,023 fr. 6 c. sur lesquels, par suite de l'abaissement du cours, il a été remboursé à la caisse d'amortissement du 1er janvier au 15 juin 1841, des bons afférents aux rentes quatre pour cent, pour une somme de 566,503 fr. 64 c.; ce qui a réduit le montant des bons en capital à 104,296,519 fr. 42 c.; à quoi il faut ajouter, pour les intérêts liquidés jusqu'au 21 mars dernier, 716,703 fr. 7 c. Total des bons en capitaux et intérêts; 105,013,222 fr. 49 c. Laquelle somme était affectée à l'amortissement des rentes ci-après, savoir : cinq pour cent, 103,565,972 fr. 88 c.; quatre et demi, 693,850 fr. 75 c.; quatre pour cent, 753,418 fr. 91 c. Somme égale, 105,013,222 fr. 49 c.; sur le rapport de notre ministre secrétaire d'Etat des finances, etc.

Art. 1er. Inscription sera faite sur le grand-livre de la dette publique au nom de la caisse d'amortissement, en rentes quatre pour cent, avec jouissance du 22 mars 1841, de la somme de quatre millions deux cent quatre-vingt-six mille deux cent cinquante-deux francs (4,286,252 fr.) représentant, au prix de quatre-vingt-dix-huit francs, cours moyen du quatre pour cent à la bourse dudit jour 22 mars dernier, la somme de cent cinq millions treize mille cent soixante et quatorze francs. Cette somme sera appliquée au budget des recettes de 1841, à titre de moyens extraordinaires imputables aux dépenses générales de cet exercice. L'appoint de quarante-huit francs quarante-neuf centimes réservé sur la somme de cent cinq millions treize mille deux cent vingt-deux francs quarante-neuf centimes formant le montant de tous les bons appartenant à la caisse d'amortissement, au 31 décembre 1840, sera compris dans les consolidations à opérer pour les réserves de l'année 1841.

2. Les extraits d'inscriptions à fournir à la caisse d'amortissement, en échange des bons du trésor consolidés, en conséquence de l'art. 1er ci-dessus, lui seront délivrés en trois coupures, ainsi qu'il suit, savoir : un de 4,227,182 fr. appartenant au fonds d'amortissement des rentes cinq pour cent; un de 28,319 fr. appartenant au fonds d'amortissement des rentes quatre et demi; un de 30,751 fr. appartenant au fonds d'amortissement des rentes quatre pour cent.

3. Notre ministre des finances (M. Humann) est chargé, etc.

---

23 JUILLET 1841 = 1er MAI 1842. — Ordonnance du roi qui prescrit la consolidation des bons du trésor délivrés à la caisse d'amortissement du 1er janvier 1841 au 30 juin suivant. (IX, Bull. D DI, n. 9956.)

Louis-Philippe, etc., vu l'art. 15 de la loi du 16 juillet 1840 qui a autorisé la consolidation des bons de la réserve de l'amortissement, jusqu'à concurrence d'une somme de soixante et douze millions, représentant les crédits ouverts sur l'exercice 1841, pour les travaux publics extraordinaires à exécuter en vertu de la loi du 17 mai 1837; vu l'art. 4 de la loi du 11 juin 1841 qui réduit à soixante-six millions trois cent mille francs la dépense assignée définitivement aux travaux publics extraordinaires de cet exercice; vu l'état des bons du trésor délivrés à la caisse d'amortissement du 1er janvier 1841 au 30 juin suivant, en exécution de l'art. 4 de la loi du 10 juin 1833, et s'élevant à la somme de 28,828,612 fr. 49 c., à laquelle il faut ajouter, pour le montant des intérêts liquidés jusqu'au 31 juin dernier, 194,966 fr. 2 c.; ce qui porte l'ensemble de ces bons, tant en capitaux qu'en intérêts, à 29,023,578 fr. 51 c.; laquelle somme était affectée à l'amortissement des rentes ci-après, savoir : cinq pour cent, 28,698,919 fr. 92 c.; quatre et demi pour cent, 223,634 fr. 01 c.; quatre pour cent, 101,024 fr. 58 c. Somme égale, 29,023,578 f. 51 c.; sur le rapport de notre ministre secrétaire d'Etat des finances, etc.

Art. 1ᵉʳ. Inscription sera faite sur le grand-livre de la dette publique, au nom de la caisse d'amortissement, en rentes trois pour cent, avec jouissance du 22 juin 1841, de la somme de un million cent trente-sept mille huit cent sept francs (1,137,807 fr.), représentant, au prix de soixante et seize francs cinquante-deux centimes et demi (76 fr. 52 c. 1|2), cours moyen du trois pour cent à la date dudit jour, la somme de vingt-neuf millions vingt-trois mille cinq cent soixante francs vingt et un centimes. Cette somme de vingt-neuf millions vingt-trois mille cinq cent soixante francs vingt et un centimes sera portée en recette au budget de l'exercice 1841, comme ressource applicable aux travaux extraordinaires autorisés sur cet exercice, en vertu de la loi du 17 mai 1837.

2. Les extraits d'inscriptions à fournir à la caisse d'amortissement, en échange des bons du trésor consolidés en conséquence de l'art. 1ᵉʳ ci-dessus, lui seront délivrés en trois coupures, ainsi qu'il suit, savoir : un de 1,125,080 fr. appartenant au fonds d'amortissement des rentes cinq pour cent; un de 8,767 fr. appartenant au fonds d'amortissement des rentes quatre et demi; un de 3,960 fr. appartenant au fonds d'amortissement des rentes quatre pour cent. Somme égale, 1,137,807 fr.

3. L'appoint de dix-huit francs trente centimes réservé sur la somme de vingt-neuf millions vingt-trois mille cinq cent soixante et dix-huit francs cinquante et un centimes, formant le montant des bons appartenant à la caisse d'amortissement, sera représenté par trois nouveaux bons délivrés à ladite caisse, savoir : un de 4 fr. 26 c. pour le fonds d'amortissement de la rente cinq pour cent; un de 2 fr. 46 c. pour le fonds d'amortissement de la rente quatre et demi; un de 11 fr. 58 c. pour le fonds d'amortissement de la rente quatre pour cent. Somme égale, 18 fr. 30 c.

4. Notre ministre des finances (M. Humann) est chargé, etc.

21 JANVIER = 1ᵉʳ MAI 1842. — Ordonnance du roi qui prescrit la consolidation des bons du trésor délivrés à la caisse d'amortissement du 1ᵉʳ

juillet 1841 au 31 décembre suivant. (IX, Bull. DCDI, n. 9957.)

Louis-Philippe, etc., vu l'art. 15 de la loi du 16 juillet 1840, qui a autorisé la consolidation des bons de la réserve de l'amortissement jusqu'à concurrence d'une somme de soixante et douze millions, représentant les crédits ouverts sur l'exercice 1841 pour les travaux publics extraordinaires à exécuter en vertu de la loi du 17 mai 1837; vu l'art. 4 de la loi du 11 juin 1841, qui réduit à soixante-trois cent mille francs la dépense assignée définitivement aux travaux publics extraordinaires de cet exercice; vu notre ordonnance du 25 juillet dernier, qui a prescrit la consolidation des bons de l'amortissement pour une somme de vingt-neuf millions vingt-trois mille cinq cent soixante francs vingt et un centimes, à imputer sur le crédit ouvert aux travaux publics extraordinaires par les lois précitées; vu l'état des bons du trésor délivrés à la caisse d'amortissement du 1ᵉʳ juillet 1841 au 31 décembre suivant, en exécution de l'art. 4 de la loi du 10 juin 1833, et s'élevant à 31,966,012 fr. 72 c. auxquels il faut ajouter, pour le montant des intérêts jusqu'au 22 décembre dernier, 215,467 fr. 83 c. Ce qui porte l'ensemble de ces bons, tant en capitaux qu'en intérêts, à 32,181,480 fr. 55 c.; laquelle somme était affectée à l'amortissement des rentes ci-après, savoir : cinq pour cent, 31,860,984 fr. 11 c.; quatre et demi, 248,776 fr. 66 c.; quatre pour cent, 71,719 f. 78 c. Somme égale, 32,181,480 fr. 55 c.; sur le rapport de notre ministre secrétaire d'Etat des finances, etc.

Art. 1ᵉʳ. Inscription sera faite sur le grand-livre de la dette publique, au nom de la caisse d'amortissement, en rentes trois pour cent, avec jouissance du 22 décembre 1841, de la somme d'un million deux cent trente-deux mille deux cent dix-neuf francs (1,252,219 fr.), représentant, au prix de soixante et dix-huit francs trente-cinq centimes (78 fr. 35 c.), cours moyen du trois pour cent à la bourse dudit jour 22 décembre dernier, la somme de trente-deux millions cent quatre vingt-un mille quatre cent cinquante-deux francs quatre-vingt-huit centimes. Cette somme de trente-deux millions cent quatre-vingt-un mille quatre cent cinquante-deux francs quatre-vingt-huit centimes sera portée en recette au budget de l'exercice 1841, comme ressource applicable aux travaux publics extraordinaires autorisés sur cet exercice, en vertu de la loi du 17 mai 1837.

2. Les extraits d'inscriptions à fournir à la caisse d'amortissement en échange des bons du trésor consolidés en conséquence

de l'art. 1er ci-dessus, lui seront délivrés en trois coupures, ainsi qu'il suit, savoir : une de 1,219,948 fr. appartenant au fonds d'amortissement des rentes cinq pour cent ; une de 9,525 fr. appartenant au fonds d'amortissement des rentes quatre et demi pour cent ; une de 2,746 fr. appartenant au fonds d'amortissement des rentes quatre pour cent. Somme égale, 1,232,219 fr.

3. L'appoint de vingt-sept francs soixante-sept centimes, réservé sur la somme de rente-deux millions cent quatre-vingt-un mille quatre cent quatre-vingts francs cinquante-cinq centimes, formant le montant des bons appartenant à la caisse d'amortissement, sera représenté par trois nouveaux bons délivrés à ladite caisse, savoir : un de 8 fr. 85 c. pour le fonds d'amortissement de la rente cinq pour cent ; un de 15 f. 41 c. pour le fonds d'amortissement de la rente quatre et demi ; un de 3 fr. 41 c. pour le fonds d'amortissement de la rente quatre pour cent. Somme égale, 27 fr. 67 c.

4. Notre ministre des finances (**M. Humann**) est chargé, etc.

29 AVRIL = 4 MAI 1842. — Loi qui autorise le département de la Côte-d'Or à contracter un emprunt et à s'imposer extraordinairement. (IX, Bull. DCDII, n. 9958.)

Art. 1er. Le département de la Côte-d'Or est autorisé, conformément à la demande qu'en a faite son conseil général, dans sa séance du 3 septembre 1841, à emprunter à un taux d'intérêt qui ne pourra dépasser quatre et demi pour cent, et par tiers, dans le cours de chacune des trois années 1843 à 1845, une somme qui ne pourra dépasser quatre cent mille francs.

L'emprunt aura lieu avec publicité et concurrence. Toutefois le préfet du département est autorisé à traiter directement avec la caisse des dépôts et consignations, à un taux d'intérêt qui ne soit pas supérieur à celui ci-dessus fixé.

Le service des intérêts du capital emprunté se fera, pour les années 1843 et 1844, sur le produit de l'imposition extraordinaire autorisée par la loi du 17 juillet 1840. Il sera pourvu au service des intérêts pour les années suivantes, ainsi qu'au remboursement du capital emprunté, au moyen des ressources créées par l'article ci-après.

2. Le département de la Côte-d'Or est autorisé, conformément à la demande qu'en a faite son conseil général, dans sa séance du 3 septembre 1841, à s'imposer extraordinairement, pendant sept années, à partir de 1845, deux centimes additionnels au principal des quatre contributions directes, dont le produit sera affecté au service des

intérêts et à l'amortissement de l'emprunt autorisé par l'article précédent.

3. Le montant du capital emprunté sera exclusivement affecté aux travaux d'achèvement des routes départementales désignées dans la délibération sus-visée du conseil général de la Côte-d'Or, et aux conditions de concours par les communes qui y sont exprimées. La même affectation sera donnée au reliquat des impositions extraordinaires, après le service des intérêts et de l'amortissement de l'emprunt.

12 MARS = 7 MAI 1842. — Ordonnance du roi portant autorisation de la société anonyme formée à Paris sous la dénomination de *la Concorde*, compagnie pour la formation et la gestion de sociétés mutuelles d'assurances sur la vie. (IX, Bull. supp. DLXLVII, n. 16440.)

Louis-Philippe, etc., sur le rapport de notre ministre secrétaire d'Etat de l'agriculture et du commerce ; vu les art. 29 à 37, 40 et 45 du Code de commerce ; vu l'avis du conseil d'Etat, approuvé par l'empereur le 1er avril 1809, inséré au Bulletin des lois, et portant qu'aucune association de la nature des tontines ne peut être établie sans une autorisation spéciale donnée par sa majesté dans la forme des règlements d'administration publique ; vu la lettre de notre ministre des finances, du 15 février 1841 ; vu notre ordonnance royale du 29 juillet 1841, portant autorisation de l'établissement d'associations tontinières formé à Paris, sous la dénomination de *la Concorde*, sociétés d'assurances mutuelles sur la vie ; vu la lettre de M. le baron de Wolbock, directeur de cet établissement, en date du 22 décembre 1841 ; notre conseil d'Etat entendu, etc.

Art. 1er. La société anonyme formée à Paris (Seine), sous la dénomination de *la Concorde*, compagnie pour la formation et la gestion de sociétés mutuelles d'assurances sur la vie, est autorisée. Sont approuvés les statuts de ladite société, tels qu'ils sont contenus dans l'acte passé, le 2 mars 1842, devant Me Grandidier et son collègue, notaires à Paris, lequel acte restera annexé à la présente ordonnance.

2. La société anonyme *la Concorde* est autorisée à former et à administrer des associations de la nature des tontines, conformément aux statuts particuliers annexés à l'acte du 2 mars 1842. La présente autorisation n'aura d'effet que pour l'avenir, et ne pourra, en aucune manière, s'appliquer à des opérations antérieures à ce jour.

3. Au moyen de la présente autorisation, notre ordonnance du 29 juillet 1841 est rapportée,

4. Le cautionnement à fournir par la société anonyme , aux termes de l'art. 44 des statuts particuliers aux associations tontinières , sera déposé à la caisse des dépôts et consignations avant toute opération relative auxdites associations. Aux époques fixées , d'après les statuts des associations tontinières formées par *la Concorde*, pour la répartition, entre les membres qui les composent, de tout ou partie du capital desdites associations, les parts revenant aux ayants-droit leur seront remises en titres de rentes inscrites au nom de chacun d'eux, comme il est dit à l'art. 49 desdits statuts.

5. La société sera tenue de remettre, tous les six mois , au ministère de l'agriculture et du commerce , au préfet du département de la Seine, au préfet de police, à la chambre de commerce et au greffe du tribunal de commerce de Paris , un extrait de son état de situation , ainsi que de celle des différentes associations qu'elle est autorisée à former et à administrer. Elle devra , en outre , adresser , tous les ans , à notre ministre de l'agriculture et du commerce , sur ses opérations , un rapport détaillé contenant tous les renseignements propres à faire apprécier la nature et les effets des associations formées par ses soins.

6. Les opérations de la société seront d'ailleurs soumises à une surveillance spéciale , dont le mode sera ultérieurement déterminé, et dont les frais seront supportés par la société jusqu'a concurrence d'une somme de deux mille francs.

7. Nous nous réservons de révoquer notre autorisation, sans préjudice des droits des tiers , en cas de violation ou de non exécution , soit des statuts de la société , soit des statuts destinés à régir les associations tontinières qu'elle est autorisée à former et à administrer, et dans le cas de plaintes graves contre la gestion desdites associations. Nous nous réservons , en outre , d'ordonner tous les cinq ans , à partir de la date de la présente ordonnance , la révision générale des statuts de ces associations.

8. Nos ministres de l'agriculture et du commerce , et des finances (MM. Cunin-Gridaine et Humann), sont chargés, etc.

Statuts de la société anonyme la Concorde.

CHAPITRE Iᵉʳ. — *De la constitution de la société.*

Art. 1ᵉʳ. Il est établi entre les comparants , sauf l'autorisation du gouvernement , une société anonyme sous le nom de *la Concorde*, compagnie pour la formation et la gestion de sociétés mutuelles d'assurances sur la vie. Le siége de la société et le domicile social sont fixés à Paris.

2. L'objet de la compagnie est la formation et l'administration de sociétés mutuelles d'assurances

sur la vie, conformément aux statuts particuliers annexés au présent acte, et ayant pour bases les cinq combinaisons fondamentales qui suivent : 1° sociétés d'accroissement du revenu sans aliénation du capital ; 2° sociétés d'accroissement du capital sans aliénation du revenu ; 3° sociétés d'accroissement du revenu avec aliénation du capital ; 4° sociétés d'accroissement du capital avec aliénation totale ou partielle du revenu ; 5° sociétés de formation d'un capital par l'accumulation du revenu, sans aliénation du capital des mises.

3. La durée de la société est fixée à quatre-vingt-dix ans, à partir de la date de l'ordonnance d'autorisation, sauf les cas de dissolution prévus ci-après. La société est dissoute de plein droit, 1° si le gouvernement révoque l'ordonnance royale d'autorisation ; 2° si, par l'effet de pertes, le fonds social était réduit à la moitié de sa valeur. La dissolution devra être prononcée si, les pertes de la compagnie excédant le quart du capital social, elle est demandée par la moitié plus un des sociétaires propriétaires au moins des trois quarts des actions. Dans tous ces cas, le conseil d'administration sera tenu de convoquer immédiatement l'assemblée générale. La liquidation sera faite par les soins et sous la surveillance du conseil d'administration, suivant le mode qui sera déterminé par l'assemblée générale. Les actionnaires seront tenus de verser jusqu'à concurrence du montant de leurs actions, pour l'acquittement des dettes de la société : les sommes restant disponibles après le paiement des dettes et engagements de la société seront réparties entre les actionnaires au prorata des versements effectués ; mais il demeure entendu que jusqu'à la liquidation complète des sociétés tontinières formées par les soins de la compagnie, la totalité du fonds social demeurera affectée à la garantie de la gestion de ces sociétés.

CHAPITRE II. — *Du fonds social et des actions.*

4. Le capital social est fixé à un million de francs, divisé en mille actions de mille francs chacune ; ces mille actions sont souscrites par les dénommés ci-après, dans les proportions suivantes, savoir: *(Suivent les noms.)*

Les actions sont nominatives et numérotées de 1 à 1,000 ; elles seront extraites d'un registre à souche ; elles porteront , ainsi que le talon, les signatures des deux membres du conseil d'administration et du directeur ; elles seront frappées d'un timbre sec ayant pour exergue : *la Co corde, compagnie pour la formation et la gestion de sociétés mutuelles d'assurances sur la vie*. La cession des actions s'opère par une déclaration de transfert inscrite sur les registres de la compagnie, signée du cédant et du cessionnaire ou de leur fondé de pouvoirs, conformément à l'art. 36 du Code de commerce. Le cessionnaire devra être agréé préalablement par délibération du conseil d'administration de la compagnie , au scrutin secret et à la majorité des trois quarts des votants, sauf l'exception ci-après. Ne seront point soumis au scrutin d'admission ceux qui , indépendamment du versement de deux dixièmes par action, transféreront , en garantie des huit autres dixièmes de leurs actions, une somme de rentes équivalente au montant des huit dixièmes , en fonds publics français. Chaque action est indivisible : les conditions des présents statuts obligent et suivent l'action dans quelque main qu'elle passe. La transmission d'une action emporte de plein droit la cession de tous intérêts et dividendes échus et non payés.

5. Les actionnaires verseront immédiatement après l'autorisation de la société, à la caisse de la compagnie, deux dixièmes en numéraire du montant de chaque action, et souscriront une obligation de verser jusqu'à concurrence des huit autres dixièmes de leurs actions, sur la demande du conseil d'administration. Les deux dixièmes versés immédiatement seront affectés, avant tout autre emploi, à la réalisation du cautionnement imposé à la compagnie, pour garantie de sa gestion, par l'art. 44 de statuts ci-après, relatifs à la formation et à l'administration des sociétés mutuelles d'assurances sur la vie.

6. Les actionnaires ne sont passibles que de la perte du montant de leur intérêt dans la société.

7. Aucun actionnaire ne peut posséder plus de cinquante actions.

8. Les arrérages de rentes transférées en garantie du paiement des actions seront, immédiatement après avoir été perçus, remis aux actionnaires qui auront transféré les rentes en garantie de leurs actions.

9. Dans le cas où des actionnaires ne verseraient pas les premiers deux dixièmes (2/10e) de leurs actions après avoir été avertis de l'autorisation de la société par le conseil d'administration, comme à défaut de paiement d'un ou plusieurs dixièmes des actions, dans le cas d'appel de fonds fait par le conseil d'administration, et constatées par lettres chargées à la poste, ce même conseil, un mois après l'envoi de sa lettre, fera vendre publiquement l'action en souffrance par l'agent de change de la société, sans aucune formalité judiciaire. Cette vente aura lieu aux risques et périls des retardataires. Si le produit de la vente excède ce qui est dû à la société, l'excédant est rendu à l'actionnaire, qui, dans le cas contraire, est tenu du déficit.

CHAPITRE III. — De l'assemblée générale.

10. L'assemblée générale représente l'universalité des actionnaires. L'assemblée générale se compose des cent actionnaires titulaires du plus grand nombre d'actions depuis six mois au moins. En cas d'égalité, l'actionnaire le plus anciennement inscrit sera préféré. Les administrateurs, le directeur et sous-directeur, pourront assister aux délibérations de l'assemblée générale, mais ils n'auront voix délibérative qu'autant qu'ils feront partie des cent plus forts actionnaires, et seulement sur les questions étrangères à leur gestion.

11. La convocation de l'assemblée générale aura lieu par lettres individuelles signées par le directeur et l'un des administrateurs, ainsi que par des insertions faites, au moins un mois à l'avance, dans les journaux de Paris désignés par le tribunal de commerce de cette ville pour la publication des actes de société, conformément à la loi du 31 mars 1833.

12. Les membres ayant droit de faire partie de l'assemblée générale pourront s'y faire représenter par des fondés de pouvoirs, pourvu que ces fondés de pouvoirs soient eux-mêmes actionnaires. Les titulaires de une à neuf actions ont droit à une voix, dix à dix-neuf actions ont droit à deux voix, vingt à vingt-neuf actions ont droit à trois voix, trente à trente-neuf actions ont droit à quatre voix; quarante actions et au-delà ont droit à cinq voix. Les fondés de pouvoirs qui seront en même temps membres de l'assemblée générale pourront ajouter leurs voix à celles de leurs mandants, sans pouvoir jamais avoir plus de cinq voix en tout. L'assemblée générale délibérera valablement lorsqu'elle

sera composée de la moitié plus un des membres ayant droit d'y assister.

13. Dans le cas où une première réunion ne présenterait pas le nombre indiqué ci-dessus pour constituer valablement l'assemblée générale, une convocation nouvelle aura lieu, à quinze jours au moins d'intervalle, dans la forme prescrite par l'art. 11, et alors l'assemblée sera régulièrement constituée, quel que soit le nombre des membres présents; mais sa délibération ne peut porter que sur les objets qui se trouvaient à l'ordre du jour de la première réunion.

14. L'assemblée se réunira chaque année dans le courant d'avril : elle se réunira en outre extraordinairement, 1° toutes les fois que le conseil d'administration en reconnaîtra l'utilité; 2° sur la demande qui en serait faite au conseil d'administration par la moitié plus un des actionnaires ayant voix délibérative, ou par le comité de surveillance des sociétés contrôlières. Dans les cas ci-dessus prévus, le conseil d'administration sera tenu de convoquer immédiatement l'assemblée générale, dans la forme et le délai prescrits par l'art. 11.

15. L'assemblée générale sera convoquée par le conseil d'administration; elle sera présidée par le président dudit conseil; ce dernier appellera près de lui deux scrutateurs et un secrétaire, qui composeront le bureau provisoire. L'assemblée générale, toujours sous la même présidence, nommera le bureau définitif.

16. L'assemblée générale a pour objet, 1° de nommer les membres du conseil d'administration; 2° d'entendre le rapport du directeur sur la situation de la société; 3° d'entendre, discuter et arrêter les comptes de l'exercice expiré; 4° de fixer la répartition des dividendes; 5° de prononcer sur les cas de toute nature qui lui seront soumis par le conseil d'administration.

CHAPITRE IV. — De l'administration.

17. La société est administrée par un conseil de douze actionnaires nommés par l'assemblée générale au scrutin de liste et à la majorité des suffrages. Leurs fonctions sont gratuites; ils recevront des jetons de présence d'une valeur de cinq francs.

18. Les fonctions d'administrateur, sauf les cas exceptionnels de révocation par l'assemblée générale, sont triennales, avec renouvellement par tiers chaque année. Pendant les deux premières années, les membres sortants seront désignés par le sort; ils pourront être réélus indéfiniment. En cas de décès ou de démission de l'un ou de plusieurs des membres du conseil, ils seront remplacés provisoirement par les membres restants, jusqu'à la première assemblée générale qui statue définitivement sur ces nominations.

19. Chaque administrateur devra être propriétaire d'au moins cinq actions, lesquelles sont inaliénables pendant la durée de ses fonctions.

20. Par exception à l'article précédent, et jusqu'à la première assemblée générale, qui aura lieu dans le mois de l'obtention de l'ordonnance royale, la société sera provisoirement administrée par les douze personnes ci-après désignées, fondateurs de la société. *(Suivent les noms.)*

21. Le conseil d'administration nomme parmi ses membres un président et un vice-président. La durée de leurs fonctions est d'une année; ils peuvent être réélus : en cas d'absence du président et du vice-président, la présidence appartient au plus âgé des membres présents. Dans toutes délibérations, le président a voix prépondérante en cas de partage.

22. Le conseil d'administration se réunit au moins une fois par mois; il ne peut délibérer que quand il y a au moins cinq membres présents; mais, dans ce dernier cas, les délibérations ne pourront être prises qu'à la majorité de quatre voix.

23. Le conseil d'administration représente la société vis-à-vis des tiers, et prend connaissance de toutes les affaires de la société. Il détermine la quotité des appels de fonds à faire sur les dixièmes restant à verser par les actionnaires, en raison des besoins de la société. Il détermine l'emploi des fonds appartenant à la société. Il veille à ce que les fonds versés par les membres des sociétés d'assurances mutuelles sur la vie soient placés en rentes sur l'État dans les délais prescrits par les statuts. Il nomme et révoque les directeurs départementaux ainsi que les autres agents et employés de la compagnie. Il règle et arrête, chaque année, les traitements et salaires ainsi que les dépenses générales de l'administration, dans les limites déterminées par l'assemblée générale. Il prend connaissance de tous les registres, correspondances, comptes et pièces relatives à la compagnie. Il a le droit de transiger et de compromettre.

24. Les comptes annuels, les intérêts des sommes ou rentes versées par les actionnaires, et les répartitions des bénéfices, sont réglés par le conseil d'administration, sous l'approbation définitive de l'assemblée générale qui les arrêtera.

CHAPITRE V. — Gestion des opérations.

25. Les opérations de la compagnie seront gérées par un directeur et un sous-directeur, sous l'autorité et la surveillance du conseil d'administration.

26. Les directeur et sous-directeur sont nommés et révocables par le conseil d'administration, sous l'approbation de l'assemblée générale. Les traitements des directeur et sous-directeur, ainsi que les autres avantages qui pourront leur être attribués, seront fixés ultérieurement par l'assemblée générale. M. le baron de Wolbock est nommé directeur. M. Bernier est nommé sous-directeur. Toutefois ces nominations devront être approuvées par la première assemblée générale.

27. Les directeur et sous-directeur devront être propriétaires, le premier, de vingt-cinq actions; le second, de quinze actions au moins. Ces actions, affectées comme cautionnement à la garantie de leur gestion, seront inaliénables pendant toute la durée de leurs fonctions et jusqu'après l'apurement de leurs comptes.

28. Le directeur et le sous-directeur assisteront au conseil, mais dans aucun cas ils n'y auront voix délibérative l'un d'eux y remplira les fonctions de secrétaire. Le directeur sera chargé de l'exécution des délibérations du conseil.

29. Les contrats d'assurances, les transferts de rentes et autres fonds inscrits au nom de la compagnie, les traités, les conventions, seront signés par un administrateur et par le directeur. La correspondance, les endossements et acquits, seront signés par le directeur. Les actions judiciaires seront exercées au nom de la compagnie, poursuite et diligence du directeur. En cas d'empêchement du directeur, il sera remplacé de droit par le sous-directeur.

CHAPITRE VI. — De l'inventaire, des bénéfices et du fonds de réserve.

30. Chaque année, il sera fait un inventaire estimatif de l'actif et du passif de la société; cet inventaire sera clos et arrêté le 31 décembre; il sera dressé par le directeur et approuvé par les membres du conseil d'administration : les produits nets constatés par cet inventaire, déduction faite de toutes les charges sociales, constitueront les bénéfices.

31. L'assemblée générale pourra, sur la proposition du conseil d'administration, accorder aux employés de l'administration et aux agents de la compagnie dans les départements des indemnités ou gratifications, à prélever sur les bénéfices nets des opérations.

32. Sur le surplus, un quart au moins et moitié au plus seront mis en réserve et convertis en rentes sur l'État ou en acquisitions d'immeubles au nom et au profit de la compagnie, jusqu'à concurrence d'un million de capital, somme égale au fonds social souscrit. Le reste sera réparti à titre de dividende aux actionnaires.

33. Les intérêts produits par la réserve seront réunis en capital : une fois le chiffre d'un million atteint par les mises en réserve annuelles et les intérêts capitalisés, la totalité des bénéfices entrera en répartition entre tous les actionnaires, y compris les revenus du million de réserve. Le prélèvement prescrit par l'article précédent reprendrait son cours dans le cas où la réserve d'un million serait entamée.

CHAPITRE VII. — Dispositions générales.

34. Si l'expérience venait à démontrer la nécessité ou la convenance de modifier quelques dispositions du présent acte social, la proposition en sera faite à l'assemblée générale par le conseil d'administration : dans ce cas, l'assemblée ne pourra jamais délibérer qu'avec le concours de la moitié plus un des actionnaires ayant droit d'y assister, et les modifications adoptées ne seront exécutoires qu'après l'approbation du gouvernement.

CHAPITRE VIII. — Droits des héritiers des actionnaires.

35. En cas de décès ou de faillite d'un actionnaire, ses héritiers, créanciers ou ayants-cause ne pourront faire apposer les scellés sur aucun des objets dépendant de la société, ni faire faire aucun inventaire ou autrement interrompre le cours des opérations de la société; ils seront tenus de s'en rapporter aux inventaires annuels arrêtés par l'assemblée générale; ils conserveront le droit de leur auteur dans la société, seulement les héritiers devront se concerter pour qu'un seul d'entre eux représente l'intérêt du défunt pendant l'indivision de l'héritage; il en sera de même si, par quelque cause que ce soit, plusieurs personnes devenaient propriétaires d'une seule action.

CHAPITRE IX. — Arbitrage.

36. En cas de contestations, soit entre les actionnaires et la société, soit entre les actionnaires eux-mêmes, pour des faits relatifs à la société, elles seront jugées par trois arbitres nommés d'office par le président du tribunal de commerce de Paris; les arbitres jugeront en dernier ressort, comme amiables compositeurs.

Statuts des sociétés mutuelles d'assurances sur la vie.

CHAPITRE Ier. — Objet et nature des sociétés.

Art. 1er. La société anonyme établie sous le titre de *la Concorde* peut former des sociétés mutuelles d'assurances sur la vie suivant les conditions ci-après.

2. Ces sociétés sont de cinq espèces, savoir : 1° sociétés d'accroissement du revenu sans aliénation du capital : 2° sociétés d'accroissement du capital sans aliénation du revenu ; 3° sociétés d'accroissement du revenu avec aliénation du capital ; 4° sociétés d'accroissement du capital avec aliénation totale ou partielle du revenu ; 5° sociétés de formation d'un capital par l'accumulation du revenu, sans aliénation du capital des mises.

3. Dans chacune de ces sociétés, l'assurance peut être souscrite, soit au profit du souscripteur, soit au profit d'un tiers ; elle peut reposer sur la tête du souscripteur ou sur la tête d'un tiers, à la charge par celui qui contracte sur la tête ou au profit d'un tiers de justifier du consentement de ce tiers ou de celui des parents, maris ou tuteurs, pour les personnes inhabiles à contracter. L'individu sur la tête duquel l'assurance repose se nomme *assuré*. L'individu appelé à en recueillir le bénéfice est seul sociétaire. Le souscripteur est sociétaire toutes les fois que l'assurance n'est pas stipulée expressément au profit d'un autre.

4. Dans les sociétés d'accroissement du revenu sans aliénation du capital, l'intérêt produit par les mises sociales est réparti, aux époques déterminées par le contrat, entre les seuls sociétaires qui justifient de l'existence des individus sur la tête desquels leur assurance repose, le revenu des sociétaires qui ont fait cette justification s'accroissant ainsi des parts afférentes à ceux qui ne l'ont pas faite. A l'expiration de la société, le capital des mises retourne aux souscripteurs ou à leurs ayants-droit, suivant les termes de leurs contrats.

5. Dans les sociétés d'accroissement du capital sans aliénation du revenu, l'intérêt produit par les mises sociales est, jusqu'au terme de l'association, servi aux souscripteurs ou à leurs ayants-droit ; mais, à l'expiration de la société, le capital des mises est réparti entre les seuls sociétaires qui justifient de l'existence des individus sur la tête desquels leur assurance repose, le capital des sociétaires qui ont fait cette justification s'accroissant ainsi des parts afférentes à ceux qui ne l'ont pas faite.

6. Dans les sociétés d'accroissement du revenu avec aliénation du capital, l'intérêt produit par les mises sociales se répartit, aux époques déterminées par le contrat, comme il est dit à l'art. 4 ; et, à l'expiration de la société, le capital des mises est partagé comme il est dit à l'art. 5, à moins toutefois qu'il n'ait été convenu par le contrat que le capital des décédés sera distribué avec les arrérages du semestre qui suivra le décès.

7. Dans les sociétés d'accroissement du capital avec aliénation totale du revenu, l'intérêt produit par les mises sociales s'ajoute successivement au capital jusqu'au terme de l'association. Dans les sociétés d'accroissement du capital avec aliénation partielle du revenu, les souscripteurs ou les autres personnes désignées par le contrat jouissent leur vie durant de l'intérêt produit par les mises sociales, et ce n'est qu'à leur décès que le revenu s'accumule avec le capital. A l'expiration de ces sociétés, le capital des mises, réuni au capital provenant de l'accumulation du revenu, est réparti entre les seuls sociétaires qui justifient de l'existence des individus sur la tête desquels leur assurance repose. Les placements, dans les sociétés d'accroissement du capital, peuvent avoir lieu par versements annuels considérés comme des placements uniques faits successivement dans des sociétés formées d'année en année, mais ayant toutes un même terme. Les placements dans les sociétés d'accroissement du capital peuvent avoir encore lieu par versements annuels ramenés à l'égalité proportionnelle entre eux et avec les versements uniques, par l'application combinée des chances de la vie à chaque âge et des effets de l'accumulation des intérêts à quatre pour cent par an.

8. Dans les sociétés de formation d'un capital par l'accumulation du revenu, sans aliénation du capital des mises, l'intérêt produit par les mises sociales s'accumule d'année en année jusqu'au terme de la société. A l'expiration de la société, le capital des mises retourne aux souscripteurs ou à leurs ayants-droit, et le capital formé par l'accumulation du revenu est réparti entre les seuls sociétaires qui justifient de l'existence des individus sur la tête desquels leur assurance repose.

9. Les diverses sociétés ci-dessus définies peuvent être formées au moyen d'assurances constituées sur des têtes du même âge ou sur des têtes d'âges différents.

10. Elles peuvent être formées en nombre limité ou en nombre illimité. Les sociétés en nombre limité sont celles qui, une fois qu'elles sont constituées, n'admettent plus de nouveaux membres. Les sociétés en nombre illimité sont celles qui admettent de nouveaux membres jusqu'au terme de leur existence, à moins que les sociétaires ne décident eux-mêmes, de la manière déterminée à l'art. 56, qu'il n'y a plus lieu à de nouvelles admissions.

11. La durée des sociétés en nombre limité peut être fixée à un nombre déterminé d'années ou subordonnée à l'événement d'un certain nombre de décès. La durée des sociétés en nombre illimité ne peut être fixée qu'à un nombre déterminé d'années.

12. Les fonds provenant des mises sociales sont exclusivement employés en achat de rentes sur l'Etat.

13. Les sociétés mutuelles formées par *la Concorde* sont administrées par cette compagnie, avec le concours d'un comité de surveillance choisi par l'assemblée générale des sociétaires ainsi qu'il est dit au chapitre 3.

14. Le siége de toutes les sociétés est à Paris, où est déjà fixé celui de *la Concorde*. Chaque souscripteur est tenu de son côté d'élire à Paris ou dans une des villes où seraient établies des agences un domicile pour tous les actes relatifs à l'exécution du contrat. Le domicile élu au moment de la souscription demeure valable à l'égard du souscripteur, du sociétaire ou de leurs ayants-cause tant qu'ils n'en ont pas fait connaître un autre à la compagnie de *la Concorde. La Concorde* ne reconnaît qu'un seul domicile pour tous les ayants-droit d'un sociétaire ; ceux-ci sont tenus de s'entendre à cet effet.

CHAPITRE II. — *Formations et effets des sociétés.*

15. La première souscription reçue pour chaque société en détermine les conditions dans les limites des présents statuts. Un registre est immédiatement ouvert pour recevoir les souscriptions ultérieures.

16. Aucune société ne peut être constituée avec moins de dix membres. Si le nombre des souscriptions reçues pour une même société n'atteint pas ce minimum dans le délai d'un an à partir de la première, elles sont annulées.

17. Si le décès d'un des assurés est notifié à *la Concorde*, avant la dixième souscription, la société n'est constituée qu'après que le minimum des dix

membres a été complété par de nouvelles souscriptions dans le délai déterminé par l'art. 16. Les notifications de décès sont inscrites à leur date sur le registre ouvert pour recevoir les souscriptions.

18. Lorsque dix souscriptions sont réunies pour une même société, sans que le décès d'aucun des des assurés ait été notifié à *la Concorde*, il en est aussitôt donné avis aux souscripteurs, au domicile par eux élu, pour l'exécution du contrat ; et si, dans les deux jours de cet avertissement, il n'est pas notifié à *la Concorde* de décès antérieurs à l'époque où la dixième souscription a été reçue, la société est constituée, et les engagements souscrits deviennent définitifs.

19. Le premier souscripteur peut exiger pour la constitution de la société un nombre de souscriptions supérieur à dix ; dans ce cas, les dispositions des art. 16, 17 et 18 s'appliquent au minimum fixé par le souscripteur.

20. *La Concorde* a le droit de refuser toute souscription sans être tenue de faire connaître ses motifs.

21. La constitution de chaque société est constatée par une délibération spéciale du comité de surveillance, prise en présence du directeur de *la Concorde*. Les procès-verbaux de ces délibérations sont tous inscrits à leur date au fur et à mesure de la constitution de chaque société sur un seul et même registre.

22. Les sociétés commencent, pour leurs effets actifs et passifs, à partir de l'époque fixée par le procès-verbal de constitution.

23. L'engagement du souscripteur envers la société est constaté par une police au dos de laquelle sont transcrits les présents statuts. La police est signée en double par le souscripteur et par le directeur et un des administrateurs de *la Concorde*.

24. Toute souscription doit être accompagnée d'un extrait d'acte de naissance ou, à défaut, d'un acte authentique constatant l'âge de l'assuré. Cet acte resté déposé entre les mains de *la Concorde* jusqu'à la liquidation de la société. Toute inexactitude, dans les pièces produites ou dans les déclarations relatives à l'âge de l'assuré, dont le but ou l'effet serait de changer les conditions de l'assurance au préjudice des autres sociétaires, entraîne la déchéance de tous droits aux bénéfices de l'association. Le sociétaire qui a encouru cette déchéance ne reçoit, aux termes de la société, que le cas où il remplirait d'ailleurs les conditions prévues par le contrat pour prendre part auxdits bénéfices, que le capital des sommes qu'il a fournies.

25. Quand les assurés sont du même âge et les souscriptions faites à la même époque, les sociétaires participent au bénéfice éventuel de l'assurance, au prorata de leur mise effective. Les assurés sont réputés du même âge lorsque entre le plus âgé et le plus jeune il n'existe pas une différence de plus d'une année. Il n'y a d'exception que pour l'âge compris entre le jour de la naissance et un an qui se divisent en trois sections, dont la première comprend les enfants de moins de trois mois ; la seconde, ceux de trois mois à six mois, et la troisième, ceux de six mois à un an.

26. Quand les assurés sont d'âges différents ou quand les souscriptions sont faites successivement, l'égalité des chances se rétablit entre les sociétaires par des différences proportionnelles dans la mise, suivant les règles ci-après. Dans ce cas, les sociétaires participent au bénéfice éventuel de l'assurance, au prorata de leurs mises ramenées au taux de l'égalité proportionnelle.

27. S'il s'agit de compenser des différences d'âge, les différences proportionnelles dans la mise sont calculées en raison des probabilités de vie, à l'âge de chaque assuré d'après les tables de mortalité de *Deparcieux*.

28. S'il s'agit de compenser la plus-value acquise à des mises déjà versées, par l'effet des décès qui ont pu survenir et de l'accumulation des revenus, les différences proportionnelles dans la mise sont calculées par suppléments mensuels, en raison des chances de mortalité déduites de la table de *Deparcieux* et suivant la moyenne du taux des intérêts produits par les fonds déjà versés. Cette moyenne est fixée à la fin de chaque année par le comité de surveillance, et reste la même pour toute l'année suivante ; elle ne peut comprendre de fractions inférieures à un demi pour cent.

29. A Paris, les souscripteurs versent leurs mises en espèces à la caisse de *la Concorde*. Dans les départements et à l'étranger, ce versement s'effectue entre les mains de l'agent commissionné à cet effet, mais seulement en un mandat payable à Paris, à l'ordre du directeur de *la Concorde*. Les souscripteurs ont la faculté de faire leurs versements en titres de rentes sur l'État, transférées au nom de *la Concorde*, compagnie d'assurances sur la vie, avec désignation de la société à laquelle elles appartiennent.

30. Les souscripteur pour un versement unique font leur versement contre la remise de la police, signée par le directeur et un des administrateurs de *la Concorde*.

31. Les souscripteurs pour des versements périodiques font le premier versement contre la remise de la police, et s'engagent à faire les suivants aux époques fixées par les polices.

32. Les souscripteurs pour des versements périodiques peuvent toujours se libérer par anticipation en versant au comptant la somme équivalente, d'après les bases des tarifs, aux versements périodiques qu'il leur reste à faire.

33. Un retard d'un an, dans le paiement des sommes souscrites pour les versements périodiques dans les sociétés autres que celles définies par l'avant-dernier paragraphe de l'art. 7, entraîne la déchéance de tous droits au bénéfice de l'association. Le capital des sommes payées reste seul, en cas de survivance, à l'expiration de la société, de l'assuré sur la tête duquel la souscription repose, la propriété du titulaire, et lui est remis sans intérêt à l'époque de la répartition. Le souscripteur en retard qui reprend ses versements avant le terme d'un an fixé pour la déchéance est tenu d'ajouter au versement arriéré un supplément calculé sur les chances de la mortalité et augmenté d'un intérêt de demi pour cent par mois de retard. La faculté de reprendre les versements pour éviter la déchéance cesse, en tout cas, au terme fixé pour l'expiration de la société. La déchéance est acquise contre tout sociétaire dont la mise ne serait pas entièrement versée à cette époque.

34. Tous les contrats étant basés sur la vie, le bénéfice en est subordonné à la justification de l'existence des assurés aux époques déterminées par les statuts de chaque société. Les pièces à fournir à cet effet sont le certificat de vie de l'assuré ou son acte de décès, si l'assuré est mort postérieurement au jour fixé pour donner ouverture aux droits des sociétaires.

35. Dans les sociétés d'accroissement du revenu, les pièces à produire pour chaque assuré, aux termes de l'art. 34, doivent être remises à *la Concorde*

dans le mois qui suit l'époque fixée pour l'ouverture de chaque répartition. Les sociétaires qui n'ont pas fait cette production dans ce délai sont déchus de tout droit à la répartition des arrérages échus.

36. Dans les sociétés d'accroissement du capital et dans les sociétés de formation d'un capital par l'accumulation du revenu, les pièces à produire pour chaque assuré, aux termes de l'art. 34, doivent être remises à *la Concorde* dans les six mois qui suivent l'époque fixée pour le terme de la société. Une lettre du directeur est adressée à chaque sociétaire, pour lui rappeler cette obligation, trois mois au moins avant l'expiration du délai ci-dessus fixé. Les sociétaires qui n'ont pas fait cette production dans ce délai sont déchus de tous droits aux fonds à répartir. Néanmoins seront réservés pendant un an, à partir du jour fixé pour le terme de la société, les droits des sociétaires qui auront fait constater la présence hors d'Europe de celui sur la tête duquel repose l'assurance, par la signification à *la Concorde* d'un certificat de vie légalisé par un consul de France dans l'année qui précède le terme de la société ; passé ce délai, ceux qui n'auront pas justifié de l'existence d'un assuré au terme de la société, seront déchus de tous leurs droits.

37. Dans les sociétés dont la durée est subordonnée à l'événement d'un certain nombre de décès, le nombre des assurés survivants ou décédés se constate : pour les sociétés d'accroissement du revenu, par les justifications imposées aux sociétaires à l'époque de chaque répartition, comme il dit à l'art. 35 ; pour les sociétés d'accroissement du capital, par la production, dans les trois derniers mois de chaque année, du certificat de vie de chaque assuré. Les assurés dont le certificat de vie n'est pas produit dans lesdits délais sont considérés comme décédés, et le bénéfice des assurances souscrites sur leur tête est définitivement acquis à la société. Aussitôt que les décès ont atteint le nombre fixé par le contrat pour donner ouverture à la liquidation ou pour déterminer la durée ultérieure de la société, les sociétaires en seront avertis par lettres adressées au domicile élu pour l'exécution du contrat ; à partir de ce moment, ils ne sont plus soumis qu'aux justifications prescrites par les art. 35 ou 36, suivant la nature de chaque société, pour constater leur droit aux répartitions. Tous droits sont réservés aux héritiers ou ayants-cause des sociétaires qui ne seraient décédés qu'après que la société serait arrivée à son terme par l'effet de décès antérieurs, à la charge par lesdits ayants-cause de justifier de la date des décès dans les délais fixés pour la production des pièces constatant les droits des sociétaires.

38. Tous les délais fixés ci-dessus pour la justification des droits des sociétaires sont de rigueur et produisent leur effet, quant aux déchéances encourues après leur expiration, sans qu'il soit besoin d'aucun autre avertissement ni mise en demeure que la mention qui en est faite dans les polices.

39. Les arrérages des rentes appartenant aux sociétés d'accroissement du capital sans aliénation du revenu sont distribués aux ayants-droits dans la quinzaine qui suit l'échéance de chaque semestre de rente.

40. Les arrérages appartenant aux sociétés d'accroissement du revenu et les fonds de répartition appartenant aux sociétés d'accroissement du capital, lorsqu'elles sont arrivées à leur terme, sont distribués aux ayants-droit dans la quinzaine qui suit l'expiration du délai fixé pour la justification des droits des sociétaires. Le capital des mises versées dans les sociétés d'accroissement du revenu sans aliénation du capital est remboursé aux ayants-droit dans le même délai.

41. Dans les sociétés d'accroissement du revenu, les dividendes échus qui, deux ans après l'expiration de la société, n'ont pas été touchés par les ayants-droit, sont déposés pour leur compte à la caisse des dépôts et consignations.

42. Si une société s'éteint entièrement par le décès de tous les assurés ou par la déchéance de tous ses membres, conformément à l'art. 33, avant le temps fixé pour sa durée, les fonds de répartition appartiennent à cette société profitent à l'État.

43. En cas de décès d'un sociétaire, ses héritiers ou ayants-cause sont tenus de se faire représenter par un seul individu dans tous les droits qu'ils peuvent avoir à exercer vis-à-vis de la société. Ils ne peuvent en aucun cas faire apposer les scellés sur aucun des registres ou papiers appartenant à son administration.

CHAPITRE III. — *Administration des sociétés.*

44. Les sociétés mutuelles formées par les soins de *la Concorde*, sont gérées par elle, et participent à toutes les garanties de sa propre administration. Cette gestion a lieu sous la surveillance d'un comité composé de neuf membres pris parmi les souscripteurs des différentes sociétés, et nommé par l'assemblée générale des souscripteurs. L'administration confiée à *la Concorde* est garantie par un cautionnement de cinq mille francs de rente trois pour cent, dont le titre est déposé à la caisse des dépôts et consignations. Le cautionnement est affecté, indépendamment du recours qui s'exercera, s'il y a lieu, sur le surplus du capital social, à la garantie de tous les engagements contractés par *la Concorde*, et spécialement à celle des frais d'administration et de liquidation de toutes les sociétés formées pendant sa gestion.

45. *La Concorde* est responsable de tout versement fait à sa caisse, à Paris, et des versements faits dans la forme déterminée par l'art. 29, entre les mains de ses agents commissionnés à cet effet.

46. *La Concorde* ne peut conserver en caisse les fonds provenant des mises sociales. Ces fonds doivent être, dans les huit jours, convertis en rentes sur l'État. Les rentes achetées sont inscrites au nom de *la Concorde*, compagnie d'assurances sur la vie, avec désignation de la société à laquelle elles appartiennent, et avec mention des formalités nécessaires, aux termes des présents statuts, soit pour toucher les arrérages, soit pour disposer du capital.

47. Les titres d'inscriptions de rentes sont déposés dans une caisse à deux clefs, dont l'une est remise au directeur de *la Concorde*, et l'autre au président du comité de surveillance, ou à l'un des membres dudit comité délégué à cet effet.

48. Les arrérages des rentes, appartenant aux diverses sociétés, sont perçus par le directeur de *la Concorde*, sur une quittance revêtue de sa signature et du visa du président, ou d'un membre délégué du comité de surveillance. Dans les sociétés d'accroissement du revenu, ou dans les sociétés d'accroissement du capital sans aliénation du revenu, une délibération du comité de surveillance arrête l'état de répartition des arrérages perçus entre les ayants-droit, et un membre délégué du comité surveille le paiement des dividendes. Dans les sociétés d'accroissement du capital ou de formation d'un capital, le montant des arrérages doit être employé

dans le premier jour de bourse qui suivra la date de la quittance, en achat de nouvelles rentes au profit de chaque société. Une délibération du comité de surveillance détermine les mesures à prendre pour assurer l'effet de cette disposition, et un membre délégué dudit comité en surveille l'exécution.

49. A l'expiration de chaque société, ou aux époques fixées pour la répartition de tout ou partie du capital, une délibération du comité de surveillance arrête l'état de cette répartition, et la part de chaque ayant-droit lui est payée en un titre de rentes inscrit à son nom. Il est transmis, à cet effet, au ministre des finances, une ampliation dûment certifiée de la délibération du comité de surveillance, revêtue des signatures de deux membres dudit comité et du directeur de la Concorde. Si le total de la rente à répartir ne peut pas se diviser exactement en inscriptions individuelles, eu égard au nombre des ayants-droit, la portion de rente qui excède le chiffre exactement divisible est vendue, et le produit en est distribué entre les ayants-droit, à la caisse de la Concorde, sous la surveillance d'un membre délégué du comité de surveillance. Les transferts de rentes sont signés par deux membres du comité de surveillance, et par deux administrateurs et le directeur de la Concorde.

50. La Concorde pourvoit à tous les frais quelconques d'établissement, de gestion et de surveillance, à l'exception seulement des courtages d'agents de change pour l'achat et la vente des inscriptions de rentes représentant les fonds de chaque société ; ces courtages demeurent à la charge des sociétaires. Pour s'indemniser de toutes ces dépenses, la Concorde perçoit, en sus des mises sociales, un droit de commission dont la quotité et le mode sont déterminés avant la formation de chaque société, d'accord avec ses fondateurs, mais qui ne peut pas excéder cinq pour cent du montant de chaque souscription.

Comité de surveillance.

51. Le comité de surveillance, composé de neuf membres nommés par l'assemblée générale des souscripteurs, est pris parmi les membres des diverses sociétés. Il est renouvelé en entier tous les trois ans. Les membres sortants peuvent être réélus. Les membres du comité de surveillance ne peuvent rester en fonctions qu'autant qu'ils continuent à faire partie d'une des sociétés. En cas de décès, retraite, démission ou absence prolongée d'un de ses membres, le comité de surveillance pourvoit lui-même à son remplacement provisoire. Lorsque, par l'effet de ces remplacements, le comité de surveillance se trouve réduit à moins de cinq membres nommés par l'assemblée générale, cette assemblée est convoquée pour compléter le comité par des nominations définitives. Le comité de surveillance choisit lui-même, dans son sein, un président et un secrétaire.

52. Le comité de surveillance ne peut délibérer qu'au nombre de trois membres au moins. Les délibérations doivent être prises à l'unanimité, s'il n'y a que trois membres ; à la majorité, s'il y en a davantage ; en cas de partage, la voix du président est prépondérante. Le directeur de la Concorde assiste, avec voix consultative, aux délibérations du comité de surveillance. Toutes les délibérations du comité de surveillance sont transcrites sur un registre spécial.

53. Le comité de surveillance se réunit toutes les fois qu'il le juge convenable, au siège de la compagnie, sur la convocation de son président ou du directeur de la Concorde ; il se réunit au moins une fois tous les mois. Il prend connaissance des opérations et des comptes.

54. Le comité de surveillance est chargé de veiller à l'exécution des présents statuts, dans toutes leurs dispositions, et notamment en ce qui est relatif à la formation des sociétés, à l'emploi de leurs fonds et à leur liquidation. Il constate, par une délibération spéciale, comme il est dit à l'art. 21, la constitution de chaque société. Il détermine l'espèce de rentes à l'achat desquelles doivent être employés les fonds de diverses associations, à moins que cette désignation n'ait été faite par le contrat. Il arrête la liquidation, soit des arrérages, soit des capitaux de chaque société, et en autorise la répartition entre les ayants-droit.

55. La délibération du comité de surveillance ayant pour objet d'établir la liquidation finale de chaque société, et d'autoriser la répartition de ses fonds, est prise avec le concours des cinq plus forts sociétaires, ayant justifié de leurs droits. Les sociétaires absents de Paris peuvent se faire représenter à cette délibération par des mandataires de leur choix. A défaut, le comité de surveillance appelle, pour les remplacer, les plus forts sociétaires résidant à Paris. Le projet de liquidation est approuvé par le conseil d'administration de la Concorde, avant d'être présenté par son directeur au comité de surveillance.

56. Lorsqu'un ou plusieurs membres d'une société en nombre illimité pensent qu'il y a lieu à ne plus admettre de nouvelles souscriptions, ils demandent au comité de surveillance une réunion spéciale de tous les sociétaires appartenant à la même société. La convocation est faite, au moins au moins d'intervalle, par lettres adressées au domicile élu, et indiquant l'objet de la réunion. Au jour fixé, les sociétaires présents, en quelque nombre qu'ils se trouvent, réunis en comité de surveillance, décident à la majorité absolue, si la société continuera ou non d'admettre de nouveaux membres, et si elle se mettra en liquidation.

Assemblée générale.

57. L'assemblée générale se compose du plus fort souscripteur de chaque société, au nombre de soixante membres au moins. S'il existe moins de soixante sociétés, ce nombre est complété par l'appel successif des souscripteurs qui, dans chacune d'elles, occupent le rang subséquent, en suivant pour chaque tour d'appel, l'ordre d'ancienneté des associations. Les souscripteurs qui n'ont pas l'administration de leurs biens sont valablement représentés à l'assemblée générale par les personnes chargées de cette administration.

58. L'assemblée générale représente l'universalité des intérêts ; ses décisions régulièrement prises, sont obligatoires pour tous.

59. L'assemblée générale est régulièrement constituée par la présence de quarante des membres qui doivent la composer. Dans le cas où une première réunion ne présente pas ce nombre, l'assemblée est convoquée de nouveau, à quinze jours au moins d'intervalle, et elle est alors régulièrement constituée, quel que soit le nombre des membres présents ; mais la délibération ne peut porter que sur les objets qui se trouvaient à l'ordre du jour de la première réunion. Les délibérations de l'assemblée générale sont prises à la simple majorité des membres présents. L'assemblée choisit elle-même son bureau, qui se compose d'un président,

d'un secrétaire et de deux scrutateurs. La nomination, soit du bureau, soit des membres du comité de surveillance, se fait par scrutin de liste, à la majorité relative des suffrages exprimés. Jusqu'à la constitution du bureau, l'assemblée générale est présidée par le président du comité de surveillance. Le président provisoire désigne les secrétaires et scrutateurs provisoires.

60. L'assemblée générale se réunit tous les trois ans, dans la dernière quinzaine du mois d'avril, pour nommer les membres du comité de surveillance, et pour entendre les rapports du directeur de la *Concorde* et du comité de surveillance, sur les opérations des années précédentes et la situation des différentes sociétés. Elle peut être convoquée extraordinairement, soit par le directeur de *la Concorde*, soit par le comité de surveillance. Les convocations ont lieu par lettres adressées au domicile élu, et par un avis inséré quinze jours au moins à l'avance, dans un des journaux désignés par le tribunal de commerce de Paris, pour recevoir les annonces judiciaires.

61. Une première réunion de l'assemblée générale, à l'effet de constituer le comité de surveillance, aura lieu aussitôt que quarante souscriptions auront été reçues pour une ou plusieurs des sociétés qui font l'objet des présents statuts. L'assemblée se composera, pour cette fois, de tous les souscripteurs. Les autres dispositions des art. 58 et 59 lui demeurent du reste applicables.

62. Jusqu'à ce que le comité de surveillance se trouve constitué, *la Concorde* est autorisée à faire tous les actes nécessaires pour la formation des sociétés et l'emploi de leurs fonds en achats de rentes, à la charge de faire régulariser, par le conseil de surveillance, les opérations provisoires antérieures à sa constitution.

CHAPITRE IV. — *Dispositions générales.*

63. Toutes les contestations qui pourraient s'élever sur l'exécution des présents statuts, seront jugées, quels que soient le nombre et la qualité des parties intéressées, par trois arbitres au choix desquels les parties devront s'entendre dans le délai de huitaine, à défaut de quoi ils seront nommés par le président du tribunal de première instance du département de la Seine, à la requête de la partie la plus diligente. Les arbitres jugeront en dernier ressort, et comme amiables compositeurs.

64. Les changements qu'il pourrait y avoir lieu de faire aux présents statuts, ne pourront être opérés que d'un commun accord entre *la Concorde* et l'assemblée générale des souscripteurs. Ces changements seront soumis à l'approbation du gouvernement, et ne seront exécutoires qu'après cette approbation.

65. En cas de non exécution des statuts, et dans tout autre cas de faits graves dans la gestion de *la Concorde*, l'assemblée générale peut, sur la proposition du comité de surveillance, et par une délibération motivée, demander au gouvernement la révocation de l'autorisation accordée à cette compagnie. L'assemblée générale n'est régulièrement constituée pour cette délibération que par la présence des deux tiers de ses membres. Si l'autorisation est révoquée, il sera pourvu à l'administration des sociétés, par une délibération de l'assemblée générale, sous l'approbation du gouvernement.

25 MARS = 7 MAI 1842. — Ordonnance du roi
42.

portant autorisation de la société anonyme formée à Paris sous la dénomination de *le Sauveur*, compagnie d'assurances à primes contre l'incendie. (IX, Bull. supp. DXCVII, n. 16441.)

Louis-Philippe, etc., sur le rapport de notre ministre secrétaire d'Etat de l'agriculture et du commerce; vu les art. 29 à 37, 40 et 45 du Code de commerce; notre conseil d'Etat entendu, etc.

Art. 1ᵉʳ. La société anonyme formée à Paris (Seine), sous la dénomination de *le Sauveur*, compagnie d'assurances à primes contre l'incendie, est autorisée. Sont approuvés les statuts de ladite société, tels qu'ils sont contenus dans l'acte passé, le 18 mars 1842, par-devant Mᵉ Maréchal et son collègue, notaires à Paris, lequel acte restera annexé à la présente ordonnance.

2. Nous nous réservons de révoquer notre autorisation en cas de violation ou de non exécution des statuts approuvés, sans préjudice des droits des tiers.

3. La société sera tenue de remettre, tous les six mois, un extrait de son état de situation au ministère de l'agriculture et du commerce, au préfet du département de la Seine, à la chambre et au greffe du tribunal de commerce de Paris.

4. Notre ministre de l'agriculture et du commerce (M. Cunin - Gridaine) est chargé, etc.

Objet et durée de la société.

Art. 1ᵉʳ. Il est formé, sauf l'approbation du gouvernement, entre les personnes dénommées ci-après, une société anonyme d'assurances à primes contre l'incendie. Sa dénomination est *le Sauveur*. Le siège et le domicile de la société sont fixés à Paris.

2. La durée de la société est de cinquante années, à partir de l'ordonnance royale qui l'autorisera, sauf les cas de liquidation ci-après prévus.

3. Les opérations de la compagnie ont pour objet l'assurance à primes fixes contre l'incendie de toutes les propriétés mobilières et immobilières que le feu, et même le feu du ciel, peut détruire ou endommager, à l'exception : 1° des dépôts, magasins et fabriques de poudre à tirer; 2° des billets de banque, titres, contrats, lingots d'or et d'argent, et argent monnayé; 3° des diamants, pierreries et perles fines, autres que ceux montés à usage personnel ou compris parmi les objets déposés dans des établissements publics, tels que monts-de-piété et autres.

4. La compagnie ne garantit pas les incendies occasionnés par guerre, invasion, émeute populaire, force militaire quelconque, et tremblement de terre.

5. Le maximum des assurances, sur un seul risque, ne doit pas excéder trois cent mille francs.

6. Les assurances s'effectuent, au nom de la société, à Paris, dans tout le royaume et à l'étranger. Toutes opérations, autres que lesdites assurances, sont formellement interdites à la compagnie.

Du capital social.

7. Le capital social est fixé à trois millions de

francs, divisé en douze cents actions de deux mille cinq cents francs chacune, lesquelles sont dès-à-présent attribuées aux souscripteurs dénommés au tableau qui suit :   (*Suivent les noms.*)

8. Les actionnaires prennent l'engagement de verser, s'il y a lieu, jusqu'à concurrence du montant de leurs actions. Cette obligation est garantie : 1° par le versement de deux dixièmes en numéraire par action, dans les trois mois de l'autorisation royale ; 2° par l'obligation personnelle de chaque souscripteur pour les huit autres dixièmes de ses actions. L'obligation contiendra élection de domicile à Paris, où tous actes relatifs à leur qualité d'actionnaire leur seront valablement signifiés. A défaut de versement des deux premiers dixièmes dans le délai ci-dessus prescrit, les actions du retardataire seront vendues à ses risques et périls, par le ministère d'un agent de change près la bourse de Paris, sans qu'il soit besoin d'aucun acte de mise en demeure. Sur le produit de la vente, le conseil d'administration prélèvera la somme due à la compagnie, et le surplus, déduction faite des frais, sera remis à l'actionnaire, qui sera tenu du déficit, s'il y en a.

9. Conformément à l'art. 33 du Code de commerce, les actionnaires ne sont passibles que de la perte du montant de leur intérêt dans la société.

10. Les actions sont nominatives ; elles sont extraites d'un registre à souche, et portent un numéro d'ordre de un à douze cents. Chaque action est signée par un administrateur et par le directeur. Les actions ne seront délivrées qu'après le paiement des deux premiers dixièmes.

11. Chaque action donne droit à un douze centième dans la propriété du fonds social, dans celle de la réserve, et dans la portion des bénéfices qui sera annuellement répartie, par décision de l'assemblée générale, entre les sociétaires.

12. Aucun actionnaire ne pourra posséder plus de cinquante actions.

13. La cession des actions s'opère par une déclaration de transfert inscrite sur les registres de la société et signée par le cédant et le cessionnaire ou leurs fondés de pouvoirs.

14. Tout cessionnaire d'actions sera soumis à l'agrément du conseil d'administration, et ne pourra être admis qu'en vertu d'une délibération de ce conseil, prise au scrutin secret et à la majorité des trois quarts des votants, à moins qu'il ne fournisse la garantie déterminée par l'article suivant.

15. Ne seront point soumis au scrutin d'admission ceux qui, indépendamment du versement de deux dixièmes pour chaque action, transféreront au nom de la compagnie, en garantie des autres dixièmes de leurs actions, une somme équivalente au montant de ces dixièmes en fonds publics français.

16. Les arrérages des rentes transférées en garantie du paiement des actions sont, immédiatement après avoir été perçus, remis aux actionnaires qui auront fourni cette garantie.

17. La cession d'une action comprend toujours, à l'égard de la société, celle des dividendes échus au moment où la mutation s'opère.

18. Chaque action est indivisible. En cas de mort d'un actionnaire, ses héritiers ou ayants-droit ont, pendant six mois, la faculté de présenter un remplaçant ou de désigner celui d'entre eux qui aura la propriété de chaque action. Les nouveaux possesseurs devront être agréés, conformément à l'art. 14 ci-dessus, ou fournir la garantie prescrite par l'art. 15. Si, à l'expiration des six mois, à dater du jour du décès, il n'a été fait aucune

présentation, ou si les remplaçants n'ont pas été admis, les actions sont vendues aux risques et périls des héritiers ou ayants-droit, sans qu'il soit besoin d'aucune notification ou autorisation.

19. En cas de faillite d'un actionnaire, et s'il n'est pas fourni de caution, les actions inscrites sous le nom de cet actionnaire sont vendues sans qu'il soit besoin d'aucune notification ou autorisation, ni d'aucune formalité judiciaire. Dans le cas du présent article et du précédent, la compagnie prélèvera ce qui pourra lui être dû, sur le produit de la vente, tant des actions que des valeurs déposées en garantie ; le surplus, s'il y en a, sera remis à la disposition des héritiers, du syndic de la faillite ou des autres ayants-droit de l'actionnaire. S'il y a déficit, la compagnie en poursuivra le recouvrement par les voies de droit.

20. Dans le cas de faillite, décès ou incapacité d'un actionnaire, ses héritiers ou ayants-droit ne pourront faire apposer les scellés sur les biens et valeurs de la société, les frapper d'opposition, en requérir l'inventaire ou la licitation. Ils devront s'en rapporter aux inventaires sociaux dressés et arrêtés dans la forme prévue par les statuts.

De l'administration.

21. La compagnie est administrée par un conseil composé de neuf administrateurs, propriétaires de huit actions au moins, lesquelles seront inaliénables pendant la durée de leurs fonctions. Les fonctions des administrateurs sont gratuites ; néanmoins, ils ont droit à un jeton de présence, dont la valeur sera fixée par l'assemblée générale.

22. Les administrateurs sont nommés par l'assemblée générale, et peuvent être révoqués par elle. La durée de leurs fonctions est de trois ans. Pour cette fois, et en vertu du présent acte, sont nommés administrateurs, sauf confirmation par la première assemblée générale :

(*Suivent les noms.*)

23. Le conseil d'administration est renouvelé par tiers, d'année en année. Le premier renouvellement aura lieu un an après l'autorisation de la société. Les administrateurs sortant les deux premières années, seront désignés par le sort. Ils sont rééligibles.

24. Le conseil d'administration nomme, parmi ses membres, un président ; la durée de ses fonctions est d'une année ; il peut être réélu. En cas d'absence, le président est remplacé par le doyen d'âge des membres présents.

25. Si une place d'administrateur vient à vaquer, le conseil y nomme provisoirement ; à la première assemblée générale, il est procédé à l'élection définitive. L'administrateur ainsi nommé ne demeure en exercice que le temps qui restait à courir à son prédécesseur.

26. Le conseil d'administration se réunit au moins une fois chaque mois. Il peut être convoqué extraordinairement par le comité d'administration ou par le directeur. Pour qu'une délibération soit valable, six membres au moins doivent assister au conseil, et les décisions doivent être prises à la majorité absolue des membres présents. En cas de partage, la voix de celui qui préside est prépondérante.

27. Le conseil prend communication de toutes les affaires de la compagnie ; il délibère et arrête les conditions générales des contrats d'assurances ; fixe le tarif des primes applicables aux diverses natures de risques ; il détermine l'emploi des fonds disponibles, à l'exception d'une somme de vingt mille francs, qui sera maintenue dans la caisse

pour le service des dépenses courantes. Toutes les sommes reçues en espèces par la société seront chaque jour déposées à la Banque de France, pour être converties, s'il y a lieu, d'après les décisions du conseil, en valeurs d'une réalisation facile, et portant intérêts au profit de la société. Les titres de ces valeurs et ceux des fonds transférés à titre de garantie, sont déposés dans une caisse à deux clefs, dont l'une reste entre les mains du directeur, et l'autre dans celles du président du conseil d'administration. Le conseil d'administration statue sur toutes aliénations de rentes ou autres valeurs achetées pour le compte de la société, ou transférées à son nom à titre de garantie. Il fixe le montant des pertes et dommages qui doivent être payés par la compagnie. Il nomme et révoque, sur la proposition du directeur, tous les agents et employés de la compagnie; fixe leurs traitements, salaires et gratifications, ainsi que toutes les dépenses de l'administration. Il peut traiter, transiger et compromettre sur tous les intérêts de la compagnie; il peut déléguer tout ou partie de ses pouvoirs à une ou plusieurs personnes, mais seulement pour des cas spéciaux et déterminés. Les pouvoirs ainsi délégués sont signés par le président du conseil d'administration et par un des administrateurs de service. Il prononce sur toutes les opérations de la compagnie, et arrête provisoirement les comptes annuels pour les soumettre à l'approbation de l'assemblée générale.

Du comité d'administration.

28. Le conseil d'administration choisit parmi ses membres trois administrateurs qui, avec le directeur, forment un comité d'administration. A ce comité, ainsi composé, est attribuée la gestion de toutes les opérations de la compagnie. La durée des fonctions des administrateurs du comité est de trois mois; ils sont renouvelés chaque mois par tiers. Pendant les deux premiers mois, les administrateurs sortants sont désignés par le sort. Ils peuvent être réélus.

29. Le comité se réunit une fois par semaine. Il peut être convoqué extraordinairement par le directeur. Il est alloué à chaque administrateur, chaque fois qu'il y assiste, un jeton de présence, dont la valeur est déterminée par l'assemblée générale, conformément à l'art. 21 ci-dessus. Aucune résolution ne peut être délibérée sans le concours de deux administrateurs.

30. Le comité règle et arrête le taux des primes et les conditions particulières des polices d'assurances, conformément au tarif arrêté par le conseil d'administration. Il règle provisoirement le paiement des dommages à la charge de la compagnie, et soumet son travail au conseil d'administration, qui statue définitivement. Sur la proposition du directeur, il peut suspendre de leurs fonctions tous agents et employés de la compagnie indistinctement, jusqu'à la première réunion du conseil, qui prononce en dernier ressort.

31. Les contrats d'assurances, les transferts et autres fonds inscrits au nom de la compagnie sont signés par un administrateur, membre du comité, et par le directeur.

De la direction.

32. Le directeur est nommé, et peut être révoqué, par l'assemblée générale, sur la proposition du conseil d'administration, à la majorité des suffrages; dans ce cas, l'assemblée générale doit être composée au moins de la moitié plus un des membres ayant droit d'y assister. Il peut être suspendu provisoirement de ses fonctions par le conseil d'administration, à une majorité de cinq membres au moins, jusqu'à la plus prochaine assemblée générale. Le directeur doit être propriétaire de dix actions au moins; elles demeurent affectées à la garantie de sa gestion, et sont inaliénables pendant toute la durée de ses fonctions, et jusqu'à l'apurement de ses comptes. L'assemblée générale fixe, sur la proposition du conseil d'administration, le traitement annuel du directeur, et les autres avantages qui pourront lui être accordés pendant la durée de ses fonctions. M. Joseph de Liechty est nommé directeur, sauf l'approbation de la première assemblée générale, qui devra être convoquée dans les trois mois de l'autorisation de la société.

33. Le directeur assiste avec voix consultative aux délibérations du conseil et du comité d'administration.

34. Le directeur est chargé de l'exécution des délibérations et arrêtés du conseil et du comité d'administration. Il dirige le travail des bureaux, propose les employés, ainsi que les agents et correspondants dans les départements et à l'étranger, et les instructions qui devront leur être données. Il soumet au comité d'administration les propositions d'assurance, le règlement des pertes et dommages à la charge de la compagnie. Il signe la correspondance, les endossements et les acquits. Les actions de la société sont exercées au nom de la compagnie, poursuites et diligences du directeur.

35. Il pourra y avoir un sous-directeur nommé par l'assemblée générale, sur la proposition du conseil d'administration, révocable de la même manière. Il peut être suspendu de ses fonctions, comme le directeur, par le conseil d'administration. Son traitement et autres avantages sont fixés par l'assemblée générale. Le sous-directeur devra être titulaire, en son nom personnel, de huit actions au moins, affectées à la garantie de sa gestion, inaliénables pendant la durée de ses fonctions et jusqu'à l'apurement de ses comptes. En cas de maladie, absence ou tout autre empêchement, il remplace de droit le directeur; et à défaut des deux, ils sont remplacés par un administrateur ou par un employé désigné à cet effet par le conseil d'administration.

De l'assemblée générale.

36. L'assemblée générale représente l'universalité des actionnaires; ses décisions sont obligatoires pour tous, même pour les absents.

37. L'assemblée générale se compose des actionnaires qui, d'après les registres de la compagnie, sont, depuis trois mois révolus, propriétaires de quatre actions au moins. Les membres composant l'assemblée générale n'ont qu'une voix, quel que soit le nombre d'actions inscrites en leur nom. Le droit d'assister à l'assemblée générale est personnel et ne peut être délégué. L'assemblée générale délibère valablement, lorsqu'elle est composée de la moitié plus un des membres ayant le droit d'y assister.

38. Dans le cas où, sur une première convocation, les actionnaires présents n'atteindraient pas le nombre ci-dessus fixé, il est procédé à une seconde convocation à quinze jours d'intervalle. Les décisions prises par l'assemblée générale, dans cette seconde réunion, sont valables, quel que soit le nombre des actionnaires présents; mais elles ne peuvent porter que sur les objets à l'ordre du jour

de la première réunion et indiqués dans les lettres de convocation.

39. L'assemblée générale est convoquée par décision du conseil d'administration ; elle est présidée par le président dudit conseil ; en cas d'empêchement, le président est remplacé par le plus ancien des administrateurs présents à l'assemblée. Les deux plus forts actionnaires sont scrutateurs. Les fonctions de secrétaire seront remplies par le secrétaire du conseil d'administration.

40. L'assemblée générale se réunit dans le mois d'avril de chaque année. La convocation a lieu par lettres individuelles adressées, quinze jours à l'avance, à chacun des actionnaires ayant le droit d'y assister. Ces lettres indiquent l'objet et le but de la convocation ; elles sont signées par le président du conseil et par le directeur. Le directeur lui rend compte des opérations de la compagnie, pendant l'année écoulée.

41. L'assemblée générale entend le compte annuel des opérations de la société, ainsi que les rapports que le conseil d'administration peut avoir à lui présenter. Elle arrête les comptes de la société et détermine, conformément aux art. 46 et 47 ci-après, le chiffre des bénéfices à répartir aux actionnaires. Elle délibère et statue sur toutes les propositions qui lui sont faites par le directeur, le conseil d'administration ou les actionnaires, pourvu que ces propositions soient indiquées dans la lettre de convocation. Les décisions sont prises à la majorité absolue des membres présents.

42. Elle procède à la nomination des administrateurs sortants, à la majorité absolue des votants et par scrutins secrets et individuels.

43. L'assemblée générale se réunit extraordinairement, 1° toutes les fois que le conseil d'administration en reconnaît l'utilité ; 2° lorsque, par retraite ou décès, le nombre des administrateurs est réduit à six ; 3° lorsque le conseil d'administration en est requis par un nombre d'actionnaires réunissant entre leurs mains le tiers des actions.

44. L'assemblée générale, convoquée extraordinairement, pourra adopter les modifications aux statuts dont l'expérience aura démontré l'utilité. Dans ce cas, elle devra être composée des trois quarts des membres ayant le droit d'y assister, et sa délibération prise aux deux tiers des membres présents. Ces modifications ne seront exécutoires qu'après l'approbation du gouvernement.

Comptes annuels.

45. Chaque année il sera fait un inventaire estimatif de l'actif et du passif de la société. Cet inventaire sera clos au 31 décembre.

46. D'après ces inventaires, le conseil d'administration décide provisoirement s'il y a lieu à une répartition des bénéfices, et en fixe l'importance. Cet inventaire et cette répartition sont soumis à l'approbation de l'assemblée générale dans la réunion du mois d'avril.

47. En cas de répartition des bénéfices, le quart au moins et la moitié au plus sera mis en réserve en accroissement du capital ; le surplus est réparti aux actionnaires au prorata des sommes versées sur chaque action. Lorsque le montant de la réserve aura atteint un million, la retenue sur les bénéfices ne sera plus que d'un huitième. Enfin, après deux millions, il ne sera plus fait de retenue, et tous les bénéfices répartis aux actionnaires.

48. En cas de pertes qui absorberaient le fonds de réserve, les intérêts et bénéfices non encore répartis, et, en outre, le montant des premiers dixièmes versés sur le capital social, le conseil d'administration exigera des actionnaires les versements nécessaires pour faire face aux pertes et pour rétablir et maintenir le capital versé à son chiffre primitif de six cent mille francs. Sur la notification de la contribution déterminée par le conseil, les actionnaires seront tenus d'effectuer, dans les quinze jours, le versement demandé. A défaut de paiement dans le délai ci-dessus, les actions du retardataire, ainsi que les valeurs transférées par lui en garantie des dixièmes non versés, seront vendues à ses risques et périls par le ministère d'un agent de change ; le produit de ces ventes sera appliqué en déduction et jusqu'à concurrence du versement exigé, sans préjudice des poursuites à exercer contre lui pour le paiement des sommes dont il restera débiteur envers la compagnie. En cas d'excédant, il en sera tenu compte à l'actionnaire.

49. Dans les cas prévus par l'article précédent, la totalité des bénéfices résultant des inventaires subséquents sera appliquée au remboursement des sommes avancées par les actionnaires à titre d'appel de fonds. Lorsque les remboursements auront été complétés, les réserves prescrites par l'art. 47 seront continuées dans les proportions qui y sont indiquées ; le tout sans préjudice de l'obligation qui demeure imposée aux actionnaires de contribuer de nouveau, s'il y a lieu, jusqu'à concurrence du montant de leurs actions, au paiement des pertes qui pourraient survenir.

Dissolution et liquidation.

50. La dissolution aura lieu de plein droit si les pertes de la compagnie excèdent la moitié du capital social. Elle pourra être prononcée par l'assemblée générale si, par l'effet des pertes éprouvées, le capital se trouvait réduit de deux cinquièmes.

51. Dans les cas prévus par l'article précédent, le conseil d'administration convoquera immédiatement l'assemblée générale.

52. L'assemblée générale nommera, séance tenante, cinq commissaires liquidateurs qui s'occuperont immédiatement de faire réassurer les risques non éteints et de résilier les contrats existants. Ils régleront et effectueront le remboursement des dommages à la charge de la compagnie. Ils pourront compromettre et transiger sur toutes contestations et demandes.

53. Les actionnaires seront tenus, sur la demande de la commission de liquidation, d'effectuer les versements nécessaires pour opérer les remboursements jusqu'à concurrence du montant de leurs actions.

54. A l'expiration de l'année qui suivra l'époque où la liquidation aura été prononcée, il sera fait un état estimatif des pertes et dommages non réglés et des valeurs actives non réalisées. Les comptes en seront rendus à l'assemblée générale, qui statuera sur le terme de la liquidation.

Arbitrages.

55. Toutes contestations qui viendraient à s'élever entre les actionnaires et la société, ou les actionnaires entre eux, relativement aux affaires de la compagnie, seront jugées par un tribunal arbitral composé de trois membres choisis, les deux premiers par chacune des parties, et le troisième par les deux premiers arbitres nommés. Si les deux arbitres ne peuvent s'entendre sur le choix du troisième ou que l'une des deux parties n'ait pas

nommé son arbitre dans les trois jours de la sommation, l'arbitre non désigné sera nommé d'office par ordonnance du président du tribunal de commerce de la Seine, sur requête de la partie la plus diligente. Les parties renoncent à exercer aucun recours ni appel contre la décision des arbitres ainsi nommés, lesquels prononceront comme amiables compositeurs en dernier ressort, et sans être astreints aux formes ordinaires de la procédure.

---

30 MARS = 7 MAI 1842. — Ordonnance du roi qui approuve les nouveaux statuts de la caisse d'épargne de Saint-Brieuc. (IX, Bull. supp. DXCVII, n. 16442.)

Louis-Philippe, etc., sur le rapport de notre ministre secrétaire d'Etat de l'agriculture et du commerce; vu l'ordonnance royale du 8 mai 1834, portant autorisation de la caisse d'épargne établie à Saint-Brieuc, et approbation de ses statuts; vu l'ordonnance royale du 11 septembre 1837, qui a approuvé plusieurs modifications auxdits statuts; vu les nouveaux statuts proposés à à notre approbation; vu les lois des 5 juin 1835 et 31 mars 1837, relatives aux caisses d'épargne; le comité des travaux publics, de l'agriculture et du commerce de notre conseil d'Etat entendu, etc.

Art. 1er. Les nouveaux statuts de la caisse d'épargne de Saint-Brieuc, proposés par délibération du conseil des administrateurs de cette caisse, en date du 19 décembre 1841, sont approuvés tels qu'ils sont contenus dans la délibération du conseil municipal de Saint-Brieuc, en date du 24 décembre même année, dont une expédition conforme restera déposée aux archives du ministère de l'agriculture et du commerce.

2. Notre ministre de l'agriculture et du commerce (M. Cunin-Gridaine) est chargé, etc.

---

12 AVRIL = 7 MAI 1842. — Ordonnance du roi portant autorisation de la caisse d'épargne établie à Pamiers. (IX, Bull. supp. DXCVII, n. 16443.)

Louis-Philippe, etc., sur le rapport de notre ministre secrétaire d'Etat de l'agriculture et du commerce; vu les délibérations du conseil municipal de Pamiers, en date des 9 août 1841 et 13 février 1842; vu les lois des 5 juin 1835 et 31 mars 1837, relatives aux caisses d'épargne; le comité des travaux publics, de l'agriculture et du commerce entendu, etc.

Art. 1er. La caisse d'épargne établie à Pamiers est autorisée. Sont approuvés les statuts de ladite caisse, tels qu'ils sont contenus dans la délibération du conseil municipal de Pamiers, en date du 13 février 1842, dont une expédition conforme restera déposée aux archives du ministère de l'agriculture et du commerce.

2. Nous nous réservons de révoquer notre autorisation en cas de violation ou de non exécution des statuts approuvés, sans préjudice des droits des tiers.

3. La caisse sera tenue de remettre, au commencement de chaque année, au ministère de l'agriculture et du commerce, au préfet du département de l'Ariège, un extrait de son état de situation arrêté au 31 décembre précédent.

4. Notre ministre de l'agriculture et du commerce (M. Cunin-Gridaine) est chargé, etc.

---

12 AVRIL = 7 MAI 1842. — Ordonnance du roi qui approuve deux délibérations des actionnaires de la papeterie d'Essonnes. (IX, Bull. supp. DXCVII, n. 16444.)

Louis-Philippe, etc., sur le rapport de notre ministre secrétaire d'Etat de l'agriculture et du commerce; vu l'ordonnance royale du 4 août 1839, portant autorisation de la société anonyme de la papeterie d'Essonnes et approbation de ses statuts; vu la délibération prise à l'unanimité par les actionnaires de ladite société, le 18 février 1841; notre conseil d'Etat entendu, etc.

Art. 1er. Sont approuvées les deux délibérations prises successivement, à l'unanimité, par les actionnaires de la papeterie d'Essonnes, le 18 février 1841, et qui ont pour objet, 1° de réduire volontairement de un million six cent mille francs à un million le capital actuel de la société, par l'annulation et l'anéantissement des six cents dernières actions du capital primitif, numérotées 1001 à 1600; 2° d'élever ce capital ainsi réduit à un million deux cent mille francs, au moyen de l'émission de deux cents nouvelles actions de mille francs chacune, lesquelles ont été complétement souscrites et qui porteront les n. 1001 à 1200.

2. Un extrait desdites délibérations, tel qu'il est contenu dans l'acte passé les 12 octobre, 12 et 22 décembre 1841, et 7 janvier et 22 février 1842, restera annexé à la présente ordonnance ainsi qu'un état indicatif de la répartition des douze cents actions composant le fonds social reconstitué.

3. Notre ministre de l'agriculture et du commerce (M. Cunin-Gridaine) est chargé, etc.

(Suivent les deux délibérations.)

---

12 AVRIL = 7 MAI 1842. — Ordonnance du roi portant que la société anonyme des verreries et cristalleries de Vonèche-Baccarat (Meurthe est prorogée sous la dénomination de Compagnie des verreries et cristalleries de Baccarat, (IX, Bull. supp. DXCVII, n. 16445.)

Louis-Philippe, etc., sur le rapport de

notre ministre sécrétaire d'Etat de l'agriculture et du commerce; vu l'ordonnance royale du 3 mars 1824, portant autorisation de la société anonyme formée à Baccarat (Meurthe) sous la dénomination de *Compagnie des verreries et cristalleries de Vonêche-Baccarat*, et approbation des statuts destinés à la régir; vu la demande en prorogation formée par tous les actionnaires de ladite société et les nouveaux statuts soumis à notre approbation; vu les art. 29 à 37, 40 et 45 du Code de commerce; notre conseil d'Etat entendu, etc.

Art. 1er. La société anonyme des verreries et cristalleries de Vonêche-Baccarat (Meurthe) est prorogée sous la dénomination de *Compagnie des verreries et cristalleries de Baccarat*, pour une nouvelle période de quarante-ans, à partir du 1er janvier 1843. Sont approuvés les nouveaux statuts de ladite société, tels qu'ils sont contenus dans l'acte passé, le 12 mars 1842, par-devant Me Wasselin-Desfosses et son collègue, notaires à Paris, lequel acte restera annexé à la présente ordonnance.

2. Nous nous réservons de révoquer notre autorisation en cas de violation ou de non exécution des statuts approuvés, sans préjudice des droits des tiers.

3. La société sera tenue de remettre, tous les six mois, un extrait de son état de situation au ministère de l'agriculture et du commerce, aux préfets des départements du Nord et de la Meurthe, à la chambre de commerce de Valenciennes et au greffe des tribunaux de commerce d'Avesnes et de Lunéville.

4. Notre ministre de l'agriculture et du commerce (M. Cunin-Gridaine) est chargé, etc.

STATUTS.

Art. 1er. La société anonyme formée suivant acte du 11 février 1824, et autorisée par ordonnance royale du 3 mars de la même année, sous la dénomination de *Compagnie des verreries et cristalleries de Vonêche-Baccarat*, est prorogée sous les conditions suivantes, jusqu'au 31 décembre 1882, sauf les cas de dissolution prévus par l'art. 6, ci-après.

2. La société prendra, à l'avenir, la dénomination de *Compagnie des verreries et cristalleries de Baccarat*; son siège est fixé à Baccarat.

3. L'objet de la société consiste, 1° dans l'exploitation des verreries et cristalleries établies, d'une part, commune de Baccarat, département de la Meurthe, d'autre part, commune de Trelon, département du Nord; 2° dans l'exploitation de toutes les industries accessoires qui peuvent s'y rattacher; 3° dans l'administration des diverses propriétés comprises dans l'actif de la société.

4. Le capital de la société est fixé à la somme de *deux millions*. Il est représenté jusqu'à concurrence de cette somme, 1° par la valeur des propriétés immobilières appartenant à la société, et qui s'élève, suivant les procès-verbaux d'expertise adminis-

trative des 7 décembre 1839, 31 janvier et 1er avril 1841, adressés aux préfets des départements de la Meurthe, du Nord et de la Seine, à la somme totale de un million cent trente-cinq mille six cent treize francs quarante-deux centimes, réduite, par les évaluations de l'inventaire social, au 1er juillet 1841, à celle de un million cent quinze mille neuf cent soixante et un francs cinquante-deux centimes, 2° par la valeur des marchandises fabriquées, matières premières, combustibles et objets mobiliers de toute espèce composant le matériel des divers établissements appartenant à la société, et qui s'élèvent, suivant les mêmes procès-verbaux d'expertise, à la somme totale de un million deux cent trente-sept mille quatre cent soixante et seize francs huit centimes, réduite, à l'époque de l'inventaire social du 1er juillet 1841, à celle de un million cent quatre-vingt-deux mille six cent quatre-vingt-six francs vingt-neuf centimes; 3° par les valeurs de caisse, de porte-feuille et en compte courant, qui forment le surplus de l'actif social, et qui s'élèvent, d'après le même inventaire, déduction faite du passif, à une somme totale de deux cent cinquante et un mille quatre cent neuf francs quatre centimes. Total de l'actif sur lequel est imputable le montant du capital social, deux millions cinq cent cinquante mille cinquante-six francs quatre-vingt-cinq centimes. L'expédition certifiée de l'inventaire social, au 1er juillet 1841, et les procès-verbaux d'expertise dont il est parlé ci-dessus, demeureront annexés aux présentes. Il sera fait, à la date de l'ordonnance qui aura autorisé la prorogation, un nouvel inventaire général de l'actif et du passif de la société; ce qui, dans l'actif résultant de cet inventaire après déduction du passif, excédera la somme de deux millions, représentant le capital social, servira jusqu'à concurrence de cinq cent mille francs, à constituer un fonds de réserve, le surplus, s'il y en a, pourra être réparti entre les ayants-droit de l'ancienne société.

5. L'importance du fonds de réserve peut être augmenté ou diminué, suivant les besoins de la société, par simple décision du conseil général, dont il sera parlé ci-après, jusqu'à un maximum d'un million, ou jusqu'à un minimum de deux cent mille francs; elle demeure fixée, à présent, et jusqu'à décision contraire du conseil général, au chiffre résultant de l'affectation faite en vertu de l'article précédent. Toutes les fois qu'il y aura lieu de compléter le fonds de réserve, soit parce qu'il se trouverait entamé, soit parce que le chiffre en aurait été élevé par décision du conseil général, il y sera pourvu jusqu'à due concurrence, par un prélèvement avant tout dividende de dix pour cent sur les bénéfices annuels.

6. La société sera dissoute de plein droit et entrera immédiatement en liquidation si, après épuisement de la réserve, le capital social se trouve réduit de moitié. Si le capital social est réduit d'un quart, la dissolution pourra être prononcée par l'assemblée générale de tous les actionnaires, délibérant dans la forme déterminée par l'art. 34 ci-après. Pour assurer l'effet de cette disposition, et pour que les inventaires présentent toujours la situation vraie de la société, il sera opéré annuellement une déduction suffisante sur les valeurs mobilières et immobilières susceptibles de dépréciation.

7. Le capital social est représenté par cent actions nominatives de vingt mille francs chacune.

8. Chaque action représente une égale partie

des valeurs mobilières et immobilières de la société, il en résulte, pour chacune d'elles, une égale participation dans les bénéfices et dans les pertes. Les actionnaires ne sont passibles des pertes, conformément à l'art. 33 du Code de commerce, que jusqu'à concurrence du montant de leurs actions.

9. Les actions sont, quant à présent, réparties ainsi qu'il suit entre les sociétaires, savoir :

(Suivent les noms.)

10. Les propriétaires des actions peuvent, à leur gré, les transporter à leurs conjoints, parents ou alliés jusques et y compris le quatrième degré, et aux autres actionnaires, mais ils ne peuvent les transmettre à tous autres tiers qu'après avoir offert, par écrit, la préférence, à prix égal, à la société ou, à son défaut, aux actionnaires individuellement, dans la personne de l'administrateur, et, sur le refus de ces derniers, le défaut de réponse affirmative dans le délai de soixante jours sera considéré comme un refus ; à cet effet, le cédant et son cessionnaire sont tenus d'adresser à l'administration une déclaration du prix de la session signée par eux, et dont le vendeur affirme sous serment la sincérité. Si un ou plusieurs actionnaires se présentent simultanément pour réclamer le droit de préemption, la préférence est accordée à celui qui offrira le prix le plus élevé au profit du vendeur, à moins que celui-ci ne fasse choix lui-même d'un cessionnaire parmi les concurrents. Dans le cas où le cédant croirait devoir vendre ses actions par voie d'adjudication publique, le droit de préemption au prix de l'adjudication sera réservé à la société ou à chacun des actionnaires ; le cahier des charges, dressé à cet effet, devra faire connaître le délai dans lequel ce droit pourrait être exercé. Il n'y a d'exception à l'exercice facultatif du droit de préemption par la société ou ses actionnaires, que 1° dans le cas où, aux termes de la loi, les actions devraient être vendues aux enchères publiques avec le concours obligé des étrangers ; 2° dans le cas où les actions auraient été transmises à titre gratuit par donation entre-vifs ou testamentaires. Le droit de préemption ne peut être exercé pour le compte de la société, qu'autant que le prix des actions rachetées peut être payé sur des fonds provenant de bénéfices sociaux, libres en dehors du capital social et du minimum de la réserve obligée. La société devenue propriétaire d'actions ainsi rachetées peut les conserver ou les transférer, soit à un ou plusieurs de ses membres, soit, sur le refus de ces derniers, à des tiers étrangers, suivant qu'elle le jugera convenable.

11. Tout actionnaire de la société qui prendrait un intérêt ou accepterait un emploi dans un établissement étranger à la compagnie, et fabricant, soit en cristal, proprement dit, soit en verre ordinaire, les objets dits de gobeleteries, de table, d'ornement de fantaisie, de chimie, de pharmacie, et autres analogues, est tenu de vendre ses actions dans le délai de quarante jours, à dater de l'avis qui lui en aura été donné par l'administrateur, en se conformant aux conditions de l'art. 10 ci-dessus, à défaut de quoi lesdites actions sont vendues à ses risques et périls, par voie d'adjudication publique, avec faculté de préemption au prix de l'adjudication, pour la société ou chacun de ses membres, conformément aux dispositions prescrites par l'art. 10. Cette vente doit être opérée dans le mois qui suivra l'expiration du premier délai de quarante jours ; elle se fait à Paris, sur publications insérées au moins quinze jours à l'avance dans un des journaux de cette ville et dans un des journaux du département de la Meurthe désigné, conformément à la loi, pour recevoir les annonces judiciaires.

12. La propriété des actions est établie par une inscription sur un registre spécial, qui reste entre les mains de l'administrateur de la compagnie ; il est délivré par celui-ci à chaque intéressé, un extrait de cette inscription. Les mutations dans la propriété des actions sont constatées par une déclaration de transfert inscrite sur le même registre, et signée par le cédant et le cessionnaire ou leurs fondés de pouvoirs spéciaux. Un extrait de ladite inscription est délivré, par l'administrateur, au cessionnaire qui doit remettre en échange le titre primitif du cédant.

13. Dans tous les cas où la propriété d'une action appartient à plusieurs personnes, elles seront tenues de faire des dispositions telles que la société n'ait à reconnaître qu'une seule d'entre elles comme propriétaire de l'action.

14. En cas de décès ou de faillite d'un actionnaire, ses héritiers, créanciers et ayants-cause, ne pourront en aucun cas, ni sous aucun prétexte, faire apposer aucun scellé, former aucune opposition, exiger aucun inventaire extraordinaire, provoquer aucune licitation, et en général faire aucun acte qui pourrait, de quelque manière que ce fût, entraver la marche des affaires de la société ; ils seront tenus de s'en rapporter comme l'eût fait l'actionnaire décédé ou failli aux inventaires sociaux. La succession, tant qu'elle restera indivise, ne pourra être représentée, pour l'exercice de tous les droits sociaux, que par une seule personne, qui ne pourra être dans tous les cas que l'un des héritiers majeurs, choisi par ses cohéritiers, ou le tuteur des mineurs, ou un actionnaire muni d'une procuration régulière de la succession. La faillite ne pourra être représentée, pour l'exercice des droits sociaux, que par une seule personne, munie de pouvoirs réguliers, et qui sera l'un des syndics de la faillite ou un actionnaire de la société.

15. L'acquisition ou la possession d'une action, à quelque titre que ce soit, emporte de plein droit adhésion au présents statuts. Mention de cet article est faite en marge de tout titre délivré, pour constater la propriété d'une action.

16. Les affaires de la société sont administrées en son nom, par un administrateur unique qui la représente vis-à-vis des tiers.

17. Chacun des établissements exploités par la société a un directeur, et, lorsqu'il y a lieu, un sous-directeur. Ils ont la signature en l'absence de l'administrateur, en ce qui concerne les affaires de l'établissement que chacun d'eux est appelé à diriger ; ils opèrent sous la direction supérieure et conformément aux instructions de l'administrateur, et signent au nom de ce dernier.

18. L'administrateur pourra être représenté à Paris, en son absence, par un agent, lequel n'opérera et ne signera qu'au nom et conformément aux instructions de l'administrateur.

19. Un conseil général, pris parmi les actionnaires, reçoit les comptes de l'administrateur, trace les règles de sa gestion, et délibère sur tout ce qui concerne les intérêts de la société, sauf les cas réservés par les art. 6, 34, 35 et 37, à l'assemblée générale de tous les actionnaires.

20. L'administrateur est nommé et révocable par le conseil général, qui fixe la durée de ses fonctions ainsi que les honoraires et avantages dont il doit jouir en cette qualité. Il doit être propriétaire de quatre actions au moins pendant toute la durée

de ses fonctions. Il ne peut renoncer à ses fonctions qu'en prévenant six mois d'avance.

21. En cas de décès ou de cessation imprévue des fonctions de l'administrateur, le directeur de l'établissement de Baccarat le notifiera immédiatement à tous les membres du conseil général, et les convoquera à un mois de date, afin de procéder à la nomination d'un nouvel administrateur. Jusqu'à cette nomination, les directeurs des deux établissements et le représentant de l'administrateur à Paris, continueront à gérer et à signer au nom de la compagnie, dans la limite des pouvoirs qui leur sont attribués en l'absence de l'administrateur.

22. L'acte de nomination d'un nouvel administrateur sera déposé au greffe du tribunal de commerce de Lunéville, dans l'arrondissement duquel se trouve l'établissement de Baccarat, siége de la société.

23. Quant à présent et jusqu'à démission ou révocation, les fonctions d'administrateur de la compagnie sont confiées à M. Emile Godard-Desmarest, l'un des comparants; la nomination de M. Emile Godard-Desmarest sera soumise à la confirmation du conseil général dans la première réunion qui aura lieu après la date de l'ordonnance royale approuvant les présents statuts.

24. Les directeurs et sous-directeurs de l'établissement et le représentant de l'administrateur à Paris, sont nommés par le conseil général sur la proposition de l'administrateur, et révocables par ce même conseil, l'administrateur entendu. Le conseil général détermine, sur la proposition de l'administrateur, les traitements et allocations dont doivent jouir ces employés supérieurs, et les autres employés dont le traitement fixe serait porté à douze cents francs et au-dessus.

25. En cas de vacances imprévues par décès ou autrement, ou de circonstances urgentes, l'administrateur nomme ou révoque provisoirement les employés supérieurs, et fixe leurs traitements, sauf à en rendre compte à la première réunion du conseil général, qui confirme, infirme ou modifie les choix ou révocations, ainsi que les fixations de traitement, suivant qu'il le juge convenable.

26. L'administrateur nomme définitivement ou révoque les autres employés proprement dits, et fixe leurs traitements, le tout sur les propositions des directeurs d'établissements. Le choix et le traitement des employés subalternes et surveillants restent exclusivement dans les attributions des directeurs.

27. Le conseil général se compose de tous les actionnaires possédant au moins quatre actions; il est présidé par le plus fort des actionnaires présents, et à intérêt égal, par le plus âgé de ceux qui possèdent le plus d'actions. L'administrateur de la compagnie est chargé de rédiger les procès-verbaux qui sont approuvés en séance, et signés au moins par la majorité des actionnaires ayant concouru aux délibérations; ces délibérations sont consignées sur un registre spécial, qui reste déposé entre les mains de l'administrateur. Les voix se comptent en raison du nombre d'actions que chacun possède. La propriété de quatre à sept actions donne droit à une voix; celle de huit à onze actions, à deux voix; de douze à quinze actions, à trois voix; de seize à dix-neuf actions, à quatre voix; et de vingt actions, au plus à cinq voix. Les membres du conseil général peuvent s'y faire représenter par des fondés de pouvoir pris parmi les actionnaires, sans qu'il soit nécessaire, toutefois, que ceux-ci fassent par eux-mêmes partie du conseil. Les mandataires membres du conseil réunissent les voix qui leur sont propres à celles de leurs commettants, sans pouvoir néanmoins excéder le maximum de cinq voix. Nul actionnaire ne peut être chargé de plus d'un semblable pouvoir. Les délibérations sont prises à la majorité des voix des membres présents ou représentés; en cas de partage, la voix du président est prépondérante. Le conseil général ne peut délibérer sur une première convocation si le tiers au moins de ses membres, et la moitié au moins du total des voix ne sont représentés. Si une première assemblée reste inhabile à délibérer faute d'un nombre suffisant d'actionnaires, il en est convoqué, à quinze jours de date de la nouvelle lettre de convocation, une seconde, qui peut délibérer valablement, quel que soit le nombre d'actionnaires présents, mais seulement sur les objets à l'ordre du jour de l'assemblée précédente, restés sans résultats et indiqués par les lettres de convocation.

28. Le conseil général est convoqué chaque année dans les quatre mois de la clôture de l'exercice; il peut être convoqué extraordinairement dans des circonstances graves et imprévues, si l'administrateur le juge convenable. L'administrateur est tenu de le convoquer, s'il en est requis par deux ou plusieurs actionnaires, représentant le tiers au moins des actions de la société. Les réunions du conseil ont lieu, soit à Baccarat, soit à Paris, suivant que l'administrateur le juge convenable aux intérêts de la compagnie, ou suivant que l'indiquent les actionnaires qui ont demandé la convocation. La convocation est faite par lettres adressées au moins un mois d'avance, au domicile connu de chaque membre du conseil.

29. L'administrateur a plein pouvoir pour la gestion des affaires de la compagnie, dans l'intervalle d'une réunion du conseil général à l'autre, à charge pour lui, et sous sa responsabilité personnelle, de se conformer aux dispositions des présents statuts, ainsi qu'aux délibérations du conseil. Mais, sauf les cas d'urgence, il ne peut faire de changements essentiels dans les procédés de fabrication, ni exploiter un nouveau genre d'industrie, ni entamer de grandes constructions sans y être autorisé par une décision du conseil général. Aux termes de l'art. 32 du Code de commerce, l'administrateur n'est responsable que de l'exécution de son mandat: il ne contracte, à raison de sa gestion aucune obligation personnelle, ni solidaire, relativement aux engagements de la société.

30. L'administrateur est tenu de faire établir, à la fin de chaque exercice, les comptes et inventaires de chacun des établissements exploités par la société, et la situation générale de la société, en actif et en passif, de manière qu'ils soient terminés invariablement dans les trois mois qui suivront l'expiration de l'exercice. Indépendamment des inventaires annuels, l'administrateur fait établir, par le directeur de chaque établissement, des situations mensuelles dont la forme est par lui déterminée.

31. Les quatre plus forts actionnaires de la société reçoivent, au fur et à mesure, expédition des situations mensuelles établies conformément à l'art. 30. Ils ont le droit de se présenter, quand ils le jugent convenable, soit dans les établissements de la compagnie, soit dans les bureaux de l'administration, à Paris, pour y prendre connaissance des livres de la société. Ils rendent compte au conseil général de l'exercice qu'ils font de ce droit, et lui présentent les observations que leur a suggérées leur examen.

32. L'administrateur soumet aux réunions annuelles du conseil général, les comptes, inventaires et situations annuels établis conformément à l'art. 30 et les accompagne d'un rapport contenant ses observations et propositions motivées. Ce rapport et les comptes sont communiqués dix jours au moins avant la réunion du conseil, à celui des quatre actionnaires dont il est parlé dans l'article précédent, qui aura été désigné par eux pour recevoir cette communication et en faire rapport au conseil général. Le conseil délibère et prend tels arrêtés qu'il juge convenable, tant sur le résultat des comptes et sur la répartition des dividendes, allocations et gratifications lorsqu'il y a lieu, que sur toutes les autres questions relatives à la gestion des affaires sociales. Dans tous les cas, les dividendes ne peuvent porter que sur les bénéfices réalisés, et il n'y a de bénéfices réalisés que lorsque le capital social est entier et que la réserve est complétée au chiffre déterminé par le conseil général.

33. L'administrateur fait connaître sommairement, tant aux membres du conseil général qui n'auraient point assisté aux réunions, soit personnellement, soit par les fondés de pouvoirs, qu'aux actionnaires possédant moins de quatre actions, les résultats de l'inventaire annuel ainsi que les délibérations du conseil concernant les intérêts généraux de la société.

34. Dans le cours de l'année 1881, l'administrateur convoquera une assemblée générale de tous les actionnaires, sans exception, pour délibérer sur la question de savoir si la société sera prorogée ou renouvelée au-delà du terme du 31 décembre 1882, pour combien de temps et à quelles conditions. Tout propriétaire d'action pourra se faire représenter à cette assemblée par un fondé de pouvoirs choisi à son gré, en dehors ou dans le sein de la société. La délibération qui prononcerait la prorogation ou le renouvellement de la société, devra être prise par une majorité représentant au moins la moitié plus un du nombre des actionnaires et la moitié plus une du nombre des actions. Chaque action comptera pour une voix. Cette délibération, et les nouveaux statuts, s'il y a lieu, ne seront exécutoires qu'après l'approbation du gouvernement. Les actionnaires dissidents qui voudront se retirer de la société seront remboursés du montant de leurs actions, sur le pied de la valeur que présenteront le capital social et la réserve, d'après le dernier inventaire social fait au 31 décembre 1882.

35. Si la société n'est pas renouvelée, ou si la dissolution en est prononcée aux termes de l'art. 6, l'assemblée générale qui aura décidé la liquidation en arrêtera les règles et les dispositions générales. La délibération sera prise à la majorité des voix des membres présents, chaque actionnaire ayant autant de voix qu'il possèdera d'actions.

36. Toute contestation qui pourrait s'élever sur l'exécution des présents statuts, soit entre un ou plusieurs des actionnaires et la compagnie, soit entre les actionnaires entre eux, sera jugée, quel que soit le nombre des parties, par trois arbitres amiables compositeurs, sur le choix desquels les parties devront s'entendre dans le délai de huitaine, à défaut de quoi les arbitres seront nommés par le président du tribunal de commerce de Lunéville, à la requête de la partie la plus diligente. La décision arbitrale sera sans appel ni recours en cassation.

37. Si, avant l'expiration de la société, l'expérience démontre la nécessité de solliciter près du gouvernement des modifications aux présents statuts, ces modifications pourront être arrêtées par l'assemblée générale de tous les actionnaires convoqués spécialement à cet effet, à la majorité déterminée par l'art. 34 ci-dessus.

38 et dernier. Pour faire publier ces présentes partout où il sera nécessaire, ainsi que l'ordonnance qui les homologuera, tous pouvoirs sont donnés au porteur d'une expédition ou d'un extrait des présentes, dont acte pour l'exécution duquel les parties élisent domicile en leurs demeures.

3 = 9 MAI 1842. — Loi portant règlement définitif du budget de l'exercice 1839 (1). (IX, Bull. DCCCCIV, n. 9969.)

(1) Présentation à la Chambre des Députés le 4 mars 1841 (Mon. du 5); rapport par M. Duprat le 29 mai (Mon. du 24 juin). Reprise le 31 janvier 1842 (Mon. du 1er février); discussion et adoption le 3 février (Mon. du 4), à la majorité de 243 voix contre 20. Présentation à la Chambre des Pairs le 1er mars (Mon. du 2); rapport par M. le marquis d'Audiffret le 4 avril (Mon. du 5); discussion et adoption le 8 (Mon. du 9), à l'unanimité de 110 voix. Je crois devoir emprunter au rapport de M. Duprat le passage suivant, dans lequel se trouve examinée et résolue une question fort importante touchant la comptabilité publique :

« La commission des comptes de l'exercice 1838 avait déposé dans son rapport le germe d'une discussion sur un dissentiment existant entre les ministres, ordonnateurs des dépenses de l'État, et la Cour des comptes.

« La solution de cette question avait été ajournée et confiée par nos prédécesseurs à l'investigation de la commission des comptes de 1839.

« La Cour des comptes, agissant suivant l'interprétation qu'elle donne à l'art. 18 de la loi du 16 septembre 1807, avait rejeté du compte d'un payeur un article de dépense, quoique le mandat et les quittances fussent accompagnées des pièces de justification indiquées par les règlements; elle pensait qu'il n'était pas suffisamment établi que la dépense s'appliquât à une dette de l'État. Elle se disait juge en cette matière, et elle avait voulu prescrire de nouvelles justifications au comptable.

« Un débat s'étant engagé, le conseil d'État accueillit le pourvoi porté devant sa juridiction, et infirma l'interprétation de la Cour en maintenant le principe établi par la loi de 1807.

« La commission des comptes de 1838 aurait voulu prévenir le retour de cette collision et fixer, par une mesure législative, l'action de la Cour des comptes sur les comptables et sur les pièces qu'elle peut et doit exiger d'eux. Elle avait même formulé un projet d'amendement. Mais l'époque avancée de la session ne permit pas de donner suite à ce projet et de l'inscrire dans la loi de règlement dudit exercice.

« Le rapport de la Cour des comptes, sur le budget de 1839, renouvelle en termes plus formels les prétentions qui avaient nécessité l'intervention du conseil d'État. La Cour persiste à réclamer le droit de prescrire aux payeurs la production des pièces que les instructions ministérielles et les règlements n'ordonnent pas de produire. Cette doctrine s'ac-

TITRE Ier. — RÈGLEMENT DU BUDGET DE L'EXERCICE 1839.

§ Ier. *Fixation des dépenses.*

Art. 1er. Les dépenses ordinaires et extraordinaires de l'exercice 1839, constatés dans les comptes rendus par les ministres, sont arrêtées, conformément au tableau A ci-annexé, à la somme de un milliard cent quatre-vingt-deux millions cinq cent cinquante-neuf mille sept cent trente-deux francs quatorze centimes.

cordant mal avec les prétentions de l'administration et avec le principe consacré par la décision du conseil d'État, nous avons jugé qu'il pouvait être utile de donner suite à la pensée de la commission des comptes de 1838, en examinant avec maturité la grave question qu'elle avait soulevée.

« La Cour des comptes a-t-elle le droit de rejeter des comptes d'un payeur un article de dépense, quoique le mandat et la quittance soient accompagnés de pièces indiquées par l'ordonnateur et par les règlements; et cela par le motif que, malgré les justifications présentées, il ne lui paraît pas suffisamment établi que le paiement a éteint régulièrement une dette de l'État?

« La Cour des comptes soutient l'affirmative. Elle s'appuie sur l'ordonnance du 14 septembre 1822, qui consacre le principe que toute ordonnance ou mandat n'est payable aux caisses du trésor qu'alors qu'il sera accompagné de pièces.

« Elle invoque l'ordonnance du 9 juillet 1826, qui couronne l'édifice de la comptabilité publique, et qui confie à la Cour des comptes l'importante mission de constater sur pièces l'exactitude et la régularité du compte général des finances.

« La Cour des comptes, il faut le dire, regarde la disposition de l'art. 18 de la loi du 16 septembre 1807 comme abrogée de fait; elle ne peut admettre qu'il lui soit interdit de prononcer le rejet de paiements faits au préjudice du trésor et qui n'acquitteraient pas une dette de l'État, même dans le cas où le comptable produirait, à l'appui de ses paiements, les pièces désignées par l'ordonnateur des mandats. Cette interprétation ferait revivre dans toute sa force l'art. 18 de la loi précitée, et remettrait aux ordonnateurs de la dépense le droit de tracer eux-mêmes la limite des justifications à produire devant la Cour.

« Un tel principe, suivant l'argumentation de la Cour, serait destructif de toute garantie; elle fait, à ce sujet, appel à la sollicitude du gouvernement.

« Nous avons voulu entendre M. le ministre des finances sur un débat qui intéresse au plus haut point notre système de comptabilité générale, et aussi sur le projet de la commission des comptes de 1838, ainsi conçu:

« Les ordonnances des payeurs ne seront acquittées aux caisses publiques et admises à la décharge des comptables qu'autant qu'ils seront appuyés de pièces constatant que leur effet est de libérer l'État d'une dette bien et dûment justifiée. Toutefois, en cas de dissentiment entre l'ordonnateur et le payeur sur les pièces à fournir, il serait procédé sans délai au paiement en vertu d'une réquisition écrite qui demeurerait annexée à la demande.

« M. le directeur de la comptabilité générale des finances s'est rendu, avec l'agrément de M. le ministre des finances, à une séance de la commission. Selon lui, il est important de ne pas laisser la jurisprudence de la Cour des comptes fixer à son gré le mode de justification des dépenses, et il trouve de graves inconvénients à introduire une disposition qui n'admettrait à la décharge des comptables que les dépenses ainsi justifiées. La nomenclature des pièces à fournir demeurerait désormais sans force, et l'unique base des arrêts serait l'appréciation illimitée de ce qui devrait constituer la régularité de la dette.

« Les payeurs se trouveraient ainsi à découvert, et sous le coup d'arrêts absolus et toujours menaçants.

« Le chef de la comptabilité des finances ajoute que, quant à la faculté de procéder par voie de réquisition conférée aux ordonnateurs, elle serait une aggravation aux inconvénients de la disposition principale.

« Le droit de réquisition doit demeurer tel qu'il a été sagement défini et réglé par l'art. 69 de l'ordonnance du 31 mai 1838. Si l'on sortait de cette voie régulière pour entrer dans le champ indéterminé des appréciations et de l'arbitraire, le service des dépenses en éprouverait les plus graves dommages.

« Enfin, il résume en disant que la mesure proposée dans le rapport de la commission des comptes de 1838 doit être rejetée, qu'il n'y a rien à innover dans la matière, et que l'art. 18 de la loi du 16 septembre 1807 doit être maintenu.

« Votre commission, après avoir pris une connaissance approfondie des diverses observations contenues dans le rapport de la Cour des comptes sur les comptes de 1838 et 1839, et avoir entendu le développement de l'opinion de M. le directeur de la comptabilité générale sur la même question, croit devoir vous soumettre les réflexions suivantes:

« La loi du 16 septembre 1807, constitutive de la Cour des comptes, a clairement défini ses attributions: son art. 18 s'exprime ainsi:

« La Cour ne pourra, en aucun cas, s'attribuer
« de juridiction sur les ordonnateurs, ni refuser
« aux payeurs les paiements par eux faits sur des
« ordonnances revêtues des formalités prescrites et
« accompagnées des acquits des parties prenantes
« et des pièces que l'ordonnateur aura prescrit d'y
« joindre.

« Cette loi ne permettait à la Cour d'exiger d'autres pièces justificatives que celles que les ordonnateurs jugeaient utile de joindre à leur mandat. Ainsi le voulait le décret du 13 juillet 1804.

« La Cour des comptes réclama avec raison contre une mesure qui rendait son contrôle impuissant, et son insistance provoqua l'ordonnance du 14 septembre 1822, qui, dans son art. 10, énumère les pièces justificatives des dépenses pour le personnel et pour le matériel.

« Plus tard, l'ordonnance du 31 mai 1838 a reproduit les mêmes dispositions et a décidé que la nomenclature serait arrêtée de concert entre le ministre des finances et les divers ministres ordonnateurs, et annexée à des règlements revêtus de la sanction royale.

« Ce furent de notables améliorations à la loi de 1807; mais la Cour des comptes les trouve insuffisantes. Elle veut désormais examiner si les paiements sont réguliers, s'ils acquittent une dette de l'État, et si le montant de cette dette a pu être

Les paiements effectués sur le même exercice, jusqu'à l'époque de sa clôture, sont fixés à un milliard cent soixante et dix-huit millions six cent quatre-vingt-dix mille sept cent deux francs trente-huit centimes.

Et les dépenses restant à payer, à trois millions huit cent soixante-neuf mille vingt-neuf francs soixante et seize centimes.

Les paiements à effectuer pour solder les dépenses de l'exercice 1839 seront ordonnancés sur les fonds de l'exercice courant, selon les règles prescrites par les art. 8, 9 et 10 de la loi du 23 mai 1834.

§ II. *Fixation des crédits.*

Art. 2. Il est accordé aux ministres, sur l'exercice 1839, pour couvrir les dépenses effectuées au-delà des crédits ouverts par la loi de finances du 14 juillet 1838 et par diverses lois spéciales, des crédits complémentaires jusqu'à concurrence de la somme de trois millions trois cent cinquante-quatre mille trois cent cinquante-quatre francs treize centimes (3,354,354 fr. 13 c.). Ces crédits demeurent répartis, par ministère et par chapitre, conformément au tableau A ci-annexé.

3. Les crédits montant à un milliard deux cents millions neuf cent quarante-quatre mille neuf cent soixante-huit francs sept centimes, ouverts aux ministres, conformément aux tableaux A et B ci-annexés, pour les services ordinaires et extraordinaires de l'exercice 1839, sont réduits,

1° D'une somme de treize millions sept cent quatre-vingt-huit mille sept cent soixante et seize francs trente centimes, non consommée par les dépenses constatées à la charge de l'exercice 1839, et qui est annulée définitivement ;

2° De celle de trois millions huit cent soixante-neuf mille vingt-neuf francs soixante et seize centimes, représentant les dépenses non payées de l'exercice 1839, que, conformément à l'art. 1er ci-dessus les ministres sont autorisés à ordonnancer sur les budgets des exercices courants ;

3° Et, enfin, de celle de sept millions neuf cent cinquante mille huit cent treize francs soixante et seize centimes, non employée, à l'époque de la clôture de l'exer-

---

valablement ordonnancé ; elle veut, en un mot, étendre sa juridiction sur les ordonnateurs, en prescrivant les pièces que les comptables auront le droit d'exiger d'eux.

« Une telle prétention est contraire à la véritable juridiction des pouvoirs constitués.

« C'est à l'administration qu'est conféré le soin de reconnaître la légalité et la nécessité d'une dépense. Ce droit ne peut appartenir à la Cour des comptes, parce que l'administration n'est pas et ne peut pas être son justiciable : elle ne doit répondre de ses actes que devant les Chambres.

« La Cour des comptes ne peut avoir une action judiciaire sur les comptables ainsi qu'elle cherche à l'établir. Elle est en droit d'exiger la production des pièces énoncées dans le mandat de paiement, et dans la nomenclature dressée conformément à l'art. 10 de l'ordonnance de 1822 et à l'art. 65 de l'ordonnance du 31 mai 1838.

« Si elle voulait aller plus loin, si ses nouvelles exigences étaient sanctionnées par une disposition législative, l'administration passerait tout entière dans la main des comptables ; ce serait peut-être organiser la résistance et le désordre.

« La disposition qui veut que la nomenclature des pièces à produire soit combinée entre M. le ministre des finances et le ministre ordonnateur, est la meilleure garantie pour la validité des paiements. Ainsi les ordonnateurs ne sont plus seuls juges de la régularité de la dépense, ils sont soumis au contrôle de celui des ministres qui est plus spécialement gardien des intérêts pécuniaires de l'État.

« Ces mesures ne peuvent être une vaine formalité ; il faut leur conserver la puissance qu'elles trouvent dans les lois qui régissent la matière et dans les règlements.

« Elles doivent être la règle des comptables, et la Cour des comptes ne peut vouloir plus de garanties, plus de justifications que celles qu'elles renferment.

« Si l'on admettait un autre système, si la Cour des comptes pouvait imposer de nouvelles conditions, l'uniformité cesserait d'exister ; des dépenses de même nature seraient soumis à des justifications différentes, et les comptables incertains ne sauraient reconnaître plus à quel caractère reconnaître la validité de leurs paiements.

« L'amendement précité porterait atteinte aux principes qui règlent les relations entre l'ordonnateur et le payeur ; il causerait une véritable perturbation dans le service des finances.

« L'ordonnance du 14 septembre 1822, sur laquelle la Cour veut appuyer l'action qu'elle réclame ne lui est pas plus favorable, puisqu'elle donne elle-même la nomenclature des pièces à produire, e. qu'elle renferme ainsi le système de la loi de 1807.

« Nous pensons donc qu'il n'y a pas lieu d'accueillir la modification proposée dans le rapport des comptes de 1838 aux règles qui régissent les comptabilités financières ; qu'elle ne présente ni lacune, ni irrégularité ; que le principe consacré par l'art. 18 de la loi de 1807 doit être maintenu ; qu'il ne peut donner suite à aucun abus, d'après la manière dont il a été interprété et mis en action par l'ordonnance du 31 mai 1838, et par les règlements ministériels intervenus pour son exécution.

« Nous croyons toutefois devoir engager le gouvernement à examiner s'il ne serait pas utile d'introduire quelque disposition nouvelle qui puisse ajouter encore aux garanties que la Cour des comptes voudrait obtenir par un moyen que nous ne pouvons approuver.

« Nous regrettons de ne pouvoir nous associer complètement aux mesures qu'elle propose, accoutumés que nous sommes à applaudir à ses efforts constants et soutenus pour concourir à l'ordre et à la régularité de notre comptabilité publique »

cice 1839, sur les produits affectés au service départemental et à divers services spéciaux dont les dépenses se règlent d'après le montant des ressources réalisées, laquelle somme est transportée aux budgets des exercices 1840 et 1841, pour y recevoir la destination qui lui a été donnée par la loi de finances du 14 juillet 1838 et par les lois de réglement des exercices 1857 et 1838, savoir : au budget de l'exercice 1840 : divers services spéciaux, 42,529 fr. 65 c.

Au budget de l'exercice 1841 : service départemental, 7,446,507 fr. 34 c.

Divers services spéciaux, 461,976 fr. 77 c.

Ces annulations et transports de crédits, montant ensemble à vingt-cinq millions six cent huit mille six cent dix-neuf francs quatre-vingt-deux centimes, sont et demeurent divisés par ministère et par chapitre, conformément au tableau A ci-annexé.

4. Au moyen des dispositions contenues dans les deux articles précédents, les crédits du budget de l'exercice 1839 sont définitivement fixés à un milliard cent soixante et dix-huit millions six cent quatre-vingt-dix mille sept cent deux francs trente-huit centimes (1,178,690,702 fr. 38 c.), et répartis conformément au même tableau A.

§ III. *Fixation des recettes.*

5. Les droits et produits constatés au profit de l'Etat sur l'exercice 1839 sont arrêtés, conformément au tableau C ci-annexé, à la somme de un milliard cent quatre-vingt-trois millions sept cent quarante-deux mille huit cent vingt-quatre francs trente-quatre centimes.

Les recettes effectuées sur le même exercice, jusqu'à l'époque de sa clôture, sont fixées à un milliard cent soixante et dix-neuf millions trois cent quinze mille huit cent vingt et un francs neuf centimes.

Et les droits et produits restant à recouvrer, à quatre millions quatre cent vingt-sept mille trois francs vingt-cinq centimes.

Les sommes qui pourront être ultérieurement réalisées sur les ressources affectées à l'exercice 1839 seront portées en recette au compte de l'exercice courant, au moment où les recouvrements auront lieu.

6. Les recettes du budget de l'exercice 1839, arrêtées par l'article précédent à la somme de 1,179,315,821 fr. 9 c. sont augmentées, en exécution des lois de réglement des budgets de 1857 et de 1838, 1° des fonds non employés à l'époque de la clôture des exercices 1857 et 1838, sur les crédits affectés au service départemental et

à divers services spéciaux, 9,397,132 fr. 4 c.; 2° des fonds transportés de l'exercice 1838, pour couvrir des dépenses spéciales réimputées en somme égale sur 1839, 554,608 fr. 44 c., et pour accroître les ressources du budget de 1839, 13,873,503,77 fr.

Ensemble, 1,203,141,065 fr. 34 c.

Sur ces recettes il est prélevé et transporté aux exercices 1840 et 1841, en conformité de l'art. 3 de la présente loi, une somme de sept millions neuf cent cinquante mille huit cent treize francs soixante et seize centimes, pour servir à payer les dépenses du service départemental et des autres services spéciaux restant à solder à l'époque de la clôture de l'exercice 1839, savoir : à l'exercice 1840, 42,329 fr. 65 c.; à l'exercice 1841, 7,908,484 fr. 11 fr.

Les ressources applicables à l'exercice 1839 demeurent, en conséquence, fixées à la somme de un milliard cent quatre-vingt-quinze millions cent quatre-vingt-dix mille deux cent cinquante et un francs cinquante-huit centimes.

§ IV. *Fixation du résultat général du budget.*

7. Le résultat général du budget de l'exercice 1839 est définitivement arrêté ainsi qu'il suit : recettes, fixées par l'article précédent à 1,195,190,251 fr. 58 c.; paiements, fixés par l'art. 1er à 1,178,600,702 fr. 38 c. Excédant de recette, réglé à la somme de seize millions quatre cent quatre-vingt-dix-neuf mille cinq cent quarante-neuf francs vingt centimes, conformément au tableau D ci-annexé.

Cet excédant de recette est transporté et affecté au budget de l'exercice 1841, pour accroître les ressources de ce budget.

TITRE II. — RÈGLEMENT DES SERVICES SPÉCIAUX.

8. Les recettes et les dépenses des services spéciaux rattachés pour ordre au budget général de l'exercice 1839 demeurent définitivement arrêtées et réglées à la somme de vingt-quatre millions vingt-quatre mille sept cent cinquante-cinq francs vingt-deux centimes, conformément au résultat général du tableau E ci-annexé, savoir : Légion-d'Honneur, 8,668,342 fr. 25 c.; imprimerie royale, 2,375,336 fr. 68 c.; poudres et salpêtres, 2,852,389 fr. 12 c.; caisse des invalides de la marine, 8,877,631 fr. 10 c.; service de la fabrication des monnaies et médailles, 1,251,056 fr. 9 c.

Total, 24,024,755 fr. 22 c.

9. Les recettes et les dépenses du ser-

vice spécial des chancelleries consulaires, pour l'exercice 1838, sont arrêtées, conformément au tableau F ci-annexé, à la somme de trois cent quatre-vingt-quatorze mille quatre cent trente francs trente-six centimes (394,430 f. 36 c.) (1).

10. Le service spécial créé pour divers travaux publics extraordinaires, par les lois des 27 juin 1833 et 3 juin 1834, est définitivement clos, en recette et en dépense, en exécution de l'art. 16 de la loi du 6 juin 1840, et conformément au tableau G ci-annexé.

La somme de cent deux mille huit cent trente-six francs soixante et treize centimes (102,836 fr. 73 c.), non employée, à l'époque de la clôture de l'exercice 1839, sur les ressources affectées à ce service spécial, est transportée au budget de l'exercice 1840, où il en sera fait recette à titre de *produits divers.*

Un crédit de quatre-vingt-dix-sept mille quatre-vingt-neuf francs vingt-sept centimes (97,089 fr. 27 c.), restant disponible, à l'époque précitée, sur celui qui avait été attribué, par la loi du 27 juin 1833, à l'achèvement des phares et fanaux, est ouvert au ministre des travaux publics, sur l'exercice 1840, pour y recevoir la même destination.

Les dépenses du service spécial formant l'objet du présent article, restées à payer à l'époque de la clôture de l'exercice 1839, seront ordonnancées sur les budgets des exercices courants, en vertu de crédits spéciaux.

11. En exécution de l'art. 17 de la loi du 6 juin 1840, et conformément au tableau H ci-annexé, le service spécial des ponts, canaux et autres travaux exécutés sur le produit d'emprunts autorisés par diverses lois particulières, demeure définitivement clos.

La somme de cent cinquante mille cent quatre-vingt-huit francs vingt-huit centimes (150,188 fr. 28 c.), non employée sur les ressources de cette nature, à l'époque de la clôture de l'exercice 1839, est transportée au budget de l'exercice 1840, où il en sera fait recette à titre de *produits divers.*

Un crédit de pareille somme est ouvert au ministre des travaux publics, sur l'exercice 1840, sous le titre de *Travaux du port du Havre* (fonds provenant d'emprunts spéciaux).

TITRE III. — DISPOSITIONS PARTICULIÈRES.

12. L'appoint de trois francs (3 fr.) non employé, au 31 décembre 1839, sur les crédits d'inscription ouverts pour les pensions militaires, par les lois des 26 juin et 9 août 1839, est annulé, conformément au tableau I ci-annexé.

13. Les crédits extraordinaires spéciaux, à demander pour les créances des exercices périmés, en vertu des art. 7 et 8 de la loi du 10 mai 1838, ne pourront être ouverts que par la loi (2).

Sont seuls exceptés de la disposition ci-dessus les crédits que nécessiterait le service

---

(1) Le projet primitif contenait, sous le n. 10, un article ainsi conçu : « Les recettes et les dépenses du service départemental, effectuées d'après les dispositions de la loi du 10 mai 1838, demeurent définitivement arrêtées et réglées, pour l'exercice 1839, à la somme de 83,764,950 fr. 4 c., conformément au tableau G ci-annexé, savoir :

« Ministère de l'intérieur... 75,979,728f 45e
« — de l'instruction publ. 4,696,967 64
« — des finances............ 3,088,253 95

« 83,764,950 04 »

Cette disposition, qui, comme on le voit, avait pour objet de soumettre à la sanction législative le service des recettes et des dépenses départementales, a été retirée par le gouvernement. On a pensé qu'un vote des Chambres ne devait pas statuer prématurément sur des opérations qui, d'après l'art. 24 de la loi du 10 mai 1838, seront arrêtées plus tard par les conseils généraux, et réglées par ordonnances royales. Le système de rattacher à la loi des comptes le service financier des départements a été trouvé bon en principe, mais on a reconnu que son application avait besoin d'être mieux étudiée. Le gouvernement a promis de s'en occuper.

(2) « L'art. 7 de la loi du 10 mai 1838 (voy. t. 58, p. 328) dispose des crédits applicables aux

créanciers restant encore à payer sur les exercices clos, à l'expiration de la période quinquennale fixée par l'art. 9 de la loi du 29 janvier 1831.

« L'exercice, parvenu à ce terme de déchéance, cesse de figurer dans la comptabilité du ministère.

« Cependant, les dépenses restant à payer, et qui se trouvent dans la catégorie affranchie de la déchéance, seraient acquittées en l'absence des Chambres, en vertu de crédits ouverts par ordonnances royales, soit qu'elles se rapportassent ou non à un service voté, soit qu'elles eussent ou non été comprises dans les restes à payer constatés par les lois réglementaires.

« Cette interprétation, pour des créances qui ont plus de cinq ans, qui peuvent remonter à dix et à quinze ans, a été signalée comme abusive par la Cour des comptes et par plusieurs commissions de finances dans les deux Chambres. On se demande comment un crédit ouvert par ordonnance royale est suffisant pour les créances des exercices périmés, alors que les créances sur les exercices clos, qui ne font pas partie d'anciens restes des crédits annulés par les lois de règlement, ne peuvent être ordonnancées que sur des crédits extraordinaires spéciaux ouverts législativement.

« Une telle anomalie devait disparaître. La latitude que les ministres ordonnateurs se sont attribuée à l'égard des créanciers sur exercices pé-

des arrérages des rentes consolidées et des rentes viagères (1).

(Suivent les tableaux.)

---

28 AVRIL = 9 MAI 1842. — Ordonnance du roi portant que le corps des spahis sera placé sous le commandement d'un colonel et de deux lieutenants-colonels. (IX, Bull. DCCCCIV, n. 9970.)

Louis-Philippe, etc., vu notre ordonnance du 7 décembre 1841, portant organisation de la cavalerie indigène en Algérie; sur le rapport de notre ministre secrétaire d'Etat de la guerre, président du conseil, etc.

Art. 1ᵉʳ. L'art. 2 de notre ordonnance du 7 décembre 1841 est modifié comme ci-après : le corps des spahis sera placé sous le commandement d'un colonel (français ou indigène) et de deux lieutenants-colonels (également français ou indigènes), qui résideront : le colonel, à Alger : les lieutenants-colonels, à Oran et à Constantine. Le colonel pourra, sur l'ordre du gouverneur général, prendre le commandement des escadrons stationnés hors de la province où il résidera habituellement : il remplira les fonctions d'inspecteur permanent de la cavalerie indigène, et centralisera les rapports de service qui lui seront adressés par les lieutenants-colonels commandant les escadrons de spahis dans les autres provinces. Le tableau A, annexé à notre ordonnance du 7 décembre dernier, sera modifié conformément aux dispositions qui précèdent.

2. Notre ministre de la guerre (duc de Dalmatie) est chargé, etc.

---

6 = 12 MAI 1842. — Ordonnance du roi qui augmente le nombre des juges suppléants au tribunal de commerce du Havre. (IX, Bull. DCCCCV, n. 9976.)

Louis-Philippe, etc., sur le rapport de notre garde des sceaux, ministre secrétaire d'Etat au département de la justice et des cultes; vu notre ordonnance du 18 mars dernier, relative à la composition du tribunal de commerce du Havre; vu les demandes et avis énoncés dans le préambule de cette ordonnance; considérant que le nombre des juges suppléants au tribunal de commerce du Havre, fixé à quatre par l'ordonnance du 18 mars, est insuffisant pour les besoins du service, etc.

Art. 1ᵉʳ. A l'avenir les juges suppléants au tribunal de commerce du Havre seront au nombre de six.

2. Nos ministres de la justice et des cultes, et de l'agriculture et du commerce (MM. Martin du Nord et Cunin-Gridaine), sont chargés, etc.

---

8 = 12 MAI 1842. — Ordonnance du roi relative aux douanes. (IX, Bull. DCCCCV, n. 9977.)

Louis-Philippe, etc., vu les lois du 28 avril 1816 et du 27 mars 1817 sur les douanes; vu l'art. 1ᵉʳ de la loi du 17 mai 1826, relatif à l'importation des laines en masse; vu la loi du 9 février 1832 sur le transit; vu l'art. 4 de la loi du 5 juillet 1836, portant que des ordonnances royales pourront déterminer les bureaux ouverts au transit et à l'importation de certaines marchandises; sur le rapport de nos ministres secrétaires d'Etat au département de l'agriculture et du commerce et au département des finances, etc.

Art. 1ᵉʳ. Les bureaux de Frauenberg et de Grosbliderstoff (Moselle) sont ouverts à l'importation, 1° des marchandises dési-

---

rimés s'écarte du principe de la loi du 10 mai 1838 qui a voulu que les créances de cette catégorie spéciale fussent considérées comme nouvelles et sans aucune relation avec les anciens exercices auxquels elles appartenaient.

« A l'avenir les crédits extraordinaires spéciaux pour les exercices de cette catégorie ne pourront être ouverts que par une loi. » (*Extrait du rapport de M. Duprat.*)

(1) Ce paragraphe a été proposé par M. *François Delessert*, sur l'indication de M. *Humann*. Il est fondé sur le motif qu'il pourrait être dommageable pour le crédit public d'assujettir à des autorisations préalables et à des délais le paiement de semestres de rentes non atteints par la prescription.

M. *Lherbette* a demandé s'il était bien entendu que cela ne donnait pas au ministre des finances le droit de payer les rentes prescrites.

De nombreuses voix ont répondu que l'affirmative était évidente.

M. le *président* a ajouté que la disposition n'avait d'autre but que de dispenser de recourir à la forme législative quand il s'agissait de rentes consolidées.

M. *Baunes* avait proposé un article additionnel dont voici les termes : « Dans le cours de la prochaine session, il sera distribué aux Chambres un état des routes départementales, indiquant par département et par route, 1° la date du décret ou ordonnance de classement; 2° les parties à l'état d'entretien et celles en cours d'exécution; 3° la quotité et la nature des ressources affectées tant aux dépenses d'entretien qu'à celles de construction; 4° les parties pour l'exécution desquelles il n'a encore été fait aucune disposition, et l'évaluation des dépenses qu'exigeait leur confection. »

Cette disposition, dont le motif principal était d'appeler la sollicitude de la Chambre et celle du gouvernement sur la nécessité très-instante d'une étude approfondie de tout ce qui se rapporte au système des centimes additionnels et à l'établissement des impositions extraordinaires, n'a point été adoptée. Cependant la Chambre paraît en avoir approuvé le but. La même pensée a été développée à la Chambre des Pairs, par M. le comte *Beugnot*, dans le discours qu'il a prononcé à l'occasion de la loi actuelle.

gnées par l'art. 20 de la loi du 28 avril 1816 et par l'art. 8 de la loi du 27 mars 1817 ; 2° des laines en masse ; 3° des grandes peaux brutes sèches d'origine européenne, admissibles au droit de cinq francs par cent kilogrammes.

2. Les mêmes bureaux sont ajoutés pour le transit à ceux qui sont marqués de deux astérisques au tableau n. 2, annexé à la loi du 9 février 1832.

3. Sont abrogées les dispositions de la loi du 28 avril 1816, de celle du 9 février 1832, et des ordonnances du 26 juillet 1826, du 20 janvier et du 7 juillet 1839, qui ont ouvert la douane de Sarreguemines aux opérations du transit ainsi qu'à l'importation des laines en masse, des marchandises taxées à plus de vingt francs par cent kilogrammes et des grandes peaux brutes sèches d'origine européenne.

4. Nos ministres des finances et de l'agriculture et du commerce (MM. Lacave-Laplagne et Cunin-Gridaine) sont chargés, etc.

21 AVRIL = 19 MAI 1842. — Ordonnance du roi portant que des cours d'instruction primaire supérieure seront annexés aux colléges communaux des villes y désignées. (IX, Bull. DCCCCVI, n. 9979.)

Louis-Philippe, etc., sur le rapport de notre ministre secrétaire d'Etat au département de l'instruction publique, grand-maître de l'Université ; vu la loi du 28 juin 1833, et spécialement l'art. 10, relatif aux écoles primaires supérieures ; vu notre ordonnance en date du 21 novembre 1841 ; vu les délibérations prises par les conseils municipaux des villes de Carcassonne, Chaumont, Chinon, Gaillac, Mont-de-Marsan, Roanne, Romorantin, Saint-Amand (Nord) et Vesoul, sous les dates des 1er, 10, 15, 16, 17, 21 février, 1er et 6 mars 1842 ; considérant que les conseils municipaux des villes précitées, en exprimant le vœu qu'il soit fait application aux colléges communaux desdites villes de l'ordonnance du 21 novembre 1841, ont immédiatement voté des allocations spéciales afin d'assurer près de ces colléges l'établissement annexe de cours primaires du degré supérieur, ou ont pris l'engagement de comprendre la dépense nécessaire à cet effet dans le budget desdits colléges, etc.

Art. 1er. Les cours d'instruction primaire supérieure seront, d'ici au 1er septembre 1842, annexés aux colléges communaux des villes de Carcassonne, Chaumont, Chinon, Gaillac, Mont-de-Marsan, Roanne, Romorantin, Saint-Amand (Nord) et Vesoul.

2. Il sera pourvu aux frais d'établissement et d'entretien desdits cours d'instruction primaire supérieure au moyen des allocations votées à cet effet par les conseils municipaux des villes ci-dessus désignées, et, en cas d'insuffisance constatée desdites allocations, par des prélèvements sur les fonds départementaux ou sur les fonds de l'Etat spécialement affectés à l'instruction primaire.

3. Un instituteur primaire du degré supérieur devra être attaché à chacun des colléges communaux mentionés en l'art. 1er, à moins que le principal ou un des régents ne soit pourvu du brevet de capacité de ce degré. Ledit instituteur sera placé sous l'autorité du principal de même que les régents, lesquels pourront être chargés de plusieurs parties du cours d'instruction primaire supérieure.

4. Les dispositions de notre ordonnance du 21 novembre 1841 cessent, quant à présent, d'être applicables aux villes de Gray, de Villeneuve-d'Agen et du Havre, où il a été récemment satisfait aux prescriptions de la loi par l'établissement spécial et distinct d'écoles primaires supérieures.

5. Notre ministre de l'instruction publique (M. Villemain) est chargé, etc.

14 = 19 MAI 1842. — Ordonnance du roi qui ouvre le bureau de douanes du Guildo, commune de Créhen (Côtes-du-Nord), à l'importation et à l'exportation des grains et farines. (IX, Bull. DCCCCVI, n. 9981.)

Louis-Philippe, etc., vu la loi du 2 décembre 1814, d'après laquelle nous avons à désigner les ports et bureaux de douanes par lesquels il est permis d'importer ou d'exporter les grains et farines ; les ordonnances des 17 janvier et 23 août 1830, relatives au même objet ; sur le rapport de notre ministre secrétaire d'Etat au département de l'agriculture et du commerce, etc.

Art. 1er. Le bureau de Guildo, situé sur le littoral de la commune de Créhen, département des Côtes-du-Nord, est ouvert à l'importation et à l'exportation des grains et farines.

2. Nos ministres de l'agriculture et du commerce, et des finances (MM. Cunin-Gridaine et Lacave-Laplagne) sont chargés, etc.

18 AVRIL = 23 MAI 1842. — Ordonnance du roi portant que tout concessionnaire de mine devra élire un domicile, qu'il fera connaître par une déclaration adressée au préfet du département où la mine est située. (IX, Bull. DCCCCVII, n. 9983.)

Louis-Philippe, etc., sur le rapport de

notre ministre secrétaire d'Etat des travaux publics; vu l'art. 7 de la loi du 21 avril 1810, d'après lequel les mines, dès qu'elles sont concédées, deviennent disponibles et transmissibles comme tous autres biens, sauf seulement le cas énoncé au second paragraphe du même article, et relatif aux ventes par lots ou à des partages; vu les dispositions de ladite loi et celles du décret du 3 janvier 1813 et de la loi du 27 avril 1838, qui ont chargé l'administration d'une surveillance spéciale sur les mines, et l'appellent, en diverses circonstances, à faire des notifications aux concessionnaires; considérant que, pour assurer l'exercice de cette surveillance, tout concessionnaire de mine doit indiquer un domicile où puissent lui être adressés les actes administratifs qu'il y aurait lieu de lui notifier en sa qualité de concessionnaire; qu'il en doit être de même lorsque la concession passe en d'autres mains, à quelque titre que ce soit; que ces formalités, en même temps qu'elles sont d'ordre public, importent aux concessionnaires eux-mêmes, puisqu'elles ont pour objet de les mettre en mesure de se faire entendre, lorsqu'il s'agit d'appliquer, à leur égard, les dispositions prescrites par la loi; notre conseil d'Etat entendu, etc.

Art. 1ᵉʳ. Tout concessionnaire de mine devra élire un domicile, qu'il fera connaître par une déclaration adressée au préfet du département où la mine est située.

2. En cas de transfert de la propriété de la mine, à quelque titre que ce soit, l'obligation énoncée en l'article précédent est également imposée au nouveau propriétaire.

3. Notre ministre des travaux publics (M. Teste) est chargé, etc.

24 AVRIL = 23 MAI 1842. — Ordonnance du roi portant règlement sur la police de la pêche de la morue à l'île de Terre-Neuve. (IX , Bull. DCCCCVII, n. 9984.)

Louis-Philippe, etc., vu l'ordonnance royale du 24 novembre 1821, portant règlement sur la police de la pêche de la morue à l'île de Terre-Neuve; vu les procès-verbaux de l'assemblée générale des armateurs pour la pêche de la morue, réunis à Saint-Servan en 1832, 1837 et 1842; sur le rapport de notre ministre secrétaire d'Etat au département de la marine et des colonies; nous avons ordonné et ordonnons que le règlement dont la teneur suit remplacera le règlement ci-dessus visé du 24 novembre, qui est abrogé :

TITRE Iᵉʳ. — *Répartition des places.*

Art. 1ᵉʳ. Les havres et places, avec les graves qui en dépendent, aux côtes de l'île de Terre-Neuve, continueront de n'être pas au choix du premier arrivé ni du premier occupant. La répartition en sera faite entre les armateurs, tous les cinq ans, par la voie d'un tirage au sort et au moyen d'un état indicatif des havres situés sur la partie des côtes de ladite île où, d'après les traités, les capitaines français peuvent s'établir pour la pêche. Cet état fera connaître, suivant le plan topographique des côtes, et en commençant par le premier havre de la côte de l'ouest : les noms des havres; les numéros et les noms des places comprises dans chaque havre; le nombre de bateaux que chacune des places peut contenir; la situation de la grave correspondant à chaque place; les limites de chaque place. La nomenclature des places sera divisée, sur ledit état, en trois séries établies de la manière suivante, d'après le nombre de bateaux auquel chaque place peut suffire, savoir : 1ʳᵉ série (places pouvant contenir) 15 bateaux et au-dessus; 2ᵉ série, 10 à 15 bateaux exclusivement; 3ᵉ série, 9 bateaux et au-dessous.

2. Tous les cinq ans les armateurs des différents ports du royaume qui se proposeront d'envoyer des navires à la pêche sur les côtes de Terre-Neuve feront, au commissaire de la marine chargé en chef du service au port de Saint-Servan, la déclaration du nombre de navires qu'ils doivent armer pour la pêche, avec l'indication du tonnage de ces navires.

3. Ces armateurs, ou leurs correspondants spécialement autorisés, se réuniront à Saint-Servan le 5 janvier, sous la présidence du chef du service de la marine, afin qu'il soit procédé, ainsi qu'il suit, à la répartition des places que leurs navires devront occuper. Les déclarations faites conformément à l'art. 2 seront comprises dans un relevé général présentant, eu égard au tonnage des navires et à la force de l'équipage, le classement des navires en trois séries, savoir : 1ʳᵉ série, 158 tonneaux et au-dessus, 50 hommes d'équipage au moins; 2ᵉ série, de 100 à 158 tonneaux exclusivement, 30 hommes d'équipage; 3ᵉ série, au-dessous de 100 tonneaux, 20 hommes d'équipage, si le navire ne doit par armer une seine, et 25 hommes s'il doit en faire usage. Toutefois les navires qui ont déjà concouru aux précédents tirages conserveront, pour leur classement par série, les avantages qu'ils pouvaient devoir à leur ancien jaugeage. Il sera donné lecture de ce relevé à l'assemblée, après quoi le tirage au sort aura lieu par série, en commençant par la première et en descendant de celle-ci à la seconde, puis à la troisième, jusqu'à

épuisement. A cet effet, il sera disposé autant de bulletins qu'il y aura de navires dans une même série, et chacun des bulletins portera le nom des navires. Ces bulletins seront ensuite mis dans une urne, d'où ils seront successivement tirés en présence de tous les armateurs réunis. Au fur et à mesure qu'un bulletin sortira, l'armateur du navire désigné par le bulletin choisira une place dans la série à laquelle ce bâtiment appartient. Si la série des places se trouve épuisée avant la série correspondante des navires, les bâtiments excédants seront réunis à ceux de la série inférieure. Après le choix fait par les armateurs des navires compris dans la première série, les places qui s'y trouveront encore disponibles pourront être choisies par les armateurs de la deuxième série, concurremment avec les places appartenant à cette série. Les armateurs de la troisième série auront également la faculté de faire choix des places vacantes dans les deux séries supérieures. L'opération du tirage sera constatée par un procès-verbal ; l'assemblée sera ensuite dissoute.

4. Les résultats du tirage, effectué conformément à l'article précédent, seront énoncés dans un tableau de répartition dressé par les soins du chef du service de la marine. Ce tableau devra présenter : les noms des havres ; les numéros et les noms des places comprises dans chaque havre ; le nombre de bateaux que chaque place peut contenir ; les noms des armateurs concessionnaires ; les villes où ces armateurs sont domiciliés ; les noms des navires ; le port en tonneaux de ces navires ; le nom et l'âge des capitaines ; la force des équipages ; le port d'où chacun de ces bâtiments doit être expédié.

5. Le tableau de répartition, rédigé à la suite du procès-verbal du tirage des places, et arrêté par le chef du service de la marine à Saint-Servan, sera adressé à notre ministre de la marine et des colonies ; il sera imprimé et rendu public.

6. Chaque armateur conservera, pendant cinq ans, la jouissance du havre et de la place qui lui auront été assignés, tant qu'il continuera d'expédier le même nombre de navires, de même série, pour la pêche de la morue. Il conservera, pendant le même temps, la propriété des chaufauds, dépendances et graves qu'il aura fait préparer. A la fin de la cinquième année de jouissance, chaque capitaine constatera, par un procès-verbal signé de deux autres capitaines voisins, l'état de l'établissement qu'il aura formé et occupé, lequel consiste dans le chaufaud, ses orgages et ses tenailles, les cabanes et leurs portes, les étaux lavoirs et garde-poisson ; il laissera ledit établisse-

ment dans la situation où il se trouvera. Quant aux autres objets, tels que cajots, traîneaux, bateaux, avirons et autres ustensiles, le capitaine pourra les enlever, afin que l'armateur en dispose à son gré.

7. Les cinq années expirées, il sera procédé par la voie du sort, conformément aux dispositions de l'art. 3, au renouvellement général du partage des places entre les armateurs déjà concessionnaires, concurremment avec ceux qui se présenteront pour la première fois, mais après que les uns et les autres auront fait les déclarations prescrites par l'art. 2.

8. Il sera délivré à chaque armateur un bulletin de mise en possession, indiquant le nom du havre et de la place qui lui auront été assignés pour chaque navire. Dans le cas où la place ne serait pas désignée nominativement, ce bulletin contiendra tous les renseignements nécessaires pour en constater la position et la faire facilement reconnaître.

9. Le chef du service de la marine à Saint-Servan adressera un état de ces bulletins aux administrateurs des ports d'où les navires devront être expédiés, afin que ces administrateurs puissent remettre aux capitaines desdits navires des bulletins particuliers conformes au modèle prescrit par l'art. 22 du présent règlement.

10. Il pourra, après le tirage général, être concédé des places, sur la côte de l'île de Terre-Neuve, aux armateurs qui expédieront leurs navires à la pêche sur le grand banc ou sur les banquereaux, avec l'intention de faire sécher à la côte de l'île la morue prise par ces bâtiments. Mais ces armateurs, pour être admis au tirage des places entre eux, seront tenus, comme les autres armateurs, à une déclaration préalable, à défaut de laquelle leurs navires ne pourront s'établir que sur les points de la côte qui ne seront point occupés.

11. Aucun armateur ne pourra obtenir, pour le même navire, la concession simultanée de places sur les côtes est et ouest de l'île.

12. Tout armateur qui, à l'époque du tirage général des places, et à moins qu'il n'y soit contraint par force majeure, n'expédiera pas le navire dont l'armement, annoncé par lui, aurait déterminé à son égard une concession de place, perdra ses droits à la jouissance de cette place, indépendamment de l'amende de trois mille francs stipulée volontairement, pour ce cas, au profit de la caisse des invalides de la marine, par l'assemblée des armateurs réunis à Saint-Servan, suivant délibération du 15 décembre 1820, maintenue et confirmée par les délibérations subséquemment prises dans les réu-

nions qui ont eu lieu audit port de Saint-Servan en décembre 1826 et février 1832. L'amende sera de mille francs (suivant délibération de l'assemblée des armateurs réunis en février 1832) pour les armateurs des navires banquiers admis au tirage spécial, dans le cas prévu par l'art. 10., qui, dans l'année de ce tirage, n'expédieront pas les navires pour lesquels ils auraient obtenu la concession d'une place à la côte de Terre-Neuve, ou qui, ayant expédié leurs navires sur le banc ou sur les banquereaux, se seraient abstenus de faire occuper à la côte la place de sécherie dont ils auraient été déclarés concessionnaires. Tout armateur auquel il aura été concédé une place sera tenu de la faire occuper, la première année du tirage, par le navire concessionnaire ou un autre de même série au moins, dans le cas où ce navire aurait été condamné sans avaries de mer depuis le tirage. S'il est vendu, l'acquéreur sera tenu aux mêmes obligations, sous la responsabilité du vendeur. Les chaufauds, leurs dépendances et graves, tels qu'ils se trouveront à l'arrivée des navires sur la côte, appartiendront au navire auquel la place aura été assignée d'après la répartition réglée par les art. 2, 3 et 4 du présent règlement, ou à un autre navire armé en remplacement par le même armateur, pourvu qu'il appartienne à la même série. Si, dans les années qui suivront celle où le partage général des places aura été effectué, ledit armateur expédie un navire de moindre série, il y aura lieu au partage de la grave seulement en raison de la différence de la série. Toute place qui, pendant une saison de pêche, n'aura point été occupée par le navire auquel elle avait été concédée, sauf le cas de force majeure dûment constaté, sera réputée vacante, et pourra être mise à la disposition de tout autre armateur, suivant les formes prescrites, sans que le premier concessionnaire qui l'aura abandonnée puisse y conserver aucun droit, ni prétendre à aucune indemnité. On entend par occuper une place, y déposer le nombre d'hommes d'équipage voulu par la série à laquelle le navire appartient, faire pêche effective dans le havre, trancher et saler à la place les produits de la pêche, y former et entretenir l'établissement complet de pêche; cette explication, toutefois, ne concerne les places que de la côte de l'est. Aucun armateur ne pourra revendiquer la jouissance d'un terrain non occupé, mais qu'un autre armateur concessionnaire aurait défriché à neuf, et disposé pour faciliter et étendre l'exploitation de sa pêche, à moins que ce terrain ne reste inoccupé pendant deux saisons.

13. Les places portées pour mémoire au tableau indicatif étant en dehors du tirage, le choix qui en serait fait par les armateurs pendant l'opération du tirage n'exemptera pas ceux-ci du paiement de l'amende, si toutes les places habitables portées au tableau ne sont pas épuisées avant ce choix.

14. Aucun navire ne devra aller pêcher sur la côte de l'île de Terre-Neuve, s'il ne lui a point été assigné de place d'après les formes déterminées. Les administrateurs de la marine dans les ports d'armement ne délivreront de rôles d'équipage aux navires destinés à être expédiés pour la pêche à l'île de Terre-Neuve, qu'après s'être assurés que les armateurs ont été mis en possession d'une place, conformément au présent règlement.

15. Dans les quatre années qui suivront celle du tirage général, il sera fait chaque année, le 5 janvier, un tirage partiel des places vacantes, de la manière prescrite pour le tirage général. A la suite du tirage général, y compris le tirage spécial pour les banquiers, comme de chacun des tirages partiels, y compris le tirage spécial pour les banquiers, les places demeurées disponibles seront concédées aux armateurs qui en feront la demande, depuis l'époque du tirage jusqu'au 30 juin. Les armateurs qui, postérieurement au tirage général, obtiendront des places, n'en jouiront que pendant le temps restant à s'écouler jusqu'au terme marqué pour le renouvellement intégral. Ces concessions particulières seront inscrites sur le tableau de répartition, et le commissaire de la marine à Saint-Servan en rendra compte à notre ministre de la marine et des colonies.

TITRE II. — *Capitaines des navires employés à la pêche de la morue sur les côtes de l'île de Terre-Neuve.*

16. Le capitaine le plus âgé remplira les fonctions de prud'homme dans tous les havres; mais le capitaine au long cours aura toujours la priorité sur les maîtres au cabotage.

17. Le capitaine prud'homme est spécialement chargé de maintenir la discipline, la police et le bon ordre dans le havre; d'assurer à chaque capitaine la jouissance du havre et de l'étendue de grave qui lui sont assignés; d'inspecter les filets, de veiller à la sûreté des mouillages et rades; de recevoir les plaintes des capitaines pêcheurs et d'y faire droit, lorsqu'il est compétent pour les juger, après avoir toutefois vérifié les faits et acquis des preuves autant qu'il lui est possible. Il préside toutes les réunions de capitaines qui peuvent avoir lieu dans le havre; il termine, comme prud'homme arbitre et sans frais, les contestations qui peuvent s'élever entre les

capitaines ; il ne peut exiger aucune rétribution ni émolument des capitaines pêcheurs ; il garde minute des dispositions qu'il prononce ; il constate, par des procès-verbaux, toutes les contraventions au présent règlement commises pendant la durée de la pêche ; il signe ces procès-verbaux et les fait signer par les officiers et le maître d'équipage, et, à son retour, il doit remettre lesdites décisions et procès-verbaux au commissaire de la marine dans le port d'où il est parti. Il doit remettre audit commissaire un rapport détaillé sur la navigation et sur tout ce qui peut intéresser l'amélioration de la pêche.

18. Si le capitaine prud'homme était lui-même intéressé dans une contestation ou s'il était absent, l'affaire devrait être portée et soumise au jugement du prud'homme du havre le plus voisin.

19. Lorsque des bâtiments de notre marine sont en station sur les côtes de l'île de Terre-Neuve, et que le capitaine prud'homme a eu connaissance de délits qui sont de simple police, il les dénonce au commandant desdits bâtiments, et provoque contre les délinquants les peines prononcées par les lois sur la discipline des équipages.

20. S'il est commis des délits qui, en France, seraient du ressort des tribunaux, le capitaine prud'homme remplit les fonctions de juge de paix : il forme la première instruction ; il veille à ce que le prévenu ne puisse s'évader et soit remis au commandant de la station avec les pièces constatant le délit.

21. Les navires qui auront concouru au premier tirage de chacune des trois séries de place de pêche à la côte de Terre-Neuve ne pourront obtenir des bureaux de la marine la remise de leurs papiers de bord, avant le 1er mars, pour la côte de l'ouest, avant le 20 avril, pour la côte de l'est. Il est défendu, sous peine de mille francs d'amende (ordonnance du 8 mars 1702), à tout capitaine de navire expédié pour le banc, d'appareiller et de faire route avant le 1er mars ; il est également défendu, sous la même peine, d'expédier des bateaux sur la côte, si le navire en est éloigné de plus d'un myriamètre, et même à une moindre distance, s'il y a banquise formée, ce qui sera constaté par les journaux des capitaines et des officiers. Par exception aux dispositions ci-dessus, tout navire précédemment concessionnaire d'une place à la côte de l'ouest qui deviendra concessionnaire d'une place à la côte de l'est pourra partir le 20 mars, à l'effet de faire en temps utile le transport de son matériel.

22. Chaque capitaine recevra, avant son départ pour l'île de Terre-Neuve, de l'administrateur de la marine dans le port d'où il sera expédié, un bulletin de mise en possession conforme au modèle ci-dessous: il sera tenu d'exhiber ledit bulletin au capitaine prud'homme du havre où il devra être placé.   (Suit le modèle.)

23. Aucun capitaine ne pourra établir son navire, pour faire pêche ou sécherie, dans un havre autre que celui qui lui aura été assigné par le bulletin de mise en possession, et ce, sous la peine exprimée en l'article précédent, indépendamment de celle d'interdiction de commandement. Les seuls bateaux à la ligne expédiés en dégrat seront admis à pêcher, trancher, saler dans tous les havres et même à sécher sur les terrains vacants desdits havres. Toutefois la défense portée par le premier paragraphe du présent article est sans préjudice des arrangements qui pourront être faits à l'amiable entre les armateurs ou capitaines, pour l'occupation réciproque, par leurs navires, des havres et des places qui leur auront été respectivement affectés sur l'une et l'autre côte, et elle ne s'étend pas aux havres absolument inoccupés, où les bâtiments pourront se placer et auront la faculté de conserver la place, en faisant, au retour du voyage, l'abandon de celle déjà concédée. Il ne pourra, dans l'intervalle d'un tirage général à l'autre, être créé de nouvelles places, à moins que toutes celles soumises au tirage n'aient été concédées.

24. Chaque capitaine expédié pour les côtes de l'île de Terre-Neuve devra, indépendamment du bulletin de mise en possession, être muni d'un exemplaire du présent règlement, d'un exemplaire du tableau indicatif prescrit par l'art. 1er, ainsi que d'un exemplaire du tableau de répartition prescrit par l'art. 4.

25. Il est défendu à tout capitaine, sous peine de cinq cents francs d'amende, de jeter du lest dans les havres, de s'emparer des sels, des huiles et des autres objets qui auraient pu être laissés l'année précédente ; de rompre, transporter ou dégrader les chaufauds et leurs dépendances qui se trouveront dressés à la côte (art. 7, titre 6, livre 5 de l'ordonnance du mois d'août 1681) ; il est même expressément recommandé à tout capitaine d'améliorer la place qu'il occupe.

26. Il est défendu également à tout capitaine de s'emparer des chaloupes et des bateaux qui seraient échoués sur la côte, sans un pouvoir spécial des propriétaires de ces embarcations, à peine d'en payer le prix ainsi que cinquante francs d'amende. Mais si les propriétaires des chaloupes et des bateaux ne s'en servent pas ou n'en ont pas disposé, ceux qui en auront besoin pourront, avec la permission du capitaine pru-

d'homme, en faire usage pour leur pêche, à condition que, à leur retour, ils en paieront le loyer aux propriétaires. Les capitaines qui voudront employer ces chaloupes et ces bateaux seront tenus de remettre au prud'homme du havre, et, en son absence, à un capitaine voisin, un état indiquant le nombre des chaloupes et des bateaux qu'ils comptent prendre pour leur service, avec la soumission d'en payer le loyer et de les remettre au propriétaire, s'il arrive à la côte, ou à tout autre ayant pouvoir du propriétaire. Si les chaloupes et les bateaux ne sont pas remis au propriétaire pendant la durée de la pêche, les capitaines qui les auront employés seront tenus de les faire échouer en lieu de sûreté : cette circonstance devra être constatée par un certificat que le capitaine prud'homme, et, en son absence, un autre capitaine délivrera (art. 8, 9, 10, 11, titre 6, livre 5 de l'ordonnance de 1681). Les bateaux, les sels et les autres objets laissés à la côte, et qui n'auraient pas été enlevés par le propriétaire dans le délai de deux ans, à partir de l'époque de l'abandon, seront vendus à l'encan, à la diligence du prud'homme, au profit du propriétaire, à la charge par l'acquéreur de les enlever dans la quinzaine qui suivra la vente.

27. Les capitaines seront tenus de procurer aux commandants de nos bâtiments employés en station sur les côtes de l'île de Terre-Neuve, tous les renseignements et détails que ces officiers leur demanderont sur l'exploitation de la pêche, sur la police observée par les pêcheurs, sur le nombre et l'état de leurs navires, de leurs bateaux, de leurs équipages.

28. Les dispositions de l'ordonnance du 4 août 1819, en ce qui concerne l'embarquement d'un chirurgien sur les navires destinés à la pêche de la morue à l'île de Terre-Neuve, continueront à recevoir leur exécution. Un chirurgien sera affecté au service sanitaire dans tout havre où il ne se trouvera pas un bâtiment de première série, lorsque les navires concessionnaires de ce havre auront ensemble cinquante hommes d'équipage, les mousses compris.

29. Il est interdit à tous les pêcheurs français établis sur les côtes de Terre-Neuve d'avoir des établissements couverts en plan, ou de faire usage de cette écorce pour quoi que ce soit.

TITRE III. — *Instrument de pêche.*

30. L'usage des filets appelés *haltopes* est défendu dans toute l'étendue des pêcheries françaises, à la côte de Terre-Neuve.

31. Pour prendre le poisson appelé *capelan* ou celui nommé *lançon*, servant l'un et l'autre d'appât à la morue, il ne pourra être employé que des seines ayant huit à neuf cents mailles de hauteur, et trente brasses de longueur lorsqu'elles seront montées.

32. Il est défendu de se servir de seines à capelan et à lançou autrement qu'au moulinet, et sans jamais déborder à terre.

33. Il est défendu de couler entièrement les seines ou d'en ajouter deux ensemble.

34. L'usage des seines à morue est maintenu.

35. Leur étendue sera à la volonté de l'armateur, tant en hauteur qu'en longueur; mais la maille n'aura pas moins de quarante-huit millimètres entre nœuds au carré. Les seines à morue, dont la maille serait plus petite que quarante-huit millimètres entre nœuds au carré, seront, sur l'ordre du capitaine prud'homme ou sur celui d'un des officiers de la station en service, désarmées et séquestrées pendant la saison de la pêche. La vérification des seines sera faite en mesurant vingt mailles allongées, qui devront porter un mètre neuf cent vingt millimètres.

36. Il est défendu de se servir de seines à morue autrement qu'au moulinet, et sans jamais déborder à terre.

37. Un bateau pêchant à la seine pourra déborder son filet à deux longueurs d'un aviron bordé du bateau qui pêche à la ligne.

38. Dès qu'un bateau à la seine débordera près d'un bateau pêchant à la ligne, l'un et l'autre armeront un aviron, afin de marquer la distance à laquelle doit se tenir la seine.

39. Si le bateau de seine déborde en dedans de cette distance, c'est-à-dire de manière que les avirons se croisent, il paiera une indemnité de cinq cents morues, lors de la rentrée des bateaux de la pêche; mais il n'aura pas pour cela le droit de faire lever le bateau pêchant à la ligne.

40. Faute par le bateau qui pêche à la ligne de border un aviron, le bateau de seine pourra s'approcher autant qu'il le voudra, pourvu cependant qu'il ne touche point le bateau pêchant à la ligne.

41. Si une seine déborde, à l'égard de plusieurs bateaux en dedans de la distance voulue, l'indemnité fixée par l'art. 39 sera partagée entre ces bateaux par portions égales.

42. Sous peine de donner à son tour mille morues au bateau pêchant à la seine, le bateau pêchant à la ligne ou tout autre bateau de seine devra s'abstenir de mouiller dans le circuit de la seine et d'en gêner les mouvements, une fois que le bateau de seine aura prévenu qu'il va déborder, et qu'il aura effectivement commencé à jeter

son filet à la mer. Si des maîtres de seine se rendaient à l'avance sur certains points pour y attendre le poisson, ils ne pourront y mouiller qu'avec leurs grappins ; et, dans ce cas, ils seront tenus de quitter la place si un autre maître de seine commence à déborder avant eux. Le fait de stationner sur sa chatte ne constituera à un bateau de seine aucun droit de priorité, lorsqu'il s'agira de déborder.

43. Les seines à morue seront affectées aux places. Les places de première série, occupées par des navires de même série, ne pourront armer plus de deux seines. Les places de première série, quel que soit le nombre des navires, ne pourront équiper plus de deux seines. Si la place de première série est occupée par un seul navire de série inférieure, le navire ne pourra employer qu'une seine. Les places de deuxième et troisième série, quel que soit le nombre des navires occupant, ne pourront équiper plus d'une seine. Les agrégations ne pourront donner droit à augmenter le nombre des seines, quels que soient la série de la place et le nombre des agrégés. Tout navire allant à la pêche sur le grand banc, puis à Terre-Neuve, n'aura pas le droit d'équiper une seine à morue, s'il n'a vingt-cinq hommes d'équipage sur le rôle. Il ne pourra être fait usage de la seine ou des seines d'un navire dont une partie de l'équipage aurait été envoyée comme passagers sur un autre bâtiment, qu'après l'arrivée du premier ou l'avis de sa perte en route. Les bâtiments ayant déjà pris possession de leur place à la côte pourront relever pour le banc, et jouiront de la faculté d'armer leurs seines, pourvu qu'ils laissent sur ladite place le nombre d'hommes exigé, pour l'armement de ces filets, par le numéro de la série à laquelle ils appartiennent.

44. Les bateaux de seine ne pourront seiner près de Belle-Ile du détroit, Belle-Ile du sud et Grois, à moins qu'ils n'appartiennent à un navire mouillé dans un de ces havres.

45. Toute demande en indemnité pour les faits prévus par les articles ci-dessus sera jugée sommairement, et sans appel, par les autres capitaines du havre non intéressés aux bâtiments en contestation. Ces capitaines seront convoqués et présidés par le prud'homme, et, si celui-ci est intéressé ou absent, par le capitaine le plus âgé après le prud'homme.

46. Toutes contraventions, soit de la part des armateurs, soit de celle des capitaines de navires, seront punies conformément au présent réglement. Les procès-verbaux constatant lesdites contraventions seront, à cet effet, remis par les prud'hommes aux commissaires de l'inscription maritime, pour que, à la diligence de ces administrateurs, les poursuites de droit soient exercées.

47. La pêche du saumon ne pourra se faire qu'au moyen de barrages pratiqués dans les ruisseaux ou rivières.

48. L'embarquement de provisions particulières de boissons spiritueuses, à bord des bâtiments faisant la pêche de la morue, est formellement interdit. L'administration de la marine concertera avec celle des douanes les mesures à prendre pour empêcher l'embarquement des spiritueux, et même celui des fûts vides propres à en contenir. Notre ministre de la marine retirera la lettre de commandement, pour un temps dont sa décision fixera la durée, à tout capitaine qui aura vendu ou laissé vendre à son bord des boissons spiritueuses. Une amende de cinq cents francs sera encourue par tout armateur qui fera vendre de ces boissons pour son compte aux équipages de ses navires.

49. Le produit de amendes sera versé dans la caisse des invalides de la marine.

50. Notre ministre de la marine et des colonies (M. Duperré) est chargé, etc.

22 = 24 MAI 1842. — Loi qui ouvre un crédit de quatre millions pour la réparation des dommages causés aux digues et levées qui bordent la vallée du Rhône, entre Lyon et la mer, ainsi qu'au canal d'Arles à Bouc, par la crue et le débordement des eaux (1). (IX, Bull. DCCCCVIII, n. 9990.)

Art. 1er. Il est ouvert au ministre des travaux publics, sur l'exercice 1842, un crédit de quatre millions de francs (4,000,000 fr.), qui seront employés à la réparation des dommages causés aux digues et levées qui bordent la vallée du Rhône, entre Lyon et la mer, ainsi qu'au canal d'Arles à Bouc, par la crue et le débordement des eaux.

Pour les digues et levées qui n'appartiennent pas à l'État, la dépense pourra être acquittée entièrement sur les fonds du trésor, mais seulement en ce qui concerne la réparation des dommages causés par les inondations survenues postérieurement à la loi du 15 juin 1841 (2).

(1) Présentation à la Chambre des Députés le 12 mars (Mon. du 13) ; rapport par M. Delacroix le 30 mars (Mon. du 1er avril) ; discussion et adoption le 11 avril (Mon. du 12), à la majorité de 205 voix contre 32.

Présentation à la Chambre des Pairs le 22 avril (Mon. du 23) ; rapport par M. le comte de Gasparin le 4 mai (Mon. du 5) ; adoption le 7 (Mon. du 8), à la majorité de 103 voix contre 4.

(2) « Il nous reste, Messieurs, a dit M. le ra...

2. Les fonds non consommés sur un exercice pourront être reportés, par ordonnance royale, sur l'exercice suivant.

3. Le crédit ouvert par la présente loi sera réalisé au moyen des ressources ordinaires de l'exercice 1842.

4. Il sera rendu un compte spécial des fonds alloués par la présente loi.

5. Les plans et devis produits à l'appui de la présente loi seront déposés aux archives des Chambres.

24 = 27 mai 1842. — Loi relative à la saisie des

rentes constituées sur particuliers (1). (IX, Bull. DCCCCIX, n. 9992.)

Article unique. Le titre 10 du livre 5 de la première partie du Code de procédure civile, relatif à la saisie des rentes constituées sur particuliers, est remplacé par les dispositions suivantes :

TITRE X. — *De la saisie des rentes constituées sur particuliers.*

Art. 636. La saisie d'une rente constituée en perpétuel ou en viager, moyennant un capital déterminé, ou pour prix de la vente d'un immeuble, ou de la cession

---

nistre des travaux publics en portant le projet à la Chambre des Pairs, à vous présenter une grave et importante question. Cette dépense, intéressant à la fois la navigation et les propriétaires riverains, sera-t-elle partagée entre eux et l'État, ainsi que l'ont prescrit les lois précédentes, ou restera-t-elle entièrement à la charge du trésor ?

« Sans doute, Messieurs, dans des circonstances ordinaires, il faut bien se garder de porter atteinte au principe du concours, si essentiellement conservateur des intérêts du trésor ; mais nous avons pensé que, dans certaines circonstances, ce principe devait fléchir. Et quelles circonstances plus impérieuses que celles qui se rencontrent ici?

« D'ailleurs n'oublions pas que ces populations, trois fois victimes en deux ans d'un fléau dont le souvenir se présentait jusqu'alors une fois par siècle, ont déjà fait de grands sacrifices, et que de plus grands encore leur seront imposés. En effet, il ne faut pas perdre de vue que ces travaux indispensables pour défendre la vallée du Rhône ne sauraient la mettre à l'abri d'une inondation semblable à celle de 1840, et que, pour parvenir à ce but, c'est l'exhaussement général des digues qu'il sera nécessaire d'entreprendre, travail dont la dépense pourra s'élever jusqu'à 7 à 8 millions, et qui, par sa nature, se trouvera presque en totalité peser sur les populations riveraines.

« Dans cette position, Messieurs, en vue des sacrifices déjà soufferts et des charges à venir, vous n'hésiterez pas à soulager des populations dignes d'intérêt, en acceptant aujourd'hui la totalité d'une dépense nécessaire sans doute pour la défense de la vallée du Rhône, mais non moins importante dans l'intérêt de la navigation. »

(1) Présentation à la Chambre des Pairs le 23 février (Mon. du 25) ; rapport par M. Romiguières, le 16 mars (Mon. du 17) ; discussion les 22, 29 (Mon. des 23, 30) ; adoption le 30 (Mon. du 31), à la majorité de 104 voix contre 3.

Présentation à la Chambre des Députés le 4 avril (Mon. du 9) ; rapport par M. Pascalis le 16 (Mon. du 17) ; discussion et adoption le 21 (Mon. du 22), à la majorité de 151 voix contre 96.

Retour à la Chambre des Pairs le 29 avril (Mon. du 30) ; rapport par M. Romiguières le 4 mai (Mon. du 5) ; adoption le 7 (Mon. du 8), à la majorité de 104 voix contre 5.

Voy. loi du 2 juin 1841, sur les ventes judiciaires d'immeubles, t. 41, p. 214.

Dans son rapport sur le projet de loi relatif aux ventes judiciaires de biens immeubles, la commission de la Chambre des Députés s'exprimait ainsi :

« Le Code de procédure règle, par son titre 10

du livre 5, 1re partie, la saisie des rentes constituées sur particuliers. Ces valeurs n'étaient pas réputées meubles, sous l'ancien droit, ainsi qu'elles le sont par le Code civil ; elles formaient une troisième espèce de biens qui rentrait dans la classe des biens incorporels. Cédant sans doute à ce souvenir, le législateur de 1806, qui pouvait chercher, pour la saisie de ces rentes, des principes d'analogie, soit dans les saisies exécutions, soit dans les saisies immobilières, a préféré suivre ce dernier parti. Après la saisie, la dénonciation au débiteur dans les trois jours et le dépôt dans la quinzaine d'un cahier des charges au greffe (art. 641, 642, 643), il faut une première publication à l'audience (art. 643). L'insertion sur un tableau, dans l'auditoire du tribunal, est ensuite exigée. La remise du cahier des charges doit être précédée d'une apposition d'affiches, avec insertion au journal (art. 645, 646, 647). Une seconde publication suit la première, à huit jours d'intervalle ; une troisième est prescrite, et se confond avec l'adjudication préparatoire, qui n'est pas oubliée (art. 648, 649, 654). Alors, de nouvelles affiches et insertions auront lieu. Après trois jours enfin, adjudication définitive. »

La commission concluait de cette analyse qu'il était nécessaire de maintenir l'harmonie entre deux parties du Code de procédure qui sont corrélatives, la saisie des rentes constituées et la saisie immobilière, et que la simplification des formes dans la la seconde exigeait, imposait le devoir d'apporter des modifications analogues dans la première. Sans cela, il arriverait, disait-elle, que, pour des biens ordinairement plus importants et dont la possession touche à plus d'intérêts, les immeubles, la loi aurait rendu l'expropriation plus rapide et moins coûteuse que pour des biens dont la nature mobilière se prête à de plus faciles mutations, c'est-à-dire les rentes sur particuliers.

Quoiqu'il soit fait peu de saisies de rentes, le gouvernement n'a pu que reconnaître la justesse de ces observations ; il a dû y déférer, non seulement dans l'intérêt d'une bonne codification, mais encore dans un intérêt pratique dont il est facile de se rendre raison.

« Les formalités qui seront à l'avenir retranchées de cette procédure, sont : deux publications du cahier des charges ; l'insertion des affiches dans un tableau spécial ; une double apposition d'affiches ; des insertions aux journaux, répétées aussi deux fois ; la notification du procès-verbal d'affichement à la partie saisie ; l'adjudication préparatoire ; enfin, le temps nécessaire à l'accomplissement de

de fonds immobiliers, ou à tout autre titre onéreux ou gratuit (1), ne peut avoir lieu qu'en vertu d'un titre exécutoire (2). Elle sera précédée d'un commandement fait à la personne ou au domicile de la partie obligée ou condamnée, au moins un jour avant la saisie, et contenant notification du titre, si elle n'a déjà été faite (3).

---

la procédure entière se trouve considérablement abrégé. » (*Extrait du rapport de M. Pascalis.*)

(1) L'article du projet primitif du gouvernement ne parlait, comme le Code, que des rentes constituées. Les développements explicatifs qu'a reçus cette première partie de l'article ont été introduits par la première commission de la Chambre des Pairs.

« Les mots *rente constituée*, a dit M. *Romiguières*, n'ont point paru à votre commission indiquer suffisamment les diverses natures de rentes soumises aux dispositions du titre 10. En général, on n'entend par rentes constituées que celles créées moyennant une somme d'argent, réservant les mots *rentes foncières* pour celles établies moyennant l'abandon d'un immeuble, d'un fonds immobilier. Mais depuis surtout la loi du 11 brumaire an 7, dont l'art. 7 disposa que les rentes foncières, comme toutes les autres prestations déclarées rachetables, ne pourraient plus à l'avenir être frappées d'hypothèques, la rente foncière n'a rien qui la distingue de la rente constituée à prix d'argent. Évidemment, le titre 10 est applicable aux unes et aux autres, comme aux rentes constituées en viager. Or, l'art. 636 ne le dit pas expressément, et nous avons cru qu'une explication à cet égard serait utile. Si le langage de la loi doit être concis, il doit, autant que possible, exprimer toute la pensée du législateur. »

Sous l'empire du Code de 1808 MM. Pigeau, t. 2, p. 125, édit. de 1811; Carré, *Lois de la procédure*, n. 2126; Thomines-Desmazures, t. 2, n. 705, avaient professé que les formalités établies au titre 10 s'appliquaient aux rentes foncières et aux rentes viagères. Cette doctrine avait été suivie par un arrêt de la Cour de Caen, du 21 juin 1814 (Sirey, t. 14, 2. 397; Journal du Palais, t. 12, p. 275.) Elle était confirmée par le passage suivant du *discours* du tribun Favard : « Cette partie du projet, disait cet orateur, est nouvelle pour le pays où la jurisprudence, et même les lois, variaient sur la nature des rentes. Aujourd'hui, elles sont toutes mobilières; qu'elles soient foncières, constituées ou viagères, il n'y a de distinction dans ce titre que pour celles qui ont été grevées d'inscriptions antérieurement à la loi du 11 brumaire an 7. Encore cette distinction ne porte-t-elle que sur le mode de distribution du prix de la rente. »

La rédaction nouvelle ne fait donc que consacrer ce qui existait déjà : « Cet amendement, adopté par le gouvernement, disait M. *Romiguières*, n'a qu'un motif et qu'un résultat : faire écrire textuellement dans la loi une disposition qui n'y était que sous-entendue, mais qui y était réellement. » Puis, après avoir cité le passage de M. Favard, il ajoutait : « Vous le voyez, notre amendement n'introduit dans la loi aucun élément nouveau. Il ne fait que provoquer une explication plus nette et plus complète. »

La même déclaration est consignée dans le rapport de M. Pascalis.

Je dois ajouter cependant que M. Delaporte, t. 2, n. 219, était d'une opinion tout à fait opposée, et que M. Berriat Saint Prix regardait le capital d'une rente viagère comme insaisissable. (P. 552, note 35.)

À l'égard des rentes viagères constituées à titre gratuit, avec la condition d'insaisissabilité, M. *Delespaul* a demandé, afin de prévenir un doute qui pourrait s'élever, que le gouvernement déclarât que le nouvel article ne portait aucune atteinte à l'art. 581 3° du Code de procédure.

M. *le garde des sceaux* a dit : « M. Delespaul a fait lui-même la réponse à son objection. En effet, la loi que vous discutez est une loi de procédure, et n'est qu'une loi de procédure; elle ne change rien aux principes sur le fond du droit, et certainement quand on a dit que les rentes viagères constituées à titre onéreux ou gratuit pouvaient être l'objet de la saisie dont parle la loi, on n'a entendu parler que des rentes saisissables, et non point de celles qui ne l'étaient pas. »

(2) L'art. 636 du Code de procédure disait « d'un titre authentique et exécutoire. » On a retranché le mot *authentique* comme inutile. Ce retranchement est conforme à celui qui a été opéré par la loi du 2 juin 1841 dans l'art. 675. Dès qu'un titre est exécutoire, il est nécessairement authentique. (*Premier exposé des motifs à la Chambre des Pairs.*)

(3) Il n'est pas dit, comme dans l'art. 674, que le commandement se périme par quatre-vingt-dix jours. La disposition est au contraire calquée sur celle de l'art. 583 relatif aux saisies-exécutions, où il est dit seulement que le commandement doit être fait *au moins un jour* avant la saisie. Par conséquent il faut décider, comme on le décide pour les saisies-exécutions, que le commandement ne se périme pas par trois mois. Voy. M. Carré, t. 11, quest. 1997. Voy. aussi mes notes sur l'art. 674. (Loi du 2 juin 1841.)

Lors de la discussion à la Chambre des Pairs, M. *Persil* avait proposé d'ajouter une disposition ainsi conçue : « Il en est de même de la saisie des actions et intérêts dans les compagnies de finance, d'industrie et de commerce. »

Cette proposition dont le but était de combler une lacune importante qui existe dans le Code de procédure, fut renvoyée à l'examen de la commission.

La commission, tout en convenant que notre législation ne contient aucune règle sur le mode de saisir et de vendre ces sortes de biens, qui, comme tous les autres, sont le gage commun des créanciers (art. 2093 C. civ.), a déclaré à l'unanimité que l'amendement de M. Persil était inadmissible. Elle a considéré qu'il y avait une différence tellement notable entre les actions et les intérêts, et les rentes constituées, qu'il était impossible de les soumettre au même mode d'exécution.

La rente constituée, a-t-elle dit, quand il s'agit de la saisir, est établie par un titre certain, presque toujours notarié, presque toujours inscrit, et par conséquent facile à découvrir. S'il y a quelque difficulté à cet égard, reste la ressource de la saisie-arrêt entre les mains du débiteur de la rente, qui, dans la déclaration, sera obligé de faire connaître le titre en vertu duquel la rente existe. De plus, la quotité de cette rente, du capital, s'il y en a un, est certaine; le débiteur l'est également. Par suite, nulle difficulté pour le saisissant dans l'exploit de saisie, pour le tiers-saisi dans sa déclaration, pour l'avoué dans le cahier des charges de faire, relativement au débiteur, à la rente, à sa

Art. 637. La rente sera saisie entre les mains de celui qui la doit, par exploit contenant, outre les formalités ordinaires, l'énonciation du titre constitutif de la rente,

---

quotité, à celle du capital, les énonciations voulues par le projet de loi comme par l'ancienne loi.

Il en est autrement pour les actions. La plupart sont au porteur; celles qui sont nominatives n'en sont pas moins très-facilement transmissibles, surtout quand elles sont cessibles par la voie de l'endossement. Le titulaire, le propriétaire de l'action est même incertain, car la Cour de cassation a jugé que celui qui perçoit les dividendes est le seul propriétaire à l'exclusion de celui qui est détenteur du titre.

Ainsi, dans la plupart des cas, il sera presque impossible de désigner le propriétaire.

Quant à la quotité, les difficultés sont bien autrement considérables : il faut énoncer dans l'exploit de saisie, dans le cahier des charges, dans la déclaration du tiers-saisi, la quotité de la rente et du capital. Or, en matière d'actions qu'énoncera-t-on ? Relativement au produit, le chiffre des dividendes varie selon les époques ; le capital lui-même varie suivant le cours de la place. Qu'énoncera-t-on ? Le prix primitif ou le cours actuel ?

Allons plus loin :

Pour la vente de cette action que fera-t-on ? La vente de la rente est très-facile. On procède devant le tribunal du domicile du saisi aux enchères par le ministère d'avoué, sur une mise à prix qu'il n'est pas difficile d'établir ; c'est le capital de la rente, réglé au besoin, selon la quotité de la rente elle-même. Quant à l'action, où la vendra-t-on ? Devant les tribunaux, avec une procédure longue et dispendieuse ? devant un notaire, ou à la bourse par agent de change ou par courtier ? Vendra-t-on au cours ? C'est là évidemment qu'il faut arriver.

Mais alors il est évident que cette marche est toute différente de celle qui est indiquée par le Code de procédure, relativement à la vente des rentes constituées. Il ne s'agit plus d'étendre cette procédure à un objet nouveau, mais bien d'établir une nouvelle procédure : or, ce serait sortir du cadre que l'on s'est proposé. Sous ce rapport, l'amendement n'est donc pas acceptable.

Il ne l'est pas également si on l'examine en lui-même avec un peu d'attention. En effet, il se réfère non seulement aux actions, mais encore aux intérêts que l'on peut avoir dans des compagnies de finances et d'industrie. Dans les sociétés qui ne se composent que d'intéressés ou même d'intéressés et d'actionnaires, la considération de la personne des intéressés peut entrer pour beaucoup dans la formation de la société. Dans les sortes d'entreprises, il y a à la fois association de personnes et association de capitaux. La substitution d'une personne à une autre n'est donc pas possible. En vain invoque-t-on les droits des créanciers : car si ces droits sont respectables, ceux des associés ne le sont pas moins. On ne peut leur imposer un associé sans leur consentement (art. 1861 C. civ.). Cependant tel serait le résultat de la proposition. Au lieu de transiger entre deux droits rivaux, elle confisque l'un au profit de l'autre.

Ce n'est pas tout : l'amendement, s'il était adopté, pourrait avoir les plus funestes résultats pour le crédit des sociétés. On comprend en effet combien il serait fâcheux, pour une entreprise même solidement établie, que le même jour ou à des époques assez rapprochées un grand nombre

de ses actions fût vendu à la bourse et surtout à une bourse de chef-lieu d'arrondissement.

La quetion soulevée par M. Persil présente donc des difficultés graves, nombreuses, qui exigent un examen approfondi. La masse des capitaux engagés dans les compagnies de finance et d'industrie est déjà fort considérable, et elle tend à s'accroître chaque jour : il serait de la plus haute imprudence d'improviser en quelque sorte par amendement un mode de saisie et de vente applicable à une portion si importante de la fortune publique. Il est du devoir du gouvernement d'appeler sur ce point les observations des représentants légaux du commerce et de l'industrie que cette matière intéresse principalement : on ne saurait procéder avec trop de maturité.

MM. *Persil et d'Argout* ont répondu que l'amendement ne sortait point du cadre de la loi proposée ; qu'en effet, le titre qu'il s'agissait de réformer était le seul où il fût question de la saisie et de la vente des biens incorporels, et que, par conséquent, les dispositions relatives à la saisie et à la vente des actions et intérêts dans les compagnies de finance et d'industrie y trouvaient naturellement leur place (voy. Pigeau, t. 2, p. 124, édit. de 1811); que cette sorte de biens présentait aujourd'hui une bien autre importance que les rentes qui disparaissaient tous les jours; que restreindre à celles-ci la réforme que l'on voulait opérer, ce serait travailler pour l'honneur des principes, uniquement pour mettre le titre en harmonie avec celui de la saisie immobilière.

« On objecte, poursuivaient-ils, qu'il y a entre la nature des rentes et celle des actions et intérêts des différences essentielles qui ne permettent pas que le même mode de saisie leur soit appliqué. Nous, ne le nions pas ; mais doit-on conclure de là que l'amendement doit être écarté par une fin de non recevoir ? Nullement. Tout le monde reconnaît combien il est urgent de régler aujourd'hui une pareille matière : il convient dès lors de tracer dans un article spécial la procédure qui lui convient.

« Voici, disaient-ils enfin, les formalités que l'on peut proposer :

« La jurisprudence accorde à une simple saisie-arrêt l'effet de mettre sous la main de la justice les actions des compagnies d'industrie et de commerce (voy. arrêt de la Cour de Paris du 2 mai 1811. Sirey, 14. 2. 215 ; Dalloz. 9. 2, 150 ; Journal du Palais, à sa date) ; nous demandons qu'au lieu de cette saisie-arrêt on soit obligé de faire une saisie véritable par un exploit d'huissier. Il n'y a presque qu'un mot de changé. Voici le texte de l'amendement :

« Les actions seront saisies, entre les mains des « gérants, directeurs ou administrateurs, par ex- « ploit contenant, outre les formalités ordinaires, « l'énonciation du titre en vertu duquel elles ont « été constituées, de leur capital et du titre de la « créance du saisissant ; les nom, profession et de- « meure de la partie saisie, et assignation auxdits « gérants, directeurs et administrateurs, en décla- « ration devant le tribunal qui doit connaître de « la poursuite. »

« Dans l'état de notre jurisprudence, quand on a saisi, on assigne, pour voir dire qu'on sera autorisé à vendre l'action, et le tribunal ordonne cette vente. La seconde partie de l'amendement ne propose pas autre chose, elle a pour but de régulariser

de sa quotité (1), de son capital, s'il y en a un (2), et du titre de la créance du saisissant; les noms, profession et demeure de la partie saisie; élection de domicile chez un avoué près le tribunal devant lequel la vente sera poursuivie, et assignation au tiers saisi en déclaration devant le même tribunal (3).

ce qui se pratique. Nous ajoutons seulement le mode de vente afin d'éviter la diversité et l'arbitraire, et nous proposons de faire ordonner la vente des actions à la bourse et par l'intermédiaire d'agents de change. Tous les abus, les nombreuses difficultés qu'on objecte, tout cela n'est que de la fantasmagorie. Dans la réalité, nous ne proposons que de réaliser ce qui se fait. La suite de l'amendement en fournit la preuve. La voici :

« Dans les trois jours de la saisie, outre un jour « par cinq myriamètres de distance entre le siége « de la compagnie et le domicile du saisissant, et « pareil délai entre le domicile de ce dernier et « celui de la partie saisie, le saisissant sera tenu « de la dénoncer à la partie saisie, avec assignation « devant le tribunal de son domicile, pour voir « ordonner la vente des actions.

« Cette vente aura lieu à la bourse et par le « ministère d'un agent de change commis par le « tribunal ; et, s'il n'y a pas de bourse, dans l'ar- « rondissement du domicile de la partie saisie, à « la bourse la plus voisine, ou dans toute autre que « le tribunal désignera, pour le meilleur intérêt « des parties. »

« On nous oppose qu'il y a des actions (celles au porteur et celles qui sont transmissibles par la voie de l'endossement) qui, par le fait, échappent à toute saisie; que la saisie des intérêts offre des difficultés qui n'ont pas été prévues par l'amendement ; qu'enfin il y a peut-être des mesures à prendre pour préserver le crédit des sociétés des effets fâcheux que pourrait avoir la vente d'un grand nombre d'actions sur un marché peu important.

« Ces objections ne sont pas insolubles. Sans doute il y a des actions qui, par le fait, ne peuvent, le plus souvent, être placées sous la main de la justice; hé bien ! la loi ne sera applicable que lorsqu'on aura pu se saisir du titre même de l'action : dans tous les cas, elle atteindra celles qui sont susceptibles d'être saisies. La saisie et la vente des *intérêts* présente, il est vrai, des difficultés, car il faut respecter les droits des associés, on ne peut leur imposer un inconnu : mais l'objection, fort grave en théorie, ne présente pas la même gravité dans la pratique : en fait, peu de personnes chercheront à entrer de cette manière dans une société ; l'intérêt sera presque toujours acquis, soit par la société, soit par un ou plusieurs des associés ; de plus, le saisi étant dans l'état de déconfiture, les autres associés pourront demander la dissolution de la société (art. 1865, 4° C. civ.) ; de manière que la saisie ne portera que sur la part à laquelle aurait pu prétendre le saisi dans la liquidation. Du reste, on peut réserver la question pour les intérêts et pourvoir au plus pressé. Enfin on ajoute que l'amendement ne prévient pas quelques inconvénients que l on a signalés : c'est possible, mais on peut y obvier au moyen de quelques dispositions de détail qu'une étude un peu approfondie fera sans doute facilement trouver, et qui, dans tous les cas, ne pouvaient faire ajourner une disposition aussi importante que celle que nous proposons. »

L'amendement a été écarté. Mais le gouvernement a pris l'engagement de mettre la question à l'étude. Il y a tout lieu d'espérer que la solution ne se fera pas attendre.

« Dans les circonstances rares qui se sont présentées, où de pareilles exécutions avaient lieu, a dit M. *Pascalis*, les tribunaux ont suppléé au silence des lois en prescrivant des modes différents de vente ; ces modes ont consisté, tantôt à opérer la vente aux criées devant le tribunal, tantôt à charger de ce soin, soit un agent de change, soit un notaire. Il a été constaté que de l'emploi du premier de ces moyens, le plus solennel cependant, un préjudice grave est résulté pour les parties intéressées ; des actions de la banque de France ont été ainsi vendues à un quart au-dessous du cours de la bourse, etc... »

En résumé, la vente à la bourse, par le ministère d'un agent de change, serait le mode le plus avantageux. Voy. cependant Pigeau, *Saisie des rentes*, art. 1ᵉʳ, §§ 3, 4 et 5 ; l'arrêt de la Cour royale de Paris du 2 mai 1811, Sirey, 14, 2, 213 ; voy. M. Debelleyme, *des Référés*, 1ᵉʳ cahier, observations, p. 176 et 177, formule n. 42.

(1) Que devra faire le saisissant, s'il ne connaît ni le titre, ni le capital de la rente ?

Les cours de Rouen et de Douai avaient réclamé contre la disposition qui exige cette double mention, parce qu'il peut arriver souvent que le saisissant ne connaisse ni l'un ni l'autre. La Cour de Douai pensait qu'en cette circonstance, on pourrait saisir provisoirement, avec interpellation au saisi de faire, sur le titre et le capital, une déclaration à laquelle il serait tenu comme pour la saisie-arrêt. Cette opinion, qui a été partagée par les auteurs du *Praticien français*, t. 4, p. 260, se rapproche de celle de M. Pigeau, t. 2, p. 130, édit. de 1811, qui propose de faire une saisie-arrêt entre les mains du débiteur, et de l'assigner en déclaration. « Il est obligé, dit-il, suivant l'art. 579, de faire une déclaration qui énonce les causes et le montant de sa dette. S'il ne la fait pas, on le répute débiteur pur et simple des causes de la saisie. » M. Carré, t. 2, n. 2129, se range à l'avis de M. Pigeau, qui, selon lui, offre le seul moyen légal d'obtenir les renseignements nécessaires, d'autant mieux que le Code n'a point consacré l'opinion émise par la Cour de Douai.

(2) Ces mots ont été ajoutés au texte primitif, et avec raison ; car il arrive fréquemment que le titre constitutif d'une rente n'indique aucun capital, par exemple, lorsqu'il s'agit d'une rente viagère établie à titre gratuit, ou bien d'une rente foncière qui a pour cause la vente ou le bail à rente d'un immeuble.

(3) L'ancien article se terminait par cette sanction : « *le tout à peine de nullité.* » On a demandé si elle s'appliquait seulement aux diverses énonciations que doit contenir l'exploit de saisie, ou si elle s'étendait aux dispositions de l'article précédent. La première interprétation paraissait conforme au sens littéral ; la raison se prononçait pour la seconde. On ne saurait comprendre, en effet, qu'une saisie de rente ne fût pas nulle, en la supposant faite sans qu'il y eût un titre exécutoire, que ce titre eût été signifié et qu'il y eût eu un commandement.

La loi actuelle lève le doute né du texte du code, en supprimant la disposition finale insérée dans

Art. 638. Les dispositions contenues aux art. 570, 571, 572, 573, 574, 575 et 576, relatives aux formalités que doit remplir le tiers-saisi, seront observées par le débiteur de la rente.

Si ce débiteur ne fait pas sa déclaration, s'il la fait tardivement, ou s'il ne fait pas les justifications ordonnées, il pourra, selon les cas, être condamné à servir la rente faute d'avoir justifié de sa libération, ou à des dommages-intérêts résultant, soit de son silence, soit du retard apporté à faire sa déclaration, soit de la procédure à laquelle il aura donné lieu.

Art. 639. La saisie entre les mains de personnes non demeurant en France sur le continent sera signifiée à personne ou domicile; et seront observés, pour la citation, les délais prescrits par l'art. 73 (1).

Art. 640. L'exploit de saisie vaudra toujours saisie-arrêt des arrérages échus et à échoir jusqu'à la distribution (2).

---

l'art. 637 et en ajoutant un dernier article qui désigne toutes les dispositions qui doivent être observées à peine de nullité. Voy. art. 655; Carré, *Lois de la procédure*, n. 2133; et le *Praticien français*, t. 4, p. 261.

(1) L'article du projet du gouvernement se terminait ainsi : « Le délai prescrit pour la citation sera augmenté d'un jour par cinq myriamètres de distance entre le domicile de la personne citée et le lieu où siège le tribunal, sans que ce délai puisse être augmenté à l'égard de celle qui serait domiciliée hors du territoire continental du royaume. »

L'exposé des motifs portait : « L'art. 639 exige que le débiteur de la rente soit averti spécialement, fût-il domicilié hors de France, des discussions qui s'élèvent entre le saisissant et le saisi, afin qu'il ne soit pas trompé et exposé à payer deux fois. La saisie doit lui être notifiée à personne ou domicile. Pour la citation qui lui sera donnée, les délais prescrits par le Code de procédure sont abrégés dans le projet, suivant la règle introduite dans l'art. 725 modifié. »

Cette innovation n'a pas été accueillie par la commission de la Chambre des Pairs. Voici comment s'est exprimé son rapporteur : « Cette disposition nous a paru exorbitante. Malgré le désir que nous éprouvons d'adhérer à tout ce qui peut raisonnablement abréger les délais, nous n'avons pas compris qu'on pût n'accorder que le délai ordinaire à un tiers-saisi domicilié hors du territoire continental du royaume. D'ailleurs, est-il à craindre que ce dernier cas se vérifie souvent, et que fréquemment on doive aller chercher au loin, même outre-mer, le débiteur d'une rente constituée?

« Pour justifier cette partie du projet de loi, cette dérogation au droit commun établi par l'art. 73, on invoque les dispositions du nouvel art. 725 au titre des incidents de la saisie immobilière. Mais, sans revenir sur les discussions qui précédèrent l'adoption de cet article, ne suffit-il pas de faire observer qu'il n'est relatif qu'à la demande en distraction, à la signification qui en est faite au saisi et au délai qui lui est donné pour comparaître, afin de voir statuer sur cet incident? Or, que disait M. Pascalis dans son rapport sur la loi des ventes immobilières pour justifier le refus de toute augmentation de délai à l'occasion d'une demande incidente à une poursuite déjà commencée, déjà connue du saisi, et à l'égard de ce dernier seulement? — L'observation du délai de l'art. 73 prolongerait, au-delà de toute mesure, un incident qui peut n'être élevé que par collusion avec le débiteur. D'ailleurs, déjà le saisi connaît qu'il est menacé d'expropriation, et qu'une poursuite commencée dans cet objet réclame sa surveillance. Il aura veillé à la conserva-

imputer qu'à lui-même sa négligence. L'extension du délai ne doit donc pas, dans ce cas, lui être accordée.

« Aucun de ces motifs n'est applicable au premier acte qui est notifié au tiers-saisi, à cet acte qui le met en demeure de remplir les formalités dont l'omission ou le moindre retard dans leur accomplissement, doit avoir pour lui de si graves conséquences. Nous proposons de rétablir ou plutôt de maintenir l'ancien article. »

Cette proposition a été adoptée.

(2) Si le créancier ne veut porter son exécution que sur les arrérages de la rente, il doit agir par voie de saisie-arrêt, conformément aux dispositions du titre 7 du même livre 5 du Code de procédure ; mais s'il prétend exproprier son débiteur du droit à la rente, il faut qu'il se conforme aux règles tracées par notre titre. Toutefois, dans le cas même où la saisie est pratiquée sur la rente, les arrérages étant l'accessoire et le produit de ce droit, elle vaut saisie-arrêt des arrérages échus et à échoir jusqu'à la distribution.

Mais alors est-il nécessaire que l'on dénonce au tiers-saisi la dénonciation à la partie saisie prescrite par l'art. 641?

Le Code ne l'exige pas. Cependant M. Pigeau, t. 2, p. 133, estime que l'art. 565 est applicable à la saisie-arrêt dont il s'agit et que, faute par le saisissant de faire cette dénonciation dans les délais (sans doute de l'art. 564), les paiements faits jusqu'à la dénonciation sont valables. « Il y a en effet, dit-il, le même motif. Si la saisie n'a pas été dénoncée au saisi, elle est nulle, et par conséquent le tiers peut payer ; si elle a été dénoncée, la saisie est valable, et par suite le tiers ne peut payer : il a donc intérêt, comme dans la saisie-arrêt, de savoir s'il peut ou non se libérer. » Tel est également l'avis de M. Carré, n. 2135... « Cependant, ajoute-t-il, comme le silence du Code peut donner lieu à élever des difficultés sur cette question, le tiers-saisi agirait prudemment en ne faisant aucun paiement. » Voy. Delaporte, t. 2, p. 224.

Je ne pense pas que la dénonciation au tiers-saisi soit indispensable ; car la saisie-arrêt dont s'agit n'est point une procédure principale, mais l'accessoire, l'effet de la saisie de la rente. Aussi le Code n'a-t-il point exigé l'accomplissement de cette formalité, et l'on ne peut suppléer à son silence lorsqu'il s'agit d'une déchéance rigoureuse, d'une nullité de la procédure. Le tiers-saisi ne devra donc payer entre les mains de la partie saisie qu'autant que celle-ci justifiera soit du jugement qui aura annulé la procédure, soit d'une main-levée obtenue volontairement ou par les voies judiciaires. Je suis d'autant plus porté à le décider ainsi, qu'en matière de saisie immobilière, le nouvel art. 685 dé-

Art. 641 (1). Dans les trois jours de la saisie, outre un jour par cinq myriamètres de distance entre le domicile du débiteur de la rente et celui du saisissant, et pareil délai en raison de la distance entre le domicile de ce dernier et celui de la partie saisie, le saisissant sera tenu de la dénoncer à la partie saisie et de lui notifier le jour de la publication du cahier des charges (2).

Lorsque le débiteur de la rente sera domicilié hors du continent de la France, le délai pour la dénonciation ne courra que du jour de l'échéance de la citation au tiers-saisi (3).

---

tide qu'un simple acte d'opposition à la requête du poursuivant ou de tout autre créancier, vaudra saisie-arrêt entre les mains des fermiers et locataires qui ne pourront se libérer qu'en exécution de mandement de collocation. La loi actuelle ne saurait être plus exigeante.

(1) C'est à l'art. 641 que commencent les dispositions auxquelles sont apportées des modifications vraiment essentielles. D'abord le délai qui doit être ajouté en raison des distances est abrégé. Il ne sera accordé qu'un jour par *cinq myriamètres*, au lieu d'un jour par *trois myriamètres*, que fixait le Code de procédure. Ce changement, fondé sur la facilité des communications qui devient de jour en jour plus grande, est la conséquence d'une modification analogue insérée dans l'art. 677 de la nouvelle loi sur la saisie immobilière.

La déclaration de la peine de nullité se trouve reportée à l'art. 655.

Enfin les trois publications étant réduites à une seule dans la procédure en saisie immobilière, il en sera de même dans celle relative à la saisie des rentes, et dès lors l'exploit de dénonciation fera connaître au saisi, non le jour de la première publication, *mais celui de la publication du cahier des charges.*

(2) M. *Persil* a fait observer que l'article du projet, de même que le Code de procédure, en prescrivant au saisissant de notifier au saisi le jour de la publication du cahier des charges, lui imposait une obligation dont l'accomplissement n'était pas possible. « Il n'est pas possible, a-t-il dit, que le saisissant, dans les trois jours de la saisie, indique le jour de la publication : il ne le sait pas et ne peut pas le savoir. Dès que la saisie est faite, le saisissant est obligé, d'après l'art. 638, d'assigner le tiers-saisi débiteur de la rente en déclaration ; l'assignation lui est donnée à huitaine outre un jour par cinq myriamètres : ce tiers saisi se présentera ou non. On le jugera par défaut ou contradictoirement. Dans l'un et l'autre cas, on ne peut pas fixer d'avance le jour où il fera sa déclaration, et cependant l'article exige que, dans la déclaration qui doit avoir lieu dans les trois jours de la saisie, ce même saisissant indique le jour où sera faite la publication du cahier d'enchères, indispensable pour la vente forcée de la rente. Hors d'état de savoir quand et comment il fera sa déclaration, il faut, à peine de nullité, qu'il dise le jour où aura lieu la publication du cahier des charges, qui ne peut être évidemment rédigé qu'après et lorsque le saisissant a sous les yeux la déclaration du tiers-saisi. Tout cela est impossible. » En conséquence, il a proposé de supprimer la dernière partie du paragraphe et d'ajouter le paragraphe suivant : « Dans les trois jours de la déclaration faite par le tiers-saisi, le saisissant notifiera à la partie saisie le jour de la publication du cahier des charges. »

M. *le garde des sceaux* a dit : « L'amendement proposé par M. Persil aurait deux inconvénients : le premier, ce serait de faire dépendre de la déclaration du tiers-saisi le jour de la publication du cahier des charges et de le rendre en quelque sorte maître de l'abréviation ou de la prorogation du délai ; en second lieu, les modifications qu'il s'agit d'apporter au Code de procédure ont eu principalement pour objet d'abréger les délais et de diminuer les frais. Or, l'amendement aurait pour résultat d'ajouter un acte de plus, et cela ; lorsque, comme on l'a dit, le Code n'a encore donné lieu à aucune réclamation sous ce rapport ; lorsque, dans le plus grand nombre des cas, la formalité sera remplie d'une manière utile pour tout le monde. A quoi bon, pour les cas exceptionnels où la procédure ne sera pas en état, remettre à une autre époque la notification du cahier des charges ? A quoi bon, dans la prévision d'inconvénients si rares, allonger ainsi les délais, augmenter les frais, et s'exposer dans toutes les procédures de cette nature à des inconvénients certains et incontestables?

« L'honorable M. Persil a attaché à l'amendement qu'il propose d'autant plus d'importance, que le jour de la publication du cahier des charges est indiqué à peine de nullité. Il ne saurait admettre, a-t-il dit, que la peine de nullité puisse être attachée au défaut d'accomplissement d'une formalité qui souvent ne pourra pas être remplie. Je réponds, Messieurs, que cette peine est attachée au défaut de mention du jour de la publication, mais non pas au défaut d'exactitude de cette mention dans tous les cas. Ainsi votre acte sera nul si vous ne dites pas que la publication du cahier des charges aura lieu tel jour ; mais si, par une circonstance exceptionnelle, il arrive que la publication n'ait pu avoir lieu au jour indiqué, et qu'elle soit remise à un autre jour, il est évident qu'il n'y aura pas nullité, puisque celui qui aura fait la procédure se sera conformé aux dispositions de la loi. D'ailleurs, le Code de procédure contient plusieurs dispositions qui prescrivent l'indication de délais pour l'accomplissement de certaines formalités : et cependant, si le délai vient à expirer avant que la formalité ait pu être remplie, la nullité n'est pas encourue, la prorogation est de droit. »

L'amendement a été à peine appuyé. Voyez, au surplus, la note première de l'art. 637 dans laquelle est prévu le cas où le saisissant ne connaît pas la quotité et le capital de la rente.

(3) Ce paragraphe n'est autre que l'ancien article 642. Le seul changement qu'il ait subi consiste dans la substitution du mot *tiers-saisi* à celui de *saisi* qui s'était glissé dans le Code évidemment par inadvertance : puisque c'est au tiers-saisi qu'est adressée la citation, tandis que c'est au saisi, c'est-à-dire au débiteur personnel du saisissant, que cette citation est dénoncée. Cette erreur avait été signalée par les meilleurs commentateurs du Code de procédure. Voy. Carré, *Lois de la procédure civile*, n. 2137 ; Pigeau, *Procédure civile*, t. 2, p. 123 ; Berriat-St.-Prix, p. 548, note 16, et Demiau, p. 420.

Art. 642. Dix jours au plus tôt, quinze jours au plus tard, après la dénonciation à la partie saisie (1), outre le délai des distances, tel qu'il est réglé par l'art. 641, le saisissant déposera au greffe du tribunal devant lequel se poursuit la vente (2), le cahier des charges contenant les noms, profession et demeure du saisissant, de la partie saisie et du débiteur de la rente, la nature de cette rente, sa quotité, celle du capital, s'il y en a un, la date et l'énonciation du titre en vertu duquel elle est constituée, l'énonciation de l'inscription, si le titre contient hypothèque et si cette hypothèque a été inscrite pour sûreté de la rente; les noms et demeure de l'avoué du poursuivant, les conditions de l'adjudication et la mise à prix, avec indication du jour de la publication du cahier des charges.

Art. 643. Dix jours au plus tôt, vingt jours au plus tard, après le dépôt au greffe du cahier des charges, il sera fait, à l'audience et au jour indiqué, lecture et publication de ce cahier des charges ; le tribunal en donnera acte au poursuivant.

Art. 644. Le tribunal statuera immédiatement sur les dires et observations qui auront été insérés au cahier des charges (3), et fixera les jour et heure où il procédera à l'adjudication ; le délai entre la publication et l'adjudication sera de dix jours au moins et de vingt jours au plus. Le jugement sera porté à la suite de la mise à prix ou des dires des parties.

Art. 645. Après la publication du cahier des charges, et huit jours au moins avant l'adjudication, un extrait de ce cahier, contenant, outre les renseignements énoncés en l'art. 642, l'indication du jour de l'adjudication, sera affiché, 1° à la porte du domicile du saisi; 2° à la porte du domicile du débiteur de la rente (4) ; 3° à la principale

---

(1) L'article du projet portait : « dans la quinzaine qui suivra la dénonciation. » La rédaction actuelle appartient à la commission de la Chambre des Pairs. Voici les motifs qui l'ont fait admettre :

« Dans le système du projet le poursuivant pouvait déposer le cahier des charges le lendemain de la dénonciation au saisi, aussi bien que le quinzième jour qui la suivait.

« Or, l'époque du dépôt détermine, suivant l'art. 643, le délai dans lequel doivent être faites la lecture et la publication du cahier des charges. Il dépendait donc du poursuivant d'accélérer ou de retarder l'accomplissement de ces formalités. Fallait-il lui laisser une latitude telle, qu'en réalité il pût n'y avoir aucun intervalle entre la dénonciation de la saisie et le délai donné pour la publication du cahier des charges ? La commission ne l'a pas pensé. Bien qu'il convienne, en général, d'abréger les délais, on ne doit pas être totalement à la merci du créancier. Elle a conservé le terme au-delà duquel le poursuivant ne pourrait plus déposer utilement ; mais elle a fixé celui avant lequel le dépôt ne saurait avoir lieu : *dix jours au plus tôt, quinze jours au plus tard*. Au surplus, cette formule est la même que celle employée dans les art. 643 et 644. »

L'amendement ne me paraît pas heureux. Les raisons que l'on allègue pour le justifier ne sont nullement satisfaisantes. La protection que l'on a voulu accorder au saisi ne peut que lui être nuisible. Ce n'est point en augmentant les délais des procédures d'exécution que l'on accroît le crédit des débiteurs. On peut donc s'étonner qu'une disposition semblable ait pu être introduite dans une loi dont l'un des buts principaux est d'abréger la durée de la procédure. Il y a plus, l'art. 690 du projet de loi sur les ventes judiciaires des biens immeubles, disposait aussi que le cahier des charges ne pourrait être déposé au greffe que quinze jours après la transcription. Mais il a été modifié à cet égard par la commission de la Chambre des Pairs. Son rapporteur a dit : « Votre commission n'a pas trouvé de motifs pour empêcher l'accélération de cette formalité. Si le poursuivant a fait son cahier des charges auparavant, pourquoi le forcerait-on à perdre un temps qui ne profiterait à personne ? »

Il est donc vrai que la commission qui a été chargée d'examiner la loi actuelle a rétrogradé.

Il pourrait, dit-on, n'y avoir aucun intervalle entre la dénonciation de la saisie et le délai donné pour la publication du cahier des charges. L'erreur est évidente, car l'art. 643 porte que la publication ne pourra avoir lieu que dix jours au plus tôt après le dépôt dudit cahier au greffe. On termine en faisant observer que cette formule est la même que celle employée dans les art. 643 et 644. La réponse est facile. Dans ces deux articles la formule est fort raisonnable, elle ne l'est pas dans celui qui nous occupe.

Sans doute le mal n'a pas une grande importance vu le petit nombre de saisies de rentes qui s'effectuent et la brièveté du délai. Cependant j'ai cru qu'il était de mon devoir de le signaler et de faire remarquer l'opposition qui existe entre cet article et le nouvel art. 690.

(2) L'ancien article disait : « *au greffe du tribunal du domicile de la partie saisie.* » L'amendement a eu pour but d'éviter l'incertitude et les difficultés qui pourraient se présenter dans le cas où la partie saisie aurait élu un domicile pour l'exécution de la convention.

(3) Les moyens de nullité contre la procédure antérieure à la publication du cahier des charges doivent être proposés un jour au moins avant celui qui a été fixé pour cette publication (art. 650).

(4) L'article du projet ajoutait : « lorsque le domicile, soit de l'un, soit de l'autre, ne sera pas situé hors du département. » Cette restriction a été supprimée par la commission de la Chambre des Pairs pour deux raisons.

« D'abord, a dit le rapporteur, cette rédaction est telle qu'il semblerait suffisant que l'un des deux domiciles fût situé hors du département, pour que l'extrait dont il s'agit ne fût même pas affiché à la porte de celui dont le domicile serait situé dans le département. Sûrement telle n'a pas été la pensée du rédacteur du projet.

« En second lieu, pourquoi, parce que leur domicile serait situé hors du département, peut-être à la limite extérieure de ce département, priver soit le saisi, soit le débiteur de la rente, des utiles aver-

porte du tribunal ; 4° à la principale place du lieu où la vente se poursuit.

Art. 646. Pareil extrait sera inséré, dans le même délai, au journal indiqué pour recevoir les annonces judiciaires, conformément à l'art. 696.

Art. 647. Il sera justifié des affiches et de l'insertion au journal conformément aux art. 698 et 699, et il pourra être passé en taxe un plus grand nombre d'affiches et d'insertions aux journaux, dans les cas prévus par les art. 697 et 700.

Art. 648. Les règles et formalités prescrites, au titre de la saisie immobilière, par les art. 701, 702, 703, 704, 705, 706, 707, 711, 712, 713, 714 et 741, seront observées pour l'adjudication des rentes.

Art. 649. Faute par l'adjudicataire d'exécuter les clauses de l'adjudication, la rente sera vendue à sa folle-enchère, et il sera procédé ainsi qu'il est dit aux art. 734, 735, 736, 738, 739 et 740. Néanmoins le délai entre les nouvelles affiches et l'adjudication sera de cinq jours au moins et de dix jours au plus, et la signification prescrite par l'art. 736 précédera de cinq jours au moins le jour de la nouvelle adjudication.

Art. 650. La partie saisie sera tenue de proposer ses moyens de nullité ; contre la procédure antérieure à la publication du cahier des charges, un jour au moins avant le jour fixé pour cette publication, et contre la procédure postérieure, un jour au moins avant l'adjudication : le tout à peine de déchéance. Il sera statué par le tribunal, sur un simple acte d'avoué, et si les moyens sont rejetés, il sera immédiatement procédé, soit à la publication du cahier des charges, soit à l'adjudication (1).

Art. 651. Aucun jugement ou arrêt par défaut, en matière de saisie de rentes constituées sur particuliers, ne sera sujet à opposition (2). L'appel des jugements qui statueront sur les moyens de nullité, tant en la forme qu'au fond, ou sur d'autres incidents, et qui seront relatifs à la procédure antérieure à la publication du cahier des charges, sera considéré comme non avenu,

s'il est interjeté après les huit jours, à compter de la signification à avoué, ou, s'il n'y a pas d'avoué, à compter de la signification à personne ou à domicile, soit réel, soit élu ; et la partie saisie ne pourra, sur l'appel, proposer des moyens autres que ceux qui auront été présentés en première instance.

L'appel sera signifié au domicile de l'avoué, et, s'il n'y a pas d'avoué, au domicile réel ou élu de l'intimé. Il sera notifié en même temps au greffier du tribunal et visé par lui. L'acte d'appel énoncera les griefs.

Art. 652. Ne pourront être attaqués par la voie de l'appel, 1° les jugements qui, sans statuer sur des incidents, donneront acte de la publication du cahier des charges, ou qui prononceront l'adjudication ; 2° ceux qui statueront sur les nullités postérieures à la publication du cahier des charges.

Art. 653. Si la rente a été saisie par deux créanciers, la poursuite appartiendra à celui qui, le premier, aura dénoncé ; en cas de concurrence, au porteur du titre le plus ancien ; et si les titres sont de même date, à l'avoué le plus ancien.

Art. 654. La distribution du prix sera faite ainsi qu'il sera prescrit au titre *de la distribution par contribution*, sans préjudice néanmoins des hypothèques établies antérieurement à la loi du 11 brumaire an 7 (1er novembre 1798).

Art. 655. Les formalités prescrites par les art. 636, 637, 639, 641, 642, 643, 644, 645, 646 et 651, seront observées à peine de nullité.

---

24 = 31 mai 1842. — Loi qui ouvre au ministre des travaux publics des crédits supplémentaires sur les exercices 1841 et 1842.(IX, Bull. DCCCCX, n. 9998.)

TITRE Ier.

PREMIÈRE SECTION DU BUDGET.

Dépenses.

Art. 1er. Il est ouvert au ministre des

---

tissements contenus dans l'extrait du cahier des charges? Pourquoi les laisser dans l'ignorance du jour de l'adjudication ? L'un et l'autre n'ont-ils pas un très-grand intérêt à le connaître? Rien dans l'exposé des motifs ne sert à résoudre ces doutes. Il est dit que cet article et pour les deux suivants que le projet adopte les règles de la saisie immobilière ; mais l'art. 699, auquel correspond l'art. 644 (aujourd'hui 645), n'a pas de disposition analogue à celle que nous venons de combattre. »

La suppression a été prononcée.

(1) La loi est muette sur le cas où les moyens de nullité seront admis.

Je pense qu'alors et par application des art. 728

et 729, il faut décider que s'il s'agit de moyens contre la procédure antérieure à la publication du cahier des charges, la procédure pourra être reprise à compter du dernier acte valable, et les délais pour accomplir les actes suivants courront à dater du jugement ou arrêt qui aura définitivement prononcé sur la nullité ; que s'il s'agit de moyens postérieurs à la publication du cahier des charges, le tribunal devra ordonner la reprise de la poursuite à partir du jugement de publication et fixer de nouveau le jour de l'adjudication.

(2) Voy. l'art. 730 de la loi du 2 mars 1841 et les notes.

travaux publics, en augmentation de la somme de sept cent cinquante-huit mille francs allouée par la loi du 15 juillet 1840 , pour l'installation du ministère des travaux publics dans les bâtiments et dépendances de l'ancien hôtel Molé, un crédit de trois cent trente mille francs (330,000 fr.) imputables, savoir : exercices 1841 , chap. 19 *bis*, 220,000 fr.; 1842, chap. 19 *bis*, 110,000 fr. Total , 330,000 fr.

2. Il est ouvert au ministre des travaux publics un crédit de seize mille six cents francs (16,600 fr.), en supplément à la somme de cent dix mille francs portée au chapitre 14 du budget de l'exercice 1842.

TITRE II.

DEUXIÈME SECTION DU BUDGET.

Dépenses.

3. Une somme de quatre cent cinquante

mille francs (450,000 fr.) est affectée à l'achèvement des travaux du chenal du port de Dieppe , en augmentation de l'allocation générale attribuée à ces travaux par la loi du 19 juillet 1837.

4. Une somme de trois cent mille francs (300,000 fr.) est affectée au prolongement des jetées du port de Dunkerque, en augmentation de l'allocation générale attribuée à ces travaux par la loi du 19 juillet 1837.

5. Une somme de trois millions de francs (3,000,000 fr.) est affectée à la continuation des anciennes routes de la Corse , en augmentation de l'allocation générale attribuée à ces travaux par la loi du 14 mai 1837.

6. Sur le montant des allocations déterminées par les art. 3, 4 et 5, et s'élevant ensemble à trois millions sept cent cinquante mille francs (3,750,000 fr.), il est ouvert au ministre des travaux publics.

Sur l'exercice 1841 :

CHAPITRE IX, *Budget des travaux publics extraordinaires.*

Pour le port de Dieppe un crédit de. . . . . 200,000 fr.

Sur l'exercice 1842 :

CHAPITRE IX, *Budget des travaux publics extraordinaires.*

Pour le port de Dieppe , un crédit de. . . . . 250,000 fr.
Pour le port de Dunkerque. 300,000

CHAPITRE III , *Budget des travaux extraordinaires.*

Pour les anciennes routes de la Corse. 250,000

TOTAL. . . . . 800,000 fr.

7. Il est ouvert au ministre des travaux publics, sur l'exercice 1842 , deux crédits supplémentaires aux chapitres ci-après de la seconde section du budget.

CHAPITRE Ier.

Routes royales classées avant le 1er janvier 1837, six millions. . . . . . . 6,000,000 fr.

CHAPITRE II.

Établissements de nouveaux canaux, huit millions, affectés :
Canal de la Marne au Rhin. . . . . 4,000,000 } 8,000,000
Canal latéral à la Garonne. . . . . 4,000,000 }

TOTAL. 14,000,000

TITRE III. — *Voies et moyens.*

8. Il sera pourvu aux dépenses autorisées par les art. 1 et 2 ci-dessus , au moyen des ressources accordées par les lois de finances pour les exercices 1841 et 1842.

9. La dépense autorisée par l'art. 6 de la présente loi sur l'exercice 1841 , pour le port de Dieppe , sera imputée sur le crédit de onze millions six cent soixante et seize mille sept cent quatre-vingt-douze francs attribué, pour cet exercice, au chapitre 9 de la seconde section du budget du minis-

tère des travaux publics, par la loi du 11 juin 1841.

10. Il sera pourvu aux autres dépenses autorisées par la présente loi, au moyen des ressources créées par l'art. 35 de la loi des recettes de l'exercice 1842.

———

24 = 31 MAI 1842. — Loi relative aux portions de routes royales délaissées par suite de changement de tracé ou d'ouverture d'une nouvelle route (1). (Bull. DCCCCX, n. 9999.)

Art. 1er. Les portions de routes royales

———

(1) Présentation à la Chambre des Pairs le 11 janvier 1840 (Mon. du 12 et du 15) ; rapport par M. Cordier le 19 février (Mon. du 20) ; discussion le 22 (Mon. du 23) ; adoption le 25 (Mon. du 26), à la majorité de 110 voix contre 5.

Présentation à la Chambre des Députés le 7 avril

délaissées par suite de changement de tracé ou d'ouverture d'une nouvelle route pour-

(Mon. du 8) ; rapport par M. Cochin le 11 juin (Mon. du 12).

Reprise le 22 décembre (Mon. du 23) ; discussion le 4 janvier 1841 (Mon. du 5) ; adoption le 5 (Mon. du 6), à la majorité de 194 voix contre 37.

Retour à la Chambre des Pairs le 28 janvier (Mon. du 29) ; rapport par M. Cordier le 21 juin (Mon. du 22).

Présentation d'un nouveau projet à la Chambre des Pairs le 17 janvier 1842 (Mon. des 18 et 19) ; rapport par M. Cordier le 10 février (Mon. du 11) ; adoption sans discussion le 14 (Mon. du 15), à la majorité de 100 voix contre 1.

Présentation à la Chambre des Députés le 23 février (Mon. du 24) ; rapport par M. Renouard le 26 mars (Mon du 27) ; discussion et adoption le 30 (Mon. du 31), à la majorité de 230 voix contre 9.

Retour à la Chambre des Pairs le 12 avril (Mon. du 13) ; rapport par M. Cordier le 4 mai (Mon. du 5) ; adoption sans discussion le 7 (Mon. du 8), à la majorité de 94 voix contre 5.

Voici en quels termes s'est exprimé M. *Renouard*, rapporteur, pour indiquer l'esprit et le but de la loi.

« Lorsqu'une portion de route royale est délaissée par suite de changement de tracés ou d'ouverture d'une nouvelle route, quel doit être le sort du terrain qui cesse de faire partie de la route ? Tel est le problème que la loi actuelle a pour objet de résoudre.

« Le sol des routes royales fait partie du domaine de l'Etat.

« Le domaine de l'Etat, inaliénable d'après les anciens principes de la législation française, peut aujourd'hui être aliéné en vertu d'une loi ou en vertu de dispositions réglées et autorisées par une loi. Les routes royales, inaliénables tant qu'elles conservent ce caractère, entrent dans le domaine aliénable lorsqu'elles sont supprimées.

« L'heureuse extension donnée sur toute la surface du royaume, aux voies de communication est destinée à s'accroître notablement encore ; les progrès de l'art des ingénieurs, les modifications apportées ou projetées, sur beaucoup de points, aux anciens tracés des routes, soit pour abréger les distances, soit pour éviter les pentes qui augmentent la difficulté du parcours, soit pour desservir un plus grand nombre de localités, tendent à multiplier chaque jour davantage la substitution de portions nouvelles de routes à des portions de routes anciennes. Recourir au pouvoir législatif chaque fois qu'une portion de route royale est abandonnée, serait s'exposer à des pertes de temps et occuper fréquemment le législateur de détails minutieux sur lesquels il y a avantage de s'en remettre à la prudence et aux soins de l'administration. Une loi était nécessaire pour lui conférer ce pouvoir. »

« Mais les aliénations ces parties du domaine de l'Etat seront-elles assimilées aux aliénations que tout propriétaire a généralement le droit de faire avec pleine liberté et aux conditions qui lui plaisent ?

« En faveur du droit plein et entier de l'Etat, on fait le raisonnement suivant :

« Le sol des routes royales, tant qu'elles sont restées en nature de routes, a été, non seulement inaliénable, mais imprescriptible. Par notre législation actuelle, l'imprescriptibilité est même étendue aux chemins vicinaux ; l'art, 10 de la loi du 21 mai 1836 est ainsi conçu :

« Les chemins vicinaux reconnus et maintenus « comme tels sont imprescriptibles. »

« Du principe d'imprescriptibilité des routes royales dérive cette conséquence, non seulement que nul n'a droit de prescrire contre l'Etat la propriété du sol de ces routes, mais de plus que nul ne peut acquérir par prescription aucune fraction de leur propriété, aucune servitude, démembrement de la propriété. Si donc l'Etat est propriétaire d'un sol sur lequel personne n'a pu acquérir, par prescription ou autrement, aucun droit de servitude, la logique veut que, maître de disposer de ce sol, il ne soit gêné dans cette disposition par aucun obstacle, et ne soit tenu à aucune obligation envers les riverains.

« La logique est facile, mais elle est trompeuse, lorsque, dans une question où sont impliqués plusieurs principes vrais, elle fait acception d'un seul sans laisser aux autres leur part.

« L'Etat est propriétaire d'un sol qui a été imprescriptible tant qu'il a été route : cette proposition est incontestable. Mais voici une seconde proposition non moins vraie que la première :

« Lorsque l'objet de la propriété est une route, l'Etat, propriétaire de ce sol et maître d'en disposer, n'a point, tant que le sol reste route, un exercice de la propriété aussi plein, aussi affranchi de conditions qu'un particulier l'a sur son champ.

« La destination d'une route est d'établir une voie de communication à l'usage du public considéré en masse, à l'usage de chaque particulier, comme faisant partie du public. L'Etat, chargé de pourvoir à la création de la route, à son entretien, à sa police, doit avoir et a en effet, tant que la route existe, des droits fort étendus, mais qui dérivent de sa qualité d'administrateur, et non de sa qualité de propriétaire. Personne n'élèvera la prétention que l'Etat, parce qu'il est propriétaire de la route, pourra, comme le peut un particulier sur son champ, et lorsque la conservation de la route n'y est pas intéressée, l'ouvrir ou la fermer à son gré ou à son caprice, en permettre l'accès à telles personnes et l'interdire à telles autres.

« Les riverains d'une route en tirent des avantages plus immédiats que le reste du public, avantages que l'Etat, tout propriétaire qu'il est, n'est pas maître de leur refuser, si l'intérêt même de la route ne le commande point. Ils y trouvent un accès à leur propriété, un écoulement pour leurs eaux, une jouissance de vues et l'impossibilité qu'on bâtisse au-devant d'eux.

« Ces avantages ne sont pas entièrement gratuits : les riverains, en échange, sont soumis à des charges spéciales. Ils sont sujets à l'alignement ; ils sont tenus de laisser prendre des matériaux, de supporter le jet du curage des fossés. S'ils ont été expropriés lors de la création de la route, non pour utilité du domaine de l'Etat, mais pour utilité publique, leur indemnité a été diminuée de la plus-value apportée par la création de la route aux terrains qui leur restaient, ou, s'ils ont vendu à l'amiable, cette plus-value a diminué d'autant le prix d'acquisition stipulé. La plus-value, d'après l'art. 30 de la loi du 16 septembre 1807, a pu s'élever jusqu'à la valeur de la moitié des avantages que les propriétés privées ont acquis par l'ouverture de la route.

« Ce n'est pas tout. Du fait seul de l'existence de

la route, il est résulté, par la force des choses, que l'emploi et la division des propriétés qu'elle borde ou qu'elle traverse ont été dirigés vers une destination appropriée à ce voisinage. Des maisons ont été construites, des chemins privés se sont ouverts; des eaux ont reçu leurs cours. Il se peut que cet état soit fort ancien, et ait notablement affecté la valeur des propriétés. Loin que cette ancienneté, à travers laquelle se sont accomplies, en grand nombre, les transmissions héréditaires, les ventes, les transactions de toute nature, soit une vaine et rare hypothèse, il faut reconnaître, au contraire, qu'elle se rencontrera dans les cas les plus fréquents. Quelles sont, en effet, les routes royales dont il faut abandonner des portions pour une direction meilleure? Ce serait faire injure à la science de nos ingénieurs et à la prudence de l'administration qui les dirige, que de supposer que ce sont les routes les plus nouvelles: les directions à améliorer sont surtout celles des routes les plus anciennes. M. le ministre le dit dans son exposé des motifs. Or, plus les routes à rectifier sont anciennes, plus sont anciennes aussi les bases d'évaluation vénale et les appropriations de travaux qui se sont établies sur la foi de l'existence de ces routes. La perturbation est grave, elle est alarmante pour la société, lorsque les bases anciennes de la propriété sont bouleversées sans compensation ni ménagements.

« Il n'y a donc ici sophisme, ni même paradoxe à prétendre que la propriété d'une route royale, attribuée à l'État en vue d'un service public dans lequel des services particuliers non gratuits sont compris, ne lui confère par conséquent point la plénitude des droits dont l'exercice constitue la propriété ordinaire. La stricte justice veut qu'au moment où l'État, usant de son droit, fait subir à cette propriété un changement de destination et d'emploi, on tienne compte de sa destination antécédente. La foi publique y est engagée.

« La logique conduirait à une solution facile ceux qui se préoccuperaient exclusivement de la situation et de l'intérêt des propriétaires riverains; elle n'aurait pour cela qu'à convertir en servitudes proprement dites, acquises à leur profit, les facultés de passage, de vue, d'égout, et autres, qu'ils exerçaient sur la route. Mais, ici encore, la logique serait menteuse, parce qu'elle ne verrait qu'une des faces de la question: conserver aux riverains, comme droits acquis, tous les usages qu'ils faisaient de la route, tels qu'ils se comportaient, ce serait empêcher à perpétuité la suppression de cette route et la possibilité de disposer de son sol; ce serait refuser à l'État, avec tous les usages de sa propriété, toutes les conséquences de son droit de propriétaire sur le sol qui a cessé d'être route.

« Dans cette question, où se trouvent en présence les prétentions contradictoires de l'État et des riverains, une conciliation législative est prudente et raisonnable. Le projet de loi a été dicté par la sage pensée d'organiser cette conciliation d'une manière définitive, et en traitant assez favorablement les riverains pour qu'aucune indemnité ultérieure ne leur soit ouverte et ne puisse être réclamée par eux. La transaction est-elle effectuée entre deux droits, ou bien s'établit-elle entre un droit de l'État d'une part, et, d'autre part, des considérations d'équité dérivant, en faveur des riverains, du fait de leur possession antérieure?

« Votre commission n'a point été unanime à cet égard. Une partie de ses membres a aussi pensé que, tout le monde arrivant au même résultat lé-

gislatif, il était inutile de s'expliquer sur le grave débat que la contradiction entre les deux systèmes peut faire naître.

« L'opinion de la minorité de votre commission, minorité à laquelle appartient le rapporteur, a été qu'il s'agit réellement ici d'une transaction entre deux droits, et qu'il est bon de le dire; que la raison et la justice ne s'accommodent jamais de ces thèses commodes et partiales où triomphe l'argumentation, et qui, là où existent deux principes, se mettent à l'aise en s'établissant sur un seul et en tenant l'autre pour non avenu; que l'État a sur la route royale une propriété imprescriptible, mais non absolue; que cette propriété, lorsqu'elle change de destination, ne devra être transmise à des tiers et devenir entre leurs mains une propriété absolue qu'autant que, dans les conditions de cette transmission, on aura égard à l'affectation spéciale par laquelle cette nature particulière de propriété se trouvait modifiée pendant qu'existait la route; que tel est le droit, qu'on se trompe si l'on relègue parmi les considérations de pure faveur les justes limitations qu'apportaient à cette propriété l'intérêt du public et celui des riverains; qu'enfin il faut tenir ceci pour axiome fondamental: l'équité, quand elle est permanente et nécessaire, est le droit pour le législateur; une seule condition lui manque afin de devenir le droit pour le jurisconsulte, c'est d'obtenir la consécration d'un texte. »

Le droit de préemption dont il est question dans l'art. 3 de la loi a donc été concédé comme un bénéfice que l'équité prescrivait d'accorder aux riverains et non point comme une transaction entre des droits rivaux. Le principe de l'inaliénabilité et par suite l'imprescriptibilité du domaine public (art. 538 et 2226 C. civ. combinés) a été considéré comme étant exclusif de toute acquisition de servitude de la part des riverains qui ne jouissent de la route que par une sorte de tolérance (*).

Cette doctrine, professée par MM. Duranton, t. 5, n. 296 et suiv., et Pardessus, *Traité des Servitudes*, n. 40 et 41, n'avait point prévalu jusqu'ici. L'opinion de M. Toullier, t. 3, n. 480, 481, 482 et 483, suivie depuis par M. Proudhon, *Traité du domaine public*, t. 2, n. 363 à 378, et qui consistait à présenter l'usage que les particuliers peuvent faire du domaine public ou municipal comme une servitude exercée en vertu soit d'une permission de la loi, soit d'une concession expresse ou tacite de l'autorité compétente, avait été consacrée par la jurisprudence invariable des Cours et tribunaux, et par celle du conseil d'État. Toujours on avait décidé que le riverain ne pouvait être privé de ces servitudes sans indemnité. On peut consulter à cet égard les arrêts suivants de la Cour de cassation du 11 février 1828, Sirey, 29. 1. 164; Journal du Palais, t. 21, p. 1149; Dalloz, 28. 1. 124; de la Cour de Bourges, du 6 avril 1829, Sirey, 29. 2. 262; Journal du Palais, t. 22, p. 884; Dalloz, 30. 2. 25; de la Cour de Lyon, du 10 février 1831, Sirey-Devilleneuve, 32. 1. 521; Dalloz, 32. 1. 128; de la Cour de cassation, du 5 juillet 1836: Sirey-Devilleneuve, 36. 1. 600; Dalloz, 36. 1. 254; de la Cour de Nancy, du 28 janvier 1840, Sirey-Devilleneuve, 42. 1. 178; Dalloz, 41. 1. 380, et les arrêts

_____

(*) Voy. exposés des motifs des 17 janvier et 23 février et le rapport de M. Cordier, du 10 février.

du conseil d'État, du 21 novembre 1808, du 10 février 1816 ; *Jurisprudence du conseil d'État* de Sirey, t. 1, p. 213, et t. 3, p. 219, et du 17 août 1825, Sirey, 26. 2. 196. L'acquisition des servitudes dont l'exercice est impraticable avec la destination des choses dépendantes du domaine public avait seule été prescrite.

Il est vrai que la question n'avait été agitée devant les tribunaux que par rapport aux rues et aux places publiques qui font partie du domaine public municipal et non du domaine public de l'État, ainsi que cela a lieu pour les routes royales. Mais il n'est pas douteux que la même décision ne dût, par identité de raison, s'appliquer également aux unes et aux autres.

La loi actuelle opère donc un changement important dans la situation légale des propriétaires riverains des routes. La seule indemnité qu'elle leur accorde consiste dans le droit de préemption : faute par eux de l'exercer, le domaine de l'État rentre dans la plénitude de ses droits, et ils peuvent se trouver privés de tous les avantages que leur procurait le voisinage de la route. Ce système, rigoureux en théorie, il faut en convenir, ne présentera point sans doute dans la pratique de bien graves inconvénients, car il n'imposera aux propriétaires que de faibles sacrifices. Il pourrait en être autrement en matière de voirie urbaine : toutefois il y a lieu d'espérer que, dans le cas de suppression d'une rue ou d'une place publique, l'autorité compétente n'aliénera les terrains qu'en prenant toutes les précautions nécessaires pour que les intérêts des propriétaires ne soient pas lésés.

L'historique des différentes phases à travers lesquelles la loi est arrivée à son état actuel, se trouve décrit avec beaucoup d'exactitude dans le passage suivant du rapport de M. Renouard :

« Le 11 janvier 1840, M. le ministre des travaux publics présenta à la Chambre des Pairs un projet de loi en un seul article qui était ainsi conçu :

« Les portions de routes royales abandonnées pourront, sur la demande des conseils généraux du département, ou des conseils municipaux des communes intéressées, être classées, soit parmi les routes départementales, soit parmi les chemins vicinaux de grande communication, soit même parmi les simples chemins vicinaux.

« Si le maintien desdites parties de routes n'est réclamé ni par les conseils généraux ni par les conseils municipaux intéressés, elles seront remises à l'administration des domaines, pour en être disposé conformément aux règles qui régissent le domaine de l'État. »

« M. le ministre, dans son exposé des motifs, fait connaître que le projet de loi est devenu nécessaire, parce que le conseil d'État, considérant qu'il s'agit d'aliéner une portion du domaine de l'État, pouvoir qui n'appartient qu'à la loi, avait pensé que des ordonnances royales ne suffisaient pas pour distraire de ce domaine les parties de routes royales qui cessaient de recevoir cette affectation ; qu'une loi spéciale était nécessaire pour chaque aliénation, à moins qu'une loi générale ne déléguât à l'administration le pouvoir d'aliéner.

« M. le ministre ajoutait que, dans les autres cas, les parcelles devenues inutiles sont, ou aliénées au profit des riverains, conformément à l'art. 53 de la loi du 16 septembre 1807, ou restituées aux anciens ayants-droit, ainsi que le prescrivent les art. 60 et 61 de la loi du 7 juillet 1833 ; ou enfin cédées par voie d'échange, d'après l'autorisation écrite dans la loi du 20 mai 1836. »

« Le rapport sur ce projet fut fait par M. Cordier, au nom de la commission de la Chambre des Pairs, le 19 février 1840. La commission ne proposa qu'un changement important : il consistait à exiger une ordonnance royale dans tous les cas prévus par le premier paragraphe, et alors qu'il ne s'agirait que des chemins dont l'érection s'opère en faveur du préfet. « Une ordonnance royale, dit le rapport, est alors indispensable, puisque les classements qui pourront être prononcés en faveur des communes constitueront de véritables cessions du domaine public. »

« Le projet de loi fut discuté par la Chambre des Pairs le 22 février 1840, et adopté le 25 avec quelques changements de rédaction. Un amendement, qui avait pour but d'étendre les dispositions du projet aux portions supprimées des routes départementales, fut retiré par son auteur. Des observations furent faites sur les droits des propriétaires riverains, mais il n'y fut pas donné suite.

« Le 7 avril 1840, M. le ministre des travaux publics présenta à la Chambre des Députés le projet adopté par la Chambre des Pairs. Le rapport de la commission fut fait, dans la séance du 11 juin 1840, par notre regrettable collègue M. Cochin. La commission proposait de faire précéder l'ordonnance royale par une enquête.

« Le projet, resté à l'état de rapport à la clôture de la session, fut repris à la session suivante. Il fut discuté par la Chambre des Députés, les 4 et 5 janvier 1841 ; de graves débats s'élevèrent, et beaucoup de questions furent soulevées. Le projet fut adopté, le 5 janvier, avec plusieurs amendements.

« La nécessité d'ordonnances royales pour tous les cas prévus par l'art. 1er fut constatée et maintenue. Un amendement a été ajouté à cet article pour régler la forme sur l'enquête que la commission proposait et que le projet actuel a supprimée avec raison.

« Les débats furent sérieux sur l'art. 2. Les deux systèmes contradictoires d'une propriété absolue et sans limites dans les mains de l'État, et de servitudes acquises aux riverains, se trouvèrent en présence et furent poussés de part et d'autre jusqu'à leurs extrémités logiques.

« Le résultat de la délibération fut de ne donner à aucune des opinions contradictoires ni tort ni raison, et d'abandonner la solution des difficultés aux tribunaux, en ajoutant à l'art. 2 ces mots : « sans préjudice des droits des riverains ; » droits que ces expressions tendent, il est vrai, à reconnaître en principe, mais sans en déterminer aucunement ni les limites ni la portée.

« Par un paragraphe additionnel, on vota deux dispositions.

« L'une consacrait le droit de préemption en faveur des propriétaires riverains, en adoptant pour l'exercice de ce droit les formes tracées par l'art. 61 de la loi du 7 juillet 1833.

« L'autre disposition, en maintenant dans tous ses effets l'art. 4 de la loi du 20 mai 1836, plaçait, avant l'exercice du droit de préemption par les riverains, la faculté pour l'État d'échanger les portions des anciennes routes contre des portions du sol que les routes nouvelles devaient occuper.

« Le 17 janvier 1842, M. le ministre des travaux publics a présenté à la Chambre des Pairs le projet de loi sur lequel M. Cordier, au nom de la commission de cette Chambre, a fait un rapport, le 10 février, et qui a été adopté par la Chambre des Pairs sans nouvelle discussion, le 14 février.

42.

8

ront (1), sur la demande ou avec l'assentiment des conseils généraux des départements ou des conseils municipaux des communes intéressées, être classées par ordonnances royales (2), soit parmi les routes départementales, soit parmi les chemins vicinaux de grande communication, soit parmi les simples chemins vicinaux (3).

2. Au cas où ce classement ne serait pas ordonné, les terrains délaissés seront remis à l'administration des domaines, laquelle est autorisée à les aliéner (4).

Néanmoins il sera réservé, s'il y a lieu, eu égard à la situation des propriétés riveraines (5), et par arrêté du préfet en conseil de préfecture (6), un chemin d'exploitation

---

Le projet adopté par la Chambre des Pairs ne diffère de celui qu'avait présenté M. le ministre que par une utile addition que la commission a proposée au deuxième paragraphe de l'art. 2, et en vertu de laquelle ce sera par arrêté du préfet, en conseil de préfecture, que sera réservé, s'il y a lieu, un chemin d'exploitation.

Ce projet est entré franchement dans la pensée d'une conciliation entre les intérêts respectifs de l'État et des riverains. C'est pour mieux atteindre ce but que, mettant à profit une proposition émise pendant la discussion de 1841, il a ajouté aux précédents projets une disposition qui permet de réserver un chemin d'exploitation, s'il y a lieu, eu égard à la situation des propriétés riveraines.

Les autres modifications qu'a subies le projet seront indiquées successivement dans les notes placées sous chaque article.

(1) La Chambre des Députés, lors de la première discussion du projet, avait ajouté : « après enquête. » Et un paragraphe additionnel portait : « Un règlement d'administration publique déterminera les formes de l'enquête prescrite par le présent article. » Cette disposition était motivée sur la nécessité d'entendre toutes les parties intéressées et sur la convenance qu'il y a de ne pas déroger aux règles générales relatives à la législation des routes. Elle n'a pas été reproduite. « Il est aisé de se rendre compte, a dit M. Cordier dans son troisième rapport, des motifs qui ont porté à supprimer la mention de la formalité d'enquête dans le projet qui vous est maintenant soumis. En effet, pour toute portion de route qu'il s'agira de classer comme chemin départemental ou vicinal, il y aura présomption d'utilité publique, puisque cette portion existait déjà à l'état de voie publique d'une importance plus grande et plus relevée. La décision à prendre n'aura pas la gravité que comportent les décisions qui concernent les constructions nouvelles ; la route étant établie, on n'aura, pour ainsi dire, à résoudre qu'une question d'entretien. Ajoutons que souvent la portion de route à classer aura une étendue peu considérable, et que, dans ce cas, l'appareil de l'enquête paraîtrait excéder l'importance du sujet. Enfin, on doit assez présumer de la prudence de l'administration pour croire que, dans des cas importants, elle userait, si la nécessité s'en faisait sentir, de la faculté qu'elle a toujours de chercher à s'éclairer en ayant recours à telles informations publiques qu'elle juge convenables. »

(2) Voy. la note du titre.

(3) Un amendement avait été présenté dans le sein de la dernière commission de la Chambre des Députés, pour attribuer aux communes les anciennes portions de routes royales afin de conserver leurs rues, leurs places, leurs promenades. « La majorité, a dit M. Renouard, n'a pas cru cet amendement nécessaire. Elle a pensé que la conservation des rues est de plein droit, et que là où une rue et une route ont coexisté, la rue subsiste, même lorsqu'il n'y a plus route ; que les intérêts des communes sont suffisamment garantis à cet égard par la législation sur les alignements, même en ce qui concerne la conservation des places et promenades publiques ; enfin elle a considéré qu'il résulte clairement de la combinaison des art. 1 et 2, qu'il n'y a lieu de mettre l'ancien sol de route à la disposition du domaine qu'autant que le classement autorisé par l'art. 1er dans l'intérêt de la viabilité n'a pas été jugé nécessaire et n'a pas été ordonné. »

Lors de la discussion, M. de la Plesse a dit que le décret de 1807, relatif aux alignements, était étranger à la question ; que le droit de fixer l'alignement consistait dans la faculté de forcer un propriétaire dont la maison se trouvait en saillie sur le terrain affecté à une rue, ou au contraire en arrière des nouvelles limites qui lui ont été assignées, à reculer ou à avancer ; qu'il convenait d'étendre, par identité de motifs, le bénéfice de l'art. 1er aux rues et aux promenades ; qu'enfin il ne comprenait pas l'opposition que rencontrait cet amendement.

M. le ministre des travaux publics a répondu : « Lorsqu'une rue ou une place sont affectées à une route royale, il y a deux choses qui se trouvent conjointes : d'abord, la route royale, ensuite la rue, la place publique. C'est un mélange résultant nécessairement du fait que telle portion de la rue ou de la place a été affectée à une route royale.

« Maintenant la loi a pour but de prévoir le cas où l'affectation est révoquée. Que reste-t-il alors ? La rue ou la place. Ces deux choses étaient grevées d'une affectation ; l'affectation cesse d'exister, le terrain reprend sa nature première, c'est-à-dire la nature de rue ou de place. Voici l'explication, elle est fort simple. »

M. de la Plesse a déclaré retirer son observation.

(4) Ces mots « laquelle est autorisée à les aliéner » ont été ajoutés par la seconde commission de la Chambre des Députés. « Votre commission, a dit M. Renouard, a cru nécessaire d'écrire explicitement dans cet article que, par la loi actuelle, l'administration des domaines reçoit l'autorisation d'aliéner les terrains délaissés qui lui sont remis. Il est à remarquer, en effet, que cette autorisation, bien qu'elle soit l'objet principal du projet, ne s'y trouve pas énoncée en termes généraux. Elle ne l'est qu'incidemment dans le 4e § de l'art. 2 (aujourd'hui 2e § de l'art. 3), applicable seulement à certains cas. Que cette autorisation législative résulte implicitement de l'ensemble du projet, personne ne peut en douter ; mais le langage de la loi ne saurait être trop étroit, et les dispositions capitales ne doivent pas rester sous-entendues. »

« (5) Il peut arriver qu'une portion de route royale abandonnée ne traverse qu'un petit nombre de fonds aboutissant déjà à d'autres issues, et que le maintien d'un sentier soit plutôt une gêne qu'un avantage pour les propriétaires. » (Exposé des motifs du 17 janvier dernier.)

(6) Ces mots « et par arrêté du préfet en conseil de préfecture » ont été ajoutés par la troisième

dont la largeur ne pourra excéder cinq mètres (1).

3. Les propriétaires seront mis en demeure d'acquérir, chacun en droit-soi, dans les formes tracées par l'art. 61 de la loi du 3 mai 1841, les parcelles attenantes à leurs propriétés (2).

A l'expiration du délai fixé par l'article

---

commission de la Chambre des Pairs. « Votre commission, a dit M. le rapporteur, a remarqué que le mode suivant lequel il serait statué, relativement aux chemins d'exploitation, n'était pas déterminé explicitement ; elle a pensé qu'il importait que cette lacune fût remplie. D'après toutes les analogies, la matière est évidemment du ressort du préfet. Mais un simple arrêté pourrait, aux yeux des parties intéressées, ne pas offrir toutes les garanties désirables d'une convenable application de la loi. Votre commission vous propose, en conséquence, un amendement statuant que les décisions à intervenir, en ce qui touche les chemins d'exploitation, seront rendues par arrêtés pris en conseil de préfecture. Ce mode aura plus de solennité, et les préfets pourront s'éclairer davantage sur les questions à résoudre. »

(1) « La prudence veut que ces chemins restent de simple décharge ; si on les portait à la largeur ordinaire des chemins vicinaux, il arriverait que trop de communes, pour s'affranchir d'une charge, se garderaient de les classer. » (Extrait du rapport de M. *Renouard*.)

M. *Galis* avait proposé de rédiger ce paragraphe de la manière suivante : « Un arrêté du préfet en conseil de préfecture réservera, s'il y a lieu, un chemin d'exploitation pour les propriétés riveraines et en déterminera la largeur et le mode de jouissance. »

Le but de cet amendement était, d'une part, d'autoriser l'administration à donner au chemin d'exploitation une largeur plus grande, dans le cas où la nature des propriétés qu'il doit desservir l'exigerait ; et, de l'autre, de prévenir les difficultés qui pourraient s'élever entre les copropriétaires du chemin à raison de son entretien et du mode de jouissance.

Cet amendement n'a point été admis. Sur le premier point, on a rappelé le motif donné par M. le rapporteur, et l'on a ajouté que la dimension de cinq mètres était suffisante pour tout chemin d'exploitation. A l'égard du règlement des droits des communistes, on a dit que le droit commun suffisait ; que les copropriétaires s'entendraient entre eux, et que les abus de jouissance seraient réprimés par les voies ordinaires ; que, s'agissant dorénavant d'une propriété particulière, le préfet n'avait pas le droit de fixer les conditions pour le mode de jouissance ; que l'amendement, s'il était adopté, aurait pour effet de créer une nouvelle espèce de chemins qui n'existe nulle part dans notre législation ; que les difficultés qu'il a pour but de prévenir n'en existeraient pas moins ; qu'enfin il établirait deux juridictions différentes pour les difficultés qui peuvent naître à l'occasion de la jouissance de ces chemins, puisque, dans le cas où un arrêté serait intervenu, il faudrait aller plaider devant la justice administrative.

M. *de Marcillac* a demandé qu'on ajoutât à la fin de l'article : « non compris les fossés. »

M. *le ministre des travaux publics* a répondu : « C'est de droit. »

M. *le président* a ajouté : « M. le rapporteur a expliqué, de la manière la plus précise, qu'ils n'y sont pas compris. »

(2) Ce paragraphe, qui était le troisième de l'art. 2 du second projet, était ainsi rédigé :

« Les propriétaires riverains seront mis en demeure, dans les formes tracées par la loi du 3 mai 1841, d'acquérir, chacun en droit-soi, les parcelles situées de part et d'autre du chemin d'exploitation. »

« Cette rédaction, a observé M. *Renouard*, présentait un équivoque en ce qu'elle semblait, par sa contexture grammaticale, n'appliquer les formes de l'art. 61 de la loi du 3 mai 1841 qu'à la mise en demeure des propriétaires riverains. Telle n'est pas évidemment l'intention du projet ; c'est aux formes de l'acquisition, comme à celles de la mise en demeure, qu'on entend rendre la loi de 1841 applicable. Votre commission a modifié la rédaction en ce sens.

« Le même paragraphe du projet ne parle que des parcelles situées de part et d'autre du chemin d'exploitation : cette désignation est trop restrictive. Alors même qu'un chemin d'exploitation n'aura pas été jugé nécessaire, il n'existe point de motifs suffisants pour refuser aux riverains la préemption des parcelles de l'ancienne route qui se trouvent situées en face de leur propriété. Peu importe, à cet égard, qu'aucune autre voie de communication ne soit substituée à la route ancienne.

« Afin de prévoir tous les cas, votre commission a remplacé ces mots : « les parcelles situées de part et d'autre du chemin d'exploitation, » par ceux-ci : « les parcelles attenantes à leurs propriétés. »

M. *Vivien* a demandé dans quelle proportion les propriétaires riverains pourraient se partager la route dans le cas où le terrain qu'elle occupait leur serait abandonné.

M. *Legrand*, sous-secrétaire d'État, a répondu : « Lorsqu'il y aura un chemin d'exploitation, le riverain ne pourra acheter que jusqu'à la limite de ce chemin ; quand il n'y en aura pas, l'acquisition pourra être poussée jusqu'à la ligne divisoire du milieu de la route abandonnée. »

M. *le président* a ajouté : « L'explication a été entendue. Du reste, l'égalité des droits des deux propriétaires riverains amène cette conséquence. »

Cette explication ayant été donnée, M. *Dusollier* a dit : « On a donné le droit de préemption à chacun des propriétaires riverains jusqu'au milieu de la route ; mais je suppose que les deux propriétaires ayant été mis en demeure d'acquérir, l'un d'eux ne déclare pas dans le délai fixé qu'il veut acheter ; dans ce cas, l'autre n'aura-t-il pas le droit de préemption, non seulement pour sa moitié, mais...... » (L'orateur est interrompu par des dénégations.)

« Il y aura cependant alors un inconvénient, c'est qu'on permettra à un tiers de venir s'interposer entre deux propriétaires au milieu de la route. »

L'inconvénient signalé par M. Dusollier est réel ; mais il résulte des explications qui ont été données précédemment que l'on n'a pas cru devoir s'y arrêter.

En résumé, chacun des propriétaires riverains peut exercer le droit de préemption sur la por-

précité, il pourra être procédé à l'aliénation des terrains, selon les règles qui régissent les aliénations du domaine de l'Etat, ou par application de l'art. 4 de la loi du 20 mai 1836 (1).

4. Lorsque les portions de routes royales délaissées auront été classées parmi les routes départementales ou les chemins vicinaux, les parcelles de terrain qui ne feraient pas partie de la nouvelle voie de communication ne pourront être aliénées qu'à la charge, par le département ou la commune, de se conformer aux dispositions du premier paragraphe de l'article précédent (2).

---

15 = 31 mai 1842. — Ordonnance du roi concernant les aspirants au doctorat en médecine ou en chirurgie et les aspirants au titre de pharmacien, admis dans le service de santé de la marine. (IX, Bull. DCCCCX, n. 10000.)

Louis-Philippe, etc., sur le rapport de notre ministre secrétaire d'Etat au département de l'instruction publique ; vu l'art. 8

---

tion de la route qui borde sa propriété jusqu'à la limite du chemin d'exploitation, s'il en est établi : dans le cas contraire, jusqu'à la ligne divisoire de la route abandonnée ; et dans l'un comme dans l'autre cas, la loi ne lui accorde que sur cette portion. Mais, à moins de circonstances bien extraordinaires, l'administration ne refusera pas à l'un des propriétaires riverains la préférence sur des tiers, lorsque l'autre propriétaire ne voudra pas acquérir.

(1) Le projet présenté à la Chambre des Députés portait : « A l'expiration du délai fixé par l'article précité, il pourra être procédé à l'aliénation desdites parcelles, selon les règles qui régissent le domaine de l'Etat.

« Le tout sans préjudice de l'application de l'article 4 de la loi du 20 mai 1836. »

L'art. 4 de la loi du 20 mai 1836 autorise l'échange des terrains des grandes routes abandonnées avec les terrains pris pour la construction des routes nouvelles.

D'après cette rédaction, l'échange aurait eu la priorité sur le droit de préemption. La commission de la Chambre des Députés a cru, au contraire, qu'il était plus juste de donner à la préemption la priorité sur l'échange. Voici ses motifs : « Si l'article du gouvernement est adopté, a-t-elle dit, les riverains seront exclus de l'acquisition toutes les fois que l'échange s'opérera.

« En vain dit-on que le marché sera avantageux pour l'Etat ; que le domaine pourra, par ce moyen, obtenir à de meilleures conditions les terrains nécessaires à la nouvelle route ; qu'il ne faut pas s'inquiéter de cet avantage accordé à la faculté d'échange, et que l'on trouve peu de propriétaires disposés à en user.

« Ces deux réponses s'accordent mal entre elles. En effet, si l'on fait peu d'échanges, l'avantage sera insensible pour l'Etat, ce qui n'empêchera pas, dans chaque cas où s'effectuera l'échange, le préjudice de peser tout entier sur les riverains exclus de la préemption ; ou bien, au contraire, l'usage de la faculté d'échange sera assez fréquent pour produire à l'Etat un avantage appréciable, et alors le préjudice s'étendra sur un nombre considérable de riverains.

« Mais il faut placer la discussion plus haut. Ne contestons nullement l'usage qu'on fera de l'échange ; accordons que ce mode de traiter procurera à l'Etat plus d'avantages encore que l'on ne s'en promet. La question, pour cela, ne sera pas résolue.

« Avant d'adopter une mesure, parce qu'il la juge utile, le législateur a le devoir de se demander d'abord si elle est juste.

« Pourquoi la préemption est-elle accordée aux riverains ? Parce que l'on pense que ce dédommagement leur est dû comme compensation du tort qu'ils éprouvent par la suppression de l'ancienne route.

« Si peu d'accord que l'on puisse être sur la qualification de ce tort, qu'il ne blesse que les intérêts des riverains, ou qu'il aille jusqu'à blesser leurs droits, toujours est-il qu'il existe un tort reconnu, un tort que le projet de loi a l'équitable intention de réparer, un tort qui cessera du moment que les riverains auront la certitude de pouvoir, moyennant un juste prix, acquérir la parcelle attenante à leur propriété.

« S'il en était autrement, pourquoi la préemption accordée aux riverains ? Elle ne serait plus qu'un privilège illégitime, qu'une concession injustement faite à certains propriétaires, à l'effet de les rendre maîtres d'acquérir par préférence et sans concurrence, des terrains appartenant à l'Etat, qui font partie de la fortune publique.

« Si la faculté de préemption n'est qu'un privilège injuste, il faut l'effacer de la loi.

« Mais commencer par consacrer la préemption parce qu'on la croit juste, en créer le privilège dans des vues de sage transaction et pour rendre hommage à l'équité, puis, dans certains cas, et par ce seul motif que l'Etat trouverait de l'utilité à agir autrement, supprimer le privilège et effacer la transaction, ce serait ou une inconséquence ou la proclamation de cet étrange principe que l'utilité doit passer avant la justice.

« ...La loi de 1836 permet d'échanger d'anciennes portions de la route abandonnée contre des portions du sol qu'occupera la nouvelle. En quoi cette circonstance modifie-t-elle la situation des riverains de l'ancienne route ? Si un tort leur est causé parce qu'on aliénera au profit d'un tiers une parcelle de l'ancienne route bordant leur propriété, en quoi ce tort deviendra-t-il moindre parce que ce tiers se trouvera être l'ancien propriétaire d'une partie de la route nouvelle ?

« Votre commission a repoussé ces conséquences. Au lieu de supprimer le droit de préemption, toutes les fois qu'il y aurait eu échange, elle a pensé qu'il ne devra y avoir ouverture à l'échange qu'autant que le riverain n'aura pas exercé la préemption. »

(2) Cet article a été proposé par M. Vivien : il n'a éprouvé aucune opposition : il ne fait du reste que confirmer la législation existante.

« Nous ne nous opposons pas le moins du monde à l'article additionnel, a dit M. le sous-secrétaire d'Etat des travaux publics, mais je voudrais que la Chambre comprît bien que ce n'est pas une omission de notre part, et que l'amendement ne change

de la loi du 19 ventôse an 11 ; vu les art. 8 et 9 de la loi du 21 germinal de la même année; vu les art. 27 et 28 de l'arrêté du gouvernement en date du 9 juin 1803, et l'art. 15 de notre ordonnance du 13 octobre 1840 ; vu spécialement notre ordonnance du 16 mai 1841 ; vu l'avis du conseil royal de l'instruction publique, en date du 3 mai 1842, etc.

Art. 1er. Les aspirants au doctorat en médecine ou en chirurgie et les aspirants au titre de pharmacien, qui auraient été admis dans le service de santé de la marine comme chirurgiens ou pharmaciens de troisième, de seconde ou de première classe, conformément aux dispositions de notre ordonnance du 17 juillet 1835, obtiendront la gratuité des inscriptions nécessaires pour parvenir soit au doctorat devant une faculté de médecine, soit à la maîtrise en pharmacie, sous la condition de se vouer pendant quinze ans, au moins, au service de santé de la marine. Cette condition sera garantie au moyen d'un engagement souscrit par le candidat, et dûment accepté par notre ministre secrétaire d'Etat au département de la marine. Copie certifiée dudit engagement sera transmise au département de l'instruction publique, avec les autres pièces établissant le droit aux dispenses prévues par la présente ordonnance.

2. Quatre ans de services constatés, soit en qualité d'élève interne ou externe, soit en qualité de chirurgien ou de pharmacien dans un des hôpitaux de la marine établis à Brest, Rochefort et Toulon, compteront pour l'obtention des seize inscriptions prescrites dans les facultés de médecine, ou pour les huit années de stage dans une officine, actuellement exigées des élèves en pharmacie.

3. Tout chirurgien ou pharmacien de la marine qui aura obtenu la concession des inscriptions prescrites pour le doctorat en médecine, ou la dispense des années de stage exigées pour la maîtrise en pharmacie, devra, pour être admis aux examens desdits grade et titre devant une faculté de médecine ou une école spéciale de pharmacie, justifier préalablement soit des di-

plômes de bachelier ès-lettres et ès-sciences, prescrit par l'ordonnance du 9 août 1836 pour les étudiants en médecine, soit du diplôme de bachelier ès-lettres, prescrit par l'ordonnance du 27 septembre 1840, pour les élèves en pharmacie. Il sera tenu, quant à la réception, d'acquitter seulement le droit de présence des examinateurs et les frais relatifs aux opérations qui font partie des examens, ainsi qu'à l'impression de la thèse inaugurale.

4. Le chirurgien ou pharmacien qui renoncerait au service de la marine ou qui serait mis en réforme dans un des trois premiers cas prévus par l'art. 12 de la loi du 19 mai 1834, demeurera débiteur envers le trésor public du prix des inscriptions obtenues à titre d'avance gratuite dans les facultés de médecine ou dans les écoles de pharmacie, et de la partie du prix des examens dont il lui aurait été fait remise dans les écoles de pharmacie.

5. Les diplômes délivrés aux officiers de santé de la marine relateront la disposition ci-dessus prescrite; il en sera fait également mention sur les registres d'inscriptions de la faculté de médecine ou de l'école de pharmacie près desquelles l'officier de santé aura pris ses grades, et le département de la marine devra transmettre au département de l'instruction publique avis immédiat de toute cessation de service d'un officier de santé, avant l'accomplissement des quinze années prescrites en l'art. 1er, et pour une des causes prévues en l'art. 4 de la présente ordonnance.

6. Nos ministres de l'instruction publique et de la marine (MM. Villemain et Duperré) sont chargés, etc.

25 mai = 1er juin 1842. — Loi sur les crédit supplémentaires et extraordinaires des exercices 1841 et 1842 et des exercices clos (1). (IX, Bull. DCCCCXI, n. 10002.)

TITRE Ier. — *Crédits supplémentaires et extraordinaires de l'exercice 1841, et annulations de crédits sur le même exercice.*

Art. 1er. Il est alloué, sur l'exercice

---

pas la législation actuelle, mais la confirme simplement. »

« M. *Vivien :* «Je le reconnais.»

« M. *le sous-secrétaire d'Etat :* « La loi de 1807 (art. 53) s'applique à toutes les voies publiques, aux routes royales, aux routes départementales, aux chemins vicinaux. Dans l'exécution de cette loi, nous avons toujours reconnu aux riverains des voies publiques le droit d'acheter, par privilège, les terrains délaissés ; M. Vivien établit de nouveau ce droit par son amendement ; son amendement est la consécration d'un principe existant, et non l'in-

troduction d'un principe nouveau. C'est à ce titre que nous y adhérons. »

(1) Présentation à la Chambre des Députés le 31 janvier (Mon. du 1er février) ; rapport par M. Duprat le 26 mars (Mon. du 2 avril) ; discussion les 4, 5, 6, 7 (Mon. des 5, 6, 7, 8) ; adoption le 8 (Mon. du 9), à la majorité de 220 voix contre 143.

Présentation à la Chambre des Pairs le 13 avril (Mon. du 14) ; rapport par M. le marquis d'Audiffret le 11 mai (Mon. du 13) ; discussion les 17 et 18 (Mon. des 18 et 19) ; adoption le 19 (Mon. du 20), à la majorité de 99 voix contre 6.

1841, au-delà des crédits accordés par la loi des finances du 16 juillet 1840, et par diverses lois spéciales, des crédits supplémentaires montant à vingt-six millions cinq cent quatorze mille deux cent soixante-trois francs (26,514,263 fr.).

Ces crédits supplémentaires demeurent répartis, entre les différents départements ministériels, conformément aux états A et B ci-annexés.

2. Il est accordé, sur le même exercice 1841, des crédits extraordinaires montant à la somme de vingt-sept millions six cent deux mille cinq cent onze francs dix-sept centimes (27,602,511 fr. 17 c.).

Ces crédits extraordinaires demeurent répartis, entre les différents départements ministériels, conformément à l'état C ci-annexé.

3. Il est accordé, sur l'exercice 1841, pour le paiement des créances des exercices périmés, des crédits extraordinaires spéciaux montant à la somme de deux cent onze mille deux cent trente francs quarante-huit centimes (211,230 fr. 48 c.).

Ces crédits extraordinaires spéciaux demeurent répartis entre les différents départements ministériels, conformément à l'état D ci-annexé.

4. Les crédits accordés, sur l'exercice 1841, par la loi du 16 juillet 1840, et par des lois spéciales, sont réduits d'une somme de quinze millions cinquante-cinq mille huit cent six francs (15,055,806 fr.).

Ces annulations de crédits demeurent fixées, par ministère et par chapitre, conformément à l'état E ci-annexé.

5. Les crédits accordés pour les services spéciaux portés pour ordre au budget de l'exercice 1841 sont augmentés de la somme de deux cent seize mille francs (216,000 fr.), conformément à l'état F ci-annexé.

TITRE II. — *Crédits extraordinaires de l'exercice 1842.*

6. Il est accordé, sur l'exercice 1842, des crédits extraordinaires montant à la somme de treize millions cinquante-six mille sept cent cinquante francs quatre-vingt-dix centimes (13,056,750 fr. 90 c.).

Ces crédits extraordinaires demeurent répartis, entre les divers départements ministériels, conformément à l'état G ci-annexé.

7. Il est accordé, sur l'exercice 1842, pour le paiement des créances des exercices périmés, des crédits extraordinaires spéciaux montant à la somme de cent vingt-huit mille quatre cent quatre-vingt-six francs soixante-cinq centimes (128,486 fr. 65 c.).

Ces crédits extraordinaires spéciaux sont répartis, entre les différents départements ministériels, conformément à l'état H ci-annexé.

8. Il sera pourvu aux dépenses autorisées par les deux articles précédents, au moyen des ressources accordées par la loi de finances du 25 juin 1841.

TITRE III. — *Annulations et suppléments de crédits pour les travaux extraordinaires.*

9. Les crédits accordés, sur l'exercice 1840, pour les travaux publics extraordinaires, par la loi du 6 juin 1840 et par des lois spéciales, sont réduits d'une somme de sept millions huit cent dix mille francs (7,810,000 fr.), restée sans emploi sur ledit exercice.

Des crédits supplémentaires sont ouverts jusqu'à concurrence de cette somme, sur l'exercice 1841, pour sept millions six cent trente mille francs (7,630,000 fr.), et sur l'exercice 1842, pour cent quatre-vingt mille francs (180,000 fr.), ensemble sept millions huit cent dix mille francs (7,810,000 fr.).

Les crédits de même nature alloués, sur l'exercice 1841, par la loi du 11 juin 1841, sont augmentés d'une somme de un million huit cent cinquante-sept mille trente-neuf francs soixante et onze centimes (1,857,039 fr. 71 c.), annulée sur l'exercice 1839.

Il est en outre accordé, sur l'exercice 1841, pour la portion applicable à cet exercice du prêt autorisé par la loi du 15 juillet 1840 en faveur de la compagnie du chemin de fer de Strasbourg à Bâle, un crédit extraordinaire de la somme de quatre millions cinq cent mille francs (4,500,000 fr.).

Ces annulations et suppléments de crédits demeurent répartis, par chapitres spéciaux, conformément à l'état I ci-annexé.

TITRE IV. — *Crédits supplémentaires aux restes à payer des exercices clos.*

10. Il est accordé, en augmentation des restes à payer des exercices 1837, 1838, 1839 et 1840, des crédits supplémentaires pour la somme de un million quatre-vingt-neuf mille deux cent trente-huit francs trente centimes (1,089,258 fr. 30 c.), montant des nouvelles créances constatées sur ces exercices, suivant l'état J ci-annexé.

Les ministres sont, en conséquence, autorisés à ordonnancer ces créances sur le chapitre spécial ouvert, pour les dépenses des exercices clos, aux budgets des exercices courants, conformément à l'art. 8 de la loi du 23 mai 1834 (1).

_____

(1) MM. *Léon de Malville* et *Abbatucci* avaient proposé un article additionnel ainsi conçu :

25 mai = 1er juin 1842. — Loi qui approuve un échange de bois conclu entre l'État et les sieurs Vivaux frères. (IX, Bull. DCCCCXI, n. 10003.)

Article unique. L'échange de bois conclu, dans le département de la Meuse, entre l'État et les sieurs Vivaux frères, est approuvé sans soulte ni retour, pour être exécuté conformément aux diverses clauses stipulées dans l'acte qui en a été passé le 11 novembre 1840.

---

8 mai = 3 juin 1842. — Ordonnance du roi portant autorisation de la société anonyme formée à Paris sous la dénomination de *le Dragon*, compagnie d'assurances à primes contre l'incendie. (IX, Bull. supp. DC, n. 16483.)

Louis-Philippe, etc., sur le rapport de notre ministre secrétaire d'État de l'agriculture et du commerce; vu les art. 29 à 37, 40 et 45 du Code de commerce; notre conseil d'État entendu, etc.

Art. 1er. La société anonyme formée à Paris (Seine), sous la dénomination de *lo Dragon*, compagnie d'assurances à primes contre l'incendie, est autorisée. Sont approuvés les statuts de ladite société, tels qu'ils sont contenus dans l'acte passé, le 31 mars 1842, par-devant Me Dessaignes et son collègue, notaires à Paris, lequel acte restera annexé à la présente ordonnance.

2. Nous nous réservons de révoquer notre autorisation, en cas de violation ou de non exécution des statuts approuvés, sans préjudice des droits des tiers.

3. La société sera tenue de remettre, tous les six mois, un extrait de son état de situation au ministère de l'agriculture et du commerce, au préfet du département de la Seine, à la chambre de commerce et au greffe du tribunal de commerce de Paris.

4. Notre ministre de l'agriculture et du commerce (M. Cunin-Gridaine) est chargé, etc.

Art. 1er. Il est formé, sauf l'approbation du roi, entre les comparants, une société anonyme d'assurances à primes contre l'incendie; sa dénomination est *le Dragon*, compagnie d'assurances à primes contre l'incendie. Le siége et le domicile de la société sont établis à Paris.

2. Les opérations de la société ont pour objet, 1° l'assurance contre l'incendie des propriétés immobilières et mobilières que le feu peut endommager ou détruire; 2° l'assurance contre les dégâts causés par la foudre, lors même qu'il n'y aurait pas incendie; 3° l'assurance contre les dégâts d'incendie résultant de l'explosion de la vapeur; 4° l'assurance contre les dégâts causés par l'explosion du gaz employé à l'éclairage. La compagnie ne garantit, hors le cas d'incendie, les dommages causés par l'explosion du gaz, qu'autant que ces risques sont assurés par une clause spéciale de la police. Toutes opérations autres que celles ci-dessus énoncées sont complétement interdites à la compagnie.

3. La compagnie n'assure pas, 1° les dépôts, magasins et fabriques de poudre à tirer, les effets de commerce et obligations de toute nature, les billets de banque, titres, contrats, lingots d'or ou d'argent et l'argent monnayé; 2° les diamants, pierreries et perles fines, autres que ceux montés et à l'usage personnel, ou compris parmi les objets déposés dans des établissements publics, tels que monts-de-piété, musées historiques et autres.

4. La compagnie ne répond pas des incendies et dégâts occasionnés par guerre, invasions, émeutes ou troubles populaires, force armée quelconque, ni de ceux résultant d'un désastre général, comme feux souterrains, volcans, tremblements de terre, etc.

5. Quelles que soient les sommes énoncées dans la police, l'assuré ne peut jamais recevoir une indemnité excédant la perte effective qu'il aura éprouvée par l'effet du sinistre. Cette perte est réglée d'après l'état et la valeur de l'objet assuré au moment du sinistre. Si, après l'incendie, la valeur des objets est reconnue inférieure à la somme assurée, cette somme sera réduite de toute la différence. La présente clause devra être insérée dans la police.

6. Les assurances pourront s'effectuer dans toute la France et à l'étranger. Le maximum sur un seul risque ne pourra excéder trois cent mille francs.

7. La durée de la société est de cinquante années, à partir du jour de l'autorisation royale, sauf les cas de dissolution prévus ci-après.

Fonds social.

8. Le fonds social est fixé à trois millions de francs, et divisé en six cents actions nominatives de cinq mille francs, divisibles chacune en coupons de cinq cents francs. Les six cents actions représentant

---

« L'art. 2 de la loi du 14 juillet 1838 est abrogé. Il sera soumis aux Chambres, dans la session de 1844, et ensuite de dix années en dix années, un projet de répartition entre les départements, tant de la contribution personnelle et mobilière que de la contribution des portes et fenêtres.

« A cet effet, il sera dressé, dans chaque commune, par les agents des contributions directes, de concert avec les maires ou leurs délégués, un tableau énonçant le nombre des individus passibles de la contribution personnelle, les valeurs locatives d'habitation et le nombre des portes et fenêtres imposables.

« En cas de dissidence, les évaluations sur lesquelles les agents des contributions directes et les maires ou leurs délégués ne tomberaient pas d'accord, seront déterminées par eux séparément et portées dans deux colonnes distinctes.

« Les tableaux de recensement et tous les documents accessoires, avec l'avis des conseils d'arrondissement et des conseils généraux, seront communiqués aux Chambres, et leur serviront de renseignements pour la répartition des contingents départementaux. »

Après une vive et longue discussion, l'amendement a été rejeté.

Je ne rappellerai point ici les raisons qui ont été déduites pour et contre. La question du recensement sera examinée à fond sur la loi des recettes. Voy. ci-après.

le fonds social sont souscrites dans les proportions suivantes par les personnes ci-après nommées :

(*Suivent les noms.*)

9. Aucun actionnaire ne pourra posséder plus de vingt-cinq actions.

10. Les actionnaires souscrivent l'obligation de verser, s'il y a lieu, jusqu'à concurrence du montant de leurs actions, en élisant un domicile à Paris. Cette obligation est garantie pour chaque action ou coupon d'action par le versement en numéraire d'un cinquième avant la délivrance des actions, et au plus tard dans les trois mois qui suivront l'ordonnance d'autorisation. A défaut du versement du premier cinquième de l'action ou coupon d'action, dans le délai ci-dessus fixé, les actions ou coupons d'actions de l'actionnaire en retard seront vendus à ses risques et périls, comme il est dit à l'art. 15.

11. Les actions et coupons d'actions nominatifs pourront être convertis en actions et coupons d'actions au porteur, mais seulement lorsque le montant de chaque action ou coupon à convertir aura été intégralement versé.

12. Les actionnaires ne sont passibles que de la perte du montant de leur intérêt dans la société.

13. Les actions nominatives sont représentées par une inscription sur les registres de la compagnie portant un numéro d'ordre de 1 à 600. Les coupons de ces actions sont représentés de la même manière, portant également un numéro d'ordre avec celui de l'action à laquelle ils appartiennent. Les actions et coupons d'actions au porteur sont délivrés dans la forme arrêtée par le conseil d'administration.

14. La transmission des actions et coupons nominatifs s'opère par une déclaration de transfert inscrite sur les registres de la société : cette déclaration est signée du cédant ou de son fondé de pouvoirs et du cessionnaire. La délivrance et le transfert ne pourront avoir lieu qu'après le versement du premier cinquième en numéraire. Aucun cessionnaire ne peut être admis que par délibération du conseil d'administration, prise au scrutin secret et à la majorité absolue des membres présents, sauf l'exception ci-après. Ne seront pas soumis aux conditions ci-dessus ceux qui, en garantie des cinquièmes restant à verser sur chaque action, transféreront à la compagnie une valeur égale de fonds publics français. Lorsque la société touchera les intérêts des fonds ainsi transférés à son nom, elle les versera immédiatement entre les mains des actionnaires qui les lui auront transférés.

15. Si les fonds encaissés sont insuffisants pour payer les sinistres, le conseil d'administration fixe la quotité des appels de fonds à faire sur les actions nominatives. Ces appels de fonds doivent être proportionnés aux besoins réels et ne peuvent jamais excéder la valeur nominale des actions. Chaque actionnaire est tenu de payer sa quote-part dans les dix jours de l'avis qui lui en est donné. A défaut de versement dans ce délai, les actions ou coupons d'actions de l'actionnaire en retard seront vendues par l'entremise d'un agent de change, aux risques et périls du retardataire, sans préjudice des poursuites à exercer contre lui pour la somme dont il resterait débiteur envers la société, comme aussi sans préjudice de son droit à profiter de l'excédant, s'il y en a.

16. En cas de faillite d'un actionnaire, ses actions, à moins qu'il ne soit donné caution, seront vendus par le ministère d'un agent de change, sans qu'il soit besoin d'aucune autorisation ou notifica-

tion, ni d'aucune formalité judiciaire. Sur le produit de la vente, la compagnie prélèvera ce qui pourra lui être dû ; le surplus, s'il y en a, sera remis aux ayants-droit : en cas de déficit, la compagnie poursuivra le remboursement par toutes les voies de droit.

17. Dans le cas de décès d'un actionnaire, ses héritiers ou ayants-droit auront six mois pour présenter un titulaire de chaque action ou coupon d'action, sauf la formalité d'admission réglée par l'art. 14. A défaut de désignation, les actions ou coupons d'actions seront vendus par le ministère d'un agent de change, aux risques et périls des héritiers ou ayants-droit, et sans aucune mise en demeure. Le produit de la vente sera employé d'abord à solder ce qui pourrait être dû à la compagnie, et le surplus, s'il y en a, sera remis aux ayants-droit : en cas de déficit, la compagnie poursuivra le remboursement par toutes les voies de droit.

De l'administration de la société.

18. La société est administrée, sous l'autorité de l'assemblée générale des actionnaires, par un conseil d'administration, un directeur et, s'il y a lieu, un directeur-adjoint.

Conseil d'administration.

19. Le conseil d'administration est composé de douze membres ; leurs fonctions sont gratuites, sauf les jetons de présence : la valeur de ces jetons est déterminée par l'assemblée générale.

20. Tout administrateur doit être propriétaire d'au moins cinq actions nominatives, lesquelles sont inaliénables pendant toute la durée de ses fonctions.

21. Les administrateurs sont nommés à la majorité des voix par l'assemblée générale, et peuvent être révoqués par elle. La durée de leurs fonctions est de quatre ans. Le conseil d'administration est renouvelé par quart, d'année en année. Les administrateurs sortant seront désignés, les trois premières années, par le sort, et ensuite par l'ancienneté. Les membres peuvent être réélus indéfiniment.

22. Jusqu'à la première assemblée générale, la société sera administrée par les actionnaires ci-après, investis à cet effet de tous les pouvoirs du conseil d'administration, savoir :

(*Suivent les noms.*)

23. Le conseil d'administration nomme, parmi ses membres, un président et un vice-président ; la durée de leurs fonctions est d'une année ; ils peuvent être réélus. En cas d'absence de l'un et de l'autre, le doyen d'âge des membres présents remplit leurs fonctions.

24. Si une des places d'administrateur vient à vaquer, le conseil pourvoit au remplacement provisoire jusqu'à la plus prochaine assemblée générale, qui procède à l'élection définitive. L'administrateur ainsi nommé ne reste en exercice que pendant le temps qui restait à courir à son prédécesseur.

25. Les réunions du conseil d'administration auront lieu sur la convocation du président et du vice-président, toutes les fois qu'elles seront jugées nécessaires et au moins une fois par mois. L'administrateur de service, aux termes de l'art. 27, ou le directeur, peuvent requérir, en cas d'urgence, la réunion du conseil d'administration. Pour qu'une délibération soit valable, cinq membres au moins doivent assister à la réunion. Les décisions sont

prises à la majorité des membres présents : en cas de partage, la voix de celui qui préside est prépondérante. Les procès-verbaux sont signés par le président et le secrétaire.

26. Le conseil d'administration prend communication de toutes les affaires de la compagnie ; il arrête les conditions générales des contrats d'assurances et de réassurances ; il fixe, dans la limite établie par l'art. 6, le plein sur chaque nature de risques, et le tarif des primes applicables aux diverses natures de risques ; il détermine l'emploi des fonds disponibles, il arrête le paiement des pertes et dommages à la charge de la société ; il nomme, suspend et révoque, sur la proposition du directeur, tous les agents et employés de la compagnie, fixe leurs traitements, salaires et cautionnements, ainsi que les dépenses générales de l'administration ; il statue sur toutes les dépenses accidentelles et variables ; il prononce sur toutes les opérations de la compagnie, et arrête provisoirement les comptes annuels et les répartitions de bénéfice ; il convoque l'assemblée générale annuelle et celles extraordinaires ; il peut plaider, traiter, transiger et compromettre sur tous les intérêts de la compagnie ; il peut aussi substituer, mais seulement par un mandat spécial, pour une ou plusieurs affaires déterminées.

27. Chaque administrateur est, à tour de rôle, chargé de suivre et de surveiller les opérations de la société et la comptabilité ; de signer, conjointement avec le directeur, les polices d'assurances, les transferts de rentes et d'actions, les pouvoirs délégués par le conseil d'administration, les procurations, les contrats et les engagements de la compagnie.

28. Les membres du conseil d'administration ne contractent, à raison de leurs fonctions, aucune obligation personnelle ni solidaire relativement aux engagements de la société ; ils ne répondent que de l'exécution de leur mandat.

Direction.

29. Le directeur et le directeur-adjoint sont nommés et peuvent être révoqués, sur la proposition du conseil d'administration, par l'assemblée générale des actionnaires, à la majorité des voix des membres présents. Le directeur et le directeur-adjoint peuvent être suspendus provisoirement de leurs fonctions par le conseil d'administration ; dans ce cas, le conseil d'administration pourvoit à leur remplacement provisoire jusqu'à la première assemblée générale, qui prononce définitivement sur la révocation, et, s'il y a lieu, sur le remplacement.

30. Le directeur doit être titulaire d'au moins dix actions nominatives, et le directeur-adjoint de cinq. Ces actions sont inaliénables pendant toute la durée de leurs fonctions, et jusqu'à l'apurement de leurs comptes.

31. L'assemblée générale détermine le traitement annuel et les avantages qui peuvent être alloués au directeur et au directeur-adjoint ; le tout, sur la proposition du conseil d'administration.

32. Le directeur et le directeur-adjoint assistent, avec voix consultative, aux séances du conseil d'administration.

33. Le directeur est chargé de faire exécuter les délibérations et arrêtés du conseil d'administration. Il dirige le travail des bureaux, et règle et arrête, de concert avec l'administrateur de service, les conditions particulières des assurances dans les limites fixées par le conseil d'administration. Il sou-

met au conseil, de concert avec l'administrateur de service, l'état des pertes et dommages à la charge de la compagnie, la situation de la caisse et celle des assurances. Il propose au conseil la nomination, suspension et révocation des employés et agents de la compagnie. Il signe les endossements, la correspondance, les quittances et toutes autres pièces de comptabilité journalière. Il signe, conjointement avec l'administrateur de service, les polices d'assurances, les pouvoirs délégués par le conseil, les transferts de rentes, les procurations, les transactions, les compromis et tous autres engagements de la compagnie, conformément à l'art. 27 ci-dessus. A l'exception d'une somme de vingt mille francs qui sera maintenue dans la caisse pour le service des dépenses courantes, toutes les sommes reçues en espèces par la société seront chaque jour déposées à la banque de France pour être converties, s'il y a lieu, d'après la décision du conseil d'administration, en valeurs d'une réalisation facile et portant intérêt au profit de la société.

34. En cas d'empêchement du directeur, il est remplacé de droit et avec les mêmes pouvoirs par le directeur-adjoint. A défaut de ce dernier, le conseil d'administration délègue l'un des administrateurs ou un employé pour le remplacer. En cas de mort, démission, révocation ou retraite du directeur et du directeur-adjoint, le conseil d'administration pourvoit provisoirement à leur remplacement jusqu'à la plus prochaine assemblée générale qui procède au remplacement définitif.

Assemblée générale.

35. L'assemblée générale se compose de tous les actionnaires propriétaires de trois actions nominatives au moins. Les membres composant l'assemblée générale n'ont qu'une voix, quel que soit le nombre de leurs actions. En cas d'absence, ils peuvent se faire représenter par un mandataire de leur choix pris parmi les actionnaires, quel que soit le nombre de ses actions. Si ce mandataire est par lui-même membre de l'assemblée générale, il ajoute sa voix celle de son commettant. Nul actionnaire ne peut être porteur de plus d'un semblable mandat. Les membres du conseil d'administration et les directeurs n'auront pas voix délibérative lorsqu'il s'agira de la reddition des comptes ou des questions relatives à leur gestion.

36. L'assemblée générale n'est valablement constituée que par la réunion d'un nombre d'actionnaires représentant la moitié des actionnaires titulaires de trois actions nominatives. Dans le cas où l'assemblée ne satisferait pas à cette condition, il sera procédé à une seconde convocation à quinze jours au moins d'intervalle et dans la forme prescrite par l'art. 39 ci-après. Dans cette seconde réunion, l'assemblée pourra délibérer, quel que soit le nombre des membres présents, mais seulement sur les objets à l'ordre du jour de la première.

37. L'assemblée générale représente l'universalité des actionnaires, et ses décisions sont obligatoires pour tous, même pour ceux qui n'y ont pas concouru.

38. L'assemblée générale ordinaire a lieu dans le mois d'avril de chaque année. Il y aura, en outre, des assemblées extraordinaires toutes les fois que le conseil d'administration le jugera convenable, ou quand il en sera requis par un nombre d'actionnaires représentant au moins le tiers des actions. L'assemblée générale est convoquée par

directeur, après décision du conseil d'administration.

39. Les convocations sont faites par lettres adressées au domicile de chaque actionnaire nominatif, quinze jours au moins avant la réunion et par un avis inséré également quinze jours à l'avance dans deux journaux d'annonces légales, désignés par le tribunal de commerce de Paris, conformément à la loi du 31 mars 1833. Les lettres indiqueront l'objet de la convocation et les points sur lesquels l'assemblée sera appelée à délibérer et qui seront mis à l'ordre du jour. Toute proposition étrangère à l'objet de la convocation sera renvoyée de droit à une assemblée générale extraordinaire. A chaque réunion, l'assemblée nomme au scrutin secret et à la majorité absolue, un président pour régler l'ordre de ses délibérations, et à la majorité relative par scrutin de liste, un secrétaire pour rédiger les résolutions de l'assemblée et deux scrutateurs. Cette opération a lieu sous la présidence provisoire du président du conseil d'administration avec le concours des deux plus jeunes membres de l'assemblée, en qualité de scrutateurs. Les scrutateurs ne peuvent être choisis parmi les membres du conseil d'administration.

40. L'assemblée générale, fixée au mois d'avril de chaque année, entend, discute et approuve, s'il y a lieu, le compte qui lui est rendu par le directeur des opérations de la compagnie pendant l'année précédente, et nomme une commission pour en faire l'examen, si elle le juge convenable.

41. Les décisions sont prises à la majorité des membres présents. En cas de partage, la voix du président est prépondérante.

42. Il sera dressé procès-verbal de toutes les délibérations et décisions prises dans chaque séance de l'assemblée générale. Le procès-verbal signé de tous les membres du bureau sera remis au conseil d'administration; elles seront transcrites sur un registre tenu à cet effet.

43. L'assemblée générale, convoquée extraordinairement et composée d'actionnaires représentant au moins la moitié plus une des actions, peut, à une majorité des deux tiers des membres présents et réunissant les deux tiers des actions représentées, adopter les modifications aux présents statuts, dont l'expérience aura démontré la nécessité. Ces modifications ne seront exécutoires qu'après l'approbation du gouvernement.

Comptes annuels, fonds de réserve, répartition des bénéfices.

44. Chaque année, la situation de la compagnie est établie au 31 décembre, et le compte des bénéfices réalisés est arrêté à cette époque. Lorsque la situation définitive de la société aura été arrêtée par l'assemblée générale, sur les propositions du conseil d'administration, il sera prélevé, sur les bénéfices nets réalisés, une quotité de vingt pour cent au moins pour former un fonds de réserve. Lorsque cette réserve s'élèvera à trois cent mille francs, le prélèvement pourra être réduit à un dixième, et il cessera tout à fait lorsque ce fonds aura atteint deux millions de francs, à moins toutefois qu'il n'en soit autrement décidé par l'assemblée générale des actionnaires. Si, après avoir été élevée à trois cent mille francs ou à deux millions, la réserve venait à être entamée, le prélèvement d'un cinquième ou d'un dixième, suivant les cas, reprendrait son cours. Le surplus des bénéfices,

déduction faite de la part qui pourra être attribuée au directeur et au directeur-adjoint, en vertu de l'art. 31, sera réparti entre tous les actionnaires, de la manière suivante : 1° un premier dividende, jusqu'à concurrence de cinq pour cent de tous les fonds versés, sera distribué au prorata des versements faits par chaque actionnaire; 2° l'excédant sera réparti au prorata du capital nominal de chaque action et coupon d'action.

45. En cas de pertes qui absorberaient les fonds de réserve et plus d'un dixième du capital de la société, le conseil d'administration devra exiger de la part des actionnaires un versement proportionnel, jusqu'à concurrence de la somme nécessaire pour rétablir, après le paiement des pertes, un fonds disponible égal au dixième du capital.

46. Dans le cas prévu par l'article précédent, la totalité des bénéfices, résultant des inventaires subséquents, sera affectée au remboursement des sommes exigées des actionnaires, à titre d'appel de fonds, conformément à l'art. 15. Lorsque les remboursements auront été complétés, les réserves prescrites par l'art. 44 seront continuées dans les proportions qui y sont indiquées. Le tout sans préjudice de l'obligation qui demeure imposée aux actionnaires de contribuer de nouveau, s'il y a lieu, jusqu'à concurrence du montant de leurs actions, au paiement des pertes qui pourraient survenir.

Dissolution et liquidation.

47. La dissolution de la société aura lieu de plein droit si les pertes excèdent la moitié du capital social. Cette dissolution pourra être prononcée par un nombre d'actionnaires représentant au moins les trois quarts des actions, si, par l'effet des pertes éprouvées, le capital social se trouve réduit de deux cinquièmes.

48. Dans les cas prévus par l'article précédent, le conseil d'administration est tenu de convoquer immédiatement l'assemblée générale.

49. L'assemblée générale nomme, séance tenante, trois commissaires liquidateurs.

50. Les commissaires liquidateurs font réassurer les risques non éteints, résilient les contrats existants, s'ils le peuvent, de gré à gré. Ils règlent et arrêtent le paiement des pertes et dommages à la charge de la compagnie. Ils peuvent compromettre, traiter et transiger sur toutes contestations et demandes.

51. Les actionnaires sont tenus, sur la demande de la commission, de faire, s'il y a lieu, les versements nécessaires pour opérer le paiement des charges de la société, jusqu'à concurrence du montant de leurs actions.

52. A l'expiration de l'année qui suivra l'époque où la liquidation aura été prononcée, il sera fait un inventaire de la situation de la société. Le compte en sera rendu à l'assemblée générale qui statuera sur le terme de la liquidation.

Arbitrage.

53. Toutes les difficultés et contestations qui pourront s'élever pendant la durée de la société ou lors de sa liquidation relativement à ses affaires et opérations, soit entre les actionnaires et la compagnie, soit entre les actionnaires eux-mêmes, seront soumises au jugement d'un conseil arbitral composé de trois membres choisis, les deux premiers, par chacune des parties intéressées, et le troisième, par les deux premiers arbitres nommés.

Si les deux arbitres ne peuvent s'entendre sur le choix du troisième ou que l'une des parties n'ait pas nommé son arbitre dans les cinq jours de la sommation qui en sera faite, l'arbitre non désigné sera nommé d'office par le président du tribunal de commerce de la Seine, à la requête de la partie la plus diligente. Il en sera de même dans le cas où l'une des parties négligerait de nommer son arbitre. La décision des arbitres aura lieu sans formalités ni délais judiciaires, par amiable composition. Elle sera définitive, sans appel, ni recours en cassation.

4 = 9 JUIN 1842. — Lois qui autorisent six départements à s'imposer extraordinairement ou à contracter des emprunts. (IX, Bull. DCCCCXII, n. 10006.)

PREMIÈRE LOI. — Côtes-du-Nord.

Art. 1er. Le département des Côtes-du-Nord est autorisé, conformément à la demande qu'en a faite son conseil général, dans sa séance du 27 août 1841, à emprunter une somme qui ne pourra dépasser soixante et douze mille francs, et qui sera exclusivement affectée à libérer le département des engagements qu'il a pris envers l'Etat, en exécution de la loi du 14 mai 1837, relative à la création de la route royale n. 164 bis, de Rennes à Brest.

2. Cet emprunt aura lieu avec publicité et concurrence, à un intérêt qui ne pourra excéder quatre et demi pour cent. Toutefois, le préfet du département est autorisé à traiter de gré à gré avec la caisse des dépôts et consignations au même taux d'intérêt.

Il sera pourvu, sur les ressources ordinaires du département, tant au paiement des intérêts qu'à l'amortissement du capital, qui devra être effectué dans un délai de huit années, au plus, à partir de 1843.

DEUXIÈME LOI. — Creuse.

Article unique. Le département de la Creuse est autorisé, conformément à la demande qu'en a faite son conseil général, dans sa séance du 24 août 1841, à s'imposer extraordinairement, pendant cinq années, à partir du 1er janvier 1843, cinq centimes additionnels au principal des quatre contributions directes, dont le produit sera exclusivement affecté aux travaux neufs des cinq routes départementales actuellement en cours d'exécution, dans les proportions indiquées par la délibération susvisée.

TROISIÈME LOI. — Dordogne.

Art. 1er. Le département de la Dordogne est autorisé, conformément à la demande qu'en a faite son conseil général, dans sa séance du 30 août 1841, à emprunter, dans le cours des années 1843 et 1844, à un taux d'intérêt qui ne pourra dépasser quatre et demi pour cent, une somme qui ne pourra excéder un million de francs, et qui sera affectée au service des routes départementales, d'après les dispositions qui seront ci-après ordonnées.

L'emprunt aura lieu avec publicité et concurrence. Toutefois, le préfet du département est autorisé à traiter directement avec la caisse des dépôts et consignations, à un taux d'intérêt qui ne soit pas supérieur à celui ci-dessus fixé.

Les intérêts qui seront dus pour l'année 1843 seront prélevés sur le produit de l'imposition extraordinaire autorisée par la loi du 6 juin 1838.

2. Le département de la Dordogne est autorisé, conformément à la demande qu'en a également faite son conseil général, dans la même séance du 30 août 1841, à s'imposer extraordinairement, pendant onze années, à partir du 1er janvier 1844, quatre centimes additionnels au principal des contributions directes, dont le produit sera affecté au service des intérêts et à l'amortissement du capital qui sera emprunté en vertu de l'art. 1er ci-dessus.

La portion du produit de cette imposition qui ne serait pas absorbée par le service des intérêts et de l'amortissement de l'emprunt recevra la même destination que le capital emprunté.

3. Le montant du capital qui sera emprunté et le reliquat de l'imposition extraordinaire qui seront recouvrés en vertu des articles qui précèdent, seront exclusivement affectés, tant à solder les sommes dues pour indemnités de terrains et pour travaux faits par anticipation sur les routes départementales, qu'à continuer les travaux sur les routes et parties de routes qui seront désignées annuellement par le conseil général.

Pour l'exécution de ces dispositions, le montant de la somme à emprunter, l'emploi de cette somme et celui du produit de l'imposition extraordinaire, seront réglés annuellement, sur la proposition du conseil général, par ordonnances royales rendues dans la forme des règlements d'administration publique.

QUATRIÈME LOI. — Loir-et-Cher.

Article unique. Le département de Loir-et-Cher est autorisé, conformément à la demande qu'en a faite son conseil général, dans sa séance du 31 août 1841, à s'imposer extraordinairement, en 1843, quatre centimes additionnels au principal des quatre contributions directes, dont le produit sera exclusivement affecté à l'entretien des routes départementales.

CINQUIÈME LOI. — Rhône.

Article unique. Le département du Rhône est autorisé, conformément à la demande qu'en a faite son conseil général, dans sa séance du 1ᵉʳ septembre 1841, à s'imposer extraordinairement, pendant trois années, à partir de 1843, un centime et demi additionnel au principal des quatre contributions directes, dont le produit sera exclusivement affecté à acquitter le contingent du département dans les dépenses de construction du palais de justice de Lyon.

SIXIÈME LOI. — Saône-et-Loire.

Art. 1ᵉʳ. Le département de Saône-et-Loire est autorisé, conformément à la demande qu'en a faite son conseil général, dans sa séance du 30 août 1841, à emprunter, en 1842, à un taux d'intérêt qui ne pourra dépasser quatre et demi pour cent, une somme de cent quarante mille francs, qui sera exclusivement affectée aux travaux d'achèvement de routes départementales actuellement classées.

L'emprunt aura lieu avec publicité et concurrence. Toutefois, le préfet du département est autorisé à traiter directement avec la caisse des dépôts et consignations à un taux d'intérêt qui ne dépassera pas celui ci-dessus fixé.

Le service des intérêts et l'amortissement de l'emprunt auront lieu au moyen des ressources indiquées dans l'article ci-après.

2. Le département de Saône-et-Loire est autorisé, conformément à la demande qu'en a également faite son conseil général, dans sa séance du 30 août 1841, à s'imposer extraordinairement :

1° Pendant quatre années, à partir du 1ᵉʳ janvier 1843, un centime additionnel au principal de ses quatre contributions directes, dont le produit sera affecté, concurremment avec les ressources ordinaires du département, au service des intérêts et de l'amortissement de l'emprunt autorisé par l'article ci-dessus ;

2° Pendant cinq années, à partir du 1ᵉʳ janvier 1843, trois centimes additionnels au principal de ses quatre contributions directes, dont le produit sera exclusivement affecté à l'achèvement des routes départementales actuellement classées, et de celle de Bellevesvre à Sellières, dont le classement a été demandé par le conseil général.

4 = 9 JUIN 1842. — Lois qui autorisent plusieurs départements à s'imposer extraordinairement. (IX, Bull. DCCCCXII, u. 10007.)

PREMIÈRE LOI. — Allier.

Article unique. La portion du produit de l'imposition extraordinaire autorisée dans le département de l'Allier par la loi du 17 juillet 1840, qui ne sera pas absorbée par le service des intérêts et de l'amortissement de l'emprunt autorisé par la même loi, sera annuellement appliquée aux travaux neufs des routes départementales.

DEUXIÈME LOI. — Basses-Alpes.

Article unique. Le département des Basses-Alpes est autorisé, sur la demande qu'en a faite son conseil général, dans sa séance du 24 août 1841, à s'imposer extraordinairement, pendant huit années, à partir du 1ᵉʳ janvier 1843, dix centimes additionnels au principal des quatre contributions directes.

Le produit de cette imposition sera exclusivement affecté aux travaux neufs des routes départementales désignées dans les mêmes délibérations du même conseil général, des 24 et 26 août 1841.

TROISIÈME LOI. — Ardennes.

Article unique. Le département des Ardennes est autorisé, conformément à la demande qu'en a faite son conseil général, dans sa séance du 5 septembre 1841, à s'imposer extraordinairement, pendant cinq années, à partir du 1ᵉʳ janvier 1843, un centime additionnel au principal des contributions directes, dont le produit sera exclusivement affecté aux dépenses extraordinaires de l'instruction primaire auxquelles il ne pourrait être pourvu au moyen des centimes spéciaux dont l'imposition est autorisée par la loi du 28 juin 1833.

QUATRIÈME LOI. — Bouches-du-Rhône.

Art. 1ᵉʳ. Le département des Bouches-du-Rhône est autorisé, conformément à la demande qu'en a faite son conseil général, dans sa séance du 2 septembre 1841, à emprunter, en 1842, à un taux d'intérêt qui ne pourra dépasser quatre et demi pour cent, une somme de trente-quatre mille francs, qui sera exclusivement affectée à parfaire le contingent que ce département devra fournir, en exécution de la loi du 31 janvier 1841, dans la réparation des dégâts extraordinaires causés aux routes départementales par les inondations de 1840.

L'emprunt aura lieu avec publicité et concurrence. Toutefois, le préfet du département est autorisé à traiter directement avec la caisse des dépôts et consignations, à un taux d'intérêt qui ne soit pas supérieur à celui ci-dessus fixé.

Le service des intérêts et l'amortissement du capital emprunté auront lieu au moyen des ressources créées par l'article suivant.

2. Le département des Bouches-du-Rhône est autorisé, conformément à la demande qu'en a également faite son conseil général, dans la même séance du 2 septembre 1841, à s'imposer extraordinairement, en 1843, un centime additionnel au principal des quatre contributions directes, dont le produit sera exclusivement affecté au service, en intérêts et amortissement, de l'emprunt autorisé par l'article précédent.

CINQUIÈME LOI. — Drôme.

Article unique. Le département de la Drôme est autorisé, conformément à la demande qu'en a faite son conseil général, dans sa séance du 30 août 1841, à s'imposer extraordinairement, pendant cinq années, à partir du 1er janvier 1843, dix centimes additionnels au principal des quatre contributions directes, dont le produit sera exclusivement affecté aux travaux neufs des routes départementales actuellement classées.

SIXIÈME LOI. — Loiret.

Article unique. Le département du Loiret, conformément à la demande qu'en a faite son conseil général, dans sa séance du 1er septembre 1841, est autorisé à s'imposer extraordinairement, pendant six années, à partir du 1er janvier 1843, trois centimes additionnels au principal des quatre contributions directes, dont le produit sera exclusivement affecté aux travaux des chemins vicinaux de grande communication, concurremment avec celui des centimes spéciaux, dont les lois de finances autoriseront annuellement l'établissement.

SEPTIÈME LOI. — Maine-et-Loire.

Art. 1er. Le préfet du département de Maine-et-Loire, agissant au nom de ce département, est autorisé, conformément à la délibération prise par le conseil général, dans sa séance du 1er septembre 1841, à accepter des sieurs Séguin, concessionnaires du pont de Chalonnes, l'offre par eux faite, aux termes de leur soumission, en date du 27 août 1841, de prêter au département la somme de quatre-vingt mille francs nécessaire aux travaux du prolongement, jusqu'à Saint-Georges, de la route départementale n. 15; ledit prêt fait sous la condition seule de remboursement en trois années, à partir de 1848, et du paiement annuel de un pour cent d'intérêts par chacune des deux communes de Saint-Georges et de Chalonnes, qui s'y sont engagées par délibérations de leurs conseils municipaux, en date des 12 et 15 décembre 1841.

2. Le département de Maine-et-Loire est autorisé, conformément à la demande qu'en a faite son conseil général, dans sa même séance du 1er septembre 1841, à s'imposer extraordinairement, pour le remboursement de l'emprunt ci-dessus autorisé, savoir : un centime additionnel au principal des quatre contributions directes, pendant chacune des années 1848 et 1849, et, en 1850 la fraction de centime nécessaire pour compléter la somme à rembourser.

HUITIÈME LOI. — Marne.

Art. 1er. Le département de la Marne est autorisé, conformément à la demande qu'en a faite son conseil général, dans sa séance du 1er septembre 1841, à emprunter, à un taux d'intérêt qui ne pourra excéder quatre et demi pour cent, et par quart, dans chacune des quatre années 1842 à 1845, une somme qui ne pourra dépasser neuf cent quarante mille francs.

L'emprunt aura lieu avec publicité et concurrence. Toutefois, le préfet du département est autorisé à traiter directement avec la caisse des dépôts et consignations, à un taux d'intérêt qui ne soit pas supérieur à celui ci-dessus fixé.

Le service des intérêts du capital emprunté se fera, pour les années 1842 à 1845, sur le produit de l'imposition extraordinaire autorisée par la loi du 24 avril 1837. Il sera pourvu au service des intérêts pour les années suivantes, ainsi qu'au remboursement du capital emprunté, au moyen des ressources créées par l'article ci-après.

2. Le département de la Marne est autorisé, conformément à la demande qu'en a également faite son conseil général, dans la même séance du 1er septembre 1841, à s'imposer extraordinairement, savoir : dix centimes additionnels au principal des quatre contributions directes, pendant trois années, à partir de 1846, et six centimes en 1849. Le produit de cette imposition sera affecté au service des intérêts et à l'amortissement de l'emprunt autorisé par l'article précédent.

3. Le montant du capital emprunté sera exclusivement affecté aux travaux neufs et de grosse réparation des routes départementales actuellement classées; la même destination sera donnée au reliquat des impositions extraordinaires, après le service des intérêts et de l'amortissement.

NEUVIÈME LOI. — Marne.

Article unique. Le département de la Marne est autorisé, conformément à la demande qu'en a faite son conseil général, dans sa séance du 1er septembre 1841, à affecter à l'entretien des routes départementales, pendant l'année 1842, le produit de deux des centimes extraordinaires dont l'imposition a été autorisée pour l'achèvement de ces routes par la loi du 24 avril 1857.

DIXIÈME LOI. — Marne.

Article unique. Le département de la Marne est autorisé, conformément à la demande qu'en a faite son conseil général, dans sa séance du 1er septembre 1841, à s'imposer extraordinairement, en 1843, trois centimes additionnels au principal des quatre contributions directes, dont le produit sera appliqué à subvenir à l'insuffisance des ressources ordinaires pour l'entretien des routes départementales.

La portion du produit de cette imposition qui ne serait pas absorbée par la dépense de l'entretien des routes départementales sera appliquée aux dépenses de construction de celles de ces routes qui sont en cours d'exécution.

ONZIÈME LOI. — Haute-Marne.

Article unique. Le département de la Haute-Marne est autorisé, conformément à la demande qu'en a faite son conseil général, dans sa séance du 27 août 1841, à s'imposer extraordinairement pendant trois années, à partir du 1er janvier 1843, deux centimes additionnels au principal des quatre contributions directes, dont le produit sera exclusivement affecté aux travaux des chemins de grande communication, concurremment avec celui des centimes spéciaux dont les lois de finances autoriseront annuellement l'établissement.

4 = 9 juin 1842. — Lois qui autorisent les départements de l'Aisne, des Hautes-Alpes et du Finistère à s'imposer extraordinairement. (IX, Bull. DCCCCXII, n. 10008.)

PREMIÈRE LOI. — Aisne.

Article unique. Le département de l'Aisne est autorisé, conformément à la demande qu'en a faite son conseil général, dans sa séance du 2 septembre 1841, à s'imposer extraordinairement, en 1843, trois centimes additionnels au principal des quatre contributions directes, dont le produit sera appliqué à subvenir à l'insuffisance des ressources ordinaires pour l'entretien des routes départementales.

DEUXIÈME LOI. — Aisne.

Article unique. Le département de l'Aisne est autorisé, conformément à la demande qu'en a faite son conseil général, dans sa séance du 2 septembre 1841, à s'imposer extraordinairement, savoir : six centimes

additionnels au principal des quatre contributions directes, en 1843, et sept centimes et demi pendant chacune des quatre années 1844 à 1847.

Le produit de ces centimes extraordinaires sera, concurremment avec les ressources créées par la loi du 24 avril 1857, exclusivement affecté aux travaux neufs des routes départementales actuellement classées, conformément aux dispositions de la délibération ci-dessus visée.

TROISIÈME LOI. — Hautes-Alpes.

Article unique. Le département des Hautes-Alpes est autorisé, conformément à la demande qu'en a faite son conseil général, dans sa séance du 28 août 1841, à s'imposer extraordinairement, pendant l'année 1843, trois centimes additionnels au principal des quatre contributions directes. Le produit de cette imposition sera exclusivement affecté aux travaux d'achèvement et d'amélioration des deux routes de Veynes au Pont-la-Dame, et de Rourebeau à Laragne, dont le classement a été demandé par le conseil général, dans sa session de 1841.

QUATRIÈME LOI. — Finistère.

Art. 1er. Le département du Finistère est autorisé, conformément à la demande qu'en a faite son conseil général, dans sa séance du 27 août 1841, à emprunter, à un taux d'intérêt qui ne pourra dépasser quatre et demi pour cent, une somme de trois cent mille francs, qui sera exclusivement applicable à l'achèvement de la route départementale n. 15, de Quimper à Morlaix.

L'emprunt, réalisable en 1842 et 1843, aura lieu avec publicité et concurrence. Toutefois le préfet du département est autorisé à traiter directement avec la caisse des dépôts et consignations, à un taux d'intérêt qui ne dépassera pas celui ci-dessus fixé.

Le service des intérêts et l'amortissement du capital emprunté auront lieu ainsi qu'il sera dit à l'article ci-après.

2. Le département du Finistère est autorisé, conformément à la demande qu'en a faite son conseil général, dans la même séance du 27 août 1841, à s'imposer extraordinairement, pendant dix années, à partir du 1er janvier 1843, un centime et demi additionnels au principal des quatre contributions directes.

Le produit de cette imposition sera affecté, concurremment avec les ressources ordinaires du département, au service des intérêts et à l'amortissement du capital qui sera emprunté en vertu de l'article précédent. La portion du produit de cette imposition qui ne sera pas absorbée par le service des intérêts et par l'amortissement de l'emprunt sera annuellement affectée aux travaux de la route départementale n. 13, de Quimper à Morlaix.

---

4 = 9 juin 1842. — Lois qui autorisent les villes de Beauvais, de Bourges, de Lyon et de Vannes à s'imposer extraordinairement ou à contracter des emprunts. (IX, Bull. DCCCCXII, n. 10009.)

Première loi. — Beauvais.

Article unique. La ville de Beauvais (Oise) est autorisée à emprunter, soit avec publicité et concurrence, soit directement de la caisse des dépôts et consignations, à un intérêt qui ne pourra excéder quatre et demi pour cent, une somme de cent cinq mille francs, pour subvenir au paiement de ses dettes.

Ledit emprunt sera remboursé en cinq ans, à partir de 1844, sur les revenus ordinaires de la ville.

Deuxième loi. — Bourges.

Article unique. La ville de Bourges (Cher) est autorisée à s'imposer extraordinairement, pendant dix ans, à partir de 1842, sept centimes additionnels au principal de ses quatre contributions directes, pour concourir, avec les ressources de son budget, au remboursement, en capital et intérêts, des emprunts qu'elle a été autorisée à contracter pour la construction de ses halles.

Troisième loi. — Lyon.

Article unique. La ville de Lyon (Rhône) est autorisée à emprunter, soit avec publicité et concurrence, soit directement de la caisse des dépôts et consignations, à un intérêt qui ne pourra dépasser quatre et demi pour cent, une somme de sept cent mille francs, destinée à couvrir le déficit de son budget de 1841.

Cet emprunt sera remboursé sur les revenus ordinaires de la ville, en cinq ans, à partir de 1843, et dans les proportions désignées dans la délibération du conseil municipal en date du 25 novembre 1841.

Quatrième loi. — Vannes.

Article unique. La ville de Vannes (Morbihan) est autorisée à s'imposer extraordinairement, pendant huit ans, cinq centimes additionnels au principal de ses quatre contributions directes, pour subvenir au paiement de ses dettes arriérées.

---

4 = 9 juin 1842. — Lois relatives à des changements de circonscriptions territoriales. (IX, Bull. DCCCCXII, n. 10010.)

Première loi. — Vosges.

Art. 1er. Les communes de Surance et de Gruey, canton des Bains, arrondissement d'Epinal, département des Vosges, sont réunies en une seule, qui prendra le nom de Gruey-les-Surance, et dont le chef-lieu est fixé à Gruey.

2. Ces communes continueront, s'il y a lieu, à jouir séparément, comme section de commune, des droits d'usage et autres qui pourraient leur appartenir, sans pouvoir se dispenser de contribuer en commun aux charges municipales.

Les autres conditions de la réunion prononcée seront, s'il y a lieu, ultérieurement déterminées par une ordonnance du roi.

Deuxième loi. — Seine-et-Marne.

Art. 1er. La commune de Landoy est distraite du canton de Provins, arrondissement de ce nom, département de Seine-et-Marne, et réunie à la commune de Courtevroust, canton de Nangis, même arrondissement, pour former une seule commune dont le chef-lieu est fixé à Maison-Rouge, et qui prendra le nom de cette localité.

2. Les communes réunies continueront à jouir séparément, comme section de commune, des droits d'usage et autres qui pourraient leur appartenir, sans pouvoir se dispenser de contribuer en commun aux charges municipales.

Les autres conditions de la réunion prononcée seront, s'il y a lieu, ultérieurement déterminées par une ordonnance du roi.

Troisième loi. — Somme.

Art. 1er. Les communes de Briost et de Saint-Christ, canton de Nesle, arrondissement de Péronne, département de la Somme, sont réunies en une seule, dont le chef-lieu est fixé à Saint-Christ, et qui prendra le nom de Saint-Christ-Briost.

2. Ces communes continueront à jouir séparément, comme section de commune, des droits d'usage ou autres qui pourraient leur appartenir, sans pouvoir se dispenser de contribuer en commun aux charges municipales.

Les autres conditions de la réunion prononcée seront, s'il y a lieu, ultérieurement déterminées par une ordonnance du roi.

Quatrième loi. — Basses-Pyrénées.

Art. 1er. La commune d'Argagnon, canton de Lagor, arrondissement d'Orthez, département des Basses-Pyrénées, est réunie à la commune de Marcerin, canton d'Arthez, même arrondissement, pour former une seule municipalité, qui fera partie de ce dernier canton, et dont le chef-lieu est fixé à Argagnon.

2. Ces communes continueront à jouir

séparément, comme section de commune, des droits d'usage ou autres qui pourraient leur appartenir, sans pouvoir se dispenser de contribuer en commun aux charges municipales.

Les autres conditions de la réunion prononcée seront, s'il y a lieu, ultérieurement déterminées par une ordonnance du roi.

CINQUIÈME LOI. — Eure.

Art. 1ᵉʳ. Les communes de Bois-Normand-la-Champagne, canton nord d'Évreux, arrondissement d'Évreux, département de l'Eure, et celles de la Gouberge et Ormes, canton de Conches, même arrondissement, sont réunies en une seule, qui prendra le nom d'Ormes, et qui fera partie du canton de Conches.

2. Ces communes continueront à jouir séparément, comme section de commune, des droits d'usage ou autres qui pourraient leur appartenir, sans pouvoir se dispenser de contribuer en commun aux charges municipales.

Les autres conditions de la réunion prononcée seront, s'il y a lieu, ultérieurement déterminées par une ordonnance du roi.

4 = 9 JUIN 1842. — Lois relatives à des changements de circonscriptions territoriales. (IX, Bull. DCCCCXII, n. 10011.)

PREMIÈRE LOI. — Basses-Pyrénées.

Art. 1ᵉʳ. Les communes d'Arbouet et de Sussaute, canton de Saint-Palais, arrondissement de Mauléon, département des Basses-Pyrénées, sont réunies en une seule, dont le chef-lieu est fixé à Arbouet et qui prendra le nom d'Arbouet-Sussaute.

2. Ces communes continueront à jouir séparément, comme section de commune, des droits d'usage ou autres qui pourraient leur appartenir, sans pouvoir se dispenser de contribuer en commun aux charges municipales.

Les autres conditions de la réunion prononcée seront, s'il y a lieu, ultérieurement déterminées par une ordonnance du roi.

DEUXIÈME LOI. — Sarthe. — Mayenne.

Art. 1ᵉʳ. L'enclave de la ferme de Saint-Nicolas, lavée par une teinte violette sur le plan annexé à la présente loi, est distraite de la commune de Chemiré, canton de Loué, arrondissement du Mans, département de la Sarthe, et réunie à la commune de Viviers, canton de Sainte-Suzanne, arrondissement de Laval, département de la Mayenne.

2. Les dispositions qui précèdent auront lieu sans préjudice des droits d'usage et autres qui pourraient être respectivement acquis.

Les autres conditions de la distraction prononcée seront, s'il y a lieu, ultérieurement déterminées par une ordonnance du roi.

TROISIÈME LOI. — Maine-et-Loire.

Art. 1ᵉʳ. Les communes de Louresse et de Rochemenier, canton de Doué, arrondissement de Saumur, département de Maine-et-Loire, sont réunies en une seule, dont le chef-lieu est fixé à Louresse, et qui prendra le nom de Louresse-Rochemenier.

2. Les communes réunies par les dispositions qui précèdent continueront à jouir séparément, comme section de commune, des droits d'usage ou autres qui pourraient leur appartenir, sans pouvoir se dispenser de contribuer en commun aux charges municipales.

Les autres conditions de la réunion prononcée seront, s'il y a lieu, ultérieurement déterminées par une ordonnance du roi.

QUATRIÈME LOI. — Drôme.

Art. 1ᵉʳ. La section de Charraix, telle qu'elle est indiquée par une teinte jaune sur le plan annexé à la présente loi, est distraite de la commune de Montrigaud, canton de Grand-Serres, arrondissement de Valence, département de la Drôme, et réunie à la commune de Saint-Christophe-de-Laris, même canton.

2. Ces dispositions auront lieu sans préjudice des droits d'usage et autres qui seraient réciproquement acquis.

Les autres conditions de la distraction prononcée seront, s'il y a lieu, ultérieurement déterminées par une ordonnance du roi.

CINQUIÈME LOI. — Aveyron.

Art. 1ᵉʳ. La commune de La-Cazotte, canton de Saint-Rome-de-Tarn, arrondissement de Saint-Affrique, département de l'Aveyron, est réunie à la commune de Broquiez, mêmes canton, arrondissement et département.

2. Ces communes continueront à jouir séparément, comme section de commune, des droits d'usage ou autres qui pourraient leur appartenir, sans pouvoir se dispenser de contribuer en commun aux charges municipales.

Les autres conditions de la réunion prononcée seront, s'il y a lieu, ultérieurement déterminées par une ordonnance du roi.

4 = 9 JUIN 1842. — Lois relatives à des changements de circonscriptions territoriales. (IX, Bull. DCCCCXII, n. 10012.)

PREMIÈRE LOI. —Aveyron.

Art. 1ᵉʳ. La commune du Crouzet, telle qu'elle est circonscrite sur le plan annexé à la présente loi par un liséré rose, est distraite de la municipalité d'Arques, canton de Pont-de-Salars, arrondissement de Rodez, et réunie à la commune de Vezins, canton de Vezins, arrondissement de Milhau, département de l'Aveyron.

2. Les communes réunies par les dispositions qui précèdent continueront à jouir séparément, comme section de commune, des droits d'usage et autres qui pourraient leur appartenir, sans pouvoir se dispenser de contribuer en commun aux charges municipales.

Les autres conditions de la réunion prononcée seront, s'il y a lieu, ultérieurement déterminées par une ordonnance du roi.

DEUXIÈME LOI. —Côtes-du-Nord.

Art. 1ᵉʳ. Les enclaves circonscrites par un liséré rose, sur le plan annexé à la présente loi, sont distraites de la commune de Magoar, canton de Bourbriac, arrondissement de Guingamp, département des Côtes-du-Nord, et réunies à la commune de Kerpert, canton de Saint-Nicolas de Pellens, même arrondissement.

2. Les dispositions qui précèdent auront lieu sans préjudice des droits d'usage ou autres qui seraient réciproquement acquis.

Les autres conditions de la distraction seront, s'il y a lieu, ultérieurement déterminées par une ordonnance royale.

TROISIÈME LOI. — Basses-Pyrénées.

Art. 1ᵉʳ. Les communes de Maspie-Lalonquère et de Juillacq, canton de Lombaye, arrondissement de Pau, département des Basses-Pyrénées, sont réunies en une seule, dont le chef-lieu est fixé à Maspie-Lalonquère, et qui portera le nom de Maspie-Lalonquère-Juillacq.

2. Les communes réunies continueront, s'il y a lieu, à jouir séparément, comme section de commune, des droits d'usage ou autres qui pourraient leur appartenir, sans pouvoir se dispenser de contribuer en commun aux charges municipales.

Les autres conditions de la réunion seront, s'il y a lieu, ultérieurement déterminées par une ordonnance royale.

5 = 9 JUIN 1842. — Loi relative à la banque de Rouen (1). (IX, Bull. DCCCCXII, n. 10013.)

ARTICLE 1ᵉʳ.

La banque de Rouen, constituée par les

(1) Présentation à la Chambre des Députés le 5 mai 1841 (Mon. du 8) ; rapport par M. Félix Réal le 18 mai (Mon. du 25).
Reprise le 31 janvier 1842 (Mon. du 1ᵉʳ février); discussion les 28 février, 1ᵉʳ, 2 mars (Mon. des 1ᵉʳ, 2, 3 mars); adoption le 7 (Mon. du 8), à la majorité de 182 voix contre 51.
Présentation à la Chambre des Pairs le 16 mars (Mon. du 17); rapport par M. le président Boullet le 4 avril (Mon. du 7) ; discussion le 12 (Mon. du 13); adoption le 15 (Mon. du 16), à la majorité de 99 voix contre 6.
Retour à la Chambre des Députés le 20 avril (Mon. du 21); rapport par M. Félix Réal le 12 mai (Mon. du 15 ; discussion et adoption le 1ᵉʳ juin (Mon. du 2), à la majorité de 191 voix contre 42.
« L'art. 8 de la loi du 30 juin 1840, a dit M. le ministre de l'agriculture et du commerce, porte qu'aucune banque départementale ne pourra être établie qu'en vertu d'une loi et que les banques existantes ne pourront obtenir que par une loi la prorogation de leur privilége ou des modifications à leurs statuts.
« C'est en exécution de ces dispositions que nous venons soumettre à vos délibérations un projet de loi à l'effet de proroger jusqu'au 31 décembre 1863, le privilége de la banque de Rouen.
« Lorsque la banque de France supprima le comptoir d'escompte qu'elle avait établi dans cette ville, une banque locale y fut instituée en une société anonyme dont les statuts furent approuvés le 7 mai 1817.
« La durée de cet établissement fut fixée à neuf années.
« A l'expiration de ce terme, une ordonnance

royale du 7 juin 1826 prorogea la durée du privilége de la banque jusqu'au 31 décembre 1841, en approuvant quelques modifications introduites dans les statuts.
« Les ordonnances des 7 mai 1817 et 7 juin 1826 ont été rendues en exécution de la loi du 24 germinal an 11, portant qu'aucune banque ne pourra se former dans les départements qu'avec l'autorisation du gouvernement ; et, lorsque la banque de Rouen, arrivant à son terme, demanda le renouvellement de son privilége, tout était préparé pour le lui accorder ; mais, la discussion de la loi du 30 juin 1840 ayant révélé l'intention des Chambres de réserver cette matière au domaine législatif, le gouvernement crut devoir s'abstenir. Il s'est borné à proroger provisoirement jusqu'au 31 décembre 1843, par une ordonnance royale du 14 juin 1840, l'autorisation et le privilége de la banque de Rouen.
« Aujourd'hui vous avez à statuer sur la demande de cette banque.
« La banque de Rouen s'était établie déjà en l'an 6. Ce ne fut d'abord qu'une association libre formée par quelques négociants, dans le but de mettre un frein aux désordres de l'agiotage et de soustraire la fabrique aux exigences de l'usure : la création d'un établissement d'escompte jouissant d'un crédit solide, ramena immédiatement la confiance, donna de la régularité aux paiements et fit baisser le cours de l'argent.
« Cette association expirait le 31 mars 1807 ; elle allait se renouveler, lorsqu'un décret du 24 juin 1808 autorisa la banque de France à créer à Rouen un comptoir d'escompte ; mais cet établissement, formé sur une base trop large pour les besoins du commerce, ne put trouver dans le

42. 9

ordonnances royales des 7 mai 1817, 7 juin 1826 et 14 juin 1840, est maintenue

mouvement des affaires un aliment proportionné à ses dépenses, et il fut supprimé après des pertes considérables.

« Autorisée le 7 mai 1817, la nouvelle banque se mit, sans délai, en activité, et, grâce à la prudence et à la sagesse de sa gestion, elle a pu non seulement traverser sans embarras plusieurs crises commerciales qui, de 1817 à 1826, sont venues frapper la fabrique de Rouen, mais encore en tempérer les effets et en limiter les inconvénients.

« Aussi le renouvellement du privilège de la banque, en 1826 s'opéra-t-il sans opposition, et la chambre de commerce qui, en 1816, émettait encore quelques doutes sur le succès de l'institution, était unanime pour déclarer « que l'expérience du passé répondait en faveur de cet établissement qui, bien administré comme il l'avait été jusqu'alors, continuerait à rendre des services importants à la place et au commerce de Rouen. »

« On peut voir, d'ailleurs, quels services la banque a rendus au commerce pendant chacune des trois périodes de son existence.

« Dès la première année, en 1793, le montant des valeurs escomptées avait été de 4,091,000 fr., et successivement l'importance de ces valeurs s'était élevée à 8, 11, 19 et 21 millions.

« Pendant la seconde période, qui comprend une durée de neuf années, 97,603 effets ont été admis à l'escompte. Ils représentent une valeur de 164,6-1,528 fr. 91 c., payables, savoir : à Paris, 102,097,080 fr. 80 c. ; à Rouen, 54,425,027 fr. 63 c. ; au Havre, 3,099,299 fr. 69 c. ; total, 164,621,528 fr. 92 c.

« La moyenne, en portefeuille, des effets escomptés a été, en 1818, de 2,017,900 fr. ; en 1826, de 3,009,300 fr.

« De 1817 à 1826, l'échéance moyenne des effets admis à l'escompte a été, pour la plus longue, de 75 jours, et, pour la plus courte, de 58 jours.

« Le taux de l'escompte a été de 5 et de 4 1/2 pour 100. Le produit annuel, pendant ces neuf années, est resté dans une moyenne de 140,000 fr.

« La banque a émis en billets à vue et au porteur, en 1818, en moyenne, pour 929,500 fr. ; en 1826, pour 1,022,537 fr.

« Les espèces en caisse ont été, en moyenne, savoir : en 1818, de 217,000 fr. ; en 1826, de 1,622,537 fr.

« Les dividendes ordinaires et les répartitions de bénéfices extraordinaires ont été, pendant cette période, pour chaque année, en moyenne, de 78 fr.

« Les frais de gestion n'ont pas dépassé, en moyenne, 28,952 fr. par an.

« La dernière période commence au 15 août 1826 et doit se prolonger jusqu'au 31 décembre 1843.

« Nous avons les relevés de ces opérations jusques et y compris l'exercice 1840.

« Pendant cette période, le capital, qui n'était que d'un million, a été successivement porté, savoir : en 1834, à 1,250,000 fr. ; en 1835, à 1,500,000 fr. ; en 1836, à 2,000,000 fr. ; en 1837, à 2,500,000 fr.

« Le mouvement des opérations de la banque a suivi cette progression croissante de son capital.

« Le nombre des effets admis à l'escompte a été, en 1827, de 9,594, pour une valeur de 17,429,254 fr. 56 c. ; en 1840, de 27,640, pour une valeur de

52,425,389 fr. 33 c., savoir : sur Paris, 28,868,216 f. 56 c. ; sur Rouen, 21,716,832 fr. 65 c. ; sur le Havre, 1,840,340 fr. 12 c.

« La moyenne en portefeuille des effets escomptés était, savoir : en 1827, de 2,405,900 fr. ; en 1840, elle s'est élevée à 7,687,517 fr.

« L'échéance moyenne a été, pour la plus longue, de 63 jours ; pour la plus courte, de 52 jours.

« Le taux de l'escompte n'a pas dépassé 4 pour 100.

« Les billets en circulation ont été, en 1827, de 2,840,000 fr. ; en 1840, de 6,471,500 fr.

« Les espèces en caisse étaient, en 1827, de 1,626,280 fr. 24 c. ; en 1840, de 1,949,421 fr.

« Les dividendes, de 1827 à 1840 ont été, en moyenne, par année, y compris les répartitions extraordinaires, de 90 fr. pour chaque action.

« Les frais d'exploitation réduits, en 1827, à 33,730 fr., ont absorbé, en 1840, 60,779 fr.

« La moyenne, pendant quatorze ans, a été de 38,321 fr.

« Les actions de la banque émises à 1,000 fr. étaient, à la fin de 1840, cotées au prix de 1,550 fr.

« ..... Pendant les trois dernières années, la banque de Rouen a fait escompter à la banque de France, savoir : en 1838, pour 7,398,743 fr. ; en 1839, pour 10,963,000 fr. ; en 1840, pour 3,200,000 fr.

« L'administration de la banque de Rouen a fait remarquer qu'elle n'avait jamais fait supporter par le commerce les frais de transport et de commission auxquels ces négociations avaient dû donner lieu.

« Terminons le résumé de ces documents statistiques par l'état de situation de la banque au 4 mai 1841.

PASSIF.

Billets en circulation au porteur et à vue. . .	7,552,250 fr.	
Billets à ordre et à vue. . .	»	
Sommes déposées en comptes courants.	71,087	76 c.
Total.	7,623,337	76
Dû à divers, savoir :		
Dividendes.	4,984	30
Recette générale.	371,051	27
Capital social.	2,500,000	
Fonds de réserve.	368,874	23
Solde créditeur du compte de profits et pertes. . . .	108,813	21
Total. . . .	11,031,660	77

ACTIF.

En caisse.	1,999,826	24
Effets en portefeuille. . .	8,929,219	58
Dû par divers.	80,249	31
Effets en souffrance. . .	10,547	28
Valeurs mobilières et immobilières.	11,818	36
Total.	11,031,660	77

« Tels sont, a dit M. Réal, auquel j'emprunte ces détails, les faits produits dans cette exploitation pendant cette double période d'une durée totale de près de vingt-quatre ans.

jusqu'au 31 décembre 1863, et jouira, en exécution de la loi du 24 germinal an 11,

« La Chambre peut juger la marche lente, mais toujours progressive qu'a suivie, depuis son origine, la banque de Rouen et les résultats qu'elle a obtenus.

« Les services que cette institution a rendus au public sont constatés par la somme des valeurs par elle admises à l'escompte.

» Ces facilités ont été accordées au commerce à des conditions modérées, puisque le taux de l'escompte n'a jamais dépassé 5 p. 100 par an, et que depuis le 1er juillet 1827 ce taux a été sans variation, maintenu à 4 p. 100.

« Les opérations ont été dirigées avec prudence. Les dividendes annuellement répartis, d'une manière permanente, sans exagération, mais sans fluctuation, ont amené le classement régulier des actions et la fermeté de leurs cours. Le public, les actionnaires, chacun s'est bien trouvé des bons effets d'une administration prudente et éclairée.

« Aujourd'hui l'intervention de la banque sur ce grand marché de l'industrie française est devenue un besoin pour la population. »

J'extrais du même rapport la série des modifications qui ont été introduites dans les statuts.

« 1° Les actionnaires ne pourront ni réduire ni augmenter le capital social qu'avec l'autorisation de la loi.

« 2° Les opérations d'escompte s'étendront aux effets de commerce payables, non seulement à Paris, à Rouen, au Havre, mais encore à Elbeuf, dans toutes les villes du département de la Seine-Inférieure et même à Louviers (Eure).

« 3° La banque pourra aussi admettre à l'escompte des effets garantis par deux signatures notoirement solvables, si l'on ajoute à la garantie de ces deux signatures un transfert d'effets publics du gouvernement français ou de la ville de Rouen.

« 4° Elle n'admettra à l'escompte que des effets timbrés.

« 5° La banque sera autorisée à tenir une caisse de dépôts volontaires pour tous titres, lingots, monnaies et matières d'or et d'argent de toute espèce.

« 6° Elle pourra faire des avances sur les dépôts effectués en lingots et matières d'or et d'argent.

« 7° Elle pourra, conformément à la loi du 4 mai 1834, faire des avances sur dépôts d'effets publics français.

« 8° Elle pourra aussi acquérir des effets publics français pour son propre compte, non seulement pour l'emploi de ses revenus, mais même de son capital.

« 9° Pour la facilité et la sécurité de sa circulation, la banque pourra émettre des billets à ordre au siège de l'établissement à vue ou à plusieurs jours de vue. Ces billets ne seront pas au-dessous de 250 fr., et ne pourront dépasser un maximum de 20,000 fr.; la propriété ne pourra en être transmise que par la voie de l'endossement.

« 10° Le montant des billets en circulation, cumulé avec celui des sommes dues par la banque, en comptes courants et payables à volonté, ne pourra excéder le triple du numéraire existant matériellement en caisse. Dans tous les cas, l'excédant du passif payable à vue sur le numéraire en caisse, ne pourra excéder le quadruple du capital social. (La limite de la circulation des billets imposée par les anciens statuts était le triple du fonds social.)

« 11° La banque pourra acquérir un immeuble pour le siège de l'établissement.

« Le montant de l'acquisition sera pris sur le capital ou sur le fonds de réserve.

« 12° Le plein de la réserve est fixé au quart du capital. Cette réserve une fois constituée, la retenue cessera. Les bénéfices acquis pendant le semestre seront distribués en totalité aux actionnaires. La retenue ne sera rétablie que dans le cas où le quart formant la réserve aurait été atténué et pour le ramener au taux ci-dessus fixé.

13° ... Suivant l'art. 46 des anciens statuts, la banque de Rouen pouvait recevoir, soit à terme, soit en compte courant, des sommes dont elle devait bonifier l'intérêt en faveur des dépositaires et des prêteurs, à un taux laissé à l'appréciation du conseil d'administration. »

Les nouveaux statuts, loin de reproduire cette faculté, l'ont proscrite pour l'avenir. En effet, les opérations permises par ces nouveaux statuts sont énumérées avec précision : et l'art. 6, en déclarant que la banque ne pourra, dans aucun cas, ni sous aucun prétexte, faire ou entreprendre d'autres opérations que celles énumérées aux présents statuts, ne laisse aucun doute sur la partie de ce changement.

L'art. 12 autorise la banque à admettre à l'escompte et à l'ouverture d'un compte courant toute personne notoirement solvable domiciliée à Rouen ou y ayant élu domicile.

On comprend l'utilité de cette dernière disposition pour les commerçants et les manufacturiers non domiciliés à Rouen.

Enfin, à ces modifications il faut ajouter celles qui se trouvent consignées dans l'art. 3 de la loi, et particulièrement celles qui concernent les nouveaux pouvoirs du directeur. Il en sera question dans l'art. 19 des statuts.

A l'égard de l'innovation relative au rapport obligé qui doit toujours exister entre la somme des billets émis et le montant des ressources réalisées, destinées à en effectuer le remboursement à vue, voici comment s'est exprimé M. *le ministre du commerce* :

« Dans les premières banques, le montant des billets en circulation ne pouvait être de plus du triple au quadruple du fonds social ; plus tard il fut réglé que le montant des billets en circulation, cumulé avec celui des sommes dues par la banque, en comptes courants et payables à volonté, ne pourrait excéder le triple du numéraire existant matériellement en caisse.

« Mais, dans ces derniers temps, il a paru que la combinaison de cette double limite était le mode le plus propre à concilier la garantie publique avec la liberté d'action et le développement des opérations des banques.

« En effet, la limite basée sur le capital seulement imposait aux banques une règle absolue, sans élasticité, gênante pour leurs mouvements et nuisible aux intérêts du commerce ; d'un autre côté, une limite basée seulement sur l'encaisse ouvrait aux opérations un champ indéfini et ne posait aucune borne à l'esprit de spéculation.

« Au fond, il importe peu qu'une banque ait pour vingt ou trente millions de signes de crédit en circulation quand elle en a la représentation métallique dans ses caisses ; c'est là un échange de valeurs réclamé par les besoins du commerce, et rien de plus. Mais il est d'un grand intérêt que les opérations qu'elle fait avec son crédit, ou son passif à découvert, demeurent dans un rapport déterminé avec le capital qui, en définitive, est la dernière garantie de la monnaie de crédit qu'elle a émise. Ce qu'il faut limiter, c'est le passif à découvert, le passif dont la représentation métallique n'existe pas dans la caisse.

« Au moyen de cette combinaison, il a été substitué à une règle fixe, une limite flexible, qui, sans diminuer la garantie, se prête facilement à toutes les variations résultant du mouvement des affaires. Cette règle consiste à prescrire que le montant des billets en circulation, cumulé avec celui des sommes dues à la banque en comptes courants et payables à volonté, ne puisse excéder le triple du numéraire existant matériellement en caisse, et que, dans aucun cas, l'excédant du passif payable à vue sur le numéraire en caisse ne puisse excéder le quadruple du capital social.

« Ainsi, en prenant pour exemple le capital de 3 millions de la banque de Rouen, une encaisse de 6 millions suffira pour contrebalancer un passif de 18 millions, attendu que cette dernière somme, diminuée de 6 millions d'encaisse, n'excède pas le quadruple du fonds social ou 12 millions. » (Art. 15 des statuts.)

D'autres innovations ont été indiquées, mais elles n'ont point été admises.

« Quelques membres de votre commission, a dit M. Réal, auraient voulu au moment où, pour la première fois, les Chambres discutaient la constitution des banques locales, que des essais eussent été tentés avec prudence sur un théâtre restreint; qu'en écartant toutes causes de perturbation, on eût donné accès, dans le régime des banques, à quelques-unes de ces modifications dont la presse, la polémique, la tribune, se sont occupées depuis quelque temps.

« On rappelait que l'escompte n'était permis que pour les effets n'ayant pas plus de quatre-vingt-dix jours d'échéance. Pourquoi ne pas faciliter, disait-on, les opérations commerciales par l'admission à l'escompte de valeurs d'une échéance plus éloignée? Un grand nombre d'industries ont admis les échéances de cent vingt jours; quelques-unes de six mois. A toutes ces industries vous refusez par la limitation des statuts, le bienfait de l'appui de la banque; vous les forcez à négocier leurs valeurs chez des banquiers qui ne peuvent traiter qu'à des conditions plus sévères que la banque elle-même.

« Les banques départementales resteront-elles aussi dans la nécessité de n'admettre à l'escompte que des effets ayant au moins trois signatures? Pourquoi cette troisième signature? Quand un effet de commerce ou une lettre de change est le résultat d'une opération commerciale sérieuse, que cet effet est le prix réel d'un marché consommé, qu'il porte ainsi la signature du vendeur et de l'acheteur, cet effet n'offre-t-il pas des garanties suffisantes? A quoi bon la troisième signature? N'arrive-t-on pas à ce résultat de créer à côté de la banque, en dehors d'elle, sans profit pour elle et au détriment du commerce, un agent intermédiaire, l'escompteur, dont le service qu'il faut payer vient aussi accroître le prix de l'escompte? Ces observations étaient dignes, sans doute, d'une sérieuse attention de la commission et de la Cham-

bre. Mais votre commission avait encore présente à son souvenir la discussion approfondie à laquelle les mêmes questions avaient donné lieu l'année dernière. A cette discussion avaient pris part les autorités les plus compétentes dans les deux Chambres, et le résultat de leurs délibérations avait écarté ces innovations.

« Votre commission, Messieurs, a cru devoir répondre aux vues de la Chambre en maintenant sur cette matière l'état actuel de la législation. » (Voy. note du titre de la loi du 30 juin 1840.)

Je crois devoir placer ici les réflexions suivantes, que j'emprunte au savant rapport de M. le président Boullet, à la Chambre des Pairs :

« Il eût été à désirer qu'une loi générale intervînt préalablement pour l'organisation des banques départementales. Exempte de l'influence que peuvent exercer les précédents d'un établissement ancien sur sa constitution future, cette loi eût posé avec plus de fermeté les principes régulateurs de ces institutions, sauf à admettre ensuite pour quelques-unes les exceptions qui auraient été commandées par les circonstances. Elle eût pu déterminer les rapports à établir, soit des banques entre elles, soit de ces établissements à la banque de France, et donner ainsi à l'usage du crédit une extension régulière et utile aux intérêts publics.

« Dira-t-on que les esprits ne sont pas suffisamment préparés pour une loi de cette espèce; que la science du crédit encore être étudiée, soit dans ses principes, soit dans ses applications? Les savantes discussions auxquelles a donné lieu dans les Chambres le renouvellement du privilège de la banque de France, les exemples de l'usage du crédit dans les pays où il a reçu la plus grande extension, l'observation des faits qui ont amené le développement des opérations des banques départementales et des comptoirs de la banque de France, tous ces éléments donnent le moyen de coordonner, par une loi générale, l'usage du crédit en France; et il serait à souhaiter que le gouvernement, devançant dans la prochaine session l'échéance du privilège des banques locales, satisfît aux vœux déjà émis à cet égard dans la Chambre des Députés et auxquels votre commission s'est associée.

« . . . . Il ne faut point se le dissimuler, la loi sur laquelle vous avez à délibérer, bien que spéciale à un établissement, doit avoir une plus grande portée. Sans compter les banques qui pourraient être fondées dans les villes où il n'en existe pas, neuf banques viendront successivement demander à la législature le renouvellement de leur privilège, et les principes qui seront posés dans la loi actuelle pourront être invoqués par les autres établissements. Nous savons qu'il peut exister entre eux des différences de position qui tiennent à la diversité des lieux, des besoins et des relations; que d'ailleurs le gouvernement et les Chambres, éclairés par l'expérience, seront toujours en droit de modifier les règles constitutives de l'exercice du crédit. Mais il n'en est pas moins vrai que les précédents sont, en pareille matière, d'un grand poids, et qu'il faudrait des motifs graves pour y déroger, quand un établissement, placé dans les mêmes conditions que la banque de Rouen, viendra demander le renouvellement de son privilège.

du privilége d'émettre des billets de banque dans ladite ville (1).

Néanmoins le privilége pourra prendre fin ou être modifié le 31 décembre 1855, s'il en est ainsi ordonné par une loi votée dans l'une des deux sessions qui précéderont cette époque (2).

Tableau des banques départementales; de leur capital, et des opérations d'escompte réalisées en 1841.

NOMS des banques.	CAPITAL.	ESCOMPTE.	PROPORTIONS entre l'escompte et le capital.
Rouen.....	3,000,000	64,109,000	21 fois.
Nantes....	3,000,000	34,287,000	11
Bordeaux..	3,150,000	100,981,500	32
Lyon......	2,000,000	76,629,000	38
Marseille...	4,000,000	122,447,000	30
Le Havre..	4,000,000	53,245,300	13
Lille......	2,100,000	19,102,200	9
Toulouse...	1,200,000	21,075,000	17
Orléans....	1,000,000	17,609,000	17

(1) Ce paragraphe avait été adopté par la Chambre des Députés dans les termes suivants : « Le privilége de la banque de Rouen, constitué en exécution de la loi du 24 germinal an 11, par les ordonnances royales du 7 mai 1817, 7 juin 1826 et 14 juin 1840, est prorogé jusqu'au 31 décembre 1863. »

Lors de la discussion à la Chambre des Pairs, M. le comte d'*Argout* fit observer que cet article contenait une erreur de fait. « J'ai examiné, dit-il, toutes les pièces de cette affaire, et j'ai reconnu une omission bien singulière, bien extraordinaire, qui avait été commise dans l'ordonnance du 7 mai 1817 et dans celle du 7 juin 1826 : qu'on n'a oublié, lors de sa création, qu'*une chose*, c'est de donner à la banque de Rouen un privilége. Cela paraît fort extraordinaire, cependant cela est ainsi. Assurément, quand on a créé une banque à Rouen, on a entendu que ce fût une banque privilégiée et qu'elle jouît des facultés accordées par la loi de l'an 11, c'est-à-dire d'être la seule à émettre des billets au porteur et à vue. Eh bien, ces deux ordonnances ont omis de mentionner le privilége. Que fait maintenant la rédaction actuelle ? Elle déclare une chose qui n'est pas, c'est-à-dire que ces deux ordonnances ont concédé un privilége que, dans le fait, elles n'ont pas donné. »

L'article renvoyé, à la commission, a été rédigé dans le sens de ces observations.

(2) Ce paragraphe a été ajouté par la commission de la Chambre des Députés. Voici comment il a été justifié par son *rapporteur*. Après avoir rapporté le texte du paragraphe 1er, il a dit : « La concession, comme vous le voyez, embrasserait une période nouvelle de vingt ans à compter du 1er janvier 1844.

« Cette longue durée a provoqué des objections sérieuses au sein de la commission. Deux écueils sont également à éviter, a-t-on dit, quand il s'agit

de régler la durée d'un privilége, ou trop de restriction ou trop d'étendue dans cette durée.

« Renfermer un privilége dans une limite trop étroite, c'est arrêter, dès l'origine, la puissance de l'instrument même qu'on veut faire servir à la prospérité publique. Une institution de crédit surtout, plus qu'aucune autre, exige pour son affermissement, son progrès, ce concours de puissance qu'on ne trouve que dans la permanence et la fixité.

« Conférer à un privilége une durée trop longue sans s'assurer les moyens de réviser, à certains intervalles, les conditions auxquelles le privilége a été accordé, pour y introduire les améliorations que les progrès de la science, de l'industrie, de la richesse nationale et quelquefois aussi celles que des mécomptes et des crises malheureuses peuvent rendre indispensables, ce serait méconnaître les conseils d'une sage prévoyance.

« Ces conseils ont été écoutés. Une expérience récente indiquait ses devoirs à la commission et les moyens de les accomplir.

« Lorsque la banque de France a demandé le renouvellement de son privilége, la même question se présentait : on demandait pour cet établissement un nouveau privilége de vingt-quatre ans, c'est-à-dire jusqu'en 1867.

« La Chambre des Députés a introduit un amendement conçu dans les termes ci-après exprimés, et cet amendement forme maintenant le 2e paragraphe de l'art. 1er de la loi du 30 juin 1840 :

« Néanmoins, il (ce privilége) pourra prendre « fin ou être modifié le 31 décembre 1855, s'il en « est ainsi ordonné par une loi votée dans l'une des « deux sessions qui précéderont cette époque. »

« C'est cette disposition que nous proposons à la Chambre d'insérer dans l'art. 1er du projet de loi. » Voy. les notes sur l'art. 1er de la loi du 30 juin 1840.

M. *Victor Grandin* avait proposé un article additionnel ainsi conçu : « Les banques départementales légalement créées, sont autorisées à prendre à l'escompte le papier payable dans toutes les villes où des établissements semblables existent, et à l'échanger entre elles. » Il n'a pas été appuyé. Voy. l'art. 7 des statuts modifié par l'art. 3 de la présente loi.

(3) Les dispositions des statuts, concertés d'abord entre les départements des finances et celui de l'agriculture et du commerce, ont été, conformément à l'art. 37 du Code de commerce, délibérées au conseil d'État, acceptées par les parties intéressées et provisoirement approuvées par ordonnance royale.

« Il convient en effet, a dit M. *le ministre de l'agriculture et du commerce*, de distinguer dans la constitution des banques ce qui concerne la concession du privilége et la formation des sociétés destinées à les exploiter.

« La loi du 30 juin 1840 a replacé dans le domaine législatif l'institution des banques départementales que la loi du 24 germinal an 11 avait

ARTICLE 2.

La banque sera administrée par la société anonyme autorisée par l'ordonnance royale du 6 mai 1841, et conformément aux statuts approuvés par ladite ordonnance, sauf les modifications prescrites par l'article ci-après (3).

ARTICLE 3.

Les art. 2, 7, 11, 12, 19, 20, 21, 22, 25, 26, 27, 28, 29, 31, 32, 33, 35, 38 et 41 des statuts de la banque de Rouen sont modifiés ainsi qu'il suit :

Art. 2. Le fonds capital de la banque de Rouen est fixé à trois millions de francs (1), représentés par trois mille actions de mille francs ; lesdites actions réparties entre les personnes dénommées au tableau qui accompagne les statuts annexés à la présente loi. L'assemblée générale, convoquée extraordinairement à cet effet, pourra augmenter le fonds social au moyen d'une émission d'actions nouvelles, qui ne pourront être placées au-dessous du pair. La délibération ordonnant cette augmentation ne sera exécutoire qu'après l'approbation du gouvernement et la promulgation de la loi.

Art. 7. Les opérations de la banque consistent,

1° A escompter des lettres de change et autres effets de commerce à ordre, et payables à Rouen, à Paris, au Havre, à Elbeuf, à Darnetal, à Yvetot, à Bolbec, à Fécamp, à Dieppe et à Louviers (2) ;

---

attribuée au pouvoir exécutif ; mais il n'a été apporté aucune dérogation aux dispositions spéciales du Code de commerce qui régissent les sociétés anonymes et qui veulent que l'autorisation de ces sociétés et l'approbation de leurs statuts soient données par le roi dans la forme des règlements d'administration publique.

« C'est d'après cette distinction qu'a été rendue, à l'instar de ce qui se pratique pour les entreprises de chemins de fer, l'ordonnance royale du 6 mai dernier qui, provisoirement, autorise la société et approuve les statuts de la banque de Rouen, en subordonnant, pour les intéressés, le bénéfice de cet acte au vote de la loi de concession de privilège. » (Voy. ci-après l'ordonnance du 6 mai.)

(1) MM. *Fould* et *Victor Grandin* ont demandé, le premier, que le capital de la banque fût porté à cinq millions, le second, à quatre cents. Ces deux amendements n'ont pas été appuyés.

(2) Cette disposition a été critiquée sous deux rapports entièrement opposés : les uns l'ont trouvée trop timide, les autres trop téméraire. Il importe de connaître les raisons qui ont été données successivement pour la combattre, et celles qui l'ont fait maintenir. « Plusieurs membres ont soutenu, a dit M. *Réal*, que cette extension donnée aux précédents statuts, qui n'autorisaient à recevoir à l'escompte que le papier payable à Rouen, à Paris et au Havre, était renfermée dans des limites encore trop étroites ; qu'ils ne comprenaient pas qu'on ne cherchât pas à favoriser, par des liens plus intimes, les rapports de crédit entre les grands centres de commerce, d'industrie et de consommation ; que le commerce de Rouen et de la Normandie auraient trouvé des facilités précieuses si la banque de Rouen, par exemple, avait pu aussi escompter les effets payables à Bordeaux, à Marseille, à Lyon, à Nantes, à Rennes, etc. ; que, dans toutes ces villes, il y avait aujourd'hui des ou des banques départementales ou des comptoirs d'escompte de la banque de France, dont le concours et la mutuelle assistance, si la législation s'y fût prêtée, eussent facilité les échanges, procuré au commerce et à l'industrie des valeurs sur les places mêmes où le mouvement de leurs opérations les leur rendait nécessaires ; qu'il n'y avait pas à craindre que cette extension, qui serait ainsi donnée à la circulation des banques locales, pût altérer leur crédit, compromettre leur existence, puisqu'on pouvait exiger pour l'admission à l'escompte des effets payables sur d'autres places que Rouen, toutes les garanties déjà prescrites par les statuts, telles que les trois signatures notoirement connues, dont une ou deux de Rouen, etc ; que, pour surcroît de précaution, la banque de Rouen

aurait pu n'accepter définitivement à l'escompte des effets payables sur Bordeaux ou sur Nantes qu'autant que, présentés aux banques de Bordeaux et de Nantes, ces effets eussent trouvé dans ces établissements des contre-valeurs solidement garanties ; qu'au lieu de ce système, dont les résultats eussent été si féconds pour la prospérité nationale, on voyait l'administration retenue par des préoccupations étroites ou timides, méconnaître les véritables conditions du crédit et en arrêter l'essor parmi nous ; que c'était à la Chambre des Députés qu'il appartenait de donner, avec prudence sans doute, mais aussi avec résolution, une impulsion régulière, continue, à l'effet de développer le crédit en France et d'en faire pénétrer l'usage dans nos mœurs industrielles et commerciales.

« Ces objections ne sont pas restées sans réfutation au sein de la commission.

« Plusieurs membres ont fait remarquer les dangers qu'il y avait à élargir la circonscription des banques départementales.

« Le projet de loi renferme une innovation déjà fort grave. Jusqu'à ce jour, la banque de Rouen n'avait été autorisée à escompter que les effets payables à Paris, au Havre, à Rouen. D'après le projet de loi, elle aura la faculté d'escompter des effets payables dans toutes les villes du département de la Seine-Inférieure et même à Louviers.

« Aucune banque n'a encore été admise à opérer sur une base aussi étendue.

« Il ne faut pas perdre de vue les conséquences de cette extension. Il ne faut pas oublier que, dans les villes autres que celle de Rouen, la banque ne pourra plus, par ses propres agents, faire le recouvrement immédiat des valeurs de son portefeuille. Elle sera entraînée, pour effectuer ce recouvrement, à avoir des correspondants. Il y aura, par conséquent, un moment où la garantie d'une triple signature lui manquera complètement. Aux yeux d'hommes expérimentés, c'est déjà s'écarter des véritables conditions constitutives d'une banque que d'autoriser cette extension pour la circonscription de la banque de Rouen. Aller au-delà, c'est créer des dangers qu'il est sage d'éviter. Sous un autre rapport aussi, n'est-ce pas à tort que les adversaires du projet confondent les fonctions d'une banque de circulation avec les fonctions du banquier ? Or, ces fonctions sont essentiellement distinctes : l'une fournit au public du papier de circulation, signe du numéraire ; l'autre lui procure le transport prompt et facile des valeurs d'une place à l'autre. Vouloir admettre à l'escompte de la banque de Rouen tous les effets, même revêtus de signatures notoirement connues, quelle que soit la place où

2° A se charger, pour le compte de particuliers et pour celui d'établissements publics, de l'encaissement gratuit des effets qui lui seront remis;

---

ces effets seront payables, n'est-ce pas transformer cette institution en un agent de transport de valeurs d'une place à l'autre?

« On croit restreindre le danger en réduisant cette faculté d'escompte aux effets payables dans les seules villes qui seront elles-mêmes pourvues de comptoirs ou de banques locales; on espère que ces institutions se prêteront un secours mutuel et efficace, par un échange de services ou par des négociations de banques, soit en se chargeant réciproquement de l'encaissement de leurs valeurs pour compte, soit en s'en transmettant l'une à l'autre la propriété par les procédés ordinaires du commerce.

« En cela encore on est dans l'erreur. Agir ainsi, en effet, ce serait déplacer la responsabilité et accroître les chances de perte dans une proportion d'autant plus grande que les moyens de surveillance et d'investigation sur la solvabilité des signataires seraient exercés sur un théâtre plus éloigné du cercle habituel des opérations des conseils d'administration. Le devoir d'une banque, pour répondre à la confiance du public, aux besoins du crédit, son devoir est de ne posséder en portefeuille que des valeurs d'une réalisation toujours prochaine et toujours assurée. L'extension demandée, malgré les efforts de ses administrateurs, la jettera hors de cette voie normale.

« La majorité de votre commission n'a pas hésité à vous proposer d'accueillir sur ce point les modifications admises par la banque elle-même et par le gouvernement, et de ne pas ajouter à ces facilités. »

Un amendement de M. Grandin, qui consistait à remplacer la fin du paragraphe à partir du mot Paris par ces mots : « et dans toutes les villes où il existe des banques légalement autorisées, » a été retiré par son auteur.

Ainsi que je l'ai annoncé, des amendements en sens inverse ont été proposés. MM. Lebœuf et Muret de Bort ont trouvé l'innovation trop hardie. Le premier a demandé le maintien du statu quo, et le second que le papier sur Rouen et celui sur Paris fussent seuls admis à l'escompte.

Après avoir reproduit quelques-unes des raisons qui avaient fait écarter par la commission une nouvelle extension du rayon d'escompte, M. Lebœuf a dit qu'une banque départementale ne devrait pouvoir escompter que du papier sur la ville où elle siège et celui sur Paris; que s'il laissait subsister la faculté de prendre du papier sur le Havre, c'était en quelque sorte pour ne pas revenir sur la concession précédente, en vue de laquelle beaucoup d'actions avaient pu être prises; que le Havre avait, d'ailleurs, une banque départementale, et qu'enfin le chiffre du papier pris à l'escompte diminuait sensiblement à Rouen depuis que cette banque était établie.

Il a dit encore qu'autoriser l'escompte du papier déplacé, c'est-à-dire non remboursable sur place, c'était, en réalité, biffer la garantie des trois signatures, puisque la banque serait obligée d'envoyer à l'échéance ses effets à un correspondant qui, pendant un certain temps, se trouverait son seul obligé et qui lui ferait des retours en des valeurs que lui seul aurait choisies; que cela présenterait, en outre, le grave inconvénient de lui faire disséminer son capital, qui est à peine suffisant dans un moment de crise; que, dans des circonstances difficiles, la banque ne pourrait se procurer aucunes ressources avec son papier déplacé, qui, en pareil cas, n'est presque jamais négociable; qu'il était à craindre cependant, soit pour elle, soit pour les autres banques qui, sans doute, réclameraient le même privilége, que les administrateurs, propriétaires d'une portion considérable des actions, n'accepissent de préférence ce papier qui laissera probablement une prime, afin d'obtenir ainsi des bénéfices plus considérables; que, dans l'organisation actuelle de banques départementales, aucun pouvoir n'était établi pour prévenir une semblable tendance; qu'enfin, il fallait d'autant moins s'écarter des principes, que les règles qu'on allait poser serviraient nécessairement de précédent pour les lois de même nature qui se présenteraient successivement.

M. Muret de Bort a ajouté que Paris était la seule exception qu'il convînt d'autoriser; qu'en effet le papier sur Paris était une monnaie courante, avidement recherchée en province, parce que c'est à Paris que se liquident aujourd'hui toutes les grandes opérations; qu'il était pour une banque un encaisse toujours disponible et un encaisse qui porte intérêt; qu'il se réescomptait sur la place même, presque toujours avec prime quand il est à court terme, et que, de plus, il offrait à une banque la ressource de faire à la banque de France un grand appel de fonds quand elle en avait besoin; que le papier sur le Havre ne présente point les mêmes avantages, et que, par conséquent, il n'y avait pas lieu de l'admettre; que la double circonstance que la banque de Rouen était déjà en possession du droit de l'escompter, et que le Havre avait une banque départementale, ne devait être d'aucune considération, puisque, d'un côté, la Chambre réorganisait à nouveau, et que, de l'autre, elle avait déjà repoussé un amendement qui autorisait la banque de Rouen à prendre du papier sur toutes les places ayant une banque départementale. Que, d'ailleurs, en demandant l'extension du rayon d'escompte de la banque de Rouen, on se préoccupait d'un besoin factice, puisque le papier sur Elbeuf, Darnetal, etc., était fort rare à Rouen, et qu'il fallait se garder, pour la satisfaction d'un pareil besoin, de consacrer un précédent fâcheux.

On a répondu que si l'objection que l'on avait présentée contre l'admission du papier déplacé, laquelle consiste à dire que pendant un certain intervalle la banque se trouve privée de la sécurité que lui donnent les trois signatures, était aussi grave qu'on le prétendait, il fallait, pour être logique, lui défendre l'escompte du papier sur Paris, puisqu'il présente le même inconvénient; que cependant personne n'avait songé à modifier sous ce rapport son privilége; que cette autorisation, en effet, loin de lui être dommageable, avait été pour elle une source de profits, puisque la somme du papier de Paris qu'elle avait reçu était à celle du papier payable à Rouen dans le rapport de 34 à 22; que l'escompte du papier sur le Havre, qui diminuait du reste sensiblement depuis l'établissement d'une banque départementale, n'avait également produit pour elle que de bons résultats; que l'on exagérait singulièrement les inconvénients de l'extension que le projet proposait de donner à l'escompte; que les villes dont il s'agissait étaient en quelque sorte aux portes de Rouen, et, dans tous les cas, moins

3º A recevoir en compte courant, sans intérêt, les sommes qui lui seront versées, et à payer tous mandats et assignations sur elle, jusqu'à concurrence des sommes encaissées au crédit de ceux qui auront fourni ces mandats ou assignations ;

4º A tenir une caisse de dépôt volontaire pour tous titres, lingots, monnaies et matières d'or et d'argent de toute espèce.

Art. 11. L'escompte sera perçu à raison du nombre de jours, et même d'un seul jour, s'il y a lieu.

Le taux de l'escompte sera réglé par le conseil d'administration (1).

Art. 12. Toute personne domiciliée à Rouen, ou y ayant un établissement, et notoirement solvable, pourra, sur sa demande, appuyée par deux membres du conseil d'administration ou par deux personnes ayant déjà des comptes à la banque, obtenir un compte courant et être admise à l'escompte. La qualité d'actionnaire ne donne droit à aucune préférence (2).

éloignées que le Havre ; que leurs relations avec Rouen étaient journalières, et que la situation de leurs négociants y était parfaitement connue ; que l'on oubliait d'ailleurs les concessions qui avaient été faites à d'autres banques ; qu'ainsi celle d'Orléans pouvait escompter le papier sur Nantes, celle du Havre, le papier sur Rouen, celle de Marseille, le papier sur Lyon et sur Toulon ; qu'enfin les restrictions proposées se trouvaient en opposition avec les tendances progressives de la législation actuelle.

Les deux amendements ont été rejetés.

Lors de la discussion à la Chambre des Pairs, M. *de Mosbourg* a repris l'amendement de M. *Lebœuf* en y ajoutant, toutefois, la condition que les recouvrements des effets sur Paris et sur le Havre, seraient faits par les banques de ces deux villes. Il n'a pas été admis.

La Chambre a rejeté également, mais après deux épreuves successives, un autre amendement présenté par sa commission, par suite du renvoi qui lui avait été fait, et qui consistait à exclure de la nomenclature, Ivetot, Bolbec, Fécamp et Dieppe.

Il serait inutile de donner les raisons qui ont été présentées pour et contre ces deux propositions : elles sont identiquement les mêmes que celles qui précédent.

(1) L'article du cahier des charges accepté par le gouvernement portait : « Le taux de l'escompte ainsi que le cours du papier, etc. » M. *Legentil* a demandé la suppression de ces derniers mots : « Les conditions d'escompte, a-t-il dit, doivent être réglées à l'avance. Rien de plus mobile que le taux du change ; il varie toutes les semaines. Quelle sera la condition de ceux qui compteront sur la banque ? Ils ne connaîtront pas le taux du change et seront livrés à l'arbitraire de la banque ; c'est une position qui n'est pas tolérable.

« Vous avez accordé l'extension des priviléges de la banque à l'escompte des villes environnantes, que vous avez considérées comme des annexes de Rouen ; s'il en est ainsi, elles doivent être mises dans la même condition. Vous êtes obligés, par votre privilége, de favoriser le commerce, de lui donner de l'argent aux meilleures conditions possibles ; ce que vous avez considéré comme une faveur, il ne faut pas vous en faire une arme pour nuire au commerce.

On a répondu que la perception d'un droit de change existait depuis 1817, et que cependant jamais le commerce ne s'en était plaint ; que le papier déplacé donnait nécessairement lieu à quelques menus frais, dont il convenait d'indemniser la banque, sans quoi elle ne le prendrait pas à l'escompte ; que c'était lui retirer indirectement l'avantage qu'on lui avait conféré en étendant le rayon d'escompte.

Ces observations n'ont pas été accueillies. On a fait remarquer que la banque donnant 13 p. 100 à ses actionnaires, elle pouvait faire ce sacrifice ; que l'extension du rayon d'escompte avait pour but précisément de faire jouir le commerce de la banlieue de la même faveur que celui de Rouen ; qu'enfin l'intérêt bien entendu de la banque était un sûr garant que le papier déplacé ne serait pas refusé.

L'amendement appuyé par le gouvernement a été adopté.

(2) M. *Legentil* avait demandé que l'on reproduisît dans les statuts l'art. 33 de la loi du 24 germinal an 11, lequel est ainsi conçu : « Aucune « opposition ne sera admise sur les sommes en « compte courant déposées à la Banque. »

M. *le rapporteur* a fait remarquer que les statuts étant le règlement particulier de la société, on ne pouvait pas y introduire des dispositions qui touchent aux intérêts des tiers.

M. *Dufaure* a ajouté qu'en 1840, lorsque la loi sur la banque de France avait été faite, on n'avait pas cru devoir reproduire cette disposition qu'on avait considérée comme non abrogée ; car elle s'applique non seulement à la banque de France, mais encore aux banques départementales.

« Ne l'ayant pas reproduite dans la loi sur la banque de France, je ne vois pas de raison pour qu'elle le soit dans la loi sur la banque de Rouen.

« Si elle l'était, en effet, on pourrait élever des doutes par rapport aux autres banques ; on pourrait dire qu'elle est en vigueur pour l'une et non pour l'autre ; et, puisque déjà la loi de l'an 11 a été considérée comme existante à l'égard des banques autorisées, elle doit être aussi considérée comme existante à l'égard de la banque de Rouen. »

M. *Lacave-Laplagne* a dit : « J'allais présenter les observations que vient de faire l'honorable M. Dufaure. J'en ajouterai une autre, c'est que si on reproduisait cet article dans la loi nouvelle, ce serait infirmer les autres dispositions de la loi de l'an 11, applicables aux banques départementales, et que l'on ne reproduit pas dans la loi en discussion.

« Cette disposition générale n'a pas cessé d'être loi. Peu importe qu'elle ait été insérée dans les statuts d'autres banques ; elle ne tirait pas sa force de ces statuts, mais de la loi même ; et, si la loi n'eût pas existé, on n'eût pas eu le droit d'établir cette disposition dans les statuts.

« Je pense donc que la Chambre doit ne pas admettre l'amendement et ne rien ajouter ni à la loi, ni aux statuts.

M. *Legentil* : « D'après ces explications, je retire mon amendement. Il est bien entendu que la disposition subsiste toujours. »

Art. 19 (1). L'assemblée générale se réunit une fois par année, dans le mois de janvier. Elle est convoquée et présidée par le directeur. L'administrateur, secrétaire

M. *le président :* « M. Legentil retire son amendement, et, si quelques doutes s'élevaient, la discussion qui vient d'avoir lieu suffirait pour les dissiper. »

(1) A l'art. 19 des statuts commence la série des modifications qu'ont rendus nécessaires les nouveaux pouvoirs conférés au directeur, et qui en font un véritable dépositaire de l'autorité publique chargé de surveiller les opérations de la banque et d'assurer l'exécution des statuts.

Aux termes des anciens statuts, l'assemblée générale des actionnaires nommait, à des époques périodiques, un conseil d'administration ; ce conseil choisissait dans son sein un président, un secrétaire, des commissaires chargés d'accepter à l'escompte les effets de commerce ; il rendait compte à l'assemblée générale ; son président avait de droit la présidence de cette assemblée. L'administration des intérêts de la société était donc tout entière dévolue à ce conseil. Pour agent principal et pour mandataire chargé de l'exécution de ses délibérations, il avait le directeur de la banque.

Le conseil nommait ce directeur, il fixait son traitement et pouvait le révoquer.

Le directeur, admis au conseil d'administration, n'avait que voix consultative, même quand il s'agissait d'opérations d'escompte. En un mot, l'organisation de la banque de Rouen était réduite aux simples proportions d'une société anonyme ordinaire, s'administrant elle-même, dans la vue spéciale de ses intérêts propres, par son conseil et sous le contrôle de l'autorité.

Cet état de choses, suffisant pour les sociétés commerciales, ne l'était plus quand il s'agissait de la constitution d'une banque.

Par l'art. 3 du projet primitif, le gouvernement avait songé à soumettre les opérations des banques à une surveillance spéciale dont il s'était réservé de faire déterminer le mode et la forme par un règlement d'administration publique.

La Chambre des Députés n'a pas pensé que l'action d'un commissaire fût assez puissante ; les banques, a-t-on dit, sont des établissements publics ; la délégation du droit souverain de battre monnaie et d'agir par-là sur la circulation, de la restreindre ou de l'étendre outre mesure, leur donne une immense influence sur le résultat des opérations commerciales ; elles ont la puissance de développer et d'affermir le crédit, ou de le resserrer et de le compromettre. C'est donc là un intérêt gouvernemental très-sérieux que la présence constante et la participation active d'un agent direct du gouvernement peuvent seules garantir d'une manière efficace contre les écarts de l'intérêt privé.

Un commissaire plus ou moins étranger aux opérations ordinaires des banques, plus ou moins assidu, sera dans l'impossibilité matérielle de contrôler sérieusement la direction des affaires, d'arrêter, surtout de prévenir le mal ; il ne verra que les chiffres et ne pourra juger les faits.

Il faut, pour atteindre ce but, une surveillance de tous les instants, une surveillance placée constamment au centre de l'action journalière de la banque, capable de contrôler toutes les opérations, de surveiller le choix du papier admis dans le portefeuille, et de résister au besoin à certains entraînements, à certaines facilités ; un directeur véri-

table, en un mot, exerçant une action directe et fonctionnant comme fonctionnent aujourd'hui les directeurs des comptoirs d'escompte de la banque de France.

Ce système a fait l'objet d'un amendement présenté par M. *Jacques Lefebvre*, et qui a été voté par la Chambre des Députés.

Voici en quoi il consistait · le directeur devait être nommé par ordonnance royale, sur une liste de trois candidats présentée par le conseil d'administration ; il devenait membre du conseil avec voix délibérative. Sa mission était de veiller à l'observation des statuts, de faire exécuter les délibérations du conseil. Aucune résolution ne pouvait être prise sans son concours. Par son véto, il pouvait empêcher l'admission du papier présenté à l'escompte. Le conseil pouvait bien provoquer la révocation du directeur, mais à l'ordonnance royale seule appartenait le droit de prononcer cette révocation.

Dans ce système, toutefois, au-dessus du directeur restait l'autorité du conseil, dont le président élu était toujours le chef et le représentant immédiat, et qui continuait à jouir des attributions et des prérogatives d'autorité et d'honneur que lui assuraient les anciens statuts.

La commission de la Chambre des Pairs a trouvé que le système adopté par la Chambre des Députés était incomplet, qu'il présentait des lacunes, des imperfections, et elle a signalé les réformes qu'il convenait d'y introduire. « A-t-on, a dit son rapporteur, confié au directeur des pouvoirs suffisants ? lui a-t-on donné une position assez indépendante ? C'est ce dont il est permis de douter.

« L'approbation du directeur, pour les effets admis à l'escompte (art. 33) est indispensable ; c'est le seul pouvoir personnel qui lui soit confié : en effet, il exécute les délibérations du conseil et signe les traités et conventions passés (art. 26 et 33) par les administrateurs.

« C'est un utile pouvoir que celui d'opposer son *veto* à l'admission des effets à l'escompte ; on sent en effet que, les administrateurs appartenant en général au commerce en exercice, des considérations, nées de l'influence des relations intimes, pourraient entraîner des facilités dangereuses dans l'examen des effets présentés.

« Mais ce point n'est pas le seul sur lequel il importe que la gestion du conseil soit surveillée. La violation des statuts peut entraîner des préjudices bien plus graves que l'admission de quelques effets douteux à l'escompte.

« N'est-il pas possible que le conseil reçoive, pour faire des avances sur dépôts, des effets publics autres que les effets français ; qu'entraîné par les demandes du commerce et par les indices trompeurs de sécurité, il dépasse, pour l'émission des billets, la règle posée en l'art. 15 des statuts ? Le directeur chargé de veiller à l'observation des statuts (art. 33) aura le droit de représentation ; mais, si on passe outre, il ne lui restera que la faculté de dénoncer au gouvernement des faits accomplis dont les suites seront inévitables.

« Sans doute de telles fautes ne sont point présumables ; la banque de Rouen a donné assez de preuves de sa sagesse pour qu'on doive compter sur la continuation du même mode d'administration ;

du conseil d'administration, y remplit les fonctions de secrétaire.

Il est rendu compte à l'assemblée générale de toutes les opérations de la banque.

mais les hommes passent et les institutions subsistent. Les lois ne sont d'une efficacité certaine que quand elles placent, autant que possible, en dehors de la confiance personnelle la garantie de leur exécution.

« Il semble donc qu'il eût été plus convenable d'étendre à tout acte contraire aux statuts, la faculté d'opposition de la part du directeur.

« Observera-t-on que c'eût été établir la possibilité d'un antagonisme permanent entre le conseil et le directeur? Que celui-ci, servant je ne sais quels intérêts de rivalité, aurait pu contrarier des opérations utiles? Mais l'opposition des directeurs, limitée aux actes violant les statuts, laisserait le conseil dans toute sa liberté d'action pour les délibérations qui y eussent été conformes. Si les directeurs avaient à tort invoqué les statuts pour entraver la marche de l'établissement, le conseil aurait demandé sa révocation. L'opinion publique seule eût été un frein assez puissant pour empêcher tous les abus de pouvoir de la part du directeur.

« Le directeur ne préside point le conseil (art. 29); cependant sa position est supérieure à celle des administrateurs, tant par l'importance des fonctions qu'il remplit que par les garanties qui sont exigées de lui. Il doit en effet justifier de la possession de trente actions de la banque, tandis que les administrateurs ne sont tenus que d'en posséder cinq (art. 24 et 34). Il semble donc qu'on eût dû lui accorder la présidence du conseil et la voix prépondérante en cas de partage.

« Enfin la révocation du directeur paraît pouvoir être provoquée trop facilement. Il est dans la nature de l'homme que la position d'un fonctionnaire nommé par le gouvernement dans une société libre, dans une société surtout qui, jusqu'ici, a exercé son pouvoir sans contrôle, soit vue avec quelque défaveur. Il faut prendre garde d'ouvrir la voie aux mauvaises passions que pourrait exciter la mission de directeur accompli avec quelque sévérité. Aux termes de l'art. 35, la révocation peut être provoquée par le conseil, composé de sept administrateurs seulement. Ainsi quatre voix sur douze sont suffisantes pour prendre une mesure qui peut avoir des conséquences aussi graves pour l'avenir du directeur. Sans doute le gouvernement ne prononcerait pas la révocation demandée sans motifs justifiés. Mais la position du directeur ne serait plus tenable dès qu'il aurait été mis en suspicion par une délibération que d'autres administrateurs n'auraient peut-être pas prise, mais qu'ils seraient, par esprit de corps, engagés à soutenir.

« Une mesure aussi grave devait requérir la présence de neuf administrateurs au moins et l'assentiment des deux tiers des voix. »

Quelque sérieuses que fussent ces objections, la majorité de la commission n'avait pas cru cependant que le projet dût être amendé, afin de ne point en retarder le vote. Elle estimait qu'à la rigueur les garanties nouvelles qui résultaient de l'adoption de l'amendement de M. Jacques Lefebvre, pouvaient suffire. La Chambre en a pensé autrement. Sur les observations de MM. *Pilet de la Lozère*, *d'Argout* et *Mounier*, un renvoi à la commission a été ordonné pour réviser les statuts conformément aux indications du rapport et aux observations qui venaient d'être produites dans la discussion.

Pour compléter ce qui précède, il me reste à parler de deux nouvelles modifications dont l'une est relative à la fixation du traitement et à la révocation du directeur. Voici comment s'est exprimé à cet égard l'organe de la commission : « La fixation du traitement du directeur (art. 26) a amené de l'hésitation dans la délibération de la commission. Fallait-il en laisser le soin au conseil ou transférer cette attribution au gouvernement? Pour la première opinion, on a dit que le droit du gouvernement serait un droit de contrôle et de surveillance; que ce serait lui donner une part dans l'administration que de l'autoriser à disposer d'une quotité, si petite qu'elle fût, des fonds de la société; que ce serait d'ailleurs admettre une supposition injurieuse pour le conseil que de croire qu'il ne fit point une position convenable au directeur.

« D'un autre côté, on a répondu que l'accomplissement des devoirs du directeur, qui pouvaient quelquefois devenir rigoureux, était de nature à faire naître des difficultés entre lui et les administrateurs; que le conseil pourrait l'amener à rendre sa démission nécessaire, en réduisant arbitrairement son traitement; que cette crainte nuirait à l'indépendance des fonctions du directeur; qu'enfin, la dignité d'un fonctionnaire nommé par le roi exigerait qu'il n'attendît pas de la seule bienveillance des corps qu'il doit diriger la fixation de sa position.

« Ces considérations ont prévalu.

« Le vice du mode de délibération, admis pour provoquer la révocation du directeur, a paru évident à tout le monde. On ne pourrait laisser à la minorité du conseil la faculté de suspendre une résolution qui pourrait compromettre aussi gravement la position du directeur.

« En examinant l'article plus attentivement, nous avons été conduit à penser que la disposition devait être retranchée. Dans les statuts présentés par la banque, d'après lesquels la nomination du directeur appartenait au conseil, il était nécessaire de déterminer par quelle voie sa révocation pourrait avoir lieu. Mais dès que la révocation, comme la nomination, appartient au gouvernement, il devient superflu de prévoir comment elle pourra être provoquée. Des plaintes peuvent arriver au ministre, non seulement de la majorité du conseil, mais d'un seul membre, d'un actionnaire, même d'un étranger.

« Le gouvernement prendra pour la vérifier telle voie qu'il avisera, au nombre desquelles se placera toujours la délibération du conseil. Mais il est inutile d'établir dans la loi un mode d'instruction sur les torts qui pourraient être imputés au directeur; et il est dangereux d'autoriser une provocation solennelle pour la révocation qui pourrait forcer la main du gouvernement ou rendre intolérable la position du directeur.

« Nous vous proposons, en conséquence, la suppression du § 2 de l'art. 35. »

Ces modifications, adoptées sans difficulté par la Chambre des Pairs, l'ont été également par la Chambre des Députés, malgré les protestations qui ont été produites devant elle par MM. *Muret de Bort* et *Jacques Lefebvre*, au nom de l'indépendance des banques départementales et de la dignité de leur administration.

Elle procède enfin au bulletin secret et individuel , à la majorité absolue des suffrages des membres présents , à l'élection des administrateurs et censeurs qu'il y a lieu de nommer en remplacement de ceux dont les fonctions sont expirées ou devenues vacantes. Après deux tours de scrutin individuel , s'il ne s'est pas formé de majorité absolue, l'assemblée procède au scrutin de ballottage entre les deux candidats qui ont réuni le plus de voix au second tour.

Lorsqu'il y a égalité de voix au scrutin de ballottage , l'actionnaire le plus anciennement inscrit est préféré, et, en cas d'égalité, on préfère le plus âgé.

Les délibérations de l'assemblée générale ne sont valables, dans une première réunion, que par la présence de quinze membres au moins , étrangers au conseil d'administration de la banque. Dans le cas où, après une première convocation, ce nombre n'est pas atteint, il est fait à quinzaine une convocation nouvelle , et les membres présents à cette réunion peuvent délibérer valablement, quel que soit leur nombre, mais seulement sur les objets qui ont été mis à l'ordre du jour de la première réunion.

Art. 20. L'assemblée générale , outre les cas prévus par les art. 2, 19, 36, 37 et 39 , peut être convoquée extraordinairement par le directeur, ou sur la réquisition de deux censeurs , approuvée par le conseil d'administration.

Art. 21. Le conseil d'administration est composé :

Du directeur, président ;

De douze administrateurs ,

De trois censeurs.

Le directeur et les administrateurs ont voix délibérative , et les censeurs, consultative. Le père et le fils, l'oncle et le neveu, les frères ou alliés au même degré et les associés de la même maison , ne peuvent faire partie simultanément de la même administration.

Art. 22. Les administrateurs et les censeurs sont nommés pour trois ans : ils sont renouvelés par tiers chaque année. Ils sont rééligibles.

Art. 25. Le conseil d'administration est présidé par le directeur. Il élit chaque année, après l'installation des nouveaux membres , son secrétaire, qui ne peut être pris que parmi les douze administrateurs, et est rééligible.

Art. 26. Le conseil d'administration est chargé de la gestion de l'établissement. Il propose la fixation du traitement du directeur, laquelle est déterminée par le ministre des finances. Sur la proposition du directeur, le conseil nomme les caissiers et les employés ; il peut les révoquer. Il au-

torise , dans les limites des statuts , toutes opérations de la banque , en détermine les conditions ; il fixe le taux de l'escompte et le montant des sommes qu'il convient d'y employer, aux diverses époques de l'année, d'après la situation de la banque ; il arrête les règlements de son régime intérieur; il délibère tous les traités , conventions et transactions , lesquels sont signés en son nom par le directeur et le secrétaire ; il statue sur la création , l'émission, le retrait ou l'annulation des billets , sur la forme de ces billets et les signatures dont ils sont revêtus ; il fixe , sur la proposition du directeur, l'organisation des bureaux , les traitements et les salaires, les dépenses d'administration : ces dépenses seront délibérées chaque année et d'avance.

Art. 27. Le conseil d'administration tient registre de ses délibérations , lesquelles , après que leur rédaction a été approuvée, sont signées par le directeur et le secrétaire du conseil.

Art. 28. Le conseil d'administration se réunit deux fois par mois et toutes les fois que le directeur le juge nécessaire, ou que la demande en est faite à celui-ci par deux censeurs.

Art. 29. Aucune délibération ne peut avoir lieu sans le concours du directeur, de six administrateurs et d'un censeur. Les résolutions sont prises à la majorité absolue. La voix du directeur, ou de l'administrateur qui le remplace dans la présidence du conseil , est prépondérante en cas de partage.

Art. 31. Le compte annuel des opérations de la banque , à présenter à l'assemblée générale le jour de la réunion périodique, est arrêté par le conseil d'administration et présenté en son nom par le directeur. Ce compte est imprimé et remis au préfet, à la chambre de commerce , au tribunal de commerce , et à chacun des membres de l'assemblée générale.

Art. 32. Les censeurs veillent spécialement à l'exécution des statuts et des règlements de la banque; ils exercent leur surveillance sur toutes les parties de l'établissement ; ils se font représenter l'état des caisses , les registres et les portefeuilles de la banque ; ils proposent toutes les mesures qu'ils croient utiles ; et si leurs propositions ne sont pas adoptées, ils peuvent en requérir la transcription sur le registre des délibérations.

Ils rendent compte, chaque année, à l'assemblée générale, de la surveillance qu'ils ont exercée.

Leur rapport sera imprimé et distribué aux autorités désignées en l'article précédent, et aux membres de l'assemblée générale.

Du directeur.

Art. 33. Le directeur est nommé par ordonnance royale, sur la présentation de trois candidats faite au ministre des finances par le conseil d'administration.

Nul effet ne peut être escompté que sur la proposition des administrateurs composant le comité d'escompte, et sur l'approbation du directeur.

Nulle délibération ne peut être exécutée si elle n'est revêtue de la signature du directeur.

Le directeur est chargé de faire exécuter les lois relatives à la banque, les statuts et les délibérations du conseil d'administration ; il dirige les affaires de la banque ; il présente à tous les emplois ; il signe tous traités et conventions, la correspondance ; il signe, conjointement avec un administrateur, les acquits d'effets que la banque encaisse directement, les endossements, les transports de rentes sur l'Etat ou d'autres effets publics.

Le directeur ne pourra présenter à l'escompte aucun effet revêtu de sa signature ou lui appartenant.

Art. 35 Le directeur ne pourra être révoqué que par une ordonnance royale rendue sur le rapport du ministre des finances.

En cas d'absence ou d'empêchement du directeur, ses fonctions sont remplies provisoirement par un administrateur désigné par le conseil. Il en sera immédiatement donné avis au ministre des finances.

Art. 38. Les actions judiciaires seront exercées au nom du conseil d'administration, poursuites et diligences du directeur.

Art. 41. Six mois au moins avant le terme fixé à la société par l'art. 1ᵉʳ, tous les actionnaires seront convoqués pour statuer sur le mode à suivre pour la liquidation, ou pour décider, s'il y a lieu, le renouvellement de la société.

Le vœu de la majorité ne sera pas obligatoire pour la minorité. Pour ce cas seulement, et par dérogation spéciale à l'art. 18 des présents statuts, les actionnaires qui ne pourraient assister en personne à l'assemblée générale auront la faculté de s'y faire représenter par des fondés de pouvoirs.

Article 4.

La banque publiera, tous les trois mois, un état de sa situation moyenne pendant le trimestre écoulé.

Elle publiera, tous les six mois, le résultat des opérations du semestre et le règlement du dividende (1).

Article 5.

L'art. 21 de la loi du 22 avril 1806 est applicable à la banque de Rouen (2).

11 = 13 JUIN 1842. — Proclamations du roi qui prononcent la clôture de la session de 1842 de la Chambre des Pairs et de la Chambre des Députés. (IX, Bull. DCCCCXIII, n. 10014.)

(1) Cette disposition, qui se trouve également dans la loi du 30 juin 1840, a été ajoutée par la commission de la Chambre des Députés.
« La discussion au sein des Chambres, a dit son rapporteur, a prouvé que la banque de France avait cherché dans la publicité de ses opérations son crédit et sa force. Depuis l'origine de l'institution, elle a publié les comptes que le gouverneur et les censeurs rendent aux actionnaires chaque année. Cet exemple devrait être imité par toute société anonyme bien constituée, sagement administrée : les grandes associations commerciales, dans leur constitution toute spéciale, ne peuvent offrir d'autre garantie au public que leurs capitaux et leur gestion prudente et éclairée.
« Pour elles, les garanties qui résultent des facultés et des ressources personnelles des associés n'existent pas. C'est dans la publicité qu'elles peuvent puiser leur puissance, en constatant leur situation par des communications fréquentes, et en livrant ainsi au public les motifs de sécurité qu'elles présentent au pays. »
2) Cet article est ainsi conçu : « Le conseil d'Etat connaîtra, sur le rapport du ministre des finances, des infractions aux lois et règlements qui régissent la banque, et des contestations relatives à sa police et administration intérieures.
« Le conseil d'Etat prononcera de même définitivement et sans recours, entre la banque et les membres de son conseil d'administration, les agents ou employés, toute condamnation civile, y compris les dommages-intérêts et même, soit la destitution, soit la cessation de fonctions.
« Toutes autres questions seront portées aux tribunaux qui doivent en connaître. »
La commission de la Chambre des Pairs, qui a proposé cet amendement, a pris soin d'exposer ses motifs. Son rapporteur s'est exprimé ainsi :
« La nécessité d'une police pour les infractions qui pourraient être commises a été généralement reconnue. Il faut que le gouvernement soit armé de la faculté de réprimer les abus, sans être obligé de recourir au remède extrême du retrait du privilège ou de la dissolution de la société. Ces abus, en effet, peuvent n'être pas tels qu'ils compromettraient la sécurité de l'établissement ; mais son crédit pourrait être altéré par la longueur et l'éclat des contestations portées devant les tribunaux ordinaires. Il importe que la répression de toute infraction soit aussi prompte qu'éclairée. Le conseil d'Etat offre, à cet égard, toutes les garanties désirables. Il est donc à propos de lui conférer, pour la banque départementale, les attributions qu'il a reçues de la loi du 22 avril 1806 et du décret du 18 mai 1808, pour la banque de France et ses comptoirs Un simple renvoi à la loi de 1806 suffira à cet effet. »

Louis-Philippe, etc., la session de 1842 de la Chambre des Pairs et de la Chambre des Députés est et demeure close.

La présente proclamation sera portée à la Chambre des Pairs par notre président du conseil, ministre secrétaire d'Etat au département de la guerre ; par notre garde des sceaux, ministre secrétaire d'Etat au département de la justice et des cultes, et par nos ministres secrétaires d'Etat au département de l'instruction publique et au département du commerce.

(*Contresignée duc de Dalmatie.*)

Louis-Philippe, etc., La session de 1842 de la Chambre des Pairs et de la Chambre des Députés est et demeure close.

La présente proclamation sera portée à la Chambre des Députés par notre ministre secrétaire d'Etat au département de l'intérieur, et par nos ministres secrétaires d'Etat au département des affaires étrangères, au département des finances, au département des travaux publics et au département de la marine.

(*Contresignée Duchâtel.*)

12 = 13 JUIN 1842. — Ordonnance du roi qui dissout la Chambre des Députés, et convoque les colléges électoraux et les Chambres. (IX, Bull. DCCCCXIII, n. 10015.)

Louis-Philippe, etc., vu l'art. 42 de la Charte constitutionnelle ; vu la loi du 19 avril 1831, etc.

Art. 1er. La Chambre des Députés est dissoute.

2. Les colléges électoraux sont convoqués pour le 9 juillet prochain, à l'effet d'élire chacun un député. Les deux colléges électoraux de la Corse sont convoqués au même effet pour le 12 juillet prochain.

3. La Chambre des Pairs et la Chambre des Députés sont convoqués pour le 3 août prochain.

4. Notre ministre de l'intérieur (M. Duchâtel) est chargé, etc.

12 = 13 JUIN 1842. — Ordonnance du roi qui désigne les villes dans lesquelles se réuniront les colléges électoraux convoqués pour le 9 et le 12 juillet prochain. (IX, Bull. DCCCCXIII, n. 10016.)

Louis-Philippe, etc., sur le rapport de notre ministre secrétaire d'Etat au département de l'intérieur ; vu l'art. 40 de la loi du 19 avril 1831 ; vu notre ordonnance en date de ce jour, qui a convoqué les colléges électoraux, etc.

Art. 1er. Les colléges électoraux, convoqués pour le 9 et le 12 juillet prochain, par notre ordonnance de ce jour, se réuniront

s les villes désignées au tableau qui :

Ain, 1er arrondissement, Pont-de-Vaux : 2e, Bourg ; 3e, Trévoux ; 4e, Belley ; 5e, Nantua.

Aisne, 1er arrond., Laon ; 2e, Chauny ; 3e, Saint-Quentin ; 4e, Saint-Quentin ; 5e, Vervins ; 6e, Soissons ; 7e, Château-Thierry.

Allier, 1er arrond., Moulins ; 2e, La Palisse ; 3e, Gannat ; 4e, Montluçon.

Alpes (Basses-), 1er arrond., Digne ; 2e, Forcalquier.

Alpes (Hautes-), 1er arrond., Embrun ; 2e, Gap.

Ardèche, 1er arrond., Privas ; 2e, Tournon ; 3e, Annonay ; 4e, Largentière.

Ardennes, 1er arrond., Mézières ; 2e, Rethel ; 3e Sedan ; 4e, Vouziers.

Ariége, 1er arrond., Pamiers ; 2e, Foix ; 3e, Saint-Girons.

Aube, 1er arrond., Troyes ; 2e, Bar-sur-Seine ; 3e, Nogent-sur-Seine ; 4e, Bar-sur-Aube.

Aude, 1er arrond., Carcassonne ; 2e Carcassonne ; 3e, Castelnaudary ; 4e, Limoux ; 5e, Narbonne.

Aveyron, 1er arrond., Rodez ; 2e, Saint-Affrique ; 3e, Espalion ; 4e Milhau ; 5e, Villefranche.

Bouches-du-Rhône, 1er arrond., Marseille ; 2e, Marseille ; 3e, Marseille ; 4e, Aix ; 5e, Arles ; 6e, Tarascon.

Calvados, 1er arrond., Caen ; 2e, Caen ; 3e, Bayeux ; 4e, Falaise ; 5e, Lisieux ; 6e, Vire ; 7e, Pont-l'Evêque.

Cantal, 1er arrond., Saint-Flour ; 2e, Aurillac ; 3e, Mauriac ; 4e, Murat.

Charente, 1er arrond., Angoulême ; 2e, Barbezieux ; 3e, Cognac ; 4e, Confolens ; 5e, Ruffec.

Charente-Inférieure, 1er arrond., La Rochelle ; 2e, La Rochelle ; 3e, Saint-Jean-d'Angely ; 4e, Jonzac ; 5e, Marennes ; 6e, Rochefort ; 5e, Saintes.

Cher, 1er arrond., Bourges ; 2e, Bourges ; 3e, Saint-Amand ; 4e, Sancerre.

Corrèze, 1er arrond., Tulle ; 2e, Brives ; 3e, Uzerches ; 4e, Ussel.

Corse, 1er arrond., Ajaccio ; 2e, Bastia.

Cote-d'Or, 1er arrond., Dijon ; 2e, Dijon ; 3e, Beaune ; 4e, Semur ; 5e, Châtillon.

Côtes-du-Nord, 1er arrond., Saint-Brieuc ; 2e, Saint-Brieuc ; 3e, Dinan ; 4e, Guingamp ; 5e, Lannion ; 6e, Loudéac.

Creuse, 1er arrond., Guéret ; 2e, Aubusson ; 3e, Bourganeuf ; 4e, Boussac.

Dordogne, 1er arrond., Périgueux ; 2e, Excideuil ; 3e, Bergerac ; 4e, Lalinde ; 5e, Nontron ; 6e Riberac ; 7e, Sarlat.

Doubs, 1er arrond., Besançon ; 2e, Besançon ; 3e, Baume ; 4e, Montbéliard ; 5e, Pontarlier.

Drôme, 1er arrond., Valence ; 2e, Romans ; 3e, Die ; 4e, Montélimart.

Eure, 1er arrond., Evreux ; 2e, Verneuil ; 3e, Les Andelys ; 4e, Bernay ; 5e, Louviers ; 6e, Pont-Audemer ; 7e, Brionne.

Eure-et-Loir, 1er arrond., Chartres ; 2e, Châteaudun ; 3e, Dreux ; 4e, Nogent-le-Rotrou.

Finistère, 1er arrond., Brest ; 2e, Landerneau ; 3e, Châteaulin ; 4e, Morlaix ; 5e, Quimper ; 6e, Quimperlé.

Gard, 1er arrond., Nîmes ; 2e, Nîmes ; 3e, Alais ; 4e, Uzès ; 5e, Le Vigan.

Garonne (Haute-), 1er arrond., Toulouse ; 2e, Toulouse ; 3e Toulouse ; 4e, Muret ; 5e, Saint-Gaudens ; 6e, Villefranche.

Gers, 1er arrond., Auch ; 2e, Condom ; 3e, Lectoure ; 4e, Lombez ; 5e, Mirande.

Gironde, 1er arrond., Bordeaux ; 2e, Bordeaux ;

3°, Bordeaux ; 4° Bordeaux, 5°, Bazas ; 6°, Blaye ; 7°, Lesparre ; 8°, Libourne ; 9°, La Réole.

Hérault, 1er arrond., Montpellier ; 2°, Montpellier ; 3°, Béziers ; 4°, Pézénas ; 5°, Saint-Pons ; 6°, Lodève.

Ille-et-Vilaine, 1er arrond., Rennes ; 2°, Rennes ; 3°, Saint-Malo ; 4°, Vitré ; 5°, Fougères ; 6°, Redon ; 7°, Montfort.

Indre, 1er arrond., Châteauroux ; 2°, Issoudun ; 3°, La Châtre ; 4°, Le Blanc.

Indre-et-Loire, 1er arrond., Tours ; 2°, Tours ; 3°, Loches ; 4°, Chinon.

Isère, 1er arrond., Grenoble ; 2°, Grenoble ; 3°, Vienne ; 4°, Vienne ; 5°, Saint-Marcellin ; 6°, La Tour-du-Pin ; 7°, Voiron.

Jura, 1er arrond., Dôle ; 2°, Lons-le-Saulnier ; 3°, Poligny ; 4°, Saint-Claude.

Landes, 1er arrond., Mont-de-Marsan ; 2°, Dax ; 3°, Saint-Sever.

Loir-et-Cher, 1er arrond., Blois ; 2°, Romorantin ; 3°, Vendôme.

Loire, 1er arrond., Saint-Etienne ; 2°, Saint-Chamont ; 3°, Feurs ; 4°, Montbrison ; 5°, Roanne.

Loire (Haute-), 1er arrond., Le Puy ; 2°, Brioude ; 3°, Yssengeaux.

Loire-Inférieure, 1er arrond., Nantes ; 2°, Nantes ; 3°, Pont-Rousseau (commune de Rezé) ; 4°, Ancenis ; 5°, Châteaubriant ; 6°, Paimbœuf ; 7°, Savenay.

Loiret, 1er arrond., Pithiviers ; 2°, Orléans ; 3°, Orléans ; 4°, Gien ; 5°, Montargis.

Lot, 1er arrond., Cahors ; 2°, Cahors ; 3°, Figeac ; 4°, Gourdon ; 5°, Martel.

Lot-et-Garonne, 1er arrond., Agen ; 2°, Agen ; 3°, Marmande ; 4°, Nérac ; 5°, Villeneuve-d'Agen.

Lozère, 1er arrond., Mende ; 2°, Florac ; 3°, Marvejols.

Maine-et-Loire, 1er arrond., Angers ; 2°, Angers ; 3°, Baugé ; 4°, Cholet ; 5°, Saumur ; 6°, Doué ; 7°, Segré.

Manche, 1er arrond., Saint-Lô ; 2°, Carentan ; 3°, Cherbourg ; 4°, Valognes ; 5°, Coutances ; 6°, Périers ; 7°, Mortain ; 8°, Avranches.

Marne, 1er arrond., Reims ; 2°, Reims ; 3°, Châlons ; 4°, Epernay ; 5°, Sainte-Menehould ; 6°, Vitry-sur-Marne.

Marne (Haute-), 1er arrond., Langres ; 2°, Bourbonne ; 3°, Chaumont ; 4°, Vassy.

Mayenne, 1er arrond., Laval ; 2°, Laval ; 3°, Mayenne ; 4°, Mayenne ; 5°, Château-Gontier.

Meurthe, 1er arrond., Nancy ; 2°, Nancy ; 3°, Lunéville ; 4°, Château-Salins ; 5°, Toul ; 6°, Sarrebourg.

Meuse, 1er arrond., Bar-le-Duc ; 2°, Commercy ; 3°, Montmédy ; 4°, Verdun.

Morbihan, 1er arrond., Vannes ; 2°, Muzillac ; 3°, Lorient ; 4°, Lorient ; 5°, Pontivy ; 6°, Ploërmel.

Moselle, 1er arrond., Metz ; 2°, Metz ; 3°, Metz ; 4°, Thionville ; 5°, Briey ; 6°, Sarreguemines.

Nièvre, 1er arrond., Nevers ; 2°, Château-Chinon ; 3°, Clamecy ; 4°, Cosne.

Nord, 1er arrond., Lille ; 2°, Lille ; 3°, Lille ; 4°, Douai ; 5°, Douai ; 6°, Dunkerque ; 7°, Bergues ; 8°, Cambrai ; 9°, Cambrai ; 10°, Valenciennes ; 11°, Avesnes ; 12°, Hazebrouck.

Oise, 1er arrond., Beauvais ; 2°, Beauvais ; 3°, Senlis ; 4°, Clermont ; 5°, Compiègne.

Orne, 1er arrond., Alençon ; 2°, Séez ; 3°, Argentan ; 4°, Gacé ; 5°, Domfront ; 6°, Laigle ; 7°, Mortagne.

Pas-de-Calais, 1er arrond., Arras ; 2°, Arras ; 3°,

Béthune ; 4°, Boulogne ; 5°, Montreuil ; 6°, Saint-Omer ; 7°, Saint-Omer ; 8°, Saint-Pol.

Puy-de-Dôme, 1er arrond., Clermont ; 2°, Clermont ; 3°, Riom ; 4°, Riom ; 5°, Issoire ; 6°, Thiers ; 7°, Ambert.

Pyrénées (Basses-), 1er arrond., Pau ; 2°, Bayonne ; 3°, Saint-Palais ; 4°, Oloron ; 5°, Orthez.

Pyrénées (Hautes-), 1er arrond., Tarbes ; 2°, Tarbes ; 3°, Bagnères.

Pyrénées-Orientales, 1er arrond., Perpignan ; 2°, Céret ; 3°, Prades.

Rhin (Bas-), 1er arrond., Strasbourg ; 2°, Strasbourg ; 3°, Haguenau ; 4°, Saverne ; 5°, Schelestadt ; 6°, Wissembourg.

Rhin (Haut-), 1er arrond., Colmar ; 2°, Mulhausen ; 3°, Colmar ; Altkirch ; 5°, Belfort.

Rhône, 1er arrond., Lyon ; 2°, Lyon ; 3°, Lyon ; 4°, Lyon ; 5°, Villefranche.

Saône (Haute-), 1er arrond., Vesoul ; 2°, Jussey ; 3°, Lure ; 4°, Gray.

Saône-et-Loire, 1er arrond., Mâcon ; 2°, Cluny ; 3°, Châlons-sur-Saône ; 4°, Châlons-sur-Saône ; 5°, Autun ; 6°, Charolles ; 7°, Louhans.

Sarthe, 1er arrond., Le Mans ; 2°, Le Mans ; 3°, Le Mans ; 4°, Saint-Calais ; 5°, La Flèche ; 6°, Mamers ; 7°, Beaumont-sur-Sarthe.

Seine, 1er arrond., Paris ; 2°, Paris ; 3°, Paris ; 4°, Paris ; 5°, Paris ; 6°, Paris ; 7°, Paris ; 8°, Paris ; 9°, Paris ; 10°, Paris ; 11°, Paris ; 12°, Paris ; 13°, Montrouge ; 14°, Saint-Denis.

Seine-Inférieure, 1er arrond., Rouen ; 2°, Rouen ; 3°, Rouen ; 4°, Rouen ; 5°, Le Havre ; 6°, Bolbec ; 7°, Dieppe ; 8°, Dieppe ; 9°, Neufchâtel ; 10°, Yvetot ; 11°, Saint-Valery.

Seine-et-Marne, 1er arrond., Melun ; 2°, Meaux ; 3°, Fontainebleau ; 4°, Provins ; 5°, Coulommiers.

Seine-et-Oise, 1er arrond., Versailles ; 2°, Saint-Germain-en-Laye ; 3°, Corbeil ; 4°, Etampes ; 5°, Mantes ; 6°, Rambouillet ; 7°, Pontoise.

Sèvres (Deux-), 1er arrond., Niort ; 2°, Melle ; 3°, Parthenay ; 4°, Bressuire.

Somme, 1er arrond., Amiens ; 2°, Amiens ; 3°, Abbeville ; 4°, Abbeville ; 5° Doullens ; 6°, Montdidier ; 7°, Péronne.

Tarn, 1er arrond., Alby ; 2° Castres ; 3°, Castres ; 4°, Gaillac ; 5°, Lavaur.

Tarn-et-Garonne, 1er arrond., Montauban ; 2°, Caussade ; 3°, Castel-Sarrasin ; 4°, Moissac.

Var, 1er arrond., Toulon ; 2°, Toulon ; 3°, Draguignan ; 4°, Grasse ; 5°, Brignolles.

Vaucluse, 1er arrond., Avignon ; 2°, Orange ; 3°, Carpentras ; 4°, Apt.

Vendée, 1er arrond., Luçon ; 2°, Fontenay ; 3°, Bourbon-Vendée ; 4°, Les Herbiers ; 5°, Les Sables.

Vienne, 1er arrond., Poitiers ; 2°, Châtellerault ; 3°, Civray ; 4°, Loudun ; 5°, Montmorillon.

Vienne (Haute-), 1er arrond., Limoges ; 2°, Limoges ; 3°, Bellac ; 4°, Saint-Yrieix ; 5°, Rochechouart.

Vosges, 1er arrond., Epinal ; 2°, Mirecourt ; 3°, Neufchâteau ; 4°, Remiremont ; 5°, Saint-Dié.

Yonne, 1er arrond., Auxerre ; 2°, Avallon ; 3°, Joigny ; 4°, Sens ; 5°, Tonnerre.

2. Notre ministre de l'intérieur (M. Duchâtel) est chargé, etc.

---

7 MAI = 13 JUIN 1842. — Ordonnance du roi relative à la condition publique des soies de Saint-Etienne. (IX, Bull. DCCCCXIII, n. 10017.)

Louis-Philippe, etc., sur le rapport de

notre ministre secrétaire d'État au département de l'agriculture et du commerce; vu le décret du 15 janvier 1808, qui a institué à Saint-Etienne une condition unique et publique pour les soies; vu l'art. 14 de notre ordonnance du 16 juin 1832, qui attribue aux chambres de commerce l'administration des établissements créés pour l'usage du commerce; vu la délibération de la chambre de commerce de Saint-Etienne, en date du 25 novembre 1841; vu la délibération du conseil municipal de la ville de Saint-Etienne, en date du 6 janvier 1842; notre conseil d'État entendu, etc.

Art. 1er. A l'avenir le nouveau procédé de conditionnement des soies, ayant pour base la dessication absolue de la soie, et adopté par la chambre de commerce de Saint-Etienne dans sa délibération du 25 novembre 1841, sera suivi dans la condition publique des soies de Saint-Etienne.

2. Le poids de la soie, constaté par ce procédé et augmenté de onze pour cent, constituera le poids marchand des ballots des soies soumises au conditionnement.

3. Provisoirement les droits pour le prix de la dessication des soies soumises à la nouvelle condition seront perçus conformément au tarif actuellement en vigueur.

4. Un réglement, arrêté par notre ministre secrétaire d'État de l'agriculture et du commerce, sur la proposition de la chambre de commerce de Saint-Etienne, déterminera le régime intérieur de l'établissement.

5. Continueront de recevoir leur exécution les dispositions du décret du 15 janvier 1808 non contraires à la présente ordonnance, qui ne sera exécutoire que six mois après sa promulgation.

6. Notre ministre de l'agriculture et du commerce (M. Cunin-Gridaine) est chargé, etc.

---

8 MAI — 13 JUIN 1842. — Ordonnance portant autorisation de la société anonyme formée à Paris sous la dénomination de le Dragon, compagnie d'assurances maritimes. (IX, Bull. supp. DCI, n. 16495.)

Louis-Philippe, etc., sur le rapport de notre ministre secrétaire d'État au département de l'agriculture et du commerce; vu les art. 29 à 37, 40 et 45 du Code de commerce; notre conseil d'État entendu, etc.

Art. 1er. La société anonyme formée à Paris (Seine), sous la dénomination de le Dragon, compagnie d'assurances maritimes est autorisée. Sont approuvés les statuts de ladite société, tels qu'ils sont contenus dans l'acte passé, le 31 mars 1842,

par-devant Me Dessaignes et son collègue, notaires à Paris, lequel acte restera annexé à la présente ordonnance.

2. Nous nous réservons de révoquer notre autorisation en cas de violation ou de non exécution des statuts approuvés, sans préjudice des droits des tiers.

3. La société sera tenue de remettre, tous les six mois, un extrait de son état de situation au ministère de l'agriculture et du commerce, au préfet du département de la Seine, à la chambre de commerce et au greffe du tribunal de commerce de Paris.

4. Notre ministre de l'agriculture et du commerce (M. Cunin-Gridaine) est chargé, etc.

Art. 1er. Il est formé, sauf l'approbation du roi, entre les comparants, une société anonyme d'assurances maritimes et de navigation intérieure; sa dénomination est le Dragon, compagnie d'assurances maritimes. Le siège de la société est fixé à Paris.

2. La société a pour objet : 1° d'assurer et de réassurer à primes fixes les risques de navigation maritime ordinaire; ceux de guerre survenue ou pouvant survenir; ceux de navigation intérieure sur les fleuves, rivières, lacs et canaux; et enfin ceux de transport par terre, autant qu'ils se rattachent à des assurances maritimes contractées par la compagnie; 2° de prêter à la grosse. Toutes opérations autres que celles ci-dessus énoncées sont complétement interdites à la compagnie.

3. Le maximum des assurances sur un seul risque est fixé à trois pour cent du capital social, soit trente mille francs. Celui de prêts à la grosse est fixé à un et demi pour cent, soit quinze mille francs.

4. La durée de la société est de cinquante années, à partir du jour de l'autorisation royale, sauf les cas de dissolution prévus ci-après.

Fonds social.

5. Le fonds social est fixé à un million quatre cent mille francs, et divisé en sept cents actions nominatives de deux mille francs, divisibles chacune en coupons de cinq cents francs. Les sept cents actions représentant le fonds social sont souscrites dans les proportions suivantes par les personnes ci-après nommées : (Suivent les noms.)

6. Aucun actionnaire ne pourra posséder plus de cinquante actions.

7. Les actionnaires souscrivent l'obligation de verser, s'il y a lieu, jusqu'à concurrence du montant de leurs actions, en élisant un domicile à Paris. Cette obligation est garantie, pour chaque action ou coupon d'action, par le versement en numéraire d'un cinquième dans les trois mois de la publication de l'ordonnance royale. A défaut de versement du premier cinquième de l'action ou coupon d'action, dans le délai ci-dessus fixé, les actions ou coupons d'action de l'actionnaire en retard seront vendus, à ses risques et périls, comme il est dit à l'art. 12 ci-après.

8. Les actions et coupons d'action nominatifs pourront être convertis en actions et coupons d'action au porteur, mais seulement lorsque le montant de chaque action ou coupon à convertir aura été intégralement versé.

9. Les actionnaires ne sont passibles que de la perte du montant de leur intérêt dans la société.

10. Les actions nominatives sont représentées par une inscription sur les registres de la compagnie portant un numéro d'ordre de 1 à 700. Les coupons de ces actions sont représentés de la même manière et portent également un numéro d'ordre avec celui de l'action à laquelle ils appartiennent. Les actions et coupons d'action au porteur sont délivrés dans la forme arrêtée par le conseil d'administration.

11. La transmission des actions et coupons nominatifs s'opère par une déclaration de transfert inscrite sur les registres de la société. Cette déclaration est signée du cédant ou de son fondé de pouvoirs et du cessionnaire. La délivrance et le transfert d'une action ne pourront avoir lieu qu'après le versement du premier cinquième en numéraire. Aucun cessionnaire ne peut être admis que par une délibération du conseil d'administration prise au scrutin secret et à la majorité absolue des membres présents, sauf l'exception ci-après : ne seront pas soumis aux conditions ci-dessus ceux qui, en garantie des paiements restant à faire sur chaque action, transféreront à la compagnie une valeur égale de fonds publics français. Lorsque la société touchera les intérêts des fonds ainsi transférés à son nom, elle les versera immédiatement entre les mains des actionnaires qui les lui auront transférés.

12. Si les fonds encaissés sont insuffisants pour payer les sinistres, le conseil d'administration fixe la quotité des appels de fonds à faire sur les actions nominatives. Ces appels de fonds doivent être proportionnés aux besoins réels et ne peuvent jamais excéder la valeur nominale des actions. Chaque actionnaire est tenu de payer sa quote-part dans les quinze jours de l'avis qui lui est donné. A défaut de versement, dans le délai ci-dessus, les actions ou coupons d'action de l'actionnaire en retard seront vendues par l'entremise d'un agent de change aux risques et périls du retardataire, sans préjudice des poursuites à exercer contre lui pour la somme dont il resterait débiteur envers la société, comme aussi sans préjudice de son droit à profiter de l'excédant, s'il y en a.

13. En cas de faillite d'un actionnaire, ses actions, à moins qu'il ne soit donné caution, seront vendues par le ministère d'un agent de change, sans qu'il soit besoin d'aucune autorisation ou notification, ni d'aucune formalité judiciaire. Sur le produit de la vente, la compagnie prélèvera ce qui pourra lui être dû, le surplus, s'il y en a, sera remis aux ayants-droit. En cas de déficit, la compagnie poursuivrait le remboursement par toutes les voies de droit.

14. Dans le cas de décès d'un actionnaire, ses héritiers ou ayants-droit auront six mois pour présenter un titulaire de chaque action ou coupon d'action, sauf la formalité d'admission réglée par l'art. 11 ; à défaut de désignation, les actions ou coupons seront vendus par le ministère d'un agent de change, aux risques et périls des héritiers ou ayants-droit et sans aucune mise en demeure. Le produit de la vente sera employé d'abord à solder ce qui pourrait être dû à la compagnie, et le surplus, s'il y en a, sera remis aux ayants-droit. En cas de déficit, la compagnie poursuivra le remboursement par toutes les voies de droit.

De l'administration de la société.

15. La société est administrée sous l'autorité de l'assemblée générale des actionnaires par un conseil d'administration, un directeur, et, s'il y a lieu, un directeur-adjoint.

Conseil d'administration.

16. Le conseil d'administration est composé de douze membres. Leurs fonctions sont gratuites, sauf les jetons de présence. La valeur de ces jetons est déterminée par l'assemblée générale.

17. Tout administrateur doit être propriétaire au moins de cinq actions nominatives, lesquelles sont inaliénables pendant toute la durée de ses fonctions.

18. Les administrateurs sont nommés à la majorité absolue des voix par l'assemblée générale, et peuvent être révoqués par elle. La durée de leurs fonctions est de quatre ans. Le conseil d'administration est renouvelé par quart, d'année en année. Les administrateurs sortants seront désignés, les trois premières années, par le sort, et ensuite par l'ancienneté. Les membres peuvent être réélus indéfiniment.

19. Jusqu'à la première assemblée générale, la société sera administrée par les actionnaires ci-après, investis à cet effet de tous les pouvoirs du conseil d'administration savoir :

(Suivent les noms.)

20. Le conseil d'administration nomme, parmi ses membres, un président et un vice-président. La durée de leurs fonctions est d'une année, ils peuvent être réélus. En cas d'absence de l'un et de l'autre, le doyen d'âge des membres présents remplit leurs fonctions.

21. Si une des places d'administrateur vient à vaquer, le conseil pourvoira au remplacement provisoire jusqu'à la plus prochaine assemblée générale qui procède à l'élection définitive. L'administrateur ainsi nommé ne reste en exercice que pendant le temps qui restait à courir à son prédécesseur.

22. Les réunions du conseil d'administration auront lieu sur la convocation du président ou du vice-président, toutes les fois qu'elles seront jugées nécessaires, et au moins une fois par mois. L'administrateur de service, aux termes de l'art. 24, ou le directeur, peuvent requérir, en cas d'urgence, la réunion du conseil d'administration. Pour qu'une délibération soit valable, cinq membres, au moins, doivent assister à la réunion Les arrêtés sont pris à la majorité des membres présents. En cas de partage, la voix de celui qui préside est prépondérante. Les procès-verbaux sont signés par le président et le secrétaire.

23. Le conseil d'administration prend communication de toutes les affaires de la compagnie. Il arrête les conditions générales des contrats d'assurances et de réassurances ; il fixe dans la limite établie par l'art. 3, le plein sur chaque nature de risques et le tarif des primes applicables aux diverses natures de risques ; il détermine l'emploi des fonds disponibles. Il arrête le paiement des pertes et dommages à la charge de la société. Il nomme, suspend et révoque, sur la proposition du directeur, tous les agents et employés de la compagnie, fixe leurs traitements, salaires et cautionnements, ainsi que la dépense générale de l'administration. Il statue sur toutes les dépenses accidentelles et variables. Il prononce sur toutes les opérations de la compagnie et arrête provisoirement les comptes annuels et les répartitions de bénéfices. Il convoque l'assemblée générale annuelle et celles extraordinaires. Il peut plaider, traiter, transiger et compromettre sur tous les intérêts de la compagnie ; il

peut aussi substituer, mais seulement par un mandat spécial, pour une ou plusieurs affaires déterminées.

24. Chaque administrateur est, à tour de rôle, chargé de suivre et de surveiller les opérations de la société et la comptabilité, de signer conjointement avec le directeur les polices d'assurances, les transferts de rentes et d'actions, les pouvoirs délégués par le conseil d'administration, les procurations, les contrats et les engagements de la compagnie.

25. Les membres du conseil d'administration ne contractent, à raison de leurs fonctions, aucune obligation personnelle ni solidaire, relativement aux engagements de la société. Ils ne repondent que de l'exécution de leur mandat.

Direction.

26. Le directeur et le directeur-adjoint sont nommés et peuvent être révoqués, sur la proposition du conseil d'administration, par l'assemblée générale des actionnaires, à la majorité des voix des membres présents. Le directeur et le directeur-adjoint peuvent être suspendus provisoirement de leurs fonctions par le conseil d'administration. Le conseil d'administration pourvoit, dans ce cas, à leur remplacement provisoire jusqu'à la première assemblée générale, qui prononce définitivement sur la révocation, et, s'il y a lieu, sur le remplacement.

27. Le directeur doit être titulaire d'au moins dix actions nominatives, et le directeur-adjoint de cinq. Ces actions sont inaliénables pendant toute la durée de leurs fonctions, et jusqu'à l'apurement de leurs comptes.

28. L'assemblée générale, sur la proposition du conseil d'administration, détermine le traitement du directeur et du directeur-adjoint, ainsi que les autres avantages qui peuvent leur être accordés.

29. Le directeur et le directeur-adjoint assistent avec voix consultative aux séances du conseil d'administration.

30. Le directeur est chargé de faire exécuter les délibérations et arrêtés du conseil d'administration. Il dirige le travail des bureaux, règle et arrête, de concert avec l'administrateur de service, les conditions particulières des assurances dans les limites fixées par le conseil d'administration. Il soumet au conseil, avec l'administrateur de service, le montant des pertes et dommages à la charge de la compagnie, la situation de la caisse et celle des assurances. Il propose au conseil la nomination, la suspension et la révocation des employés et des agents de la compagnie. Il signe les endossements, la correspondance, les quittances et toutes autres pièces de comptabilité journalière. Il signe, conjointement avec l'administrateur de service, les polices d'assurances, les pouvoirs délégués par le conseil, les transferts des rentes, les procurations, les transactions, les compromis et tous les autres actes et engagements de la compagnie, conformément à l'art. 24 ci-dessus. A l'exception d'une somme de vingt mille francs qui sera maintenue dans la caisse pour le service des dépenses courantes, toutes les sommes reçues en espèces par la société seront, chaque jour, déposées à la banque de France pour être converties, s'il y a lieu, d'après les décisions du conseil d'administration, en valeurs d'une réalisation facile et portant intérêt au profit de la société.

31. En cas d'empêchement du directeur, il est remplacé de droit, et avec les mêmes pouvoirs, par le directeur-adjoint ; à défaut de ce dernier, le conseil d'administration délègue l'un des administrateurs ou un employé pour le remplacer. En cas de mort, démission, révocation ou retraite du directeur et directeur-adjoint, le conseil d'administration pourvoit provisoirement à leur remplacement jusqu'à la plus prochaine assemblée générale qui procède au remplacement définitif.

Assemblée générale.

32. L'assemblée générale se compose de tous les actionnaires, propriétaires de trois actions nominatives au moins. Les membres composant l'assemblée générale n'ont qu'une voix, quel que soit le nombre de leurs actions. En cas d'absence, ils peuvent se faire représenter par un mandataire de leur choix, pris parmi les actionnaires, quel que soit le nombre de ses actions. Si ce mandataire est par lui-même membre de l'assemblée générale, il ajoute à sa voix celle de son commettant. Nul actionnaire ne peut être porteur de plus d'un semblable mandat. Les membres du conseil d'administration et les directeurs n'ont pas voix délibérative, lorsqu'il s'agit de la reddition des comptes ou de questions relatives à leur gestion.

33. L'assemblée générale n'est valablement constituée que par la réunion d'un nombre d'actionnaires, représentant la moitié des actionnaires titulaires de trois actions nominatives ; dans le cas où elle ne satisferait pas à cette condition, il sera procédé à une seconde convocation à quinze jours au moins d'intervalle et dans la forme prescrite par l'art. 36 ci-après. Dans cette seconde réunion, l'assemblée générale pourra délibérer, quel que soit le nombre des actionnaires présents, mais seulement sur les objets à l'ordre du jour de la première.

34. L'assemblée générale représente l'universalité des actionnaires, et ses décisions sont obligatoires pour tous, même pour ceux qui n'y ont pas concouru.

35. L'assemblée générale ordinaire a lieu dans le mois d'avril de chaque année ; il y aura en outre des assemblées extraordinaires toutes les fois que le conseil d'administration le jugera convenable, ou quand il en sera requis par un nombre d'actionnaires représentant au moins le tiers des actions. L'assemblée générale est convoquée par le directeur, après décision du conseil d'administration.

36. Les convocations sont faites par lettres adressées au domicile de chaque actionnaire nominatif, quinze jours au moins avant la réunion, et par un avis inséré également quinze jours à l'avance dans deux des journaux d'annonces légales, désignés par le tribunal de commerce de Paris, conformément à la loi du 31 mars 1833. Les lettres indiqueront l'objet de la convocation et les points principaux sur lesquels l'assemblée sera appelée à délibérer, et qui seront mis à l'ordre du jour. Toute proposition étrangère à l'objet de la convocation sera renvoyée de droit à une assemblée générale extraordinaire. A chaque réunion, l'assemblée nomme, au scrutin secret et à la majorité absolue, un président pour régler l'ordre de ses délibérations, et à la majorité relative et par scrutin de liste, un secrétaire pour rédiger les résolutions de l'assemblée et deux scrutateurs. Cette opération a lieu sous la présidence provisoire du président du conseil d'administration, avec le concours des deux plus jeunes membres de l'assemblée en qualité de scrutateurs. Les scrutateurs ne peuvent être choisis parmi les membres du conseil d'administration.

37. L'assemblée générale, fixée au mois d'avril de chaque année, entend, discute et approuve, s'il

y a lieu, le compte qui lui est rendu par le directeur, des opérations de la compagnie, pendant l'année précédente, et nomme une commission pour en faire l'examen, si elle le juge convenable.

38. Les décisions sont prises à la majorité des membres présents. En cas de partage, la voix du président est prépondérante.

39. Il sera dressé procès-verbal de toutes les délibérations et décisions prises dans chaque séance de l'assemblée générale ; le procès-verbal signé, de tous les membres du bureau, sera remis au conseil d'administration ; elles seront transcrites sur un registre tenu à cet effet.

40. L'assemblée générale, convoquée extraordinairement et composée d'actionnaires représentant au moins la moitié plus une des actions, peut, à une majorité des deux tiers des actionnaires présents, et réunissant les deux tiers des actions représentées, adopter les modifications aux présents statuts dont l'expérience aura démontré la nécessité. Ces modifications ne seront exécutoires qu'après l'approbation du gouvernement.

Comptes annuels, fonds de réserve, répartitions des bénéfices.

41. Chaque année, la situation de la compagnie est établie au 31 décembre, et le compte des bénéfices réalisés est arrêté à cette époque. Lorsque la situation définitive de la société aura été arrêtée par l'assemblée générale, sur les propositions du conseil d'administration, il sera prélevé sur les bénéfices nets réalisés une quotité de vingt pour cent au moins, pour former un fonds de réserve. Lorsque cette réserve s'élèvera à quatre cent mille francs, le prélèvement pourra être réduit à un dixième, et il cessera tout à fait, lorsque ce fonds aura atteint huit cent mille francs, à moins, toutefois, qu'il n'en soit autrement décidé par l'assemblée générale des actionnaires. Si, après avoir été élevée à quatre cent mille francs ou à huit cent mille francs, la réserve venait à être entamée, le prélèvement d'un cinquième ou d'un dixième, suivant les cas, reprendrait son cours. Le surplus des bénéfices sera réparti entre tous les actionnaires de la manière suivante : 1° un premier dividende jusqu'à concurrence de cinq pour cent de tous les fonds versés sera distribué au prorata des versements faits par chaque actionnaire ; 2° l'excédant sera réparti au prorata du capital nominal de chaque action.

42. En cas de pertes qui absorberaient le fonds de réserve et plus d'un dixième du capital de la société, le conseil d'administration devra exiger de la part des actionnaires un versement proportionnel jusqu'à concurrence de la somme nécessaire pour rétablir, après le paiement des pertes, un fonds disponible égal au dixième du capital.

43. Dans le cas prévu par l'article précédent, la totalité des bénéfices, résultant des inventaires subséquents, sera affectée au remboursement des sommes exigées des actionnaires à titre d'appels de fonds, conformément à l'art. 12. Lorsque les remboursements auront été complétés, les réserves prescrites par l'art. 41 seront continuées dans les proportions qui y sont indiquées. Le tout sans préjudice de l'obligation qui demeure imposée aux actionnaires de contribuer de nouveau, s'il y a lieu, jusqu'à concurrence du montant de leurs actions, au paiement des pertes qui pourraient survenir.

Dissolution et liquidation.

44. La dissolution de la société aura lieu de plein

droit si les pertes excèdent la moitié du capital social. Cette dissolution pourra être prononcée par un nombre d'actionnaires représentant au moins les trois quarts des actions, si, par l'effet des pertes éprouvées, le capital social se trouve réduit de deux cinquièmes.

45. Dans les cas prévus par l'article précédent, le conseil d'administration est tenu de convoquer immédiatement l'assemblée générale.

46. L'assemblée générale nomme, séance tenante, trois commissaires liquidateurs.

47. Les commissaires liquidateurs font réassurer les risques non éteints, résilient les contrats existants, s'ils le peuvent, de gré à gré. Ils règlent et arrêtent le paiement des pertes et dommages à la charge de la compagnie ; ils peuvent compromettre, traiter et transiger sur toutes contestations et demandes.

48. Les actionnaires sont tenus, sur la demande de la commission, de faire, s'il y a lieu, les versements nécessaires pour opérer le paiement des charges de la société, jusqu'à concurrence du montant de leurs actions.

49. A l'expiration de l'année qui suivra l'époque où la liquidation aura été prononcée, il sera fait un inventaire de la situation de la société. Le compte en sera rendu à l'assemblée générale, qui statuera sur le terme de la liquidation.

Arbitrage.

50. Toutes les difficultés et contestations qui pourront s'élever pendant la durée de la société, ou lors de sa liquidation, relativement à ses affaires et opérations, soit entre les actionnaires et la compagnie, soit entre les actionnaires eux-mêmes, seront soumises au jugement d'un conseil arbitral composé de trois membres choisis, les deux premiers par chacune des parties intéressées, le troisième par les deux premiers arbitres nommés. Si les deux arbitres ne peuvent s'entendre sur le choix du troisième, ou que l'une des parties n'ait pas nommé son arbitre dans les cinq jours de la sommation qui en sera faite, l'arbitre non désigné sera nommé d'office par le président du tribunal de commerce de la Seine, à la requête de la partie la plus diligente. Il en sera de même dans le cas où l'une des parties négligerait de nommer son arbitre. La décision des arbitres aura lieu sans formalités ni délais judiciaires, par amiable composition ; elle sera définitive, sans appel, ni recours en cassation.

9 MAI = 13 JUIN 1842. — Ordonnance du roi qui autorise la cession d'un terrain domanial à la ville d'Abbeville. (IX, Bull. supp. D†J, n. 16496.)

Louis-Philippe, etc., vu les délibérations des 16 avril et 4 juin 1836, et 18 mars 1837, par lesquelles le conseil municipal d'Abbeville, département de la Somme, a demandé que l'Etat fit cession à la ville des portions restant disponibles de l'ancien lit de la rivière de Maillefeu, à Abbeville, et qui sont destinées à l'élargissement de la rue du Hangar, ainsi qu'à l'établissement d'un marché aux bestiaux ; vu le plan du 25 juin 1838 ; vu le procès-verbal d'expertise du 14 février 1840, qui fixe à dix ares cinq centiares la contenance de ces portions de terrains, et qui en porte l'estimation contradictoire à deux mille francs; vu la délibération du 14 août 1840, contenant adhésion par le conseil municipal d'Abbeville à cette estimation ; vu l'arrêté du préfet du département de la Somme, pris en conseil de préfecture le 12 août 1841 ; vu le décret du 21 février 1808; considérant que la demande de la ville d'Abbeville repose sur une cause d'utilité publique communale suffisamment justifiée ; sur le rapport de notre ministre secrétaire d'Etat au département des finances, etc.

Art. 1ᵉʳ. Le préfet du département de la Somme est autorisé à céder, au nom de l'Etat, à la ville d'Abbeville, moyennant la somme de deux mille francs, un terrain domanial situé dans la même ville, ayant fait partie de l'ancien lit de la rivière de Maillefeu, de la contenance de dix ares cinq centiares, compris dans le périmètre A B C C' D D' E F G H I K L M sur le plan du 25 juin 1838, et désigné dans le procès-verbal d'expertise du 14 février 1840, lesquels plan et procès-verbal resteront annexés à la minute de l'acte de vente. La cession sera faite, toutefois, sans garantie de contenance ni de mesure.

2. Le prix sera versé dans les caisses du domaine, aux époques et avec les intérêts fixés par les lois des 15 floréal an 10 et 5 ventôse an 12.

3. Tous les frais auxquels la cession a pu ou pourra donner lieu, y compris ceux de l'expertise du 14 février 1840, seront supportés par la ville.

4. Notre ministre des finances (M. Lacave-Laplagne) est chargé, etc.

10 MAI = 13 JUIN 1842. — Ordonnance du roi qui autorise la cession d'un immeuble domanial à la ville de Brest. (IX, Bull. supp. DCJ, n.16497.)

Louis-Philippe, etc., vu les délibérations du conseil municipal de Brest, des 21 décembre 1839, 10 août, 1ᵉʳ octobre 1841, 5 janvier et 9 février 1842, ayant pour objet d'obtenir la cession, sur estimation contradictoire, au profit de cette ville, de terrains domaniaux situés dans son enceinte, et qui sont destinés à la construction d'un collège communal; vu le plan des lieux annexé au procès-verbal d'estimation contradictoire des 14, 23 décembre 1841; l'avis favorable de notre ministre secrétaire d'Etat au département de l'intérieur; vu le décret du 21 février 1808, considérant que la demande de la ville de Brest est motivée sur une cause d'utilité publique communale suffisamment justifiée; sur le rapport de notre ministre secrétaire d'Etat au département des finances, etc.

Art. 1ᵉʳ. Le préfet du département du Finistère est autorisé à céder, au nom de l'Etat, à la ville de Brest, qui est autorisée elle-même à s'en rendre cessionnaire, l'immeuble domanial situé à Brest, connu sous le nom de *Chantier de la marine* ou *du Petit couvent*, désigné par les lettres V Y X Z sur le plan joint au procès-verbal d'expertise des 14, 23 décembre 1841, lesquels plan et procès-verbal resteront annexés à la minute de l'acte de cession.

2. Cette cession sera consentie, moyennant la somme de trente-deux mille cinq cents francs cinquante centimes, sans garantie de mesure ni de contenance. La ville sera subrogée dans tous les droits et obligations du domaine relativement au bail courant de l'immeuble cédé, sans que, dans aucun cas, il puisse y avoir lieu à répétitions ni recours contre l'Etat : elle touchera les loyers à compter du jour de la réalisation de l'acte de cession.

3. L'acte de cession exprimera, par une clause spéciale, le consentement de la ville à ce que la cession soit réputée non avenue, dans le cas où le terrain cédé ne servirait pas à l'établissement d'un collège communal.

4. Le prix de trente-deux mille cinq cents francs cinquante centimes sera stipulé payable dans les caisses du domaine, de la manière, aux époques et avec les intérêts fixés par les lois des 15 floréal an 10 et 5 ventôse an 12.

5. Tous les frais auxquels la cession a pu ou pourra donner lieu, y compris ceux de l'expertise des 14, 23 décembre 1841, et de celle à laquelle il avait été procédé les 7, 24 décembre 1840, seront supportés par la ville.

6. Nos ministres des finances et de l'intérieur (MM. Lacave-Laplagne et Duchâtel) sont chargés, etc.

14 MAI = 13 JUIN 1842. — Ordonnance du roi portant autorisation de la société anonyme formée à Dôle (Jura), sous la dénomination de *Compagnie du pont suspendu de Neublans*. (IX, Bull. supp. DCJ, n. 16498.)

Louis-Philippe, etc., sur le rapport de notre ministre secrétaire d'Etat de l'agriculture et du commerce ; vu notre ordonnance royale du 25 février 1839, qui a autorisé la construction d'un pont suspendu sur le Doubs, à Neublans (Jura) ; vu l'adjudication passée le 26 avril 1839, au profit de M. Victor Foblant, et approuvé, le 6 mai suivant, par notre ministre de l'intérieur; vu les art. 29 à 37, 40 et 45 du Code de commerce ; notre conseil d'Etat entendu, etc.

Art. 1er. La société anonyme formée à Dôle (Jura), sous la dénomination de *Compagnie de pont suspendu du Neublans*, est autorisée. Sont approuvés les statuts de ladite société, tels qu'ils sont contenus dans l'acte passé, le 14 avril 1842, par-devant Me Rolle et son collègue, notaires, à Besançon, lequel acte restera annexé à la présente ordonnance.

2. La compagnie est substituée dans tous les droits comme dans toutes les obligations qui résultent pour M. Victor Foblant, de l'adjudication passée à son profit, le 26 avril 1839.

3. Nous nous réservons de révoquer notre autorisation en cas de violation ou de non exécution des statuts approuvés, sans préjudice des droits des tiers.

4. La société sera tenue de remettre, tous les six mois, un extrait de son état de situation au ministère de l'agriculture et du commerce, au préfet du département du Jura, et au greffe du tribunal de commerce de Dôle.

5. Notre ministre de l'agriculture et du commerce (M. Cunin-Gridaine) est chargé, etc.

TITRE Ier. — *Nature de la société, son titre, son objet, son siége.*

Art. 1er. Il est formé entre les comparants une société anonyme sous la dénomination de *Compagnie du pont suspendu de Neublans.*

2. Cette société a pour objet exclusif et spécial la jouissance des droits de péage du pont suspendu situé à Neublans-sur-le-Doubs (Jura), sauf l'application de toutes les obligations résultant du cahier des charges, annexé à l'ordonnance royale du 25 février 1839.

3. La société commencera du jour où sera rendue l'ordonnance royale approbative des présents statuts ; sa durée sera celle de la concession qui doit expirer le 10 mars 1903.

4. Le siége de la société est établi à Dôle (Jura).

TITRE II. — *Fonds social et sa division par actions.*

5. M. Victor Foblant et les autres comparants étant seuls propriétaires du droit de péage dont il s'agit, apportent dans la société le péage du pont de Neublans, et lui cèdent le droit de le percevoir à son profit, tant que durera la concession. Ce droit est franc et libre de toutes dettes, charges et obligations, autres que celles qui résultent, envers le gouvernement, du cahier des charges de l'adjudication. En conséquence, la société jouira et disposera, comme bon lui semblera, des droits du péage, à l'effet de quoi elle demeure subrogée dans tous les droits et obligations qui se rattachent à cette concession. Le fonds social consiste dans la jouissance du droit de péage du pont de Neublans, jusqu'à l'expiration de la concession. Il est divisé en cent quarante actions représentant chacune un cent quarantième de la jouissance du péage du pont ; elles appartiennent aux comparants dans les proportions suivantes, savoir : (*Suivent les noms.*)

6. Les actions sont nominatives ; elles porteront les numéros de 1 à 140 ; elles seront extraites d'un registre à souche et à talon, et seront revêtues de la signature des membres du conseil d'administration ; leur cession s'effectuera par une déclaration de transfert inscrite sur le registre à souche, et signée du président du conseil d'administration, par le cédant et le cessionnaire ou par leurs fondés de pouvoirs. La transmission d'une action emporte toujours, à l'égard de la société, la cession des dividendes échus et non payés. Chaque action est indivisible. Si, par quelque cause que ce soit, une action devient la propriété de plusieurs personnes, elles devront s'entendre pour désigner un seul titulaire de l'action commune. Les conditions des présents statuts de la présente société obligent l'action dans quelques mains qu'elle passe.

7. Chaque actionnaire sera tenu de faire élection de domicile à Dôle, et, à défaut de cette élection, il sera censé le fixer au siége de la société.

8. En cas de faillite ou de décès d'un actionnaire, ses créanciers, héritiers ou ayants-droit, devront se faire représenter par un seul d'entre eux, et ils seront tenus de s'en rapporter aux comptes arrêtés par l'assemblée générale comme l'aurait été leur auteur. Dans aucun cas lesdits créanciers, héritiers ou ayants-droit d'un actionnaire ne pourront faire apposer aucun scellé, former aucune opposition, exiger aucun inventaire extraordinaire, ni provoquer aucune licitation envers la société.

9. Sur le produit du péage il sera prélevé chaque année, 1° les sommes nécessaires à l'entretien du pont, aux frais de gestion et d'administration ; 2° une somme destinée à former le fonds de réserve dont il sera parlé ci-après. L'excédant sera réparti, à titre de dividende, entre tous les sociétaires, à raison du cent quarantième par action.

Fonds de réserve.

10. Il sera formé un fonds de réserve dont la quotité est fixée à la somme de dix mille francs ; cette réserve sera spécialement affectée soit aux grosses réparations, soit aux cas imprévus. Elle sera établie au moyen d'un prélèvement annuel prescrit par l'article précédent ; la quotité de ce prélèvement est fixée à cinq pour cent des produits bruts, déduction faite des frais annuels d'entretien, de gestion et d'administration. Les sommes provenant de ce prélèvement annuel seront employées en fonds publics français ; la quotité de la réserve une fois atteinte, le prélèvement annuel destiné à la former cessera, et les intérêts des valeurs formant la réserve seront réunis aux produits du péage et appliqués à accroître les dividendes. Lorsque, par suite d'imputations faites sur la réserve elle ne se trouvera plus au complet, le prélèvement annuel recommencera jusqu'à ce qu'elle soit reportée à la somme de dix mille francs. A la fin de la dernière année de jouissance, il sera prélevé, sur la réserve, la somme nécessaire pour remplir l'obligation imposée par le cahier des charges de remettre, aux termes de la concession, le pont et ses abords en bon état. Le reste sera réparti entre les actionnaires.

TITRE III. — *De l'administration de la société.*

11. La compagnie est administrée par un conseil composé de cinq membres choisis par l'assemblée générale parmi les propriétaires de cinq actions au moins.

12. Tout administrateur qui cessera de posséder ce nombre d'actions est considéré comme démissionnaire.

13. Les fonctions d'administrateur sont gratuites ; leur durée est de cinq ans ; les membres sortants peuvent être réélus.

14. Le conseil d'administration nomme un président parmi ses membres ; la durée des fonctions du président est d'une année. Il peut être réélu.

15. Pour qu'une délibération soit valable, trois membres au moins doivent assister au conseil d'administration. Les décisions sont prises à la majorité des membres présents ; en cas de partage, la voix du président est prépondérante.

16. Le conseil d'administration représente la société dans tous ses rapports avec les tiers ; il agit en son nom auprès de l'administration publique, des tribunaux et de toutes autorités. Il veille à l'accomplissement des conditions de la concession et à l'entretien du pont ; il ordonne les travaux nécessaires ; il passe les marchés et contracte les engagements. Il peut, dans les limites de ses attributions, traiter, transiger, compromettre sur tous les intérêts de la compagnie ; mais il ne peut contracter d'emprunts ni créer des effets de commerce. Il choisit et révoque tous les employés, règle leurs attributions et leurs traitements. Il dirige la correspondance, fixe le mode de comptabilité et détermine, par un budget annuel, toutes les dépenses de l'administration ; enfin il prend toutes les mesures que les affaires et les besoins de la société peuvent réclamer. La signature appartient au conseil. Le concours de deux administrateurs est nécessaire pour qu'il puisse en être fait usage. Le conseil peut déléguer partiellement ses pouvoirs, soit à un de ses membres, soit même à un étranger, pour le cas de contestations judiciaires ou de réclamations auprès de l'autorité. Les administrateurs ne contractent, à raison de leur gestion, aucune obligation personnelle ni solidaire, relativement aux engagements de la société, et ne sont responsables que de l'exécution de leur mandat.

17. Jusqu'à la première assemblée générale, M. Foblant et ses coassociés administreront la société ; cette première assemblée générale aura lieu dans le mois de l'autorisation de la société.

Assemblée générale.

18. L'assemblée générale représente l'universalité des actionnaires. Elle se compose de tous les propriétaires de trois actions ; ces propriétaires ont le droit de se faire représenter par un fondé de pouvoirs qui, lui-même, devra être actionnaire. Ce fondé de pouvoirs ne pourra réunir plus de cinq voix, compris la sienne. L'assemblée générale désigne un président et un secrétaire.

19. Les délibérations sont prises à la majorité des voix ; pour qu'elles soient valables, la moitié au moins des actions devront être représentées par les membres présents à l'assemblée ; si le nombre des actions représentées n'atteint pas cette moitié, il sera convoqué une nouvelle assemblée à un mois d'intervalle, dans les formes prescrites par l'art. 22 ci-après, et quel que soit alors le nombre des actions représentées, la délibération sera valable, mais pour les objets seulement portés à l'ordre du jour de la première convocation. La propriété de trois actions donne une voix, celle de six en donne deux, celle de neuf en donne trois, celle de douze en donne quatre, et celle de quinze et au-dessus en donne cinq.

20. Toutes les délibérations prises par l'assemblée régulièrement constituée sont obligatoires pour les absents et dissidents.

21. Les délibérations sont signées par le président et le secrétaire de l'assemblée. Une feuille de présence, destinée à constater le nombre des membres qui ont concouru à la réunion, demeure annexée à la minute de la délibération. Cette feuille énonce en regard les noms et prénoms, demeure et qualité de l'actionnaire ou porteur des pouvoirs, le nombre et le numéro des actions, et le nombre de voix qu'il a dans l'assemblée.

22. Un avis destiné à indiquer le jour de la réunion de l'assemblée générale, qui aura lieu dans le courant de mai de chaque année, sera, à la diligence du président du conseil d'administration, inséré quinze jours à l'avance dans deux des journaux de Paris et dans un journal du département du Jura, désignés par les tribunaux de commerce de ces deux villes, conformément à la loi du 31 mars 1833. Il sera en outre adressé aux actionnaires des lettres à domicile, chargées à la poste, quinze jours à l'avance.

23. Les assemblées générales ont pour objet, 1° d'entendre le rapport du conseil d'administration sur l'état de l'entreprise ; 2° de délibérer sur l'approbation des comptes présentés par lui ; 3° enfin, de pourvoir par leurs délibérations à tout ce que l'intérêt commun peut réclamer.

24. Indépendamment des assemblées annuelles, le conseil peut en convoquer d'extraordinaires toutes les fois qu'il le trouve nécessaire. Pour ces assemblées, les actionnaires sont prévenus par deux insertions faites à huit jours d'intervalle dans deux des journaux de Paris et dans les journaux du chef-lieu des départements du Doubs, de la Haute-Saône et du Jura, désignés comme il a été dit à l'art. 22.

Liquidation.

25. Si, par une cause quelconque, la société était forcée de se dissoudre avant l'époque fixée par l'art. 2, la délibération qui ordonnera cette dissolution devra être prise par l'assemblée générale, à la majorité des membres présents représentant les deux tiers des actions. Le mode de liquidation sera arrêté par la même assemblée, à la même majorité.

TITRE IV. — Changements aux statuts.

26. Les présents statuts pourront subir les modifications que l'expérience ferait reconnaître nécessaires ; dans ce cas, elles seront proposées par le conseil d'administration ou par les actionnaires à une assemblée générale, et renvoyés pour la discussion à l'assemblée générale suivante : ces modifications ne pourront être votées qu'à la majorité indiquée à l'art. 25, et ne seront exécutoires qu'après avoir été approuvées par le gouvernement.

TITRE V. — Arbitrage, publication.

27. Toutes contestations qui pourraient s'élever relativement aux affaires de la société, soit entre les actionnaires et la société, soit entre les actionnaires entre eux, seront soumises au jugement de trois arbitres désignés par le tribunal de commerce de Dôle, à la requête de la partie la plus diligente. Ces arbitres seront dispensés des formes et délais de la procédure, et décideront comme amiables compositeurs et en dernier ressort ; leurs jugements ne pourront être attaqués par voie d'appel, requête civile ou recours en cassation.

14 MAI = 13 JUIN 1842. — Ordonnance du roi portant autorisation de la caisse d'épargne établie à Clermont-l'Hérault. (IX, Bull. supp. DCI, n. 16499.)

Louis-Philippe, etc., sur le rapport de notre ministre secrétaire d'État de l'agriculture et du commerce; vu la délibération du conseil municipal de Clermont-l'Hérault, en date du 3 février 1842; vu les lois des 5 juin 1835 et 31 mars 1837, relatives aux caisses d'épargne; le comité des travaux publics, de l'agriculture et du commerce de notre conseil d'État entendu, etc.

Art. 1er. La caisse d'épargne établie à Clermont-l'Hérault est autorisée. Sont approuvés les statuts de ladite caisse, tels qu'ils sont contenus dans la délibération du conseil municipal de Clermont-l'Hérault, du 3 février 1842, dont une expédition conforme restera déposée aux archives du ministère de l'agriculture et du commerce.

2. Nous nous réservons de révoquer notre autorisation en cas de violation ou de non exécution des statuts approuvés, sans préjudice des droits des tiers.

3. La caisse sera tenue de remettre, au commencement de chaque année, au ministère de l'agriculture et du commerce et au préfet du département de l'Hérault, un extrait de son état de situation arrêté au 31 décembre précédent.

4. Notre ministre de l'agriculture et du commerce (M. Cunin-Gridaine) est chargé, etc.

14 MAI = 13 JUIN 1842. — Ordonnance du roi portant autorisation de la caisse d'épargne établie à Dax. (IX, Bull. supp. DCI, n. 16500.)

Louis-Philippe, etc., sur le rapport de notre ministre secrétaire d'État de l'agriculture et du commerce; vu les délibérations du conseil municipal de Dax (Landes), des 21 décembre 1841 et 8 mars 1842; vu les lois des 5 juin 1835 et 31 mars 1837, relatives aux caisses d'épargne; le comité des travaux publics, de l'agriculture et du commerce de notre conseil d'État entendu, etc.

Art. 1er. La caisse d'épargne établie à Dax (Landes) est autorisée. Sont approuvés les statuts de ladite caisse, tels qu'ils sont contenus dans la délibération du conseil municipal de Dax, du 8 mars 1842, dont une expédition conforme restera déposée aux archives du ministère de l'agriculture et du commerce.

2. Nous nous réservons de révoquer notre autorisation en cas de violation ou de non exécution des statuts approuvés, sans préjudice des droits des tiers.

3. La caisse sera tenue de remettre, au commencement de chaque année, au ministère de l'agriculture et du commerce, au préfet du département des Landes, un extrait de son état de situation arrêté au 31 décembre précédent.

4. Notre ministre de l'agriculture et du commerce (M. Cunin-Gridaine) est chargé, etc.

14 MAI = 14 JUIN 1842. — Ordonnance du roi portant autorisation de la société d'assurances mutuelles contre la grêle, établie à Mâcon pour les départements de Saône-et-Loire, de la Loire, du Rhône, de l'Allier et de l'Ain. (IX, Bull. supp. DCII, n. 16538.)

Louis-Philippe, etc., sur le rapport de notre ministre secrétaire d'État de l'agriculture et du commerce; notre conseil d'État entendu, etc.

Art. 1er. La société d'assurances mutuelles contre la grêle, établie à Mâcon, pour les départements de Saône-et-Loire, de la Loire, du Rhône, de l'Allier et de l'Ain, est autorisée. Sont approuvés les statuts de ladite société, tels qu'ils sont contenus dans l'acte passé, le 12 avril 1842, par-devant Me Froger-Deschênes et son collègue, notaires à Paris, lequel acte restera annexé à la présente ordonnance.

2. Nous nous réservons de révoquer notre autorisation, en cas de violation ou de non exécution des statuts approuvés, sans préjudice des droits des tiers.

3. La société sera tenue de remettre, tous les trois premiers mois de chaque année, au ministère de l'agriculture et du commerce, aux préfets des départements compris dans sa circonscription, un extrait de son état de situation, arrêté au 31 décembre précédent.

4. Notre ministre de l'agriculture et du commerce (M. Cunin-Gridaine) est chargé, etc.

CHAPITRE Ier. — *Fondation et conditions de l'assurance.*

Art. 1er. Il est fondé, avec l'autorisation du gouvernement, une société d'assurances mutuelles contre les ravages de la grêle, entre les propriétaires, cultivateurs et fermiers de biens ruraux situés dans les départements de Saône-et-Loire, du Rhône, de la Loire, de l'Ain et de l'Allier, qui ont adhéré ou qui adhéreront aux présents statuts. Le siège de la société est établi à Mâcon (Saône-et-Loire).

2. La durée de la société sera de trente années, à partir de l'ordonnance d'autorisation. Elle pourra être prorogée avec l'autorisation du gouvernement; mais cette prorogation n'aura lieu qu'entre les adhérents, pourvu que leur réunion donne une somme d'assurances égale au minimum fixé par l'art. 4 ci-après. La première année sociale, quel que soit le jour où commencera la durée de la so-

ciété, sera révolue au 31 décembre, et formera la première desdites trente années comme si elle eût commencé au 1ᵉʳ janvier; néanmoins aucun sociétaire ne pourra être admis à contribution pour des sinistres antérieurs à sa mise en activité. Chacune des autres vingt-neuf années ou exercices commencera au 1ᵉʳ janvier et finira au 31 décembre.

3. Cette société a pour unique objet de garantir mutuellement ses membres des risques et dommages que pourrait causer la grêle aux récoltes pendantes par racines; elle ne garantit pas les récoltes coupées et non enlevées ou mises en meules.

4. La société sera mise en activité du moment où, par suite des adhésions aux présents statuts, il y aura pour deux millions cinq cent mille francs de récoltes assurées dans l'étendue de sa circonscription. Un arrêté du conseil d'administration fixera le jour de la mise en activité. Le directeur en donnera connaissance par une circulaire à chaque sociétaire. Jusqu'au jour de l'arrêté du conseil d'administration, les adhésions ne sont que provisoires. Si, après la mise en activité de la société, les assurances venaient à tomber au-dessous de deux millions cinq cent mille francs, elle serait dissoute de plein droit.

5. La société est administrée par un conseil général des sociétaires, un conseil d'administration et par un directeur responsable.

6. Cette société exclut toute solidarité entre les sociétaires; chacun d'eux ne supportera que la quote-part dont il est tenu dans la contribution à laquelle les dommages, frais d'administration et autres charges sociales pourront donner lieu, selon les états de répartition dressés proportionnellement, en raison des valeurs que chacun a engagées à l'assurance.

7. Chaque sociétaire est assureur et assuré pour la durée de son engagement. Il n'est assureur, pour chaque exercice, que jusques et y compris le maximum afférent aux récoltes qu'il a engagées à l'assurance.

8. L'assurance devra être faite pour cinq ans au moins; elle pourra être contractée pour un plus grand nombre d'années, toujours par périodes de cinq ans. Les fermiers pourront néanmoins être admis à faire assurer leur récoltes pour le reste du temps qu'auront à courir leurs baux, quand bien même ce laps de temps ne serait pas de cinq ans.

9. Aucune assurance ne peut porter sur deux exercices. Les assurances admises après le 1ᵉʳ juillet de chaque année ne commencent à avoir leur effet qu'à partir du 1ᵉʳ janvier de l'année suivante, à moins que l'assuré ne déclare formellement que son intention est d'acquitter les cotisations à partir du 1ᵉʳ janvier de l'année courante.

10. Avant les deux derniers mois de la fin de son assurance, chaque sociétaire fait connaître, par une déclaration dont extrait sera consigné sur le registre à ce destiné, s'il entend faire partie de la société pour cinq nouvelles années.

11. Par le fait seul du défaut de cette déclaration avant le terme ci-dessus fixé, il continue de faire partie de la société aux mêmes conditions, pour une année, pendant laquelle il est mis en demeure de se prononcer, et, à défaut, l'assurance cesse de droit. Le présent article, ainsi que le précédent, seront insérés en entier dans les polices d'assurances.

12. Tout sociétaire est tenu de faire élection de domicile, pour le temps de son engagement, au chef-lieu de l'arrondissement de la situation des biens qu'il fait assurer.

13. Nul ne peut se retirer de l'association avant l'expiration de son engagement, sauf les cas prévus par les articles suivants.

14. L'héritier, le donataire de l'assuré, le nouveau possesseur de la propriété, usufruit ou récolte, à quelque titre que ce soit; le cessionnaire des droits du fermier ou colon partiaire, assurés ou autres, ne peuvent réclamer le profit de l'assurance, sauf le cas où ils n'auraient été admis par la société que jusqu'à l'expiration de l'année pendant laquelle ils sont entrés en possession de la chose assurée.

15. Le fermier est dégagé de l'assurance par la résolution de son bail.

CHAPITRE II. — *Classification des récoltes admissibles à l'assurance.*

16. D'après leur nature, les récoltes étant plus ou moins de temps exposées aux orages, et les dommages qu'elles éprouvent étant plus ou moins considérables, les produits à assurer ont été rangés en quatre classes, et les cotisations qui formeront le fonds de garantie destiné à faire face aux sinistres et autres charges sociales, à l'exception des frais d'administration, sont fixés, suivant la classe des récoltes, à un maximum qui ne pourra jamais être excédé, savoir : pour la première classe, formée des pommes de terre, navets, betteraves, prairies naturelles et artificielles, à soixante et quinze centimes par cent francs de valeurs assurées; pour la deuxième classe, composée des blés, seigles, avoines, orges, fèves, pois et autres céréales qu'on obtient par le labour, à un franc vingt-cinq centimes; pour la troisième classe, comprenant les chanvres, lins, mûriers, châtaigniers, noyers, pépinières et autres arbres fruitiers de toutes espèces, vergers et jardins potagers, à un franc soixante et quinze centimes; pour la quatrième enfin, ne comprenant que les vignes, à trois francs cinquante centimes par cent francs de valeurs assurées. S'il survient quelques difficultés relativement à la classification d'un produit agricole quelconque, il en sera référé par le directeur au conseil d'administration, qui décidera à quelle classe il doit appartenir.

CHAPITRE III. — *Versement du fonds de garantie.*

17. Au commencement de chaque exercice, les sociétaires sont tenus de verser le quart de la part de garantie afférente aux valeurs qu'ils ont soumises à l'assurance, telle qu'elle est déterminée par l'article précédent.

18. Les sommes provenant de ce versement et les intérêts dont elles pourront être productives formeront ensemble un fonds de prévoyance destiné à donner aux assurés grêlés un à-compte sur l'indemnité leur revenant. La quotité de cet à-compte sera fixée par le conseil d'administration et payée après la reconnaissance de chaque sinistre.

19. À l'expiration de chaque année sociale, l'état général des sinistres arrivés dans le cours d'une année sera dressé par le directeur; si le fonds de prévoyance est suffisant pour y pourvoir, ainsi qu'au paiement des frais à la charge de la société, ils seront immédiatement acquittés. Dans le cas contraire, il sera fait appel de tout ou partie du fonds de garantie, tel qu'il est déterminé par l'art. 16; et, si ce fonds de garantie se trouvait in-

suffisant pour couvrir les frais des sinistres, la distribution en serait faite au centime le franc entre les ayants-droit.

20. Si les fonds versés au commencement d'une année pour la formation du fonds de prévoyance n'étaient pas épuisés dans le cours de cette année, les sociétaires n'auraient à verser au commencement de l'année suivante que la fraction nécessaire pour que ce fonds s'élevât toujours au quart du maximum du fonds de garantie.

21. Lorsqu'un sociétaire sortira de la société, on lui tiendra compte de la partie de sa quote-part au fonds de prévoyance qui n'aura pas été employée au moment où il quittera l'association.

22. Dans la première quinzaine du mois de janvier, le directeur fait connaître à chaque sociétaire si le fonds de prévoyance a été absorbé ou s'il n'est qu'entamé, et l'invite, soit à le recomposer, soit à le compléter, en lui désignant ce qu'il doit y verser. Si les besoins exigent l'appel de tout ou partie du maximum du fonds de garantie, à la même époque que celle ci-dessus, le directeur en donne connaissance à chaque sociétaire, en l'invitant à faire le versement de sa quote-part. Ces invitations sont faites au bas d'un extrait arrêté par le conseil d'administration, fixant la quotité des sinistres de l'année précédente, et déterminant leur rapport, soit avec le fonds de prévoyance, soit avec le maximum du fonds de garantie de ladite année.

23. Après semblable avertissement, donné par simple missive du directeur, le sociétaire qui, au 1er mars, n'aura pas effectué le versement des sommes qu'il devra à la société pour chaque exercice, sera poursuivi conformément au droit commun.

CHAPITRE IV.—*Déclaration de la valeur des récoltes et leur engagement à l'assurance.*

24. Les évaluations des récoltes admissibles à l'assurance se feront en prenant la moyenne de celles obtenues pendant les trois dernières années. Le montant de l'estimation faite par le sociétaire, vérifié et contrôlé par les agents de la société, formera le capital à assurer, et le maximum de l'indemnité à laquelle l'assuré pourra prétendre en cas de sinistre, sauf les effets de la surveillance attribuée au directeur par l'art. 27 ci-après.

25. Le capital assuré ne variera, par suite de la différence des assolements, qu'autant que les sociétaires auront, avant le 1er avril de chaque exercice, fait connaître par écrit, à l'agent de leur arrondissement, les changements qu'ils feraient dans leur exploitation. A défaut de cette déclaration, ils sont censés n'avoir fait aucun changement, et resteront assurés pour le même capital que l'année précédente.

26. L'évaluation pour les céréales consiste à donner au produit de chaque hectare une valeur moyenne pour chaque espèce de semence. Pour les prairies naturelles ou artificielles, les arbres fruitiers, les vergers, jardins potagers et vignes, elle consiste à donner la valeur moyenne de chaque pièce ou pied d'arbre.

27. S'il y avait lieu de croire que des récoltes fussent évaluées au-delà de leur valeur, le directeur pourra provoquer une vérification. Cette vérification sera faite par deux experts nommés contradictoirement, l'un par le directeur, l'autre par le sociétaire, avec faculté à eux, en cas de partage, de s'adjoindre un tiers pour les départager.

Si les deux experts ne sont pas d'accord pour la nomination du tiers, il sera procédé à la nomination des experts dans les formes prescrites par les art. 302 et suiv. du Code de procédure civile. Si l'estimation des experts est inférieure de plus d'un cinquième à celle que le sociétaire a présentée, l'assurance sera réduite au chiffre résultant de cette vérification, et les frais d'expertise resteront à la charge du sociétaire ; dans le cas contraire, ils seront supportés par la société.

28. L'indemnité à laquelle le propriétaire a droit, en cas de sinistre, sera réglé d'après le dommage réel éprouvé, l'évaluation des récoltes ne servant qu'à limiter cette indemnité et à fixer la part de contribution de chaque sociétaire aux charges sociales.

29. Toute personne qui justifiera d'un intérêt direct ou indirect à la conservation d'une récolte sera admise à la faire assurer aux conditions imposées par les présents statuts. Si plusieurs personnes, séparément, soumettaient à l'assurance les mêmes récoltes, il n'y aurait lieu, en cas de sinistre, qu'à une seule indemnité, qui serait payée au propriétaire desdites récoltes.

30. On peut assurer telle portion de récolte que l'on veut, c'est-à-dire que lorsque, sur une même pièce de terre, il se trouvera des récoltes de diverses natures, le sociétaire pourra les faire assurer toutes, ou une seule, à l'exclusion des autres, pourvu que la même nature de récolte déclarée soit soumise dans sa totalité à l'assurance.

31. Si les mêmes récoltes se trouvaient assurées par plusieurs sociétés, en cas de sinistre, il ne serait dû qu'une seule indemnité, à laquelle la société concourrait proportionnellement à la somme garantie par elle.

32. La subrogation d'une assurance sera admise, pourvu qu'il soit justifié du consentement de la personne subrogée, et de l'intérêt qu'elle peut avoir à la conservation de la récolte.

33. Pour devenir sociétaire, il faut souscrire un acte d'adhésion, signé par le déclarant ou par un mandataire spécial. Cet acte exprime : 1° la date du jour de l'adhésion ; 2° les nom, prénoms et qualités de l'adhérant ; 3° son élection de domicile, pour l'exécution de ses engagements ; 4° la déclaration des diverses natures de récoltes qu'il entend engager à l'assurance ; 5° la situation des biens, avec indication des tenants et des aboutissants, suffisante pour établir l'identité des pièces assurées ; 6° l'estimation de la valeur des récoltes ; 7° la durée de l'engagement ; 8° l'engagement de se conformer aux conditions insérées aux statuts.

34. L'acte d'adhésion sera soumis au conseil d'administration, auquel est réservé le droit d'admettre ou de rejeter le proposant ; le sociétaire admis est immédiatement inscrit sur le journal général des assurés, et le directeur lui délivre une police constatant l'adhésion, l'inscription et le numéro d'ordre de son admission sur le journal. Cette police, outre les conditions particulières de l'assurance, contient l'indication de la nature des récoltes admises, leur évaluation, leur classification et les art. 10 et 11 des statuts.

35. Le directeur signera les polices d'assurances au nom de la société. En cas d'empêchement, il sera remplacé par un membre du conseil.

36. L'assurance aura son effet, s'il n'y a indication d'un autre délai, le lendemain de la signature de la police, à midi.

CHAPITRE V. — *Experts, estimation des sinistres et réglement des frais.*

37. L'assuré dont les récoltes seront frappées par la grêle en préviendra par écrit, dans les quinze jours, sous peine de déchéance, le directeur ou l'agent de l'arrondissement de situation des récoltes assurées ; cette déclaration contiendra la date de l'événement, l'espèce des récoltes frappées, si le dommage est total ou partiel, et la demande de l'expertise ; il lui sera donné récépissé de sa déclaration.

38. L'expertise aura toujours lieu dans les quinze jours qui suivront la déclaration ; elle sera faite par deux experts nommés contradictoirement par le directeur et l'assuré. Si les deux experts désignés par les parties ne sont pas d'accord entre eux pour l'évaluation du dommage, ils choisiront un troisième expert pour les départager, et, dans le cas où ils ne s'entendraient pas sur ce choix, il sera procédé à la nomination des experts dans les formes légales. Le délai de quinze jours ci-devant indiqué étant expiré sans que le sociétaire grêlé ait désigné son expert, le directeur de la société se pourvoira pour faire nommer des experts conformément aux dispositions du Code de procédure civile. Les experts dresseront leur procès-verbal en double minute, une pour la direction, l'autre pour l'assuré. Tout procès-verbal d'expertise indiquera, par un numéro d'ordre, chaque pièce vérifiée, et désignera les nom et prénoms du sociétaire grêlé, la nature de la récolte frappée, l'apparence existante avant l'orage et le nombre de vingtièmes de cette apparence qui auront été détruits. Si un des experts qui auront concouru à l'expertise se refusait à en signer le procès-verbal, il y sera fait mention de son refus et le procès-verbal n'en sera pas moins valable.

39. Si les experts reconnaissent que les récoltes assurées sont entièrement détruites, leur expertise sera immédiate et définitive. En cas de dégâts partiels, il y aura, de la part des experts, reconnaissance du dégât causé par la grêle ; mais son évaluation définitive ne sera fixée qu'au moment de la maturité des récoltes, afin de pouvoir reconnaître par comparaison ce qu'elles auront perdu. Lorsqu'il s'agira d'expertiser le dommage causé aux prairies artificielles, pour l'évaluer, on aura égard aux coupes qui auraient été déjà faites. Il en sera de même lorsqu'il sera encore temps de réensemencer un terrain qui aurait été grêlé ; la valeur de la récolte qui proviendra de ce réensemencement, déduction faite de tous les frais qu'il aura occasionnés, sera comptée en diminution de l'estimation donnée aux premières récoltes frappées de la grêle, et ce ne sera qu'après avoir pu faire l'évaluation de cette seconde récolte que le dommage résultant de la perte de la première sera fixé.

40. L'indemnité pour dommages ne pourra, dans aucun cas, excéder l'estimation donnée aux récoltes dans les polices d'assurances.

41. Le dommage ne sera point apprécié en argent, mais en parties aliquotes, avec déclaration qu'il est d'un ou de plusieurs vingtièmes de la récolte grêlée. Il n'y a pas lieu à indemnité lorsqu'il n'y a pas perte d'un vingtième de l'apparence de la récolte endommagée. Lorsque les récoltes engagées par un associé ne sont pas toutes de même classe, les experts réuniront les dommages dus aux diverses classes pour refuser ou accorder l'indemnité, selon que la totalité du dommage atteindra ou n'attein-

dra pas le vingtième de celle des récoltes grêlées.

42. Lorsqu'une récolte grêlée n'aura pas donné lieu à indemnité, parce qu'un vingtième de son apparence n'aura pas été détruit, si elle vient à être grêlée de nouveau, l'expertise devra en être faite, et alors on prendra en considération, pour l'évaluation du dommage, la perte occasionnée par le sinistre antérieur.

43. Tout nouveau fait de grêle donne lieu à une expertise nouvelle ; dans ce cas, l'indemnité acquise au sociétaire pour les dommages antérieurs sera prise en considération, de manière que l'indemnité totale n'excède pas celle à laquelle le grêlé aurait eu droit, s'il eût éprouvé en une seule fois les désastres éprouvés par lui successivement.

44. Il pourra être provoqué une seconde expertise, à la charge, par ceux qui la réclameront, d'en former la demande dans la huitaine de la première. Cette demande ne sera admise qu'autant qu'elle contiendra la nomination d'un expert, et qu'elle sera, dans le délai ci-dessus fixé, déposée chez l'agent d'arrondissement, qui en donnera récépissé. L'agent désignera un expert pour opérer contradictoirement avec celui des réclamants. On suivra, pour cette seconde expertise, les mêmes formalités que celles indiquées pour la première, art. 38. Les frais d'expertise à l'amiable seront payés moitié par la société et moitié par l'assuré ; néanmoins, ils seront supportés en entier par ceux qui l'auront demandée, lorsqu'elle n'aura pas donné lieu à indemnité. Les frais de la seconde expertise, dont il est parlé au premier paragraphe du présent article, seront également supportés par ceux qui l'auront réclamée, s'il en résulte qu'il n'y a eu lieu, en leur faveur, à aucune indemnité, ou si cette indemnité n'est pas supérieure à celle qui leur était acquise par suite de la première expertise.

CHAPITRE VI. — *Réglement et paiement des indemnités,*

45. La récolte, bonne ou mauvaise, représente la somme assurée, et pour tout vingtième de l'apparence détruite par la grêle le sociétaire a droit à un vingtième de cette somme.

46. Aussitôt après la réception des procès-verbaux de reconnaissance des sinistres, le directeur délivre au sociétaire grêlé, à titre d'à-compte ou de première indemnité, un mandat dont le montant est déterminé par la décision du conseil d'administration. Ce mandat est payable dans l'arrondissement de la situation des propriétés grêlées.

47. Immédiatement après la rentrée des dernières récoltes, et au plus tard le 31 décembre de chaque exercice, le directeur dresse l'état général des sinistres de l'année, au vu des procès-verbaux d'expertise, et forme en même temps un tableau présentant les noms, prénoms et domiciles des sociétaires grêlés, les dommages éprouvés par chacun d'eux, et les à-compte qu'il leur a payés. Sur le vu de cet état et de la situation du fonds de prévoyance, le conseil d'administration ordonne le paiement des indemnités. Si les sinistres réunis aux frais à la charge de la société se renferment dans le fonds de prévoyance, le directeur solde de suite tous les grêlés.

48. Si les dommages réunis aux frais à la charge de la société dépassent le fonds de prévoyance de l'année, le directeur soumet au conseil d'administration un tableau indiquant les sommes à payer par la société, celles reçues pour fonds de

prévoyance et la quotité dont il faudra encore faire appel sur le fonds de garantie. Après vérification, le conseil d'administration arrêtera les états de répartition. Si le maximum du fonds de garantie est insuffisant pour payer les frais à la charge de la société et le montant intégral des sinistres, le conseil d'administration arrête la répartition du fonds de garantie, qui est fait proportionnellement au centime le franc entre tous les ayants-droit à l'indemnité, déduction faite des frais à la charge de la société.

49. Les états d'indemnité et de répartition, vérifiés et arrêtés par le conseil d'administration, sont ainsi rendus exécutoires contre tous les assurés ; ils sont conservés aux archives de la direction ; des copies certifiées conformes à l'original par le directeur sont déposées chez tous les agents d'arrondissement, où chaque associé peut en prendre connaissance ; un extrait sommaire de ces états sera en outre transmis à chaque associé en même temps que l'avis à fin de paiement. Le sociétaire qui n'aurait pas acquitté sa cotisation dans le délai prescrit par l'art. 23, et qui viendrait ensuite à éprouver un sinistre, serait déchu de tout droit à l'indemnité résultant de ce sinistre, sans que cela pût en rien préjudicier au droit qu'a le directeur de le poursuivre en paiement de ce qu'il doit.

CHAPITRE VII. — *Conseil général des sociétaires.*

50. Il y a une assemblée de sociétaires sous la dénomination de *conseil général.*

51. Le conseil général se forme chaque année de la réunion des douze plus forts assurés de chacun des départements qui composent la circonscription de la société : il se réunit au domicile de la direction une fois par année, sauf les cas extraordinaires. Ses délibérations, pour être valables, devront être prises par le tiers de ses membres, au moins.

52. Le conseil général est présidé par un de ses membres élu à la majorité des suffrages ; le président est nommé pour une année ; il peut être réélu.

53. La session ordinaire du conseil général devra avoir lieu dans la première quinzaine du mois de mars, sur la convocation du directeur. Il peut être convoqué extraordinairement sur la demande du conseil d'administration si cela est jugé nécessaire. Un des membres du conseil général remplit les fonctions de secrétaire ; il est nommé par le même scrutin que le président ; il peut être réélu.

54. Si, lors d'une première convocation, le conseil général ne se trouve pas en nombre pour délibérer, il est fait une nouvelle convocation, et les membres présents à cette réunion peuvent délibérer, quel que soit leur nombre, mais seulement sur les objets portés à l'ordre du jour de la première réunion.

55. En cas de refus, de démissions, d'empêchement ou de décès de membres du conseil général, ils sont remplacés par les plus forts assurés de leur département non encore membres du conseil.

56. Dans sa réunion annuelle, le conseil général prend connaissance de l'ensemble des opérations de la société, vérifie et arrête les comptes de la direction, et statue sur tous les intérêts sociaux. Il nomme et révoque le directeur, sur la proposition du conseil d'administration. Il nomme aussi les sociétaires qui doivent composer le conseil d'ad-

ministration. Ses arrêtés sont pris à la majorité absolue des voix : en cas de partage, la voix du président est prépondérante. Les arrêtés du conseil général sont consignés sur un registre déposé au siège de la direction.

CHAPITRE VIII. — *Conseil d'administration.*

57. Le conseil d'administration se compose de douze membres pris parmi les sociétaires et nommés par le conseil général : pour que ses délibérations soient valables, elles doivent être prises par sept membres au moins.

58. En cas de décès ou de démission de l'un de ses membres, le conseil d'administration pourvoit provisoirement à son remplacement ; le membre ainsi élu sera en fonctions jusqu'à la première réunion du conseil général qui pourvoit au remplacement.

59. Le conseil d'administration sera renouvelé tous les ans, par tiers. Les deux premiers renouvellements seront indiqués par le sort, les autres par ancienneté de nomination ; les membres sortants pourront être réélus.

60. Le conseil nomme dans son sein, à la majorité des suffrages, un président, un vice-président et un secrétaire ; la durée de leurs fonctions est d'une année ; ils peuvent être réélus. En cas d'absence ou d'empêchement du président et du vice-président, le conseil est présidé par le plus âgé des membres présents, et il en est fait mention sur le registre des délibérations. Le secrétaire sera remplacé par le plus jeune des membres présents.

61. Les membres du conseil d'administration ne contractent, à raison de leurs fonctions, aucune obligation personnelle ni solidaire relativement aux engagements de la société. Ils ne sont responsables que de leur mandat.

62. Le conseil d'administration se réunit d'obligation le premier dimanche de chaque trimestre, sauf les convocations extraordinaires jugées nécessaires, soit par le président, soit par deux membres du conseil d'administration, ou sur la demande du directeur. Le directeur assiste aux délibérations du conseil d'administration ; il y a voix consultative et a le droit de faire consigner son opinion sur le registre des délibérations : il est tenu de se conformer aux décisions prises par le conseil.

63. Le conseil d'administration délibère sur toutes les affaires de la société et les décide provisoirement ou définitivement, par des arrêtés consignés sur un registre tenu à cet effet à la direction. Les décisions sont prises à la majorité des suffrages ; en cas de partage, le président a voix prépondérante : elles sont exécutoires pour tous les sociétaires.

64. Le conseil reçoit, vérifie et débat le compte annuel des recettes et dépenses de la société.

65. Le conseil admet ou rejette les adhésions qui lui sont soumises ; il se fait rendre compte des poursuites exercées par le directeur pour faire rentrer ce que les assurés doivent à la société ; il déclare tombées en non valeurs les cotisations qu'il reconnaît irrécouvrables ; il prescrit les mesures à prendre pour la rentrée de celles qu'il présume pouvoir être recouvrées.

66. La délibération qui déclare une cote tombée en non valeur prononce la radiation du sociétaire qui en est débiteur, et son nom est rayé par le directeur sur le journal général des sociétaires.

67. Le conseil d'administration a seul le droit de transiger sur les actions que la société peut

avoir à soutenir ou à intenter en justice. A l'exception des poursuites pour opérer la rentrée des cotisations annuelles dues par les sociétaires, aucune affaire concernant la société ne peut être intentée ou soutenue en justice sans une autorisation du conseil d'administration, qui peut seul, dans ce cas, compromettre et donner tous pouvoirs nécessaires.

68. Les fonctions des membres des deux conseils de la société sont gratuites.

Chapitre IX. — *Direction.*

69. Il y a un directeur responsable chargé d'exécuter, sous les ordres du conseil d'administration, et conformément aux statuts, dont il ne peut s'écarter, les opérations de la société. Il assiste, avec voix consultative, aux délibérations des deux conseils.

70. Le directeur met sous les yeux du conseil général des sociétaires, lors de sa réunion annuelle, l'état de situation de la société et le compte détaillé de tout ce qu'elle a reçu et payé.

71. Il soumet aux membres du conseil tous les documents dont ils peuvent avoir besoin; il leur communique les registres de la société, celui des délibérations et arrêtés, et toutes autres pièces nécessaires. Il donne également aux sociétaires les renseignements dont ils peuvent avoir besoin.

72. Le directeur reçoit les adhésions et délivre les polices d'assurances. Il est chargé de la comptabilité; à cet effet, il tient ou fait tenir les écritures sous sa responsabilité. Il tient un journal général où sont inscrits les sociétaires, avec désignation de leur domicile et de la valeur de leurs récoltes assurées. Il est chargé de la correspondance; il entretient les rapports avec les autorités. Il surveille l'estimation des récoltes engagées à l'assurance, de manière à éviter tout abus. Il fait le recouvrement des fonds de la société. Il nomme et révoque tous les employés et agents dont il a besoin; il nomme également les experts chargés d'estimer les dommages résultant des sinistres.

73. Toutes instances autres que celles nécessaires pour la rentrée des fonds de prévoyance, des frais d'administration et des portions contributives auxquelles les présents statuts donneront ouverture, ou dans lesquelles la société serait intéressée, ne pouvant être soutenues ou engagées par le directeur que d'après l'autorisation du conseil d'administration, le directeur fera, sans attendre cette autorisation, tous les actes conservatoires.

74. Toutes significations ou notifications d'actes concernant la société seront faites au directeur de ladite société, à Mâcon, où elle fait élection de domicile, dans les bureaux de la direction.

75. Les frais de loyer des bureaux de la direction, ceux de perception, de remises et d'appointements aux employés et agents, de correspondance, d'impression, et généralement tous les frais d'administration, sont et demeurent à la charge du directeur. Sont à la charge de la société les indemnités dues pour sinistres, la portion qu'elle doit supporter dans les frais pour expertises des sinistres et de vérification de l'estimation des récoltes assurées; sont aussi à sa charge, lorsqu'ils ne sont pas susceptibles de rentrer, les frais de toutes actions intentées ou suivies d'après la décision du conseil d'administration, et conformément aux statuts; ceux des poursuites exercées contre des assurés retardataires et les sommes dues par eux sur le montant de leur cotisation.

76. Les remises allouées au directeur pour subvenir aux dépenses à sa charge, sont fixées à trente centimes pour cent francs de la valeur des récoltes assurées, et le coût des polices à un franc. Le versement des trente centimes alloués au directeur par le paragraphe ci-dessus sera effectué par les sociétaires au commencement de chaque exercice, en même temps et sous les mêmes clauses que le versement qui a lieu pour le fonds de prévoyance. Ces recettes et dépenses forment, entre l'association d'un côté et le directeur de l'autre, un traité à forfait dont la durée est fixée à cinq années.

77. Ce traité à forfait sera révisé tous les cinq ans par le conseil général, qui le renouvellera aux conditions qu'il jugera convenables. En cas de révocation ou de démission du directeur, le traité sera résilié de plein droit.

78. Le directeur est nommé par le conseil général des sociétaires. Le directeur en fonctions peut être révoqué par décision du conseil général, sur la proposition du conseil d'administration, adoptée à la majorité des membres de ce conseil.

79. Pour sûreté de sa gestion, le directeur fournit un cautionnement. Ce cautionnement sera de dix mille francs jusqu'à ce que les valeurs assurées aient atteint dix millions; une fois ce chiffre dépassé, il pourra être élevé graduellement par décision du conseil général. Le cautionnement du directeur sera en rentes sur l'État. Le directeur ne peut rentrer en possession de la valeur de son cautionnement qu'après l'apurement définitif des comptes de sa gestion, arrêtés par décision du conseil d'administration et approuvés par le conseil général des sociétaires. Les inscriptions prises seront radiées sur un quitus du président du conseil d'administration visé par celui du conseil général.

Chapitre X. — *Comptabilité.*

80. Les fonds sociaux sont placés, au fur et à mesure de leur rentrée, en effets publics français. Le conseil d'administration déterminera quel sera le placement du fonds de prévoyance et le maximum de la somme qui pourra rester dans la caisse, afin de faire face aux dépenses sociales.

Chapitre XI. — *Dispositions générales et transitoires.*

81. Les contestations qui pourraient s'élever entre la société et un ou plusieurs associés seront jugées par deux arbitres nommés, l'un par le conseil d'administration, au nom de la société, l'autre par la partie adverse. Les arbitres auront la faculté de s'adjoindre un tiers-arbitre, en cas de dissentiment entre eux, sans être obligés de faire un procès-verbal d'opinion. Les deux ou trois arbitres sont dispensés des formes judiciaires et statuent en dernier ressort, sans que, dans aucun cas, leur décision puisse être attaquée par voie d'appel, de pourvoi en cassation ou de requête civile. Dans le cas où les deux arbitres ne seraient pas d'accord sur la nomination du troisième, celui-ci sera nommé dans les formes prescrites par l'art. 1017 du Code de procédure civile, par le président du tribunal de première instance de l'arrondissement où sera née la contestation.

82. Dans le cas de dissolution de la société, prévue par l'art. 1er, le conseil d'administration procédera à sa liquidation sur l'état de situation dressé par le directeur, et la somme restant en caisse sera répartie au centime le franc entre tous les sociétaires alors existants, à raison des valeurs par eux engagées à l'assurance.

83. A l'expiration des trente années fixées pour la durée de la société, le conseil général décidera s'il y a lieu à demander une autorisation pour la prolongation de la société, ainsi qu'il est dit à l'art. 2.

84. Dans le cas de révocation du directeur avant cinq années, la société sera tenue de lui rembourser les frais de premier établissement, d'après le règlement qui en sera fait par le conseil d'administration, approuvé par le conseil général.

85. Tous changements ou modifications que l'expérience démontrerait devoir être introduits dans les présents statuts seront faits, sur les rapports du conseil d'administration, par le conseil général ; chaque sociétaire, en adhérant aux présents statuts, donne au conseil général tous pouvoirs à cet effet ; les changements ou modifications devront être adoptés à la majorité des membres composant le conseil général, et ne seront exécutoires qu'après l'autorisation du gouvernement.

86. Le conseil général pourra, à la même majorité de ses membres, prononcer la dissolution de la société ; et, dans ce cas, il déterminera le mode de liquidation.

87. M. Ernest Puy de la Batie, propriétaire, demeurant à Mâcon (Saône-et-Loire), est nommé directeur de la société, sauf l'approbation du conseil général dans sa première réunion.

---

16 MAI = 14 JUIN 1842. — Ordonnance du roi qui approuve les nouveaux statuts de la société d'assurances mutuelles contre la grêle, établie à Versailles. (IX, Bull. supp. DCII, n. 16539.)

Louis-Philippe, etc., sur le rapport de notre ministre secrétaire d'Etat de l'agriculture et du commerce ; vu notre ordonnance du 27 juin 1834, portant autorisation de la société d'assurances mutuelles contre la grêle, établie à Versailles, pour les départements de Seine-et-Oise, Seine, Seine-et-Marne, Eure, Eure-et-Loir, et approbation de ses statuts ; vu nos ordonnances, en date des 6 avril 1838 et 16 juin 1839, qui ont approuvé diverses modifications aux statuts, et autorisé la société à étendre ses opérations au département de l'Oise ; vu les nouveaux statuts proposés à notre approbation, par délibérations du conseil général de la société, des 25 mai et 23 décembre 1840, et 2 juin 1841, et d'après lesquels la circonscription de la société, dont le siége serait transféré à Paris, serait étendue aux départements de l'Aisne, de l'Aube, du Calvados, du Loiret, de la Manche, de la Marne, de la Haute-Marne, de l'Orne, du Pas-de-Calais, de la Haute-Saône, de la Seine-Inférieure, de la Somme et de l'Yonne ; notre conseil d'Etat entendu, etc.

Art. 1er. Les nouveaux statuts de la société d'assurances mutuelles contre la grêle, établie à Versailles, proposés par délibérations du conseil général de cette société, en date des 26 mai et 23 décembre 1840, et 2 juin 1841, sont approuvés tels qu'ils sont contenus dans l'acte passé, le 4 mai 1842, devant Me Landon et son collègue, notaires à Paris, lequel acte restera annexé à la présente ordonnance.

2. La société sera tenue d'adresser, tous les six mois, un extrait de son état de situation au préfet de chacun des départements ajoutés à sa circonscription, sans préjudice des dispositions prescrites par l'art. 3 de l'ordonnance royale du 27 juin 1834.

3. Notre ministre de l'agriculture et du commerce (M. Cunin-Gridaine) est chargé, etc.

CHAPITRE Ier. — Constitution et objet de la société.

Art. 1er. La société d'assurances mutuelles contre la grêle établie à Versailles, et autorisé par ordonnance royale du 27 juin 1834, sera régie à l'avenir par les statuts suivants, sans toutefois que ces nouveaux statuts soient obligatoires pour les engagements préexistants.

2. La société a pour objet de garantir mutuellement ses membres des dommages occasionnés par la grêle aux récoltes pendantes par racines ou coupées, mais encore dans le champ, en javelles ou en dizeaux, et non déjà mises en meules. Elle n'admet à l'assurance que les produits obtenus par le labourage et les prairies artificielles ou naturelles. Elle exclut toute solidarité entre les sociétaires, dont chacun, en tout état de cause, ne peut supporter que la part dont il est tenu dans la contribution à laquelle les dommages peuvent donner lieu, selon l'état de répartition arrêté par le conseil d'administration, ainsi qu'il sera dit ci-après.

3. La société prend la dénomination de la Versaillaise, société d'assurances mutuelles contre la grêle ; son siége est établi à Paris.

4. La circonscription de la société comprend les départements de l'Aisne, de l'Aube, du Calvados, de l'Eure, d'Eure-et-Loir, du Loiret, de la Manche, de la Marne, de la Marne (Haute-), de l'Oise, de l'Orne, du Pas-de-Calais, de la Saône (Haute-), de la Seine, de la Seine-Inférieure, de Seine-et-Marne, de Seine-et-Oise, de la Somme et de l'Yonne.

5. La société est administrée par un conseil général de sociétaires, un conseil d'administration et un directeur responsable. Les expertises sont faites par des sociétaires désignés annuellement par le conseil général.

6. La durée de la société reste fixée à trente années, qui ont commencé à courir à partir de l'ordonnance royale du 27 juin 1834.

7. Si le chiffre des valeurs assurées venait à descendre au-dessous de huit millions, la société serait dissoute de plein droit ; elle pourrait encore être dissoute sur la demande des deux tiers des sociétaires composant le conseil général.

8. La société peut être renouvelée, avec l'autorisation du gouvernement, sur la demande des deux tiers des membres du conseil général, et sous la condition d'avoir au moins pour huit millions de récoltes assurées, mais sans que, dans aucun cas, cette prorogation puisse être obligatoire pour les dissidents.

Chapitre II. — *Formation et durée de l'engagement social.*

9. L'admission d'un sociétaire et l'engagement social résultent de son adhésion aux présents statuts, donnée et signée par lui ou son mandataire spécial et acceptée par le directeur ou ses fondés de pouvoirs.

10. L'acte d'adhésion exprime notamment : 1° l'étendue en hectares, ares et centiares, par nature de récolte, de chacune des pièces ensemencées, par communes et lieux dits : chaque pièce doit avoir son numéro d'ordre, qui devra être rappelé dans la déclaration de sinistre dont il sera parlé ci-après ; 2° la valeur des grains par hectare par nature de récolte ; 3° la valeur des pailles et des fourrages, aussi par hectare. Si l'adhérent justifie, par pièces authentiques, que les pailles ne lui appartiendront pas pour la dernière année de sa jouissance, ces pailles ne sont pas soumises à l'assurance pour cette dernière année.

11. Chaque sociétaire est tenu de déclarer annuellement, avant le 1er mai, les changements survenus dans l'ensemble de son exploitation ; faute de faire cette déclaration dans ledit délai, il est considéré comme n'ayant pas fait de changements, et compris dans la répartition de l'année pour le même capital de l'année précédente. La déclaration d'ensemencement doit, ainsi que l'acte d'adhésion, contenir l'étendue, en hectares, ares et centiares, de chacune des pièces ensemencées, par commune et lieux dits ; chaque pièce doit avoir un numéro d'ordre qui devra être rappelé dans la déclaration de sinistre.

12. Les pièces qui n'ont pas été désignées dans l'adhésion ou dans la déclaration d'ensemencement comme faisant partie de l'exploitation ne donnent pas droit à indemnité.

13. Le montant de l'estimation donnée aux récoltes par le sociétaire forme le capital assuré. Toutefois, si cette estimation paraît exagérée, le conseil d'administration, sur l'avis du directeur, peut l'autoriser à procéder contradictoirement avec le sociétaire, et par voie d'expertise, à une nouvelle estimation dont le montant, en ce cas, forme le capital assuré.

14. Chaque sociétaire est assuré et assureur pour une durée de trois à neuf années, à moins qu'il ne justifie, par pièces authentiques, qu'il n'a plus qu'une ou deux années de jouissance de son exploitation ; dans ce cas, l'engagement peut être formé pour une durée égale à celle de sa jouissance ; après la vingt-huitième année de la durée de la société, les adhésions seront reçues pour le nombre d'années restant à courir, c'est-à-dire pour deux ans ou pour un an.

15. Le sociétaire qui veut continuer son assurance doit la renouveler, à l'expiration du terme de chaque engagement, par une nouvelle adhésion.

16. L'engagement contracté avant le 1er juillet de chaque année remonte, pour ses effets passifs, au premier jour de l'année pendant laquelle l'adhésion est souscrite ; le sociétaire entrant supporte sa part des sinistres déjà survenus dans l'année sans avoir droit pour lui-même au remboursement de ceux qui auraient frappé antérieurement à son admission. L'assurance a son effet en faveur du sociétaire à partir du lendemain, à midi, de l'admission de l'adhésion, constatée par la délivrance de la police.

17. L'engagement contracté après le 1er juillet de chaque année ne commence à avoir d'effet actif ou passif qu'à partir du 1er janvier de l'année suivante, à moins que l'assuré ne déclare formellement que son intention est de le faire remonter au 1er janvier de l'année courante.

18. Tout propriétaire est admis à faire assurer les récoltes de son fermier, si ce dernier ne l'a pas fait, en supportant personnellement les charges de l'assurance.

Chapitre III. — *Déclaration, règlement et paiement des sinistres.*

19. Tout fait de perte de récolte causée par la grêle doit être dénoncé par le sociétaire, ou en son nom, au directeur ou à l'agent le plus voisin, dans les dix jours qui suivent celui du dégât : cette déclaration doit énoncer la date et l'heure de l'accident ; la désignation exacte des communes et lieux dits ; les numéros d'ordre prescrits par les art. 10 et 11, ainsi que la contenance entière ou partielle, sous la désignation de ces mêmes numéros de chacune des pièces atteintes par la grêle.

20. Dans les dix jours qui suivent la réception de la déclaration exigée par l'article précédent, le directeur ou son agent fait reconnaître le sinistre.

21. Dans le cas de perte totale, l'expert de la société est appelé immédiatement pour apprécier l'exactitude de la déclaration.

22. L'expertise des récoltes atteintes partiellement n'a lieu que dans la quinzaine qui précède la moisson, afin qu'il soit possible de reconnaître par comparaison ce qu'elles ont perdu. L'expertise est faite par trois experts nommés, l'un par le sociétaire, l'autre par le directeur ou l'un de ses agents, et le troisième par les deux premiers. Si l'une ou l'autre partie néglige de nommer son expert, ou si les deux premiers experts nommés ne peuvent s'accorder sur le choix du troisième, la nomination est faite par le juge de paix du canton, à la requête de la partie la plus diligente ; à défaut, il est procédé conformément aux règles du droit commun. L'expert de la société ne peut être pris hors de son sein.

23. Les frais d'expertise sont supportés par moitié entre la société et le sociétaire.

24. Les experts font les évaluations des dégâts par vingtièmes ou quarantièmes ; ainsi ils déclarent que la perte est de deux vingtièmes, cinq vingtièmes, dix vingtièmes, ou de deux quarantièmes, cinq quarantièmes, dix quarantièmes du prix de l'hectare donné par le sociétaire et admis par la société, sauf pour les prairies à avoir égard aux coupes déjà faites.

25. S'il est constaté par l'expertise qu'il y a eu destruction totale, l'indemnité due au sociétaire est de la totalité du prix de l'hectare porté sur la police ou le récépissé de la déclaration annuelle.

26. En cas de perte reconnue, et immédiatement après la moisson terminée, il est procédé contradictoirement et à frais communs au mesurage des parties atteintes par la grêle ; pour celles dont la mesure aurait été forcée de plus d'un dixième, les frais de mesurage restent à la charge du sociétaire.

27. L'indemnité due pour les sinistres est payée par à-compte sur les fonds disponibles à l'époque, et jusqu'à concurrence de la somme déterminée par le conseil d'administration ; moitié au moins de ce qui revient à chaque sociétaire lui est payée dans la seconde quinzaine de novembre, et il doit être entièrement soldé avant le 1er mars de l'année qui suit le sinistre : le tout, sauf application de la réduction proportionnelle prévue par l'art. 29 ci-

après, en cas d'insuffisance des fonds destinés au paiement des charges sociales.

CHAPITRE IV.—*Contributions aux charges sociales.*

28. Sont à la charge de la société : les indemnités dues pour sinistres ; les portions afférentes à la société des frais de mesurage et d'expertise ; et les frais de poursuites judiciaires et les non valeurs de l'année précédente, ainsi qu'il est expliqué aux art. 33 et 34 ci-après : le tout indépendamment des remises réglées par l'art. 58, au profit du directeur, pour frais de gestion.

29. La part contributive de chaque sociétaire au paiement des charges spécifiées à l'art. 28 ne peut excéder un pour cent par année de la valeur soumise à l'assurance. Les plantes oléagineuses sont soumises au double de la contribution des autres produits. Ainsi des colzas qui seraient inscrits au journal général des sociétaires pour un capital de mille francs, doivent être compris dans la répartition pour deux mille francs. Si le produit du maximum fixé par le présent article ne suffit pas pour payer intégralement le montant des indemnités dues pour chaque année, il est réparti au centime le franc entre les sociétaires grêlés. Les sociétaires ainsi indemnisés ne peuvent plus rien prétendre au-delà de ce qu'ils ont reçu.

CHAPITRE V. — *Répartition de la contribution, recouvrement, non valeurs.*

30. Immédiatement après la rentrée des récoltes, et sauf la réception des procès-verbaux d'expertise et de mesurage que les experts et géomètres sont tenus de remettre, avant le premier octobre, à l'agent de leur arrondissement, qui en délivre récépissé, le directeur dresse et soumet à l'approbation du conseil d'administration l'état des indemnités à payer. Cet état arrêté, le directeur en répartit le montant sur tous les sociétaires, conformément aux dispositions de l'art. 29. Le conseil d'administration arrête cette répartition et autorise le directeur à en faire payer le montant par les sociétaires, entre ses mains ou celles de ses agents dans le délai prescrit par l'art. 32.

31. Les sociétaires reçoivent du directeur un avertissement fixant la somme à payer pour les sinistres arrivés dans l'année. Le compte de la répartition y est établi sommairement.

32. Le sociétaire appelé à fournir les portions contributives en vertu de l'état de répartition arrêté par le conseil d'administration, est tenu de verser son contingent sur la présentation à domicile de la quittance signée du directeur. Si sur cette présentation le sociétaire ne paie pas, il lui est donné avis de se libérer dans le délai de quinze jours ; faute de quoi il est poursuivi par toutes les voies de droit, à la requête du directeur, auquel sont conférés tous les pouvoirs nécessaires à l'effet de pourvoir au recouvrement desdites portions contributives.

33. Le directeur rend compte au conseil d'administration, dans chacune de ses réunions mensuelles, du résultat des poursuites exercées contre les retardataires. Sur son rapport le conseil peut prononcer leur exclusion de l'assurance, et généralement prendre à leur égard, dans les limites des présents statuts, telles mesures qui lui paraissent convenables aux intérêts de la société. Les frais de poursuite judiciaire sont supportés par la société lorsqu'elle a succombé, et compris dans la répar-

tition de l'année suivante, d'après les dispositions de l'art. 29.

34. Si, après que le directeur autorisé par le conseil d'administration a exercé, au nom de la société, toutes les actions judiciaires nécessaires pour obtenir l'entier recouvrement de toutes les portions contributives appartenant à la même année, il existe des non valeurs sur quelques sociétaires devenus insolvables, le montant en est reporté au compte des pertes de l'année suivante, et compris dans la répartition prochaine au profit de ceux qui n'auraient pu être remboursés l'année précédente, faute de recouvrements suffisants.

CHAPITRE VI.—*Conseil général.*

35. Le conseil général se compose, chaque année, du plus fort assuré de chacun des quatre-vingt-neuf arrondissements de sous-préfectures compris dans la circonscription de la société, à l'exception des veuves et des mineurs. En cas de décès, démission ou empêchement d'un membre du conseil général, il est remplacé par le sociétaire qui le suit dans l'ordre du tableau arrêté chaque année par le conseil d'administration.

36. Le conseil général se réunit au siège de la société une fois par année, du 1ᵉʳ au 15 avril, sur la convocation du directeur, et ce, indépendamment des assemblées extraordinaires qui peuvent être proroguées par le conseil d'administration.

37. Les assemblées du conseil général sont annoncées par lettres missives aux membres qui doivent le composer. Toutes propositions à lui soumettre sont imprimées et transmises à chacun des membres, à la diligence du directeur, un mois au moins avant l'assemblée.

38. Le conseil général ne peut délibérer qu'autant que le nombre de ses membres présents est du tiers au moins de ceux qui sont appelés à le composer. Si ce nombre n'est pas atteint sur une première convocation, il en est fait une seconde à quinze jours au moins d'intervalle. Dans cette seconde réunion, le conseil général peut délibérer quel que soit le nombre des membres présents, mais seulement sur les objets mis à l'ordre du jour de la réunion précédente.

39. Le conseil général élit chaque année son président et son secrétaire. Ses délibérations sont prises à la majorité absolue des voix des membres présents ; en cas de partage, la voix du président est prépondérante.

40. Le conseil général entend dans sa réunion annuelle le compte-rendu par le conseil d'administration sur l'état des affaires de la société et les résultats de la gestion du directeur. Il désigne dans la même réunion, pour chaque canton de justice de paix, un sociétaire chargé d'expertiser pendant l'année au nom de la société. Cependant chaque expert pourra être appelé à expertiser dans l'étendue de son arrondissement.

CHAPITRE VII.—*Conseil d'administration.*

41. Le conseil d'administration est composé de douze sociétaires nommés et révocables par le conseil général ; ils doivent être pris, autant que possible, dans un rayon rapproché du siège de la société, et avoir chacun au moins pour cinq mille francs de récoltes assurées.

42. Les membres du conseil d'administration sont renouvelés chaque année par sixième. Les cinq premiers renouvellements seront indiqués par le sort, les autres par l'ancienneté de nomination. Les membres sortants peuvent être réélus,

43. En cas de décès ou démission de l'un de ses membres, le conseil d'administration pourvoit provisoirement à son remplacement, jusqu'à la prochaine assemblée du conseil général, qui procède à la nomination définitive pour le temps qui reste à courir de l'exercice du remplacé.

44. Chaque année, dans la première réunion qui suit l'assemblée annuelle du conseil général, le conseil d'administration nomme un président et un vice-président, un secrétaire et un vice-secrétaire. Ils peuvent être réélus l'année suivante s'ils font encore partie du conseil.

45. Le conseil d'administration ne peut délibérer s'il ne réunit au moins sept de ses membres. Ses décisions sont prises à la majorité des voix; en cas de partage, la voix du président est prépondérante.

46. Le conseil d'administration délibère sur toutes les affaires de la société et les décide, en se conformant aux présents statuts, par des arrêtés consignés sur un registre tenu à cet effet. Le directeur est tenu de s'y conformer. Le conseil reçoit, vérifie et débat le compte annuel, rendu par le directeur, des recettes et des dépenses sociales. Ce compte est arrêté provisoirement par lui, et, sur son rapport, le conseil général l'arrête définitivement.

47. Les membres du conseil d'administration ne sont responsables que de l'exécution du mandat qu'ils ont reçu; ils ne contractent, à raison de leur gestion, aucune obligation personnelle ni solidaire relativement aux engagements de la société.

Chapitre VIII. — *De la direction.*

48. Le directeur est spécialement chargé de l'exécution des statuts de la société et des décisions prises par le conseil général et par le conseil d'administration; il est responsable de sa gestion.

49. Le directeur surveille l'estimation des récoltes soumises à l'assurance. Il est chargé de la délivrance des polices. Il fait procéder, en cas de besoin, aux expertises et au mesurage; il prépare les répartitions et opère les recouvrements, comme il est dit au chapitre V. Aucune action judiciaire ne peut être engagée ou soutenue par lui, au nom et aux frais de la société, que d'après l'avis du conseil d'administration, mais il est tenu de faire, sans autorisation préalable, tous les actes conservatoires. Les frais en seront compris dans les répartitions, comme il est dit en l'art. 29.

50. Au fur et à mesure du recouvrement des portions contributives, le directeur est tenu de payer les sinistres, de telle sorte qu'il n'ait jamais plus de cinq mille francs en caisse. Il ne répond point des pertes de fonds résultant de force majeure.

51. Le directeur tient la comptabilité et les écritures sociales, sous la surveillance du conseil d'administration.

52. A la première séance du mois de mars de chaque année, le directeur présente au conseil d'administration le compte des recettes et dépenses de l'année révolue, ainsi que l'état des frais et non valeurs non recouvrables à comprendre dans la répartition suivante. Ces compte et état doivent être appuyés des pièces justificatives nécessaires.

53. Le directeur met sous les yeux du conseil général, lors de chaque réunion, l'état de situation de la société et l'état détaillé de toutes les indemnités payées pour sinistres; il donne à chaque sociétaire tous les renseignements dont il a besoin.

54. Le directeur assiste avec voix consultative aux assemblées du conseil général et du conseil d'administration; il convoque les assemblées annuelles du conseil général; il convoque également les assemblées extraordinaires du conseil général et du conseil d'administration jugées nécessaires. Il est chargé des rapports de la société avec les autorités et de la correspondance.

55. Le directeur est nommé et révocable par le conseil général. Il peut désigner lui-même, pour n'entrer en fonction qu'après l'approbation du conseil d'administration, un directeur-adjoint pour le remplacer en cas d'absence ou de maladie; mais le directeur seul est responsable et doit rétribuer son adjoint.

56. Le directeur doit être représenté par un agent dans chaque arrondissement de sous-préfecture, et chacun des agents des arrondissements doit être aussi représenté, autant que possible, dans chaque canton de justice de paix. Le directeur répond de leur gestion.

57. Pour sûreté de sa gestion et de celle de ses agents, le directeur est tenu de fournir un cautionnement en rentes sur l'État, sous l'acceptation du conseil d'administration représenté par son président. Ce cautionnement est fixé à vingt mille francs tant que la masse des capitaux assurés demeurera au-dessous de cinquante millions; il sera de trente mille francs lorsque cette dernière somme sera dépassée. Le remboursement de ce cautionnement ne peut avoir lieu qu'après l'apurement des comptes du directeur et la représentation d'un quitus délivré en suite d'une délibération du conseil d'administration.

58. Tous les frais de loyer de l'administration, ceux de correspondance, d'impression et de bureau, ceux de police d'assurance, les remises des agents et les traitements des employés, enfin toutes les dépenses de gestion autres que les dépenses spécifiées à l'art. 28, sont et demeurent à la charge du directeur. Si les polices donnent lieu à des frais de timbre et d'enregistrement, ils sont à la charge de la partie qui les occasionne. Pour s'indemniser de tous ces frais de gestion, le directeur reçoit de chaque sociétaire, en sus de sa part contributive, une remise annuelle de douze centimes et demi par cent francs de valeurs assurées. La première année se paie en recevant la police, et les années subséquentes au 1er mai.

59. La remise et les dépenses spécifiées en l'article précédent forment, entre la société et le directeur, un traité à forfait qui sera révisé tous les trois ans par le conseil général, lequel décidera s'il y a lieu, soit de renouveler le forfait, soit d'augmenter ou de réduire la cotisation fixée par l'article ci-dessus.

Chapitre IX. — *Contestations, juridiction.*

60. S'il survient quelques contestations entre la société et un ou plusieurs sociétaires, elles seront jugées suivant le droit commun, à la diligence du directeur.

61. Tous les cas de simple administration non prévus par les présents statuts, et qui n'y auront rien de contraire, seront décidés par le conseil d'administration, le directeur entendu.

Chapitre X. — *Modification et liquidation.*

62. Le conseil général, spécialement convoqué à cet effet, après avoir entendu le conseil d'administration, peut introduire dans les présents statuts tels changements qu'il juge nécessaires. Dans ce cas, la présence de la moitié des membres com-

posant le conseil est nécessaire pour la validité de la délibération, et les changements ne peuvent être adoptés qu'à la majorité des trois quarts des voix des membres présents; ils ne seront exécutoires qu'après l'approbation du gouvernement.

63. A l'expiration de la présente société, il sera procédé à sa liquidation définitive par le conseil d'administration, de la manière et dans les délais qui seront déterminés par le conseil général.

64 *et dernier*. Les frais du présent acte de société seront supportés par la société et compris dans la première répartition des charges.

17 MAI = 14 JUIN 1842. — Ordonnance du roi portant autorisation de la société d'assurances mutuelles immobilières contre l'incendie, établie à Bordeaux sous la dénomination de *la Sauvegarde*. (IX, Bull. supp. DCII, n. 10540.)

Louis-Philippe, etc., sur le rapport de notre ministre secrétaire d'État de l'agriculture et du commerce; notre conseil d'État entendu, etc.

Art. 1er. La société d'assurances mutuelles contre l'incendie, établie à Bordeaux, sous la dénomination *la Sauvegarde*, pour les départements de la Gironde, de la Dordogne, de Lot-et-Garonne, des Landes, du Gers, de la Haute-Garonne, des Hautes-Pyrénées et des Basses-Pyrénées, est autorisée. Sont approuvés les statuts de ladite société, tels qu'ils sont contenus dans l'acte passé, le 15 avril 1842, par-devant Me Degors et son collègue, notaires à Bordeaux, lequel acte restera annexé à la présente ordonnance.

2. Nous nous réservons de révoquer notre autorisation, en cas de violation ou de non exécution des statuts approuvés, sans préjudice des droits des tiers.

3. La société sera tenue de remettre, dans les trois premiers mois de chaque année, au ministère de l'agriculture et du commerce, et aux préfets des départements compris dans sa circonscription, un extrait de son état de situation arrêté au 31 décembre précédent.

4. Notre ministre de l'agriculture et du commerce (M. Cunin-Gridaine) est chargé, etc.

TITRE 1er. — *Constitution de la société.*

Art. 1er. Il y a, avec l'autorisation du gouvernement, société d'assurances mutuelles entre les personnes qui ont déjà adhéré et celles qui adhéreront, par la suite, aux présents statuts, pour la garantie des objets détaillés aux art. 6 et 7 ci-après, contre les dommages causés par l'incendie, le feu du ciel et l'explosion du gaz à éclairer.

2. La société a pour titre *la Sauvegarde*, société d'assurances mutuelles immobilières contre l'incendie.

3. Les opérations de la société s'étendent aux départements de la Gironde, de la Dordogne, de Lot-et-Garonne, du Gers, de la Haute-Garonne,

des Hautes-Pyrénées, des Basses-Pyrénées et des Landes. Elle a son siège à Bordeaux.

4. L'administration de la société se compose d'un conseil général de sociétaires, d'un conseil d'administration, d'un directeur.

5. La durée de la société est fixée à trente années, à dater du jour de la promulgation de l'ordonnance royale. Cette durée pourra être prolongée, avec l'approbation du gouvernement, par une délibération du conseil général des sociétaires. Cette délibération devra réunir l'adhésion des deux tiers des membres de ce conseil; toutefois les sociétaires dissidents pourront se retirer de la société. Elle n'entrera en activité que lorsqu'il existera des engagements pour une somme de dix millions. Elle cesserait d'exister si, à l'expiration d'une période quinquennale, elle descendait au-dessous de vingt millions; le conseil général, convoqué extraordinairement à ce sujet, prononcerait la dissolution.

TITRE II. — *Assurance.*

CHAPITRE 1er. — OBJETS ADMISSIBLES A L'ASSURANCE.

6. La société assure les constructions de toute espèce et tous les objets immeubles par destination qui en dépendent, sauf les exceptions prévues aux art. 8 et 9. Elle assure, de plus, les effets du recours que peut exercer le propriétaire contre le locataire, dans le cas prévu par les art. 1733 et 1734 du Code civil, recours connu sous la dénomination de *risques locatifs*. Enfin elle garantit, relativement aux immeubles, contre les effets du recours que peut exercer le voisin, mais seulement pour dommages causés par communication d'incendie, recours qui peut résulter des art. 1382 et 1383 du Code civil, et connu sous la dénomination du *recours des voisins*. Elle assure encore les bois taillis, les futaies résineuses ou non.

7. Elle répond : 1° des dommages causés par l'incendie, quelle que soit la nature de ces dommages, c'est-à-dire, soit que les objets assurés aient été brûlés, brisés ou détériorés d'une manière quelconque; 2° des dommages occasionnés par la foudre et par l'explosion du gaz; 3° des dommages résultant des mesures ordonnées par l'autorité, en cas d'incendie; 4° enfin des dommages et frais provenant du sauvetage et des objets assurés.

CHAPITRE II. — OBJETS EXCLUS DE L'ASSURANCE.

8. La société exclut de sa garantie : les risques relatifs aux bâtiments qui renferment des salles de spectacle, des fabriques de gaz, des fabriques ou dépôts de poudre ou d'artifice, en grande quantité. Les risques relatifs aux immeubles qui, sans dépendre desdits bâtiments, en sont néanmoins tellement rapprochés qu'ils présentent les mêmes dangers. Enfin les constructions tout à la fois isolées et mal bâties.

9. Elle n'assure pas ses membres contre les incendies qui peuvent provenir de guerre, invasion, force militaire quelconque, émeute populaire, explosion de manufactures ou de magasins publics de poudre; elle ne garantit pas enfin des sinistres provenant de la volonté de l'assuré. La société se réserve de plus le droit de ne point admettre à l'assurance tous les risques qui, pour une cause quelconque, paraîtraient au conseil d'administration devoir être refusés. Elle ne répond que des dommages matériels produits par le sinistre dans l'objet assuré, et nullement des pertes qui résultent de l'impossibilité temporaire d'user de la chose.

CHAPITRE III. — ESTIMATION DES OBJETS A ASSURER.

§ Ier. *Dispositions générales.*

10. L'estimation des objets proposés à l'assurance se fait d'après leur valeur actuelle, par le proposant et par un agent de la société, sauf la décision du conseil d'administration. L'estimation des valeurs admises à l'assurance sert de base aux charges sociales de l'assuré. Cette estimation ne se fait que par sommes rondes de mille francs.

11. En cas d'augmentation ou de diminution notable dans la valeur ou la quantité des objets assurés, pendant la période de l'engagement en cours, le sociétaire est tenu d'en prévenir la société, et il est procédé à une nouvelle estimation conformément à l'article qui précède. La société a, de plus, le droit, à toutes les époques, de faire vérifier et de réduire, s'il y a lieu, les estimations antérieures, toutes les fois que l'intérêt commun l'exige.

A défaut par le sociétaire de se soumettre à cette réduction, le contrat est résilié par une simple notification. Toutes les fois qu'il y aura réduction, le sociétaire ne pourra rien répéter de la société pour les cotisations par lui payées antérieurement.

12. Aucune assurance ne pourra excéder cent mille francs sur un seul risque, tant que la masse assurée ne dépassera pas dix millions; le maximum s'accroîtra avec le montant des valeurs assurées, dans la proportion d'un demi pour cent, jusqu'à la concurrence d'un plein de cinq cent mille francs, qui ne pourra jamais être dépassé.

§ 2. — *Estimation des risques locatifs et de voisinage.*

13. Les risques locatifs s'estiment sur la déclaration du proposant, d'accord avec l'agent de l'administration, d'après la valeur des immeubles occupés par lui et des immeubles par destination qui en dépendent. L'assurance contre le recours du propriétaire peut porter sur la totalité de l'immeuble Néanmoins tout sociétaire peut n'assurer ses risques locatifs que jusqu'à concurrence d'une somme moindre, mais toujours déterminée.

14. L'estimation du risque de voisinage est laissée à l'appréciation du proposant. Le risque de voisinage peut porter sur la totalité des objets immobiliers appartenant aux voisins. Néanmoins le sociétaire peut n'assurer les risques de voisinage que jusqu'à concurrence d'une somme moindre, mais toujours déterminée, en spécifiant la portion de cette somme qu'il entend affecter au recours de tel ou tel voisin. L'assurance des risques de voisinage ne s'étend pas au-delà des immeubles contigus à ceux occupés par le proposant.

CHAPITRE IV. — CLASSIFICATION DES OBJETS A ASSURER.

15. Les biens immeubles qui peuvent donner lieu à l'assurance étant inégalement exposés aux sinistres, sont rangés en diverses classes déterminées par les dangers qu'ils présentent, soit par la nature des constructions, soit par leur contenu, soit par la nature des objets contigus. Ces classes sont rangées en trois catégories de risques, comme suit : première catégorie, risques de construction par nature ; deuxième catégorie, risques par contenu ; troisième catégorie, risques par contiguïté.

Première catégorie.

16. Par nature, les bâtiments et les immeubles par destination qui en dépendent sont divisés en cinq classes : 1° Sont rangés dans la première classe par nature, les bâtiments qui, situés dans les villes, sont totalement construits en pierres,

moellons ou briques, couverts en tuiles, laves, ardoises ou métaux, et dont les séparations intérieures sont faites mi-partie en matériaux incombustibles et mi-partie en pans de bois. Ils prennent la dénomination de *bâtiments de construction* n° 1. 2° Sont rangés dans la deuxième classe par nature, les bâtiments qui, situés dans les villes, sont construits et couverts comme les précédents, et dont les séparations intérieures sont faites en totalité en pans de bois. Ils prennent la dénomination de *bâtiments de construction* n° 2. 3° Sont rangés dans la troisième classe par nature : 1° les bâtiments qui, situés dans les villes, sont construits mi-partie en matériaux incombustibles et mi-partie en pans de bois, avec remplissage en pierres, briques ou plâtre, et couverts en tuiles, laves, ardoises ou métaux ; 2° les bâtiments qui, situés dans les communes rurales, sont construits en pierres, moellons ou briques sous toutes les faces, couverts en tuiles, ardoises ou métaux, et dont les séparations intérieures sont faites mi-partie en matériaux incombustibles et mi-partie en bois. Ils prennent la dénomination de *bâtiments de construction* n° 3. 4° Sont rangés dans la quatrième classe par nature : 1° les bâtiments qui sont entièrement construits en pans de bois, avec remplissage en pisé, torchis ou bousillage, et couverts en tuiles, ardoises ou métaux, quelle que soit d'ailleurs la nature des séparations intérieures ; 2° les bâtiments qui, situés dans les communes rurales, sont construits comme les précédents, couverts en matériaux incombustibles, et dont les séparations intérieures sont mi-partie en pans de bois et mi-partie en pierres, briques, plâtre, pisé, torchis ou bousillage. Ils prennent la dénomination de *bâtiments de construction* n° 4. 5° Sont rangés dans la cinquième classe par nature, les bâtiments qui, situés, soit dans les villes, soit dans les communes rurales, sont construits ou non en matières combustibles, soit extérieurement, soit intérieurement, et dont les couvertures sont en bardeaux, en chaume, en roseaux ou toute autre matière analogue. Ils prennent la dénomination de *bâtiments de construction* n° 5. Sont assimilées aux villes les communes où il existe des compagnies de sapeurs-pompiers.

17. La classe à laquelle les objets assurés doivent appartenir détermine le nombre de degrés de risques qu'ils présentent par la nature de la construction, et cela dans la proportion suivante : la première classe par nature présente un degré de risques ; la deuxième classe par nature présente deux degrés de risques ; la troisième classe par nature présente trois degrés de risques ; la quatrième classe par nature présente six degrés de risques ; la cinquième classe par nature présente neuf degrés de risques.

Deuxième catégorie.

18. Outre ces risques intrinsèques, c'est-à-dire provenant de la nature même, les cinq catégories de constructions déterminées ci-dessus sont exposées, par leur contenu, à des risques nouveaux qui s'ajoutent aux premiers. Aussi cinq nouvelles classes sont formées pour établir les risques par contenu : 1° Sont rangés dans la première classe *par contenu* les bâtiments dans lesquels sont déposés les objets qui, bien que combustibles, ne sont pas pourtant de nature à s'enflammer facilement, tels que quincailleries, fers (marchands de), potasses, salaisons, etc., etc. C'est ce qui sera désigné sous la dénomination de *risques par contenu* n° 1. 2° Sont rangés dans la deuxième classe *par contenu* les bâti-

ments dans lesquels l'assuré exerce ou laisse exercer des industries exigeant un mouvement continuel, ou présentant d'autres chances d'incendie pouvant leur être assimilées, comme armuriers sans forges, bijoutiers, draps (marchands de), forgerons, grainetiers sans fourrages, pharmaciens, tailleurs, etc. C'est ce qui sera désigné sous la dénomination de *risques par contenu* n° 2. 3° Sont rangés dans la troisième classe *par contenu* les bâtiments dans lesquels on exerce des industries dangereuses ou dans lesquels il existe un ou plusieurs ateliers où l'on travaille des matières très-combustibles ou professions analogues, comme aubergistes logeant rouliers, chanvres et lins (marchands de), apprêteurs d'étoffes à chaud, blanchisseries bertholiennes, toiles peintes avec dépendances sans séchoir à chaud et autres industries analogues. C'est ce qui sera désigné sous la dénomination de *risques par contenu* n° 3. 4° Sont rangés dans la quatrième classe *par contenu* les bâtiments dans lesquels sont renfermés de grands amas de matières facilement inflammables, telles que pailles, fourrages, etc.; ceux dans lesquels il existe des dépôts ou magasins d'esprits ou eaux-de-vie en grande quantité, produits chimiques dangereux et autres produits analogues. C'est ce qui sera désigné sous la dénomination de *risques par contenu* n° 4. 5° Sont rangés dans la cinquième classe *par contenu* les bâtiments dans lesquels il existe des fabriques ou usines excessivement dangereuses, comme distillerie d'eaux de-vie, esprits, fabriques de produits chimiques dangereux, de vernis, raffineries de sucre, etc. C'est ce qui sera désigné sous la dénomination de *risques par contenu* n° 5.

19. Ainsi que pour les risques par la nature des constructions, la classe à laquelle les maisons assurées doivent appartenir par leur contenu détermine le nombre de risques qu'elles présentent pour cette deuxième catégorie, et cela dans la même proportion que pour la première, c'est-à-dire : la première classe par contenu présente un degré de risques ; la deuxième classe par contenu présente deux degrés de risques ; la troisième classe par contenu présente trois degrés de risques ; la quatrième classe par contenu présente six degrés de risques ; la cinquième classe par contenu présente neuf degrés de risques.

Troisième catégorie.

20. Par contiguïté, les risques peuvent être augmentés lorsque la propriété proposée à l'assurance est attenante à d'autres propriétés qui se trouvent exposées, par leur nature ou leur contenu, aux dangers en vue desquels ont été établies les catégories ci-dessus. 1° Lorsque la propriété faisant l'objet de l'assurance sera attenante à un autre bâtiment, les risques de l'assuré prendront, à titre de contiguïté, un degré en sus de ceux qu'ils ont déjà, si ce bâtiment contigu présente par lui-même, soit par la nature de la construction, soit par le contenu, quatre degrés de risques au moins, sans excéder le nombre de six. 2° Lorsque le bâtiment faisant l'objet de l'assurance sera attenant à plusieurs autres bâtiments, les risques de l'assuré prendront, à titre de contiguïté, deux degrés en sus de ceux qu'ils ont déjà, si ces bâtiments contigus présentent par eux-mêmes, soit par la nature de la construction, soit par le contenu, quatre degrés de risques au moins chacun, ou que l'un d'eux en ait plus de six. En conséquence, les neuf risques de la première catégorie *par nature*, les neuf risques de la deuxième catégorie *par contenu* et les deux risques

de la troisième catégorie *par contiguïté* produisent de un à vingt degrés de risques. Ainsi le premier risque s'applique aux immeubles de construction n° 1, lorsqu'ils ne renferment que des meubles meublants et ce qui est nécessaire à la vie commune, et ne présentent, soit à raison du contenu, soit à raison de la contiguïté, aucune des circonstances dangereuses définies au présent article et à l'art. 18. Et ainsi de suite jusqu'au vingtième risque, qui s'applique aux immeubles de construction n° 5, dans le cas où leur contenu présente les risques applicables à la cinquième classe de la deuxième catégorie, et que, par contiguïté, ils se trouvent dans le cas prévu par le troisième alinéa de l'art. 20. Les bois taillis seront classés comme présentant trois degrés de risques par nature. Les forêts résineuses entreront dans le classement comme présentant vingt degrés de risques par nature. La classification est applicable dans toutes ses combinaisons aux risques locatifs et aux recours des voisins.

21. Si l'expérience démontrait que quelques propriétés ont été mal classées dans les catégories qui précèdent, le conseil d'administration pourra prendre à ce sujet une délibération qui sera exécutoire après avoir reçu l'approbation du conseil général. Toutefois, ces modifications n'auront pas d'effet rétroactif, et elles ne pourront être appliquées qu'aux nouveaux contrats ou aux contrats renouvelés.

TITRE III. — Engagement social.

CHAPITRE Iᵉʳ. — FORMATION DE L'ENGAGEMENT SOCIAL.

22. Tout propriétaire, fermier, locataire, etc., et toute personne ayant intérêt réel à la conservation des objets que la société assure, peut être sociétaire.

23. La demande d'admission dans la société se fait au moyen d'un acte d'admission. Cet acte énonce les noms, prénoms, titre et profession du proposant ; la qualité en laquelle il agit ; le domicile par lui élu, la nature des risques et recours proposés à l'assurance, la valeur et la désignation sommaire des immeubles pour lesquels l'assurance est demandée ; la durée de l'assurance. Cet acte exprime aussi si l'assurance comprend toutes les constructions, tous les risques locatifs et tous les recours des voisins auxquels le proposant est exposé, ou seulement une partie de ces risques et recours ; s'il existe des assurances antérieures sur ces mêmes constructions et risques.

24. Dans sa plus prochaine réunion, le conseil d'administration, sur le vu de l'acte d'adhésion, et après avoir entendu le directeur, décide si le proposant doit être admis ; en cas de refus, il n'est pas tenu de faire connaître ses motifs. La décision du conseil d'administration est immédiatement portée à la connaissance du proposant. Si le conseil d'administration admet l'assurance, l'acte d'adhésion est inscrit sur un journal à ce destiné, tenu sans surcharge ni interligne, coté et paraphé par le président.

25. Immédiatement après l'inscription au journal, l'agent principal délivre une police à l'adhérent ; cette police est signée par le directeur ; elle est revêtue du timbre de la société ; elle constate l'adhésion du sociétaire ; son inscription et son numéro d'ordre sur le journal ; elle contient, outre les conditions spéciales de l'assurance, les principales dispositions des statuts. Chaque sociétaire reçoit, pour chacune des propriétés soumises à l'assurance, une plaque qu'il doit faire apposer dans

un endroit apparent. Le prix de la plaque est fixé à un franc vingt-cinq centimes, et celui de la police à un franc.

CHAPITRE II. — DURÉE DE L'ENGAGEMENT SOCIAL.

26. Les assurances sont contractées pour cinq années ; néanmoins, tout fermier, locataire, etc., peut être admis à l'assurance pour un temps égal à la durée de son bail. Selon les circonstances, le conseil d'administration décide si certaines assurances peuvent être admises pour un temps moindre que celui ci-dessus fixé. La période de tout engagement commence le premier jour de l'année sociale ; on ajoute à la première période les mois restant à courir de l'année dans laquelle l'adhésion a été admise. L'assurance produit ses effets actifs et passifs à dater du lendemain du jour de la signature de la police, à midi, s'il n'y a indication d'un autre délai.

27. Chaque exercice social commence le 1er janvier et finit le 31 décembre suivant. Le temps qui s'écoulera entre l'époque de la mise en activité de la société et la fin de l'année suivante composera le premier exercice social.

CHAPITRE III. — CESSATION DE L'ENGAGEMENT SOCIAL.

28. L'engagement social cesse pour le sociétaire et la société dans les cas suivants : 1° par la destruction totale des immeubles assurés ; 2° par l'exclusion du sociétaire prononcée par le conseil d'administration pour cause de non paiement de la contribution sociale, et dans le cas de faillite ou déconfiture, etc., à moins que l'assuré ne donne caution ; 3° par l'expiration du temps pour lequel l'engagement a été souscrit, pourvu, toutefois, que trois mois avant l'expiration de l'engagement en cours, le sociétaire ait manifesté l'intention de se retirer de la société, au moyen d'une déclaration faite par l'assuré ou son fondé de pouvoirs, soit à la direction, soit au bureau de l'agent principal de l'arrondissement ; sans l'accomplissement de cette formalité, l'assuré continue à faire partie de la société pour une année pendant laquelle il est mis en demeure de se prononcer ; et, à défaut, l'assurance cesse de droit à l'expiration de ladite année ; 4° par la vente de l'objet assuré et par l'effet de toute circonstance entraînant mutation ; 5° par la mort du sociétaire, auquel cas les héritiers profitent de l'assurance jusqu'à la fin de l'année sociale, si les valeurs assurées restent dans les mêmes conditions ; 6° par la cessation de l'intérêt en vue duquel l'assurance avait été faite par un tiers. Dans tous les cas, l'assuré ou ses ayants-cause supportent les charges sociales jusques et y compris le mois de sa sortie.

29. Toute circonstance survenue dans le cours de l'assurance, et qui est de nature à aggraver les risques assurés par la société, doit être dénoncée dans la huitaine, soit à la direction, soit au bureau de l'agent principal de l'arrondissement ; l'administration fait procéder immédiatement à la vérification des changements, et, sur le vu du procès-verbal, peut annuler le contrat ou changer la classe de l'assurance, dans l'intérêt de la société ou dans celui de l'assuré. Si le sociétaire n'a pas rempli cette formalité avant l'incendie, il perd la moitié de l'indemnité due dans ce cas. Tout sociétaire qui, par réticence ou fausse déclaration dans son acte d'adhésion, aurait sciemment induit la société en erreur sur les risques que courent les choses pour lesquelles il s'est assuré, n'aurait droit à aucune indemnité.

TITRE IV. — Sinistres.

CHAPITRE Ier. — DÉCLARATION DU SINISTRE OU DES RECOURS.

30. Au moment où un incendie se manifeste, ou qu'un recours est formé contre l'assuré, il doit en être fait déclaration, par l'assuré ou en son nom, au maire de la commune et à l'agent principal de la société pour l'arrondissement dans lequel se trouvent les constructions assurées, si le sinistre a lieu à la résidence de cet agent. Outre cet avis immédiat, une déclaration, signée du sociétaire ou de son représentant, doit être faite à la direction, au plus tard, dans le mois qui suit le sinistre, sous peine de perdre tout droit à une indemnité. Cette seconde déclaration, indiquant les nom, prénoms et qualités du sociétaire, son domicile et les immeubles atteints par le sinistre, le numéro de la police et sa date, doit faire connaître, aussi exactement que possible, l'instant auquel le sinistre s'est manifesté ; les causes, au moins présumées, qui l'ont produit ; l'estimation détaillée des objets mobiliers détruits, dégradés ou endommagés, et de ceux qui ont complétement échappé au sinistre. La même déclaration fait aussi connaître si le sociétaire est assuré à une autre compagnie. Elle indique le nom de cette compagnie et le montant des sommes pour lesquelles il y est assuré. Enfin elle contient la nomination de l'expert que l'assuré a choisi, et qui doit opérer en son nom aux termes de l'article suivant.

CHAPITRE II. — RÈGLEMENT DU SINISTRE.

31. Aussitôt après la reconnaissance du sinistre, qui est faite par l'agent principal de l'arrondissement, le directeur fait procéder à l'expertise détaillée des pertes survenues. Cette expertise se fait par deux experts désignés par le directeur et par l'assuré ou son ayant-cause. En cas de dissidence, ces experts nomment un tiers-expert qui statue sur leur différend. S'ils ne tombent pas d'accord sur le choix, la nomination est faite suivant les règles établies au Code de procédure civile. Le tiers-expert est tenu de se renfermer dans les limites des opinions des premiers, mais non pas d'adopter l'une ou l'autre de ces opinions. Les frais d'expertise sont supportés moitié par la société, moitié par le sociétaire.

32. S'il s'agit de recours exercés contre un sociétaire, le directeur, aussitôt après la déclaration qui lui en est faite, est substitué aux lieu et place de ce dernier. Il fait procéder à la reconnaissance des dommages, et contradictoirement avec les parties qui ont formé le recours.

CHAPITRE III. — PAIEMENT DES SINISTRES.

33. Pour prévenir tout retard dans le paiement de l'indemnité, et faire face aux charges de la société, il est établi un fonds de prévoyance au moyen du dépôt fait par chaque sociétaire, lors de son entrée dans la société, d'une partie du maximum de la portion contributive dont il peut être passible. Le conseil d'administration détermine, d'après le besoin de la société, quelle doit être cette partie, sans que cette partie puisse excéder le cinquième du maximum. Le conseil arrête l'emploi qui doit en être fait, en laissant toujours en caisse les sommes nécessaires aux besoins courants. Tout sociétaire qui cessera de faire partie de la société, après avoir rempli toutes ses obligations envers elle, recevra la portion du fonds de prévoyance afférente à son assurance. Lorsque les

sommes encaissées par le directeur, soit pour constituer le fonds de prévoyance, soit pour tout autre versement, auront atteint le chiffre de cinq mille francs, elles seront déposées dans une caisse publique désignée par le conseil d'administration.

34. L'indemnité pour les sinistres, soit qu'elle ait été réglée par le conseil d'administration, d'après les pertes constatées dans les procès-verbaux d'expertise, soit qu'elle ait été fixée par un jugement, est payée dans le mois qui suit sur la délibération du conseil d'administration jusqu'à concurrence de l'à-compte fixé par lui.

35. Après avoir soldé l'indemnité, la société est subrogée aux droits de l'assuré jusqu'à concurrence de ladite indemnité, et elle exerce en son nom tout recours contre les personnes responsables du sinistre.

36. L'indemnité due par la société pour les assurances par elle consenties ne peut jamais s'élever au-delà des dommages dûment constatés, et sans que, dans aucun cas, le montant de l'indemnité puisse s'élever au-delà de la somme assurée. Si l'objet frappé du sinistre était assuré par d'autres compagnies concurremment avec la société, elle n'intervient dans le règlement du sinistre qu'au centime le franc de la somme assurée par elle. Dans tous les cas, l'assuré recevra en diminution de l'indemnité les objets sauvés ou avariés.

TITRE V. — Répartition des portions contributives.

37. Sont à la charge de la société, les sinistres, les recours exercés contre les assurés jusqu'à concurrence de la valeur assurée, et de la somme à laquelle les risques locatifs et de voisinage ont été réglés; les frais de sauvetage et indemnités de toute nature relatives à l'incendie, et les frais d'expertise et d'actions judiciaires, aussi bien que les non valeurs constatées; le tout indépendamment des remises réglées par l'art. 61, au profit du directeur.

38. Toutes les charges sociales, après avoir été vérifiées par le conseil d'administration, sont acquittées au moyen de portions contributives réparties au prorata des valeurs assurées. Cette répartition se fait conformément aux règles de la classification établies ci-dessus, et dans les proportions suivantes : Si la portion contributive du premier risque est de un centime, un centime par mille francs de valeurs assurées; celle du deuxième risque est de deux centimes, deux centimes par mille francs de valeurs assurées; celle du troisième risque est de trois centimes, trois centimes par mille francs de valeurs assurées, et ainsi de suite jusqu'au vingtième risque, dont la portion contributive est alors de vingt centimes.

39. Quelles que soient les pertes éprouvées, les portions contributives des sociétaires ne peuvent, dans aucun cas, s'élever annuellement, pour les objets assurés qui présentent un degré de risque au-delà de un franc, un franc par mille francs de valeurs assurées; pour ceux qui présentent deux degrés au-delà de deux francs, deux francs par mille francs de valeurs assurées; pour ceux qui présentent trois degrés au-delà de trois francs, trois francs par mille francs de valeurs assurées, et ainsi de suite jusqu'au vingtième risque, dont le maximum de portions contributives annuelles est fixé à vingt francs par mille. Le maximum pourra être modifié par délibération du conseil général, approuvé par le gouvernement. Si les pertes dépassent les sommes produites par les portions contributives ainsi limitées, les assurés sont

indemnisés au centime le franc des dommages éprouvés.

40. Après avoir vérifié les pièces sur lesquelles est basée la répartition présentée par le directeur, le conseil d'administration arrête définitivement cette répartition, la déclare exécutoire et charge le directeur d'en suivre le recouvrement par toutes les voies de droit. Toutes les sommes à payer par les sociétaires sont comptées par eux à la direction ou à ses agents, et à leur domicile, contre une quittance qui est signée par le directeur.

41. A défaut de paiement de la portion contributive, le directeur pourra, quinze jours après un avis donné au retardataire, le faire poursuivre par toutes les voies de droit. Un mois après l'avis donné par le directeur, au moyen d'une lettre chargée qui tiendra lieu de mise en demeure, si le retardataire n'a pas acquitté les cotisations réclamées, le conseil d'administration pourra prononcer la résiliation de l'assurance. Les avantages de l'assurance sont suspendus à l'égard du sociétaire qui laisse écouler plus d'un mois sans payer sa portion contributive après avoir été mis en demeure. Il participe néanmoins pendant ce temps aux charges sociales. Si le sociétaire en retard vient à se libérer postérieurement, la police d'assurance reprend son effet à partir du jour du paiement.

42. Les pièces relatives aux répartitions sont conservées à la direction, où tout sociétaire a le droit d'en demander la communication sans déplacement.

TITRE VI. — Administration de la société.

CHAPITRE Ier. — CONSEIL GÉNÉRAL DES SOCIÉTAIRES.

43. Le conseil général est composé de cent assurés pour les plus fortes sommes, et pris dans les huit départements, savoir : seize pour le département de la Gironde, et douze pour chacun des sept autres départements. Un tableau de ces cent sociétaires est dressé par le directeur, qui le soumet à l'approbation du conseil d'administration. Le tableau est affiché dans les bureaux de la direction. Le conseil général nomme, à la majorité des voix, son président et son secrétaire. En cas de refus, de démission ou de décès de quelques-uns des cent sociétaires assurés pour la plus forte somme, ils sont remplacés de plein droit par ceux qui viennent immédiatement ensuite dans l'ordre d'importance de leurs assurances.

44. Le conseil général se réunit une fois par an, sauf les convocations extraordinaires jugées nécessaires. Les membres du conseil d'administration peuvent assister à toutes ses séances, mais avec voix consultative seulement. Toute convocation se fait par lettres envoyées au domicile élu, et recommandées à la poste.

45. Le conseil général ne peut délibérer valablement, s'il ne réunit le tiers au moins de ses membres. Lorsqu'à une réunion ce nombre ne sera pas atteint, l'assemblée sera de droit renvoyée à quinzaine. Cette seconde réunion sera valablement constituée quel que soit le nombre des membres présents; toutefois l'assemblée ne pourra délibérer que sur les questions mises à l'ordre du jour de la réunion précédente. Les arrêtés du conseil général sont pris à la majorité absolue des voix; en cas de partage, la voix du président est prépondérante.

46. Dans sa réunion annuelle, le conseil général prend connaissance de l'ensemble des opérations de la société, vérifie et arrête définitivement les

comptes de la direction, et statue sur tous les intérêts sociaux.

Chapitre II. — Conseil d'administration.

47. Le conseil d'administration se compose de vingt-quatre membres nommés par le conseil général. Nul ne peut être élu membre du conseil d'administration, 1° s'il n'est assuré pour une somme de dix mille francs au moins ; 2° s'il est directeur, administrateur ou agent d'une société ou compagnie d'assurances contre l'incendie, exerçant dans la même circonscription.

48. Les membres du conseil d'administration sont renouvelés chaque année par huitième ; ils sont indéfiniment rééligibles. Le sort désigne les premiers sortants. Le conseil d'administration, en cas de décès ou de démission d'un de ses membres, peut désigner un sociétaire pour le remplacer jusqu'à la première réunion du conseil général, qui nomme définitivement pour le temps restant à courir des fonctions du membre remplacé.

49. Au renouvellement de chaque exercice social, le conseil d'administration choisit dans son sein, et à la majorité des suffrages, un président et deux vice-présidents ; ils peuvent être réélus. Il nomme également son secrétaire. En cas d'absence du président et des vice-présidents, le plus âgé des membres présents occupe le fauteuil.

50. Le conseil d'administration se réunit dans les derniers jours de chaque mois. Il peut s'assembler plus souvent si les besoins de la société l'exigent.

51. Le conseil d'administration ne peut valablement délibérer si huit de ses membres au moins ne sont présents. Il prend ses arrêtés à la majorité des suffrages ; en cas de partage, la voix du président est prépondérante. Il en est fait mention au procès-verbal.

52. A chaque réunion mensuelle, le conseil d'administration prend connaissance : de toutes les assurances proposées depuis la réunion précédente ; des variations survenues dans les assurances souscrites, soit à cause d'augmentation ou de diminution de la valeur des objets assurés, soit par augmentation ou diminution des risques ; des sinistres tombés à la charge de la société ; des expertises auxquelles ils ont donné lieu, et des contestations survenues entre les sociétaires et la société ; des assurances qui, pour une cause quelconque, seraient dans le cas d'être annulées ; enfin, de tout ce qui touche aux besoins, aux intérêts et à la prospérité de la société. Le directeur et tous les sociétaires sont tenus de se conformer à ses décisions.

53. Dans les trois mois qui suivent chaque exercice, le conseil d'administration reçoit, vérifie et débat le compte que le directeur rend des recettes et des dépenses sociales de l'exercice précédent. Ce compte est soumis au conseil d'administration, qui l'arrête définitivement, s'il y a lieu, dans sa prochaine réunion.

54. Le conseil d'administration fait tous les règlements et prend tous les arrêtés qu'il juge utiles à la prompte et bonne administration des affaires de la société et à son développement, sans pouvoir toutefois s'écarter des statuts. Ses membres ne contractent, à raison de leur gestion, aucune obligation personnelle ni solidaire, relativement aux engagements de la société ; ils ne répondent que de l'exécution de leur mandat.

55. Les fonctions de membre de ce conseil sont gratuites ; elles donnent seulement droit à des jetons de présence dont le conseil général déterminera la valeur.

Chapitre III. — Direction.

56. Le directeur est seul chargé, sous l'autorité du conseil d'administration, de l'exécution de tous les actes de la société et de toutes les décisions du conseil d'administration. Il nomme et révoque tous les agents et employés dont il a besoin dans l'intérêt du service.

57. Le directeur convoque le conseil général toutes les fois qu'il y est autorisé par le conseil d'administration. Il peut assister aux séances de ses deux conseils, avec voix consultative.

58. Le directeur fournit aux membres de l'administration les indications et tous les documents relatifs à sa gestion. Il est tenu de donner aux sociétaires les renseignements dont ils peuvent avoir besoin.

59. Le directeur tient le journal général de la société et toutes les écritures nécessaires, soit à la comptabilité journalière, soit aux autres opérations de la société. Il entretient les rapports avec les autorités, et il signe la correspondance, avec l'autorisation du conseil d'administration, et transige, compromet et soutient ou intente toute action judiciaire au nom de la société.

60. Le directeur est chargé, à forfait, pendant dix ans, de tous les frais de loyers, assurances, correspondance, éclairage, chauffage, impressions, traitements, jetons de présence, plaques, polices et autres frais quelconques de gestion. A l'expiration de chaque période décennale, ce forfait pourra être modifié par le conseil général.

61. Il lui est alloué à cet effet, par an, sans égard à l'augmentation de valeurs relatives produites par la classification des risques, trente-cinq centimes par mille francs de valeurs réelles assurées. Cette remise décroîtra comme suit : trente-cinq centimes jusqu'à cent millions, trente centimes de cent à deux cents millions, vingt-cinq centimes de deux cents à trois cents millions, vingt centimes de trois cents millions à quatre cents millions, quinze centimes à quatre cents millions et au-dessus. Les recettes des polices et plaques sont également attribuées au directeur.

62. Pour sûreté de sa gestion, le directeur fournit un cautionnement de la valeur de dix mille francs en rentes sur l'État ; le cautionnement est accepté par le président du conseil d'administration. Le directeur ne peut rentrer en possession de la valeur de son cautionnement qu'après l'apurement définitif de ses comptes, arrêtés par décision du conseil d'administration et du conseil général des sociétaires.

63. Le directeur pourra présenter à l'approbation du conseil d'administration un directeur adjoint, chargé de le remplacer temporairement dans toutes les opérations de la direction. Le directeur est responsable de tous les actes du directeur adjoint, dont les honoraires sont à sa charge.

64. Le directeur est nommé par le conseil général des sociétaires, sur la proposition du conseil d'administration. Le directeur en fonctions peut être révoqué par décision du conseil général, sur la proposition du conseil d'administration, adoptée à la majorité des membres de ce conseil.

65. En cas de décès ou de retraite pour autre cause que révocation, le directeur ou ses héritiers peuvent être admis à proposer son successeur au conseil d'administration, qui peut l'admettre provisoirement, et le soumet ensuite à l'approbation du conseil général.

66. M. Maccarthy (Denis-Edouard), l'un des

fondateurs, est nommé directeur de la société, sauf la confirmation du conseil général.

TITRE VII. — *Dispositions générales.*

67. Les contestations qui peuvent s'élever entre la société et un ou plusieurs de ses membres sont jugées par deux arbitres nommés, l'un par le directeur, au nom de la société, l'autre par la partie adverse ; si ces arbitres ne tombent pas d'accord, il est procédé suivant les règles du droit commun.

68. Aucune action judiciaire autre que celles qui sont indiquées dans l'art. 41, ne peut être exercée sans l'autorisation du conseil d'administration.

69. Tous changements ou modifications aux statuts, dont l'expérience démontrera l'utilité, seront délibérés sur le rapport du directeur et du conseil d'administration, par le conseil général, réunissant au moins le tiers de ses membres ; ils devront être adoptés à la majorité des deux tiers des membres présents ; chaque sociétaire, en adhérant aux présents statuts, donne au conseil général tous pouvoirs à cet effet. Les modifications adoptées ne seront exécutoires qu'après l'approbation du gouvernement, et sans avoir d'effets rétroactifs.

70. Si, pendant deux années consécutives, le maximum prévu à l'art. 39 était reconnu insuffisant, le conseil général pourra, sur la proposition du conseil d'administration, prononcer la dissolution. Dans ce cas, il fixera la marche à suivre, et arrêtera définitivement les comptes de l'administration. Cette délibération devra réunir l'adhésion des deux tiers des membres du conseil général.

TITRE VIII. — *Dispositions transitoires.*

71. Les frais faits pour arriver à la constitution de la société et ceux de premier établissement seront remboursés au directeur sur un état réglé par le conseil d'administration et approuvé par le conseil général. Cet état ne pourra comprendre que les frais matériels dûment justifiés.

72. Le conseil d'administration provisoire de la société pourra être complété d'ici à la mise en activité. Il est jusqu'à ce moment, composé de MM.   (*Suivent les noms.*)

73. Le conseil d'administration sera définitivement constitué au plus tard dans le courant du second exercice social. Jusqu'à cette époque, les membres composant le conseil d'administration provisoire pourront s'en adjoindre d'autres pour compléter le nombre fixé en l'art. 47. Le conseil général pourvoira à la composition définitive du conseil.

74. Le conseil d'administration provisoire déclarera la mise en activité des opérations aussitôt que les conditions fixées à l'art. 5 auront été remplies.

17 ᴍᴀɪ = 14 ᴊᴜɪɴ 1842. — Ordonnance du roi qui approuve les nouveaux statuts de la caisse d'épargne de La Rochelle. (IX, Bull. supp. DCII, n. 16541.)

Louis-Philippe, etc., sur le rapport de notre ministre secrétaire d'Etat de l'agriculture et du commerce ; vu notre ordonnance du 6 avril 1835, qui a autorisé l'établissement d'une caisse d'épargne à La Rochelle, et approuvé les statuts destinés à la régir ; vu les nouveaux statuts proposés à notre approbation : vu les lois des 5 juin 1835 et 31 mars 1837, relatives aux caisses d'épargne ; le comité des travaux publics, de l'agriculture et du commerce de notre conseil d'Etat entendu, etc.

Art. 1ᵉʳ. Les nouveaux statuts de la caisse d'épargne de La Rochelle, proposés par délibérations des fondateurs, en date des 25 novembre 1839, 29 octobre 1840 et 1ᵉʳ juin 1841, sont approuvés tels qu'ils sont contenus dans l'acte passé, les 12 et 18 février 1842, par-devant Mᵉ Morin et son collègue, notaires à La Rochelle, lequel acte restera déposé aux archives du ministère de l'agriculture et du commerce.

2. Notre ministre de l'agriculture et du commerce (M. Cunin-Gridaine) est chargé, etc.

17 ᴍᴀɪ = 14 ᴊᴜɪɴ 1842. — Ordonnance du roi qui approuve les nouveaux statuts de la caisse d'épargne de Sarreguemines. (IX, Bull. supp. DCII, n. 16542.)

Louis-Philippe, etc., sur le rapport de notre ministre secrétaire d'Etat de l'agriculture et du commerce ; vu notre ordonnance du 13 février 1835, qui autorise la caisse d'épargne de Sarreguemines (Moselle), et qui en approuve les statuts ; vu les nouveaux statuts proposés à notre approbation ; vu les lois des 5 juin 1835 et 31 mars 1837, relatives aux caisses d'épargne ; le comité des travaux publics, de l'agriculture et du commerce de notre conseil d'Etat entendu, etc.

Art. 1ᵉʳ. Les nouveaux statuts de la caisse d'épargne de Sarreguemines (Moselle) proposés par délibération du conseil de direction, en date du 25 janvier 1842, sont approuvés tels qu'ils sont contenus dans l'acte passé, le 9 avril 1842, par-devant Mᵉ Boulanger et son collègue, notaires à Sarreguemines, lequel acte restera déposé aux archives du ministère de l'agriculture et du commerce.

2. Notre ministre de l'agriculture et du commerce (M. Cunin-Gridaine) est chargé, etc.

11 = 17 ᴊᴜɪɴ 1842.—Loi relative à l'établissement de grandes lignes de chemins de fer (1). [IX, Bull. DCCCCXIV, n. 10023.)

(1) Présentation à la Chambre des Députés le 7 février (Mon. du 8) ; rapport par M. Dufaure le 15 avril (Mon. des 17 et 19) ; discussion les 26, 27, 28, 29, 30 avril ; 2, 3, 4, 6, 7, 9, 10, 11 mai (Mon. des 27, 28, 29, 30 avril ; 3, 4, 5, 6, 7, 8, 10, 11, 12 mai), et adoption le 12 mai (Mon. du 13), à la majorité de 255 voix contre 83.

Présentation à la Chambre des Pairs le 13 mai

(Mon. du 14); rapport par M. le comte de Gasparin le 24 (Mon. du 27); discussion les 30, 31 mai; 1ᵉʳ, 2, juin (Mon. des 31 mai; 1ᵉʳ, 2, 3 juin), et adoption le 3 (Mon. du 4), à la majorité de 107 voix contre 55.

« Messieurs, a dit M. le ministre des travaux publics, nous venons soumettre à votre examen un projet de loi qui doit exciter toutes vos sympathies et appeler toutes vos méditations.

« Il a pour but d'étendre sur la surface du royaume un réseau général de chemins de fer et de créer pour notre pays un nouveau système de communication destiné à unir, par des voies rapides, le nord avec le midi, l'est avec l'ouest, l'Océan avec la Méditerranée.

« Sans doute un pareil système ne peut se réaliser qu'avec le temps et que par de grands efforts; mais il faut se hâter de se mettre à l'œuvre, et nous avons la confiance que vous ne reculerez pas devant des sacrifices qui doivent être si largement compensés par des avantages de toute nature.

« La question des chemins de fer est restée en quelque sorte à l'ordre du jour depuis plusieurs années. Sa grandeur, les conséquences qu'elle fait entrevoir, l'importance des ressources qu'elle exige, ont pu jusqu'à présent en retarder la solution ; mais le temps des hésitations est passé : assez de fâcheux tâtonnements, assez de stériles essais ont eu lieu. Il faut aujourd'hui aborder vivement cette immense question ; il faut surtout la trancher de manière à en assurer le succès et à ne plus la livrer à des chances qui compromettraient la puissance et la prospérité de la France.

« Je ne parlerai pas, Messieurs, de l'étonnante activité que des contrées lointaines, les États-Unis, par exemple, ne cessent de développer pour construire chez eux ces voies rapides. Les États-Unis, peuple jeune encore, n'ayant sur un immense territoire et pour réunir des populations placées à de grandes distances, que des voies peu nombreuses, devaient, plus que tout autre pays, mettre à profit cette nouvelle découverte des arts, et s'emparer tout d'abord d'un mode de communication qui tendait à consolider si puissamment leur union récente. Aussi d'immenses efforts ont été tentés, d'énormes capitaux ont été engagés pour obtenir cet important résultat. Aujourd'hui le développement des chemins de fer exécutés ou en cours d'exécution aux États-Unis, est environ de 15,000 kilomètres et déjà 5,800 kilomètres sont livrés à la circulation.

« Je ne parlerai pas non plus de l'Angleterre qui, par des raisons différentes, mais qu'il est facile d'expliquer, a dû également s'approprier avant nous cette conquête de la science. Lorsqu'aucun autre mode de communication n'était encore connu, les routes de terre ont dû être le premier besoin des nations. Les canaux appartiennent à une époque plus avancée de l'art et à une période plus récente de la civilisation. L'Angleterre avait depuis longtemps traversé ces deux époques, lorsque l'application de la vapeur au transport des personnes et des marchandises est venue donner une si heureuse solution de ce grand problème de l'économie sociale : le système de ses routes de terre était complet; celui de ses canaux, eu égard à la surface qu'ils sillonnent, offrait un développement considérable. A l'aide de ces deux modes de communication, et surtout d'un commerce maritime qui embrasse le monde entier,

elle était parvenue à un haut degré de richesse et de prospérité.

« Dans cet état de choses, l'Angleterre devait devancer toutes les nations de l'Europe : les chemins de fer étaient devenus pour elle un besoin immédiat, une véritable nécessité. Les capitaux accumulés y ont cherché, y ont trouvé des placements ; et c'est ainsi que dans un intervalle de moins de quinze années, l'Angleterre a pu tracer sur son territoire 3,800 kilomètres de chemins de fer. Plus de 956 kilomètres sont en cours de construction, et cependant de nouveaux projets se préparent encore.

« Mais, en laissant de côté les États-Unis et l'Angleterre qui sont placés dans des circonstances spéciales, voyez ce qui se passe autour de nous, à côté de nous.

« Une émulation vraiment extraordinaire s'est emparée de toutes les nations du continent : la Belgique est sur le point d'achever son réseau de chemins de fer ; la Hollande commence à imiter l'exemple de la Belgique ; les plus petits États de l'Allemagne n'hésitent pas à s'imposer les plus grands sacrifices pour ne pas rester en arrière de leurs voisins ; la Prusse s'efforce de multiplier ces voies nouvelles et de les relier à celles des royaumes qui l'entourent, de manière à former sur son territoire des centres importants de commerce et d'industrie ; la Russie songe à unir ses deux capitales par une ligne de fer ; enfin l'Autriche, cette nation si prudente, si réservée en matière d'innovations, vient de donner au monde un grand exemple en prenant une résolution que nous pouvons regarder comme inspirée par les projets déjà connus de la France. L'Autriche vient de décréter sur son sol l'établissement d'un réseau de chemins de fer analogue à celui que nous venons vous proposer pour la France.

« Au milieu de ce mouvement général qui entraîne toutes les nations, les grands comme les petits états, les pays riches comme ceux dont les finances sont moins bien assurées, la France restera-t-elle inactive ? La France, qui est entrée là première dans presque toutes les voies de la civilisation, se laissera-t-elle devancer par les autres peuples dans cette carrière nouvelle qui a sans doute ses périls et ses écueils, mais au seuil de laquelle elle ne peut s'arrêter sans compromettre ses plus grands, ses plus chers intérêts ?

« Ne regrettons pas d'ailleurs le temps écoulé jusqu'à ce jour ; il n'a pas été entièrement inutile pour nous ; nous l'avons employé à recueillir les renseignements de l'expérience ; et si nous voulons maintenant prendre une résolution énergique, si nous savons adopter un plan bien défini, si nous savons en poursuivre l'exécution avec persévérance, il nous sera facile de reprendre le rang qui nous appartient.

« Après ce que nous venons de dire, nous croyons superflu, Messieurs, d'insister sur l'utilité des chemins de fer. La voix publique les réclame hautement ; et lorsqu'une opinion se manifeste avec autant de vivacité par une foule d'organes différents, on peut, sans craindre de se tromper, la regarder comme l'expression d'un besoin universel.

« Ainsi que nous l'avons dit, à l'occasion de l'Angleterre, les routes de terre ont pu longtemps suffire aux besoins des nations. Avec les routes de terre les nations entretiennent des rapports, échangent leurs produits, développent leur com-

TITRE Ier (1). — *Dispositions générales.*

Art. 1er. Il sera établi un système de chemins de fer se dirigeant,

1° De Paris

Sur la frontière de Belgique, par Lille et Valenciennes ;

merce et leur industrie ; mais ces rapports sont lents ; les produits ne peuvent aller chercher des consommateurs éloignés : le commerce renferme ses échanges dans un cercle étroit, et l'industrie ne demande qu'à des contrées voisines les matières qu'elle emploie et qu'elle transforme. L'invention des écluses, en permettant l'ouverture des canaux et l'amélioration des rivières, a créé un ordre de choses tout nouveau. Les relations des hommes entre eux se sont multipliées et agrandies. Les transports lointains sont devenus à la fois plus faciles, moins dispendieux, plus considérables ; le commerce a étendu ses échanges ; l'industrie a pu porter au loin ses produits ; et les diverses contrées du royaume se sont unies par des liens plus étroits.

« Mais ce n'était pas encore assez pour satisfaire l'activité et l'impatience des esprits ; de toutes parts un besoin nouveau d'action et de mouvement a saisi la société : on cherche à multiplier les affaires ; on veut franchir les distances : le temps, cet élément nécessaire de toute chose, acquiert chaque jour un nouveau prix. Des voies nouvelles qui mettent en communication rapide les contrées les plus distantes, qui donnent aux personnes le moyen de se transporter en quelques heures sur le lieu même des affaires qu'autrefois elles ne pouvaient suivre que de loin, qui permettent ainsi de conclure promptement une foule d'opérations commerciales et industrielles, doivent ouvrir pour le monde une ère féconde de richesse et de prospérité ; et les pays déjà avancés dans la civilisation ne pouvaient pas hésiter un seul instant à en doter leur territoire. C'est ce qu'a fait l'Angleterre ; c'est ce que cherchent à faire tous les peuples qui nous entourent, c'est ce que nous devons nous hâter de faire nous-mêmes, si nous ne voulons pas déchoir dans l'échelle des nations. »

Le passage suivant du rapport de M. *Dufaure* complète l'exposé qui précède.

« Le besoin de multiplier nos communications intérieures, de les rendre plus faciles, plus rapides, a été, depuis la révolution de Juillet, plus vivement senti et plus largement satisfait qu'il ne l'avait jamais été. Les efforts incertains et jusque-là infructueux des communes ont été dirigés, régularisés, rendus féconds par la loi du 21 mai 1836 sur les chemins vicinaux ; depuis la promulgation de cette loi, les chemins de grande communication ont été classés sur une étendue de 50,607 kilom. (12,902 lieues). En quatre années, de 1837 à 1840, il a été consacré à leur amélioration en prestations une valeur de 22,118,000 fr. Les chemins vicinaux de petite communication ont été reconnus sur une étendue de 503,306 kilom. (150,329 lieues. Dans le même intervalle ils ont reçu en prestations une valeur de 63,425,500 fr., et en argent 41,061,400 francs. Les routes départementales ont reçu un développement non moins remarquable, surtout depuis que les conseils généraux, devenus pouvoir électif, ont à la fois acquis plus d'autorité et contracté l'obligation de justifier, par leurs œuvres, le choix de leurs concitoyens.

« L'Etat, depuis douze ans, a eu à sa disposition des ressources considérables, et sa sollicitude s'est portée sur toutes les voies de communication. Indépendamment des crédits qui ont été accordés

chaque année pour entretien et grosses réparations, crédits qui, portés à 27 millions dans le budget de 1831, accrus successivement par l'achèvement des travaux, figurent pour 48 millions dans le budget de 1841, les ports, les canaux, les rivières, les routes, ont employé des crédits extraordinaires, dont l'ensemble, jusqu'à la fin de 1841, s'élève,

pour les ports, à	69,045,000 fr.
pour les canaux à	146,700,000
pour les rivières à	99,915,000
pour les routes et les ponts à	137,188,000
Total	452,848,000 fr.

« Le résultat de ces immenses sacrifices ne s'est pas fait attendre. De 1832 à 1840 le nombre des voyageurs qui parcourent nos routes ou nos voies navigables a doublé. Quelle que fût, à la première de ces époques, la rapidité de nos transports, elle a augmenté dans la proportion de vingt-cinq sur cent. L'amélioration de nos routes n'est pas la seule cause, mais une des causes les plus puissantes de cet accroissement dans le nombre et l'activité des transports.

« Après tant d'efforts, il nous en reste beaucoup à faire, sur un territoire aussi vaste que le nôtre et dont toutes les parties réclament au même titre, et avec les mêmes droits, la sollicitude du gouvernement ; ce serait se faire illusion que de croire atteindre si tôt le terme d'une aussi grande entreprise.

« Mais, pendant que nous persévérons dans notre ferme dessein d'y travailler sans relâche et de l'achever, voilà qu'un nouveau moyen de communication plus rapide, plus énergique, s'offre à la noble et impatiente activité de notre époque et vient de nous demander de nouveaux efforts.

« …. Ce n'est pas que, jusqu'à ce jour, l'Etat soit resté entièrement étranger à la création des chemins de fer. Vous avez donné près de 800,000 fr. pour étudier les tracés des chemins à créer ; vous avez voté, au profit de cinq compagnies concessionnaires des prêts qui, réunis, s'élèvent à 41,600,000 fr. ; vous avez garanti, à la compagnie du chemin de fer d'Orléans, les intérêts d'un capital de 40,000,000 ; vous avez ouvert au gouvernement un crédit de 24,000,000 fr. pour exécuter les deux chemins de Lille et de Valenciennes et celui de Montpellier à Nîmes ; mais nous ne pouvons nous borner à ces timides efforts. Le projet de loi sur lequel nous avons à nous expliquer a pour but de faire succéder une exécution hardie à de longs tâtonnements et de donner à vos travaux plus d'utilité et de grandeur. »

Le projet se divise en trois parties distinctes :

La première contient des règles générales pour le classement et l'exécution des chemins de fer ;

La seconde propose, pour certains chemins ou fragments de chemins, des affectations spéciales de crédits ;

La troisième règle les ressources financières qui seront consacrées à l'exécution des chemins classés.

(1) « Le titre premier, a dit M. Dufaure, comprend deux choses bien distinctes : le classement des grandes lignes de chemins de fer (art. 1er); les modes suivant lesquels elles seront exécutées (art. 2 et suivants).

Sur l'Angleterre, par un ou plusieurs points du littoral de la Manche, qui seront ultérieurement déterminés ;

Sur la frontière d'Allemagne, par Nancy et Strasbourg ;

Sur la Méditerranée, par Lyon, Marseille et Cette ;

Sur la frontière d'Espagne, par Tours, Poitiers, Angoulême, Bordeaux et Bayonne;

Sur l'Océan, par Tours et Nantes ;

§ Iᵉʳ. — Classement.

« La Belgique est le seul pays qui, sans essais, sans tâtonnements, mettant à profit les expériences faites autour d'elle, a tracé du premier coup le réseau de chemins de fer qui devait sillonner son territoire. Dès 1834, elle arrêta un système de chemins de fer ayant pour point central Malines, et se dirigeant à l'est, vers la frontière de Prusse, par Louvain, Liége, Verviers; au nord, sur Anvers ; à l'ouest, sur Ostende par Termonde, Gand, Bruges; et au midi, sur Bruxelles, vers les frontières de France, par le Hainaut. Ce réseau a été augmenté plus tard de deux nouvelles lignes : une de Gand à la frontière de France par Tournay, avec embranchement sur Courtrai, et une qui, partant de Namur, viendra se joindre au chemin de fer de Bruxelles à Valenciennes.

« Ainsi, 135 lieues de chemin de fer sont classées à la fois pour un pays dont la superficie est à peu près le dix-septième de celle du territoire français.

« On sait que ce plan nettement arrêté a été courageusement suivi, sans que l'exécution en ait été suspendue, ni par les complications politiques au milieu desquelles la Belgique a été jetée en 1838, ni par l'effroyable crise commerciale à laquelle elle a été en proie à la fin de la même année.

« En 1836, le gouvernement anglais songea à doter l'Irlande de ce nouveau et puissant moyen de communications intérieures; l'Irlande, qui n'avait alors que 9 kilomètres de chemin de fer entre Dublin et Kingstown. Un comité est nommé au mois d'octobre 1836 ; il dépose son rapport le 13 juillet suivant ; il propose au gouvernement d'adopter un plan général de chemins de fer pour l'Irlande, et de concourir à son exécution. Les circonstances politiques ont empêché que cette proposition eût aucune suite.

« Au contraire de ces deux exemples, en Angleterre, en Allemagne, aux Etats-Unis, les chemins de fer ont été créés isolément, suivant les nécessités locales qui venaient à se révéler, se reliant les uns aux autres, lorsque de nouvelles nécessités le réclamaient, sans se rattacher tous à un plan général conçu, arrêté à l'avance. Peut-être ne pouvait-il en être autrement en Angleterre, où la création des chemins de fer était l'œuvre de l'industrie privée ; en Allemagne, où tant d'Etats indépendants concouraient à les établir ; en Amérique, par l'influence de ces deux causes réunies.

« L'établissement des chemins de fer en France a suivi les mêmes phases que dans les pays que nous venons de rappeler.

« Comme en Angleterre, comme aux Etats-Unis, comme en Allemagne, c'est le besoin de rendre la houille aux lieux où elle est consommée, qui fait établir, sur notre territoire, les premiers chemins de fer : leurs concessionnaires n'ont pas d'autres vues, quels qu'aient été, depuis, le sort et la destination des chemins qu'ils ont construits. Ainsi sont entrepris, en 1823, le chemin de Saint-Etienne à Andrezieux ; en 1826, le chemin de Saint-Etienne à Lyon ; en 1828, le chemin d'Andrezieux à Roanne ; en 1830, le chemin d'Epinac au canal de Bourgogne ; en 1833, le chemin d'Alais à Beaucaire.

« Quelques années après, au bruit que faisaient en Angleterre le succès du chemin de Liverpool à Manchester, on conçut le parti que l'on pouvait tirer de ce nouveau mode de communication pour le transport des voyageurs. C'est dans cette vue que furent concédés successivement, en 1835, le chemin de Paris à Saint-Germain ; en 1836, les deux chemins de Versailles et celui de Montpellier à Cette.

« Bientôt les chemins de fer sont envisagés d'un point de vue plus étendu ; ils cherchent les lieux où le besoin des échanges est le plus développé, où le mouvement des hommes et des choses est le plus multiplié. Les chemins de Mulhouse à Thann et de Strasbourg à Bâle, traversent les vallées industrieuses de l'Alsace ; les chemins d'Orléans et de Rouen sont créés pour donner une activité nouvelle aux relations de Paris avec ces deux villes et les deux grands ports de commerce qui sont derrière elles ; enfin, le gouvernement lui-même, en 1840, se charge de rattacher la France aux chemins de fer belges, par les deux lignes de Lille et de Valenciennes à la frontière, et de donner quelque ensemble aux chemins du midi en reliant le chemin de Montpellier à Cette, et celui d'Alais à Beaucaire par une ligne de Montpellier à Nîmes.

« Voilà nos essais ; nous les avons tentés sur différents points de notre territoire, éloignés les uns des autres ; ils sont le fruit de différentes idées, d'intérêts plus ou moins étendus. Mais comme en Angleterre on sent déjà l'inconvénient de ces entreprises multipliées sans ordre, sans plan commun, sans dessein général ; comme en Allemagne, les gouvernements éprouvent déjà la nécessité de régler, par des traités, la direction de leurs chemins de fer établis d'abord au hasard ; il est temps pour la France de se proposer un but plus élevé dans la création de ces moyens de communication et de les coordonner suivant un système adopté à l'avance.

« Nous croyons donc que le jour est venu de classer les lignes de chemins de fer qui doivent répondre aux intérêts les plus généraux du pays. Nous n'interdisons pas par là la confection des chemins de fer dans des directions d'un intérêt secondaire. Si quelque grande industrie, si quelque puissante activité locale les réclame, nous espérons que les capitaux privés, avec ou sans l'appui des finances de l'Etat, sauront les entreprendre ; mais, du moins, au milieu de ces œuvres isolées et accidentelles, nous aurons une œuvre générale que nous devons aujourd'hui combiner et arrêter avec prudence pour l'accomplir ensuite avec résolution.

« Comprendre dans un classement légal les lignes que l'intérêt général réclame, c'est marquer à l'avance la direction et l'étendue de nos travaux ; c'est prendre envers nous-mêmes le salutaire engagement de les classer et de les terminer. Pour agir ainsi, Messieurs, vous n'avez pas besoin d'aller chercher au dehors des exemples et des leçons ; en prenant ce parti, vous n'imiterez que vous-mêmes. Vous ferez aujourd'hui pour vos chemins de fer

Sur le centre de la France , par Bourges ;

ce que le grand et beau décret du 16 décembre 1811 a fait pour les routes royales. Il classait sur le territoire actuel de la France plus de six mille lieues de grandes routes. Malgré les désastres des dernières années de l'empire, malgré les sommes considérables que les puissances européennes ont arrachées à la restauration, et le milliard que la restauration a spontanément offert aux anciens émigrés, après deux révolutions et trente années de fortunes si diverses, nous arrivons au moment d'achever cette œuvre immense.

« La loi que nous vous proposons sera un acte utile et national comme le décret de 1811 ; nous comptons sur une exécution aussi fidèle, mais plus prompte, et qui, nous osons l'espérer, ne sera suspendue ni par des sacrifices aussi stériles, ni par d'aussi déplorables malheurs.

« Avant d'aborder les détails du classement que nous avons adopté, nous devons vous dire sur quelles bases nous l'avons arrêté, à quels caractères généraux nous avons distingué les directions sur lesquelles devaient être portées nos lignes de chemins de fer.

« Nous n'avons pas hésité plus que le gouvernement à leur assigner un point de départ commun et à choisir Paris pour la tête de nos grandes communications. Peu importe que Paris ne soit pas géographiquement au centre de la France ; quels que soient les hasards ou les longs desseins politiques qui en ont fait la capitale du royaume, elle ne pourrait cesser de l'être que le jour où la France perdrait sa puissante unité. Du nord comme du midi, de l'est comme de l'ouest, c'est vers Paris que se tournent tous les regards ; c'est de Paris que vient la vie intellectuelle, administrative, commerciale, industrielle ; c'est de Paris que l'empereur fit partir toutes les grandes routes impériales ; c'est de Paris que sortent toutes les lignes télégraphiques. Sans y être contraints, et comme par une nécessité naturelle, tous les chemins anglais vont aboutir à Londres. Si la Belgique a établi d'abord à Malines le centre de son réseau, c'est que, dans l'origine, son chemin de fer avait pour but principal de conserver, par une ligne directe de Liège à Anvers, le transit de l'Allemagne qu'elle perdrait depuis qu'elle s'était séparée de la Hollande, c'est qu'il tendait surtout vers les ports de mer ; c'est que, dans les premières années qui ont suivi la révolution belge, la supériorité de Bruxelles n'était pas facilement acceptée par les autres grandes villes ses rivales. On est, au surplus, autorisé à croire que la Belgique a reconnu son erreur et saisira la première occasion de la réparer.

« Nous ne commettrons pas cette faute ; nos chemins de fer partiront de Paris ; mais où iront-ils ?

« Ce sera leur donner la destination la plus générale et la moins incontestable que de les faire servir à nos relations internationales. En les dirigeant de Paris sur nos frontières, vous vous préparez pour le temps de guerre un énergique moyen d'agression et de défense. Il n'est plus nécessaire d'accumuler à l'avance dans quelques places, les plus exposées aux attaques de l'ennemi, les approvisionnements d'une armée offensive ; vos troupes se concentrent avec une rapidité encore inconnue, et la merveilleuse activité de la campagne d'Ulm peut être dépassée. Si, au contraire, vous prévoyez une de ces attaques auxquelles la

France ne répondra plus que par une guerre nationale , la nation armée peut se transporter en peu de temps sur les points menacés.

« On s'attachait autrefois à ne communiquer avec les pays voisins que par des routes à peu près impraticables qui rendaient l'invasion plus difficile.

« Songeons que l'état de paix est notre état normal ; facilitons les voies au commerce, à l'industrie, aux relations pacifiques et amies ; ouvrons nos routes à la frontière comme à l'intérieur ; mais, en revanche, si un ennemi voulait en profiter, ménageons-nous les moyens de nous trouver plus rapidement au-devant de lui.

« Cet énergique instrument de guerre sera aussi l'agent le plus utile des entreprises de la paix. Les grandes capitales se rapprochent, les échanges se multiplient, toutes les parties de notre territoire sont mises en communication immédiate avec des peuples dont elles n'avaient jamais connu les produits et à qui elles ne pouvaient proposer leurs échanges. Les barrières nationales s'abaissent et les chemins de fer préviennent les guerres avant de fournir les moyens de les diriger avec succès.

« Si les deux Amériques veulent communiquer avec notre continent européen , les premiers ports qui s'ouvrent devant elles sont nos trois grands ports du Havre, de Nantes et de Bordeaux ; si ce vaste Orient, qui s'affranchit peu à peu de la navigation longue et périlleuse du cap de Bonne-Espérance, veut pénétrer vers le nord de l'Europe, Marseille peut rivaliser avec les bouches du Danube et Trieste. Le transit des marchandises étrangères sur notre territoire qui est , année moyenne, de 3 à 4,000 quintaux , peut paraître d'une faible importance ; mais , en se mêlant à nos échanges propres , il contribue à en accroître le courant , et ces communications , comme toutes autres , s'augmenteront par les facilités que vous leur ouvrirez.

« Diriger nos grandes lignes vers nos frontières de terre et de mer, la Belgique , l'Allemagne, la Suisse, la Méditerranée, l'Espagne, l'Océan, la Manche , telle est donc notre première règle générale de classement.

« Là , nous choisissons un de ces points qui, par des circonstances naturelles et politiques, sont devenus peu à peu de grands centres de population agglomérée. Lille , Strasbourg, Lyon , Marseille, Bordeaux , Nantes sont comme les capitales des départements qui les environnent. Leur donner le bienfait des chemins de fer, c'est en doter autant qu'il est en nous toutes les parties du territoire qui sont dans le rayon de leur influence, qui vivent de leur vie, qui souffrent ou grandissent avec elles.

« L'application de ces deux règles, la détermination des deux extrémités, constitue à nos yeux le classement de la ligne ; la détermination des points intermédiaires en est le tracé. Nous devons encore dire à la Chambre quelles règles nous avons suivies dans l'appréciation de cette autre partie importante du projet de loi.

« Plus on est pénétré de l'utilité commerciale, politique, sociale des grandes lignes de chemins de fer, plus on sent que leur qualité la plus importante est d'être aussi directes et aussi courtes que possible.

2° De la Méditerranée sur le Rhin, par Lyon, Dijon et Mulhouse (1);
De l'Océan sur la Méditerranée, par Bordeaux, Toulouse et Marseille (2).

2 (3). L'exécution des grandes lignes de chemins de fer définies par l'article précédent aura lieu par le concours De l'État,

« Cependant cette règle doit quelquefois fléchir devant deux considérations :

« La France n'est pas, comme la Prusse et la partie occidentale de la Belgique, une vaste plaine où l'on puisse tracer à plaisir des lignes mathématiques ; les bassins de ses grands fleuves sont séparés par des faîtes, quelquefois très-élevés, qu'il vaut mieux tourner que franchir. Nous avons, depuis quelques années, dépensé des sommes considérables à adoucir la raideur des pentes de nos routes royales, que les ingénieurs d'une autre époque avaient tracées en ligne droite sur le sol. Les difficultés du terrain, la raideur des pentes, les frais de construction et d'exploitation nous font donc quelquefois une loi d'abandonner le plus court tracé pour le plus long.

« L'État n'exploitera pas lui-même les chemins de fer ; dans le système du projet de loi, il en abandonnera l'exploitation à des compagnies qui, pour une forte part, concourront à l'exécution, et que les produits du chemin devront dédommager. Les produits d'un chemin ne dépendent pas seulement de ses points extrêmes. L'expérience faite sur les chemins en exploitation a montré que les points traversés par le chemin profitent aussi de sa création et concourent à ses produits. On a calculé que, sur le chemin de Paris à Saint-Germain, le rapport du parcours partiel à la circulation générale était de 16 pour 100 ; il dépasse 20 pour 100 sur les deux chemins de Versailles ; il est de 40 pour 100 sur le chemin de Corbeil ; de 60 pour 100 sur le chemin de Saint-Étienne à Lyon, comme sur l'ensemble des chemins belges. Il est donc nécessaire, dans le choix des tracés, d'avoir égard au chiffre de la population répandue ou agglomérée dans les lieux traversés, à ses facilités et à ses habitudes de locomotion. C'est le moyen d'assurer de bons produits au chemin de fer, de faciliter la création immédiate des compagnies exploitantes et de rendre possible pour l'avenir la réduction des tarifs.

« Le chemin peut surtout se détourner de la ligne droite pour aller trouver les grands centres de population agglomérée. Ce que nous avons dit des villes extrêmes s'applique aux villes intermédiaires ; c'est toute la partie du territoire qui les entoure que l'on dessert en les touchant.

« Telles sont les considérations générales qui nous ont guidé dans le choix des tracés. Que l'on ne cherche pas à déterminer à priori celle de ces considérations qui doit être prédominante ; l'examen attentif des circonstances particulières à chaque ligne peut seul en décider. » (Extrait du rapport de M. Dufaure.)

(1) Ce paragraphe a été ajouté par la commission de la Chambre des Députés, sur la proposition de M. le ministre des travaux publics.

(2) Cette dernière ligne a été votée sur la proposition de M. Janvier.
La ligne de Paris à Rouen et de Rouen au Havre ayant été concédée à une compagnie, n'a pas dû figurer dans le classement. Voy. loi du 11 juin 1842.

(3) Après avoir justifié le classement des lignes indiquées dans l'article précédent comme lignes gouvernementales et avoir signalé l'importance des résultats qu'on était en droit d'en attendre, M. le ministre des travaux publics a dit : « Pour que tous ces résultats se réalisent, il faut que ces communications dont le développement sera considérable, puisqu'elles doivent réunir les extrémités du territoire, puissent être parcourues à bon marché. En France, tel est l'état des fortunes que le déplacement n'a lieu qu'à cette condition, au-delà d'une certaine distance ; et quant aux marchandises, il est certain qu'elles n'iront pas trouver des consommateurs éloignés, si, dans leur trajet, elles doivent être frappées de taxes qui élèveraient leur prix au-dessus de la valeur vénale qu'elles ne peuvent pas franchir.

« Ces considérations, Messieurs, jointes à celles que nous avons exposées déjà, pour établir la distinction nécessaire qui existe entre les diverses catégories de communication, ont amené dans notre esprit la conviction profonde que l'État devait se charger, sinon de la totalité, du moins de la plus forte partie de la dépense des grandes lignes du chemin de fer. Ce moyen est le seul à nos yeux qui puisse en assurer l'exécution et l'achèvement. Il laisse dans les mains de l'État une propriété dont l'intérêt commun lui prescrit de ne pas se dessaisir ; il permet de n'asseoir que de faibles tarifs qui favoriseront, qui multiplieront les relations de toute nature et imprimeront une vive impulsion au commerce et à l'industrie.

« L'expérience du passé, d'ailleurs, nous indique évidemment cette solution ; elle nous montre que nous ne pourrions confier de pareils travaux à l'industrie privée sans lui assigner une tâche au-dessus de ses forces, et sans exposer le pays à voir bientôt interrompues et même abandonnées les entreprises dont il appelle de tous ses vœux la prompte réalisation.

« En 1837, le gouvernement a présenté aux Chambres un assez grand nombre de projets portant concession de chemins de fer à des compagnies. La discussion particulière de ces projets n'a pas même été entamée. La discussion générale s'est close par un ajournement. Une opinion presque unanime s'est manifestée dans le cours du débat, et cette opinion proclamait que l'exécution des grandes lignes de chemins de fer devait être une charge de l'État.

« Obéissant, en quelque sorte, à cet avertissement de la tribune, l'administration proposa, en 1838, de confier à l'État l'exécution d'un grand réseau de chemins de fer.

« A cette époque, nous n'avions pas encore l'expérience acquise aujourd'hui ; nous n'avions pas encore essayé les forces de l'industrie privée : il s'agissait d'une dépense énorme qui dépassait toutes celles qui, jusqu'alors, avaient été proposées à des chambres législatives. On conçoit l'hésitation qui dut se manifester et le mouvement de l'opinion vers un système qui, en provoquant l'intervention des compagnies particulières, et en faisant appel aux capitaux privés, déchargeait le trésor public d'un fardeau sous lequel on pouvait craindre de le voir succomber.

« La proposition du gouvernement fut donc écartée, en 1838. Dans cette même session, trois chemins de fer furent confiés à des compagnies dont deux se sont arrêtées au début même de leur entreprise, et sont venues solliciter la résiliation de leurs contrats ; la troisième marche avec célérité et succès vers le terme de son opération. Mais elle s'est vue obligée d'invoquer le crédit de l'Etat et ne s'est mise sérieusement en action que lorsqu'elle a pu s'appuyer sur la garantie donnée par le trésor d'un minimum d'intérêt.

« Nous pourrions citer d'autres faits ; mais à quoi bon nous appesantir sur des circonstances qui attestent que la véritable solution n'a pas encore été adoptée jusqu'à présent ? Il n'est que trop certain aujourd'hui que l'industrie privée n'est pas en état d'aborder l'exécution des grandes lignes de chemins de fer. Sachons du moins tirer du passé des leçons pour préserver l'avenir.

« Ces considérations et les faits que nous avons rappelés établissent, suivant nous, d'une manière péremptoire :

« Que l'Etat doit se réserver le domaine des grandes lignes de chemins de fer ;

« Que les compagnies particulières sont impuissantes pour en assurer l'exécution ;

« Que, si l'on veut qu'elles produisent les grands résultats qu'on peut en attendre, il est nécessaire de n'adopter que des tarifs peu élevés ;

« Qu'ainsi, il ne faut pas demander aux produits des tarifs l'intérêt du capital entier engagé dans ces opérations.

« C'est en méditant sur les conclusions que nous venons d'énoncer que nous avons été conduits à imaginer une sorte d'association entre l'Etat, les localités intéressées et l'industrie privée.

« Nous avons considéré, en effet, que si l'Etat doit garder dans ses mains la propriété des grandes lignes de chemins de fer, il serait bien difficile cependant de puiser dans le trésor tous les capitaux nécessaires à leur entier établissement ; que les ressources publiques, étant dirigées vers un seul système de travaux, laisseraient en souffrance une foule d'autres opérations qu'il appartient aussi au gouvernement d'exécuter et de conduire à fin.

« Les localités qui ne seront point traversées par les lignes de chemins de fer, ou qui du moins en seront assez éloignées pour ne pas participer à leurs bienfaits, réclament avec instance que le système de leurs routes de terre soit étendu et perfectionné, et qu'on s'occupe des voies navigables qui peuvent féconder leur territoire. Ces demandes justes et fondées ne sauraient être écartées, et nous devons réserver, pour y faire droit, une partie des ressources dont le trésor peut disposer.

« Il nous a paru, dès lors, que l'entreprise d'une grande ligne de chemins de fer pouvait se composer de trois parties bien distinctes :

« L'acquisition des terrains ;

« L'exécution des terrassements et des ouvrages d'art ;

« L'achat et la pose des rails ; l'achat des machines et l'exploitation ;

« Il nous a paru :

« Qu'on pouvait sans injustice imposer aux localités la prestation gratuite des deux tiers des terrains ;

« Que l'Etat devait garder pour son compte la dépense de l'autre tiers et celle des terrassements et des ouvrages d'art ;

« Enfin, qu'en ne demandant à l'industrie privée que les frais des rails, des machines et de l'exploitation, on ramenait l'opération dans des limites accessibles à ses efforts et à ses ressources.

« On prétendra peut-être que, par cette combinaison, on rentre précisément dans les inconvénients qu'on voulait éviter ; que, puisqu'en définitive l'exploitation est abandonnée à des compagnies particulières, on ne voit pas pourquoi on ne reste pas purement et simplement dans le système des concessions ordinaires, sauf à aider les compagnies par des subventions pécuniaires.

« Peu de mots suffisent pour établir nettement la différence bien tranchée des deux systèmes.

« Quand on concède à une compagnie l'exécution d'un chemin de fer, elle demeure chargée de payer les terrains, les terrassements, les ouvrages d'art, les rails, les machines, les frais d'exploitation et d'entretien. Pour couvrir toutes ces dépenses, il faut bien lui accorder des tarifs élevés, des jouissances séculaires.

« Or, nous l'avons déjà dit, des tarifs élevés, qui peuvent être sans inconvénient pour des lignes secondaires, annulent en quelque sorte les principaux intérêts qui s'attachent à l'existence des grandes lignes de chemins de fer et font manquer le but qu'il s'agit d'atteindre, celui d'ouvrir des relations économiques entre les points les plus éloignés du territoire, et de réunir les contrées du nord et celles du midi, les régions de l'est et celles de l'ouest, dans une heureuse communauté de besoins et d'intérêts.

« Des jouissances séculaires sont de véritables aliénations ; s'il faut aux travaux apporter d'importantes modifications, si les tarifs doivent être remaniés dans l'intérêt général du commerce, un siècle doit s'écouler avant que l'Etat puisse recouvrer le moyen d'opérer ces changements, ou bien il faut qu'il rachète la concession à des prix exorbitants.

« Dans le système proposé, au contraire, les terrains sont payés jusqu'à concurrence des deux tiers par les localités ; le dernier tiers des terrains, les terrassements, les ouvrages d'art par l'Etat, et quand le sol du chemin est ainsi préparé et nivelé, il est livré à l'industrie privée, qui n'a plus qu'à y poser les rails et à y installer les machines.

« L'Etat reste propriétaire du chemin : il le donne simplement à loyer. Ce n'est plus une concession qu'il accorde, mais simplement un bail qu'il consent, et dans lequel il est bien plus facile que dans un acte de concession de comprendre toutes les clauses que peut réclamer l'intérêt public.

« Les avances de la compagnie étant ainsi considérablement réduites, les tarifs rémunérateurs sont moins forts ; la jouissance de ces tarifs est moins longue, l'Etat reprend la libre possession du chemin à des intervalles moins éloignés, et il recouvre, à ces intervalles, la faculté d'introduire dans le système des travaux et dans celui des taxes les modifications que peuvent réclamer les progrès du temps et les besoins du commerce.

« Ainsi se trouvent conciliés les intérêts du présent et ceux de l'avenir.

« Ainsi, par la division de la dépense, il devient possible de réaliser des entreprises auxquelles il faudrait renoncer, si l'on devait s'adresser aux seules forces de l'Etat ou aux seules forces des compagnies.

« Ainsi se trouvent combinées et dirigées vers un but commun l'action gouvernementale et l'action industrielle.

« A l'Etat, l'exécution des travaux qui entraînent les plus grandes dépenses, qui présentent les

Des départements traversés et des communes intéressées (1),

De l'industrie privée ;

Dans les proportions et suivant les formes établies par les articles ci-après.

Néanmoins, ces lignes pourront être

chances les plus incertaines ; à l'industrie privée, les frais qu'il est possible d'exécuter avec précision et l'exploitation des chemins sous des conditions favorables à l'intérêt public, et qu'il deviendra d'ailleurs possible de modifier à des époques déterminées, mais qui ne seront plus séparées par des intervalles séculaires.

« Nous pensons, Messieurs, que, dans ce système, chacun a la part qui lui appartient. »

M. *Grandin* a proposé de substituer au mode d'exécution proposé par le gouvernement le système suivant : « Le gouvernement est autorisé à concéder directement chacune des lignes de chemins de fer définies par l'article précédent aux compagnies qui, ayant versé à la caisse des dépôts et consignations un cautionnement égal au dixième de leur fonds social, auront justifié de capitaux nécessaires à l'exécution de ces lignes.

« Ces concessions auront lieu avec le concours de l'État, limité toutefois au maximum d'un cinquième de la dépense totale, nécessitée pour l'exécution entière de chacune de ces lignes.

« Le cahier des charges, les tarifs, les actes de société seront les mêmes que ceux accordés à la compagnie du chemin de fer de Rouen, par la loi du 15 juillet 1840.

« Le cautionnement déposé sera restitué aux compagnies aussitôt qu'elles auront justifié avoir dépensé en travaux une somme égale à ce cautionnement.

« Les départements et les communes traversés par les chemins de fer, et intéressés à leur exécution, sont autorisés à s'imposer extraordinairement, et à emprunter jusqu'à concurrence des deux tiers de la valeur des terrains et bâtiments nécessaires, sur leur territoire, à l'établissement de ces chemins de fer et à leurs dépendances, savoir : les départements pour un tiers, et les communes pour un tiers, pour ensuite offrir la somme résultant de cette imposition ou cet emprunt, soit à titre de prêt, soit à titre de don, en tout ou en partie, aux compagnies concessionnaires desdits chemins de fer.

« Pendant la durée des travaux, le gouvernement est autorisé à garantir à chaque compagnie un intérêt qui ne pourra dépasser 4 pour 100 du capital dépensé par elle. »

Cet amendement, faiblement appuyé, n'a pas été admis.

(1) Cette disposition a été critiquée au sein de la commission de la Chambre des Députés, comme contraire à notre système général de travaux publics extraordinaires. Nos routes royales s'achèvent, a-t-on dit, sans que les départements traversés ni les communes intéressées concourent à la dépense. Il y a même cela de remarquable que, suivant l'art. 6 du décret de 1811, les frais de construction et d'entretien des routes impériales de troisième classe devaient être supportés concurremment par le trésor et par les départements qu'elles traversent, et que, depuis quelques années, les départements ont été dispensés de cette obligation. L'État vient d'entreprendre de grands canaux ; il supporte seul les frais de construction : il en est de même des trois chemins de fer qu'il exécute. Pourquoi cette anomalie dans des travaux de même nature ?

Cette charge se résoudra pour les départements en centimes extraordinaires ajoutés aux contributions directes ; pour les communes, en centimes additionnels ou en accroissement des droits d'octrois. Serait-il sage d'augmenter ou les impôts directs ou les droits d'octroi ? N'ont-ils pas atteint la dernière limite où ils puissent parvenir ? Cette charge, d'ailleurs, serait-elle justement répartie ? Les communes intéressées seront désignées arbitrairement par le conseil général ; les départements seront désignés plus arbitrairement encore par la loi. Pourquoi les départements traversés ? Le département contigu est quelquefois plus intéressé à la création du chemin qui ouvre un débouché facile aux produits de son sol ou de ses manufactures.

Enfin, on a soutenu que tout au moins les départements devaient seuls concourir à la dépense ; que si, dans quelques parties de la France, les communes avaient des revenus, il en était beaucoup d'autres où elles n'avaient rien et où elles ne pourvoyaient à leurs dépenses communales ordinaires que par des centimes additionnels.

A ces objections, la majorité de la commission a répondu que le seul principe général contenu dans nos lois relativement au concours des localités dans la dépense des travaux publics se trouvait écrit dans les art. 28 et 29 de la loi du 16 septembre 1807 ; que, selon ces articles, ce concours serait obligatoire ; qu'à la vérité, l'État ne s'en était pas toujours prévalu, mais que rien ne lui interdisait d'y recourir lorsqu'il pourrait y trouver un secours nécessaire ; qu'en ce moment même on l'utilisait pour les travaux exécutés dans plusieurs de nos ports ; que l'emploi de cette ressource était plus que jamais justifié par la grandeur et l'urgence de l'entreprise à laquelle on la consacrait ; que, d'ailleurs, l'établissement d'un chemin de fer est un avantage incontestable pour les lieux qu'il traverse, et qu'on a pu l'induire de ce qui a déjà été dit des bénéfices produits par les stations intermédiaires.

« L'épreuve, a-t-on ajouté, en a été faite en Angleterre ; il a été constaté par l'enquête préliminaire du chemin de Londres à Birmingham, que la valeur des propriétés voisines du chemin de fer de Liverpool à Manchester avait augmenté depuis la création du chemin ; que le revenu avait doublé par les facilités qu'il avait ouvertes à la vente de leurs produits. On y a constaté encore que le chemin de Stockton à Darlington ayant été entrepris sur une seule voie, on n'acheta d'abord que le terrain strictement nécessaire. On sentit bientôt la nécessité de faire une seconde voie : les mêmes propriétaires vendirent une bande de terre le long du chemin ; mais elle coûta plus de 50 pour 100 au-dessus du prix que l'on avait primitivement payé. Ajoutons que dans les avis publiés en Angleterre pour la vente des propriétés, on les recommande habituellement aux acheteurs par le voisinage du rail-way. Les lieux traversés ont un autre avantage : pour prix des terrains qu'il achète et des travaux qu'il fait exécuter, l'État y verse des sommes considérables qui y répandent l'aisance, qui cherchent immédiatement à se placer, soit dans des acquisitions nouvelles, soit dans des spéculations lucratives qui font augmenter la valeur vénale des propriétés et de leurs revenus, qui rendront

concédées en totalité ou en partie à l'industrie privée, en vertu des lois spéciales et aux conditions qui seront alors déterminées (1).

facile le paiement des centimes extraordinaires ou additionnels que les départements et les communes auront à supporter. On sait, au reste, que les départements et les communes ont promptement deviné l'avantage qu'ils retireraient de l'établissement des chemins de fer et qu'ils ont offert leur concours dans des proportions beaucoup plus larges que celles du projet de loi.

« Quant à la répartition de la dépense, il ne paraît pas qu'elle soit arbitraire et injuste. Sans doute les départements non traversés profiteront de la création du chemin : félicitons-nous en. Mais il serait à peu près impossible au pouvoir législatif de désigner ceux qui y sont intéressés, et la part d'intérêt qu'ils y ont pour fixer leur part contributive dans la dépense. Quant aux communes, le conseil général fera facilement cette désignation, ainsi qu'il l'a déjà fait pour les chemins vicinaux de grande communication. Ils seront souverains sans doute ; la commission ne se dissimule pas l'importance de l'attribution que la loi va leur conférer ; mais elle se confie au bon sens et à l'esprit de justice dont ils ont fait preuve depuis huit ans. Elle ne peut pas croire qu'ils fassent tomber la dépense sur des communes qui n'auraient aucune ressource ; le projet leur indique qu'ils devront prendre en considération l'intérêt et la situation financière de chacune d'elles.

« Nous avons entendu M. le ministre de l'intérieur, tuteur naturel des départements et des communes, il ne demanderait pas mieux que de voir leurs charges allégées ; cependant il ne croit pas exorbitantes celles que la loi leur impose, surtout si l'on accorde aux départements et aux communes du temps, et on les oblige à ménager leurs ressources. C'est pour ce motif qu'il a donné, sans réserve, son adhésion au projet de loi.

« Cette déclaration a confirmé la majorité de la commission dans la disposition où elle était d'accepter le concours des départements et des communes dans les limites et aux conditions du projet de loi. »

Deux amendements qui avaient pour objet, le premier, d'exempter les départements et les communes de toute contribution à la dépense, et le second, de remplacer les mots *les départements traversés*, par ceux-ci : *les départements intéressés*, ont été successivement rejetés par la Chambre. Les raisons qui ont été alléguées pour et contre se trouvent développées dans l'extrait qui précède du rapport de M. Dufaure.

(1) Ce paragraphe, proposé par M. *Duvergier de Hauranne*, a été substitué par lui à un autre amendement, qui consistait à limiter le mode d'exécution indiqué par le projet à la construction des lignes ou des portions de lignes comprises dans le titre 2.

Au sein de la commission de la Chambre des Députés, on avait demandé si les lignes classées dans l'art. 1er seraient toutes faites suivant un mode uniforme ; si le partage des travaux entre l'État et les compagnies, la répartition du paiement des indemnités entre l'État, les départements et les communes formeraient désormais le seul moyen d'exécuter les chemins de fer compris dans le classement ; si tout autre mode d'exécution serait exclu.

La question y fut vivement débattue. En faveur du système exclusif, on reproduisait les raisons développées dans l'exposé des motifs, et l'on ajoutait : « On reconnaît que, pour le moment, l'application de ce système n'est pas seulement utile, mais qu'elle est nécessaire ; on l'accorde sans hésiter pour les chemins ou fragments de chemins que l'État va immédiatement entreprendre ; comment pourrait-on changer de système dans le cours des travaux ? comment une ligne commencée aux frais de l'État se terminerait-elle aux frais de la compagnie ?

« Le système proposé n'a de grandeur qu'à la condition d'être uniformément appliqué. Il est bon que notre loi le décide, l'arrête irrévocablement. Les obligations de l'État, des départements, des communes, de l'industrie privée, seront ainsi déterminées. Chacun réglera ses projets, ménagera ses ressources, préparera ses efforts en vue des devoirs qui l'attendent. »

Ceux qui soutenaient l'amendement disaient : « Voyez comme le système du gouvernement nous lie pour l'avenir ! les capitaux qui ont fui les chemins de fer peuvent reprendre confiance.

« Ils peuvent, sous la condition d'une garantie d'intérêt qui ne se réalisera peut-être jamais, ou d'un prêt dont le remboursement s'effectuera sans difficulté, venir aider le gouvernement dans l'exécution du travail qu'il s'impose. Pourquoi les repousser à l'avance systématiquement ? Le concours de l'État avec les compagnies, dans les proportions déterminées par le projet de loi, peut être bon, mais il n'est pas encore éprouvé. Dans deux ans, dans trois ans, nous pouvons nous repentir de l'avoir adopté ; que ferons-nous alors ? Y persisterons-nous malgré ses défauts, ou détruirons-nous la loi que nous faisons aujourd'hui ? Mieux vaut garder la liberté de persévérer ou de changer.

« L'idée de faire tous les chemins classés suivant un mode uniforme peut être satisfaisante en théorie, mais le projet de loi même lui donne un démenti. Les lignes de Paris à Orléans, de Nîmes à Beaucaire, de Montpellier à Cette, sont comprises dans le classement, et elles ont été concédées à des compagnies. D'ailleurs, ce que nous devons désirer, ce que le pays demande, ce sont des chemins de fer ; il ne serait pas sage de repousser à l'avance les moyens qui peut-être seront les meilleurs pour hâter leur confection. »

Ces réflexions ne prévalurent pas, et la majorité de la commission crut devoir s'en tenir au système exclusif qui lui paraissait être celui du gouvernement.

Mais lors de la discussion, la majorité de la commission est revenue sur sa détermination première. De son côté, M. *le ministre des travaux publics* a déclaré qu'en attribuant à l'art. 2 du projet un sens exclusif, la commission avait méconnu la pensée du gouvernement. Voici en quels termes il s'est exprimé : « On a pensé que la manière dont l'article 2 était rédigé excluait absolument d'accepter, par voie de concession, quelque compagnie qui offrirait d'exécuter une ligne tout entière ou une portion de ligne à des conditions qui seraient plus favorables à l'État que le mode d'exécution établi dans la loi.

« Cela n'avait pas été dans l'intention du projet, et nous le déclarons très-positivement. Si, après la présentation du projet de loi, si, en ce moment

3. Les indemnités dues pour les terrains et bâtiments dont l'occupation sera nécessaire à l'établissement des chemins de fer et de leurs dépendances seront avancées par l'Etat (1), et remboursées à l'Etat, jusqu'à concurrence des deux tiers (2), par les départements et les communes (3).

Il n'y aura pas lieu à indemnité pour

même, des propositions nous étaient faites pour l'exécution entière d'une ligne ou d'une portion de ligne à des conditions qui nous paraîtraient meilleures, plus avantageuses pour l'Etat que l'application du système que vous venez de voter, nous n'aurions pas hésité, dans le cours même de la discussion, à vous présenter une loi spéciale de concession.

« On a proposé un paragraphe additionnel qui, à notre sens, ne dit pas autre chose, si ce n'est que le gouvernement ne s'interdit pas, après avoir consacré le mode d'exécution par l'Etat, d'admettre, par voie de concession, des propositions plus favorables au trésor : je déclare que dans ces termes nous n'avons pas de raison de nous opposer à son adoption. »

Il serait oiseux de rechercher si l'opinion du gouvernement a toujours été la même sur la question qui nous occupe, et de reproduire les arguments qui ont été dirigés contre le système absolu, qu'à tort ou à raison la commission lui avait prêté. Il convient d'examiner les objections qui ont été présentées contre l'article tel qu'il a été amendé ou plutôt interprété par M. Duvergier de Hauranne.

On a dit que si l'amendement n'ajoutait rien à la pensée qui avait présidé à la rédaction du projet, s'il était aussi inoffensif que le prétendait le gouvernement, il n'y avait pas lieu de l'admettre, puisque ce serait insérer dans la loi une disposition inutile ; que si, au contraire, on y attachait un sens raisonnable, comme on devait le faire, il y avait également lieu de l'écarter, puisqu'il renfermait un nouveau système, entièrement opposé à celui qui venait d'être voté ; que, d'après les faits qui avaient été signalés, il était difficile de comprendre la réaction qui s'opérait en faveur de l'exécution par les compagnies ; que, dans le système du projet, d'ailleurs, elles n'étaient point déshéritées, puisqu'on leur réservait la concession des lignes secondaires d'embranchement, l'exploitation des lignes qui venaient d'être classées, et peut-être l'entreprise à forfait des travaux qui doivent être payés sur les fonds de l'Etat ; que, d'ici à dix ans, les dépenses que la loi mettait à leur charge s'élèveraient à plus de 500 millions ; que l'amendement, s'il était adopté, aurait pour résultat de déposséder l'Etat, de l'obliger à consentir à des concessions à long terme et des tarifs élevés, de fractionner les lignes, et d'avoir des tarifs différents à raison des conditions différentes d'exécution, d'inféoder la circulation aux compagnies, et peut-être de leur livrer les lignes que la politique et l'intérêt du pays commandaient à l'Etat de retenir.

On a répondu que puisqu'on voulait des chemins de fer, il ne fallait répudier à l'avance aucun des moyens qui pouvaient en assurer l'exécution ; que l'impuissance des compagnies ne serait pas sans doute permanente ; que, quelque précieux que fût le principe de l'inaliénabilité du sol, il ne l'était pas au point que l'on dût repousser des compagnies qui proposeraient de bonnes conditions et offriraient des garanties sérieuses, et que les craintes que l'on avait manifestées et les inconvénients qui avaient été signalés étaient purement chimériques, puisque les concessions n'auraient lieu, dans tous les cas, qu'autant que la législature les autoriserait.

L'amendement a été maintenu.

(1) Le projet du gouvernement n'imposait point à l'Etat l'obligation d'avancer aux départements et aux communes la somme pour laquelle ils doivent concourir. Une disposition dont il sera question ultérieurement, et qui faisait l'objet de l'art. 7 du projet, autorisait même l'administration à se mettre en possession des terrains moyennant la consignation du tiers mis à la charge de l'Etat sur le montant de l'indemnité. C'était une atteinte au principe de l'indemnité préalable. L'innovation a été écartée, et l'art. 3 a dû être modifié.

« L'indemnité pour expropriation de terrains, disait M. *Dufaure*, doit être payée ou consignée avant la prise de possession. Nous n'admettons aucune modification à cette règle, qui est écrite dans la Charte ; mais les départements et les communes, lorsqu'ils recourent aux emprunts, aux centimes extraordinaires ou aux droits d'octroi, n'ont que le plus souvent des ressources éloignées, d'une réalisation certaine, mais fort lente. La prise de possession des terrains, et par conséquent l'exécution des travaux, serait indéfiniment retardée s'il fallait attendre qu'ils en eussent la libre disposition pour payer les deux tiers des indemnités. Nous vous proposons, dans le paragraphe premier, de décider que l'Etat en fera l'avance, sauf le remboursement ultérieur que lui devront les départements et les communes. »

(2) « Nous voudrions, a dit l'organe de la commission de la Chambre des Députés, pouvoir évaluer la dépense que cet article du projet imposera aux départements et aux communes ; mais vous savez à quel point varie la valeur des terrains à exproprier. Les chemins voisins de Paris ont eu à payer des indemnités considérables qui ne pourraient pas servir pour une évaluation même approximative.

« Nous croyons que l'on ne s'écartera pas beaucoup de la vérité, en portant à 4 hectares par kilomètre l'étendue de terrains dont l'expropriation sera nécessaire pour la voie et les stations, et à 5,000 fr. le prix moyen de l'hectare. Le prix total par kilomètre serait de 20,000 fr., prix supérieur à celui qu'a payé la compagnie d'Alais à Beaucaire ; supérieur à la compagnie d'Orléans entre Juvisy et Orléans ; supérieur, enfin, à celui qu'a payé la compagnie de Strasbourg à Bâle, malgré quelques estimations exagérées du jury d'expropriation. Les départements et les communes auraient ainsi à payer une moyenne de 13,300 fr. par kilomètre, et l'Etat 6,700 fr. »

(3) « C'est en laissant à la charge des localités la plus grande part des indemnités de terrains, a dit M. *le ministre des travaux publics*, que nous intéresserons les jurys locaux à retenir le règlement dans de justes limites. Combien de sacrifices auraient été épargnés à l'Etat si ce système eût été adopté plus tôt ! combien de capitaux auraient pu être dépensés en travaux utiles, au lieu d'avoir été employés à payer à d'avides spéculateurs quatre et cinq fois la valeur des terrains qu'on leur demandait ! »

l'occupation des terrains ou bâtiments appartenant à l'Etat (1).

Le gouvernement pourra accepter les subventions qui lui seraient offertes par les localités ou les particuliers, soit en terrains, soit en argent (2).

4. Dans chaque département traversé, le conseil général délibérera,

1° Sur la part qui sera mise à la charge du département dans les deux tiers des in-demnités, et sur les ressources extraordinaires au moyen desquelles elle sera remboursée en cas d'insuffisance des centimes facultatifs ;

2° Sur la désignation des communes intéressées et sur la part à supporter par chacune d'elles, en raison de son intérêt et de ses ressources financières.

Cette délibération sera soumise à l'approbation du roi (3).

---

(1) Il ne serait pas juste que l'Etat, qui reste en définitive propriétaire du chemin, pût se faire rembourser les deux tiers de la valeur des travaux et des bâtiments qui lui appartiennent ; il n'y a pas expropriation, mais affectation d'un terrain public à un emploi d'utilité publique.

(2) M. *Roger* (du Loiret) avait proposé une disposition additionnelle ainsi conçue : « Ces subventions seront comptées en déduction des charges imposées à la localité. » Toutefois, d'après l'auteur de l'amendement, il ne devait en être ainsi qu'autant que le donateur ne se serait pas expliqué.

« Dans le cas où le donateur n'aura pas fait connaître son intention, a fait observer M. *Ternières*, on rentre dans le principe ordinaire ; la souscription, le don s'ajoutent à l'impôt, à la charge que doivent supporter les départements et les communes ; mais, dans le cas où le donateur explique que son intention est d'en décharger la commune, la commune en est exonérée.

« Du reste, cela est conforme à ce qui se pratique pour les chemins vicinaux. D'après la loi de 1836, les subventions volontaires, soit des particuliers, soit des communes, restent en dehors de la contribution de la localité, lorsqu'il n'existe pas de déclaration spéciale du donateur. »

M. *le ministre des travaux publics* a ajouté que des subventions ainsi motivées ne seraient pas offertes au gouvernement, mais bien au département ou à la commune.

M. *Roger* (du Loiret), d'après ces observations, a retiré son amendement.

(3) Le paragraphe 2 de l'article 3, amendé par la commission, auquel correspond notre article, portait : « Dans chaque département traversé, le conseil général fixera la part qui sera imputée sur les fonds départementaux et au paiement de laquelle il sera pourvu au moyen de ressources extraordinaires. Il désignera les communes qui seront appelées au paiement du surplus des deux tiers, et il réglera le contingent de chacune d'elles en raison de son intérêt et de ses ressources financières. »

M. *Vivien* a protesté contre l'innovation profonde que ce paragraphe allait introduire dans le système de notre législation administrative. Il a fait observer que, lorsqu'il s'agissait de dépenses qui devaient être partagées entre les départements et les communes, telles que celles des aliénés, des enfants trouvés, des chemins vicinaux de grande communication, le conseil général n'avait que le droit de proposition, et que c'était le gouvernement qui, en définitive, statuait et approuvait ou n'approuvait pas la délibération du conseil général ; que, dans l'espèce, l'approbation du gouvernement était d'autant plus nécessaire que le conseil se trouvant à la fois juge et partie, il pouvait arriver que la répartition ne fût pas faite avec toute l'impartialité désirable ; que l'indépendance absolue dont on voulait investir les conseils généraux pourrait avoir pour les communes des conséquences trop fâcheuses, et que, dès lors, il convenait que le pouvoir central ne demeurât point désarmé.

Ces observations ont été accueillies par le gouvernement, et la commission a été chargée de rédiger l'article en ce sens. Voici comment s'est exprimé M. *Dufaure :* « Cet article a été attaqué par l'honorable M. Vivien, en ce qu'il donnait au conseil général un pouvoir exorbitant, surtout en ce que le conseil général était à la fois arbitre et partie dans sa propre cause.

« Son amendement a été renvoyé à la commission. Votre commission l'a examiné ; elle a cru que le second paragraphe de l'art. 3 (aujourd'hui art. 4) devait être modifié ; elle a cherché à mettre sa rédaction en parfaite concordance avec la loi du mois de mai 1838, qui règle les attributions des conseils généraux.

« La Chambre sait qu'aux termes de la loi de mai 1838, les conseils généraux ont trois sortes d'attributions.

« D'après les art. 1, 2 et 3, ils ont un pouvoir souverain pour la répartition des contributions entre les arrondissements et pour le jugement des contestations soulevées par les communes relativement à la part que les conseils d'arrondissement ont mise à leur charge.

« Les conseils généraux tiennent de l'art. 4 le pouvoir de délibérer sur certains objets que cet article désigne. Seulement, aux termes de l'art. 5, leur délibération est soumise à l'approbation du roi, du ministre compétent ou du préfet, selon les lois particulières qui déterminent cette compétence.

« Enfin, aux termes de l'art. 6, les conseils généraux donnent leur avis sur certains objets qui sont déterminés par cet article.

« Nous avons cru, Messieurs, avec l'honorable M. Vivien, que c'était aller trop loin que de donner au conseil général le pouvoir souverain de régler la part du département et celle des communes dans les dépenses d'expropriation. Nous n'avons donc pas voulu rentrer dans les dispositions des art. 1, 2 et 3 de la loi de mai 1838. Nous avons cru, d'un autre côté, que ce ne serait pas aller assez loin ; que ce ne serait pas donner aux conseils généraux un pouvoir suffisant que de leur demander un simple avis, selon l'art. 6 de cette loi. Nous avons été ainsi conduits à demander une délibération du conseil général sur la part contributive du département et des communes et sur la répartition à faire entre les communes intéressées, en soumettant toutefois cette délibération du conseil général à l'approbation du roi.

« Nous avons cru d'autant plus devoir adopter cette disposition, que déjà, dans l'art. 4 de la loi précitée, se trouvaient des objets sur lesquels le

5. Le tiers restant des indemnités de terrains et bâtiments,

**Les terrassements,
Les ouvrages d'art et stations**

conseil général délibère et qui sont parfaitement analogues à celui que comprendra votre loi. Ainsi, aux termes de cet art. 4, § 12, le conseil général délibère sur la part contributive à imposer au département dans la dépense des travaux entrepris par l'État et qui intéressent le département. Suivant le § 13, « sur la part contributive du département aux dépenses des travaux qui intéressent à la fois le département et les communes; » et enfin, § 15, « sur la part de la dépense des aliénés, des enfants trouvés et abandonnés qui sera mise à la charge des communes, et sur les bases de la répartition à faire entre elles.

« Nous avons cru que la disposition comprise dans la loi sur laquelle nous délibérons actuellement, était de même nature que les trois dispositions que nous venons de lire, et par conséquent nous avons appliqué une règle analogue aux délibérations des conseils généraux sur la part des départements et des communes, et sur la répartition entre les communes pour les dépenses d'expropriation occasionnées par les chemins de fer. »

La disposition ainsi amendée a été adoptée.

Sur cet article ainsi complété, M. *Vivien* a présenté une nouvelle observation en ces termes :

« On vous demande de dire que « dans chaque département traversé, le conseil général délibérera 1° sur la part qui sera mise à la charge du département dans les deux tiers des indemnités. »

« J'adopte ceci; mais on ajoute : « et sur les ressources extraordinaires au moyen desquelles il sera remboursé, en cas d'insuffisance des centimes facultatifs. » C'est-à-dire qu'on appelle le conseil général à délibérer sur les moyens par lesquels il parviendra à payer ce qu'il doit à l'État.

« Et à la fin de l'article, on se borne à dire « que la délibération du conseil général sera soumise à l'approbation du roi. »

« Le droit d'approuver, donné au roi par cette disposition finale, ne comprend pas le droit de modifier. Je demande ce qui arrivera si le conseil général prend une délibération qui froisse évidemment les droits de l'État, une délibération dont la conséquence sera de s'attribuer vingt ans, trente ans, cinquante ans pour le paiement de la somme due à l'État ? Le conseil général sera-t-il libre de décider de quelle façon on remboursera l'avance faite par l'État ? Je ne crois pas que cette question puisse lui être abandonnée et que la Chambre veuille ainsi abdiquer son pouvoir.

« Ne pourrait-on pas sortir de la difficulté en n'introduisant dans la loi aucune disposition sur ce point ? La loi ne pourrait-elle pas se borner à dire que le conseil général délibérera sur la part qui sera mise à la charge du département, sur la désignation des communes, etc., et quant à la dette contractée par le département envers l'État, s'en tenir aux règles du droit commun ? Le département a le droit de délibérer sur les dettes qui pèsent sur lui; il s'entend ensuite avec son créancier; et comme ce créancier est l'État, c'est naturellement au budget qu'il appartient d'intervenir pour fixer de quelle façon le remboursement sera fait à l'État. J'exprime à l'improviste cette idée qui m'est suggérée à l'instant même par l'article qui vient de m'être communiqué.

« Ce que je repousse, c'est une disposition qui sem-

blerait dire que, entre l'État créancier et le département débiteur, c'est celui-ci qui doit statuer par quels moyens et dans quel délai il se libérera. »

M. le rapporteur a répondu : « L'honorable M. Vivien proposerait de ne rien décider par l'article de la loi sur les ressources au moyen desquelles le département concourra à la dépense et de s'en rapporter au droit commun sur les dettes départementales. C'est ce que la commission et le gouvernement n'ont pas voulu, et c'est sur les observations de M. le ministre de l'intérieur que nous avons introduit dans la loi la disposition sur laquelle vous délibérez maintenant. Si l'on considère la part du département dans la dépense d'expropriation comme une dette départementale ordinaire, si l'on s'en rapporte au droit commun pour cela, il en résultera que cette dette, comme dette départementale, sera introduite dans le budget des dépenses variables; il en résultera que c'est la part du département dans le fonds commun qui viendra payer la contribution du département, c'est-à-dire que ce sera avec le fonds de l'État qu'en définitive la part du gouvernement sera remboursée à l'État.

« Le concours des départements dans la dépense des chemins de fer n'eût alors été qu'une illusion. Nous ne l'avons pas voulu. Nous avons demandé ce que vous avez déjà fait pour quelques dépenses départementales; nous avons demandé que les départements ne pussent y pourvoir qu'au moyen des ressources extraordinaires, en ajoutant, comme le demande M. Dejean, dans le cas où les centimes facultatifs ne suffiraient pas.

« Maintenant qu'arrive-t-il ? Nous voulons que le conseil général délibère sur les ressources extraordinaires au moyen desquelles il y pourvoira. Rien n'est plus naturel que de demander d'abord au conseil général une délibération sur le mode par lequel il entend rembourser l'avance qui a été faite par le gouvernement. Il y a donc délibération du conseil général sur les ressources qu'il croira pouvoir employer; mais nous sommes loin d'avoir entendu que le conseil général serait souverain à cet égard-là, et, s'il n'indique pas des ressources suffisantes, on y pourvoira au moyen de ressources extraordinaires comme cela arrive tous les jours.

« Les ressources extraordinaires seront des centimes additionnels qui ne pourront être votés que par une loi. C'est par une loi que vous pourvoirez au remboursement de la part du département dans les dépenses d'expropriation.

« Nous croyons donc, d'un côté, qu'il faut maintenir dans l'article cette disposition que le département prendra sa part aux dépenses au moyen de ressources extraordinaires; sans cela, ce serait l'État qui se rembourserait par les centimes donnés au fonds commun.

« Nous croyons, d'un autre côté, que le conseil général doit être appelé à délibérer sur les ressources extraordinaires qu'il affectera au remboursement de l'État.

« Nous croyons, en troisième lieu, que, dans le cas où le conseil général n'indiquerait aucune ressource ou n'indiquerait que des ressources insuffisantes, comme il s'agit d'une dette, le ministre de l'intérieur présenterait aux Chambres une loi par

Seront payés sur les fonds de l'État (1).

6. La voie de fer, y compris la fourniture du sable,

Le matériel et les frais d'exploitation,

Les frais d'entretien et de réparation du chemin, de ses dépendances et de son matériel,

Resteront à la charge des compagnies auxquelles l'exploitation du chemin sera donnée à bail (2).

Ce bail réglera la durée et les conditions de l'exploitation, ainsi que le tarif des droits à percevoir sur le parcours; il sera passé provisoirement par le ministre des travaux publics, et définitivement approuvé par une loi (3).

laquelle il demanderait des centimes additionnels pour le paiement de la part qui est à la charge du département.

« Il y a donc lieu de maintenir l'article tel qu'il est rédigé. »

M. *Vivien* s'est déclaré satisfait.

M. *Tesnière* a présenté une autre observation que je crois devoir recueillir.

« La délibération du conseil général, a-t-il dit, sur la répartition des deux tiers entre les départements et les communes, sera soumise à l'approbation du roi par une ordonnance royale; je le comprends.

« Mais ensuite l'article dit que le département aura recours ou à ses centimes facultatifs ou à des ressources extraordinaires. Eh bien ! ici, je ne comprends plus la nécessité de l'approbation par une ordonnance royale.

« En effet, le conseil général délibère sur l'emploi des centimes facultatifs mis à la disposition du département; dans ce cas, les budgets des conseils généraux sont soumis à l'approbation du ministre de l'intérieur, qui a la faculté d'approuver ou de retrancher certaines dépenses qui ne seraient pas conformes aux lois, ou qui ne seraient pas utiles. L'ordonnance du roi n'est donc pas nécessaire spécialement sur cet objet déjà réglementé par la législation.

« Quant aux centimes extraordinaires à créer, il ne faut pas recourir à une ordonnance royale, puisqu'en définitive c'est aux Chambres qu'il faut s'adresser pour les départements soient autorisés à créer des centimes et des emprunts; évidemment ici l'ordonnance est inutile; elle n'a aucune portée.

« Je comprends l'ordonnance royale, en ce qui touche la part de contribution des communes et des départements, parce qu'il peut y avoir de la part du conseil général fausse appréciation des forces contributives des communes, inégale répartition, et parce qu'un pouvoir modérateur et souverain est nécessaire.

« Mais si la disposition finale de l'article a pour objet d'appliquer l'ordonnance à toutes les parties du même article, j'avoue que cela ne me paraît pas nécessaire.

« A mon avis donc, on ne devra demander l'ordonnance du roi que pour l'approbation ou la modification du vote du conseil général, en ce qui touche la répartition.

« J'ai cru cette observation utile pour qu'on sache bien que l'ordonnance royale ne sera nécessaire que quant à ce qui touche la répartition proportionnelle entre les départements et les communes. »

Aucune réponse n'a été faite, aucune objection n'a été présentée contre cette explication du dernier paragraphe de l'art. 4; elle me paraît conforme, sinon tout à fait à son texte, au moins à l'esprit qui l'a dictée et à la législation existante.

(1) Cette dépense a été évaluée à 150,000 fr. par kilomètre.

M. *Bineau* avait présenté une disposition additionnelle portant que l'administration ne pourrait commencer les terrassements, les ouvrages d'art et les stations avant que la construction de la voie et l'exploitation n'eussent été assurées par un bail passé avec une compagnie et approuvé par une loi. Les motifs de cette disposition étaient que les deux parties du travail avaient besoin de se prêter une mutuelle assistance, qu'il était nécessaire que l'œuvre des compagnies fût préparée longtemps à l'avance, et que les préparatifs commençassent en même temps que les travaux de l'État; qu'enfin, le concours des compagnies n'était pas toujours certain et qu'il était des lignes pour lesquelles on doit craindre de ne pas l'obtenir.

M. *le ministre des travaux publics* a dit que la question lui avait été déjà posée au sein de la commission et qu'il avait répondu que la règle de conduite serait de traiter avec les compagnies, de manière à faire coïncider ces conventions avec l'exécution des travaux mis à la charge de l'État.

« Il est tout simple, a-t-il ajouté, que je doive rechercher cela avec empressement, que je veuille avoir les moyens de pouvoir simultanément appliquer l'action des compagnies et celle des capitaux de l'État. Mais que l'on exige que je prenne l'engagement formel de ne commencer nulle part, sous aucune forme, aucun travail, quelque degré d'espérance que je puisse avoir de traiter avec des compagnies dans un temps fort court, cela est impossible. Sans doute, il est tout simple que le gouvernement porte d'abord les premiers travaux sur les points accessibles aux compagnies avec lesquelles il sera en négociation avec elles; mais un engagement aussi absolu que celui dont s'agit entraverait sa liberté et le mettrait en quelque sorte à leur discrétion. »

D'après ces observations, M. *Bineau* a retiré son amendement.

(2) Tous ces frais ont été évalués aux 5/12e de la dépense totale.

(3) « Suivant le projet du gouvernement, ce bail devait être approuvé par une ordonnance royale. Cette disposition a été défendue dans le sein de la commission de la Chambre des Députés; elle a paru nécessaire à quelques membres pour que des compagnies osent se présenter et demander l'exploitation des chemins que l'État va exécuter. Elles reculeront si elles sont obligées de subir l'examen ultérieur des Chambres. Une loi est nécessaire pour des concessions qui délèguent aux compagnies le droit d'exproprier; mais le bail d'exploitation ne donnera aucun droit semblable. Il peut être urgent de traiter avec une compagnie exploitante, pourquoi ne pas en laisser le pouvoir au ministre sous sa responsabilité?

« Ces raisons n'ont pu convaincre la majorité de la commission. Le prix des transports exerce une telle influence sur toute notre économie so-

7. A l'expiration du bail, la valeur de la voie de fer et du matériel sera remboursée, à dire d'experts, à la compagnie par celle qui lui succédera, ou par l'État (1).

8. Des ordonnances royales régleront les mesures à prendre pour concilier l'exploitation des chemins de fer avec l'exécution des lois et règlements sur les douanes (2).

9. Des règlements d'administration publique détermineront les mesures et les dispositions nécessaires pour garantir la police, la sûreté, l'usage et la conservation des chemins de fer et de leurs dépendances (3).

---

siale, qu'à son avis le règlement des tarifs mérite l'intervention d'une loi. Ainsi l'a-t-on pensé jusqu'à ce jour, lorsque, dans les lois de concession, en déléguant le droit d'exproprier, on a aussi fixé le maximum des tarifs. Ce principe est également écrit dans la loi du 9 août 1839, qui a autorisé l'administration à modifier les tarifs des compagnies existantes, mais par mesure provisoire et en réservant au pouvoir législatif le droit de prononcer définitivement. Une convention provisoire sera passée entre le ministre et la compagnie; une loi sera présentée aux Chambres pour demander la sanction de cette convention. Pourquoi les compagnies reculeraient-elles devant cette épreuve, lorsqu'elles la subissent pour les demandes en concession? Votre commission vous propose donc de décider que le bail provisoire passé entre le ministre et la compagnie devra être approuvé par une loi. » (Extrait du rapport de M. Dufaure.)

(1) Le projet du gouvernement contenait un art. 1 qui était ainsi conçu : « Pour le règlement des indemnités de terrains et bâtiments, l'administration sera dispensée de remplir les formalités prescrites par les art. 23, 24, 25, 26, 27 et 28 de la loi du 3 mai 1841. »

« L'appréciation des terrains et bâtiments compris dans le jugement d'expropriation sera immédiatement déférée au jury.

« Immédiatement après la décision du jury, l'administration entrera en possession des terrains et bâtiments expropriés, en consignant les tiers mis à la charge de l'État du montant de l'indemnité. »

Cette disposition, qui avait pour objet de faciliter les expropriations, a été repoussée par la commission de la Chambre des Députés.

« Les art. 23 et suivants de la loi du 3 mai 1841, dit M. Dufaure, obligent l'administration à faire connaître par une notification la somme qu'elle offre pour indemnité au propriétaire exproprié, aux fermiers, locataires, usufruitiers, etc., qu'il aurait appelés et aux autres intéressés qui auraient juge à propos d'intervenir.

« Les personnes auxquelles la notification a été adressée, sont tenues de déclarer si elles acceptent ces offres, et, en cas de refus, de faire connaître leurs prétentions. Si elles n'ont pas accepté, l'administration les cite devant le jury; le jury ne peut accorder une indemnité inférieure à l'offre de l'administration, ni supérieure à la demande de la partie intéressée (art. 39).

« Ces formalités prennent quinze jours, si toutes les parties sont maîtresses de leurs droits; un mois, s'il en est autrement.

« Nous avons pensé que l'avantage de gagner quinze jours ou un mois n'était pas une compensation suffisante des garanties que présentent les formalités que nous venons de rappeler.

« Supprimer l'obligation de faire des offres et la faculté de les accepter, déférer immédiatement au jury le règlement de l'indemnité, c'est interdire à l'administration et à l'exproprié le droit de la régler à l'amiable; c'est obliger le jury d'expropria-

tion à prononcer d'innombrables décisions; c'est en faire un tribunal permanent. Nous croyons plus dangereuse qu'utile cette modification d'une loi si récente.

« Il est vrai que l'indemnité offerte par l'État sera payée pour les deux tiers par les départements et les communes. Mais c'est l'État qui sera propriétaire du chemin; c'est lui qui exproprie; c'est lui qui doit remplir toutes les formes et se conformer à toutes les règles de la loi d'expropriation. Il est le protecteur légal des départements et des communes. On ne peut craindre qu'il compromette leurs intérêts qui sont aussi les siens.

« Quant à la faculté de prendre possession des terrains après consignation du tiers du prix, M. le ministre des travaux publics a reconnu lui-même qu'elle ne pouvait être accordée à l'administration. »

(2) M. de Beaumont avait proposé un article additionnel, dont voici la teneur : « L'échange des parcelles de terres résultant du tracé des chemins de fer se fera au droit fixe de 1 franc. » Cet amendement avait un double but, 1° celui de réduire les frais d'expropriation en diminuant les indemnités pour le morcellement des héritages et les acquisitions forcées de terrains inutiles au parcours du chemin de fer (art. 50, loi du 3 mai 1841); 2° d'atténuer les inconvénients qui résultent pour l'agriculture de la division des exploitations.

Cet amendement n'a point été admis. On a dit que les inconvénients signalés pourraient être diminués au moyen des traverses à niveau et de l'établissement de chemins latéraux le long des clôtures des chemins de fer; que d'ailleurs la rédaction présentée était incomplète, puisqu'elle ne précisait point à quelle étendue on reconnaîtrait une parcelle; qu'il était imprudent de modifier nos lois de finances par des dispositions isolées, et dont par conséquent la portée n'était pas suffisamment appréciée, et qu'enfin ce serait abroger l'art. 50 de la loi du 3 mai 1841.

3) M. Dupin a appelé l'attention du gouvernement et de la Chambre sur l'insuffisance de la sanction dont la loi pénale frappe les contraventions aux règlements de police qui régissent les chemins de fer (art. 471, § 5 C. pén.); contraventions qui quelquefois entraînent la mort d'un nombre considérable d'individus. Il a rappelé l'accident épouvantable arrivé deux jours auparavant sur le chemin de Versailles, rive gauche. Il a ajouté que l'impossibilité de constater l'identité des personnes qui périssent, rendrait souvent illusoire l'action des dommages-intérêts; qu'il fallait que la loi prononçât des amendes élevées et même des peines corporelles.

M. le ministre des travaux publics a répondu que les nécessités signalées avaient été senties depuis longtemps et notamment dans un pays voisin qui nous a devancés dans toutes sortes de mouvements à la vapeur. « L'Angleterre, a-t-il dit, délibère sur une loi pénale applicable aux cas nouveaux auxquels peut donner lieu ce mode de transport. Une

TITRE II. — *Dispositions particulières* (1).

10. Une somme de quarante-trois millions (43,000,000 fr.), est affectée à l'établissement du chemin de fer de Paris à Lille et Valenciennes, par Amiens, Arras et Douai.

11. Une somme de onze millions cinq cent mille francs (11,500,000 fr.) est affectée à la partie du chemin de fer de Paris à la frontière d'Allemagne, comprise entre Hommarting et Strasbourg.

12. Une somme de onze millions (11,000,000 fr.) est affectée à l'établissement de la partie commune aux chemins de fer de Paris à la Méditerranée et de la Méditerranée au Rhin, comprise entre Dijon et Châlons.

13. Une somme de trente millions (30,000,000 fr.) est affectée à la partie du chemin de Paris à la Méditerranée, comprise entre Avignon et Marseille, par Tarascon et Arles.

14. Une somme de dix-sept millions (17,000 000 fr.) est affectée à l'établissement de la partie commune aux chemins de fer de Paris à la frontière d'Espagne et de Paris à l'Océan, comprise entre Orléans et Tours.

15. Une somme de douze millions (12,000,000 fr.) est affectée à l'établissement du chemin de fer de Paris au centre de la France, comprise entre Orléans et Vierzon.

16. Une somme de un million cinq cent mille francs (1,500,000 fr.) est affectée à la continuation et à l'achèvement des études des grandes lignes de chemins de fer.

17. Sur les allocations mentionnées aux articles précédents, et s'élevant ensemble à la somme de cent vingt-six millions de francs (126,000,000 fr.), il est ouvert au ministre des travaux publics, sur l'exercice 1842, un crédit de, savoir:

Pour le chemin de fer de Paris à la frontière de la

Belgique, dans la partie comprise entre Paris et Amiens 4,000,000
Pour la partie du chemin de Paris à la frontière d'Allemagne, entre Strasbourg et Hommarting. . 1,500,000
Pour la partie commune aux chemins de Paris à la Méditerranée, et de la Méditerranée au Rhin, entre Dijon et Châlons. 1,000,000
Pour la partie du chemin de Paris à la Méditerranée, comprise entre Avignon et Marseille. 2,000,000
Pour la partie commune aux chemins de Paris à la frontière d'Espagne, et de Paris à l'Océan, entre Orléans et Tours. 2,000,000
Pour la partie du chemin de Paris au centre de la France, comprise entre Orléans et Vierzon. 1,500,000
Pour la continuation des études. 1,000,000

TOTAL ÉGAL. . . . 13,000,000

Et sur l'exercice de 1843, un crédit de, savoir:

Pour le chemin de Paris à la frontière de Belgique. 8,000,000
Pour la partie du chemin de Paris à la frontière d'Allemagne, entre Strasbourg et Hommarting. 3,500,000
Pour la partie commune aux chemins de Paris à la Méditerranée, et de la Méditerranée au Rhin, entre Dijon et Châlons. 2,000,000
Pour la partie du chemin de Paris à la Méditerranée, entre Avignon et Marseille. 6,000,000
Pour la partie commune aux chemins de Paris à la frontière d'Espagne et de Paris à l'Océan, entre Orléans et Tours. 6,000,000
Pour la partie du chemin de Paris au centre de la France, entre Orléans et Vierzon. 3,500,000
Pour la continuation des études. 500,000

TOTAL ÉGAL. 29,500,000

TITRE III. — *Voies et moyens.*

18. Il sera pourvu provisoirement, au moyen des ressources de la dette flottante, à la portion des dépenses autorisées par la

---

enquête considérable a eu lieu, et nos voisins cependant n'ont pas encore inventé cette législation nouvelle qui offre d'assez graves difficultés.

« Une loi pénale est, dans ce moment, étudiée par nous-mêmes; et la Chambre comprend qu'elle ne doit pas s'appliquer seulement à la circulation sur les chemins de fer, qu'elle doit, et peut-être à plus forte raison, s'appliquer à la navigation à vapeur pour laquelle vous n'avez non plus que des règlements d'administration publique qui ne constituent que des moyens de répression inefficaces.

« C'est un point de notre législation pénale auquel il faudra pourvoir. Ce n'est pas trop de l'intervalle d'une session à l'autre et des études qui pourront être faites dans cet intervalle, pour trouver quelque chose qui pare à la nécessité qui existe et dont un événement récent nous a fait sentir le

poids plus cruellement encore que nous ne l'avions senti jusqu'à présent. »

(1) La question de savoir si les lignes de chemins de fer dont le classement avait été arrêté dans le titre précédent, seraient exécutées simultanément ou successivement, et pour préciser davantage si l'on ne construirait point d'abord la ligne de la mer du nord et de la Belgique à la Méditerranée, a donné lieu, dans chacune des deux Chambres, à de longs et de vifs débats. L'une et l'autre thèse a été soutenue de la manière la plus brillante par des hommes d'une haute capacité. Je ne reproduirai point ici les raisons et les considérations politiques, économiques, commerciales et financières qui ont été développées en faveur des deux opinions. La question étant résolue, elles n'offrent plus qu'un médiocre intérêt.

présente loi, qui doivent demeurer à la charge de l'État; les avances du trésor seront définitivement couvertes par la consolidation des fonds de réserve de l'amortissement, qui deviendront libres après l'extinction des découverts des budgets des exercices 1840, 1841 et 1842.

TITRE IV. — *Disposition finale.*

19. Chaque année, il sera rendu aux Chambres, par le ministre des travaux publics, un compte spécial des travaux exécutés en vertu de la présente loi.

---

11 = 17 JUIN 1842. — Loi qui ouvre un crédit pour la célébration du douzième anniversaire des journées de juillet 1830 (1). (IX , Bull. DCCCCXIV, n. 10024.)

Art. 1er. Il est ouvert au ministre de l'intérieur, sur l'exercice 1842, un crédit de deux cent mille francs, pour contribuer, avec le fonds fourni par la ville de Paris, à la célébration du douzième anniversaire des journées de juillet 1830.

2. Il sera pourvu à la dépense autorisée par la présente loi, au moyen des ressources affectées aux besoins de l'exercice 1842.

---

11 = 17 JUIN 1842. — Loi qui proroge celles des 21 avril 1831, 1er mai 1834 et 24 juillet 1839, relatives aux étrangers réfugiés (2). (IX, Bull. DCCCCXIV, n. 10025.)

Article unique. Les lois des 21 avril 1832, 1er mai 1834 et 24 juillet 1839, relatives aux étrangers réfugiés, sont prorogées jusqu'à la fin de 1843.

---

11 = 17 JUIN 1842. — Loi qui accorde un crédit extraordinaire pour dépenses relatives aux essais d'une télégraphie de nuit (3). (IX, Bull. DCCCCXIV, n. 10026.)

Art. 1er. Il est accordé, sur l'exercice 1842, par supplément au chapitre 6 du budget du ministère de l'intérieur, un crédit extraordinaire de trente mille francs (30,000 fr.), pour dépenses relatives aux essais d'une télégraphie de nuit.

2. Il sera pourvu à la dépense autorisée par la présente loi, au moyen des ressources accordées par la loi du 25 juin 1841, pour les besoins de l'exercice 1842.

---

11 = 17 JUIN 1842. — Loi qui reporte à l'exercice 1842 la portion non employée, au 31 décembre 1841, du crédit affecté à l'exécution de peintures et de sculptures au palais de la Chambre des Pairs (4). (IX, Bull. DCCCCXIV, n. 10027.)

Art. 1er. Il est ouvert au ministre de l'intérieur, sur l'exercice 1842, un crédit extraordinaire de trois cent quatre-vingt-dix-huit mille quatre cent quarante-quatre francs dix centimes, représentant la portion non employée, au 31 décembre 1841, du crédit de six cent mille francs, affecté, par l'art. 1er de la loi du 19 avril 1840, à l'exécution de peintures et de sculptures au palais de la Chambre des Pairs.

2. Pareille somme est annulée au budget de 1841, sur le crédit de six cent mille francs précité.

3. La portion du crédit de trois cent quatre-vingt-dix-huit mille quatre cent quarante-quatre francs dix centimes, qui n'aura pas été employée en 1842, pourra être assignée seulement sur l'exercice 1843, et non sur les exercices suivants.

---

11 = 17 JUIN 1842. — Loi qui affecte une somme de huit cent quatre-vingt-seize mille huit cents francs aux constructions nouvelles à faire aux bâtiments du palais de justice de Rouen (5). (IX, Bull. DCCCCXIV, n. 10028.)

Art. 1er. Une somme de huit cent qua-

---

(1) Présentation à la Chambre des Députés le 16 avril (Mon. du 17); rapport par M. le général Paixhans le 9 mai (Mon. du 10); adoption le 1er juin (Mon. du 2), à la majorité de 205 voix contre 32.

Présentation à la Chambre des Pairs le 2 juin (Mon. du 6); rapport par M. le comte d'Alton-Shée le 4 (Mon. du 7); adoption le 6 (Mon. du 7), à la majorité de 83 voix contre 17.

A la Chambre des Pairs, M. le général Delort a demandé que ce crédit, qui se reproduit chaque année, fût compris au budget ordinaire des dépenses. Le vœu a été favorablement accueilli.

(2) Présentation à la Chambre des Députés le 16 avril (Mon. du 17); rapport par M. Chégaray le 11 mai (Mon. du 12); adoption le 2 juin (Mon. du 3), à la majorité de 217 voix contre 17.

Présentation à la Chambre des Pairs le 3 juin (Mon. du 6); rapport par M. le comte d'Alton-Shée le 6 (Mon. du 8); adoption le 7 (Mon.

du 8), à la majorité de 98 voix contre 4.

(3) Présentation à la Chambre des Députés le 16 mai (Mon. du 17); rapport par M. Pouillet le 26 mai (Mon. du 28); discussion et adoption le 2 juin (Mon. du 3), à la majorité de 229 voix contre 31.

Présentation à la Chambre des Pairs le 3 juin; rapport par M. le comte Mathieu de la Redorte le 7 (Mon. du 8); adoption le 9 (Mon. du 10), à la majorité de 109 voix contre 5.

(4 Présentation à la Chambre des Députés le 16 avril (Mon. du 17); rapport par M. Denis le 27 mai (Mon. du 31); discussion et adoption le 1er juin (Mon. du 2), à la majorité de 202 voix contre 31.

Présentation à la Chambre des Pairs le 2 juin (Mon. du 6); rapport par M. le président de Gasc le 6 (Mon. du 8); discussion et adoption le 7 (Mon. du 8), à la majorité de 107 voix contre 2.

(5) Présentation à la Chambre des Députés le

tre-vingt-seize mille huit cents francs est affectée aux constructions nouvelles à faire aux bâtiments du palais de justice de Rouen, et qui sont destinées à l'établissement des services judiciaires de la Cour royale de cette ville.

2. Sur cette somme il est ouvert au ministre secrétaire d'Etat de l'intérieur, sur l'exercice 1843, un crédit de deux cent vingt-quatre mille deux cents francs.

3. Il sera pourvu à ce crédit au moyen des ressources qui seront accordées pour les besoins de l'exercice 1843.

---

11 = 17 juin 1842. — Loi qui établit une imposition extraordinaire sur le département de la Meuse (IX, Bull. DCCCCXIV, n. 10029.)

Article unique. Il sera établi sur le département de la Meuse une imposition extraordinaire additionnelle au principal des quatre contributions directes, pendant l'année 1843, d'une somme de cinquante-huit mille trois cent quatre-vingt-quatre francs quatre-vingt-dix-huit centimes, représentant environ deux centimes deux tiers, pour le produit en être exclusivement affecté au paiement des sommes dont le département de la Meuse a été déclaré débiteur envers le sieur de Cheppe par l'ordonnance royale du 5 septembre 1840.

---

11 = 17 juin 1842. — Loi qui autorise la ville de Bordeaux à s'imposer extraordinairement. (IX, Bull. DCCCCXIV, n. 10030.)

Article unique. La ville de Bordeaux (Gironde) est autorisée à s'imposer extraordinairement pendant sept années, à partir du 1er janvier 1843, quatre centimes additionnels à ses contributions directes, pour le produit de cette imposition être exclusivement affecté à la restauration du pavage de ses rues.

---

11 = 17 juin 1842. — Lois qui autorisent neuf villes à contracter des emprunts. (IX, Bull. DCCCCXIV, n. 10031.)

PREMIÈRE LOI. — Saint-Etienne.

Article unique. La ville de Saint-Etienne (département de la Loire) est autorisée à emprunter, soit avec publicité et concurrence, soit en traitant de gré à gré avec la caisse des dépôts et consignations, et à un intérêt qui ne pourra excéder quatre et demi pour cent, la somme de neuf cent mille francs; pour être affectée à la construction

d'un collège royal et autres dépenses énumérées dans la délibération du conseil municipal du 1er décembre 1841; ladite somme remboursable en seize ans, à partir de 1843, sur les ressources ordinaires de la ville, et dans les proportions déterminées par la délibération municipale du 20 janvier 1842.

DEUXIÈME LOI. — Abbeville.

Article unique. La ville d'Abbeville (Somme) est autorisée à emprunter, soit avec publicité et concurrence, soit directement de la caisse des dépôts et consignations, à un intérêt qui ne pourra excéder quatre et demi pour cent, une somme de cent cinquante mille francs, pour payer les frais de construction d'un abattoir public et commun.

Ledit emprunt sera remboursé en dix ans à partir de 1844, sur les revenus ordinaires de la ville.

TROISIÈME LOI. — Compiègne.

Article unique. La ville de Compiègne (Oise) est autorisée à emprunter, soit avec publicité et concurrence, soit directement de la caisse des dépôts et consignations, à un intérêt qui ne pourra excéder quatre et demi pour cent, une somme de quatre-vingt-dix mille francs, à recouvrer successivement et par tiers, pendant les années 1843, 1844 et 1845, pour solder son contingent dans les travaux de construction de la caserne de cavalerie.

Ledit emprunt sera remboursé dans un délai de douze ans, ou plus tôt si faire se peut, sur les revenus ordinaires de la ville.

QUATRIÈME LOI. — Sens.

Article unique. La ville de Sens (Yonne) est autorisée, conformément à la demande contenue dans la délibération de son conseil municipal, en date du 12 février 1842, à emprunter, à un intérêt qui ne pourra excéder quatre et demi pour cent, soit avec publicité et concurrence, soit à la caisse des dépôts et consignations, une somme de soixante et treize mille francs, pour payer la dépense de l'établissement de l'entrepôt du port et d'acquisition de la portion appartenant au département dans les bâtiments de l'ancien archevêché.

Il sera pourvu sur les ressources ordinaires de la ville au service des intérêts et à l'amortissement du capital dudit emprunt, lequel devra être remboursé au moyen

---

21 avril (Mon. du 22) ; adoption le 31 mai (Mon. du 1er juin), à la majorité de 207 voix contre 23.
Présentation à la Chambre des Pairs le 2 juin

(Mon. du 6) ; rapport par M. le duc de Crillon le 6 (Mon. du 8) ; adoption le 7 (Mon. du 8), à la majorité de 105 voix contre 3.

d'annuités dans un délai de six ans, à partir du 1er janvier 1845.

CINQUIÈME LOI. — Grenoble.

Article unique. La ville de Grenoble (Isère) est autorisée à emprunter, soit avec publicité et concurrence, soit directement de la caisse des dépôts et consignations, à un intérêt qui ne pourra dépasser quatre et demi pour cent, une somme de deux cent quarante mille francs, remboursable dans le délai de douze années sur les revenus ordinaires, pour subvenir au paiement des travaux et acquisitions énumérés dans la délibération du conseil municipal du 20 juillet 1841.

SIXIÈME LOI. — La Guillotière.

Article unique. La ville de La Guillotière (Rhône) est autorisée à emprunter, avec publicité et concurrence, ou directement de la caisse des dépôts et consignations, à un intérêt qui ne pourra excéder quatre et demi pour cent, une somme de cinq cent mille francs, destinée, savoir : cent vingt mille francs au paiement du contingent de la ville dans les frais d'établissement d'une communication entre les forts de la rive gauche du Rhône, et trois cent quatre-vingt mille francs aux travaux d'endiguement et de remblais à exécuter pour défendre la ville contre les inondations du Rhône.

Cet emprunt sera remboursé en douze ans, à partir de 1845, ou plus tôt si faire se peut, sur les revenus ordinaires de la ville.

SEPTIÈME LOI. — Laval.

Article unique. La ville de Laval (Mayenne) est autorisée à emprunter, soit avec publicité et concurrence, soit directement de la caisse des dépôts et consignations, à un intérêt qui ne pourra dépasser quatre et demi pour cent, une somme de deux cent mille francs, pour subvenir au paiement des frais de construction et d'achat de mobilier du collége royal créé dans cette ville.

Cet emprunt sera remboursé en sept ans, à partir de 1846, sur les revenus ordinaires de la ville.

HUITIÈME LOI. — Mâcon.

Article unique. La ville de Mâcon (Saône-et-Loire) est autorisée à emprunter, avec publicité et concurrence, ou directement de la caisse des dépôts et consignations, à un intérêt qui ne pourra excéder quatre et demi pour cent, une somme de deux cent trente mille francs, nécessaire pour acquitter les dépenses résultant de la conversion du collège communal en collège royal.

Ledit emprunt sera remboursé en douze ans, sur les revenus ordinaires de la ville.

NEUVIÈME LOI. — Nantes.

Article unique. La ville de Nantes (Loire-Inférieure) est autorisée à emprunter, soit avec publicité et concurrence, soit directement de la caisse des dépôts et consignations, à un intérêt qui ne pourra dépasser quatre et demi pour cent, une somme de neuf cent quatorze mille francs, pour payer diverses dépenses prévues dans la délibération du conseil municipal du 3 mai 1841.

Cet emprunt sera remboursé en douze ans, sur les revenus ordinaires de la ville.

───────────

17 MAI = 15 JUIN 1842. — Ordonnance du roi portant autorisation de la société d'assurances mutuelles mobilières contre l'incendie, établie à Bordeaux sous la dénomination de *la Sauvegarde*. (IX, Bull. supp. DCIII, n. 10547.)

Louis-Philippe, etc., sur le rapport de notre ministre secrétaire d'État de l'agriculture et du commerce; notre conseil d'État entendu, etc.

Art. 1er. La société d'assurances mutuelles mobilières contre l'incendie, établie à Bordeaux, sous la dénomination de la *Sauvegarde*, pour les départements de la Gironde, de la Dordogne, de Lot-et-Garonne, des Landes, du Gers, de la Haute-Garonne, des Hautes-Pyrénées et des Basses-Pyrénées, est autorisée. Sont approuvés les statuts de ladite société, tels qu'ils sont contenus dans l'acte passé, le 15 avril 1842, par-devant Me Degors et son collègue, notaires à Bordeaux, lequel acte restera annexé à la présente ordonnance.

2. Nous nous réservons de révoquer notre autorisation en cas de violation ou de non exécution des statuts approuvés, sans préjudice des droits des tiers.

3. La société sera tenue de remettre, dans les trois premiers mois de chaque année, au ministère de l'agriculture et du commerce, et aux préfets des départements compris dans sa circonscription, un extrait de son état de situation arrêté au 31 décembre précédent.

4. Notre ministre de l'agriculture et du commerce (M. Cunin-Gridaine) est chargé, etc.

(*Suivent les statuts.*)

───────────

17 MAI = 15 JUIN 1842. — Ordonnance du roi portant autorisation de la société anonyme formée à Metz, sous la dénomination de *Compagnie des mines de Decize*. (IX, Bull. supp. DCIII, n. 10548.)

Louis-Philippe, etc., sur le rapport de

notre ministre secrétaire d'Etat de l'agriculture et du commerce ; vu les art. 29 à 37, 40 et 45 du Code de commerce ; notre conseil d'Etat entendu, etc.

Art. 1er. La société anonyme formée à Metz (Moselle), sous la dénomination de *Compagnie des mines de Decize*, est autorisée. Sont approuvés les statuts de ladite société, tels qu'ils sont contenus dans l'acte passé, le 27 avril 1842, par-devant M° Rollin et son collègue, notaires à Metz, lequel acte restera annexé à la présente ordonnance.

2. Nous nous réservons de révoquer notre autorisation en cas de violation ou de non exécution des statuts approuvés, sans préjudice des droits des tiers.

3. La société sera tenue de remettre,

tous les six mois, un extrait de son état de situation au ministère de l'agriculture et du commerce, aux préfets du département de la Moselle et de la Nièvre, à la chambre de commerce de Metz et aux greffes de chacun des tribunaux de commerce de Metz et de Nevers.

4. Notre ministre secrétaire d'Etat de l'agriculture et du commerce (M. Cunin-Gridaine) est chargé, etc.

(Suivent les statuts.)

11 = 20 JUIN 1842. — Loi portant fixation du budget des dépenses de l'exercice 1843 (1). (IX, Bull. DCCCCXV, n. 10033.)

Art. 1er. Des crédits sont ouverts jusqu'à concurrence de un milliard trois cent dix-

---

(1) Présentation à la Chambre des Députés le 31 janvier (Mon. du 1er février) ; rapport par M. Vuitry le 27 avril (Mon. du 28) ; discussion le 17, 18, 19, 20, 21, 23, 24, 25, 26, 27, 28 mai (Mon. des 18, 19, 20, 21, 22, 24, 25, 26, 27, 28, 29) ; adoption le 30 (Mon. du 31), à la majorité de 209 voix contre 70.

Présentation à la Chambre des Pairs le 31 mai (Mon. du 1er juin) ; rapport par M. le baron Mounier le 6 juin (Mon. du 8) ; discussion le 8 (Mon. du 9) ; adoption le 9 (Mon. du 10), à la majorité de 123 voix contre 12.

M. *Lacave-Laplagne*, aujourd'hui ministre des finances, et qui avait préparé le rapport sur la loi des dépenses, a exposé en ces termes notre situation financière :

« La commission qui nous a précédés avait fait pressentir l'impossibilité d'arriver, dès l'année 1843, à cet équilibre entre les recettes et les dépenses, en dehors duquel on ne peut rester longtemps sans les plus graves dangers. Ce n'est pas, vous disait-elle, lorsqu'un budget se solde par un déficit de 116 millions qu'il est possible d'espérer qu'une année suffise pour opérer dans tous les services les réductions qui, même en tenant compte des excédants de produits, seraient nécessaires pour faire disparaître ce déficit. Aussi avons-nous été plus affligés que surpris lorsque nous avons entendu M. le ministre des finances nous annoncer que les besoins étaient encore supérieurs aux ressources dans le budget de 1843. M. le ministre a

la confiance que c'est pour la dernière fois qu'il sera obligé de s'écarter de cet équilibre, qu'il regarde avec raison comme la première condition de l'ordre dans les finances en temps de paix. Il ajoute que, si un nouveau découvert vient accroître ceux qui pesaient déjà sur nos finances, cette charge est compensée par les allégements qui ont été obtenus sur les deux derniers exercices, en sorte que la situation du trésor n'a pas changé, et qu'il n'y a aucune modification à apporter au système qui a été adopté par les Chambres l'année dernière pour faire face et aux découverts des budgets ordinaires et au développement des grands travaux publics que la France n'a pas voulu interrompre en présence des difficultés qui pesaient sur les finances.

« Cette compensation existe-t-elle ? Les espérances de M. le ministre pour l'avenir sont-elles fondées ? C'est ce que nous allons examiner avec une sincérité qui est notre premier besoin et notre premier devoir. Nous allons mettre sous vos yeux tous les faits connus au moment où nous écrivons et les appréciations pour l'avenir, qui résultent tant des lois votées ou présentées que des prévisions que l'expérience permet de former avec un certain degré d'exactitude. Vous serez par-là mis à même, nous le pensons, de vous faire une opinion éclairée sur nos besoins et sur les moyens dont nous pouvons disposer pour les satisfaire.

« Nous nous occupons d'abord du service ordinaire.

« Le budget de 1840 a été voté avec un excédant présumé de recette de . . . .   15,851,735 f.

« Cet excédant s'est accru de l'augmentation qu'ont présentée les produits réalisés, comparativement aux évaluations du budget. . . . .   32,749,558 f. 70 c.

Ensemble. . . . .   48,601,293 f. 70 c.

« Mais il a dû être pourvu aux dépenses qui ont fait l'objet des crédits supplémentaires et extraordinaires accordés par diverses lois depuis le vote du budget primitif (217,639,976 fr. 8 c.), ainsi qu'aux rappels de dépenses des exercices clos (2,786,189 fr. 80 c.), ci. . . . .   220,426,165 f. 88 c.

« Ces dépenses ont été atténuées de la portion non employée sur les crédits ouverts aux ministres (30,013,136 fr. 34 c.) et des dépenses restées à payer à la clôture de l'exercice (3,802,206 fr. 20 c.), ensemble. . . . .   33,815,342 f. 54 c.

                                                   186,610,823 f. 34 c. | 186,610,823 f. 34 c.

« En sorte que l'insuffisance de ressources qui ressort du règlement législatif du budget de l'exercice 1840 s'élève à. . . . .   138,009,529 f. 64 c.

huit millions cinq cent trente-sept mille cent soixante dix-sept francs (1,318,537,177 f.), pour les dépenses de l'exercice 1843, conformément à l'état A ci-annexé, applicables, savoir :

A la dette publique (1re partie du budget). . . . . 360,427,831 f.

Aux dotations (2e partie). . . . 15,970,000

Aux services généraux des ministères (3e partie). 736,497,305

Aux frais de régie, de perception et d'exploitation des impôts et revenus indirects et directs (4e partie). 142,380,741

Aux remboursements et restitutions à faire sur les produits desdits impôts et revenus, aux non-valeurs et aux primes à l'exportation (5e partie). . . . 63,261,300

TOTAL ÉGAL. 1,318,537,177

Des crédits, montant à la somme de dix-neuf millions sept cent quatre-vingt-un mille cent quatre-vingt-douze francs (19,781,192 fr.), sont également ouverts pour l'exercice 1843, conformément à l'état B ci-annexé, aux services spéciaux portés pour ordre au budget, savoir :

Légion-d'Honneur. . . . . 7,580,698 f.

Imprimerie royale. 2,600,000

Chancelleries consulaires. . . . 250,000

Caisse des invalides de la marine. 8,000,000

Service de la fabrication des monnaies et médailles. 1,350,494

TOTAL ÉGAL. 19,781,192

2. Il sera pourvu au paiement des dépenses mentionnées dans l'art. 1er de la présente loi, et dans les tableaux y an-

« La loi de finances de l'exercice 1841 faisait ressortir un excédant probable de recette de. . . . . 24,043,432 f.

« Il a été accru de l'augmentation réalisée sur les recettes comparativement aux évaluations du budget, savoir :

« Contributions directes. . . . . 3,254,065 f. 24 c.

« Impôts et revenus indirects. . . . . 40,715,449 89 } 48,632,022 f. 13 c.

« Revenus et produits divers. 4,662,507 00

Ensemble. . . . . 72,675,454 f. 13 c.

« Mais le budget de 1841 a eu à supporter les charges ci-après :

« 1° Crédits ouverts par des lois spéciales dans les sessions de 1840 et 1841. . . . . 260,843,650 f. 69 c.

« 2° Crédits alloués aux ministres ou demandés par eux pendant la présente session. 57,453,741 51

Ensemble. . . . . 318,297,392 f. 20 c. | 318,297,392 20

« Ce résultat s'atténue du montant des crédits dont l'annulation a été prononcée dans la loi générale des crédits supplémentaires. 15,055,806 f. }

« Et du report à 1842 demandé par un projet de loi spécial, de crédits pour travaux d'art à la Chambre des Pairs. . 398,444 f. 10 c. } 15,454,250 10

Reste. . . . . 302,843,142 f. 10 c.

« Le budget de 1841, considéré d'après les ressources et les besoins qui lui sont propres présente en conséquence un découvert de. . . . . 230,167,687 f. 97 c.

« Mais si l'on atténue ce découvert des ressources attribuées, en vertu de dispositions législatives au budget de 1841, savoir :

« Portion non consolidée au 31 décembre 1840 de la réserve de l'amortissement. . . . . 105,013,174 f. }

« Prélèvement sur les fonds de réserve de l'amortissement consolidés en 1840. . . . . 16,000,000 02 } 135,401,068 f. 02 c.

« Excédant de recette du budget de 1839. . . . . . 14,387,894 f. 02 c.

« L'insuffisance de ressources du budget de l'exercice 1841 est réduite à. . . 94,766,619 f. 95 c.

« Le budget de 1842 a été voté dans la session dernière avec un excédant probable de dépense de. . . . . 115,654,934 f.

« Cet excédant s'augmente :

« 1° D'un crédit accordé pendant la même session pour les réparations de la cathédrale de Troyes. . . . . 150,000 f. }

« 2° Des dépenses pour lesquelles des crédits ont été votés ou sont demandés pendant la session actuelle. . . . . 23,413,766 } 31,800,524

« 3° Des dépenses autorisées sur 1841 par des lois spéciales, et qui, d'après la faculté qui en est accordée par ces lois, pourront être réimputées sur 1842. 8,236,524

« Le découvert actuellement apprécié sur les services ordinaires de 1842 paraît devoir s'élever à. 147,455,224

« Ce résultat sera atténué du produit de la réserve de l'amortissement propre à l'année 1842 : par approximation. 67,117,000

« Ce qui le réduit à. . . . . 80,338,224 f.

nexés par les voies et moyens de l'exercice 1843.

3. A partir du 1er janvier 1843, les marchés à passer pour les services du matériel

« Nous pouvons résumer ces résultats dans un tableau semblable à celui de la page 113 du budget, ainsi qu'il suit :

EXERCICES.	MONTANT des découverts.	RESSOURCES disponibles à déduire.	DÉCOUVERTS restant à la charge du trésor.
1840.	138,009,530 fr.	"	138,009,530 fr.
1841.	230,167,688	135,401,068 fr.	94,766,620
1842.	147,455,224	67,117,000	80,338,224
TOTAUX. . . .	515,632,442	202,518,068	313,114,374

« Le découvert total était porté au rapport précédent pour 529,378,327 fr.; il est, d'après les situations actuelles, de 515,632,442 fr. Il n'a donc diminué, par suite des modifications survenues dans les faits propres à chaque exercice que de 13,745,885 fr. La part afférente à chaque exercice s'obtient par la comparaison suivante :

RÉSULTATS énoncés aux rapports.	EXERCICE 1840.	EXERCICE 1841.	EXERCICE 1842.
Sur 1842.	170,193,780 fr.	242,603,288 fr.	116,581,259 fr.
Sur 1843.	138,009,530	230,167,688	147,455,224
Diminutions. . . .	32,184,250	12,435,600	"
Augmentations. . . .			30,873,965
	44,619,850		
Différence égale. . . . . 13,745,885 fr.			

« M. le ministre des finances, en présentant le budget de 1843 avec un déficit de 27,447,135 fr., était, comme on le voit, autorisé à dire que ce déficit était plus que compensé par les améliorations obtenues sur les exercices 1840 et 1841 qui s'élèvent à 44,619,850 fr. Mais les détails que nous venons de donner montrent que, quant à présent du moins, un élément intermédiaire, l'exercice 1842, dont le découvert est accru de 30,873,965 fr., vient détruire jusqu'à concurrence de son montant cette compensation, et qu'au déficit de 27,447,135 f. nous n'avons à opposer qu'une bonification de 13,745,885 fr.; l'inégalité entre les deux termes de comparaison devient plus grande encore si nous substituons au résultat des propositions primitives du gouvernement, celui qui est obtenu par ses demandes postérieures, combinées avec les modifications que nous avons opérées dans les projets de loi.

« En effet, les crédits demandés par des lois spéciales que vous nous avez renvoyées dépassent les réductions que nous vous proposons de 3,666,873 fr.; et, d'un autre côté, l'évaluation des recettes de 1843 opérée sur les mêmes bases que pour les budgets antérieurs, présente un chiffre inférieur de 2,201,000 fr. aux prévisions du projet du gouvernement. Le déficit se trouve accru par cette double cause, de 5,866,873 fr., et élevé à 33,314,008 fr.

« Par suite des augmentations de dépenses qui ont été votées et des diminutions qui ont été opérées dans les évaluations des recettes, le déficit est estimé à 37,363,817 fr.

« Il est vrai que l'on peut légitimement espérer des améliorations dans cette situation. Celle des exercices 1840 et 1841, telle qu'elle était établie l'année dernière, a été bonifiée, comme nous l'avons vu, de 44,619,850 fr.; ce qui tient principalement, pour le premier exercice, au non emploi d'une partie des crédits accordés, et pour le second, à l'excédant des produits recouvrés sur leurs évaluations. Nous ne pensons pas qu'il y ait des motifs de craindre que ces deux causes n'agissent pas dans le même sens d'ici à l'année prochaine sur les exercices 1841 et 1842. Déjà nous avons vu que le compte des finances de l'année 1841 présente, dans la situation de l'exercice de cette année, une réduction probable de 15 à 16 millions sur les crédits de cet exercice. Si nous n'avons pas fait entrer cette réduction en ligne de compte dans nos calculs, ce n'est pas que nous ayons mis en doute les appréciations d'après lesquelles elle a été opérée, mais parce que nous ne voulions présenter que les faits résultant des votes des Chambres ou des projets de loi qui leur sont soumis.

« Les résultats déjà connus du premier trimestre 1842 donnent aussi lieu de penser que les produits de cet exercice dépasseront les évaluations du budget.

« Enfin, il est une troisième cause, qui n'existait pas en 1841 et qui, sans doute, aura une influence considérable sur les opérations de l'année 1842 : nous voulons parler de la réduction de l'effectif qui doit être la conséquence de l'ordonnance du 8 septembre 1841 et de celle qui est prévue sur les cadres conservés au budget de 1843. Les effets de l'une et de l'autre se feront nécessairement sentir dès 1842.

« Mais, d'un autre côté, ce même exercice 1842 donnera lieu à de nouvelles demandes de crédits. Les 57 millions ajoutés à l'exercice 1841 par la dernière loi des crédits supplémentaires, malgré les sommes considérables qui avaient été votées dans la dernière session, sont, sur ce point, un avertissement dont il faut tenir compte.

« L'exercice 1843 surtout, il faut le reconnaître, est exposé à voir s'accroître beaucoup les dépenses prévues au budget. Déjà une demande spéciale pour le palais de justice de Rouen est soumise à la Chambre. Le simple examen du budget met en évidence des insuffisances ou des omissions que nous regrettons de signaler, mais auxquelles il faudra suppléer. Ainsi, l'effectif de notre armée en Algérie est toujours porté au chiffre de 38,000 hommes, si inférieur aux probabilités les plus favorables. Aucun crédit n'est prévu pour les paquebots transatlantiques dont le service coûteux commencera cependant en 1843. Les intérêts afférents à l'émission d'une nouvelle partie de l'emprunt n'y sont pas compris, et les intérêts de la dette flottante sont réduits de 2 millions, quoique cette dette ait à faire face aux dépenses des chemins de fer. Les dépenses pour les maisons centrales, celles des primes pour la pêche de la baleine et de la morue, d'autres encore sont évidemment évaluées à des sommes fort au-dessous de ce qu'elles seront réellement. Enfin des lois votées ou proposées ont pour conséquence forcée l'accroissement des charges de 1843. Nous citerons les 1,178,000 fr. restant à employer pour l'école normale, les frais de la refonte des monnaies, etc.

« Quelles que soient donc les espérances que l'on peut fonder sur l'amélioration des produits, il est prudent de ne pas les considérer comme laissant un disponible après l'acquittement de toutes les dépenses non prévues au budget dont nous venons de faire l'énumération, et il convient de prendre pour point de départ de l'avenir de notre situation financière, les faits tels qu'ils apparaissent en ce moment.

« Le tableau de la page 7 indique que le découvert sur les trois exercices 1840, 1841 et 1842, déduction faite des ressources qui lui sont applicables, est de 313,114,874 fr. Le rapport précédent le portait, à 397,710,091 fr. Il a donc été diminué de 84,595,717 fr., qui se composent des 13,745,885 fr. de diminution effective, de 67,117,000 fr. pour la réserve de l'amortissement en 1842 et de quelques modifications inutiles à détailler qu'a dû subir l'évaluation des ressources telle qu'elle pouvait être faite l'année dernière.

« A ce découvert, au déficit de 1843, il convient d'ajouter :

« 1° 8,980,802 fr. pour les travaux extraordinaires à exécuter en vertu de la loi du 17 mai 1837, pour lesquels nous n'entrerons dans aucune explication, n'ayant rien à ajouter à celles qui sont données, pages 228 et suiv., du compte des finances de l'année 1841, auquel nous renvoyons ;

« 2° Pour les travaux extraordinaires qui sont l'objet de la loi du 25 juin 1841, 496.821,400 fr. seulement, quoique la loi porte 501,321,400 fr., attendu que 4,500,000 fr., primitivement compris dans cette loi pour partie du prêt à faire au chemin de fer de Strasbourg, doivent en être retirés, cette somme ayant été imputée sur les crédits de 1841 ;

« 3° Pour les chemins de fer, évaluation approximative faite par la commission chargée de l'examen du projet de loi relatif à ces chemins et en admettant l'adoption de ses propositions, 475,000,000 fr.

« Récapitulation :

1° Découvert des exercices 1840, 1841 et 1842. . .	313,114,374 fr. (*)
2° Découvert du budget de 1843.	33,314,008
3° Travaux publics extraordinaires (loi du 17 mai 1837)	8,980,802
4° Id. (loi du 25 juin 1841).	496,821,400
5° Dépenses pour les chemins de fer.	475,000,000 (**)
TOTAL.	**1,327,230,584**

(Et en tenant compte des rectifications, 1,418,970,576 fr.)

« La différence entre ce chiffre et celui auquel est arrivée la commission des chemins de fer, et qui n'est que de 1,276,541,769 fr., s'explique par le découvert de 1843, qu'elle ne pouvait indiquer, par celui des trois exercices précédents, qu'elle ne porte qu'à 390,220,369 fr., chiffre que nous avons dû modifier pour plusieurs causes, et principalement parce que nous n'avons pas fait entrer en ligne de compte les prévisions administratives indiquées à la note de la page 5 (et qui s'élèvent à la somme de 15,592,009 fr. 41 c.) ; enfin, par le découvert des travaux provenant de la loi de 1857. »

Voici les explications données par M. le ministre des finances, au sujet de l'emprunt adjugé le 18 octobre dernier : « Il s'agissait, a-t-il dit, d'en fixer d'abord l'importance et de décider en suite sur quelles rentes, à quel taux il convenait d'emprunter. L'importance de l'emprunt devait être déterminée par les besoins et les convenances du trésor ; or, le trésor était dans l'abondance, mais l'abondance lui venait de l'émission de ses obligations à terme, des sommes déposées par les caisses d'épargne, les communes et les établissements publics, et qui s'élevaient ensemble à plus de 350 millions. La prévoyance nous faisait un devoir de ne pas laisser dépasser à la dette flottante de sages limites. D'un autre côté, il nous était démontré qu'avec une ressource supplétive de 150 millions et l'emploi intelligent des moyens de trésorerie, on pouvait faire face, pendant deux années au moins, à toutes les dépenses prévues. Il n'y avait pas lieu de pousser les précautions plus loin.

« Le choix de l'effet public, sur lequel il convenait le mieux d'emprunter, a été, de notre part,

(*) Ajouter 30,000 fr. qui ont été demandés le 16 mai pour la télégraphie de nuit.

(**) Cette somme a été évaluée à 600 millions par M. le ministre des travaux publics, depuis l'adoption des amendements introduits par la Chambre des Députés.

de la marine et des colonies seront affranchis de toute retenue (1).

La retenue des trois centimes par franc, sur les marchés en cours d'exécution, continuera d'être faite, jusqu'à leur expiration, au nom de la caisse des invalides ; mais le produit en sera reversé intégralement au trésor, suivant compte réglé en fin d'exercice.

4. L'effectif en hommes et en chevaux à entretenir en Algérie sera déterminé, chaque année, par la loi du budget des dépenses.

Il ne pourra être pourvu aux dépenses qui résulteront de l'accroissement de l'effectif ainsi fixé qu'au moyen de crédits extraordinaires à ouvrir ou à régulariser dans les formes et les délais prescrits par les lois sur la comptabilité publique (2).

5. Les dépenses du matériel du génie , en Algérie, et celles des services particuliers à cette possession, formeront des chapitres spéciaux au budget des dépenses.

L'art. 6 de la loi du 23 mai 1834 est rapporté dans le surplus de ses dispositions. Toutefois les dépenses relatives à l'Algérie continueront à être présentées d'une manière distincte dans les développements des budgets et des comptes généraux de chaque exercice (3).

6. L'effectif à entretenir en Algérie, au-delà duquel il y aura lieu à l'application du deuxième paragraphe de l'art. 4 ci-dessus, est fixé, pour l'année 1843, à trente-huit mille hommes et douze mille cent cinquante-six chevaux (4).

7. Il sera rendu un compte spécial et distinct de l'emploi des crédits ouverts à chacun des paragraphes des chapitres 21, 24 bis et 30 du budget du ministère de la

---

le sujet d'un examen approfondi. Une adjudication de rentes 5 pour 100 au-dessus du pair pouvait affaiblir le droit de l'État de rembourser sa dette au pair ; ce droit, je l'ai constamment soutenu, et mes convictions me faisaient un devoir de le conserver intact. La rente 4 1/2 pour 100 avait aussi dépassé le pair, et la considération que nous venons d'exposer lui était également applicable. Nous avons médité avec quelque préférence l'idée de mettre en adjudication les rentes 4 pour 100 ; mais l'emprunt est un contrat parfaitement libre : l'un des contractants ne peut pas imposer à à l'autre la loi de ses convenances ; nous avons dû pressentir celles des capitalistes, et je n'ai pas tardé à me convaincre que la rente 4 pour 100 n'était pas la valeur sur laquelle il fût possible d'asseoir un emprunt dans les circonstances actuelles. Trop près du pair, elle n'offrait pas dans une mesure suffisante cette mieux-value éventuelle que recherchent les prêteurs. Il était à prévoir que, pour accroître cette éventualité, on ne nous offrirait qu'un prix fort inférieur à la valeur intrinsèque de l'effet dont il s'agit. Une création de rentes 3 1/2 pour 100 ne se présentait pas avec des garanties de succès. L'impossibilité de juger à l'avance si ces rentes seraient bien ou mal accueillies sur le marché, la difficulté d'apprécier la valeur vénale d'un nouveau fonds émis dans d'étroites limites, et qui n'avait pas cours en France, laissaient trop d'incertitudes dans les esprits ; les prêteurs n'auraient pas manqué de se mettre à couvert des risques par des offres insuffisantes. Restait la rente 3 pour 100. Nous ne renouvellerons pas la polémique sur le point de savoir si l'État doit préférer l'intérêt élevé sans addition de capital à l'intérêt modéré avec accroissement de capital : ce problème, dont les circonstances et la disposition des esprits modifient nécessairement les données, n'est point susceptible d'une solution absolue. La combinaison d'allouer plus de revenu pour ajouter moins au capital est bonne quand l'État, après avoir contracté à un intérêt élevé, profite, pour le réduire, du progrès longtemps soutenu de la richesse publique. Lorsqu'au contraire cette disposition ne reçoit pas son application, l'intérêt élevé devient onéreux. Ces considérations nous ont déterminés à faire l'emprunt en rentes 3 pour 100.

« Apprécions-en les résultats financiers. L'adjudication a été faite au prix nominal de 78 fr. 52 c. 1/2 pour 3 fr. de rentes et au prix réel de 76 fr. 75 c., en tenant compte à l'intérêt de 4 pour 100 des facilités de paiement qui ont été accordées. En d'autres termes, l'État s'est constitué débiteur pour les 150 millions qu'il reçoit d'un capital nominal de 195,440,000 fr., portant intérêt à 3 pour 100. Si tout ce capital nominal devait être racheté au pair dans une période de 40 années, il en coûterait à l'État 40 annuités de 8,423,000 fr. (intérêts 5,863,000 fr., amortissement à 1 fr. 31 c. pour 100, 2,560,000 fr.), et en somme totale, 326,920,000 fr. Si le rachat s'opère au cours moyen de 85 fr., l'annuité ne sera que de 7,784,000 fr., et la dépense totale de 311,360,000. fr. Supposons maintenant un emprunt fait en rentes 5 pour 100 au pair, pour être amorti dans le même terme de 40 années au pair, l'État aurait à payer 40 annuités, chacune de 8,708,000 fr. (intérêt, 7,500,000 fr., amortissement à 80 c. 1/2 pour 100, 1,208,000 fr.) ; en somme totale, 348,320,000 fr. D'où il suit que l'emprunt fait en rentes 3 pour 100, comparé à un emprunt en rentes 5 pour 100 au pair, présente une économie totale de 11,400,000 fr. Et, dans le cas où l'État rachèterait au taux moyen de 85 fr., l'économie serait de 36,960,000 fr.

« L'opération, envisagée sous d'autres points de vue n'est pas moins satisfaisante. La France, après cinquante années de révolutions, de succès et de revers, a emprunté à l'intérêt 3 fr. 91 c., quand naguère l'Autriche négociait à moins du pair ses obligations métalliques portant 5 pour 100 d'intérêts ; quand un emprunt à 4 pour 100, proposé par la Russie, était offert à 87 ; quand la Hollande, encore riche de capitaux accumulés, ne place ses rentes 2 1/2 pour 100 qu'à 51 et 52. Nous vous devons ces explications sur l'opération importante que vous nous avez chargés de réaliser. »

(1) La caisse des invalides de la marine peut désormais pourvoir à ses besoins sans le secours de cette subvention. Cette condition d'ailleurs altérait le chiffre réel des dépenses et était un sujet de complications dans la comptabilité.

(2, 3 et 4) M. le baron *Mounier*, dans son rap-

guerre, pour travaux extraordinaires civils et militaires à exécuter, en 1843, sur divers points de l'Algérie. Ces crédits ne pourront recevoir aucune autre affectation.

8. Il est ouvert au ministre de la guerre un crédit de un million cinquante mille francs (1,050,000 fr.), pour l'inscription, au trésor public, des pensions militaires à liquider dans le courant de l'année 1843.

9 (1). La faculté d'ouvrir, par ordonnance du roi, des crédits supplémentaires, accordée par l'art. 3 de la loi du 24 avril 1833, pour subvenir à l'insuffisance dûment justifiée d'un service porté au budget, n'est applicable qu'aux dépenses concernant un service voté, et dont la nomenclature suit :

Ministère de la justice et des cultes.

Frais de justice criminelle ;
Indemnités pour frais d'établissement des évêques, des archevêques et des cardinaux ;

Frais de bulles et d'information ;
Traitements et indemnités des membres des chapitres et du clergé paroissial ;
Traitement des ministres des cultes non catholiques.

Ministère des affaires étrangères.

Frais d'établissement des agents politiques et consulaires ;
Frais de voyages et de courriers ;
Missions extraordinaires.

Ministère de l'instruction publique.

Traitements éventuels des professeurs des facultés ;
Frais de concours dans les facultés ;
Prix de l'Institut et de l'Académie royale de médecine.

Ministère de l'intérieur.

Dépenses ordinaires du service intérieur des maisons centrales de force et de correction ;

---

port à la Chambre des Pairs, s'est exprimé en ces termes :

« La loi du 23 mai 1834 avait ordonné (art. 6) que les dépenses relatives à l'occupation de l'ancienne régence d'Alger formeraient des chapitres spéciaux dans le budget des dépenses.

« L'administration s'est fidèlement conformée aux injonctions de la loi. Les commissions des deux Chambres ont paru satisfaites de la manière dont elle était exécutée dans les budgets et dans les règlements des exercices ; mais la Cour des comptes, qui envisage les choses d'un autre point de vue et qui exige une exactitude rigoureuse, une concordance parfaite entre les crédits ouverts et les dépenses justifiées, a trouvé quelque confusion dans certaines dépenses qu'il était difficile, ou plutôt impossible, de répartir avec une complète précision entre l'intérieur et l'Algérie : et elle a demandé en conséquence que la disposition de la loi de 1834 fût réformée.

« Le gouvernement, déférant à ce vœu, a proposé de révoquer l'article attaqué, en statuant toutefois que les dépenses relatives à l'Algérie continueraient à être présentées d'une manière distincte dans les développements des budgets et des comptes généraux de chaque exercice. Les crédits affectés aux travaux extraordinaires civils ou militaires resteraient d'ailleurs assujettis à une spécialité distincte.

« C'était modifier le texte de la loi, mais respecter son esprit et son but.

« La Chambre des Députés a approuvé en principe la proposition du gouvernement ; elle y a ajouté.

« On a dit que les fonds destinés à l'entretien des troupes en Algérie n'étant plus séparés à l'avance, il s'ensuivrait qu'au moyen de la combinaison du budget de la guerre, où la solde et l'entretien des troupes forment un seul chapitre de 152 millions, le gouvernement serait le maître de transporter en Afrique bien plus de troupes qu'il ne serait dans les intentions de la législature.

« Pour écarter cette objection, la Chambre des Députés a proposé d'établir que, dorénavant, cha-

que année, la loi du budget des dépenses déterminerait l'effectif en hommes et en chevaux à entretenir en Algérie, et que, dans le cas où cet effectif serait dépassé, il ne pourrait être pourvu aux dépenses qui résulteraient de l'excédant qu'au moyen de crédits extraordinaires.

« De fait, les choses ne se passaient pas autrement. En réglant les fonds affectés à la solde et à l'entretien des troupes employées en Algérie, la législature prenait nécessairement pour base la force de l'armée qu'elle entendait devoir être entretenue en Afrique. Si ces prévisions étaient dépassées, il en résultait un excédant de dépenses auquel il ne pouvait être pourvu qu'en demandant à la législature de nouveaux crédits.

« Mais il y a quelque chose d'insolite dans le mode proposé ; on ne saurait le méconnaître. Jusqu'à présent, pour l'armée d'Afrique, de même que pour l'armée de l'intérieur, le budget n'annonçait point la force de l'effectif ; elle était considérée comme la conséquence de la fixation des fonds alloués.

« Quoi qu'il en soit, en fait, nous le répétons, le nouveau mode ne changera rien à la réalité des choses et le gouvernement ne le point repoussé.

« La Chambre des Députés l'a immédiatement appliqué. L'art. 6 fixe l'effectif à entretenir en Algérie pour l'année prochaine, à 38,000 hommes et à 12,156 chevaux.

« Cet effectif était la base des évaluations insérées dans le budget présenté par le gouvernement. »

(1) La nomenclature des services votés est reproduite avec l'addition de cinq nouveaux chapitres : *les traitements des ministres des cultes non catholiques, les pertes résultant de tolérances en fort sur les monnaies, les frais d'adjudication des produits de l'administration des forêts, les salaires des facteurs ruraux des postes*, et *les frais d'hôpitaux et de quarantaine relatifs aux paquebots de la Méditerranée.* Chacun de ces services est régi par des lois spéciales dont on ne peut qu'accepter les conséquences, lorsque les dépenses qui en résultent viennent à excéder les allocations du budget.

Transport des condamnés aux bagnes et aux maisons centrales ;

Dépenses départementales.

Ministère de l'agriculture et du commerce.

Encouragements aux pêches maritimes.

Ministère des travaux publics.

Service des prêts autorisés pour les chemins de fer.

Ministère de la guerre.

Frais de procédure des conseils de guerre et de révision ;

Achats des fourrages de la gendarmerie ;

Achats de grains et de rations toutes manutentionnées ;

Achats de liquides ;

Achats de combustibles ;

Achats de fourrages pour les chevaux de troupe ;

Solde de non activité et de réforme créée par la loi du 19 mai 1834 ;

Dépenses d'exploitation du service des poudres et salpêtres, y compris les salaires d'ouvriers.

Ministère de la marine et des colonies.

Frais de procédure des tribunaux maritimes ;

Achats généraux de denrées et d'objets relatifs à la composition des rations.

Ministère des finances.

Dette publique (*Dette perpétuelle et amortissement*) :

Intérêts, primes et amortissement des emprunts pour ponts et canaux ;

Intérêts de la dette flottante ;

Intérêts de la dette viagère ;

Intérêts de cautionnements ;

Pensions (chapitres 12, 13, 14, 15, 16 et 17) ;

Frais judiciaires de poursuites et d'instances, et condamnations prononcées contre le trésor public ;

Frais de trésorerie ;

Frais de perception, dans les départements, des contributions directes et des taxes perçues en vertu de rôles ;

Remises pour la perception, dans les départements, des droits d'enregistrement ;

Contributions des bâtiments et des domaines de l'État et des biens séquestrés ;

Frais d'estimation, d'affiche et de vente de mobilier et de domaines de l'État ;

Dépenses relatives aux épaves, déshérences et biens vacants ;

Achat de papiers pour passe-ports et permis de port d'armes ;

Achat de papier à timbrer, frais d'emballage et de transport ;

Travaux d'abatage et de façons de coupes de bois à exploiter par économie ;

Frais d'adjudication des produits des forêts et des droits de chasse et de pêches ;

Avances recouvrables et frais judiciaires ;

Portion contributive de l'État dans la réparation des chemins vicinaux ;

Remises pour la perception des contributions indirectes dans les départements ;

Achat de papier filigrané pour les cartes à jouer ;

Contribution foncière des bacs, canaux et francs-bords ;

Service des poudres à feu ;

Achats de tabacs et frais de transport ;

Primes pour saisies de tabacs et arrestation de colporteurs ;

Remises des directeurs des bureaux de postes aux lettres ;

Achats de lettres venant de l'étranger ;

Remises sur le produit des places dans les paquebots et les malles-postes ;

Droits de tonnage et de pilotage des paquebots employés au transport des dépêches ;

Réparations et frais de combustible des mêmes paquebots ;

Transport des dépêches par entreprises ;

Salaires des facteurs ruraux ;

Frais d'hôpitaux et de quarantaine (paquebots de la Méditerranée) ;

Pertes résultant des tolérances en fort sur le titre et le poids des monnaies fabriquées ;

Remboursements, restitutions, non valeurs, primes et escomptes.

ETAT A. *Budget général des dépenses de l'exercice 1843.*

chapitres spéciaux.	MINISTÈRES ET SERVICES.		MONTANT des crédits accordés.
	Ire PARTIE. — DETTE PUBLIQUE.		
	1° *Dette consolidée et amortissement.*		
			fr.
1	Rentes 5 pour 100. . . . . . , ...		147,042,988
2	Rentes 4 1/2 pour 100.		1,026,600
3	Rentes 4 pour 100.		22,507,375
4	Rentes 3 pour 100.		47,070,885
5	Fonds d'amortissement :		
	Dotation annuelle. 46,526,683		46,526,683
	Rentes appartenant à la caisse d'amortissement comprises dans les crédits ci-dessus (par approximation). . . . 49,400,000		
	Montant du fonds d'amortissement. 95,926,683		
	TOTAL pour la dette consolidée et l'amortissement.		264,174,531
	2° *Emprunts spéciaux pour canaux et travaux divers.*		
6	Intérêts et primes des emprunts à rembourser par le trésor.		6,726,116
7	Amortissement des emprunts à rembourser par le trésor.		2,719,184
8	Charges annuelles des emprunts contractés à des conditions diverses. . .		1,000,000
	TOTAL pour les emprunts spéciaux.		10,445,300
	3° *Intérêts de capitaux remboursables à divers titres.*		
9	Intérêts de capitaux de cautionnements.		9,250,000
10	Intérêts de la dette flottante du trésor.		14,000,000
	TOTAL pour les intérêts de capitaux remboursables à divers titres. .		23,250,000
	4° *Dette viagère.*		
11	Rentes viagères.		3,100,000
12	Pensions de la pairie, de veuves de pairs et d'anciens sénateurs.		670,000
13	——— civiles. (Décret du 13 septembre 1806.).		1,510,000
14	——— à titres de récompenses nationales.		495,000
15	——— militaires.		43,940,000
16	——— ecclésiastiques.		1,320,000
17	——— de donataires dépossédés.		1,275,000
18	——— accordées sur la caisse de vétérance de l'ancienne liste civile. (Loi du 29 juin 1835.)		600,000
19	Subvention aux fonds de retraite des finances; pensions et indemnités temporaires.		9,248,000
20	Secours aux pensionnaires de l'ancienne liste civile.		400,000
	TOTAL pour la dette viagère.		62,558,000
	RÉCAPITULATION DE LA Ire PARTIE. — DETTE PUBLIQUE.		
	1° Dette consolidée et amortissement.		264,174,531
	2° Emprunts spéciaux pour canaux et travaux divers.		10,445,300
	3° Intérêts de capitaux remboursables à divers titres.		23,250,000
	4° Dette viagère.		62,558,000
	TOTAL de la Ire partie.		360,427,831
	IIe PARTIE. — DOTATIONS.		
21	Liste civile.		14,000,000
22	Chambre des Pairs.		720,000
23	Chambre des Députés.		722,000
24	Légion-d'Honneur (supplément à sa dotation).		528,000
	TOTAL de la IIe partie.		15,970,000

CHAPITRES spéciaux.	MINISTÈRES ET SERVICES.	MONTANT des crédits accordés.

IIIe PARTIE. — SERVICES GÉNÉRAUX.

MINISTÈRE DE LA JUSTICE ET DES CULTES.

Ire PARTIE. — DÉPENSES DE LA JUSTICE.

Administration centrale.

		fr.
1	Administration centrale. (Personnel.).	434,200
2	Administration centrale. (Matériel.).	107,000

Conseil d'Etat.

| 3 | Conseil d'Etat. (Personnel.). | 622,200 |
| 4 | Conseil d'Etat. (Matériel.). | 30,000 |

Cours et tribunaux.

5	Cour de cassation.	970,500
6	Cours royales.	4,222,550
7	Cours d'assises.	154,400
8	Tribunaux de première instance.	6,324,595
9	Tribunaux de commerce.	179,900
10	Tribunaux de police.	62,400
11	Justices de paix.	3,106,130

Frais de justice.

| 12 | Frais de justice criminelle et des statistiques. | 4,025,000 |

Secours et subventions.

13	Pensions. — Fonds de subvention à la caisse des retraites du ministère de la justice.	100,000
14	Dépenses diverses. — Secours temporaires à d'anciens magistrats et employés, etc.	55,000
15	Dépenses des exercices clos.	Mémoire.
	TOTAL de la Ire partie.	20,393,875

IIe PARTIE. — DÉPENSES DES CULTES.

Administration centrale.

1	Personnel des bureaux des cultes.	174,500
2	Matériel et dépenses diverses des bureaux des cultes.	27,000
3	Subvention au fonds des retraites des employés des cultes.	26,694

Culte catholique.

4	Traitements et dépenses concernant les cardinaux, archevêques et évêques.	1,057,000
5	Traitements et indemnités des membres des chapitres et du clergé paroissial.	28,765,000
6	Chapitre royal de Saint-Denis.	112,000
7	Bourses des séminaires.	995,000
8	Secours à des ecclésiastiques et à d'anciennes religieuses.	1,070,000
9	Dépenses du service intérieur des édifices diocésains.	457,000
10	Acquisitions, constructions et entretien des édifices diocésains.	2,000,000
11	Secours pour acquisitions ou travaux concernant les églises et presbytères.	1,200,000
12	Secours à divers établissements ecclésiastiques.	156,300
13	Dépenses accidentelles.	5,000
14	Réparations de la cathédrale de Troyes. (Loi du 25 juin 1841.).	150,000

Cultes non catholiques.

15	Dépenses du personnel des cultes protestants.	1,063,050
16	Dépenses du matériel des cultes protestants.	120,000
17	Frais d'administration du directoire général de la confession d'Ausbourg.	16,000
18	Dépenses du culte israélite.	91,000
19	Dépenses des exercices clos.	Mémoire.
	TOTAL de la IIe partie.	37,485,544

CHAPITRES spéciaux.	MINISTÈRES ET SERVICES.	MONTANT des crédits accordés.
	RÉCAPITULATION.	
	Irᵉ Partie. — Dépenses de la justice.	20,393,875
	IIᵉ Partie. — Dépenses des cultes.	37,485,544
	Total général.	57,879,419
	MINISTÈRE DES AFFAIRES ÉTRANGÈRES.	
	Administration centrale.	
1	Personnel.	529,122
2	Matériel.	162,000
	Traitements des agents du service extérieur.	
3	Traitements des agents politiques et consulaires.	4,979,800
4	Traitements des agents en inactivité.	30,000
	Dépenses variables.	
5	Frais d'établissement.	300,000
6	Frais de voyage et de courriers.	600,000
7	Frais de service.	888,000
8	Présents diplomatiques.	50,000
9	Indemnités et secours.	52,500
10	Dépenses secrètes.	650,000
11	Missions extraordinaires et dépenses imprévues.	100,000
12	Indemnités temporaires.	6,869
13	Subvention à la caisse des retraites.	105,000
14	Dépenses des exercices clos.	Mémoire.
	Total.	8,453,291
	MINISTÈRE DE L'INSTRUCTION PUBLIQUE.	
1	Administration centrale. (Personnel.).	406,000
2	Administration centrale. (Matériel.).	115,600
3	Collége royal et inspecteurs généraux de l'Université. . . .	218,000
4	Services généraux.	317,900
5	Administrations académiques.	635,900
6	Inspections des écoles primaires.	500,000
7	Instruction supérieure.	2,758,550
8	Instruction secondaire.	2,043,400
9	Instruction primaire. (Dépenses imputables sur les fonds généraux de l'Etat.)	2,100,000
10	Instruction primaire. (Dépenses imputables sur les fonds départementaux.).	4,043,000
11	Instruction primaire. (Dépenses imputables sur les ressources spéciales des écoles normales primaires.).	350,000
12	Institut.	562,000
13	Collége de France.	162,044
14	Muséum d'histoire naturelle.	480,450
15	Bureau des longitudes et observatoires.	121,760
16	Bibliothèque royale. (Dépenses ordinaires.).	283,600
17	Bibliothèque royale. (Crédit extraordinaire. — 5ᵉ annuité.). . .	105,000
18	Bibliothèques publiques.	167,223
19	Etablissements divers.	117,600
20	Souscriptions. . { Crédit ordinaire.	50,000
	Crédit extraordinaire pour l'acquittement des souscriptions antérieures au 1er juin 1839. . . .	150,000
21	Encouragements et secours aux savants et hommes de lettres. . .	263,200
22	Voyages et missions scientifiques.	112,000
23	Recueil et publication des documents inédits de l'histoire nationale. .	150,000
	Subvention aux fonds de retraite.	280,000
24	Dépenses des exercices clos.	Mémoire.
	Total.	6,493,233

CHAPITRES spéciaux.	MINISTÈRES ET SERVICES.	MONTANT des crédits accordés.
	MINISTÈRE DE L'INTÉRIEUR.	
	SERVICES IMPUTABLES SUR LES FONDS GÉNÉRAUX DU BUDGET.	
	Administration centrale.	fr.
1	Traitement du ministre et personnel de l'administration centrale. . . .	789,200
2	Matériel et dépenses diverses des bureaux.	228,900
3	Archives du royaume.	94,000
	Services divers.	
4	Dépenses secrètes et ordinaires de police générale.	932,000
5	Dépenses du personnel des lignes télégraphiques.	930,512
6	Dépenses du matériel des lignes télégraphiques.	133,000
7	Dépenses générales du personnel des gardes nationales.	132,000
8	Dépenses générales du matériel des gardes nationales.	26,000
9	Dépenses relatives à la surveillance de la librairie provenant de l'étranger.	18,000
10	Subvention aux caisses de retraite de l'administration centrale et du Conservatoire de musique.	62,545
	Beaux-arts.	
11	Établissements des beaux-arts.	443,500
12	Ouvrages d'art et décoration d'édifices publics.	400,000
13	Conservation d'anciens monuments historiques.	600,000
14	Encouragements et souscriptions.	311,000
15	Indemnités annuelles ou secours accordés annuellement à des artistes, auteurs dramatiques, compositeurs, et à leurs veuves.	137,500
16	Subventions aux théâtres royaux.	1,084,200
17	Subvention à la caisse des pensions de l'Académie royale de musique.	185,000
	Secours et subventions.	
18	Secours aux établissements généraux de bienfaisance.	507,000
19	Secours généraux aux hospices, bureaux de charité et institutions de bienfaisance.	320,000
20	Secours à des personnes dans l'indigence, et qui ont des droits à la bienveillance du gouvernement, frais de rapatriement de Français indigents, etc.	226,000
21	Subvention pour exécution, par voie de concession de péage, de travaux de ponts sur les chemins vicinaux.	400,000
22	Secours aux sociétés de charité maternelle.	120,000
23	Secours aux étrangers réfugiés en France.	2,150,000
24	Secours aux condamnés politiques.	260,000
25	Secours aux orphelins et aux combattants de juillet 1830 et de juin 1832.	22,000
	SERVICES DÉPARTEMENTAUX A LA CHARGE DES FONDS GÉNÉRAUX DU BUDGET.	
	Administration départementale.	
26	Traitements et indemnités aux fonctionnaires administratifs des départements.	3,074,400
27	Traitements et indemnités aux commissaires de police.	100,000
28	Abonnements pour frais d'administration des préfectures et sous-préfectures.	4,090,300
29	Inspections administratives des services départementaux.	130,000
	Détention des condamnés.	
30	Dépenses ordinaires des condamnés à plus d'un an de détention, renfermés dans les maisons centrales de force et de correction ou autres prisons; réparations des bâtiments, mobiliers, etc.	3,820,000
31	Transports de condamnés au bagne et à plus d'un an de détention; reprises d'évadés.	560,000
	Matériel des cours royales.	
33	Loyers, entretien et réparations de bâtiments, mobiliers et menues dépenses des cours royales.	460,000
	A reporter.	23,347,257

CHIFFRES spéciaux.	MINISTÈRES ET SERVICES.	MONTANT des crédits accordés.
		fr.
	Report.	23,347,257
133	Agrandissement du Palais de Justice (Seine).	500,000
134	Dépenses des exercices clos.	Mémoire.
	TOTAL des dépenses imputables sur les fonds généraux du budget.	23,847,257
	SERVICE DÉPARTEMENTAL.	
	Dépenses ordinaires.	
	Dépenses imputables sur le produit des centimes additionnels concédés aux départements (9 c. 1/10).	17,936,234
135	Dépenses imputables sur le produit du fonds commun à répartir par ordonnances royales (5 c.).	9,540,550
	Dépenses imputables sur les produits éventuels ordinaires (sauf règlement définitif).	600,000
	Dépenses facultatives.	
	Dépenses d'utilité départementale imputables sur le produit des centimes facultatifs votés par les conseils généraux. (Maximum 5 c. dans 85 départements, et 20 c. dans la Corse).	9,550,000
136	Dépenses sur le produit du fonds commun à répartir en secours par le règlement des budgets départementaux (6/10 de c.).	1,144,866
	Dépenses sur les produits éventuels facultatifs.	300,000
	Dépenses sur le produit de subventions communales et particulières pour travaux de routes et autres dépenses facultatives (sauf règlement définitif).	600,000
	Dépenses extraordinaires.	
137	Dépenses imputables sur le produit des centimes additionnels extraordinaires imposés en vertu de lois spéciales (sauf règlement).	14,216,000
	Dépenses imputables sur les fonds d'emprunts autorisés par des lois particulières (sauf règlement).	3,500,000
	Dépenses spéciales.	
	Dépenses des chemins vicinaux imputables sur le produit des centimes additionnels spéciaux. (Maximum 5 c.).	10,137,000
138	Dépenses sur contingents communaux et souscriptions particulières (sauf règlement).	6,240,000
	Dépenses sur les produits spéciaux non indiqués dans la loi du 10 mai 1838, et versés dans les caisses départementales pour y conserver leur affectation spéciale.	160,000
	TOTAL des dépenses imputables sur ressources spéciales.	73,924,650
	RÉCAPITULATION.	
	Dépenses imputables sur les fonds généraux du budget.	23,847,257
	Dépenses imputables sur ressources spéciales.	73,924,650
	TOTAL GÉNÉRAL.	97,771,907

MINISTÈRE DE L'AGRICULTURE ET DU COMMERCE.

	Administration centrale.	
1	Traitement du ministre et personnel de l'administration centrale.	499,000
2	Matériel et dépenses diverses de l'administration centrale.	102,000
3	Subventions aux caisses de retraites.	91,697
	Agriculture et haras.	
4	Écoles vétérinaires et bergeries.	662,200
5	Encouragements à l'agriculture.	800,000
6	Haras, dépôt d'étalons, primes, achats d'étalons, etc.	2,070,000
	Manufactures, commerce intérieur et extérieur.	
7	Conservatoire et écoles des arts et métiers.	828,000
	A reporter.	4,224,897

CHAPITRES spéciaux.	MINISTÈRES ET SERVICES.	MONTANT des crédits accordés.
	Report.	fr. 4,224,897
8	Encouragements aux manufactures et au commerce, publication des brevets d'invention, travaux statistiques.	230,000
9	Encouragements aux pêches maritimes.	4,000,000
10	Poids et mesures.	700,000
	Établissements thermaux et sanitaires.	
11	Établissements thermaux, lazarets et service sanitaire.	294,500
	Secours.	
12	Secours aux colons.	870,000
13	Secours spéciaux pour pertes résultant d'incendie, de grêle, inondations ou autres cas fortuits.	1,908,110
14	Dépenses des exercices clos.	Mémoire.
	TOTAL.	13,055,507

MINISTÈRE DES TRAVAUX PUBLICS.
Iʳᵉ SECTION. — *Service ordinaire.*

1	Traitement du ministre et personnel de l'administration centrale.	456,000
2	Matériel et dépenses diverses des bureaux de l'administration centrale.	85,000
3	Personnel du corps des ponts et chaussées.	3,057,500
4	Personnel des officiers et maîtres de ports du service maritime et des inspecteurs de la navigation.	190,000
5	Personnel des conducteurs embrigadés.	1,142,000
6	Personnel du corps des mines, enseignement, écoles.	511,200
7	Matériel des mines. Services divers).	140,000
8	Conseil des bâtiments civils et bureau de contrôle.	66,000
9	Subvention à la caisse des retraites.	355,000
10	Routes royales et ponts.	28,597,000
11	Navigation intérieure. (Rivières, quais et bacs.).	7,460,000
12	Navigation intérieure. (Canaux.).	4,600,000
13	Ports maritimes et services divers.	4,960,000
14	Chemins de fer. Études et frais de police.).	131,200
15	Subvention aux compagnies pour travaux par voie de concession de péage.	500,000
16	Frais généraux du service des départements, secours, etc.	60,000
17	Entretien et réparations ordinaires des bâtiments civils d'intérêt général.	465,000
18	Constructions et grosses réparations d'intérêt général. (Bâtiments civils.).	620,000
19	Achèvement de divers édifices.	Mémoire.
20	Frais de publication des comptes rendus des ponts et chaussées, des mines et des monuments publics.	15,000
21	Dépenses des exercices clos.	Mémoire.
	TOTAL de la Iʳᵉ section.	53,410,900

IIᵉ SECTION. — *Travaux extraordinaires.*

1	Routes royales classées avant le 1ᵉʳ janvier 1837.	4,000,000
2	Routes royales classées depuis le 1ᵉʳ janvier 1837.	Mémoire.
3	Routes royales et ports maritimes de la Corse.	1,000,000
4	Routes stratégiques de l'Ouest.	Mémoire.
5	Ponts.	Mémoire.
6	Amélioration de rivières.	6,000,000
6 bis.	Amélioration de rivières. (Lois du 8 juillet 1840.).	900,000
7	Service des canaux du Nivernais et du Berry.	2,000,000
8	Études de navigation.	Mémoire.
9	Amélioration de ports maritimes.	6,000,000
10	Chemins de fer (garantie d'intérêts et prêts aux compagnies concessionnaires de chemins de fer).	1,150,000
10 bis.	Chemins de fer construits par l'État.	5,970,000
11	Établissement de nouveaux canaux.	6,000,000
11 bis.	Établissement de nouveaux canaux. (Loi du 8 juillet 1840.)	1,800,000
12	Dépenses des exercices clos.	Mémoire.
	TOTAL de la IIᵉ section.	34,820,000

CHAPITRES spéciaux.	MINISTÈRES ET SERVICES.	MONTANT des crédits accordés.
	RÉCAPITULATION.	fr.
	Ire section. — Service ordinaire.	53,410,900
	IIe section. — Travaux extraordinaires.	34,820,000
	TOTAL GÉNÉRAL.	88,230,900
	MINISTÈRE DE LA GUERRE.	
	Dépenses imputables sur les ressources ordinaires du budget.	
1	Administration centrale (personnel).	1,465,100
2	Administration centrale (matériel).	244,750
3	Frais généraux d'impressions.	200,000
4	Etats-majors.	17,157,626
5	Gendarmerie.	19,230,644
6	Subvention à la ville de Paris pour la garde municipale. . .	1,994,257
7	Recrutement et réserve.	674,750
8	Justice militaire.	563,138
9	Solde et entretien des troupes.	151,969,260
10	Habillement et campement.	14,094,388
11	Lits militaires.	5,579,963
12	Transports généraux.	1,681,185
13	Remontes générales.	5,752,593
14	Harnachement.	608,358
15	Fourrages.	30,633,998
16	Soldes de non activité et de réforme.	457,585
17	Secours.	990,000
18	Dépenses temporaires.	850,800
19	Subvention aux fonds de retraite des employés. . . .	510,000
20	Dépôt de la guerre et nouvelle carte de France. . . .	401,000
21	Matériel de l'artillerie. { Dépenses ordinaires. . . .	6,335,468
	{ Travaux extraordinaires en Algérie. .	150,000
22	Poudres et salpêtres (personnel).	474,248
23	Poudres et salpêtres (matériel).	3,381,502
24	Matériel du génie (division territoriale de l'intérieur).	8,680,000
24 bis.	Matériel du génie (Al- { Dépenses ordinaires. . . .	3,146,000
	gérie). { Travaux extraordinaires. . .	2,500,000
25	Ecoles militaires.	2,466,360
26	Invalides de la guerre.	2,720,619
27	Gouvernement de l'Algérie.	396,000
28	Services militaires irréguliers en Algérie.	5,354,000
28 bis.	Service maritime en Algérie.	465,000
29	Services civils en Algérie.	1,682,200
	(Personnel.	60,000
	(Desséchements.	290,000
30	Travaux civils extraordi- (Routes.	485,000
	naires en Algérie. . . (Agrandissement du port d'Alger; travaux maritimes.	870,000
	(Lazaret d'Alger.	75,000
31	Dépenses secrètes en Algérie.	250,000
32	Dépenses des exercices clos.	Mémoire.
	TOTAL des dépenses imputables sur les ressources ordinaires du budget.	294,840,792
	Dépenses imputables sur les ressources extraordinaires du budget.	
	Travaux extraordinaires (loi du 25 juin 1841).	
1	Travaux de fortification de Paris.	20,000,000
2	Travaux de fortification des places autres que Paris. . .	6,940,000
3	Travaux pour les bâtiments militaires.	7,500,000
4	Constructions pour le service de l'artillerie.	800,000
5	Constructions aux établissements de poudres et salpêtres. .	500,000
	TOTAL des dépenses imputables sur les ressources extraordinaires du budget.	35,740,000
	RÉCAPITULATION.	
	Dépenses imputables sur les ressources ordinaires du budget.	294,840,792
	Dépenses imputables sur les ressources extraordinaires du budget. — Travaux extraordinaires.	35,740,000
	TOTAL GÉNÉRAL.	330,580,792

CHAPITRES spéciaux.	MINISTÈRES ET SERVICES.	MONTANT des crédits accordés.

MINISTÈRE DE LA MARINE ET DES COLONIES.

Ire SECTION. — *Service ordinaire.*

Service central.

		fr. c.
1	Administration centrale (personnel).	730,600 00
2	Administration centrale (matériel).	202,500 00

Service général.

3	Officiers militaires et civils.	8,323,900 00
4	Maistrance, gardiennage et surveillance.	1,803,100 00
5	Solde et habillement des équipages et des troupes.	24,597,700 00
6	Hôpitaux.	1,397,300 00
7	Vivres.	19,341,050 00
8	Travaux du matériel naval (ports).	27,771,100 00
9	Travaux du matériel naval (établissements hors des ports. La Chaussade).	1,880,000 00
10	Travaux de l'artillerie (ports)..	1,264,600 00
11	Travaux de l'artillerie (établissements hors des ports).	487,200 00
12	Travaux hydrauliques et bâtiments civils.	3,494,100 00
13	Poudres..	283,786 08
14	École navale en rade de Brest.	83,000 00
15	Affrétements et transports par mer..	160,000 00
16	Chiourmes.	310,000 00
17	Frais généraux d'impressions.	180,000 00
18	Matériel des services d'administration des ports et objets divers.	343,000 00
19	Dépenses temporaires.	100,000 00

Service scientifique.

| 20 | Sciences et arts maritimes (personnel). | 432,000 00 |
| 21 | Sciences et arts maritimes (matériel). | 564,000 00 |

Service colonial.

22	Dépenses des services militaires aux colonies (personnel).	6,380,600 00
22 bis	Dépenses des services militaires aux colonies matériel).	2,506,200 00
23	Dépenses des colonies de la Martinique, de la Guadeloupe, de la Guiane française et de Bourbon (loi du 25 juin 1841 et ordonnance royale du 22 novemb. suivant. — Dépenses du service général..	4,357,770 00
24	Dépenses du service local..	5,869,970 00
25	Subvention à divers établissements coloniaux.	602,400 00
26	Dépenses des exercices clos.	Mémoire.
	TOTAL de la Ire section.	102,465,876 00

IIe SECTION. — *Travaux extraordinaires.*

1	Fort Boyard.	1,000,000 00
2	Casernes dans les ports de Brest, Rochefort et Toulon.	700,000 00
3	Établissement à créer à Castineau.	740,000 00
4	Digue et arsenal de Cherbourg.	2,000,000 00
	TOTAL de la IIe section.	4,440,000 00

RÉCAPITULATION.

Ire SECTION. — Service ordinaire..	102,465,876 08
IIe SECTION. — Travaux extraordinaires.	4,440,000 00
TOTAL GÉNÉRAL.	106,905,876 08

MINISTÈRE DES FINANCES.

Cour des comptes.

25	Personnel..	1,086,600 00
26	Matériel et dépenses diverses.	64,900 00
	A reporter.	1,151,500 08

CHAPITRES spéciaux.	MINISTÈRES ET SERVICES.	MONTANT des crédits accordés.
	Administration centrale des finances.	fr.
	Report.	1,151,500
27	Personnel.	5,562,900
28	Matériel.	634,400
29	Dépenses diverses.	279,000
	Monnaies et médailles. (Services des établissements monétaires.)	
30	Personnel.	153,400
31	Matériel.	72,900
32	Dépenses diverses.	11,280
	Service de trésorerie.	
33	Frais de trésorerie.	3,200,000
34	Traitements et frais de service des receveurs généraux et particuliers des finances.	5,081,000
35	Traitements et frais de service des payeurs dans les départements. . . .	980,000
36	Dépenses des exercices clos.	Mémoire.
	TOTAL.	17,126,380
	RÉCAPITULATION DE LA IIIe PARTIE.	
	Services généraux des ministères.	
	Ministère de la justice (Ire partie. — Dépenses de la justice.	20,393,875
	et des cultes. . . . . (IIe partie. — Dépenses des cultes.	37,485,544
	Ministère des affaires étrangères.	8,453,291
	Ministère de l'instruction publique.	16,493,233
	Ministère de l'intérieur. { Dépenses imputables sur les fonds généraux du budget.	23,847,257
	{ Dépenses imputables sur ressources spéciales. .	73,924,650
	Ministère de l'agriculture et du commerce.	13,055,507
	Ministère des travaux (Ire section. — Service ordinaire.	53,410,900
	publics. . . . . . . (IIe section. — Travaux extraordinaires. . . .	34,820,000
	Ministère de la guerre. { Dépenses imputables sur les ressources ordinaires du budget.	294,840,792
	{ Dépenses imputables sur les ressources extraordinaires du budget. —Travaux extraordinaires. .	35,740,000
	Ministère de la marine (Ire section. — Service ordinaire.	102,465,876
	et des colonies. . . (IIe section. — Travaux extraordinaires. . . .	4,440,000
	Ministère des finances.	17,126,380
	TOTAL de la IIIe partie.	736,497,305
	IVe PARTIE.—FRAIS DE RÉGIE, DE PERCEPTION ET D'EXPLOITATION DES IMPÔTS ET REVENUS PUBLICS.	
	Contributions directes et taxes perçues en vertu de rôles et cadastre. (Service administratif et de perception dans les départements.)	
	CONTRIBUTIONS DIRECTES ET TAXES PERÇUES EN VERTU DE RÔLES.	
37	Personnel.	2,014,800
38	Dépenses diverses.	1,757,020
39	Frais de perception. . . { Remises des percepteurs.	11,200,000
	{ Frais de premier avertissement.	280,814
	Cadastre.	
40	{ Dépenses à la charge du fonds commun (loi du 31 juillet 1821, art. 21). .	1,000,000
	{ Dépenses imputables sur le produit des centimes facultatifs votés par les conseils généraux de département. .	1,100,000
	Enregistrement, domaines et timbre. (Service administratif, de perception et d'exploitation dans les départements.)	
	Enregistrement et domaines.	
41	Personnel.	8,972,800
42	Matériel.	388,500
43	Dépenses diverses.	781,300
	A reporter.	27,495,234

CHAPITRES spéciaux.	MINISTÈRES ET SERVICES.	MONTANT des crédits accordés.	
		fr.	.fl
	Report.	27,495,234	A.
	Timbre.		
44	Personnel.	385,550	00
45	Matériel et dépenses diverses.	521,800	00
	Forêts. (Service administratif et de surveillance dans les départements.)		
46	Personnel.	3,230,700	00
47	Matériel.	1,210,000	00
48	Dépenses diverses. .	766,900	00
	Douanes. (Service administratif et de perception dans les départements.)		
49	Personnel.	22,891,550	00
50	Matériel.	505,300	00
51	Dépenses diverses. .	1,283,100	00
	Contributions indirectes et poudres à feu. (Service administratif et de perception dans les départements.)		
	Contributions indirectes.		
52	Personnel.	19,469,330	00
53	Matériel.	632,100	00
54	Dépenses diverses.	1,877,000	00
	Poudres à feu.		
55	Personnel.	63,000	00
56	Matériel et dépenses diverses.	2,585,400	00
	Tabacs. (Exploitation.)		
57	Personnel.	1,005,000	00
58	Matériel.	28,290,000	00
59	Dépenses diverses.	305,439	00
	Postes. (Service administratif, de perception et d'exploitation dans les départements.)		
	ADMINISTRATION ET PERCEPTION.		
60	Personnel.	9,576,160	00
61	Matériel.	676,900	00
62	Dépenses diverses.	1,729,871	58
	TRANSPORTS DES DÉPÊCHES.		
63	Personnel.	2,803,064	00
64	Matériel.	10,941,460	00
65	Dépenses diverses.	4,135,883	88
	Total de la IVᵉ partie.	142,386,741	00
	Vᵉ PARTIE. — REMBOURSEMENTS ET RESTITUTIONS, NON VALEURS, PRIMES ET ESCOMPTES.		
66	Restitutions et non va-{ Sur les contributions directes.	42,622,300	00
	leurs. . . . . { Sur les taxes perçues en vertu de rôles.. . .	41,000	000
67	Remboursements sur produits indirects et divers.	2,366,000	000
68	Répartitions des produits de plombage, d'estampillage, etc., en matière de douanes.	1,000,000	000
69	Répartitions de produits d'amendes, saisies et confiscations attribuées à divers.	3,312,000	000
70	Primes à l'exportation des marchandises.	11,500,000	000
71	Escompte sur divers droits.	2,450,000	000
	Total de la Vᵉ partie.	63,261,300	000

CHAPITRES spéciaux.	MINISTÈRES ET SERVICES.	MONTANT des crédits accordés.
	RÉCAPITULATION GÉNÉRALE DES DÉPENSES.	fr.
	Ire PARTIE. Dette publique.	360,427,831
	IIe —— Dotations.	15,970,000
	IIIe —— Services généraux (Services ordinaires.	661,497,305
	des ministères. (Travaux extraordinaires.	75,000,000
	IVe —— Frais de régie, de perception et d'exploitation des impôts et revenus publics.	142,380,741
	V^e —— Remboursement et restitutions, non valeurs, primes et escomptes.	63,261,300
	TOTAL général des dépenses de l'exercice 1843.	1,318,537,177

ETAT B. — *Tableau des crédits ouverts, sur l'exercice 1843, aux services spéciaux portés pour ordre au budget.*

CHAPITRES spéciaux.	MINISTÈRES ET SERVICES.	MONTANT des crédits accordés.
	MINISTÈRE DE LA JUSTICE ET DES CULTES.	
	Légion-d'Honneur.	fr.
1	Grande chancellerie (personnel).	166,050
2	Grande chancellerie (matériel).	46,950
3	Traitements des membres de l'ordre.	6,333,000
4	Gratifications aux membres de l'ordre.	20,000
5	Maison royale de Saint-Denis (personnel).	108,810
6	Maison royale de Saint-Denis (matériel).	424,000
7	Succursales de la Légion-d'Honneur (personnel). . . .	16,600
8	Succursales de la Légion-d'Honneur (matériel). . . .	287,000
9	Pensions diverses.	70,800
10	Commissions aux recev. gén. chargés des paiements dans les départements.	25,600
11	Décorations aux membres de l'ordre.	48,000
12	Fonds de secours aux élèves, à leur sortie des maisons d'éducation. . .	2,000
13	Dépenses diverses et imprévues.	18,888
14	Frais relatifs au domaine d'Ecouen.	13,000
15	Dépenses des exercices clos.	Mémoire.
	TOTAL.	7,580,698
	Imprimerie royale.	
1	Administration. .	37,300
2	Dépenses fixes d'exploitation. .	227,400
3	Dépenses d'exploitation non susceptible d'une évaluation fixe. . .	2,149,500
4	Augmentation et renouvellement du matériel.	44,700
5	Dépenses des exercices clos.	Mémoire.
		2,458,900
6	Transport, au compte du capital de l'Imprimerie royale, de l'excédant présumé des recettes.	141,100
	TOTAL. . . .	2,600,000
	MINISTÈRE DES AFFAIRES ÉTRANGÈRES.	
	Chancelleries consulaires.	
1	Frais de chancelleries, honoraires des chanceliers et pertes sur le change.	220,000
2	Versement à effectuer au trésor, à titre de fonds commun des chancelleries consulaires (ordonnance royale du 23 août 1833); savoir :	
	Portion à employer pour les chancelleries dont les recettes seront inférieures aux dépenses.	12,000
	Excédant disponible à porter en recette au budget de l'Etat.	18,000
	TOTAL. . . .	250,000

CHAPITRES spéciaux.	MINISTÈRES ET SERVICES.	MONTANT des crédits accordés.
	MINISTÈRE DE LA MARINE ET DES COLONIES.	
	Caisse des invalides.	fr.
1	Pensions dites *demi-soldes*....	1,875,000
2	Pensions pour ancienneté et pour blessures, et pensions de veuves...	5,245,000
3	Fonds annuel de secours et subsides à l'hospice des orphelins de Rochefort..	126,000
4	Frais d'administration et de trésorerie..	310,000
5	Remboursement sur les anciens dépôts provenant de soldes, de parts de prises, etc..	100,000
6	Remboursements sur les anciens dépôts provenant de naufrages..	20,000
7	Versement au trésor public des produits de la retenue de 3 centimes par franc, opérée en vertu d'anciens marchés dont l'exécution se sera prolongée au-delà du 1er janvier 1843 pour les divers services de la marine et des colonies.	300,000
8	Dépenses diverses.	24,000
	TOTAL.	8,000,000
	MINISTÈRE DES FINANCES.	
	SERVICE DE LA FABRICATION DES MONNAIES ET MÉDAILLES.	
	Monnaies.	
1	Frais de fabrication des monnaies, payés aux directeurs.	719,394
2	Tolérances en fort sur la fabrication des monnaies.	30,000
	Médailles.	
3	Frais de fabrication, y compris la valeur des matières.	531,000
		1,280,394
4	Application à faire aux produits divers du budget, de l'excédant des recettes présumées. { Sur les monnaies.	20,100
	{ Sur les médailles.	50,000
	TOTAL.	1,350,494

RÉCAPITULATION.

Ministère de la justice et des cultes....	{ Légion-d'Honneur...	7,580,698
	{ Imprimerie royale...	2,600,000
Ministère des affaires étrangères.....	Chancelleries consulaires.	250,000
Ministère de la marine et des colonies.	Caisse des invalides.	8,000,000
Ministère des finances........	Service de la fabrication des monnaies et médailles..	1,350,494
	TOTAL GÉNÉRAL....	19,781,192

Certifié conforme : Le ministre secrétaire d'État au département des finances,
Signé LAPLAGNE.

11 = 20 JUIN 1842. — Loi portant fixation du budget des recettes de l'exercice 1843 (1). (IX, Bull. DCCCCXV; n° 10034.)

TITRE Ier. — *Impôts autorisés pour l'exercice 1843.*

Art. 1er. Les contributions foncière, personnelle et mobilière, des portes et fenêtres et des patentes, seront perçues, pour 1843, en principal et centimes additionnels, conformément à l'état A ci-annexé et aux dispositions des lois existantes.

Le contingent de chaque département

(1) Présentation à la Chambre des Députés le 31 janvier (Mon. du 1er février) ; rapport par M. Félix Réal le 19 mai (Mon. du 20) ; discussion le 2 juin (Mon. du 3) ; adoption le 3 (Mon. du 4), à la majorité 225 voix contre 59.

Présentation à la Chambre des Pairs le 4 juin (Mon. du 5) ; rapport par M. le président de Gasc le 7 (Mon. du 8) ; discussion et adoption le 10 (Mon. du 11), à la majorité de 120 voix contre 9.

dans les contributions foncière, personnelle et mobilière, et des portes et fenêtres, est fixé, en principal, aux sommes portées dans l'état B annexé à la présente loi (1).

2. Les projets de nouvelle répartition, entre les départements, tant de la contribution personnelle et mobilière, que de la contribution des portes et fenêtres, qui, aux termes de l'art. 2 de la loi du 14 juillet 1838, devaient être soumises aux Chambres dans la session de 1842, leur seront présentés dans le cours de la session de 1844 (2).

---

(1) M. *Bernard* (de Rennes) a demandé que le paragraphe 2 fût terminé par ces mots : « Sauf les dispositions de la loi du 2 messidor an 7 pour les départements qui en réclameraient l'exécution. »
Ces dispositions étaient celles du tit. 6, chap. 4. Elles avaient pour objet les demandes en rappel à l'égalité proportionnelle entre départements. Voici en peu de mots quelles étaient les formalités prescrites par cette loi. L'administration centrale d'un département avait le droit d'envoyer dans les départements qu'elle choisissait des commissaires et des experts pour examiner quel était le taux des contributions et leur proportion avec le revenu. Quand ces commissaires et ces experts avaient fait leur travail, cette administration s'adressait au corps législatif pour demander que les départements qui servaient de terme de comparaison prissent la part dont le département réclamant serait dégrevé. Le ministre des finances communiquait cette demande aux départements pris pour terme de comparaison : ceux-ci choisissaient des commissaires qui faisaient des rectifications : il s'établissait un débat entre eux, et puis le procès, avec l'avis du ministre des finances, était porté devant le corps législatif qui le jugeait.
La loi de messidor est depuis longtemps abrogée sinon explicitement, du moins implicitement : disons mieux, elle n'a jamais été mise à exécution, tant elle avait multiplié les formalités. L'amendement n'avait donc aucune chance de succès. Aussi a-t-il à peine été appuyé.
M. *Blin de Bourdon* a proposé d'ajouter à l'article un troisième paragraphe ainsi conçu : « Dans les départements qui, selon le tableau C annexé à la loi de finances du 31 juillet 1821, sont restés imposés en principal de la contribution foncière au-delà du dixième du revenu net, l'impôt foncier attribué aux maisons et usines nouvellement construites ou reconstruites et devenues imposables, déduction faite des diminutions d'impôt résultant des démolitions, ne sera point ajouté au contingent de la commune, de l'arrondissement ou du département, comme l'avait prescrit l'art. 2 de la loi du 28 août 1835, mais viendra à leur décharge jusqu'à ce que la proportion de la contribution au revenu s'y trouve réduite au dixième en principal. » Ce second amendement a eu le même sort que le précédent.
(2) Cette disposition a pour but de permettre au ministre des finances de compléter le recensement qui a été commencé l'année dernière, d'appeler sur ce travail les observations des conseils généraux et des autres conseils électifs, et de déduire de tous ces renseignements les éléments d'une nouvelle répartition.
« La Chambre, a dit M. *Réal*, si elle adopte cette proposition, prouvera qu'elle veut deux choses : la première, qu'elle persiste à vouloir ce qu'ont voulu depuis vingt ans les Chambres qui l'ont précédée, un nouveau travail de répartition propre à corriger les inégalités résultant du système qui fait aujourd'hui la loi des contribuables;

la deuxième, qu'elle veut venir avec efficacité en aide au ministre des finances en lui donnant le temps et les moyens de diriger avec suite et maturité cette grande mesure. »
La commission de la Chambre des Députés avait proposé, de concert avec le gouvernement, de compléter les dispositions sur la matière par les deux articles que voici :
« Art. 3. Les résultats des recensements généraux seront communiqués, savoir :
« Pour la commune, au conseil municipal;
« Pour l'arrondissement, au conseil d'arrondissement;
« Pour le département, au conseil général.
« Art. 4. Quiconque refusera l'entrée de sa maison aux agents des contributions directes, assistés, soit du juge de paix ou de son suppléant, soit du maire du lieu ou de son adjoint, soit d'un commissaire de police, sera passible d'une amende de 16 fr. à 100 fr.
« L'art. 463 du Code pénal pourra être appliqué au délit ci-dessus déterminé.
« En cas de récidive, l'amende pourra être portée jusqu'au double du maximum, sans pouvoir être inférieure à 100 fr.
« Il y a récidive lorsque, dans les douze mois précédents, il a été rendu contre le délinquant un premier jugement pour le délit prévu par le présent article. »
Lors de la discussion, ces dispositions, combattues par M. *Rivet*, ont été abandonnées par le gouvernement. M. *le ministre des finances* a déclaré qu'il n'insistait pas sur leur adoption, parce qu'il regardait la question du recensement comme finie depuis le vote par lequel la Chambre avait rejeté l'amendement que MM. de Maleville et Abbatucci avaient proposé sur la loi des crédits supplémentaires et extraordinaires (*). Les deux articles ont été successivement rejetés.
Tout en reconnaissant avec M. le ministre des finances la juste autorité qui s'attache aux votes des Chambres, cependant je ne saurais admettre avec lui que celui auquel il a fait allusion ait une portée aussi grande que celle qu'il a paru lui assigner. Une pareille décision ne peut équivaloir à une disposition précise. Elle ne modifie en aucune manière la législation existante.
J'en dirais autant du rejet des deux articles proposés, d'autant mieux qu'il n'y a pas eu unanimité sur les motifs du vote. Les uns se sont déterminés par les raisons indiquées par M. le ministre des finances, et les autres par le motif que le contrôle des conseils électifs, tel qu'on proposait de l'organiser, ne produirait aucun résultat utile; que la pénalité que l'on voulait introduire était exorbitante et qu'il était préférable de renvoyer le règlement définitif de cette question à une autre époque.
Cela posé, il convient d'examiner quelles sont au

(*) Voy. *supra*, loi du 25 mai, p. 117.

3. Lorsqu'en exécution du paragraphe 4 de l'art. 39 de la loi du 18 juillet 1837, il y aura lieu par le gouvernement d'imposer d'office, sur les communes, des centimes

jourd'hui les dispositions qui régissent la matière et à quels agents est confié le soin de faire les recensements généraux qui ont pour objet d'arriver à la péréquation de l'impôt envers les divers départements, arrondissements et communes.

L'art. 2 de la loi du 14 juillet 1838 est ainsi conçu : « Il sera soumis aux Chambres dans la session de 1842 et ensuite de dix années en dix années, un nouveau projet de répartition entre les départements, tant de la contribution personnelle et mobilière que de la contribution des portes et fenêtres. A cet effet, les agents des contributions directes continueront de tenir au courant les renseignements destinés à faire connaître le nombre des individus passibles de la contribution personnelle, le montant de la contribution personnelle, le montant des loyers d'habitation, et le nombre des portes et fenêtres imposables. »

Les contributions personnelle et mobilière et celle des portes et fenêtres, les seules dont il est parlé dans cet article, ont chacune plusieurs degrés de répartition. La somme que chacune d'elles doit produire est fixée chaque année par la loi des recettes. La répartition en est effectuée,

Savoir : entre les départements, par la législature ;

Entre les arrondissements, par le conseil général ;

Entre les communes, par le conseil d'arrondissement ;

Entre les contribuables, par les répartiteurs.

Pour opérer ces divisions successives d'une manière équitable, il est nécessaire que les divers répartiteurs (c'est-à-dire le pouvoir législatif, les conseils généraux, les conseils d'arrondissement et les répartiteurs proprement dits) connaissent les forces respectives de ceux entre lesquels ils doivent partager chaque contingent. Autrement ils seraient exposés à surcharger les uns et à ménager les autres.

Pour atteindre ce but dans chaque degré, des opérations ont été prescrites qui ont pour objet d'examiner, de constater et de faire connaître d'une manière comparative les vrais éléments de la matière imposable. Ces opérations s'appellent *recensements*.

Il y en a donc deux ordres : le premier est celui qui doit éclairer la puissance législative sur les moyens d'arriver à la répartition la plus équitable entre les départements. Il sert également aux conseils de département et d'arrondissement pour établir les deuxième et troisième degrés de répartition ; le second a lieu pour obtenir dans l'enceinte de chaque commune la répartition la plus exacte entre les contribuables. C'est du premier seul que j'ai à m'occuper.

Si l'on consulte les lois de l'assemblée constituante, il paraît à peu près certain qu'il n'y avait qu'une seule espèce de recensement, et qu'il y était procédé par les officiers municipaux et les commissaires nommés par le conseil général de chaque commune. Nulle part on ne trouve d'agents spécialement chargés de recueillir des renseignements sur la matière imposable pour être communiqués au corps législatif et aux administrateurs de département et de district. L'instruction annexée à la loi du 23 novembre 1790 sur la contribution foncière porte, art. 107) : « Les évaluations que feront *cette année* les municipalités n'auront pour objet

que la répartition intérieure entre les contribuables de leur territoire et ne serviront point de base aux administrations de département et de district pour la distribution de la contribution entre les municipalités. » Il est vrai qu'on a cru trouver la seconde espèce de recensement dans un autre passage de la même instruction. Mais un examen attentif prouve qu'il ne s'agit, dans ce passage, que d'une disposition transitoire. En effet, après avoir rappelé l'art. 21 du titre 2, qui prescrit aux administrations de district de surveiller et de presser toutes les opérations prescrites aux municipalités, l'instruction ajoute : « Indépendamment de cette surveillance, les corps administratifs auront encore un travail important qui les concerne particulièrement et qu'ils doivent préparer, celui de la répartition ; savoir, pour les administrations de département, entre les districts et pour les administrations de district, entre les municipalités de leur arrondissement ; elles doivent chacune accueillir les lumières nécessaires pour l'opérer, aussitôt que leur portion contributive leur sera assignée ; et quoique la somme n'en soit pas encore connue, elles peuvent en prendre une fictive, celle de leurs vingtièmes, par exemple, et opérer sur cette somme supposée, à laquelle elles n'auront plus qu'à substituer les sommes effectives. »

La loi du 13 janvier 1791 sur la contribution mobilière ne parle également que de la confection des matrices dont sont chargés les officiers municipaux concurremment avec les commissaires adjoints. « Il résultera de ces matrices de rôles, dit l'instruction sur cette loi, une connaissance exacte des revenus imposables, dans chaque municipalité, à la contribution mobilière, suivant les diverses taxes dont elle est composée ; mais comme il pourrait arriver que le produit de ces taxes serait inférieur ou supérieur à la cotisation que la municipalité aura à supporter par la répartition générale, les districts y pourvoiront, en portant à leur juste proportion les cotes mobilières ou d'habitation, qui sont en conséquence susceptibles d'augmentation ou de diminution.

« C'est là en effet une des principales fonctions de ces corps administratifs, etc. »

Ainsi, d'après la législation de la Constituante, le recensement de la matière imposable effectué par les municipalités sert à la fois à la répartition de contingents mis à la charge de chaque commune et à éclairer les corps administratifs sur la force contributive des districts et des communes.

Cet état de choses dura jusqu'en l'an 6. La loi du 22 brumaire établit une agence des contributions directes. M. Thiers a exposé en ces termes les motifs qui amenèrent cette création :

« Que se passa-t-il dans les premières années de la révolution ?

« Les communes ne firent pas leurs propres affaires, ou elles les firent très-mal ; en général, elles ne les firent pas du tout, mais elles firent encore moins les affaires de l'État. Il en résultait que les rôles étaient ajournés dans la plupart des communes, et il y avait à cette époque jusqu'à cinq ou six années d'arriéré dans l'acquittement des contributions directes.

« Il fallait sortir de cette situation. On avait pu la supporter pendant quelque temps, pendant que

additionnels pour le paiement des dépenses obligatoires, le nombre de ces centimes ne pourra excéder le maximum de dix, à moins qu'il ne s'agisse de l'acquit des det-

le papier monnaie était en circulation et qu'avec des émissions d'assignats on pouvait suffire à tout ; mais quand le papier monnaie eut disparu, le directoire se trouva dans la nécessité d'établir, dans toute sa rigueur, la perception des contributions directes. Alors, sans vouloir dessaisir les communes, sans vouloir les déposséder de la faculté qu'elles avaient eue jusqu'alors de répartir l'impôt entre les contribuables, le directoire institua une agence des contributions. » (Mon. du 8 avril 1842.)

Cette agence se composait pour chaque département, des commissaires du directoire exécutif près les administrations centrales et municipales, d'un inspecteur et des préposés aux recettes (art. 3).

Aux termes de l'art. 4 les commissaires près les administrations municipales (ou administrations de canton) étaient chargés d'aider les communes dans la formation ou rectification des matrices de rôles et états, des changements et de tous les travaux de préparation ou d'expédition relatifs à l'assiette, à la perception et au contentieux des contributions directes.

Les commissaires près les administrations centrales de chaque département devaient faire expédier les rôles, etc. (art. 8.)

Enfin, d'après l'art. 12, les divers employés de l'agence étaient de plus chargés, sous la surveillance du ministre des finances, de rassembler tous les renseignements et matériaux propres à perfectionner l'assiette et la répartition des contributions directes.

Et l'instruction ajoute : « Les commissaires de département rassembleront tous les états, renseignements, recherches et matériaux recueillis par l'inspecteur, ou qu'ils se procureront eux-mêmes, relatifs aux contribuables, revenus et facultés de leurs départements, et propres à préparer et faciliter la répartition des contributions foncière et personnelle, tant pour les départements que pour les cantons. »

Ainsi, d'après cette loi, les employés de l'agence avaient deux sortes de fonctions bien distinctes : l'une qui consistait à aider les répartiteurs dans la confection ou la rectification des matrices, et l'autre à recueillir tous les renseignements et matériaux propres à perfectionner l'assiette et la répartition de l'impôt. Il est incontestable, en présence des textes qui viennent d'être rapportés, que les employés de l'agence pouvaient procéder seuls à cette seconde opération, qui est la première espèce de recensement.

La loi du 3 frimaire an 7, relative à la répartition, à l'assiette et au recouvrement de la contribution foncière, ne s'occupe que du recensement fait par les répartiteurs assistés de l'employé de l'agence, et qui a pour objet la répartition du contingent communal entre les divers contribuables. Quant à l'autre recensement dont parle l'art. 12 de la loi de l'an 6, il n'en est pas dit un seul mot.

L'agence des contributions ne produisit pas les résultats qu'on en avait espérés. Elle fut supprimée par la loi du 3 frimaire an 8. Cette loi établit dans chaque département une direction du recouvrement des impositions directes composée d'un directeur, d'un inspecteur et d'un nombre de contrôleurs proportionnel à l'étendue du département.

L'art. 5 dispose que la direction des contribu-

tions sera chargée *uniquement* de la rédaction des matrices de rôles, d'après le travail préliminaire et nécessaire des répartiteurs, de l'expédition des rôles et de la vérification des réclamations faites par les contribuables, lesquelles ne pourront être jugées que par les corps administratifs conformément aux lois existant sur cette matière.

On a voulu conclure de cette disposition que le ministre des finances ne pouvait plus faire procéder par les agents de la direction aux opérations indiquées dans l'art. 12 de la loi de brumaire an 6 et dans l'instruction qui l'accompagne. Il n'en est rien. Le mot *uniquement*, qui a surtout préoccupé ceux qui ont émis cette opinion, n'a point la portée qu'on a voulu lui donner. Il ne paraît avoir eu d'autre but que celui de rassurer les populations en leur garantissant que la direction des contributions aurait seulement les fonctions de l'agence dans l'expédition des rôles et le contentieux administratif ; qu'ainsi la formation des rôles resterait l'œuvre préliminaire et nécessaire des répartiteurs, et que la décision du contentieux des contributions directes appartiendrait toujours aux corps administratifs remplacés depuis par les conseils de préfecture (loi du 28 pluviôse an 8). Mais la loi du 3 frimaire n'a voulu que donner cette assurance aux contribuables ; elle n'a pas songé à modifier les attributions précédemment conférées à l'agence des contributions directes, et à la place de laquelle elle substituait une institution analogue.

L'art. 39 de la loi du 15 septembre 1807 en offre la preuve. Il dispose que « les directeurs des contributions directes… *continueront* de faire faire chaque année les recensements et autres opérations relatives aux rôles des propriétés bâties, et à ceux de la contribution personnelle et mobilière, des portes et fenêtres et des patentes. »

En 1820, une modification importante fut apportée à nos lois de finances en ce qui concerne la contribution mobilière. D'après la loi du 3 nivôse an 7 (art. 9), le contingent mobilier des arrondissements et des communes était fixé un tiers en raison de la population, et les deux autres tiers au centime le franc de toutes les patentes. Toutefois, la répartition individuelle était effectuée par les répartiteurs d'après les valeurs locatives. L'art. 29 de la loi du 23 juillet 1820 ordonna qu'à l'avenir les contingents des départements, des arrondissements et des communes, seraient fixés d'après les valeurs locatives d'habitation. Un recensement général devenait indispensable. Il fut d'abord confié aux répartiteurs communaux. M. de Chabrol, dans son rapport sur l'administration des finances, en a signalé les résultats dans les termes suivants : « Cependant, l'administration mieux éclairée sur les faux résultats de cet ancien système (celui de la loi de l'an 7) par ses propres observations et par les justes réclamations qui lui étaient incessamment adressées sur l'inégalité relative des charges locales et individuelles, proposa en 1820 de fixer la somme à imposer dans les départements, les arrondissements et les communes, d'après la seule base qui lui avait paru jusqu'alors la moins imparfaite, le montant des valeurs locatives d'habitations. Cette mesure a obtenu l'assentiment des Chambres, le 23 juillet 1820 ; mais elle ne conduisit d'abord qu'à des évaluations inexactes et incomplètes de la part

tes résultant de condamnations judiciaires, auquel cas il pourra être élevé jusqu'à vingt.

des autorités des départements, qui, placées sous l'influence de l'intérêt local, ne présentèrent qu'une valeur, très-atténuée, de 155,286,836 fr., inférieure elle-même à celle qui figurait alors dans les matrices communales pour les cotisations personnelles.

L'insuffisance de cette première épreuve décida le ministre des finances de confier la suite de cette opération aux agents des contributions directes dirigés par les instructions précises et soutenus du concours des inspecteurs spéciaux de cette partie.

..... Le montant des valeurs locatives (sans y comprendre celles qui sont relatives à l'industrie) fut fixé à 303,832,734 fr., dont 169,810,754 appartiennent aux villes, et 134,021,980 fr. aux communes rurales.

En 1826, la révision de cette première opération fut également faite par les agents de l'administration.

Il importe toutefois de dire que chaque inspecteur général et l'ancien arrêta le tableau des valeurs locatives des départements qui lui étaient confiés qu'après s'être entouré des lumières des propriétaires les plus éclairés.

En 1831, un autre changement très-grave eut lieu dans notre système de contributions. L'impôt personnel et l'impôt mobilier, qui jusque-là avaient été réunis et avaient formé un impôt de répartition, furent séparés. L'impôt mobilier resta impôt de répartition ; mais l'impôt personnel fut converti en impôt de quotité. La contribution des portes et fenêtres le devint également. (Voy. loi du 26 mars 1831.)

Cette innovation produisit un accroissement de charges. De toutes parts on réclama. L'année suivante, il fallut en revenir à l'ancien système d'impôts. M. le rapporteur de la commission de la Chambre des Députés, après s'être prononcé pour l'impôt de quotité, ajoutait : « Mais vous savez les clameurs qu'il a excitées ; on s'en est emparé, sans rien comprendre à la chose, pour animer et soulever les passions, et c'est ainsi que l'impôt de quotité a été proscrit et non jugé. »

Il fallut procéder, soit à la rectification, soit à la confection des matrices de rôles. Voici quelles sont à cet égard les dispositions de la loi du 21 avril 1831, relatives à la contribution personnelle et mobilière :

« Art. 11. Le directeur des contributions directes formera, chaque année, un tableau présentant, par arrondissement et par commune, le nombre des individus passibles de la taxe personnelle, et le montant de leurs valeurs locatives d'habitation.

« Ce tableau servira de renseignement au conseil général et aux conseils d'arrondissement pour la répartition de la contribution personnelle et mobilière. »

La loi, comme on le voit, n'exige l'assistance d'aucun autre fonctionnaire.

L'art. 17, relatif à la confection des matrices de rôles qui doivent servir à la répartition du contingent de chaque commune entre les contribuables, dispose : « Les commissaires répartiteurs, assistés du contrôleur des contributions directes, rédigeront la matrice du rôle de la contribution personnelle et mobilière. Ils porteront sur cette matrice tous les habitants jouissant de leurs droits et non réputés indigents, et détermineront les loyers

4. En cas d'insuffisance des revenus ordinaires pour l'établissement des écoles primaires et communales, élémentaires ou qui devront servir de base à la répartition individuelle. »

Les art. 26 et 27 contiennent les mêmes prescriptions pour la contribution des portes et fenêtres.

En voici les termes :

« Le directeur des contributions directes formera, chaque année, un tableau présentant : 1° le nombre des ouvertures imposables des différentes classes ; 2° le produit des taxes d'après le tarif ; 3° le projet de répartition.

« Ce tableau servira de renseignement au conseil général et aux conseils d'arrondissement pour fixer le contingent des arrondissements et des communes.

« Art. 27. Les commissaires répartiteurs, assistés du contrôleur des contributions directes, rédigeront la matrice de la contribution des portes et fenêtres, d'après les bases fixées par les lois du 4 frimaire an 7 et 4 germinal an 11, sauf les modifications ci-après, etc. »

En présence d'articles aussi clairs et aussi positifs, un commentaire est inutile.

Enfin, l'art. 31 de la même loi prescrit un recensement général, lequel devra être renouvelé ensuite tous les cinq ans, à l'effet d'établir une nouvelle répartition entre les départements, tant de la contribution personnelle et mobilière que de la contribution des portes et fenêtres.

Et quels sont les agents chargés de l'opérer ?

Les agents des contributions directes, ajoute l'article, compléteront et tiendront au courant les renseignements destinés à faire connaître le nombre des individus passibles de la contribution personnelle et mobilière, le montant des loyers d'habitation et le nombre des portes et fenêtres imposables. »

Cette disposition se trouve reproduite par l'art. 2 de la loi du 14 juillet 1838. Nulle part, comme on le voit, il n'est question du concours des officiers municipaux ou des répartiteurs.

Il y a plus, lors de la discussion de l'art. 11 à la Chambre des Députés, M. Rivière de l'Argue, ayant dit au sujet de la nouvelle rédaction du § 2 proposée par M. Mosbourg, et qui a passé dans la loi, que « l'impôt de répartition avait cela d'avantageux, que les administrations municipales n'étaient pas moins intéressées que le trésor lui-même à rechercher tous les contribuables, et que le rétablissement de ce mode ferait cesser un état d'hostilité vraiment intolérable dans diverses localités ; M. Perrau fit observer que d'après ce que venait de dire le préopinant, il lui semblait que le tableau présenté par le directeur des contributions devrait être dressé chaque année, dans chaque commune, en présence des conseillers municipaux.

M. Humann, rapporteur de la commission, répondit : « Le directeur des contributions directes forme un travail qui est communiqué aux conseils généraux des départements, d'après ce travail ils fixent un quantum à la contribution personnelle. C'est ensuite dans le sein de la commune que se trouve réparti le contingent. Si vous voulez que le travail se fasse en présence des conseils municipaux, vous leur accorderez la faculté de contester, et les impositions deviendront impossibles. »

L'observation n'eut pas d'autre suite.

supérieures, les conseils municipaux et les conseils généraux des départements sont autorisés à voter pour 1843, à titre d'imposition spéciale destinée à l'instruction

Il me reste à parler de l'ordonnance du 18 décembre 1832, de l'art. 31 de la loi du 21 avril de la même année, et de l'art. 2 de la loi des recettes du 17 août 1835, dans lesquels on a cru trouver des arguments favorables au système que je combats. Après avoir rappelé le vœu de l'art. 31 de la loi du 21 avril, M. le ministre des finances s'exprimait ainsi dans son rapport au roi : «En ce qui concerne les portes et fenêtres, l'administration sera en mesure de satisfaire au vœu de la loi, au moyen du recensement général qui a déjà été exécuté dans la majeure partie des villes et des communes du royaume, et qui se termine en ce moment dans le petit nombre de celles où des circonstances particulières en avaient nécessité l'ajournement. Il n'en est pas de même pour la contribution personnelle et mobilière. Les valeurs locatives d'habitations qui, d'après la loi du 29 juillet 1820, doivent servir de base à la répartition de cette contribution dans les départements, ayant été fixées sans la participation des parties intéressées, l'exactitude des résultats obtenus a été généralement contestée, et il devient indispensable de fournir aux Chambres de nouveaux documents qui, ayant été recueillis avec le concours des autorités locales et des contribuables eux-mêmes, ne laissent aucun doute sur la véritable force contributive des départements, ou donnent au moins les moyens de vérifier et de juger en connaissance de cause les réclamations qui pourraient s'élever. Tel est le but de l'ordonnance royale dont j'ai l'honneur de soumettre ci-joint le projet à l'approbation de votre majesté. »

Voici maintenant l'analyse de l'ordonnance :

D'après l'art. 1er, le travail de la révision et celui de la confection des matrices était confié au maire et à deux commissaires nommés par le conseil municipal. Le contrôleur des contributions directes assistait seulement à cette opération.

Ce travail était déposé au secrétariat des mairies, et pendant un mois les contribuables pouvaient en prendre communication, faire leurs observations. Le conseil municipal prononçait. (Art. 2.)

Des commissions cantonales, composées des maires de chaque commune, étaient appelées à vérifier les estimations faites dans chaque commune, et à déterminer les augmentations ou les diminutions qu'elles croiraient devoir leur faire subir pour les rendre proportionnelles. Les conseils municipaux étaient admis à faire leurs observations.

D'après ces observations, et à l'aide des renseignements communiqués par la régie de l'enregistrement, des experts nommés, l'un par le ministre, l'autre par le préfet, étaient chargés d'établir le travail de péréquation entre les cantons. Leur travail était soumis à l'examen de commissaires choisis par le préfet, soit dans le conseil général, soit dans les conseils d'arrondissement, en nombre égal à celui des arrondissements du département. Un délai de dix jours leur était donné pour présenter leurs observations.

Ces observations devaient être adressées par le directeur des contributions directes au ministre des finances pour servir de renseignements à des commissaires spéciaux chargés par lui de vérifier et de comparer les résultats obtenus dans tous les départements, et d'indiquer, s'ils remarquaient des atténuations dans l'appréciation des valeurs

locatives d'un département, le rehaussement dont le travail leur paraîtrait susceptible. Le ministre des finances prononçait, après avoir toutefois provoqué les autres observations des experts.

Ces formes étaient compliquées, défectueuses. Elles ont été condamnées par l'expérience, puisque l'opération, après cinq ans de durée, n'aboutit qu'à des résultats qu'il était impossible d'utiliser. Elle dut donc être recommencée, et nécessairement d'après un nouveau procédé.

Aussi personne n'a prétendu qu'il fallait suivre l'ordonnance de 1832 dans toutes ses dispositions. La difficulté a porté uniquement sur le point de savoir si l'autorité municipale devait ou non intervenir, soit pour l'évaluation de la matière imposable, ainsi que le voulait l'art. 1er de cette ordonnance, soit au moins pour discuter les évaluations des contrôleurs.

Réduite à ces termes, la question ne présente pas une solution bien difficile.

Admettre l'intervention de l'autorité municipale, comme le prescrivait l'art. 1er de l'ordonnance, c'était se mettre en opposition formelle, soit avec l'art. 31 de la loi de 1832, soit avec l'art. 2 de la loi de 1838, qui attribuent évidemment dans cette opération le premier rôle aux agents des contributions, qui les investissent du droit de recueillir seuls les renseignements nécessaires. L'ordonnance, rendue sans doute en vue des circonstances politiques de l'époque, et qui d'ailleurs avait aussi pour objet la révision des matrices, subordonnait, il est vrai, pour cette première partie du travail, les agents de l'administration aux autorités locales ; mais elle présentait du moins dans son ensemble un correctif assez puissant aux atténuations exagérées qui auraient pu être faites par le pouvoir municipal ou par les assemblées cantonales.

La décision définitive était réservée à l'administration. Il n'était pas possible de la priver de cette garantie. C'eût été livrer le recensement aux autorités locales, et l'expérience indiquait qu'on ne pouvait attendre de bons résultats d'un pareil mode de procéder. L'ordonnance formait un ensemble de dispositions qui se pondéraient mutuellement et qu'il n'était pas possible de scinder.

Mais fallait-il au moins faire assister l'autorité municipale aux évaluations des agents de l'administration, en lui permettant de faire des observations ou même de présenter une estimation contradictoire? Rien ne le prescrivait. Cette intervention était d'ailleurs assez inutile, puisque, d'un côté, le travail des experts pouvait être contrôlé au moyen des estimations consignées par les répartiteurs dans les matrices de rôles, et que, de l'autre, le gouvernement avait l'intention d'appeler sur ce travail les observations des divers conseils électifs.

Quelques mots maintenant de l'art. 2 de la loi du 17 août 1835. Cet article veut qu'à dater de 1836, les moulins et usines nouvellement construits ou reconstruits et devenus imposables, soient, d'après une matrice rédigée dans la forme accoutumée, cotisés comme les autres propriétés bâties de la commune où ils sont situés, et accroissent le contingent dans la contribution foncière et dans

primaire, des centimes additionnels au principal des quatre contributions directes. Toutefois il ne pourra être voté à ce titre plus de trois centimes par les conseils municipaux et plus de deux centimes par les conseils généraux.

5. (1) En cas d'insuffisance des centimes facultatifs ordinaires, pour concourir par des subventions, aux dépenses des chemins vicinaux de grande communication, et, dans des cas extraordinaires, aux dépenses des autres chemins vicinaux, les conseils généraux sont autorisés à voter, pour 1843, à titre d'imposition spéciale, cinq centimes additionnels aux quatre contributions directes.

6 (2). A partir de la promulgation de la présente loi, les lettres de voiture et les con-

---

la contribution des portes et fenêtres de la commune, de l'arrondissement et du département.

« L'estimation de ces propriétés, ajoute le paragraphe 3, sera faite par les commissaires répartiteurs, assistés du contrôleur des contributions directes. Elle sera arrêtée par le préfet qui pourra, s'il le juge convenable, faire préalablement procéder à la révision par deux experts, dont l'un sera nommé par lui et l'autre par le maire de la commune. »

Mais il est aisé d'établir que cette disposition n'est favorable qu'en apparence à l'intervention du pouvoir local. Elle a un double objet. D'une part, l'augmentation du contingent communal; de l'autre, la fixation de la valeur imposable d'après laquelle doit être calculée la cote du contribuable. Or, d'après nos lois, c'est aux répartiteurs seuls qu'il appartient d'asseoir l'impôt. On comprend que la loi de 1835 leur ait confié l'estimation des propriétés dont elle s'occupe. Il est vrai que, dans ce cas, l'intérêt du trésor se trouve engagé, puisque la fixation doit réagir sur les contingents de la commune, de l'arrondissement et du département. Mais cet intérêt n'a pas paru suffisant pour motiver une dérogation à un passage fondamental de notre législation financière. Seulement la loi a admis un correctif contre les altérations exagérées des répartiteurs, en permettant au préfet de faire réviser leurs évaluations par des experts.

Comme on le voit, cet article ne peut être d'aucun poids dans la question du recensement général. Il appartenait exclusivement au recensement du second ordre.

Ainsi, je pense, d'après ce qui précède, que l'on peut considérer comme incontestables les propositions suivantes :

Qu'il y a deux ordres de recensements; que chacun d'eux s'opère par des agents différents;

Que le premier, c'est-à-dire celui qui a pour but d'éclairer la puissance législative, les conseils de département et ceux d'arrondissement sur les forces respectives des départements, des arrondissements et des communes, peut être exécuté par l'administration, agissant par ses seuls employés, sans le concours de l'administration municipale ou des répartiteurs.

Que, par conséquent, sous le rapport de la légalité, le mode de procéder qui a été employé en 1841 est à l'abri de toute critique.

MM. *Ganneron* et *Galis* avaient présenté un amendement dont voici les termes : « Les agents des contributions directes continueront de procéder annuellement au recensement des imposables et à la formation de la matrice des patentes.

« Cette matrice sera communiquée au maire pour y consigner ses observations s'il y a lieu. En cas de dissidence entre le maire et le contrôleur, comme en cas d'irrégularité reconnue par le direc-

teur des contributions directes dans le classement des patentés ou dans l'évaluation de leurs loyers, le préfet statuera définitivement. »

Cet amendement a été retiré.

Un autre amendement de M. *Lestiboudois*, et qui avait pour objet d'empêcher que les estimations des valeurs locatives qui servent de base au droit proportionnel des patentes ne subissent d'augmentation jusqu'à la révision de la législation qui régit la matière, n'a pas été appuyé.

(1) Le projet du gouvernement contenait sous le n° 5 une disposition ainsi conçue : « A partir de la promulgation de la présente loi, l'amende de 6 pour cent prononcée en cas de contravention aux lois sur le timbre des effets de commerce, par la loi du 24 mai 1834, contre le souscripteur, l'accepteur et le premier endosseur de lettres de change et de billets à ordre ou au porteur, est également applicable à quiconque aura revêtu lesdits effets de son endossement ou de son acquit, ou en aura effectué le recouvrement. »

La commission de la Chambre des Députés a cru devoir ajourner la décision de cette difficulté, afin que la question du timbre des effets de commerce pût recevoir une solution complète.

« Votre commission, a dit M. *Réal*, a reconnu toute l'insuffisance actuelle de la loi de 1834. Cette loi pèse sur les négociants qui placent au premier rang de leurs devoirs l'obéissance loyale aux lois : elle se résume en amendes contre ceux dont les effets non payés sont produits en justice. Le reste y échappe. Il y a donc nécessité de modifier cette législation et de réprimer la fraude.

« La question s'offre sous un double aspect; au point de vue fiscal, il faut apprécier les moyens propres à assurer les produits du timbre pour le trésor.

« Au point de vue économique et commercial, il faut entrer dans les conséquences probables de cette mesure et de celles qu'il paraîtrait utile de prescrire également pour atteindre complètement le but du projet de loi. Votre commission a reconnu que la question devait être étudiée dans son ensemble : elle vous propose donc l'ajournement; elle invite le gouvernement à donner suite aux travaux qu'il a déjà entrepris pour apporter à la législation du timbre des améliorations qui doivent assurer la rentrée de tous les droits que la loi a jugé utile de mettre à la charge des effets de commerce.

« Le commerce jouit de la protection des lois : en retour, le mouvement commercial doit, ainsi que les autres agents du développement de la richesse publique, alimenter les revenus de l'État.

(2) Les art. 6 et 7 sont destinés à rendre désormais impossible un procédé frauduleux dont il a été fait usage pour le timbrage des lettres de voitures. Les particuliers qui voulaient se servir d'autres papiers que ceux de l'administration, étaient autorisés par la loi du 13 brumaire an 7 à les faire

 nnaissements ne pourront être rédigés que sur du papier timbré fourni par l'administration ou sur du papier timbré à l'extraordinaire et frappé d'un timbre noir et d'un tibre sec.

Les particuliers qui, dans les départements autres que celui de la Seine, voudront faire timbrer à l'extraordinaire des papiers destinés aux lettres de voiture ou aux connaissements, seront admis à les remettre, en payant préalablement les droits, au receveur du timbre à l'extraordinaire, établi au chef-lieu de chaque département. Ces papiers seront transmis par le directeur à l'administration, qui les fera timbrer et les renverra immédiatement.

Les frais de transport seront à la charge de l'administration.

7. Pour toute lettre de voiture ou connaissement, non timbré ou non frappé du timbre noir et du timbre sec, la contravention sera punie d'une amende de trente francs, payable solidairement par l'expéditeur et par le voiturier, s'il s'agit d'une lettre de voiture, et par le chargeur et le capitaine, s'il s'agit de connaissement.

8. (1) A l'avenir, l'établissement des taxes d'octroi votées par les conseils municipaux, la modification de celles qui existent actuellement, ainsi que les règlements relatifs à leur perception, seront autorisés par ordonnances royales rendues dans la forme des règlements d'administration publique.

9. Les droits d'octroi qui seront établis sur les boissons, en vertu de ces ordon-

---

à timbrer à l'extraordinaire, formalité qui avait lieu par l'apposition d'une seule empreinte noire sans l'addition d'un timbre sec. Cependant des contrefaçons avaient été découvertes: elles se pratiquaient en calquant l'empreinte encore humide sur la pierre lithographique, et en la reproduisant ensuite à un nombre plus ou moins considérable d'exemplaires. Des poursuites criminelles furent intentées : mais les condamnations prononcées, quelque sévères qu'elles fussent, ne présentaient point de garanties suffisantes pour les intérêts du trésor. On dut rechercher un nouveau système d'application du timbre extraordinaire qui rendît cette fraude impraticable : aujourd'hui elle n'est plus possible. Les difficultés d'exécution que le mode qui a été adopté présentait, paraissent avoir été résolues de la manière la plus satisfaisante.

Voy. ci-après ord. du 11 juin 1842, p. 222.

(1) « La question des droits d'octroi sur les boissons en faveur des caisses municipales, a dit M. *Réal*, a fait souvent au sein des Chambres le sujet de graves méditations.

« Le rapport de la session de 1840 vous signalait les inconvénients qui résultaient pour le trésor et pour les pays vinicoles, de l'exécution donnée à l'art. 149 de la loi du 28 avril 1816. La commission de 1840 rappelait le gouvernement à ce principe, que le maximum des droits d'octroi ne devait pas dépasser le maximum des droits d'entrée perçus au profit du trésor; elle avertissait le gouvernement qu'il était de son devoir de n'accueillir qu'avec la plus grande réserve les demandes des villes tendantes à l'augmentation du chiffre de leur octroi. Enfin l'intervention du conseil d'Etat lui paraissait nécessaire pour l'examen de ces demandes et pour l'appréciation des tarifs.

« Ces conseils n'ont pas été suivis. Le nombre des villes s'imposant des surtaxes s'est accru : il y a eu en 1841 quatorze ordonnances portant concession de la surtaxe.

« La loi du 28 avril 1816 frappe, au profit du trésor, les boissons d'un droit d'entrée pour chaque commune ayant plus de 4 mille âmes ; ce droit varie et s'élève avec l'importance de la population.

« Cette loi permet aux villes de s'imposer, pour satisfaire à leurs dépenses communales, un droit d'octroi sur les boissons, égal au droit d'entrée.

Enfin, par une disposition dont l'exécution, dans la pensée du législateur, devait avoir lieu dans des cas rares, elle autorisait une surtaxe qui ne pouvait être établie qu'en vertu d'une ordonnance royale spéciale.

« Cette exception, ouverte avec trop de facilité peut-être en 1816, menace de devenir aujourd'hui la règle.

« Au sein de la commission, on a demandé l'abrogation immédiate et complète de cette faculté laissée aux villes de voter des surtaxes sur les boissons. On a soutenu que ces surtaxes attaquent un triple intérêt qu'il était du devoir du législateur de protéger : l'intérêt du trésor, fondé à demander que les forces contributives ne fussent pas épuisées par des prélèvements exagérés en faveur de services purement locaux ; l'intérêt des producteurs, sur lesquels la force des choses rejetait en grande partie la charge de l'impôt ; l'intérêt des populations, qui, par l'élévation du droit d'octroi, étaient obligées de réduire leur consommation.

« D'après des renseignements émanés de l'administration, sur une somme de 25,202,000 fr. perçue par les communes pour droits d'octroi sur les boissons en 1840, celle de 10,281,000 fr. provient de la surtaxe, et la ville de Paris y est comprise pour 7,989,000 fr. Sur 1070 communes soumises à des droits d'octroi, 449 sont soumises à des surtaxes.

« Quant aux règles à suivre, les auteurs de la proposition les ont puisées dans le rapport sur la situation des finances du 3 mars 1830.

« Quand une taxe est établie au profit de l'Etat sur une matière d'un usage général, le tarif doit en être calculé de sorte qu'elle n'excède nulle part les limites auxquelles elle peut être portée sans nuire essentiellement à la consommation, et par conséquent à la production ; mais si des taxes locales sont tolérées ensuite sur la même matière, l'équilibre est aussitôt dérangé, toutes les combinaisons sont faussées. En vain dirait-on que ce sont les consommateurs qui s'imposent volontairement ; il ne s'agit pas seulement de mesurer les charges des contribuables, il s'agit aussi de défendre les intérêts du producteur et de mettre le revenu public hors d'atteinte.

« Ces considérations sont puissantes, et leurs con-

nances royales, ne pourront excéder ceux qui seront perçus aux entrées des villes au profit du trésor (le décime non compris).

Dans les communes qui, à raison de leur population, ne sont pas soumises à un droit d'entrée sur les boissons, le droit d'octroi ne pourra dépasser le droit d'entrée déterminé par la loi, pour les villes d'une population de quatre mille âmes.

Il ne pourra être établi aucune taxe d'octroi supérieure au droit d'entrée qu'en vertu d'une loi.

L'art. 149 de la loi du 28 avril 1816 est abrogé.

10. Les taxes d'octroi actuellement existantes, qui sont supérieures aux limites fixées par l'article précédent, continueront à être perçues pendant toute la durée déterminée par l'ordonnance royale d'autorisation.

Ces surtaxes, ainsi que celles dont la durée est illimitée, cesseront néanmoins de plein droit au 31 décembre 1852, sans préjudice du droit qu'ont les communes d'y renoncer avant ce délai.

11. Continuera d'être faite pour 1843, au profit de l'Etat, et conformément aux lois existantes, la perception

Des droits d'enregistrement, de timbre, de greffe, d'hypothèques, de passe-ports et de permis de port d'armes, du produit du visa des passe-ports et de la légalisation des actes au ministère des affaires étrangères, et des droits de sceau à percevoir, pour le compte du trésor, en conformité des lois des 17 août 1828 et 29 janvier 1831 ;

Du vingtième à payer sur le produit des bois des communes et établissements publics vendus ou délivrés en nature, pour indemniser l'Etat des frais d'administration de ces bois (art. 5 de la loi des recettes de 1842, du 25 juin 1841) ;

---

séquences, logiquement déduites, conduiraient même plus loin que la proposition soumise à votre discussion, puisque le principe ne frappe pas seulement la surtaxe ; il porte ses effets au-delà et atteint même l'autorisation donnée aux communes de s'imposer un droit d'octroi équivalent au droit d'entrée.

« Votre commission, Messieurs, ne pouvait admettre ces conséquences extrêmes. Elle était préoccupée aussi de la situation financière de certaines villes. Elle savait que les plus considérables par leur population n'avaient de revenu principal que dans le produit de l'octroi. Elle ne pouvait donc avoir la pensée de jeter une inévitable perturbation dans l'administration financière de ces communes.

« Mais autant elle était résolue à maintenir aux communes la faculté de s'imposer un droit d'octroi pour acquitter leurs charges, autant elle s'est montrée disposée à restreindre ce droit dans des limites raisonnables. Le droit de surtaxe seul lui a donc paru appeler une modification dans la législation ; elle a voulu, dès à présent, en préparer la suppression. Cette suppression ne devait avoir lieu qu'avec des tempéraments convenables. La commission, en un mot, a admis de justes réserves dans l'exécution, à l'effet de maintenir des revenus sur lesquels les communes avaient eu droit de compter et qu'elles avaient pu légitimement donner pour gage à leurs créanciers.

« D'accord avec MM. les ministres de l'intérieur et des finances, elle vous propose donc quelques dispositions propres à remplir le but qu'elle vient d'indiquer : maintenir avant tout les forces contributives du pays en faveur du pays lui-même, limiter l'autorisation d'établir des droits d'octroi, et, à cet effet, faire intervenir les règlements d'administration publique ; enfin, dans tous les cas où une ville serait contrainte de recourir à la voie des surtaxes, remettre à l'autorité de la loi le soin de s'assurer s'il peut être ainsi fait emploi, en faveur d'un intérêt local, d'une force contributive dont le premier caractère est de pouvoir être affecté au service de l'Etat. Tels sont les art. 8, 9 et 10 du projet de loi. »

Lors de la discussion, M. *Roul*, de concert avec MM. *Lasalle*, *Larabit* et *Mauguin*, a proposé de remplacer les trois articles du projet par la disposition suivante : « A l'avenir, il ne pourra plus être établi de droits d'octroi sur les boissons déjà imposées au profit du trésor public, ni de surtaxes aux droits concédés.

« Les surtaxes cesseront, au plus tard, le 1er janvier 1848.

« A partir du 1er janvier 1853, il ne pourra plus exister de droits d'octroi sur les boissons soumises à l'impôt de l'Etat. »

Cet amendement, faiblement appuyé, a été rejeté.

Des objections d'une toute autre nature ont été présentées contre ces trois articles. On a dit que la surtaxe existait surtout dans les villes appartenant aux départements vinicoles ; qu'elle n'augmentait le droit par hectolitre que dans une bien faible proportion, et que, calculée sur chaque litre, elle se réduisait à quelques centimes ; on en a conclu que cette surtaxe, sans être trop onéreuse pour le producteur, était imperceptible pour le consommateur, et qu'il fallait se garder, en privant les villes de cette ressource, de nuire au travail des classes pauvres, et, par suite, de diminuer la consommation.

D'après ces données, M. *Deslongrais* avait présenté un amendement ainsi conçu : « Dans aucun cas, les surtaxes autorisées par l'art. 149 de la loi du 28 avril 1816 ne pourront excéder le double des droits d'entrée, dixième compris. »

On a répondu que ces objections, fondées peut-être pour quelques localités, laissaient toutefois subsister les raisons présentées par la commission ; que, enfin, il ne s'agissait pas de supprimer les surtaxes, mais seulement d'en soumettre la concession au contrôle et au vote des Chambres.

L'amendement n'a pas été admis.

Des droits de douanes, y compris celui sur les sels;

Des contributions indirectes, y compris les droits de garantie, la retenue sur le prix des livraisons de tabac autorisée par l'art. 38 de la loi du 24 décembre 1814, les frais de casernement déterminés par la loi du 15 mai 1818, et le prix des poudres, tel qu'il est fixé par les lois des 16 mars 1819 et 24 mai 1834;

De la taxe des lettres et du droit sur les sommes versées aux caisses des agents des postes;

Des rétributions établies sur les élèves des collèges, des institutions et des pensions, par les décrets des 17 mars et 17 septembre 1808, et 15 novembre 1811; du droit annuel imposé aux chefs d'institution et aux maîtres de pension, par le décret du 17 septembre 1808; des rétributions imposées par les décrets du 4e jour complémentaire an 12 (21 septembre 1804) et du 17 février 1809, sur les élèves des facultés et sur les candidats qui se présentent pour y obtenir des grades;

Des rétributions imposées par la loi du 21 germinal an 11 (11 avril 1803), l'arrêté du gouvernement du 25 thermidor suivant (13 août de la même année) et l'ordonnance royale du 27 septembre 1840, aux élèves des écoles de pharmacie et aux herboristes reçus par ces écoles;

Du produit des monnaies et médailles;

Des redevances sur les mines;

Des redevances pour permission d'usines et de prises d'eau temporaires, toujours révocables sans indemnité, sur les canaux et rivières navigables;

Des droits de vérification des poids et mesures, conformément à l'ordonnance royale du 17 avril 1839;

Des taxes des brevets d'invention;

Des droits de chancellerie et de consulat perçus en vertu des tarifs existants;

D'un décime pour franc sur les droits qui n'en sont point affranchis y compris les amendes et condamnations pécuniaires, et sur les droits de greffe perçus, en vertu de l'ordonnance du 18 janvier 1826, par le secrétaire général du conseil d'Etat;

Des rétributions imposée pour frais de surveillance sur les compagnies et les agences de la nature des tontines, dont l'établissement aura été autorisé par ordonnance royale rendue dans la forme des règlements d'administration publique (avis du conseil d'Etat, approuvé par l'empereur le 1er avril 1809). Le produit de ces rétributions figurera dans le budget des recettes, au tableau des produits divers, et aux dépenses, par des crédits d'une somme équivalente, au budget du ministère de l'agriculture et du commerce.

12. Continuera d'être faite, pour 1843, au profit des départements, des communes, des établissements publics et des communautés d'habitants dûment autorisées, et conformément aux lois existantes, la perception

Des taxes imposées, avec l'autorisation du gouvernement, pour la surveillance, la conservation et la réparation des digues et autres ouvrages d'art intéressant les communautés de propriétaires ou d'habitants; des taxes pour les travaux de desséchement autorisés par la loi du 16 septembre 1807, et des taxes d'affouages, là où il est d'usage et utile d'en établir;

Des droits de péage qui seraient établis, conformément à la loi du 14 floréal an 10 (4 mai 1802), pour concourir à la construction ou à la réparation des ponts, écluses ou ouvrages d'art à la charge de l'Etat, des départements ou des communes, et pour corrections de rampes sur les routes royales ou départementales;

Des taxes imposées, avec l'autorisation du gouvernement, pour subvenir aux dépenses intéressant les communautés de marchands de bois;

Des droits d'examen et de réception imposés par l'arrêté du gouvernement du 20 prairial an 11 (9 juin 1803) sur les candidats qui se présentent devant les jurys médicaux pour obtenir le diplôme d'officier de santé ou de pharmacien;

Des droits établis pour frais de visite chez les pharmaciens, droguistes et épiciers;

Des rétributions imposées, en vertu des arrêtés du gouvernement du 3 floréal an 8 (23 avril 1800) et du 6 nivôse an 11 (27 décembre 1802), sur les établissements d'eaux minérales naturelles, pour le traitement des médecins chargés par le gouvernement de l'inspection de ces établissements;

Des contributions imposées par le gouvernement sur les bains, fabriques et dépôts d'eaux minérales, pour subvenir aux traitements des médecins-inspecteurs desdits établissements (art. 30 de la loi des recettes de 1842, du 25 juin 1841, et lois de finances antérieures);

Des droits d'octroi, des droits de pesage, mesurage et jaugeage;

Des droits de voirie dont les tarifs ont été approuvés par le gouvernement, sur la demande et au profit des communes (loi du 18 juillet 1837);

Du dixième des billets d'entrée dans les spectacles et les concerts quotidiens ;

D'un quart de la recette brute dans les lieux de réunion ou de fête où l'on est admis en payant ;

Des contributions spéciales destinées à subvenir aux dépenses des bourses et chambres de commerce, ainsi que des revenus spéciaux accordés auxdits établissements et aux établissements sanitaires ;

Des droits de place perçus dans les halles, foires, marchés, abattoirs, d'après les tarifs dûment autorisés (loi du 18 juillet 1837) ;

Des droits de stationnement et de location sur la voie publique, sur les ports et rivières et autres lieux publics (loi du 18 juillet 1837) ;

Des taxes de frais de pavage des rues, dans les villes où l'usage met ces frais à la charge des propriétaires riverains (dispositions combinées de la loi du 11 frimaire an 7 (1er décembre 1798) et du décret de principe du 25 mars 1807 et art. 28 de la loi des recettes de 1842, du 25 juin 1841) ;

Du prix de la vente exclusive, au profit de la caisse des invalides de la marine, des feuilles de rôles d'équipages des bâtiments de commerce, d'après le tarif du 8 messidor an 11 (27 juin 1803) ;

Des frais de travaux intéressant la salubrité publique (loi du 16 septembre 1807) ;

Des droits d'inhumation et de concession de terrains dans les cimetières (décrets organiques du 23 prairial an 12 (12 juin 1804) et du 18 août 1811).

13. Dans les colonies de la Martinique, de la Guadeloupe, de la Guiane française et de Bourbon, les recettes de toute nature continueront à être faites en 1843 conformément aux lois et ordonnances actuellement en vigueur,

TITRE II. — *Évaluation des recettes de l'exercice* 1843.

14. Les voies et moyens ordinaires et extraordinaires sont évalués, pour l'exercice 1843, à la somme de un milliard deux cent quatre-vingt-un millions cent soixante et treize mille trois cent soixante francs (1,281,173,360 fr.), conformément à l'état C ci-annexé.

Les ressources affectées aux services spéciaux portés pour ordre au budget sont évaluées, pour l'exercice 1843, à la somme de dix-neuf millions sept cent quatre-vingt-un mille cent quatre-vingt-douze francs (19,781,192 fr.), conformément à l'état D ci-annexé, savoir :

Légion-d'Honneur	7,580,698 f.
Imprimerie royale	2,600,000
Chancelleries consulaires	250,000
Caisse des invalides de la marine.	8,000,000
Service de la fabrication des monnaies et médailles	1,350,494
Total égal	19,781,192

15. Les ressources spécialement attribuées au service départemental, par la loi du 10 mai 1838, sont évaluées à la somme de soixante et dix-neuf millions soixante-sept mille six cent cinquante francs (79,067,650 fr.), pour l'exercice 1843, et leur affectation, par section spéciale, est et demeure déterminée conformément au tableau E annexé à la présente loi.

TITRE III. — *Moyens de service.*

16. Le ministre des finances est autorisé à créer, pour le service de la trésorerie et les négociations avec la Banque de France, des bons royaux portant intérêt et payables à échéance fixe.

Les bons royaux en circulation ne pourront excéder deux cents millions. Ne sont pas compris dans cette limite les bons royaux délivrés à la caisse d'amortissement en vertu de la loi du 10 juin 1833.

Dans le cas où cette somme serait insuffisante pour les besoins du service, il y sera pourvu au moyen d'une émission supplémentaire, qui devra être autorisée par ordonnances royales, lesquelles seront insérées au Bulletin des lois, et soumises à la sanction législative, à l'ouverture de la plus prochaine session des Chambres.

17. L'insuffisance de ressources que présentera le budget de 1843, en règlement définitif, sera réunie au compte spécial prescrit par l'art. 36 de la loi du 25 juin 1841, pour les découverts des exercices 1840, 1841 et 1842, et les moyens d'extinction déterminés par ledit article lui seront applicables.

TITRE IV. — *Dispositions générales.*

18. Toutes contributions directes ou indirectes, autres que celles autorisées par la présente loi, à quelque titre et sous quelque dénomination qu'elles se perçoivent, sont formellement interdites, à peine, contre les autorités qui les ordonneraient, contre les employés qui confectionneraient les rôles et tarifs et ceux qui en feraient le recouvrement, d'être poursuivis comme concussionnaires, sans préjudice de l'action en répétition, pendant trois années, contre tous receveurs, percepteurs ou individus qui auraient fait la perception, et sans que, pour exercer cette action devant les tribu-

naux, il soit besoin d'une autorisation préalable. Il n'est pas néanmoins dérogé à l'exécution de l'art. 4 de la loi du 2 août 1829, relatif aux centimes que les conseils généraux sont autorisés à voter pour les opérations cadastrales, non plus qu'aux dispositions des lois du 10 mai 1838 sur les attributions départementales, du 18 juillet 1837 sur l'administration communale, du 21 mai 1836 sur les chemins vicinaux, et du 28 juin 1833 sur l'instruction primaire.

ETAT A.   *TABLEAU des contributions directes à imposer, en*

NATURE ET OBJETS DES IMPOSITIONS.	FONCIÈRE.		CONTRI PERSONNELLE et mobilière.	
	Centimes addition-nels.	fr.	Centimes additionnels.	fr.
Fonds pour dépenses générales. Principal des contributions.	. . . . . .	156,811,000	. . . . . .	34,000,000
Cotisations, en principal, des propriétés nou-vellement bâties, et imposables à partir du 1er janvier 1843, déduction faite des dégrè-vements résultant de celles qui ont été dé-truites ou démolies. (Loi du 17 août 1835, art. 2.).	. . . . . .	600,000	. . . . . .	»
Centimes additionnels généraux sans affectation spéciale.	20	31,362,200	20	6,800,000
Fonds pour dépenses départe-mentales. Centimes imposés par la loi. (15 c.) Fonds com-muns à répar-tir entre les départements — Fonds applicables aux dépenses or-dinaires de chaque département.	9 4/10	14,740,234	9 4/10	3,196,000
pour dépenses ordi-naires des départe-ments.	5	7,840,550	5	1,700,000
pour dépenses fa-cultatives d'utilité départementale.	0 6/10	940,866	0 6/10	204,000
Centimes votés par les conseils géné-raux — pour dépenses facultatives d'utilité départementale (maximum 5 c.), excepté pour le département de la Corse, qui est autorisé à porter ces centimes au nombre de 20. (Loi du 17 août 1822, art. 22.). . . .	. . . . . .	7,842,000	. . . . . .	1,708,000
pour dépenses extraordinaires ap-prouvées par des lois spéciales. . .	. . . . . .	9,607,000	. . . . . .	1,928,000
pour subvention aux dépenses des chemins vicinaux de grande com-munication et autres. (Maximum 5 c.).	. . . . . .	6,710,000	. . . . . .	1,421,000
pour dépenses de l'instruction pri-maire. Maximum 2 c.). . . .	. . . . . .	2,667,000	. . . . . .	547,000
pour dépenses du cadastre. (Maxi-mum 5 c.).	. . . . . .	1,100,000	. . . . . .	»
Fonds pour dépenses commu-nales. Centimes ordinaires. (Maximum 5 c.). . . .	. . . . . .	7,847,000	. . . . . .	1,700,000
Centimes extraordinaires et centimes pour frais de bourse et chambres de commerce (ap-prouvé par des ordonnances royales ou par des arrêtés des préfets).	. . . . . .	11,382,000	. . . . . .	537,000
Centimes extraordinaires imposés d'office pour dépenses obligatoires à la charge des com-munes. (Art. 39 de la loi du 18 juillet 1837.) Mémoire.	. . . . . .	»	. . . . . .	»
Centimes pour dépenses des chemins vicinaux. (Maximum 5 c.).	. . . . . .	4,617,000	. . . . . .	1,037,000
Centimes pour dépenses de l'instruction pri-maire. (Maximum 3 c.). . . .	. . . . . .	2,488,000	. . . . . .	540,000
Centimes pour frais de perception des diverses impositions communales. (3 c. du montant de ces impositions).	. . . . . .	789,870	. . . . . .	114,660
Fonds pour secours en cas de grêle, incendies, inonda-tions ou autres cas fortuits.	1	1,568,110	1	340,000
Fonds de non valeurs. Foncière, personnelle et mobilière (non va-leurs, remises et modérations).	1	1,568,110	1	340,000
Portes et fenêtres (non valeurs). . .	. . . . . .	»	. . . . . .	»
Patentes. — Réductions, décharges, non va-leurs.	. . . . . .	»	. . . . . .	»
Attributions aux communes.	. . . . . .	»	. . . . . .	»
Non valeurs extraordinaires pour cessation de commerce.	. . . . . .	»	. . . . . .	»
Fonds de réimpositions.	. . . . . .	550,000	. . . . . .	450,000
TOTAUX.	37	271,036,940	37	56,562,660

Taxe de premier avertissement. (Art. 51 de la loi du 15 mai 1818.). . . . .

cipal et en centimes additionnels, pour l'exercice 1842.

IONS				TOTAUX		OBSERVATIONS.
PORTES et fenêtres.	PATENTES.			par nature de contrib.	p.r affectation de contrib.	
mes m. fr.	Centimes additionnels.		fr.	fr.	fr.	
23,203,000	......	(a)	30,036,000	244,050,000		(a) Le principal de la contribution des patentes est évalué à 33,300,000f
					289,142,674	Mais il doit en être déduit :
400,000	......		»	1,000,000		1° Les 8 c. que la loi du 2 ventôse an 13 (21 février 1805) attribue aux communes pour former, avec l'imposit. spéciale de 5 c.,
3,666,074	6 8/10		2,264,400	44,092,674		un fonds de 13 c. sur lequel s'imputent d'abord les réductions, décharges
»	......		»	17,936,234		et non valeurs, et dont l'excédant dispon. vient ensuite accroître les ressources communales,
»	......		»	9,540,550		ci..... 2,664,000f
»	......		»	1,144,866		2° Les non val. extraordinres résultt de cessation de commce avant le 1er
»	......		»	9,550,000	67,667,650	jauv. de l'année pour laquelle les rôles sont établis, et dont la loi autorse
1,300,000	......		1,381,000	14,216,000		le prélèvemt sur le principal de la contrib. des patentes, ci. 600,000f
965,000	......		1,035,000	10,137,000		3,264,000f
366,000	......		463,000	4,043,000		
»	......		»	1,100,000		Reste pour la portion de la contribution des patentes qui est appliquée
»	......		»	9,547,000		aux dépenses générales du budget........30,036,000f
113,000	......		420,000	12,452,000		
					34,059,100	(b) Voir la note (a) ci-dessus.
»	......		»	»		(c) Les contributions directes à imposer, d'après le présent tableau, se
676,000	......		902,000	7,232,000		divisent ainsi qu'il suit, sous le rapport de leur affectation aux dépenses
359,000	......		449,000	3,836,000		pour lesquelles la loi les autorise :
34,440	......		53,480	992,100		1° Impositions affectées aux dépres générales du budget, ..289,142,674f
»	......		»	1,908,110	1,908,110	2° Impositions affectées à des dépenses spéciales,........112,870,094
696,090	......		»	1,908,110		
				696,090		Ensemble,......402,012,768f
»	5		1,695,000		7,533,200	Le produit des impositions de cette dernière nature est attribué aux ministérés ci-après :
»	......	(b)	2,004,000	4,929,000		Instruction publiqe. 4,043,000f
»	......	(b)	600,000			Intérieur......62,524,650
»	......			1,008,000	4,000,000	Agriculture et commerce......1,908,110
31,778,604	11 8/10		41,932,530	401,310,734	401,310,734	Finances......44,394,334
					702,034	112,870,094f
TOTAL GÉNÉRAL..........(c).				402,012,768		

ÉTAT B.

CONTRIBUTIONS FONCIÈRE,

PERSONNELLE ET MOBILIÈRE, ET DES PORTES ET FENÊTRES.

Fixation du contingent de chaque département, en principal, pour 1843.

DÉPARTE-MENTS.	CONTRIBUTIONS EN PRINCIPAL,			DÉPARTE-MENTS.	CONTRIBUTIONS EN PRINCIPAL,		
	foncière.	personnelle et mobilière.	portes et fenêtres.		foncière.	personnelle et mobilière.	portes et fenêtres.
	fr.	fr.	fr.		fr.	fr.	fr.
Ain	1,225,805	255,800	172,579	Loiret	1,850,731	381,700	273,617
Aisne	2,691,672	502,200	459,337	Lot	1,257,561	255,417	125,027
Allier	1,325,955	222,800	137,654	Lot-et-Gar.	2,099,314	347,400	155,513
Alpes (B.-)	611,780	117,000	65,217	Lozère	592,217	85,000	55,786
Alpes (H.-)	502,814	83,300	61,284	Maine-et-L.	2,544,024	415,500	298,575
Ardèche	891,419	213,600	107,219	Manche	3,368,558	577,600	339,053
Ardennes	1,271,073	273,786	203,409	Marne	1,851,430	400,800	349,501
Ariége	597,190	166,300	104,571	Marne (H.-)	1,394,607	260,900	150,450
Aube	1,413,261	278,200	180,817	Mayenne	1,556,450	271,365	123,798
Aude	1,761,345	277,800	144,757	Meurthe	1,736,045	385,358	274,784
Aveyron	1,446,442	267,700	177,169	Meuse	1,535,461	296,709	178,607
Bouches-du-R.	1,594,604	645,600	557,644	Morbihan	1,457,749	316,045	133,335
Calvados	3,767,558	652,700	478,110	Moselle	1,685,290	370,801	312,189
Cantal	1,113,705	184,500	77,572	Nièvre	1,278,272	249,700	127,720
Charente	1,804,181	324,555	184,179	Nord	4,167,969	983,300	1,008,196
Charente-Inf.	2,391,802	471,394	273,842	Oise	2,713,605	458,988	406,901
Cher	1,012,230	201,200	105,256	Orne	2,355,179	405,941	242,029
Corrèze	859,959	174,427	103,292	Pas-de-Calais	3,000,354	607,300	538,928
Corse	171,809	55,500	36,348	Puy-de-Dôme	2,368,376	488,700	252,088
Côte-d'Or	2,601,467	446,000	275,484	Pyrénées (B.-)	875,528	289,000	237,734
Côtes-du-N.	1,695,012	367,525	160,933	Pyrénées (H.-)	574,130	147,100	103,244
Creuse	720,343	156,773	72,568	Pyrénées-Or.	705,047	418,500	70,970
Dordogne	2,114,973	351,000	170,361	Rhin (Bas-)	1,591,442	549,046	554,814
Doubs	1,207,027	272,900	195,243	Rhin (Haut-)	1,578,661	381,000	351,771
Drôme	1,211,512	264,548	171,916	Rhône	2,135,644	742,625	532,505
Eure	3,159,992	478,414	494,456	Saône (H.-)	1,485,997	277,700	187,059
Eure-et-Loir	2,172,858	335,800	211,543	Saône-et-L.	2,879,948	458,400	275,566
Finistère	1,440,208	409,100	225,830	Sarthe	2,200,544	382,898	221,236
Gard	1,800,720	383,100	234,504	Seine	7,586,750	3,695,800	2,401,068
Garonne (H.-)	2,263,022	459,120	348,448	Seine-Infér.	4,824,094	1,130,151	851,989
Gers	1,649,123	286,900	150,703	Seine-et-M.	2,851,329	440,800	207,514
Gironde	2,955,306	756,500	510,657	Seine-et-O.	3,395,694	679,200	541,450
Hérault	2,291,459	446,100	243,944	Sèvres (Deux-)	1,467,430	248,357	127,608
Ille-et-Vilaine	1,931,299	448,575	222,982	Somme	3,101,695	568,343	579,470
Indre	1,008,596	210,000	101,778	Tarn	1,647,780	294,480	175,374
Indre-et-L.	1,568,059	307,300	187,318	Tarn-et-Gar.	1,649,978	252,383	142,378
Isère	2,396,722	441,004	274,456	Var	1,411,409	328,900	219,214
Jura	1,331,338	261,100	162,481	Vaucluse	899,625	254,348	207,820
Landes	755,975	160,000	141,955	Vendée	1,576,913	253,000	119,951
Loir-et-Cher	1,311,484	238,300	133,961	Vienne	1,216,752	227,894	168,377
Loire	1,459,594	347,007	256,717	Vienne (H.-)	918,469	208,500	152,292
Loire (H.-)	1,023,679	184,368	107,880	Vosges	1,489,922	270,400	200,253
Loire-Infer	1,609,932	510,655	263,910	Yonne	1,779,710	352,100	215,990
				TOTAUX	156,811,000	34,000,000	23,203,000

ETAT C.   *Budget général des voies et moyens de l'exercice 1843.*

DÉSIGNATION DES PRODUITS.	MONTANT des recettes prévues pour le budget de 1843.
	fr.
Contributions directes.	
Contribution foncière.	271,036,940
— personnelle et mobilière.	56,562,660
— des portes et fenêtres.	31,778,604
— des patentes.	41,932,530
Taxe de premier avertissement.	702,034
Enregistrement , timbre et domaines.	
Droits d'enregistrement, de greffe , d'hypothèques , et perceptions diverses. . . .	195,736,000
Droit de timbre.	33,922,000
Revenus et prix de vente de domaines.	5,134,400
Prix de vente d'objets mobiliers et immobiliers provenant des ministères. . . .	1,425,450
Produits d'établissements spéciaux régis ou affermés par l'Etat.	823,260
Produits des forêts et de la pêche.	
Produits des coupes de bois.	30,342,500
Produits divers et droits de pêche.	2,969,500
Contribution des communes et établissements publics , pour frais de régie de leurs bois.	1,550,000
Douanes et sels.	
Droits de douanes. Droits à l'importation. { Marchandises diverses.	86,056,000
{ Sucres coloniaux et étrangers..	43,623,000
Droits à l'exportation et autres.	1,634,000
Droits de navigation et recettes diverses.	5,707,000
Taxe de consommation des sels.	56,207,000
Contributions indirectes.	
Droits sur les boissons.	94,430,000
Sels (droit à l'extraction dans les départements de l'intérieur).	8,837,000
Sucre indigène (droit de fabrication).	7,035,000
Droits divers et recettes à différents titres.	36,869,000
Produit de la vente des tabacs..	100,000,000
Produit de la vente des poudres à feu.	5,310,000
Produits des postes.	
Produit de la taxe des lettres.	42,328,000
Droit de 5 pour 100 sur les envois d'argent..	1,095,000
Droit sur le transport des matières d'or et d'argent par les paquebots de la Méditerranée.	184,000
Produit des places dans les malles-postes.	2,236,000
Produit des places dans les paquebots.	1,199,000
Droit de transit des correspondances étrangères.	1,295,000
Recettes accidentelles.	56,000
Produits universitaires.	
Rétributions et droits divers.	3,554,482
Produits des rentes et domaines.	530,000
Divers revenus.	
Produits éventuels affectés au service départemental.	11,400,000
Produits et revenus de l'Algérie..	2,440,000
Produit de la rente de l'Inde.	1,050,000
Recette des colonies de la Martinique, de la Guadeloupe, de la Guiane française et de Bourbon (loi du 25 juin 1841 et ordonn. royale du 22 novembre suivant). . . . { Recettes affectées au service général.	2,498,350
{ Recettes affectées au service local. . .	3,495,650
Produits divers.	
Bénéfices sur la fabrication des monnaies et la vente des médailles.	70,100
Redevances et produits extraordinaires des mines.	818,000
Droits de vérification des poids et mesures.	1,000,000
Produit de la taxe des brevets d'invention.	600,000
Solde non employé du fonds commun des chancelleries consulaires. . . .	18,000
Ressources spéciales pour dépenses des écoles normales primaires. . . .	350,000
Produits éventuels départementaux appartenant à l'instruction primaire. . . .	1,000
Pensions et rétributions des élèves des écoles militaires.	826,700
Recouvrements de frais d'entretien d'élèves à l'école de cavalerie de Saumur. . .	35,500
Pensions des élèves de l'école navale de Brest.	81,000
A reporter.	1,196,285,660

DÉSIGNATION DES PRODUITS.	MONTANT des recettes prévues pour le budget de 1843.
	fr.
Report.	1,196,285,660
Versement à faire au trésor du produit de la retenue de 3 pour 100, au profit de la caisse des invalides de la marine, sur les anciens marchés dont l'exécution doit se prolonger pendant l'année 1843.	300,000
Retenue de 2 p. 100 pour l'hôtel des invalides, sur les dépenses du personn. de la guerre.	799,700
Pensions de marins admis à l'hôtel des invalides de la guerre.	48,000
Retenue de 2 pour 100 sur la solde des officiers de la garde municipale et des sapeurs-pompiers de la ville de Paris.	8,000
Revenus de divers établissements spéciaux (écoles vétérinaires et écoles des arts et mét.).	408,000
Produits provenant des ministères et recettes attribuées au trésor public par l'ordonn. royale du 31 mai 1838, portant règlement général sur la comptabilité publique.	1,080,000
Produit de la coupe des bois dépendant des forges de la Chaussade.	78,000
Produit de vente de cartes des dépôts de la guerre et de la marine.	38,000
Valeur, au prix de revient du budget, des poudres livrées par le service des poudres et salpêtres. { Au département de la guerre.	802,600
Pour les ventes à faire en Algérie.	5,788
Au département de la marine.	283,786
Au département des finances.	2,380,400
Ateliers de condamnés et pénitenciers militaires.	243,500
Versement des compagnies de chemins de fer, pour remboursement de frais de police et de surveillance.	72,200
Bénéfices réalisés par la caisse des dépôts et consignations pour l'année 1843.	1,000,000
Recouvrements sur prêts faits, en 1830, au commerce et à l'industrie.	300,000
Recettes sur débets non compris dans l'actif de l'administration des finances.	100,000
Dépôts d'argent dans les caisses des agents des postes, acquis au trésor pour cause de déchéance (loi du 31 janvier 1833).	17,500
Versements des compagnies de chemins de fer, en capital et en intérêts, sur les avances à elles faites par le trésor.	1,604,000
Recettes de différentes origines.	318,226
Total des voies et moyens ordinaires de l'exercice 1843.	1,206,173,360
Ressource extraordinaire (portion de l'emprunt autorisé par la loi du 25 juin 1841, applicable aux travaux extraordinaires de l'exercice 1843).	75,000,000
Total général des voies et moyens de l'exercice 1843.	1,281,173,360

RÉSULTAT GÉNÉRAL des recettes et des dépenses du budget de l'exercice 1843.

Les dépenses sont de . . . . 1,318,537,177 fr.
Les recettes présumées, de 1,281,173,360

Excédant de dépense 37,363,877

ÉTAT D. *Tableau des recettes affectées, pour l'exercice 1843, aux services spéciaux portés pour ordre au budget.*

CHAPITRES spéciaux.	MINISTÈRES ET SERVICES.	MONTANT des recettes prévues pour le budget de 1843.
	## MINISTÈRE DE LA JUSTICE ET DES CULTES.	
	Légion-d'Honneur.	fr.
1	Revenus propres de l'ordre.	6,958,698
2	Pensions et frais de trousseaux versés par les parents des élèves de la maison de Saint-Denis.	94,000
3	Supplément à la dotation de l'ordre, porté au budget de l'État, en vertu de diverses lois, pour subvenir à la dépense des traitements des sous-officiers et soldats des armées de terre et de mer, nommés dans l'ordre depuis le 6 juillet 1820, et qui étaient en activité de service à la date de leur nomination.	528,000
	Total.	7,580,698

CHAPITRES spéciaux.	MINISTÈRES ET SERVICES.	MONTANT des recettes prévues pour le budget de 1843.
	Imprimerie royale.	fr.
Uniq.	Produits des impressions diverses.	2,600,000
	MINISTÈRE DES AFFAIRES ÉTRANGÈRES.	
	Chancelleries consulaires.	
1	Produits d'actes de chancellerie et bénéfices sur le change. . . .	238,000
2	Prélèvement à effectuer sur le fonds commun des chancelleries consulaires, au profit de celles dont les dépenses excéderont les recettes (art. 5 de l'ordonnance royale du 23 août 1833.	12,000
	Total.	250,000
	MINISTÈRE DE LA MARINE ET DES COLONIES.	
	Caisse des invalides.	
1	Retenues sur les traitements et accessoires du personnel des divers corps de la marine et des colonies.	1,700,000
	Retenues exercées, par continuation, en vertu d'anciens marchés, pour le matériel de la marine, dont l'exécution se prolongera au-delà du 1ᵉʳ janvier 1843. (Voir, pour le versement intégral au trésor, le chap. 7 de la dépense.)	300,000
2	Retenues exercées sur la solde des officiers et agents de tous grades et en congé.	100,000
3	Retenues sur les salaires au commerce.	730,000
4	Décomptes des déserteurs.	20,000
5	Dépôts provenant de solde, part de prises, etc.	150,000
6	Dépôts provenant de naufrages.	30,000
7	Droits sur les prises.	100,000
8	Dividende des actions de la banque de France.	85,000
9	Rentes 5 pour 100 (immobilisées).	4,624,239
10	Plus value des feuilles de rôles d'équipage.	25,000
11	Recettes diverses.	135,761
	Total.	8,000,000
	MINISTÈRE DES FINANCES.	
	Service de la fabrication des monnaies et médailles.	
	Monnaies.	
1	Retenue sur les mat. apportées aux changes des monn. pʳ frais de fabrication.	719,394
2	Tolérances en faible sur la fabrication des monnaies.	50,000
3	Droit d'essai sur les lingots présentés en vérification par le commerce. .	100
	Médailles.	
4	Produit de la vente des médailles fabriquées depuis l'ord. du 24 mars 1832.	580,000
5	Droit de 10 pour 100 prélevé sur le prix de la fabrication des médailles de sainteté, boutons, etc.	1,000
	Total.	1,350,494

RÉCAPITULATION.

Ministère de la justice et des cultes.	{ Légion-d'Honneur.	7,580,698
	Imprimerie royale.	2,600,000
— des affaires étrangères. . . .	Chancelleries consulaires.	250,000
— de la marine et des colonies. .	Caisse des invalides.	8,000,000
— des finances.	Service de la fabrication des monnaies et médailles.	1,350,494
	Total général.	19,781,192

Résultat des recettes et des dépenses des services spéciaux portés pour ordre au budget.

	RECETTES.	DÉPENSES.
	fr.	fr.
Légion-d'Honneur.	7,580,698	7,580,698
Imprimerie royale.	2,600,000	2,600,000
Chancelleries consulaires.	250,000	250,000
Caisse des invalides de la marine. . . .	8,000,000	8,000,000
Service de la fabrication des monnaies et médailles. .	1,350,494	1,350,494
Total.	19,781,192	19,781,192

ÉTAT E.   *Tableau du service départemental pour*

RECETTES.

DÉSIGNATION DES RECETTES AFFECTÉES AUX DÉPENSES DE CHAQUE SECTION.		MONTANT des recettes par section.

MINISTÈRE

1re SECTION. — Dépenses ordinaires

Produit des 9 cent. 4/10es additionnels imposés par la loi. 17,936,234f
Produit des 5 cent. additionnels imposés par la loi, pour fonds commun à répartir entre les départements. . . 9,540,550

fr. 27,476,784

fr. 28,076,784

Produits éventuels ordinaires.
Produits d'expéditions d'actes des préfectures ou d'anciennes pièces déposées aux archives. . . . . . .
Revenus particuliers des prisons départementales. . . .
Produits d'arbres abattus ou élagués sur les routes départtes.
Ventes de matériaux de démolition ou de rebut, ou d'autres objets provenant de routes départementales ou d'établissements publics des départements. . . . .
Vente des mobiliers des préfectures et des bureaux des sous-préfectures reconnus hors de service. . . . . .
Produit de moins-value de mobilier acquitté par les préfets.
Remboursement d'avances faites par les départements pour les tables décennales de l'état civil. . . . .
Remboursement d'avances faites par les départements, sur les centimes additionnels ordinaires, pour paiement de diverses dépenses imputables sur les fonds généraux. . .
Produit du droit de péage et de tous autres autorisés au profit des départements. . . . .

600,000

IIe SECTION. — Dépenses facultatives

Produit des centimes votés par les conseils généraux pour les dépenses facultatives d'utilité départementale (maximum 5 cent.). . 9,550,000f
Produit des 6/10es de centimes additionnels imposés par la loi pour fonds commun à répartir entre les départements. 1,144,866

fr. 10,694,866

fr. 11,594,866

Produits éventuels extra-ordinaires.
Produit des propriétés des départements non affectées aux services départementaux. 300,000f
Subventions communales pr travaux neufs des routes départementales classées. . 600,000

900,000

IIIe SECTION. — Dépenses extraordinaires

Produit des centimes additionnels extraordinaires imposés en vertu de lois spéciales.. 14,216,000

fr.

Produit des emprunts autorisés par des lois particulières. 3,500,000

fr. 17,716,000

IVe SECTION. — Dépenses spéciales

Produit des centimes additionnels spéciaux votés par les conseils généraux pour dépenses des chemins vicinaux de grande communication, et autres chemins vicinaux (maximum 5 centimes). 10,137,000
Contingents communaux et souscriptions particulières pour travaux des chemins vicinaux de grande communication. 6,240,000

fr.

fr. 16,537,000

Produits spéciaux non indiqués dans la loi du 10 mai 1838.
Revenus des établissements d'eaux minérales appartenant aux départements. . . . .
Excédant des droits d'examen et de réception des officiers de santé, pharmaciens et herboristes, par les jurys méd.
Produit des rétrib. payées par les pharmac., les épiciers, les droguistes et les herbor. pour la visite de leurs établiss.
Revenus des pépinières des départements.
Vente de chevaux ou taureaux étalons appart. aux départ.
Subventions et revenus particuliers des sociétés d'agriculture et des comités agricoles. . . . .
Produit des souscriptions pour les cours d'accouchement.

160,000

73,924,650

l'exercice **1843** (exécution de la loi du 10 mai 1838).

AFFECTATION DES RECETTES.

DÉSIGNATION DES DÉPENSES COMPRISES DANS CHAQUE SECTION.	MONTANT des dépenses par section.
DE L'INTÉRIEUR.	
(art. 12, 13, 14 et 15 de la loi du 10 mai 1838).	
Travaux ordinaires des bâtiments civils.	
Contributions dues par les propriétés des départements.	
Loyers des hôtels de préfectures et des sous-préfectures.	
Mobiliers des préfectures et des bureaux des sous-préfectures.	
Casernement de la gendarmerie.	
Prisons départementales.	
Cours et tribunaux.	fr.
Corps-de-garde des établissements départementaux.	28,076,784
Entretien des routes départementales.	
Enfants trouvés ou abandonnés.	
Aliénés.	
Impressions.	
Archives départementales.	
Frais de translation, de route, et autres dépenses ordinaires.	
Dettes départementales ordinaires.	
(art. 16, 17 et 18 de la loi ci-dessus indiquée).	
Travaux neufs des édifices départementaux.	
Travaux des routes départementales.	
Subventions aux communes.	
Encouragements.	11,594,866
Cultes.	
Secours contre la mendicité.	
Dépenses diverses.	
Dettes départementales pour dépenses facultatives ou extraordinaires.	
(art. 19 de la loi ci-dessus indiquée).	
Dépenses imputables sur le produit des centimes additionnels extraordinaires. { Travaux. / Intérêts des emprunts. / Remboursement des emprunts. / Réserves destinées aux indemnités proport. aux ingén'. / Traitements ou honoraires des architectes. } — fr. 14,216,000	17,716,000
Travaux divers imput. sur le produit des emprunts autorisés par les lois. — 3,500,000	
(art. 19 de la loi du 10 mai 1838).	
Dépenses sur le produit des centimes additionnels spéciaux pour les chemins vicinaux de grande communication, et autres chemins vicinaux. — 10,137,000	
Dépenses pour les chemins vicinaux de grande communication, sur le produit des subventions communales et des souscriptions particulières. — 6,240,000	16,537,000
Dépenses imputables sur des produits spéciaux non indiqués dans la loi du 10 mai 1838. { Dépenses pour les établissements thermaux appartenant aux départements. / Frais de visite des pharmacies, des boutiques et magasins des droguistes et épiciers herboristes. / Portion de l'entretien des pépinières départementales. / Encouragements à l'agriculture. / Bourses, secours ou souscriptions pour les cours d'accouchement. } — 160,000	
	73,924,650

Suite du Tableau du service

RECETTES.

DÉSIGNATION DES RECETTES AFFECTÉES AUX DÉPENSES DE CHAQUE SECTION.	MONTANT des recettes par section.

MINISTÈRE DE

Ve SECTION. — INSTRUCTION PRIMAIRE

	fr.	fr.
Produit des centimes votés par les conseils généraux pour les dépenses de l'instruction primaire (maximum 2 centimes).	4,043,000	
Portion des centimes facultatifs pour les dépenses d'utilité départementale, affectés par les conseils généraux aux dépenses de l'instruction primaire. ... ... Mémoire.		4,043,000

MINISTÈRE

VIe SECTION. — CADASTRE.

	fr.
Produit des centimes votés par les conseils généraux pour les dépenses du cadastre (maximum 5 centimes).	1,100,000

RÉCAPITULATION.

	RESSOURCES.	DÉPENSES.
Ministère de l'intérieur.	73,924,650 f.	73,924,650 f.
—— de l'instruction publique.	4,043,000	4,043,000
—— des finances.	1,100,000	1,100,000
	79,067,650	79,067,650

11 = 20 JUIN 1842. — Loi relative à la perception de l'impôt sur le sucre indigène. (IX, Bull. DCCCCXV, n. 10035.)

Art. 1er. Le délai fixé par la loi du 25 juin 1841, pour la présentation aux Chambres des règlements d'administration publique rendus à l'effet d'assurer la perception de l'impôt sur le sucre indigène, est prorogé.

2. Le gouvernement continuera à pourvoir, dans la même forme, à toutes les mesures qui seront nécessaires pour assurer le recouvrement dudit impôt, sous les pénalités prononcées par l'art. 42 de la loi du 10 août 1839.

3. Lesdits règlements seront présentés aux Chambres, pour être convertis en loi, dans leur prochaine session.

11 = 20 JUIN 1842. — Ordonnance du roi pour l'exécution de l'art. 6 de la loi du 11 juin 1842, relatif aux lettres de voitures et aux connaissements. (IX, Bull. DCCCCXV, n. 10036.)

Louis-Philippe, etc., vu les art. 6 et 7 de la loi du 11 juin 1842, portant fixation du budget des recettes de l'exercice 1843; sur le rapport de notre ministre secrétaire d'État au département des finances, etc.

Art. 1er. Durant le délai de trois mois, à partir de la promulgation de la présente ordonnance, les particuliers qui ont fait timbrer à l'extraordinaire des formules à leur usage, pour lettres de voitures et pour connaissements, seront admis à faire frapper des timbres établis par l'art 6 de la loi du 11 juin 1842, d'autres formules sur papier libre, en échange de celles qui n'auront pas été employées, et qui devront être rapportées. Ce délai passé, l'échange ne pourra plus avoir lieu.

2. Dans les départements autres que celui de la Seine, les formules marquées de l'ancien timbre à l'extraordinaire, et celles qui seront destinées à les remplacer, pourront être remises au receveur du timbre, au chef-lieu du département. Les unes et les autres seront transmises à l'administration, qui renverra sans frais les formules revêtues des nouveaux timbres à l'extraordinaire.

3. Notre ministre des finances (M. Laplagne) est chargé, etc.

11 = 21 JUIN 1842. — Loi qui ouvre un crédit

départemental pour l'exercice 1843.

AFFECTATION DES RECETTES.	
DÉSIGNATION DES DÉPENSES COMPRISES DANS CHAQUE SECTION.	MONTANT des dépenses par section.
L'INSTRUCTION PUBLIQUE. (art. 19 de la loi ci-dessus indiquée). Dépenses ordinaires et obligatoires.. . . . . Dépenses extraordinaires.	fr. 4,048,000
DES FINANCES. (art. 19 de la loi ci-dessus indiquée). Travaux d'art et d'arpentage. . . . . Mutations cadastrales. . . . . Dépenses extraordinaires.. . . . . Remboursement d'avances à des communes ou à des particuliers.	fr. 1,100,000

Certifié conforme :

Le ministre secrétaire d'État au département des finances, signé LAPLAGNE.

pour subvention à la caisse des retraites du service des haras et des écoles vétérinaires (1). (IX, Bull. DCCCCXVI, n. 10037.)

Art. 1er. Un crédit de trente-deux mille francs (32,000 fr.) est ouvert, sur l'exercice 1842, au ministre de l'agriculture et du commerce, pour être ajouté, à titre de subvention, aux fonds spéciaux de la caisse des retraites et assurer le paiement des pensions du service des haras de l'État et des écoles royales vétérinaires.

Ce crédit formera un chapitre spécial au budget de l'exercice 1842.

2. Il sera pourvu à la dépense autorisée par la présente loi, au moyen des ressources accordées par la loi de finances du

25 juin 1841 pour les besoins de l'exercice 1842.

11 = 21 JUIN 1842. — Loi qui ouvre un crédit spécial et extraordinaire pour la réimpression des Œuvres scientifiques de Laplace (2). (IX, Bull. DCCCXVI, n. 10048.)

Art. 1er. Il est ouvert au ministre secrétaire d'État de l'instruction publique, sur l'exercice 1842, un crédit spécial et extraordinaire de quarante mille francs, pour être appliqué à une réimpression des œuvres scientifiques de Laplace, membre de l'Institut.

2. (3) Un exemplaire de la nouvelle édition de la Mécanique céleste, de l'Exposi-

(1) Présentation à la Chambre des Députés le 28 mars (Mon. des 28 et 29) ; rapport par M. Duprat le 23 avril (Mon. du 26) ; adoption le 13 mai (Mon. du 14), à la majorité de 220 voix contre 18.

Présentation à la Chambre des Pairs le 23 mai (Mon. du 25) ; rapport par M. Viennet le 30 mai (Mon. du 3 juin) ; adoption le 3 juin (Mon. du 4), à la majorité de 117 voix contre 6.

(2) Présentation à la Chambre des Députés le 28 mars (Mon. des 28 et 29) ; rapport par M. Arago le 10 mai (Mon. du 19) ; discussion et

adoption le 1er juin (Mon. du 2), à la majorité de 227 voix contre 10.

Présentation à la Chambre des Pairs le 2 juin (Mon. du 3) ; rapport par M. le baron Thénard le 6 (Mon du 8) ; adoption le 7 (Mon. du 8), à la majorité de 106 voix contre 2.

(3) La commission de la Chambre des Députés avait proposé un article ainsi conçu : « Indépendamment de leur titre particulier, les sept volumes des œuvres de Laplace porteront le titre général de *Collection mathématique nationale.* » Cette disposition n'a pas été adoptée non plus

tion du système du monde et de la Théorie analytique des probabilités, sera adressé à chaque chef-lieu de département, à toutes les villes qui ont des bibliothèques publiques et aux écoles spéciales.

3. La portion du crédit de quarante mille francs qui n'aurait pu être employée pendant le cours de l'exercice 1842 sera reportée à l'exercice suivant.

4. Il sera pourvu à la dépense autorisée par la présente loi, au moyen des ressources affectées à l'exercice 1842 par la loi du 25 juin 1841.

————

12 = 21 juin 1842. — Ordonnance du roi portant prorogation du tarif fixé par l'ordonnance du 5 mars 1841 pour la perception des droits de navigation établis sur le canal de la Somme. (IX, Bull. DCCCCXVI, n. 10041.)

Louis-Philippe, etc., vu la loi du 5 août 1821, relative à l'achèvement du canal de la Somme; vu le tarif des droits de navigation et la convention annexés à ladite loi; vu l'ordonnance du 5 mars 1841; vu la délibération du conseil d'administration de la compagnie des Trois-Canaux, en date du 3 juin 1842; sur le rapport de notre ministre secrétaire d'Etat des finances, etc.

Art. 1er. Les droits de navigation établis sur le canal de la Somme continueront d'être perçus jusqu'au 1er janvier 1843, conformément au tarif fixé par l'ordonnance du 5 mars 1841.

2. Notre ministre secrétaire d'Etat des finances (M. Laplagne) est chargé, etc.

————

11 = 22 juin 1842. — Lois qui autorisent plusieurs départements à s'imposer extraordinairement ou à contracter des emprunts. (IX, Bull. DCCCCXVII, n. 10043.)

PREMIÈRE LOI.—Indre-et-Loire.

Art. 1er. Le produit de l'imposition extraordinaire de deux centimes additionnels autorisée, pour le département d'Indre-et-Loire, par la loi du 24 juillet 1839, sera, à partir de l'année 1843, exclusivement affecté au service, en intérêts et en amortissement, de l'emprunt autorisé par la même loi.

2. Le département d'Indre-et-Loire est autorisé, conformément à la demande qu'en a faite son conseil général, dans sa séance du 3 septembre 1841, à s'imposer extraordinairement, pendant huit années, à partir du 1er janvier 1846, deux centimes ad-

ditionnels au principal des quatre contributions directes, dont le produit sera également affecté au service, en intérêts et amortissement, de l'emprunt autorisé par la loi du 24 juillet 1839.

DEUXIÈME LOI.—Loiret.

Art. 1er. Le département du Loiret est autorisé, conformément à la demande qu'en a faite son conseil général, dans sa séance du 1er septembre 1841, à emprunter, à un taux d'intérêt qui ne pourra dépasser quatre et demi pour cent, une somme de quatre cent mille francs, réalisable en 1843 et 1844, et affectée aux travaux d'achèvement et de grosses réparations des routes départementales actuellement classées.

L'emprunt aura lieu avec publicité et concurrence; toutefois le préfet du département est autorisé à traiter de gré à gré avec la caisse des dépôts et consignations, à un taux d'intérêt qui ne dépassera pas celui ci-dessus fixé.

La portion de l'emprunt à réaliser chaque année sera fixée, sur la proposition du conseil général, par des ordonnances royales rendues dans les formes des règlements d'administration publique.

Les intérêts dus pour 1843 seront soldés sur le produit de l'imposition extraordinaire autorisée par la loi du 24 avril 1837. Il sera pourvu au paiement des intérêts, pour les années suivantes, ainsi qu'à l'amortissement de l'emprunt, au moyen des ressources dont la création sera autorisée par l'art. 2 ci-après.

2. Le département du Loiret est autorisé, conformément à la demande qu'en a également faite son conseil général, dans la même séance du 1er septembre 1841, à s'imposer extraordinairement pendant six années, à partir du 1er janvier 1844, cinq centimes additionnels au principal des quatre contributions directes.

Le produit de cette imposition est affecté tant au service des intérêts et à l'amortissement de l'emprunt autorisé par l'art. 1er ci-dessus qu'aux travaux d'achèvement et de grosses réparations des routes départementales actuellement classées.

TROISIÈME LOI.—Hautes-Pyrénées.

Article unique. Le département des Hautes-Pyrénées est autorisé, conformément à la demande qu'en a faite son conseil général, dans sa séance du 5 septembre 1841,

————

qu'on paragraphe additionnel à l'art. 2, dont voici les termes : « La vente des exemplaires restés disponibles se fera au profit de l'Etat, au prix de

revient. Les volumes ne pourront pas être vendus séparément. »

à s'imposer extraordinairement, pendant les années 1843 et 1844, un centime et vingt-cinq centièmes (0 fr. 125) additionnels au principal des quatre contributions directes, dont le produit sera exclusivement affecté à la reconstruction de la maison d'arrêt de Lourdes.

QUATRIÈME LOI.—Tarn-et-Garonne.

Article unique. Le département de Tarn-et-Garonne est autorisé, conformément à la demande qu'en a faite son conseil général, dans sa séance du 31 août 1841, à s'imposer extraordinairement, savoir :

1º **Deux** centimes additionnels au principal des quatre contributions directes, pendant cinq années, à partir du 1er janvier 1844 ;

2º **Dix** centimes additionnels au principal des quatre contributions directes, pendant les deux années 1847 et 1848.

Le produit de cette imposition extraordinaire sera affecté exclusivement, d'abord à l'achèvement des routes départementales classées, et, après cet achèvement seulement, à la construction des routes dont le classement a été demandé par le conseil général dans ses sessions de 1839, 1840 et 1841.

CINQUIÈME LOI.—Var.

Article unique. Conformément à la délibération prise par le conseil général du département du Var, dans sa séance du 28 août 1841, une somme de dix mille six cent soixante et dix francs soixante et dix-sept centimes, restée libre sur le produit de l'imposition extraordinaire de trois centimes autorisée par la loi du 3 juin 1837, pour la construction d'un palais de justice, de prisons et d'une caserne de gendarmerie à Brignoles, sera affectée aux travaux ayant pour objet, 1º le remblai de la place du Palais-de-Justice; 2º l'appropriation intérieure de ladite caserne de gendarmerie; 3º et l'appropriation de l'ancien palais de justice de Brignoles en hôtel de sous-préfecture.

SIXIÈME LOI.—Côte-d'Or.

Article unique. Le département de la Côte-d'Or est autorisé, conformément à la demande qu'en a faite son conseil général, dans sa séance du 31 août 1841, à s'imposer extraordinairement pendant trois années, à partir du 1er janvier 1843, un centime additionnel au principal des quatre contributions directes, et dont le produit est exclusivement affecté à la reconstruction de la maison d'arrêt de Beaune.

SEPTIÈME LOI.—Gironde.

Article unique. Conformément à la demande qu'en a faite le conseil général de la Gironde, dans sa séance du 1er septembre 1841, l'imposition extraordinaire de quatre centimes additionnels au principal des quatre contributions directes, autorisée par la loi du 6 août 1839, jusqu'au 31 décembre 1845, continuera d'être perçue, avec la même destination, pendant l'année 1846.

Aucune portion de l'emprunt de un million quatre cent mille francs, autorisé par la même loi, ne pourra être contractée qu'en vertu d'ordonnances royales rendues sous la forme de règlements d'administration publique.

HUITIÈME LOI.—Ille-et-Vilaine.

Art. 1er. Le département d'Ille-et-Vilaine est autorisé, conformément à la demande qu'en a faite son conseil général, dans sa séance du 30 août 1841, à emprunter, à un taux d'intérêt qui ne pourra dépasser quatre et demi pour cent, une somme de cinq cent mille francs, réalisable en 1842 et 1843.

L'emprunt aura lieu avec publicité et concurrence ; toutefois le préfet du département est autorisé à traiter directement avec la caisse des dépôts et consignations, à un taux d'intérêt qui ne soit pas supérieur à celui ci-dessus fixé.

Les intérêts dus pour les sommes empruntées en 1842 seront payés sur les ressources ordinaires du département. Il sera pourvu au paiement des intérêts pour les années suivantes, ainsi qu'à l'amortissement de l'emprunt, au moyen des ressources dont la création sera autorisée par l'article 2 ci-après.

2. Le département d'Ille-et-Vilaine est autorisé, conformément à la demande qu'en a faite son conseil général, dans la même séance du 30 août 1841, à s'imposer extraordinairement,

1º Un centime additionnel au principal des quatre contributions directes, pendant onze années, à partir du 1er janvier 1843, dont le produit est affecté au paiement des intérêts de l'emprunt ci-dessus autorisé ;

2º Sept centimes additionnels au principal des quatre contributions directes pendant trois années, à partir du 1er janvier 1851, dont le produit est affecté à l'amortissement du même emprunt.

3. Le montant des sommes empruntées en vertu de l'article 1er ci-dessus, le reliquat des impositions autorisées par l'article 2, après le service des intérêts et de l'amortissement, ainsi que les subventions qui seront fournies par les communes, seront employés concurremment, tant aux travaux d'achèvement des routes départementales classées en 1835 et 1838 ; qu'aux

indemnités qui seront dues pour les terrains occupés par ces routes.

NEUVIÈME LOI.—Jura.

Art. 1ᵉʳ. Le département du Jura est autorisé, conformément à la demande qu'en a faite son conseil général, dans sa séance du 2 septembre 1841, à emprunter une somme qui ne pourra dépasser cinq cent dix-sept mille francs, et dont l'emploi sera réglé ci-après.

Le taux de l'intérêt ne pourra dépasser quatre et demi pour cent. L'emprunt aura lieu avec publicité et concurrence; toutefois le préfet du département est autorisé à traiter directement avec la caisse des dépôts et consignations, à un taux qui ne soit pas supérieur à celui ci-dessus fixé.

2. Le département du Jura est autorisé, conformément à la demande qu'en a également faite son conseil général dans la même séance du 2 septembre 1841, à s'imposer extraordinairement cinq centimes additionnels au principal des quatre contributions directes, pendant huit années, à partir du 1ᵉʳ janvier 1845.

Le produit de cette imposition et de celles autorisées par les lois des 6 août 1839 et 17 juillet 1840 est affecté, 1° au service des intérêts de l'emprunt autorisé par l'article 1ᵉʳ ci-dessus; 2° à l'amortissement de cet emprunt, qui devra commencer en 1846 et sera terminé en 1852; 3° aux travaux de rectification des six routes départementales désignées dans la délibération du conseil général du 2 septembre 1841.

3. Sur le montant de l'emprunt ci-dessus autorisé,

1° Une somme de cent mille francs sera exclusivement affectée, conformément à la délibération prise par le conseil général, dans sa séance du 5 septembre 1841, au concours du département, par voie de subvention, dans les travaux défensifs à faire sur les rives et dans le cours du Doubs et de la Loue;

2° Une somme de quatre cent dix-sept mille francs sera exclusivement affectée aux travaux de rectification des six routes départementales indiquées dans l'article précédent.

4. Les sommes à réaliser annuellement sur l'emprunt ci-dessus autorisé, l'emploi de ces sommes, ainsi que celui du produit des impositions autorisées par la présente loi et par celles des 6 août 1839 et 17 juillet 1840, seront déterminés chaque année, sur la proposition du conseil général, par des ordonnances royales rendues dans la forme des règlements d'administration publique.

DIXIÈME LOI.—Lot-et-Garonne.

Art. 1ᵉʳ. Le département de Lot-et-Garonne est autorisé, conformément à la demande qu'en a faite son conseil général, dans sa séance du 28 août 1841, à emprunter, à un taux d'intérêt qui ne pourra dépasser quatre et demi pour cent, une somme de quatre vingt-deux mille francs.

Cette somme sera mise à la disposition de notre ministre des travaux publics, comme nouvel à-compte sur la part contributive de quatre cent mille francs que le département a prise à sa charge dans les travaux de la route royale n. 133, de Périgueux à Mont-de-Marsan, et sous la réserve de l'entière exécution des engagements du département envers l'État, tels qu'ils résultent de la délibération de son conseil général du 11 septembre 1828, de l'ordonnance royale du 4 mars 1830 et de la loi du 26 novembre 1830.

L'emprunt aura lieu avec publicité et concurrence; toutefois le préfet du département est autorisé à traiter de gré à gré avec la caisse des dépôts et consignations, à un taux d'intérêt qui n'excédera pas celui ci-dessus fixé.

Le service des intérêts de l'emprunt se fera sur les ressources ordinaires du département; le remboursement du capital s'effectuera, pour deux tiers, en 1848, et pour un tiers, en 1849, au moyen des ressources indiquées dans l'art. 3 ci-après.

2. La portion de l'emprunt à réaliser chaque année sera fixée, sur la proposition du conseil général, par des ordonnances royales rendues dans la forme des règlements d'administration publique.

3. Le département de Lot-et-Garonne est autorisé, conformément à la demande qu'en a également faite son conseil général, dans la même séance du 28 août 1841, à s'imposer extraordinairement, savoir: deux centimes additionnels au principal des quatre contributions directes en 1848, et un centime additionnel au principal des quatre contributions directes de 1849.

Le produit de ces impositions est exclusivement affecté au remboursement de l'emprunt autorisé par l'art. 1ᵉʳ ci-dessus.

ONZIÈME LOI.—Mayenne.

Art. 1ᵉʳ. Le département de la Mayenne est autorisé, conformément à la demande qu'en a faite son conseil général, dans sa séance du 28 août 1841, à emprunter, en 1843, à un taux d'intérêt qui ne pourra dépasser quatre et demi pour cent, une somme de soixante mille francs, qui sera exclusivement affectée à la construction d'un hôtel de sous-préfecture à Mayenne,

L'emprunt aura lieu avec publicité et concurrence; toutefois le préfet du département est autorisé à traiter directement avec la caisse des dépôts et consignations, à un taux d'intérêt qui ne soit pas supérieur à celui ci-dessus fixé.

Il sera pourvu au paiement des intérêts et à l'amortissement de l'emprunt, au moyen des ressources spécifiées dans l'art. 2 ci-après.

2. Le département de la Mayenne est autorisé, conformément à la demande qu'en a également faite son conseil général, dans la même séance du 28 août 1841, à s'imposer extraordinairement, savoir : un centime additionnel au principal des quatre contributions directes, pendant les trois années 1843 à 1845, et quatre dixièmes de centime pendant l'année 1846.

Le produit de cette imposition est affecté au paiement des intérêts et à l'amortissement du capital de l'emprunt autorisé par l'art. 1ᵉʳ ci-dessus. La portion de ce produit qui ne serait pas absorbée par ce service sera appliquée, concurremment avec la somme empruntée et les ressources ordinaires du département, à compléter les dépenses de construction de la sous-préfecture et d'acquisition des terrains.

DOUZIÈME LOI. — Meuse.

Article unique. Le département de la Meuse est autorisé, conformément à la demande qu'en a faite son conseil général, dans sa séance du 30 août 1841, à s'imposer extraordinairement, pendant trois années, à partir du 1ᵉʳ janvier 1843, trois centimes additionnels au principal des quatre contributions directes, dont le produit sera exclusivement affecté aux travaux neufs et de grosses réparations des routes départementales actuellement classées.

TREIZIÈME LOI. — Haute-Vienne.

Article unique. Le département de la Haute-Vienne est autorisé, sur la demande qu'en a faite son conseil général, dans sa séance du 1ᵉʳ septembre 1841, à s'imposer extraordinairement, en 1843, sept centimes et demi additionnels au principal des quatre contributions directes, dont le produit sera exclusivement affecté aux travaux neufs des routes départementales.

QUATORZIÈME LOI. — Yonne.

Article unique. Conformément à la demande qu'en a faite le conseil général du département de l'Yonne, dans sa séance du 23 décembre 1841, le préfet de l'Yonne, agissant au nom de ce département, est autorisé à accepter l'offre faite par, 1° la dame Foulon de Doué, comtesse de Laferrière, demeurant à Vallery; 2° le sieur comte de Sade, propriétaire, demeurant à Vallery; 3° le sieur Lecomte, maître de poste à Villeneuve-la-Guyard, de prêter au département, sans intérêts, pour être affectée aux travaux neufs de la route départementale n. 23, une somme de quarante mille francs, qui leur serait remboursée en 1846, sur la portion revenant à l'arrondissement de Sens dans le produit de l'imposition extraordinaire autorisée sur le département de l'Yonne par la loi du 6 août 1839.

Ladite autorisation n'aura toutefois son effet qu'après qu'il aura été régulièrement reconnu et décidé que les conditions imposées par les prêteurs, par leur soumission, quant au tracé de la route et au point où devront se faire les travaux, peuvent être acceptées.

———

11 = 22 JUIN 1842. — Lois relatives à des changements de circonscriptions territoriales. (IX, Bull. DCCCCXVII, n. 10044.)

PREMIÈRE LOI. — Ardennes.

Art. 1ᵉʳ. Le territoire de la section du Haut-Chemin, composé des polygones C et D, sur le plan annexé à la présente loi, est distrait de la commune de Jandun, canton de Signy-l'Abbaye, arrondissement de Mézières, département des Ardennes, et réuni à la commune de Launois, même canton. La limite entre les communes de Jandun et de Launois est, en conséquence, fixée dans la direction indiquée audit plan par un liséré noir.

2. Les dispositions qui précèdent auront lieu, sans préjudice des droits d'usage ou autres qui seraient respectivement acquis.

Les autres conditions de la distraction prononcée seront, s'il y a lieu, ultérieurement déterminées par une ordonnance du roi.

DEUXIÈME LOI. — Côte-d'Or.

Art. 1ᵉʳ. La section de Saigey, circonscrite au plan annexé à la présente loi par une ligne rose, dépendant de la commune de Vauchignon, canton de Nolay, arrondissement de Beaune, département de la Côte-d'Or, formant une enclave complétement séparée de cette commune, en est distraite et réunie à celle de Cirey, même canton.

2. Ces dispositions auront lieu sans préjudice des droits d'usage ou autres qui seraient respectivement acquis.

Les autres conditions de la distraction prononcée seront, s'il y a lieu, ultérieurement déterminées par une ordonnance du roi.

TROISIÈME LOI. — Creuse.

Art. 1er. La commune de la Croix-au-Bost, canton de Chénérailles, arrondissement d'Aubusson, département de la Creuse, et celle de Saint-Domet, canton de Bellegarde, même arrondissement, sont réunies en une seule, dont le chef-lieu est fixé à Saint-Domet. La nouvelle commune appartiendra au canton de Bellegarde.

2. Ces communes continueront à jouir séparément, comme section de commune, des droits d'usage ou autres qui pourraient leur appartenir, sans pouvoir se dispenser de contribuer en commun aux charges municipales.

Les autres conditions de la réunion prononcée seront, s'il y a lieu, ultérieurement déterminées par ordonnance du roi.

QUATRIÈME LOI. — Finistère.

Art. 1er. La section de Vennec, de la commune de Plouguin, canton de Ploudalmézeau, arrondissement de Brest, département du Finistère, coloriée en jaune au plan annexé à la présente loi, est distraite de cette commune, et réunie à celle de Tréglonou, même canton.

La nouvelle limite entre les deux communes est fixée suivant le cours d'eau de Canu, indiqué par le filet bleu A B.

2. Ces dispositions auront lieu sans préjudice des droits d'usage ou autres qui seraient respectivement acquis.

Les autres conditions de la distraction prononcée seront, s'il y a lieu, ultérieurement déterminées par une ordonnance du roi.

CINQUIÈME LOI. — Drôme.

Art 1er. La section de Montjoyer est distraite de la commune de Réauville, canton de Grignan, arrondissement de Montélimar, département de la Drôme, et érigée en commune distincte, dont le chef-lieu est fixé à Montjoyer. En conséquence, la limite entre les communes de Montjoyer et de Réauville est fixée suivant le tracé indiqué par la ligne verte E F G, sur le plan annexé à la présente loi.

2. Ces dispositions auront lieu sans préjudice des droits d'usage ou autres qui seraient respectivement acquis.

Les autres conditions de la distraction prononcée seront, s'il y a lieu, ultérieurement déterminées par une ordonnance du roi.

SIXIÈME LOI. — Saône-et-Loire.

Art. 1er. La limite entre les communes de Châlon, de Saint-Jean-des-Vignes, de Saint-Marcel et de Saint-Cosme, canton et arrondissement de Châlon, département de Saône-et-Loire, est fixée dans la direction indiquée sur le plan ci-annexé par la ligne verte ST, et par les lignes ponctuées HQR et AB. En conséquence, les terrains compris entre ces lignes et l'ancienne limite indiquée par un liséré rose sont distraits de la commune de Saint-Jean-des-Vignes, de Saint-Marcel et de Saint-Cosme, et réunis à la commune de Châlon.

2. La limite entre la commune de Saint-Cosme et la commune de Saint-Remy, même canton et même arrondissement, sera fixée conformément au tracé de la ligne verte DC du plan annexé à la présente loi. En conséquence, les terrains compris entre cette ligne et l'ancienne limite sont distraits de la commune de Saint-Remy, et réunis à celle de Saint-Cosme.

3. Ces dispositions qui précèdent auront lieu sans préjudice des droits d'usage et autres qui seraient respectivement acquis.

Les autres conditions des distractions prononcées seront, s'il y a lieu, ultérieurement déterminées par une ordonnance du roi.

SEPTIÈME LOI. — Côtes-du-Nord.

Art. 1er. La limite entre les communes de Pontrieux et de Quimper-Guezennec, canton de Pontrieux, arrondissement de Guingamp, département des Côtes-du-Nord, est fixée conformément au tracé du liséré teint en vert sur le plan annexé à la présente loi.

En conséquence, les terrains compris entre cette ligne et l'ancienne limite sont distraits de la commune de Quimper-Guezennec, et réunis à celle de Pontrieux.

2. Les dispositions qui précèdent auront lieu sans préjudice des droits d'usage ou autres qui seraient respectivement acquis.

Les autres conditions de la distraction prononcée seront, s'il y a lieu, ultérieurement déterminées par une ordonnance du roi.

HUITIÈME LOI. — Creuse.

Art. 1er. Les communes de Laborne et de Blessac, canton et arrondissement d'Aubusson, département de la Creuse, sont réunies en une seule, dont le chef-lieu est fixé à Blessac.

2. Ces communes continueront à jouir séparément, comme section de commune, des droits d'usage et autres qui pourraient leur appartenir, sans pouvoir se dispenser de contribuer en commun aux charges municipales.

Les autres conditions de la réunion prononcée seront, s'il y a lieu, ultérieurement déterminées par une ordonnance du roi.

NEUVIÈME LOI. — Loire.

Art. 1er. Les hameaux de la Côte et de la Pinatelle sont distraits de la commune de Lézigneux, canton et arrondissement de Montbrison, département de la Loire, et réunis à la commune de Lavieux, canton de Saint-Jean-de-Soleymieux, arrondissement de Montbrison.

En conséquence, la limite entre les communes de Lézigneux et de Lavieux est fixée conformément au tracé de la ligne verte du plan annexé à la présente loi.

2. Les dispositions qui précèdent auront lieu sans préjudice des droits d'usage et autres qui seraient respectivement acquis.

Les autres conditions de la distraction prononcée seront, s'il y a lieu, ultérieurement déterminées par une ordonnance du roi.

DIXIÈME LOI. — Eure-et-Loir.

Art. 1er. Les communes de Saint-Martin-de-Lézeau et de Saint Germain-de-Lézeau, canton de Châteauneuf, arrondissement de Dreux (Eure-et-Loir), sont supprimées, et leur territoire divisé ainsi qu'il suit :

La portion de la commune de Saint-Martin-de-Lézeau, formant la section A, située au nord de la ligne rouge cotée au plan sous les numéros 4, 5, 6, 7, 8, 9 et 10, est réunie à la commune de Maillebois ; et la portion située au sud de ladite ligne, et composant les sections B C de la même commune, est réunie à la commune de Saint-Maixme.

La portion de la commune de Saint-Germain-de-Lézeau, comprenant les sections cadastrales BA, est réunie également à la commune de Maillebois. Les autres parties de la commune de Saint-Germain, comprenant les sections cadastrales C D, sont réunies à la commune de Saint-Maixme.

2. Les portions de communes réunies par les dispositions qui précèdent continueront à jouir séparément, comme section de commune, des droits d'usage ou autres qui pourraient leur appartenir, sans pouvoir se dispenser de contribuer en commun aux charges municipales.

Les autres conditions de la réunion seront, s'il y a lieu, ultérieurement déterminées par une ordonnance royale.

ONZIÈME LOI. — Lozère.

Art. 1er. La section de la Tieule est distraite de la commune de Banassac, canton de la Canourgue, arrondissement de Marvejols, département de la Lozère, et

érigée en commune distincte, dont le chef-lieu est fixé à la Tieule.

La limite entre la commune de la Tieule et celle de Banassac est fixée suivant la ligne orange A B tracée sur le plan annexé à la présente loi.

2. Les dispositions qui précèdent auront lieu sans préjudice des droits d'usage et autres qui seraient respectivement acquis.

Les autres conditions de la distraction prononcée seront, s'il y a lieu, ultérieurement déterminées par une ordonnance du roi.

DOUZIÈME LOI. — Basses-Pyrénées.

Art. 1er. Les hameaux d'Esterencuby, d'Esteringuibèle et de Pagallacette, canton de Saint-Jean-Pied-de-Port, arrondissement de Mauléon, département des Basses-Pyrénées, sont distraits des communes d'Ahaxe, Ancille, Alciette-Bascassan, Bustince, Caro, Lecumberry, Mendive, Saint-Jean-le-Vieux et Saint-Michel, même canton, et érigés en une commune distincte, dont le chef-lieu est fixé à Esterencuby.

La limite entre la nouvelle commune et les communes contiguës de Saint-Michel, Ancille, Alciette-Bascassan, Ahaxe et Lecumberry, est fixée suivant le liséré rose au plan annexé à la présente loi.

2. Les dispositions qui précèdent auront lieu sans préjudice des droits d'usage et autres qui seraient respectivement acquis.

Les autres conditions des distractions prononcées seront, s'il y a lieu, ultérieurement déterminées par une ordonnance du roi.

TREIZIÈME LOI. — Basses-Pyrénées.

Art. 1er. Les communes d'Ahaxe et d'Alciette-Bascassan, canton de Saint-Jean-Pied-de-Port, arrondissement de Mauléon, département des Basses-Pyrénées, sont réunies en une seule, qui portera le nom d'*Ahaxe-Alciette-Bascassan*, et dont le chef-lieu est fixé à Ahaxe.

2. Les communes réunies continueront, s'il y a lieu, à jouir séparément, comme section de commune, des droits d'usage et autres qui pourraient leur appartenir, sans pouvoir se dispenser de contribuer en commun aux charges municipales.

Les autres conditions de la réunion prononcée seront, s'il y a lieu, ultérieurement déterminées par une ordonnance du roi.

11 = 22 JUIN 1842. — Ordonnance du roi qui fixe le tarif des droits à percevoir par les courtiers-interprètes et conducteurs de navires du port de Marseille. (IX, Bull. DCCCCXVII, n. 10045.)

Louis-Philippe, etc., sur le rapport de notre ministre secrétaire d'Etat de l'agriculture et du commerce ; vu la loi du 28 ventôse an 9 ; vu les art. 80 à 90 et 486 du Code de commerce ; l'arrêté consulaire du 29 germinal an 9 ; vu notre ordonnance du 14 novembre 1835 ; vu les avis du tribunal et de la chambre de commerce de Marseille, et l'avis du préfet des Bouches-du-Rhône ; notre conseil d'Etat entendu, etc.

Art. 1er. Les droits à percevoir par les courtiers-interprètes et conducteurs de navires du port de Marseille (Bouches-du-Rhône) seront désormais réglés conformément au tarif annexé à la présente ordonnance.

2. Notre ministre de l'agriculture et du commerce (M. Cunin-Gridaine) est chargé, etc.

Tarif des droits de courtage maritime dans le port de Marseille (B.-du-Rhône).

CONDUITE.			
NAVIRES.	NAVIRES		RÉTRIBUTION supplémentaire pour interprétation orale dans les cas où les navires étrangers ne sont pas assimilés aux bâtiments français par les traités.
	faisant le cabotage avec les ports français de la Méditerranée , y compris les ports de la Corse et de l'Algérie.	faisant la navigation avec l'étranger, les colonies françaises et les ports français de l'Océan.	
Bâtiments à voile. *Par tonneau de jauge.*	fr. c.	fr. c.	
Entrant sur lest.......	0 05...........	0 10	
Sortant sur lest.......	0 00...........	0 00	
Par tonneau de chargement.			
Entrant chargés en tout ou en partie.........	0 18...........	0 30	
Sortant chargés en tout ou en partie.........	0 09...........	0 15	
Bâtiments à vapeur. *Par force de cheval.*			
Entrant sur lest avec ou sans passagers......	0 12 1/2........	0 25	
Sortant sur lest sans passag.	0 00...........	0 00	
Idem, avec des passagers..	0 06 1/4........	0 12 1/2	
Par tonneau de chargement.			
Entrant chargés en tout ou en partie........	0 18...........	0 40	
Sortant chargés en tout ou en partie........	0 09...........	0 20	

Extrait de l'ordonnance royale du 14 novembre 1835. — La conduite du navire comprend l'accomplissement des formalités et obligations à remplir auprès du tribunal de commerce , de la douane et des autres administrations publiques, et l'assistance à prêter aux capitaines et équipages , suivant l'usage des lieux. (Art. 2.)

Les navires en simple relâche , repartant sans avoir embarqué ou débarqué de marchandises, ne paieront pas de droits plus élevés que les navires sur lest. (Art. 5.)

Quand un navire relâchera dans plusieurs ports pour compléter son chargement ou débarquer des marchandises, il devra les droits de courtage dans chaque port à raison seulement du nombre de tonneaux qu'il aura embarqués ou débarqués, sans que ces droits puissent jamais être moindres que les droits payés par les navires sur lest. (Art. 6.)

Le plâtre , les pierres meulières, les briques et autres matières embarquées comme lest , ne seront pas soumises aux droits de courtage maritime (Art. 7.)

Dans aucun cas , les droits de courtage ne pourront être perçus contrairement à l'exécution des traités. (Art. 8.)

TRADUCTION DE PIÈCES, dans le cas de contestation prévu par l'art. 80 du Code de commerce.	AFFRÉTEMENTS		RÉTRIBUTION SUPPLÉMENTAIRE pour interprétation orale, dans le cas où les navires étrangers ne sont pas assimilés aux bâtiments français par les traités.	VENTE DES NAVIRES.
	par charte-partie pour tous pays.	à la Cueillette.		
	Sur la valeur du frêt.			*Sur le prix de la vente.*
Pour un connaissement ordinaire. . 4 fr. Pour un connaissement extraordin. 6 Pour le protêt d'une lettre de change. 6 Pour les actes judiciaires (la 1re page) 6 Pour les actes judiciaires (la 2e page et chacune des pages suivantes). . . 4	2 pour 100.	2 pour 100 pour tous les pays hors la Méditerranée. 4 pour 100 pour le Levant et la Barbarie. 5 pour 100 pour l'Espagne, l'Italie et pour tous les ports français de la Méditerranée, y compris ceux de la Corse et de l'Algérie.	1/2 pour 100.	2 pour 100, payables moitié par le vendeur et moitié par l'acheteur, à moins de conventions différentes.

Un navire sorti du port et forcé d'y relâcher sera exempt de tout courtage.

Quand le droit d'affrétement sera payé sur la cargaison entière, l'indemnité pour la conduite à la sortie ne sera pas due, et se confondra avec le courtage.

Les droits de courtage sur tous les bâtiments chargés (à voiles ou à vapeur) ne peuvent être moindres que les droits payés par les bâtiments sur lest.

Il ne sera pas dû de rétribution supplémentaire, à titre d'interprétation orale, pour la conduite des navires étrangers, quel que soit leur pavillon.

4 AOUT 1837 = 22 JUIN 1842. — Ordonnance du roi qui classe l'enceinte agrandie de Grenoble dans la première série des places de guerre. (IX, Bull. DCCCCXVII, n. 10046.)

Louis-Philippe, etc., vu la loi du 17 juillet 1819, relative aux servitudes imposées à la propriété pour la défense de l'État; vu l'ordonnance réglementaire, du 1er août 1821, rendue pour l'exécution de cette loi; vu la demande faite par notre ministre secrétaire d'État de la guerre de classer dans la première série des places de guerre la nouvelle enceinte qu'on a créée à Grenoble, afin de lui attribuer les zones de prohibition convenables, et d'empêcher que des bâtisses particulières élevées dans le voisinage ne viennent masquer les feux ou en gêner l'action; vu aussi la proposition présentée d'exonérer de toute servitude l'espace, désormais intérieur, qui se trouve compris entre les tracés de fortifications ancien et récent; considérant que, s'il est urgent de satisfaire, sous ces divers points de vue, aux besoins du département de la guerre et de la localité, il importe de ne pas s'écarter du respect dû aux propriétés privées, et qu'aux termes de l'art. 1er de la loi du 17 juillet 1819, comme aussi de l'art. 71 de l'ordonnance réglementaire du 1er août 1821, le classement et le déclassement dont il s'agit ne peuvent s'opérer qu'en vertu d'une ordonnance publiée et affichée dans les communes intéressées; sur le rapport de notre ministre secrétaire d'État de la guerre, etc.

Art. 1er. L'enceinte agrandie de Grenoble est classée dans la première série des places de guerre.

2. La partie de l'ancienne enceinte sur la rive gauche de l'Isère, située en arrière des ouvrages qui forment la nouvelle enceinte sur cette même rive, est déclassée. En conséquence, l'espace compris entre les nouvelles fortifications et la partie des anciennes déclassées demeurera exonéré de toute servitude défensive.

3. Les zones de prohibition qui dériveront, pour les ouvrages récents, du classement dont il s'agit, seront établies conformément aux prescriptions mentionnées par l'art. 72 de l'ordonnance du 1er août 1821; mais elles n'auront d'effet, et, d'un autre côté, le déclassement susrelaté ne s'opérera qu'après que l'ordonnance d'autorisation

aura été publiée et affichée dans les communes intéressées.

4. Nos ministres de la guerre, de l'intérieur et de la justice (MM. Bernard, et Martin du Nord) sont chargés, etc.

———

11 = 22 JUIN 1842. — Loi qui accorde au département de la marine et des colonies, sur l'exercice 1842, des crédits supplémentaires et un crédit extraordinaire (1). (IX , Bull. DCCCCXVIII, n. 10048.)

Art. 1er. Il est alloué au département de la marine et des colonies, sur l'exercice 1842, au-delà des crédits accordés par les lois du 25 juin 1841, des crédits supplémentaires montant à la somme de cent vingt-deux mille francs (122,000 fr.).

Ces crédits demeurent répartis de la manière suivante entre les chapitres législatifs : Chap. 1er. Administration centrale, personnel, 4,500 fr. Chap. 3. Officiers militaires et civils , 55,500 fr. Chap. 15. Chiourmes, 62,000 fr. Total égal, 122,000 f.

2. Il est accordé au même ministère, sur la même exercice, un crédit extraordinaire montant à trente-neuf mille quatre cent quatre-vingt-quatre francs quatre-vingt-trois centimes (39,484 fr. 83 c.), pour être affecté à l'établissement de Saint-Pierre et Miquelon.

Ce crédit formera le chapitre 23 bis du budget du ministère de la marine, exercice 1842.

3. Il sera pourvu aux dépenses autorisées par la présente loi, au moyen des ressources accordées par la loi de finances du 25 juin 1841 pour les besoins de 1842.

———

18 = 22 JUIN 1842. — Ordonnance du roi concernant le tarif des douanes à la Martinique et à la Guadeloupe. (IX , Bull. DCCCCXVIII, n. 10049.)

Louis-Philippe, etc., vu la loi du 24 avril 1833 et l'art. 34 de la loi du 17 décembre 1814; vu l'ordonnance royale du 8 décembre 1839, sur le tarif des douanes aux Antilles françaises ; vu la loi du 12 juillet 1837 sur les entrepôts coloniaux; sur le rapport de nos ministres secrétaires d'État au département de l'agriculture et du commerce et au département de la marine et des colonies, etc.

IMPORTATIONS.

Art. 1er. *Marchandises étrangères admissibles à l'importation.*

Le tarif des droits à l'importation dans les colonies de la Martinique et de la Guadeloupe est établi ou modifié ainsi qu'il suit! :

§ 1er.

Animaux vivants. — Chevaux, 30 fr. ; mulets, 45 fr. ; bœufs, 25 fr. ; vaches, taureaux, taurillons, bouvillons, génisses et ânes, 12 fr. 50 c. ; veaux, porcs, moutons et chèvres , 4 fr. ; tous autres, 1 fr. par tête.

Bois. — Feuillard , 10 fr. ; merrains, 6 fr. ; essantes, 75 c. les 1,000 en nombre ; planches et autres, 1 fr. 25 c. les 100 mètres de long.

Brai, goudron et autres résineux, 75 c. ; charbon de terre, 10 c. ; fourrages verts et secs, 50 c. ; graines potagères, fruits de table, 6 fr. ; bœuf salé, 10 fr. ; riz, 4 fr. ; farines de froment, 18 fr. 50 c. ; morues et autres poissons salés, 7 fr. ; sel, 5 fr. ; tabac en feuilles, 20 fr ; tabac préparé, 30 fr. par 100 kilogrammes.

Mouchoirs de l'Inde en coton teint, en fil sans apprêt, dits *madras, paliacats,* 8 fr. ; glacés ou cylindrés à chaud, dits *vendapolam* et *mazulipatam,* 4 fr. la pièce de 8 mouchoirs.

Toiles à voiles écrues, communes, de lin et de chanvre, dont la chaîne présente moins de 8 fils dans l'espace de 5 millimètres, 30 fr. les 100 kilogrammes.

Légumes secs, 3 fr. 50 c. ; maïs en grains, 2 fr. ; en farine, 5 fr. l'hectolitre.

Cuirs verts en poils non tannés, 35 c. ; charrues, 25 fr. ; chapeaux de paille à tresses engrenées, dits *de Panama,* 5 fr. la pièce.

Voitures , moulins à égrener le coton, pompes en bois non garnies, chaudières en fonte et potin, 15 pour 100 de la valeur.

Houes et pelles, 4 fr. ; serpes et coutelas, 3 fr. la douzaine.

Rames et avirons, 5 c. par mètre de long.

Vins de Madère et de Ténériffe, 60 fr. l'hectolitre.

Les marchandises ci-dessus désignées, lorsqu'elles viendront d'Europe ou des pays non européens situés sur la Méditerranée, ne seront admissibles à la consommation qu'autant qu'elles seront importées directement des lieux de production ou des entrepôts par navires français : dans

———

(1) Présentation à la Chambre des Députés le 21 avril (Mon. du 22) ; rapport par M. Duprat le 23 (Mon. du 26) ; adoption le 13 mai (Mon. du 14), à la majorité de 219 voix contre 13. Présentation à la Chambre des Pairs le 23 mai (Mon. du 25) ; rapport par M. le vice-amiral baron de Mackau le 3 juin (Mon. du 6) ; adoption le 6 (Mon. du 7), à la majorité de 100 voix contre 3.

ce cas, elles jouiront d'une réduction de droits d'un cinquième.

§ 2.

Baumes et sucs médicinaux, bois d'ébénisterie odorants, cire non ouvrée, cochenille, coques de cocos, cuivre brut, curcuma, dents d'éléphant, écailles de tortue, étain brut, fanons de baleine, gingembre, gomme, grains d'amome, grains durs à tailler, indigo, joncs et roseaux, kermès, légumes verts, laque naturelle, muscade, nacre, or et argent, os et cornes de bétail, peaux sèches et brutes, plomb brut, poivre, potasse, quercitron, quinquina, racines, écorces, herbes, feuilles et fleurs médicinales, substances animales propres à la médecine et à la parfumerie, sumac, vanille, 5 c. par 100 kilogrammes.

Art. 2. *Marchandises importées de France.*

Les produits naturels ou manufacturés importés de France, dont les similaires étrangers sont admissibles dans les colonies de la Martinique et de la Guadeloupe, paieront cinq centimes par cent kilogrammes, ou par tête, s'il s'agit d'animaux vivants. Pour toutes les autres marchandises importées de France, les droits d'entrée resteront fixés, jusqu'à nouvel ordre, à trois pour cent de la valeur.

Art. 3. *Marchandises importées des établissements français sur la côte occidentale d'Afrique.*

Les droits d'entrée seront réduits de la manière suivante, pour les objets ci-après désignés, lorsqu'ils seront importés, en droiture, par navires français, des établissements français sur la côte occidentale d'Afrique, et accompagnés de certificats d'origine authentique délivrés par les autorités locales.

Bœufs, ânes, chèvres, moutons, 50 c. par tête.

Riz, 5 c. par 100 kilogrammes.

EXPORTATION.

Art. 4.

Les denrées coloniales expédiées des îles de la Martinique et de la Guadeloupe, à destination de la France, seront affranchies de tous droits à la sortie desdites îles.

TARIF DE NAVIGATION.

Art. 5.

Les droits de navigation à payer par les bâtiments français et étrangers, dans les ports de la Martinique et de la Guadeloupe et dépendances, seront perçus conformément au tarif ci-après :

DÉSIGNATION DES DROITS.			DROITS À PERCEVOIR,		
			par tonneaux.	par bâtiments.	par actes.
			fr. c.	fr. c.	fr. c.
Droit de tonnage.	Bâtiments venant de France ou des possessions françaises.....		» »	» »	» »
	Bâtiments français et étrangers venant de l'étranger,	de long cours et de grand cabotage. { avec chargement pour la consommation ou l'entrepôt...	2 90	» »	»
		avec deux tiers de chargement en bois............	1 60	»	»
		sur lest..............	0 20	»	»
		de petit cabotage. { chargés..............	1 15	»	»
		sur lest..............	0 20	»	»
Droits d'expédition.	Bâtiments venant de France ou des possessions françaises....		»	25 00	»
	Bâtiments français et étrangers venant de l'étranger,	de 100 tonneaux et au-dessous........	»	30 00	»
		de plus de 100 à 150 inclusivement....	»	40 00	»
		de plus de 150 à 200 inclusivement....	»	50 00	»
		de plus de 200 tonneaux...........			
Droit de congé des bâtiments français et droit de passeport des bâtiments étrangers..			»	»	6 00
Permis de charger et de décharger.	Bâtiments au mouillage, sans distinction de pavillon..		»	5 00	»
Droits sanitaires, bâtiments de toute provenance,	de 100 tonneaux et au-dessous.........		»	6 00	»
	de plus de 100 à 150 inclusivement....		»	9 00	»
	de plus de 150 à 200 inclusivement.....		»	12 00	»
	de plus de 200 tonneaux............		»	15 00	»

DÉSIGNATION DES DROITS.			DROITS À PERCEVOIR,		
			par tonneau.	par bâtiments.	par actes.
			fr. c.	fr. c.	fr. c.
Droits de francisa- tion.	Bâtiments de construction française,	de 30 tonneaux et au-dessous.	»	30 00	»
		de plus de 30 à 60 inclusivement.	»	40 00	»
		de plus de 60 tonneaux.	»	50 00	»
	Bâtiments de construction étrangère, dans le cas où la francisation est autorisée par la loi,	au-dessous de 100 tonneaux.	0 09	»	»
		de 100 et de moins de 200.	»	18 00	»
		de 200 et de 300 inclusivement.	»	24 00	»
		pour chaque 100 tonneaux et au-dessus de 300.	»	6 00	»

DISPOSITIONS RÉGLEMENTAIRES.

Art. 6. *Acquittement des droits d'entrée.*

Les marchandises étrangères dont l'admission directe, pour la consommation, demeure interdite à la Martinique et à la Guadeloupe, pourront, lorsqu'elles auront été expédiées des entrepôts de la métropole sur les entrepôts coloniaux, acquitter dans lesdites îles, pour être admises à la consommation, les droits d'entrée du tarif général. Elles paieront en outre les droits spéciaux ci-dessus indiqués (art. 2). A cet effet, les acquits-à-caution de mutation d'entrepôt contiendront éventuellement la liquidation de ces droits, sauf rectification dans le cas où lesdits droits viendraient à être modifiés avant la déclaration de mise en consommation dans la colonie. Ces dispositions ne seront, dans aucun cas, applicables aux grains.

Art. 7. *Entrepôts.*

Les marchandises prohibées pourront être reçues dans les entrepôts de la Martinique et de la Guadeloupe sous les conditions prescrites par la loi du 12 juillet 1837, pour les marchandises non prohibées.

Art. 8. *Bureau de Port-Louis.*

Le port de Port-Louis, situé à la Grande-Terre (Guadeloupe), est ouvert à l'importation des marchandises étrangères énumérées en l'art. 1er de la présente ordonnance, sous les conditions déterminées par les lois et règlements pour l'importation des mêmes marchandises dans les autres ports déjà ouverts au commerce étranger.

Art. 9.

Nos ministres de la marine et des colonies, des finances, et de l'agriculture et du commerce (MM. Duperré, Laplagne et Cunin-Gridaine) sont chargés, etc.

11 = 25 JUIN 1842. — Loi qui ouvre un crédit extraordinaire pour l'exécution de la convention conclue, le 5 avril 1840, entre la France et le grand-duché de Bade (1). (IX, Bull. DCCCCXIX, n. 10050.)

Art. 1er. Il est ouvert au ministre secrétaire d'Etat au département des affaires étrangères, sur l'exercice 1841, un crédit extraordinaire de trente-sept mille cinq cent soixante-deux francs quatre-vingt-cinq centimes (37,562 fr. 85 c.), pour assurer l'exécution de l'art. 9 de la convention conclue, le 5 avril 1840, entre la France et le grand-duché de Bade, au sujet du règlement des limites.

2. Ce crédit formera un chapitre spécial du budget du département des affaires étrangères de l'exercice de 1841, et il sera pourvu au paiement des dépenses qu'il autorise, au moyen des ressources ordinaires afférentes à cet exercice.

26 = 26 JUIN 1842. — Ordonnance du roi relative à diverses modifications aux droits de douanes. (IX, Bull. DCCCCXX, n. 10052.)

_____

(1) Présentation à la Chambre des Députés le 26 mars (Mon. du 27) ; rapport par M. Vatout le 20 avril (Mon. du 21) ; adoption le 13 mai (Mon. du 14), à la majorité de 225 voix contre 12.

Présentation à la Chambre des Pairs le 2 juin (Mon. du 6); rapport par M. le vicomte de Flavigny le 6 (Mon. du 8); adoption le 7 (Mon. du 8), à la majorité de 87 voix contre 6.

Louis-Philippe, etc., vu l'art. 34 de la loi du 17 décembre 1814; vu la loi du 8 floréal an 11, le décret du 11 juin 1806, et la loi du 27 février 1832; vu la loi du 5 juillet 1836; sur le rapport de nos ministres secrétaires d'Etat au département de l'agriculture et du commerce et au département des finances.

Art. 1ᵉʳ. Les droits de douanes à l'importation seront établis ou modifiés de la manière suivante, à l'égard des objets ci-après désignés :

			ÉCRUS.	BLANCHIS à quelque degré que ce soit.	TEINTS.	
Fils de lin ou de chanvre mesurant au kilogramme.	simples.	6,000 mètres ou moins.	38ᶜ	54ᶜ	58ᶜ	Les 100 kilogrammes.
		plus de 6,000 mètres et pas plus de 12,000 mètres.	48	66	70	
		plus de 12,000 mètres et pas plus de 24,000 mètres.	80	106	105	
		plus de 24,000 mètres.	125	163	160	
	retors.	6,000 mètres ou moins.	44	61	70	
		plus de 6,000 mètres et pas plus de 12,000 mètres.	60	81	86	
		plus de 12,000 mètres et pas plus de 24,000 mètres.	104	136	134	
		plus de 24,000 mètres.	167	215	205	

Les fils d'espèces ou de classes différentes devront, sous les peines établies par la loi du 6 mai 1841, être présentés en douane par balles ou colis séparés, de manière à ce qu'il n'y ait dans chaque balle ou colis que des fils d'une même espèce et d'une même classe.

		ÉCRUES.	BLANCHIES, mi-blanches, et imprimées.	TEINTES.	
Tissus de lin ou de chanvre sans distinction du mode d'importation.	Toiles unies présentant plus ou moins découverts dans l'espace de 5 millimètres.				Les 100 kilogrammes.
	moins de 8 fils.	60ᶜ	90ᶜ	90ᶜ	
	8 fils.	80	116	116	
	9, 10 et 11 fils.	126	191	146	
	12 fils.	144	219	167	
	13, 14 et 15 fils.	201	306	216	
	16 fils.	267	417	289	
	17 fils.	287	457	317	
	18 et 19 fils.	297	477	329	
	20 fils.	342	567	380	
	au-dessus de 20 fils.	467	817	537	

Tissus de lin ou de chanvre sans distinction du mode d'importation.

Linge de table, dont la chaîne présente plus ou moins découverts dans l'espace de 5 millimètres.

ouvragé { moins de 16 fils. { Le droit des toiles unies de 16 fils.

16 fils et plus. { Le droit des toiles unies selon la finesse.

damassé. { Le droit du linge ouvragé augmenté de 20 pour 100.

Toiles à matelas, sans distinction de finesse. 212ᶜ

Toiles croisées, dites coutils { pour tentures ou literie. 212 / pour vêtements { écrus. . . 322 / autres. . . 364 } Les 100 kilogrammes.

Tissus épais, pour tapis de pied, en fils de lin ou de chanvre teints, de moins de 8 fils aux 5 millim. 75

Les fils et tissus de lin ou de chanvre importés par les bureaux de la frontière de terre situés d'Armentières à la Malmaison près Longwy inclusivement, ne seront soumis aux droits ci-dessus que jusqu'au 20 juillet prochain, à moins qu'il n'en soit autrement ordonné.

Bois d'acajou , importé, par navires français de l'Inde et des autres pays situés hors d'Europe. . . . . } Moitié des droits actuels.

La prime accordée à l'export. des meubles en acajou massif et des feuilles de placage est réduite à moitié.

Cigares et autres tabacs fabriqués importés pour le compte de la régie. . . { par { des pays hors d'Europe. . . . Régime actuel.
navires français { des entrepôts. . . . . . . 7 f.
par navires étrangers ou par terre. 15

Cachou en masse, importé de l'Inde par navires français. 10
Curcuma en racines, importé de l'Inde par navires français. 10
Sulfate de potasse. 10   } Les 100 kilog.
Caractères d'imprimerie, vieux et hors d'usage, exclusivement importés pour la refonte (à charge d'être brisés en douane, lorsqu'ils pourront servir à d'autres usages). 10

Noix de coco. . . . . Les droits des fruits exotiques frais à dénommer.

Produits de la côte occidentale d'Afrique importés en droiture par navires français.
Cire jaune et brune , { du Sénégal. . . . . 3 f.
des autres points de la côte occidentale d'Afrique. 5
Résineux exotiques non dénommés { du Sénégal. 25
des autres points de la côte occidentale d'Afrique. 50   } Les 100 kilog.

Prod. de la Martinique et de la Guadeloupe. { Casse sans apprêt. 20
Rocou. . . . . Même droit que celui de la Guiane française.

Horloges en bois. . . { avec mouvement en métal. . . . . . 2 fr. la pièce.
toutes autres. . . . . Droit actuel.

Plumes de parure , brutes , { blanches. . . . . } Droits actuels.
noires. . . . .
autres, y compris les plumes de coq et de vautour, sans distinction de couleur. . . . 100 f. les 100 kil.

Plumes et becs de plume en métal autre que d'or ou d'argent. . . . 4 f. le kilog.

Sérans ou peignes. . . { à pointes de fer ou de cuivre. . . Même droit que les instruments aratoires.
à pointes d'acier. . . . . . Même droit que les outils de pur acier.

Limes. . . . . . { Seront considérées comme limes communes toutes celles qui ont huit tailles ou moins au centimètre, et comme limes fines toutes celles qui ont plus de huit tailles dans le même espace; la mesure sera prise perpendiculairement au trait du burin.

Charbons de bois et de chènevotte, par les bureaux compris entre Mont-Saint-Martin et Sierck, inclusivement. . . . . 1 c. par mètre cube.
Minerais aurifère et argentifère. . . . . 10 les 100 kilog.
Talc brut en masse. . . . . 50 les 100 kilog.

2. Le bureau de Saint-Laurent du-Var est ajouté à ceux que désigne la loi du 2 juillet 1836 pour l'admission du plâtre préparé, soit moulu, soit calciné, au droit de dix centimes par cent kilogrammes.

3. L'entrepôt réel et général des sels est accordé à la ville de Gravelines (Nord) sous les conditions prescrites par les art. 25 de la loi du 8 floréal an 11, 21 et 22 du décret du 11 juin 1806, et 9 et 10 de la loi du 27 février 1832.

Art. 4. Régime spécial à l'île de Corse.

Les pâtes d'Italie paieront à l'importation en Corse. . . . . . 15 fr. les 100 kilog.

La seconde écorce de chêne-liége brute ou non moulue cessera de pouvoir être exportée de l'île de Corse à destination de l'étranger. Les expéditions dirigées de ladite île sur les ports de l'Algérie soumis à la domination française, continueront d'être permises sous le paiement du droit fixé par la loi du 2 juillet 1836.

5. Nos ministres des finances, et de l'agriculture et du commerce (MM. Laplagne et Cunin-Gridaine), sont chargés, etc.

18 AVRIL = 30 JUIN 1842. — Ordonnance du roi qui reconnaît comme établissement d'utilité publique la Société d'encouragement au travail en faveur des Israélites indigents du Bas-Rhin. (IX, Bull. supp. DCVII, n. 16613.)

Louis-Philippe, etc., sur le rapport de notre ministre secrétaire d'Etat au département de l'intérieur; notre conseil d'Etat entendu, etc.

Art. 1er. La société formée, en 1835, à Strasbourg (Bas-Rhin), et connue sous le nom de Société d'encouragement au travail en faveur des Israélites indigents du Bas-Rhin, est reconnue comme établissement d'utilité publique. Les statuts de cette société, présentés par sa commission d'administration le 31 décembre 1841, sont approuvés. Une expédition de ces statuts demeurera annexée à la présente ordonnance.

2. Notre ministre de l'intérieur (M. Duchâtel) est chargé, etc.

(Suivent les statuts.)

13 JUIN = 1er JUILLET 1842. — Ordonnance du roi relative à l'état-major particulier de l'artillerie. (IX, Bull. DCCCCXXI, n. 10054.)

Louis-Philippe, etc., vu l'ordonnance du 9 juin 1832 portant constitution de l'état-major particulier de l'artillerie; sur le rapport de notre ministre secrétaire d'Etat de la guerre, etc.

Art. 1er. Le nombre des capitaines en résidence fixe est porté de soixante à soixante et quinze.

2. Les quinze emplois créés par l'art. 1er seront donnés aux officiers commandant l'artillerie dans les places de Salins, fort de Joux, Guise, Brouage, Gravelines, Bitche, Agde, Pont-Saint-Esprit, Saumur, Saint-Venant, Antibes, Condé, Bouchain, Landrecies et Maubeuge.

3. Les emplois de capitaines en résidence fixe seront, à l'avenir, exclusivement réservés à des capitaines en premier de l'arme.

4. Les quinze emplois de capitaine en second actuellement existant à l'état-major particulier de l'artillerie sont et demeurent supprimés. Les officiers qui en sont pourvus seront classés dans les batteries ou compagnies d'artillerie.

5. MM. les officiers généraux du corps royal de l'artillerie ne pourront choisir les aides-de-camp que les règlements leur accordent, que parmi les chefs-d'escadron ou capitaines en premier de l'arme. Toutefois ils conserveront provisoirement ceux du grade de capitaine en second attachés actuellement à leur personne.

6. Notre ministre de la guerre (duc de Dalmatie) est chargé, etc.

19 JUIN = 1er JUILLET 1842. — Ordonnance du roi concernant les escadrons de spahis stationnés dans la province d'Oran. (IX, Bull. DCCCCXXI, n. 10055.)

Louis-Philippe, etc., vu nos ordonnances des 7 décembre 1841 et 28 avril 1842 concernant l'organisation de la cavalerie indigène en Algérie; sur le rapport de notre ministre secrétaire d'Etat de la guerre, président du conseil, etc.

Art. 1er. Il est créé, pour le service des escadrons de spahis organisés dans la province d'Oran, un emploi de major, un emploi d'adjudant-major et un emploi de chirurgien-major. Ces emplois sont exclusivement réservés aux Français.

2. Le conseil d'administration des escadrons indigènes stationnés dans la même province sera composé ainsi qu'il suit : le lieutenant-colonel, président; le major, membre; deux capitaines d'escadron, membres; un capitaine, trésorier. Le trésorier remplira les fonctions de rapporteur.

3. La solde, les indemnités, allocations diverses et prestations attribuées aux officiers appelés aux emplois de major et d'adjudant-major créés par l'art. 1er de la présente ordonnance, et l'indemnité, pour frais de bureau, allouée au capitaine trésorier membre du conseil d'administration, sont fixés par le tarif ci-annexé. Le chirurgien-major jouira de la solde des allocations déterminées par le tarif joint à notre ordonnance du 7 décembre 1841.

4. Notre ministre de la guerre (duc de Dalmatie) est chargé, etc.

21 JUIN = 1er JUILLET 1842. — Ordonnance du roi qui autorise la publication des bulles d'institution canonique de MM. Angebault, Guitton et Croizier pour les évêchés d'Angers, de Poitiers et de Rodez. (IX, Bull. DCCCCXXI, n. 10056.)

Louis-Philippe, etc., sur le rapport de notre garde des sceaux, ministre secrétaire d'Etat au département de la justice et des cultes; vu les art. 1er et 18 de la loi du 8 avril 1802 (18 germinal an 10); vu le tableau de circonscription des métropoles et diocèses du royaume annexé à l'ordonnance royale du 31 octobre 1822; vu nos ordonnances du 22 février 1842, qui nomment, 1° M. l'abbé Angebault, chanoine à Nantes, au siége épiscopal d'Angers; 2° M. l'abbé Guitton, vicaire général à Angoulême, au siége épiscopal de Poitiers; 3° M. l'abbé Croizier, vicaire général de Moulins, au siége épiscopal de Rodez; vu les bulles d'institution canonique accordées par Sa Sainteté Grégoire XVI auxdits évêques nommés; notre conseil d'Etat entendu, etc.

Art. 1er. 1° La bulle donnée à Rome le 10 des calendes de juin (23 mai) de l'année de l'incarnation 1842, portant institution canonique de M. l'abbé Angebault (Guillaume-Laurent-Louis) pour le siége épiscopal d'Angers; 2° la bulle donnée à Rome le 10 des calendes de juin (23 mai) de l'année de l'incarnation 1842, portant institution canonique de M. l'abbé Guitton (Joseph-André) pour le siége épiscopal de Poitiers; 3° la bulle donnée à Rome le 10 des calendes de juin (23 mai) de l'année de l'incarnation 1842, portant institution canonique de M. l'abbé Croizier (Jean-François) pour le siége épiscopal de Rodez, sont reçues et seront publiées dans le royaume en la forme ordinaire.

2. Lesdites bulles d'institution canonique sont reçues sans approbation des clauses, formules ou expressions qu'elles renferment, et qui sont ou pourraient être contraires à la Charte constitutionnelle, aux lois du royaume, aux franchises, libertés et maximes de l'Eglise gallicane.

3. Lesdites bulles seront transcrites en

latin et en français sur les registres de notre conseil d'Etat; mention de ladite transcription sera faite sur l'original par le secrétaire général du conseil.

4. Notre ministre de la justice et des cultes (M. Martin du Nord) est chargé, etc.

16 MAI = 5 JUILLET 1842. — Ordonnance du roi qui fixe la cotisation à percevoir, pendant l'exercice 1842, sur les coupons, parts ou éclusées de bois de charpente, sciage et charronnage flottés, servant à l'approvisionnement de Paris. (IX, Bull. DCCCCXXII, n. 10060.

Louis-Philippe, etc., sur le rapport de notre ministre secrétaire d'Etat au département des travaux publics; vu la délibération, en date du 13 février dernier, prise par la communauté des marchands de bois carrés et autres, destinés à l'approvisionnement de Paris, à l'effet de pourvoir, dans un intérêt commun, aux dépenses qu'entraîneront, pendant la campagne de 1842, le transport en cours de navigation et la conservation de ces bois; l'art. 27, titre 1er de la loi du 25 juin 1841, portant fixation du budget des recettes de l'exercice 1842; notre conseil d'Etat entendu, etc.

Art. 1er. Il sera payé, à titre de cotisation, sur tous les coupons, parts ou éclusées de bois de charpente, sciage et charronnage flottés, pendant l'exercice 1842, savoir : 1º pour chaque coupon de bois de charpente qui sera flotté sur les rivières d'Yonne, de Cure et d'Armançon, ainsi que sur le canal de Bourgogne, deux francs trente-cinq centimes, dont un franc soixante et dix centimes à l'arrivée aux gares de Bercy ou d'Ivry, et soixante-cinq centimes à leur sortie, indépendamment de deux francs par coupon payables au passage sous le pont de Sens, pour cotisation spécialement affectée au service des flots et éclusées sur l'Yonne; 2º pour chaque coupon de charpente provenant de la rivière de Marne, trois francs, dont deux francs à l'arrivée auxdites gares et un franc à la sortie; 3º pour chaque part de bois de sciage provenant de la Marne, trois francs soixante et quinze centimes, dont un franc vingt-cinq centimes à l'arrivée auxdites gares et deux francs cinquante centimes à la sortie; 4º pour chaque coupon de bois de charronnage provenant de la Marne, deux francs, dont un franc cinquante centimes à l'arrivée auxdites gares et cinquante centimes à la sortie; 5º pour chaque éclusée de bois de charpente de chêne ou de sapin provenant des canaux, onze francs, dont sept francs à l'arrivée auxdites gares et quatre francs à la sortie; 6º selon l'usage, les parts ou coupons de la rivière d'Aube

seront comptées à trois pour deux de Marne; ceux des rivières dites *Petite-Seine* et *Morin*, à deux pour un; 7º indépendamment de la cotisation ci-dessus, applicable aux coupons et parts provenant de la rivière d'Aube, il sera payé, lors du départ de Brienne, pour chaque coupon ou part, deux francs cinquante centimes pour le service des flots spécial à cette rivière; 8º la cotisation payable partie à l'arrivée aux gares, partie à la sortie, sera intégralement acquittée immédiatement après leur arrivée à destination, pour les parts, coupons ou éclusées qui ne s'arrêteraient pas dans les gares; 9º il sera payé en sus un franc soixante et quinze centimes par coupon ou part dont on réclamerait le garage aux ports intérieurs de la Râpée, d'Austerlitz, ou à l'embouchure du canal Saint-Martin.

2. Le paiement sera fait à Paris, entre les mains de l'agent général de la compagnie, et à Sens, lors du passage sous le pont ou au moment du départ, entre les mains du commis général préposé à cet effet; et, pour la cotisation spéciale aux parts et coupons de la rivière d'Aube, pour le service des flots, entre les mains de l'agent chargé de ce recouvrement.

3. Les agents de la communauté sont autorisés à employer toutes les voies de droit à l'effet d'assurer le paiement des cotisations. En cas de refus de paiement, la perception s'effectuera comme en matière de contribution publique.

4. Nos ministres des travaux publics et des finances (MM. Teste et Laplagne) sont chargés, etc.

12 JUIN = 5 JUILLET 1842. — Ordonnance du roi relative à la surveillance à exercer sur les opérations des sociétés et agences tontinières. (IX, Bull. DCCCCXXII, n. 10061.)

Louis Philippe, etc., sur le rapport de notre ministre secrétaire d'Etat de l'agriculture et du commerce; vu les ordonnances des 29 juillet, 1er et 25 août, 9 septembre et 1er décembre 1841, et 12 mars 1842, qui autorisent plusieurs sociétés et agences tontinières, et soumettent ces établissements à une surveillance spéciale, dont nous nous sommes réservé de déterminer ultérieurement le mode; notre conseil d'Etat entendu, etc.

Art. 1er. La surveillance prescrite par nos ordonnances sur les opérations des sociétés et agences tontinières sera exercée, sous l'autorité de notre ministre de l'agriculture et du commerce, par une commission spéciale composée de cinq membres, y compris le président.

2. Les membres de la commission de sur-

veillance seront nommés et pourront être révoqués par notre ministre de l'agriculture et du commerce. La commission sera présidée par un maître des requêtes en service extraordinaire de notre conseil d'Etat.

3. Tous les ans notre ministre de l'agriculture et du commerce répartira entre les membres de la commission la surveillance à exercer sur les sociétés et agences tontinières. La surveillance pourra être exercée collectivement ou séparément. Le même commissaire ne pourra être, pendant plus d'une année, consécutivement chargé de la surveillance du même établissement.

4. Les membres de la commission, dans chaque établissement, prendront communication des livres, registres et documents propres à éclairer leur surveillance. Ils constateront, au moins une fois par semaine, la situation des sociétés ouvertes ou fermées, le nombre des admissions, le montant des mises versées, leur emploi en rentes sur l'Etat, et généralement l'accomplissement des formalités prescrites par les statuts de chaque agence pour la constitution, l'administration et la liquidation des sociétés, et pour la distribution, soit des arrérages, soit des capitaux. Ils prendront connaissance des conditions spéciales de chaque société, et s'assureront de l'exactitude et de l'application des tarifs servant de base à la perception, soit des annuités, soit des frais de gestion. Ils veilleront particulièrement à l'exécution des conditions relatives au versement ou au retrait du cautionnement des directeurs.

5. La commission, sur le compte qui lui sera rendu de la surveillance exercée par chacun de ses membres, transmettra ses observations à notre ministre secrétaire d'Etat de l'agriculture et du commerce, et pourra même provisoirement suspendre l'exécution de celles des opérations qui lui paraîtraient contraires aux lois, statuts et règlements, ou de nature à porter atteinte à l'ordre public ou aux intérêts des sociétaires; dans ce cas il en sera référé dans les vingt-quatre heures à notre ministre de l'agriculture et du commerce.

6. Un duplicata des états de situation remis par chaque société ou agence tontinière à notre ministre secrétaire d'Etat de l'agriculture et du commerce, sera adressé à la commission.

7. Tous les ans la commission adressera à notre ministre secrétaire d'Etat de l'agriculture et du commerce, un rapport détaillé sur les opérations de chacune des sociétés et agences tontinières soumises à sa surveillance, et un rapport général sur la situation comparée et la gestion des différents établissements.

8. Les membres de la commission de surveillance jouiront d'un traitement qui sera déterminé par notre ministre secrétaire d'Etat de l'agriculture et du commerce. Il sera pourvu au paiement de ce traitement, ainsi qu'à l'acquittement des frais de toute nature résultant de la surveillance des agences tontinières, au moyen d'un fonds spécial, à la formation duquel les établissements soumis à cette surveillance concourront dans une proportion qui sera déterminée chaque année par notre ministre de l'agriculture et du commerce, et qui ne pourra excéder le maximum fixé par chacune de nos ordonnances d'autorisation.

9. Notre ministre de l'agriculture et du commerce (M. Cunin-Gridaine) est chargé, etc.

22 JUIN = 5 JUILLET 1842. — Ordonnance du roi qui ouvre un crédit extraordinaire pour la translation provisoire de la bibliothèque Sainte-Geneviève dans une partie des bâtiments de l'ancienne prison de Montaigu. (IX, Bull. DCCCCXXII, n. 10062.)

Louis-Philippe, etc., vu le rapport qui nous a été fait sur l'état de dégradation des planchers qui supportent la bibliothèque Sainte-Geneviève, et le péril qui en résulte pour les dortoirs et les classes du collège de Henri IV placés immédiatement au-dessous des salles consacrées au service de cette bibliothèque; vu la lettre de notre ministre de l'instruction publique, sur l'utilité d'effectuer sans retard l'abandon du local actuel de la bibliothèque, et la translation provisoire de cet établissement dans une partie des bâtiments de l'ancienne prison de Montaigu; vu les plans et devis des travaux à exécuter pour approprier lesdits bâtiments à cette destination; vu les art. 26, 27 et 28 de notre ordonnance du 31 mai 1838, portant règlement général de la comptabilité publique; sur le rapport de notre ministre secrétaire d'Etat au département des travaux publics, et de l'avis de notre conseil des ministres, etc.

Art. 1er. La bibliothèque Sainte-Geneviève sera provisoirement transférée dans la partie des bâtiments de l'ancienne prison de Montaigu faisant face à la place du Panthéon.

2. Il est ouvert à notre ministre secrétaire d'Etat au département des travaux publics, sur l'exercice 1842, un crédit extraordinaire de soixante mille francs, pour dépenses urgentes qui n'ont pu être prévues au budget dudit exercice, et qui s'appliquent aux travaux à exécuter pour approprier au service de la bibliothèque Sainte-Geneviève la partie des bâtiments

de l'ancienne prison de Montaigu désignée en l'art. 1er.

3. La régularisation de ce crédit extraordinaire sera proposée aux Chambres lors de leur prochaine session.

4. Nos ministres des travaux publics, de l'instruction publique et des finances (MM. Teste, Villemain et Laplagne) sont chargés, etc.

---

26 JUIN = 5 JUILLET 1842. — Ordonnance du roi qui dissout les commissions de liquidation et de révision créées en exécution de l'ordonnance du 30 novembre 1839, pour la répartition de l'indemnité payée par le Mexique. (IX, Bull. DCCCCXXII, n. 10063.)

Louis-Philippe, etc., vu notre ordonnance du 30 novembre 1839 ; sur le rapport de notre ministre secrétaire d'Etat au département des affaires étrangères, etc.

Art. 1er. Les commissions de liquidation et de révision créées en exécution de l'ordonnance royale du 30 novembre 1839, pour la répartition de l'indemnité payée par le Mexique, sont dissoutes : leurs archives seront réunies à celles du ministère des affaires étrangères. Le secrétaire de la commission de révision continuera ses fonctions jusqu'au 1er janvier prochain, pour l'exécution des décisions de cette commission.

2. Toutes les créances définitivement liquidées, soit par la commission de liquidation, soit par la commission de révision, seront payées intégralement. La caisse des dépôts et consignations répartira les intérêts dus, jusqu'au 1er du mois prochain, sur les sommes dont elle a reçu le dépôt en vertu de l'art. 1er de l'ordonnance ci-dessus citée, entre tous les réclamants, au marc le franc de leurs créances, et en tenant compte des diverses époques auxquelles ils en ont touché le montant partiel ou intégral. Les sommes qui n'auront pas été touchées par les réclamants postérieurement au 1er juillet continueront à produire intérêts à leur profit, conformément aux règlements.

3. Nous nous réservons de statuer ultérieurement sur la destination des fonds qui resteront libres après l'acquittement de toutes les créances liquidées.

4. Nos ministres des affaires étrangères et des finances (MM. Guizot et Laplagne) sont chargés, etc.

---

11 JUIN = 5 JUILLET 1842. — Loi sur le prolongement jusqu'au Havre du chemin de fer de Paris à Rouen (1). (IX, Bull. DCCCCXXIII, n. 10075.)

Art. 1er. L'offre faite par les sieurs Charles Laffitte et compagnie, d'exécuter à leurs frais, risques et périls le prolongement jusqu'au Havre du chemin de fer de Paris à Rouen, est acceptée.

En conséquence, toutes les clauses et conditions du cahier des charges, arrêté le 28 avril 1842 par le ministre secrétaire d'Etat des travaux publics, et accepté le 29 avril 1842 par ledit sieur Charles Laffitte et compagnie, et modifié conformément au tableau annexé à la présente loi, recevront leur pleine et entière exécution.

2. Le ministre des travaux publics est autorisé à consentir, au nom de l'Etat, à la compagnie du chemin de fer de Rouen au Havre, un prêt de dix millions (10,000,000 fr.).

Cette somme sera employée exclusivement aux travaux du chemin de fer et à l'acquisition du matériel nécessaire à son exploitation.

3. Ladite somme de dix millions sera versée par dixièmes. Le premier versement n'aura lieu que lorsque la compagnie aura justifié de dépenses faites et payées pour une somme d'au moins quatre millions. Les versements suivants auront lieu au fur et à mesure de l'exécution de nouveaux travaux et de nouvelles dépenses, pour des sommes doubles, au moins, de chaque versement.

4. Le taux de l'intérêt du prêt ci-dessus fixé sera réglé à raison de trois pour cent par an.

L'intérêt ne commencera à courir que trois années après l'époque fixée pour l'achèvement du chemin de fer.

Le remboursement s'effectuera d'année en année par quarantième ; il ne commencera que dix ans après l'époque fixée pour l'achèvement du chemin de fer.

5. L'agent judiciaire du trésor requerra hypothèque au nom de l'Etat, en vertu de la présente loi, sur le chemin de fer et toutes ses dépendances.

Le recouvrement du capital et des intérêts sera poursuivi dans les formes administratives, comme en matière de deniers publics.

6. Indépendamment du prêt de dix millions stipulé aux articles précédents, il sera alloué à la compagnie, à titre de subvention gratuite, une somme de huit millions de francs (8,000,000 fr.)

---

(1) Présentation à la Chambre des Députés le 29 avril (Mon. du 30) ; rapport par M. Vitet le 25 mai (Mon. du 28) ; discussion le 31 mai (Mon. du 1er juin) ; adoption le 1er juin (Mon. du 2), à la majorité de 175 voix contre 99.

Présentation à la Chambre des Pairs le 2 juin (Mon. du 6) ; rapport par M. Cordier le 6 (Mon. du 7) ; adoption le 7 (Mon. du 8), à la majorité de 85 voix contre 13.

Cette somme sera payée par quart et proportionnellement à l'avancement des travaux. Le premier versement n'aura lieu que lorsque la compagnie aura justifié de dépenses faites et payées de ses propres deniers pour une somme d'au moins huit millions. Le dernier quart ne sera versé qu'après l'achèvement et la réception définitive du chemin de fer.

7. Les conventions à passer entre l'Etat et la compagnie, pour l'exécution de la présente loi, seront réglées par des ordonnances royales.

8. Les actes à passer en vertu de la présente loi ne seront passibles que du droit fixe d'un franc.

9. Les concessionnaires ne pourront émettre d'actions ou promesses d'actions négociables pour subvenir aux frais de construction du chemin de fer de Rouen au Havre avant de s'être constitués en société anonyme dûment autorisée, conformément à l'art. 37 du Code de commerce.

10. Des règlements d'administration publique, rendus après que les concessionnaires auront été entendus, détermineront les mesures et les dispositions nécessaires pour garantir la police, la sûreté, l'usage et la conservation du chemin de fer et des ouvrages qui en dépendent. Les dépenses qu'entraînera l'exécution de ces mesures et de ces dispositions resteront à la charge des concessionnaires.

Les concessionnaires seront autorisés à faire, sous l'approbation de l'administration, les règlements qu'ils jugeront utiles pour le service et l'exploitation du chemin de fer.

11. Une loi, rendue après une enquête d'utilité publique, pourra autoriser la compagnie concessionnaire du chemin de fer de Rouen au Havre à exécuter une entrée spéciale dans Paris.

La compagnie ne pourra d'ailleurs, à l'occasion de ces travaux, dont la dépense restera entièrement à sa charge, réclamer aucun supplément au prêt ou à la subvention ci-dessus stipulée.

12. Pour subvenir aux paiements autorisés par la présente loi, il est ouvert au ministre des travaux publics,

Sur l'exercice 1842, un crédit de deux millions (2,000,000 fr.);

Et sur l'exercice 1843, un crédit de quatre millions (4,000,000 fr.).

13. Pour subvenir au paiement du prêt de quatre millions, autorisé par l'art. 6 de la loi du 15 juillet 1840, il est ouvert au ministre des travaux publics,

Sur l'exercice 1842, un crédit de cinq cent mille francs;

Sur l'exercice 1843, un crédit de un million.

14. Il sera pourvu provisoirement, au moyen des ressources de la dette flottante, à la portion des dépenses autorisées par la présente loi qui doivent demeurer à la charge de l'Etat; les avances du trésor seront définitivement couvertes par la consolidation des fonds de réserve de l'amortissement qui deviendront libres après l'extinction des découverts des budgets des exercices 1840, 1841, 1842.

Cahier de charges pour l'établissement d'un chemin de fer de Rouen au Havre.

Art. 1er. La compagnie s'engage à exécuter à ses frais, risques et périls, et à terminer dans le délai de cinq années au plus tard, à dater de la promulgation de la loi qui ratifiera la concession, tous les travaux nécessaires à l'établissement et à la confection d'un chemin de fer de Rouen au Havre, et de manière que ce chemin soit praticable dans toutes ses parties à l'expiration du délai ci-dessus fixé.

2. Le chemin de fer de Rouen au Havre s'embranchera sur le chemin de fer de Paris à Rouen, en un point qui sera ultérieurement déterminé par l'administration supérieure. Au-delà du point de bifurcation, le tracé ira traverser la Seine en amont du pont d'Orléans : il passera sous la montagne Sainte-Catherine, franchira la vallée de Darnetal, et, après avoir contourné la ville de Rouen par les boulevarts, il s'élèvera sur le plateau de la Normandie, qu'il traversera en passant par ou près Yvetot, et arrivera au Havre après avoir touché Harfleur.

3. A dater de la loi de concession, la compagnie devra soumettre à l'approbation de l'administration supérieure, de quatre mois en quatre mois, et par section de vingt kilomètres au moins, rapporté sur un plan à l'échelle de un à cinq mille, le tracé définitif du chemin de fer de Rouen au Havre, d'après les indications de l'article précédent. Elle indiquera sur ce plan la position et le tracé des gares de stationnement et d'évitement, ainsi que les lieux de chargement et de déchargement ; à ce même plan devront être joints un profil en long, suivant l'axe du chemin de fer, un certain nombre de profils en travers, le tableau des pentes et rampes, et un devis explicatif comprenant la description des ouvrages. La compagnie sera autorisée à prendre copie des plans, nivellemens et devis dressés aux frais de l'Etat. En cours d'exécution, la compagnie aura la faculté de proposer les modifications qu'elle pourrait juger utile d'introduire, mais ces modifications ne pourront être exécutées que moyennant l'approbation préalable et le consentement formel de l'administration supérieure.

4. Le chemin de fer aura deux voies au moins sur tout son développement.

5. La largeur du chemin de fer, en couronne, est fixée, pour deux voies, à huit mètres trente centimètres (8m,30) dans les parties en levées, et à sept mètres quarante centimètres (7m,40) dans les tranchées et les rochers, entre les parapets des ponts et dans les souterrains. La largeur de la voie, entre les bords intérieurs des rails, devra d'un mètre quarante-quatre centimètres (1m,44) au moins. La distance entre les deux voies sera au moins égale à un mètre quatre-vingts centimètres

(1m 80), mesurée entre les faces extérieures des rails de chaque voie. La largeur des accotements, ou, en d'autres termes, la largeur entre les faces extérieures des rails extrêmes, et l'arête extérieure du chemin, sera au moins égale à un mètre cinquante centimètres (1m,50) dans les parties en levées, et à un mètre (1m) dans les tranchées et les rochers, entre les parapets de ponts et dans les souterrains.

6. Les alignements devront se rattacher suivant des courbes dont le rayon minimum est fixé à six cents mètres (600m), et, dans le cas de ce rayon minimum, les raccordements devront, autant que possible, s'opérer sur des paliers horizontaux. Le maximum des pentes et rampes du tracé n'excédera pas cinq millimètres (0m,005) par mètre ; toutefois, pour l'arrivée au Havre, cette pente pourra être portée à neuf millimètres. La compagnie aura la faculté de proposer aux dispositions de cet article, comme à celles de l'article précédent, les modifications dont l'expérience pourra indiquer l'utilité et la convenance ; mais ces modifications ne pourront être exécutées que moyennant l'approbation préalable et le consentement formel de l'administration supérieure.

7. La distance qui séparera les gares d'évitement, sur chaque rive, sera moyennement de vingt mille mètres (20,000m) ; ces gares seront nécessairement placées en dehors des voies : leur longueur, raccordement compris, sera de deux cents mètres (200m) au moins. Indépendamment des gares d'évitement, la compagnie sera tenue d'établir, pour le service des localités traversées par le chemin de fer, ou situées dans le voisinage de ce chemin, des gares ou ports secs, destinés tant aux stationnements qu'aux chargements et aux déchargements, et dont le nombre, l'emplacement et la surface seront déterminés par l'administration, après enquête préalable.

8. A moins d'obstacles locaux, dont l'appréciation appartiendra à l'administration, le chemin de fer, à la rencontre des routes royales ou départementales, devra passer, soit au-dessus, soit au-dessous de ces routes. Les croisements à niveau seront tolérés pour les chemins vicinaux, ruraux ou particuliers.

9. Lorsque le chemin de fer devra passer au-dessus d'une route royale ou départementale, ou d'un chemin vicinal, l'ouverture du pont ne sera pas moindre de huit mètres (8m) pour la route royale, de sept mètres (7m) pour la route départementale, de cinq mètres (5m) pour le chemin vicinal de grande communication, et de quatre mètres (4m) pour le simple chemin vicinal. La hauteur sous clef, à partir de la chaussée de la route, sera de cinq mètres (5m) au moins ; pour les ponts en charpente, la hauteur sous poutre sera de quatre mètres trente centimètres (4m,30) au moins. La largeur entre les parapets sera au moins de sept mètres quarante centimètres (7m,40), et la hauteur de ces parapets de quatre-vingts centimètres (0m,80) au moins.

10. Lorsque le chemin de fer devra passer au-dessous d'une route royale ou départementale, ou d'un chemin vicinal, la largeur entre les parapets du pont qui supportera la route ou le chemin sera fixée au moins à huit mètres (8m) pour la route royale, à sept mètres (7m) pour la route départementale, à cinq mètres (5m) pour le chemin vicinal de grande communication, et à quatre mètres (4m) pour le simple chemin vicinal. L'ouverture du pont entre les culées sera au moins de

sept mètres quarante centimètres (7m,40), et la distance verticale entre l'intrados et le dessus des rails ne sera pas moindre de quatre mètres trente centimètres (4m,30).

11. Lorsque le chemin de fer traversera une rivière, un canal ou un cours d'eau, le pont aura la largeur de voie et la hauteur de parapets fixées à l'art 9. Quant à l'ouverture du débouché et à la hauteur sous clef au-dessus des eaux, elles seront déterminées par l'administration, dans chaque cas particulier, suivant les circonstances locales.

12. Les ponts à construire à la rencontre des routes royales ou départementales et des rivières ou canaux de navigation et de flottage seront en maçonnerie ou en fer. Ils pourront aussi être construits avec travées en bois et piles et culées en maçonnerie, mais il sera donné à ces piles et culées l'épaisseur nécessaire, pour qu'il soit possible ultérieurement de substituer aux travées en bois, soit des travées en fer, soit des arches en maçonnerie.

13. S'il y a lieu de déplacer les routes existantes, la déclivité des pentes ou rampes sur les nouvelles directions ne pourra pas excéder trois centimètres (0m,03) par mètre pour les routes royales et départementales, et cinq centimètres (0m,05) pour les chemins vicinaux. L'administration restera libre, toutefois, d'apprécier les circonstances qui pourraient motiver une dérogation à la règle précédente, et ce qui concerne les chemins vicinaux.

14. Les ponts à construire à la rencontre des routes royales et départementales et des rivières ou canaux de navigation et de flottage, ainsi que les déplacements des routes royales ou départementales, ne pourront être entrepris qu'en vertu de projets approuvés par l'administration supérieure. Le préfet du département, sur l'avis de l'ingénieur en chef des ponts et chaussées, et après les enquêtes d'usage, pourra autoriser les déplacements des chemins vicinaux et la construction des ponts à la rencontre de ces chemins et des cours d'eau non navigables ni flottables.

15. Dans le cas où des routes royales ou départementales ou des chemins vicinaux, ruraux ou particuliers, seraient traversés à leur niveau par le chemin de fer, les rails ne pourront être élevés au-dessus ou abaissés au-dessous de la surface de ces chemins de plus de trois centimètres (0m,03). Les rails de chemin de fer devront, en outre, être disposés de manière à ce qu'il n'en résulte aucun obstacle à la circulation. Des barrières seront tenues fermées de chaque côté du chemin de fer, partout où cette mesure sera jugée nécessaire par l'administration. Un gardien payé par la compagnie sera constamment préposé à la garde et au service de ces barrières.

16. La compagnie sera tenue de rétablir et d'assurer, à ses frais, l'écoulement de toutes les eaux dont le cours serait arrêté, suspendu ou modifié par les travaux dépendants de l'entreprise. Les aqueducs qui seront construits, à cet effet, sous les routes royales et départementales, seront en maçonnerie ou en fer.

17. A la rencontre des rivières flottables et navigables, la compagnie sera tenue de prendre toutes les mesures et de payer tous les frais nécessaires pour que le service de la navigation et du flottage n'éprouve ni interruption ni entrave pendant l'exécution des travaux. La même condition est expressément obligatoire pour la compagnie à la rencontre des routes royales et départementales et autres chemins publics. A cet effet, des routes et

ponts provisionnels seront construits par les soins et aux frais de la compagnie, partout où cela sera jugé nécessaire. Avant que les communications existantes puissent être interceptées, les ingénieurs des localités devront reconnaître et constater si les travaux provisoires présentent une solidité suffisante, et s'ils peuvent assurer le service de la circulation. Un délai sera fixé pour l'exécution et la durée de ces travaux provisoires.

18. Les percées ou souterrains dont l'exécution sera nécessaire auront sept mètres quarante centimètres (7ᵐ,40) de largeur entre les pieds-droits au niveau des rails, et cinq mètres cinquante centimètres (5ᵐ,50) de hauteur sous clef, à partir de la surface du chemin. La distance verticale entre l'intrados et le dessus des rails extérieurs de chaque voie sera au moins de quatre mètres trente centimètres (4ᵐ,30). Si les terrains dans lesquels les souterrains seront ouverts présentaient des chances d'éboulement ou de filtration, la compagnie sera tenue de prévenir ou d'arrêter ce danger par des ouvrages solides ou imperméables. Aucun ouvrage provisoire ne sera toléré au-delà de six mois de durée.

19. Les puits d'airage et de construction des souterrains ne pourront avoir leur ouverture sur aucune voie publique, et, là où ils seront ouverts, ils seront entourés d'une margelle en maçonnerie de deux mètres (2ᵐ) de hauteur.

20. La compagnie pourra employer dans la construction du chemin de fer les matériaux communément en usage dans les travaux publics de la localité; toutefois, les têtes de voûtes, les angles, les socles, couronnements, extrémités de radiers, seront, autant que possible, en pierre de taille. Dans les localités où il n'existera pas de pierre de taille, l'emploi de la brique ou du moellon dit *d'appareil* sera toléré.

21. Le chemin de fer sera clôturé et séparé des propriétés particulières par des murs, ou des haies, ou des poteaux avec lisses, ou des fossés avec levées en terre. Les fossés qui serviront de clôture au chemin de fer auront au moins un mètre (1ᵐ, de profondeur, à partir de leurs bords relevés. Les barrières fermant les communications particulières s'ouvriront sur les terres et non sur le chemin de fer.

22. Tous les terrains destinés à servir d'emplacement au chemin et à toutes ses dépendances, telles que gares de croisement et de stationnement, lieux de chargement et de déchargement, ainsi qu'au rétablissement des communications déplacées ou interrompues et de nouveaux lits des cours d'eau, seront achetés et payés par la compagnie. La compagnie est substituée aux droits, comme elle est soumise à toutes les obligations qui dérivent pour l'administration de la loi du 7 juillet 1833.

23. L'entreprise étant d'utilité publique, la compagnie est investie de tous les droits que les lois et règlements confèrent à l'administration elle-même pour les travaux de l'Etat : elle pourra, en conséquence, se procurer par les mêmes voies les matériaux de remblais et d'empierrement nécessaires à la construction et à l'entretien du chemin de fer; elle jouira, tant pour l'extraction que pour le transport et le dépôt des terres et matériaux, des privilèges accordés par les mêmes lois et règlements aux entrepreneurs de travaux publics, à la charge par elle d'indemniser à l'amiable les propriétaires des terrains endommagés, ou en cas de non accord, d'après les

règlements arrêtés par le conseil de préfecture, sauf recours au conseil d'Etat, sans que, dans aucun cas, elle puisse exercer de recours à cet égard contre l'administration.

24. Les indemnités pour occupation temporaire ou détérioration de terrains, pour chômage, modification ou destruction d'usines, pour tout dommage quelconque résultant des travaux, seront supportés et payés par la compagnie.

25. Pendant la durée des travaux, qu'elle exécutera d'ailleurs par ses propres moyens et des agents de son choix, la compagnie sera soumise au contrôle et à la surveillance de l'administration. Ce contrôle et cette surveillance auront pour objet d'empêcher la compagnie de s'écarter des dispositions qui lui sont prescrites par le présent cahier de charges.

26. A mesure que les travaux seront terminés sur des parties du chemin de fer, de manière que ces parties puissent être livrées à la circulation, il sera procédé à leur réception par un ou plusieurs commissaires que l'administration désignera. Le procès-verbal du ou des commissaires délégués ne sera valable qu'après homologation par l'administration supérieure. Après cette homologation, la compagnie pourra mettre en service lesdites parties de chemin de fer, et y percevoir les droits de péage et les frais de transport ci après déterminés. Toutefois ces réceptions partielles ne deviendront définitives que par la réception générale et définitive du chemin de fer.

27. Après l'achèvement total des travaux, la compagnie fera faire à ses frais un bornage contradictoire et un plan cadastral de toutes les parties du chemin de fer et de ses dépendances; elle fera dresser, également à ses frais et contradictoirement avec l'administration, un état descriptif des ponts, aqueducs et autres ouvrages d'art qui auront été établis conformément aux conditions du présent cahier des charges. Une expédition dûment certifiée des procès-verbaux de bornage, du plan cadastral et de l'état descriptif, sera déposée, aux frais de la compagnie, dans les archives de l'administration des ponts et chaussées.

28. Les chemins de fer et toutes ses dépendances seront constamment entretenus en bon état et de manière que la circulation soit toujours facile et sûre. L'état du chemin de fer et de ses dépendances sera reconnu annuellement, et plus souvent en cas d'urgence et d'accidents, par un ou plusieurs commissaires que désignera l'administration. Les frais d'entretien et ceux de réparations, soit ordinaires, soit extraordinaires, resteront entièrement à la charge de la compagnie. Pour ce qui concerne cet entretien et ces réparations, la compagnie demeure soumise au contrôle et à la surveillance de l'administration. Si le chemin de fer, une fois terminé, n'est pas constamment entretenu en bon état, il y sera pourvu d'office à la diligence de l'administration et aux frais de la compagnie concessionnaire. Le montant des avances faites sera recouvré par des rôles que le préfet du département rendra exécutoires.

29. Les frais de visite, de surveillance et de réception des travaux, seront supportés par la compagnie. Ces frais seront réglés par l'administration supérieure, sur la proposition du préfet du département, et la compagnie sera tenue d'en verser le montant dans la caisse du receveur général, pour être distribuée à qui de droit. En cas de non versement dans le délai fixé, le préfet rendra un rôle

exécutoire, et le montant en sera recouvré comme en matière de contributions publiques.

29 bis. Les ouvrages qui seraient situés dans le rayon des places et dans la zone des servitudes, et qui, aux termes des règlements actuels, devraient être exécutés par les officiers du génie militaire, le seront par les agents de la compagnie, mais sous le contrôle et la surveillance des officiers, et conformément aux projets particuliers qui auront été préalablement approuvés par les ministres de la guerre et des travaux publics. La même faculté pourra être accordée par exception pour les travaux sur le terrain même occupé par les fortifications, toutes les fois que le ministre de la guerre jugera qu'il n'en peut résulter aucun inconvénient pour la défense.

30. La compagnie ne pourra commencer aucuns travaux, ni poursuivre aucune expropriation, si, au préalable, elle n'a justifié par-devant l'administration de la constitution de son fonds social, et de la réalisation en espèces d'une somme égale au dixième de ce fonds social. Si, dans le délai d'une année, à dater de l'homologation de la concession, la compagnie ne s'est pas mise en mesure de commencer les travaux, et si elle ne les a pas effectivement commencés, elle sera déchue de plein droit de la concession du chemin de fer par ce seul fait, et sans qu'il y ait lieu à aucune mise en demeure ni notification quelconque. Dans le cas de déchéance prévu par le paragraphe précédent, la totalité de la somme déposée, ainsi qu'il sera dit à l'art. 53, à titre de cautionnement par la compagnie, deviendra la propriété du gouvernement, et restera acquise au trésor public. Le cautionnement sera rendu à la compagnie après qu'elle aura dépensé et payé une somme de deux millions.

31. Faute par la compagnie d'avoir entièrement exécuté et terminé les travaux du chemin de fer dans les délais fixés par l'art. 1ᵉʳ, et faute aussi par elle d'avoir imprimé à ces travaux une activité telle qu'ils soient parvenus à moitié de leur achèvement à la fin de la troisième année ; faute aussi par elle d'avoir rempli les diverses obligations qui lui sont imposées par le présent cahier des charges, elle encourra la déchéance, et il sera pourvu à la continuation et à l'achèvement des travaux par le moyen d'une adjudication qu'on ouvrira sur les clauses du présent cahier des charges, et sur une mise à prix des ouvrages déjà construits, des matériaux approvisionnés, des terrains achetés et des portions du chemin déjà mises en exploitation. Cette adjudication sera dévolue à celui des nouveaux soumissionnaires qui offrira la plus forte somme pour les objets compris dans la mise à prix. Les soumissions pourront être inférieures à la mise à prix. La compagnie évincée recevra de la nouvelle compagnie concessionnaire la valeur que la nouvelle adjudication aura ainsi déterminée pour lesdits objets. La partie non encore restituée du cautionnement de la première compagnie deviendra la propriété de l'État, et l'adjudication n'aura lieu que sur le dépôt d'un nouveau cautionnement. Si l'adjudication, ouverte comme il vient d'être dit, n'amène aucun résultat, une seconde adjudication sera tentée sur les mêmes bases, après un délai de six mois, et si cette seconde tentative reste également sans résultat, la compagnie sera définitivement déchue de tous droits à la présente concession, et les parties du chemin de fer déjà exécutées, ou qui seraient mises en exploitation, deviendront immédiatement la propriété de l'État.

Les précédentes stipulations ne seront point applicables au cas où le retard ou la cessation des travaux proviendraient de force majeure régulièrement constatée.

32. La contribution foncière sera établie en raison de la surface des terrains occupés par le chemin de fer et par ses dépendances ; la cote en sera calculée comme pour les canaux, conformément à la loi du 25 avril 1803. Les bâtiments et magasins dépendants de l'exploitation du chemin de fer seront assimilés aux propriétés bâties dans la localité. L'impôt dû au trésor sur le prix des places ne sera prélevé que sur la partie du tarif correspondant au prix de transport des voyageurs.

33. Des règlements d'administration publique, rendus après que la compagnie aura été entendue, détermineront les mesures et les dispositions nécessaires pour assurer la police, la sûreté, l'usage et la conservation du chemin de fer et des ouvrages qui en dépendent. Toutes les dépenses qu'entraînera l'exécution de ces mesures et de ces dispositions resteront à la charge de la compagnie. La compagnie est autorisée à faire, sous l'approbation de l'administration, les règlements qu'elle jugera utiles pour le service et l'exploitation du chemin de fer. Les règlements dont il s'agit dans les deux paragraphes précédents seront obligatoires pour la compagnie, et pour toutes celles qui obtiendraient ultérieurement l'autorisation d'établir des lignes de chemins de fer d'embranchement ou de prolongement, et en général pour toutes les personnes qui emprunteraient l'usage du chemin de fer.

34. Les machines locomotives employées aux transports sur les chemins de fer devront consumer leur fumée.

35. Pour indemniser la compagnie des travaux et dépenses qu'elle s'engage à faire par le présent cahier des charges, et sous la condition expresse qu'elle en remplira exactement toutes les obligations, le gouvernement lui concède, pour le laps de quatre-vingt-dix-neuf ans, à dater de la loi qui ratifiera, s'il y a lieu, la concession, l'autorisation de percevoir les droits de péage et les prix de transports ci-après déterminés. Il est expressément entendu que les prix de transports ne seront dus à la compagnie qu'autant qu'elle effectuerait elle-même ce transport à ses frais et par ses propres moyens. La perception aura lieu par kilomètre, sans égard aux fractions de distance ; ainsi, un kilomètre entamé sera payé comme s'il avait été parcouru. Néanmoins, pour toute distance parcourue moindre de six kilomètres, le droit sera perçu comme pour six kilomètres entiers. Le poids du tonneau ou de la tonne est de mille kilogrammes ; les fractions de poids ne seront comptées que par cinquième de tonne ; ainsi, tout poids compris entre zéro et deux cents kilogrammes paiera comme deux cents kilogrammes ; entre deux cents et quatre cents kilogrammes, paiera comme quatre cents kilogrammes, etc. A moins de cas de force majeure, la vitesse sera de huit lieues à l'heure au moins, pour les trains de voyageurs, et de quatre lieues pour les marchandises payant les prix fixés par le tarif. Dans chaque convoi, la compagnie aura la faculté de placer des voitures spéciales, pour lesquelles les prix seront réglés par l'administration sur la proposition de la compagnie ; mais il est expressément stipulé que le nombre de places à donner dans ces voitures n'excédera pas le cinquième du nombre total des places du convoi.

(Suit le tarif.)

Les marchandises qui, sur la demande des expéditeurs, seraient transportées avec la vitesse des voyageurs, paieront à raison de quarante centimes (0f 40c) la tonne. Dans le cas où la compagnie jugerait convenable d'abaisser au-dessous des limites déterminées par le tarif les taxes qu'elle est autorisée à percevoir, les taxes abaissées ne pourront être relevées qu'après un délai de trois mois au moins. Tous changements apportés dans les tarifs devront être homologués par des arrêtés du préfet, rendus sur la proposition de la compagnie, et annoncés au moins un mois d'avance par des affiches. La perception des taxes devra se faire par la compagnie, indistinctement et sans aucune faveur. Dans le cas où des perceptions auraient eu lieu à des prix inférieurs à ceux du tarif, l'administration pourra déclarer la réduction ainsi consentie applicable à la partie correspondante du tarif, et les prix ne pourront, comme les autres réductions, être relevés avant un délai de trois mois. Les réductions ou remises accordées à des indigents ne pourront, dans aucun cas, donner lieu à l'application de la disposition qui précède.

36. Chaque voyageur pourra porter avec lui un bagage dont le poids n'excédera pas quinze kilogrammes, sans être tenu, pour le port de ce bagage, à aucun supplément pour le prix de sa place.

37. Les denrées, marchandises, effets, animaux et autres objets non désignés dans le tarif précédent, seront rangés, pour les droits à percevoir, dans les classes avec lesquelles ils auraient le plus d'analogie. Les classifications à faire, conformément au paragraphe précédent, ne pourront avoir lieu qu'en vertu de règlements arrêtés par l'administration, sur la proposition de la compagnie.

38. Les droits de péage et les prix de transport déterminés au tarif précédent ne sont point applicables : 1° à toute voiture pesant, avec son chargement, plus de quatre mille cinq cents (4,500) kilogrammes ; 2° à toute masse indivisible pesant plus de trois mille (3,000) kilogrammes. Néanmoins la compagnie ne pourra se refuser ni à transporter les masses indivisibles pesant de trois mille à cinq mille kilogrammes, ni à laisser circuler toute voiture qui, avec son chargement, pèserait de quatre mille cinq cents à huit mille kilogrammes ; mais les droits de péage et les frais de transport seront augmentés de moitié. La compagnie ne pourra être contrainte à transporter les masses indivisibles pesant plus de cinq mille (5,000) kilogrammes, ni à laisser circuler les voitures qui, chargement compris, pèseraient plus de huit mille (8,000) kilogrammes. Si, non obstant la disposition qui précède, la compagnie consent à transporter les masses indivisibles pesant plus de cinq mille kilogrammes, et à laisser circuler des voitures qui, chargement compris, pèseraient plus de huit mille kilogrammes, elle devra, pendant trois mois au moins, accorder les mêmes facilités à tous ceux qui en feraient la demande.

39. Les prix de transport déterminés au tarif précédent ne sont point applicables : 1° aux denrées et objets qui, sous le volume d'un mètre cube, ne pèsent pas deux cents kilogrammes ; 2° à l'or et à l'argent, soit en lingots, soit monnayés ou travaillés ; au plaqué d'or ou d'argent, au mercure et au platine, ainsi qu'aux bijoux, pierres précieuses et autres valeurs ; 3° et en général à tout paquet ou colis pesant isolément cent kilogrammes, à moins que ces paquets ou colis ne fassent partie d'envois pesant ensemble au-delà de deux cents kilogrammes d'objets expédiés à ou par une même personne et d'une même nature, quoique emballés à part, tels que sucres, cafés, etc., etc. Dans les

trois cas ci-dessus spécifiés, les prix de transport seront arrêtés par l'administration, sur la proposition de la compagnie. Néanmoins, au-dessus de cent kilogrammes, et quelle que soit la distance parcourue, le prix de transport d'un colis ne pourra être taxé à moins de quarante centimes (40 cent.). Les denrées et objets qui, sous le volume d'un mètre cube, ne pèsent pas deux cents kilogrammes, ne sont exceptés du tarif qu'autant qu'ils n'y sont pas nommément énoncés.

40. Les militaires en service, voyageant en corps ou isolément, ne seront assujettis, eux et leurs bagages, qu'à la moitié du tarif. Si le gouvernement avait besoin de diriger des troupes et un matériel militaire sur l'un des points desservis par la ligne du chemin de fer, la compagnie serait tenue de mettre immédiatement à sa disposition, et à moitié de la taxe du tarif, tous les moyens de transport établis pour l'exploitation du chemin de fer.

41. Les lettres et dépêches envoyées par un agent du gouvernement seront transportées gratuitement sur toute l'étendue du chemin de fer. A cet effet, la compagnie sera tenue de réserver, à chaque départ de voyageurs, à l'arrière du train des voitures, un coffre suffisamment grand et fermant à clef, ainsi qu'une place convenable pour le courrier chargé d'accompagner les dépêches.

42. Au moyen de la perception des droits et des prix réglés ainsi qu'il vient d'être dit, et sauf les exceptions stipulées ci-dessus, la compagnie contracte l'obligation d'exécuter constamment et avec soin, exactitude et célérité, à ses frais et par ses propres moyens, le transport des voyageurs, bestiaux, denrées, marchandises et matières quelconques qui lui sont confiés. Les frais accessoires non mentionnés au tarif, tels que ceux de chargement, et d'entrepôt dans les gares et magasins de la compagnie, seront fixés par un règlement qui sera soumis à l'approbation de l'administration supérieure.

43. A toute époque, après l'expiration de quinze premières années, à dater du délai fixé par l'art. 1er pour l'achèvement des travaux, le gouvernement aura la faculté de racheter la concession entière du chemin de fer. Pour régler le prix du rachat, on relèvera les produits nets annuels obtenus par la compagnie pendant les sept années qui auront précédé celle où le rachat sera effectué ; on en déduira les produits nets des deux plus faibles années, et l'on établira le produit net moyen des cinq autres années. Il sera en outre ajouté à ce produit net moyen le tiers de son montant, si le rachat a lieu dans la première période de quinze années à dater de l'époque où le droit en est ouvert au gouvernement, un quart si le rachat n'est opéré que dans la seconde période de quinze années, et un cinquième seulement pour les autres périodes. Le produit net moyen, accru ainsi qu'on vient de le dire dans le paragraphe précédent, formera le montant d'une annuité qui sera due et payée à la compagnie pendant chacune des années restant à courir sur la durée de la concession.

44. A l'époque fixée pour l'expiration de la présente concession, et par le fait seul de cette expiration, le gouvernement sera subrogé à tous les droits de la compagnie dans la propriété des terrains et des ouvrages désignés au plan cadastral mentionné dans l'art. 27. Il entrera immédiatement en jouissance du chemin de fer, de toutes ses dépendances et de tous ses produits. La compagnie sera tenue de remettre en bon état d'entretien le chemin de fer, les ouvrages qui le composent et ses dépendances, tels que gares, lieux de

chargement et de déchargement, établissements aux points de départ et d'arrivée, maisons de gardes et de surveillants, bureaux de perception, machines fixes, et, en général, tous autres objets immobiliers qui n'auront pas pour destination distincte et spéciale le service des transports. Dans les cinq dernières années qui précéderont le terme de la concession, le gouvernement aura le droit de mettre saisie-arrêt sur les revenus du chemin de fer, et de les employer à rétablir en bon état le chemin et toutes ses dépendances, si la compagnie ne se mettait pas en mesure de satisfaire pleinement et entièrement à cette obligation. Quant aux objets mobiliers, tels que machines locomotives, wagons, chariots, voitures, matériaux, combustibles et approvisionnements de tout genre, et objets immobiliers non compris dans l'énumération précédente, l'Etat sera tenu de les reprendre à dire d'experts, si la compagnie le requiert, et réciproquement, si l'Etat le requiert, la compagnie sera tenue de les céder à dire d'experts.

45. Dans le cas où le gouvernement ordonnerait ou autoriserait la construction de routes royales, départementales ou vicinales, de canaux ou de chemins de fer qui traverseraient le chemin de fer projeté, la compagnie ne pourra mettre aucun obstacle à ces traversées; mais toutes dispositions seront prises pour qu'il n'en résulte aucun obstacle à la construction ou au service du chemin de fer, ni aucuns frais pour la compagnie.

46. Toute exécution ou toute autorisation ultérieure de route, de canal, de chemin de fer, de travaux de navigation dans la contrée où est situé le chemin de fer projeté, ou dans toute autre contrée voisine ou éloignée, ne pourra donner ouverture à aucune demande en indemnité de la part de la compagnie.

47. Le gouvernement se réserve expressément le droit d'accorder de nouvelles concessions de chemins de fer s'embranchant sur le chemin de fer de Rouen au Havre, ou qui seraient établies en prolongement du même chemin. La compagnie ne pourra mettre aucun obstacle à ces embranchements ou prolongements, ni réclamer, à l'occasion de leur établissement, aucune indemnité quelconque, pourvu qu'il n'en résulte aucun obstacle à la circulation, ni aucuns frais particuliers pour la compagnie. Les compagnies concessionnaires des chemins de fer d'embranchement ou de prolongement auront la faculté, moyennant les tarifs ci-dessus déterminés et l'observation des règlements de police et de service établis ou à établir, de faire circuler leurs voitures, wagons et machines sur le chemin de fer de Rouen au Havre; cette faculté sera réciproque pour ce dernier chemin à l'égard desdits embranchements et prolongements. Toutefois aucunes machines, voitures, wagons appartenant aux compagnies concessionnaires d'embranchements ou de prolongements, ne pourront circuler sur le chemin de fer qu'après avoir été examinés par la compagnie. En cas de refus de sa part, la contestation sera soumise à trois arbitres, dont deux seront désignés par les parties, et le troisième par l'administration. Dans le cas où une compagnie concessionnaire d'embranchements ou prolongements joignant la ligne de Rouen au Havre, n'userait pas de la faculté de circuler sur cette ligne, comme dans le cas où les concessionnaires de celle-ci ne voudraient pas circuler sur les prolongements ou embranchements, les compagnies seraient tenues de s'arranger entre elles de manière que le service de transport ne soit jamais interrompu aux points extrêmes des diverses lignes. Celle des compagnies qui sera dans le cas de se servir d'un matériel qui ne serait pas sa propriété paiera une indemnité en rapport avec l'usage et la détérioration de ce matériel. Dans le cas où les compagnies ne se mettraient pas d'accord sur la quotité de l'indemnité ou sur les moyens d'assurer la continuation du service sur toute la ligne, le gouvernement serait autorisé à y pourvoir d'office, et à prescrire toutes les mesures nécessaires.

48. Si la ligne du chemin de fer traverse un sol déjà concédé pour l'exploitation d'une mine, l'administration déterminera les mesures à prendre pour que l'établissement du chemin de fer ne nuise pas à l'exploitation de la mine, et réciproquement pour que, le cas échéant, l'exploitation de la mine ne compromette pas l'existence du chemin de fer. Les travaux de consolidation à faire dans l'intérieur de la mine, à raison de la traversée du chemin de fer, et tous dommages résultant de cette traversée pour les concessionnaires de la mine, seront à la charge de la compagnie.

49. Si le chemin de fer doit s'étendre sur des terrains qui renferment des carrières, ou les traverser souterrainement, il ne pourra être livré à la circulation avant que les excavations qui pourraient en compromettre la solidité aient été remblayées ou consolidées. L'administration déterminera la nature et l'étendue des travaux qu'il conviendra d'entreprendre à cet effet, et qui seront d'ailleurs exécutés par les soins et aux frais de la compagnie du chemin de fer.

50. Les agents et gardes que la compagnie établira, soit pour opérer la perception des droits, soit pour la surveillance et la police du chemin et des ouvrages qui en dépendent, pourront être assermentés, et seront, en ce cas, assimilés aux gardes champêtres.

51. La compagnie sera tenue de désigner l'un de ses membres pour recevoir les notifications et les significations qu'il y aurait lieu de lui adresser. Le membre désigné fera élection de domicile à Paris. En cas de non désignation de l'un des membres de la compagnie, ou de non élection de domicile à Paris par le membre désigné, toute signification ou notification adressée à la compagnie, prise collectivement, sera valable, lorsqu'elle sera faite au secrétariat de la préfecture du département de la Seine.

52. Les contestations qui s'élèveraient entre la compagnie concessionnaire et l'administration, au sujet de l'exécution ou de l'interprétation des clauses du présent cahier des charges, seront jugées administrativement par le conseil de préfecture du département de la Seine, sauf recours au conseil d'Etat.

53. Avant la présentation de la loi destinée à homologuer la présente concession, la compagnie devra déposer une somme de un million de francs, soit en numéraire, soit en rentes sur l'Etat calculées au cours de la veille du jour du dépôt, soit en bons ou autres effets du trésor, avec transfert, au nom de la caisse des dépôts et consignations, de celles de ces valeurs qui seraient nominatives ou à ordre. Cette somme de un million formera le cautionnement de l'entreprise et sera rendue ainsi qu'il est dit à l'art. 30.

54. Le présent cahier des charges ne sera passible que du droit fixe d'un franc (1 fr.).

55. La présente concession ne sera valable et définitive que par la ratification de la loi. Arrêté

le présent cahier de charges par nous, ministre secrétaire d'État des travaux publics. Paris, le 28 avril 1842.   *Signé* J.-B. TESTE.

Accepté le présent cahier de charges dans toute son étendue. Paris, le 29 avril 1842. Pour M. Charles Laffitte,   *Signé* ED. BLOUNT.

Accepté le présent cahier de charges. Paris, le 29 avril 1842.   *Signé* ED. BLOUNT.

Clauses additionnelles.

Les art. 2, 6, 22 et 35 du cahier des charges sont modifiés ainsi qu'il suit, conformément aux votes des Chambres.

2. Le chemin de fer de Rouen au Havre s'embranchera sur le chemin de fer de Paris à Rouen, en un point qui sera ultérieurement déterminé par l'administration supérieure. Au-delà du point de bifurcation, le tracé ira traverser la Seine en amont du pont d'Orléans; il passera sous la montagne Sainte-Catherine, franchira la vallée de Darnetal; et, après avoir contourné la ville de Rouen par les boulevarts, il s'élèvera sur le plateau de la Normandie, qu'il traversera en passant par ou près Yvetot, près Bolbec, et arrivera au Havre après avoir touché Harfleur.

6. Le deuxième paragraphe sera ainsi rédigé : Le maximum des pentes et rampes du tracé n'excédera pas cinq millimètres par mètre; toutefois, pour l'arrivée au Havre, une pente plus forte pourra être admise, mais elle ne devra, dans aucun cas, excéder huit millimètres.

22. Le deuxième paragraphe sera rédigé ainsi qu'il suit : La compagnie est substituée aux droits, comme elle est soumise à toutes les obligations qui dérivent, pour l'administration, de la loi du 3 mai 1841.

35. Le premier paragraphe sera ainsi rédigé : Pour indemniser la compagnie des travaux et dépenses qu'elle s'engage à faire par le présent cahier des charges, et sous la condition expresse qu'elle en remplira exactement toutes les obligations, le gouvernement lui concède, pour le laps de temps de quatre-vingt-dix-sept ans, expirant le 15 juillet 1939, l'autorisation de percevoir les droits de péage et les prix de transport ci-après déterminés. Vu pour être annexé à la loi du 11 juin 1842. Le ministre secrétaire d'État des travaux publics, *Signé* J.-B. TESTE.

29 JUIN = 5 JUILLET 1842. — Ordonnance du roi relative à la comptabilité du receveur central du département de la Seine. (IX, Bull. DCCCCXXIII, n. 10076.)

Louis-Philippe, etc., vu notre ordonnance du 5 mai 1832, portant organisation de la recette centrale des finances du département de la Seine; ayant reconnu que le mode prescrit par l'art. 4 de ladite ordonnance, dans le but d'ôter tout maniement de fonds au receveur central, impose aux particuliers qui ont des versements à opérer des formalités gênantes et de doubles démarches, qui ont excité de justes réclamations; qu'en ce qui concerne les percepteurs de Paris, l'échange journalier des récépissés du caissier du trésor contre ceux du receveur central n'est pas indispensable pour la régularité du service et de la compta-

bilité; sur le rapport de notre ministre secrétaire d'État au département des finances, etc.

Art. 1er. À partir du 1er juillet prochain, le receveur central recevra les fonds et produits appartenant à sa comptabilité, autres que les fonds des percepteurs, des receveurs des communes et d'établissements publics et des secrétaires des facultés; ces comptables continueront à faire leurs versements au caissier central du trésor, conformément à l'art. 4 de notre ordonnance du 5 mai 1832. Les récépissés que le receveur central délivrera pour les versements qui seront faits à sa caisse seront à talon, et soumis au visa du contrôleur spécial délégué près la recette centrale, en exécution de l'art. 5 de ladite ordonnance.

2. Le receveur central effectuera, sur les fonds de sa caisse, tous les paiements relatifs à son service; il conservera en même temps la faculté d'assigner sur la caisse du trésor, au moyen du visa et d'avis préalables, les paiements qu'il ne pourrait faire directement. La disposition de l'art. 6 de notre ordonnance du 5 mai 1832, qui lui permettait d'assigner des paiements sur les caisses des percepteurs, est rapportée.

3. Le receveur central versera ses encaisses au trésor public, aux époques et selon les règles qui seront déterminées par notre ministre secrétaire d'État des finances.

4. L'échange des récépissés du caissier du trésor contre ceux du receveur central, prescrit aux percepteurs de Paris par l'art. 4 de notre ordonnance du 5 mai 1832, pourra n'être fait que tous les dix jours, lorsque le receveur central ne jugera pas nécessaire de régler plus fréquemment avec les receveurs subordonnés.

5. Les dispositions de notre ordonnance du 5 mai 1832 qui ne sont pas abrogées ou modifiées par la présente continueront de recevoir leur exécution.

6. Notre ministre des finances (M. Laplagne) est chargé, etc.

19 JUIN = 9 JUILLET 1842. — Ordonnance du roi qui autorise la cession, à la ville de Thouars (Deux-Sèvres), des bâtiments, cour, jardin et terrain provenant de l'ancien couvent des Ursulines. (IX, Bull. supp. DCIX, n. 16653.)

Louis-Philippe, etc., vu les délibérations du conseil municipal de la ville de Thouars, département des Deux-Sèvres, des 6 mai 1837 et 6 août 1841, tendantes à obtenir la concession, pour cause d'utilité publique communale, des bâtiments, cour, jardin et terrain provenant de l'ancien couvent des Ursulines en la même ville; vu le plan des lieux ainsi que le procès-verbal d'estimation contradictoire du 15 janvier 1842, portant que la valeur de ces biens est de quatre mille cinq cents francs; vu l'adhésion donnée à cette estimation par le conseil municipal, le 6 mars suivant; vu l'avis favorable du préfet du département des Deux-Sèvres; ensemble les observations de notre ministre secrétaire d'Etat au département de l'intérieur; vu l'avis du conseil d'Etat approuvé le 21 février 1808, et l'art. 46 de la loi du 18 juillet 1837, sur l'administration municipale; considérant que la demande de la ville de Thouars est motivée sur une cause d'utilité publique suffisamment justifiée; sur le rapport de notre ministre secrétaire d'Etat au département des finances, etc.

Art. 1ᵉʳ. Le préfet du département des Deux-Sèvres est autorisé à concéder à la ville de Thouars les bâtiments, cour, jardin et terrain provenant de l'ancien couvent des Ursulines en la même ville, tels qu'ils sont désignés au plan des lieux et dans le procès-verbal d'estimation du 15 janvier 1842. Ces pièces seront annexées à la minute de l'acte de cession.

2. La concession sera faite moyennant la somme de quatre mille cinq cents francs, qui sera payée par la ville de Thouars dans la caisse du domaine, dans les délais et avec les intérêts fixés par les lois des 15 et 16 floréal an 10 et 5 ventôse an 12. La ville supportera, en outre, tous les frais, y compris ceux d'expertise auxquels la cession a pu ou pourra donner lieu.

3. Nos ministres des finances et de l'intérieur (MM. Laplagne et Duchâtel) sont chargés, etc.

---

25 JUIN = 14 JUILLET 1842. — Ordonnance du roi portant concession d'un logement dans un bâtiment dépendant du domaine de l'Etat. (IX, Bull. DCCCCXXIV, n. 10080.)

Louis-Philippe, etc., vu le premier paragraphe de l'art. 12 de la loi du 23 avril 1833, ainsi conçu : « Aucun logement ne « sera concédé ou maintenu dans les bâti- « ments dépendant du domaine de l'Etat « qu'en vertu d'une ordonnance royale; » sur le rapport de notre ministre secrétaire d'Etat au département des finances, etc.

Art. 1ᵉʳ. La concession du logement indiqué dans l'état ci-annexé est accordée à l'agent chargé du matériel et du paiement des dépenses de la Cour des Comptes, dans l'hôtel du quai d'Orsay.

2. Notre ministre des finances (M. Laplagne) est chargé, etc.

---

3 = 15 JUILLET 1842. — Ordonnance du roi portant convocation des conseils d'arrondissement. (IX, Bull. DCCCCXXV, n. 10081.)

Louis-Philippe, etc., sur le rapport de notre ministre secrétaire d'Etat au département de l'intérieur; vu les lois du 22 juin 1833 et du 10 mai 1838, etc.

Art. 1ᵉʳ. Les conseils d'arrondissement se réuniront le 25 juillet, présent mois, pour la première partie de leur session, qui ne pourra durer plus de dix jours.

2. Notre ministre de l'intérieur (M. Duchâtel) est chargé, etc.

---

5 = 15 JUILLET 1842. — Ordonnance du roi qui maintient M. le lieutenant-général baron Pelet dans la première section du cadre de l'état-major général. (IX, Bull. DCCCCXXV, n. 10082.)

Louis-Philippe, etc., vu la loi du 4 août 1839; sur le rapport de notre ministre secrétaire d'Etat de la guerre, et de l'avis de notre conseil des ministres, etc.

Art. 1ᵉʳ. M. le lieutenant-général baron Pelet (Jean-Jacques-Germain) est maintenu dans la première section du cadre de l'état-major général.

2. Notre ministre de la guerre (duc de Dalmatie) est chargé (1), etc.

---

5 = 15 JUILLET 1842. — Ordonnance du roi qui reporte à l'exercice 1842 une somme de vingt millions non employée sur les crédits ouverts, au titre de l'exercice 1841, pour les travaux de fortification de Paris. (IX, Bull. DCCCCXXV, n. 10084.)

Louis-Philippe, etc., vu la loi du 3 avril 1841, relative aux fortifications de Paris, qui affecte une somme de trente-cinq millions aux travaux à exécuter en 1841; vu l'art. 4 de la même loi, consacrant le principe du report sur l'exercice suivant des crédits de cette nature qui n'auraient pu être employés pendant l'exercice au titre duquel ils ont été primitivement accordés; vu la loi du 25 mai 1842, qui accorde pour les mêmes travaux et pour le même exercice un crédit extraordinaire de sept millions six cent quarante-neuf mille cent vingt-six francs trente-deux centimes, dont le report, de 1840 à 1841, avait été provisoirement autorisé par nos ordonnances des 12 juillet et 7 décembre 1841; considérant que sur le crédit total de quarante-deux millions six cent quarante-neuf mille cent vingt-six francs trente-deux centimes ainsi ouvert au ministre de la guerre, au titre de l'exercice 1841, pour les travaux de fortification de Paris, une somme de vingt millions au

---

(1) Sous le n. 10083 se trouve une ordonnance pareille et de la même date qui maintient M. Doguereau dans la première section du cadre de l'état-major général.

moins restera sans emploi ; sur le rapport de notre ministre secrétaire d'État de la guerre , président du conseil , etc.

Art. 1er. Une somme de vingt millions, non employée sur les crédits successivement ouverts au titre de l'exercice 1841 , pour les travaux de fortification de Paris, par les lois des 3 avril 1841 et 25 mai 1842 , est mise à la disposition de notre ministre secrétaire d'État de la guerre , pour subvenir à la dépense des mêmes travaux pendant l'exercice 1842.

2. La régularisation de ce virement de crédit sera proposée aux Chambres lors de leur prochaine session.

5. Nos ministres de la guerre et des finances (MM. duc de Dalmatie et Laplagne) sont chargés , etc.

———

30 JUIN = 15 JUILLET 1842. — Ordonnance du roi qui reporte à l'exercice 1842 la portion non employée, au 31 décembre 1841, du crédit affecté, par l'art. 2 de la loi du 25 juin 1841, à la construction du tombeau de l'empereur Napoléon. (IX, Bull. DCCCCXXV, n. 10085.)

Louis-Philippe , etc., sur le rapport de notre ministre secrétaire d'État au département de l'intérieur , et de l'avis de notre conseil des ministres ; vu l'art. 2 de la loi du 25 juin 1841 , qui ouvre , au ministère de l'intérieur, sur l'exercice 1841 , un crédit de sept cent mille francs (700,000 fr.), dont deux cent mille pour solde de dépenses de la cérémonie funèbre de l'empereur Napoléon , et cinq cent mille francs pour la construction de son tombeau ; vu l'art. 3 de la même loi, portant que la portion du crédit de cinq cent mille francs qui n'aura pas été employée en 1841 pourra être réassignée sur l'exercice suivant , en vertu d'une ordonnance royale, rendue dans la forme prescrite par la loi du 24 avril 1833, etc.

Art. 1er. Il est ouvert à notre ministre secrétaire d'État de l'intérieur, sur l'exercice 1842, un crédit extraordinaire de quatre cent quatre-vingt-dix-sept mille neuf cent quatre-vingt-seize francs quatre-vingt-dix centimes (497,996 fr. 90 c.) , représentant la portion non employée, au 31 décembre 1841 , du crédit de cinq cent mille francs , affecté par l'art. 2 de la loi du 25 juin 1841, à la construction du tombeau de l'empereur Napoléon. Pareille somme de quatre cent quatre-vingt-dix-sept mille neuf cent quatre-vingt-seize francs quatre-vingt-dix centimes est annulée au budget de 1841 , sur le crédit de cinq cent mille francs.

2. La régularisation de la présente ordonnance sera proposée aux Chambres , lors de leur prochaine session.

3. Nos ministres de l'intérieur et des finances (MM. Duchâtel et Laplagne) sont chargés , etc.

———

14 = 15 JUILLET 1842. — Ordonnance du roi portant convocation de la Chambre des Pairs et de la Chambre des Députés. (IX, Bull. DCCCCXXVI, n. 10096.)

Louis-Philippe , etc., vu l'art. 42 de la Charte constitutionnelle , etc

Art. 1er. La Chambre des Pairs et la Chambre des Députés , qui, par notre ordonnance du 12 juin 1842 , étaient convoquées pour le 3 août suivant , se réuniront le 26 juillet , présent mois.

2. Notre ministre de l'intérieur (M. Duchâtel) est chargé , etc.

———

15 = 16 JUILLET 1842. — Ordonnance du roi portant prorogation des dispositions de l'ordonnance du 26 juin dernier, relatives aux droits établis sur les fils et tissus de lin ou de chanvre importés par les bureaux de la frontière de terre, situés d'Armentières à la Malmaison , près Longwy. (IX, Bull. DCCCCXXVII, n. 10105.)

Louis-Philippe , etc., vu la loi du 17 décembre 1841 , sur les douanes ; vu notre ordonnance du 26 juin dernier portant modification du tarif des douanes; sur le rapport de notre ministre secrétaire d'État au département de l'agriculture et du commerce, etc.

Art. 1er. Les dispositions de l'ordonnance du 26 juin dernier , relatives aux droits établis sur les fils et tissus de lin ou de chanvre importés par les bureaux de la frontière de terre situés d'Armentières à la Malmaison , près Longwy, inclusivement, sont prorogés jusqu'au 15 août prochain.

2. Nos ministres des finances , de l'agriculture et du commerce (MM. Laplagne et Cunin-Gridaine) sont chargés , etc.

———

5 = 16 JUILLET 1842. — Ordonnance du roi portant répartition supplémentaire du fonds commun affecté aux travaux de construction des édifices départementaux d'intérêt général , et et aux ouvrages d'art sur les routes départementales pendant l'exercice 1842. (IX, Bull. DCCCCXXVII, n. 10106.)

Louis-Philippe , etc., vu l'art. 17 de la loi du 10 mai 1838 ; vu la loi du 25 juin 1841 , portant fixation du budget des dépenses de 1842 (budget du ministère de l'intérieur , chap. 55) ; sur le rapport de notre ministre secrétaire d'État au département de l'intérieur , etc.

Art. 1er. La répartition supplémentaire pour complément de la portion du fonds commun de six dixièmes de centime additionnel aux contributions foncière, personnelle et mobilière de 1842, affectée , à titre de secours, aux travaux de construction des édifices départementaux d'intérêt général, ainsi qu'aux ouvrages d'art sur les routes départementales pendant cet exercice, est réglée conformément à l'état ci-annexé.

2. Notre ministre de l'intérieur (M. Duchâtel) est chargé, etc. *(Suit le tableau.)*

---

11 JUIN = 16 JUILLET 1842. — Ordonnance du roi portant autorisation de la société d'assurances mutuelles mobilières contre l'incendie, établie au Mans. (IX, Bull. supp. DCX, n. 16672.)

Louis-Philippe, etc., sur le rapport de notre ministre secrétaire d'Etat de l'agriculture et du commerce; notre conseil d'Etat entendu, etc.

Art. 1er. La société d'assurances mutuelles mobilières contre l'incendie établie au Mans, pour les départements de la Sarthe, de Maine-et-Loire, de la Mayenne, de Loir-et-Cher, d'Indre-et-Loire, de la Loire-Inférieure et d'Ille-et-Vilaine, est autorisée. Sont approuvés les statuts de ladite société, tels qu'ils sont contenus dans l'acte passé, le 30 avril 1842, par devant Me Maricot et son collègue, notaires au Mans, lequel acte restera annexé à la présente ordonnance.

2. Nous nous réservons de révoquer notre autorisation en cas de violation ou de non exécution des statuts approuvés, sans préjudice des droits des tiers.

3. La société sera tenue de remettre au commencement de chaque année, au ministère de l'agriculture et du commerce, et aux préfets des départements compris dans sa circonscription, un extrait de son état de situation arrêté au 31 décembre précédent.

4. Notre ministre de l'agriculture et du commerce (M. Cunin-Gridaine) est chargé, etc.   *(Suivent les statuts.)*

---

5 = 23 JUILLET 1842. — Ordonnance du roi qui modifie l'organisation du tribunal consulaire de Constantinople. (IX, Bull. DCCCCXXVIII, n. 10107.)

Louis-Philippe, etc., vu l'édit du mois de juin 1778, et notamment les art. 1, 6, 7, 8, 38 et 84; vu la loi du 28 mai 1836 et l'ordonnance royale du 14 juillet suivant; vu l'art. 13 de la Charte constitutionnelle; vu l'avis du conseil d'Etat du 15 avril 1841; sur le rapport de notre ministre secrétaire d'Etat au département des affaires étrangères, etc.

Art. 1er Les dispositions des art. 1, 6 et 7 de l'édit du mois de juin 1778, relatives au mode de jugement, en matière civile, des contestations qui s'élèvent entre Français dans les échelles du Levant et de Barbarie, seront désormais applicable à l'échelle de Constantinople.

2. Les fonctions judiciaires attribuées, tant en matière civile qu'en matière criminelle, par l'édit du mois de juin 1778 et par la loi du 28 mai 1836, à nos consuls dans nos échelles du Levant et de Barbarie, seront remplies à Constantinople par le consul honoraire chancelier de notre ambassade, et en cas d'absence ou d'empêchement, par l'officier ou toute autre personne appelée à le remplacer, suppléer ou représenter.

3. Les fonctions de greffier, en matières civile et criminelle, et celles d'huissier attribuées par l'art. 8 de l'édit du mois de juin 1778 à celui des officiers du consulat commis à la chancellerie, seront remplies, à Constantinople, par un chancelier substitué, désigné à cet effet, par notre ambassadeur, parmi les drogmans de l'ambassade.

4. Sont abrogées l'ordonnance du 14 juillet 1836 et toutes autres dispositions contraires à la présente ordonnance.

5. Notre ministre des affaires étrangères (M. Guizot) est chargé, etc.

---

15 = 23 JUILLET 1842. — Ordonnance du roi qui ouvre au ministre des affaires étrangères, sur l'exercice 1842, un crédit supplémentaire applicable au chapitre des missions extraordinaires et dépenses imprévues. (IX, Bull. DCCCCXXVIII, n. 10108.)

Louis-Philippe, etc., vu les art. 3 et 4 de la loi du 24 avril 1833; vu la loi du 25 juin 1841, portant fixation du budget des dépenses de l'exercice 1842, et contenant, art. 6, la nomenclature détaillée des dépenses pour lesquelles la faculté nous est réservée d'ouvrir des crédit supplémentaire en cas d'insuffisance, dûment justifiée, des crédits législatifs; vu les art. 20, 21, 22, 23 et 25 de notre ordonnance du 31 mai 1838, portant règlement général sur la comptabilité publique; sur le rapport de notre ministre secrétaire d'Etat des affaires étrangères, et de l'avis de notre conseil des ministres, etc.

Art. 1er. Il est ouvert à notre ministre secrétaire d'Etat des affaires étrangères, sur l'exercice 1842, un crédit supplémentaire de deux cent mille francs (200,000 fr.), applicable au chapitre *Missions extraordinaires et Dépenses imprévues.*

2. La régularisation de ce crédit supplémentaire sera proposée aux Chambres lors de leur prochaine session.

3. Nos ministres des affaires étrangères et des finances (MM. Guizot et Laplagne) sont chargés, etc.

---

11 JUIN = 23 JUILLET 1842. — Ordonnance du roi relative à la société d'assurances mutuelles

contre la grêle dite *de l'Etoile*. (IX, Bull. supp. DCXJ, n. 16700.)

Louis-Philippe , etc. , sur le rapport de notre ministre secrétaire d'Etat de l'agriculture et du commerce ; vu notre ordonnance du 7 juin 1834 portant autorisation de la société d'assurances mutuelles contre la grêle , établie à Paris sous le titre *de l'Etoile*, et approbation de ses statuts ; vu nos ordonnances en date des 30 mars 1837 et 23 mars 1838 , qui ont autorisé ladite société à étendre ses opérations dans les départements du Cher, de Loir-et-Cher, de la Sarthe et de la Marne, et à élever de neuf à douze le nombre des membres de son conseil d'administration ; vu la nouvelle demande formée par la société , 1° pour comprendre dans sa circonscription les départements de l'Indre et d'Indre-et-Loire ; 2° pour porter de douze à dix-huit le nombre de ses administrateurs; vu l'avis des préfets des départements intéressés ; notre conseil d'Etat entendu , etc.

Art. 1er. La société d'assurances mutuelles contre la grêle dite *de l'Etoile* est autorisée à comprendre dans sa circonscription les départements d'Indre-et-Loire et de l'Indre, et à élever de douze à dix-huit le nombre des membres de son conseil d'administration.

2. Notre ministre de l'agriculture et du commerce (M. Cunin-Gridaine) est chargé , etc.

25 JUIN — 23 JUILLET 1842. — Ordonnance du roi qui autorise la cession d'un terrain domanial à la ville de Roanne. (IX, Bull. supp. DCXI, n. 16701.)

Louis-Philippe , etc., vu la délibération du conseil municipal de la ville de Roanne, département de la Loire , du 8 mai 1841 , tendante à obtenir la cession , sur estimation contradictoire , d'un terrain domanial situé à l'entrée de cette ville , soit pour y maintenir le marché aux bestiaux , soit pour y établir un abattoir; vu le plan des lieux ainsi que le procès-verbal d'expertise des 11 et 12 octobre 1841 , suivant lequel la valeur vénale du terrain a été portée à huit mille cent douze francs ; vu la délibération du conseil municipal , du 5 février 1842 , portant, 1° adhésion par ce conseil à l'estimation de huit mille cent douze francs ; 2° que cette somme sera payée sur l'excédant des recettes communales de 1841, et , au besoin , sur celles de l'exercice de 1842 ; vu l'avis du préfet de la Loire ; vu l'avis de notre ministre secrétaire d'Etat de l'intérieur ; vu le décret du 21 février 1808 ; considérant que la demande de la ville de Roanne repose sur des motifs d'utilité publique communale suffisamment justifiée ; sur le rapport de notre ministre secrétaire d'Etat des finances , etc.

Art. 1er. Le préfet du département de la Loire est autorisé à consentir, au nom de l'Etat , en présence du directeur des domaines et par acte administratif, la cession, au profit de la ville de Roanne , d'un emplacement domanial situé à l'entrée de cette ville , tel qu'il est désigné au plan et au procès-verbal d'expertise des 11 et 12 octobre 1841 , lesquels resteront annexés à l'acte de cession.

2. Cette cession sera faite à la charge par la ville , 1° de payer dans les caisses du domaine , aux époques et avec les intérêts fixés par les lois des 15 floréal an 10 et 5 ventôse an 12 , la somme de huit mille cent douze francs , montant du prix d'estimation ; 2° d'acquitter tous les frais auxquels la cession a pu ou pourra donner lieu, y compris ceux d'expertise.

3. Nos ministres des finances et de l'intérieur (MM. Laplagne et Duchâtel) sont chargés , etc.

15 = 26 JUILLET 1842. — Ordonnance du roi qui ouvre au ministre des finances un crédit supplémentaire sur l'exercice 1841. (IX, Bull. DCCCCXXIX, n. 10116.)

Louis-Philippe, etc., vu les art. 3 et 4 de la loi du 24 avril 1833; vu la loi du 16 juillet 1840, portant fixation du budget des dépenses de l'exercice 1841 et contenant, art. 6 , la nomenclature des dépenses pour lesquelles la faculté nous est réservée d'ouvrir des crédits supplémentaires en cas d'insuffisance dûment justifiée des crédits législatifs ; vu les art. 20, 21, 22, 23 et 25 de notre ordonnance du 31 mai 1838 , portant règlement général sur la comptabilité publique; sur le rapport de notre ministre secrétaire d'Etat des finances , et de l'avis de notre conseil des ministres, etc.

Art. 1er. Il est ouvert à notre ministre secrétaire d'Etat des finances , sur l'exercice 1841, un crédit supplémentaire de la somme de trois cent soixante et onze mille six cent dix francs vingt-neuf centimes (371,610 fr. 29 c.), applicable aux chapitres et articles ci-après :

DETTE PUBLIQUE.—Chap. 4. Rentes trois pour cent, 50 c.—Chap. 6. *Intérêts et primes des emprunts à rembourser par le trésor.*—Art. 2. Divers canaux et rivière d'Oise (loi du 5 août 1821) , 722 fr. 17 c. — Chap. 9. Intérêts de capitaux de cautionnement , 19,819 fr. 59 c.

ENREGISTREMENT ET DOMAINES. — Chap. 40. *Personnel.* — Art. 2. Remises des receveurs, 46,170 fr. 78 c.

CONTRIBUTIONS INDIRECTES. — Chap. 51. *Personnel.* — Art. 6. Remises aux entreposeurs de tabacs et aux receveurs buralistes, 46,000 fr.—Chap. 53. *Dépenses diverses.*— Art. 2. Dépenses administratives, (contributions de canaux soumissionnés), 10,000 fr.— Art. 3. Avances recouvrables (frais de perception des octrois administrés par la régie), 45,000 fr.

POSTES, TRANSPORT DES DÉPÊCHES. — Chap. 63. *Matériel.*— Art. 2. Transports en paquebots (réparations et combustible des paquebots), 48,597 fr. 25 c. — Chap. 64. *Dépenses diverses.* — Art. 3. Transport par entreprise (frais ordinaires et frais extraordinaires), 25,300 fr. — Chap. 69. *Répartition de produits d'amendes, saisies et confiscations en matières d'impôts indirects.*—Art. 4. Contributions indirectes, 80,000 fr.—Chap. 70. Primes à l'exportation des marchandises, 50,000 fr. — Total égal, 571,610 fr. 29 c.

2. La régularisation de ce crédit supplémentaire sera proposée aux Chambres lors de leur prochaine session.

3. Notre ministre des finances (M. Laplagne) est chargé, etc.

15 = 26 JUILLET 1842. — Ordonnance du roi qui ouvre, sur l'exercice 1841, un crédit extraordinaire applicable au complément des dépenses qui ont eu lieu pour le renouvellement de quatre chaudières destinées aux paquebots à vapeur du Levant. (IX. Bull. DCCCCXXIX, n. 10117.)

Louis-Philippe, etc., vu 1° la loi du 16 juillet 1840, portant fixation du budget des dépenses de l'exercice 1841; 2° une autre loi du même jour qui a ouvert, sur l'exercice 1840, un crédit extraordinaire de trois cent soixante mille francs, affecté au renouvellement de quatre chaudières pour les paquebots à vapeur du Levant; 5° les art. 4 et 6 de la loi du 24 avril 1833, et l'art. 12 de celle du 25 mai 1834; 4° les art. 26, 27 et 28 de notre ordonnance du 31 mai 1838, portant réglement général sur la comptabilité publique; sur le rapport de notre ministre secrétaire d'Etat au département des finances, dont il résulte que, sur la somme de trois cent soixante mille francs susénoncée, il n'a pu être consommé que deux cent quarante mille francs en 1840; que le surplus a été employé en 1841, et que la partie du crédit de trois cent soixante mille francs restée disponible à la fin de 1840 sera annulée lors du réglement définitif du budget de cet exercice; de l'avis de notre conseil des ministres, etc.

Art. 1er. Il est ouvert à notre ministre secrétaire d'Etat des finances, sur l'exercice 1841, un crédit extraordinaire de la somme

de cent vingt mille francs, pour subvenir au paiement du complément des dépenses qui ont eu lieu pour le renouvellement de quatre chaudières destinées aux paquebots à vapeur du Levant.

2. La régularisation de ce crédit sera proposée aux Chambres lors de leur prochaine session.

3. Notre ministre des finances (M. Laplagne) est chargé, etc.

15 = 26 JUILLET 1842. — Ordonnance du roi qui ouvre au ministre des finances un crédit supplémentaire sur l'exercice 1842. (IX, Bull. DCCCCXXIX, n. 10118.)

Louis-Philippe, etc., vu les art. 3 et 4 de la loi du 24 avril 1833; vu la loi du 25 juin 1841, portant fixation du budget des dépenses de l'exercice 1842, et contenant, art. 5, la nomenclature des dépenses pour lesquelles la faculté nous est réservée d'ouvrir des crédits supplémentaires en cas d'insuffisance, dûment justifiée, des crédits législatifs; vu les art. 20, 21, 22, 23 et 25 de notre ordonnance du 31 mai 1838, portant réglement général sur la comptabilité publique; sur le rapport de notre ministre secrétaire d'Etat des finances, et de l'avis de notre conseil des ministres, etc.

Art. 1er. Il est ouvert à notre ministre secrétaire d'Etat des finances, sur l'exercice 1842, un crédit supplémentaire de la somme de seize cent soixante-cinq mille deux cent dix-neuf francs (1,665,219 fr.), applicable aux chapitres et articles de dépenses ci-après désignés :

DETTE PUBLIQUE. — Chap. 4. Rentes trois pour cent, 1,232,219 fr. — Chap. 13. Pensions civiles, 60,000 fr.

FORÊTS. — Chap. 47. *Dépenses diverses.* — Art. 6. Avances recouvrables. Frais de poursuites et d'instance en matière civile et en matière correctionnelle, 100,000 fr.

POSTES. — Chap. 63. *Matériel.* — Art. 2. Transport en paquebots. Entretien des paquebots, 73,000 fr. — Chap. 70. *Escomptes sur divers droits.*—Art. 1er. Escompte sur le droit de consommation des sels. — Sect. 2. Contributions indirectes, 200,000 fr. — Total, 1,665,219 fr.

2. La régularisation de ce crédit supplémentaire sera proposée aux Chambres lors de leur prochaine session.

3. Notre ministre des finances (M. Laplagne) est chargé, etc.

15 = 26 JUILLET 1842. — Ordonnance du roi qui ouvre au ministre des finances un crédit extraordinaire sur l'exercice 1842. (IX, Bull. DCCCCXXIX, n. 10119.)

Louis-Philippe, etc., vu 1° la loi du 25

juin 1841, portant fixation du budget des dépenses de l'exercice 1842; 2° la loi du 6 juillet 1840; celle du 10 juin 1841; celle du 11 du même mois et la loi du 25 mai 1842, qui ont ouvert sur les exercices 1840 et 1841 des crédits extraordinaires pour diverses dépenses des administrations de l'enregistrement, du timbre et des domaines, des contributions indirectes, des douanes et des postes; 3° les art. 4 et 6 de la loi du 24 avril 1833, et l'art. 12 de celle du 23 mai 1834; 4° les art. 26, 27 et 28 de notre ordonnance du 31 mai 1838, portant réglement général sur la comptabilité publique; sur le rapport de notre ministre secrétaire d'Etat des finances, dont il résulte que les crédits ouverts par les lois susdésignées n'ont pu être consommés pendant les années 1840 et 1841; qu'ils seront employés en 1842; et que les crédits restés disponibles à la fin de 1840 et 1841 seront annulés lors du réglement définitif des budgets de ces exercices; de l'avis de notre conseil des ministres, etc.

Art. 1er. Il est ouvert à notre ministre secrétaire d'Etat des finances, sur l'exercice 1842, un crédit extraordinaire de la somme de sept cent quatre-vingt-quatorze mille cinq cent vingt-six francs quatre centimes (794,526 fr. 4 c.), pour subvenir aux dépenses urgentes qui n'ont pu être prévues par le budget dudit exercice, et qui feront l'objet des chapitres spéciaux désignés ci-après : Frais d'un concours pour la fabrication d'un papier de sûreté (service du timbre), 60,000 fr.; remplacement des poids de vingt-cinq kilogrammes (service des contributions indirectes), 45,500 fr.; complément des frais de premier établissement de deux paquebots à vapeur pour la correspondance du Levant (service des postes), 600,000 fr.; reconstructions de bâtiments nécessitées par les débordements du Rhône (service des douanes), 89,026 fr. 4 c. Total, 794,526 fr. 4 c.

2. La régularisation de ce crédit sera proposée aux Chambres lors de leur prochaine session.

3. Notre ministre des finances (**M. Laplagne**) est chargé, etc.

_____

15 = 26 JUILLET 1842. — Ordonnance du roi qui ouvre au ministre des finances un crédit extraordinaire sur l'exercice 1842. (IX, Bull. DCCCCXXIX, n. 10120.)

Louis-Philippe, etc., 1° vu la loi du 25 juin 1841, portant fixation du budget des dépenses de l'exercice 1842; 2° les art. 4 et 6 de la loi du 24 avril 1833 et l'art. 12 de celle du 23 mai 1834; 3° les art. 26, 27 et 28 de notre ordonnance du 31 mai 1838 portant réglement général sur la comptabilité publique; sur le rapport de notre ministre secrétaire d'Etat des finances, et de l'avis de notre conseil des ministres, etc.

Art. 1er. Il est ouvert à notre ministre secrétaire d'Etat des finances, sur l'exercice 1842, un crédit extraordinaire de la somme de deux millions deux cent quarante-six mille quatre cent quatre-vingts francs (2,246,480 fr.), pour subvenir aux dépenses urgentes qui n'ont pu être prévues par le budget dudit exercice, et qui feront l'objet des chapitres spéciaux désignés ci-après :

Frais de surveillance, de visite et de perception au chemin de fer de Strasbourg à Bâle (service des douanes). — Personnel. Traitement des bureaux, 7,5000 fr. Traitement des préposés de brigades, 31,350 fr. Dépenses diverses. Frais de chauffage et d'éclairage des bureaux et corps-de-garde, 2,100 fr.

Frais de surveillance des fabriques de sel (loi du 17 juin 1840). — Douanes. Personnel des bureaux et brigades, 16,200 fr. Contributions indirectes. Traitement de préposés et de receveurs, 65,000 fr. Taxations proportionnelles, 9,280 fr. Frais de loyers, de chauffage et frais divers, 4,000 fr.

Frais de surveillance, de visite et de perception dans la banlieue de Paris, en raison des travaux de fortification (service des contributions indirectes). — Traitement de préposés autres que les receveurs, 63,300 fr. Traitement des receveurs, 3,200 fr. Taxations proportionnelles, 6,650 fr. Service des sels dans le pays de Gex (contributions indirectes), 31,500 fr. Constructions de malles-postes, 45,000 fr.

Service administratif et d'exploitations des salines et des établissements accessoires (contributions indirectes). — Personnel, 69,000 fr. Matériel, 1,482,900 fr. Dépenses diverses, 409,500 fr. Total, 2,246,480 fr.

2. La régularisation de ce crédit sera proposée aux Chambres lors de leur prochaine session.

3. Notre ministre des finances (**M. Laplagne**) est chargé, etc.

_____

15 = 26 JUILLET 1842. — Ordonnance du roi qui ouvre au ministre des finances un crédit supplémentaire pour des créances constatées sur des exercices clos. (IX, Bull. DCCCCXXIX, n. 10121.)

Louis-Philippe, etc., vu l'état des créances liquidées à la charge du département des finances sur les exercices clos de 1838, 1839 et 1840, additionnellement aux restes à payer constatés par les lois de réglement des deux premiers exercices et par le compte définitif des dépenses du dernier; considérant que lesdites créances concernent des services pour lesquels la nomenclature insérée dans les lois de dépenses desdits exercices nous réserve la faculté d'ouvrir des suppléments de crédits en l'absence des Chambres ; vu l'art. 9 de la loi du 23 mai 1834 et l'art. 100 de notre ordonnance du 31 mai 1838, portant règlement général sur la comptabilité publique aux termes desquels les créances des exercices clos non comprises dans les restes à payer arrêtés par les lois de règlement ne peuvent être ordonnancées par nos ministres qu'au moyen de crédits supplémentaires accordés suivant les formes déterminées par la loi du 24 avril 1833 ; sur le rapport de notre ministre secrétaire d'Etat des finances , et de l'avis de notre conseil des ministres , etc.

Art. 1er. Il est ouvert à notre ministre secrétaire d'Etat au département des finances, en augmentation des restes à payer constatés par les lois de règlement des exercices 1838 et 1839 , ainsi que par le compte définitif des dépenses de l'exercice 1840, un crédit supplémentaire de soixante-sept mille quatre cent trente-huit francs quatre-vingt-dix-huit centimes (67,438 fr. 98 c.) , montant des créances désignées au tableau ci-annexé qui ont été liquidées à la charge de ces exercices, et dont les états nominatifs ont été dressés en double expédition , conformément à l'art. 106 de notre ordonnance du 31 mai 1838, portant règlement général sur la comptabilité publique, savoir : exercice 1838 , 3,540 fr. 37 c. ; 1839, 4,695 fr. 71 c.; 1840, 59,202 fr. 90 c. Total 67,438 fr. 98 c.

2. Notre ministre secrétaire d'Etat des finances est , en conséquence, autorisé à ordonnancer ces créances sur le chapitre spécial ouvert pour les dépenses des exercices clos aux budgets des exercices courants, en exécution de l'art. 8 de la loi du 23 mai 1834.

3. La régularisation de ce crédit sera proposée aux Chambres lors de leur prochaine session.

4. Notre ministre des finances (M. Laplagne) est chargé , etc.

(Suit le tableau.)

15 = 26 JUILLET 1842. — Ordonnance du roi qui ouvre au ministre des finances un crédit supplémentaire pour des créances constatées sur des exercices clos. (IX, Bull. DCCCCXXIX, n. 10122.)

Louis-Philippe, etc., vu l'état des créances liquidées à la charge du département des finances, additionnellement aux restes à payer constatés par les comptes définitifs des exercices clos 1838 , 1839 et 1840;

considérant que ces créances concernent des services non compris dans la nomenclature de ceux pour lesquels les lois de dépenses des mêmes exercices ont donné la faculté d'ouvrir des suppléments de crédits; considérant toutefois qu'aux termes de l'art. 9 de la loi du 23 mai 1834 et de l'art. 108 de notre ordonnance du 31 mai 1838, portant règlement général sur la comptabilité publique , lesdites créances peuvent être acquittées , attendu qu'elles se rapportent à des services prévus par les budgets des exercices 1838 , 1839 et 1840, et que leur montant n'excède pas les restants de crédits dont l'annulation a été ou sera prononcée sur ces services par la loi de règlement desdits exercices ; sur le rapport de notre ministre secrétaire d'Etat des finances, et de l'avis de notre conseil des ministres, etc.

Art. 1er. Il est ouvert à notre ministre secrétaire d'Etat des finances, en augmentation des restes à payer constatés par les lois de règlement des exercices 1838 et 1839 , ainsi que par le compte définitif des dépenses de l'exercice 1840, un crédit supplémentaire de trente et un mille quatorze francs quatre-vingt-onze centimes (31,014 fr. 91 c.), montant des créances désignées au tableau ci-annexé, qui ont été liquidées à la charge de ces exercices , et dont les états nominatifs ont été dressés en double expédition , conformément à l'art. 106 de notre ordonnance du 31 mai 1838 , portant règlement général sur la comptabilité publique, savoir : exercice 1838 , 180 fr. 18 c.; 1839, 9,958 fr. 46 c.; 1840, 20,876 fr. 27 c. Total , 31,014 fr. 91 c.

2. Notre ministre secrétaire d'Etat des finances est, en conséquence, autorisé à ordonnancer ces créances sur le chapitre spécial ouvert pour les dépenses des exercices clos, aux budgets des exercices courants, en exécution de l'art. 8 de la loi du 23 mai 1834.

3. La régularisation de ce crédit sera proposée aux Chambres lors de leur prochaine session.

4. Notre ministre des finances (M. Laplagne) est chargé, etc.

(Suit le tableau.)

15 = 26 JUILLET 1842. — Ordonnance du roi concernant les aides de l'essayeur du bureau de garantie de Paris. (IX, Bull. DCCCCXXIX, n. 10123.)

Louis-Philippe, etc., vu la loi du 19 brumaire an 6, relative au droit de garantie des matières d'or et d'argent ; vu l'art. 68 de ladite loi, portant que « l'essayeur d'un « bureau de garantie peut prendre, sous sa « responsabilité, autant d'aides que les cir-

« constances l'exigent » ; considérant qu'il est utile au bien du service que les aides de l'essayeur du bureau de Paris aient le caractère de fonctionnaires publics ; sur le rapport de notre ministre secrétaire d'Etat au département des finances, etc.

Art. 1er. L'essayeur du bureau de garantie de Paris continuera, conformément à l'art. 68 de la loi du 19 brumaire an 6, à choisir, sous sa responsabilité, les aides qui lui seront nécessaires. Ces agents recevront, à partir de la publication de la présente ordonnance, une commission du préfet du département de la Seine, et prêteront serment devant le tribunal civil.

2. Ils continueront d'être sous les ordres de l'essayeur et d'être rétribués par lui. Ils pourront être révoqués sur sa proposition.

3. Notre ministre des finances (M. Laplagne) est chargé, etc.

18 = 26 JUILLET 1842. — Ordonnance du roi qui ouvre un crédit extraordinaire pour la dépense des obsèques de S. A. R. monseigneur le duc d'Orléans, prince royal. (IX, Bull. DCCCCXXIX, n. 10124.)

Louis-Philippe, etc., sur le rapport de notre ministre secrétaire d'Etat au département de l'intérieur, et de l'avis de notre conseil des ministres, etc.

Art. 1er. Il est ouvert à notre ministre secrétaire d'Etat de l'intérieur, sur l'exercice 1842, un crédit extraordinaire de quatre cent mille francs, pour la dépense des obsèques de notre bien-aimé fils le duc d'Orléans, prince royal.

2. La régularisation de ce crédit sera proposée aux Chambres lors de leur prochaine session.

3. Nos ministres de l'intérieur et des finances (MM. Duchâtel et Laplagne) sont chargés, etc.

20 = 26 JUILLET 1842. — Ordonnance du roi qui ouvre, sur l'exercice 1842, un crédit extraordinaire applicable au douaire de S. A. R. madame la duchesse d'Orléans. (IX, Bull. DCCCCXXIX, n. 10126.)

Louis-Philippe, etc., vu, 1o l'art. 4 de la loi du 7 mai 1837, qui a fixé la somme à payer sur les fonds du trésor public, à titre de douaire, en cas de veuvage, à S. A. R. notre bien-aimée fille la duchesse d'Orléans, princesse royale ; 2o la loi du 25 juin 1841, portant fixation du budget des dépenses de l'exercice 1842 ; 3o les art. 4 et 6 de la loi du 24 avril 1833 et l'art. 12 de celle du 23 mai 1834 ; 4o les art. 26, 27 et 28 de notre ordonnance du 31 mai 1838, portant règlement général sur la comptabilité publique ; sur le rapport de notre ministre secrétaire

d'Etat des finances, et de l'avis de notre conseil des ministres, etc.

Art. 1er. Il est ouvert à notre ministre secrétaire d'Etat des finances, sur l'exercice 1842, un crédit extraordinaire de la somme de cent trente-neuf mille cent soixante-six francs soixante-six centimes (139,166 fr. 66 c.), applicable au douaire de notre bien-aimée belle-fille la duchesse d'Orléans. Cette dépense fera l'objet d'un chapitre spécial au budget de 1842.

2 La régularisation de ce crédit sera proposée aux Chambres lors de leur prochaine session.

3. Notre ministre des finances (M. Laplagne) est chargé, etc.

11 JUILLET = 1er AOUT 1842. — Ordonnance du roi qui prescrit la publication d'une convention de poste conclue, le 9 mai dernier, entre la France et le royaume des Deux-Siciles. (IX, Bull. DCCCCXXX, n. 10129.)

Louis-Philippe, etc., savoir faisons que, entre nous et S. M. le roi du royaume des Deux-Siciles, il a été conclu à Naples, le 9e jour du mois de mai de la présente année 1842, une convention destinée à régler le service des correspondances entre la France et le royaume des Deux-Siciles ; convention dont les ratifications ont été échangées à Paris, le 6 du présent mois, et dont la teneur suit :

Convention entre la France et le royaume des Deux-Siciles pour la transmission des correspondances.

S. M. le roi des Français et S. M. le roi du royaume des Deux-Siciles, désirant faciliter l'échange des correspondances entre leurs Etats respectifs, et assurer, au moyen d'une convention, cet important résultat, ont nommé pour leurs plénipotentiaires à cet effet, savoir : S. M. le roi des Français, le sieur Napoléon Lannes, duc de Montebello, pair de France, commandeur de l'ordre royal de la Légion-d'Honneur, grand-croix de l'ordre de Saint-Ferdinand, grand-croix de l'ordre d'Isabelle-la-Catholique, son ambassadeur près S. M. le roi du royaume des Deux-Siciles ; S. M. le roi du royaume des Deux-Siciles, le sieur Foulques Ruffo de Calabre Santapau, prince de Scilla, duc de Santa-Cristina et comte de Sinopoli, etc., prince de Palazzolo, etc., duc de Guardia-Lombarda, etc., comte et grand almirante de Nicotera, de Santa-Eufemia, de Santo-Procopio et de Acquaro, etc., marquis de Licodia, de Santo-Onofrio, de Calanna, etc., etc., grand d'Espagne héréditaire de la première classe, etc., etc., chevalier des ordres royaux de Saint-Janvier, de la Toison-d'Or et du suprême ordre de la Très-Sainte-Annonciade, grand-croix des ordres royaux de Saint-Ferdinand et du Mérite, de François 1er, du royal ordre espagnol de Charles III, honoré du grand-cordon de l'O. M. des Saints Maurice et Lazare, bailli et grand-croix du S. O. M. de Jérusalem, du Pontifical de Saint-Grégoire-le-Grand, gentilhomme de la chambre avec exercice de Sa Majesté, conseiller ministre d'Etat, chargé du portefeuille des affaires étrangères, et courrier majeur; lesquels, après avoir échangé leurs pleins pouvoirs respectifs, trouvés en bonne et due forme, sont convenus des articles suivants :

Art. 1er. Les paquebots à vapeur de la marine royale française faisant le transport des correspondances, des passagers et des lingots ou espèces monnayées d'or et d'argent dans le port de Naples, et réciproquement, les bateaux à vapeur de la marine royale des Deux-Siciles qui pourront être affectés au même service dans le port de Marseille, seront traités comme bâtiments de guerre. Dans le cas où les deux gouvernements jugeraient à propos d'affecter des bâtiments de commerce au service spécial défini par la présente convention, ces bâtiments jouiront des mêmes traitement et privilége, pourvu qu'ils soient commandés par des officiers des marines royales respectives.

2. En cas de désastres ou d'avaries survenus aux paquebots à vapeur français durant le cours de leur navigation, le gouvernement des Deux-Siciles donnera à ces bâtiments les secours et l'assistance que réclamera leur position, et leur fera faire ou fournir, au besoin, par ses arsenaux, au prix des tarifs de ces établissements, ou, à défaut de tarifs, aux prix courants desdits arsenaux, les réparations d'agrès ou de machines, ainsi que les agrès ou les machines qui pourront y être réparés ou construits convenablement. La même chose aura lieu de la part des arsenaux français, dans les cas semblables où pourraient se trouver les bateaux à vapeur des Deux-Siciles.

3. Les paquebots susmentionnés auront la faculté d'embarquer et de débarquer, dans les ports de Marseille et de Naples, des lingots et espèces monnayées d'or et d'argent, ainsi que des correspondances et des passagers avec leurs effets personnels, en se conformant aux règlements sanitaires et de police desdits ports. Les passagers, aussitôt qu'ils auront débarqué, seront soumis aux règlements ordinaires de la police générale et des douanes. La patente de santé dont les paquebots susmentionnés seront munis sera, tant pour la forme que pour le conten-

semblable aux patentes des bâtiments de guerre, sauf qu'elle spécifiera le nombre des passagers qui se trouveront à bord. Cette patente sera présentée, avant le débarquement des passagers, au magistrat de santé, qui, après en avoir pris connaissance, la restituera au commandant. Ce magistrat appliquera ensuite, selon la nature de la patente, les mesures sanitaires de droit. Il sera joint à cette patente : *lors de l'arrivée des bâtiments*, deux listes nominatives des passagers, signés par le commissaire du bord; *lors du départ des bâtiments*, deux listes semblables, signées par le gérant du service des paquebots susmentionnés. Ces listes seront remises, tant à l'arrivée qu'avant le départ des bâtiments, l'une au bureau de la santé et l'autre à la police du port. Les bâtiments susmentionnés seront soumis, tant pour les questions à adresser aux capitaines que pour toutes les formalités sanitaires, et sous tous les rapports en général, aux régles en vigueur à l'égard des bâtiments de guerre.

4. En cas de guerre entre les deux nations, les paquebots à vapeur français et napolitains continueront leur navigation sans obstacle ni molestations de la part des deux gouvernements, jusqu'à la notification de la rupture des communications postales faite par l'un des deux gouvernements; auquel cas les paquebots, s'ils se trouvent en route, pourront retourner librement et sous protection spéciale dans les ports de Marseille et de Naples, pendant un délai de deux mois après cette notification.

5. Par suite de la présente convention, les bateaux à vapeur susmentionnés des deux nations seront traités réciproquement comme ceux des nations les plus favorisées.

6. Indépendamment des correspondances échangées entre la France et les Deux-Siciles par l'intermédiaire des postes romaines, toscanes, autrichiennes et sardes, il sera établi un échange direct de correspondances entre les deux offices de poste respectifs, au moyen des paquebots à vapeur susmentionnés. Cet échange comprendra non seulement les lettres, échantillons de marchandises, pourvu qu'ils soient attachés à la lettre qu'ils accompagnent et qu'ils soient de nulle valeur, mais encore les journaux, imprimés, et tout ce qui se transporte actuellement par la voie de la poste de terre, soit que lesdits objets proviennent des deux pays et des pays où la France et les Deux-Siciles entretiennent ou entretiendront à l'avenir des établissements de poste, ou qu'ils soient originaires ou à destination des pays auxquels il pourrait convenir de

se servir de l'intermédiaire des paquebots à vapeur des gouvernements de France et des Deux-Siciles. Ces pays jouiront de cette faculté comme et autant qu'il leur plaira, sauf à se conformer aux précautions sanitaires et de police. Les expéditeurs conserveront le plein droit de réclamer l'envoi de leurs correspondances pour toute autre voie, soit de terre, soit de mer, soit par les bateaux à vapeur ou à voiles du commerce, sous quelque pavillon qu'ils naviguent. Le réglement d'ordre, de détail et de comptabilité dont il est fait mention dans l'art. 27 de la présente convention déterminera les règles d'après lesquelles les objets susmentionnés seront reçus.

7. Les correspondances ci-dessus désignées seront échangées par les offices de poste suivants, savoir : du côté de la France, Paris, Marseille, Constantinople, les Dardanelles, Smyrne, Alexandrie, et tout autre lieu qu'il plairait à sa majesté le roi des Français de désigner; du côté du royaume des Deux-Siciles, Naples, et tout autre lieu qu'il plairait à sa majesté le roi du royaume des Deux-Siciles de désigner.

8. Les jours et heures d'arrivée et de départ des paquebots français ou des Deux-Siciles, transportant les correspondances des deux pays dans les ports mentionnés à l'article précédent, seront réglés respectivement par les deux gouvernements, selon les besoins du service et dans l'intérêt bien entendu des correspondances des deux pays.

9. Le gouvernement français s'oblige, en outre, à faire transporter par ses paquebots susmentionnés, et aux conditions établies par les art. 10, 11, 12 et 13, les correspondances du royaume des Deux-Siciles pour les divers Etats d'Italie, pour l'île de Malte et la Grèce, ainsi que pour les pays auxquels la France sert d'intermédiaire, et de ces différents pays pour le royaume des Deux-Siciles. Il en sera de même à l'égard du gouvernement des Deux-Siciles, pour ses bâtiments à vapeur qui feront le même service, et ce, toujours aux termes de l'art. 6, avec la déclaration expresse qu'il restera libre aux expéditeurs d'envoyer tout ce dont il est question dans la présente convention, soit par les bâtiments napolitains, soit par ceux des autres nations, soit enfin par tout autre moyen de transport.

10. L'office des postes napolitaines paiera à l'office des postes de France une somme de deux francs par trente grammes, poids net, pour le prix du port des correspondances destinées pour le royaume des Deux-Siciles et provenant de la Grèce, de l'île de Malte et des Etats d'Italie auxquels la France sert d'intermédiaire au moyen de

ses paquebots à vapeur. Réciproquement, il en sera de même pour les correspondances de cette nature transportées par les paquebots des Deux-Siciles qui seront affectés au même service, toujours aux termes et conformément aux déclarations de l'art. 6.

11. L'office des postes napolitaines paiera à l'office des postes de France la somme de six francs par trente grammes, poids net, dont un franc cinquante centimes applicables au port de voie de mer, pour prix du transit des lettres destinées pour le royaume des Deux-Siciles, originaires de l'Espagne, du Portugal et des divers Etats d'Allemagne, ainsi que des colonies et pays d'outre-mer. toujours aux termes et selon les déclarations de l'art. 6,

12. L'office des postes napolitaines paiera à l'office des postes de France le même prix de six francs par trente grammes, poids net, pour prix du port des lettres transitant par la France que l'office des postes napolitaines remettra à l'office des postes de France pour l'Espagne, le Portugal, les colonies et pays d'outre-mer. Il en sera réciproquement de même pour les lettres de même nature transportées par les paquebots des Deux-Siciles, toujours aux termes et selon les déclarations de l'art. 6.

13. L'office des postes napolitaines paiera à l'office des postes de France la somme de quatre francs par trente grammes, poids net, dont un franc cinquante centimes applicables au port de voie de mer, pour prix du transit des lettres destinées pour le royaume des Deux-Siciles et originaires du royaume-uni de la Grande-Bretagne et d'Irlande. Ces lettres et celles provenant du royaume des Deux-Siciles, et destinées pour le royaume-uni de la Grande-Bretagne et d'Irlande, pourront en outre être remises affranchies, soit jusqu'à destination, soit jusqu'à la frontière de France, ou sans affranchissement préalable, lorsque les deux gouvernements se seront entendus pour fixer un prix moyen applicable au transit sur leur territoire respectif. Ce prix moyen serait alors ajouté au prix du transit français, à la charge de l'un ou l'autre office, suivant le cas. Réciproquement, la même chose aura lieu de la part de l'office français à l'égard de l'office des postes napolitaines, pour les correspondances de même provenance ou destination transportées par les bateaux à vapeur des Deux-Siciles. Cette faculté pourra être ultérieurement étendue aux pays qui en feront la demande, toujours aux termes et suivant les déclarations de l'art. 6.

14. Il est défendu aux capitaines des ba-

teaux à vapeur susmentionnés, et aux agents chargés à bord du service des dépêches, de recevoir ou de délivrer, pendant leur relâche dans le port, aucune lettre en dehors des dépêches qui leur seront remises par l'office de poste ou qu'ils seraient chargés de lui remettre. Les lettres et dépêches partant de Naples seront prises en consignation à l'administration des postes par un employé des bateaux à vapeur, et les lettres y arrivant seront retirées dans l'établissement de la santé, et en présence d'un agent de la police, par un officier supérieur de la poste. Les dépêches officielles que les agents diplomatiques ou, à leur défaut, les agents consulaires des deux pays auraient à échanger entre eux ou avec leurs gouvernements, leur seront remises directement et sans intermédiaire.

15. Les personnes qui voudront adresser des lettres pour le royaume des Deux-Siciles, soit de France ou des possessions françaises dans le nord de l'Afrique, ainsi que des stations du Levant où la France entretient des bureaux de poste, soit du royaume des Deux-Siciles pour la France ou les possessions françaises dans le nord de l'Afrique, ainsi que pour les stations du Levant susmentionnées, auront le choix, 1° de laisser le port entier des correspondances à la charge des destinataires; 2° de payer le port d'avance jusqu'au lieu de la destination. Le mode d'affranchissement libre et facultatif, stipulé par le présent article en faveur des lettres ordinaires, sera applicable aux lettres et paquets renfermant des échantillons de marchandises, toujours conformément aux principes énoncés dans l'art. 6.

16. Les lettres et paquets d'échantillons de marchandises qui seront dirigés d'un pays pour l'autre, affranchis ou non affranchis, jouiront des modérations de taxe qui sont accordées à ces objets par les lois et règlements des deux pays.

17. Le public des deux pays pourra expédier, d'un pays pour l'autre, des lettres dites *chargées*. Le port de ces lettres sera fixé et perçu d'après les tarifs combinés des offices de France et du royaume des Deux-Siciles. Il devra toujours être payé d'avance et jusqu'à destination.

18. Les deux offices se tiendront réciproquement compte du port des lettres ordinaires et chargées, ainsi que de celui des paquets d'échantillons de marchandises conformes aux termes de l'art. 6, affranchis jusqu'à destination dans l'un des pays pour l'autre, suivant les tarifs en usage dans celui des deux pays en faveur duquel ce remboursement devra être fait.

19. Les journaux, gazettes et, en général, tous les imprimés dont il est fait mention à l'art. 6, qui seront envoyés de France, ou des pays où la France entretient des bureaux de poste, pour le royaume des Deux-Siciles, ainsi que du royaume des Deux-Siciles pour la France et les pays où la France entretient des bureaux de poste, ne pourront être livrés, de part et d'autre, qu'affranchis jusqu'aux limites de l'exploitation respective des offices français et napolitain, et après qu'il aura été satisfait, à leur égard, aux règlements de santé et de police, ainsi qu'aux lois de douane.

20. Les lettres ordinaires et non affranchies originaires de France ou des possessions françaises dans le nord de l'Afrique, destinées pour le royaume des Deux-Siciles, seront livrées à l'office des postes napolitaines au prix moyen de *trois* francs par trente grammes, poids net, dont *un franc et cinquante* centimes applicables au port de voie de mer. Les lettres ordinaires et non affranchies, originaires des stations du Levant où la France entretient des établissements de poste, et destinées pour le royaume des Deux-Siciles, seront livrées à l'office napolitain au prix moyen de *deux* francs *cinquante* centimes par trente grammes, poids net. L'office napolitain se réserve le droit d'appliquer sur lesdites lettres arrivantes une taxe compensative, tant du paiement qu'il fera à l'office français, que du remboursement du droit d'affranchissement forcé qu'il ne percevra pas sur les lettres partantes, et aussi du droit qu'il perçoit actuellement sur les lettres arrivantes. Les lettres ordinaires et non affranchies, originaires du royaume des Deux-Siciles, destinées pour la France et pour les possessions françaises dans le nord de l'Afrique, ainsi que pour les diverses stations du Levant où la France entretient des bureaux de poste, seront consignées à l'office des postes de France au prix de *soixante* centimes par trente grammes, poids net, au profit de l'office napolitain.

21. Les échantillons de marchandises des origines et pour les destinations mentionnées dans l'article précédent seront réciproquement livrés par les deux offices des postes françaises et napolitaines au tiers des prix respectivement fixés par cet article, toujours conformément aux principes établis dans les art. 6 et 19.

22. Les deux offices des postes de France et du royaume des Deux-Siciles n'admettront à destination de l'un des deux pays pour l'autre, ou des pays auxquels ils servent respectivement d'intermédiaires, aucune lettre chargée qui contienne de l'or ou de l'argent monnayés, des bijoux ou

autres objets précieux, ou quelque objet que ce soit soumis à des droits.

23. Dans le cas où quelque paquet ou quelque lettre chargée viendrait à se perdre, celui des deux pays dans l'office des postes duquel la perte aura lieu paiera à l'autre office, à titre d'indemnité, soit pour le destinataire, soit pour l'expéditeur, suivant le cas, une somme de *cinquante* francs dans l'espace de *trois* mois, à partir du jour de la réclamation. Les réclamations ne seront admises que dans les six mois qui suivront la date du dépôt ou l'envoi de la lettre ou du pli chargé. Ce terme expiré, les deux offices ne seront plus tenus l'un envers l'autre à aucune indemnité.

24. Les lettres mal adressées, soit qu'il y ait erreur de nom ou de lieu, seront sans délai renvoyées à l'un des bureaux d'échange de l'office expéditeur, pour les poids et prix auxquels cet office aura livré ces lettres en compte à l'autre office. Quant aux lettres adressées à des destinataires ayant changé de résidence, et quelle que soit l'origine de ces lettres, elles seront respectivement livrées et chargées du port qui aurait dû être payé par les destinataires à l'office expéditeur.

25. Les lettres tombées en rebut, pour quelque cause que ce soit, seront renvoyées de part et d'autre, après deux mois, ou plus tôt, si faire se peut. Celles de ces lettres qui auront été livrées en compte seront remises, pour les poids et prix auxquels elles auront été originairement livrées par l'office expéditeur à l'office destinataire.

26. Les offices de France du royaume des Deux-Siciles dresseront chaque mois les comptes résultant de la transmission réciproque des correspondances. Ces comptes, après avoir été débattus et arrêtés contradictoirement par les deux offices, seront soldés à la fin de chaque trimestre par celui d'entre eux qui sera reconnu débiteur envers l'autre.

27. En exécution des stipulations contenues dans la présente convention, il sera établi entre les administrations des postes des deux pays un règlement de détail, d'ordre et de comptabilité. Ce règlement pourra être modifié lorsque, d'un commun accord, les deux offices des postes reconnaitront que des modifications seraient utiles au bien du service, mais sans que ces modifications puissent altérer les stipulations de la présente convention.

28. La durée de la présente convention sera de dix ans. A l'expiration de ce terme, elle restera en vigueur pour dix autres années, et ainsi de suite, à moins de notification contraire faite six mois avant l'expiration de chaque terme par l'une des hautes

parties contractantes. Il reste bien entendu que la présente convention n'ayant rapport qu'aux bateaux à vapeur des marines royales de France et des Deux-Siciles qui y sont mentionnés, les deux puissances ne s'obligent en rien pour ce qui concerne les bateaux à vapeur de commerce, nationaux ou étrangers, et qu'elles restent libres de conclure de semblables conventions avec d'autres puissances.

29. La présente convention sera ratifiée, et l'échange des ratifications aura lieu à Paris, dans le délai de deux mois, ou plus tôt, si faire se peut. Elle sera mise à exécution un mois au plus tard après l'échange desdites ratifications. En foi de quoi les plénipotentiaires respectifs ont signé la présente convention, et y ont apposé le sceau de leurs armes. Fait à Naples, en double expédition, le 9 du mois de mai de l'année 1842. (L. S.) signé duc de MONTEBELLO. (L. S.) signé principe di SCILLA, duca di S. CRISTINA.

19 JUILLET = 1er AOUT 1842. — Ordonnance du roi portant que les bataillons de chasseurs à pied prendront la dénomination de *Chasseurs d'Orléans*. (IX, Bull. DCCCCXXX, n. 10130.)

Louis-Philippe, etc., sur le rapport de notre ministre secrétaire d'Etat de la guerre, etc.

Art. 1er. Les bataillons de chasseurs à pied, créés par notre ordonnance du 28 septembre 1840, prendront la dénomination de *chasseurs d'Orléans*.

2. Notre ministre de la guerre (duc de Dalmatie) est chargé, etc.

20 JUILLET = 1er AOUT 1842. — Ordonnance du roi qui ouvre au ministre des finances un crédit supplémentaire sur l'exercice 1842. (IX, Bull. DCCCCXXX, n. 10131.)

Louis-Philippe, etc., vu les art. 3 et 4 de la loi du 24 avril 1833; vu la loi du 25 juin 1841, portant fixation du budget des dépenses de l'exercice 1842, et contenant (art. 5) la nomenclature des dépenses pour lesquelles la faculté nous est réservée d'ouvrir des crédits supplémentaires en cas d'insuffisance, dûment justifiée, des crédits législatifs; vu les art. 20, 21, 22, 23 et 25 de notre ordonnance du 31 mai 1838, portant règlement général sur la comptabilité publique; sur le rapport de notre ministre secrétaire d'Etat des finances, et de l'avis de notre conseil des ministres, etc.

Art. 1er. Il est ouvert à notre ministre secrétaire d'Etat des finances, sur l'exercice 1842, un crédit supplémentaire de la somme de quatre millions sept cent vingt-huit mille quatre-vingt-neuf francs cinquante centimes (4,728,089 fr. 50 c.), applicable aux chapitres et articles ci-après :

DETTE PUBLIQUE. — Chap. 4. Rentes trois pour cent, 628,089 fr. 50 c.

FORÊTS. — Chap. 4. *Matériel*. Art. 2. Frais d'abatage et de façonnage des bois à exploiter par économie, 300,000 fr.

TABACS. — Chap. 57. *Matériel*. Art. 4. Achats et transports de tabacs, 3,800,000 fr. Total égal, 4,728,089 fr. 50 c.

2. La régularisation de ce crédit supplémentaire sera proposée aux Chambres lors de leur prochaine session.

3. Notre ministre des finances (M. Laplague) est chargé, etc.

3 MAI 1841 = 1er AOUT 1842. — Statuts de la banque de Rouen. (Annexe de la loi du 5 juin 1842, p. 129.)

TITRE Ier. — *De la banque.*

SECTION 1re. — *Renouvellement et continuation de la société.*

Art. 1er. La société anonyme formée à Rouen sous la dénomination de *Banque de Rouen* et autorisée et renouvelée par les ordonnances royales des 7 mai 1817, 7 juin 1826 et 14 juin 1840, est renouvelée pour vingt années à partir du 1er janvier 1844.

SECTION II. — *Du capital de la banque et de ses actions.*

2. Le fonds capital de la banque de Rouen est fixé à deux millions cinq cent mille francs, représenté par deux mille cinq cents actions de mille francs. Lesdites actions réparties entre les personnes dénommées au tableau annexé aux présents statuts. L'assemblée générale, convoquée extraordinairement à cet effet, pourra augmenter le fonds social au moyen d'une émission d'actions nouvelles qui ne pourront être placées au-dessous du pair. La délibération ordonnant cette augmentation ne sera exécutoire qu'après l'approbation du gouvernement et la sanction de la loi.

3. Les actions de la banque de Rouen sont nominatives; elles seront représentées par une inscription nominale sur les registres de la banque tenus en double à cet effet. Il sera délivré aux propriétaires desdites actions un certificat de cette inscription.

4. La transmission des actions s'opère par la déclaration au propriétaire ou de son fondé de pouvoirs, signée sur le registre des transferts, et certifiée par un agent de change, en cas de vente, ou par un notaire en cas de mutation par succession ou donation. S'il y a opposition signifiée à la banque et visée par elle, le transfert ne pourra s'opérer qu'après la levée de l'opposition.

5. Les actionnaires de la banque ne seront responsables de ses engagements que jusqu'à concurrence du montant de leurs actions.

SECTION III. — *Des opérations de la banque.*

6. La banque ne pourra dans aucun cas, ni sous aucun prétexte, faire ou entreprendre d'autres opérations que celles qui lui seront permises par les présents statuts.

7. Les opérations de la banque consistent :

1° à escompter des lettres de change et autres effets de commerce à ordre et payables à Rouen, à Paris, au Havre, à Elbeuf et autres villes du département de la Seine-Inférieure, ainsi qu'à Louviers (département de l'Eure) : 2° à se charger, pour le compte de particuliers et pour celui des établissements publics, de l'encaissement gratuit des effets qui lui seront remis ; 3° à recevoir en compte courant, sans intérêts, les sommes qui lui seront versées, et à payer tous mandats et assignations sur elle jusqu'à concurrence des sommes encaissées au crédit de ceux qui auront fourni ses mandats ou assignations ; 4° à tenir une caisse de dépôts volontaires pour tous titres, lingots, monnaie et matières d'or et d'argent de toute espèce.

8. La banque pourra faire des avances sur les dépôts effectués en lingots et matières d'or ou d'argent : ses règlements intérieurs détermineront le mode à suivre pour fixer la valeur de ces dépôts, le taux de l'intérêt et le terme dans lequel ils pourront et devront être retirés.

9. La banque pourra, en se conformant à la loi du 17 mai 1834 et à l'ordonnance du roi du 15 juin de la même année, faire des avances sur dépôts d'effets publics français ; les conditions en seront déterminées par des règlements intérieurs. Elle pourra aussi acquérir des effets publics français pour son propre compte, non seulement pour l'emploi de ses réserves, mais encore de son capital.

10. La banque n'admettra à l'escompte que des effets de commerce timbrés, dont l'échéance ne devra pas excéder quatre-vingt-dix jours, revêtus de la signature de trois personnes au moins, notoirement solvables, dont une devra être domiciliée à Rouen. Elle pourra aussi admettre à l'escompte les effets garantis par deux signatures seulement, mais notoirement solvables, si l'on ajoute à la garantie de ces deux signatures un transfert d'effets publics du gouvernement français ou de la ville de Rouen. En cas de non paiement des effets ainsi garantis, ou à défaut de remboursement à l'époque convenue des avances faites sur dépôts de lingots, de monnaies d'or et d'argent et d'effets publics, la banque pourra, après la dénonciation de l'acte de protêt, dans le premier cas et après une simple mise en demeure dans le second, faire procéder immédiatement, par l'entremise d'un agent de change, à la vente des valeurs transférées ou déposées en garantie, sans que jusqu'à l'entier remboursement du montant des effets protestés ou des sommes avancées en capital, intérêts et frais, cette vente puisse suspendre les autres poursuites. La banque refusera d'escompter les effets dits de circulation, créés collusoirement entre les signataires sans cause ni valeur réelle.

11. L'escompte sera perçu à raison du nombre de jours, et même d'un seul jour, s'il y a lieu : le taux de l'escompte, ainsi que le coût du papier, seront réglés par le conseil d'administration.

12. Toute personne domiciliée à Rouen, ou y ayant élu domicile, et notoirement solvable, pourra, sur sa demande, appuyée par deux membres du conseil d'administration ou par deux personnes ayant déjà des comptes à la banque, obtenir un compte courant et être admise à l'escompte, la qualité d'actionnaire ne donne droit à au une préférence.

13. La banque fournira des récépissés de dépôts volontaires qui lui seront faits. Le récépissé exprimera la nature et la valeur des objets déposés, le nom et la demeure du déposant, la date du jour

où ce dépôt aura été fait, et celui où il devra être retiré ; enfin le numéro du registre d'inscription. Le récépissé ne sera point à ordre et ne pourra être transmis par la voie de l'endossement. La banque percevra sur la valeur estimative des dépôts sur lesquels il ne sera point fait d'avances, un droit de garde dont la quotité sera réglée par le conseil d'administration.

14. La banque émettra des billets payables au porteur et à vue ; ces billets seront de mille francs, de cinq cents francs et de deux cent cinquante francs. Ces billets seront confectionnés à Paris, conformément à l'art. 31 de la loi du 24 germinal an 11. Pour la facilité et la sécurité de sa circulation, la banque pourra émettre des billets à ordre payables au siége de l'établissement, à vue ou à plusieurs jours de vue. Ces billets ne seront pas au-dessous de deux cent cinquante francs et ne pourront dépasser un maximum de vingt mille francs. La propriété ne pourra en être transmise que par la voie de l'endossement ; la quotité des émissions sera déterminée par le conseil d'administration.

15. Le montant des billets en circulation, cumulé avec celui des sommes dues par la banque en compte courant et payables à volonté, ne pourra excéder le triple du numéraire existant matériellement en caisse. Dans tous les cas, l'excédant du passif payable à vue sur le numéraire en caisse ne pourra excéder le quadruple du capital social.

16. La banque pourra acquérir un immeuble pour le siége de l'établissement ; le montant de l'acquisition sera pris sur le capital ou sur le fonds de réserve.

SECTION IV. — *Dividende et fonds de réserve.*

17. Tous les six mois, aux époques des 30 juin et 31 décembre, les livres et comptes seront arrêtés et balancés, et il sera réparti, s'il y a lieu, un dividende aux actionnaires ; le dividende se composera des bénéfices nets et réalisés pendant le semestre. Lorsque ces bénéfices s'éleveront par semestre à plus de deux pour cent du capital primitif, il sera exercé sur l'excédant une retenue de vingt-cinq pour cent, dont le montant sera employé à former un fonds de réserve ; le surplus seulement sera réparti. Le fonds de réserve formé, si le dividende d'un ou plusieurs semestres n'atteignait pas deux pour cent du capital primitif, la somme nécessaire pour le porter à cette proportion sera empruntée au fonds de réserve. Aussitôt que les fonds mis en réserve s'élèveront au quart du capital, la retenue cessera, la totalité des bénéfices acquis pendant le semestre sera alors distribuée aux actionnaires ; il n'y aurait à rétablir cette retenue qu'autant que les prélèvements auraient réduit la réserve à une proportion inférieure au quart du capital, et jusqu'à ce qu'elle y ait été reportée. Les fonds mis en réserve devront être placés en rentes sur l'État ou autres effets publics français.

TITRE II. — *De l'administration de la banque.*

SECTION Ire. — *De l'assemblée générale.*

18. La réunion des actionnaires qui composeront l'association de la banque de Rouen sera représentée par l'assemblée générale : cette assemblée sera composée de cent actionnaires domiciliés dans les départements de la Seine Inférieure et de l'Eure, propriétaires depuis deux mois au moins

du plus grand nombre d'actions ; en cas de parité dans le nombre des actions, l'actionnaire le plus anciennement inscrit sera préféré. Pour être membre de l'assemblée générale, il faut être citoyen français ou naturalisé ou domicilié depuis cinq ans au moins dans les départements ci-dessus indiqués. Les membres de l'assemblée générale doivent y assister et y voter en personne, sans pouvoir se faire représenter. Chacun d'eux n'a qu'une voix, quel que soit le nombre d'actions qu'il possède.

19. L'assemblée générale se réunit chaque année, dans le mois de janvier. Elle est convoquée par le conseil d'administration et présidée par l'administrateur président de ce conseil : l'administrateur secrétaire du conseil d'administration y remplira les fonctions de secrétaire. Il est rendu compte à l'assemblée générale de toutes les opérations de la banque. Elle procède ensuite, au bulletin secret et individuel, à la majorité absolue des suffrages des membres présents, à l'élection des administrateurs et censeurs qu'il y a lieu de nommer en remplacement de ceux dont les fonctions sont expirées ou devenues vacantes. Après deux tours de scrutin individuel, s'il ne s'est pas formé de majorité absolue, l'assemblée procède au scrutin de ballottage entre les deux candidats qui ont réuni le plus de voix au second tour. Lorsqu'il y a égalité de voix au scrutin de ballottage, l'actionnaire le plus anciennement inscrit est préféré, et en cas d'égalité, on préfère le plus âgé. Les délibérations de l'assemblée générale ne sont valables, dans une première réunion, que par la présence de quinze membres au moins, étrangers au conseil d'administration de la banque. Dans le cas où, après une première convocation, ce nombre n'est pas atteint, il est fait à quinzaine une convocation nouvelle, et les membres présents à cette réunion peuvent délibérer valablement, quel que soit leur nombre, mais seulement sur les objets qui ont été mis à l'ordre du jour de la première réunion.

20. L'assemblée générale, outre les cas prévus par les art. 2, 19, 30, 37 et 39, peut être convoquée extraordinairement lorsque la convocation a été requise par deux censeurs au moins et approuvée par le conseil d'administration.

SECTION II. — *Du conseil d'administration.*

21. Le conseil d'administration est composé de douze administrateurs et de trois censeurs ; les administrateurs ont voix délibérative, et les censeurs consultative ; le père et le fils, l'oncle et le neveu, les frères ou alliés au même degré, les associés de la même maison ne peuvent faire partie simultanément de la même administration.

22. Les administrateurs et les censeurs sont nommés pour trois ans ; ils sont renouvelés par tiers chaque année. Aucun des sortants ne peut être réélu dans ses fonctions qu'après une année d'intervalle. Les administrateurs sortants peuvent être élus censeurs dans l'intervalle d'une année.

23. Les fonctions d'administrateurs et censeurs sont gratuites ; il leur est seulement alloué des jetons de présence.

24. Chacun des administrateurs et des censeurs, avant d'entrer en fonctions, est tenu de justifier qu'il est propriétaire de cinq actions de la banque, de mille francs chacune, lesquelles doivent être libres, et demeurent inaliénables pendant la durée de ses fonctions ; elles sont affectées à la garantie de sa gestion.

25. Le conseil d'administration élit, chaque

année, aussitôt après l'installation de ses nouveaux membres, son président et son secrétaire, lesquels ne peuvent être pris que parmi les douze administrateurs; l'un et l'autre sont rééligibles.

26. Le conseil d'administration est chargé de la gestion de l'établissement; il nomme le directeur et fixe son traitement, et, sur la proposition du directeur, il nomme les caissiers et employés, et fixe leurs traitements; il peut les révoquer; il autorise toutes les opérations permises par les statuts, et en détermine les conditions; il fait choix des effets qui doivent être pris à l'escompte, sans avoir besoin de faire connaître ses motifs dans le cas de refus; il fixe le taux de cet escompte et le montant des sommes qu'il convient d'y employer aux diverses époques de l'année, d'après la situation de la banque; il arrête les règlements de son régime intérieur; il fait tous les traités, conventions et transactions, lesquels sont signés en son nom par le président, le secrétaire et le directeur, ou l'un des administrateurs en exercice, à défaut du directeur; il statue sur la création, l'émission, le retrait ou l'annulation des billets, la forme de ces billets et signatures dont ils sont revêtus; il fixe, sur la proposition du directeur ou des administrateurs en exercice, l'organisation des bureaux, les traitements et salaires affectés à chaque emploi, et toutes les dépenses de l'administration, lesquelles devront être délibérées chaque année, et d'avance.

27. Le conseil d'administration tient registre de ses délibérations, lesquelles, après que leur rédaction a été approuvée, sont signées par le président et le secrétaire du conseil, qui veillent à leur exécution.

28. Le conseil d'administration se réunit au moins deux fois par mois, et toutes les fois que le président le juge nécessaire, ou que la demande en est faite par deux censeurs.

29. Aucune résolution ne peut être prise sans le concours de sept administrateurs et la présence d'un censeur; les délibérations ont lieu à la majorité absolue; la voix du président ou de l'administrateur qui le remplacera dans la présidence du conseil est prépondérante en cas de partage.

30. Toute délibération ayant pour objet la création ou l'émission des billets, doit être approuvée par la majorité des censeurs.

31. Le compte annuel des opérations de la banque à présenter en assemblée générale, le jour de la réunion périodique, est arrêté par le conseil d'administration et présenté en son nom par son président. Ce compte est imprimé, et remis au préfet, à la chambre de commerce, au tribunal de commerce et à chacun des membres de l'assemblée générale.

Section III. — Des censeurs.

32. Les censeurs veillent spécialement à l'exécution des statuts et des règlements de la banque; ils exercent leur surveillance sur toutes les parties de l'établissement; ils se font représenter l'état des caisses, les registres et les portefeuilles de la banque; ils proposent toutes les mesures qu'ils croient utiles; et si leurs propositions ne sont pas adoptées, ils peuvent en requérir la transcription sur le registre des délibérations. Ils rendent compte, chaque année, à l'assemblée générale, de la surveillance qu'ils ont exercée.

Section IV. — Du directeur.

33. Le directeur est chargé, sous l'autorité du

conseil d'administration, de la direction des affaires de la banque et de ses bureaux; il présente à tous les emplois; il signe la correspondance; i. signe, conjointement avec un administrateur, les acquits d'effets sur Rouen, et les endossements, et le transfert des rentes sur l'État et autres effets publics; il assiste de droit, avec voix consultative, aux séances du comité d'escompte et à celles du conseil d'administration, excepté dans le cas où il se forme en comité secret.

34. Avant d'entrer en fonctions, le directeur est tenu de déposer trente actions de la banque, lesquelles servent de garantie à sa gestion, et demeurent inaliénables pendant toute la durée de sa gestion.

35. Le directeur peut être révoqué par une délibération du conseil d'administration, rendue dans une séance à laquelle assistent au moins sept administrateurs et deux censeurs. En cas d'absence du directeur ou en cas de tout autre empêchement pour lui de remplir ses fonctions, le conseil d'administration pourvoit à son remplacement temporaire par le choix d'un de ses membres ou par le choix d'un employé supérieur de la banque.

Titre III. — *Dispositions générales.*

36. Si, pendant trois années consécutives, le dividende annuel des actions se maintenait en moyenne au-dessous de trois pour cent de leur valeur nominale, de même que si, par des événements quelconques, ce capital se trouvait réduit aux deux tiers, l'assemblée générale serait immédiatement convoquée à l'effet d'examiner s'il y a lieu à la liquidation de la société. La délibération qui ordonnerait cette liquidation ne pourrait être prise qu'à la majorité de la moitié en nombre des membres de l'assemblée et des trois quarts en somme des actions représentées. Si le capital de la banque était réduit à moitié, les actionnaires en seraient prévenus, en assemblée générale, et la liquidation aurait lieu de plein droit.

37. S'il arrivait que, par une cause quelconque, le nombre des administrateurs se trouvât réduit à huit et celui des censeurs à un, il y aura lieu à convoquer extraordinairement l'assemblée générale, à l'effet de procéder au remplacement de ceux des administrateurs et censeurs qui auraient cessé de faire partie du conseil d'administration; les membres élus en remplacement ne le seraient que pour le temps qui resterait à courir à leur prédécesseur.

38. Les actions judiciaires seront exercées au nom du conseil d'administration, poursuites et diligences du directeur, ou de l'un des administrateurs en exercice à défaut du directeur.

39. Les modifications aux présents statuts dont l'expérience aura fait connaître la nécessité ne pourront être sollicitées du gouvernement qu'après avoir été proposées par le conseil d'administration à l'assemblée générale extraordinaire convoquée à cet effet, et délibérées par elle à la majorité de la moitié en nombre des membres de l'assemblée et des trois quarts en somme des actions appartenant aux membres du conseil.

40. Les présents statuts pour le renouvellement de la société de la banque de Rouen seront obligatoires, et mis en vigueur pour le temps restant encore à courir de la présente société, et à dater du 1er juillet ou du 1er janvier qui suivra l'obtention de l'ordonnance royale qui les aura approuvés.

41. Un mois au moins avant le terme fixé à la société par l'art. 1er, tous les actionnaires seront

convoqués pour statuer sur le mode à suivre pour sa liquidation, ou pour décider, s'il y a lieu, le renouvellement de la société. Le vœu de la majorité ne sera pas obligatoire pour la minorité, pour ce cas seulement et par dérogation spéciale à l'art. 18 des présents statuts. Les actionnaires qui ne pourraient assister en personne à l'assemblée générale auront la faculté de s'y faire représenter par des fondés de pouvoirs.

42 *et dernier.* En exécution de l'art. 40 du Code de commerce, une expédition des présents statuts sera déposée en l'étude de Mᵉ Guesviller, notaire de la banque, par les soins de M. le président, assisté de M. le directeur.

___

20 JUILLET = 5 AOUT 1842. — Ordonnance du roi qui ouvre, sur l'exercice 1842, un crédit extraordinaire applicable aux dépenses d'entretien et d'amélioration dans les forêts. (IX, Bull. DCCCCXXXI, n. 10133.)

Louis-Philippe, etc., vu notre ordonnance du 28 novembre 1859, concernant l'affectation aux travaux d'entretien et d'amélioration dans les forêts de l'Etat d'un fonds spécial de sept cent soixante-cinq mille six cent un francs vingt-quatre centimes, provenant du produit reçu par le trésor public du droit de trois pour cent en sus du prix principal des ventes de coupes de bois de l'exercice 1857; vu la loi du 17 juin 1840, qui a confirmé les dispositions de cette ordonnance en appliquant à l'exercice 1859, sur ladite somme, celle de quatre cent treize mille cent quatre-vingts francs un centime, non consommée pendant l'exercice 1838; considérant qu'il n'a été employé en 1859 et 1840, sur le même fonds, qu'une somme de quatre cent un mille cinquante et un francs trois centimes; que le complément de douze mille cent vingt-huit francs quatre-vingt-dix-huit centimes a été appliqué à l'exercice 1842, et que cette dépense est susceptible d'être couverte par un crédit extraordinaire; sur le rapport de notre ministre secrétaire d'Etat des finances, et de l'avis de notre conseil des ministres, etc.

Art. 1ᵉʳ. Il est ouvert à notre ministre secrétaire d'Etat des finances, sur l'exercice 1842, un crédit extraordinaire de la somme de douze mille cent vingt-huit francs quatre-vingt-dix-huit centimes (12,128 fr. 98 c.), applicable aux dépenses d'entretien et d'amélioration dans les forêts.

2. La régularisation de ce crédit sera proposée aux Chambres lors de leur prochaine session.

3. Notre ministre des finances (**M. Laplagne**) est chargé, etc.

___

20 JUILLET = 5 AOUT 1842. — Ordonnance du roi qui ouvre au ministre des finances un crédit extraordinaire sur l'exercice 1842. (IX, Bull. DCCCCXXXI, n. 10134.)

Louis-Philippe, etc., vu, 1° la loi du 25 juin 1841, portant fixation du budget des dépenses de l'exercice 1842; 2° les art. 4 et 6 de la loi du 24 avril 1833 et l'art. 12 de celle du 23 mai 1834; 3° les art. 26, 27 et 28 de notre ordonnance du 31 mai 1838, portant règlement général sur la comptabilité publique; sur le rapport de notre ministre secrétaire d'Etat au département des finances, et de l'avis de notre conseil des ministres, etc.

Art. 1ᵉʳ. Il est ouvert à notre ministre secrétaire d'Etat des finances, sur l'exercice 1842, un crédit extraordinaire de la somme de deux cent quatre-vingt-six mille francs (286,000 fr.), pour subvenir aux dépenses urgentes qui n'ont pu être prévues par le budget dudit exercice, et qui feront l'objet des chapitres spéciaux désignés ci-après: frais de nouveaux services de douanes: personnel, 43,800 fr.; dépenses diverses, 5,200 fr.; frais de surveillance et de perception concernant les droits sur le sucre indigène: personnel, 187,000 fr.; matériel, 50,000 fr. Total égal, 286,000 fr.

2. La régularisation de ce crédit sera proposée aux Chambres lors de leur prochaine session.

3. Notre ministre des finances (**M. Laplagne**) est chargé, etc.

___

21 JUILLET = 5 AOUT 1842. — Ordonnance du roi portant répartition du fonds commun affecté aux dépenses ordinaires des départements pendant l'exercice 1843. (IX, Bull. DCCCCXXXI, n. 10135.)

Louis-Philippe, etc., sur le rapport de notre ministre secrétaire d'Etat au département de l'intérieur; vu les art. 13 et 17 de la loi du 10 mai 1838; vu la loi du 11 juin dernier, portant fixation des dépenses de 1843 (chap. 33), budget du ministère de l'intérieur (chap. 33), etc.

Art. 1ᵉʳ. La répartition du fonds commun de cinq centimes additionnels aux contributions foncière, personnelle et mobilière de 1843, affecté aux dépenses ordinaires des départements pendant cet exercice, est réglée conformément à l'état ci-annexé.

2. Notre ministre de l'intérieur (**M. Duchâtel**) est chargé, etc.

Etat de répartition, entre les départements, du fonds commun affecté par la loi des dépenses de 1843 (chapitre 35 du budget de l'intérieur), au complément des dépenses ordinaires départementales pendant cet exercice.

DÉPARTEMENTS.	ÉVALUATION des dépenses ordinaires des départements pendant 1843.	MONTANT des 9ᵉ 4/10ᵉˢ attribués spécialement à chaque département pour ses dépenses ordinaires.	DIFFÉRENCE entre l'évaluation des dépenses et le montant des 9ᵉ 4/10ᵉˢ spéciaux, ou répartition du fonds commun de 5ᵉ.
	fr. c.	fr. c.	fr.
Ain.	225,270 89	139,270 89	86,000
Aisne.	378,223 96	300,223 96	78,000
Allier.	216,582 99	145,582 99	71,000
Alpes (Basses-).	220,505 32	68,505 32	152,000
Alpes (Hautes-).	123,094 70	55,094 70	68,000
Ardèche.	214,843 59	103,843 59	111,000
Ardennes.	229,216 75	145,216 75	84,000
Ariége.	193,768 06	71,768 06	122,000
Aube.	239,997 33	158,997 33	81,000
Aude.	247,679 65	191,679 65	56,000
Aveyron.	297,129 34	161,129 34	136,000
Bouches-du-Rhône.	433,579 16	210,579 16	223,000
Calvados.	490,504 26	415,504 26	75,000
Cantal.	174,031 29	122,031 29	52,000
Charente.	223,101 20	200,101 20	23,000
Charente-Inférieure.	351,140 44	269,140 44	82,000
Cher.	274,062 42	114,062 42	160,000
Corrèze.	143,232 30	97,232 30	46,000
Corse.	179,367 05	21,367 05	158,000
Côte-d'Or.	327,461 91	286,461 91	41,000
Côtes-du-Nord.	258,878 49	193,878 49	65,000
Creuse.	177,446 10	82,446 10	95,000
Dordogne.	287,801 45	231,801 45	56,000
Doubs.	267,113 15	139,113 15	128,000
Drôme.	235,749 64	138,749 64	97,000
Eure.	350,010 18	342,010 18	8,000
Eure-et-Loir.	308,813 86	235,813 86	73,000
Finistère.	296,834 96	173,834 96	123,000
Gard.	289,279 08	205,279 08	84,000
Garonne (Haute-).	420,881 34	255,881 34	165,000
Gers.	256,986 15	181,986 15	75,000
Gironde.	523,909 78	348,909 78	175,000
Hérault.	339,330 55	257,330 55	82,000
Ille-et-Vilaine.	320,708 14	223,708 14	97,000
Indre.	249,548 04	114,548 04	135,000
Indre-et-Loire.	321,163 75	178,163 75	143,000
Isère.	331,746 26	266,746 26	65,000
Jura.	251,669 18	149,669 18	102,000
Landes.	165,101 67	86,101 67	79,000
Loir-et-Cher.	227,679 68	145,679 68	82,000
Loire.	270,852 94	169,852 94	101,000
Loire (Haute-).	207,556 43	113,556 43	94,000
Loire-Inférieure.	319,335 19	199,335 19	120,000
Loiret.	346,848 51	209,848 51	137,000
Lot.	183,219 94	142,219 94	41,000
Lot-et-Garonne.	277,090 83	229,090 83	48,000
Lozère.	173,658 41	63,658 41	110,000
Maine-et-Loire.	364,195 24	278,195 24	86,000
Manche.	389,938 86	370,938 86	19,000
Marne.	345,709 62	211,709 62	134,000
Marne (Haute-).	234,617 67	155,617 67	79,000
Mayenne.	279,814 63	171,814 63	108,000
Meurthe.	362,411 87	199,411 87	163,000
Meuse.	273,223 98	172,223 98	101,000
Morbihan.	256,736 62	166,736 62	90,000

DÉPARTEMENTS.	ÉVALUATION des dépenses ordinaires des départements pendant 1842.	MONTANT des 9e 4/10es attribués spécialement à chaque département pour ses dépenses ordinaires.	DIFFÉRENCE entre l'évaluation des dépenses et le montant des 9e 4/10es spéciaux, ou répartition du fonds commun de 5e.
	fr. c.	fr. c.	fr.
Moselle.	307,272 55	193,272 55	114,000
Nièvre.	262,629 36	143,629 36	119,000
Nord.	625,219 89	484,219 89	141,000
Oise.	356,223 73	298,223 73	58,000
Orne.	306,545 28	259,545 28	47,000
Pas-de-Calais.	360,119 46	339,119 46	21,000
Puy-de-Dôme.	293,565 16	268,565 16	25,000
Pyrénées (Basses-).	313,465 64	109,465 64	204,000
Pyrénées (Hautes-).	155,795 62	67,795 62	88,000
Pyrénées-Orientales.	156,422 83	77,422 83	79,000
Rhin (Bas-).	431,405 88	229,405 88	202,000
Rhin (Haut-).	272,208 13	184,208 13	88,000
Rhône.	544,557 29	270,557 29	274,000
Saône (Haute-).	210,787 53	165,787 53	45,000
Saône-et-Loire.	387,804 72	313,804 72	74,000
Sarthe.	293,843 54	242,843 54	51,000
Seine.	2,460,559 74	1,060,559 74	1,400,000
Seine-Inférieure.	635,699 05	559,699 05	76,000
Seine-et-Marne.	392,460 13	309,460 13	83,000
Seine-et-Oise.	493,040 02	383,040 02	110,000
Sèvres (Deux-).	213,283 99	161,283 99	52,000
Somme.	358,983 58	344,983 58	14,000
Tarn.	260,572 44	182,572 44	78,000
Tarn-et-Garonne.	212,821 93	178,821 93	34,000
Var.	331,589 05	163,589 05	168,000
Vaucluse.	276,473 45	108,473 45	168,000
Vendée.	233,011 81	172,011 81	61,000
Vienne.	240,796 74	135,796 74	105,000
Vienne (Haute-).	225,935 09	105,935 09	120,000
Vosges.	242,270 26	137,270 26	105,000
Yonne.	269,390 14	200,390 14	69,000
	27,474,328 83	17,936,328 83	9,538,000

Réserve pour impression des modèles de budgets et comptes départementaux, ainsi que pour cas imprévus.   2,550

TOTAL.   9,540,550

22 JUILLET = 5 AOUT 1842. — Ordonnance du roi qui ouvre au ministre de l'intérieur un crédit supplémentaire pour des créances constatées sur des exercices clos. (IX, Bull. DCCCCXXXI, n. 10136.)

Louis-Philippe, etc., vu l'état des créances liquidées à la charge du département de l'intérieur sur les exercices clos de 1858, 1859 et 1840, additionnellement aux restes à payer constatés par les lois de règlement des deux premiers exercices et par le compte définitif des dépenses du dernier ; considérant que ces créances concernent des services non compris dans la nomenclature de ceux pour lesquels les lois de dépenses des mêmes exercices ont donné la faculté d'ouvrir des suppléments de crédits; considérant, toutefois, qu'aux termes de l'art. 9 de la loi du 23 mai 1834, et de l'art. 108 de notre ordonnance du 31 mai 1838, portant règlement général sur la comptabilité publique, lesdites créances peuvent être acquittées, attendu qu'elles se rapportent à des services prévus par les budgets des exercices 1858, 1859 et 1840 et que leur montant n'excède pas les restants de crédits dont l'annulation a été ou sera prononcée sur ses services par la loi de règlement desdits exercices ; sur le rapport de notre ministre secrétaire d'Etat de l'intérieur, et de l'avis de notre conseil des ministres, etc.

Art. 1er. Il est ouvert à notre ministre secrétaire d'Etat de l'intérieur, en augmentation des restes à payer constatés par les lois de réglement des exercices 1838 et 1839, et par le compte définitif des dépenses de l'exercice 1840, un crédit supplémentaire de quatre mille sept cent soixante-huit francs quatre-vingts centimes, montant des créances désignées au tableau ci-annexé, qui ont été liquidées à la charge de ces exercices, et dont les états nominatifs seront adressés en double expédition au ministre secrétaire d'Etat des finances, conformément à l'art. 106 de notre ordonnance du 31 mai 1838, portant réglement général de la comptabilité publique, savoir : exercices 1838, 53 fr. 30 c.; 1839, 283 fr. 10 c.; 1840, 4,432 fr. 40 c. Total, 4,768 fr. 80 c.

2. Notre ministre de l'intérieur est, en conséquence, autorisé à ordonnancer ces créances sur le chapitre spécial ouvert pour les dépenses des exercices clos au budget de l'exercice courant, en exécution de l'art. 8 de la loi du 23 mai 1834.

3. La régularisation de ce crédit sera proposée aux Chambres lors de leur prochaine session.

4. Nos ministres de l'intérieur et des finances (MM. Duchâtel et Laplagne) sont chargés, etc.

(Suit le tableau.)

———

24 JUILLET = 5 AOUT 1842. — Ordonnance du roi qui ouvre au ministre de la marine et des colonies un crédit supplémentaire pour des créances constatées sur des exercices clos. (IX, Bull. DCCCCXXXI, n. 10137.)

Louis-Philippe, etc., vu l'état des créances liquidées à la charge du département de la marine et des colonies, additionnellement aux restes à payer constatés par les comptes définitifs des exercices clos 1838, 1839 et 1840; considérant que ces créances concernent des services non compris dans la nomenclature de ceux pour lesquels les lois de dépenses des mêmes exercices ont donné la faculté d'ouvrir des suppléments de crédits; considérant, toutefois, qu'aux termes de l'art. 9 de la loi du 23 mai 1834 et de l'art. 108 de notre ordonnance du 31 mai 1838, portant réglement général sur la comptabilité publique, lesdites créances peuvent être acquittées, attendu qu'elles se rapportent à des services prévus par les budgets des exercices 1838, 1839 et 1840, et que leur montant n'excède pas les restants de crédit dont l'annulation a été prononcée sur ces services par la loi de réglement desdits exercices ; sur le rapport de notre ministre secrétaire d'Etat de la marine et des colonies, et de l'avis de notre conseil des ministres, etc.

Art. 1er. Il est ouvert à notre ministre secrétaire d'Etat de la marine et des colo-

nies, en augmentation des restes à payer constatés par les lois de réglement des exercices 1838 et 1839, et par le compte définitif des dépenses de l'exercice 1840, un crédit supplémentaire de cinquante-huit mille trois cent vingt-sept francs quatre-vingt-six centimes, montant des créances désignées au tableau ci-annexé, qui ont été liquidées à la charge de ces exercices, et dont les états nominatifs seront adressés en double expédition au ministre secrétaire d'Etat des finances, conformément à l'art. 106 de notre ordonnance du 31 mai 1838, portant réglement général sur la comptabilité publique, savoir : exercices 1838, 697 fr. 42 c.; 1839, 6,351 fr. 66 c.; 1840, 51,278 fr. 78 c. Total, 58,327 fr. 86 c.

2. Notre ministre secrétaire d'Etat de la marine et des colonies est, en conséquence, autorisé à ordonnancer ces créances sur le chapitre spécial ouvert pour les dépenses des exercices clos aux budgets des exercices courants, en exécution de l'art. 8 de la loi du 23 mai 1834.

3. La régularisation de ce crédit sera proposée aux Chambres lors de leur prochaine session.

4. Nos ministres de la marine et des colonies, et des finances (MM. Duperré et Laplagne) sont chargés, etc.

(Suit le tableau.)

———

24 JUILLET = 5 AOUT 1842. — Ordonnance du roi qui ouvre, sur l'exercice 1842, un crédit extraordinaire pour la dépense du timbrage des connaissements et lettres de voiture. (IX, Bull. DCCCCXXXI, n. 10138.)

Louis-Philippe, etc., vu, 1° l'art. 7 de la loi du 11 juin 1842 (n. 10,054), concernant le timbre des connaissements et lettres de voiture ; 2° la loi du 25 juin 1841, portant fixation du budget des dépenses de l'exercice 1842 ; 3° les art. 4 et 6 de la loi du 24 avril 1833 et l'art. 12 de celle du 23 mai 1834 ; 4° les art. 26, 27 et 28 de notre ordonnance du 31 mai 1838, portant réglement général sur la comptabilité publique; sur le rapport de notre ministre secrétaire d'Etat des finances, et de l'avis de notre conseil des ministres, etc.

Art. 1er. Il est ouvert à notre ministre secrétaire d'Etat des finances, sur l'exercice 1842, un crédit extraordinaire de la somme de huit mille trois cent vingt-cinq francs (8,325 fr.), pour subvenir à la dépense urgente du timbrage des connaissements et lettres de voiture, qui n'a pu être prévue par le budget dudit exercice. Cette dépense y fera l'objet d'un chapitre spécial.

2. La régularisation de ce crédit sera proposée aux Chambres lors de leur prochaine session.

3. Notre ministre des finances (M. Laplagne) est chargé, etc.

---

31 JUILLET = 5 AOUT 1842. — Ordonnance du roi qui ouvre le bureau de douanes d'Abbevillers (Doubs) à l'importation et à l'exportation des céréales. (IX, Bull. DCCCCXXXI, n. 10139.)

Louis-Philippe, etc., vu la loi du 2 décembre 1814, d'après laquelle nous avons à désigner les ports et bureaux de douanes par lesquels il est permis d'importer et d'exporter les grains et farines; les ordonnances des 17 janvier et 23 août 1830, relatives au même objet; sur le rapport de notre ministre secrétaire d'Etat au département de l'agriculture et du commerce, etc.

Art. 1er. Le bureau d'Abbevillers, département du Doubs, est ouvert à l'importation et à l'exportation des céréales.

2 Nos ministres de l'agriculture et du commerce et des finances (MM. Cunin-Gridaine et Laplagne) sont chargés, etc.

---

10 JUILLET = 6 AOUT 1842. — Ordonnance du roi qui ouvre au ministre des affaires étrangères, sur l'exercice 1841, un crédit supplémentaire applicable au chapitre des missions extraordinaires et dépenses imprévues. (IX, Bull. DCCCCXXXII, n. 10140.)

Louis-Philippe, etc., vu les art. 3 et 4 de la loi du 24 avril 1833; vu la loi du 16 juillet 1840, portant fixation du budget des dépenses de l'exercice 1841, et contenant, art. 6, la nomenclature détaillée des dépenses pour lesquelles la faculté nous est réservée d'ouvrir des crédits supplémentaires en cas d'insuffisance, dûment justifiée, des crédits législatifs; vu les art. 20, 21, 22, 23 et 25 de notre ordonnance du 31 mai 1838, portant règlement général sur la comptabilité publique; sur le rapport de notre ministre secrétaire d'Etat des affaires étrangères, et de l'avis de notre conseil des ministres, etc.

Art. 1er. Il est ouvert à notre ministre secrétaire d'Etat des affaires étrangères, sur l'exercice 1841, un crédit supplémentaire de trente-six mille neuf cent vingt-trois francs quatre-vingt-six centimes (36,923 fr. 86 c.), applicable au chapitre *Missions extraordinaires et dépenses imprévues.*

2. La régularisation de ce crédit supplémentaire sera proposée aux Chambres lors de leur prochaine session.

3. Nos ministres des affaires étrangères et des finances (MM. Guizot et Laplagne) sont chargés, etc.

---

20 JUIN = 13 AOUT 1842. — Ordonnance du roi qui fixe la cotisation à percevoir, pendant l'exercice 1842, sur les trains de bois flotté servant

à l'approvisionnement de Paris. (IX, Bull. DCCCCXXXIII, n. 10141.)

Louis-Philippe, etc., sur le rapport de notre ministre secrétaire d'Etat au département des travaux publics; vu la délibération en date du 3 avril dernier, prise par la communauté des marchands de bois flottés destinés à l'approvisionnement de Paris, à l'effet de pourvoir, dans un intérêt commun, aux dépenses qu'entraîneront, pendant la campagne de 1842, le transport en cours de navigation et la conservation de ces bois; vu l'art. 27, titre 1er de la loi du 25 juin 1841, portant fixation du budget des recettes de l'exercice 1842; notre conseil d'Etat entendu, etc.

Art. 1er. Il sera payé, à titre de cotisation, sur tous les trains de bois flottés pendant l'exercice 1842. savoir: 1° pour chaque train composé de dix-huit coupons et provenant des rivières d'Yonne, de Cure, d'Armançon, ainsi que du canal de Bourgogne, vingt-huit francs quatre-vingts centimes, dont dix-huit francs seront payés à Joigny, et dix francs quatre-vingts centimes à Paris; 2° pour chaque train de dix-huit coupons qui sera flotté en aval du pont de Joigny, jusqu'au pont de Montereau, et qui ne sera pas composé de bois précédemment retirés en route, vingt-huit francs quatre-vingts centimes, dont dix-huit francs seront payés à Sens, et dix francs quatre-vingts centimes à Paris; 3° pour chaque train de dix-huit coupons provenant de la rivière de Marne, vingt et un francs soixante centimes, qui seront payés à Paris; 4° pour chaque train de dix-huit coupons venant des rivières d'Yonne ou de Cure, et qui ne passera pas les ports de Cravant, six francs, payables à Cravant, et pour chaque train qui sera tiré en aval desdits ports, neuf francs, également payables à Cravant; 5° pour chaque train de dix-huit coupons provenant de la Seine, dix francs quatre-vingts centimes, qui seront payés à Paris; 6° pour chaque train qui, par suite de la nécessité de le faire passer dans les écluses des canaux avant son arrivée dans l'Yonne, ou pour toute autre cause, sera confectionné par fractions différentes de la division ordinaire des trains en dix-huit coupons, la cotisation sera perçue en raison de la longueur comparée de celle des trains de dix-huit coupons; à cet effet, cette dernière longueur est fixée à quatre-vingt-cinq mètres (85 m) pour un train.

2. Le paiement des taxes sera fait, savoir: à Paris, immédiatement après l'arrivée des trains, entre les mains de l'agent général; à Sens, à Joigny, à Cra-

vant, lors de leur passage sous les ponts,
ou au moment de leur départ entre celles
des commis aux ponts, qui verseront au
moins une fois par mois le montant de leur
recette entre les mains du commis général
de l'arrondissement. Le commis au pont de
Cravant versera à la fin de l'année sa recette
entre les mains du commis général de Cou-
langes

3. Les agents de la communauté sont
autorisés à employer toutes les voies de
droit à l'effet d'assurer le paiement de la
cotisation. En cas de refus de paiement, la
perception s'effectuera comme en matière
de contributions publiques.

4. Nos ministres des travaux publics et
des finances (MM. Teste et Laplagne) sont
chargés, etc.

22 JUIN = 13 AOUT 1842. — Ordonnance du roi
qui reporte sur l'exercice 1842 une partie des
crédits affectés par la loi du 25 mai 1842, pour
l'exercice 1841, au rétablissement des communications interrompues par la crue et le débordement des eaux. (IX, Bull. DCCCXXXIII,
n. 10142.)

Louis-Philippe, etc., vu les art. 1ᵉʳ et 2
de la loi du 25 novembre 1840, qui ouvrent
au ministère des travaux publics, sur
l'exercice 1840, 1° un crédit d'un million
de francs, à l'effet de pourvoir au rétablissement des communications interrompues
sur les routes royales et sur les voies navigables par la crue et le débordement des
eaux; 2° un crédit de cinq cent mille francs,
pour être appliqué, à titre de secours extraordinaire, dans les départements qui ont
souffert de la crue et du débordement des
eaux, au rétablissement des communications
interrompues sur les routes département-
tales; vu l'art. 3 de la même loi, portant
que les fonds non consommés sur un exercice pourront être reportés par ordonnance
royale sur un exercice ultérieur; vu les
art. 2, 4 et 6 de la loi du 25 mai 1842,
sur les crédits supplémentaires et extraordinaires des exercices 1841 et 1842, desquels articles il résulte que la somme de
un million trois cent douze mille neuf cent
seize francs quarante-quatre centimes, formant la portion des crédits ci-dessus rappelés, non employée au 31 décembre 1840,
a été reportée sur ces deux exercices, à titre
de crédits extraordinaires, savoir: sur l'exercice 1841, un million cent soixante-deux
mille neuf cent seize francs quarante-quatre
centimes; sur l'exercice 1842, cent cinquante mille francs; vu l'état des dépenses
constatées pour l'exercice 1841; sur le
rapport de notre ministre secrétaire d'État
des travaux publics, et de l'avis de notre
conseil des ministres, etc.

Art. 1ᵉʳ. Il est ouvert à notre ministre
secrétaire d'État des travaux publics, sur
l'exercice 1842, un crédit extraordinaire
de cent cinquante mille francs (150,000 fr.),
pour le rétablissement des communications
interrompues sur les routes royales, et sur
les voies navigables, par la crue et le débordement des eaux. Les crédits affectés à
ce service pour l'exercice 1841, par la loi du
25 mai précitée, sont réduits de pareille
somme de cent cinquante mille francs.

2. Il est également ouvert à notre ministre secrétaire d'État des travaux publics,
sur l'exercice 1842, un crédit extraordinaire de soixante et dix mille francs
(70,000 fr.), pour être appliqué, à titre de
secours extraordinaires, dans les départements qui ont souffert de la crue et du débordement des eaux, au rétablissement des
communications interrompues sur les routes
départementales. Les crédits affectés à ce
service par la loi du 25 mai 1842, sus-
énoncée, pour l'exercice 1841, sont réduits
de pareille somme de soixante et dix mille
francs.

3. La régularisation de la présente ordonnance sera proposée aux Chambres dans
leur prochaine session.

4. Nos ministres des travaux publics et
des finances (MM. Teste et Laplagne) sont
chargés, etc.

22 JUIN = 13 AOUT 1842. — Ordonnance du roi
portant que le territoire du royaume, en ce
qui concerne le service des chemins de fer,
sera divisé en cinq inspections. (IX, Bull.
DCCCXXXIII, n. 10143.)

Louis-Philippe, etc., sur le rapport de
notre ministre secrétaire d'État des travaux
publics; vu la loi du 11 juin 1842, sur
l'établissement des grandes lignes de chemins de fer, etc.

Art. 1ᵉʳ. Le territoire du royaume, en ce
qui concerne le service des chemins de fer,
sera divisé en cinq inspections. Le ministre
des travaux publics en arrêtera la circonscription.

2. Le service de chaque inspection sera
confié à un inspecteur divisionnaire adjoint des ponts et chaussées. En conséquence, le nombre des inspecteurs divisionnaires adjoints des ponts et chaussées
est porté de deux à cinq.

3. Chaque inspecteur divisionnaire adjoint sera chargé de la direction des études
de chemins de fer dans le territoire de son
inspection. Il sera chargé, en outre, dans
l'étendue du même territoire, de la surveillance générale des travaux de chemins de
fer exécutés, soit par l'État, soit par des
compagnies particulières, indépendamment

de la surveillance directe exercée, soit par les ingénieurs en chef et ordinaires, soit par les agents locaux préposés à cet effet.

4. Les cinq inspecteurs divisionnaires adjoints chargés de la direction des études et de la surveillance des travaux des chemins de fer composeront, avec trois inspecteurs généraux ou divisionnaires des ponts et chaussées, désignés par le ministre des travaux publics, et l'ingénieur secrétaire, la section des chemins de fer instituée par l'art. 5 de notre ordonnance du 23 décembre 1838.

5. Le ministre des travaux publics désignera pour chaque session du conseil général des ponts et chaussées deux des cinq inspecteurs divisionnaires adjoints, pour faire partie de ce conseil. Les inspecteurs divisionnaires adjoints non désignés en vertu du paragraphe précédent auront droit de séance au conseil général des ponts et chaussées toutes les fois qu'ils seront membres de commissions spéciales formées pour l'examen préparatoire des projets.

6. Notre ministre des travaux publics (M. Teste) est chargé, etc.

———

22 juin = 13 août 1842. — Ordonnance du roi portant que le choix à faire entre les différents tracés pour l'établissement des grandes lignes de chemin de fer sera soumis à l'avis d'une commission supérieure. (IX, Bull. DCCCCXXXIII, n. 10144.)

Louis-Philippe, etc., vu la loi du 11 juin 1842, sur l'établissement des grandes lignes de chemins de fer; sur le rapport de notre ministre secrétaire d'Etat au département des travaux publics, etc.

Art. 1er. Le choix à faire entre les différents tracés à suivre pour l'établissement des grandes lignes de chemins de fer classés par la loi du 11 juin 1842, sera, après l'examen préalable du conseil général des ponts et chaussées, soumis à l'avis d'une commission supérieure présidée par M. le ministre des travaux publics, et, à son défaut, par le sous-secrétaire d'Etat au même département.

2. Sont nommés pour faire partie de cette commission, MM. baron Mounier, baron Thénard, comte Gaspard, Cordier, pairs de France; Dufaure, ancien député; Gréterin, conseiller d'Etat, directeur de l'administration des douanes; Bourfy, conseiller d'Etat, directeur de l'administration des contributions indirectes; Boulay (de la Meurthe), conseiller d'Etat; général Prévot de Vernois, général Daullé, membres du comité des fortifications; Bérigny, Kermaingand, inspecteurs généraux des ponts et chaussées. Et l'inspecteur divisionnaire adjoint, chargé de la direction des études

de la ligne de fer dont il s'agira de déterminer la direction.

3. Notre ministre des travaux publics (M. Teste) est chargé, etc.

———

22 juin = 13 août 1842. — Ordonnance du roi qui prescrit la formation d'une commission administrative pour la révision et le contrôle des documents statistiques sur les chemins de fer. (IX, Bull. DCCCCXXXIII, n. 10145.)

Louis-Philippe, etc., vu la loi du 11 juin 1842, sur l'établissement des grandes lignes de chemins de fer; sur le rapport de notre ministre secrétaire d'Etat des travaux publics, etc.

Art. 1er. Il sera formé auprès du ministère des travaux publics une commission administrative, pour la révision et le contrôle des documents statistiques propres à établir l'utilité et l'importance relative des différentes directions des grandes lignes de chemins de fer classées par la loi du 11 juin 1842.

2. Cette commission sera en outre consultée, 1° sur les questions concernant les acquisitions des terrains et bâtiments; les rapports de l'administration des travaux publics avec les départements et les communes pour la prestation des terrains et bâtiments; les projets des cahiers de charges pour les concessions de lignes de fer; les baux d'exploitation à passer avec les compagnies; 2° sur les projets de règlements relatifs à la police, à l'usage ou à la conservation des chemins de fer; 3° et en général sur les questions réglementaires relatives à l'établissement ou à l'exploitation des chemins de fer, et qui n'appartiendraient pas, soit au conseil général des ponts et chaussées, soit à la section des chemins de fer.

3. Seront appelés à faire partie de cette commission cinq maîtres des requêtes en service extraordinaire ou auditeurs au conseil d'Etat, qui seront spécialement chargés de réunir et coordonner les documents statistiques sur les chemins de fer. Les auditeurs au conseil d'Etat auront voix délibérative dans la commission toutes les fois qu'ils y rempliront les fonctions de rapporteur.

4. Notre ministre des travaux publics (M. Teste) est chargé, etc.

———

29 juin = 13 août 1842. — Ordonnance du roi qui reporte à l'exercice 1842 une partie des crédits ouverts sur l'exercice 1841, par la loi du 31 janvier 1841, pour la réparation des dommages causés par les inondations. (IX, Bull. DCCCCXXXIII, n. 10146.)

Louis-Philippe, etc., vu les art. 1er et 2 de la loi du 31 janvier 1841, qui ouvrent au ministère des travaux publics, sur l'exercice 1841, 1° un crédit de trois millions de francs, pour réparation des dommages causés par les inondations extraordinaires aux routes royales et départementales, aux voies navigables, ainsi qu'aux digues et levées qui bordent les rivières ; 2° un crédit de six cent mille francs, pour subventions aux compagnies concessionnaires des ponts suspendus qui ont été emportés ou endommagés par les eaux, à la charge, par ces compagnies, de leur donner l'élévation réclamée par les nouveaux besoins de la navigation; vu l'art. 3 de la même loi, portant que les fonds non consommés sur un exercice pourront être reportés par ordonnance royale sur l'exercice suivant; vu la loi du 25 mai 1842, sur les crédits supplémentaires et extraordinaires des exercices 1841 et 1842, qui reporte sur ce dernier exercice, pour chacun des crédits rappelés ci-dessus, une somme de cent mille francs; vu l'état des dépenses constatées pour l'exercice 1841 ; sur le rapport de notre ministre secrétaire d'Etat au département des travaux publics, et de l'avis de notre conseil des ministres, etc.

Art. 1er. Il est ouvert à notre ministre secrétaire d'Etat des travaux publics, sur l'exercice 1842, un crédit extraordinaire de sept cent mille francs (700,000 fr.), qui seront employés à la réparation des dommages causés par les inondations extraordinaires, aux routes royales et départementales, aux voies navigables, ainsi qu'aux digues et levées qui bordent les rivières. Toutefois les subventions pour les travaux relatifs aux routes départementales et aux digues et levées qui n'appartiennent pas à l'Etat ne pourront excéder les deux tiers de la dépense. Le crédit affecté aux réparations dont il s'agit par la loi du 31 janvier 1841, pour l'exercice 1841, est réduit en conséquence à deux millions deux cent mille francs.

2. Il est également ouvert à notre ministre secrétaire d'Etat des travaux publics, sur l'exercice 1842, un crédit extraordinaire de deux cent mille francs, pour subventions aux compagnies concessionnaires des ponts suspendus qui ont été emportés ou endommagés par les eaux, à la charge par ces compagnies de leur donner l'élévation réclamée par les nouveaux besoins de la navigation. En conséquence, le crédit affecté à ces subventions par la loi du 31 janvier 1841 est réduit à trois cent mille francs.

3. La régularisation de la présente ordonnance sera soumise aux Chambres dans leur prochaine session.

4. Nos ministres des travaux publics et des finances (MM. Teste et Laplagne) sont chargés, etc.

13 = 14 AOUT 1842. — Ordonnance du roi portant que les bureaux de douanes de la frontière de terre, situés de Dunkerque à Longwy, cesseront d'être ouverts à la sortie des fils et tissus de lin ou de chanvre de provenance tierce expédiés en transit. (IX, Bull. DCCCCXXXIV, n. 10163.)

Louis-Philippe, etc., vu les lois du 17 décembre 1814 et du 9 février 1832, sur les douanes et le transit ; vu les ordonnances des 26 juin et 13 juillet derniers ; vu la convention de commerce conclue entre nous et S. M. le roi des Belges, le 16 juillet dernier ; sur le rapport de notre ministre secrétaire d'Etat au département de l'agriculture et du commerce, et de notre ministre secrétaire d'Etat au département des finances, etc.

Art. 1er. Les bureaux de douanes de la frontière de terre, situés de Dunkerque à Longwy inclusivement, cesseront d'être ouverts à la sortie des fils et tissus de lin ou de chanvre de provenance tierce expédiés en transit.

2. Nos ministres des finances, et de l'agriculture et du commerce (MM. Laplagne et Cunin-Gridaine) sont chargés, etc.

18 JUILLET = 17 AOUT 1842. — Ordonnance du roi qui ouvre au ministre de la justice et des cultes un crédit supplémentaire pour des créances constatées sur des exercices clos. (IX, Bull. DCCCCXXXV, n. 10169.)

Louis-Philippe, etc., vu l'état des créances liquidées pour les services des cultes sur les exercices clos de 1838, 1839 et 1840, additionnellement aux restes à payer constatés par les lois de règlement de ces exercices ; considérant que lesdites créances concernent des services pour lesquels la nomenclature insérée dans les lois de dépense desdits exercices nous réserve la faculté d'ouvrir des suppléments de crédits en l'absence des Chambres ; vu l'art. 9 de la loi du 25 mai 1834 et l'art. 100 de notre ordonnance du 31 mai 1838, portant règlement général sur la comptabilité publique, aux termes desquels les créances des exercices clos non comprises dans les restes à payer arrêtés par les lois de règlement ne peuvent être ordonnancées par nos ministres qu'au moyen de crédits supplémentaires accordés suivant les formes déterminées par la loi du 24 avril 1833 ; sur le rapport de notre ministre secrétaire d'Etat de la justice et des cultes, et de l'avis de notre conseil des ministres, etc.

Art. 1er. Il est ouvert à notre ministre secrétaire d'Etat au département de la justice et des cultes, en augmentation des restes à payer constatés par les lois de règlement des exercices 1838, 1839 et 1840, un crédit supplémentaire de six cent quarante francs cinquante-quatre centimes, montant des créances désignées au tableau ci annexé, qui ont été liquidées à la charge de ces exercices, et dont les états nominatifs seront adressés en double expédition à notre ministre secrétaire d'Etat des finances, conformément à l'art. 106 de notre ordonnance du 31 mai 1838, portant réglement général sur la comptabilité publique, savoir : exercices 1838, 40 fr. ; 1859, 172 fr. 49 c. ; 1840, 428 fr. 5 c. Total, 640 fr. 54 c.

2. Notre ministre secrétaire d'Etat de la justice et des cultes est en conséquence autorisé à ordonnancer ces créances sur le chapitre spécial ouvert pour les dépenses des exercices clos aux budgets des exercices courants, en exécution de l'art. 8 de la loi du 23 mai 1854.

3. La régularisation de ce crédit sera proposée ultérieurement aux Chambres.

4. Nos ministres de la justice et des cultes et des finances (MM. Martin du Nord et Laplagne) sont chargés etc.

(*Suit le tableau.*)

---

18 JUILLET = 17 AOUT 1842. — Ordonnance du roi qui accorde au ministre de la justice et des cultes un crédit supplémentaire pour des créances constatées sur des exercices clos. (IX, Bull. DCCCCXXXV, n. 10170.)

Louis-Philippe, etc., vu l'état des créances à solder par notre ministre secrétaire d'Etat au département de la justice et des cultes, additionnellement aux restes à payer constatés pour les dépenses des cultes, par les comptes définitifs des exercices clos ; considérant que ces créances s'appliquent à des services non compris dans la nomenclature de ceux pour lesquels les lois de finances des mêmes exercices ont donné la faculté d'ouvrir des suppléments de crédits ; considérant toutefois qu'aux termes de l'art. 9 de la loi du 23 mai 1854, et de l'art. 108 de notre ordonnance du 31 mai 1858, portant réglement général sur la comptabilité publique, lesdites créances peuvent être acquittées, attendu qu'elles se rapportent à des services prévus par les budgets des exercices 1839 et 1840, et que leur montant est inférieur aux restants de crédits dont l'annulation a été prononcée pour ces services par les lois de réglement desdits exercices ; sur le rapport de notre ministre secrétaire d'Etat de la justice et des cultes, et de l'avis de notre conseil des ministres, etc.

Art. 1er. Il est accordé à notre ministre secrétaire d'Etat au département de la justice et des cultes, en augmentation des restes à payer constatés par les lois de réglement des exercices 1839 et 1840, un crédit supplémentaire de dix mille sept cent quarante-sept francs cinquante-six centimes, montant des créances détaillées au tableau ci-annexé, qui ont été liquidées à la charge de ces exercices, et dont les états nominatifs seront adressés en double expédition à notre ministre secrétaire d'Etat des finances, conformément à l'art. 106 de notre ordonnance du 31 mai 1858, portant réglement général sur la comptabilité publique, savoir : exercices 1859, 542 fr. 33 c. ; 1840, 10,205 fr. 23 c. Total, 10,747 fr. 56 c.

2. Notre ministre secrétaire d'Etat au département de la justice et des cultes est, en conséquence, autorisé à ordonnancer ces créances sur le chapitre spécial ouvert pour les dépenses des exercices clos aux budgets des exercices courants, en exécution de l'art. 8 de la loi du 23 mai 1834.

3. La régularisation de ce crédit sera proposée ultérieurement aux Chambres.

4. Nos ministres de la justice et des cultes et des finances (MM. Martin du Nord et Laplagne) sont chargés, etc.

(*Suit le tableau.*)

---

31 JUILLET = 17 AOUT 1842. — Ordonnance du roi qui autorise la régie des contributions indirectes à faire vendre des cigares fabriqués à la Havane et désignés sous le nom de *Panatellas.* (IX, Bull. DCCCCXXXV, n. 10171.)

Louis-Philippe, etc., vu l'art. 177, titre 5, de la loi du 28 avril 1816 ; vu l'ordonnance du 27 août 1839, par laquelle la régie des contributions indirectes est autorisée à faire vendre deux espèces de cigares fabriqués à la Havane (île de Cuba), l'une au prix de quinze centimes, l'autre à celui de vingt centimes la pièce ; voulant faciliter aux consommateurs les moyens de s'approvisionner de cigares de même origine, mais de qualité supérieure, etc.

Art. 1er. La régie des contributions indirectes est autorisée à faire vendre deux nouvelles espèces de cigares fabriqués à la Havane et désignés sous le nom de *Panatellas.*

2. Ces cigares seront vendus directement par les entreposeurs aux consommateurs, et livrés en boîtes ou caissons entiers de cinquante ou de cent cigares.

3. Les prix de vente de ces cigares sont fixés ainsi qu'il suit :

DÉSIGNATION des espèces et qualité des tabacs.	PRIX DE VENTE de deux cent cinquante cigares représentant un kilogramme.		PRIX, pour le consommateur, du caisson de	
	Prix dont il est compté au trésor.	Prix qui sera payé par les consommateurs.	cent cigares.	cinquante cigares.
Tabacs vendus par les entreposeurs.				
Cigares fabriqués à la Havane, (1ʳᵉ sorte. . .	123 f. 00 c.	125 f. 00 c.	50 f. 00 c.	25 f. 00 c.
dits *Panatellas*. . . . . (2ᵉ sorte. . .	98 00	100 00	40 00	20 00

4. Notre ministre des finances (M. Laplagne) est chargé, etc.

———

14 JUILLET = 17 AOUT 1842. — Règlement pour le service des bâtiments à vapeur affectés aux communications entre Toulon et les possessions françaises du nord de l'Afrique. (IX , Bull. DCCCCXXXV, n. 10172.)

But et organisation du service.

Art. 1ᵉʳ. Le service de correspondance, établi au moyen de bâtiments à vapeur de la marine royale entre Toulon et les possessions françaises du nord de l'Afrique, a pour but principal le transport de la correspondance et celui des passagers militaires. Néanmoins, afin de faciliter les relations commerciales qui existent entre la France et les possessions d'Afrique, il sera réservé à bord de chaque bâtiment un certain nombre de places pour les particuliers voyageant à leurs frais. Le service comprendra trois lignes distinctes : 1° la ligne de Toulon à Alger, et retour ; 2° la ligne d'Alger à Bône, et retour ; 3° la ligne d'Alger à Oran, et retour.

2. Les départs des bâtiments affectés aux communications entre Toulon et Alger auront lieu trois fois par mois : le 10, le 20, et le dernier jour de chaque mois, à huit heures du matin. Ces bâtiments partiront d'Alger pour Toulon le 5, le 15 et le 25 de chaque mois, à huit heures du matin.

3. Le service sur la ligne d'Alger à Bône sera décadaire, les départs auront lieu le 10, le 20, et le dernier jour de chaque mois, à midi. Ceux de Bône, le 4, le 14, et le 24 de chaque mois, à huit heures du soir.

4. Les bâtiments partant d'Alger pour Bône relâcheront à Bougie, Gigelly et Stora ; ils séjourneront trois heures seulement sur chacun de ces points. Leur marche sera réglée de manière à arriver : à Bougie, le 1ᵉʳ, le 11 et le 21, à six heures du matin ; à Gigelly, le 1ᵉʳ, le 11 et le 21, à trois heures de l'après-midi ; à Stora, le 2, le 12 et le 22, à huit heures du soir. Ils toucheront aussi, à leur retour, à Stora, Gigelly et Bougie ; leur passage sur chacun de ces points aura lieu, savoir : à Stora, les 5, 15 et 25, au matin ; à Gigelly, les 5, 15 et 25, à six heures du soir ; à Bougie, les 6, 16 et 26, matin, au point du jour ; à Alger, les 7, 17 et 27, à quatre heures après midi.

5. Le service sur la ligne d'Alger à Oran, et réciproquement, sera hebdomadaire. Les départs d'Alger auront lieu le mardi de chaque semaine, à huit heures du soir ; ceux d'Oran , le samedi à pareille heure. Les bâtiments qui partiront d'Alger pour Oran relâcheront à Cherchell, où ils séjourneront deux heures ; à Mostaganem, où ils resteront trois heures, et enfin à Arsew, où ils ne séjourneront qu'une heure. On fera en sorte d'arriver sur ces points aux jours et heures ci-après : à Cherchell, le mercredi, à cinq heures du matin ; à Mostaganem, le jeudi matin, à la pointe du jour ; à Arsew, le jeudi, à une heure après midi ; à Oran, le jeudi, à huit heures du soir. En retournant à Alger, ces navires toucheront à Arsew, Mostaganem et Cherchell ; la durée du séjour sur chacun de ces points sera la même que celle qui a été fixée ci-dessus pour le voyage d'aller. Ils devront arriver à Arsew, le dimanche, à quatre heures du matin ; à Mostaganem, le dimanche, à huit heures et demie du matin ; à Cherchell, le lundi matin, au jour ; à Alger, le lundi, à quatre heures après midi.

Direction du service.

6. Le commandant supérieur des bâtiments à vapeur réunis au port de Toulon est chargé spécialement de la direction du service des communications.

7. Cet officier reste placé immédiatement sous les ordres du préfet maritime de Toulon.

8. Un des officiers du génie maritime attachés au port de Toulon sera spécialement chargé des travaux relatifs aux bâtiments à vapeur affectés au service des communications.

9. Lors de l'armement des bâtiments, le commandant supérieur devra s'assurer si les règlements d'installation sont exactement observés, et il veillera à ce que les capitaines ne fassent placer à bord aucun objet étranger aux inventaires arrêtés pour l'armement spécial de ces bâtiments.

10. Aucune demande supplémentaire à l'armement ne pourra être adressée au préfet maritime qu'après avoir été visée par lui.

11. Avant le départ de chaque bâtiment, il reconnaîtra l'état des machines, et s'assurera qu'il a été pris toutes les dispositions nécessaires pour effectuer avec sûreté le voyage auquel il est destiné.

12. Au retour à Toulon de chaque bâtiment, le commandant supérieur et l'ingénieur se rendront à bord, afin d'en passer l'inspection. Ils rendront compte au préfet maritime des observations qu'ils auront faites ensemble, tant sur l'état des ma-

chines que sur la tenue du bâtiment et sur les réparations reconnues nécessaires.

13. Lorsqu'un nouveau bâtiment sera introduit dans le service des communications, le commandant supérieur, ainsi que l'ingénieur, seront tenus de s'embarquer sur ce bâtiment, afin d'en reconnaître les qualités nautiques et d'en étudier le moteur.

14. Le commandant supérieur devra s'embarquer également sur les bâtiments qui ne feront pas leur service d'une manière régulière, et il rendra compte au préfet maritime des causes de cette irrégularité, en donnant son opinion sur les moyens d'y remédier.

15. Le commandant supérieur fera, tous les six mois au moins, une tournée d'inspection à Alger, Bône et Oran, afin de reconnaître si l'on prend tous les soins nécessaires pour assurer la régularité et la bonne exécution du service.

16. A son retour à Toulon, il adressera au ministre, par l'intermédiaire du préfet maritime, un rapport détaillé sur son inspection. Indépendamment de ces rapports spéciaux, il devra consigner, dans des rapports trimestriels qu'il remettra le 1er janvier, 1er avril, 1er juillet et 1er octobre, au préfet maritime, et que celui-ci fera parvenir au ministre en y joignant son avis, les observations qu'il aura faites sur l'ensemble du service, sur les qualités des bâtiments à vapeur qui y sont affectés, sur la tenue de ces bâtiments, les modifications et les améliorations dont le service lui paraîtra susceptible. Il y joindra ses notes sur les commandants des bâtiments et sur l'aptitude ou l'incapacité des agents préposés à la conduite des machines.

17. Le commandant supérieur du service des communications jouira, tant à terre qu'à la mer, d'un supplément de traitement égal au cinquième des appointements de son grade. Il aura le commandement supérieur du bâtiment sur lequel il s'embarquera, et jouira, pendant le temps que durera son séjour à bord, du traitement de table attribué à son grade par les règlements. Cette dernière disposition ne donnera lieu d'ailleurs, pour l'officier commandant le bâtiment, à aucune diminution sur le traitement de table.

18. Lorsque l'ingénieur chargé des bâtiments à vapeur sera aussi embarqué, il jouira de tous les avantages attachés à son grade en raison de son embarquement.

Moyens d'exécution.

19. Huit bâtiments à vapeur sont affectés au service des communications entre Toulon et Alger, et entre Alger, Bône et Oran. Ces bâtiments sont exclusivement réservés aux communications dont

il s'agit et ne peuvent en être détournés pour aucun autre service.

20. Trois de ces bâtiments sont spécialement destinés à la ligne de Toulon à Alger ; ils seront expédiés de Toulon, autant que possible à tour de rôle, afin que le service soit également réparti entre eux. Les cinq autres doivent concourir aussi, à tour de rôle, au service des deux autres lignes. Les bâtiments à vapeur faisant le voyage d'Alger à Bône et Oran alterneront avec ceux qui font le service de Toulon, afin qu'ils puissent paraître de temps en temps au port principal d'armement pour y être visités et réparés.

21. L'armement de ces bâtiments est réglé de la manière suivante :

	BATIMENTS	
	de 160 chevaux.	de 120 chevaux et au-dessous.
Artillerie. . .	2 canons de 12. 8 espingoles.	2 canons de 8 6 espingoles.

Les armes blanches, en raison du nombre d'hommes, déduction faite de celui des hommes affectés au service de la machine. Les embarcations seront au nombre de trois pour chacun des bâtiments.

22. Tous les bâtiments seront pourvus de vivres et d'eau en quantité suffisante pour assurer la nourriture de l'équipage pendant un mois. La quantité de charbon et des autres matières à embarquer pour le service des machines sera réglée d'après la consommation moyenne de six jours de marche au moins.

23. Chacun des bâtiments à vapeur affectés aux communications entre Alger et Toulon, ou entre Alger, Bône et Oran, sera disposé de manière à recevoir deux ou trois officiers supérieurs, dix officiers, et cent sous-officiers et soldats, et, de plus, six ou huit passagers civils ayant couchette, et dix couchant comme les soldats sur le pont ou l'entrepont.

24. Les emménagements nécessaires pour cet objet seront exécutés d'après les plans approuvés par le ministre. Les couchettes destinées, soit aux officiers ordinaires, soit aux voyageurs passant à leurs frais, seront numérotées.

25. L'équipage des bâtiments à vapeur de cent vingt à cent soixante chevaux sera composé ainsi qu'il suit :

	DEMI-COMPAGNIE.	SUPPLÉMENT.
1 lieutenant de vaisseau commandant.	»	1
2 lieutenants de frégate.	1	1
1 élève de 1re classe (1).	1	»
1 commis d'administration (2) (pour mémoire).	»	»

(1) A remplacer par un lieutenant de frégate, à défaut d'élève de 1re classe.
(2) Il ne sera accordé qu'un seul commis d'administration pour quatre bâtiments à vapeur. Ce commis restera au port, d'où il dirigera l'ensemble du service en ce qui le concerne.

	DEMI-COMPAGNIE.	SUPPLÉMENT.
1 chirurgien-major.	»	1
1 maître mécanicien.	»	1
1 second maître mécanicien.	»	1
1 second maître de manœuvre.	1	»
1 second maître de timonnerie.	1	»
1 quartier-maître de manœuvre.	1	»
1 quartier-maître de canonnage.	1	»
1 quartier-maître charpentier ou calfat. . .	1	»
1 quartier-maître voilier.	1	»
1 fourrier.	1	»
4 chauffeurs.	»	4
30 matelots des trois classes (1).	30	»
13 apprentis marins.	13	»
2 mousses.	»	2
1 commis aux vivres du grade réglementaire. .	»	1
1 coq.	»	1
1 boulanger distributeur.	»	1
3 domestiques (2).	»	3
69	52	17

(1) Parmi les matelots embarqués il en sera désigné quatre pour le service d'aides chauffeurs. Il serait avantageux dans la pratique que le nombre des matelots ou apprentis marins fût au-dessous du complément réglementaire, de manière à ce que la force de l'équipage n'excédât jamais soixante-six hommes.

(2) Lorsque le commandant supérieur ou l'ingénieur seront embarqués, il sera passé un domestique à chacun d'eux.

Classification des passagers.

26. Les passagers seront divisés en trois classes : la première, composée des officiers supérieurs ; la deuxième, des officiers ordinaires et des voyageurs ayant couchette ; la troisième, des sous-officiers et soldats, et des passagers civils de l'avant.

27. Les passagers de première classe seront logés dans la partie affectée au commandant. Ceux de la seconde seront placés à la suite du carré des officiers, et ils occuperont les couchettes numérotées. Les dix premiers numéros appartiendront de droit aux passagers militaires, et les suivants seront réservés aux voyageurs à leurs frais. Si le nombre des officiers passagers était au-dessous de dix, on disposerait des places vacantes en faveur des passagers civils inscrits. Lorsqu'il y aura à bord des dames passagères, une cloison mobile, en toile montée sur cadre, séparera leur logement de celui des hommes.

28. Chaque couchette sera garnie d'un matelas enveloppé d'un étui en coutil, d'un traversin et d'une couverture ; ces objets seront fournis par la marine, et mis à la charge du chef de timonnerie.

29. Les passagers de la troisième classe seront logés sur le pont ou dans l'entre-pont du bâtiment, et couchés dans des hamacs garnis de leurs couvertures ; ces objets, fournis par la marine, sont à la charge du maître de manœuvre.

Nourriture des passagers.

30. Les passagers militaires ayant le grade ou le rang d'officier supérieur seront admis à la table du commandant du bâtiment.

31. Les passagers militaires du grade d'officier ou d'un rang assimilé à ce grade seront admis à la table de l'état-major.

32. Les sous-officiers et soldats, et les autres passagers militaires qui leur sont assimilés, recevront la ration de bord.

33. Les passagers voyageant à leurs frais devront pourvoir eux-mêmes à leur nourriture. Afin de leur procurer à cet égard toutes les facilités compatibles avec la tenue du bord, il y aura sur chaque bâtiment un pourvoyeur chargé spécialement du service des passagers et de la préparation de leurs aliments. Ce pourvoyeur sera muni de quelques approvisionnements, afin de pouvoir fournir aux personnes qui le désireront divers objets, tels que bouillon, café, rafraîchissements, etc.

34. Il sera affecté au pourvoyeur un local particulier pour loger ses ustensiles et ses provisions, et un fourneau pour la préparation des aliments.

35. Un tarif arrêté par l'administration locale réglera le prix des repas ou des rafraîchissements fournis par le pourvoyeur, ainsi que l'indemnité qui lui sera due par les passagers, pour rémunération des services qu'il sera appelé à leur rendre pendant la durée du voyage.

36. Le pourvoyeur sera choisi par le capitaine du bâtiment, qui le présentera au bureau des armements, pour être porté sur le rôle d'équipage à la simple ration sans solde.

37. Toute vente du pourvoyeur à l'équipage, et tout trafic de sa part avec l'agent des vivres sont sévèrement interdits, et devront être soigneusement réprimés.

38. Il est défendu, soit aux pourvoyeurs, soit aux passagers, d'embarquer des liqueurs spiritueuses.

Police des passagers.

39. Tous les individus admis comme passagers à bord des bâtiments à vapeur seront soumis aux mesures d'ordre et de police établies par les règlements en usage à bord des bâtiments de l'Etat. L'extrait du présent règlement, en ce qui concerne les passagers, sera affiché au bureau des revues, au bureau de la poste et au pied du grand mât du bâtiment.

Dispositions relatives à l'embarquement des passagers à leurs frais.

40. Le prix du passage (non compris la nourriture) à bord des bâtiments à vapeur de l'Etat sera établi d'après le tarif ci-après :

	PASSAGERS	
	de la 2e classe.	de la 3e classe.
De Toulon à Alger et réciproquement.	100 f. 00 c.	70 f. 00 c.
D'Alger à Bône.	56 00	37 00
D'Alger à Oran.	48 00	32 00
D'Alger à Bougie.	22 00	15 00
De Bougie à Bône.	33 00	22 00

41. Chaque passager sera admis à embarquer les effets à son usage, dont toutefois le poids ne devra pas excéder cent kilogrammes.

42. Tout transport de marchandises, même sous forme de bagages, est formellement interdit : pour prévenir à cet égard toute contravention, les malles et effets seront visités par le capitaine d'armes.

43. La perception du prix de passage, augmentée de la rétribution allouée au pourvoyeur, sera faite avant l'embarquement par le directeur de l'administration des postes, lequel délivrera au voyageur, sur le vu de son passeport, un bulletin d'embarquement extrait d'un cahier à souche, indiquant le numéro de la place qu'il devra occuper à bord, et les diverses conditions du passage.

44. La liste des passagers auxquels auront été délivrés des bulletins d'embarquement, sera remise, par le directeur des postes, à l'autorité maritime, la veille du départ de chaque bâtiment, avant trois heures de l'après-midi.

45. Une copie de cette liste sera donnée au commis d'administration du bord, auquel chaque passager devra remettre son bulletin d'embarquement.

Le ministre de la marine et des colonies, signé amiral DUPERRÉ. Approuvé : *signé* LOUIS-PHILIPPE.

£13 = 17 AOUT 1842. — Ordonnance du roi qui prescrit la publication de la convention de commerce conclue, le 16 juillet 1842, entre la France et la Belgique. (IX, Bull. DCCCCXXXVI, n. 10176.)

Louis-Philippe, etc., savoir faisons qu'entre nous et S. M. le roi des Belges il a été conclu à Paris, le 16 juillet de la présente année 1842, une convention de commerce dont les ratifications ont été échangées, également à Paris, le 10 de ce mois, et dont la teneur suit :

Au nom de la très-sainte Trinité, S. M. le roi des Français et S. M. le roi des Belges désirant maintenir et resserrer, en toute occasion, par la conciliation des intérêts respectifs, les liens d'amitié qui unissent les deux pays, et conclure, dès à présent, une convention propre à faciliter ce but, ont nommé pour leurs plénipotentiaires, savoir : S. M. le roi des Français, le sieur Antoine-Louis baron Desfaudis, officier de son ordre royal de la Légion-d'Honneur, maître des requêtes en son conseil d'Etat, et son ministre plénipotentiaire, revêtu de pleins pouvoirs spéciaux à ce sujet; et S. M. le roi des Belges, le sieur Firmin-François-Marie Rogier, chevalier de l'ordre royal de Léopold, décoré de la croix de Fer, officier de l'ordre royal de la Légion-d'Honneur, chevalier du nombre de l'ordre noble et distingué de Charles III, d'Espagne, conseiller de légation et chargé d'affaires de Belgique, revêtu de pleins pouvoirs spéciaux à cet effet; lesquels, après s'être communiqué leurs pleins pouvoirs, et les avoir trouvés en bonne et due forme, sont convenus des articles suivants :

Art. 1er. Les droits d'entrée en France sur les fils et tissus de lin ou de chanvre importés de Belgique par les bureaux situés d'Armentières à la Malmaison, près Longwy, inclusivement, seront rétablis tels qu'ils existaient avant l'ordonnance du gouvernement français du 26 juin 1842; et les droits d'entrée en Belgique sur les fils et tissus de lin ou de chanvre importés de France par la frontière limitrophe des deux pays seront maintenus tels qu'ils existent actuellement, sans que ces différents droits puissent être augmentés, de part ni d'autre, avant l'expiration du présent traité. Si, au contraire, les droits d'entrée en France sur les fils et tissus de lin ou de chanvre provenant de Belgique venaient à être réduits, une réduction semblable serait immédiatement introduite dans le tarif belge sur les mêmes articles de provenance française, de façon que les droits fussent uniformes des deux côtés à la frontière limitrophe. Le gouvernement de S. M. le roi des Belges s'engage d'ailleurs à appliquer, à l'entrée des fils et tissus de lin ou de chanvre par les frontières autres que celle limitrophe, des droits semblables à ceux qui sont ou pourront être établis par le tarif français aux frontières analogues : il n'y aura point d'autres exceptions à cet égard que celles qu'indique la loi belge du 25 février 1842, et qui seulement sont limitées par le présent traité à l'introduction en Belgique de *deux cent cinquante mille kilogrammes* de fils d'Allemagne et de Russie. Enfin, dans le cas où les droits d'entrée en France sur les fils et tissus de lin ou de chanvre importés par des frontières autres que celle limitrophe viendraient à être réduits de plus d'un sixième au-dessous de ceux fixés par l'ordonnance du 26 juin 1842, le gouvernement de S. M. le roi des Français s'engage à abaisser aussitôt, et dans la proportion de cet excédant de réduction, les droits d'entrée sur les fils et tissus importés par la frontière limitrophe, de telle façon qu'il y ait toujours, au moins, la proportion de *trois à cinq* entre les droits existant à cette dernière frontière et ceux existant aux autres frontières françaises.

2. Le gouvernement de S. M. le roi des Belges s'engage, en outre : 1º d'une part, à réduire le droit de douane sur l'importation des vins de France, tant par terre que par mer, à *cinquante centimes par hectolitre* pour les vins en cercles et à *deux francs par hectolitre* pour les vins en bouteilles ; d'une autre part, à réduire de *vingt-cinq pour cent* le droit d'accise maintenant existant sur les vins de France : bien entendu que, pendant la durée du présent traité ces droits de douane et d'accise, ainsi réduits, ne pourront être élevés, et que les vins d'aucune autre provenance étrangère ne sauraient être soumis, en Belgique, à des droits quelconques plus favorables que ceux acquittés par les vins de France ; 2º à réduire de *vingt pour cent* le droit actuel d'entrée sur les tissus de soie venant de France, sans que ce droit ainsi réduit puisse être augmenté, ni que les tissus de soie de toute autre provenance puissent, en aucun cas, être soumis, en Belgique, à des droits quelconques plus favorables que ceux appliqués aux tissus français, pendant la durée de la présente convention.

3. Le déchet alloué par la loi belge du 24 décembre 1829 ayant été reconnu insuffisant dans son application aux sels de France, il leur sera accordé, pour qu'ils puissent concourir, sous des conditions égales, à l'approvisionnement de la Belgique avec les sels de toute autre provenance, une déduction de *sept pour cent* pour déchet au raffinage, en sus de la déduction accordée ou à accorder à ces derniers sels ; et ceux-ci ne pourront d'ailleurs, pendant la durée de la présente convention, être soumis à des droits quelconques plus favorables que les droits imposés au sel de France.

4. Il y aura réciprocité de transit pour les ardoises des deux pays. Ce transit sera régi, de part et d'autre, par le tarif actuellement en vigueur en France. Le gouvernement belge s'engage à ouvrir au transit des ardoises françaises le bureau de Menin.

5. Les bateliers belges naviguant dans les eaux intérieures de la France continueront à y naviguer aux mêmes conditions que les bateliers français ; réciproquement, les bateliers français naviguant dans les eaux intérieures de la Belgique y navigueront aux mêmes conditions que les bateliers belges, sans être soumis à aucun droit extraordinaire de navigation ou de patente.

6. Chacune des deux parties contractantes convient de prohiber, sur son territoire, le transit de fils et tissus de lin ou de chanvre de provenance tierce et à destination du territoire de l'autre partie.

7. Si des augmentations aux droits actuels d'octroi ou autres des communes de Belgique venaient à altérer le bénéfice pour la France des stipulations contenues dans les articles précédents, il suffirait de la simple déclaration du gouvernement français pour que, dans le délai d'un mois, le présent traité tout entier fût considéré comme résilié.

8. La présente convention sera ratifiée, et les ratifications en seront échangées dans le plus bref délai possible. Elle sera en vigueur pendant quatre années, à partir du jour de l'échange des ratifications ; et, si elle n'est pas dénoncée six mois avant son expiration, elle durera une année de plus et pourra ainsi se prolonger d'année en année à défaut de dénonciation faite dans le terme ci-dessus indiqué. En foi de quoi les plénipotentiaires respectifs ont signé la présente convention et y ont apposé leurs cachets. Fait double à Paris, le 16 juillet de l'an de grâce 1842. (L. S.) signé baron DEFFAUDIS. (L. S.) signé FIRMIN ROGIER.

24 JUILLET = 17 AOUT 1842. — Ordonnance du roi qui détermine la composition du conseil de famille de LL. AA. RR. le comte de Paris, prince royal, et le duc de Chartres. (IX, Bull. DCCCCXXXVII, n. 10179.)

Louis-Philippe, etc., vu l'art. 5 de l'ordonnance du 25 avril 1820 ; sur le rapport de notre garde des sceaux, ministre secrétaire d'Etat au département de la justice et des cultes, etc.

Art. 1er. Le conseil de famille de nos chers et bien-aimés petits-fils, Louis-Philippe-Albert d'Orléans, comte de Paris, prince royal, et Robert-Philippe-Louis-Eugène-Ferdinand d'Orléans, duc de Chartres, présidé par M. le chancelier, sera composé, indépendamment des princes de la famille royale qui ont atteint leur majorité, des personnes dont les noms suivent : M. le maréchal duc de Dalmatie; M. le maréchal comte Gérard ; M. le comte Portalis, premier président de la Cour de cassation ; M. Barthe, premier président de la Cour des comptes ; M. Dupin, procureur général à la Cour de cassation.

2. Notre ministre de la justice et des cultes (M. Martin du Nord) est chargé, etc.

16 = 20 AOUT 1842. — Ordonnance du roi concernant la perception de l'impôt sur le sucre indigène. (IX, Bull. DCCCCXXXVIII, n. 10181.)

Louis-Philippe, etc., vu l'art. 3 de la loi du 18 juillet 1837, qui a établi un impôt sur le sucre indigène; vu la loi du 3 juillet 1840 qui a modifié cet impôt, et celle du 11 juin 1842, qui autorise le gouvernement à faire de nouveaux réglements pour en assurer la perception ; vu les ordonnances réglementaires des 4 juillet 1838 et 24 août 1840 ; voulant réunir dans un seul réglement les dispositions de ces ordonnances et celles dont l'expérience a fait de nouveau reconnaître l'utilité pour garantir la rentrée intégrale de l'impôt ; sur le rapport de notre ministre secrétaire d'Etat au département des finances ; notre conseil d'Etat entendu, etc.

TITRE Ier. — *Application du droit et formation des types.*

Art. 1er. Pour l'application des droits imposés sur le sucre indigène par l'art. 3 de la loi du 3 juillet 1840, il sera établi trois types par le ministre de l'agriculture et du commerce, sur l'avis de la chambre de commerce de Paris. Le premier type sera formé de sucre de nuance égale à celle du sucre brut autre que blanc des colonies françaises. Les deuxième et troisième types seront formés de sucres de nuances supérieures, et dont la valeur excédera, d'un sixième pour le second, et d'un tiers pour le troisième, celle du sucre au premier type.

2. Les types établis en exécution de l'article précédent seront déposés au greffe du tribunal de première instance du département de la Seine. Des types absolument semblables seront déposés, par l'administration des contributions indirectes, au greffe du tribunal de première instance de chacun des arrondissements dans lesquels il y aura une fabrique ou une raffinerie de sucre.

TITRE II. — *Obligations des fabricants.*

3. Toute personne qui voudra établir une fabrique de sucre indigène sera tenue, un mois au moins avant de commencer la fabrication, d'en faire la déclaration par écrit au bureau des contributions indirectes. Cette déclaration contiendra la description des locaux, ateliers, magasins et autres dépendances de la fabrique enclavés dans la même enceinte. A l'extérieur du bâtiment principal de l'établissement seront inscrits les mots : *Fabrique de sucre.*

4. Les fabricants de sucre seront tenus de déclarer, en outre, le nombre et la capacité des chaudières à déféquer, à concentrer et à cuire, des rafraîchissoirs, des cristallisoirs, des formes, des citernes et réservoirs, et généralement de tous les vases existant dans la fabrique et destinés à contenir des sucres, sirops ou mélasses. Les contenances seront vérifiées métriquement ; s'il y a contestation, elles le seront par empotement.

5. Le fabricant fera marquer distinctement tous les vases déclarés. Les formes d'une même grandeur seront désignées par la même lettre et composeront une série. Il en sera de même pour les cristallisoirs. Chacun des autres vaisseaux recevra un numéro d'ordre et l'indication de sa contenance en litres. Les lettres distinctives des séries, les numéros des vaisseaux et l'indication des contenances seront peints à l'huile, en caractères ayant au moins cinq centimètres de hauteur. Sur les cristallisoirs en zinc, il sera fixé, par des clous rivés, une tablette en bois destinée à recevoir les marques.

6. Il est défendu de changer, modifier ou altérer la contenance des chaudières, citernes et autres vaisseaux jaugés ou épalés, ou d'en établir de nouveaux, sans en avoir fait la déclaration par écrit au bureau de la régie vingt-quatre heures d'avance. Le fabricant ne pourra faire usage desdits vaisseaux qu'après que leur contenance aura été vérifiée, conformément à l'article précédent.

7. La régie des contributions indirectes est autorisée à exiger que les fabriques de sucre et leurs dépendances n'aient qu'une entrée habituellement ouverte. Les autres portes seront fermées à deux clefs ; une de ces clefs sera remise aux employés, et ces portes ne pourront être ouvertes qu'en leur présence. Elle pourra de même exiger que les jours et fenêtres donnant immédiate-

ment et directement sur la voie publique ou sur les propriétés voisines soient garnis d'un treillis de fer, dont les mailles devront avoir cinq centimètres d'ouverture au plus. Toutefois elle ne pourra requérir l'application de cette mesure aux jours et fenêtres des maisons d'habitation renfermées dans l'enceinte des fabriques qu'après une contravention constatée. Toute communication intérieure des lieux déclarés par le fabricant avec les maisons voisines non occupées par lui est interdite et devra être scellée.

8. Un local convenable, de douze mètres carrés au moins, sera disposé par le fabricant, sur la demande qui en sera faite par la régie, près de la porte d'entrée, pour servir de bureau aux employés. Il devra être pourvu de table, de chaises, d'un poêle ou d'une cheminée, et d'une armoire fermant à clef, afin que lesdits employés puissent, s'il y a lieu, s'y établir en permanence. Dans l'intérieur des fabriques où l'on raffine, il sera fourni, en outre, un local convenable pour le logement de deux employés au moins. Le loyer de ce bureau et de ce logement sera supporté par l'administration et fixé de gré à gré ou, à défaut de fixation amiable, réglé par le préfet.

9. Les fabricants de sucre ne pourront commencer leurs travaux qu'après accomplissement des obligations qui leur sont imposées par les articles précédents, et qu'après s'être munis d'une licence qui ne sera valable que pour un seul établissement et pour l'année où elle aura été délivrée. Le prix de la licence, fixé par l'art. 1er de la loi du 18 juillet 1837, sera exigible en entier à quelque époque de l'année que soit faite la déclaration.

10. Chaque année, et quinze jours au moins avant l'ouverture des travaux de défécation, le fabricant déclarera au bureau de la régie, 1° les heures de travail pour chaque jour de la semaine; 2° le procédé qu'il emploiera pour l'extraction du jus. Tout changement dans le procédé d'extraction du jus ou dans le régime de la fabrique, pour les jours et heures de travail, sera précédé d'une nouvelle déclaration. Lorsque le fabricant voudra suspendre ou cesser les travaux de sa fabrique, il devra également en faire la déclaration au même bureau.

11. Les fabricants tiendront deux registres imprimés sur papier libre, et que leur fournira gratuitement l'administration des contributions indirectes, pour servir aux inscriptions qui seront prescrites par les art. 12 et 13 ci-après. Ces registres seront cotés et paraphés par le directeur de l'arrondissement. Ils seront à toute réquisition, et à l'instant même de la demande, représentés aux employés, qui y apposeront leur visa.

12. Le premier registre servira à constater toutes les défécations au fur et à mesure qu'elles auront lieu, et sans interruption ni lacune. Le fabricant y inscrira, à l'instant même où le jus commencera à couler dans la chaudière, 1° le numéro de cette chaudière; 2° la date et l'heure du commencement de l'opération; 3° les quantités de sucres imparfaits, de sirops ou de mélasses qui seraient ajoutées au jus à déféquer. Il y inscrira, en outre, à la fin de la défécation, l'heure à laquelle elle aura été terminée. Lorsque le jus déféqué sera reposé, et à l'instant où le robinet de décharge sera ouvert, avant qu'aucune partie de ce jus soit enlevée de la chaudière, un bulletin contenant les mêmes indications que la déclaration sera détaché de la souche et jeté dans une boîte dont les employés auront la clef. Ce registre sera placé, ainsi que la boîte qui sert à déposer les bulletins, dans la partie de l'atelier de fabrication où se trouvent les chaudières à déféquer.

13. Le second registre présentera les résultats de la cuite et de la mise en forme des sirops. Le fabricant y indiquera, 1° l'heure à laquelle le sirop commencera à être retiré du rafraîchissoir et porté dans les formes ou cristallisoirs; 2° le nombre de formes ou de cristallisoirs de chaque série qui auront été remplis; 3° enfin l'heure à laquelle l'opération aura été terminée.

14. Aucune partie des sucres en cristallisation ne pourra être retirée des formes ou cristallisoirs qu'après que le poids en aura été vérifié par les employés, à la suite d'une déclaration faite la veille par le fabricant pour toutes les opérations du lendemain. Cette déclaration sera reçue par les employés exerçants, qui en délivreront une ampliation. La déclaration indiquera le nombre des formes ou cristallisoirs de chaque série qui devront être lochés; le fabricant ne pourra en extraire le sucre qu'après que les vaisseaux auront été démarqués par les employés.

15. Les fabricants sont soumis aux visites et vérifications des employés, conformément aux art. 235 et 236 de la loi du 28 avril 1816, et tenus de leur ouvrir, à toute réquisition, leurs fabriques, ateliers, magasins, greniers, maisons, caves et celliers, et tous autres bâtiments enclavés dans la même enceinte que la fabrique ou y attenant, ainsi que de leur représenter les sucres, sirops, mélasses et autres matières saccharifères qu'ils auront en leur possession.

16. La distillation des jus et sirops et la préparation de tout produit dans lequel le

sucre entrerait comme élément de fabrication sont interdites dans l'enceinte des fabriques de sucre. A l'avenir aucun appareil de distillation de mélasse ne pourra être établi dans ladite enceinte.

17. Tant qu'un fabricant conservera des betteraves, des sucres, des sirops, des mélasses ou autres matières saccharifères, la déclaration qu'il fera de cesser ses travaux n'aura pour effet de l'affranchir des obligations imposées aux fabricants de sucre, y compris le paiement de la licence, que s'il paie immédiatement les droits sur les sucres achevés, et s'il expédie les sucres imparfaits, sirops et mélasses sur un autre établissement, où ils seront soumis à la prise en charge.

Titre III. — *Mode d'exercice dans les fabriques.*

18. Il sera tenu par les employés, pour chaque fabrique, un compte général de fabrication et un compte particulier de magasin. Le compte de fabrication comprendra tous les produits de l'établissement et les quantités provenant de l'extérieur. Le compte de magasin ne comprendra que les sucres achevés, quelle qu'en soit l'origine.

19. Dans tous les comptes, les sucres achevés seront ramenés au premier type, en ajoutant, 1° un neuvième aux quantités de sucres comprises entre le premier et le deuxième type; 2° deux neuvièmes aux sucres du deuxième au troisième; 5° trois neuvièmes à ceux d'une nuance supérieure au troisième type et aux sucres en pains inférieurs au mélis ou quatre cassons; 4° enfin quatre neuvièmes aux sucres en pain mélis ou quatre cassons et aux sucres candis.

20. Le compte général de fabrication sera chargé, au minimum, de mille deux cent cinquante grammes de sucre au premier type, par cent litres de jus et par chaque degré du densimètre au-dessus de cent (densité de l'eau) reconnu avant la défécation, à la température de quinze degrés centigrades. Les fractions au-dessous d'un dixième de degré du densimètre seront négligées.

21. Le volume du jus soumis à la défécation sera évalué d'après la contenance des chaudières, déduction faite de dix pour cent. S'il a été ajouté au jus, soit à la macération, soit à la défécation, des sucres imparfaits, des sirops ou des mélasses, le volume en sera déduit de la capacité de la chaudière.

22. Les employés vérifieront et prendront en compte, à chaque exercice, le volume des sirops qui auront été versés dans les cristallisoirs ou dans les formes depuis l'exercice précédent; ils marqueront les formes ou cristallisoirs au moment de la prise en charge. En cas de soustraction de tout ou partie des sirops pris en compte, la contravention sera constatée par un procès-verbal, et la valeur des quantités soustraites sera calculée à raison de neuf kilogrammes de sucre au premier type par dix litres de sirop non représenté.

23. Tout fabricant qui voudra remettre en fabrication des sucres pris en charge au compte de magasin, et provenant du lochage ou restant encore dans les formes démarquées, sera tenu, pour éviter tout double emploi, de faire la veille, aux employés exerçants, une déclaration dans laquelle il indiquera, pour toute la journée du lendemain, 1° la nature et la quantité des sucres qu'il devra claircer ou refondre; 2° les vaisseaux dans lesquels ils seront contenus. Il sera procédé au claircage ou à la refonte desdits sucres en présence des employés, qui en constateront le poids et en donneront décharge au compte de magasin. Les sucres claircés seront repris en compte conformément à l'art. 22, et ils ne pourront être retirés des formes qu'après une nouvelle déclaration, ainsi que le prescrit l'art. 14 pour tous les sucres en cristallisation.

24. L'administration accordera un dégrèvement sur la prise en charge, toutes les fois qu'il résultera d'accidents, dûment constatés par les employés, qu'il y a eu perte matérielle de jus, de sirops ou de sucres.

25. Au mode de constatation des défécations réglé par l'art. 20, il pourra, par convention de gré à gré entre la régie et le fabricant, être substitué un abonnement assis sur un nombre déterminé de défécations par chaque jour de travail. Dans les fabriques où les procédés ordinaires de défécation ne sont pas suivis, l'évaluation des quantités servant de base à la prise en charge pourra aussi être faite de gré à gré entre la régie et les fabricants. En cas de fraude dûment constatée, les traités ainsi passés seront considérés comme non avenus et révoqués de plein droit.

26. Il sera fait annuellement trois inventaires dans chaque fabrique, pour la balance du compte général de fabrication. Le premier aura lieu avant l'ouverture des travaux de la campagne, à la suite de la déclaration prescrite par l'art. 10; le second, après la cessation des défécations, et le troisième, après la fin des travaux de repassage, et, au plus tard, le 31 juillet de chaque année. Lors des inventaires, les quantités de sucre au premier type contenues dans les sirops, mélasses et sucres impar-

faits, seront évaluées de gré à gré entre les employés et le fabricant. Les quantités de sucre formant excédant aux charges seront portées en compte comme produits de la fabrication; les quantités manquantes seront immédiatement soumises au droit.

27. Indépendamment des inventaires prescrits par l'article précédent, les employés pourront, à des époques indéterminées, arrêter la situation du compte particulier de magasin, et, à cet effet, vérifier par la pesée les quantités de sucres achevés existant dans la fabrique. Si le résultat de cette vérification fait ressortir un excédant, cet excédant sera saisi ; les manquants supérieurs à cinq pour cent des quantités prises en charge dans le mois et compris dans le décompte du mois et soumis au droit.

28. Il ne pourra être introduit de sucres indigènes ou exotiques, de sucres imparfaits, de sirops ou de mélasses, dans une fabrique, qu'en présence des employés et que sur une déclaration préalable faite par le fabricant au bureau de la régie. Ces sucres ne seront portés en compte que pour la quantité de sucre au premier type qu'ils représenteront, laquelle sera évaluée de gré à gré entre les employés et le fabricant.

29. Sont soumis aux mêmes obligations que les fabricants de sucre, sauf le paiement de la licence, ceux qui préparent ou concentrent des jus de betteraves. Il leur sera donné décharge des quantités de jus ou de sirops qui seront livrées pour la distillation ou expédiées à une fabrique de sucre, pourvu qu'elles aient été reconnues par les employés. Le compte des fabricants à qui seront expédiés des jus ou sirops en sera chargé, conformément aux art. 20 et 28 ci-dessus.

30. Les sucres achevés pourront être déposés, avec suspension du paiement du droit, dans les magasins que le fabricant possédera dans la commune où est située sa fabrique ou dans les communes limitrophes. La prise en charge des sucres sera effectuée dans ces magasins au vu de l'acquit-à-caution qui aura accompagné le chargement, et le compte sera suivi et réglé comme un compte particulier de magasin, conformément à l'art. 27. Les formalités prescrites pour la sortie des sucres des fabriques seront également observées pour l'enlèvement à la sortie des magasins de dépôt.

31. Seront saisis tous les sucres, sirops et mélasses recélés dans des magasins ou dépôts non déclarés et appartenant aux fabricants, dans les limites déterminées par l'article précédent.

TITRE IV. — *Formalités à l'enlèvement et à la circulation.*

32. Pour la perception du droit sur les sucres, la surveillance des préposés s'exercera à la circulation dans l'arrondissement où est située une fabrique et dans les cantons limitrophes de cet arrondissement, qu'ils soient ou non dans le même département. Les cantons composés de fractions d'une même ville seront, ainsi que leurs parties rurales, considérés comme ne formant qu'un seul canton.

33. Aucun enlèvement ni transport de sucres, de jus, de sirops ou de mélasses, quelle qu'en soit l'origine, ne pourra avoir lieu dans les limites déterminées par l'article précédent, qu'autant que le chargement sera accompagné d'une expédition délivrée au bureau de la régie. Les voituriers, bateliers et tous autres qui conduiront lesdits chargements seront tenus d'exhiber, dans le rayon soumis à la surveillance, et à l'instant même de la réquisition des employés des contributions indirectes, des douanes ou des octrois, les expéditions de la régie et les lettres de voiture dont ils devront être porteurs. L'exhibition des expéditions et des lettres de voiture sera également obligatoire à l'entrée de toutes les villes à octrois placées sur la route que le chargement devra parcourir jusqu'à destination.

34. Les sucres, sirops et mélasses ne pourront être enlevés des fabriques et magasins que de jour, et transportés que dans des colis fermés, suivant les usages du commerce. Les sacs devront avoir toutes les coutures à l'intérieur, et être d'un poids net uniforme de cent kilogrammes. Les autres colis pèseront net au moins cent kilogrammes ; néanmoins les sucres candis pourront être transportés en caisses de vingt-cinq kilogrammes.

35. Les sucres ne pourront sortir de la fabrique que, au préalable, le fabricant n'ait fait une déclaration au bureau de la régie, huit heures au moins avant l'enlèvement dans les villes, et vingt-quatre heures dans les campagnes, et qu'il ne s'y soit muni d'un acquit-à-caution. La déclaration et l'acquit-à-caution énonceront, 1° le nombre des colis; 2° leur poids brut et net ; 3° l'espèce et la nuance des sucres d'après les types ; 4° le jour et l'heure de l'enlèvement ; 5° la désignation du magasin ou de la fabrique d'où les sucres devront être enlevés ; 6° les noms, demeures et professions du destinataire et du voiturier, ainsi que la route qui devra être suivie.

36. Les chargements devront être conduits à la destination déclarée dans le délai

porté sur l'acquit-à-caution. Ce délai sera fixé en raison des distances à parcourir et des moyens de transport. Il sera prolongé, en cas de séjour en route, de tout le temps pendant lequel le transport aura été interrompu. Le conducteur d'un chargement dont le transport sera suspendu devra en faire la déclaration au bureau de la régie dans les vingt-quatre heures, et avant tout déchargement. L'acquit-à-caution restera déposé au bureau jusqu'à la reprise du transport ; il sera visé par les employés et remis au conducteur lors du départ.

37. Les employés procéderont, avant l'enlèvement, à la reconnaissance des sucres déclarés et à la pesée des colis, qui seront immédiatement plombés aux frais des fabricants ; ces frais sont fixés à vingt-cinq centimes par plomb, y compris la ficelle. Nonobstant la prescription de l'art. 35, la déclaration sera admise moins de huit ou de vingt-quatre heures avant l'enlèvement, lorsque le fabricant aura d'avance fait vérifier et plomber les colis.

38. Tout fabricant qui, sans avoir fait plomber les colis à l'avance, aura expédié les sucres avant l'heure déclarée pour l'enlèvement, sera, indépendamment de l'amende, tenu de payer le droit sur la quantité totale, au taux du tarif pour le sucre du troisième type, s'il ne raffine pas, ou au taux fixé pour les sucres en pains mélis ou quatre cassons, s'il est en même temps raffineur. Les fabricants pourront faire partir les sucres sans attendre la vérification, et sans encourir aucune surtaxe, si les employés ne se présentent pas avant l'heure déclarée pour l'enlèvement.

39. Les sucres imparfaits, sirops et mélasses, ne pourront être enlevés qu'à destination d'une autre fabrique, d'une distillerie ou à celle de magasins appartenant à des négociants ou commissionnaires, lesquels seront assujettis à l'exercice et au cautionnement, en conformité de l'art. 38 de la loi du 21 avril 1832, comme les entrepositaires de boissons. Les quantités ainsi expédiées seront soumises à l'enlèvement, aux formalités prescrites par les art. 35, 36 et 37 ci-dessus ; elles seront portées en décharge au compte de l'expéditeur, et prises en charge au compte du destinataire, après évaluation de gré à gré de la quantité de sucre au premier type qu'elles contiendront.

40. Tout négociant ou commissionnaire qui, aux termes de l'article précédent, aura reçu sans paiement de droits des sucres imparfaits, sirops ou mélasses, sera tenu d'acquitter la taxe fixée pour le sucre au premier type sur le poids réel, sans réfaction des quantités qui, lors des recense-

ments et inventaires, formeraient déficit sur les prises en charge.

41. Lorsque des sucres libérés d'impôt enlevés de tout autre lieu que d'une fabrique ou des magasins désignés en l'art. 30 devront circuler dans un rayon de fabrique, il sera délivré dans les bureaux de la régie, sur la justification du paiement du droit et sur la représentation des sucres, un acquit-à-caution pour régulariser le transport en franchise. Dans ce cas, il sera fait application des dispositions des art. 34, 35, 36 et 37. Néanmoins le transport des quantités de vingt à cent kilogrammes enlevées de chez les vendants en détail pourra être effectué avec un laissez-passer, qui sera délivré au bureau de la régie. Au-dessous de vingt kilogrammes, les quantités qui ne seront enlevées ni des fabriques, ni des raffineries de sucre, pourront circuler sans expédition.

42. Tout ce qui concerne les acquits-à-caution délivrés pour le transport des sucres, sirops et mélasses, sera réglé suivant les dispositions de la loi du 22 août 1791. Toutefois la peine encourue en cas de non rapport du certificat de décharge d'un acquit-à-caution ne sera que du simple droit, au lieu du double, lorsque déjà un droit aura été payé par l'expéditeur ou constaté à son compte. Le coût de chaque acquit-à-caution sera de vingt-cinq centimes, timbre compris.

43. Tout conducteur d'un chargement de sucres accompagnés d'un acquit-à-caution délivré par la régie des contributions indirectes sera affranchi de l'obligation de lever un passavant pour circuler dans les lignes soumises à la surveillance des douanes.

TITRE V. — *Paiement du droit.*

44. Les fabricants de sucre seront tenus de payer chaque mois les droits dus sur les quantités dont l'enlèvement aura été effectué, déduction faite de la tare réelle et d'une bonification de deux pour cent du poids net. Les sommes dues pourront être payées en obligations dûment cautionnées, à quatre mois de terme du jour où le droit sera exigible, pourvu que chaque obligation soit au moins de trois cents francs. Les fabricants qui voudront se libérer au comptant, au lieu de souscrire des obligations, jouiront, pour le temps que celles-ci auraient eu à courir, d'un escompte calculé à raison de quatre pour cent par an.

TITRE VI. — *Dispositions générales et pénalités.*

45. Pour la pesée des sucres dans les formes et cristallisoirs, pour les recense-

ments et les inventaires, ainsi que pour la vérification des chargements au départ ou à l'arrivée, les fabricants, les expéditeurs et les destinataires seront tenus de fournir les ouvriers, de même que les poids, balances et autres ustensiles nécessaires, à l'effet d'opérer la pesée et de reconnaître la nuance des sucres. Les fabricants seront tenus également de fournir aux employés les ouvriers, l'eau, les vases et ustensiles nécessaires pour vérifier, au moyen de l'empotement, la contenance des vaisseaux par eux déclarés.

46. Dans tous les cas où il y aura lieu d'évaluer la quantité de sucre au premier type contenue dans des sucres imparfaits, sirops ou mélasses, ou dans des sucres qui auront déjà été soumis à l'impôt, et lorsque la régie et le fabricant ne pourront s'accorder pour cette évaluation, il y sera, sur le vu des échantillons, procédé par deux experts que nommeront les parties, et qui seront choisis parmi les fabricants, raffineurs ou chimistes. S'il y a partage, les experts s'adjoindront un tiers expert pour les départager; s'ils ne s'accordent pas sur le choix, il y sera pourvu par le président du tribunal de première instance. Les frais de l'expertise seront à la charge de la partie dont la prétention aura été reconnue mal fondée.

47. Conformément à l'art. 2 de la loi du 11 juin 1842, toute contravention aux dispositions de la présente ordonnance sera punie des peines prononcées par l'art. 12 de la loi du 10 août 1839, lesquelles consistent dans l'amende de cent à six cents francs (art. 3 de la loi du 18 juillet 1837) et dans la confiscation des sucres, sirops et mélasses fabriqués, enlevés ou transportés en fraude.

48. Les contraventions aux dispositions des lois et règlements concernant la perception du droit imposé sur le sucre seront constatées et poursuivies dans les formes propres à l'administration des contributions indirectes.

49. Les ordonnances réglementaires des 4 juillet 1838 et 24 août 1840 sont et demeurent abrogées.

50. Nos ministres de l'agriculture et du commerce et des finances (MM. Cunin-Gridaine et Laplagne) sont chargés, etc.

16 = 20 AOUT 1842. — Ordonnance du roi portant répartition du crédit accordé par la loi du 11 juin 1842 pour les dépenses du ministère de la justice pendant l'exercice 1843. (IX, Bull. DCCCCXXXVIII, n. 19182.)

Louis-Philippe, etc., vu la loi de finances du 11 juin 1842, qui a ouvert un crédit de vingt millions trois cent quatre-vingt-treize mille huit cent soixante et quinze francs pour les dépenses du ministère de la justice pendant l'exercice 1843; vu les art. 151 de la loi du 25 mars 1817 et 11 de la loi du 29 janvier 1831; vu enfin les art. 35 et 36 de l'ordonnance royale du 31 mai 1838; sur le rapport de notre garde des sceaux, ministre secrétaire d'Etat de la justice et des cultes, etc.

Art. 1er. Le crédit de vingt millions trois cent quatre-vingt-treize mille huit cent soixante et quinze francs, accordé par la loi du 11 juin 1842 pour les dépenses du ministère de la justice, pendant l'année 1843, est réparti ainsi qu'il suit :

(Suit la répartition.)

2. Nos ministres de la justice et des cultes et des finances (MM. Martin du Nord et Laplagne) sont chargés, etc.

31 JUILLET = 22 AOUT 1842. — Ordonnance du roi portant autorisation de la société anonyme formée à Aniche (Nord), sous la dénomination de Société anonyme des mines de houille d'Azincourt. (IX, Bull. supp. DCXV, n. 16794.)

Louis-Philippe, etc., sur le rapport de notre ministre secrétaire d'Etat de l'agriculture et du commerce; vu les art. 29 à 37, 40 et 45 du Code de commerce; notre conseil d'Etat entendu, etc.

Art. 1er. La société anonyme formée à Aniche, arrondissement de Douai (Nord), sous la dénomination de Société anonyme des mines de houille d'Azincourt, est autorisée. Sont approuvés les statuts de ladite société, tels qu'ils sont contenus dans l'acte passé le 20 juin 1842, par devant Me Deledicque et son collègue, notaires à Lille, lequel acte restera annexé à la présente ordonnance.

2. Nous nous réservons de révoquer notre autorisation en cas de violation ou de non exécution des statuts approuvés sans préjudice des droits des tiers.

3. La société sera tenue de remettre, tous les six mois, un extrait de son état de situation au ministère de l'agriculture et du commerce, au préfet du département du Nord, à la chambre de commerce de Lille et au greffe du tribunal de commerce de Douai.

4. Notre ministre de l'agriculture et du commerce (M. Cunin-Gridaine) est chargé, etc.

Formation de la société, objet, durée.

Art. 1er. Il est formé, entre les comparants et toutes les personnes qui deviendront cessionnaires des actions dont il sera parlé ci-après, une société anonyme ayant pour objet l'exploitation des mines de houille existant dans le périmètre de la concession d'Azincourt, ainsi que la vente de leurs produits.

2. La société prend la dénomination de *Société anonyme des mines de houille d'Azincourt.*

3. Le siège de la société est établi à Aniche, arrondissement de Douai, département du Nord. Chaque actionnaire est tenu d'élire à Douai, à défaut de domicile réel dans cette ville, un domicile pour tous les actes relatifs à la société. Faute par un actionnaire d'avoir élu ce domicile, toutes significations et tous avis lui seront valablement adressés au parquet du procureur du roi.

4. La durée de la société est de quatre-vingt-dix-neuf ans, qui commenceront à la date de l'ordonnance royale qui l'autorisera.

Apport, fonds social.

5. Les comparants, aux noms qu'ils agissent, déclarent apporter et mettre en société, sous toutes garanties de droit, les objets ci-après, savoir : 1° la concession des mines de houille d'Azincourt, telle qu'elle est établie par l'ordonnance royale du 29 décembre 1840 et le cahier des charges y annexé; 2° la propriété de huit hectares cinquante-sept ares quatre-vingt-dix-sept centiares de terre, dont : cinq hectares cinquante-cinq ares soixante et douze centiares, au territoire d'Aniche, provenant des acquisitions faites de divers, par actes du 12 août 1838, devant Mᵉ Capon et Mᵉ Choque, notaires à Douai; du 9 octobre 1840, devant Mᵉ Debonte, notaire à Marchiennes; des 16 avril, 15 et 16 octobre 1841, devant Mᵉ Tailier, notaire à Douai; quatre-vingt-quatorze ares vingt-six centiares au même terroir, acquis de dame Rosalie Mortalette, veuve de Joseph Milliot, suivant contrat du 17 avril 1841, devant Mᵉ Debonte, notaire à Marchiennes; cinquante et un ares soixante-cinq centiares, au territoire d'Abscon, provenant d'acquisitions faites de divers, suivant actes, devant Mᵉ Mabille, notaire à Valenciennes, les 16 août, 13 et 16 septembre, 18 octobre, 17 et 23 décembre 1838; un hectare quinze ares, au même territoire, dans une pièce voisine de la route de Bouchain à Marchiennes, appartenant à M. Charles Plichon; dix-huit ares soixante et treize centiares, au territoire de Mastaing, formant l'angle des routes de Douai et de Marchiennes; enfin, vingt-deux ares soixante-sept centiares, au terroir d'Aniche, acquis de Isidore Herbager, par M. Deparis, suivant acte du 27 novembre 1838, devant Mᵉ Debonte, notaire à Marchiennes; 3° les routes, pavés, bâtiments d'exploitation, magasins, maisons d'ouvriers, écuries existant aux fosses dites d'Azincourt, d'Hordain, d'Étrœungt et n. 4; les quatre fosses ci-dessus désignées, avec les galeries et travaux qui y ont été pratiqués; les machines à vapeur, matériel et outils dont elles sont garnies ou qui existent en magasin; les approvisionnements de toute nature en magasin; trente mille hectolitres de charbon existant sur le carré des fosses; et la somme de trois cent vingt mille francs existant en caisse chez les banquiers de la société, ou due par clients; ainsi que le tout se trouvera détaillé en un inventaire qui sera dressé ultérieurement par le directeur de la société, et certifié par lui, lequel inventaire sera déposé ensuite des présentes; 4° le droit au bail des maisons louées pour le siège de l'administration et le logement des ouvriers.

6. Les comparants, au nom qu'ils agissent, déclarent que les immeubles ci-dessus mis en société sont francs, quittes et libres de toutes charges, dettes, obligations, priviléges et hypothèques; que la propriété en est régulièrement établie entre leurs mains, et que le prix en a été intégralement payé; ainsi que du tout ils s'obligent à justifier, par la remise à la société de tous titres, états de transcription, pièces de purges et autres à ce nécessaires. La société fera remplir, à ses frais, les formalités nécessaires pour la purge des priviléges et hypothèques, et s'il se trouve ou survient des inscriptions pendant l'accomplissement desdites formalités, les comparants s'obligent à en rapporter main-levée et certificat de radiation dans le délai de trois mois, à partir de la dénonciation qui leur en sera faite, et à supporter tous frais extraordinaires de transcription.

7. Les comparants ne seront valablement libérés, à raison de l'apport des immeubles mis en société, et les titres d'actions représentant la valeur de ces immeubles ne leur seront délivrés qu'après l'autorisation de la société, la remise des titres de propriété, la justification de l'entier paiement du prix d'acquisition des immeubles, l'accomplissement des formalités de la purge des hypothèques, et la radiation de toutes les inscriptions qui pourront exister sur lesdits immeubles.

8. Les objets ci-dessus détaillés forment le fonds social. Le fonds social est divisé en quinze cents actions, représentant chacune un quinze centième (1/1500) de toutes les valeurs qui composent l'actif social, et donnant droit à un quinze centième de tous les produits de la société.

9. Les actions sont nominatives et indivisibles. Elles sont extraites d'un registre à souche, et portant les numéros un à quinze cents. Elles sont revêtues de la signature de trois administrateurs et du timbre sec de la société. Les titres d'actions sont aliénables par le transfert opéré sur les registres de la société tenus à cet effet, et signé par le cédant ou son fondé de pouvoirs, conformément à l'article 36 du Code de commerce. La cession d'une action emporte, à l'égard de la société, la cession du dividende de l'année et des dividendes échus qui n'ont pas été touchés.

10. Les actionnaires ne peuvent, dans aucun cas, être soumis à un appel de fonds, ni passibles d'aucune perte au-delà du montant de leur intérêt dans la société.

11. Les quinze cents actions créées par le présent acte appartiennent aux personnes ci-après dénommées dans les proportions suivantes, savoir :

(*Suivent les noms.*)

Administration de la société.

12. La société est régie par un conseil d'administration composé, pour la première fois, de huit membres, lesquels rempliront les fonctions d'administrateurs pendant deux années, à partir de la date de l'ordonnance d'autorisation de la présente société, sans être soumis pendant cet espace de temps à renouvellement. Après ces deux années, le conseil sera entièrement renouvelé, et ne se composera plus que de cinq membres. Le conseil d'administration, ainsi réduit, se renouvelle chaque année par cinquième dans l'ordre et la date de nominations. Pour les quatre premières fois, le sort désignera le rang de sortie. Si, durant les deux années pour lesquelles le conseil comptera plus de cinq membres, quelques-uns des administrateurs venaient à décéder ou à se retirer, ils ne seront remplacés qu'autant que le nombre des administrateurs restants serait inférieur à cinq. En cas de vacance dans le cours d'une année, le conseil pourvoit provisoirement au remplacement, s'il y a lieu. L'assemblée générale, lors de sa première réunion, pro-

cède à l'élection définitive. L'exercice de l'administrateur ainsi nommé se borne au temps qui reste à courir sur l'exercice de son prédécesseur. Tout membre du conseil d'administration peut être réélu. Les administrateurs doivent posséder dix actions pendant la durée de leurs fonctions. Ces fonctions sont gratuites ; seulement il est alloué, par chaque séance, aux membres présents, un jeton dont l'assemblée générale détermine la valeur. Les administrateurs sont, en outre, remboursés sur état de leurs frais de voyages ordonnés dans l'intérêt de la société. Les administrateurs ne sont responsables que de l'exécution de leur mandat ; ils ne contractent, à raison de leur gestion, aucune obligation personnelle ni solidaire relativement aux engagements qu'ils prennent au nom de la société.

13. MM. (suivent les noms), exerceront provisoirement les fonctions d'administrateurs de la société, sauf confirmation par la première assemblée générale.

14. Le conseil d'administration a la gestion de toutes les affaires de la société ; il a à cet effet les pouvoirs les plus étendus. Il autorise spécialement les acquisitions, locations, échanges de terrain sans soulte, les constructions, les traités ou marchés, les transactions, les actions en justice tant en demandant qu'en défendant, les compromis ; enfin, mais avec l'assentiment de l'assemblée générale, les ventes, échanges avec soulte, les emprunts avec ou sans hypothèques, que les développements ou la marche du service pourraient rendre nécessaires. Le conseil d'administration nomme, suspend et révoque le directeur et tous les employés ; il fixe leurs traitements. Il peut conférer par délibération, à un ou plusieurs de ses membres, pour une ou plusieurs affaires déterminées, des missions spéciales de contrôle, autorisation, vérification, surveillance, à charge d'en rendre compte au conseil. Il peut convoquer l'assemblée générale quand il le juge utile. Le conseil d'administration choisit dans son sein un président et un secrétaire. Il se réunit le troisième dimanche de chaque mois au siége de la société à Aniche. Toutefois, les réunions peuvent n'avoir lieu que tous les deux mois à même époque, s'il ne juge pas des réunions plus fréquentes nécessaires. Le président peut convoquer le conseil toutes les fois qu'il juge convenable, et doit toujours le faire sur la demande écrite de deux administrateurs. Les délibérations du conseil sont consignées dans un registre spécial et signées par les membres présents. Le conseil ne peut délibérer qu'autant que la majorité au moins de ses membres concourt à la délibération ; ses résolutions sont prises à la majorité des votants. En cas de partage, la voix du président est prépondérante.

15. Le conseil d'administration a sous ses ordres un directeur et un agent comptable. Le directeur réside au siége de l'établissement. Il doit posséder et conserver pendant toute la durée de ses fonctions dix actions qui sont affectées à la garantie de sa gestion. Le directeur dirige les travaux d'exploitation, en se conformant aux règlements administratifs. Il présente au conseil d'administration toutes les propositions qui lui paraissent utiles à la société ; il fait dresser les bilans, inventaires, et tenir les livres prescrits par la loi ; il tient la correspondance, fait les recettes et en emploie les produits d'après les instructions du conseil ; il stipule et agit en justice au nom de la société sur les autorisations spéciales du conseil ; enfin il exécute les arrêtés du conseil d'administration, auquel il rend compte de ses actes. Le directeur est de droit la personne à désigner, conformément à la loi du 27 avril 1838, pour représenter la société vis-à-vis de l'administration. Le directeur tire, accepte, souscrit, endosse ou acquitte toutes lettres de change ou billets au nom de la société, avec le concours et la signature de l'agent comptable. Tous les mois le directeur fait un rapport au conseil sur la situation des travaux et opérations ; il lui remet le relevé des recettes et dépenses, celui des effets tirés ou acceptés pour compte de la société, l'état des extractions et ventes, enfin la situation de la caisse et du portefeuille, avec pièces à l'appui.

Assemblées générales.

16. L'assemblée générale se réunit chaque année, dans le courant du mois d'août, au siége de la société. Elle peut être convoquée extraordinairement dans l'intervalle si les affaires de la société l'exigent. L'assemblée générale représente l'universalité des actionnaires. Les délibérations prises sont obligatoires pour tous, même pour les absents. L'assemblée générale est présidée de droit par le président du conseil d'administration. Les fonctions de secrétaire sont remplies par l'un des actionnaires présents nommé par l'assemblée. Il est aussi nommé à chaque assemblée deux scrutateurs pour compléter le bureau et dépouiller les votes. Les procès-verbaux des assemblées générales sont consignés sur deux registres qui restent, l'un aux mains du président du conseil d'administration, l'autre au siége de la société, à la garde du directeur. Ces procès-verbaux sont signés par les membres du bureau.

17. L'assemblée générale prend communication des bilans et inventaires ; elle entend le rapport du conseil d'administration et ses propositions ; elle examine les comptes arrêtés par ledit conseil, les discute et les approuve, s'il y a lieu. L'assemblée générale peut nommer dans son sein une commission pour la vérification des comptes. Dans ce cas, elle se réunit de nouveau trente jours après sa première réunion pour entendre le rapport de sa commission. L'assemblée générale fixe la quotité des dividendes à répartir, sur la proposition du conseil d'administration ; elle autorise les ventes de terrain ou échanges de terre avec soulte, ainsi que les emprunts qui pourraient être jugés utiles.

18. Pour avoir entrée et voix délibérative aux assemblées générales, il faut être titulaire de cinq actions, ou représenter, par mandat spécial, d'autres actionnaires dont les actions réunies à celles du mandataire, s'élèvent à cinq actions Nul ne peut assister aux assemblées sans être actionnaire lui-même. Pour délibérer valablement, il faut, sauf l'exception ci-après, art. 19, que le quart au moins des actions soit représenté dans l'assemblée ; les délibérations sont prises à la majorité des voix. Si le nombre des actions voulu par le paragraphe ci-dessus n'est pas représenté, l'assemblée est convoquée à trente jours d'intervalle, dans les formes prescrites par l'art. 20 ci-après, et la nouvelle assemblée délibère valablement à la majorité des voix, quel que soit le nombre des actions alors représentées, mais seulement sur les objets à l'ordre du jour de la première assemblée. Chaque actionnaire assistant à l'assemblée exprime autant de suffrages qu'il possède ou représente de fois cinq actions, mais sans pouvoir réunir plus de cinq voix, tant pour lui que pour les actionnaires qu'il représente.

19. Dans le cas où il s'agirait de faire des changements ou modifications aux présents statuts, tous les actionnaires sans exception ont voix délibérative, et chaque action donne droit à une voix. L'assemblée générale ne peut délibérer dans ce cas qu'autant que les actionnaires présents réunissent au moins les deux tiers des actions. Les changements ou modifications doivent être votés par une majorité représentant au moins la moitié plus une de la totalité des actions ; ils ne sont exécutoires qu'après avoir été approuvés par le gouvernement.

20. Les convocations pour les assemblées, soit ordinaires, soit extraordinaires, ont lieu par annonces insérées dans un des journaux de chacune des villes de Paris, Lille, Valenciennes, Douai et Cambrai, désignés par le tribunal de commerce, en exécution de la loi du 31 mars 1833, il est de plus envoyé des circulaires au domicile réel ou élu des actionnaires.

INVENTAIRE.
Partage des produits, fonds de réserve.

21. Les comptes de la société sont établis au 30 juin de chaque année par les soins du directeur, et arrêtés par le conseil d'administration pour être soumis à l'approbation de l'assemblée générale. Il est opéré dans l'inventaire annuel une réduction proportionnée à la dépréciation réelle éprouvée par les machines et le mobilier d'exploitation, et qui ne peut, dans aucun cas, être de moins de cinq pour cent de la valeur de ces objets.

22. Une retenue de dix pour cent est faite en outre annuellement sur le montant des bénéfices nets pour former un fonds de réserve destiné à pourvoir aux dépenses d'accroissement de l'exploitation ou de grosses réparations. Elle peut être portée jusqu'à vingt-cinq pour cent par délibération motivée du conseil d'administration, sous l'approbation de l'assemblée générale. La retenue pour fonds de réserve a lieu jusqu'à ce que la réserve soit portée à trois cent mille francs. Lorsqu'elle atteint ce chiffre, la retenue cesse pour reprendre son cours, quand le fonds de réserve est inférieur à trois cent mille francs.

23. Le conseil d'administration fixe provisoirement le montant du dividende à répartir et l'époque de la répartition, qui ne pourra avoir lieu qu'après l'approbation des comptes par l'assemblée générale. Le dividende se paie aux lieux fixés par le conseil d'administration.

Liquidation de la société.

24. La société pourra être dissoute avant le terme fixé pour sa durée si des pertes ont réduit de moitié, sur le chiffre résultant de l'inventaire fait à la date de l'ordonnance d'autorisation, la valeur des biens, meubles et immeubles autres que la concession des créances, espèces, approvisionnements et charbons extraits formant l'avoir de la société Dans ce cas, la dissolution pourra être prononcée par l'assemblée générale réunissant les conditions établies à l'art. 19 des présents statuts. La dissolution aura lieu de plein droit, 1° si les pertes survenues ont réduit des trois quarts l'avoir social primitif déterminé comme il est dit ci-dessus ; 2° en cas d'épuisement de la mine. Dans le cas de dissolution, l'assemblée générale détermine le mode de la liquidation et nomme le liquidateur.

Cas de décès ou empêchement.

25. Les héritiers, représentants ou créanciers d'un actionnaire, à quelque titre que ce soit, ne pourront faire apposer de scellés sur les papiers ou valeurs de la société, ni provoquer aucun inventaire ou former opposition sur les deniers de la société. Ils devront se faire représenter par un seul d'entre eux, et admettre les comptes arrêtés en assemblée générale.

Arbitrage.

26. Toutes contestations entre la société et les actionnaires ou entre les actionnaires eux-mêmes, pour raison de la société, seront jugées à la majorité des voix par trois arbitres. Faute par les parties d'en faire et indiquer le choix dans la huitaine, d'un commun accord, il y sera pourvu, à la requête de la partie la plus diligente, par le tribunal de commerce de Douai, les parties renonçant alors au droit de nomination individuelle. Les arbitres décideront en dernier ressort et comme amiables compositeurs, sans être astreints aux formes et délais de la procédure.

---

31 JUILLET = 22 AOUT 1842. — Ordonnance du roi portant autorisation de la compagnie d'éclairage de la ville de Tours par le gaz. (IX, Bull. supp. DCXV, n. 16795.)

Louis-Philippe, etc., sur le rapport de notre ministre secrétaire d'État de l'agriculture et du commerce ; vu les art. 29 à 37, 40 et 45 du Code de commerce ; notre conseil d'Etat entendu, etc.

Art. 1er. La société anonyme formée à Tours (Indre-et-Loire), sous la dénomination de *Compagnie d'éclairage par le gaz, de la ville de Tours*, est autorisée. Sont approuvés les statuts de ladite société, tels qu'ils sont contenus dans l'acte passé le 25 juin 1842, par-devant Me Marcel et son collègue, notaires au Havre, lequel acte restera annexé à la présente ordonnance.

2. Nous nous réservons de révoquer notre autorisation en cas de violation ou de non exécution des statuts approuvés sans préjudice des droits des tiers.

3. La société sera tenue de remettre, tous les six mois, un extrait de son état de situation au ministère de l'agriculture et du commerce, au préfet du département d'Indre-et-Loire, à la chambre de commerce, et au greffe du tribunal de commerce de Tours.

4. Notre ministre de l'agriculture et du commerce (M. Cunin-Gridaine) est chargé, etc.

SOCIÉTÉ ANONYME.

TITRE Ier. — *Formation de la société, son but, son siège, sa durée, sa dénomination.*

Art. 1er. Il est formé entre tous les comparants, aux noms qu'ils agissent, une société anonyme, ayant pour objet spécial et exclusif, l'éclairage par le gaz hydrogène dans la ville de Tours.

2. Le siège de la société est fixé à Tours.

3. La dénomination de la société est : *Compagnie d'éclairage de la ville de Tours, par le gaz.*

4. Sa durée est de trente années, à compter du jour où une ordonnance royale l'aura autorisée, sauf le cas de dissolution prévu par l'art. 36 ci-après.

5. Toutes opérations qui ne se lieraient pas directement à ce qui fait l'objet de la présente société, lui sont formellement interdites.

TITRE II. — *Fonds social, actions.*

6. Les comparants déclarent sous toutes garanties de droit, apporter à la société tous les biens immeubles par leur nature ou leur destination, qui composent actuellement l'usine à gaz de Tours, ensemble les terrains sur lesquels les bâtiments qui en dépendent sont établis, ces terrains, d'une contenance de vingt-trois ares, et tous les objets mobiliers actuellement employés à l'exploitation de l'usine, ainsi que le tout est détaillé dans un procès-verbal dressé les 23 et 24 février 1842, par deux experts désignés par M. le préfet d'Indre-et-Loire, pour procéder à l'estimation des objets immobiliers et mobiliers, qui constituent l'usine à gaz de Tours. Cet apport est fait pour la valeur réduite de trois cent quarante-sept mille deux cent soixante et douze francs quarante-huit centimes (347,272 fr. 48 c.). Comme charge dudit apport, la société anonyme acquittera, jusqu'à concurrence de quarante-sept mille deux cent soixante et douze francs quarante-huit centimes, les dettes de la société en commandite (47,272 fr. 48 c.). Étant bien entendu que, dans le cas où ces dettes présenteraient un chiffre plus élevé, la société anonyme ne serait tenue qu'au paiement de cette somme de quarante-sept mille deux cent soixante et douze francs quarante-huit centimes; tout le surplus, dans ce cas, serait une charge personnelle de la société en commandite. Montant net de la mise sociale : trois cent mille francs (300,000 fr.). Les comparants déclarent qu'il reste dû, sur le prix de terrains sur lesquels l'usine est établie, une somme de huit mille francs, comprise dans les quarante-sept mille deux cent soixante et douze francs quarante-huit centimes de dettes que la société anonyme se charge d'acquitter; ils déclarent, en outre, que le surplus du prix d'acquisition des immeubles mis en société a été complètement soldé, et que lesdits immeubles sont francs et libres de toutes autres dettes que celles ci-dessus énoncées et de toutes hypothèques autres que celles qui peuvent résulter des créances que la société prend à sa charge, ainsi que de tout ils s'engagent à justifier par la production de tous titres à leurs frais. La société entrera en jouissance des biens apportés à compter du jour de son autorisation : elle en percevra les revenus et en supportera les charges à compter du même jour; elle remplira toutes les formalités nécessaires pour purger les immeubles apportés de tous priviléges et hypothèques, et si, pendant l'accomplissement de ces formalités, il se trouve ou survient des inscriptions grevant lesdits immeubles et résultant d'autres créances que celles que la société prend à sa charge, les comparants en rapporteront les certificats de radiation dans le délai de trois mois de la dénonciation, et ils supporteront tous frais extraordinaires de transcription. Les comparants ne seront valablement libérés du montant des actions qui leur sont attribuées à raison de leur mise en société, et les titres de ces actions ne leur seront délivrés qu'après l'autorisation royale, la remise des titres de propriété, la justification du paiement de la portion du prix d'acquisition qu'ils déclarent avoir acquitté, l'accom-

plissement des formalités de purge des hypothèques et la radiation de toutes les inscriptions qui pourraient grever les biens mis en société, et qui résulteraient d'autres créances que celles dont il a été parlé ci-dessus. Le fonds social, ainsi composé, est représenté par six cents actions donnant droit chacune à un six centième (1/600ᵉ) à la propriété du fonds social, ainsi qu'à l'avenir entier de la société et à ses bénéfices. Chaque action est de cinq cents francs. Les six cents actions sont attribuées aux comparants dans la proportion déterminée au tableau suivant, équivalant à celle de leur apport social. *(Suivent les noms.)*

Si les besoins de la société l'exigent, le fonds social pourra être augmenté au moyen d'une nouvelle création d'actions, qui ne pourront être émises au-dessous du pair, sur la proposition du conseil d'administration et par suite d'une délibération de l'assemblée générale, à la majorité des trois quarts en somme et des deux tiers en nombre des actionnaires appelés à voter, d'après les conventions qui seront ci-après arrêtées. La délibération ne sera exécutoire qu'après l'approbation du gouvernement.

7. Chaque action est indivisible; la société ne reconnaît aucune fraction d'action; en conséquence, lorsque, pour quelque cause que ce soit, une action sera devenue la propriété commune de plusieurs personnes, elles devront s'entendre entre elles pour désigner un seul titulaire de l'action.

8. En aucun cas le décès, l'absence, la faillite ou l'incapacité d'un actionnaire ne peuvent donner lieu à aucune apposition de scellés, inventaire, partage ou licitation.

9. Les actions sont nominatives et tirées d'un registre à souche et à talon; elles doivent être revêtues de la signature de l'un des trois administrateurs dont il sera ci-après parlé et du directeur.

10. La cession d'actions s'opère par une déclaration de transfert inscrite sur les registres de la société et signée du cédant ou de son fondé de pouvoirs.

11. La qualité d'actionnaire emporte de droit élection de domicile, pour tout ce qui concerne la société, dans la ville de Tours.

12. La cession d'une action donne au nouveau titulaire tous les droits qui profitaient au précédent porteur de l'action et l'assujettit aux mêmes charges. Elle lui confère la jouissance intégrale du dividende afférent au semestre pendant lequel la mutation a eu lieu et des dividendes antérieurs qui n'auraient pas été touchés, ainsi que la part revenant à l'action transmise dans tout l'actif de la société.

13. Les actions ne produisent aucun intérêt pendant toute la durée de la société; elles n'ont droit qu'aux dividendes, comme il sera dit ci-après.

TITRE III. — *Administration de la société.*

14. La société est administrée par un conseil composé de trois membres; chacun d'eux doit être titulaire de dix actions au moins. Il y aura également un directeur nommé par l'assemblée générale, sur la présentation du conseil d'administration.

15. Les fonctions des membres du conseil d'administration durent trois ans; ils sont nommés par l'assemblée générale au scrutin secret et à la majorité absolue des suffrages; en cas d'égalité de voix, la préférence est donnée au titulaire du plus grand nombre d'actions, et, si le nombre d'ac-

tions est égal, à l'actionnaire le plus âgé. Sont nommés membres de ce conseil, sauf confirmation par la première assemblée générale.

(Suivent les noms.)

16. Le conseil d'administration se renouvelle en entier, à l'expiration de chaque période de trois ans, chaque membre sortant peut être réélu ; en cas de décès ou de démission d'un membre du conseil d'administration, il est pourvu par les deux autres à son remplacement provisoire jusqu'à la plus prochaine assemblée générale qui procède au remplacement définitif ; les fonctions du membre nouvellement élu ne durent que le temps restant à courir de l'exercice de celui qu'il remplace.

17. Les membres du conseil d'administration choisissent entre eux un président et un secrétaire, dont les fonctions durent une année.

18. Les décisions du conseil d'administration doivent être prises par deux membres au moins, les délibérations sont écrites et signées sur un registre spécial, qui est mis sous les yeux des actionnaires à chaque assemblée générale annuelle.

19. Le conseil d'administration gère toutes les affaires de la société ; il est chargé de veiller à l'exécution des délibérations de l'assemblée générale, il passe les marchés, pourvoit aux dépenses d'entretien, de réparation et de reconstruction ; il règle et solde tous mémoires ; il fixe provisoirement, sauf l'approbation de l'assemblée générale, la quotité du dividende à répartir aux actionnaires ; il administre le fonds de réserve, il nomme et révoque tous les employés de la société (sauf ce qui va être dit à l'égard du directeur) ; il fixe leur traitement et leurs fonctions ; il peut traiter, transiger, composer, compromettre, plaider tant en demandant qu'en défendant devant tous tribunaux.

20. Les membres du conseil d'administration sont responsables de l'exécution de leur mandat, conformément à l'art. 32 du Code de commerce. Ils ne contractent, à raison de leur gestion, aucune obligation personnelle ni solidaire relativement aux engagements qu'ils prennent au nom de la société. Leurs fonctions sont gratuites.

21. Aussitôt que les affaires de la société pourront l'exiger, l'assemblée générale, convoquée par le conseil d'administration, nommera le directeur, chargé de veiller à tous les intérêts de la société, et de pourvoir à l'exécution des délibérations et arrêtés du conseil d'administration. Ce conseil peut proposer la destitution ou le remplacement du directeur, mais il ne peut être statué à cet égard qu'en assemblée générale ordinaire ou extraordinaire.

22. Le directeur ne peut souscrire aucune valeur au nom de la société, ni l'engager par des actes écrits, sans l'autorisation du conseil d'administration.

23. Le directeur est assujetti à un cautionnement de cinq mille francs ou de dix actions qui sont inaliénables pendant toute la durée de ses fonctions, jusqu'à l'apurement de ses comptes ; si le cautionnement est versé en argent, il sera immédiatement converti en rentes sur l'État. L'inscription sera faite au nom de la compagnie, avec mention de l'inaliénabilité pendant le temps ci-dessus fixé.

24. Le directeur assiste aux réunions du conseil d'administration, lorsqu'il y est appelé, et y a voix consultative ; il assiste également aux assemblées générales, mais il n'y a voix délibérative qu'autant qu'il est titulaire d'un nombre suffisant d'actions.

TITRE IV. — *Assemblées générales.*

25. Il y a chaque année, dans le courant de juillet, une assemblée générale. Les actionnaires sont prévenus, quinze jours à l'avance, par des lettres jetées à la poste et énonçant le motif de la convocation.

26. Les actionnaires, quel que soit le nombre d'actions qu'ils possèdent dans la société, ont droit d'assister aux assemblées générales, mais ils n'ont voix délibérative qu'autant qu'ils sont titulaires de trois actions au moins. Chaque nombre de trois actions donne droit à une voix, sans toutefois qu'un même actionnaire puisse avoir plus de huit voix. Les actionnaires absents peuvent se faire représenter par des mandataires munis de leurs lettres et pris parmi les actionnaires, un même mandataire ne peut réunir en sa personne plus de huit voix, de son chef ou de celui de ses commettants.

27. Les assemblées générales ont lieu à Tours.

28. Les délibérations ne sont valables qu'autant que la moitié plus une des actions y est représentée. Si, aux jours et lieu fixés par les lettres de convocation, il ne se trouve pas à l'assemblée un nombre suffisant d'actionnaires pour délibérer, la réunion est de plein droit ajournée à quinzaine. Les actionnaires absents reçoivent un nouvel avis ; à la seconde réunion, les actionnaires peuvent valablement délibérer en quelque nombre qu'ils se trouvent, mais les délibérations ne peuvent porter que sur les objets mis à l'ordre du jour de la première assemblée.

29. L'assemblée générale convoquée ainsi qu'il est dit ci-dessus représente tous les actionnaires, et délibère sur toutes les affaires de la société, qui lui sont soumises par le conseil d'administration. Elle choisit parmi les membres présents et à la majorité absolue des voix, un président, un secrétaire et deux scrutateurs. Ses décisions sont prises à la majorité des voix et sont obligatoires pour tous, même pour ceux qui n'y auraient pas concouru. Les procès-verbaux sont signés par les membres du bureau.

30. L'assemblée générale, dans sa réunion annuelle, entend le rapport du conseil d'administration sur la situation des affaires sociales, arrête les comptes et règle définitivement la quotité et la répartition du dividende ; elle arrête le budget des recettes et des dépenses de l'année courante ; elle procède, quand il y a lieu, au remplacement des administrateurs sortants, décédés ou démissionnaires ; enfin elle délibère sur toutes les questions d'amélioration qui peuvent lui être présentées par le conseil d'administration. Elle peut, si bon lui semble, choisir parmi ses membres, en dehors du conseil d'administration, trois commissaires chargés de vérifier les comptes et d'en faire un rapport, soit à l'assemblée annuelle suivante, soit à une assemblée extraordinaire provoquée par ces commissaires.

31. Indépendamment des assemblées générales tenues en juillet, il peut être convoqué des assemblées générales extraordinaires toutes les fois que cela est jugé nécessaire par le conseil d'administration. La convocation est faite comme il est dit en l'art. 25 des présents statuts.

32. Une assemblée générale aura lieu en juillet 1842, quel que soit alors l'intervalle de temps écoulé entre la constitution définitive de la société et le jour de la convocation.

TITRE V. — *Inventaire, partage des produits, fonds de réserve.*

33. Les comptes de la société sont arrêtés le 30 juin de chaque année par le conseil d'administration et le directeur.

34. Les bénéfices de la société, déduction faite des frais de toute nature, sont répartis entre les actions, mais seulement jusqu'à concurrence de moitié. L'autre moitié est retenue pour former un fonds de réserve, sans toutefois que ce prélèvement puisse excéder une somme annuelle de dix mille francs; le surplus, s'il y en a, s'ajoute à la portion à répartir entre les actionnaires.

35. Le fonds de réserve est placé en rentes sur l'Etat au nom de la société. Il peut être employé en augmentations et améliorations de l'usine. Lorsque, déduction faite des sommes ainsi employées et qui ne sont plus dès lors considérées comme valeurs de la réserve, le fonds de réserve placé en rentes et accru des arrérages qu'elles produisent a atteint le chiffre de cent mille francs, le prélèvement stipulé à l'art. 4 cesse d'être opéré au profit de ce fonds, et la totalité du bénéfice annuel est répartie entre les actionnaires. Le prélèvement reprend son cours, lorsque le chiffre du compte de réserve retombe au-dessous de cent mille francs. L'acquisition et l'aliénation des rentes sont faites au nom de la société par le conseil d'administration.

TITRE VI. — *Dissolution de la société, sa prorogation, sa liquidation.*

36. En cas de perte des trois quarts du capital social, la dissolution de la société sera obligatoire et devra être prononcée en assemblée générale; l'appréciation de la perte se déterminera par le dernier inventaire.

37. La liquidation de la société se fera par le conseil d'administration, assisté de deux commissaires nommés par l'assemblée générale à la simple majorité des voix, et pris dans le sein de l'assemblée.

TITRE VII. — *Contestations.*

38. Toutes contestations entre la société et les actionnaires ou entre les actionnaires eux-mêmes pour raison de la société, seront soumises à trois arbitres, sur le choix desquels les parties devront s'entendre dans la huitaine; dans le cas contraire, ils seront nommés à la requête de la partie la plus diligente par le président du tribunal de commerce de Tours; ces arbitres ne seront astreints à observer ni les délais, ni les formes de la procédure; ils prononceront comme amiables compositeurs, et leurs décisions ne pourront être attaquées ni par voie d'appel, ni par recours en cassation.

TITRE VIII ET DERNIER. — *Modification des statuts.*

39 et dernier. La société se réserve le droit de modifier les statuts, si cela devient nécessaire, par une délibération de l'assemblée générale réunissant au moins la moitié plus une des actions; ces modifications devront être approuvées de la manière prescrite au titre des assemblées générales, et ne seront exécutoires qu'après l'approbation du gouvernement.

---

31 JUILLET = 26 AOUT 1842. — Ordonnance du roi qui approuve les nouveaux statuts de la caisse d'épargne de Saint-Germain-en-Laye. (IX, Bull. supp. DCXVI, n. 16803.)

Louis-Philippe, etc., sur le rapport de notre ministre secrétaire d'Etat de l'agriculture et du commerce; vu notre ordonnance du 15 mai 1835, qui autorise la caisse d'épargne et de prévoyance de Saint-Germain-en-Laye et qui en approuve les statuts; vu les nouveaux statuts proposés à notre approbation; vu les lois des 5 juin 1835 et 31 mars 1857, relatives aux caisses d'épargne; le comité des travaux publics, de l'agriculture et du commerce de notre conseil d'Etat entendu, etc.

Art. 1er. Les nouveaux statuts de la caisse d'épargne de Saint-Germain-en-Laye, proposés par délibération de l'assemblée générale des fondateurs et directeurs de cette caisse, en date du 18 mars 1842, sont approuvés tels qu'ils sont contenus dans la délibération du conseil municipal de Saint-Germain-en-Laye, en date du 23 mars 1842, dont une expédition conforme restera déposée aux archives du ministère de l'agriculture et du commerce.

2. Notre ministre de l'agriculture et du commerce (M. Cunin-Gridaine), est chargé, etc.

---

31 JUILLET = 26 AOUT 1842. — Ordonnance du roi qui approuve des modifications aux statuts de la caisse d'épargne de Metz. (IX, Bull. supp. DCXVI, n. 16804.)

Louis-Philippe, etc., sur le rapport de notre ministre secrétaire d'Etat de l'agriculture et du commerce; vu l'ordonnance royale en date du 17 novembre 1819, portant autorisation de la caisse d'épargne et de prévoyance de Metz, et contenant les statuts destinés à la régir; vu notre ordonnance du 13 mai 1835, qui a approuvé diverses modifications auxdits statuts; vu les nouveaux changements proposés à notre approbation par délibération du conseil des administrateurs en date du 31 mai 1842; le comité des travaux publics, de l'agriculture et du commerce de notre conseil d'Etat entendu, etc.

Art. 1er. Les modifications aux statuts de la caisse d'épargne et de prévoyance de Metz, proposées par délibération du conseil des administrateurs de cette caisse, en date du 31 mai 1842, sont approuvées telles qu'elles sont contenues dans ladite délibération, dont une expédition conforme restera déposée aux archives du ministère de l'agriculture et du commerce.

2. Notre ministre de l'agriculture et du commerce (M. Cunin-Gridaine) est chargé, etc.

31 JUILLET = 26 AOUT 1842. — Ordonnance du roi qui autorise la cession d'une portion de terrain domanial à la ville de Toulouse. (IX, Bull. supp. DCXVI, n. 16805.)

Louis-Philippe, etc., vu la délibération du 29 janvier 1842, par laquelle le conseil municipal de Toulouse, département de la Haute-Garonne, a demandé, en faveur de cette ville, la concession, à titre onéreux, d'une surface de terrain de six mille quatre cent quatre-vingt-quinze mètres soixante et dix-neuf centimètres, à prendre sur l'avenue de l'école vétérinaire, à Toulouse, pour servir principalement au redressement projeté du canal du Midi, et, subsidiairement, au prolongement de l'allée Lafayette; vu le plan des lieux ainsi que le procès-verbal d'estimation contradictoire du 14 avril, portant que la portion de terrain à laquelle doit être limitée la demande de la ville contient en superficie six mille cent quatre-vingt-onze mètres cinquante-neuf centimètres, et que la valeur de cette portion est de six mille cent quatre-vingt-onze francs cinquante-neuf centimes; vu l'adhésion donnée à cette estimation par le conseil municipal, le 4 mai suivant; vu l'avis favorable du préfet de la Haute-Garonne et la lettre de notre ministre de l'agriculture et du commerce, du 23 décembre 1841; vu l'avis du conseil d'Etat approuvé le 21 février 1808, et l'art. 46 de la loi du 18 juillet 1837, sur l'administration municipale; considérant que la demande de la ville de Toulouse repose sur une cause d'utilité publique communale qui ne saurait être contestée; sur le rapport de notre ministre secrétaire d'Etat au département des finances, etc.

Art. 1er. Le préfet du département de la Haute-Garonne est autorisé à concéder à la ville de Toulouse six mille cent quatre-vingt-onze mètres cinquante-neuf centimètres de terrain, à prendre sur l'avenue de l'école vétérinaire, en la même ville, et désignés au plan des lieux ainsi que dans le procès-verbal d'estimation du 14 avril 1842 : ces pièces seront annexées à la minute de l'acte de cession.

2. La concession sera faite moyennant la somme de six mille cent quatre-vingt-onze francs cinquante-neuf centimes, qui sera payée par la ville de Toulouse à la caisse du domaine, dans les délais et avec les intérêts fixés par les lois des 15 et 16 floréal an 10 et 5 ventôse an 12. La ville supportera, en outre, tous les frais, y compris ceux d'expertise auxquels la cession a pu ou pourra donner lieu.

3. La portion de terrain à concéder qui sera employée au redressement projeté du cadal du Midi tiendra lieu, quant aux droits de propriété de l'Etat, de la portion du lit qui, par suite de ce redressement, restera à la disposition de la ville.

4. Pendant la durée des travaux, qui seront exécutés par l'administration du canal, et jusqu'à l'entier achèvement de ces travaux, les communications directes qui existent entre l'école vétérinaire et la ville de Toulouse seront maintenues sans aucune interruption.

5. Nos ministres des finances, de l'agriculture et du commerce, et de l'intérieur, (MM. Laplagne, Cunin-Gridaine et Duchâtel) sont chargés, etc.

7 = 27 AOUT 1842. — Ordonnance du roi portant que des cours d'instruction primaire supérieure seront annexés aux collèges y désignés. (IX, Bull. DCCCCXXXIX, n. 10184.)

Louis-Philippe, etc., sur le rapport de notre ministre secrétaire d'Etat au département de l'instruction publique, grand-maître de l'Université; vu la loi du 28 juin 1833, et spécialement l'art. 10 relatif aux écoles primaires supérieures; vu nos ordonnances en date du 21 novembre 1841 et du 21 avril 1842; vu les délibérations prises par les conseils municipaux des villes de Boulogne, Compiègne, Fontenay-le-Comte, Melun, le Puy, Riom et Valognes; vu l'avis du conseil royal de l'instruction publique; considérant que les conseils municipaux des villes précitées, en exprimant le vœu qu'il soit fait application aux collèges communaux desdites villes des dispositions de l'ordonnance du 21 novembre 1841, ont voté des allocations spéciales afin d'assurer l'établissement, près de ces collèges, de cours annexes d'instruction primaire supérieure, et ont pris l'engagement de comprendre la dépense nécessaire à cet effet dans le budget desdits collèges, etc.

Art. 1er. Des cours d'instruction primaire supérieure seront annexés au collège royal du Puy et aux collèges communaux des villes de Boulogne, Compiègne, Fontenay-le-Comte, Melun, Riom et Valognes.

2. Il sera pourvu aux frais d'établissement et d'entretien desdits cours d'instruction primaire supérieure au moyen des allocations votées à cet effet par les conseils municipaux des villes ci-dessus désignées, et, en cas d'insuffisance constatée desdites allocations, par des prélèvements sur les fonds départementaux ou sur les fonds de l'Etat spécialement affectés à l'instruction primaire.

3. Un instituteur primaire du degré supérieur devra être attaché à chacun des collèges mentionnés en l'art. 1er, à moins

que le chef ou l'un des fonctionnaires de cet établissement ne soit pourvu d'un brevet de capacité de ce degré. Ledit instituteur sera placé sous l'autorité du proviseur ou du principal, de même que les fonctionnaires qui pourront être chargés d'une partie des cours d'instruction primaire supérieure.

4. Notre ministre de l'instruction publique (M. Villemain) est chargé, etc.

18 = 27 août 1842. — Ordonnance du roi portant convocation des conseils généraux et des conseils d'arrondissement. (IX, Bull. DCCCXXXIX, n. 10185.)

Louis-Philippe, etc., sur le rapport de notre ministre secrétaire d'Etat au département de l'intérieur ; vu les lois du 22 juin 1833 et du 10 mai 1838 ; vu notre ordonnance du 3 juillet dernier, qui a fixé du 25 juillet au 5 août la durée de la première partie de la session des conseils d'arrondissement, etc.

Art. 1er. La session des conseils généraux de département, pour la présente année, s'ouvrira le 8 septembre et sera close le 22 du même mois dans tous les départements du royaume, à l'exception de celui de la Seine. La session du conseil général de la Seine aura lieu du 30 octobre au 13 novembre.

2. La seconde partie de la session des conseils d'arrondissement commencera le 29 septembre et se terminera le 5 octobre, excepté dans le département de la Seine où elle aura lieu du 18 au 22 novembre.

3. Notre ministre de l'intérieur (M. Duchâtel) est chargé, etc.

30 = 31 août 1842. — Loi sur la régence (1). (IX, Bull. DCCCCXL, n. 10188.)

(1) Présentation à la Chambre des Députés le 9 août (Mon. du 10) ; rapport par M. Dupin aîné le 16 (Mon. des 16 et 17) ; discussion les 18 et 19 (Mon. des 19 et 20) ; adoption le 20 (Mon. du 21), à la majorité de 310 voix contre 94.

Présentation à la Chambre des Pairs le 22 août (Mon. du 23) ; rapport par M. le duc de Broglie le 27 (Mon. du 28) ; discussion et adoption le 29 (Mon. du 30), à la majorité de 163 voix contre 14.

Voy. constitution des 3-14 septembre 1791, la loi des 22, 23, 24, 25, 26, 28 et 29 mars-12 septembre 1791, et les sénatus-consultes organiques du 28 floréal an 12 et du 5 février 1813.

Avant d'exposer les considérations qui ont déterminé à adopter les dispositions que renferme la loi, il est utile d'indiquer les circonstances dans lesquelles elle a été faite. Elles sont parfaitement connues de nos contemporains ; elles pourraient ne pas l'être aussi bien dans l'avenir et lorsque le présent acte serait invoqué comme un précédent. Dans la discussion même dont je vais présenter l'analyse, on a cité des exemples puisés dans notre histoire ou dans l'histoire des peuples voisins, et l'on a toujours cherché à les expliquer par les faits au milieu desquels ils se sont produits.

Mgr. le duc d'Orléans s'est tué le 13 juillet 1842 en tombant de sa voiture près du parc de Neuilly ; il était fils aîné du roi régnant et héritier présomptif de la couronne. Il avait trente et un ans et dix mois. Il a laissé deux enfants mâles en bas âge, le comte de Paris et le duc de Chartres ; le premier est né le 24 août 1838, le second le 9 novembre 1840. Le roi Louis-Philippe, son père, était dans sa soixante-neuvième année. Il avait quatre autres fils, le duc de Nemours, né le 25 octobre 1814 ; le prince de Joinville, né le 14 août 1818 ; le duc d'Aumale, né le 16 janvier 1822, et enfin le duc de Montpensier, né le 31 juillet 1824. Madame la duchesse d'Orléans appartient à la religion protestante.

« Messieurs, a dit M. le duc de Broglie dans son rapport à la Chambre des Pairs, le roi ne meurt point en France ; c'est l'excellence du gouvernement monarchique, que l'autorité suprême n'y souffre aucune interruption, que le rang suprême n'y soit jamais disputé, que la pensée même n'y puisse surprendre, entre deux règnes, le moindre intervalle d'attente ou d'hésitation. C'est par là surtout que ce gouvernement domine les esprits et contient les ambitions. La monarchie est l'empire du droit, de l'ordre et de la règle. Tout doit être réglé dans la monarchie ; tout ce qui peut être prévu raisonnablement doit l'être ; rien n'y doit être livré, par choix ou par oubli, à l'incertitude. En effet, la royauté est le support de l'Etat ; quand ce support vient à manquer tout s'écroule ; tout s'ébranle dès qu'il paraît chanceler. Nous l'avons éprouvé naguère. A l'instant où la main de Dieu s'est appesantie sur nous, où cette sagesse infinie dont les voies ne sont pas nos voies, à frappé la nation dans le premier né de la maison royale et moissonné dans sa fleur notre plus chère espérance, les cœurs se sont sentis glacés d'un secret effroi ; l'anxiété publique s'est fait jour à travers les accents de la douleur ; l'inquiétude était sur tous les fronts, en même temps que les larmes coulaient de tous les yeux. Chacun comptait, dans sa pensée, quel nombre d'années sépare désormais l'héritier du trône de l'âge où il pourra saisir d'une main ferme le sceptre de son aïeul et l'épée de son père ; chacun se demandait ce qu'il adviendrait d'ici là, si les jours du roi n'étaient pas mesurés aux vœux de ses peuples et aux besoins de l'Etat ; chacun interrogeait la Charte et regrettait son silence.

« L'inquiétude était légitime ; le regret était fondé. Rien néanmoins ne prouve mieux combien profondément la France a l'instinct de la monarchie, que cette appréhension si vive d'un péril douteux et lointain, en présence des puissantes et manifestes raisons de sécurité que le ciel nous conserve et qu'il serait ingrat de méconnaître. Le trône, occupé par un roi d'une rare sagesse, d'une expérience consommée et qui porte avec vigueur le poids des affaires sans ressentir en rien le poids des années ; aux pieds de ce trône, deux générations de jeunes princes, dont la première tient déjà ce que promettra bientôt la seconde ; un gouvernement constitutionnel éprouvé, toujours debout à la voix du roi ; toutes les vieilles illustrations du pays réunies dans la Chambre des Pairs ; l'ascendant des intérêts nouveaux, le progrès croissant des lumières, les exigences du moment actuel sincèrement représentées dans la Chambre élective ; une magistrature intègre et respectée ; une armée nombreuse, fidèle, brave ; au-dehors la paix affermie ; au-dedans, l'ordre, la prospérité, l'abondance ; que de garanties pour le présent et pour l'avenir ! Et cependant, nous le répétons, l'inquiétude était légitime, le mal était réel ; il était nécessaire, il était urgent d'y porter remède.»

On ne peut indiquer en termes plus élevés et plus justes le but de la loi actuelle.

Elle a pour objet de fixer en principe l'âge de la majorité du roi et de pourvoir, pendant les minorités ; à l'exercice et au maintien de l'autorité royale.

La Charte constitutionnelle de 1830, non plus que celle de 1814 ne contient aucune disposition sur ce grave sujet. La constitution de 1791 et le sénatus-consulte organique du 28 floréal an 12 l'avaient au contraire réglé d'une manière complète. C'est à la première de ces constitutions qu'ont été empruntées la plupart des dispositions qui composent la loi nouvelle.

« Pourquoi la constitution qui nous régit, a dit M. le duc de Broglie, n'a-t-elle pas tenu compte des chances de minorité ? Pourquoi n'a-t-elle pas statué, en pareil cas, sur la délégation de l'autorité royale, sur la garde et la tutelle de l'enfant-roi, sur l'âge où cet enfant devient homme et où le droit qui réside en lui passe en action ? Par une raison fort simple, Messieurs ; les constitutions ne sont point œuvre de spéculation ni de loisir : les constitutions vraies, réelles, celles qui fondent des gouvernements durables et n'aboutissent point à l'anarchie, ne s'élaborent jamais lentement sous l'influence des philosophes, sous la dictée des publicistes ; elles sont l'enfantement laborieux d'une crise sociale que leur mérite est de terminer en donnant raison au bon droit, en satisfaisant, autant qu'il se peut, à tous les intérêts légitimement, immédiatement engagés dans la lutte. Là se borne la mission du pouvoir constituant, si tant est que cette expression désigne quelque chose qui mérite de porter en droit public, un nom particulier. Les hommes que leur position, dans de telles circonstances, appelle à devenir en ceci les instruments de la Providence, quels que soient leurs titres et le rôle qu'ils ont joué sur la scène du monde : guerrier comme le premier consul en 1800 ; roi comme Louis XVIII er 1814 ; législateurs comme les Chambres en 1830, n'ont ni le temps ni peut-être le droit de prolonger arbitrairement et sans une nécessité absolue une situation violente, de tout risquer pour tout faire et de résoudre à priori des questions qui peuvent être sans danger prochain, sans dommage sérieux léguées à l'avenir. Ne leur demandez point une œuvre parfaite ; demandez-leur une œuvre qui dure : cela même est déjà bien difficile. Que serait-il arrivé, en 1830, si les Chambres au lieu de s'en tenir sagement à effacer de la Charte de 1814 quelques dispositions insidieuses, au lieu de s'en tenir à résoudre les vraies difficultés du moment ; si les Chambres, disons-nous, avaient entrepris de faire une nouvelle charte ou de refondre celle-là au creuset de la théorie, laissant, en attendant, le trône vacant, le pays sans gouvernement, l'armée

dissoute et l'émeute en permanence ? Vous le savez, Messieurs, et ceux qui reprochent aux Chambres de 1830 de n'avoir point commis cette faute insigne vous l'apprendraient par leurs regrets si vous aviez besoin de l'apprendre. »

Trois sortes d'objections ont été dirigées contre le projet de loi. Elles peuvent se résumer dans les assertions suivantes : la Chambre n'est pas en droit de faire une loi de régence, il faudrait pour cela des pouvoirs spéciaux, et recourir au pouvoir constituant. En second lieu, le projet de loi frappe les femmes d'une exclusion injuste ; enfin, c'est aux Chambres à désigner nominativement, c'est-à-dire à élire le personnage qui sera investi temporairement des attributions qui sont dévolues à la royauté.

Ces diverses propositions vont être successivement examinées.

Ceux qui ont contesté le droit des Chambres, c'est-à-dire du pouvoir législatif tel qu'il est organisé par la Charte, ont dit : La loi que nous sommes appelés à discuter n'est point une loi ordinaire. Son caractère ne peut être douteux pour personne ; la nature et l'importance des objets dont elle s'occupe, en font nécessairement, et quoi qu'on en dise, une loi fondamentale. De quoi s'agit-il, en effet ? De poser une condition à l'exercice du pouvoir royal, et de déterminer qui sera chargé de cet exercice pendant la minorité du roi. Ce sont là évidemment des points qui appartiennent essentiellement au domaine de la Charte. Les précédentes constitutions, celle de 1791 et le sénatus-consulte organique de floréal an 12 en font foi. Or, le pouvoir législatif ordinaire, tel qu'il est réglé par la Charte, n'existant que par elle et dans les limites qu'elle a fixées, ne peut ni la modifier ni ajouter à ses dispositions. Un pareil droit ne peut appartenir qu'au pouvoir constituant, c'est-à-dire à la souveraineté du peuple. Il y a donc lieu d'y recourir, soit en s'adressant aux assemblées primaires, et en se faisant délivrer des mandats spéciaux, soit en ordonnant que la décision du pouvoir législatif sera soumise à l'approbation des citoyens, conformément à ce qui a été fait en l'an 5, en l'an 8, en l'an 10, en l'an 12 et en 1815.

Cette théorie n'a pas été favorablement accueillie dans les Chambres et dans le public. Elle a été réfutée de la manière la plus complète par M. Guizot.

« Avons-nous, a-t-il dit, le droit de faire cette loi ?

« Question étrange à ne consulter que le simple bon sens ! Quand il survient dans la vie d'un peuple quelque circonstance extraordinaire, quelque grande question imprévue, par qui est-il bon qu'elle soit traitée et décidée ?

« Évidemment par les pouvoirs les mieux instruits des intérêts de la société, les plus exercés à la gouverner.

« Les premières conditions d'un bon gouvernement, c'est l'expérience et l'autorité que donne l'expérience éprouvée. Quand on a sous la main des pouvoirs qui réunissent ces conditions, les écarter au moment où vous avez le plus besoin d'eux, pour appeler un pouvoir extraordinaire, un pouvoir nouveau, c'est de la folie !

« Si des pouvoirs vous regardez aux affaires elles-mêmes, vous arrivez au même résultat. Quand une affaire extraordinaire survient, comment doit elle être traitée, résolue? Elle doit être mise, autant qu'il se peut, en harmonie avec l'état permanent et régulier de la société; elle doit être adaptée aussi promptement, aussi complétement qu'il se peut à ce qui était hier, à ce qui sera demain. L'esprit de suite, le ménagement prudent des transitions, le maintien de ce lien qui doit unir tous les actes, tous les jours de la vie de la société, c'est là une nécessité impérieuse. Il n'y a que les pouvoirs permanents, les pouvoirs habituels de la société qui soient en état, en disposition de résoudre les affaires avec cette mesure, avec ce bon sens, en tenant compte de tout, en adaptant leurs décisions aux intérêts permanents et réguliers de la société.

« Nous avons vu, nous sommes nous-mêmes un éclatant exemple de ce que je dis là. On a beaucoup parlé de la révolution de 1830. Pourquoi a-t-elle été si sagement faite, et pourquoi a-t-elle été politiquement accomplie si promptement et avec tant d'efficacité? Précisément parce qu'elle est entrée sur-le-champ dans la sphère et sous la main des pouvoirs réguliers et permanents de la société.

« Supposez, après les trois journées, une assemblée spéciale, une convention nationale convoquée pour accomplir politiquement la révolution de juillet : que serait devenue la France?

« Je n'hésite pas à le dire : la façon dont la révolution de juillet a été saisie et accomplie par les pouvoirs constitutionnels ordinaires, tels qu'ils pouvaient être alors, a fait le salut de la France, et fera sa gloire dans l'avenir.

« Et aujourd'hui, nous n'aurions pas le droit, nous, pouvoirs constitutionnels, établis, éprouvés depuis douze ans; nous n'aurions pas le droit de fonder une loi de régence, quand ils ont fait une royauté en 1830! Messieurs, cela choque le simple bon sens, cela est contraire aux plus évidentes leçons de l'expérience du monde et de la nôtre.

« On parle de principes, de la souveraineté nationale, de limites assignées au droit et à l'action du gouvernement même libre et constitutionnel.

« Si l'on veut dire par là que la société et le gouvernement ne sont pas une seule et même chose, que le gouvernement même libre et constitutionnel n'a pas le droit de tout faire, qu'il peut arriver tel jour, telle occasion où la société ait droit et raison de se séparer de son gouvernement, on exprime une grande vérité que j'admets pour mon compte pleinement, que de nos jours, après ce qui s'est passé en 1830, il n'y a pas grand mérite à reproduire, et qui n'est, en ce moment, d'aucune application.

« Mais si on prétend qu'il existe ou qu'il doit exister au sein de la société deux pouvoirs, l'un ordinaire, l'autre extraordinaire; l'un constitutionnel, l'autre constituant; l'un pour les jours ouvrables (permettez-moi cette expression), l'autre pour les jours fériés, en vérité, Messieurs, on dit une chose insensée, pleine de dangers et fatale. Le gouvernement constitutionnel, c'est la souveraineté sociale organisé. Hors de là, il n'y a plus que la société flottant au hasard, aux prises avec les chances d'une révolution. On n'organise pas les révolutions; on ne leur assigne pas leurs places et leurs procédés légaux. Aucun pouvoir humain ne gouverne de tels événements; ils appartiennent à un plus grand maître, Dieu seul en dispose; et quand ils éclatent, il emploie pour reconstituer la société ébranlée les instruments les plus divers.

« J'ai vu dans ma vie trois pouvoirs constituants : en l'an 8, Napoléon; en 1814, Louis XVIII; en 1830, la Chambre des Députés. Voilà la vérité; tout ce dont on vous a parlé, ces votes, ces bulletins, ces appels au peuple, ces registres ouverts, tout cela c'est de la fiction, du simulacre; cela n'est pas sérieux.

« Eh bien, ces trois pouvoirs constituants que nous avons vus, les seuls qui aient vraiment constitué quelque chose, quelque chose qui ait duré, avaient-ils été prévus? avaient-ils été organisés d'avance? Non, ils ont été des instruments entre les mains du grand maître.

« Soyez tranquilles, Messieurs, nous, les trois pouvoirs constitutionnels, nous sommes les seuls organes légitimes et réguliers de la souveraineté nationale. Hors de nous, il n'y a, je le répète, qu'usurpation ou révolution. »

Voici comment s'est exprimé, sur la même question, M. le duc de Broglie :

« Ce qui n'a point été fait en 1830, avons-nous le droit de le faire? Les questions que 1830 a léguées à l'avenir, avons-nous le droit de les décider? Les institutions qui manquent au pays, avons-nous le droit de les lui donner, ou bien faut-il recourir à quelque autre pouvoir que nous, à quelque pouvoir autre que le roi et les Chambres, autre que les pouvoirs régulièrement établis par la Charte, régulièrement exercés selon la Charte?

« Qu'est-ce à dire, Messieurs? Est-ce qu'il existe en France deux gouvernements, l'un manifeste et l'autre occulte; l'un placé sur le devant de la scène, agissant sous le bon plaisir de l'autre; l'autre sommeillant dans un lointain mystérieux, mais toujours prêt à se réveiller? Est-ce que la Charte de 1830 aurait, à son tour, quelque article à double entente, tenant en réserve pour les chances de l'avenir quelque chose d'antérieur, de supérieur à la Charte elle-même et aux autorités qu'elle institue? Non, Messieurs, cela n'est point; la Charte de 1830 n'a point d'art. 14; la transaction de 1830 a consommé le partage des pouvoirs publics; le contrat de 1830 a constitué la souveraineté nationale. Si ce grand acte n'est pas absolu, définitif; si, par de là la Charte, il subsiste autre chose que des individus qu'elle protége, des volontés qui lui sont soumises; si notre puissance a d'autres limites que la raison, la justice et la foi jurée, la Charte n'est qu'un mensonge; le roi ne règne pas; les Chambres, les corps élus, le corps électoral, tout est précaire et provisoire. En appeler de la souveraineté fondée et réglée par la Charte à quelque autre souveraineté, qu'on le sache ou non, c'est en appeler au nombre, à la force brutale; c'est prétendre organiser le désordre même et réaliser le néant. »

Au surplus, il a été déclaré de la manière la plus formelle qu'il s'agissait d'une loi ordinaire, révocable, et non point d'une annexe à la constitution, et participant de son immutabilité.

« En faisant un article de loi, a dit M. Thiers, nous faisons un acte révocable comme toutes les lois, et pouvant être modifié au gré du législateur à venir. Cela ne sera contesté par personne. J'espère que M. le rapporteur et MM. les ministres viendront le confirmer ici. (Marques d'assentiment au banc des ministres et de MM. les commissaires.) Nous faisons un article de loi révocable.

Voilà tout. » (Voy. Moniteur du 21 août, p. 1829, 3ᵉ colonne.)

« Nous ne faisons pas une Charte, mais une loi, a dit M. *Dupin;* une Charte est immuable, elle seule est immuable.

« Mais la loi qui vous est proposée n'a pas ce caractère indélébile; comme toutes les lois ordinaires, elle durera si elle est bonne; elle pourra être changée si elle entraîne des inconvéniens; mais nous la faisons avec la plénitude de notre droit, comme nos successeurs pourront, s'ils le veulent, la changer avec la plénitude du droit qui leur appartiendra. » (Moniteur du 21 août, p. 1832, 1ʳᵉ colonne.)

Cette première objection écartée, examinons les autres. Elles ont été, surtout au sein de la Chambre élective, l'objet de débats sérieux et animés. Elles consistaient, ainsi que je l'ai indiqué précédemment, à blâmer l'exclusion des femmes, et la préférence accordée au principe héréditaire sur le principe électif. On a dit que la loi qui adoptait ces deux bases était imprudente, odieuse, contre nature, et même qu'elle était un acte de timidité politique et de défiance contre les grands pouvoirs de l'État.

Avant d'entrer dans le fond du débat une explication me paraît nécessaire.

Ceux qui voulaient la régence des femmes n'entendaient point qu'elle leur fût déférée *à priori* en vertu d'une disposition générale, mais seulement qu'elles y fussent admissibles, qu'elles pussent y être appelées par les pouvoirs publics. Ils voulaient une régence élective, une loi de circonstance. Du reste, ils ne paraissent pas avoir été d'accord sur la question de savoir si, à la fin du règne actuel, l'exercice du pouvoir royal devait appartenir à la mère, ou au contraire à un des oncles du roi mineur.

L'assimilation que le projet prétend établir, ont-ils dit, entre la régence et le pouvoir royal n'a jamais existé dans l'ancienne monarchie. Le principe d'une régence héréditaire n'y a jamais été admis. Si l'on consulte les précédents historiques, que trouve-t-on? des régences déférées par le testament des rois ou bien créées ou confirmées par les parlements ou les états-généraux. Dans les grands États de l'Europe, la régence n'est point non plus héréditaire: il y a même ceci de remarquable qu'en Angleterre, ce sont les torys qui, en 1788, ont fait prévaloir le principe de l'élection. On comprend, en effet, que les peuples n'aient point voulu accepter deux fois le mystère de la capacité du hasard; jamais également l'exercice plein et entier de l'autorité royale n'a été confié au régent, car, à toutes les époques, ses pouvoirs ont eu des limites, soit par la désignation de certains actes qui lui étaient interdits, soit par l'existence d'un conseil sans lequel il ne pouvait agir.

La régence héréditaire, telle qu'on veut la constituer, est donc une dérogation antilibérale, et contraire même aux précédents de notre vieille monarchie et à la pratique universelle des grands États de l'Europe.

Si le principe d'élection, soit par le monarque, soit par les parlements ou les états-généraux, avait prévalu dans l'ancien régime, c'est-à-dire sous le gouvernement absolu, comment serait-il possible de le repousser aujourd'hui? Le principe contraire s'il était adopté formerait un contre-sens dans notre droit politique, fondé surtout sur le choix, l'élection; il enchaînerait l'avenir. Il serait, pour les pouvoirs publics, une source d'embarras si le prince appelé à la régence se trouvait indigne de l'exercer. Comment d'ailleurs priver les pouvoirs publics, le père de famille, si bon juge en pareil cas, d'une prérogative dont ils avaient joui jusqu'ici? Enfin, n'est-il pas sensible que le suffrage éclairé des représentants du pays sera pour celui qui aura été choisi un élément de force et d'autorité dont il serait imprudent de le priver?

A ces raisons on a opposé que la régence élective présenterait une partie des inconvénients attachés à la royauté élective, qu'elle ferait du régent un chef de parti; qu'elle compromettrait la dignité de la représentation nationale, soit en faisant de ses chefs les hommes de tel ou tel prétendant, soit du moins en les exposant aux soupçons les moins honorables; qu'elle affaiblirait le pouvoir royal, c'est-à-dire le principe stable au profit de l'élément démocratique, c'est-à-dire de l'élément mobile; qu'ainsi, elle changerait la distribution des forces entre les différents pouvoirs telle que la Charte l'a fixée, en un mot, romprait l'équilibre régulier; qu'une régence limitée produirait à peu près le même résultat; qu'enfin, les constitutions modernes, c'est-à-dire la constitution de 1791 et le sénatus-consulte de floréal an 12 ne l'ont point admise.

En faveur de la régence des femmes, on a invoqué également les précédents de l'ancien régime, où sur trente-deux régences vingt-six avaient été confiées à des femmes, puis le sénatus-consulte organique du 5 février 1813, lequel dérogeant au sénatus-consulte du 28 floréal an 12, déférait la régence à l'impératrice-mère dans le cas où l'empereur n'en aurait pas disposé, soit par acte de dernière volonté, soit par lettres-patentes (voy. art. 10). On a ajouté que ces précédents étaient parfaitement conformes aux saines doctrines de la politique. Qu'en effet, il était d'autant plus raisonnable d'investir la mère ou l'aïeule du roi mineur de la régence, que, loin d'avoir, comme les régents pris parmi les princes du sang, des intérêts en opposition avec ceux du roi mineur, les leurs sont au contraire identifiés avec ceux de leur fils; que, ne pouvant jamais arriver au trône, elles n'ont d'autre avenir que le sien, d'autre ambition que la sienne; que de cette manière, l'on évite les dissentiments qui peuvent s'élever entre le régent et la tutrice, et qui exerceraient une si fâcheuse influence sur les affaires du pays; que l'histoire de l'Europe nous apprend que sur vingt-huit régences d'hommes, de compétiteurs, de proches parents de pupilles couronnés, vingt-trois ont usurpé le trône qu'ils étaient chargés de conserver à leurs pupilles, tandis qu'il n'y avait qu'un seul exemple d'une mère qui eût trahi son fils; qu'enfin une régence de femme c'était le pouvoir au pays, le gouvernement dans le parlement, c'était la dictature de la nation à la place de la dictature d'un homme.

On objecte, ajoutent les partisans de cette opinion, que les régences sont des époques orageuses; qu'il faut un pouvoir fort, surtout au début d'une dynastie; que la main d'une femme ne pourrait pas tenir le sceptre; qu'il faut que celui qui tient le sceptre ait la puissance de tenir l'épée; que, dans les circonstances nouvelles où la liberté nous a placés, une régente serait en butte à cette licence de la presse qui ne respecte rien, qui dégrade tout, et qui mettrait toujours en question devant les populations l'autorité et le respect de cette puissance vénérable qu'on aurait voulu mettre à la hauteur d'une prérogative couronnée ; que la loi salique l'interdit ; que cette femme serait étrangère, et quelquefois d'une religion différente de celle de la majorité ; qu'enfin une femme, c'est une minorité pour couvrir une autre minorité.

Voici la réponse. Les femmes sont-elles donc indignes de porter le sceptre ? et leurs règnes et leurs régences sont-ils les moins glorieux dans l'histoire de l'Europe ? En France, n'avons-nous pas vingt-six régences féminines sur trente-deux, ce qui prouve en même temps que la loi salique ne leur était pas applicable. D'ailleurs, nous ne proposons point pour elles la régence de droit, nous voulons simplement qu'elles y soient admissibles, qu'elles puissent y être portées par le vote éclairé des pouvoirs publics.

Sans doute, une régente ne commandera pas l'armée. Mais si le commandement de l'armée par un roi ou par un régent présente des avantages, il n'offre pas moins d'inconvénients et surtout de difficultés : un régent ambitieux pourra se servir de cette voie pour usurper le trône.

Quant aux obstacles que le gouvernement d'une régente peut rencontrer, soit dans la liberté de la presse, soit dans la différence de nationalité et de religion, ils sont loin d'être aussi sérieux qu'on se l'imagine.

Chacun sait, en effet, que la liberté, ou pour parler exactement, la licence de la presse trouve en elle-même un correctif puissant, et, d'après nos mœurs, ses attaques seraient d'autant plus odieuses qu'elles seraient dirigées contre une femme. La différence de nationalité n'existe point en droit, personne ne saurait à contester à la mère du roi le titre de Française. Quant à la différence de religion, qui du reste n'existera pas toujours, elle ne saurait être un motif d'exclusion ; le choix d'une régente d'une religion autre que celle de la majorité serait au contraire un hommage rendu aux saines idées de tolérance qui prévalent aujourd'hui.

Malgré ces arguments, le système du projet a été maintenu ; pour le justifier, on a dit :

La régence est une royauté temporaire qui tient lieu de la royauté véritable durant la minorité du prince appelé à la couronne ; elle doit commencer à l'avènement de ce prince et cesser à sa majorité. Mais comment doit-elle être constituée ? Doit-elle être établie en principe de droit, d'après une règle simple et invariable, par une loi générale qui statue d'avance pour tous les cas ordinaires, et règle tout ce qu'il est donné à la prudence humaine de régler, ou, au contraire, par une loi spéciale qui désigne nominativement, dans chaque cas particulier le personnage appelé à la régence ?

La raison indique la réponse à cette question doit être puisée dans la nature même du gouvernement auquel il s'agit de prêter appui.

Si la régence est une royauté temporaire, la régence doit être formée à l'image de la royauté véritable. Les règles qui président à l'établissement de l'une sont celles qui doivent présider à l'établissement de l'autre. La présomption est du moins de ce côté ; jusqu'à preuve contraire, la présomption est en faveur de l'analogie. Pourquoi préférons-nous la monarchie à la république, le gouvernement héréditaire au gouvernement électif ? Parce que nous pensons, l'histoire à la main, que le plus grand des dangers pour un grand pays, c'est de vivre à l'aventure, de laisser l'autorité suprême flotter à tout vent d'opinion, de l'abandonner périodiquement en proie à la lutte des partis, à l'ambition des prétendants ; nous pensons, l'histoire à la main, que le dénoûment de ces luttes périodiques, ce n'est jamais le gouvernement du plus digne ; c'est toujours l'anarchie, la guerre civile ; c'est, en définitive, l'invasion étrangère, le démembrement, le partage. Si cette raison est décisive en faveur de la monarchie héréditaire elle est décisive en faveur de la régence légale c'est-à-dire de la régence réglée dans un ordre déterminé. La régence est, comme la royauté, l'exercice du pouvoir suprême. Si l'avènement du régent est séparé de l'avènement du roi mineur par un intervalle quelconque, s'il y a là quelque interruption, quelque incertitude, tout rentre en question, et l'anarchie frappe à la porte. Déclarez la régence élective aux approches de chaque minorité, vous verrez les partis se former, se grossir, se menacer ; vous verrez les prétendants lever la tête et jeter le masque. Le ministère ne sera plus pour les citoyens le dernier terme de l'ambition ; les orateurs puissants, les généraux aimés du soldat, porteront plus haut leurs regards et leurs espérances. La famille royale courra risque de se diviser ; admettent qu'elle reste unie, on ne le croira point ; on affirmera le contraire ; chaque parti s'arrogera le droit d'y chercher un chef, et de lui forcer la main s'il résiste. Le jour de l'élection venu, au sein des Chambres, quel vaste foyer d'intrigues et de cabales, quelle carrière ouverte aux insinuations perfides, aux personnalités outrageantes ! La presse, la tribune, les réunions publiques deviendront autant d'arènes où périront les réputations les mieux acquises. Les princes du du sang royal, ces princes éventuellement appelés au trône, comparaîtront sur la sellette ; leurs qualités, leurs défauts, leurs moindres actes, y seront passés au crible d'une polémique ardente, vindicative, impitoyable. S'ils succombent devant un simple citoyen, que deviendront-ils ? Celui d'entre eux qui l'emportera, s'il l'emporte seulement de quelques voix, que sera-t-il ? Que deviendra dans sa main débile la prérogative royale ? Si ce n'est pas l'héritier présomptif qui l'emporte (et pourquoi l'élection, si ce n'est pour que l'héritier présomptif puisse être exclu, flétri, marqué au front ?), où se cachera-t-il en attendant qu'il devienne roi, après avoir été déposé comme régent ? Si les Chambres ne peuvent s'accorder sur le choix du régent, point de régence, point de gouvernement, et l'État en pleine dissolution.

Il faudrait des motifs bien puissants pour s'exposer à de pareils risques ; il faudrait des avantages immenses pour compenser de pareils maux ; il faudrait au moins que les raisons qu'on peut alléguer contre le système de la régence légale ne fussent pas condamnées d'avance par l'existence même de la monarchie, et n'allassent pas directement contre le but qui porterait à faire intervenir l'élection.

Mais, dit-on, la régence légale enchaîne l'avenir ; si elle est adoptée, on ne pourra plus revenir à l'élection ; elle peut poser à la tête des affaires un prince incapable ; le régent, s'il est héritier présomptif du trône, sera peut-être tenté de l'usurper.

La régence légale enchaîne l'avenir : mais c'est

l'essence du gouvernement monarchique d'engager l'avenir en ce qui touche l'attribution de l'autorité suprême, de ne rien livrer sur ce point à l'entraînement des circonstances, à la fluctuation des opinions. Le bienfait de la monarchie, c'est d'assurer l'avenir : pour l'assurer, il faut l'engager ; qui ne se résigne point à cela, proteste, à son insu peut-être, contre la monarchie.

Elle peut porter à la tête des affaires un prince incapable. Sans doute, de même que l'ordre de successibilité pourrait faire de ce même prince un roi véritable. Telle est l'infirmité, telle est la misère de la condition de l'homme ici bas, qu'il n'a souvent le choix qu'entre deux dangers. Hasard pour hasard ; c'est la nature du gouvernement monarchique de préférer les chances paisibles de la naissance aux chances turbulentes de l'élection.

Mais le prince, s'il est héritier présomptif, pourra être tenté d'usurper. Soit : il y en a des exemples ; mais le régent élu peut être également l'héritier présomptif, et d'ailleurs ce danger existe au même degré de la part d'un régent qui aura été porté à la régence comme un chef de parti par le flot de l'élection populaire.

On oppose encore contre la régence légale les précédents de l'ancienne monarchie et l'exemple de l'Angleterre : la réponse est facile. Dans l'ancienne monarchie, le roi disposait de la régence comme il disposait de toute chose. En principe, selon sa sagesse, en fait, selon l'obéissance qu'il savait obtenir ou qu'il se trouvait en position d'exiger. D'ordinaire, le testament du roi réglait la régence. Le roi mort, son testament était invoqué ou déchiré, mutilé ou maintenu ; les intérêts des factions en décidaient ; la reine-mère, les grands de l'État, les corps politiques ou judiciaires entraient en lutte ; si la querelle s'envenimait, on tirait l'épée ; le plus puissant demeurait maître de la personne du jeune roi et gouvernait sous son nom. Nous n'avons rien là à imiter ni à regretter.

Quant à l'exemple de ce qui s'est passé en Angleterre en 1788, loin d'être favorable à la régence élective, il en fait ressortir au contraire les inconvénients.

C'était la première fois que la question de la régence s'engageait sérieusement ; rien n'était réglé sur ce point ; le roi Georges III était tombé en démence, le parlement avait à statuer seul et sans le concours de la couronne sur le principe à poser et sur l'application immédiate du principe. L'héritier présomptif était à la tête de l'opposition ; l'opposition déclara que le droit à la régence était virtuellement, implicitement inhérent à la qualité d'héritier présomptif ; l'opposition allait plus loin que la loi qui nous est aujourd'hui proposée ; le premier ministre de Georges III (Pitt), à demi renversé du poste qu'il occupait avec gloire, s'empara sur-le-champ du principe contraire ; en chef d'une opposition future, il s'empara du rôle populaire ; il fit prévaloir le principe de la régence élective et s'en servit pour limiter la prérogative royale, à l'instant où elle menaçait de passer dans les mains de son rival.

Il s'agissait donc là, non d'une question de principes, mais bien d'une question de portefeuilles.

Du principe d'assimilation de la régence à la royauté découlent comme conséquences naturelles, 1° la régence limitée aux membres de la famille royale ; 2° la régence déférée aux membres de la famille royale, à défaut l'un de l'autre dans l'ordre de successibilité réglé par la Charte de 1830 ; 3° l'exclusion des femmes. Ce dernier point nécessite quelques explications.

L'exclusion des femmes de la régence est un principe nouveau en France. Mais est-ce le seul ? La question qui doit nous préoccuper, d'ailleurs, n'est point de savoir s'il y a ou non innovation, mais seulement si cette innovation est sage et raisonnable.

Quoi qu'on dise, l'état de nos mœurs ne permet point de produire une femme sur la scène des affaires. La royauté n'est plus en France ce qu'elle était autrefois ; elle n'est plus l'objet d'un culte idolâtre ni d'un enthousiasme chevaleresque : l'affection qu'on lui porte est une affection sérieuse, solide, raisonnée ; on l'aime pour les services qu'elle rend, bien plus que pour les prestiges dont elle est entourée ; rien ne tempère l'austérité du devoir qu'elle impose ; il y faut payer de sa personne, se commettre avec les pervers, braver la calomnie, affronter les outrages, dévorer les dégoûts, se contenter de l'estime trop souvent silencieuse des gens de bien et de la reconnaissance des peuples qui n'éclate qu'à de rares intervalles. Ce n'est point là la vocation d'une femme. Livrée sans défense à toute la rudesse de la vie publique, une femme, quels que fussent son courage et sa sagesse, y succomberait ; elle n'y perdrait pas seulement son repos, son bonheur, sa vie, ce sont des biens auxquels il est permis de renoncer, elle y perdrait cette auréole de réserve, de modestie, de gravité pure et délicate qui fait sa vraie gloire, et qui ne se conserve même dans le palais des rois qu'à l'ombre de la famille. L'État, dans son intérêt, ne saurait exiger un tel sacrifice.

Ce n'est pas tout. La régence d'une femme n'imposerait pas aux factieux : il faudrait, pour repousser leurs tentatives, tendre outre mesure tous les ressorts de l'autorité, et il arriverait, chose singulière, que le gouvernement d'une femme serait plus sévère que celui d'un homme. La régente sera toujours étrangère, au moins d'origine, et quelquefois d'une religion différente de celle de la majorité. Cette double circonstance serait encore une cause d'embarras et de faiblesse. Les croyances religieuses de la majorité s'alarmeraient de voir sur le trône une régente professant une religion différente. Les idées de tolérance n'ont point encore fait autant de progrès qu'on l'imagine. Dans un moment de crise, sa qualité d'étrangère offrirait une arme puissante à l'esprit de parti. N'oublions pas que c'est à l'aide de ce mot que l'on désignait à la haine du peuple l'infortunée Marie-Antoinette.

Ajoutons qu'investir de la régence la mère ou l'oncle du roi mineur, c'est supprimer en fait la distinction si sage établie par le projet entre l'administration de l'État et la garde du jeune roi. C'est les faire tomber l'une et l'autre dans le domaine de la politique du jour, les soumettre aux mêmes vicissitudes. Chaque nouveau ministre, en arrivant au pouvoir, responsable pour la régente, et maître, à ce titre, de lui faire ses conditions, s'arrogerait peut-être le droit de contrôler l'éducation du roi, de la réformer suivant ses vues particulières, de la confier exclusivement à des hommes de son choix. Ce qui résulterait de ces exigences intéressées, de ces alternatives déplorables n'a pas besoin d'être expliqué. L'inquisition en serait odieuse et le mal irréparable.

Ces raisons suffisent pour faire rejeter la régence

Art. 1er. Le roi est majeur à l'âge de dix-huit ans accomplis (1).

2. Lorsque le roi est mineur, le prince le plus proche du trône, dans l'ordre de succession établi par la déclaration et la Charte de 1830, âgé de vingt et un ans accomplis (2), est investi de la régence pour toute la durée de la minorité (3).

3. Le plein et entier exercice de l'autorité royale, au nom du roi mineur, appartient au régent (4).

Il en est saisi à l'instant même de l'avé-

---

des femmes et admettre la régence légale telle qu'elle est réglée par le projet.

Un amendement présenté par MM. *Chapuys Montlaville, Delespaul et de St.-Albin*, et qui tendait à faire déférer, à la fin du règne actuel, la régence à la mère ou à l'aïeule paternelle du roi mineur a été repoussé.

Un autre amendement de M. *de Sade*, qui, tout en appelant les oncles du roi mineur à la régence, avait pour objet de la rendre temporaire, a été également écarté.

Quelques réflexions empruntées à M. le duc de Broglie doivent encore être rappelées ici.

« La loi qui vous est présentée, a dit l'honorable rapporteur, est courte et claire, parce qu'elle dérive d'un principe aussi simple que fécond, l'identité de la régence et de la royauté.

« Elle est excellente, parce qu'elle n'est autre chose que la Charte elle-même ; parce qu'elle n'a pas la prétention d'être plus sage que la Charte, de créer des distinctions là où il n'en existe point ; d'introduire en France des principes de gouvernement en guerre ouverte l'un contre l'autre, de greffer arbitrairement l'élection sur l'hérédité.

« Elle est complète, en ce sens qu'elle prévoit tous les cas qu'il est utile de prévoir, et suffit, pour un temps indéfini, à toutes les exigences appréciables du présent et de l'avenir. On peut aller plus loin, sans doute ; on peut inventer des cas imaginaires, combiner des hypothèses de fantaisie, se poser des problèmes singuliers ; demander, par exemple, ce qui arriverait si la famille royale venait à s'éteindre, si la famille royale ne comptait aucun prince apte d'être régent, si le roi mineur était le dernier de sa race ; à qui serait confiée la garde du roi mineur, s'il n'avait plus de mère, s'il n'avait plus d'aïeule, et ainsi à l'infini. Ce qui arriverait, Messieurs, le voici : on ferait ce que nous faisons maintenant ; les pouvoirs réguliers de la société veilleraient à ses intérêts et prendraient conseil des circonstances. Ce qui distingue les lois véritables, les œuvres de l'homme d'état, des spéculations de l'homme de cabinet, c'est précisément le sérieux, la sobriété, la réserve dans le choix des prévisions et des précautions ; la prudence humaine est renfermée dans des limites plus étroites que la pensée humaine ; les événements extraordinaires ne se soumettent point aux règles qu'on leur impose d'avance ; faisons chaque jour ce qu'il nous est donné de bien faire ; le lendemain prendra soin de lui-même. »

(1) « La majorité du roi est fixée à dix-huit ans ; c'est une époque intermédiaire entre l'ancienne règle de droit public qui fixait la majorité royale à quatorze ans et la règle de droit civil actuel qui fixe à vingt et un ans la majorité ordinaire. À quatorze ans, la raison de l'homme n'est pas encore formée. L'ancienne règle avait pris naissance dans le malheur des temps ; les minorités étant presque toujours, sous notre ancienne monarchie, des époques de trouble, d'agitation, de guerre civile, on croyait n'en pouvoir trop hâter le terme ; on espérait dans le nom du roi ; on se

flattait que les prétentions des grands de l'État s'abaisseraient devant ce nom ; on se flattait qu'en émancipant, même avant l'âge de raison, l'autorité royale, on l'affranchirait dans une certaine mesure ; qu'on rendrait par là plus de force et d'ascendant à ses organes réguliers, aux conseillers officiels de la couronne. Tout ceci est bien loin de nous, et sans application, grâce à Dieu, sous l'empire de la Charte, dans le siècle où nous vivons. A dix-huit ans, la raison de l'homme est formée ; il est en état de se conduire par lui-même, de veiller aux intérêts qui lui sont commis, d'avoir une volonté réelle, sérieuse, éclairée ; la loi civile le reconnaît, car elle permet de l'émanciper à cet âge ; elle lui permet la pleine et entière administration de sa fortune, et si elle le soumet encore, jusqu'à vingt et un ans accomplis, à consulter, dans certains cas, un conseil qu'elle lui désigne, ce sont des précautions qu'elle prend contre la fougue de l'âge et l'ardeur des passions. Ces précautions seraient superflues à l'égard du roi considéré dans ses rapports avec l'administration de l'État. Le roi ne fait rien sans conseil ; il n'agit que par l'entremise de ministres responsables ; il n'entreprend rien d'important sans le concours des Chambres. Prolonger jusqu'à vingt et un ans accomplis la minorité royale dans l'unique but de mettre la loi politique d'accord avec la lettre de la loi civile, n'aurait aucun avantage ; il en pourrait résulter de graves inconvénients, des dangers même très-réels. Entre un roi de dix-huit ans, naturellement impatient de régner, et un régent dont le pouvoir toucherait presque à son terme, il s'engagerait des luttes fâcheuses ; l'ascendant serait d'un côté, la décision serait de l'autre ; l'autorité royale serait divisée contre elle-même. Il vaut bien mieux la retirer au régent que de la laisser avilir ou dépérir entre ses mains. » (*Rapport de M. le duc de Broglie.*)

(2) M. *Odilon Barrot* a proposé l'âge de vingt-cinq ans adopté par la constitution de 1791 (art. 2, sect. 2, chap. 2), et l'art. 18 du sénatus-consulte organique du 28 floréal an 12. Cette proposition a été rejetée.

(3) « Le prince investi de la régence, a dit M. *Dupin*, l'est pour toute la durée de la minorité, c'est-à-dire qu'il ne peut pas en être dépouillé. Mais s'il vient à mourir, ou s'il se démet, en un mot, si son poste devient vacant, il est remplacé par le prince qui, après lui, réunit les conditions exigées par l'art. 2. Cela résulte nécessairement (mais je n'en dois pas moins vous le faire remarquer) de la règle générale et toujours agissante posée par cet article, qui, dans tous les cas où il y a minorité et tant qu'elle dure, appelle de droit à la régence le prince alors âgé de vingt et un ans, qui se trouve le plus près du trône dans l'ordre de succession établi par la déclaration et la Charte de 1830.

(4) Cet article règle les attributions du régent et détermine le moment où il en est investi.

« Sous l'ancienne monarchie, a dit M. *Dupin*, la régence était quelquefois accompagnée de restrictions. La nomination à certaines dignités consti-

nement (1).

4. L'art. 12 de la Charte et toutes les dispositions législatives qui protégent la personne et les droits constitutionnels du roi sont applicables au régent (2).

5. Le régent prête devant les Chambres le serment d'être fidèle au roi des Français, d'obéir à la Charte constitutionelle et aux lois du royaume, et d'agir en toutes choses dans la seule vue de l'intérêt, du bonheur et de la gloire du peuple français.

Si les Chambres ne sont pas assemblées, le régent fera publier immédiatement, et insérer au Bulletin des lois, une proclamation dans laquelle seront exprimés ce serment et la promesse de le réitérer aussitôt que les Chambres seront réunies (3).

Elles devront, dans tous les cas, être convoquées au plus tard dans le délai de quarante jours (4).

6. La garde et la tutelle (5) du roi mineur appartiennent à la reine ou princesse

---

tuées en titre d'office, et qui semblaient plus particulièrement attachées à la couronne ; la facilité de disposer capricieusement des finances et des domaines de l'État, avaient fait sentir le besoin de restreindre, sur ces divers points, le pouvoir accidentel et temporaire du régent. Le droit royal sommeillait, pour ainsi dire, sur cette partie des prérogatives de la couronne. Il n'en peut pas être ainsi sous le gouvernement constitutionnel qui nous régit. Les finances sont réglées chaque année par le budget, et chaque année aussi des comptes sévères doivent être rendus. Le domaine est placé sous la sauvegarde de la loi. Il n'y a plus de grands dignitaires, plus de grands officiers de la couronne : il n'y a que des fonctions publiques. Tous les pouvoirs constitutionnels sont définis et réglés par la Charte : l'accident de la minorité du roi ne doit apporter aucun changement, aucun affaiblissement dans leur action. Il faut que l'autorité royale soit aussi pleine et aussi forte dans les mains du régent que dans celles du roi. La prérogative doit être maintenue intacte ; elle doit être exercée dans toute sa plénitude par le régent. Tous ses actes doivent être faits au nom du roi ; mais, en cette forme, tous pourront l'être par le régent. Sans cela, l'équilibre constitutionnel serait rompu. Ce qui semblerait n'être ôté qu'au régent, serait de fait retranché à l'action de la royauté ; et, le dépôt de l'autorité royale cessant d'être intégral dans les mains du régent, qui garantirait à la couronne qu'elle se retrouverait, au terme de la régence, aussi forte que la constitution a voulu qu'elle le fût en tout temps? »

D'après le sénatus-consulte organique de l'an 12, les pouvoirs du régent étaient limités par rapport à certains actes. Il y avait également un conseil de régence. Voy. art. 23, 24 et 27. Le sénatus-consulte de 1813, tout en conservant le conseil de régence, accordait à la régente ou au régent la plénitude de l'autorité impériale. Voy. art. 11.

(1) Ajouté par la commission de la Chambre des Députés.

Ce paragraphe a été ainsi justifié par le rapporteur : « La force des pouvoirs publics consiste surtout dans leur perpétuité. La Chambre des Pairs est inamovible ; les pairs changent, mais la pairie ne meurt pas. La Chambre des Députés ne peut être valablement dissoute que sous la condition d'être immédiatement reconstituée. L'ordonnance de dissolution doit contenir l'ordonnance de convocation dans un délai déterminé. L'intervalle des sessions n'est, en réalité, qu'une prorogation : on devrait l'appeler ainsi. A plus forte raison le pouvoir royal, puisqu'en lui réside le principe d'action du pouvoir social, n'admet pas d'intermission. De là ces belles formules consacrées par nos ancêtres, et qui conservent encore tout leur empire

aujourd'hui : *En France le roi ne meurt jamais ! Le roi est mort, vive le roi !* — Le dernier soupir du prince qui va quitter le trône se confond ainsi avec le premier acte de la vie royale de son successeur.

« Cette perpétuité du pouvoir royal, qui n'admet pas un seul instant d'interruption, même par la pensée, fonde la sécurité des peuples. Elle ne comporte pas d'intervalle où l'obéissance puisse hésiter, pas de lacune où les factions puissent essayer de se faire jour. Eh bien, ce qui existe de roi à roi pour la transmission de plein droit de la couronne et de l'autorité royale, aura lieu à l'égard du régent pour l'exercice de cette autorité, et, s'il vient à manquer, la même règle aura lieu pour celui que la loi désigne pour le remplacer. C'est ainsi, Messieurs, que la loi aura répondu à ces paroles prononcées par Sa Majesté dans cette enceinte, le 26 juillet, au moment de notre première réunion : « Il faut que la France, que la monarchie consti- « tutionnelle ne soient pas *un moment* exposées à « une interruption dans l'exercice de l'autorité « royale. » (*Rapport de M. Dupin.*)

(2) M. *de Tracy* avait demandé que le droit de commander les armées n'appartînt pas au régent ; qu'il pût seulement lui être confié par une loi spéciale et temporaire. Cet amendement a été écarté.

(3) Ajouté par la commission de la Chambre des Députés. Voy. également le § 2 de l'art. 12. sect. 2, chap. 2 de la constitution de 1791.

(4) Le projet portait « trois mois. » Ce délai a été réduit par la commission. M. *Beaumont* (de la Somme) avait proposé *vingt jours*. Cet amendement n'a pas été adopté.

(5) « Le mot *tutelle* employé seul, a dit M. *Dupin*, eût semblé n'indiquer que les soins vulgaires des tutelles civiles. *La garde*, expression consacrée en pareille circonstance, et qui même était seule employée par la constitution de 1791, exprime surtout la vigilance spéciale, la haute sollicitude dont la personne du jeune roi doit être entourée. »

La commission de la Chambre des Pairs a donné une explication qui paraît, au premier abord, différer de celle qui précède, mais qui, au fond, est entièrement conforme. Voici les paroles du rapporteur. « La garde signifie ici l'éducation du jeune roi ; c'est là le sens principal de ce mot par opposition au mot tutelle qui ne s'applique qu'à la gestion des intérêts domestiques. »

De là on pourrait conclure que c'est la garde seule et non la tutelle qui est confiée à la mère du roi ; mais, après avoir signalé les inconvénients qui résulteraient de la réunion des qualités de gardienne et de régente dans la même personne, M. *de Broglie* a ajouté :

« Dans le projet de loi qui vous est soumis, au contraire, la distinction est clairement posée ; les domaines sont séparés par une ligne de démarca-

sa mère, non remariée, et, à son défaut, à la reine ou princesse son aïeule paternelle, également non remariée (1).

21 = 31 AOUT 1842. — Ordonnance du roi qui autorise la publication des bulles d'institution canonique de M. Naudo, pour l'archevêché d'Avignon, et de MM. Regnier, Bardou et Berthaut, pour les évêchés d'Angoulême, de Cahors et de Tulle. (IX, Bull. DCCCCXL, n. 10189.)

Louis-Philippe, etc., sur le rapport de notre garde des sceaux, ministre secrétaire d'Etat au département de la justice et des cultes; vu les art. 1er et 18 de la loi du 8 avril 1802 (18 germinal an 10); vu le tableau de circonscription des métropoles et diocèses du royaume annexé à l'ordonnance royale du 31 octobre 1822; vu notre ordonnance du 26 avril 1842, qui nomme M Bardou, curé de St.-Amans-la-Bastide, à l'évêché de Cahors; vu nos diverses ordonnances du 15 juin 1842, qui nomment 1° M. Naudo, évêque de Nevers, au siége métropolitain d'Avignon; 2° M. Régnier, vicaire général capitulaire d'Angers, à l'évêché d'Angoulême; 3° M. Berthaut, chanoine de Limoges, à l'évêché de Tulle; vu les bulles d'institution canonique accordées par Sa Sainteté Grégoire XVI auxdits archevêque et évêques; notre conseil d'Etat entendu, etc.

Art. 1er. 1° La bulle donnée à Rome près Sainte-Marie-Majeure, le 11 des calendes d'août (22 juillet) de l'année de l'incarnation 1842, portant institution canonique de M. Naudo (Paul), pour le siége métropolitain d'Avignon; 2° la bulle donnée à Rome près Sainte-Marie-Majeure, le 11 des calendes d'août de l'année de l'incarnation 1842, portant institution canonique de M. Regnier (René), pour le siége épiscopal d'Angoulême; 3° la bulle donnée à Rome près Sainte-Marie-Majeure, le 11 des calendes d'août de l'année de l'incarnation 1842, portant institution canonique de M. Bardou (David), pour le siége épiscopal de Cahors; 4° la bulle donnée à Rome près Sainte-Marie-Majeure, le 11 des calendes d'août de l'année de l'incarnation

1842, portant institution canonique de M. Berthaut (Jean-Baptiste-Léonard), pour le siége épiscopal de Tulle; sont reçues et seront publiées dans le royaume en la forme ordinaire.

2. Lesdites bulles d'institution canonique sont reçues sans approbation des clauses, formules ou expressions qu'elles renferment et qui sont ou qui pourraient être contraires à la Charte constitutionnelle, aux lois du royaume, aux franchises, libertés et maximes de l'Eglise gallicane.

3. Lesdites bulles seront transcrites en latin et en français sur les registres de notre conseil d'Etat, mention de ladite transcription sera faite sur l'original par le secrétaire général du conseil.

4. Notre ministre de la justice et des cultes (M. Martin du Nord) est chargé, etc.

30 AOUT = 1er SEPTEMBRE 1842. — Proclamation du roi qui proroge la session de 1843 de la Chambre des Pairs et de la Chambre des Députés. (IX, Bull. DCCCCXLI, n. 10191.)

Louis-Philippe, etc.

La session de 1843 de la Chambre des Pairs et de la Chambre des Députés est prorogée au 9 janvier 1843. La présente proclamation sera portée à la Chambre des Pairs par notre président du conseil, ministre secrétaire d'Etat au département de la guerre; par notre garde des sceaux, ministre secrétaire d'Etat au département de la justice et des cultes, et par nos ministres secrétaires d'Etat aux départements de l'instruction publique et des travaux publics.

La session de 1843 de la Chambre des Pairs et de la Chambre des Députés est prorogée au 9 janvier 1843. La présente proclamation sera portée à la Chambre des Députés par notre ministre secrétaire d'Etat au département de l'intérieur, et par nos ministres secrétaires d'Etat au département des affaires étrangères, au département des finances, et au département de la marine.

3 JUILLET = 6 SEPTEMBRE 1842. — Ordonnance du roi qui réimpute sur l'exercice 1841 une portion

tion profonde, et à l'abri de tout empiétement. Au régent, l'administration de l'Etat, sous la responsabilité de ses ministres; à la mère, sous sa propre responsabilité morale, l'éducation du roi, le soin de sa personne, la direction de sa maison; point de confusion, point de luttes intestines; c'est à la mère du roi qu'il appartient de l'élever pour le trône, de lui former un cœur tout français, une âme vraiment royale, un génie au niveau de son rang et de sa destinée : cette tâche ne le cède à aucune autre en ce monde; préparer pour la France un duc de Bourgogne a fait la gloire

d'un des plus grands hommes que la France ait produits et que l'Europe lui ait enviés. »

(1) M. Chapuis de Montlaville a demandé si la garde et la tutelle comprenaient l'administration de la liste civile.

M. Dupin, rapporteur, a répondu : « Il n'y a de liste civile votée pour le roi mineur, comme pour le roi majeur, que quand le règne est ouvert, et c'est en votant la liste civile du roi mineur que les Chambres prendront à cet égard les moyens les plus convenables. »

du crédit du chapitre 4 de la seconde section du budget du ministère des travaux publics, exercice 1840. (IX, Bull. DCCCCXLII, n. 10194.)

Louis-Philippe, etc., vu l'art. 1er de la loi de réglement définitif du budget de 1837, en date du 6 juin 1840, portant que le fonds extraordinaire créé par la loi du 17 mai 1837 pour l'exécution de travaux publics, et les crédits ouverts par les lois annuelles de finances ou par des lois spéciales pour en acquitter les dépenses, sont et demeurent réunis au budget ordinaire de l'Etat; vu l'art. 2 de la même loi du 6 juin 1840, portant que ces dépenses forment une deuxième section au budget du ministère des travaux publics, et seront l'objet d'une série de chapitres par nature principale d'entreprises; vu l'art. 3 de la même loi, portant que la portion des crédits spéciaux énoncée en l'art. 1er qui n'aura pas été employée dans le courant d'une année pourra être réimputée sur l'exercice suivant, au moyen de crédits supplémentaires qui seront ouverts provisoirement par ordonnance royale et soumis à la sanction des Chambres dans le projet de loi que le ministre des finances est chargé de présenter, conformément à l'art. 5 de la loi du 24 avril 1833; vu le compte des dépenses de l'exercice 1840, constatant que sur les crédits de cet exercice, pour le chapitre 4 de la deuxième section du budget, il est resté sans emploi et à annuler une somme de cent vingt mille huit cent neuf francs vingt et un centimes (120,809 fr. 21 c.); vu la loi du 25 mai dernier, qui a ouvert pour l'exercice 1842, un crédit de quatre-vingt mille francs imputable sur ce reliquat (80,000 fr.); en sorte qu'il reste encore disponible 40,809 fr. 21 c.; considérant qu'il est nécessaire d'affecter une portion de cette dernière somme au paiement des dépenses de l'exercice 1841, pour suppléer à l'insuffisance du crédit de cet exercice; sur le rapport de notre ministre secrétaire d'Etat au département des travaux publics, et de l'avis de notre conseil des ministres, etc.

Art. 1er. Il est ouvert à notre ministre secrétaire d'Etat des travaux publics, sur l'exercice 1841, pour le chapitre 4 de la deuxième section du budget, un crédit supplémentaire de trente mille francs (30,000 fr.); pour les routes stratégiques de l'Ouest; l'annulation de pareille somme sur les crédits de 1840 est comprise dans l'annulation de cent vingt mille huit cent neuf francs vingt et un centimes proposée pour le chapitre 4 dans le projet de loi de réglement du budget de cet exercice.

2. La régularisation de la présente ordonnance sera soumise aux Chambres dans la prochaine session.

3. Nos ministres des travaux publics et des finances (MM. Teste et Laplagne) sont chargés, etc.

3 JUILLET = 6 SEPTEMBRE 1842. — Ordonnance du roi qui réimpute sur l'exercice 1842 une portion des crédits de la seconde section du budget du ministère des travaux publics, exercice 1840. (IX, Bull. DCCCCXLII, n. 10195.)

Louis-Philippe, etc., vu l'art. 1er de la loi de réglement définitif du budget de 1837, en date du 6 juin 1840, portant que le fonds extraordinaire créé par la loi du 17 mai 1837, pour l'exécution des travaux publics, et les crédits ouverts par les lois annuelles de finances ou par des lois spéciales pour en acquitter la dépense, sont et demeurent réunis au budget ordinaire de l'Etat; vu l'art. 2 de la même loi du 6 juin 1840, portant que ces dépenses forment une deuxième section au budget du ministère des travaux publics et seront l'objet d'une série de chapitres, par nature principale d'entreprises; vu l'art. 3 de la même loi, portant que la portion des crédits spéciaux énoncées en l'art. 1er qui n'aura pas été employée dans le courant d'une année pourra être réimputée sur l'exercice suivant, au moyen de crédits supplémentaires qui seront ouverts provisoirement par ordonnance royale et soumis à la sanction des Chambres, dans le projet de loi que le ministre des finances est chargé de présenter, conformément à l'art. 5 de la loi du 24 avril 1833; vu le compte des dépenses de l'exercice 1840, constatant que sur les crédits de cet exercice, pour la deuxième section du budget, il est resté sans emploi et à annuler une somme de neuf millions quatre cent soixante-trois mille trois cent soixante et dix-huit francs dix-neuf centimes (9,463,378 fr. 19 c.); vu la loi du 25 mai 1842 et notre ordonnance en date de ce jour, qui ont ouvert pour les exercices 1841 et 1842 des crédits imputables sur ce reliquat et s'élevant ensemble à sept millions huit cent quarante mille francs (7,840,000 fr.); en sorte qu'il reste encore disponible 1,623,378 fr. 19 c.; considérant que les besoins du service exigent que cette dernière somme soit réimputée sur l'exercice 1842; sur le rapport de notre ministre secrétaire d'Etat des travaux publics, et de l'avis de notre conseil des ministres, etc.

Art. 1er. Il est ouvert à notre ministre secrétaire d'Etat des travaux publics sur l'exercice 1842, un crédit supplémentaire de un million six cent vingt-trois mille trois cent soixante et dix-huit francs dix-neuf centimes (1,623,378 fr. 19 c.) formant le complément des crédits des chapitres de la deuxième section du budget de 1840 non employés au 31 décembre 1840, savoir : Chap. 1er. Routes royales classées avant le 1er janvier 1837, 312,174 fr. 61 c. Chap. 2. Routes royales classées depuis le 1er janvier 1837, 163,898 fr. 57 c. Chap. 3. Routes royales et ports maritimes de la Corse, 64,494 fr. 70 c. Chap. 4. Achèvement des routes stratégiques de l'Ouest, 10,809 fr. 21 c. Chap. 5. Ponts, 262,863 fr. 90 c. Chap. 6. Amélioration de rivières, 135,177 fr. 97 c. Chap. 6 bis. Amélioration de rivières (loi du 8 juillet 1840), 18,891 fr. 17 c. Chap. 7. Service des canaux de 1821 et 1822, 275,226 fr. 43 c. Chap. 8. Etudes de navigation, 1,909 fr. 84 c. Chap. 9. Amélioration de ports maritimes, 239,880 f. 7 c. Chap. 10 bis. Chemins de fer construits par l'Etat, 79,360 fr. 23 c. Chap. 11. Etablissement de nouveaux canaux, 16,149 fr. 97 c. Chap. 11 bis. Etablissement de nouveaux canaux (loi du 8 juillet 1840), 42 541 fr. 52 c. Total : 1,623,378 fr. 19 c. L'annulation de la somme de un million six cent vingt-trois mille trois cent soixante et dix-huit francs dix-neuf centimes sur les crédits de l'exercice 1840, est comprise dans celle de neuf millions quatre cent soixante-trois mille cent soixante et dix-huit francs dix-neuf centimes proposée dans le projet de loi de règlement du budget de cet exercice.

2 Nos ministres des travaux publics et des finances (MM. Teste et Laplagne) sont chargés, etc.

---

19 JUILLET == 6 SEPTEMBRE 1842. — Ordonnance du roi qui ouvre, sur l'exercice 1842. un crédit extraordinaire pour les dépenses de l'Algérie. (IX, Bull. DCCCCXLII, n. 10196.)

Louis-Philippe, etc., vu la loi du 25 juin 1841, portant fixation des dépenses de l'exercice 1842 ; vu les art. 4 et 6 de la loi du 24 avril 1833 et l'art. 12 de celle du 23 mai 1834 ; vu les art. 26, 27 et 28 de l'ordonnance du 31 mai 1838, portant réglement général sur la comptabilité publique ; sur le rapport de notre ministre secrétaire d'Etat de la guerre, président du conseil, et de l'avis de notre conseil des ministres, etc.

Art. 1er. Il est ouvert à notre ministre secrétaire d'Etat de la guerre, sur l'exercice 1842, un crédit extraordinaire de vingt-six millions soixante et douze mille neuf cent quarante-trois francs (26,072,943 fr.) pour dépenses urgentes qui n'ont pu être prévues au budget dudit exercice, et qui concernent les chapitres spéciaux ci-après de la deuxième section du budget de la guerre (Algérie), savoir : Chap. 4. Etats-majors, 292,100 fr. Chap. 9. Solde et entretien des troupes, 19,324,369 fr. Chap. 10. Habillement et campement, 1,962,462 fr. Chap. 11. Lits militaires, 292,500 fr. Chap. 12. Transports généraux, 1,100,000 fr. Chap. 14. Harnachement, 85,000 fr. Chap. 15. Fourrages, 813,512 fr. Chap. 27. Services militaires irréguliers en Algérie, 1,505,000 fr. Chap. 28. Services civils en Algérie (colonisation), 500,000 fr. Chap. 30. Dépenses secrètes en Algérie, 200,000 fr. Total égal : 26,072,943 fr.

2. La régularisation de ce crédit extraordinaire sera proposée aux Chambres lors de leur prochaine session, ainsi que l'annulation des sommes restant sans emploi sur les crédits alloués au titre de la première section du budget de 1842, par suite de la diminution de l'effectif dans les divisions territoriales de l'intérieur.

3. Nos ministres de la guerre et des finances (MM. duc de Dalmatie et Laplagne) sont chargés, etc.

---

24 JUILLET == 6 SEPTEMBRE 1842. — Ordonnance du roi qui réimpute sur l'exercice 1842 une portion des crédits de la seconde section du budget du ministère des travaux publics, exercice 1841. (IX, Bull. DCCCCXLII, n. 10197.)

Louis-Philippe, etc., vu l'art. 1er de la loi de réglement définitif du budget de 1837, en date du 6 juin 1840, portant que le fonds extraordinaire créé par la loi du 17 mai 1837, pour l'exécution des travaux publics et les crédits ouverts par les lois annuelles de finances ou par des lois spéciales pour en acquitter la dépense, sont et demeurent réunis au budget ordinaire de l'Etat ; vu l'art. 2 de la même loi, portant que ces dépenses formeront une deuxième section du budget du ministère des travaux publics, et seront l'objet d'une série spéciale de chapitres par nature principale d'entreprises ; vu l'art. 3 de la même loi, portant que la portion des crédits spéciaux énoncés à l'art. 1er qui n'aura pas été employée dans le courant d'une année pourra être réimputée sur l'exercice suivant, au moyen de crédits supplémentaires qui seront ouverts provisoirement par ordonnance royale, et soumis à la sanction des Chambres dans le projet de loi que le ministre des finances est chargé de présenter, conformément à l'art. 5 de la loi du 24 avril 1833 ; vu la situation des dépenses de la deuxième section du budget de l'exercice 1841, de laquelle il résulte que la totalité des fonds affectés à ces dépenses n'était pas employée au 31 décembre 1841 ; considérant qu'il est dans l'intérêt du service de réimputer dès à présent sur l'exercice 1842 la portion des fonds dont il s'agit qui paraît devoir rester disponible.; sur le rapport de notre ministre secrétaire d'Etat des travaux publics, et de l'avis de notre conseil des ministres, etc.

Art. 1er. Il est ouvert à notre ministre secrétaire d'Etat des travaux publics, sur l'exercice 1842, un crédit supplémentaire de seize millions trois cent mille francs (16,300,000 fr.), représentant la portion des crédits des chapitres 1, 2, 3, 5, 6, 6 bis, 7, 9, 10 bis, et 11 bis, de la deuxième section du budget de 1841, concernant les travaux publics extraordinaires, non consommée au 31 décembre 1841, savoir : Chap. 1er. Routes royales classées avant le 1er janvier 1837, 1,420,000 fr. Chap. 2. Routes royales classées depuis le 1er janvier 1837, 400,000 fr. Chap. 3. Routes royales et ports maritimes de la Corse, 600,000 fr. Chap. 5. Ponts, 400,000 fr. Chap. 6. Améliorations de rivières, 1,300,000 fr. Chap, 6 bis, Améliorations de rivières (lois spéciales), 280,000 fr. Chap. 7. Service des canaux de 1821 et 1822, 1,500,000 fr. Chap. 9. Amélioration de ports maritimes, 3,800,000 fr. Chap. 10 bis. Chemins de fer construits par l'Etat, 5,500,000 fr. Chap. 11 bis. Etablissement de nouveaux canaux (lois spéciales), 1,100,000 fr. Total : 16,500,000 fr. Pareille somme de seize millions trois cent mille francs (16,300,000 fr.) demeure annulée sur les crédits de la deuxième section du budget de l'exercice 1841.

2. La régularisation de la présente ordonnance sera proposée aux Chambres lors de leur prochaine session.

3. Nos ministres des travaux publics et des finances (MM. Teste et Laplagne) sont chargés, etc.

7 AOUT = 6 SEPTEMBRE 1842. — Ordonnance du roi relative à l'indemnité de logement des ministres des cultes protestant et israélite. (IX, Bull. DCCCCXLII, n. 10198.)

Louis-Philippe, etc., sur le rapport de notre garde des sceaux, ministre secrétaire d'Etat au département de la justice et des cultes ; vu l'art. 30, paragraphe 13, de la loi du 18 juillet 1837 ; vu la loi du 18 germinal an 10, organique des cultes protestants, et le décret du 5 mai 1806 ; vu les décrets du 17 mars 1808, sur le culte israélite et la loi du 8 février 1831 ; notre conseil d'Etat entendu, etc.

TITRE Ier. — Du culte protestant.

Art. 1er. L'indemnité de logement des ministres du culte protestant, mise à la charge des communes par l'art. 30 de la loi du 18 juillet 1837, à défaut de bâtiment affecté à cet usage, est due, à dater du jour de l'installation, aux pasteurs régulièrement institués. Elle continuera d'être due aux pasteurs qui deviendront présidents de leurs consistoires.

2. Si le service du pasteur n'embrasse qu'une seule commune, le préfet, après avoir pris l'avis du conseil municipal et du consistoire, fixe le montant de l'indemnité de logement due à ce pasteur.

3. Si le service du pasteur embrasse plusieurs communes, le préfet, après avoir pris l'avis des conseils municipaux intéressés et des consistoires, détermine la part de contribution de chacune de ces communes.

4. La somme due par chaque commune, en vertu des art. 2 et 3 ci-dessus, est portée annuellement à son budget, chapitre des dépenses ordinaires.

5. Quand deux ou plusieurs pasteurs résident dans une même commune, l'indemnité de logement est répartie entre eux selon les règles ci-après.

6. Si le service de ces pasteurs est borné à la commune de leur résidence, une indemnité égale est due à chacun d'eux.

7. Si les pasteurs résidant dans une même commune sont appelés par leur titre à desservir cette commune et les communes circonvoisines, l'indemnité, payée tant par la commune de la résidence que par les autres, est répartie entre eux par portions égales.

8. Si parmi plusieurs pasteurs résidant dans une même commune le service de l'un d'eux est spécialement affecté à la commune de leur résidence, et si le service de l'autre ou des autres pasteurs est affecté aux communes circonvoisines, l'indemnité est due au premier par la commune de la résidence et aux autres par les communes de leur circonscription.

TITRE II. — Du culte israélite.

9. Les ministres du culte israélite auxquels il est dû une indemnité de logement, aux termes de l'art. 30 de la loi du 18 juillet 1837, sont les grands rabbins des consistoires départementaux, quand ils remplissent les fonctions de rabbin communal, et les rabbins communaux régulièrement institués.

10. Les dispositions du titre précédent, serviront de règle pour la fixation de cette indemnité.

11. Nos ministres de la justice et des cultes, et de l'intérieur (MM. Martin du Nord et Duchâtel) sont chargés, etc.

6 AOUT = 7 SEPTEMBRE 1842. — Ordonnance du roi portant autorisation de la société anonyme

du journal le *Courrier de Lyon*. (IX, Bull. supp. DCXVII, n. 16811.)

Louis-Philippe, etc., sur le rapport de notre ministre secrétaire d'Etat de l'agriculture et du commerce; vu les art. 29 à 37, 40 et 45 du Code de commerce; notre conseil d'Etat entendu, etc.

Art. 1er. La société anonyme formée à Lyon (Rhône) sous la dénomination de *Société anonyme du journal le Courrier de Lyon* est autorisée. Sont approuvés les statuts de ladite société, tels qu'ils sont contenus dans l'acte passé, le 25 juin 1842. par-devant Me Chastel et son collègue, notaires à Lyon, lequel acte restera annexé à la présente ordonnance.

2. Nous nous réservons de révoquer notre autorisation en cas de violation ou de non exécution des statuts approuvés, sans préjudice des droits des tiers.

3. La société sera tenue de remettre, tous les six mois, un extrait de son état de situation au ministère de l'agriculture et du commerce, au préfet du département du Rhône, à la chambre de commerce et au greffe du tribunal de commerce de Lyon.

4. Notre ministre de l'agriculture et du commerce (M. Cunin-Gridaine) est chargé, etc.

Objet, durée, dénomination, siège et capital de la société.

Art. 1er. Il est formé entre les comparants et tous ceux qui deviendront titulaires des actions dont il sera ci-après parlé, une société anonyme. L'objet de cette société est la publication d'un journal politique. La durée de la société sera de quinze ans, à partir du 5 août 1842. La dénomination de la société sera : *Société anonyme du journal le Courrier de Lyon*. La société aura son siège à Lyon. Son capital social est fixé à la somme de trente-deux mille francs, divisé en quatre-vingts actions nominatives de quatre cents francs chacune, que les comparants soumissionnent à l'instant chacun par moitié. Néanmoins, le capital social pourra être porté à soixante mille francs, représenté par cent cinquante actions de quatre cents francs chacune; mais les soixante et dix dernières actions ne seront plus tard émises, en tout ou en partie, que d'après les délibérations de l'assemblée générale, prises ainsi qu'il est dit à l'art. 3, et avec l'approbation du gouvernement. Aucune de ces nouvelles actions ne pourra être placée au-dessous de la valeur nominale du titre, et la société sera tenue de faire faire les publications ordonnées par l'art. 45 du Code de commerce.

Actions, droits et obligations des actionnaires.

2. Les actions seront extraites d'un registre à souche; elles porteront un numéro d'ordre, et seront signées par le président et le secrétaire du comité d'administration. Le montant intégral des actions sera versé dans la caisse de la société, après l'approbation des statuts par le gouvernement et la nomination du comité d'administration par l'assemblée générale des souscripteurs d'actions. Les actions seront aliénables au moyen d'un transfert inscrit sur le registre à souche; toutefois, ce transfert ne pourra être fait qu'à des personnes agréées par le comité d'administration, et le cessionnaire ne sera propriétaire de l'action à lui transférée qu'en justifiant du contre-seing du président et du secrétaire du comité d'administration, apposé sur l'action transférée. En cas de décès ou de faillite d'un actionnaire, si le cessionnaire présenté par ses héritiers ou créanciers n'est pas agréé par le comité d'administration, l'action leur sera remboursée sur le pied du dernier inventaire annuel. Tout actionnaire n'habitant pas Lyon, qui n'y aura pas indiqué un domicile, aura de plein droit son domicile élu au parquet du procureur du roi près le tribunal de première instance de Lyon, où toutes significations et tous avis concernant la société lui seront valablement adressés.

Assemblées générales.

3. Le pouvoir social résidera dans l'assemblée générale des actionnaires; elle nommera et révoquera à volonté le comité d'administration; elle pourra être convoquée extraordinairement, sur la demande de vingt actionnaires ou sur celle du comité d'administration. Elle sera convoquée, de plein droit, dans le courant de février de chaque année, à l'effet de prendre connaissance des comptes et de la situation de la société, d'après le rapport du président du comité d'administration; de discuter et d'arrêter ces comptes, et de nommer ou renouveler ledit comité. L'assemblée générale ne sera valablement constituée, sur une première convocation, que par la présence du tiers au moins de tous les actionnaires. Si cette proportion n'est pas atteinte, l'assemblée sera convoquée de nouveau à quinze jours au moins d'intervalle, et elle pourra alors délibérer valablement, quel que soit le nombre des actionnaires présents, mais seulement sur les objets à l'ordre du jour de la première réunion. Les délibérations de l'assemblée générale seront prises à la majorité absolue des voix des membres présents. Chaque actionnaire, quel que soit le nombre de ses actions, n'aura qu'une voix, et ne pourra se faire représenter. L'assemblée générale nommera, à chaque séance, son président et son secrétaire. Les procès-verbaux des séances de l'assemblée générale et du comité d'administration seront transcrits sur le même registre; ceux de l'assemblée générale seront signés, séance tenante, par le président et le secrétaire, après lecture faite à haute voix.

Comité d'administration.

4. La société sera administrée par un comité de onze actionnaires nommés par l'assemblée générale; ce comité sera renouvelé au moins une fois chaque année; ses membres pourront être réélus. Le comité d'administration fera lui-même son règlement intérieur; il nommera le gérant responsable, lequel devra remplir les conditions voulues par la loi; il pourra le révoquer, à la charge d'en désigner un autre remplissant les mêmes conditions. Les délibérations du comité d'administration ne pourront être prises qu'avec le concours de six membres au moins, et à la majorité absolue des membres présents. En cas de décès, démission ou refus d'acceptation des membres du comité, il pourvoira lui-même à leur remplacement; toutefois, quand le comité n'aura plus dans son sein que six membres nommés par l'assemblée géné-

rale, il sera tenu de recourir à celle-ci pour les remplacements à faire en cas de vacance ultérieure.

Dissolution de la société.

5. La dissolution de la société aura lieu, de plein droit, dans le cas de pertes qui auront réduit le capital social au quart du montant des actions : l'assemblée générale sera immédiatement convoquée pour constater ces pertes et déclarer la dissolution. La liquidation sera, dans tous les cas, faite par le comité d'administration, et de la manière qu'il jugera le plus convenable.

Modifications des statuts.

6. Les statuts ne pourront être modifiés qu'en assemblée générale, et à une majorité représentant au moins la moitié plus un de tous les actionnaires. Les modifications ne seront exécutoires qu'après l'approbation du gouvernement.

20 AOUT = 17 SEPTEMBRE 1842. — Ordonnance du roi qui établit une chambre de commerce à Châlons-sur-Saône. (IX, Bull. DCCCCXLIII, n. 10209.)

Louis-Philippe, etc., sur le rapport de notre ministre secrétaire d'Etat de l'agriculture et du commerce, etc.

Art. 1ᵉʳ. Il est établi une chambre de commerce à Châlons-sur-Saône (Saône-et-Loire).

2. Cette chambre sera composée de neuf membres.

3. Notre ministre de l'agriculture et du commerce (M. Cunin-Gridaine) est chargé, etc.

21 AOUT = 17 SEPTEMBRE 1842. — Ordonnance du roi relative au transport des correspondances entre la France et le royaume des Deux-Siciles. (IX, Bull. DCCCCXLIII, n. 10210.)

Louis-Philippe, etc., vu, 1° la convention postale conclue et signée, le 9 mai 1842 entre la France et le royaume des Deux-Siciles ; 2° l'arrêté des consuls du 19 germinal an 10 et la loi du 14 floréal de la même année ; 3° les lois des 15 mars 1827 et 14 décembre 1830 ; sur le rapport de notre ministre secrétaire d'Etat au département des finances, etc.

Art. 1ᵉʳ. Un service régulier de paquebots à vapeur de la marine royale et de paquebots à vapeur de commerce, agréés par les deux gouvernements, sera affecté au transport des correspondances entre la France et le royaume des Deux-Siciles. Les personnes qui voudront envoyer, par cette voie, de France, d'Algérie et des stations du Levant où la France entretient des bureaux de poste, des lettres pour le royaume des Deux-Siciles, auront le choix de laisser le port de ces lettres à la charge des destinataires ou d'en payer le port d'avance

jusqu'au lieu de destination, la même faculté étant donnée aux régnicoles du royaume des Deux-Siciles pour les lettres à envoyer par eux en France et en Algérie, ainsi que dans les stations de la Méditerranée où la France entretient des bureaux de poste. Conformément à l'usage local, un droit spécial pourra être perçu sur les lettres non affranchies arrivant dans les bureaux de poste des Deux-Siciles.

2. Le mode d'affranchissement libre ou facultatif, établi par l'article précédent en faveur des lettres ordinaires, sera applicable aux lettres et paquets renfermant des échantillons de marchandises de nulle valeur. Ces objets, affranchis ou non affranchis, jouiront de la modération de port qui leur est accordée par les lois et règlements des deux pays.

3. Le public pourra expédier d'un pays pour l'autre des lettres dites *chargées*. Le port de ces lettres sera fixé et perçu d'après les tarifs combinés des offices de France et du royaume des Deux-Siciles. Il devra toujours être payé d'avance et jusqu'à destination.

4. Le prix de parcours sur le territoire français des lettres expédiées par la voie des paquebots à vapeur de la marine royale française et du commerce, du royaume des Deux-Siciles pour la France, et réciproquement, sera réglé conformément aux art. 1, 2 et 3 de la loi du 15 mars 1827.

5. La taxe de voie de mer à appliquer aux lettres originaires du royaume des Deux-Siciles pour la France et l'Algérie, ainsi que pour les stations du Levant où la France entretient des bureaux de poste, et réciproquement sera réglée pour chaque lettre pesant moins de sept grammes et demi, en raison de son parcours sur mer, d'après les prescriptions de l'ordonnance du 30 mai 1838.

6. La progression de la taxe des lettres mentionnées aux art. 4 et 5 ci-dessus, et dont le poids atteindra ou dépassera sept grammes et demi, sera celle qui est déterminée par l'art. 3 de la loi du 15 mars 1827.

7. Le port revenant à l'office du royaume des Deux-Siciles, qui devra être ajouté aux taxes réglées par les articles précédents, sera perçu sur les envoyeurs ou sur les destinataires, soit en France, soit en Algérie, soit dans les stations du Levant où la France entretient des bureaux de poste, conformément au tarif en usage dans le royaume des Deux-Siciles. La progression de poids à observer pour l'application de cette taxe est celle de l'office des Deux-Siciles.

8. Les journaux, gazettes et imprimés de toute espèce qui seront envoyés sous

bande de France, d'Algérie et des stations du Levant où la France entretient des bureaux de poste, dans le royaume des Deux-Siciles, par la voie des paquebots de l'Etat ou du commerce, devront être affranchis jusqu'au port de débarquement.

9. Les objets mentionnés au précédent article, qui seront déposés dans les bureaux de poste de France (le port de Marseille excepté), supporteront, outre la taxe voulue par les lois des 15 mars 1827 et 14 décembre 1830, une taxe de voie de mer fixée à quatre centimes par journal ou par feuille d'écrit périodique, et à cinq centimes pour chaque feuille de tous autres imprimés. Les journaux et imprimés à destination du royaume des Deux-Siciles qui seront déposés au bureau de Marseille ou dans les bureaux de poste de l'Algérie, ainsi que dans les bureaux entretenus par la France dans les stations du Levant, ne supporteront que la taxe de voie de mer ci-dessus fixée.

10. La taxe des journaux et imprimés de toute nature, originaires du royaume des Deux-Siciles, à destination de la France, de l'Algérie et des bureaux de poste entretenus dans le Levant par la France, qui seront transportés par les bateaux à vapeur de l'Etat et du commerce, sera appliquée suivant les règles posées par l'article précédent. Cette taxe sera acquittée par le destinataire.

11. Les journaux, gazettes et ouvrages périodiques envoyés d'un des deux pays pour l'autre, ne seront admis de part et d'autre qu'autant qu'ils seront imprimés dans la langue du pays où ils auront été publiés, et qu'il aura été satisfait à leur égard aux lois, arrêtés et règlements qui fixent les conditions de leur publication et de leur circulation dans les deux pays.

12. Notre ministre des finances (M. Laplagne) est chargé, etc.

30 AOUT = 17 SEPTEMBRE 1842. — Ordonnance du roi portant répartition des crédits ouverts par la loi du 11 juin 1842 pour les dépenses du ministère de la guerre en 1843. (IX, Bull. DCCCCXLII, n. 10212.)

Louis-Philippe, etc., vu les art. 35 et 36 de notre ordonnance du 31 mai 1838, portant règlement général sur la comptabilité publique; vu l'art. 1er de la loi du 11 juin 1842, qui ouvre au département de la guerre, pour le service de l'exercice 1843, des crédits montant ensemble à trois cent trente millions cinq cent quatre-vingt mille sept cent quatre-vingt-douze francs, dont deux cent quatre-vingt-quatorze millions huit cent quarante mille sept cent quatre-

vingt-douze francs imputables sur les ressources ordinaires du budget, et trente-cinq millions sept cent quarante mille francs sur les ressources extraordinaires; vu l'art. 5 de la loi précitée, lequel, tout en rapportant l'art. 6 de la loi du 23 mai 1834, exige néanmoins que les dépenses relatives à l'Algérie continuent d'être présentées d'une manière distincte dans les développements des budgets et des comptes généraux de chaque exercice; vu l'art. 7 de la même loi, qui impose l'obligation de rendre un compte spécial et distinct de l'emploi de chacun des crédits ouverts pour travaux extraordinaires civils et militaires à exécuter, en 1843, sur divers points de l'Algérie, ces crédits ne pouvant recevoir aucune autre destination; vu l'art. 5 de la loi du 25 juin 1841, portant que les travaux publics extraordinaires feront l'objet d'une section distincte dans les budgets des ministères des travaux publics, de la guerre et de la marine; sur le rapport de notre ministre secrétaire d'Etat de la guerre, président du conseil, etc.

Art. 1er. La somme de trois cent trente millions cinq cent quatre-vingt mille sept cent quatre-vingt-douze francs (330,580,792 fr.), accordée par la loi ci-dessus visée du 11 juin 1842 pour les dépenses du ministère de la guerre en 1843, est et demeure répartie comme il suit, entre les divers articles dont se composent les chapitres spéciaux du budget de ce département, savoir:

(Suivent les tableaux.)

2. Nos ministres de la guerre et des finances (MM. duc de Dalmatie et Laplagne) sont chargés, etc.

4 = 17 SEPTEMBRE 1842. — Ordonnance du roi qui ouvre au ministre des affaires étrangères, sur l'exercice 1842, un crédit extraordinaire pour indemnités relatives à l'établissement de la limite du Rhin. (IX, Bull. DCCCCXLIII, n. 10214.)

Louis-Philippe, etc., vu, 1º la loi du 25 juin 1841, portant fixation du budget des dépenses de l'exercice 1842; 2º les art. 4 et 6 de la loi du 24 avril 1833 et l'art. 12 de celle du 23 mai 1834; 3º les art. 26, 27 et 28 de notre ordonnance du 31 mai 1838, portant règlement général sur la comptabilité publique; vu l'art. 40 du protocole d'exécution de la convention de limite conclue, le 5 avril 1840, entre la France et le grand-duché de Bade, qui met à la charge du gouvernement français, s'il y a lieu, le paiement d'une somme de huit mille cent quatre-vingt-sept francs quatre-vingt-sept centimes, réclamée par les hospices civils de Strasbourg; vu l'arrêt du conseil d'Etat, en date du 15 juin 1842, qui reconnaît la légitimité de ladite réclamation, et ordonne le paiement de la somme sus-énoncée avec les intérêts à partir du 20 juillet 1840; sur le rapport de notre ministre secrétaire d'Etat des affaires étrangères, et de l'avis de notre conseil des ministres, etc.

Art. 1ᵉʳ. Il est ouvert à notre ministre secrétaire d'Etat des affaires étrangères, sur l'exercice 1842, un crédit extraordinaire de neuf mille soixante-quatre francs soixante-deux centimes (9,064 fr. 62 c.), pour subvenir à l'ordonnancement des dépenses urgentes qui n'ont pu être prévues au budget dudit exercice, et qui s'appliqueront au chapitre particulier *Indemnités relatives à l'établissement de la limite du Rhin.*

2. La régularisation de ce crédit extraordinaire sera proposée aux Chambres dans leur plus prochaine session.

3. Nos ministres des affaires étrangères et des finances (MM. Guizot et Laplagne) sont chargés, etc.

---

12 = 17 SEPTEMBRE 1842. — Ordonnance du roi qui augmente le nombre des membres du tribunal de commerce de Mulhausen. (IX, Bull. DCCCCXLIII, n. 10216.)

Louis-Philippe, etc., sur le rapport de notre garde des sceaux, ministre secrétaire d'Etat au département de la justice et des cultes; vu la demande formée, le 25 mai 1841, par les membres du tribunal de commerce de Mulhausen, à l'effet d'obtenir que le nombre des juges et des suppléants de ce tribunal soit augmenté; vu l'avis émis sur ladite demande, le 15 juin 1841, par notre procureur général près la Cour royale de Colmar; ensemble les documents joints audit avis; vu l'avis de notre ministre de l'agriculture et du commerce, en date du 8 novembre 1841; vu le décret du 6 octobre 1809; vu l'art. 617 du Code de commerce, modifié par l'art. 5 de la loi du 3 mars 1840; considérant qu'il résulte de l'instruction que les besoins du service exigent que le nombre des membres du tribunal de commerce de Mulhausen soit augmenté; notre conseil d'Etat entendu, etc.

Art. 1ᵉʳ. A l'avenir le tribunal de commerce de Mulhausen sera composé d'un président, de quatre juges et de trois suppléants.

2. Nos ministres de la justice et des cultes, et de l'agriculture et du commerce (MM. Martin du Nord et Cunin-Gridaine) sont chargés, etc.

---

23 JUIN = 17 SEPTEMBRE 1842. — Ordonnance du

roi qui accorde, sous certaines réserves, la remise des amendes prononcées ou encourues en matière de police du roulage, pour contraventions commises antérieurement au 24 juin 1842. (IX, Bull. DCCCCXLIII, n. 10217.)

Louis-Philippe, etc.

Art. 1ᵉʳ. Remise est accordée de toute amende de cent francs et au-dessous prononcée ou encourue en matière de police du roulage, pour contraventions commises antérieurement au 24 juin courant, autres que les contraventions aux dispositions des lois et règlements qui déterminent le poids des voitures de roulage et des voitures publiques. Toutefois lorsqu'un même contrevenant aura encouru plusieurs amendes dont la réunion excédera la somme de cinq cents francs, il ne lui sera fait remise que d'une somme de cinq cents francs sur le montant total des amendes.

2. Remise est également accordée de toute amende prononcée ou encourue pour contraventions commises, avant le 24 juin courant, aux dispositions des lois et règlements qui déterminent le poids des voitures de roulage et des voitures publiques, lorsque les contraventions résulteront de surcharges de deux cents kilogrammes au plus.

3. Les dispositions des articles précédents ne seront pas applicables aux frais avancés par l'Etat.

4. Il est fait réserve, dans tous les cas, de la part de l'amende attribuée par les lois et règlements à l'agent qui a constaté la contravention.

5. Les sommes acquittées avant la date de la présente ordonnance ne seront pas restituées.

6. Nos ministres des travaux publics et des finances (MM. Teste et Laplagne) sont chargés, etc.

---

20 AOUT = 17 SEPTEMBRE 1842. — Ordonnance du roi qui approuve les nouveaux statuts de l'établissement d'associations tontinières formé à Paris, sous la dénomination d'*Agence générale de placements sur les fonds publics.* (IX, Bull. supp. DCXX, n. 16879.)

Louis-Philippe, etc., sur le rapport de notre ministre secrétaire d'Etat de l'agriculture et du commerce; vu l'ordonnance royale en date du 28 avril 1820, portant autorisation de l'*Agence générale de placements sur les fonds publics* et approbation de ses statuts; vu les ordonnances royales en date des 21 mars 1821 et 19 novembre 1828, qui ont approuvé diverses modifications auxdits statuts; vu les nouveaux statuts proposés à notre approbation par les directeurs de cet établissement, ayant notamment pour objet de remplacer le titre d'*Agence générale de placements sur les fonds publics* par celui de la *Prévoyance*, société d'assurances mutuelles sur la vie ; vu la lettre de notre ministre des finances, en date du 15 février 1841 ; notre conseil d'Etat entendu, etc.

Art 1er. Les nouveaux statuts de l'établissement d'associations tontinières formé à Paris sous la dénomination d'*Agence générale de placements sur les fonds publics*, sont approuvés tels qu'ils sont contenus dans l'acte passé le 4 juillet 1842, par-devant Me Bayard et son collègue, notaires à Paris, lequel acte restera annexé à la présente ordonnance. La présente approbation n'aura d'effet que pour l'avenir, et ne pourra en aucune manière s'appliquer aux opérations antérieures à ce jour.

2. Le cautionnement à fournir par les directeurs. aux termes de l'art. 44 des statuts, sera déposé à la caisse des dépôts et consignations avant la mise à exécution des dispositions contenues dans les statuts approuvés par la présente ordonnance. Aux époques fixées d'après lesdits statuts pour la répartition, entre les membres des associations tontinières formées par l'établissement, de tout ou partie du capital desdites associations, les parts revenant aux ayants-droit leur seront remises en titres de rentes inscrites au nom de chacun d'eux, comme il est dit à l'art. 50 des statuts.

3. L'établissement sera tenu de remettre tous les six mois au ministère de l'agriculture et du commerce, au préfet de la Seine, au préfet de police, à la chambre de commerce et au greffe du tribunal de commerce de Paris, un extrait de l'état de sa situation ainsi que de celles des différentes associations qu'il est autorisé à former et à administrer. Il devra, en outre, adresser tous les ans, à notre ministre de l'agriculture et du commerce, sur ses opérations, un rapport détaillé contenant les renseignements propres à faire apprécier la nature et les effets des associations formées par ses soins.

4. Les opérations de l'établissement seront d'ailleurs soumises à la surveillance spéciale dont le mode a été déterminé par notre ordonnance du 12 juin 1842, et dont les frais seront supportés par l'agence générale constituée sous le titre de la *Prévoyance*, jusqu'à concurrence d'une somme de deux mille francs.

5. Nous nous réservons de révoquer notre autorisation, sans préjudice des droits des tiers, en cas de violation ou de non-exécution des statuts approuvés, et dans le cas de plaintes graves contre la gestion de l'établissement. Nous nous réservons, en outre, d'ordonner tous les cinq ans, à partir de la date de la présente ordonnance, la révision générale des statuts.

6. Nos ministres de l'agriculture et du commerce, et des finances (MM. Cunin-Gridaine et Laplagne) sont chargés, etc.

CHAPITRE Ier. — *Objet et nature des opérations.*

Art. 1er. A partir de l'approbation des présents statuts, l'Agence générale des placements sur les fonds publics prendra le titre de *la Prévoyance, société d'assurances mutuelles sur la vie.* Cet établissement a pour objet de former et administrer des sociétés mutuelles d'assurances de deux sortes : 1° en cas de survie ; 2° en cas de mort.

2. Ces sociétés sont de cinq espèces, savoir : 1° société d'accroissement du revenu sans aliénation du capital ; 2° société d'accroissement du capital sans aliénation du revenu ; 3° société d'accroissement du revenu avec aliénation du capital ; 4° société d'accroissement du capital avec aliénation totale ou partielle du revenu ; 5° société de formation d'un capital par l'accumulation du revenu sans aliénation du capital des mises.

3. Dans chacune des sociétés ci-dessus définies, l'assurance peut être souscrite, soit au profit du souscripteur, soit au profit d'un tiers ; elle peut reposer sur la tête du souscripteur ou sur la tête d'un tiers, à la charge, par celui qui contracte sur la tête ou au profit d'un tiers, de justifier du consentement de ce dernier ou de celui des parents, maris ou tuteurs, pour les personnes inhabiles à contracter. L'individu sur la tête duquel l'assurance repose se nomme assuré. L'individu appelé à en recueillir le bénéfice est seul sociétaire. Le souscripteur est sociétaire toutes les fois que l'assurance n'est pas stipulée au profit d'un tiers.

4. Dans les sociétés d'accroissement du revenu sans aliénation du capital, l'intérêt produit par les mises sociales est réparti, à chaque échéance semestrielle, entre les seuls sociétaires qui justifient de l'existence des individus sur la tête desquels l'assurance repose ; le revenu des sociétaires qui ont fait cette justification s'accroissant ainsi des parts afférentes à ceux qui ne l'ont pas faite. A l'expiration de la société, le capital des mises retourne aux souscripteurs ou à leurs ayants-droit, suivant les termes de leur contrat.

5. Dans les sociétés d'accroissement du capital sans aliénation du revenu, les arrérages des mises sociales sont, jusqu'au terme de l'association, servis chaque année aux souscripteurs ou à leurs ayants-droit ; mais, à l'expiration de la société, le capital des mises est réparti entre les seuls sociétaires qui justifient de l'existence des individus sur la tête desquels les assurances reposent ; le capital des sociétaires qui ont fait cette justification s'accroissant ainsi des parts afférentes à ceux qui ne l'ont pas faite.

6. Dans les sociétés d'accroissement du revenu avec aliénation du capital, l'intérêt produit par les mises sociales se répartit aux époques déterminées par le contrat, comme il est dit à l'art. 4, et, à l'expiration de la société, le capital des mises est partagé comme il est dit à l'art. 5, à moins, toutefois, qu'il n'ait été convenu par le contrat que le capital des décédés sera distribué avec les arrérages du semestre qui suivra le décès ; le capital et le revenu cumulé des mises sociales peuvent aussi être répartis, par annuités, à des époques déterminées entre les sociétaires qui justifient de l'existence des

individus sur la tête desquels leur souscription repose.

7. Dans les sociétés d'accroissement du capital avec aliénation totale du revenu, l'intérêt produit par les mises sociales s'ajoute successivement au capital, jusqu'au terme de l'association. Dans les sociétés d'accroissement du capital avec aliénation partielle du revenu, les souscripteurs ou les autres personnes désignées par le contrat jouissent, leur vie durant, de l'intérêt produit par les mises sociales, et ce n'est qu'à leur décès que le revenu s'accumule avec le capital. A l'expiration de ces sociétés, le capital des mises, réuni au capital provenant de l'accumulation du revenu, est réparti entre les seuls sociétaires qui justifient de l'existence des individus sur la tête desquels leur assurance repose. Les placements dans les sociétés d'accroissement du capital peuvent avoir lieu par versements annuels, considérés comme des placements uniques faits successivement dans les sociétés formées d'année en année, mais ayant toutes un même terme. Les placements dans les sociétés d'accroissement du capital peuvent encore avoir lieu par versements annuels, ramenés à l'égalité proportionnelle entre eux et avec les versements uniques, par l'application combinée des chances de la vie à chaque âge, et des effets de l'accumulation des intérêts à quatre pour cent par an.

8. Dans les sociétés de formation d'un capital par l'accumulation du revenu sans aliénation du capital des mises, l'intérêt produit par les mises sociales s'accumule de semestre en semestre jusqu'au terme de la société. A l'expiration de la société, le capital des mises retourne aux souscripteurs ou à leurs ayants-droit, et le capital formé par l'accumulation du revenu est réparti entre les sociétaires qui justifient de l'existence des individus sur la tête desquels leurs assurances reposent.

9. Il peut, en outre, être formé des sociétés d'accroissement de revenu avec ou sans aliénation du capital, ou d'accroissement de capital avec ou sans aliénation du revenu, dans lesquelles la répartition s'opère, aux époques déterminées par le contrat, entre les ayants-droit des sociétaires qui justifient du décès de l'assuré.

10. Les diverses sociétés ci-dessus définies peuvent être formées au moyen d'assurances constituées sur des têtes du même âge, ou sur des têtes d'âges différents.

11. Elles peuvent être formées en nombre limité ou en nombre illimité. Les sociétés en nombre limité sont celles qui, une fois qu'elles sont constituées, n'admettent plus de nouveaux membres. Les sociétés en nombre illimité sont celles qui admettent de nouveaux membres jusqu'au terme de leur existence, à moins que les souscripteurs ne décident eux-mêmes, comme il est dit à l'art. 27, qu'il n'y a plus lieu à de nouvelles admissions.

12. La durée des sociétés en nombre limité peut être fixée à un nombre déterminé d'années, ou subordonnée à un certain nombre de décès. La durée des sociétés en nombre illimité ne peut être fixée qu'à un nombre déterminé d'années.

13. L'établissement s'interdit toute opération qui n'a point pour objet la formation et l'administration desdites sociétés. Il est géré par deux directeurs, sous le contrôle d'un conseil de surveillance, choisi par l'assemblée générale des souscripteurs.

14. Le siège de l'établissement, et de toutes les sociétés formées par ses soins, est à Paris. Chaque souscripteur est tenu, de son côté, d'élire à Paris, ou dans les villes où seraient établies des agences, un domicile pour tous les actes relatifs à l'exécution du contrat; le domicile élu au moment de la souscription demeure valable à l'égard du souscripteur, du sociétaire ou de leurs ayants-cause, tant qu'ils n'en ont pas fait connaître un autre à l'administration centrale, à Paris. La société ne reconnaît qu'un seul domicile pour tous les ayants-cause d'un sociétaire; ceux-ci sont tenus de s'entendre à cet effet.

CHAPITRE II. — *Formation et effets des sociétés.*

15. Nul ne peut être souscripteur, s'il n'est habile à contracter. Les directeurs, d'accord avec le conseil de surveillance, ont le droit de refuser toute souscription, sans être tenus de faire connaître les motifs de ce refus. La première souscription reçue, pour chaque société, en détermine les conditions dans les limites des présents statuts. Un registre est immédiatement ouvert pour recevoir les souscriptions ultérieures.

16. Aucune société ne peut être constituée avec moins de dix membres; si le nombre des souscriptions reçues pour une même société n'atteint pas ce minimum dans le délai d'un an, à partir de la première, elles sont annulées.

17. Aussitôt qu'une société a reçu dix souscripteurs, sans que le décès d'aucun d'eux ait été dénoncé à l'administration, il en est donné avis à chacun des souscripteurs, au domicile par eux élu; et si, dans les trente jours qui suivent cet avertissement, il n'est pas dénoncé à la direction de décès antérieur à l'époque où la dixième souscription a été reçue, la société est définitivement constituée, et tous les engagements reçus deviennent définitifs. Dans le cas contraire, la souscription reste ouverte dans les limites fixées par l'art. 16, jusqu'à ce que dix souscriptions aient été obtenues. Les notifications de décès sont inscrites à leur date sur le registre ouvert pour recevoir les souscriptions. Le premier souscripteur peut exiger, pour la constitution de la société, un nombre de souscriptions supérieur à dix; dans ce cas, les dispositions des art. 16 et 17 s'appliquent au minimum fixé par le souscripteur.

18. La constitution de chaque société est constatée par une délibération spéciale du conseil de surveillance. Les procès-verbaux de ces déclarations sont tous inscrits à leur date, au fur et à mesure de la constitution de chaque société, sur un seul et même registre.

19. L'engagement du souscripteur envers la société est constaté par une police signée en double par le souscripteur et par le directeur, ou par un agent commissionné à cet effet. Au dos de la police sont transcrites littéralement les dispositions des présents statuts. La police énonce: les nom, prénoms et demeure du souscripteur; les nom, prénoms et domicile du sociétaire, s'il est autre que le souscripteur; les nom, prénoms, domicile, lieu et date de naissance de l'assuré; le montant de la mise et les époques de paiement; l'objet, les conditions, la durée et la désignation précise de la société à laquelle la souscription se rapporte; les délais prescrits et les pièces à produire pour la justification des droits du sociétaire aux répartitions; le domicile élu pour l'exécution du contrat.

20. Toute souscription doit être accompagnée d'un extrait d'acte de naissance, ou, à défaut, d'un acte authentique constatant l'âge de l'assuré. Cet

acte reste déposé à la direction jusqu'à la liquidation de la société.

21. Toute inexactitude dans les pièces produites ou dans les déclarations relatives à l'âge de l'assuré, dont le but et l'effet seraient de changer la condition de l'assurance au préjudice des autres sociétaires, entraîne la déchéance de tout droit au bénéfice de l'association. Le sociétaire qui a encouru cette déchéance ne reçoit, au terme de la société, dans le cas où il remplirait d'ailleurs les conditions prévues par le contrat pour prendre part audit bénéfice, que le capital des sommes qu'il a fournies. Les mises sociales sont fournies, soit par versements au comptant, soit par versements annuels. Les souscripteurs au comptant font leurs versements contre la remise de la police. Les souscripteurs par annuités s'engagent à en effectuer le versement le 1er janvier de chaque année. Tous les versements reçus par l'administration sont enregistrés, à leurs dates, sur un livre de caisse visé et paraphé par l'un des membres du conseil de surveillance.

22. Quand les assurés sont du même âge et les souscriptions faites à la même époque, les sociétaires participent aux bénéfices éventuels de l'assurance au prorata de leurs mises effectives. Sont réputés du même âge, les assurés nés inclusivement du 1er janvier au 31 décembre de la même année.

23. Les mises souscrites par la même société sur la tête d'assurés d'âge différent, sont ramenées à l'égalité proportionnelle au moyen des tarifs basés sur les échéances de la durée de la vie à chaque âge. Les versements annuels sont ramenés à l'égalité proportionnelle entre eux, et avec les versements uniques, par l'application combinée des chances de la durée de la vie à chaque âge, et de l'accumulation des intérêts à quatre pour cent par an.

24. Les tarifs rédigés en vertu de l'article précédent sont dressés d'après les tables de mortalité de Deparcieux. Un exemplaire de chacun des tarifs sera adressé au gouvernement.

25. Les souscripteurs par annuités peuvent anticiper tout ou partie de ces versements, en payant la somme équivalente, conformément aux tarifs dressés en vertu de l'art. 23; le décès de l'assuré libère le souscripteur par annuités de tout versement postérieur au décès.

26. Un retard d'un an dans le paiement d'une annuité entraîne la déchéance de tout droit aux bénéfices de l'association; le capital des sommes payées reste seul, en cas de survivance de l'assuré, la propriété du sociétaire, et lui est remis sans intérêts à l'époque de la répartition. Le souscripteur en retard qui reprend ses versements avant le terme d'un an, fixé pour la déchéance, est tenu d'ajouter aux versements arriérés un supplément calculé sur les chances de mortalité, et augmenté d'un intérêt d'un demi pour cent par mois de retard. La faculté de reprendre les versements pour éviter la déchéance cesse, en tout cas, au terme fixé pour la production des pièces relatives à la répartition. La déchéance est acquise contre tout sociétaire dont la mise ne serait pas entièrement versée à cette époque.

27. Lorsqu'un ou plusieurs souscripteurs pensent qu'il y a lieu de ne plus recevoir de nouvelles souscriptions pour la société à laquelle ils appartiennent, ils peuvent adresser au conseil de surveillance l'invitation de convoquer tous les membres de cette société; la convocation est faite par lettres, à un mois de date, et, au jour déterminé, les souscripteurs, réunis sous la présidence du président du conseil de surveillance, décident, à la majorité des membres présents, si l'association doit être close.

28. Les pièces à produire pour établir le droit à la répartition sont : le certificat de vie de l'assuré survivant ou l'acte de décès de l'assuré mort après l'époque fixée par la police pour le terme de la société. Ces actes doivent être dûment légalisés.

29. Dans les sociétés d'accroissement de revenu, les pièces à produire pour chaque assuré, aux termes de l'art. 28, doivent être remises à la direction dans les trois mois qui suivent l'époque fixée pour l'ouverture de chaque répartition. Les sociétaires qui n'ont pas fait cette production dans ce délai, sont déchus de tout droit à la répartition des arrérages échus.

30. Dans les sociétés d'accroissement de capital, et dans les sociétés de formation d'un capital par l'accumulation du revenu, les pièces à produire pour chaque assuré, aux termes de l'art. 28, doivent être remises à la direction dans les six mois qui suivent l'époque fixée pour le terme de la société. Une lettre des directeurs, contre-signée par un membre délégué du conseil de surveillance, est adressée à chaque sociétaire, trois mois avant l'expiration de ce délai, pour lui rappeler cette obligation. Les sociétaires qui n'ont pas fait cette production dans ce délai, sont déchus de tout droit aux fonds à répartir. Néanmoins, seront réservés pendant un an, à partir du jour fixé pour le terme de la société, les droits des sociétaires qui auront fait constater la présence hors d'Europe de celui sur la tête duquel repose l'assurance, par la signification à la direction d'un certificat de vie légalisé par un consul de France dans l'année qui précède le terme de la société; passé ce délai, ceux qui n'auront pas justifié de l'existence de l'assuré aux termes de la société, seront déchus de tous leurs droits.

31. Dans les sociétés dont la durée est subordonnée à l'événement d'un certain nombre de décès, le nombre des assurés survivants ou décédés se constate : pour les sociétés d'accroissement de revenu, par les justifications imposées aux sociétaires à l'époque de chaque répartition, comme il est dit à l'art. 29; pour les sociétés d'accroissement de capital, par la production, dans les trois derniers mois de chaque année, du certificat de vie de chaque assuré. Les assurés dont le certificat de vie n'est pas produit dans lesdits délais sont considérés comme décédés, et le bénéfice des assurances souscrites sur leur tête est définitivement acquis à la société. Aussitôt que les décès ont atteint le nombre fixé par le contrat, pour donner ouverture à la liquidation ou pour déterminer la durée ultérieure de la société, les sociétaires en sont avertis par lettres adressées au domicile élu pour l'exécution du contrat; à partir de ce moment, ils ne seront plus soumis qu'aux justifications prescrites par les art. 29 et suivants, d'après la nature de chaque société, pour constater leur droit aux répartitions. Tous droits seront réservés aux héritiers ou ayants-cause des sociétaires qui ne seraient décédés qu'après que la société serait arrivée à son terme par l'effet des décès antérieurs, à la charge par lesdits ayants-cause de justifier de la date des décès dans les délais fixés pour la production des pièces constatant les droits des sociétaires.

32 Dans les assurances en cas de mort, l'acte constatant le décès de l'assuré doit être produit

dans les trois mois qui suivent l'époque fixée pour l'ouverture de la répartition, sauf le cas prévu par le quatrième alinéa de l'art. 30, dont les dispositions sont applicables à l'assurance en cas de mort.

33. Tous les délais fixés ci-dessus pour la justification des droits des sociétaires sont de rigueur, et produisent leur effet, quant aux déchéances encourues après leur expiration, sans qu'il soit besoin d'aucun acte de mise en demeure, et sans autre avertissement que la mention qui en est faite dans les polices.

34. Les arrérages des rentes appartenant aux sociétés d'accroissement de capital sans aliénation du revenu, sont distribués aux ayants-droit dans la quinzaine qui suit l'échéance de chaque semestre de rente.

35. Les arrérages appartenant aux sociétés d'accroissement de revenus et les fonds de répartition appartenant aux sociétés d'accroissement de capital, lorsqu'elles sont arrivées à leur terme, sont distribués aux ayants-droit dans la quinzaine qui suit l'expiration du délai fixé pour la justification des droits des sociétaires. Le capital des mises versées dans les sociétés d'accroissement de revenu sans aliénation du capital est distribué aux ayants-droit dans le même délai.

36. Dans les sociétés d'accroissement de revenus, les dividendes échus, qui, deux ans après l'expiration de la société, n'ont pas été touchés par les ayants-droit, sont déposés pour leur compte à la caisse des dépôts et consignations.

37. Si une société s'éteint entièrement par le décès de tous les assurés, ou par la déchéance de tous les membres avant le terme fixé pour sa durée, les fonds de répartition appartenant à cette société profitent à l'Etat.

38. En cas de décès d'un sociétaire, ses héritiers ou ayants-cause sont tenus de se faire représenter par un seul d'entre eux, pour tous les droits qu'il peut avoir à exercer vis-à-vis de la société. Ils ne peuvent, en aucun cas, faire apposer les scellés sur aucuns des registres ou papiers appartenant à son administration.

CHAPITRE III. — Administration des sociétés.
Directeurs.

39. L'établissement et les associations formées en vertu des présents statuts sont gérés par deux directeurs, sous le contrôle d'un conseil de surveillance choisi par l'assemblée générale des souscripteurs. MM. Léopold de Bousignac et Achille Bigot sont directeurs. Les directeurs résident à Paris.

40. Les directeurs peuvent s'adjoindre pour leur gestion des co-directeurs et les mandataires qu'ils jugeront convenable; ils sont responsables de tous leurs actes comme des leurs propres; ils sont solidaires entre eux. En cas de retraite, révocation ou décès de l'un des directeurs, le directeur restant pourra administrer seul, en se conformant aux prescriptions des statuts.

41. En cas de non exécution des statuts, et dans tout autre cas de faits graves contre les directeurs, l'assemblée générale, sur la proposition du conseil de surveillance, et à la majorité des deux tiers des voix sur au moins soixante membres présents, peut, par une délibération motivée, prononcer leur révocation.

42. En cas de retraite des directeurs pour toute autre cause que la révocation, ils ont pendant trois mois la faculté de présenter leurs successeurs, lesquels

toutefois ne peuvent entrer en fonctions qu'après avoir été agréés par l'assemblée générale, et sur le rapport du conseil de surveillance. En cas de décès des directeurs, les héritiers ont pendant trois mois, à partir de ce décès, la même faculté; pendant ce délai, le conseil de surveillance pourvoit à l'administration des sociétés par la nomination de directeurs provisoires dont le traitement est imputable sur les frais d'administration à la charge des directeurs. En cas de révocation des directeurs, ou s'ils se retirent sans présenter de successeurs, ou si les successeurs présentés ne sont pas agréés, il est pourvu à l'administration des sociétés et de l'établissement, comme il est dit en l'article précédent, jusqu'à la nomination des directeurs définitifs par l'assemblée générale.

43. Dans aucun cas, les héritiers ou ayants-droit des directeurs ne pourront faire apposer les scellés sur les registres, papiers et bureaux de l'administration.

44. L'administration des directeurs est garantie, outre leur responsabilité personnelle, par un cautionnement de cinq mille francs de rente cinq pour cent, dont l'inscription est déposée à la caisse des dépôts et consignations. Le cautionnement sera porté à six mille francs de rente, si la totalité des encaissements effectués dans le courant d'une année dépasse un million; à sept mille francs de rente, si elle dépasse douze cent mille francs, et ainsi de suite, en augmentant de mille francs de rente par chaque augmentation de deux cents mille dans la totalité des encaissements annuels, jusqu'à un maximum de vingt cinq mille francs de rente cinq pour cent, après lequel le cautionnement ne sera plus passible d'aucune augmentation. Les diminutions qui pourront survenir dans les chiffres des encaissements annuels ne donneront lieu à aucune réduction proportionnelle du cautionnement. Le cautionnement est affecté, indépendamment du recours qui s'exerce, s'il y a lieu, sur les autres biens des directeurs, à la garantie de tous les engagements contractés par eux en cette qualité, et spécialement à celle des frais d'administration et liquidation de toutes les sociétés, quel qu'en soit le terme, formées pendant leur gestion. En cas de retraite ou de décès des directeurs, s'ils sont remplacés par un successeur présenté par eux ou leurs héritiers, le même cautionnement servira à la garantie tant de leur gestion que de celle de leur successeur. Si les remplaçants présentés par eux ou par leurs héritiers, dans le délai ci-dessus déterminé, ne sont pas agréés, et s'il en est nommé d'autres de la manière prévue en l'art. 42, les nouveaux directeurs verseront en entrant un nouveau cautionnement, qui sera soumis aux mêmes conditions, mais sans être affecté à la garantie de la gestion de leurs prédécesseurs. Le cautionnement de ceux-ci ne leur sera rendu, s'il y a lieu, qu'après l'apurement de tous leurs comptes, et sous déduction du déficit qui serait constaté à leur charge. En cas de révocation des directeurs, ou si les directeurs, leurs héritiers ou représentants, abandonnent l'administration des sociétés, leur cautionnement ne leur sera rendu, s'il y a lieu, qu'après l'apurement de tous leurs comptes, que sous déduction du déficit qui serait constaté à leur charge, que des fonds nécessaires pour assurer l'administration et liquidation de toutes les sociétés formées pendant leur gestion. Néanmoins, s'il est nommé de nouveaux directeurs, et s'ils consentent à se charger, pour les frais d'administration et de liquidation, de la responsabilité qui pesait sur leurs prédécesseurs; l'assemblée générale, sur la proposition du conseil de surveillance, ordonnera la remise aux directeurs remplacés de la totalité de leur cautionnement, sous la seule déduction du déficit qui pourrait exister.

45. Les directeurs pourvoient à tous les frais quelconques, soit d'établissement, soit de gestion, soit de surveillance, à l'exception seulement des commissions d'agents de change pour l'achat des rentes de chaque société ; ces commissions demeurent à la charge des souscripteurs ou des sociétaires qui effectuent leurs versements en espèces. Pour s'indemniser de toutes ces dépenses, les directeurs perçoivent un droit de commission dont le mode et la quotité sont déterminés avant la formation de chaque société d'accord avec ses fondateurs, mais qui ne peut pas excéder cinq pour cent du montant de chaque souscription.

46. Les directeurs sont responsables de tous les versements faits entre leurs mains. Les versements doivent être faits à Paris, en espèces, à la caisse de la direction, et, dans les départements, entre les mains des agents de la société, mais seulement en un mandat payable à Paris, à l'ordre des directeurs.

47. Les directeurs ne peuvent conserver en caisse les fonds qui leur sont versés à titre de placement dans l'une des sociétés qui font l'objet des présents statuts : ces fonds doivent être, dans les huit jours, convertis en rentes sur l'État. Les fonds de chaque association sont gérés séparément, et ne se confondent à aucun égard avec ceux des autres associations.

48. Les rentes achetées sont inscrites, au nom de *la Prévoyance*, avec désignation de la société à laquelle elles appartiennent, et avec mention des formalités nécessaires, aux termes des présents statuts, pour en toucher les arrérages ou pour disposer du capital. Les titres d'inscriptions de rentes sont déposés dans une caisse à deux clefs, dont l'une est remise aux directeurs et l'autre au président ou au membre délégué du conseil de surveillance.

49. Les arrérages des rentes appartenant aux diverses sociétés sont perçus par les directeurs, sur une quittance revêtue de leur signature et du visa du président ou d'un membre du conseil de surveillance délégué à cet effet. Dans les sociétés d'accroissement et de jouissance du revenu, une délibération du conseil de surveillance arrête l'état de répartition entre les ayants-droit du montant des arrérages de chaque semestre, et un membre délégué dudit conseil surveille le paiement des dividendes. Dans les sociétés d'accroissement du capital, avec aliénation du revenu, le montant des arrérages perçus est employé, dans le premier jour de bourse qui suit la date de la quittance, en achats de nouvelles rentes au profit de chaque société. Une délibération du conseil de surveillance détermine les formalités convenables pour assurer l'effet de cette disposition, et un membre délégué dudit conseil en surveille l'exécution.

50. A l'expiration de chaque société, une délibération du conseil de surveillance arrête l'état de répartition du capital entre les ayants-droit, et la part de chaque ayant-droit lui est payée en un coupon de rente inscrite en son nom. Il est transmis, à cet effet, au ministre des finances, une ampliation dûment certifiée de la délibération du conseil de surveillance, revêtue de la signature des directeurs et de celles de deux membres du conseil, spécialement délégués à cet effet. Si le total de la rente à répartir ne peut pas se diviser exactement

en coupons, eu égard au nombre des ayants-droit, la portion de rente qui excède le chiffre exactement divisible est vendue, et le produit en est distribué entre les ayants-droit, à la caisse de la direction, sous le contrôle d'un membre délégué du conseil de surveillance. Les transferts de cette portion de rente sont signés par les administrateurs et par deux membres dudit conseil, spécialement délégués à cet effet.

51. Les directeurs soumettent au conseil de surveillance, toutes les fois qu'ils en sont requis, l'état de la comptabilité et la situation des caisses ; ils communiquent, aux intéressés qui en font la demande, tous les registres et documents concernant la société à laquelle ils appartiennent.

Conseil de surveillance.

52. Le conseil de surveillance se compose de quinze membres nommés par l'assemblée générale, et pris parmi les souscripteurs des diverses sociétés. Il est renouvelé par tiers tous les ans. Le sort détermine les membres sortants à la fin de la première et de la deuxième année ; à partir de la troisième, le renouvellement a lieu en suivant l'ordre d'ancienneté : les membres sortants peuvent être réélus. Les membres du conseil de surveillance ne peuvent rester en fonctions qu'autant qu'ils continuent à faire partie d'une des sociétés. En cas de décès, de retraite, de démission ou d'absence prolongée d'un de ses membres, le conseil de surveillance pourvoit lui-même à son remplacement provisoire ; lorsque, par l'effet de ces remplacements, le conseil de surveillance se trouve réduit à moins de sept membres nommés par l'assemblée générale, cette assemblée est convoquée pour compléter le conseil par des nominations définitives. Le conseil de surveillance choisit lui-même, dans son sein, un président et un secrétaire.

53. Les délibérations doivent être prises au nombre de cinq membres au moins ; en cas de partage, la voix du président est prépondérante. Les directeurs assistent, avec voix consultative, aux délibérations du conseil de surveillance, excepté lorsqu'il s'agit d'affaires qui leur sont personnelles ; toutes les délibérations du conseil de surveillance sont transcrites sur un registre spécial déposé à l'administration, et dont un double demeure sous la garde du président.

54. Le conseil de surveillance se réunit au moins une fois tous les mois au siège de l'administration, pour y prendre connaissance des opérations et des comptes de l'établissement ; il se réunit plus souvent, s'il y a lieu, sur la convocation soit du président, soit des directeurs ; il se fait représenter, toutes les fois qu'il le juge convenable, les livres de caisse, les bordereaux de l'agent de change, et toutes autres pièces.

55. Le conseil de surveillance est chargé de veiller à l'exécution des présents statuts dans toutes leurs dispositions, et notamment en ce qui est relatif à la formation des sociétés, à l'emploi de leurs fonds et à leur liquidation ; il surveille la gestion des directeurs. Il détermine l'espèce de rentes à l'achat desquelles doivent être employés les fonds des diverses associations, à moins que l'indication n'en ait été faite par les souscripteurs eux-mêmes. Il arrête la liquidation, soit des arrérages, soit des capitaux de chaque société, et en autorise la répartition entre les ayants-droit.

56. La délibération du conseil de surveillance, ayant pour objet d'établir la liquidation finale de chaque société, est prise avec le concours des sept

plus forts sociétaires ayant justifié de leurs droits. Les sociétaires absents de Paris peuvent se faire représenter par des sociétaires de leur choix ; à défaut, le conseil de surveillance appelle, pour les remplacer, les plus forts sociétaires résidant à Paris.

Assemblée générale.

57. L'assemblée générale se compose du plus fort souscripteur dans chaque société, jusqu'à concurrence d'au moins soixante membres ; s'il existe moins de soixante sociétés, ce nombre est complété par l'appel successif des sociétaires qui, dans chacune d'elles, occupent le rang subséquent, en suivant, pour chaque tour d'appel, l'ordre d'ancienneté des associations.

58. L'assemblée générale représente l'universalité des intéressés ; ses décisions, régulièrement prises, sont obligatoires pour tous.

59. L'assemblée générale est régulièrement constituée par la présence de quarante membres au moins. Dans le cas où une première réunion ne présente pas ce nombre, l'assemblée générale est convoquée de nouveau à quinze jours d'intervalle, et elle est alors régulièrement constituée, quel que soit le nombre des membres présents ; mais la délibération ne peut porter que sur les objets qui se trouvaient à l'ordre du jour de la première réunion. L'assemblée choisit elle-même son bureau, qui se compose d'un président, d'un secrétaire et de deux scrutateurs. La nomination, soit du bureau, soit des membres du conseil de surveillance, se fait, par scrutin de liste, à la majorité relative des suffrages exprimés. Jusqu'à la constitution des bureaux, l'assemblée générale est présidée par le président du conseil de surveillance. Le président provisoire désigne le secrétaire et les scrutateurs provisoires.

60. L'assemblée générale se réunit tous les ans, dans la dernière quinzaine du mois d'avril, pour nommer les membres du conseil de surveillance, et pour entendre les rapports des administrateurs et du conseil sur les opérations de l'année précédente et la situation des différentes sociétés. Elle peut être convoquée extraordinairement, soit par les directeurs, soit par le conseil de surveillance. Les convocations ont lieu par lettres adressées au domicile des sociétaires, et par un avis inséré au moins quinze jours d'avance dans un des journaux désignés par le tribunal de commerce de Paris pour recevoir les annonces judiciaires.

61. Une première réunion de l'assemblée générale, à l'effet de constituer le conseil de surveillance, aura lieu aussitôt que soixante souscriptions auront été reçues pour une ou plusieurs des sociétés qui font l'objet des présents statuts. L'assemblée générale se composera, pour cette fois, de tous les souscripteurs. Les autres dispositions des art. 57, 58, 59 et 60, lui demeurent du reste applicables.

62. Jusqu'à ce que le conseil de surveillance se trouve constitué, les directeurs sont autorisés à faire tous les actes nécessaires pour la formation des sociétés et l'emploi de leurs fonds en achats de rentes, à la charge de faire régulariser, par le conseil de surveillance, les opérations antérieures à sa constitution.

Dispositions générales.

63. Les changements qu'il pourrait y avoir lieu de faire aux présents statuts ne seront opérés qu'avec le consentement des directeurs, et sur la proposition du conseil de surveillance, par une décision spéciale de l'assemblée générale, à la majorité des deux tiers des voix sur au moins soixante membres présents Ces modifications ne seront exécutoires qu'avec l'approbation du gouvernement.

64. Dans le cas où, par une circonstance quelconque, il y aurait lieu de liquider une ou plusieurs sociétés formées d'après les présents statuts, avant l'échéance du terme fixé pour cette liquidation, elle ne pourra avoir lieu qu'en vertu d'une délibération spéciale de l'assemblée générale des souscripteurs de chacune desdites sociétés, convoqués à cet effet. Des lettres, ainsi qu'il est dit à l'art. 30, seront adressées aux sociétaires, à un mois de date du jour indiqué pour l'assemblée, et, à ce jour, les associés, réunis sous la présidence du président du conseil de surveillance, décideront à la majorité des membres présents.

65. Les contestations qui pourraient s'élever sur l'exécution des présents statuts seront jugées, quels que soient le nombre et la qualité des parties intéressés, sur trois arbitres, sur le choix desquels les parties devront s'entendre dans le délai de huitaine ; à défaut de quoi, ils seront nommés par le président du tribunal de première instance du département de la Seine, à la requête de la partie la plus diligente. Les arbitres jugeront en dernier ressort, et comme amiables compositeurs, sans être tenus aux formes et délais de la procédure. Leur décision sera souveraine, et ne pourra être attaquée par aucune voie ni aucun moyen.

20 AOUT = 17 SEPTEMBRE 1842. — Ordonnance du roi portant autorisation de la société d'assurances mutuelles contre la mortalité des bestiaux établie à Laval sous la dénomination de la Mayenne. (IX, Bull. supp. DCXX, n. 16880.)

Louis-Philippe, etc., sur le rapport de notre ministre secrétaire d'Etat de l'agriculture et du commerce ; notre conseil d'Etat entendu, etc.

Art. 1er. La société d'assurances mutuelles contre la mortalité des bestiaux établie à Laval, sous la dénomination de la Mayenne, est autorisée. Sont approuvés les statuts de ladite société, tels qu'ils sont contenus dans l'acte passé le 24 juin 1842, par-devant Me Aubry et son collègue, notaires à Paris, lequel acte restera annexé à la présente ordonnance.

2. Nous nous réservons de révoquer notre autorisation en cas de violation ou de non exécution des statuts approuvés, sans préjudice des droits des tiers.

3. La société sera tenue de remettre, au commencement de chaque année, au ministère de l'agriculture et du commerce, et au préfet du département de la Mayenne, un extrait de son état de situation arrêté au 31 décembre précédent. La société devra, en outre, adresser à la même époque, à notre ministre de l'agriculture et du commerce, avec le compte rendu de ses opérations, un rapport qui permette d'apprécier les effets

de l'assurance mutuelle appliquée à la mortalité des bestiaux.

4. Notre ministre de l'agriculture et du commerce (M. Cunin-Gridaine) est chargé, etc.

TITRE Ier. — *Constitution de la société.*

Art. 1er. Il y a, avec l'autorisation du gouvernement, société d'assurances mutuelles contre la mortalité des chevaux et des bestiaux entre les comparants et toutes personnes qui adhéreront aux présents statuts.

2. La société a pour dénomination *la Mayenne*, société d'assurances mutuelles contre la mortalité des bestiaux. Ses opérations ne comprennent que le département de la Mayenne. Elle a son siége et son domicile à Laval.

3. La durée de la société est fixée à trente années, qui commenceront à partir de la date de l'ordonnance royale d'autorisation. La société ne sera définitivement constituée qu'après cette ordonnance et du jour où il y aura pour une valeur de quatre cent mille francs d'animaux soumis à l'assurance. Chacune des catégories déterminées à l'art. 4 ci-après sera mise en activité, lorsqu'il aura été réuni, savoir : deux cent mille francs pour la première catégorie ; cent mille francs pour la seconde ; cinquante mille francs pour la troisième, et cinquante mille francs pour la quatrième. L'accomplissement de cette condition sera constaté par le conseil d'administration de la société ; le directeur le notifiera par une circulaire à chaque sociétaire.

TITRE II. — *Opérations de la société.*

CHAPITRE Ier. — *Objets de l'assurance.*

4. La société a pour objet d'indemniser ses membres de la perte des animaux assurés, par suite d'accidents, d'épizooties ou de maladies.

5. Les sinistres garantis par la société sont : 1° les cas de mort naturelle ou accidentelle ; 2° l'abatage par suite de maladie ou d'accidents ; 3° la mort par suite de castration, pourvu que l'animal opéré soit âgé de onze à quatorze mois, suivant l'usage local.

6. Aucune indemnité n'est due pour les sinistres qui ont lieu dans les circonstances suivantes : 1° si l'animal assuré meurt, soit avant le quinzième jour qui suit la date de la police, soit des suites d'une maladie qui vient à se déclarer pendant ce délai ; 2° s'il meurt des suites de violences ou mauvais traitements du sociétaire, ou de ceux dont il est civilement responsable ; 3° s'il est tué par les loups ; 4° s'il meurt par suite de guerre, attroupements ou autre cas de force majeure.

7. Les animaux admis à l'assurance se divisent en quatre catégories. Les chevaux, mulets et bêtes asines forment la première. Les bœufs, taureaux, vaches et les élèves de cette espèce forment la seconde. La troisième comprend les béliers, moutons, brebis et agneaux, les boucs, chèvres et chevreaux. Dans la quatrième, sont classés les verrats, truies et cochons.

8. Les élèves des animaux compris dans chacune de ces catégories ne pourront être admis qu'après l'âge de trois mois. La société n'assure ni les bêtes à laine qui ont huit ans révolus, ni les chevaux et vaches qui ont plus de quatorze ans. Néanmoins l'animal qui aurait été admis à l'assurance avant d'avoir atteint cette limite d'âge, et

qui viendrait à la dépasser, continuera d'être assuré par la société.

9. Aucun animal ne sera reçu à l'assurance pour une somme supérieure à six cents francs, quand bien même sa valeur excéderait cette somme.

10. Il n'y a point de solidarité entre les sociétaires ; chacun d'eux n'est tenu de contribuer au paiement des charges sociales que jusqu'à concurrence du maximum de garantie déterminé à l'art. 24.

CHAPITRE II. — *Admission à l'assurance.*

11. Sont admis dans la société tous propriétaires, fermiers ou détenteurs de chevaux ou bestiaux, et toute personne intéressée à leur conservation. Les animaux appartenant à un même propriétaire et faisant partie de la même exploitation ne peuvent être assurés qu'en totalité. Toutefois, s'il s'en trouve de malades au moment de l'adhésion, l'assurance peut être seulement différée à leur égard jusqu'à ce que l'agent de la société ait constaté leur rétablissement. Tout sociétaire qui, par une fausse déclaration, aura induit la société en erreur sur l'étendue du risque sera déchu de l'indemnité et ne pourra rien réclamer des sommes par lui payées.

12. Les animaux assurés par la société ne peuvent faire l'objet d'une nouvelle assurance de même nature par une autre société, à peine, par le sociétaire, de perdre son droit à toute indemnité, en cas de sinistre. Si, au moment de son admission, un sociétaire a déjà ses bestiaux garantis par une autre société, il doit en faire immédiatement la déclaration et le faire mentionner sur sa police ; sinon, il perd tout droit à une indemnité en cas de sinistre, et ne peut rien réclamer des sommes par lui versées au fonds de prévoyance. Si un sinistre survient pendant cette double assurance, la société n'intervient que proportionnellement à la somme assurée par elle dans le reglement de l'indemnité, qui ne peut jamais dépasser le montant du dommage.

13. La demande d'admission dans la société se fait au moyen d'un acte d'adhésion sur lequel le conseil d'administration est appelé à prononcer dans sa plus prochaine réunion. Si l'adhésion est admise, une police, rédigée en double, est signée par le directeur et par le sociétaire : ce dernier en garde un double. Cette police porte quittance de la somme payée comptant, aux termes de l'art. 27 ci-après, et contient les nom, prénoms et profession du sociétaire ; la qualité en laquelle il agit, le domicile par lui élu, la désignation des animaux par lui assurés avec tous les renseignements et énonciations propres à les faire reconnaître, et la valeur pour laquelle ils ont été admis à l'assurance. Les présents statuts doivent être insérés en entier dans les polices.

14. L'identité des animaux assurés est en outre constatée par des marques que détermine le conseil d'administration. La police contient l'indication de ces marques.

15. Si le sociétaire veut profiter de la faculté de substitution résultant de l'art. 21, il est dressé un avenant à la police, dans la forme prescrite par l'art. 21, et pour le temps qui reste à courir de l'engagement à l'assurance.

16. Si la valeur donnée aux animaux assurés excède d'un cinquième au moins leur valeur vénale, au moment de la signature de la police ou de l'avenant, et s'il est prouvé qu'il y a eu dol ou fraude de la part du sociétaire, celui-ci n'a droit à

aucune indemnité en cas de sinistre, et ne peut rien réclamer des cotisations par lui versées. S'il n'y a eu ni dol ni fraude, l'assurance est valable jusqu'à concurrence de la valeur assignée aux animaux par jugement d'experts, et il est tenu compte au sociétaire des cotisations et frais payés par lui pour l'excédant.

Chapitre III. — Durée de l'assurance.

17. Les assurances sont contractées pour cinq ans. La période de tout engagement, ainsi que les effets actifs et passifs de l'assurance, commencent le quinzième jour après la date de la police, à midi.

18. L'assurance cesse à la fin de la période pour laquelle elle a été contractée, à moins que, dans les trois mois qui précèdent l'expiration de l'engagement, le sociétaire ne déclare qu'il est dans l'intention de continuer à faire partie de la société. La société a la faculté de ne point renouveler l'assurance, en le notifiant au sociétaire dans les trois mois qui précèdent l'expiration de l'engagement et sans être obligé d'expliquer ses motifs.

19. En cas de vente de la totalité des animaux assurés, le contrat est immédiatement résilié ; si la vente n'est que partielle, il est procédé conformément à l'art. 21. Le sociétaire qui vient à changer de domicile continue à faire partie de la société, si les animaux assurés ne sortent pas du département; sinon l'assurance cesse immédiatement.

20. En cas de décès de l'assuré, ses héritiers ou ayants-cause profitent de l'assurance jusqu'à la fin de l'année courante, pourvu que la condition des animaux assurés ne subisse aucun changement.

21. Toutes les fois qu'il survient quelque changement dans la condition de l'assurance, le sociétaire est tenu d'en faire la déclaration à la société dans un délai de huit jours, et il est procédé immédiatement à la vérification du changement. Si pendant le cours de son assurance, un sociétaire vient à introduire dans ses écuries ou étables des animaux provenant d'achats ou d'échanges, il doit le déclarer immédiatement et le faire mentionner sur sa police; sinon, il perd tout droit à une indemnité en cas de sinistre. Les nouveaux animaux ne commencent à être garantis que quinze jours après celui de leur entrée dans les étables ou écuries.

22. En cas de faillite d'un sociétaire, son assurance cesse de plein droit, à moins qu'il ne soit donné caution.

23. En cas de sinistre, s'il résulte du procès-verbal qui le constate ou d'un rapport fait, soit par les censeurs de la société, soit par des vétérinaires, que les animaux assurés par la société ne sont pas convenablement nourris, soignés et ménagés, le conseil d'administration a le droit de résilier l'assurance. Cette résiliation est notifiée au sociétaire par acte extrajudiciaire.

Chapitre IV. — Classification des risques.

24. Les animaux soumis à l'assurance offrant des chances de sinistres plus ou moins graves suivant leur espèce et leur emploi, la contribution aux charges sociales a lieu dans les proportions ci-après, et sans que dans aucun cas la part contributive de chaque sociétaire puisse s'élever annuellement au-delà du maximum suivant, savoir :

Cotisation à payer pour 100 fr. *de valeur.* — 1re catégorie. Race chevaline et asine. 1re classe, 1 fr. 50 c. ; 2e classe, 3 fr. ; 3e classe, 8 fr. — 2e catégorie. Race bovine, 1 fr. — 3e catégorie. Race

ovine, boucs, chèvres et chevreaux, 1 fr. 50 c. — 4e catégorie. Race porcine, 1 fr. 50 c.

Les chevaux, juments, mules, mulets et bêtes asines employés à la culture des terres, à l'exploitation des moulins et à tous services de ville et de campagne autres que ceux qui sont spécifiés dans les deux paragraphes ci-après, forment la première classe de la race chevaline. Les chevaux de roulage, de halage et les étalons forment la deuxième. Les chevaux de louage, de fiacres, d'omnibus, de voitures publiques, de poste et de diligence forment la troisième. Ces trois classes ont chacune sa caisse particulière. Les deuxième, troisième et quatrième catégories forment chacune une classe ayant sa caisse particulière.

25. Les fonds de chacune des caisses sont destinés exclusivement au paiement des indemnités dues pour raison des sinistres arrivés dans la classe à laquelle elle appartient, sans qu'il puisse jamais être fait de dévolution d'une caisse à une autre.

26. Chaque sociétaire doit en outre, 1° pour frais de police, un franc; 2° pour frais d'apposition des marques prescrites en l'art. 14, dix centimes par tête pour les animaux de race chevaline, asine et bovine, et deux centimes par tête pour ceux des autres races.

Chapitre V. — Fonds de prévoyance.

27. Chaque sociétaire verse, au moment de la délivrance de la police et au commencement de chacun des exercices suivants, trente pour cent du maximum de la contribution sociale, pour former un fonds de prévoyance destiné à donner des à-comptes sur les indemnités dues pour les sinistres.

28. Les sommes composant le fonds de prévoyance peuvent être placées par le conseil d'administration pour produire intérêt au profit de la société.

29. Lorsqu'un sociétaire vient à sortir de la société pour une cause quelconque, son décompte est établi, et la somme qu'il a versée au fonds de prévoyance lui est restituée, sauf déduction de la part qu'il doit supporter dans les charges sociales connues au moment de sa sortie.

Chapitre VI. — Règlement des sinistres.

30. En cas de maladies ou d'accidents graves survenus à des animaux assurés par la société, le sociétaire est tenu de recourir à un vétérinaire muni d'un diplôme ou, à défaut de vétérinaire dans un rayon de huit kilomètres, à un expert maréchal ou panseur, pour faire donner des soins à l'animal malade. En outre, il est tenu de faire de suite, à l'agent le plus voisin, la déclaration de la maladie ou de l'accident. L'agent lui donne récépissé de cette déclaration, visite l'animal et en instruit aussitôt la direction. Si le vétérinaire ou la personne appelée à son défaut est d'avis que la maladie ou l'accident doit rendre l'animal impropre à tous services, il en dresse un procès-verbal exprimant les jour, heure et lieu de l'événement ou de l'invasion de la maladie, la cause présumée, la valeur de l'animal, le numéro de la police, les recours et actions que la société peut être appelée à exercer au nom de l'assuré contre des tiers.

31. Sur le vu du procès-verbal, l'agent autorise, s'il y a lieu, la vente ou l'abatage. En cas de vente, le prix est constaté par un certificat visé par l'agent de la société. S'il s'agit d'animaux de race ovine, le sociétaire peut charger deux voisins, pris de préférence parmi les sociétaires, de dresser le procès-

verbal mentionné ci-dessus ; mais il doit, dans ce cas, représenter la peau dans le délai de huit jours à l'agent de la société, sauf l'observation des règlements de police. S'il s'agit d'animaux de race chevaline, bovine ou porcine, la déclaration et la remise du procès-verbal doivent être faites dans les trois jours qui suivent le sinistre, faute de quoi le sociétaire est déchu de l'indemnité. Au reçu du procès-verbal, l'agent en délivre copie au sociétaire. Le tout est consigné sur un registre à ce destiné.

32. Tout sinistre est constaté par un procès-verbal dressé par l'agent, exprimant les mêmes circonstances que celui qui est prescrit par l'art. 30, et transmis de suite à la direction.

33. Les frais de maladies sont au compte du sociétaire. La peau de l'animal lui est abandonnée en dédommagement.

CHAPITRE VII. — *De la répartition des portions contributives et de leur recouvrement.*

34. Les charges sociales sont acquittées au moyen d'une contribution répartie entre les sociétaires au prorata des valeurs assurées. Sont à la charge de la société, 1° les sinistres ; 2° tous frais quelconques d'administration ; 3° les frais de toutes actions judiciaires ; 4° les non-valeurs.

35. À l'expiration de chaque année sociale, il est dressé un état général de tous les frais à la charge de la société. L'année sociale commence le 1ᵉʳ mai et finit le 30 avril. Chaque année forme un exercice ; le premier commencera le jour même de la mise en activité de la société, conformément à l'art. 3 ci-dessus, et finira le 30 avril suivant.

36. Après avoir vérifié les pièces constatant le montant des sinistres, le conseil d'administration arrête définitivement la quotité de la contribution à répartir sur les sociétaires, et charge le directeur d'en suivre le recouvrement.

37. Toutes les sommes à payer par les sociétaires sont comptées par eux à la direction ou au domicile de l'agent de la société dans chaque canton ; il leur en est donné quittance. Si dans les quinze jours qui suivent l'avis donné par le directeur, le sociétaire n'a pas effectué le versement demandé, l'avertissement est renouvelé, et, quinze jours après ce deuxième avis, le sociétaire est poursuivi par toutes les voies de droit ; enfin, quinze jours après le premier acte judiciaire, le sociétaire qui n'a pas rempli ses engagements perd son recours envers la société en cas de sinistre, sans que pour cela il soit dégagé du paiement de la contribution due par lui. Le conseil d'administration peut, à son choix, en cas de non-paiement, résilier l'assurance ou la maintenir et en poursuivre l'exécution.

38. Les non-valeurs de chaque exercice sont ajoutées aux sinistres de l'exercice suivant.

39. Les pièces relatives aux répartitions sont conservées à la direction : tout sociétaire a le droit d'en réclamer la communication.

40. Il est procédé, dans les trois premiers mois de chaque exercice, au règlement général des sinistres de l'exercice précédent, et les sociétaires qui les ont éprouvés reçoivent les indemnités ou complément d'indemnité auxquels ils ont droit.

CHAPITRE VIII. — *Paiement des indemnités aux sociétaires qui ont éprouvé des sinistres.*

41. Dans le mois qui suit la réception du procès-verbal exigé par l'art. 32, la somme à laquelle l'indemnité a été fixée est payée à l'ayant-droit

jusqu'à concurrence de l'à-compte réglé par le conseil d'administration. En cas de contestation sur le montant de l'indemnité, il est procédé conformément au droit commun.

42. Le prix que le sociétaire peut retirer de l'animal est déduit de l'indemnité à laquelle il a droit, sans préjudice de la disposition de l'art. 33 ci-dessus.

43. Après avoir soldé l'indemnité, la société est subrogée à tous les droits du sociétaire, et elle exerce en son nom tous recours contre les personnes qui peuvent être responsables du sinistre.

44. Si le fonds de prévoyance est insuffisant pour le paiement intégral des charges sociales, le reliquat dû est payé au moyen d'un appel de fonds fait dans la limite du maximum de garantie établi à l'art. 24 ; et si le fonds de garantie est lui-même insuffisant, ce fonds est réparti au centime le franc entre les ayants-droit. Dans aucun cas, les sociétaires n'ont à payer au-delà du maximum fixé par l'art. 24 ci-dessus.

TITRE IV. — *Administration de la société.*

45. La société est représentée par un conseil général des sociétaires ; elle est administrée par un conseil d'administration, un directeur et un directeur-adjoint, si le conseil général en reconnaît l'utilité. Le conseil d'administration peut être assisté, si le conseil général le juge convenable, d'un conseil du contentieux, composé d'un avocat, d'un notaire, d'un avoué, et de deux vétérinaires munis de diplômes. Des censeurs sont institués dans chaque canton pour surveiller les opérations des agents de la société.

CHAPITRE Iᵉʳ. — *Conseil général.*

46. Le conseil général est composé des cinquante-quatre sociétaires assurés pour les plus fortes sommes, à raison de deux par canton. En cas de refus ou d'empêchement de la part de quelques-uns des sociétaires assurés pour les plus fortes sommes, ils sont remplacés par ceux qui viennent immédiatement après eux dans l'ordre du tableau dressé pour chaque canton. Le conseil général est présidé par un de ses membres, élu chaque année à la majorité des suffrages. Le secrétaire du conseil d'administration remplit près du conseil général les fonctions de secrétaire.

47. Le conseil général se réunit une fois au moins par année ; sa première réunion aura lieu dans le mois qui suivra la mise en activité de la société. Il peut être convoqué extraordinairement par le conseil d'administration. Les convocations, soit ordinaires, soit extraordinaires, se font par lettres affranchies adressées au domicile de chaque membre. Le conseil général délibère à la majorité des suffrages ; en cas de partage, le président a voix prépondérante. Pour que ses délibérations soient valables, il faut qu'il y ait au moins vingt de ses membres présents. Si ce nombre n'est pas atteint, l'assemblée est ajournée à un mois ; elle est alors valablement constituée, quel que soit le nombre des membres présents ; mais la délibération ne peut avoir lieu que sur les objets mis à l'ordre du jour de la première convocation.

48. Le conseil général nomme les membres du conseil d'administration. Il nomme le directeur, fixe son traitement et les autres avantages qui pourront lui être accordés ; il peut le révoquer, sur la proposition du conseil d'administration. Il arrête définitivement chaque année les comptes

de la société. Il statue sur toutes les observations et propositions qui lui sont faites, soit par les membres, soit par le conseil d'administration, soit par le directeur.

CHAPITRE II. — Conseil d'administration.

49. Le conseil d'administration est composé de douze membres choisis parmi les sociétaires ayant au moins pour trois mille francs d'animaux engagés à l'assurance. Les membres du conseil ne contractent, à raison de leurs fonctions, aucune obligation personnelle ni solidaire relativement aux affaires de la société; ils ne sont responsables que de l'exécution de leur mandat. Le conseil d'administration est présidé par un de ses membres, nommé chaque année à la majorité absolue des suffrages, et, en cas d'absence, par le plus âgé. Il a un secrétaire nommé par lui, pris hors de son sein et salarié; ce secrétaire peut exercer d'autres fonctions dans l'administration, à l'exception de celles de directeur et de directeur-adjoint. Les membres du conseil d'administration sont renouvelés par quart tous les ans; le sort désignera les membres sortants aux trois premiers renouvellements; ensuite les renouvellements auront lieu par ancienneté. Les membres sortants peuvent être réélus. En cas de décès ou de démission de l'un des membres du conseil d'administration, il est pourvu à son remplacement par le conseil général, conformément aux dispositions du présent article.

50. Le conseil d'administration se réunit au moins une fois tous les mois. Les convocations sont faites par le directeur ou par le président du conseil d'administration, et par lettres affranchies.

51. La présence de cinq membres du conseil d'administration est indispensable pour la validité des opérations. Ses décisions sont prises à la majorité des voix; en cas de partage, la voix du président est prépondérante.

52. Le conseil d'administration propose la révocation du directeur et du directeur-adjoint, qui ne peut être prononcée que par le conseil général. Il propose également au conseil la nomination du directeur et du directeur-adjoint. Il délibère sur toutes les affaires de la société; il admet ou rejette les adhésions, contrôle la gestion du directeur, se fait rendre compte de la situation de la caisse, inspecte ses opérations et vérifie les livres, les pièces de comptabilité et les états de liquidation des frais d'administration et des indemnités pour les sinistres; il arrête provisoirement les comptes de la société et fixe, sauf l'approbation du conseil général, les frais de premier établissement, de loyer et de bureaux, traitements du directeur et du directeur-adjoint, du secrétaire et de tous les employés. Le conseil d'administration fait les règlements et prend les arrêtés qu'il juge nécessaires pour l'administration intérieure, sans pouvoir toutefois aggraver la condition des sociétaires.

53. Sont nommés membres du conseil d'administration.... (Suivent les noms.)

Ces nominations devront être soumises à l'approbation du conseil général lors de sa première réunion, qui devra avoir lieu dans les trois mois qui suivront l'ordonnance d'autorisation.

CHAPITRE III. — Conseil du contentieux.

54. Les membres du conseil du contentieux, dans le cas prévu à l'art. 45, sont nommés et révoqués par le conseil général. Ils assistent, avec voix consultative seulement, aux réunions du conseil d'administration.

CHAPITRE IV. — Direction.

55. Le directeur est chargé, sous l'autorisation du conseil d'administration, de la gestion des affaires de la société; il dirige le travail des bureaux, le service des agents, les opérations des experts; il représente la société vis-à-vis des tiers. Il peut traiter, transiger, compromettre et soutenir toute action judiciaire, d'après la décision du conseil d'administration. Il présente à la nomination du conseil le caissier, les agents de la société et les vétérinaires. Il assiste aux réunions du conseil d'administration, mais il n'y a que voix consultative. Il fournit un cautionnement de six mille francs en rentes sur l'État. Ce cautionnement est consenti par acte public, et accepté par le conseil d'administration. Il peut être augmenté proportionnellement à l'importance des opérations de la société, toutes les fois que le conseil général le juge convenable.

56. Est nommé directeur, sauf confirmation par le conseil général, lors de sa première réunion, M. le chevalier Jacques-Etienne Clabat-Duchillou.

CHAPITRE V. — Censeurs.

57. Deux sociétaires sont désignés, dans chaque canton, par le conseil d'administration, pour remplir les fonctions de censeurs. Les censeurs sont chargés de surveiller, dans leurs cantons respectifs, les opérations des agents de la société, de vérifier et arrêter leurs registres, et de veiller, en général, à l'exécution des statuts et règlements émanés de l'administration. Ils transmettent leurs rapports au directeur, pour être mis sous les yeux du conseil d'administration.

CHAPITRE VI. — Caissier.

58. La société a un caissier nommé par le conseil d'administration. Il tient sa comptabilité journalière, sous le contrôle immédiat du directeur, et ne peut faire aucun paiement, versement ou emploi de fonds, que sur son ordonnancement. Il fournit un cautionnement en rentes sur l'État, dont le montant est déterminé par le conseil d'administration. Le cautionnement est consenti et réglé dans les formes établies en l'art. 55 pour celui du directeur.

59. Pour sûreté des fonds à recevoir par le caissier, il est établi une caisse à trois clefs, une de ces clefs reste entre les mains du caissier, une autre est remise au directeur, et la troisième au président du conseil d'administration. Cette caisse renferme les fonds destinés au paiement des indemnités, et, en cas de placement, les titres, bordereaux ou récépissés qui les constatent. Les entrées et sorties de fonds s'opèrent suivant le mode réglé par le conseil d'administration.

CHAPITRE VII. — Comptabilité.

60. Le conseil d'administration fixe la somme que le directeur peut réserver en caisse pour les besoins imprévus, et celle dont il doit être fait emploi pour le compte de la société. Il fixe le mode à suivre pour le retrait des sommes nécessaires au paiement des sinistres et des frais d'administration.

61. Les portions contributives non recouvrées, ainsi que les frais auxquels elles auront donné lieu, resteront à la charge du directeur, sans recours contre la société, à défaut par le directeur de jus-

tifier des diligences par lui faites pour en assurer le recouvrement.

TITRE V. — *Dissolution et liquidation de la société.*

62. La société pourra être dissoute, avant le terme fixé pour sa durée, par décision du conseil général prise à la majorité absolue de ses membres. La dissolution aura lieu de droit si, dans un délai de cinq ans, à partir de l'autorisation de la société, la valeur des animaux assurés ne s'élève pas à la somme de dix millions, ou si, après avoir atteint cette somme, elle tombe au-dessous.

63. En cas de dissolution de la société, le conseil général pourvoit à sa liquidation.

64. Dans le cours de la vingt-huitième année, le conseil général procédera à l'examen de la situation de la société, et décidera, à la majorité exigée par l'art. 62, s'il y a lieu de demander au gouvernement sa prolongation, à l'effet de quoi, tous les pouvoirs nécessaires lui sont dès à présent conférés.

TITRE VI. — *Dispositions générales.*

65. Si, pendant le cours de la société, ou lors de la liquidation, il s'élève des difficultés entre les sociétaires et la société, elles seront jugées par trois arbitres nommés par le président du tribunal de première instance de l'arrondissement de Laval, à la requête de la partie la plus diligente. Ces arbitres, dispensés des formes judiciaires, décideront comme amiables compositeurs et en dernier ressort. Leur décision ne pourra être attaquée par voie d'appel, requête civile, ni recours en cassation.

66. Le conseil général peut, à la majorité absolue de la totalité des membres qui le composent, introduire dans les statuts les changements qu'il juge utiles, mais ces changements ne sont exécutoires qu'après l'approbation du gouvernement.

———

30 AOUT = 1er OCTOBRE 1842. — Ordonnance du roi qui érige en école normale primaire d'institutrices l'établissement normal préparatoire placé sous la direction des dames de l'éducation chrétienne, à Argentan. (IX, Bull. DCCCCXLIV, n. 10234.)

Louis-Philippe, etc., sur le rapport de notre ministre secrétaire d'État au département de l'instruction publique; vu notre ordonnance du 23 juin 1836 concernant les écoles primaires de filles; vu la délibération du conseil général du département de l'Orne, en date du 28 août 1857; vu le budget du département de l'Orne pour l'exercice 1842, lequel assure les crédits nécessaires pour les dépenses d'entretien de l'établissement normal d'institutrices annexé à la maison des dames de l'éducation chrétienne, à Argentan, etc.

Art. 1er. L'établissement normal préparatoire placé sous la direction des dames de l'éducation chrétienne, à Argentan, est érigé en école normale primaire d'institutrices.

2. Notre ministre de l'instruction publique (M. Villemain) est chargé, etc.

———

30 AOUT = 1er OCTOBRE 1842. — Ordonnance du roi qui érige en école normale primaire d'institutrices l'établissement normal préparatoire dirigé, à Bagnères-de-Bigorre, par les dames de Saint André de la Croix. (IX, Bull. DCCCCXLIV, n. 10235.)

Louis-Philippe, etc., sur le rapport de notre ministre secrétaire d'État au département de l'instruction publique; vu notre ordonnance du 23 juin 1836 concernant les écoles primaires de filles; vu les délibérations prises par le conseil du département des Hautes-Pyrénées, dans ses sessions de 1837, de 1838 et de 1839; vu le budget du département des Hautes-Pyrénées pour l'exercice 1842, lequel assure les crédits nécessaires pour les dépenses d'entretien de l'établissement préparatoire d'institutrices, à Bagnères-de-Bigorre, par les dames de Saint-André de la Croix, etc.

Art. 1er. L'établissement normal préparatoire dirigé, à Bagnères-de-Bigorre, par les dames de Saint-André de la Croix, est érigé en école normale primaire d'institutrices.

2. Notre ministre de l'instruction publique (M. Villemain) est chargé, etc.

———

30 AOUT = 1er OCTOBRE 1842. — Ordonnance du roi qui crée à Besançon une école normale primaire d'institutrices. (IX, Bull. DCCCCXLIV, n. 10236.)

Louis-Philippe, etc., sur le rapport de notre ministre secrétaire d'État au département de l'instruction publique; vu notre ordonnance du 23 juin 1836 concernant les écoles de filles; vu la délibération prise par le conseil général du département du Doubs, dans sa session de 1839; vu la loi de finances du 25 juin 1841, qui a autorisé la perception d'un centime extraordinaire, pendant trois ans, pour les frais d'établissement d'une école normale primaire d'institutrices à Besançon; vu notre ordonnance du 7 octobre 1841, qui a autorisé l'acquisition d'une maison destinée à ladite école; vu le budget du département du Doubs pour l'exercice 1842, lequel assure les crédits nécessaires pour les dépenses d'entretien de l'établissement normal préparatoire d'institutrices, qui sera dirigé, à Besançon, par les dames de Saint-Vincent de Paul, etc.

Art. 1er. Il est créé à Besançon une école normale primaire d'institutrices, qui sera dirigée par les dames de Saint-Vincent de Paul.

2. Notre ministre de l'instruction publique (M. Villemain) est chargé, etc.

———

30 AOUT = 1er OCTOBRE 1842. — Ordonnance du roi qui établit un collège communal de seconde

classe dans la ville de Château-Salins. (IX , Bull. DCCCCXLIV, n. 10237.)

Louis-Philippe , etc. , sur le rapport de notre ministre secrétaire d'Etat au département de l'instruction publique ; vu notre ordonnance du 29 janvier 1839 sur le régime des collèges communaux ; vu la délibération prise par le conseil municipal de Château-Salins le 18 juillet 1842 , tendant à obtenir l'autorisation d'établir dans cette ville un collège communal de seconde classe ; vu l'avis du conseil royal de l'instruction publique , en date du 12 août 1842 , etc.

Art. 1ᵉʳ. Il est établi un collège communal de seconde classe dans la ville de Château-Salins.

2. Le conseil municipal de la ville de Château-Salins portera annuellement à son budget la somme qui sera jugée nécessaire à l'entretien de son collège.

3. Notre ministre de l'instruction publique (M. Villemain) est chargé , etc.

2 SEPTEMBRE = 1ᵉʳ OCTOBRE 1842. — Ordonnance du roi qui autorise un échange de terrains entre le domaine de la couronne et la commune de Saint-Gobain (Aisne). (IX , Bull. DCCCCXLIV, n. 10238.)

Louis-Philippe, etc., vu les délibérations, en date des 7 février 1839 et 3 février 1840, par lesquelles le conseil municipal de la commune de Saint-Gobain , département de l'Aisne, dans la vue d'agrandir le cimetière communal offre d'échanger trois parcelles de terrain boisé , situées sur le territoire de Saint-Nicolas , au lieu dit *les rives des bois de Saint-Nicolas* , contre une portion de la forêt de Saint-Gobain , triage de Fringalet qui appartient au domaine de la couronne ; les art. 8 et 9 de la loi du 2 mars 1832 , constitutive de la liste civile ; le décret du 11 juillet 1812, qui détermine la forme et les conditions des actes d'échange à passer avec le domaine de la couronne; le décret du 20 juillet 1808 et l'ordonnance royale du 12 décembre 1827; l'arrêté pris en conseil de préfecture , le 6 février 1840 , qui autorise la commune de Saint-Gobain à conclure l'échange projeté ; le procès-verbal d'expertise dressé le 16 janvier 1842 duquel il résulte que le terrain offert par la commune est d'une contenance de quatre-vingts ares et d'une valeur de huit cents francs , dont cinq cent soixante francs pour le fonds et deux cent quarante francs pour la superficie , que celui du domaine de la couronne , d'une contenance égale, est de la valeur de huit cent trente-neuf francs, dont cinq cent soixante francs pour le fonds et deux cent soixante et dix-neuf francs pour la superficie ; vu l'adhésion donnée , le 18

juillet 1842, par l'intendant général de notre liste civile ; l'avis du comité des finances du conseil d'Etat ; considérant que si , d'un côté , le terrain demandé par la commune de Saint-Gobain est indispensable pour l'agrandissement de son cimetière, celui qu'elle offre en échange est avantageux au domaine de la couronne, tant à cause de la nature du sol que de sa situation ; sur le rapport de notre ministre secrétaire d'Etat au département des finances , etc.

Art. 1ᵉʳ. L'échange du terrain de quatre-vingts ares nécessaire à la commune de Saint-Gobain , dans la forêt du même nom, triage de Fringalet , coupe n. 10, qui appartient au domaine de la couronne, contre un terrain de même étendue , situé sur le territoire de Saint-Nicolas-au-Bois , lieu dit *les rives des bois de Saint-Nicolas* , divisé en trois parcelles, et appartenant à la commune de Saint-Gobain , est et demeure autorisé.

2. Le contrat d'échange sera fait, en la forme authentique , entre l'intendant général de notre liste civile , agissant dans l'intérêt du domaine de la couronne , et la personne légalement désignée pour représenter la commune de Saint-Gobain. Cet échange, qui ne deviendra définitif qu'après avoir été sanctionné par une loi, sera fait moyennant une soulte de trente-neuf francs à payer par la commune de Saint-Gobain , et sous les clauses et conditions que l'intendant général de la liste civile croira devoir imposer dans l'intérêt du domaine de la couronne.

3. Nos ministres des finances et de l'intérieur , et l'intendant général de notre liste civile (MM. Montalivet et Laplagne) sont chargés , etc.

5 SEPTEMBRE = 1ᵉʳ OCTOBRE 1842. — Ordonnance du roi qui ouvre, sur l'exercice 1842, un crédit extraordinaire pour dépenses urgentes du service des douanes près les chemins de fer du Nord. (IX, Bull. DCCCCXLIV, n. 10239.)

Louis-Philippe , etc. , vu , 1º la loi du 25 juin 1841 , portant fixation du budget des dépenses de l'exercice 1842 ; 2º les art. 4 et 6 de la loi du 24 avril 1833 et l'art. 12 de celle du 23 mai 1834 ; 3º les art. 26 , 27 et 28 de notre ordonnance du 31 mai 1838 , portant règlement général sur la comptabilité publique ; sur le rapport de notre ministre secrétaire d'Etat des finances , et de l'avis de notre conseil des ministres, etc.

Art. 1ᵉʳ. Il est ouvert à notre ministre secrétaire d'Etat des finances, sur l'exercice 1842 , un crédit extraordinaire de la somme de trente-trois mille huit cent quatre-vingt-quatre francs (33,884 fr.) , pour subvenir aux dépenses urgentes du service des douanes près les chemins de fer du Nord, lesquelles n'ont pû être prévues par le budget dudit exercice, et qui feront l'objet du chapitre spécial désigné ci-après : *Frais de nouveaux services de douanes.* Personnel, 32,416 fr.; dépenses diverses, 1,468 fr. Total égal, 33,884 fr.

2. La régularisation de ce crédit sera proposée aux Chambres lors de leur prochaine réunion.

3. Notre ministre des finances (M. Laplagne) est chargé, etc.

---

11 SEPTEMBRE = 1er OCTOBRE 1842. — Ordonnance du roi portant prorogation du tarif des droits de navigation actuellement perçus sur le canal latéral à la Loire, de Digoin à Briare. (IX, Bull. DCCCCXLIV, n. 10240.)

Louis-Philippe, etc., vu la loi du 14 août 1822, relative à la construction du canal latéral à la Loire; vu le cahier des charges annexé à ladite loi; vu les ordonnances des 10 février 1840, 18 mai et 19 octobre 1841, et 12 mars 1842, qui ont modifié temporairement le tarif des droits de navigation sur ledit canal; vu la lettre de la compagnie des Quatre-Canaux, en date du 22 juillet 1842; sur le rapport de notre ministre secrétaire d'Etat au département des finances, etc.

Art. 1er. Le tarif des droits de navigation actuellement perçu sur le canal latéral à la Loire, de Digoin à Briare, est prorogé jusqu'au 31 décembre prochain.

2. Notre ministre des finances (M. Laplagne) est chargé, etc.

---

11 SEPTEMBRE = 1er OCTOBRE 1842. — Ordonnance du roi portant prorogation du tarif des droits de navigation actuellement perçus sur les canaux de Bretagne. (IX, Bull. DCCCCXLIV, n. 10241.)

Louis-Philippe, etc., vu la loi du 14 août 1822, relative à l'achèvement des canaux de Bretagne; vu le cahier des chargés annexé à ladite loi; vu les ordonnances des 19 décembre 1838, 3 mai 1839, 5 mars 1841 et 12 mars 1842, qui ont modifié temporairement le tarif des droits de navigation sur lesdits canaux; vu la lettre de la compagnie des Quatre-Canaux, en date du 22 juillet 1842; sur le rapport de notre ministre secrétaire d'Etat au département des finances, etc.

Art. 1er. Le tarif des droits de navigation actuellement perçu sur les canaux du Blavet, d'Ille-et-Rance, et de Nantes à Brest, est prorogé jusqu'au 31 décembre prochain.

2. Notre ministre des finances (M. Laplagne) est chargé, etc.

---

20 AOUT = 1er OCTOBRE 1842. — Ordonnance du roi portant autorisation de l'établissement d'associations tontinières formé à Paris sous la dénomination de *la Minerve.* (IX, Bull. supp. DCXXI, n. 10887.)

Louis-Philippe, etc., sur le rapport de notre ministre secrétaire d'Etat de l'agriculture et du commerce; vu l'avis du conseil d'Etat approuvé par l'empereur, le 1er avril 1809, inséré au Bulletin des lois, et portant qu'aucune association de la nature des tontines ne peut être établie sans une autorisation spéciale, donnée par Sa Majesté, dans la forme des réglements d'administration publique; vu la lettre de notre ministre des finances du 15 février 1811; notre conseil d'Etat entendu, etc.

Art. 1er. L'établissement d'associations tontinières formé à Paris sous la dénomination de *la Minerve* est autorisé. Sont approuvés les statuts destinés à régir ledit établissement tels qu'ils sont contenus dans l'acte passé, le 1er août 1842, devant Me Lefer et son collègue, notaires à Paris, lequel acte restera annexé à la présente ordonnance. La présente autorisation n'aura d'effet que pour l'avenir et ne pourra, en aucune manière, s'appliquer aux opérations antérieures à ce jour.

2. Le cautionnement à fournir par le directeur de *la Minerve*, aux termes des statuts, sera déposé à la caisse des dépôts et consignations avant la mise en activité de l'établissement. Aux époques fixées d'après les statuts pour la répartition, entre les membres des associations tontinières formées par l'établissement, de tout ou partie du capital desdites associations, les parts revenant aux ayants-droit leur seront remises en titre de rentes inscrites au nom de chacun d'eux, comme il est dit à l'art. 58 des statuts.

3. L'établissement sera tenu de remettre tous les six mois au ministère de l'agriculture et du commerce, au préfet de la Seine, au préfet de police, à la chambre de commerce et au greffe du tribunal de commerce de Paris, un extrait de l'état de sa situation, ainsi que de celle des différentes associations qu'il est autorisé à former et à administrer. Il devra, en outre, adresser tous les ans à notre ministre de l'agriculture et du commerce, sur ses opérations, un rapport détaillé contenant tous les renseignements propres à faire apprécier la nature et les effets des associations formées par ses soins.

4. Les opérations de l'établissement seront d'ailleurs soumises à la surveillance spéciale dont le mode a été déterminé par notre ordonnance du 12 juin dernier, et dont les frais seront supportés par *la Mi-*

nerve jusqu'à la concurrence d'une somme de deux mille francs par an.

5. Nous nous réservons de révoquer notre autorisation sans préjudice des droits des tiers, en cas de violation ou de non exécution des statuts approuvés et dans le cas de plaintes graves contre la gestion de l'établissement. Nous nous réservons, en outre, d'ordonner tous les cinq ans, à partir de la date de la présente ordonnance, la révision générale des statuts.

6. Nos ministres de l'agriculture et du commerce, et des finances (MM. Cunin-Gridaine et Laplagne) sont chargés, etc.

TITRE Ier. — *But de l'établissement.*

Objet et nature des associations.

Art. 1er. Il est créé, sous la dénomination de *la Minerve*, un établissement dont le but est de former et d'administrer des sociétés d'assurances mutuelles de deux sortes : 1° en cas de survie ; 2° en cas de mort. Ces sociétés se constituent de deux manières, savoir : 1° société d'accroissement de capital, avec aliénation du revenu ; 2° société d'accroissement du revenu, sans aliénation du capital. L'établissement s'interdit toute opération étrangère à la formation et à l'administration des sociétés ci-dessus désignées.

2. Dans les sociétés d'accroissement du capital avec aliénation du revenu, le revenu des mises s'accumule avec le capital jusqu'à une époque à laquelle la totalité du produit composé est répartie entre les sociétaires qui justifient de l'existence des assurés sur la tête desquels leurs souscriptions reposent. Il peut en outre être formé des sociétés d'accroissement de capital avec aliénation du revenu, à l'expiration desquelles le capital des mises, accru du capital provenant de l'accumulation des intérêts, est exclusivement réparti entre les ayants-droit des sociétaires qui justifient du décès de l'assuré.

3. Dans les sociétés d'accroissement du revenu sans aliénation du capital, l'intérêt produit par les mises sociales s'accumule de semestre en semestre, jusqu'au terme de la société. A l'expiration de la société, le capital des mises retourne aux souscripteurs ou à leurs ayants-droit, et le capital formé par l'accumulation du revenu est réparti entre les sociétaires qui justifient, suivant les cas, de l'existence ou du décès des individus sur la tête desquels leur assurance repose.

4. Les fonds de chaque association sont gérés séparément, et ne se confondent, à aucun égard, avec ceux des autres associations.

5. Les associations se composent d'individus de tous âges, dont les mises sont ramenées à l'égalité proportionnelle par l'application de tarifs basés sur les chances de la durée de la vie à chaque âge. Les placements se font par versements uniques ou par versements annuels. Les versements annuels sont ramenés à l'égalité proportionnelle avec les versements uniques par l'application combinée des chances de la vie et des effets de l'accumulation de l'intérêt à quatre pour cent par an. Les tarifs, rédigés en vertu du présent article, sont dressés d'après les tables de Deparcieux. Un exemplaire de chacun des tarifs sera adressé au gouvernement.

6. Dans chacune des sociétés ci-dessus définies,

l'assurance peut être souscrite, soit au profit du souscripteur lui-même, soit au profit d'un tiers ; elle peut reposer sur la tête du souscripteur ou sur la tête d'un tiers, à la charge par celui qui contracte sur la tête ou au profit d'un tiers de justifier du consentement de ce dernier ou de celui des parents, maris ou tuteurs pour les personnes inhabiles à contracter. L'individu sur la tête duquel l'assurance repose se nomme *assuré*. L'individu appelé à en recueillir le bénéfice éventuel est seul sociétaire. Le souscripteur est sociétaire toutes les fois que l'assurance n'est pas stipulée expressément au profit d'un autre.

7. Le siége de l'établissement et des sociétés formées par ses soins est à Paris. Chaque souscripteur est tenu, de son côté, d'élire à Paris ou dans les villes où seraient établies des succursales un domicile pour tous les actes relatifs à l'exécution du contrat. Le domicile élu au moment de la souscription demeure valable, pour le souscripteur, le sociétaire et leurs ayants-droit, jusqu'à ce qu'ils en aient fait connaître un autre à l'administration. La société ne reconnaît qu'un seul domicile pour tous les ayants-droit d'un sociétaire ; ceux-ci sont tenus de s'entendre à cet effet.

TITRE II. — *Formation et effets des sociétés.*

8. Les associations commencent, pour leurs effets actifs et passifs, à partir de l'époque fixée par le procès-verbal de leur constitution.

9. Aucune société ne peut être constituée avec moins de dix membres. Si le nombre des souscriptions reçues par une même société n'atteint pas ce minimum dans le délai d'un an à partir de l'ouverture de la souscription, elles sont annulées.

10. Si le décès d'un des assurés est dénoncé à l'administration avant la dixième souscription, la société n'est constituée qu'après que le minimum de de dix membres a été complété par de nouvelles souscriptions dans le délai déterminé par l'article précédent. Les notifications de décès, dans le cas prévu par le présent article, seront inscrites à leur date sur le registre ouvert pour recevoir les souscriptions.

11. Lorsque dix souscriptions sont réunies pour une même société sans que le décès d'aucun des assurés ait été dénoncé, il en est aussitôt donné avis aux souscripteurs au domicile par eux élu pour l'exécution du contrat, et si, dans les trente jours qui suivent cet avertissement, il n'est pas dénoncé de décès antérieur à l'époque où la dixième souscription a été reçue, la société est constituée, et tous les engagements souscrits deviennent définitifs.

12. La constitution de chaque société est constatée par une délibération du conseil de surveillance dont il est parlé ci-après au titre 3. Les procès-verbaux de ces délibérations sont tous inscrits à leur date sur le seul et même registre, au fur et à mesure de la constitution de chaque société.

13. L'engagement du souscripteur, vis-à-vis de la société, est constaté par une police extraite d'un registre à souche et signée en double par le souscripteur et par le directeur, ou par des agents commissionnés à cet effet. Au dos de la police sont transcrits littéralement les présents statuts. La police contient les noms, prénoms et domicile du souscripteur et ceux du sociétaire, s'il est autre que le souscripteur ; les noms, prénoms, domicile, lieu et date de naissance de l'assuré ; le nombre, le montant et le mode de paiement des mises sociales ; la désignation, l'objet, les conditions, le

durée et le terme de la société ; l'indication des délais prescrits et des pièces à produire pour la justification des droits du sociétaire ; enfin, le domicile élu pour l'exécution du contrat.

14. Le directeur, d'accord avec le conseil de surveillance, a le droit de refuser toute admission sans être tenu de faire connaître les motifs de ce refus.

15. Toute souscription doit être accompagnée d'un extrait d'acte de naissance ou, à défaut, d'un acte authentique constatant l'âge de l'assuré. Cet acte reste déposé à l'administration de l'établissement jusqu'à la liquidation de la société. Toute inexactitude dans les pièces produites ou dans les déclarations relatives à l'âge de l'assuré, dont le but et l'effet seraient de changer la condition des sociétaires, emporte la déchéance de tous droits aux bénéfices de l'association. Le capital des sommes payées est seul remis aux ayants-droit à l'époque de la répartition, dans le cas où ils rempliraient d'ailleurs les conditions voulues par le contrat pour prendre part à cette répartition.

16. Lorsqu'un ou plusieurs souscripteurs pensent qu'il y a lieu de ne plus recevoir de nouvelles souscriptions pour la société à laquelle ils appartiennent, ils peuvent adresser au conseil de surveillance l'invitation de convoquer tous les membres de cette société. La convocation est faite par lettres, à un mois de date, et, au jour déterminé, les souscripteurs, réunis sous la présidence du président du conseil de surveillance, décident, à la majorité des membres présents, si la société doit être close.

17. Les souscripteurs pour un versement unique font leur versement contre la remise de la police. Les souscripteurs pour des versements annuels font leur premier versement contre la remise de la police, et s'engagent à faire les suivants aux époques déterminées par leur contrat. Un retard d'un an dans le paiement des versements exigibles entraîne la déchéance de tous droits aux bénéfices de l'association. En cas de placement avec aliénation du capital, le sociétaire qui a encouru cette déchéance n'a droit, à l'époque de la répartition, si l'assuré vit encore, ou, suivant le cas, s'il est décédé à l'expiration de la société, qu'au remboursement en capital des versements qu'il a effectués. Les souscripteurs en retard qui reprennent leurs versements avant le terme d'un an, fixé pour la déchéance, sont tenus d'ajouter aux versements arriérés, un supplément calculé sur les chances de mortalité et augmenté d'un intérêt d'un demi pour cent par mois de retard. La faculté de reprendre les versements pour éviter la déchéance cesse, en tout cas, au terme fixé pour la production des pièces relatives à la répartition. La déchéance est acquise contre tout sociétaire dont la mise ne serait pas entièrement versée à cette époque.

18. Les bénéfices des diverses associations se répartissent, au prorata des mises, entre les sociétaires qui justifient, aux époques déterminées par la police, de l'existence ou du décès, suivant le cas, des assurés sur la tête desquels leur souscription repose.

19. Le droit de chaque sociétaire, dans les répartitions ou liquidations, s'établit par la production, soit du certificat de vie de l'assuré sur la tête duquel le placement repose, soit de son acte de décès, si l'assuré est mort postérieurement au jour fixé par le contrat pour l'ouverture des droits du sociétaire, ou, si l'assurance a été contractée pour le cas de mort.

20. Dans les diverses sociétés, la police et le certificat de vie ou de décès, suivant le cas, doivent être produits dans les six mois, à partir de l'expiration de la société. Une lettre du directeur, contresignée par un membre délégué du conseil de surveillance, est adressée à chaque sociétaire trois mois au moins avant l'expiration du délai ci-dessus fixé, pour lui rappeler cette obligation. Passé ce délai, la liquidation est faite et le fonds social réparti entre les seuls sociétaires qui ont fait la production des pièces exigées. Si une société s'éteint entièrement avant le terme fixé pour sa durée, soit par le décès de tous ses membres, soit par la déchéance de tous les sociétaires, les fonds de répartition appartenant à cette société profitent à l'Etat.

21. Seront réservés pendant un an, à partir du jour fixé pour le terme de la société, les droits des sociétaires qui auront fait constater, par un acte légalisé par un consul de France, la présence ou la mort hors de l'Europe, suivant les cas, de celui sur la tête duquel repose l'assurance, dans l'année qui précède le terme de la société. Après ce délai, ceux qui n'auront pas justifié de l'existence ou du décès de l'assuré au terme de la société seront déchus de tous leurs droits.

22. Les délais fixés ci-dessus pour la justification des droits des sociétaires sont de rigueur et, produisent leur effet, quant aux déchéances encourues, après leur expiration, sans qu'il soit besoin d'aucun acte de mise en demeure ni d'autre avertissement que la mention qui en est faite dans les polices.

23. Les héritiers ou ayants-cause d'un souscripteur ou sociétaire doivent se faire représenter par une seule personne, pour l'exercice de tous leurs droits vis-à-vis de la société et de l'administration ; à défaut de quoi toutes significations leur sont valablement faites au domicile élu pour l'exécution du contrat. Dans aucun cas, les héritiers ou ayants-cause d'un souscripteur ou sociétaire ne peuvent faire apposer les scellés sur les registres ou papiers relatifs à l'administration des sociétés.

TITRE III. — *Administration des sociétés.*

24. *La Minerve*, et les associations tontinières dont elle reçoit les dépôts, sont administrées par un directeur, sous le contrôle d'un conseil de surveillance pris parmi les souscripteurs des différentes sociétés et nommé par l'assemblée générale.

25. M. Chautard, fondateur de l'établissement, en est le directeur. Il peut s'adjoindre, pour la gestion, un co-directeur et tels mandataires qu'il jugera convenable Il est responsable de tous leurs actes comme des siens propres.

26. En cas de non exécution des statuts, et dans tous autres cas de fait grave contre le directeur, l'assemblée générale, sur la proposition du conseil de surveillance, et à la majorité des deux tiers des voix sur au moins soixante membres présents, peut, par une délibération motivée, prononcer sa révocation.

27. En cas de retraite du directeur, hors la circonstance prévue par l'article précédent, il a la faculté de présenter son successeur, lequel toutefois ne peut entrer en fonctions qu'après avoir été agréé, sur le rapport du conseil de surveillance, par l'assemblée générale. En cas de décès du directeur, ses héritiers auront, pendant trois mois, la même faculté. Pendant ce délai, il sera pourvu à l'administration des sociétés par un directeur provisoire, désigné par le conseil de surveillance, et

don lie traitement sera imputable sur les frais d'administration à la charge du directeur.

28. S'il n'est pas présenté de successeur, ou si les successeurs présentés dans le délai ci-dessus fixé ne sont pas agréés par l'assemblée générale, ou si la retraite du directeur a lieu par suite de sa révocation, il est pourvu à l'administration des sociétés et de l'établissement comme il est dit à l'article précédent, jusqu'à la nomination d'un directeur définitif par l'assemblée générale.

29. Dans aucun cas, les héritiers ou ayants-droit du directeur ne pourront faire apposer les scellés sur les registres, papiers et bureaux de l'administration de *la Minerve*.

30. L'administration du directeur est garantie, outre sa responsabilité personnelle, par un cautionnement de cinq mille francs de rentes trois pour cent, dont l'inscription est déposée à ce titre à la caisse des dépôts et consignations.

31. Ce cautionnement sera porté à six mille francs de rente si la totalité des encaissements effectués dans le courant d'une année dépasse un million de francs; à sept mille francs de rentes si elle dépasse un million deux cent mille francs, et ainsi de suite, en augmentant de mille francs de rentes par chaque augmentation de deux cent mille francs dans la totalité des encaissements annuels, jusqu'à un maximum de vingt-cinq mille francs de rentes trois pour cent, après lequel le cautionnement ne subira plus aucune augmentation. Les diminutions qui pourraient survenir dans le chiffre des encaissements annuels ne donneront lieu à aucune réduction proportionnelle du cautionnement.

32. Le cautionnement est affecté, indépendamment du recours qui s'exerce, s'il y a lieu, sur les autres biens du directeur, à la garantie de tous les engagements contractés par lui en cette qualité, et spécialement à celle des frais d'administration et de liquidation de toutes les sociétés, quel qu'en soit le terme, formées pendant sa gestion.

33. En cas de retraite ou de décès du directeur, s'il est remplacé par un successeur présenté par lui ou par ses héritiers, le même cautionnement servira à la garantie tant de sa gestion que de celle de son successeur. Si les remplaçants présentés par le directeur ou par ses héritiers ne sont pas agréés par l'assemblée générale, et s'il en est nommé un autre de la manière prévue par l'art. 28, le nouveau directeur versera en entrant un nouveau cautionnement qui sera soumis aux mêmes conditions, mais sans être affecté à la garantie de la gestion de son prédécesseur. Le cautionnement de celui-ci ne lui sera rendu, s'il y a lieu, qu'après l'apurement de tous ses comptes, et sous déduction du déficit qui serait constaté à sa charge. En cas de révocation du directeur, ou si le directeur, ses héritiers ou représentants ont abandonné l'administration des sociétés, son cautionnement ne lui sera rendu, s'il y a lieu, après l'apurement de tous ses comptes, que sous déduction, tant du déficit qui serait constaté à sa charge, que des fonds nécessaires pour assurer l'administration et la liquidation de toutes les sociétés formées pendant sa gestion. Néanmoins, s'il est nommé un nouveau directeur, et s'il consent à se charger, pour les frais d'administration et de liquidation, de la responsabilité qui pesait sur son prédécesseur, l'assemblée générale pourra, sur la proposition du conseil de surveillance, ordonner la remise au directeur remplacé de la totalité de son cautionnement, sous la seule déduction du déficit qui pourrait exister.

34. A Paris, les souscripteurs versent leurs mises en espèces à la caisse de la direction; dans les départements et à l'étranger, le versement se fait entre les mains de l'agent commissionné à cet effet, mais seulement en un mandat payable à Paris, à l'ordre du directeur. Néanmoins, les versements peuvent se faire en titres de rentes sur l'Etat, transférés au nom de l'association pour laquelle est faite la souscription. Tous les versements reçus par l'administration sont enregistrés à leur date sur un livre de caisse visé et paraphé par l'un des membres du conseil de surveillance.

35. Le directeur ne peut conserver en caisse les fonds qui lui sont versés à titre de placement dans l'une des sociétés qui font l'objet des présents statuts : ces fonds doivent être, dans les huit jours, convertis en rentes sur l'Etat. Les rentes achetées sont inscrites au nom de *la Minerve*, avec désignation de la société à laquelle elles appartiennent, et avec mention des formalités nécessaires, aux termes des présents statuts, soit pour toucher les arrérages, soit pour disposer du capital.

36. Les titres d'inscription de rentes sont déposés dans une caisse à deux clefs, dont l'une est remise au directeur et l'autre au président du conseil de surveillance, ou à l'un des membres dudit conseil, délégué à cet effet.

37. Les arrérages des rentes appartenant aux diverses sociétés sont perçus par le directeur, sur une quittance revêtue de sa signature et du visa du président ou d'un membre délégué du conseil de surveillance. Dans les sociétés de jouissance du revenu, une délibération du conseil de surveillance arrête l'état de la répartition des arrérages perçus entre les ayants-droit, et un membre délégué du conseil surveille le paiement des dividendes. Dans les sociétés d'accumulation du capital avec aliénation du revenu, le montant des arrérages perçus doit être employé, dans le premier jour de bourse qui suit la date de la quittance, en achat de nouvelles rentes au profit de chaque société. Une délibération du conseil de surveillance détermine les mesures à prendre pour assurer l'effet de cette disposition, et un membre délégué dudit conseil en surveille l'exécution.

38. A l'expiration de chaque société, ou aux époques fixées pour la répartition des fonds à distribuer aux sociétaires, une délibération du conseil de surveillance arrête l'état de cette répartition, et la part de chaque ayant-droit lui est payée en un titre de rente inscrit en son nom ; il est transmis à cet effet au ministre des finances une ampliation dûment certifiée de la délibération du conseil de surveillance, revêtue des signatures du directeur et de deux membres dudit conseil. Si le total de la rente à répartir ne peut pas se diviser exactement en inscriptions individuelles, eu égard au nombre des ayants-droit, la portion de rente qui excède le chiffre exactement divisible est vendue, et le produit en est distribué entre les ayants-droit, à la caisse de la direction, sous le contrôle d'un membre délégué du conseil de surveillance. Les transferts de rentes sont signés par deux membres du conseil et par le directeur.

39. Le directeur doit, à toute réquisition, justifier aux intéressés de l'observation des règles prescrites par les articles précédents, et leur communiquer tous les registres concernant les opérations de la société à laquelle ils appartiennent.

40. Le directeur est tenu de pourvoir à tous les frais quelconques, soit d'établissement, soit de gestion, soit de surveillance, à l'exception seule-

ment des commissions d'agents de change pour l'achat ou la vente des inscriptions de rentes représentant le fonds de chaque société. Les commissions d'achat de rente sont à la charge personnelle des souscripteurs qui n'usent pas de la faculté d'effectuer leurs versements en coupons de rente. Pour s'indemniser de toutes ses dépenses, le directeur perçoit, en sus des versements des mises sociales, un droit de commission dont la quotité et le mode sont déterminés avant la formation de chaque société, d'accord avec ses fondateurs, mais qui ne peut excéder cinq pour cent du montant de chaque souscription.

Conseil de surveillance.

41. Le conseil de surveillance est composé de neuf membres nommés par l'assemblée générale, et pris parmi les souscripteurs des diverses sociétés; il est renouvelé par tiers tous les ans. Le sort détermine les membres sortants la première et la seconde année; à partir de la troisième, le renouvellement a lieu suivant l'ordre d'ancienneté. Les membre sortants peuvent être réélus. Les membres du conseil de surveillance ne peuvent rester en fonctions qu'autant qu'ils continuent à appartenir à l'une des sociétés. En cas de décès, de retraite, de démission ou d'absence prolongée d'un de ses membres, il est provisoirement pourvu à son remplacement par le conseil de surveillance lui-même. Lorsque, par l'effet de ces remplacements provisoires, le conseil de surveillance se trouve réduit à moins de cinq membres nommés par l'assemblée générale, cette assemblée est convoquée de nouveau pour compléter le conseil par des nominations définitives. Les membres ainsi nommés par suite des vacances survenues dans le conseil ne restent en fonctions que jusqu'à l'époque où devaient expirer les pouvoirs de ceux qu'ils remplacent. Le conseil de surveillance choisit lui-même dans son sein un président et un secrétaire.

42. Le conseil de surveillance ne peut délibérer qu'au nombre de cinq membres au moins. Les délibérations sont prises à la majorité des voix. En cas de partage, la voix du président est prépondérante. Hors le cas où il s'agit de questions qui lui sont personnelles, le directeur assiste, avec voix consultative, aux délibérations du conseil de surveillance. Toutes les délibérations du conseil de surveillance sont transcrites sur des registres déposés à la direction, et dont un double demeure sous la garde du président.

43. Le conseil de surveillance se réunit une fois au moins tous les mois sur la convocation, soit du président, soit du directeur. Il se fait représenter par le directeur, toutes les fois qu'il le juge convenable, les livres de caisse, les bordereaux de l'agent de change, et toutes autres pièces.

44. Le conseil veille à l'exécution des présents statuts; il constate, par une délibération spéciale, comme il est dit aux art. 11 et 12, la constitution de chaque société. Il détermine l'espèce de rentes à l'achat desquelles doivent être employés les fonds des diverses associations, lorsque l'indication n'en a pas été faite par les souscripteurs eux-mêmes. Il arrête, comme il est dit aux art. 37 et 38, la liquidation, soit des arrérages, soit des capitaux de chaque société, et en autorise la répartition entre les ayants-droit.

45. La délibération du conseil de surveillance,

qui a pour objet d'établir la liquidation de chaque société et l'état de répartition de ses fonds, est prise avec le concours des cinq plus forts sociétaires ayant justifié de leurs droits. Les sociétaires absents de Paris peuvent se faire représenter par des mandataires de leurs choix. A défaut, le conseil de surveillance appelle pour les remplacer les plus forts sociétaires résidant à Paris.

Assemblée générale.

46. L'assemblée générale se compose du plus fort souscripteur de chaque société, au nombre de soixante au moins. S'il existe moins de soixante sociétés, ce nombre est complété par l'appel successif des souscripteurs qui, dans chacune d'elles, occupent le rang subséquent, en suivant, pour chaque tour d'appel, l'ordre d'ancienneté des associations.

47. L'assemblée générale représente l'universalité des sociétaires; ses décisions, régulièrement prises, sont obligatoires pour tous.

48. L'assemblée générale est régulièrement constituée par la présence de quarante des membres qui doivent la composer. Dans les cas où une première réunion ne présente pas ce nombre, l'assemblée est convoquée de nouveau à quinze jours au moins d'intervalle, et elle est alors régulièrement constituée, quel que soit le nombre des membres présents; mais la délibération ne peut porter que sur les objets qui se trouvaient à l'ordre du jour de la première réunion; le tout, sans préjudice des cas réservés par les art. 26 et 52. L'assemblée choisit elle-même son bureau, qui se compose d'un président, d'un secrétaire et de deux scrutateurs. La nomination des membres du conseil de surveillance et du bureau de l'assemblée générale se fait par scrutin de liste, à la majorité relative des suffrages exprimés. Jusqu'à la constitution du bureau, l'assemblée générale est présidée par le président du conseil de surveillance; le président provisoire désigne les secrétaires et scrutateurs provisoires.

49. L'assemblée générale se réunit tous les ans, dans la deuxième quinzaine du mois d'avril, pour nommer les membres du conseil de surveillance, pour entendre les rapports du directeur et du conseil sur les opérations de l'année précédente, et la situation des différentes sociétés. Elle peut être convoquée extraordinairement, soit par le directeur, soit par le conseil de surveillance. Les convocations ont lieu par lettres adressées au domiciles élus, et par un avis inséré, quinze jours au moins à l'avance, dans l'un des journaux désignés par le tribunal de commerce de Paris pour recevoir les annonces judiciaires.

50. Une première réunion de l'assemblée générale, à l'effet de constituer le conseil de surveillance, aura lieu aussitôt que soixante souscriptions auront été reçues pour une ou plusieurs des sociétés qui font l'objet des présents statuts. L'assemblée se composera, pour cette fois, de tous les souscripteurs. Les dispositions des art. 47, 48 et 49 lui demeurent du reste applicables.

51. Jusqu'à ce que le conseil de surveillance se trouve constitué, le directeur est autorisé à faire seul tous les actes nécessaires pour la formation des sociétés et l'emploi de leurs fonds en achat de rentes, à la charge de faire régulariser par le conseil de surveillance les opérations antérieures à la constitution dudit conseil.

TITRE IV. — Dispositions générales.

52. Les changements qu'il pourrait y avoir lieu

de faire aux présents statuts pourront être opérés , avec le consentement du directeur , sur la proposition du conseil de surveillance, par décision spéciale de l'assemblée générale , à la majorité des deux tiers des voix sur au moins soixante membres présents. Les changements adoptés ne pourront avoir d'effet que pour l'avenir.

53. En cas de révocation par le gouvernement de l'approbation donnée aux présents statuts, il ne pourra plus être formé d'associations nouvelles, et et il sera pourvu à l'administration des sociétés alors existantes, jusqu'au terme fixé pour leur durée , par une délibération de l'assemblée générale.

54. Dans les cas prévus par les art. 52 et 53, la décision de l'assemblée générale ne sera exécutoire qu'après l'approbation du gouvernement.

55. Toutes les contestations qui pourraient s'élever sur l'exécution des présents statuts seront jugées à Paris, quel que soit le nombre des parties intéressées , par trois arbitres nommés par le président du tribunal de première instance de la Seine, sur la requête de la partie la plus diligente. Les arbitres décideront comme amiables compositeurs, et en dernier ressort, sans être tenus aux formes et délais de la procédure ; leur décision sera souveraine, et ne pourra être attaquée par aucune voie ni moyen.

56. Les individus compris dans une même contestation seront tenus , lorsqu'ils auront un même intérêt, de se faire représenter par un seul mandataire domicilié à Paris , ayant qualité de faire et recevoir pour eux tous actes judiciaires, soit en demandant, soit en défendant.

57. Dans le cas où , par une circonstance quelconque, il y aurait lieu à liquider une ou plusieurs sociétés formées d'après les présents statuts, avant l'échéance du terme fixé pour cette liquidation, ne pourra avoir lieu qu'en vertu d'une délibération spéciale de l'assemblée générale des souscripteurs de chacune desdites sociétés convoqués à cet effet. Des lettres , ainsi qu'il est dit à l'art. 49 , seront adressées aux sociétaires, à un mois de date du jour indiqué pour l'assemblée, et, à ce jour, les associés, réunis sous la présidence du président du conseil de surveillance, décideront à la majorité des membres présents.

20 AOUT = 1er OCTOBRE 1842. — Ordonnance du roi portant autorisation de la société anonyme d'éclairage par le gaz de Saint-Chamond (Loire). (IX, Bull. supp. DCXXI, n. 16888.)

Louis-Philippe, etc., sur le rapport de notre ministre secrétaire d'État de l'agriculture et du commerce; vu les art. 29 à 37, 40 et 45 du Code de commerce; notre conseil d'État entendu, etc.

Art. 1er. La société anonyme formée à Saint-Chamond (Loire) sous la dénomination de *Société anonyme d'éclairage par le gaz de Saint-Chamond* est autorisée. Sont approuvés les statuts de ladite société, tels qu'ils sont contenus dans l'acte passé le 1er août 1842, par-devant Me Mioche et son collègue, notaires à Saint-Chamond, lequel acte restera annexé à la présente ordonnance.

2. Nous nous réservons de révoquer notre autorisation en cas de violation ou de non exécution des statuts approuvés , sans préjudice des droits des tiers.

3. La société sera tenue de remettre tous les six mois un extrait de son état de situation au ministère de l'agriculture et du commerce, au préfet du département de la Loire, à la chambre de commerce et au greffe du tribunal de commerce de Saint-Etienne.

4. Notre ministre de l'agriculture et du commerce (M. Cunin-Gridaine) est chargé , etc.

Formation, objet, siège et durée de la société.

Art. 1er. Il est formé entre les comparants, sauf l'autorisation du roi, une société anonyme ayant pour objet l'éclairage, par le gaz hydrogène, de la ville de Saint-Chamond et de la commune de Saint-Julien-en-Jarret , pour les besoins tant publics que particuliers, ainsi que l'accomplissement de toutes les clauses et conditions résultant de l'adjudication prononcée le 20 août 1839 , par M. le maire de Saint-Chamond, au profit de M. Hinkinson-Bill , l'un des comparants , et approuvée par M. le préfet de la Loire le 24 du même mois. Toutes opérations qui ne se lieraient pas immédiatement à cet objet sont formellement interdites à la société.

2. La société prend la dénomination de *Société anonyme d'éclairage par le gaz de Saint-Chamond*.

3. Le siège de la société est établi à Saint-Chamond. Tout actionnaire sera tenu d'élire, à Saint-Chamond ou à Saint-Etienne, un domicile pour tous les actes relatifs à la société. Faute par l'actionnaire d'avoir élu ce domicile, tous actes et toutes significations lui seront valablement adressées au parquet du procureur du roi près le tribunal de Saint-Etienne.

4. La durée de la société est fixée à trente ans, à partir de l'ordonnance royale d'autorisation. Elle pourra être dissoute avant ce terme, en cas de perte de la moitié de la valeur du fonds social, telle que cette valeur aura été fixée par l'inventaire général qui devra être fait dans les trois mois qui suivront l'autorisation de la société. Elle sera dissoute de droit dans le cas où le fonds social serait réduit au quart de ladite valeur.

Fonds social, actions.

5. Les comparants apportent à la société, 1° l'usine à gaz qu'il s'agit d'exploiter, et tous ses accessoires, tels que meubles, ustensiles , outils de toutes sortes, tuyaux de conduite, machines , immeubles par destination, lanternes, et généralement tout ce qui lui appartient et en dépend , conformément à l'inventaire descriptif annexé à un acte reçu par ledit Me Mioche , en date du 14 avril dernier , et qui sera expédié avec les présentes; 2° la propriété du terrain sur lequel l'usine est construite , ledit terrain acheté de M. Dugas-Vialis, suivant le contrat susrelaté du 5 mai 1840 ; 3° la concession résultant de l'adjudication prononcée comme il a été dit dans l'exposé ci-dessus, le 20 août 1839, au profit de M. Hinkinson-Bill , pour l'éclairage de la ville de Saint-Chamond , et leur droit au bénéfice des autorisations délivrées par les autorités compétentes par suite de ladite adjudication ; 4° leur droit au bénéfice des abonnements et conventions faites jusqu'à ce jour pour l'éclairage de diverses propriétés particulières. A la charge par la société d'exécuter les obligations imposées aux comparant, tant par lesdites conventions que par l'adjudication

du 20 août 1839. En outre, les comparants s'obligent solidairement entre eux à verser dans la caisse de la société, aussitôt qu'elle sera autorisée par ordonnance royale, la somme de 6,000 francs en numéraire, pour former le fonds de roulement de l'usine. La société entrera en propriété et jouissance des biens apportés par les comparants du jour où elle aura été autorisée ; elle en percevra les revenus et en supportera les charges à compter de ladite époque. Au surplus, le présent apport est fait et garanti franc de toutes dettes, privilèges et hypothèques. La société remplira toutes les formalités nécessaires pour purger les immeubles ainsi apportés de tous privilèges et hypothèques ; et s'il se trouvait ou survenait quelques inscriptions, les comparants s'engagent solidairement à en apporter main-levée et certificat de radiation à leurs frais, dans les trois mois de la dénonciation qui leur en sera faite, et à supporter tous frais extraordinaires de purge. Les titres des actions représentant lesdits apports ne seront délivrés qu'après l'autorisation royale, la remise des titres de propriété, l'accomplissement des formalités de purge des hypothèques et la radiation de toutes les inscriptions qui pourraient grever les immeubles apportés en société.

6. Le fonds social, composé des valeurs énumérées dans l'article précédent, est représenté par cent cinquante parts ou actions donnant droit chacune pour un cent cinquantième à la propriété de l'avoir entier de la société et de ses bénéfices. Ces cent cinquante actions sont réparties entre les comparants dans les proportions suivantes, savoir :

(Suivent les noms.)

7. Les actions seront nominatives ; elles seront détachées d'un registre à souche et à talon, et signées par deux administrateurs au moins ; elles porteront un numéro d'ordre.

8. Le transfert des actions s'opérera au moyen d'une déclaration faite et signée sur un registre spécial par le cédant et le cessionnaire ou leurs fondés de pouvoirs ; cette déclaration sera visée par un des administrateurs. La cession des actions comprendra toujours, relativement à la société, la cession du capital et celle des dividendes alors échus et non encore payés, ainsi que tous droits à la réserve. Chaque action est indivisible ; la société ne reconnaît aucune fraction d'action. Lorsque, pour quelque cause que ce soit, une action sera devenue la propriété commune de plusieurs personnes, elles devront s'entendre entre elles pour désigner un seul titulaire à l'égard de la société.

Administration de la société.

9. La société sera administrée, sous le contrôle de l'assemblée générale, 1° par un conseil d'administration composé de trois actionnaires ; 2° et par un directeur placé sous les ordres du conseil d'administration. Les membres du conseil d'administration seront nommés et pourront être révoqués, par l'assemblée générale, au scrutin secret et à la majorité absolue des suffrages des actionnaires présents. Le directeur sera également nommé et pourra être révoqué par l'assemblée générale, dans les mêmes formes, sur la proposition du conseil d'administration.

10. Le conseil d'administration sera renouvelé par tiers d'année en année ; les deux premiers membres sortants seront désignés par le sort, après quoi le remplacement aura lieu par ordre d'ancienneté. Les membres du conseil d'administration seront indéfiniment rééligibles.

11. Le conseil d'administration est investi, par le présent acte, de tous les pouvoirs nécessaires pour la gestion des affaires sociales, sauf les réserves exprimées ci-après. Il autorisera les travaux à faire et les conventions à conclure pour le placement des tuyaux destinés à la conduite du gaz, conformément aux autorisations accordées et dans limites fixées par l'assemblée générale. Il pourra convoquer l'assemblée générale des actionnaires toutes les fois qu'il le jugera convenable. Il réglera, de concert avec le directeur, les appointements des employés subalternes. Il pourra traiter, transiger et compromettre, dans les limites de ses attributions et pour toutes les affaires de la société qui ne dépasseront pas les bornes de la simple administration. Il sera tenu de soumettre à l'assemblée générale les projets ayant pour but les constructions nouvelles et acquisitions de machines pour l'agrandissement de l'usine, lorsque ces dépenses devront dépasser trois mille francs. Il ne pourra faire aucun emprunt, achat ou vente de terrain, sans l'autorisation de l'assemblée générale.

12. Les délibérations du conseil d'administration ne pourront être valablement prises que par deux membres au moins. Elles seront transcrites sur un registre spécial, et signées par les administrateurs présents.

13. Les fonctions des administrateurs seront gratuites. Ils ne seront responsables que de l'exécution de leur mandat ; ils ne contracteront, à raison de leur gestion, aucun engagement personnel ni solidaire relativement aux affaires de la société.

14. Les fonctions du directeur consistent dans la gestion des affaires courantes et journalières de la société, telles que manutention de l'usine, achats, ventes, abonnements, recettes et paiements ordinaires. Néanmoins, il ne pourra conclure de marché excédant mille francs sans le concours du conseil d'administration. Les appointements du directeur seront fixés par l'assemblée générale.

15. Les administrateurs et le directeur doivent être propriétaires chacun de trois actions, qui resteront inaliénables et déposées entre les mains du notaire de la société pendant la durée de leurs fonctions et jusqu'à l'apurement définitif de leurs comptes. Ils ne pourront prendre part à l'administration d'aucune autre société du même genre.

Inventaires et répartition des bénéfices.

16. Il sera fait et clos, le 31 décembre de chaque année, un inventaire général de l'actif et du passif de la société ; cet inventaire sera dressé par le directeur et soumis à l'examen des administrateurs ; il sera communiqué sans déplacement aux actionnaires qui le désireront ; il sera soumis à l'approbation des actionnaires réunis en assemblée générale le 15 janvier suivant. Il sera tenu compte, à chaque inventaire, d'une quotité de cinq pour cent pour dépréciation du matériel de l'établissement.

17. L'excédant des recettes annuelles sur les dépenses d'exploitation, d'entretien, de main-d'œuvre, les frais d'employés et de bureaux, en un mot, sur toutes les charges sociales, et déduction faite de la somme nécessaire pour représenter le fonds de roulement, constituera les bénéfices. Sur ces bénéfices, et avant toutes répartitions, il sera prélevé une quotité déterminée par l'assemblée générale, et qui ne pourra être inférieure au dixième ni supérieure au cinquième, pour former un fonds de réserve destiné à parer aux événements imprévus et aux dépenses d'agrandissement de l'usine. Ce fonds

sera placé en rentes sur l'État ou autres valeurs publiques de France négociables, par les soins du conseil d'administration. Les transferts de rentes, s'il y a lieu, seront signés par deux membres de ce conseil. Quand le fonds de réserve aura atteint trente mille francs, l'assemblée générale décidera s'il y a lieu de continuer ou de suspendre le prélèvement dont il vient d'être parlé. Ce prélèvement reprendra son cours si le fonds de réserve vient à retomber au-dessous du chiffre de trente mille francs. Le surplus des bénéfices sera réparti entre toutes les actions.

18. Le paiement des dividendes se fera au siége de la société.

Assemblées générales.

19. Il y aura chaque année, le 15 janvier ou le lendemain si c'est un jour férié, une assemblée générale des actionnaires, indépendamment de celles qui pourront être convoquées extraordinairement par le conseil d'administration, soit d'office, soit sur la demande du tiers des actionnaires représentant la moitié des actions. L'assemblée élira son président, ses scrutateurs et son secrétaire. Elle entendra, discutera et arrêtera, s'il y a lieu, les comptes de la société; avant d'admettre ces comptes, elle pourra faire procéder à leur examen et à celui des pièces à l'appui par des commissaires spéciaux pris dans son sein. Elle délibérera sur toutes les questions qui lui seront soumises, soit par les administrateurs, soit par les actionnaires. Les délibérations de l'assemblée générale seront obligatoires même pour ceux des actionnaires qui n'y auraient pas concouru.

20. Toutes assemblées générales seront convoquées par lettres missives adressées par la poste au domicile élu de chaque actionnaire, et par un avis inséré, dix jours au moins avant le jour fixé pour la réunion, dans l'un des journaux de Saint-Etienne et de Lyon désignés par le tribunal de commerce, conformément à la loi du 31 mars 1833, pour la publication des annonces légales. Pour assister à l'assemblée générale, il faudra être porteur de trois actions au moins, soit comme propriétaire, soit comme mandataire. Un actionnaire ne pourra se représenter que par un autre actionnaire, et en vertu d'un pouvoir spécial. Le directeur et les administrateurs ne pourront être mandataires. Les délibérations ne seront valables qu'autant que les membres présents ou représentés réuniront la moitié des actions et formeront le tiers des actionnaires ayant droit de voter. Si cette proportion n'est pas atteinte sur une première convocation, il en sera fait une nouvelle à quinze jours d'intervalle, et, dans cette seconde réunion, l'assemblée générale pourra délibérer valablement, quel que soit le nombre des actionnaires présents et des actions représentées, mais seulement sur les objets à l'ordre du jour de la première réunion et indiqués par les lettres de convocation. Le directeur ne pourra prendre part aux délibérations qui auront pour objet d'apurer ses comptes ou de statuer sur quelques-uns des actes de son administration.

21. Les délibérations seront prises à la majorité des voix; en cas de partage, la voix du président sera prépondérante. Trois actions donneront droit à une voix, six actions donneront deux voix; neuf actions ou un plus grand nombre donneront trois voix, sans que dans aucun cas un actionnaire, tant en son nom que comme mandataire, puisse réunir plus de trois voix.

Modifications, prorogation, dissolution.

22. S'il devient nécessaire d'apporter des modifications aux statuts, elles ne pourront être faites que par l'assemblée générale, convoquée avec mention expresse qu'une modification aux statuts sera mise en délibération. Pour ce cas, l'assemblée générale devra être composée et les délibérations devront être prises de la manière et à la majorité indiquées en l'article suivant. Ces modifications ne pourront être mises à exécution qu'après avoir obtenu l'approbation du gouvernement.

23. Pour le cas de modifications aux statuts, comme pour celui de dissolution facultative prévue par l'art. 4, deuxième paragraphe, l'assemblée générale sera convoquée en la forme indiquée à l'article précédent. Tous les actionnaires, quel que soit le nombre des actions que chacun possède, seront appelés à la composer. La délibération ne sera valable qu'autant que l'assemblée réunira la moitié plus un des actionnaires, représentant la moitié plus une des actions. Les votes seront comptés à raison d'une voix pour une ou deux actions, deux voix pour trois actions, trois voix pour six actions, quatre voix pour neuf actions ou au-delà.

24. Un an avant l'expiration du terme fixé pour la durée de la société, l'assemblée générale devra délibérer sur sa prorogation. Le mode de convocation et de délibération sera le même que dans les cas prévus par les deux articles précédents. La prorogation adoptée n'aura lieu qu'autant qu'elle sera approuvée par le gouvernement, et les associés dissidents, pourront se retirer en recevant le remboursement de leurs actions d'après le résultat des derniers inventaires.

25. En cas de dissolution de la société, soit par l'événement prévu en l'art. 23, soit par l'expiration du terme fixé pour sa durée, l'assemblée générale, composée et délibérant comme il est dit à l'art. 23, déterminera le mode de liquidation et nommera le liquidateur.

Droits des héritiers et créanciers des actionnaires.

26. Dans aucun cas, les héritiers, représentants, créanciers ou ayants-cause d'un actionnaire, ne pourront faire apposer les scellés sur aucun des objets dépendant de la société, ni faire faire aucun inventaire; ils seront tenus de s'en rapporter aux inventaires annuels.

Contestations.

27 et dernier. S'il s'élève des contestations, pendant le cours de la société et de la liquidation, pour raison des affaires sociales, soit entre les actionnaires et la société, soit entre les actionnaires eux-mêmes, elles seront jugées par trois arbitres, dont deux seront nommés par les parties dans le délai de huitaine, et le troisième par les deux premiers, dans un nouveau délai de huitaine. Les arbitres qui n'auront pas été nommés dans lesdits délais le seront d'office par le tribunal de commerce de Saint-Etienne, à la requête de la partie la plus diligente. Le tribunal arbitral ainsi composé prononcera à la pluralité des suffrages; ses décisions seront sans appel ni recours en cassation; lesdits arbitres jugeront comme amiables compositeurs et seront dispensés d'observer les formes et délais du droit.

———————

20 AOUT = 1er OCTOBRE 1842. — Ordonnance du

roi qui approuve des modifications aux statuts de la caisse d'épargne de Périgueux. (IX, Bull. supp. DCXXI, n. 10891.)

Louis-Philippe, etc., sur le rapport de notre ministre secrétaire d'Etat de l'agriculture et du commerce; vu l'ordonnance royale du 18 décembre 1839, portant autorisation de la caisse d'épargne de Périgueux et approbation des statuts destinés à la régir; vu les changements proposés à notre approbation; vu les lois des 5 juin 1835 et 31 mars 1837, relatives aux caisses d'épargne; le comité des travaux publics, de l'agriculture et du commerce de notre conseil d'Etat entendu, etc.

Art. 1er. Les modifications à l'art. 10 des statuts de la caisse d'épargne de Périgueux, proposées par délibération du conseil des directeurs du 6 décembre 1841, sont approuvées telles qu'elles sont contenues dans la délibération du conseil municipal de cette ville, en date du 1er mars 1842, dont une expédition conforme restera déposée aux archives du ministère de l'agriculture et du commerce.

2. Notre ministre de l'agriculture et du commerce (M. Cunin-Gridaine) est chargé, etc.

───────

30 AOUT = 8 OCTOBRE 1842. — Ordonnance du roi qui crée à Lons-le-Saulnier une école normale primaire d'institutrices pour le département du Jura. (IX, Bull. DCCCCXLVI, n. 10251.)

Louis-Philippe, etc., sur le rapport de notre ministre secrétaire d'Etat au département de l'instruction publique; vu notre ordonnance du 23 juin 1836, concernant les écoles de filles; vu la délibération du conseil général du département du Jura, en date du 5 septembre 1841, etc.

Art. 1er. Il est créé à Lons-le-Saulnier, une école normale primaire d'institutrices pour le département du Jura, laquelle sera dirigée par une dame laïque.

2. Notre ministre de l'instruction publique (M. Villemain) est chargé, etc.

───────

30 AOUT = 8 OCTOBRE 1842. — Ordonnance du roi qui crée à Nevers une école normale primaire d'institutrices pour le département de la Nièvre. (IX, Bull. DCCCCXLVI, n. 10252.)

Louis-Philippe, etc., sur le rapport de notre ministre secrétaire d'Etat au département de l'instruction publique; vu notre ordonnance du 23 juin 1836 concernant

les écoles de filles; vu la délibération du conseil général du département de la Nièvre, en date du 28 août 1841; vu le budget du département de la Nièvre pour l'exercice 1842, lequel assure les crédits nécessaires pour les dépenses d'entretien d'un établissement normal préparatoire d'institutrices, qui sera dirigé à Nevers par les sœurs de Nevers, etc.

Art. 1er. Il est créé à Nevers une école normale primaire d'institutrices pour le département de la Nièvre, laquelle sera dirigée par la communauté religieuse des sœurs de Nevers.

2. Notre ministre de l'instruction publique (M. Villemain) est chargé, etc.

───────

6 SEPTEMBRE = 8 OCTOBRE 1842. — Ordonnance du roi portant répartition du crédit accordé au département de la marine et des colonies par la loi du 11 juin 1842, pour les dépenses de l'exercice 1843. (IX, Bull. DCCCCXLVI, n. 10253.)

Louis-Philippe, etc., vu la loi des dépenses du 11 juin 1842, qui alloue au département de la marine et des colonies, pour le service de l'exercice 1843, un crédit de cent six millions neuf cent cinq mille huit cent soixante et seize francs; vu la loi de finances du 25 mars 1817, art. 151; vu l'ordonnance du 14 septembre 1822, art. 2; vu l'ordonnance du 31 mai 1838, art. 35; sur le rapport de notre ministre secrétaire d'Etat de la marine et des colonies, etc.

Art. 1er. Le crédit accordé au département de la marine et des colonies, par la loi du 11 juin 1842, pour le service de l'exercice 1843, lequel crédit s'élève à cent six millions neuf cent cinq mille huit cent soixante et seize francs (1), est et demeure réparti conformément au tableau inséré ci-après :

(Suivent les tableaux.)

2. Nos ministres de la marine et des finances (MM. Duperré et Laplagne) sont chargés, etc.

───────

26 SEPTEMBRE = 8 OCTOBRE 1842. — Ordonnance du roi sur l'organisation de la justice en Algérie (2). (IX, Bull. DCCCCXLVII, n. 10260.)

Louis-Philippe, etc., sur le rapport de notre ministre secrétaire d'Etat au département de la guerre, président du conseil, et de notre garde des sceaux, ministre secrétaire d'Etat au département de la justice et des cultes, etc.

───────

(1) Dans ce chiffre total, les dépenses afférentes aux paquebots transatlantiques sont comprises pour 2,400,000 fr.

(2) Voy. ordonnances du 10 août 1834, t. 34,

p. 264; du 31 octobre 1838, t. 38, p. 693; du 28 février 1841, t. 41, p. 94, et du 18 mai 1832, t. 41, p. 210.

Notre ordonnance du 28 février 1841, sur l'organisation de la justice en Algérie, est modifiée conformément au texte ci-après, qui sera le seul officiel à partir du 1er janvier 1843.

TITRE Ier. — DE L'ADMINISTRATION DE LA JUSTICE.

Art. 1er. La justice, en Algérie, est administrée, au nom du roi, par des tribunaux français et par des tribunaux indigènes, suivant les distinctions établies par la présente ordonnance.

2. Les juges français sont nommés et institués par le roi. Ils ne peuvent entrer en fonctions qu'après avoir prêté serment. Leurs audiences sont publiques au civil comme au criminel, excepté dans les affaires où la publicité est jugée dangereuse pour l'ordre et les mœurs. Leurs jugements sont toujours motivés.

SECTION 1re. — Des tribunaux français.

3. L'organisation judiciaire comprend : 1° une cour royale siégeant à Alger ; 2° des tribunaux de première instance siégeant à Alger, Bône, Oran, Philippeville (1), et dans tous les autres lieux où il serait jugé nécessaire d'en établir ; 3° un tribunal de commerce siégeant à Alger ; 4° des tribunaux de paix siégeant à Alger, Blidah, Bône, Oran, Philippeville, et dans les autres lieux où leur établissement serait jugé nécessaire ; 5° des juridictions spéciales, dans les cas prévus par l'art. 3 de l'ordonnance du 31 octobre 1838 ; 6° des tribunaux musulmans, en nombre indéterminé, dont le gouverneur général arrête l'établissement et nomme les membres, avec l'approbation du ministre de la guerre (2).

4. Le ressort de la Cour royale embrasse la totalité de l'Algérie, sauf la juridiction des conseils de guerre réservée par l'art. 42. La juridiction des tribunaux de première instance s'étend sur tous les territoires occupés dans chaque province, jusques aux limites déterminées par arrêtés du ministre de la guerre (3).

5 (4). La Cour royale d'Alger se compose d'un président ; de sept conseillers ; de deux conseillers adjoints ayant voix délibérative ; d'un greffier et de commis-greffiers assermentés, dont le nombre est déterminé par le ministre de la guerre selon les besoins du service. Les fonctions du ministère public près la Cour sont remplies par un procureur général, deux avocats généraux, un substitut du procureur général.

Constituée en chambre civile, la Cour connaît, en matière civile et commerciale, de l'appel des jugements rendus en premier ressort par les tribunaux de première instance et de commerce, et par les tribunaux musulmans.

Constituée en chambre criminelle, elle juge : 1° toutes les affaires de la compétence des cours d'assises, directement pour la province d'Alger, et, sur appel, des jugements rendus par les tribunaux de Bône, Oran et Philippeville, dans les cas prévus par le troisième alinéa de l'art. 10 ci-après ; 2° les appels en matière correctionnelle ; 3° directement, les crimes et délits prévus par le chapitre 3 du titre 4, livre 2, du Code d'instruction criminelle (5), dans tous les cas où la connaissance en est déférée aux cours royales de France. En toute matière, la Cour ne peut juger qu'au nombre de cinq conseillers au moins.

6. La Cour royale ne peut exercer d'autres attributions que celles qui lui sont expressément conférées par la présente ordonnance. Le droit d'évocation, les injonctions au procureur général, lui sont nommément interdits. Elle ne peut se réunir en assemblée générale que sur la réquisition du procureur général, et seulement pour délibérer sur les objets qui lui sont communiqués par ce magistrat.

7. Le tribunal de première instance d'Alger se compose d'un président, d'un juge d'instruction, de quatre juges, de trois juges adjoints ayant voix délibérative ; d'un greffier et de commis-greffiers assermentés, dont le nombre est réglé par le ministre de la guerre, selon les besoins du service. Il y a près de ce tribunal un procureur du roi et un substitut du procureur du roi (6).

---

(1) Ce mot Philippeville a été ajouté. Il ne se trouvait point dans l'ordonnance de 1841.
(2) L'ordonnance de 1841 n'exigeait point l'approbation du ministre de la guerre.
(3) D'après l'ancien art. 4 les limites étaient déterminées par des arrêtés spéciaux du gouverneur, soumis à l'approbation du ministre de la guerre.
(4) Ancien article : « La Cour royale d'Alger se compose d'un conseiller, président ; de quatre conseillers et de deux conseillers adjoints ayant voix délibérative ; d'un greffier et de deux commis-greffiers. »
(5) Ancien article : « Les délits et contraventions imputés aux agents de l'autorité, etc. »

L'ordonnance de 1841 exigeait seulement la présence de trois conseillers, en matière civile, et de quatre en matière criminelle.
(6) Précédemment il n'était composé que de deux juges et de trois juges adjoints ; d'un greffier et de quatre commis-greffiers assermentés. Le procureur du roi n'avait pas de substitut.
L'un des juges connaissait des matières civiles, l'autre des matières correctionnelles et de police. Celui-ci était aussi chargé de l'instruction des affaires criminelles. Aux termes de l'art. 9, chacun

8. Le tribunal de première instance d'Alger se divise en deux chambres. La première chambre connaît des affaires civiles ; le président du tribunal la préside. La seconde chambre connaît des affaires correctionnelles, et, s'il y a lieu, des affaires civiles qui peuvent lui être renvoyées par le président. Elle est présidée par l'un des juges désignés chaque année, à cet effet, par le ministre de la guerre. Le président du tribunal peut, quand il le juge convenable, présider la seconde chambre. L'une et l'autre chambre juge au nombre de trois juges (1).

9. Les tribunaux de première instance de Bône, Oran et Philippeville se composent chacun d'un président ; de deux juges, dont l'un est chargé du service de l'instruction criminelle ; de deux juges adjoints ayant voix délibérative ; d'un greffier et de commis-greffiers assermentés, dont le nombre est réglé par le ministre de la guerre (2). Ils jugent au nombre de trois juges. Il y a, près de chacun de ces tribunaux, un procureur du roi et un substitut du procureur du roi.

10. La compétence en premier et dernier ressort des tribunaux de première instance, en matière civile et correctionnelle, est la même que celle des tribunaux de première instance de France (3). Ils connaissent de l'appel des jugements en premier ressort des tribunaux de paix, en matière civile et de simple police. Les tribunaux de première instance de Bône, Oran et Philippeville connaissent, en outre : 1° des crimes à charge d'appel ; 2° des affaires de commerce à l'égard desquelles leur compétence en premier et dernier ressort est la même qu'en matière civile. Dans tous les cas où le tribunal statue sur des faits qualifiés crimes, le juge qui a fait l'instruction ne peut siéger.

11. Chacun des juges de paix institués par l'art. 3 de la présente ordonnance aura deux suppléants et un greffier. Les fonctions du ministère public près le tribunal de paix, jugeant en matière de simple police, sont remplies par un commissaire de police ou autre officier de police désigné à cet effet par le procureur général.

12. La compétence en premier et dernier ressort, et les attributions spéciales des juges de paix en matière civile et de simple police, sont les mêmes que celles des juges de paix de France.

13. Lorsqu'il y aura lieu d'instituer des justices de paix sur d'autres points que ceux où il en est établi par la présente ordonnance, il y sera pourvu par ordonnance royale. Les arrêtés du ministre de la guerre modifient provisoirement, s'il y a lieu, la compétence et les attributions du juge de paix de Blidah. Il pourra également être statué, par arrêté du ministre de la guerre, sur la compétence des justices de paix qui seraient ultérieurement établies en dehors des lieux où siègent des tribunaux de première instance, sur celle des commissariats civils, ainsi que sur les règles de la procédure à observer devant ces juridictions, et pour l'exécution de leurs jugements.

14. Le tribunal de commerce d'Alger se compose de notables négociants, nommés chaque année par ordonnance royale, sur la présentation du gouverneur général, et sur le rapport de notre ministre de la guerre. Les membres de ce tribunal sont indéfiniment rééligibles. Ils ne peuvent rendre jugement qu'au nombre de trois. Ils ne reçoivent ni traitement, ni indemnité. Un greffier et des commis-greffiers, dont le nombre est réglé par le ministre de la guerre, sont attachés au tribunal de commerce (4).

15. Le procureur général exerce toutes

---

d'eux remplissait, selon la nature de ses attributions, les diverses fonctions que les lois confèrent en France aux juges de paix.

Ils se suppléaient réciproquement dans leurs fonctions (art. 11).

(1) Voy. la note précédente.

(2) Précédemment ils n'étaient composés que d'un juge, de deux juges adjoints, d'un greffier et d'un commis-greffier. Le juge réunissait les attributions conférées aux deux magistrats du tribunal d'Alger. Le procureur du roi près ces tribunaux n'avait pas non plus de substitut.

(3) Aux termes de l'art. 8 de l'ordonnance de 1841, les tribunaux de première instance ne jugeaient en dernier ressort que les demandes qui n'excédaient pas 1,000 fr. de valeur déterminée ou 100 fr. de revenu. En matière correctionnelle, on ne pouvait interjeter appel que dans les cas où la peine portée par la loi pouvait s'étendre jusqu'à

deux années d'emprisonnement ou plus, quelle que fût d'ailleurs celle qui avait été appliquée par le juge. Cette différence entre la compétence de ces tribunaux et celle des tribunaux de la métropole contre laquelle je m'étais élevé dans mes notes sur l'ordonnance précitée, a été supprimée avec raison par l'ordonnance actuelle.

L'art. 12 décidait, de plus, que l'appel des jugements rendus par les tribunaux de Bône et d'Oran, en matière criminelle, était interdit lorsque la poursuite aurait pour objet un délit contre la chose publique prévu, soit par le titre 1ᵉʳ, liv. 3 du Code pénal, soit par la législation spéciale de l'Algérie. Cette disposition, n'ayant pas été reproduite, doit être considérée comme abrogée.

(4) Précédemment les juges de commerce étaient nommés par le gouverneur, qui désignait en même temps le président. Le tribunal n'avait qu'un greffier et un commis-greffier.

les attributions qui sont conférées en France aux procureurs généraux près les cours royales, et, en outre, celles qui lui sont spécialement conférées par les ordonnances, arrêtés et règlements en vigueur dans l'Algérie.

16. En cas d'absence ou d'empêchement, le procureur général est remplacé par l'un des avocats généraux qu'il désigne, et, à défaut de désignation, par le plus ancien d'entre eux.

17. Le procureur général correspond directement avec le ministre de la guerre, pour tout ce qui concerne l'administration de la justice.

18. Les avocats généraux, le substitut du procureur général, les procureurs du roi, les substituts du procureur du roi, les autres membres de la magistrature adjoints au service du parquet, ainsi qu'il sera dit ci-après, les officiers du ministère public, près les tribunaux de simple police, exercent, sous la surveillance et la direction du procureur général, toutes les attributions du ministère public auprès de la juridiction à laquelle ils sont attachés.

19. Les conseillers adjoints à la Cour royale peuvent être attachés au service du parquet, sur la désignation du procureur général. Les juges adjoints aux tribunaux de première instance peuvent également être attachés au même service dans leur siège, sur la désignation du même magistrat. Les conseillers et les juges adjoints ainsi désignés pour le service du parquet, reprendront leur siége comme juges, lorsqu'ils ne seront plus employés au parquet.

20. Les greffiers seront suppléés par les commis-greffiers, et, au besoin, par des officiers publics ou ministériels assermentés, que le tribunal désigne.

21. Il est attaché aux tribunaux français, pour les assister et siéger avec eux, dans les cas déterminés au titre suivant, des assesseurs musulmans au nombre de quatre pour Alger, et de deux pour chacune des villes de Bône, d'Oran et de Philippeville. Ces assesseurs sont nommés par le gouverneur général.

22. Des interprètes assermentés sont spécialement attachés au service des divers tribunaux et répartis selon les besoins, par arrêté du gouverneur général.

23. Le procureur général, le président de la Cour, les avocats généraux, les conseillers titulaires et adjoints, le substitut du procureur général, les présidents, juges titulaires et adjoints, procureurs du roi et substituts des tribunaux de première instance, les greffiers et commis-greffiers de la Cour et des tribunaux, doivent réunir toutes les conditions d'aptitude requises pour exercer les fonctions correspondantes dans l'ordre judiciaire de France. Les juges de paix doivent être licenciés en droit : ils peuvent être nommés ainsi que leurs suppléants à l'âge de vingt-cinq ans révolus.

24. Les ordonnances portant nomination des membres de la Cour royale, des tribunaux de première instance et des juges de paix des villes d'Alger, Bône, Oran et Philippeville, seront rendues sur la proposition et sur le contre-seing de notre garde des sceaux, ministre secrétaire d'Etat de la justice, qui se concertera, à cet effet, avec notre ministre secrétaire d'Etat de la guerre.

25. Les magistrats nommés en conformité de l'article précédent seront considérés comme détachés, pour un service public, du département de la justice. Ils pourront demander à rentrer dans la magistrature métropolitaine après cinq années d'exercice des fonctions qui leur auront été conférées en Algérie.

26. Le procureur général, le président de la Cour, les conseillers titulaires et adjoints, les avocats généraux et le substitut du procureur général portent le costume attribué en France aux fonctions qu'ils remplissent. Les présidents, les juges titulaires et adjoints des tribunaux de première instance, les procureurs du roi et substituts du procureur du roi portent le costume de membres des tribunaux de première instance. Toutefois, le président de la Cour royale et les présidents des tribunaux de première instance auront un galon de plus en haut et autour de leur toque. Les membres du tribunal de commerce d'Alger portent le costume des juges des tribunaux de commerce de France ; les juges de paix et leurs suppléants, celui des membres de justices de paix de France ; le greffier de la Cour, celui des greffiers de la Cour royale ; les greffiers et commis-greffiers des tribunaux de première instance, de commerce et de paix, celui des fonctions correspondantes près les tribunaux de France.

27. Les traitements de tous les membres de la magistrature sont déterminés par une ordonnance royale. Ces traitements subissent les retenues établies en faveur de la caisse des retraites du ministère de la justice. Les services en Algérie sont comptés comme s'ils avaient été rendus en France.

28. Les juges de paix créés en exécution de l'art. 13 ci-dessus pour les lieux dans lesquels des tribunaux de première instance ne sont point établis seront nommés, ainsi que les suppléants de toutes les justices de paix, par ordonnance royale rendue sur le rapport de notre ministre de la guerre. Le ministre de la guerre nomme les greffiers et commis-greffiers, il règle les traitements

et indemnités à leur allouer. Moyennant ces allocations, le matériel des greffes et le personnel auxiliaire, quand il y a lieu, demeurent à la charge des greffiers. Les droits de greffe et d'expédition sont perçus au profit du trésor.

29. Les juges de paix et leurs greffiers n'ont droit à aucune vacation pour les actes ou opérations auxquels ils procèdent dans l'ordre de leurs attributions. Il leur est seulement alloué, selon les cas, une indemnité de transport, réglée par arrêté du ministre de la guerre, en raison des distances parcourues.

30. Le ministre de la guerre détermine également le mode de rémunération des assesseurs musulmans, à raison de leur participation aux jugements pour lesquels leur assistance est requise.

SECTION II. — *Des tribunaux indigènes.*

31. Les tribunaux musulmans sont maintenus, sauf la modification portée en l'art. 43. Les muphtis et cadis sont nommés et institués par le gouverneur général avec l'approbation du ministre de la guerre. Ils reçoivent un traitement dont la quotité est déterminé par le ministre de la guerre.

32. Les ministres du culte israélite institués à un titre quelconque par le gouverneur général pour l'exercice ou la police de ce culte n'ont aucune juridiction sur leurs coreligionnaires, lesquels sont exclusivement justiciables des tribunaux français, sauf toutefois la disposition contenue en l'art. 49 ci-après.

TITRE II. — COMPÉTENCE DES TRIBUNAUX FRANÇAIS ET INDIGÈNES.

33. Les tribunaux français connaissent, entre toutes personnes, de toutes les affaires civiles et commerciales, à l'exception de celles dans lesquelles les Musulmans sont seuls parties, et qui continueront d'être portées devant les cadis.

34. Les tribunaux français civils et de commerce, pour le jugement de tout procès dans lequel un musulman est intéressé, sont assistés d'un assesseur musulman, pris à tour de rôle, parmi ceux nommés en exécution de l'art. 21 ci-dessus. Cet assesseur a voix consultative; son avis, sur le point

de droit, est toujours mentionné dans le jugement.

35. La disposition qui précède est applicable à la Cour royale statuant sur appel en matière civile ou commerciale.

36. La compétence du tribunal de commerce d'Alger, à raison de la matière, est la même que celle des tribunaux de commerce en France. Il juge en dernier ressort dans les limites établies pour les tribunaux civils par l'art. 10.

37. La loi française régit les conventions et contestations entre Français et étrangers. Les indigènes sont présumés avoir contracté entre eux, selon la loi du pays, à moins qu'il n'y ait convention contraire. Les contestations entre indigènes, relatives à l'état civil, seront jugées conformément à la loi religieuse des parties. Dans les contestations entre Français ou étrangers, et indigènes, la loi française, ou celle du pays, est appliquée selon la nature de l'objet en litige, la teneur de la convention, et, à défaut de convention, selon les circonstances ou l'intention présumée des parties.

38. Les tribunaux français connaissent, sauf l'exception portée en l'art. 42, de tous crimes, délits ou contraventions, à quelque nation ou religion qu'appartienne l'inculpé.

39. Ils ne peuvent prononcer, même contre les indigènes, d'autres peines que celles établies par les lois pénales françaises.

40. En matière criminelle et correctionnelle, les assesseurs musulmans sont supprimés (1).

41. S'il y a lieu à indemnité pour remplacement provisoire des greffiers de justice de paix, elle est réglée par le ministre de la guerre (2).

42. Demeure réservée aux conseils de guerre la connaissance des crimes et délits commis en dehors des limites, telles qu'elles auront été déterminées en exécution de l'art. 4. Les jugements rendus par les conseils de guerre, en vertu du présent article, ne donnent lieu qu'au pourvoi en révision, tel qu'il est réglé par les lois militaires. Néanmoins, lorsqu'un Français ou Européen, étranger à l'armée, a été traduit devant un conseil de guerre, le jugement

---

(1) Ancien art. 41. « Toutes les fois qu'un Musulman est mis en jugement comme coupable ou complice d'un délit ou d'un crime, le juge français est assisté d'un assesseur musulman ayant voix consultative, comme il est prescrit en matière civile par l'art. 34 ci-dessus. Cette disposition est applicable aux jugements sur appel.

« 42. Quand la Cour royale est constituée en cour criminelle et appelée à juger un Musulman,

elle s'adjoint deux assesseurs qui ont voix délibérative sur la déclaration de culpabilité et voix consultative sur l'application de la peine. Dans le premier cas, quatre voix sont nécessaires pour qu'il y ait condamnation; il en faut trois pour l'application de la peine ainsi qu'il est dit en l'art. 5. »

(2) Cet article n'est évidemment pas à sa place. Il devait venir après l'art. 29.

peut être déféré à la Cour de cassation, mais seulement pour incompétence ou excès de pouvoir.

43. Les cadis continueront de connaître, entre Musulmans seulement, de toutes affaires civiles ou commerciales. Ils continueront également de constater et rédiger, en forme authentique, les conventions dans lesquelles les Musulmans sont seuls intéressés. Toutefois, lorsqu'il n'existera point de notaires français en résidence dans un rayon de vingt kilomètres, le cadi pourra constater et rédiger toutes les conventions dans lesquelles un Musulman sera partie.

44. Les cadis connaissent de toutes les infractions commises par les Musulmans, punissables selon la loi du pays, lorsque, d'après la loi française, elles ne constituent ni crime, ni délit, ni contravention. Ils sont, s'il y a lieu, saisis de la connaissance de ces faits par l'autorité française, et tenus de statuer sur ses réquisitions. L'exécution des jugements des cadis a lieu, dans tous les cas, par des agents spéciaux de la force publique institués ou agréés par le procureur général.

45. En dehors des limites fixées conformément à l'art. 4, les cadis musulmans nommés et institués par le gouverneur général conservent leurs anciennes attributions, sauf la juridiction des conseils de guerre et les autres exceptions déterminées par la législation locale.

46. Il est tenu des jugements rendus par le cadi, en toute matière, un registre qui doit être soumis tous les mois au visa du procureur général.

47. L'art. 463 du Code pénal (1) n'est point applicable aux crimes et délits commis par des indigènes, 1° contre la sûreté de l'Etat; 2° contre la chose publique; 3° contre la personne ou au préjudice d'un Français, d'un Européen, ou d'un indigène au service de la France.

48. Tout indigène condamné à une peine excédant six mois d'emprisonnement pourra être transféré en France pour y subir sa peine. A l'expiration de la peine, il pourra être contraint d'y résider pendant le temps qui sera déterminé par le gouvernement. Le retour en Algérie pourra de plus lui être interdit à temps ou à toujours.

49. Les rabbins désignés pour chaque localité par le gouverneur général, après l'approbation du ministre de la guerre, sont appelés à donner leur avis écrit sur les contestations relatives à l'état civil, aux mariages et répudiations entre Israélites. Cet avis demeure annexé à la minute du jugement rendu par les tribunaux français. Ils prononcent sur les infractions à la loi religieuse, lorsque, d'après la loi française, elles ne constituent ni crime, ni délit, ni contravention. Toutes autres attributions leur sont interdites. La disposition finale de l'art. 44 et l'art. 46 sont applicables aux rabbins.

50. Tout jugement portant condamnation à la peine de mort et prononcé, soit par les tribunaux institués par la présente ordonnance, soit par les conseils de guerre dans les cas prévus par l'art. 42, soit par toute autre juridiction quelconque, ne pourra être exécuté que conformément aux dispositions de notre ordonnance du 1er avril dernier (2).

(1) Art. 463 du Code pénal. — Les peines prononcées par la loi contre celui ou ceux des accusés reconnus coupables, en faveur de qui le jury aura déclaré des circonstances atténuantes, seront modifiées ainsi qu'il suit :
Si la peine prononcée par la loi est la mort, la Cour appliquera la peine des travaux forcés à perpétuité, ou celle des travaux forcés à temps ; neanmoins, s'il s'agit de crimes contre la sûreté extérieure ou intérieure de l'Etat, la Cour appliquera la peine de la déportation ou celle de la détention ; mais, dans les cas prévus par les art. 86, 96 et 97, elle appliquera la peine des travaux forcés à perpétuité, ou celle des travaux forcés à temps.
Si la peine est celle des travaux forcés à perpétuité, la Cour appliquera la peine des travaux forcés à temps ou celle de la reclusion.
Si la peine est celle de la déportation, la Cour appliquera la peine de la détention ou celle du bannissement.
Si la peine est celle des travaux forcés à temps, la Cour appliquera la peine de la reclusion ou les dispositions de l'art. 401, sans toutefois pouvoir réduire la durée de l'emprisonnement au-dessous de deux ans.
Si la peine est celle de la reclusion, de la dé-

tention, du bannissement ou de la dégradation civique, la Cour appliquera les dispositions de l'art. 401, sans toutefois pouvoir réduire la durée de l'emprisonnement au-dessous d'un an.
Dans les cas où le Code prononce le maximum d'une peine afflictive, s'il existe des circonstances atténuantes, la Cour appliquera le minimum de la peine, ou même la peine inférieure.
Dans tous les cas où la peine de l'emprisonnement et celle de l'amende sont prononcées par le Code pénal, si les circonstances paraissent atténuantes, les tribunaux correctionnels sont autorisés, même en cas de récidive, à réduire l'emprisonnement, même au-dessous de six jours, et l'amende même au-dessous de seize francs ; ils pourront aussi prononcer séparément l'une ou l'autre de ces peines, et même substituer l'amende à l'emprisonnement, sans qu'en aucun cas elle puisse être au-dessous des peines de simple police.
(2) Art. 1er de l'ordonnance du 1er avril 1842 : « Aucune exécution à mort, par quelque juridiction qu'elle ait été ordonnée, ne pourra avoir lieu, dans toute l'étendue des possessions françaises en Algérie, qu'autant qu'il nous en aura été rendu compte et que nous aurons décidé de laisser un libre cours à la justice.

51. Le gouverneur général peut ordonner le sursis à l'exécution de toute condamnation criminelle non capitale; il en rend compte sur-le-champ à notre ministre de la guerre.

52. Le droit de grâce n'appartient qu'au roi.

53. En toute matière, le recours en cassation est ouvert contre les arrêts aux jugements (1) en dernier ressort (2).

TITRE III.—DE LA PROCÉDURE DEVANT LES TRIBUNAUX FRANÇAIS ET INDIGÈNES.

54. Toutes les instances civiles sont dispensées du préliminaire de conciliation. Le président du tribunal ou le juge qui le remplace peut néanmoins inviter les parties à comparaitre en personne sur simple avertissement et sans frais. Quand un Musulman doit être mis en cause, l'invitation sans frais précède nécessairement l'assignation. L'accomplissement de ce préliminaire est constaté par le juge en marge de l'original, qui est, à cet effet, soumis à son visa avant notification, à peine, contre l'huissier, de vingt francs d'amende pour chaque omission.

55. La forme de procéder en matière civile ou commerciale, devant les tribunaux français en Algérie, est celle qui est suivie en France devant les tribunaux de commerce. Les parties sont tenues de déposer à l'audience leurs conclusions écrites et motivées, signées d'elles ou de leurs défenseurs. En matière de justice de paix, la forme de procéder est celle qui est suivie en France devant les tribunaux de paix (3 .

56. Le délai pour interjeter appel des jugements contradictoires en matière civile, commerciale et de justice de paix, est d'un mois à partir de la signification, soit à personne, soit au domicile réel ou d'élection. Ce délai est augmenté à raison des distances, qui seront réglées par un arrêté du gouverneur général. A l'égard des incapables, ce délai ne pourra courir que par la signification à personne ou à domicile de ceux qui sont chargés de leurs droits. Il peut être appelé de tous jugements rendus

par les cadis dans les limites, les délais et les formes prescrites à l'égard des jugements rendus par les tribunaux français. Dans aucun cas l'appel ne sera reçu ni contre les jugements par défaut, ni contre les jugements interlocutoires, avant le jugement définitif.

57. En matière correctionnelle ou de simple police, le tribunal est saisi par le ministère public, soit qu'il y ait eu ou non instruction préalable. S'il y a eu instruction, le juge remet les pièces au procureur général ou à ses substituts, qui peuvent ne pas donner suite à l'affaire ou saisir le tribunal compétent.

58. La partie civile ne peut directement citer le prévenu à l'audience, si elle n'est préalablement autorisée par le ministère public, sans préjudice de l'action civile en réparation ou dommages-intérêts qu'elle peut toujours intenter.

59. En toute matière, le procureur général à Alger, et dans les autres siéges le procureur du roi, peuvent autoriser la mise en liberté provisoire, avec ou sans caution (4). Ils peuvent admettre comme cautionnement suffisant, sans qu'il soit besoin de dépôt de deniers ou autres justifications et garanties exigées par la loi française la soumission écrite de toute tierce-personne jugée solvable, portant engagement de représenter ou de faire représenter le prévenu à toute réquisition de justice, ou, à défaut, de verser au trésor, à titre d'amende, une somme déterminée dans l'acte du cautionnement. Le prévenu mis provisoirement en liberté sera solidairement tenu au paiement de cette amende. Le recouvrement des sommes dues à ce titre sera poursuivi par voie de contrainte, comme en matière d'enregistrement.

60. A Alger, dans le cas de crime, aussitôt que l'information est terminée, le procureur du roi transmet les pièces de la procédure au procureur général. Si celui-ci est d'avis qu'il y a lieu de traduire l'accusé devant la Cour royale constituée en cour criminelle, il dresse l'acte d'accusation et demande au président l'indication d'un jour pour l'ouverture des débats. L'ordonnance du juge et l'acte d'accusa-

---

* Toutefois, dans les cas d'urgence extrême, le
« gouverneur général pourra ordonner l'exécution,
« à la charge de faire immédiatement connaître
« les motifs de sa décision à notre ministre secrétaire
« d'État de la guerre, qui nous en rendra compte.
« Ce pouvoir, attribué au gouverneur général,
« ne pourra, dans aucun cas, être délégué. »
(1) Lisez ou jugements.
(2) D'après l'ancien article, le pourvoi en cassation n'était ouvert qu'en matière criminelle ou correctionnelle.

(3) L'art. 55 de l'ordonnance de 1841 permettait de faire, par des arrêtés ministériels, les exceptions et modifications nécessitées par l'état du pays aux règles sur l'exécution forcée des jugements et actes; aujourd'hui cette faculté n'existe plus. De pareilles modifications ne pourront avoir lieu que par ordonnance royale.
(4) L'ordonnance de 1841 n'accordait qu'au procureur général seul le droit d'autoriser la mise en liberté. La nouvelle disposition est plus complète.

tion sont signifiés à l'accusé, auquel toutes les pièces de la procédure sont communiquées sur sa demande. Le procureur général, à Alger, et les procureurs du roi dans les autres siéges, peuvent également, dans le cas de crime, saisir directement la Cour royale ou le tribunal, sans instruction préalable (1).

61. En toute matière et en tout état de cause, le procureur général peut requérir à l'instant la remise des pièces, faire cesser les poursuites et mettre le prévenu en liberté. Ce droit peut être exercé par le procureur du roi dans les siéges autres que celui d'Alger.

62. La forme de procéder en matière criminelle et correctionnelle, ainsi que les formes de l'opposition ou de l'appel, sont réglées par les dispositions du Code d'instruction criminelle relatives à la procédure devant les tribunaux correctionnels (2). Toutefois les dépositions des témoins à l'audience seront constatées en la forme suivante : il sera donné lecture, par le greffier, des notes par lui tenues ; le juge les rectifiera et les complétera, s'il y a lieu. Le témoin sera invité à déclarer si l'analyse sommaire de sa déposition est fidèlement reproduite. Le témoin sera, en outre, requis de signer, ou mention sera faite de la cause qui l'en empêche. Les notes ainsi arrêtées seront signées du greffier, certifiées par le juge, et jointes, en cas d'appel, à l'expédition du jugement. Le mode de procéder devant les tribunaux de simple police est réglé par les sections 1re et 3 du chapitre 1er, titre 1er du livre 2 du Code d'instruction criminelle. Néanmoins l'appel des jugements de simple police, dans les cas où il est autorisé, doit être, sous peine de déchéance, déclaré au greffe des tribunaux de paix dans les dix jours au plus tard à partir de celui où le jugement a été prononcé contradictoirement, et, si le jugement est par défaut, dans les dix jours au plus tard après celui de sa signification, outre le délai à raison des distances.

63. En matière criminelle, le président de la Cour royale d'Alger, les présidents des tribunaux de première instance de Bône, Oran et Philippeville, pourront faire application de l'art. 269 du Code d'instruction criminelle.

TITRE IV. — JURIDICTION ADMINIS-TRATIVE.

64. Le conseil d'administration établi près du gouverneur général statue sur les matières contentieuses dont la connaissance lui est attribuée par la législation de l'Algérie. L'instruction a lieu dans les formes observées en France devant les conseils de préfecture. Dans tous les cas où il y a lieu à visite ou estimation par experts, leur rapport ne vaut, devant le conseil, que comme renseignement.

65. Les décisions des conseils d'administration en matière contentieuse, sauf les exceptions prévues par les ordonnances et arrêtés ayant force de loi en Algérie, pourront être déférées au conseil d'Etat, mais elles seront, dans tous les cas, provisoirement exécutoires. Néanmoins, en ayant égard aux circonstances, le gouverneur général pourra d'office, ou sur la demande des parties intéressées, suspendre l'exécution jusqu'à décision définitive.

66. Dans tous les cas où le gouverneur général peut prononcer seul, ses arrêtés ne donnent ouverture à aucun recours au contentieux, sauf aux intéressés à porter leurs réclamations devant le ministre de la guerre.

67. Lorsque l'autorité administrative élève le conflit d'attributions, le conseil, auquel est adjoint un nouveau membre de l'organisation judiciaire, se réunit sous la présidence du gouverneur général, et juge le conflit, sauf appel au conseil d'Etat, s'il y a lieu (3).

TITRE V. — DISPOSITIONS PARTICU-LIÈRES.

68. Toute citation ou notification faite à un Musulman en matière civile ou criminelle sera accompagnée d'une analyse sommaire en langue arabe, faite et certifiée par un interprète assermenté, le tout à peine contre l'huissier de vingt francs d'amende pour chaque omission, et sans préjudice de la nullité de l'acte, si le juge croit devoir la prononcer.

69. Nonobstant toutes dispositions des lois, les nullités des actes d'exploits et de procédure seront facultatives pour le juge, qui pourra, selon les circonstances, les accueillir ou les rejeter.

---

(1) L'ancien art. 60 s'occupait uniquement du procureur général et de la Cour royale jugeant en matière criminelle. Il y avait évidemment une lacune dans l'ordonnance : le nouvel article l'a réparée.

(2) Ancien article, § 1er : « La forme de procéder en matière criminelle ou de police, ainsi que les formes de l'appel, dans le cas où il est autorisé,

sont réglées par les dispositions du Code d'instruction criminelle relatives à la procédure devant les tribunaux de police correctionnelle. »

Les deux derniers paragraphes du nouvel article ont été ajoutés.

(3) D'après l'ancien article, la décision du conseil rendue, en pareil cas, était en dernier ressort,

70. Les délais pour les ajournements à comparaître devant les tribunaux de l'Algérie, et pour la notification de tous actes, seront augmentés de trente jours à l'égard des personnes domiciliées en Algérie, dans l'arrondissement d'un autre tribunal ; de quarante jours à l'égard de celles qui sont domiciliées en France ; de soixante jours pour celles qui demeurent dans les États limitrophes de la France ou de l'Algérie. Les dispositions de l'art. 73 du Code de procédure seront exécutées à l'égard de toutes les autres personnes, selon le lieu de leur résidence.

71. Seront valables, en ce qui concerne les droits et actions qui auraient pris naissance en Algérie, les citations et notifications faites dans ce pays, 1° au domicile élu dans les conventions ; 2° à la dernière résidence connue de ceux qui possèdent ou ont possédé des immeubles dans le pays, y ont fondé un établissement où exercé une industrie ; 3° au domicile et en la personne du mandataire général ou spécial de la personne à laquelle la notification est destinée. A défaut d'élection de domicile, de dernière résidence connue, ou de mandataire constitué, les citations ou notifications seront valablement faites au parquet du procureur général, lequel en fera insérer l'extrait au Moniteur algérien.

72. Tout jugement portant condamnation au paiement d'une somme d'argent ou à la délivrance de valeurs ou objets mobiliers pourra, lors de sa prononciation, être déclaré exécutoire par la voie de contrainte par corps. Toutefois, cette contrainte prononcée contre des militaires présents en Algérie et en activité sous les drapeaux ne sera mise à exécution qu'un mois après l'avis donné par la partie poursuivante au chef de l'état-major de la division, qui en fournira récépissé.

73. Les règlements concernant l'exercice des fonctions ou professions de notaires, défenseurs près les tribunaux, huissiers, commissaires-priseurs et courtiers de commerce, seront arrêtés par le ministre de la guerre. Les règlements pour le service intérieur et l'ordre des audiences des divers tribunaux ne seront exécutoires qu'après son approbation et sous les modifications qu'il aura prescrites. Le ministre de la guerre continue de nommer à tous les emplois d'officiers publics et ministériels.

74. Les tribunaux de l'Algérie n'auront point de vacations ; ils seront toutefois autorisés à suspendre leurs audiences pendant dix jours consécutifs de chacun des mois de juin, juillet, août et septembre.

75. L'ordonnance du 18 mai 1841 est rapportée. Toutes autres dispositions des ordonnances, arrêtés ou règlements antérieurs sur l'organisation ou l'administration de la justice, cesseront d'avoir leur effet en ce qu'ils ont de contraire à la présente ordonnance, qui sera exécutoire à dater du 1er janvier 1843.

76. Nos ministres de la guerre, de la justice et des cultes (MM. duc de Dalmatie et Martin du Nord) sont chargés, etc.

---

26 SEPTEMBRE = 8 OCTOBRE 1842. — Ordonnance du roi qui fixe les traitements des membres de la magistrature en Algérie. (IX, Bull. DCCCCXLVII, n. 10261.)

Voy. ordonnance du 28 février 1841, t. 41, p. 101.

Louis-Philippe, etc., vu notre ordonnance de ce jour, sur l'organisation de la justice en Algérie ; sur le rapport de notre ministre secrétaire d'État au département de la guerre, président du conseil, et de notre garde des sceaux, ministre secrétaire d'État au département de la justice et des cultes, etc.

Art. 1er. Les traitements des membres de la magistrature, en Algérie, sont fixés ainsi qu'il suit :

Cour royale. — Procureur général, y compris les frais de bureau et de représentation, 15,000 fr. ; président de la Cour, 12,000 fr. ; conseiller, 6,000 fr. ; avocat général, 6,000 fr. ; substitut de procureur général, 5,000 fr. ; conseiller adjoint, 3,600 fr.

Tribunal de première instance d'Alger. — Président, 6,000 fr. ; procureur du roi, 6,000 fr. ; juge d'instruction, 4,500 fr. ; juge, 4,000 fr. ; substitut du procureur du roi, 4,000 fr. ; juge adjoint, 2,400 fr.

Tribunaux de première instance de Bône, Oran et Philippeville. — Président, 5,000 fr ; procureur du roi, 5,000 fr. ; juge d'instruction, 3,500 fr. ; juge. 3,000 fr. ; substitut du procureur du roi, 5,000 fr. ; juge adjoint, 2,000 fr.

Justices de paix. — Juges de paix à Alger, 5,000 fr. ; juges de paix à Bône, Oran, Philippeville et Blidah, 2,400 fr.

2. L'intégralité de leurs traitements sera provisoirement conservée aux magistrats appelés à remplir, dans les tribunaux de l'Algérie, des fonctions moins rétribuées que celles qu'ils y occupent actuellement.

3. Nos ministres de la guerre, de la justice et des cultes (MM. duc de Dalmatie et Martin du Nord) sont chargés, etc.

---

2 = 18 OCTOBRE 1842. — Ordonnance du roi qui ouvre au ministre de l'agriculture et du commerce un crédit supplémentaire pour des créances constatées sur des exercices clos. (IX, Bull. DCCCCXLIX, n. 10265.)

Louis-Philippe, etc., vu l'état des créances liquidées à la charge du département de l'agriculture et du commerce additionnellement aux restes à payer constatés par les comptes définitifs des exercices clos de 1839 et 1840 ; considérant que ces créances concernent des services non compris dans la nomenclature de ceux pour lesquels les lois de dépenses des mêmes exercices ont donné la faculté d'ouvrir des suppléments de crédits ; considérant, toutefois, qu'aux termes de l'art. 9 de la loi du 23 mai 1834 et de l'art. 108 de notre ordonnance du 31 mai 1838, portant règlement général sur la comptabilité publique, lesdites créances peuvent être acquittées, attendu qu'elles se rapportent à des services prévus par les budgets des exercices 1839 et 1840, et que leur montant n'excède pas les restants de crédit dont l'annulation a été prononcée sur ces services par la loi de règlement desdits exercices ; sur le rapport de notre ministre secrétaire d'Etat de l'agriculture et du commerce, et de l'avis de notre conseil des ministres, etc.

Art. 1er. Il est ouvert à notre ministre secrétaire d'Etat au département de l'agriculture et du commerce, en augmentation des restes à payer constatés par les lois de règlement des exercices 1839 et 1840, un crédit supplémentaire de quinze mille cent soixante et un francs quatre-vingt-dix-sept centimes, montant des créances désignées au tableau ci-annexé, qui ont été liquidées à la charge de ces exercices, et dont les états nominatifs seront adressés, en double expédition, au ministre secrétaire d'Etat des finances, conformément à l'art. 106 de notre ordonnance du 31 mai 1838, portant règlement général sur la comptabilité publique, savoir : exercices 1839, 3,219 fr. 16 c ; 1840, 11,942 fr. 81 c. Total, 15,161 fr. 97 c.

2. Notre ministre secrétaire d'Etat de l'agriculture et du commerce est, en conséquence, autorisé à ordonnancer ces créances sur le chapitre spécial ouvert pour les dépenses des exercices clos, aux budgets des exercices courants, en exécution de l'art. 8 de la loi du 23 mai 1834.

3. La régularisation de ce crédit sera proposée aux Chambres lors de leur prochaine session.

4. Nos ministres de l'agriculture et du commerce, et des finances (MM. Cunin-Gridaine et Laplagne) sont chargés, etc.

(Suit le tableau.)

---

2 = 18 octobre 1842. — Ordonnance du roi qui ouvre un crédit sur l'exercice 1842 pour les dépenses de la commission de surveillance des tontines. (IX, Bull. DCCCCXLIX, n. 10266.)

Louis-Philippe, etc., vu la loi du 25 juin 1841, portant fixation du budget de l'exercice 1842 ; vu le premier et le dernier paragraphe de l'art. 11 de la loi du 11 juin 1842, ainsi conçus : « Continuera d'être « faite, pour 1843, au profit de l'Etat, et « conformément aux lois existantes, la per- « ception des rétributions imposées pour « frais de surveillance sur les compagnies « et agences tontinières dont l'établisse- « ment aura été autorisé par ordonnance « royale rendue dans la forme des règle- « ments d'administration publique ; le pro- « duit de ces rétributions figurera dans le « budget des recettes, au tableau des pro- « duits divers, et aux dépenses, par des « crédits d'une somme équivalente au bud- « get du ministère de l'agriculture et du « commerce ; » vu l'art. 8 de notre ordonnance du 12 juin 1842, qui constitue la commission de surveillance des sociétés et agences tontinières autorisées ; vu nos ordonnances autorisant diverses sociétés et agences tontinières, et attendu la nécessité de pourvoir aux frais de surveillance de ces établissements, lesquels n'ont pu être compris au budget de l'exercice 1842 ; vu les art. 4 et 6 de la loi du 24 avril 1833, et l'art. 12 de celle du 23 mai 1834 ; vu l'art. 10 de la loi du 4 mai 1834 ; sur le rapport de notre ministre secrétaire d'Etat de l'agriculture et du commerce, et de l'avis de notre conseil des ministres, etc.

Art. 1er. Il est ouvert à notre ministre secrétaire d'Etat de l'agriculture et du commerce, pour subvenir aux dépenses de la commission de surveillance des tontines, un crédit approximatif de huit mille francs sur l'exercice 1842. Ce crédit, qui formera le chapitre 8 *bis* du budget du ministère de l'agriculture et du commerce, sera définitivement réglé, conformément aux dispositions de l'art. 10 de la loi du 4 mai 1834, d'après le montant des recettes effectuées.

2. Les fonds non consommés à la fin de l'exercice 1842, sur le crédit définitif ainsi réglé, seront reportés avec la même affectation sur l'exercice suivant.

3. La régularisation du présent crédit sera proposée aux Chambres lors de la reprise de leur session.

4. Nos ministres de l'agriculture et du commerce, et des finances (MM. Cunin-Gridaine et Laplagne) sont chargés, etc.

---

2 = 18 octobre 1842. — Ordonnance du roi qui ouvre au ministre de l'agriculture et du commerce un crédit supplémentaire pour des créances constatées sur des exercices clos. (IX, Bull. DCCCCXLIX, n. 10267.)

Louis - Philippe, etc., vu l'état des créances liquidées à la charge du département de l'agriculture et du commerce sur les exercices clos de 1839 et 1840, additionnellement aux restes à payer constatés par les lois de règlement de ces exercices ; considérant que lesdites créances concernent des services pour lesquels la nomenclature insérée dans les lois de dépenses desdits exercices nous réserve la faculté d'ouvrir des suppléments de crédits en l'absence des Chambres ; vu l'art. 9 de la loi du 23 mai 1834 et l'art. 100 de notre ordonnance du 31 mai 1838, portant règlement sur la comptabilité publique, aux termes desquels les créances des exercices clos, non comprises dans les restes à payer arrêtés par les lois de règlements, ne peuvent être ordonnancées, par nos ministres, qu'au moyen de crédits supplémentaires accordés suivant les formes déterminées par la loi du 24 avril 1833 ; sur le rapport de notre ministre secrétaire d'Etat au département de l'agriculture et du commerce, et de l'avis de notre conseil des ministres, etc.

Art. 1er. Il est ouvert à notre ministre secrétaire d'Etat au département de l'agriculture et du commerce, en augmentation des restes à payer constatés des exercices 1839 et 1840, un crédit supplémentaire de deux mille cinquante-huit francs, montant des créances désignées au tableau ci-annexé, qui ont été liquidées à la charge de ces exercices, et dont les états nominatifs seront adressés, en double expédition, au ministre secrétaire d'Etat des finances, conformément à l'art. 106 de notre ordonnance du 31 mai 1838, portant règlement général de la comptabilité publique, savoir : exercices 1839, 504 fr. 84 c. ; 1840, 1,553 fr. 16 c. Total, 2,058 fr.

2. Notre ministre secrétaire d'Etat de l'agriculture et du commerce est, en conséquence, autorisé à ordonnancer ces créances sur le chapitre spécial ouvert pour les dépenses des exercices clos aux budgets des exercices courants, en exécution de l'art. 8 de la loi du 23 mai 1834.

3. La régularisation de ce crédit sera proposée aux Chambres lors de leur prochaine session.

4. Nos ministres de l'agriculture et du commerce, et des finances (MM. Cunin-Gridaine et Laplagne), sont chargés, etc.

(Suit le tableau.)

2 = 18 octobre 1842. — Ordonnance du roi qui ouvre, sur l'exercice 1842, un crédit extraordinaire pour dépenses urgentes relatives à l'ouverture de nouvelles routes en Algérie. (IX, Bull. DCCCCXLIX, n. 10268.)

Louis-Philippe, etc., vu la loi du 25 juin 1841, portant fixation des dépenses de l'exercice 1842 ; vu les art. 4 et 6 de la loi du 24 avril 1833 et l'art. 12 de celle du 23 mai 1834 ; vu les art. 26, 27 et 28 de notre ordonnance du 31 mai 1838, portant règlement général sur la comptabilité publique ; sur le rapport de notre ministre secrétaire d'Etat de la guerre, président du conseil, et de l'avis de notre conseil des ministres, etc.

Art. 1er. Il est ouvert à notre ministre secrétaire d'Etat de la guerre, sur l'exercice 1842, et au titre du chapitre 29 de la 2e section du budget (*Travaux publics extraordinaires en Algérie*), un crédit extraordinaire de cinq cent mille francs (500,000 f.), pour dépenses urgentes relatives à l'ouverture de nouvelles routes en Algérie.

2. La régularisation de ce crédit extraordinaire sera proposée aux Chambres lors de leur prochaine réunion.

3. Nos ministres de la guerre et des finances (MM. duc de Dalmatie et Laplagne) sont chargés, etc.

13 = 19 octobre 1842. — Ordonnance du roi qui fixe le tarif des droits à percevoir par les courtiers interprètes et conducteurs de navires des ports de Nantes et de Paimbœuf. (IX, Bull. DCCCCL, n. 10269.)

Louis-Philippe, etc., sur le rapport de notre ministre secrétaire d'Etat de l'agriculture et du commerce ; vu la loi du 28 ventôse an 9 ; vu les art. 80 à 90 du Code de commerce ; vu l'arrêté consulaire du 29 germinal an 9 ; vu notre ordonnance royale du 14 novembre 1835 ; vu les avis de la chambre de commerce de Nantes et des tribunaux de commerce de Nantes et de Paimbœuf, et l'avis du préfet de la Loire-Inférieure ; notre conseil d'Etat entendu, etc.

Art. 1er. Les droits à percevoir par les courtiers interprètes et conducteurs de navires des ports de Nantes et de Paimbœuf (Loire-Inférieure) seront désormais réglés conformément au tarif annexé à la présente ordonnance.

2. Notre ministre de l'agriculture et du commerce (M. Cunin-Gridaine) est chargé, etc.

EXTRAIT du CODE DE COMMERCE.	NAVIRES.	CONDUITE. faisant le cabotage avec les ports français situés entre La Rochelle et Lorient inclusivement.	faisant le cabotage avec les ports français de l'Océan situés au-delà de La Rochelle et de Lorient.	faisant la navigation avec l'étranger, les colonies françaises et les ports français de la Méditerranée.	RÉTRIBUTION supplémentaire pour interprétation orale dans le cas où les navires étrangers ne sont pas assimilés aux bâtiments français par les traités.	EXTRAIT DE L'ORDONNANCE ROYALE du 14 novembre 1835.
Les courtiers interprètes et conducteurs de navires font le courtage des affrétements; ils ont, en outre, seuls le droit de traduire, en cas de contestations portées devant les tribunaux, les déclarations, chartes-parties, connaissements, contrats et tous actes de commerce dont la traduction serait nécessaire, enfin, de constater le cours du fret et du nolis. Dans les affaires contentieuses de commerce et pour le service des douanes, ils serviront seuls de truchement à tous étrangers, maîtres de navires marchands, équipages de vaisseau et autres personnes de mer. (Art. 80.)	Bâtiments à voiles entrant ou sortant sur lest.	3ᶜ	6ᶜ	12ᶜ	6ᶜ	La conduite du navire comprend l'accomplissement des formalités et obligations à remplir auprès du tribunal de commerce, de la douane et des autres administrations publiques, et l'assistance à prêter aux capitaines et équipages suivant l'usage des lieux. (Art. 2)
	Bâtiments à vapeur entrant ou sortant sur lest sans passagers.	3ᶜ	6ᶜ	12ᶜ	6ᶜ	Les navires en simple relâche, repartant sans avoir embarqué ou débarqué de marchandises, ne paieront pas de droits plus élevés que les navires sur lest. (Art. 5.)
	Bâtiments à voiles ou à vapeur entrant chargés.	3ᶜ, plus 0,12ᶜ 1/2 par tonneau de chargem'.	6ᶜ, plus 0,25ᶜ par tonneau de chargem'.	12ᶜ, plus 0,50ᶜ par tonneau de chargement.	6ᶜ, plus 0,25ᶜ par tonneau de chargem'.	Quand un navire relâchera dans plusieurs ports pour compléter son chargement ou débarquer des marchandises, il devra les droits de courtage dans chaque port à raison seulement du nombre de tonneaux qu'il aura embarqués ou débarqués sans que ces droits puissent jamais être moindres que les droits payés par les navires sur lest. (Art. 6.)
	Sortant chargés, savoir : Par les armateurs	3ᶜ, plus 0,25ᶜ id.	6ᶜ, plus 0,25ᶜ id.	12ᶜ, plus 0,25ᶜ id.	6ᶜ, plus 0,25ᶜ id.	Le plâtre, les pierres meulières, les briques et autres matières embarqués comme lest, ne seront pas soumises aux droits de courtage maritime. (Art. 7.)
	Par tous autres.	3ᶜ, plus 0,25ᶜ id.	6ᶜ, plus 0,50ᶜ id.	*Par force de cheval.*		Dans aucun cas, les droits de courtage ne pourront être perçus contrairement à l'exécution des traités. (Art. 8.)
	Bâtiments à vapeur entrant sur lest avec passagers.	3ᶜ, plus 0,06ᶜ 1/4.	6ᶜ, plus 0,12ᶜ 1/2.	12ᶜ, plus 0,25ᶜ.	6ᶜ, plus 0,12ᶜ 1/2 par force de cheval.	
	Sortant sur lest, id.	3ᶜ, plus 0,12ᶜ 1/2.	6ᶜ, plus 0,25ᶜ.	12ᶜ, plus 25ᶜ.	6ᶜ, plus 0,12ᶜ 1/2 id.	

42. 22

TRADUCTION DE PIÈCES

dans le cas de contestation prévu par l'art. 80 du Code de commerce.

Pour une traite endossée ou non. . . .	3 fr.
Id. avec compte de retour ou protêt. .	6
Un connaissement ordinaire.	4
Id. extraordinaire.	6
Actes judiciaires (la 1re page).	6
Id. (la 2e page et chacune des suivantes). .	4

Un navire sorti du port et forcé d'y relâcher sera exempt de tout courtage.

Quand le droit d'affrètement sera payé au même courtier sur la cargaison entière, l'indemnité pour la conduite à la sortie ne sera pas due, et se confondra avec le courtage.

Le tarif ci-dessus s'appliquera :

1° Aux navires qui remonteront directement à Nantes pour y décharger leur cargaison, ou qui recevront leur chargement dans ce port ;

2° Aux navires qui mettront à terre ou recevront de terre leur cargaison dans le port de Paimbœuf.

Quant aux navires expédiés à la destination de Paimbœuf, mais dont la cargaison sera transbordée pour Nantes, ou qui recevront de cette dernière ville leur cargaison de sortie sur des allèges, les droits de conduite seront réglés de la manière suivante :

AFFRÉTEMENTS

Par charte-partie.	à la Cueillette.
Sur la valeur du fret.	
1 p. 100.	1 p. 100.
	Payable par l'affréteur.

VENTE DES NAVIRES

Sur le prix de vente.

1/2 p. 100 pour un navire vendu 3,000 fr. et au-dessus ;

15 fr. pour tout navire vendu au-dessous de 3,000 fr., payables moitié par le vendeur et moitié par l'acheteur.

RÉTRIBUTION supplémentaire pour interprétation orale dans le cas où les navires étrangers ne sont pas assimilés aux bâtiments français par les traités.

	1/2 p. 100.

AUX COURTIERS DE NANTES

NAVIRES.		Rétribution supplémentaire pour interprétation orale dans le cas où les navires étrangers ne sont pas assimilés aux bâtiments français par les traités.
	Navires faisant la navigation avec l'étranger, les colonies françaises et les ports français de la Méditerranée.	
Entrant chargés.	12f, plus 0,40c par tonneau de chargement.	6f, plus 0,20c par tonneau de chargement.
Sortant chargés, savoir :	12f, plus 0,20c par tonneau de chargement.	6f, plus 0,10c par tonneau de chargement.
Par les armateurs.	12f, plus 0,10c par tonneau de chargement.	
Par tous autres.	12f, plus 0,40c par tonneau de chargement.	6f, plus 0,20c par tonneau de chargement.

AUX COURTIERS DE PAIMBŒUF.

		Rétribution supplémentaire pour interprétation orale dans le cas où les navires étrangers ne sont pas assimilés aux bâtiments français par les traités.
	Navires faisant la navigation avec l'étranger, les colonies françaises et les ports français de la Méditerranée.	
	12f, plus 0,20c par tonneau de chargement.	6f, plus 0,10c par tonneau de chargement.
	12f, plus 0,15c par tonneau de chargement.	
	12f, plus 0,20c par tonneau de chargement.	

Quand le droit d'affrètement sera payé au même courtier sur la cargaison entière, l'indemnité pour la conduite de sortie à Nantes ne sera pas due au courtier de ce port ; elle sera comprise dans le courtage d'affrètement.

14 = 19 OCTOBRE 1842. — Ordonnance du roi qui réduit à vingt-cinq centimes le droit de deux francs par cent kilogrammes, payable à la sortie des amandes. (IX , Bull. DCCCCL , n. 10271.)

Louis-Philippe, etc., vu l'art. 34 de la loi du 17 décembre 1814 ; sur le rapport de nos ministres secrétaires d'Etat au département de l'agriculture et du commerce et au département des finances, etc.

Art. 1er. Le droit de deux francs par cent kilogrammes, payable à la sortie des amandes, est réduit à vingt-cinq centimes.

2. Nos ministres de l'agriculture et du commerce, et des finances (MM. Cunin-Gridaine et Laplagne) sont chargés, etc.

16 = 19 OCTOBRE 1842. — Ordonnance du roi qui ouvre au ministre des affaires étrangères, sur l'exercice 1842, un crédit supplémentaire applicable au chapitre des missions extraordinaires et dépenses imprévues. (IX , Bull. DCCCCL , n. 10272.)

Louis-Philippe, etc, vu les art. 3 et 4 de la loi du 24 avril 1833 ; vu la loi du 25 juin 1841, portant fixation du budget des dépenses de l'exercice 1842, et contenant, art. 6 , la nomenclature détaillée des dépenses pour lesquelles la faculté nous est réservée d'ouvrir des crédits supplémentaires en cas d'insuffisance, dûment justifiée, des crédits législatifs ; vu les art. 20 , 21, 22, 23 et 25 de notre ordonnance du 31 mai 1838, portant règlement général sur la comptabilité publique ; sur le rapport de notre ministre secrétaire d'Etat des affaires étrangères , et de l'avis de notre conseil des ministres , etc.

Art. 1er. Il est ouvert à notre ministre secrétaire d'Etat des affaires étrangères, sur l'exercice 1842, un crédit supplémentaire de trois cent cinquante mille francs (350,000 f.) applicable au chapitre 11, Missions extraordinaires et dépenses imprévues.

2. La régularisation de ce crédit supplémentaire sera proposée aux Chambres lors de leur prochaine session.

3. Nos ministres des affaires étrangères et des finances (MM. Guizot et Laplagne) sont chargés, etc.

15 = 20 OCTOBRE 1842. — Ordonnance du roi qui prescrit la publication des articles supplémentaires à la convention du 31 mars 1831, relative à la navigation du Rhin. (IX , Bull. DCCCCLI , n. 10270.)

Louis-Philippe, etc., savoir faisons que, pendant les neuf années de 1832 à 1840 inclusivement, il a été conclu et signé à Mayence, entre la France et les états riverains du Rhin, savoir, la Bavière, les Pays-Bas, la Prusse, les grands-duchés de Bade, de Hesse , et le duché de Nassau , des articles supplémentaires à la convention du 31 mars 1831, portant règlement relatif à la navigation du Rhin ; articles dont les ratifications respectives ont été successivement déposées aux archives de la commission centrale, à Mayence, et dont la teneur suit :

PROTOCOLES DE LA COMMISSION CENTRALE.

1er ARTICLE SUPPLÉMENTAIRE. (Session de novembre 1834.)

Conclusion modifiée du protocole n. 27 de juillet 1832 , faisant alinéa additionnel à l'art. 61 du traité.

Néanmoins sur le haut Rhin les bateliers pourront continuer à naviguer avec des allèges accouplées, comme par le passé. Il sera examiné ultérieurement par la commission s'il y a lieu d'appliquer la même tolérance encore à d'autres parties du Rhin.

2e ARTICLE SUPPLÉMENTAIRE. (Session de 1834.)

Texte de la conclusion du protocole n. 6 de la session de juillet 1832 , faisant suite à l'art. 62 du traité.

Il sera fait exception à la défense de charger sur le tillac , toutes les fois que le bateau aura chargé exclusivement les objets ci-après : Paille , foin. Ecorces a tan. Charbon de bois. Plumes pour lit. Chardons cardières. Bois de liége et bouchons. Poterie de grès. Fascines. Saules pour paniers. Paniers et ouvrages de saule. Joncs et roseaux. Tonneaux vides. Agrès de flottage. Bouteilles vides et autre verrerie creuse. Laines. Bois de chauffage. Douves. Cercles en bois. Pieux.

Indépendamment des articles ci-dessus, et pour le haut Rhin spécialement, pourront continuer à être chargés sur le tillac des bateaux naviguant entre Mayence et Bâle. Les chanvres non ouvrés. L'algue ou le varech. Les racines d'épine-vinette. Les garances non emballées. Les bois de réglisse. Les plants d'arbres et de vignes. Les meubles et effets de ménage.

Néanmoins, toutes les fois que le chargement se trouvera dévier ainsi de la règle générale, les propriétaires des marchandises, ou leurs commettants, ou l'assureur en cas d'assurance d'icelles, devront être d'accord avec le batelier. Cet accord résultera tacitement du fait même de la remise des marchandises , et de la déclaration que fera le batelier de la manière dont il entend organiser son chargement, d'après les règlements locaux.

Pourront en outre être chargés sur le tillac des bateaux naviguant sur tout le cours du Rhin : les cotons et laines en balles non cerclées et les chardons cardiéres.

3° ARTICLE SUPPLÉMENTAIRE. (Session de 1834.)

Par suite des conclusions des protocoles n. 33 et 38 de la session de juillet 1833 et des protocoles n. 7 et 25 de la session de juillet 1834, la rédaction des *Exceptions* A, B et D du tarif C du traité se trouve remplacée par celle ci-après :

A. Les articles suivants ne seront passibles que du paiement du *quart* par quintal des droits respectifs fixés par le tarif ci-dessus. Blés (de toute espèce). Bombes (en fer), boulets, canons, grenades. (Lorsque ces objets sont à envisager comme ferraille.) Cendres non lessivées (regrets d'or et d'argent). Cornes et sabots d'animaux. Craie rouge—Rubrique. Ecorce de chêne, écorces à tan. Emeri et pierres d'émeri. Farine et gruaux de toute espèce. Fer en gueuse et fer non ouvré. Fer vieux. Gaude. Goudron végétal et *goudron minéral*. Légumes (secs) de tous genres. Lessive (concentrée) ou alcali. Lies des vins et bière, marcs. Malt ou drèche. Minerai de calamine. Miroir d'âne, pierre blanche luisante (provenant de Manheim). Os. Pains d'acier sans autre fabrication. Pierre (de taille) à four, à meules, à carreler, carreaux de marbre à pierres lithographiques et à aiguiser. Poix et mastic minéral bitumineux (minéral Kitt). Potasse de sel. Racine d'épine-vinette. Sel. Semences et graines de toute espèce. Verre dit *Marienglas*.

B. Les articles suivants, du *vingtième* des droits respectifs fixés par le tarif ci-dessus : Alun (terres et roches d'alun). Ardoises. Attirail d'artillerie et munitions pour le service militaire. Baryte (non emballée). Bois à brûler de toute espèce, fagots, branchages et charbons de bois. Bois de saule pour cercles. Chaux. Coquillages (concassés). Déchet de sel. Eau de sel. Houille en général. Lessive du savon. Lessive de sel. Minerai quelconque non spécialement nommé (voir la liste du 1|4 des droits). Mortier de tuiles et briques broyées. Mottes à brûler. Pierres brulées de toutes espéces, y compris tuiles et briques. Pierres de tuf moulues et non moulues. Pierres vitrioliques et terres vitrioliques. Plâtre. Poterie commune et poterie de grés. Ratures de cornes (Hornschabsel). Retailles de soie de cochon (pour les fabriques de sel ammoniac). Retailles et rognures de peaux fraiches (pour la colle forte). Roseaux pour les blanchisseurs. Sang de bœuf. Sciures. Tourbes et charbons de tourbe.

D. Les articles suivants : Animaux vivants. Balais. Beurre frais. Engrais et amendements de tous genres, tel que cendres lessivées, vidanges de fabriques, marnes, fumier, etc. Farine d'os ou os pulvérisés. (N. B. Ne paiera que le vingtième des droits, lorsque ce droit sera moins élevé.) Fascines pour les digues, plants de saules. Fruits (frais), y compris les noix en écales. Glands pour semailles et engrais. Herbes à pâture, foin, etc. Herbes potagéres, produits de jardin (frais), tels que fleurs, légumes, oignons, racines comestibles, p. ex. pommes de terre, betteraves, etc. Lait. Mousse. OEufs. Paille, balle de grains, chaume. Pierres à bâtir (brutes), pierres de grés, anciennes pierres de constructions démolies, pierres à chaux non brulées. Pierre à paver. Poissons vivants. Résidus d'os (Knochen — Abgange). Roseaux. Sables d'argent, d'étain, etc. ; sables à moules pour fontes fines. Terres ordinaires, telles que sable, gravier, terres grasses. Terre noire et jaune, à foulon, à poterie d'argile, etc. (Sand von Frechem.) Ustensiles de flottage et de batellerie. Volaille.

Paieront : Si leur poids est au-dessous de 50 quintaux, néant. Pour 50 à 300 quintaux, 10 c. ; 300 à 600, 90 c. ; 600 à 1,000, 1 fr. 85 c. ; 1,000 à 1,500, 3 fr.

Et ainsi de suite d'aprés l'échelle du droit de reconnaissance. Si le bateau est encore chargé d'autres objets, ces derniers paieront le droit fixé par le tarif, ou les exceptions précédentes.

Observation.

En conséquence de cette nouvelle rédaction, les mots « *ou le double droit de* « *reconnaissance,* » dans le second alinéa de l'art. 72 du traité, sont remplacés par ceux-ci « *ou le droit fixé par l'exception* D. »

4° ARTICLE SUPPLÉMENTAIRE. (Session de 1834.)

Texte de la conclusion du protocole n. 26 de la session de juillet 1834, faisant suite à l'art. 66 du traité.

Néanmoins, sont dispensés de se faire précéder d'une nacelle, les radeaux et petits trains de bois, qui, d'après les observances locales, en avaient été dispensés précédemment ou jusqu'ici, et qui pour cela sont connus sur le Rhin sous la dénomination de *Einzelne Boden* et *Einzelne Stümmel*. Mais les conducteurs de ces radeaux, tout en restant soumis aux dispositions générales du présent article, arboreront sur le radeau lui-même le pavillon prescrit, et se conformeront en outre aux mesures de police qui pourront être prises séparément dans chaque Etat pour la sûreté de la navigation. (L. S.) *Suivent les signatures des commissaires.*

5ᵉ Article supplémentaire. (Protocole n. 18 du 15 juillet 1835.)

La *graine de moutarde* est comprise parmi les exceptions A du tarif C.

6ᵉ Article supplémentaire. (Protocole n. 15, du 17 juillet 1835.)

Chaises et carrosses de voyage, mousse, joncs et roseaux sont compris parmi les exceptions de la défense d'être chargés sur le tillac et rangés dans la catégorie mentionnée à la fin du deuxième article supplémentaire.

7ᵉ Article supplémentaire. (Protocole n. 2, du 5 juillet 1836.)

Les articles compris dans la catégorie D des exceptions du tarif litt. C sont affranchis des *droits de navigation* dont ils étaient passibles d'après le troisième article supplémentaire.

8ᵉ Article supplémentaire. (Protocole n. 19, du 25 juillet 1836.)

Les mots « *du même territoire* » sont rayés de l'art. 83 du règlement.

9ᵉ Article supplémentaire. (Protocole n. 6, du 11 juillet 1836.)

A ajouter au deuxième alinéa de l'art. 35 du règlement l'addition suivante : « Il est toutefois loisible aux gouvernements respectifs des Etats riverains de remplacer la disposition pénale, qui précède, par une amende de trois à trente francs, dont les juges des droits de navigation auront à faire l'application, eu égard aux circonstances atténuantes ou aggravantes de chaque contravention. » (L. S.) *Suivent les signatures des commissaires.*

10ᵉ Article supplémentaire. (Protocole n. 12, du 17 juillet 1838.)

A l'art. 17 de l'acte du 31 mars 1831 : « Les sept articles contenus dans l'annexe n. 3 du protocole de la commission centrale du 25 juillet 1837, n. 13, feront uniformément règle sur tout le cours du Rhin, pour le jaugeage des bateaux, et seront publiés à cet effet dans tous les Etats riverains.»

11ᵉ Article supplémentaire. (Protocole n. 11, du 16 juillet 1839.)

A l'art. 62 de l'acte du 31 mars 1831 : Les mots du texte allemand (art. 62), *mit einer Oberlast auf dem Rheine zu fahren ist verboten*, n'expriment absolument que ce qui est exprimé par les termes du texte français, *il est défendu de charger des marchandises sur le tillac* ; mais il y a lieu d'envisager également comme tillac le toit en pavois solides dont le bâtiment est recouvert. En conséquence, il y a contravention à la défense de charger sur le tillac, lorsqu'une partie du chargement (à l'exception toutefois d'un ou de plusieurs objets insignifiants) est déposée sur le tillac, ou perce extérieurement à travers les pavois du toit, ou lorsque le batelier a exhaussé le toit arbitrairement, c'est-à-dire sans l'autorisation préalable des experts institués conformément à l'art. 53. Sur les bateaux non pontés, seront envisagés comme chargements sur le tillac, les chargements qui dépasseraient, à partir du franc bordage, la hauteur autorisée soit par l'usage, soit par les experts de vérification à ce commis dans les divers ports d'embarquement. Les marchandises qui, par exception, peuvent être chargées sur le tillac, pourront l'être dorénavant sans distinction entre les diverses sections du fleuve, et n'importe que le chargement soit composé en totalité ou en partie seulement de marchandises de cette espèce. Eventuellement, pour le cas d'assentiment général, prévu dans les protocoles n. 13 et 18 de la session actuelle.

12ᵉ Article supplémentaire. (Protocole n. 13, du 16 juillet 1839.)

A l'art. 65 de l'acte du 31 mars 1831 : A l'égard d'autres matières inflammables ou corrosives telles que *acides sulfuriques, muriatiques, nitriques, briquets phosphoriques, allumettes à friction, etc.,* la police du port d'embarquement aura à décider si le transport doit en être fait sur des embarcations particulières, ou s'il peut l'être concurremment avec d'autres objets. Dans ce dernier cas, elle prescrira les mesures auxquelles le batelier aura à se soumettre, et en fera mention sur le manifeste du chargement. Les contraventions aux dispositions du présent alinéa seront punies d'après les lois respectives des Etats riverains. Cependant il est loisible à chaque Etat de faire application de l'art. 64 de la convention, mais avec la limite, toutefois, que l'amende ne dépasse pas le minimum de cent francs prescrit par ledit article, et que même elle pourra être réduite jusqu'à dix francs, selon les circonstances de la contravention.

13ᵉ Article supplémentaire. (Protocole n. 18, du 26 juillet 1839.)

Tout batelier dont l'embarcation présentera plus d'enfoncement que le maximum de la charge indiqué par la ligne fixée par l'autorité compétente sera puni d'après les lois du pays dans lequel la contravention aura été découverte. Cependant il est loisible à chaque Etat de faire application de l'art. 64 de la convention, mais avec cette modification toutefois, que l'amende y fixée pourra être réduite jusqu'à vingt francs, selon les circonstances de la contravention. En outre, le contrevenant sera astreint, au port le plus voisin, de rompre charge jusqu'au degré d'enfoncement légal. (L. S.) *Suivent les signatures des commissaires.*

14e ARTICLE SUPPLÉMENTAIRE. (Session de 1840.)

L'art. 90 de la convention du 31 mars 1831 est supprimé et remplacé par les dispositions suivantes : Chaque Etat enverra annuellement un commissaire à la commission centrale. Les commissaires se réuniront régulièrement le 1er septembre de chaque année à Mayence, et seront tenus de terminer les affaires qui leur seront soumises dans le délai d'un mois. Si le nombre des affaires ne permet pas de les terminer dans un mois, les commissaires se concerteront pour une réunion extraordinaire en se conformant aux dispositions de l'art. 94.

15e ARTICLE SUPPLÉMENTAIRE. (Session de 1840.)

La commission centrale est autorisée d'étendre ou de restreindre, d'après les besoins du commerce et de la navigation, les exceptions à la défense de charger sur le tillac, et d'en établir comme d'en modifier les conditions. Les conclusions ainsi prises sur la base de l'art. 94 du traité, et sous l'approbation de tous les gouvernements, auront, après leur publication dans chacun des Etats respectifs, pour toutes les parties intéressées comme pour les juges du Rhin, la même force et vigueur que si elles avaient été l'objet d'un article supplémentaire. (L. S.) *Suivent les signatures des commissaires.*   (Contresigné Guizot.)

2 = 20 octobre 1842. — Ordonnance du roi qui crée, à l'école préparatoire de médecine et de pharmacie de Bordeaux, une troisième place de professeur adjoint. (IX, Bull. DCCCCLI, n. 10277.)

Louis-Philippe, etc., sur le rapport de notre ministre secrétaire d'Etat au département de l'instruction publique, grand-maître de l'Université; vu nos ordonnances des 13 octobre 1830, 12 mars et 18 avril 1841, relatives aux écoles préparatoires de médecine et de pharmacie; vu notre ordonnance du 6 mars 1842, qui constitue dans la ville de Bordeaux un établissement de cet ordre; vu l'avis du conseil royal de l'instruction publique en date du 20 septembre 1842, etc.

Art. 1er. Il est créé, à l'école préparatoire de médecine et de pharmacie de Bordeaux, en dehors du cadre d'enseignement déterminé par notre ordonnance du 13 octobre 1840, une troisième place de professeur adjoint.

2. La première nomination à ladite place sera faite par notre ministre secrétaire d'Etat au département de l'instruction publique.

3. Notre ministre de l'instruction publique (M. Villemain) est chargé, etc.

12 septembre = 24 octobre 1842. — Ordonnance du roi qui autorise la publication du décret ayant pour objet de faire constater la validité de la procédure commencée pour la canonisation de J.-B. de la Salle, prêtre fondateur de la congrégation des Frères des Ecoles chrétiennes. (IX, Bull. DCCCCLII, n. 10280.)

Louis-Philippe, etc., sur le rapport de notre garde des sceaux, ministre secrétaire d'Etat au département de la justice et des cultes; vu la supplique en date du 2 juin 1842, présentée par le sieur Eloi, au nom et en l'absence du supérieur général des frères de la Doctrine chrétienne, à ce qu'il nous plaise autoriser la publication, dans le royaume, du décret donné à Rome par Sa Sainteté le pape Grégoire XVI, le 22 avril 1842, et ayant pour objet de faire constater la validité de la procédure commencée pour la canonisation de J.-B. de la Salle, prêtre, fondateur de la congrégation des frères de la Doctrine chrétienne; vu ledit décret; vu l'art. 1er de la loi du 18 germinal an 10 (8 avril 1802); notre conseil d'Etat entendu, etc.

Art. 1er. Le décret donné à Rome, le 22 avril 1842, par Sa Sainteté le pape Grégoire XVI, et ayant pour objet de faire constater la validité de la procédure commencée pour la canonisation de J.-B. de la Salle, prêtre, fondateur de la congrégation des frères des Ecoles chrétiennes, est reçu, et sera publié dans le royaume.

2. Ledit décret est reçu sans approbation des clauses, formules ou expressions qu'il renferme, et qui sont ou qui pourraient être contraires à la Charte constitutionnelle, aux lois du royaume, aux franchises, libertés et maximes de l'Eglise gallicane.

3. Ledit décret sera transcrit en latin et en français sur les registres de notre conseil d'Etat; mention de ladite transcription sera faite sur l'original par le secrétaire général du conseil.

4. Notre ministre de la justice et des cultes (M. Martin du Nord) est chargé, etc.

15 SEPTEMBRE = 24 OCTOBRE 1842. — Ordonnance du roi sur l'exploitation provisoire, au compte de l'État, des chemins de fer de Lille et de Valenciennes à la frontière de Belgique. (IX, Bull. DCCCCLII, n. 10281.)

Louis-Philippe, etc., sur le rapport de nos ministres secrétaires d'État des travaux publics, de l'intérieur et des finances; vu la loi du 15 juillet 1840, titre 5, qui affecte une somme de six millions de francs à l'établissement d'un chemin de fer de Lille à la frontière de Belgique, et une somme de quatre millions à l'établissement d'un chemin de fer de Valenciennes à la même frontière; vu les art. 25 et 26 de la susdite loi, lesdits articles ainsi conçus : « Art. 25. « Des ordonnances royales régleront les « mesures à prendre pour concilier l'ex- « ploitation des chemins de fer avec l'ap- « plication des lois et règlements sur les « douanes. Art. 26. Des ordonnances « royales régleront également le mode « d'exploitation et les tarifs qui seront « provisoirement appliqués aux chemins « exécutés par l'État; » vu le projet de tarif pour le transport des personnes, pro- posé par M. l'ingénieur en chef des che- mins de fer de Lille et de Valenciennes à la frontière de Belgique; vu le procès-verbal des délibérations de la commission mixte formée de concert par les ministres des travaux publics de France et de Belgique, à l'effet de régler, sauf l'approbation des gouvernements respectifs, les questions d'administration, de police et de douane auxquelles peut donner lieu la jonction des chemins de fer français et belges, etc.

Art. 1er. Provisoirement, les chemins de fer de Lille et de Valenciennes à la frontière de Belgique seront exploités au compte de l'État.

2. Les résolutions proposées par la commission mixte ci-dessus mentionnée seront exécutées suivant leur forme et teneur, sauf les modifications ci-après indiquées. Le procès-verbal de ces réso- lutions restera annexé à la présente or- donnance.

3. Les locomotives, waggons et voitures de toute sorte, affectés au service des deux chemins de fer, pourront franchir libre- ment la frontière, mais sous la garantie d'un acquit-à-caution descriptif des objets, et destiné à assurer éventuellement, à leur égard, sous les peines de droit, l'applica- tion des lois générales. Cet acquit-à-caution sera renouvelé tous les six mois; il ne sera délivré que sur le dépôt, par l'administra- tion du chemin de fer, d'un état détaillé, et dûment vérifié par les employés, des locomotives et voitures auxquelles il devra se rapporter.

4. Les cartes-passeports, mentionnées dans les art. 26, 27, 28, 29 et 32 des résolutions de la commission mixte, ne seront autres, en ce qui concerne la France, que des passeports à l'intérieur. Les habi- tants du département du Nord, porteurs de ces passeports, jouiront des droits et seront soumis aux conditions énoncées aux susdits articles.

5. Les convois de voyageurs circulant sur les chemins de fer de Lille et de Va- lenciennes à la frontière belge ne seront point affranchis du paiement de l'impôt établi par les lois sur le transport des per- sonnes. Cet impôt sera prélevé exclusive- ment sur la part attribuée au gouvernement français dans les produits de l'exploitation des chemins de Lille à Courtray et de Va- lenciennes à Mons, et sans que la part attribuée dans les mêmes produits au gou- vernement belge en doive éprouver aucune réduction.

6. Le tarif pour le transport des voya- geurs sur les chemins de fer de Lille et de Valenciennes à la frontière de Belgique est réglé ainsi qu'il suit, par tête et par kilo- mètre : voitures de 1re classe, 7 c.; voitures de 2e classe, 5 c.; voitures de 3e classe, 3 c. Toutefois, aucune taxe ne pourra être inférieure, pour les voitures de 1re classe, à 50 c.; pour les voitures de 2e classe, à 40 c.; pour les voitures de 3e classe, à 25 c.

7. Chaque voyageur aura droit au trans- port gratuit d'un bagage de vingt kilo- grammes; mais une taxe uniforme de vingt centimes sera perçue pour le pesage de ses effets. Au-dessus de vingt kilogrammes, le tarif du transport par kilomètre et par chaque dix kilogrammes d'excédant est ré- glé à quatre millièmes. Aucune taxe ne pourra d'ailleurs être inférieure à vingt centimes, quelle que soit la distance par- courue.

8. Toutes les autres dispositions de dé- tail relatives à l'application et à l'exécution des tarifs seront réglées par notre ministre secrétaire d'État des travaux publics.

9. Il sera ultérieurement statué par nous sur les tarifs relatifs au transport des bes- tiaux, marchandises et objets quelconques.

10. Nos ministres des travaux publics, des finances et de l'intérieur (MM. Teste, Laplagne et Duchâtel) sont chargés, etc.

L'an 1842, le 25 août, la commission mixte nommée par les gouvernements français et belge, à l'effet d'examiner les questions de douane et d'ad- ministration résultant de l'établissement des lignes de chemins de fer entre la France et la Belgique, s'est réunie à l'hôtel de la préfecture du départe- ment du Nord. Présents : MM. le vicomte de Saint- Aignan, préfet du Nord; Duverger, directeur des douanes, à Dunkerque ; Lafargue de Bellegarde, directeur des douanes, à Valenciennes ; Boquet, directeur des contributions indirectes, à Lille ; Busche, ingénieur en chef des chemins de fer, à Lille, commissaires nommés par le gouvernement français.

MM. le comte de Meulenaere, gouverneur de la Flandre occidentale ; Liedts, gouverneur du Hainaut ; Masui, directeur général de l'administration des chemins de fer ; Lejeune, inspecteur général des finances, commissaires nommés par le gouvernement belge.

Les conférences se sont ouvertes sur chacun des projets présentés par les administrations des douanes des deux pays. Après un examen approfondi de ces projets, la commission adopte les résolutions suivantes :

Question des douanes.

Art. 1er. Un service et des établissements de douane seront organisés aux points de station ci-après désignés, savoir :

En France : 1° pour le chemin de fer de Lille, à Tourcoing, Roubaix et Lille ; 2° pour le chemin de fer de Valenciennes, à Blanc-Misseron et à Valenciennes, et aux stations intermédiaires.

En Belgique : 1° pour le chemin de fer de Courtray, à Moucron et à Courtray ; 2° pour le chemin de fer de Mons à Quiévrain, à Mons et aux stations intermédiaires.

2. Les convois venant de la Belgique feront halte aux stations de Tourcoing et de Blanc-Misseron, pour continuer ensuite leur route. Ceux venant de France feront halte aux stations de Moucron et de Quiévrain.

3. Le transport des voyageurs et le transport des marchandises devront s'effectuer par des voitures distinctes. Les waggons qui renfermeront des marchandises seront retenus aux stations de Tourcoing et de Blanc-Misseron, en France, de Moucron et de Quiévrain, en Belgique, et ne pourront continuer leur route qu'après la vérification des agents de la douane.

4. De Tourcoing à Lille et de Blanc-Misseron à Valenciennes, les convois seront escortés par deux employés des douanes françaises. De Moucron à Courtray et de Quiévrain à Mons, les convois seront aussi escortés par deux employés des douanes belges. A cet effet, des places seront réservées à ces employés, de chaque côté du dernier waggon, dans la partie supérieure, et de manière à ce qu'ils puissent, d'un seul coup d'œil, embrasser le convoi dans toute son étendue. Ces employés ne monteront sur les convois qu'aux stations ci-dessus indiquées. Toutefois les deux gouvernements auront la faculté de faire escorter les convois par des préposés des douanes, de la dernière station d'un pays à la première station de l'autre.

5. Si les préposés d'escorte s'aperçoivent en route de quelque manœuvre frauduleuse flagrante, ils auront le droit de faire arrêter sur-le-champ le convoi, au moyen d'un mode de communication avec les conducteurs, qui seront tenus d'obtempérer à leur première sommation, sous peine d'être poursuivis, conformément à la loi, comme coupables d'opposition aux fonctions des employés des douanes. Le mode de communication entre les employés des douanes et les conducteurs sera déterminé par un règlement d'ordre intérieur.

6. En cas de fraude résultant de la négligence ou de la connivence des employés du chemin de fer, et constatée pendant le trajet, il sera verbalisé au préjudice de la direction du chemin de fer, qui deviendra passible des condamnations pécuniaires encourues, sauf son recours contre les auteurs du délit.

7. Les chefs et préposés des douanes, dans l'exercice de leurs fonctions, et munis de leurs commissions, seront admis gratuitement sur les waggons. Les mêmes agents pourront traverser librement le rail-way, lorsque le passage ne devra pas être formellement interdit par l'attente de l'arrivée d'un convoi.

8. Les employés des douanes auront un libre accès dans tous les bâtiments et dépendances quelconques des établissements des chemins de fer ; toutefois, en ce qui concerne les lieux servant à l'habitation personnelle, des recherches n'y pourront être effectuées qu'avec l'assistance d'un officier municipal ou du commissaire de police.

9. Aucune cache, aucun double-fond ne pourra être pratiqué à aucune des voitures quelconques employées sur les chemins de fer. Pour assurer l'effet de cette interdiction, les gens de l'art chargés de l'examen des machines, waggons et autres voitures quelconques, seront assistés d'un employé des douanes, qui signera avec eux le procès-verbal de réception.

10. Des waggons distincts seront affectés au transport des voyageurs et à celui de leurs bagages. Aucun colis, aucun paquet, ne pourra rester entre les mains des voyageurs. Les waggons de bagages seront couverts et n'auront d'autre ouverture que celles des panneaux de charge. Ils fermeront hermétiquement à clef. Les mains et tenons de ces panneaux de charge seront disposés de manière à ce qu'un cadenas puisse y être apposé. Lorsqu'un même waggon renfermera des bagages appartenant à des voyageurs ayant des destinations différentes, il devra être divisé en autant de compartiments qu'il y aura de destinations, c'est-à-dire de stations, dans les limites de l'exploitation commune, et la clôture de chacun de ces compartiments sera de même disposée de manière à recevoir un cadenas. Les waggons à compartiments suivront les voyageurs à leurs destinations.

11. Lors de l'arrivée aux stations de Tourcoing ou de Blanc-Misseron en France, et de Moucron ou de Quiévrain en Belgique, d'un convoi venant de l'étranger, le conducteur en chef devra être porteur de feuilles de chargement indiquant, pour chaque station, le nombre ainsi que l'espèce des colis ou paquets contenant les effets des voyageurs.

12. Les feuilles de chargement dont il est fait mention dans l'article précédent seront présentées au chef du service des douanes de la station de Tourcoing ou de Blanc-Misseron, pour l'entrée en France, et au chef du même service de la station de Moucron ou de Quiévrain pour l'entrée en Belgique. La feuille concernant les bagages qui devront être déchargés à l'une ou l'autre de ces stations restera entre les mains des vérificateurs préposés à la visite. Les feuilles relatives aux bagages destinés pour Lille, Valenciennes ou les stations intermédiaires, et pour Courtray et Mons et les stations intermédiaires, seront remises, après avoir été visées par le chef de la douane, aux préposés d'escorte, avec les clefs des cadenas apposés sur les waggons renfermant ces mêmes bagages.

13. Les bagages des voyageurs qui, soit aux stations de Tourcoing ou de Blanc-Misseron, soit aux stations intermédiaires en France, soit aux stations de Moucron et de Quiévrain, ou aux stations intermédiaires en Belgique, prendront place dans

ces waggons, ne pourront, sous aucun prétexte, être confondus avec ceux des voyageurs arrivant directement de Belgique ou de France réciproquement.

14. Des waggons séparés devront être réservés pour les voyageurs qui partiront d'une station intérieure, de manière à ce qu'ils ne se trouvent pas dans les mêmes waggons que les voyageurs venant de l'étranger.

15. Tout colis ou paquet qui n'aura pas été porté sur la feuille de chargement; toutes marchandises qui, ne figurant pas sur cette même feuille, seront trouvés parmi les bagages ou sur la personne des voyageurs, seront réputés introduits frauduleusement, et seront passibles de saisie, conformément à la loi.

16. Au moyen des dispositions ci-dessus, la visite des voyageurs et de leurs bagages n'aura lieu, pour les convois venant de la Belgique, qu'à la douane du lieu de leur destination, et au moment de la descente des waggons. Pour les convois venant de la France, la visite des voyageurs et de leurs bagages s'effectuera à Courtray et à Mons, ou aux stations intermédiaires, en ce qui concerne les voyageurs qui descendront à chacune de ces stations. Les bagages seront déchargés des waggons et placés dans un magasin, sous la surveillance de la douane; ils n'en sortiront qu'après la déclaration détaillée, faite individuellement par les propriétaires, visite des employés et acquittement des droits, s'il y a lieu, sur les objets qui en seront passibles.

17. Les bagages des voyageurs qui se rendront de France en Belgique ou de Belgique en France, ou d'une station française ou belge, à une autre station également française ou belge, ne pourront être placés sur les waggons qu'après avoir été vérifiés par les employés des douanes de la station où ils seront chargés.

18. Les voitures et les chevaux appartenant aux voyageurs venant de l'étranger devront être compris sur les feuilles de chargement mentionnées en l'art. 2; les formalités nécessaires pour leur admission seront remplies au bureau de destination. En ce qui concerne les voitures et les chevaux accompagnant les voyageurs allant en France et en Belgique, réciproquement, les expéditions destinées à assurer leur sortie définitive ou temporaire seront délivrées au bureau de la station où ces voitures et ces chevaux seront placés sur les waggons, et le passage effectif à l'étranger sera constaté par les employés des douanes des stations de Tourcoing et de Blanc-Misseron, pour la sortie de France, et de Moucron et de Quiévrain, pour la sortie de Belgique. Des affiches, apposées dans les bureaux des stations, indiqueront les formalités à remplir par les voyageurs pour l'introduction de certains colis, et spécialement pour l'entrée en France et en Belgique de l'argenterie.

19. Les waggons sur lesquels auront été chargées des marchandises importées de l'étranger resteront aux stations de Tourcoing et de Blanc-Misseron, pour l'entrée en France, et de Moucron ou de Quiévrain, pour l'entrée en Belgique, jusqu'à ce que les formalités et conditions déterminées par la loi aient été remplies. Les marchandises destinées pour Tourcoing et Blanc-Misseron seront, immédiatement après leur déchargement, déposées dans les hangars ou magasins de la douane, et elles ne pourront en être enlevées qu'après déclaration en détail, vérification et acquittement des droits. Les marchandises qu'on voudra diriger sur Lille et sur Valenciennes seront expédiées, sous l'accomplissement des formalités prescrites par les art. 27, 28, 29, 30 et 31 de la loi du 28 avril 1816, section des douanes; et, à leur arrivée aux stations de Lille ou de Valenciennes, elles seront pareillement déposées dans les magasins de la douane, pour y être déclarées en détail et vérifiées. Les formalités prescrites par les lois belges, en ce qui concerne les douanes, seront également accomplies aux stations de Moucron et de Courtray, de Quiévrain et de Mons, ou aux stations intermédiaires.

20. Les marchandises envoyées à l'étranger seront soumises au régime suivant, savoir : celles qui sont sujettes à des droits de sortie pourront être chargées sur les waggons à toutes les stations indistinctement, en présence des employés des douanes, et sur l'exhibition de l'acquit de paiement, sans qu'il soit nécessaire de procéder à une vérification ultérieure. Les marchandises de prime et de transit à la sortie seront reconnues, et les formalités légales pour constater leur passage à l'étranger seront accomplies au bureau placé près de la station la plus rapprochée de l'étranger, à moins qu'il ne soit fait usage de la faculté stipulée en l'art. 4 ci-dessus.

21. Les marchandises qui seront transportées d'une station à une autre, dans le rayon des douanes, ne pourront, dans aucun cas, être confondues avec les marchandises d'importation ou d'exportation; elles ne seront chargées sur les waggons qu'en présence des préposés des douanes, et elles devront, sous les peines de droit, être accompagnées d'expéditions de douane délivrées au bureau de douane le plus voisin du lieu d'enlèvement.

22. La vérification, le chargement et le déchargement des marchandises n'auront lieu que pendant les heures légales de l'ouverture des bureaux, telles qu'elles sont fixées par les lois françaises et belges.

23. Dans le cas où l'administration des chemins de fer se chargerait de déclarations en douane, elle sera civilement responsable des contraventions résultant de déclarations frustratoires ou inexactes remises par les agents, ainsi que des faits de fraude ou d'opposition dont ils se rendraient personnellement coupables. Ces fraudes et contraventions seront constatées et poursuivies conformément à la législation en vigueur.

La commission s'est ensuite occupée des questions de police générale auxquelles donne lieu l'établissement des chemins de fer. Elle adopte les résolutions suivantes :

Police générale.

24. La circulation de toute personne étrangère au service mixte est interdite sur les chemins de fer, sauf autorisation spéciale.

25. Les habitants du département du Nord, et ceux des provinces limitrophes belges, sont dispensés de l'obligation de se munir de passeports à l'étranger pour voyager par les chemins de fer des deux pays, et dans les limites de ces départements et provinces.

26. Il sera délivré, aux habitants de ces localités, des cartes-passeports pour voyager par les chemins de fer seulement.

27. Ces cartes contiendront, outre les noms, prénoms et signalement du porteur, l'indication du lieu de son domicile et du département ou de la province auquel il appartient, afin que les deux gouvernements soient assurés qu'il n'en est délivré

qu'aux personnes appelées à jouir de l'exception établie par l'art 25.

28. Le prix des cartes-passeports, assimilées aux passeports à l'intérieur, est fixé à deux francs.

29. Tout voyageur qui se servira d'une carte-passeport appartenant à une autre personne, ou qui aura été falsifiée, sera poursuivi comme ayant fait usage d'un titre faux.

30. Les habitants des autres parties de la France et de la Belgique seront astreints, pour voyager réciproquement dans l'un et dans l'autre pays, à se munir de passeports à l'étranger, mais ces passeports ne seront pas soumis à l'échange, conformément aux conventions préexistantes.

31. Les voyageurs des autres nations continueront à être soumis à l'échange de leurs passeports nationaux contre des passes provisoires.

32. Il sera établi, dans les diverses stations frontières, des commissaires spéciaux ou agents de police ou de la force publique, chargés de la vérification des passeports et des cartes-passeports dont les voyageurs devront être munis. Ces commissaires spéciaux seront assistés du nombre d'agents suffisants pour accélérer, autant que possible et en ce qui concerne l'administration, la marche des convois.

33. La vérification, au lieu des stations, se fera en même temps que les agents de l'administration des douanes visiteront les bagages et les voyageurs.

34. Il sera défendu aux conducteurs des wagons de laisser descendre aucun voyageur hors des lieux de station.

35. Aussitôt l'arrivée des convois aux stations, les voyageurs devront exhiber au commissaire spécial de police leurs titres de voyage. Tout voyageur qui se refuserait à cette injonction, ou qui ne serait pas porteur de papiers valables, ne pourra continuer sa route, et il sera, selon les cas, mis à la disposition des autorités administratives ou remis à la gendarmerie pour être conduit devant M. le procureur du roi.

36. Un état des individus bannis ou expulsés de France ou de Belgique sera remis aux commissaires spéciaux de police de chacune des deux nations, pour être repoussés, dans le cas où ils chercheraient à pénétrer, par la ligne des chemins de fer, dans le pays dont l'entrée leur serait interdite.

37. Aucun convoi ne pourra franchir la frontière, en hiver, après huit heures, et, en été, après neuf heures et demie du soir.

La commission s'occupe ensuite des mesures à prendre pour l'exploitation commune des chemins de fer entre la France et la Belgique; elle adopte, à cet effet, les résolutions suivantes :

Service définitif.

38. Le chemin de fer de Lille à Courtray, et celui de Valenciennes à Mons, seront exploités en commun par les administrations française et belge.

39. Le nombre des convois et les heures de départ seront déterminés par des décisions spéciales concertées entre les deux administrations.

40. Les gouvernements français et belge arrêteront leurs tarifs respectifs. En conséquence, en France, on ajoutera au tarif français, pour le parcours sur le territoire français, le tarif belge pour le parcours sur le territoire belge, et réciproquement.

41. Les convois français ne pourront exploiter les stations belges, et les convois belges ne pourront exploiter les stations françaises, qu'autant qu'ils parcourront la distance entière comprise entre Lille et Courtray, ou entre Valenciennes et Mons.

42. Chacun des deux gouvernements fera opérer les recettes sur son territoire, suivant le mode qui lui conviendra le mieux ; seulement, dans chaque bureau de recette, les registres seront tenus par destination, c'est-à-dire qu'il y aura des comptes spéciaux ouverts pour chaque station française ou belge.

43. Le contrôle des recettes s'établira au moyen des coupons des voyageurs retirés par les gardes, et, pour les marchandises, au moyen des reçus donnés par les destinataires. Les deux administrations dresseront et se communiqueront réciproquement les décomptes mensuels, dont la vérification pourra être faite dans les bureaux respectifs par les contrôleurs des deux services.

44. Le partage des recettes se fera, entre les deux États, de la manière suivante : à la fin de chaque mois, on fera le relevé des recettes, entre chaque station française et chaque station belge, pour le parcours entre Valenciennes et Mons et entre Lille et Courtray. La moitié de cette recette sera partagée par parties égales entre les deux gouvernements, pour les indemniser des frais d'exploitation ; la seconde moitié sera partagée proportionnellement aux distances parcourues sur leurs territoires respectifs, sans fraction de kilomètre.

45. Les convois de chaque nation pourront apporter sur le territoire de l'autre la quantité de coke formant l'approvisionnement ordinaire des tenders. Ils pourront renouveler cet approvisionnement dans les magasins des stations où ils s'arrêteront. Le coke sera délivré au machiniste par le chef de station, sur un bon signé par le machiniste. L'usage des réservoirs, pour renouveler l'approvisionnement d'eau, sera commun aux convois des deux pays.

46. Les machinistes, les chefs, gardes des convois, et en général tous les agents de l'exploitation, se conformeront exactement aux mesures d'ordre et de police arrêtées par le gouvernement sur le territoire duquel ils se trouveront. En cas de contravention, il en sera référé à leurs chefs pour qu'ils soient punis, sans préjudice des poursuites judiciaires auxquelles ils pourront être exposés si, par leur insubordination ou leur négligence, ils ont occasionné quelque accident.

47. Lorsque le matériel de l'un des deux gouvernements sera dans le cas de subir quelque réparation sur le territoire de l'autre, il sera tenu, par le chef de station, un compte exact des fournitures et main-d'œuvre que cette réparation exigera. Ce compte, visé par les ingénieurs des deux pays, sera dressé en deux expéditions, dont une pour chaque service.

48. Les dépenses qui auront été faites, soit en réparations de matériel, soit en fourniture de coke, seront justifiées par pièces comptables ; et, après avoir été débattues et arrêtées contradictoirement par les administrations intéressées, elles seront soldées, à la fin de chaque trimestre, par l'administration qui sera reconnue débitrice envers l'autre.

Service provisoire.

49. En attendant que le matériel français soit complet, un service provisoire sera organisé sur les deux chemins de fer de Roubaix à Courtray et de Saint-Saulve à Mons. Ce service se fera de la manière suivante.

50. Le service de locomotion et des recettes sera

opéré dans les stations françaises par les agents de l'administration belge ; mais tout le reste du personnel des stations et de la ligne sera nommé par l'administration française et placé sous sa direction.

51. Les convois viendront jusqu'aux stations de Roubaix et de Saint-Saulve. Le gouvernement belge paiera au gouvernement français, à titre de location de la voie, et comme indemnité des frais d'entretien et de police, le tiers des recettes effectuées pour le parcours sur le territoire français, conformément au tarif arrêté par l'administration française.

52. Lorsque les locomotives françaises seront en état de faire le service, elles seront admises à remorquer les convois, et, dans ce cas, le gouvernement belge paiera au gouvernement français, en sus de ce qui a été indiqué à l'article précédent, un franc par convoi et par chaque kilomètre parcouru, y compris les frais de personnel et objets de consommation.

53. Les agents belges qui seront placés provisoirement dans les bureaux français ne pourront être contrôlés dans leurs opérations que par l'administration belge ; mais ils n'exerceront aucune autorité hors de leur service : la police du chemin de fer et des stations appartiendra entièrement à l'administration française. Les agents belges détermineront le nombre des voyageurs qui pourront être admis dans chaque convoi, et vérifieront les coupons ; les agents français leur prêteront assistance pour faire placer les voyageurs dans les voitures, et pour en exclure ceux qui n'auront pas le droit d'y être admis.

54. Lorsqu'une locomotive française remorquera un convoi belge, le machiniste français devra se soumettre à toutes les conditions du règlement des chemins de fer de Belgique concernant le service des machinistes.

55. Les convois français et les convois belges exploitant provisoirement ou définitivement les chemins de fer de Lille à Courtray et de Valenciennes à Mons seront affranchis du paiement des droits du dixième établis, par la loi du 2 juillet 1838, sur le prix des places et sur le prix de transport des marchandises. Fait et arrêté ce présent procès-verbal, en l'hôtel de la préfecture, à Lille, le 26 août 1842, et ont, les commissaires prénommés, signé sur double minute. Les commissaires français, *Signé* : DE SAINT-AIGNAN, DUVERGER, LAFARGUE DE BELLEGARDE, BOQUET et BUSCHE. Les commissaires belges, *Signé* : COMTE DE MEULENAERE, LIEDTS, MASUI et LEJEUNE.

---

2 = 24 OCTOBRE 1842. — Ordonnance du roi qui ouvre, sur l'exercice 1842, un crédit extraordinaire applicable aux frais de la translation, dans le palais du quai d'Orsay, des objets mobiliers et des archives de la Cour des comptes. (IX, Bull. DCCCCLII, n. 10282.)

Louis-Philippe, etc., vu, 1° la loi du 25 juin 1841, portant fixation du budget des dépenses de l'exercice 1842 ; 2° les art. 4 et 6 de la loi du 24 avril 1833, et l'art. 12 de celle du 23 mai 1834 ; 3° les art. 26, 27 et 28 de notre ordonnance du 31 mai 1838, portant règlement général sur la comptabilité publique ; sur le rapport de notre ministre secrétaire d'Etat des finances, et

de l'avis de notre conseil des ministres, etc.

Art. 1er. Il est ouvert à notre ministre secrétaire d'Etat des finances, sur l'exercice 1842, un crédit extraordinaire de la somme de treize mille cinq cents francs (13,500 f.), applicable aux frais de la translation, dans le palais du quai d'Orsay, des objets mobiliers et des archives de la Cour des comptes.

2. La régularisation de ce crédit sera proposée aux Chambres lors de leur prochaine réunion.

3. Notre ministre des finances (M. Laplagne) est chargé, etc.

---

5 = 24 OCTOBRE 1842. — Ordonnance du roi qui accorde une prime pour l'arrestation des individus qui se livreront à la fabrication illicite des poudres à feu, qui en vendront en fraude à leur domicile ou qui en colporteront. (IX, Bull. DCCCCLII, n. 10283.)

Louis-Philippe, etc., vu l'art. 25 de la loi du 25 juin 1841, portant que les dispositions des art. 222, 223, 224 et 225 de la loi du 28 avril 1816 sont applicables à la fabrication illicite, au colportage et à la vente des poudres à feu sans permission ; vu les articles précités de la loi de 1816, qui autorisent divers agents et employés à arrêter et constituer prisonniers les individus prévenus de certaines contraventions ; vu l'ordonnance du 17 novembre 1819, par laquelle il est accordé une prime d'arrestation pour des cas déterminés ; voulant généraliser cette mesure ; sur le rapport de notre ministre secrétaire d'Etat des finances, etc.

Art. 1er. Les préposés dénommés dans l'art. 223 de la loi du 28 avril 1816, ou toutes autres personnes qui arrêteront ou concourront à faire arrêter les individus qui se livreront à la fabrication illicite des poudres à feu, qui en vendront en fraude à leur domicile ou qui en colporteront, qu'ils soient ou non surpris à vendre, recevront, comme dans les cas prévus par les art. 27 et 29 de la loi du 13 fructidor an 5, une prime de quinze francs par chaque individu arrêté, quel que soit le nombre des saisissants.

2. Notre ministre des finances (M. Laplagne) est chargé, etc.

---

22 = 25 OCTOBRE 1842. — Ordonnance du roi qui autorise la compagnie du chemin de fer de Paris à Orléans à contracter l'emprunt nécessaire pour réaliser une somme effective de dix millions. (IX, Bull. DCCCCLIII, n. 10288.)

Louis-Philippe, etc., vu l'art. 2 de la loi du 15 juillet 1840, relative au chemin de fer de Paris à Orléans, lequel article porte, au deuxième paragraphe, que si, dans l'in-

suffisance du fonds social pour achever les travaux et mettre l'entreprise en exploitation, la compagnie contractait un emprunt, les intérêts de cet emprunt et son amortissement annuel, dont le taux devra être agréé par le gouvernement, seront prélevés sur le produit brut du chemin ; et au troisième paragraphe, qu'en aucun cas l'annuité à payer par le gouvernement ne pourra dépasser l'intérêt à quatre pour cent de quarante millions (soit un million six cent mille francs) ; vu l'extrait du procès-verbal de la séance des actionnaires, réunis en assemblée générale le 6 octobre courant, et duquel il résulte que le conseil d'administration de la compagnie a été investi de pleins pouvoirs à l'effet de contracter, au nom de ladite compagnie, l'emprunt nécessaire pour réaliser une somme effective de dix millions ; vu la demande formée, à la date du 13 de ce mois, par le conseil d'administration, et dans laquelle sont spécifiées les conditions de cet emprunt ainsi qu'il suit, savoir : « 1° pour valeur de l'em-
« prunt de dix millions, les souscripteurs re-
« cevront huit mille huit cent quatre-vingt-
« huit obligations de mille deux cent cin-
« quante francs chacune, portant intérêt
« à quatre pour cent par an, à dater du
« 1er juillet 1842, soit un intérêt de cin-
« quante francs payable par semestres, les
« 1er janvier et 1er juillet de chaque an-
« née ; 2° les obligations seront remises
« aux souscripteurs contre le versement de
« mille cent vingt-cinq francs, réalisable
« dans la caisse de la compagnie, savoir :
« trois cent trente-sept francs cinquante
« centimes le 1er novembre prochain ; trois
« cent trente-sept francs cinquante cen-
« times le 1er janvier 1843, et quatre cent
« cinquante francs le 1er avril suivant ; 3°
« l'amortissement desdites obligations sera
« effectué par voie de tirage au sort et de
« remboursement, dans la période de qua-
« rante-six ans et trois cent-vingt quatre
« jours, déterminée par l'art. 1er de la loi
« du 15 juillet 1840 pour la garantie d'in-
« térêt concédée par l'Etat ; » sur le rapport de nos ministres secrétaires d'Etat des travaux publics et des finances etc.

Art. 1er. La compagnie du chemin de fer de Paris à Orléans est autorisée à contracter l'emprunt nécessaire pour réaliser une somme effective de dix millions (10,000,000 fr.) aux conditions ci-dessus exprimées.

Nos ministres des travaux publics et des finances (MM. Teste et Laplagne) sont chargés, etc.

9 = 31 OCTOBRE 1842. — Ordonnance du roi qui ouvre au ministre de l'intérieur un crédit supplémentaire sur l'exercice 1842. (IX, Bull. DCCCCLIV, n. 10290.)

Louis-Philippe, etc., sur le rapport de notre ministre secrétaire d'Etat au département de l'intérieur, et de l'avis de notre conseil des ministres ; vu les art. 3 et 4 de la loi du 24 avril 1833 ; vu la loi du 25 juin 1841, portant fixation du budget des dépenses de l'exercice 1842, et contenant, art. 5, la nomenclature des dépenses pour lesquelles la faculté nous est réservée d'ouvrir, en l'absence des Chambres, des crédits supplémentaires pour le cas d'insuffisance, dûment justifiée, des crédits législatifs ; vu les art. 20, 21, 22, 23 et 25 de notre ordonnance du 31 mai 1838, portant règlement général sur la comptabilité publique, etc.

Art. 1er. Il est ouvert à notre ministre secrétaire d'Etat de l'intérieur, sur l'exercice 1842, un crédit supplémentaire de un million cinq cent mille francs (1,500,000 f.), applicable aux chapitres et articles ci-après, savoir :

Chap. 29. Art. 1er. Dépenses ordinaires des maisons centrales de force et de correction, 600,000 fr. 2. Dépenses des enfants jugés par application de l'art. 66 du Code pénal, et retenus pour plus d'un an, 500,000 fr. 3. Indemnités aux départements pour frais d'entretien de condamnés destinés à subir leur peine au bagne ou dans les maisons centrales de force et de correction, 400,000 fr. Total égal, 1,500,000 fr.

2. La régularisation de ce crédit sera proposée aux Chambres lors de leur prochaine réunion.

3. Nos ministres de l'intérieur et des finances (MM. Duchâtel et Laplagne) sont chargés, etc.

24 = 31 OCTOBRE 1842. — Ordonnance du roi qui fixe au 2 novembre prochain l'ouverture de la session du conseil général du département de la Seine, et au 20 novembre celle de la seconde partie de la session des conseils d'arrondissement du même département. (IX, Bull. DCCCCLIV, n. 10292.)

Louis-Philippe, etc., sur le rapport de notre ministre secrétaire d'Etat au département de l'intérieur ; vu les lois du 22 juin 1833, du 20 avril 1834 et du 10 mai 1838 ; vu notre ordonnance du 18 août dernier qui a fixé au 30 octobre présent mois l'ouverture de la session du conseil général du département de la Seine, et au 18 novembre celle de la seconde partie de la session des conseils d'arrondissement, etc.

Art. 1er. La session du conseil général de la Seine, pour 1842, s'ouvrira le 2 novembre prochain et sera close le 16 du même mois.

2. La seconde partie de la session des conseils d'arrondissement de la Seine aura lieu du 20 au 24 novembre prochain.

3. Notre ministre de l'intérieur (**M. Duchâtel**) est chargé, etc.

---

28 OCTOBRE = 1er NOVEMBRE 1842. — Ordonnance du roi portant prorogation des chambres temporaires des tribunaux de première instance de Saint-Girons et de Saint-Gaudens. (IX, Bull. DCCCCLV, n. 10295.)

Louis-Philippe, etc., sur le rapport de notre garde des sceaux, ministre secrétaire d'Etat au département de la justice et des cultes; vu, 1° l'art. 39 de la loi du 20 avril 1810; 2° l'ordonnance du 22 juillet 1836, portant création d'une chambre temporaire dans chacun des tribunaux de Saint-Girons (Ariége), et de Saint-Gaudens (Haute-Garonne); 3° les ordonnances des 13 octobre 1837, 21 octobre 1838, 29 octobre 1839, 2 novembre 1840 et 4 novembre 1841, qui ont successivement prorogé ces chambres jusqu'à ce jour; considérant que l'intérêt des justiciables exige une nouvelle prorogation; notre conseil d'Etat entendu, etc.

Art. 1er. Les chambres temporaires créées par l'ordonnance du 22 juillet 1836 dans les tribunaux de première instance de Saint-Girons et de Saint-Gaudens, et successivement prorogées jusqu'à ce jour, continueront de remplir leurs fonctions pendant une année; à l'expiration de ce temps, elles cesseront de plein droit, s'il n'en a été par nous autrement ordonné.

2. Notre ministre de la justice et des cultes (**M. Martin du Nord**) est chargé, etc.

---

13 OCTOBRE = 11 NOVEMBRE 1842. — Ordonnance du roi portant autorisation de la caisse d'épargne établie à Marmande (Lot-et-Garonne). (IX, Bull. supp. DCXXVI, n. 16988.)

Louis-Philippe, etc., sur le rapport de notre ministre secrétaire d'Etat de l'agriculture et du commerce; vu la délibération du conseil municipal de Marmande, en date du 23 juin 1842; vu les lois des 5 juin 1835 et 31 mars 1837, relatives aux caisses d'épargne; le comité des travaux publics, de l'agriculture et du commerce de notre conseil d'Etat entendu, etc.

Art. 1er. La caisse d'épargne établie à Marmande (Lot-et-Garonne) est autorisée. Sont approuvés les statuts de ladite caisse tels qu'ils sont contenus dans la délibération du conseil municipal de Marmande du 23 juin 1842, dont une expédition conforme sera déposée aux archives du ministère de l'agriculture et du commerce.

2. Nous nous réservons de révoquer notre autorisation, en cas de violation ou de non exécution des statuts approuvés, sans préjudice des droits des tiers.

3. La caisse sera tenue de remettre, au commencement de chaque année, au ministère de l'agriculture et du commerce, et au préfet du département de Lot-et-Garonne, un extrait de son état de situation, arrêté au 31 décembre précédent.

4. Notre ministre de l'agriculture et du commerce (**M. Cunin-Gridaine**) est chargé, etc.

---

13 OCTOBRE = 11 NOVEMBRE 1842. — Ordonnance du roi portant approbation des nouveaux statuts de la caisse d'épargne de Bagnères (Hautes-Pyrénées). (IX, Bull. supp. DCXXVI, n. 16989.)

Louis-Philippe, etc., sur le rapport de notre ministre secrétaire d'Etat de l'agriculture et du commerce; vu notre ordonnance en date du 2 juillet 1836, portant autorisation de la caisse d'épargne de Bagnères, et approbation de ses statuts; vu les nouveaux statuts proposés à notre approbation; vu les lois des 5 juin 1835 et 31 mars 1837, relatives aux caisses d'épargne; le comité des travaux publics, de l'agriculture et du commerce de notre conseil d'Etat entendu, etc.

Art. 1er. Les nouveaux statuts de la caisse d'épargne de Bagnères (Hautes-Pyrénées) sont approuvés tels qu'ils sont contenus dans la délibération du conseil municipal de cette ville en date du 14 février 1842, dont une expédition conforme restera déposée aux archives du ministère de l'agriculture et du commerce.

2. Notre ministre de l'agriculture et du commerce (**M. Cunin-Gridaine**) est chargé, etc.

---

13 OCTOBRE = 14 NOVEMBRE 1842. — Ordonnance du roi portant autorisation de la caisse d'épargne de Guéret (Creuse). (IX, Bull. supp. DCXXVI, n. 16990.)

Louis-Philippe, etc., sur le rapport de notre ministre secrétaire d'Etat de l'agriculture et du commerce; vu les délibérations du conseil municipal de Guéret, en date des 11 mai et 22 juin 1842; vu les lois des 5 juin 1835 et 31 mars 1837, relatives aux caisses d'épargne; le comité des travaux publics, de l'agriculture et du commerce de notre conseil d'Etat entendu, etc.

Art. 1er. La caisse d'épargne de Guéret (Creuse) est autorisée. Sont approuvés les statuts de ladite caisse tels qu'ils sont contenus dans la délibération du conseil municipal de Guéret en date du 22 juin 1842, dont une expédition conforme restera dé posée aux archives du ministère de l'agriculture et du commerce.

2. Nous nous réservons de révoquer notre autorisation , en cas de violation ou de non exécution des statuts approuvés , sans préjudice des droits des tiers.

3. La caisse sera tenue de remettre , au commencement de chaque année , au ministère de l'agriculture et du commerce, et au préfet du département de la Creuse , un extrait de son état de situation , arrêté au 31 décembre précédent.

4. Notre ministre de l'agriculture et du commerce (M. Cunin-Gridaine) est chargé , etc.

13 octobre == 11 novembre 1842. — Ordonnance du roi portant autorisation de la caisse d'épargne établie à Montbrison (Loire). (IX , Bull. supp. DCXXVI, n. 16991.)

Louis-Philippe, etc. , sur le rapport de notre ministre secrétaire d'État de l'agriculture et du commerce; vu les délibérations du conseil municipal de Montbrison (Loire) en date des 9 mai et 11 juillet 1842; vu les lois des 5 juin 1835 et 31 mars 1837, relatives aux caisses d'épargne ; le comité des travaux publics, de l'agriculture et du commerce de notre conseil d'État entendu, etc.

Art. 1er. La caisse d'épargne établie à Montbrison (Loire) est autorisée. Sont approuvés les statuts de ladite caisse, tels qu'ils sont contenus dans la délibération du conseil municipal du 11 juillet 1842, dont une expédition conforme restera déposée aux archives du ministère de l'agriculture et du commerce.

2. Nous nous réservons de révoquer notre autorisation , en cas de violation ou de non exécution des statuts approuvés , sans préjudice des droits des tiers.

3. La caisse sera tenue de remettre , au commencement de chaque année , au ministère de l'agriculture et du commerce , et au préfet du département de la Loire , un extrait de son état de situation , arrêté au 31 décembre précédent.

4. Notre ministre de l'agriculture et du commerce (M. Cunin-Gridaine) est chargé , etc.

13 octobre == 11 novembre 1842. — Ordonnance du roi portant autorisation de la caisse d'épargne établie à Digne (Basses-Alpes). (IX , Bull. supp. DCXXVI, n. 16992.)

Louis-Philippe, etc. , sur le rapport de notre ministre secrétaire d'État de l'agriculture et du commerce ; vu les délibérations du conseil municipal de Digne, en date des 10 février et 1er juillet 1842 ; vu les lois des 5 juin 1835 et 31 mars 1837,

relatives aux caisses d'épargne ; le comité des travaux publics , de l'agriculture et du commerce de notre conseil d'État entendu , etc.

Art. 1er. La caisse d'épargne établie à Digne (Basses-Alpes) est autorisée. Sont approuvés les statuts de ladite caisse, tels qu'ils sont contenus dans la délibération du conseil municipal de Digne du 1er juillet 1842 , dont une expédition conforme restera déposée aux archives du ministère de l'agriculture et du commerce.

2. Nous nous réservons de révoquer notre autorisation, en cas de violation ou de non exécution des statuts approuvés , sans préjudice des droits des tiers.

3. La caisse sera tenue de remettre, au commencement de chaque année, au ministère de l'agriculture et du commerce , et au préfet du département des Basses-Alpes , un extrait de son état de situation , arrêté au 31 décembre précédent.

4. Notre ministre de l'agriculture et du commerce (M. Cunin-Gridaine), est chargé , etc.

13 octobre == 11 novembre 1842. — Ordonnance du roi portant autorisation de la caisse d'épargne établie à Roubaix (Nord). (IX , Bull. supp. DCXXVI, n. 16993.)

Louis-Philippe, etc., sur le rapport de notre ministre secrétaire d'État de l'agriculture et du commerce ; vu les délibérations du conseil municipal de Roubaix, en date des 10 septembre 1841 et 20 mai 1842 ; vu les lois des 5 juin 1835 et 31 mars 1837, relatives aux caisses d'épargne ; le comité des travaux publics , de l'agriculture et du commerce de notre conseil d'État entendu , etc.

Art. 1er. La caisse d'épargne établie à Roubaix (Nord) est autorisée. Sont approuvés les statuts de ladite caisse, tels qu'ils sont contenus dans la délibération du conseil municipal de Roubaix du 20 mai 1842, dont une expédition conforme restera déposée aux archives du ministère de l'agriculture et du commerce.

2. Nous nous réservons de révoquer notre autorisation , en cas de violation ou de non exécution des statuts approuvés , sans préjudice des droits des tiers.

3. La caisse sera tenue de remettre, au commencement de chaque année , au ministère de l'agriculture et du commerce, et au préfet du département du Nord , un extrait de son état de situation , arrêté au 31 décembre précédent.

4. Notre ministre de l'agriculture et du commerce (M. Cunin-Gridaine) est chargé , etc.

7 septembre = 12 novembre 1842. — Ordonnance du roi qui détermine les formes dans lesquelles il sera procédé à une enquête préalable, lorsqu'une loi spéciale pour le classement ou l'exécution d'une route départementale sera réclamée par un département. (IX, Bull. DCCCCLVI, n. 10296.)

Louis-Philippe, etc., sur le rapport de notre ministre secrétaire d'Etat au département des travaux publics; vu l'art. 1er de la loi du 25 juin 1841, ainsi conçu : « Lors-« qu'une route intéressant deux ou plusieurs « départements a été classée et est en voie « d'exécution sur un ou plusieurs d'entre eux, « et qu'un département sur lequel cette route « doit s'étendre refuse de classer ou d'exé-« cuter la portion de route qui doit traverser « son territoire, le classement ou l'exécution « peut être ordonné par une loi, qui sera « précédée d'une enquête, dont les formes « seront déterminées par un règlement « d'administration publique »; vu l'ordonnance réglementaire du 18 février 1834; notre conseil d'Etat entendu, etc.

Art. 1er. Lorsqu'en vertu de la loi du 25 juin 1841, une loi spéciale pour le classement ou l'exécution d'une route départementale sera réclamée par un département, il sera procédé à une enquête préalable dans les formes ci-après déterminées.

2. Un ingénieur sera spécialement désigné par le ministre des travaux publics pour faire dresser, avec le concours des ingénieurs des départements intéressés, 1° un plan général qui comprendra le développement entier de la route ainsi que les communications diverses auxquelles elle se rattache; 2° un profil général en longueur; 3° un certain nombre de profils transversaux; 4° une évaluation des dépenses de premier établissement de la route et de ses frais d'entretien.

3. A ces pièces seront annexés le rapport des ingénieurs, l'avis des préfets, les délibérations des conseils généraux dans lesquels le classement ou l'exécution d'office de la route auront été provoqués ou combattus.

4. Les frais des opérations auxquelles donnera lieu l'application des articles précédents resteront à la charge des départements qui auront provoqué le classement ou l'exécution de la route.

5. Les pièces seront déposées pendant un mois au moins et deux mois au plus au secrétariat général des préfectures de tous les départements traversés par la route. Des registres, destinés à recevoir les observations auxquelles pourra donner lieu le classement ou l'exécution d'office, y resteront ouverts pendant le même temps. La durée du dépôt des pièces et de l'ouverture des registres sera déterminée par le ministre des travaux publics : cette durée ainsi que l'objet de l'enquête seront annoncés par des affiches.

6. Il sera formé une commission dans laquelle chaque département intéressé sera représenté par deux membres que choisira le préfet, et qui se composera, en outre, de deux membres nommés par le ministre des travaux publics. Le ministre désignera le président; la commission élira elle-même son secrétaire.

7. Après la clôture des registres d'enquête, la commission se réunira aux lieux et jour fixés par le ministre des travaux publics. Elle appellera toutes les personnes qu'elle jugera utile d'entendre. Elle exprimera son opinion sur les avantages communs à plusieurs départements, sur l'intérêt spécial des départements traversés et sur la répartition de la dépense, tant du premier établissement que des frais d'entretien de la route. La délibération, pour être valable, devra être prise en la présence de cinq membres au moins.

8. Dès que la délibération sera close, le président de la commission adressera les pièces de l'enquête au ministre des travaux publics. Le ministre donnera communication de ces pièces aux préfets des départements traversés, pour avoir leur avis et celui des ingénieurs en chef.

9. Les chambres de commerce des départements traversés, ou, à leur défaut, les chambres consultatives des arts et manufactures, seront également consultées.

10. Toutes les pièces seront soumises à l'examen du conseil général des ponts et chaussées.

11. Après l'accomplissement de ces diverses formalités, les pièces seront transmises au ministre de l'intérieur pour avoir son avis sur le projet de loi, notamment sur la répartition de la dépense entre les divers départements, et sur les moyens de subvenir à cette dépense.

12. Nos ministres des travaux publics et de l'intérieur (MM. Teste et Duchâtel) sont chargés, etc.

15 septembre = 12 novembre 1842. — Ordonnance du roi qui ouvre, sur l'exercice 1842, un crédit extraordinaire pour les frais d'exploitation des chemins de fer de Lille et de Valenciennes à la frontière de Belgique. (IX, Bull. DCCCCLVI, n. 10297.)

Louis-Philippe, etc., sur le rapport de notre ministre secrétaire d'Etat des travaux publics; vu la loi du 15 juillet 1840, titre 5, qui affecte une somme de six millions à l'établissement d'un chemin de fer de Lille à la frontière de Belgique, et une somme de quatre millions à l'établissement d'un chemin de fer de Valenciennes à la même frontière : vu l'art. 26 de la susdite loi, lequel est ainsi conçu : « Des ordonnances « royales régleront également le mode d'ex-« ploitation et les tarifs qui seront provisoi-« rement appliqués aux chemins exécutés « sur les fonds de l'Etat » ; vu notre ordonnance en date de ce jour portant que l'exploitation des chemins de fer de Lille et de Valenciennes à la frontière de Belgique aura lieu provisoirement au compte de l'Etat ; considérant qu'il n'a été alloué au budget de 1842 aucuns fonds pour ce service, qui ne pouvait d'ailleurs être prévu à l'époque de la fixation dudit budget ; considérant dès lors qu'il importe d'y pourvoir par voie de crédit extraordinaire et d'urgence ; vu les art. 26, 27 et 28 de notre ordonnance du 31 mai 1838, portant règlement général sur la comptabilité publique ; sur le rapport de notre ministre secrétaire d'Etat des travaux publics, et de l'avis de notre conseil des ministres, etc.

Art. 1ᵉʳ. Il est ouvert à notre ministre secrétaire d'Etat des travaux publics, sur l'exercice 1842, pour subvenir aux frais d'exploitation des chemins de fer de Lille et de Valenciennes à la frontière de Belgique, un crédit extraordinaire de cinquante-sept mille sept cent quarante francs (57,740 fr.) Ce crédit formera, dans la première section du budget et sous le n. 14 bis, un chapitre particulier, dénommé ainsi qu'il suit : chap. 14 bis. *Exploitation des chemins de fer exécutés sur les fonds de l'Etat.*

2. La régularisation de ce crédit extraordinaire sera proposée aux Chambres lors de leur prochaine réunion.

3. Nos ministres des travaux publics et des finances (MM. Teste et Laplagne) sont chargés, etc.

---

17 septembre = 12 novembre 1842. — Ordonnance du roi qui ouvre au ministre des travaux publics un crédit supplémentaire pour des créances constatées sur des exercices clos. (IX, Bull. DCCCCLVI, n. 10298.)

Louis-Philippe, etc., vu l'état des créances liquidées à la charge du département des travaux publics, additionnellement aux restes à payer constatés par les comptes définitifs des exercices clos de 1838, 1839 et 1840 ; considérant que ces créances concernent des services non compris dans la nomenclature de ceux pour lesquels les lois de dépense des mêmes exercices ont donné la faculté d'ouvrir des suppléments de crédits ; considérant toutefois qu'aux termes de l'art. 9 de la loi du 23 mai 1834 et de l'art. 108 de notre ordonnance du 31 mai 1838, portant règlement général sur la

comptabilité publique, lesdites créances peuvent être acquittées, attendu qu'elles se rapportent à des services prévus par les budgets des exercices 1838, 1839 et 1840, et que leur montant n'excède pas les restants de crédit dont l'annulation a été ou sera prononcée sur ces services par les lois de règlement desdits exercices ; sur le rapport de notre ministre secrétaire d'Etat des travaux publics, et de l'avis de notre conseil des ministres, etc.

Art. 1ᵉʳ. Il est ouvert à notre ministre secrétaire d'Etat des travaux publics, en augmentation des restes à payer constatés par les lois de règlement des exercices 1838 et 1839 et par le compte définitif des dépenses de l'exercice 1840, un crédit supplémentaire de deux mille sept francs neuf centimes (2,007 fr. 9 c.), montant des créances désignées au tableau ci-annexé, qui ont été liquidées à la charge de ces exercices, et dont les états nominatifs seront adressés en double expédition au ministre secrétaire d'Etat des finances, conformément à l'art. 106 de notre ordonnance précitée du 31 mai 1838, savoir : exercices 1838, 129 fr. 29 c. ; 1839, 902 fr. 8 c. ; 1840, 975 fr. 72 c. Total, 2,007 fr. 9 c.

2. Notre ministre secrétaire d'Etat des travaux publics est en conséquence autorisé à ordonnancer ces créances sur le chapitre spécial ouvert pour les dépenses des exercices clos aux budgets des exercices courants, en exécution de l'art. 8 de la loi du 23 mai 1834.

3. La régularisation de ce crédit sera proposée aux Chambres lors de leur prochaine session.

4. Nos ministres des travaux publics et des finances (MM. Teste et Laplagne) sont chargés, etc.

(Suit le tableau.)

---

28 septembre = 12 novembre 1842. — Ordonnance du roi qui ouvre, sur l'exercice 1842, un crédit extraordinaire applicable aux travaux de reconstruction et d'appropriation des bâtiments des bureaux du ministère de la guerre. (IX, Bull. DCCCCLVI, n. 10299.)

Louis-Philippe, etc., vu l'art. 12 de la loi du 23 mai 1834 ; vu les art. 26, 27 et 28 de notre ordonnance du 31 mai 1838, portant règlement général sur la comptabilité publique ; vu les plans et devis des travaux à exécuter pour l'achèvement des bureaux du ministère de la guerre, lesquels devis s'élèvent à cent trente-cinq mille francs ; considérant qu'il y a urgence de pourvoir au service administratif du ministère de la guerre, qui se trouve entravé par la reconstruction desdits d bâtiments ; sur le rapport de notre ministre secrétaire d'Etat au département des travaux publics, et de l'avis de notre conseil des ministres, etc.

Art. 1er. Il est ouvert à notre ministre secrétaire d'Etat des travaux publics, sur l'exercice 1842, un crédit extraordinaire de cent trente-cinq mille francs, applicable aux travaux de reconstruction et d'appropriation des bâtiments des bureaux du ministère de la guerre.

2. La régularisation de ce crédit sera proposée aux Chambres lors de leur prochaine session.

3. Nos ministres des travaux publics et des finances (MM. Teste et Laplagne) sont chargés, etc.

_____

30 OCTOBRE = 12 NOVEMBRE 1842. — Ordonnance du roi relative au renouvellement triennal des conseils généraux et des conseils d'arrondissement. (IX, Bull. DCCCCLVI, n. 10301.)

Louis-Philippe, etc., sur le rapport de notre ministre secrétaire d'Etat au département de l'intérieur ; vu les art. 8, 25 et 34 de la loi du 22 juin 1833, etc.

Art. 1er. Le renouvellement triennal d'un tiers des membres des conseils généraux et d'une moitié des membres des conseils d'arrondissement aura lieu, en 1842, du 25 novembre au 30 décembre.

2. Les préfets convoqueront les assemblées d'électeurs départementaux dans l'intervalle compris entre les limites déterminées par l'article précédent. Les arrêtés de convocation qu'ils prendront à cet effet devront être publiés dans toutes les communes des cantons où il y aura élection, quinze jours au moins avant l'ouverture des assemblées électorales.

3. Notre ministre de l'intérieur (M. Duchâtel) est chargé, etc.

_____

2 = 12 NOVEMBRE 1842. — Ordonnance du roi portant prorogation de la chambre temporaire du tribunal de première instance de Saint-Lô. (IX, Bull. DCCCCLVI, n. 10303.)

Louis-Philippe, etc., sur le rapport de notre garde des sceaux, ministre secrétaire d'Etat au département de la justice et des cultes ; vu l'art. 39 de la loi du 20 avril 1810 ; l'ordonnance du 3 juin 1833, portant création d'une chambre temporaire au tribunal de première instance de Saint-Lô (Manche) ; les ordonnances de prorogation des 9 novembre 1838, 29 octobre 1839, 29 octobre 1840 et 27 octobre 1841 ; considérant qu'il existe encore dans ce siége un arriéré qui exige la prorogation

42.

de cette chambre ; notre conseil d'Etat entendu, etc.

Art. 1er. La chambre temporaire créée par notre ordonnance du 3 juin 1833, au tribunal de première instance de Saint-Lô, continuera à remplir ses fonctions pendant une année ; à l'expiration de ce temps, elle cessera de droit, s'il n'en a pas été par nous autrement ordonné.

2. Notre ministre de la justice et des cultes (M. Martin du Nord) est chargé, etc.

_____

2 = 12 NOVEMBRE 1842. — Ordonnance du roi portant prorogation de la chambre temporaire du tribunal de première instance de Bagnères. (IX, Bull. DCCCCLVI, n. 10304.)

Louis-Philippe, etc., sur le rapport de notre garde des sceaux, ministre secrétaire d'Etat au département de la justice et des cultes ; vu, 1° l'art. 39 de la loi du 20 avril 1810 ; 2° l'ordonnance du 14 juin 1837, portant création d'une chambre temporaire au tribunal de première instance de Bagnères (Hautes-Pyrénées) ; 3° les ordonnances des 9 novembre 1838, 29 octobre 1839, 2 novembre 1840 et 4 novembre 1841, qui ont prorogé cette chambre, chacune pour une année ; considérant que l'intérêt des justiciables exige une nouvelle prorogation ; notre conseil d'Etat entendu, etc.

Art. 1er. La chambre temporaire créée par notre ordonnance du 14 juin 1837, dans le tribunal de première instance de Bagnères, et successivement prorogée jusqu'à ce jour, continuera de remplir ses fonctions pendant une année ; à l'expiration de ce temps, elle cessera de plein droit, s'il n'en a été par nous autrement ordonné.

2. Notre ministre de la justice et des cultes (M. Martin du Nord) est chargé, etc.

_____

2 = 12 NOVEMBRE 1842. — Ordonnance du roi portant prorogation des chambres temporaires des tribunaux de première instance de Bourgoin et de Saint-Marcellin. (IX, Bull. DCCCCLVI, n. 10305.)

Louis-Philippe, etc., sur le rapport de notre garde des sceaux, ministre secrétaire d'Etat au département de la justice et des cultes ; vu l'art. 39 de la loi du 20 avril 1810 ; vu l'ordonnance du 29 octobre 1837, portant création d'une chambre temporaire dans chacun des tribunaux de première instance de Bourgoin et de Saint-Marcellin (Isère), pour une année à compter du jour de son installation ; vu les ordonnances des 21 octobre 1838, 29 octobre 1839, 2 novembre 1840 et 27 octobre 1841, portant chacune prorogation de ces chambres pour une année ; considérant que l'intérêt des

23

justiciables exige encore le secours d'une chambre temporaire pour l'expédition des affaires soumises à ces tribunaux ; notre conseil d'État entendu, etc.

Art. 1ᵉʳ. La chambre temporaire créée dans chacun des tribunaux de première instance de Bourgoin et de Saint-Marcellin (Isère), par l'ordonnance du 29 octobre 1837, et successivement prorogée jusqu'à ce jour, continuera de remplir ses fonctions pendant une année; à l'expiration de ce temps, elle cessera de droit, s'il n'en a été par nous autrement ordonné.

2. Notre ministre de la justice et des cultes (M. Martin du Nord) est chargé, etc.

2 = 12 NOVEMBRE 1842. — Ordonnance du roi portant prorogation de la chambre temporaire du tribunal de première instance de Besançon. (IX, Bull. DCCCCLVI, n. 10306.)

Louis-Philippe, etc., sur le rapport de notre garde des sceaux, ministre secrétaire d'État au département de la justice et des cultes; vu l'art. 39 de la loi du 20 avril 1810; vu l'ordonnance du 15 août 1841, portant création d'une chambre temporaire au tribunal de première instance de Besançon, pour une année à compter du jour de son installation; considérant que l'intérêt des justiciables exige encore le secours d'une chambre temporaire pour l'expédition des affaires arriérées soumises à ce tribunal; notre conseil d'État entendu, etc.

Art. 1ᵉʳ. La chambre temporaire créée par notre ordonnance du 15 août 1841, dans le tribunal de première instance de Besançon, continuera de remplir ses fonctions pendant une année; à l'expiration de ce temps, elle cessera de droit, s'il n'en a été par nous autrement ordonné.

2. Notre ministre de la justice et des cultes (M. Martin du Nord) est chargé, etc.

8 = 12 NOVEMBRE 1842. — Ordonnance du roi qui ouvre au ministre de la justice et des cultes, sur l'exercice 1842, un crédit supplémentaire applicable au chapitre des frais de justice criminelle et des statistiques civile et criminelle. (IX, Bull. DCCCCLVI, n. 10307.)

Louis-Philippe, etc., vu les art. 3 et 4 de la loi du 24 avril 1833; vu la loi du 25 juin 1841, portant fixation du budget des dépenses de l'exercice 1842, et contenant, art. 5, la nomenclature des dépenses pour lesquelles la faculté nous est réservée d'ouvrir des crédits supplémentaires en cas d'insuffisance, dûment justifiée, des crédits législatifs; vu les art. 20, 21, 22, 23 et 25 de notre ordonnance du 31 mai 1858, portant règlement général sur la comptabilité publique; sur le rapport de notre ministre

secrétaire d'État au département de la justice et des cultes, et de l'avis de notre conseil des ministres, etc.

Art. 1ᵉʳ. Il est ouvert à notre ministre secrétaire d'État au département de la justice et des cultes, sur l'exercice 1842, un crédit supplémentaire de trois cent mille francs; applicable au chapitre des frais de justice criminelle et des statistiques civile et criminelle.

2. La régularisation de ce crédit supplémentaire sera proposée aux Chambres lors de leur prochaine réunion.

3. Nos ministres de la justice et des cultes, et des finances (MM. Martin du Nord et Laplagne) sont chargés, etc.

9 = 15 NOVEMBRE 1842. — Ordonnance du roi portant que la session du conseil général du département de la Seine, pour 1842, sera suspendue le 11 novembre et reprise le 21 de ce mois, et que la seconde partie de la session des conseils d'arrondissement du même département s'ouvrira le 1ᵉʳ décembre. (IX, Bull. DCCCCLVII, n. 10317.)

Louis-Philippe, etc., sur le rapport de notre ministre secrétaire d'État au département de l'intérieur; vu les lois des 22 juin 1833, 20 avril 1834 et 10 mai 1838; vu notre ordonnance du 24 octobre dernier, qui a fixé du 2 au 16 novembre la durée de la session du conseil général de la Seine pour l'année 1842, et du 20 au 24 novembre celle de la deuxième partie de la session des conseils d'arrondissement, etc.

Art. 1ᵉʳ. La session du conseil général de la Seine, pour 1842, sera suspendue le 11 novembre présent mois; elle sera reprise le 21 novembre, et close le 26.

2. La seconde partie de la session des conseils d'arrondissement de la Seine s'ouvrira le 1ᵉʳ décembre prochain, et sera close le 5 du même mois.

3. Notre ministre de l'intérieur (M. Duchâtel) est chargé, etc.

10 = 15 NOVEMBRE 1842. — Ordonnance du roi qui ouvre au ministre de la justice et des cultes un crédit extraordinaire destiné à compléter le traitement des membres du tribunal de première instance de la Seine pendant l'année 1842. (IX, Bull. DCCCCLVII, n. 10318.)

Louis-Philippe, etc., vu, 1º la loi du 25 juin 1841, portant fixation du budget des dépenses de l'exercice 1842; 2º l'art. 4 de la loi du 24 avril 1833 et l'art. 12 de celle du 23 mai 1834; 3º les art. 26 et 27 de notre ordonnance du 31 mai 1838, portant règlement général sur la comptabilité publique; vu enfin la loi 23 avril 1841, qui a augmenté le personnel du tribunal première instance de la Seine ; considérant que le crédit des tribunaux de première instance , présumé suffisant lors de la discussion du budget, a cessé de l'être par suite des nominations faites au tribunal de la Seine, en exécution de cette même loi du 23 avril ; considérant qu'il y a nécessité d'assurer, jusqu'à la fin de l'année, le paiement du traitement des membres de ce tribunal ; sur le rapport de notre ministre secrétaire d'Etat de la justice et des cultes, et de l'avis de notre conseil des ministres , etc.

Art. 1er. Il est ouvert à notre ministre secrétaire d'Etat de la justice et des cultes , sur l'exercice 1842 , en augmentation du crédit ouvert au chapitre 8 du budget de la justice , pour le service des tribunaux de première instance , un crédit extraordinaire de vingt mille francs (20,000 fr.), destiné à compléter le traitement des membres du tribunal de la Seine pendant l'année 1842.

2. La régularisation de ce crédit sera proposée aux Chambres , lors de leur prochaine session.

3. Nos ministres de la justice et des cultes , et des finances (MM. Martin du Nord et Laplagne) sont chargés, etc.

11 = 15 NOVEMBRE 1842. — Ordonnance du roi qui ouvre au ministre de la justice et des cultes un crédit supplémentaire applicable au chapitre 3 du budget de l'Imprimerie royale , exercice 1842. (IX , Bull. DCCCCLVII , n. 10319.)

Louis-Philippe, etc., vu les ordonnances des 19 et 26 novembre 1823 ; vu l'art. 17 de la loi du 9 juillet 1836 ; vu les art. 20 , 24 et 25 de notre ordonnance du 31 mai 1838 , portant règlement général sur la comptabilité publique ; vu la situation des dépenses de l'Imprimerie royale , exercice 1842, laquelle fait prévoir, pour ledit exercice, une insuffisance de cent quatre-vingt-deux mille francs au chapitre 3 du budget de cet établissement (Salaires et Approvisionnements) ; considérant que les dépenses de ce chapitre sont variables, et ne peuvent être évaluées à l'avance d'une manière certaine , puisqu'elles dépendent du nombre plus ou moins grand des commandes d'impressions ; considérant, d'ailleurs, que la situation actuelle des travaux permet de prévoir un excédant du produit d'impressions au moins équivalent à l'excédant présumé des dépenses ; sur le rapport de notre ministre secrétaire d'Etat de la justice et des cultes, et de l'avis de notre conseil des ministres, etc.

Art. 1er. Un crédit supplémentaire de cent quatre-vingt-deux mille francs est ouvert à notre ministre secrétaire d'Etat de la justice et des cultes, sur les fonds affectés au service de l'Imprimerie royale , pour subvenir à l'excédant de dépense probable sur les articles suivants du chapitre 3 du budget de l'exercice 1842 Dépenses non susceptibles d'une évaluation fixe) , savoir · art. 1er, salaires des ouvriers et indemnités de travaux extraordinaires , 152,000 fr. art. 2 , approvisionnements et achats pour le service des ateliers , 50,000 fr. — Total , 182,000 fr.

2. La régularisation de ce crédit supplémentaire sera proposée aux Chambres lors de leur prochaine session.

3. Notre ministre de la justice et des cultes (M. Martin du Nord) est chargé, etc.

13 OCTOBRE = 18 NOVEMBRE 1842. — Ordonnance du roi portant autorisation de la société d'assurances mutuelles immobilières contre l'incendie, établie à Metz sous la dénomination de la Messine. (IX , Bull. supp. DCXXVII , n. 17006.)

Louis-Philippe , etc., sur le rapport de notre ministre secrétaire d'Etat de l'agriculture et du commerce ; notre conseil d'Etat entendu , etc.

Art. 1er. La société d'assurances mutuelles immobilières contre l'incendie, établie à Metz sous la dénomination de la Messine, est autorisée. Sont approuvés les statuts de ladite société , tels qu'ils sont contenus dans l'acte passé , le 29 juillet 1842, par-devant Me Berga et son collègue, notaires à Metz, lequel acte restera annexé à la présente ordonnance.

2. Nous nous réservons de révoquer notre autorisation en cas de violation ou de non exécution des statuts approuvés , sans préjudice des droits des tiers.

3. La société sera tenue de remettre , au commencement de chaque année , au ministère de l'agriculture et du commerce, et au préfet du département de la Moselle, un extrait de son état de situation.

4. Notre ministre de l'agriculture et du commerce (M. Cunin-Gridaine) est chargé , etc.

TITRE Ier. — De la constitution de la société.

Art. 1er. Il y a , avec l'autorisation du gouvernement, société d'assurances mutuelles entre les comparants et les personnes qui , par la suite , seront admises à adhérer aux présents statuts, pour la garantie des immeubles, des risques locatifs et du recours des voisins contre l'incendie et les dommages causés par le feu du ciel , conformément aux art. 6 et 7.

2. La société a pour dénomination la Messine, société d'assurances mutuelles immobilières contre l'incendie.

3. La société n'étendra pas ses opérations hors du territoire de la ville de Metz, où elle aura son siége.

4. L'administration de la société se compose : d'un conseil général des sociétaires, d'un conseil d'administration, d'un directeur.

5. L'association commencera le jour de la promulgation de l'ordonnance royale et finira le 30 juin 1872 : cette durée pourra être prolongée, avec l'approbation du gouvernement, par une délibération du conseil général des sociétaires, prise sur la proposition du conseil d'administration. Cette délibération devra réunir l'adhésion des deux tiers des membres de ce conseil ; toutefois les sociétaires dissidents pourront se retirer de la société. Elle n'entrera en activité que lorsqu'il existera des engagements pour une somme de trois millions. Elle cesserait d'exister si, à l'expiration d'une période sexennale, elle descendait au-dessous de dix millions : le conseil général, convoqué extraordinairement à ce sujet, prononcerait la dissolution de la société.

TITRE II. — De l'assurance.

CHAPITRE Iᵉʳ. — OBJETS ADMISSIBLES A L'ASSURANCE.

6. La société assure les constructions de toute espèce et tous les objets, immeubles par destination, qui en dépendent, sauf les exceptions prévues aux art. 8 et 9. Elle garantit contre les effets du recours que peut exercer le propriétaire contre le locataire, dans le cas prévu par les art. 1733 et 1734 du Code civil, recours connus sous la dénomination de *risques locatifs*. Enfin elle garantit, relativement aux immeubles, contre les effets du recours que peut exercer le voisin, mais seulement pour dommages causés par communication d'incendie, recours qui peut résulter des art. 1382 et 1383 du Code civil, et connu sous la dénomination de *recours des voisins*.

7. Elle répond, 1° des dommages causés par l'incendie, quelle que soit leur nature, c'est-à-dire, soit que les objets assurés aient été brûlés, brisés ou détériorés d'une manière quelconque ; 2° des dommages occasionnés par la foudre ; 3° de ceux résultant des mesures ordonnées par l'autorité en cas d'incendie ; 4° de ceux causés par l'incendie qui aura été la suite d'explosion de gaz à éclairer, de poudre ou de vapeur ; 5° enfin des dommages et frais provenant du sauvetage des objets assurés.

CHAPITRE II. — OBJETS EXCLUS DE L'ASSURANCE.

8. La société exclut de sa garantie les risques relatifs aux bâtiments qui renferment des salles de spectacle, des fabriques de gaz, des fabriques et dépôts de poudres d'artifices en grande quantité ; les risques relatifs aux immeubles qui, sans dépendre desdits bâtiments, en sont néanmoins tellement rapprochés qu'ils présentent les mêmes dangers.

9. Elle n'assure pas ses membres contre les incendies qui peuvent provenir de guerre, invasion, force militaire quelconque, émeutes ; elle ne garantit pas enfin, des sinistres provenant de la volonté de l'assuré. La société se réserve le droit de ne point admettre à l'assurance tous les risques qui, pour une cause quelconque, paraîtraient au conseil d'administration devoir être refusés. Elle ne répond que des dommages matériels produits par le sinistre dans l'objet assuré, et nullement des pertes qui résultent de l'impossibilité temporaire d'user de la chose. Elle renonce à exercer son recours contre l'assuré dont les objets garantis par elle ont communiqué l'incendie à d'autres objets qu'elle assure aussi.

CHAPITRE III. — ESTIMATION DES OBJETS A ASSURER.

§ Iᵉʳ. Dispositions générales.

10. L'estimation des objets proposés à l'assurance se fait d'après leur valeur réelle au moment de l'assurance, déduction faite de la valeur du sol, par le proposant et par les délégués de la société, sauf la décision du conseil d'administration. L'estimation des valeurs admises à l'assurance sert de base aux charges sociales de l'assuré. Cette estimation ne se fait que par sommes rondes de cent francs.

11. En cas d'augmentation ou de diminution notable dans la valeur ou la quantité des objets assurés, pendant la période de l'engagement en cours, le sociétaire est tenu d'en prévenir la société, et il est procédé à une nouvelle estimation conformément à l'article qui précède. La société a le droit, à toutes les époques, de faire vérifier et de réduire, s'il y a lieu, les estimations antérieures, toutes les fois que l'intérêt commun l'exige. A défaut, par le sociétaire, de se conformer à cette réduction, le contrat est résilié par une simple notification. Toutes les fois qu'il y aura réduction, le sociétaire ne pourra rien répéter de la société pour les cotisations par lui payées antérieurement.

12. Aucune assurance ne pourra excéder deux cent mille francs sur un seul risque, tant que la masse assurée ne dépassera pas vingt millions : ce maximum de deux cent mille francs s'accroîtra, avec le montant des valeurs assurées, dans la proportion d'un demi pour cent jusqu'à la concurrence d'un plein de quatre cent mille francs, qui ne pourra jamais être dépassé.

§ II. Estimation des risques locatifs et de voisinage.

13. Les risques locatifs seront estimés à raison de la valeur réelle des bâtiments dans lesquels l'assuré est locataire.

14. Les risques de voisinage le seront à raison de la valeur réelle des bâtiments sur lesquels portera l'assurance ; dans le cas où il serait impossible d'établir cette valeur réelle, l'estimation de ce risque est laissée à l'appréciation du proposant.

15. Les assurances locatives et de voisinage comprendront tel nombre de centièmes de la valeur totale des bâtiments sur lesquels elles porteront qu'il conviendra au proposant d'engager à la société ; mais la police contiendra toujours la somme à laquelle les biens auront été estimés en totalité pour leur valeur réelle.

16. Si l'assuré s'engage pour la valeur totale, en cas d'incendie, la société prendra son lieu et place pour la perte totale, sauf ventilation.

17. S'il ne s'engage que pour une fraction, elle ne le couvrira proportionnellement à raison de la somme totale portée dans la police.

18. Lorsque, dans une même maison, il y aura plusieurs locataires, ils pourront être admis à assurer leurs risques locatifs par une seule police ; en ce cas, la société les garantira simultanément. Il en sera de même pour l'assurance des risques de voisinage.

19. L'assurance des risques de voisinage ne s'étendra pas au-delà des immeubles contigus à ceux occupés par l'assuré.

20. Les risques locatifs contribueront dans les appels de fonds à raison de soixante et quinze pour cent, et les risques de voisinage à raison de vingt-cinq pour cent de la cotisation, à répartir par mille francs de valeurs engagées.

CHAPITRE IV. — DE LA CLASSIFICATION DES OBJETS A ASSURER.

21. Les immeubles, les risques locatifs et les risques de voisinage seront répartis, à raison des dangers qu'ils présenteront, soit par leur nature, soit par leur contenu, dans deux catégories ; chacune de ces catégories sera divisée en cinq classes, dont chaque terme croîtra des deux cinquièmes à partir de la première classe.

22. La première classe de la première catégorie comprend les immeubles qui présentent le moins de dangers ou de causes d'incendie ; ils y sont inscrits pour leur valeur réelle ; les classes suivantes comprennent ceux qui sont successivement plus exposés ; ils y sont inscrits pour une valeur fictive. Ainsi un objet valant mille francs, valeur réelle, sera inscrit dans la première classe pour mille francs, valeur fictive égale à la valeur réelle ; dans la deuxième classe, pour quatorze cents francs ; dans la troisième, pour dix-huit cents francs, valeurs fictives, suivant le degré de dangers qu'il présente, et ainsi de suite.

Nota. En supposant que la répartition à faire soit de dix centimes par mille francs, un objet de la première classe estimé mille francs, valeur réelle, contribuera pour dix centimes ; un objet de la deuxième classe et un de la troisième, chacun d'une valeur réelle de mille francs, mais inscrits en valeur fictive, le premier, pour une somme de quatorze cents francs, le second, pour une somme de dix-huit cents francs, contribueront, l'un, à raison de quatorze centimes, l'autre, à raison de dix-huit centimes.

Première catégorie.

23. La première classe de la première catégorie comprend les bâtiments construits pour moitié au moins en maçonnerie et couverts en matériaux non combustibles ou en métaux. La deuxième comprend les bâtiments construits en maçonnerie pour moins de moitié et couverts en matériaux non combustibles ou en métaux. La troisième, ceux construits en maçonnerie pour moins de moitié et couverts en matériaux combustibles. La quatrième, ceux construits en galandage ou en bois revêtu d'enduit et couverts en matériaux non combustibles ou en métaux. La cinquième, ceux construits en bois et couverts en matériaux combustibles.

Deuxième catégorie.

24. La première classe de la deuxième catégorie comprend les bâtiments dans lesquels sont exercées les professions d'armuriers, bijoutiers, de marchands d'objets difficilement inflammables et autres industries analogues. La deuxième classe, ceux dans lesquels sont exercées les professions de serruriers, taillandiers, de marchands de tissus divers, de papiers et autres objets analogues. La troisième comprend les bâtiments dans lesquels sont exercées les professions de charrons, de menuisiers, de marchands d'objets inflammables, tels que cordages, lins, chanvres et autres objets analogues. La quatrième, ceux dans lesquels sont des aubergistes, logeurs de chevaux, des magasins de fourrages, de chanvres et autres objets très-combustibles. La cinquième, ceux dans lesquels sont des distilleries d'alcool, des fabriques de produits chimiques, des magasins d'huile, essences et autres produits aussi dangereux.

25. Les cinq classes des risques par contenu s'ajoutent, suivant les circonstances, aux cinq classes de risques par nature ; ainsi les bâtiments de la cinquième classe de risques par nature, contenant l'une des professions indiquées dans la première classe de risques par contenu, auront six degrés de risques.

26. Si les immeubles admis à l'assurance sont contigus à des locaux dans lesquels est exercée une industrie ou dans lesquels sont déposés des objets présentant plus de dangers d'incendie, le conseil d'administration pourra les ranger dans une classe supérieure à celle qui leur est spéciale.

27. La société se réserve le droit de faire, dans la classification des risques, en respectant les engagements antérieurs, les changements indiqués par l'expérience ; ces changements ne seront obligatoires qu'après l'approbation du conseil général.

TITRE III. — *De l'engagement social.*

CHAPITRE Ier. — FORMATION DE L'ENGAGEMENT.

28. Tous propriétaires et locataires pourront être admis dans la société.

29. On est admis dans la société sur un acte d'adhésion énonçant : les noms, prénoms, titres et professions du proposant, la qualité en laquelle il agit, le domicile par lui élu ; la nature des risques et recours proposés à l'assurance, la valeur et la désignation sommaire des immeubles pour lesquels l'assurance est demandée ; la durée de l'assurance. Cet acte exprime aussi : si l'assurance comprend toutes les constructions, tous les risques locatifs et tous les recours des voisins auxquels le proposant est exposé, ou seulement une partie de ces risques et recours ; s'il existe des assurances antérieures sur ces mêmes constructions et risques.

30. Dans sa plus prochaine réunion, le conseil d'administration, sur le vu de l'acte d'adhésion et du rapport sur l'estimation, après avoir entendu le directeur, décide si le proposant doit être admis ; en cas de refus, il n'est pas tenu de faire connaître ses motifs. La décision du conseil d'administration est immédiatement portée à la connaissance du proposant. Si le conseil d'administration admet l'assurance, l'acte d'adhésion est inscrit sur un journal à ce destiné, tenu sans surcharge ni interligne, coté et paraphé par le président.

31. Immédiatement après l'inscription au journal, le directeur délivre une police à l'adhérent ; cette police, rédigée en double original, est signée par le directeur et par l'assuré ; elle contient les conditions spéciales de l'assurance et les principales dispositions des statuts. Le prix de la police est de 1 franc.

CHAPITRE II. — DURÉE DE L'ENGAGEMENT SOCIAL.

32. La durée de l'association se divise en périodes de six années ; tout sociétaire qui contracte durant les trois premières années d'une période en cours est engagé seulement jusqu'à la fin de cette période ; mais s'il contracte durant les trois dernières années, il s'engage pour le temps restant à courir et pour une nouvelle période de six ans. Selon les circonstances, le conseil d'administration décide si certaines assurances peuvent être admises pour un temps moindre que celui ci-dessus fixé. L'assurance produit ses effets actifs et passifs à dater de l'heure de midi, le lendemain de la signature par les parties contractantes.

33. Chaque exercice social commence le 1er juillet et finit le 30 juin suivant.

CHAPITRE III. — CESSATION DE L'ENGAGEMENT.

34. L'engagement social cesse pour le sociétaire et

la société dans les cas suivants : 1° par la destruction totale des immeubles assurés ; 2° par l'exclusion du sociétaire, prononcée par le conseil d'administration, pour cause de non paiement de la contribution sociale et dans le cas de faillite, à moins que l'assuré ne donne caution ; 3° par l'expiration du temps pour lequel l'engagement a été souscrit ; 4° par la vente de l'objet assuré et pour l'effet de toute circonstance entraînant mutation ; 5° par la mort du sociétaire, auquel cas les héritiers profitent de l'assurance jusqu'à la fin de l'année sociale, si les valeurs assurées restent dans les mêmes conditions, et pourvu que les héritiers supportent les charges sociales jusqu'à la fin de ladite année ; 6° l'effet de la police est suspendu ou réduit en proportion de la valeur des parties détruites pendant le temps des réparations.

35. Toute circonstance survenue dans le cours de l'assurance, et qui est de nature à aggraver les risques assurés par la société, doit être dénoncée dans la huitaine à l'administration, qui fait procéder immédiatement à la vérification des changements, et, sur le vu du procès-verbal peut annuler le contrat, le modifier ou changer la classe de l'assurance dans l'intérêt de la société ou dans celui de l'assuré. Si le sociétaire n'a pas rempli cette formalité avant l'incendie, il pourra perdre la moitié de l'indemnité due en ce cas. L'incendié perdra tous droits à l'indemnité si les réparations ont été opérées sans qu'auparavant la reconnaissance et l'estimation des pertes aient été faites contradictoirement. Tout sociétaire qui, par réticence ou fausse déclaration dans son acte d'adhésion, aurait sciemment induit la société en erreur sur les risques que courent les choses pour lesquelles il s'est assuré, n'aurait droit à aucune indemnité.

TITRE IV. — *Des sinistres.*

CHAPITRE Ier. — DÉCLARATION DU SINISTRE OU DES RECOURS.

36. Immédiatement après l'incendie qui l'a frappé, ou dès qu'un recours est exercé, l'assuré ou son représentant en fera la déclaration écrite et signée au bureau du directeur, qui lui en donnera récépissé. La déclaration contiendra la date du sinistre, l'indication des biens qu'il a atteints, les causes présumées de l'incendie, les recours à exercer sur les personnes responsables et les autres assureurs, s'il y en a. A défaut de cette déclaration dans le délai de huitaine, l'incendié pourra subir une retenue du dixième de l'indemnité à laquelle il aura droit.

CHAPITRE II. — RÈGLEMENT DE L'INDEMNITÉ.

37. Dans les vingt-quatre heures du sinistre ou de la déclaration qui en aura été faite par le sociétaire ou en son nom, le conseil fera procéder à la reconnaissance et à l'estimation des dommages. S'il y a lieu, l'estimation sera faite par deux experts arbitres, nommés, l'un par le directeur, l'autre par l'assuré ; en cas de dissidence, ils nommeront un tiers pour les départager. S'ils ne tombent pas d'accord sur le choix, la nomination sera faite suivant les règles établies au Code de procédure civile. Les frais de cette opération seront supportés par moitié par chacune des parties.

38. L'indemnité du sinistre sera calculée sur le montant de la perte effective éprouvée comparativement à l'évaluation consignée dans la police, sous déduction du prix des objets sauvés ; elle ne pourra, dans aucun cas, s'élever au-delà de la somme stipulée dans la police ; et si, au moment du sinistre, la valeur des biens assurés était inférieure à cette somme, l'assuré ne pourrait prétendre qu'au paiement de la perte réelle qu'il aurait éprouvée.

39. L'assuré ne pourra faire aucun délaissement des objets conservés et devra les reprendre si le conseil l'exige, aux prix fixés par les experts arbitres, qu'ils soient avariés ou non.

40. S'il s'agit de recours contre un sociétaire, le directeur, aussitôt que la déclaration lui en sera faite, interviendra dans le règlement des dommages contradictoirement avec les parties intéressées.

41. Si l'objet incendié est assuré par d'autres assureurs concurremment avec la société, elle n'interviendra dans le règlement que proportionnellement à ses engagements envers le sociétaire.

CHAPITRE III. — PAIEMENTS DES SINISTRES ET AUTRES CHARGES SOCIALES.

42. Pour prévenir tout retard dans le paiement de l'indemnité et faire face aux charges de la société, il est établi un fonds de prévoyance au moyen du versement fait par chaque sociétaire, lors de son entrée dans la société, d'une partie du maximum de la portion contributive dont il peut être passible. Le conseil d'administration détermine, d'après les besoins de la société, quelle doit être cette partie, sans qu'elle puisse excéder le cinquième du maximum. Tout sociétaire qui cessera de faire partie de la société, après avoir rempli toutes les obligations envers elle, recevra la portion du fonds de prévoyance afférente à son assurance.

43. Lorsque les sommes encaissées, soit pour constituer le fonds de prévoyance, soit pour tout autre versement, auront atteint cinq cents francs, elles seront versées par le directeur dans la caisse désignée par le conseil d'administration, et dans une caisse publique, lorsque ces sommes s'élèveront à dix mille francs.

44. L'indemnité pour les sinistres, soit qu'elle ait été réglée par le conseil d'administration, d'après les pertes constatées dans les procès-verbaux d'expertise, soit qu'elle ait été fixée par jugement, est payée dans le mois qui suit, sur la délibération du conseil d'administration, jusqu'à concurrence de l'à-compte fixé par lui.

45. Par la quittance de l'indemnité, la société est subrogée aux droits de l'incendié, et elle exerce en son nom tout recours contre les personnes responsables du sinistre.

46. Sont à la charge de la société : les sinistres, les recours exercés contre les assurés jusqu'à concurrence de la valeur assurée et de la somme à laquelle les risques locatifs et de voisinage ont été réglés ; les frais de sauvetage et indemnité de toute nature relatives à l'incendie ; les frais d'expertise et d'actions judiciaires, ainsi que les non valeurs constatées et les frais d'administration réglés conformément à l'art. 54.

TITRE V. — *Répartition des portions contributives.*

47. Toutes les charges sociales, après avoir été vérifiées par le conseil d'administration, sont acquittées au moyen de portions contributives, réparties au prorata des valeurs assurées, mais qui ne peuvent pas s'élever à plus d'un pour cent desdites valeurs. Si les pertes dépassent les sommes produites par les portions contributives ainsi li-

mitées, les assurés sont indemnisés au centime le franc des dommages éprouvés

48. Après avoir vérifié les pièces sur lesquelles est basée la répartition présentée par le directeur, le conseil d'administration arrête définitivement cette répartition, la déclare obligatoire et charge le directeur d'en suivre le recouvrement par toutes les voies de droit. Toutes les sommes à payer par les sociétaires doivent être comptées par eux à la direction, contre une quittance qui est signée par le directeur.

49. A défaut de paiement de la portion contributive, le directeur pourra, quinze jours après un avis donné au retardataire, le faire poursuivre par toutes les voies de droit. Un mois après l'avis donné par le directeur, au moyen d'une lettre chargée qui tiendra lieu de mise en demeure, si le retardataire n'a pas acquitté les cotisations réclamées, le conseil d'administration pourra prononcer la résiliation de l'assurance. Les avantages de l'assurance sont suspendus à l'égard du sociétaire qui laisse écouler plus d'un mois sans payer sa portion contributive, après avoir été mis en demeure. Il participe néanmoins pendant ce temps aux charges sociales. Si le sociétaire en retard vient à se libérer postérieurement, la police d'assurance reprendra son effet à midi, le lendemain du jour du paiement.

50. Les pièces relatives aux répartitions sont conservées à la direction, où tout sociétaire a droit d'en demander la communication sans dép'acement.

Titre VI. — De l'administration.

Chapitre Iᵉʳ. — Conseil général des sociétaires.

51. Le conseil général est composé de vingt-cinq sociétaires élus pour six ans, à la majorité relative, par les cent assurés pour les plus fortes sommes; les membres sortants sont rééligibles. Le conseil général, à la majorité absolue des voix, nomme chaque année un président et un vice-président. En cas de refus, de démission ou de décès de quelques-uns des membres, ils sont remplacés jusqu'à la fin de la période par le conseil général.

52. Le conseil général se réunit une fois par an, sauf les convocations extraordinaires jugées nécessaires. Les membres du conseil d'administration peuvent assister à toutes les séances, mais avec voix consultative seulement; toute convocation se fait par lettres envoyées au domicile élu et recommandées à la poste.

53. Le conseil général ne peut délibérer valablement s'il ne réunit le tiers au moins de ses membres. Lorsqu'à une première réunion, le nombre ne sera pas atteint, l'assemblée sera de droit renvoyée à quinzaine. Cette seconde réunion sera valablement constituée, quel que soit le nombre des membres présents; toutefois l'assemblée ne pourra délibérer que sur les questions mises à l'ordre du jour de la précédente réunion. Les arrêtés du conseil général sont pris à la majorité absolue des voix; en cas de partage, la voix du président est prépondérante.

54. Dans sa réunion annuelle, le conseil général prend connaissance de l'ensemble des opérations de la société, vérifie et arrête définitivement les comptes de la direction, et statue sur tous les intérêts sociaux; dans cette même réunion, le conseil général fixe les frais d'administration pour l'année suivante, en raison de la valeur réelle des objets assurés et sans égard à l'augmentation de va-

leur relative produite par la classification des risques.

Chapitre II. — Conseil d'administration.

55. Le conseil d'administration se compose de neuf sociétaires nommés par le conseil général; nul ne peut être élu membre du conseil d'administration s'il est directeur, administrateur ou agent d'une société ou compagnie d'assurances contre l'incendie. Cette disposition s'applique également aux membres du conseil général.

56. Les membres du conseil d'administration sont renouvelés chaque année par tiers; ils sont indéfiniment rééligibles; le sort désigne les premiers sortants. Le conseil d'administration, en cas de décès ou de démission d'un de ses membres, peut désigner un sociétaire pour le remplacer jusqu'à la première réunion du conseil général, qui nomme définitivement pour le temps restant à courir des fonctions du membre remplacé.

57. Au renouvellement de chaque exercice social, le conseil d'administration choisit dans son sein, et à la majorité des suffrages, un président et un vice-président; ils peuvent être réélus: il nomme également son secrétaire. En cas d'absence du président et du vice-président, le plus âgé des membres présents occupe le fauteuil.

58. Le conseil d'administration se réunit au moins une fois chaque mois; il peut s'assembler plus souvent si les besoins de la société l'exigent. Il prend ses arrêtés à la majorité absolue des suffrages; en cas de partage, la voix du président est prépondérante.

59. A chaque réunion, le conseil d'administration prend connaissance de toutes les assurances proposées depuis la réunion précédente; des variations survenues dans les assurances souscrites, soit à cause d'augmentation ou de diminution de la valeur des objets assurés, soit par augmentation ou diminution des risques; des sinistres tombés à la charge de la société, des expertises auxquelles ils ont donné lieu et des contestations survenues entre les sociétaires et la société; des assurances qui, pour une cause quelconque, seraient dans le cas d'être annulées; enfin, de tout ce qui touche aux besoins, aux intérêts et à la prospérité de la société.

60. Le conseil d'administration ne peut valablement délibérer si cinq de ses membres au moins ne sont présents.

61. Dans les trois mois qui suivent chaque exercice, le conseil d'administration reçoit, vérifie et débat le compte que le directeur rend des recettes et des dépenses sociales de l'exercice précédent. Ce compte est remis au conseil général, qui l'arrête définitivement, s'il y a lieu, dans sa plus prochaine réunion.

62. Le conseil d'administration fait tous les règlements et prend tous les arrêtés qu'il juge utiles à la prompte et bonne administration des affaires de la société et à son développement, sans pouvoir toutefois s'écarter des statuts. Ces membres ne contractent, à raison de leur gestion, aucune obligation personnelle ni solidaire relativement aux engagements de la société; ils répondent de l'exécution de leur mandat.

63. Les fonctions de membre des conseils sont gratuites. Tout membre qui, sans motifs admis par le conseil dont il fait partie, aura manqué à trois convocations consécutives, sera réputé démissionnaire.

CHAPITRE III. — DIRECTION.

64. Le directeur est seul chargé, sous l'autorité du conseil d'administration, de l'exécution de tous les actes de la société et de toutes les décisions des conseils. Il propose au conseil d'administration la nomination ou la révocation de tous les agents et employés de la société.

65. Le directeur convoque le conseil général toutes les fois qu'il y est autorisé par le conseil d'administration. Il peut assister aux séances de ces deux conseils avec voix consultative.

66. Le directeur fournit aux membres de l'administration les indications et tous les documents relatifs à sa gestion. Il est tenu de donner aux sociétaires les renseignements dont ils peuvent avoir besoin.

67. Le directeur tient le journal général de la société et toutes les écritures nécessaires, soit à la comptabilité journalière, soit aux autres opérations de la société. Il entretient les rapports avec les autorités et il signe la correspondance. Avec l'autorisation du conseil d'administration, il transige, compromet et soutient ou intente toute action judiciaire au nom de la société.

68. Pour sûreté de sa gestion, le directeur fournit un cautionnement de cinq mille francs, en espèces ou en rentes sur l'État; ce cautionnement est accepté par le président du conseil d'administration. Le directeur ne peut rentrer en possession de la valeur de son cautionnement qu'après l'apurement définitif de ses comptes, arrêtés par décision du conseil d'administration et du conseil général des sociétaires.

69. Le directeur est nommé par le conseil général, et ses émoluments sont fixés, pour chaque période, par le même conseil, sur la proposition du conseil d'administration. Le conseil général peut, sur la proposition du conseil d'administration, révoquer le directeur; dans ce cas, par exception à l'art. 53 des présents statuts, sa décision doit être prise à la majorité absolue de la totalité de ses membres.

TITRE VII. — *Dispositions générales.*

70. Les contestations qui peuvent s'élever entre la société et un ou plusieurs de ses membres, sont jugées par trois arbitres. Un de ces arbitres est nommé par le directeur au nom de la société, un autre par la partie adverse, et ces deux arbitres ainsi nommés en nomment un troisième; s'ils ne s'accordent pas sur ce choix, la désignation du troisième arbitre est faite par le président du tribunal civil.

71. Aucune action judiciaire, autre que celles qui sont indiquées dans l'art. 50, ne peut être exercée sans l'autorisation du conseil d'administration.

72. Tous changements ou modifications aux statuts, dont l'expérience démontrera l'utilité, seront délibérés, sur la proposition du conseil d'administration, par le conseil général; ils devront être adoptés à la majorité des deux tiers des membres présents. Chaque sociétaire, en adhérant aux présents statuts, donne au conseil général tous pouvoirs à cet effet. Les modifications adoptées ne seront exécutoires qu'après l'autorisation du gouvernement et sans avoir d'effet rétroactif.

73. Si, pendant deux années consécutives, le maximum prévu à l'art. 47 était reconnu insuffisant, le conseil général pourrait, sur la proposition du conseil d'administration, prononcer la dissolution; dans ce cas, il fixera la marche à suivre et arrêtera définitivement les comptes de l'administration. Cette délibération devra réunir l'adhésion des deux tiers des membres du conseil.

TITRE VIII. — *Dispositions transitoires.*

74. Jusqu'à la constitution définitive des conseils, la société sera administrée par un conseil provisoire composé de MM. Soleirol, Blondin, Chatel jeune, Volmerange, Gauthier (Gabriel), Duvivier, Rémond (Alexis), Dovillée, Belot, avocat.

75. Le conseil d'administration sera définitivement constitué à la première réunion du conseil général.

76. Le conseil d'administration provisoire déclarera la mise en activité des opérations, aussitôt que les conditions fixées à l'art. 5 auront été remplies.

---

13 OCTOBRE = 18 NOVEMBRE 1842. — Ordonnance du roi qui approuve des modifications aux statuts de la *Compagnie elbeuvienne d'éclairage par le gaz.* (IX, Bull. supp. DCXXVII, n. 17007.)

Louis-Philippe, etc., sur le rapport de notre ministre secrétaire d'État de l'agriculture et du commerce; vu notre ordonnance royale du 25 avril 1838, portant autorisation de la société anonyme établie à Elbeuf sous la dénomination de *Compagnie elbeuvienne d'éclairage par le gaz*, et approbation de ses statuts; vu notre ordonnance royale du 29 septembre 1840, qui autorise cette compagnie à élever le capital social à la somme de deux cent soixante et quinze mille francs, au moyen de la création de cinquante nouvelles actions de mille francs chacune; vu les nouveaux changements aux statuts de la société, proposés par délibération de l'assemblée générale des actionnaires en date du 20 juillet 1841; notre conseil d'État entendu, etc.

Art. 1ᵉʳ. Les modifications aux art. 16, 17, 19 et 20 des statuts de la compagnie elbeuvienne d'éclairage par le gaz, sont approuvées telles qu'elles sont contenues dans l'acte passé, le 4 août 1842, par-devant Mᵉ Vaugeois, notaire à Elbeuf, et en présence de témoins, lequel acte restera annexé à la présente ordonnance.

2. Notre ministre de l'agriculture et du commerce (M. Cunin-Gridaine) est chargé, etc.

Par-devant, etc., ont comparu, etc.; lesquels comparants, en leursdites qualités de directeurs et d'administrateurs composant le conseil d'administration de ladite société, ont exposé: que, suivant une première délibération prise en assemblée générale des actionnaires convoqués ad hoc un mois à l'avance, conformément à l'art. 31 des statuts, le 20 juillet 1841, il a été proposé et adopté diverses modifications aux statuts, modifications que justifie une nécessité démontrée par l'expérience; que, suivant une seconde délibération prise le 6 juin 1842, aussi en assemblée générale des actionnaires, convoqués comme il est dit ci-dessus, cette assemblée, après avoir pris connaissance des observations du conseil d'Etat qui ont été adoptés, a définitivement arrêté la rédaction des modifications aux statuts telle qu'elle va figurer plus bas ; que ces délibérations ont été prises par le nombre d'actionnaires prescrit par l'art. 31 déjà cité ; qu'en conséquence, les comparants se présentent devant le notaire soussigné pour convertir en acte authentique la rédaction définitive desdites modifications. Ce qu'ils ont fait de la manière suivante :

Art. 1ᵉʳ. Les art. 16, 17, 19 et 20 des statuts, au titre de l'administration, seront remplacés par les dispositions suivantes :

Art. 16. La société est administrée par un conseil composé de cinq actionnaires nommés en assemblée générale, au scrutin secret, et à la majorité absolue des suffrages.

Art. 17. Les fonctions d'administrateurs, sauf le cas exceptionnel de révocation par l'assemblée générale, sont triennales, avec renouvellement par tiers chaque année ; le roulement qui s'opérera donnera deux membres à renouveler à la fin de la première année, deux membres à la fin de la seconde, et un seul membre à la fin de la troisième, pour se continuer désormais dans le même ordre. Les membres sortants sont rééligibles immédiatement ; leurs fonctions seront toujours gratuites. Chaque administrateur devra être propriétaire d'au moins quatre actions nominatives, lesquelles seront inaliénables pendant la durée de ses fonctions. En cas de décès, ou de démission de l'un de ses membres, le conseil d'administration, afin de rester toujours au complet, pourvoit provisoirement au remplacement ; le membre ainsi élu sera en fonction jusqu'à la première réunion de l'assemblée générale, qui pourvoit au remplacement définitif.

Art. 19. Le conseil d'administration nomme, parmi ses membres, un président, un vice-président et un secrétaire. La durée de leurs fonctions est d'une année ; ils pourront être réélus. En cas d'absence du président et du vice-président, la présidence appartient au plus âgé des membres présents ; le secrétaire est remplacé par le membre le plus jeune. Les délibérations seront prises à la majorité des membres présents ; le président a voix prépondérante en cas de partage.

Art. 20. Le conseil d'administration se réunit au moins une fois par mois ; il ne peut délibérer que quand il y aura au moins trois membres présents.

2. Ces présentes seront soumises à la sanction royale, et publiées ensuite conformément à la loi.

13 OCTOBRE == 18 NOVEMBRE 1842. — Ordonnance du roi portant autorisation de la *Société anonyme du théâtre de Saint-Amand* (Cher). (IX , Bull. supp. DCXXVII, n. 17008.)

Louis-Philippe, etc., sur le rapport de notre ministre secrétaire d'Etat de l'agriculture et du commerce ; vu les art. 29 à 37, 40 et 45 du Code de commerce ; notre conseil d'Etat entendu, etc.

Art. 1ᵉʳ. La société anonyme formée à Saint-Amand (Cher) sous la dénomination de *Société anonyme du théâtre de Saint-Amand* est autorisée. Sont approuvés les statuts de ladite société, tels qu'ils sont contenus dans l'acte passé, le 8 juillet 1842, par-devant Mᵉ Lupé et son collègue, no-

taires à Saint-Amand, lequel acte restera annexé à la présente ordonnance.

2. Nous nous réservons de révoquer notre autorisation en cas de violation ou de non exécution des statuts approuvés, sans préjudice des droits des tiers.

3. La société sera tenue de remettre, tous les six mois, un extrait de son état de situation au ministère de l'agriculture et du commerce, au préfet du département du Cher et au greffe du tribunal de commerce de Saint-Amand.

4. Notre ministre de l'agriculture et du commerce (M. Cunin-Gridaine) est chargé, etc.

Par-devant, etc., sont comparus, etc.; lesquels ont exposé ce qui suit : Par acte du 3 septembre 1839, passé devant Mᵉ Boucheron et son collègue, notaires à Saint-Amand, enregistré le 7 du même mois, il a été formé, entre les personnes dénommées en l'art. 3 des statuts ci-après, un projet de société anonyme pour la construction et l'exploitation d'une salle de spectacle à Saint-Amand. L'art. 27 de cet acte est ainsi conçu : « Si des modifications étaient « jugées nécessaires à ces statuts, de même que s'il « y était reconnu des lacunes, le conseil d'admi- « nistration pourrait faire subir aux présents tous « les changements convenables, et remplir toutes « les lacunes. » En conséquence, les comparants voulant se conformer aux observations qui leur ont été faites par le gouvernement, déclarent arrêter de la manière suivante les statuts de la société anonyme du théâtre de Saint-Amand.

Art. 1ᵉʳ. Il est établi une société anonyme pour la construction d'une salle de spectacle à Saint-Amand. La durée de la société est fixée à soixante ans, qui commenceront à courir du jour de l'approbation des statuts. Le siège de cette société est fixé à Saint-Amand. Sa dénomination sera *Société anonyme du théâtre de Saint-Amand*.

2. La salle de spectacle sera construite sur la place Napoléon, adossée aux marches de la terrasse, sur le terrain dont il a été fait cession par le conseil municipal de Saint-Amand, aux clauses et conditions contenues dans ses délibérations des 15 avril 1838 et 1ᵉʳ juin 1839, qui sont annexées aux présent statuts. L'édifice comprendra, outre une salle de spectacle et tout ce qui en dépend, un café, le logement du limonadier, un corps-de-garde, conformément aux plans et devis dressé à cet effet par M. Hazé, architecte à Bourges.

3. Le capital social est fixé à trente-huit mille francs, représenté par soixante et seize actions de cinq cents francs, divisées chacune en quatre coupons de cent vingt-cinq francs. Ce capital est aujourd'hui entièrement soumissionné par les personnes ci-après désignées, qui ont donné leur adhésion individuelle, savoir : (*Suivent les noms.*)

4. Les actions et coupons d'actions seront tirés d'un registre à souche à talon. Le titre sera nominatif et ne pourra se transmettre que par la voie d'un transfert signé du cédant et du cessionnaire, et inscrit sur un registre ce destiné, conformément à l'art. 36 du Code de commerce.

5. Le titre ne sera détaché du registre et remis à l'actionnaire qu'après que celui-ci aura justifié de l'entier paiement du montant de chaque action. Ces titres seront signés par le président et visés par le secrétaire.

6. Le montant des actions sera versé entre les mains du trésorier, en quatre paiements égaux, à la distance de quatre mois au moins les uns des autres, sur les appels de fonds du conseil d'administration. A défaut de paiement, de la part des actionnaires, de tout ou partie de leurs actions, il sera, dans le délai de trois mois et après un simple avertissement resté infructueux, procédé à la vente aux enchères desdites actions : la plus-value, s'il s'en trouve, sera remise à l'actionnaire ; s'il y a déficit, la rentrée sera poursuivie par les voies de droit.

7. Le conseil d'administration exploitera la salle, dans l'intérêt de la société, ainsi qu'il le jugera convenable ; il pourra, soit la donner à bail, soit la régir directement. Seulement le café devra être mis en ferme, aux enchères publiques ou à l'amiable. Le mode d'administration sera d'ailleurs fixé par un règlement intérieur, aussitôt que l'édifice sera terminé.

8. Chaque année, le deuxième dimanche de janvier, les actionnaires se réuniront en assemblée générale ; il leur sera rendu compte de l'état de la société. Les recettes et les dépenses seront arrêtées, et, prélèvement fait des fonds destinés par l'art. 9 à la réserve ; les bénéfices, s'il y a lieu, seront distribués au centime le franc entre toutes les actions.

9. Le fonds de réserve sera de quatre mille francs, et destiné à subvenir aux dépenses imprévues ; cette somme sera formée au moyen de la retenue d'un cinquième sur la somme qui sera libre, chaque année, lors de la reddition des comptes. Ce prélèvements s'opérera jusqu'à ce que la somme de quatre mille francs ait été atteinte ; il cessera lorsqu'elle s'élèvera à ce taux, et recommencera lorsqu'elle aura été entamée.

10. Cette réserve, à mesure qu'elle sera formée et qu'une somme de cinq cents francs sera complétée, sera employée en acquisitions d'effets publics français, pour le compte et au nom de la société. Les intérêts et arrérages qui seront produits par la réserve, viendront, chaque année, en augmenter le capital jusqu'à ce que le maximum de quatre mille francs ait été atteint.

Administration.

11. La société est gérée par un conseil d'administration composé de quinze membres nommés par l'assemblée générale, parmi les titulaires d'une action ou d'un coupon d'action au moins. Les administrateurs seront renouvelés chaque année par cinquième. Les quatre premières années, le sort désignera les administrateurs sortants. Ils seront rééligibles.

12. Il sera nommé, dans le sein du conseil d'administration, un président, un vice-président, un secrétaire, un secrétaire-adjoint et un trésorier. Leurs fonctions dureront un an ; ils seront rééligibles. En cas d'absence ou d'empêchement, le vice-président remplacera le président ; le secrétaire-adjoint, le secrétaire. En cas d'absence du président et du vice-président, l'administrateur le plus âgé préside. En cas d'absence du secrétaire et du secrétaire-adjoint, ils seront remplacés par le plus jeune des administrateurs.

13. Les administrateurs ne contractent, à raison de leurs fonctions, aucune obligation personnelle, et ils ne sont responsables que de l'exécution de leur mandat.

14. Les fonctions des membres du conseil d'administration seront gratuites et ne pourront donner droit à aucune immunité, jouissance de loge, entrée de faveur, ni aucune espèce de privilège.

15. Toutes délibérations seront prises à la majo-

rité des voix ; la présence de la moitié plus un des membres du conseil sera nécessaire pour la validité des décisions.

16. Toutes les délibérations et décisions du conseil seront inscrites par ordre de date, sur le registre à ce destiné.

17. Toutes les dépenses et paiements devront être autorisés par le conseil d'administration, et les mandats de paiement revêtus des visa du président.

18. Le trésorier fera les recettes et effectuera tous les paiements ; il sera responsable des fonds dont il aura le maniement, et sera tenu de fournir un cautionnement de la valeur de quinze cents francs agréé par le conseil d'administration.

19. Toutes actions judiciaires seront exercées au nom de la société et après avoir été autorisées par le conseil d'administration, poursuites et diligences des membres désignés à cet effet.

Des assemblées générales et du droit de suffrage.

20. Tous les actionnaires ont individuellement le droit d'assister et de voter aux assemblées générales; les fondés de pouvoir n'y sont point admis.

21. Les assemblées générales sont convoquées par le président, huit jours au moins à l'avance, par lettres adressées aux actionnaires, et au moyen d'insertions dans l'un des journaux de Saint-Amand, désigné par le tribunal de commerce, conformément à la loi du 31 mars 1833.

22. Aucune délibération prise en assemblée générale ne sera valable qu'autant que le tiers plus une des actions y aura été représenté. Si une première convocation n'amenait pas un nombre suffisant d'actionnaires pour délibérer, il en serait fait une nouvelle dans les formes ci-dessus, et les délibérations prises alors seraient valables, quel que fût le nombre d'actionnaires qui y auraient participé ; mais la délibération ne pourrait porter que sur les objets à l'ordre du jour de la première convocation.

23. A chaque réunion, l'assemblée générale se forme d'abord sous la présidence du président du conseil d'administration, le plus jeune tenant la plume. L'assemblée nomme ensuite, au scrutin secret, son président et son secrétaire, à la majorité relative, par un seul et même scrutin.

Dispositions générales.

24. La société sera dissoute de plein droit, 1° par l'acquisition par la ville de la propriété de la salle de spectacle, aux clauses et conditions contenues dans les délibérations du conseil municipal de Saint-Amand, des 15 avril 1838 et 1er juin 1839 ; 2° par la perte des deux tiers du capital social.

25. L'élection de domicile de chaque actionnaire demeurant à Saint-Amand est censé fait en sa demeure ; quant aux actionnaires qui ne sont pas domiciliés à Saint-Amand, ils devront élire un domicile en ladite ville.

26. Dans le cas de décès ou de faillite d'un actionnaire, ses héritiers ou ayants-cause seront tenus de se faire représenter par un seul d'entre eux vis-à-vis la société, et de s'en rapporter aux inventaires de la société.

27. Toutes contestations entre les actionnaires et la société ou les actionnaires entre eux, à raison des affaires de la société, seront jugées par des arbitres nommés, l'un par une délibération du conseil d'administration, l'autre par la partie contraire. Le tiers arbitre sera nommé par le président

du tribunal de commerce de Saint-Amand. Ces arbitres jugeront comme amiables compositeurs, sans être assujettis aux régles de droit, sans appel et recours en cassation.

28 *et dernier.* Aucuns changements, modifications ou additions ne pourront être faits aux présents statuts que par délibérations prises dans une assemblée générale, réunissant la moitié au moins du capital social. Les modifications ne seront exécutoires qu'après l'approbation du gouvernement.

14 OCTOBRE = 18 NOVEMBRE 1842. — Ordonnance du roi qui approuve des modifications aux statuts de la société anonyme établie à Lille sous la dénomination de *le Nord*, compagnie d'assurances contre l'incendie. (IX, Bull. supp. DCXXVII, n. 17009.)

Louis-Philippe, etc., sur le rapport de notre ministre secrétaire d'Etat de l'agriculture et du commerce ; vu l'ordonnance royale du 24 février 1840, portant autorisation de la société anonyme formée à Lille sous la dénomination de *le Nord*, compagnie d'assurances contre l'incendie, et approbation de ses statuts ; vu la délibération prise, le 11 avril 1842, par l'assemblée générale des actionnaires de cette compagnie, pour demander l'autorisation de porter le fonds social à un million, au moyen de la création de cinq cents nouvelles actions de mille francs chacune, et de fixer à deux cent mille francs le maximum des assurances sur un seul risque ; notre conseil d'Etat entendu, etc.

Art. 1er. Les modifications aux art. 5 et 7 des statuts de la société anonyme établie à Lille sous la dénomination de *le Nord*, compagnie d'assurances à primes contre l'incendie, sont approuvées telles qu'elles sont contenues dans l'acte passé, le 9 septembre 1842, par-devant Me Chaufton, notaire à Charenton-le-Pont (Seine), et en présence de témoins, lequel acte restera annexé à la présente ordonnance.

2. Notre ministre de l'agriculture et du commerce (M. Cunin-Gridaine) est chargé, etc.

Par-devant, etc., a comparu, etc.; lequel, avant de parvenir à l'acte qui fait l'objet des présentes, a exposé ce qui suit : Aux termes d'un acte reçu par Me Hébert Desrocquettes, prédécesseur immédiat du notaire soussigné, le 7 février 1840, dont la minute précède celle des présentes, il a été formé une société anonyme d'assurances contre l'incendie, dont le siège est à Lille, et ayant pour titre : *le Nord*, compagnie d'assurances contre l'incendie, pour le département du Nord. Les art. 5, 7 et 8 des statuts sont ainsi conçus : « Art. 5. Les assurances « pourront s'effectuer dans le département du « Nord, et, par extension, dans les départements « limitrophes et la Belgique, mais seulement pour « des valeurs appartenant à des personnes ayant « déjà des propriétés assurées dans le département « du Nord. Le maximum, sur un seul risque, ne « pourra excéder cent mille francs, comme il est

« dit à l'art. 7 ci-après. Art. 7. Le fonds social est « fixé à cinq cent mille francs, divisé en cinq cents « actions, de mille francs chacune. Art. 8. Pour « former le capital, ces cinq cents actions sont « souscrites dans les proportions, et par les fonda- « teurs de la compagnie indiqués à l'art. 65, et « signataires au cahier de souscription déposé le 11 « décembre 1839, en l'étude de Me Constenoble, « notaire à Lille. Si le montant des valeurs assu- « rées s'élevait à cinquante millions, ou dépassait « cette somme, le capital social serait porté à un « million. Une ordonnance royale déterminera, « dans ce cas, le nombre d'actions à émettre pour « opérer cette augmentation. » Cette société ano-nyme a été autorisée suivant ordonnance royale en date du 24 février 1840. Depuis, les valeurs assu-rées ont dépassé cinquante millions. En consé-quence, une addition à l'acte primitif du 7 février 1840 est devenue nécessaire. Aussi, l'assemblée générale des actionnaires a-t-elle, par délibération en date, à Lille, du 11 avril 1842, décidé d'y ajouter l'annexe ci-après indiquée, et, pour ob-tenir l'autorisation du gouvernement, elle a donné à M. Le Blond, comparant, directeur de la société, les pouvoirs énoncés au procès-verbal de ladite délibération, qui restera ci-annexé, après avoir été certifié véritable du comparant ; lesdits pouvoirs ainsi conçus : « La présente sera soumise à la sanc-« tion du gouvernement par les soins du direc-« teur, qui est à cet effet autorisé à soutenir « toutes discussions y relatives, soit au ministère « du commerce, soit au conseil d'Etat ; consentir « toutes concessions, autant qu'elles ne sortent « point de l'esprit des statuts primitifs, passer « actes notariés, et remplir toutes formalités re-« quises afin d'obtenir l'ordonnance royale. » Dans cet état de choses, M. Le Blond, en sa qualité sus-ex-primée, arrête ainsi qu'il suit la rédaction définitive des modifications aux art. 5, 7 des statuts primitifs.

Art. 1er. Le maximum, sur un seul risque, ne pourra excéder deux cent mille francs.

2. Le fonds social est porté à un million, au moyen de la création de cinq cents nouvelles ac-tions de mille francs chacune. Ces actions sont souscrites par les personnes qualifiées et domici-liées en l'état qui restera annexé aux présentes, après avoir été certifié véritable par M. Le Blond, et dans les proportions y indiquées. Les action-naires ont pris l'engagement, s'ils en étaient re-quis, de verser jusqu'à concurrence du montant de leurs actions, et d'effectuer le paiement d'un cinquième, ou deux cents francs par actions, dans le mois qui suivrait l'ordonnance royale. A défaut de ces versements, les actions seraient vendues aux risques et périls des retardataires, conformément à l'art. 13 des statuts.

3. Sont souscripteurs des cinq cents nouvelles actions les personnes signataires de l'acte ci-joint, et dont les noms suivent • (*Suivent les noms.*)

25 OCTOBRE = 21 NOVEMBRE 1842. — Ordonnance du roi portant que les tableaux de population y annexés seront considérés comme seuls authen-tiques, à partir du 1er novembre 1842. (IX, Bull. DCCCCLVIII, n. 10337.)

Louis-Philippe, etc., vu l'ordonnance du 30 décembre 1836 ; vu les nouveaux états de population dressés officiellement par les préfets ; sur le rapport de notre mini-

secrétaire d'Etat au département de l'intérieur, etc.

Art. 1er. Les tableaux de population ci-annexés des départements, des arrondissements et des cantons du royaume, seront considérés comme seuls authentiques à partir du 1er novembre 1842.

2. Nos ministres secrétaires d'Etat de la justice et des cultes, de la guerre, de la marine et des colonies, des finances, de l'instruction publique, des travaux publics, de l'agriculture et du commerce, et de l'intérieur, sont chargés, etc.

(Contresignée DUCHATEL.)

Résumé des tableaux du recensement de la population du royaume par départements et par arrondissements, annexés à l'ordonnance royale du 25 octobre 1842.

AIN. — Belley, 79,913; Bourg, 121,447; Gex, 23,040; Nantua, 52,242; Trévoux, 79,046. Total du département, 355,694 âmes.

AISNE. — Château-Thierry, 63,465; Laon, 168,554; Saint-Quentin, 120,534; Soissons, 72,038; Vervins, 117,622. Total du département, 542,213 âmes.

ALLIER.—Gannat, 66,323; La Palisse, 74,920; Montluçon, 79,795; Moulins, 90,323. Total du département, 311,361 âmes.

ALPES (BASSES-).—Barcelonnette, 18,561; Castellane, 23,770; Digne, 52,045; Forcalquier, 36,118; Sisteron, 25,561. Total du département, 156,055 âmes.

ALPES (HAUTES-). — Briançon, 31,005; Embrun, 32,441; Gap, 69,138. Total du département, 132,584 âmes.

ARDÈCHE. — Largentière, 108,838; Privas, 116,159; Tournon, 139,419. Total du département, 364,416 âmes.

ARDENNES.—Mézières, 75,376; Rethel, 68,487; Rocroy, 49,838; Sedan, 66,027; Vouziers, 64,439. Total du département, 319,167 âmes.

ARIÈGE.—Foix, 92,300; Pamiers, 78,756; Saint-Girons, 94,551. Total du département, 265,607 âmes.

AUBE. — Arcis-sur-Aube, 36,443; Bar-sur-Aube, 42 634; Bar-sur-Seine, 52,029; Nogent-sur-Seine, 34,785; Troyes, 92,289. Total du département, 258,180 âmes.

AUDE. — Carcassonne, 94,428; Castelnaudary, 54,536; Limoux, 75,674; Narbonne, 59,847. Total du département, 284,285 âmes.

AVEYRON. — Espalion, 66,913; Milhau, 64,015; Rodez, 102,536; Saint Affrique, 58,551; Villefranche, 85.068. Total du département, 375,083 âmes.

BOUCHES-DU-RHONE. — Aix, 107,249; Arles, 79,975; Marseille, 187,779. Total du département, 375,003 âmes.

CALVADOS. — Bayeux, 80,784; Caen, 159,777; Falaise, 61,163; Lisieux, 68,343; Pont-l'Evêque, 57,673; Vire, 88,488. Total du département, 496,198 âmes.

CANTAL. — Aurillac, 97,497; Mauriac, 62,860; Murat, 35,676; Saint-Flour, 61,690. Total du département, 257,423 âmes.

CHARENTE.—Angoulême, 132,323; Barbezieux, 56 077; Cognac, 102,501; Confolens, 68,511; Ruffec, 58,681. Total du département, 567,893 âmes.

CHARENTE-INFÉRIEURE. — Jonzac, 85,324; La Rochelle, 82,076; Marennes, 59,808; Rochefort, 67 235; Saintes, 105,555; Saint Jean-d'Angely, 86,175. Total du département, 460.245 âmes.

CHER. — Bourges, 105,555; Saint Amand, 96,023;

Sancerre, 74,275. Total du département, 275,645 âmes.

CORRÈZE. — Brives, 113,581; Tulle, 130,853; Ussel, 62,046. Total du département, 306,480 âmes.

CORSE.—Ajaccio, 51,040; Bastia, 67,517; Calvi, 25,024; Corte, 52,662; Sartène, 27,220. Total du département, 224-463 âmes.

COTES D'OR. — Beaune, 123,446; Châtillon, 54,181; Dijon, 144,549; Semur, 71,140. Total du département, 393,316 âmes.

COTES-DU-NORD.—Dinan, 111,876; Guingamp, 120,691; Lannion, 108,749; Loudéac, 92,124; Saint-Brieuc, 174,132. Total du département, 607,572 âmes.

CREUSE. — Aubusson, 105,434; Bourganeuf, 40,568; Boussac, 37,890; Guéret, 94,157. Total du département, 278,029 âmes.

DORDOGNE. — Bergerac, 118,304; Nontron, 83,889; Périgueux, 105,753; Riberac, 70,974; Sarlat, 111.345. Total du département, 490,265.

DOUBS. — Baume, 67,728; Besançon, 100,054; Montbéliard, 59,114; Pontarlier, 49,101. Total du département, 275,997 âmes.

DROME. — Die, 66,003; Montélimart, 65,689; Nyons, 35,660; Valence, 144,146. Total du département, 311,498.

EURE. — Bernay, 80,388; Evreux, 123,256; les Andelys, 65,348; Louviers, 69,240; Pont-Audemer, 87,548. Total du département, 425,780 âmes.

EURE-ET-LOIR. — Chartres, 106,570; Châteaudun, 62.618; Dreux, 70,845; Nogent-le-Rotrou, 46,335. Total du département, 286,368 âmes.

FINISTÈRE. — Brest, 182,663; Châteaulin, 100,520; Morlaix, 139,912; Quimper, 109,775; Quimperlé, 43,198. Total du département, 576,068 âmes.

GARD.—Alais, 88,570; le Vigan, 65,359; Nîmes, 134,737; Uzès, 87,596. Total du département, 376,062 âmes.

GARONNE (HAUTE-). — Muret, 89,082; Saint-Gaudens, 144,116; Toulouse, 171,243; Villefranche, 63,630. Total du département, 408,071 âmes.

GERS. — Auch, 60,563; Condom, 74,708; Lectoure, 52,140; Lombez, 42,105; Mirande, 84,633. Total du département, 311,147 âmes.

GIRONDE. — Bazas, 54,654; Blaye, 57,187; Bordeaux, 258,490; La Réole, 53,051; Lesparre, 38.013; Libourne, 106,659. Total du département, 568,034 âmes.

HÉRAULT.— Béziers, 131,033; Lodève, 55,849; Montpellier, 131,815; Saint-Pons, 48,646. Total du département, 367,343 âmes.

ILLE-ET-VILAINE.— Fougères, 81,676; Montfort, 57,576; Redon, 76,035; Rennes, 133,460; Saint-Malo, 119,778; Vitré, 80,892. Total du département, 549,417 âmes.

INDRE. — Châteauroux, 95,056; Issoudun, 47,016; La Châtre, 54,591; Le Blanc, 56,453. Total du département, 253,076 âmes.

INDRE-ET-LOIRE. — Chinon, 89,674; Loches, 62,679; Tours, 154,013. Total du département, 306,366 âmes.

ISÈRE. — Grenoble, 218,334; La Tour-du-Pin, 132,860; Saint-Marcellin, 86,173; Vienne, 151,193. Total du département, 588,660 âmes.

JURA.—Dôle, 75,940; Lons-le-Saunier, 109-231; Poligny, 80,595; Saint Claude, 50,968. Total du département, 346,734 âmes.

LANDES. — Dax, 105,345; Mont-de-Marsan, 94,145; Saint-Sever, 88,587. Total du département, 288,077 âmes.

LOIR-ET-CHER.—Blois, 122,970; Romorantin, 46 887; Vendôme, 79,605. Total du département, 249,462 âmes.

LOIRE.—Montbrison, 126,460; Roanne, 128,187; Saint-Etienne, 179,438. Total du département, 434.085 âmes.

LOIRE (HAUTE-). — Brioude, 83,198; le Puy,

132,368; Yssingeaux, 82,571. Total du département, 298,137 âmes.

LOIRE-INFÉRIEURE. — Ancenis, 46,152; Châteaubriant, 64,261 ; Nantes, 216,148 ; Paimbœuf, 43,346; Savenay, 116,899. Total du département, 486,806 âmes.

LOIRET.—Gien, 44,188, Montargis, 70,385; Orléans, 144,032; Pithivers, 59,847. Total du département, 318,452 âmes.

LOT. - Cahors, 117,355; Figeac, 89,442; Gourdon, 80,944. Total du département, 287,739 âmes.

LOT-ET-GARONNE.—Agen, 85,018; Marmande, 103,742 ; Nérac , 60,989 ; Villeneuve-d'Agen , 97,324. Total du département, 347,073 âmes.

LOZÈRE. — Florac, 40,635; Marvejols, 53,605; Mende , 46,548. Total du département , 140,788 âmes.

MAINE-ET-LOIRE. — Angers, 144,795; Baugé, 80 495; Baupréau, 110,071; Saumur, 94,021; Segré, 59,992. Total du département, 488,472 âmes.

MANCHE. — Avranches, 113,600 ; Cherbourg, 79,654; Coutances, 134,087; Mortain, 74,615; Saint-Lô, 100,008; Valognes, 95,370. Total du département, 597,334 âmes.

MARNE. — Châlons, 51,068; Epernay, 89,024 ; Reims, 128,929; Sainte-Menehould, 36,215; Vitry-le-Français , 51,396. Total du département , 356,632 âmes.

MARNE (HAUTE-). — Chaumont , 87,594; Langres, 101,393; Vassy, 68,780. Total du département, 257.567 âmes.

MAYENNE. — Château-Gontier, 74,741 ; Laval, 124,866 ; Mayenne, 161,785. Total du département, 361,392 âmes.

MEURTHE.—Château-Salins, 70,326; Lunéville, 89,179; Nancy, 140,899; Sarrebourg, 78,213; Toul, 65,986. Total du département, 444,605 âmes.

MEUSE. — Bar-le-Duc , 82,109 ; Commercy, 88,208 ; Montmédy, 69,664; Verdun, 86,391. Total du département, 326,372 âmes.

MORBIHAN. — Lorient , 136,446 ; Ploërmel , 86,283; Pontivy, 99,151; Vannes, 124,451. Total du département, 446,331 âmes.

MOSELLE.— Briey, 65,420; Metz, 146,735; Sarreguemines, 123,644; Thionville, 87,461. Total du département, 421,258 âmes.

NIÈVRE. — Château-Chinon, 66,098; Clamecy, 75,254; Cosne, 70,074; Nevers, 93,920. Total du département, 305,346 âmes.

NORD. — Avesnes, 139,248; Cambrai, 166,921; Douai,100,158; Dunkerque, 102,468; Hazebrouck, 105,574; Lille, 328,005; Valenciennes, 142,924. Total du département, 1,085,298 âmes.

OISE. — Beauvais, 152,522 ; Clermont, 89,547 ; Compiègne, 97,224; Senlis, 79,775. Total du département, 398,868 âmes.

ORNE.— Alençon, 72,207; Argentan, 111,515; Domfront, 133,300; Mortagne, 125,050. Total du département, 442,072 âmes.

PAS-DE-CALAIS. — Arras, 167,598 ; Béthune, 134,28?; Boulogne, 113,143; Montreuil, 79,711; Saint-Omer, 109,444 ; Saint-Pol, 81,143. Total du département, 685,021 âmes.

PUY-DE-DOME. — Ambert, 91,734; Clermont, 172,238; Issoire, 99,776; Riom, 155,?07; Thiers, 70,611. Total du département, 587,566 âmes.

PYRÉNÉES (BASSES-).—Bayonne, 87,349; Mauléon, 75,701; Oleron, 77,582; Orthez, 86,217; Pau, 125.034. Total du département, 454,683 âmes.

PYRÉNÉES (HAUTES-). — Argelès, 41,479; Bagnères, 92,906; Tarbes, 109,811. Total du département, 244,196 âmes.

PYRÉNÉES-ORIENTALES.— Céret, 40,192; Perpignan, 81,691; Prades, 51,709. Total du département, 173,592 âmes.

RHIN (BAS-).— Saverne, 108,480; Schelestadt, 130.893 ; Strasbourg, 228,058 ; Wissembourg, 92,700. Total du département, 560,113 âmes.

RHIN (HAUT-). — Altkirch, 134,571 ; Belfort, 127,538 ; Colmar, 202,557. Total du département, 464,466 âmes.

RHONE.—Lyon, 344,793; Villefranche, 156,038; Total du département, 500,831 âmes.

SAONE (HAUTE).—Gray, 90,796; Lure, 141,42?, Vesoul, 115,409. Total du département, 347,627 âmes.

SAONE-ET-LOIRE.—Autun, 95,329; Châlon-sur-Saône , 127,882 ; Charolles, 125,077; Louhans, 87,459; Mâcon, 117,796. Total du département, 551,543 âmes.

SARTHE.—La Flèche, 100,398; le Mans, 168,?21; Mamers, 131,804 ; Saint-Calais, 70,012. Total du département, 470,535 âmes.

SEINE.—Paris, 935,261 ; Saint-Denis, 152,094 ; Sceaux, 107,248. Total du département, 1,194,603 âmes.

SEINE-INFÉRIEURE. — Dieppe, 112,374; le Havre, 149,427; Neufchâtel, 85,256; Rouen, 248,415; Yvetot, 142,349. Total du département, 737,501 âmes.

SEINE-ET-MARNE.—Coulommiers, 54,074; Fontainebleau, 73,206; Meaux, 93,252; Melun, 59,899; Provins, 52,829. Total du département, 333,260 âmes.

SEINE-ET-OISE. — Corbeil, 59,283; Etampes, 40,654; Mantes, 60,801; Pontoise, 92,645; Rambouillet, 66,995; Versailles, 150,575. Total du département, 470,948 âmes.

SÈVRES (DEUX-). — Bressuire , 64,678 ; Melle, 76,535; Niort, 102,481; Parthenay,66,509. Total du département, 310,203 âmes.

SOMME.—Abbeville, 134,620; Amiens, 184,166; Doullens, 59,686; Montdidier, 70,226; Péronne, 110,982. Total du département, 559,680 âmes.

TARN.—Albi, 86,847; Castres, 139,847; Gaillac, 74,926; Lavaur, 55,066. Total du département, 351,656 âmes.

TARN-ET-GARONNE.— Castel-Sarrasin, 71,410; Moissac, 62,295 ; Montauban, 105,592. Total du département, 239.297 âmes.

VAR. — Brignoles, 68,953; Draguignan, 84,514; Grasse, 65,164; Toulon, 109,379. Total du département, 328,010 âmes.

VAUCLUSE.— Apt, 55,410; Avignon, 73,034; Carpentras, 54,034; Orange, 68,602. Total du département, 251,080 âmes.

VENDÉE. — Bourbon-Vendée, 128,186; Fontenay-le Comte , 126,551 ; les Sables-d'Olonne , 101,756. Total du département, 356,455 âmes.

VIENNE.—Châtellerault, 54,334; Civray, 46,710; Loudun, 35,364 ; Montmorillon, 57,219 ; Poitiers, 100,623. Total du département, 294,250 âmes.

VIENNE (HAUTE-). — Bellac, 81,588; Limoges, 120,731 ; Rochechouart , 48,601 ; Saint-Yrieix , 41,928. Total du département, 292.848 âmes.

VOSGES.—Epinal, 97,098 ; Mirecourt, 73,276 ; Neufchâteau, 65,527; Remiremont, 68,386; Saint-Dié, 115,705. Total du département, 419,992 âmes.

YONNE. — Auxerre, 114,745; Avallon, 47,075; Joigny, 92,984; Sens, 65,367; Tonnerre, 44,792. Total du département, 362,961 âmes.

Total général, 34,494,875 âmes.

Tableau de la population par arrondissements et par cantons.

AIN, 355,694 âmes (5 arrond., 35 cantons , 442 comm.).

Belley. Ambérieux , 7,872 ; Belley, 16,098 ; Champagne , 8,018 ; Hauteville, 5,249 ; Lagnieu, 11,882; L'Huis, 8,044; Saint-Rambert, 9,025; Seyssel, 6,030 ; Virieux-le-Grand, 7,733. Total de l'arrond., 79,919.

Bourg. Bagé-le-Châtel , 12,288; Bourg, 20,269; Ceyzeriat, 8,351 ; Coligny , 9,878 ; Montrevel, 14,510 ; Pont-d'Ain , 10,063 ; Pont-de-Vaux ,

13,407 ; Pont-de-Veyle , 10,202 ; St.-Trivier-de-Courtes , 12,144 ; Treffort , 10,055. Total de l'arrond., 121,447.

Gex. Collonges , 9,339 ; Ferney, 5,225 ; Gex , 8,476. Total de l'arrond., 23,040.

Nantua. Brenod, 7,454 ; Châtillon-de-Michaille, 9,855 ; Izernore, 6,469 ; Nantua , 9,696 ; Oyonnax, 9,585 ; Poncin, 9,723. Total de l'arrond., 52,242.

Trévoux. Chalamont , 6,003 ; Châtillon-sur-Chalaronne , 13,578 ; Meximieux , 9,119 ; Montluel, 12,924 ; Saint-Trivier-sur-Moignans, 10,939 ; Thoissey , 13,250 ; Trévoux , 13,253. Total de l'arrond., 79,046.

AISNE , 542,213 âmes (5 arrond., 37 cantons, 840 comm.).

Château-Thierry. Charly, 12,356 ; Château-Thierry, 13,070 ; Condé , 11,547 ; Fère-en-Tardenois , 12,113 ; Neuilly-Saint-Front , 12,379. Total de l'arrond., 63,465.

Laon. Anizy-le-Château , 10,865 ; Chauny, 19,194 : Coucy-le-Château , 18,145 ; Craonne , 15,584 ; Crécy-sur-Serre, 12,686 ; La Fère, 18,722 ; Laon, 20,615 ; Marle, 13,023 ; Neufchâtel, 10,687 ; Rosoy-sur-Serre , 17,797 ; Sissonne, 13,236. Total de l'arrond., 168,554.

Saint-Quentin. Bohain , 19,834 ; Le Catelet, 15,768 ; Moy, 13,536 ; Ribemont, 15,225 ; Saint-Quentin, 27,606 ; Saint-Simon , 14,658 ; Vermand, 13,927. Total de l'arrond., 120,534.

Soissons. Braisne, 13,194 ; Oulchy-le-Château, 8,063 ; Soissons, 17,450 ; Vailly, 13,522 ; Vic-sur-Aisne , 11,724 ; Villers-Cotterets , 10,559. Total de l'arrond., 72,038.

Vervins. Aubenton , 10,681 ; Guise , 17,724 ; Hirson, 15,246 ; La Capelle, 16,404 ; Le Nouvion , 11,806 ; Sains, 13,531 ; Vervins, 17,395 ; Wassigny, 14,835. Total de l'arrond., 117,622.

ALLIER , 311,361 âmes (4 arrond., 26 cantons, 320 comm.).

Gannat. Chantelle, 13,561 ; Ebreuil, 15,759 ; Escurolles, 12,737 ; Gannat, 13,794 ; Saint-Pouçain , 12,672. Total de l'arrond., 66,523.

La Palisse. Cusset , 15,483 ; Donjon , 9,540 ; Jaligny , 8,957 ; La Palisse , 14,904 ; Mayet, 14,401 ; Varennes , 11,935. Total de l'arrond., 74,920.

Montluçon. Cerilly, 11,225 ; Hérisson, 11,922 ; Huriel , 12,923 ; Marcillat , 10,524 ; Montluçon , 19,095 ; Montmarault, 14,109. Total de l'arrond. , 79,795.

Moulins. Bourbon, 10,780 ; Chevagnes, 7,507 ; Dompierre, 9,550 ; Lurcy, 9,188 ; Montet, 10,892 ; Moulins (Est), 20,400 ; Moulins (Ouest) , 5,493 ; Neuilly, 6,061 ; Souvigny , 10,472. Total de l'arrond., 90,323.

ALPES (BASSES-) , 156,055 âmes (5 arrond., 30 cantons, 256 comm.).

Barcelonnette. Allos , 1,410 ; Barcelonnette , 8,797 ; Le Lauzet, 5,294 ; Saint-Paul, 3,060. Total de l'arrond., 18,561.

Castellane. Annot , 4,779 ; Castellane, 5,925 ; Colmars , 4,076 ; Entrevaux, 3,492 ; Saint-André-de-Méouilles, 5,165 ; Senez, 2,333. Total de l'arrond., 23,770.

Digne. Barrême, 4,046 ; Digne, 10,661 ; La Javie, 3,404 ; Les Mées, 6,744 ; Mézel, 3,891, Moustiers, 3,849 ; Riez , 8,513 ; Seyne, 5.644 ; Valensole, 5,496. Total de l'arrond., 52,045.

Forcalquier. Banon, 6,483 ; Forcalquier, 9,461 ; Manosque , 9,208 ; Peyruis, 2,508 ; Reillanne , 4,780 ; Saint-Etienne , 3,978. Total de l'arrond., 36,418.

Sisteron. La Motte, 5,461 ; Noyers, 4,654 ; Sisteron , 6,981 ; Turriers, 5,676 ; Volonne , 5,092. Total de l'arrond., 25 561.

ALPES (HAUTES-) , 132,584 âmes (3 arrond., 24 cantons, 189 comm.).

Briançon. Aiguilles , 7.268 ; Briançon, 9,200 ;

La Grave, 2,304 ; l'Argentière, 6,824 ; Le Monestier, 5.592. Total de l'arrond., 51,005.

Embrun. Chorges , 5,002 ; Embrun , 11,414 ; Guillestre, 9,849 ; Orcières, 2,974 ; Savines,3,202. Total de l'arrond., 32.441.

Gap. Aspres-les-Veynes , 4,715 ; Barcillonnette, 1,043 ; Gap, 12,090 ; La Bâtie-Neuve,3,585 ; Laragne , 3 852 ; Orpierre, 2,597 ; Ribiers , 4,067 ; Rosans , 3,681 ; Saint-Bonnet , 11,793 ; Saint-Etienne en-Dévolu , 2,114 ; Saint-Firmin 5,394 ; Serres , 5,220 ; Tallard , 4,879 ; Veynes , 4,108. Total de l'arrond., 69,138.

ARDÈCHE, 364,416 âmes (3 arrond., 31 cantons, 331 comm.).

Largentière. Buzet, 5.812 ; Coucouron, 5,386 ; Joyeuse, 18,727 ; Largentière, 14,565 ; Les Vans, 19,264 ; Montpezat , 9,706 ; Saint-Etienne de-Lugdarès , 4,577 ; Thueyts , 14,854 ; Valgorge , 6,195 ; Vallon. 9.772. Total de l'arrond., 108,858.

Privas. Antraigues, 10,642 ; Aubenas, 19,817 ; Bourg-Saint-Andéol , 12,488 ; Chomérac , 8,237 ; La Voulte, 11,402 ; Privas, 16,224 ; Rochemaure, 6,382 ; Saint-Pierreville , 10,234 ; Villeneuve-de-Berg , 12,015 ; Viviers, 8,721. Total de l'arrond., 116 159.

Tournon. Annonay, 21,650 ; Lamastre, 14,782 ; Le Cheylard, 12,074 ; Saint-Agrève, 9,481 ; Saint-Félicien, 10,805 ; St. Martin-de-Valamas, 12,034 ; Saint-Peray. 9.807 ; Satillieu , 10,202 ; Serrières , 11,349 ; Tournon, 16,172 ; Vernoux, 11,116. Total de l'arrond., 139,4 9.

ARDENNES, 319,167 âmes (5 arrond., 31 cantons, 479 comm.).

Mézières. Charleville, 18,959 ; Flize , 7,404 ; Mézières , 12,382 ; Monthermé, 9,564 ; Omont, 7,080 ; Renwez , 8,706 ; Signy l'Abbaye , 9,287. Total de l'arrond. 73,376.

Rethel. Asfeld, 9,245 ; Château-Porcien, 9,926 ; Chaumont , 10,070 ; Juniville , 7,863 ; Novion , 14,701 ; Rethel, 16,714. Total de l'arrond., 168,487.

Rocroy. Fumay , 9,140 ; Givet, 9,709 ; Rocroy , 12,746 ; Rumigny , 10,550 ; Signy-le-Petit, 7,923. Total de l'arrond., 49,858.

Sedan. Carignan, 12,685 ; Mouzon, 9,462 ; Raucourt, 7.355 ; Sedan (Nord), 23,060 ; Sedan (Sud), 13,467. Total de l'arrond., 66,027.

Vouziers. Attigny, 6,932 ; Buzancy, 8,947 ; Grandpré, 9.591 ; Le Chesne , 8.280 ; Machault , 5,020 ; Monthois, 6,936 ; Tourteron, 5,594 ; Vouziers, 10 169. Total de l'arrond., 61,459.

ARIÈGE 265,607 âmes (3 arrond., 20 cantons, 336 comm.).

Foix. Ax , 7,835 ; Foix , 21,669 ; La Bastide-de Seron, 8,213 ; Lavelanet , 16,927 ; Les Cabannes , 7,951 ; Querigut, 2,829 ; Tarascon , 17,465 ; Vic-Dessos , 9,440. Total de l'arrond., 92,300.

Pamiers. Le Fossat , 12,390 ; Le Mas-d'Azil , 11,460 ; Mirepoix , 17,835 ; Pamiers , 13,595 ; Saverdun, 12,821 ; Varilhes, 8,657. Total de l'arrond., 78,756.

Saint-Girons. Castillon, 18,427 ; Massat, 15,629 ; Oust, 18,037 ; Sainte-Croix, 8,539 ; Saint-Girons , 21,109 ; Saint Lizier, 12,799. Total de l'arrond., 94,551 ;

AUBE , 258,180 âmes (5 arrond., 26 cantons , 447 comm.).

Arcis sur-Aube. Arcis-sur-Aube, 10,290 ; Chavanges . 5,554 ; Méry-sur-Seine , 11,977 ; Ramerupt, 8,825. Total de l'arrond., 36.443.

Bar sur Aube. Bar-sur-Aube, 17,429 ; Brienne-le-Château, 10,384 ; Soulaines, 6,485 ; Vendeuvre 8,636. Total de l'arrond., 42,634.

Bar - sur - Seine. Bar-sur-Seine , 11,982 ; Chaource, 12,149 ; Essoyes, 13,292 ; Mussy-sur-Seine , 7,259 ; Riceys, 7,367. Total de l'arrond., 52 029.

Nogent sur-Seine. Marcilly-le-Hayer, 8,813 ; Nogent-sur-Seine , 10,166 ; Romilly-sur-Seine ;

10,475 ; Villenauxe , 5,551. Total de l'arrond., 54.785.

Troyes. Aix-en-Othe , 9.026 ; Bouilly, 9,052 ; Ervy, 11,284 ; Estissac, 6,899 ; Lusigny , 7,002 ; Piney, 6,525 ; Troyes, 1er canton, 12,467 ; 2e canton, 16,050 ; 3e canton, 11,184. Total de l'arrond., 92,289.

AUDE, 284,285 âmes (4 arrond. , 51 cantons , 433 comm.).

Carcassonne. Alzonne, 8,200 ; Capendu, 6,561 ; Carcassonne (Est), 2,288 ; Carcassonne (Ouest), 20,586 ; Conques, 5,798 ; Lagrasse, 5,901 ; Le Mas-Cabardès, 7,469 ; Montréal , 6,859 ; Monthoumet, 5,566 ; Peyriac, 16,124 ; Saissac, 5,501 ; Tuchan , 5,795. Total de l'arrond., 94,428.

Castelnaudary. Belpech , 6,666 ; Castelnaudary (Nord), 11,805 ; Castelnaudary (Sud), 20 590 ; Fanjeaux, 9,740 ; Salles-sur-l'Hers , 5,735. Total de l'arrond., 54,536.

Limoux. Alaigne , 8,529 ; Belcaire , 8,370 ; Chalabre, 11,498 ; Couiza, 8,829 ; Limoux, 16,552 ; Quillan, 10,619 ; Roquefort, 6.796 ; Saint-Hilaire, 4,681. Total de l'arrond., 75,674.

Narbonne. Coursan , 9,221 ; Durban , 4,886 ; Ginestas , 9,282 ; Lézignan , 9,794 ; Narbonne , 16,727 ; Sigean, 9,937. Total de l'arrond., 59,847 ;

AVEYRON, 375,083 âmes (5 arrond., 42 cantons, 259 comm.).

Espalion. Entraygues. 6,868 ; Espalion, 11,280 ; Estaing, 8,363 ; La Guiole, 6,129 ; Mur-de-Barrez, 8,230 ; Saint-Amans . 6,535 ; Saint Chély, 5,252 ; Sainte-Geneviève , 7,180 ; Saint-Geniez , 9,076. Total de l'arrond., 66,913.

Milhau. Campagnac , 5.595 ; Laissac , 7,477 ; Milhau, 13,676 ; Nant, 10,245 ; Peyreleau, 4.864 ; Saint-Beauzély , 6,521 ; Salles-Curan , 4,166 ; Séverac, 6,574 ; Vezins, 4,900. Total de l'arrond., 64,015.

Rodez. Bozouls , 6,869 ; Cassagnes-Bégonhès , 8,553 ; Conques, 7.646 ; La Salvetat, 6,097 ; Marcillac, 11,942 ; Naucelle, 8,978 ; Réquista, 10 006 ; Rignac, 9,140 ; Rodez, 17.314, Salars. 6 929 ; Sauveterre, 9.112. Total de l'arrond., 102,556.

Saint-Affrique. Belmont , 6,415 ; Camarès , 10,300 ; Cornus, 6,634 ; Saint-Affrique , 10,882 ; Saint Rome-de-Tarn, 9,096 ; Saint-Sernin, 15,204. Total de l'arrond., 58,534.

Villefranche. Asprières , 10,417 : Aubin , 15,985 ; Montbazens, 12,420 ; Najac. 9.932 ; Rieupeyroux, 8,794 ; Villefranche, 16 264 ; Villeneuve, 9,564. Total de l'arrond., 85,068.

BOUCHES-DU-RHONE, 375,003 âmes (3 arrond., 27 cantons, 106 comm.).

Aix. Aix (Nord), 15,573 ; Aix (Sud), 15,892 ; Berre, 7,647 ; Gardanne , 9,249 ; Istres , 8,651 ; Lambesc , 9,408 ; Martigues, 13,225 ; Peyrolles, 5.966 ; Salon, 13,092 ; Trets, 8,548. Total de l'arrond., 107,249.

Arles. Arles (Est), 10,535 ; Arles (Ouest), 12.067 ; Château Renard , 14,418 ; Eyguières , 7.889 ; Orgon, 9,558 ; Saintes-Maries, 910 ; Saint-Remy, 11,737 ; Tarascon, 12,861. Total de l'arrond., 79,975.

Marseille. Aubagne, 10,441 ; La Ciotat, 9,060 ; Marseille , 1er canton, 51,704 ; 2e canton, 38,721 ; 3e canton, 41 478 ; 4e canton, 20,433 ; 5e canton, 15,716 ; 6e canton , 9 655 ; Roquevaire, 10,574. Total de l'arrond., 187,779.

CALVADOS, 496,198 âmes (6 arrond., 37 cantons , 796 comm.).

Bayeux. Balleroy, 16,102 ; Bayeux , 15,055 ; Caumont , 11,314 ; Isigny, 15,032 ; Ryes , 11,124 ; Trévières , 12,160. Total de l'arrond., 80,784.

Caen. Bourguébus, 9,026 ; Caen (Est), 26,869 ; Caen (Ouest), 25,203 ; Creuilly, 13,708 ; Douvres , 15,464 ; Evrecy, 12,635 ; Tilly sur-Seulles, 14,096 ; Troarn, 13,251 ; Villers-Bocage, 11,527 ; Total de l'arrond., 159,777.

Falaise Bretteville-sur-l'Aize, 14,235 ; Coulibœuf, 9,865 ; Falaise, 1er canton, 8,843 ; 2e canton, 13,726 ; Harcourt, 14,494. Total de l'arrond., 61,163.

Lisieux. Lisieux, 1er canton, 14,306 ; 2e canton, 13,810 ; Livarot , 9.696 ; Mézidon , 8.147 ; Orbec , 13,660 ; Saint Pierre-sur-Dives , 8,694. Total de l'arrond., 68,313.

Pont-l'Evêque. Blangy, 10,081 ; Cambremer, 7,893 ; Dozulé . 9,566 ; Honfleur , 16,914 ; Pont-l'Evêque, 13.249. Total de l'arrond., 57,675.

Vire. Aunay, 12.992 ; Bény-Bocage, 14,225 ; Condé-sur Noireau, 13,477 ; Saint-Sever, 16,039 ; Vassy , 13,238 ; Vire, 18,537. Total de l'arrond., 88,488.

CANTAL, 257,423 âmes (4 arrond., 23 cantons , 260 comm.).

Aurillac. Aurillac (Nord), 14,874 ; Aurillac (Sud), 17,509 ; Laroquebrou, 11,192 ; Maurs, 12,858 ; Montsalvy, 11,-01 ; Saint-Cernin, 8,287 ; Saint-Mamet, 9,499 ; Vic-sur-Cère, 11,997. Total de l'arrond., 97,197.

Mauriac. Champs, 5,164 ; Mauriac, 11,989 ; Pleaux , 10.850 ; Riom , 10.427 ; Saignes, 10,492 ; Salers, 13,955. Total de l'arrond., 62,860.

Murat. Allanches, 11.038 ; Marcenat, 10,961 ; Murat, 13.657. Total de l'arrond., 35,676.

Saint-Flour. Chaudesaigues, 8,800 ; Massiac, 10,529 ; Pierrefort, 9,049 ; Ruines, 7,870 ; Saint-Flour (Nord , 11,164 ; Saint-Flour (Sud), 14,478. Total de l'arrond., 61,690.

CHARENTE , 367,893 âmes (5 arrond., 29 cantons , 463 comm.).

Angoulême. 1er canton, 20,017 ; 2e canton, 24,397 ; Blanzac, 14.418 ; Hiersac, 10,045 ; La Rochefoucauld, 15.994 ; La Valette, 14,255 ; Montbron, 12,696 ; Rouillac, 14,749 ; Saint-Amant-de-Boixe, 12 052. Total de l'arrond., 132,323.

Barbezieux. Aubeterre, 8,595 ; Baignes, 7,874 ; Barbezieux, 14.284 ; Brossac, 6,442 ; Chalais, 9,066 ; Montmoreau. 10,149. Total de l'arrond., 56,077.

Cognac. Châteauneuf, 10,605 ; Cognac, 15,885 ; Jarnac. 11,820 ; Segonzac, 13,993. Total de l'arrond., 52,501.

Confolens. Chabanais, 12.803 ; Champagne-Mouton, 7,055 ; Confolens (Nord), 7,472 ; Confolens (Sud), 15,784 ; Montembœuf, 12.385 ; Saint Claud , 15.032. Total de l'arrond., 68,511.

Ruffec. Aigre, 13,569 ; Mansle, 16,457 ; Ruffec , 15,092 ; Villefagnan, 13,763. Total de l'arrond., 58,681.

CHARENTE-INFÉRIEURE , 470,245 âmes (6 arrond., 39 cantons , 480 comm.).

Jonzac. Archiac, 14,488 ; Jonzac, 12,044 ; Mirambeau. 15,596 ; Montendre, 8,639 ; Montguyon, 12,008 ; Montlieu , 10.268 ; Saint-Genis, 13,279. Total de l'arrond., 85,322.

La Rochelle. Ars , 7,776 ; Courçon, 13,210 ; La Jarrie, 11,794 ; La Rochelle (Est), 14,449 ; La Rochelle (Ouest), 16,964 ; Marans, 8,216 ; Saint-Martin, 9.667. Total de l'arrond., 82,076.

Marennes. La Tremblade, 7,996 ; Le Château 6,270 , Marennes, 11,188 ; Royan, 7,862 ; Saint-Agnant , 6,854 ; Saint-Pierre, 10,638. Total de l'arrond., 50,808.

Rochefort. Aigrefeuille , 9,598 ; Rochefort, 23,605 ; Surgères , 13,583 ; Tonnay-Charente , 10,647. Total de l'arrond., 57,233.

Saintes. Burie , 10,380 ; Cozes, 12,944 ; Gemozac, 15,047 ; Pons, 16,598 ; Saintes (Nord), 12,852 ; Saintes (Sud) , 12,736 ; Saint-Porchaire , 12,566 ; Saujon, 12,010. Total de l'arrond., 105,033.

Saint Jean-d'Angely. Aulnay, 14,646 ; Loulay, 9,304 ; Matha, 17,481 ; Saint-Hilaire, 8,324 ; Saint-Jean d'Angely, 16,733 ; Saint-Savinien , 10,595 ; Tonnay-Boutonne, 4,693. Total de l'arrond., 81,775.

CHER, 273,645 âmes (3 arrond., 29 cantons, 293 communes.).

Bourges. Baugy, 10,246; Bourges, 22,826; Charost, 11,031; Graçay, 6,620; Les Aix, 8,310; Levet, 5,790; Lury, 5,428; Mehun, 8,726; Saint-Martin-d'Auxigny, 10,977; Vierzon, 16,391. Total de l'arrond., 106,345.

Saint-Amand. Charenton, 7,314; Châteaumeillant, 10,430; Châteauneuf, 7,808; Dun-le-Roy, 9,294; La Guerche, 8,547; Le Châtelet, 6,234; Lignières, 8,292; Nérondes, 10,198; Saint-Amand, 12,390; Sancoins, 8,471; Saulzais, 7,030. Total de l'arrond., 96,025.

Sancerre. Argent, 4,358; Aubigny, 4,683; Henrichemont, 7,951; La Chapelle-d'Auguillon, 5,917; Leré, 7,592; Sancergues, 13,101; Sancerre, 18,771; Vailly, 8,902. Total de l'arrond., 71,275.

CORRÈZE, 306,480 âmes (3 arrond., 29 cantons, 292 comm.).

Brives. Ayen, 10,127; Beaulieu, 11,908; Beynac, 7,160; Brives, 18,421; Donzenac, 13,719; Juillac, 11,131; Larche, 7,555; Lubersac, 12,809; Meyssac, 13,004; Vigeois, 7,744. Total de l'arrond., 113,581.

Tulle. Argentat, 11,940; Corrèze, 7,959; Egletons, 6,631; Lapleau, 6,980; Laroche-Canillac, 8,442; Mercœur, 8,431; Seilhac, 13,418; Servières, 10,814; Treignac, 13,403; Tulle (Nord), 18,505; Tulle (Sud), 10,697; Uzerche, 13,633. Total de l'arrond., 130,855.

Ussel. Bort, 8,893; Bugeat, 7,830; Eygurande, 5,890; Meymac, 10,094; Neuvic, 10,618; Sornac, 7,048; Ussel, 11,673. Total de l'arrond., 62,046.

CORSE, 221,463 âmes (5 arrond., 61 cantons, 555 comm.).

Ajaccio. Ajaccio, 11,266; Bastelica, 4,602; Bocognano, 5,131; Evisa, 2,176; Piana, 2,709; Salice, 4,746; Santa-Maria Siche, 5,436; Sari, 5,615; Sarrola-Carcopino, 2,243; Soccia, 2,074; Vico, 4,975; Zicavo, 5,070. Total de l'arrond., 51,040.

Bastia. Bastia-Terranova, 8,474; Bastia-Terravecchia, 6,094; Borgo, 2,279; Brando, 3,131; Campile, 5,862; Campitello, 2,022; Cervione, 3,056; Lama, 1,382; Luri, 4,512; Murato, 1,972; Nonza, 2,372; Oletta, 2,448; Pero-Casavecchie, 2,986; Porta, 4,917; Rogliano, 4,458; San-Fioranzo, 1,879; San-Martino, 1,922; San Nicolao, 2,477; Santo-Pietro, 1,941; Vescovato, 5,503. Total de l'arrond., 67,517.

Calvi. Algajola, 5,408; Belgodère, 3,40?; Calenzana, 5,492; Calvi, 1,746; Isola-Rossa, 5,510; Olmi-Cappella, 1,666. Total de l'arrond., 23,024.

Corte. Calacuccia, 3,748; Castilao, 2 804; Corte, 4,036; Moita, 3,137; Morosaglia, 3,782; Omessa, 2,594; Piedicorte, 3,098; Piedicroce, 4,466; Pietra, 2,797; Prunelli, 5,971; San-Lorenzo, 2,477; Sermano, 2,962; Serragio, 3,852; Valle, 5,235; Vezzani, 5,923. Total de l'arrond., 52,662.

Sartène. Bonifacio, 3,133; Levie, 3,209; Olmeto, 5,590; Petreto-Bicchisano, 3,313; Porto-Vecchio, 2,992; Santa-Lucia, 2,576; Sartène, 5,096; Serra, 5,309. Total de l'arrond., 27,220.

CÔTE-D'OR, 393,516 âmes (4 arrond., 36 cantons, 726 communes.)

Beaune. Arnay-le-Duc, 11,820; Beaune (Nord), 14,269; Beaune (Sud), 13,419; Bligny sur Ouche, 8,427; Liernais, 8,877; Nolay, 15,091; Nuits, 12,861; Pouilly-en-Auxois, 13,242; Saint-Jean-de-Losne, 12,870; Seurre, 14,570. Total de l'arrond., 123,446.

Châtillon. Aignay-le-Duc, 5,785; Baigneux-les-Juifs, 5,501; Châtillon-sur-Seine, 15,900; Laignes, 10,904; Montigny-sur-Aube, 8,949; Recey-sur-Ource, 7,142. Total de l'arrond., 54,481.

Dijon. Auxonne, 14,404; Dijon (Est), 14,505; Dijon (Nord), 14,231; Dijon (Ouest), 17,419, Fontaine-Française, 6,439; Genlis, 10,657; Gevrey, 10,340; Grancey-le-Château, 5,359; Is-sur Tille, 10,012; Mirebeau, 9,344; Pontailler-sur-Saône,

10,913; Saint Seine-l'Abbaye, 8,135; Selongey, ..; 5,588; Sombernon, 9,533. Total de l'arrond. ..... 144,549.

Semur. Flavigny, 12,079; Montbard, 10,95...; Précy-sous Thil, 9,112; Saulieu, 13,109; Semur .....; 14,688; Vitteaux, 11,200. Total de l'arrond., 71,...

CÔTES-DU NORD, 607,572 âmes (5 arrond., .. cantons, 376 comm.).

Dinan. Broons, 13,740; Dinan (Est), 16,65...; Dinan (Ouest), 14,657; Evran, 10,624; Jugon ....; 11,638; Matignon, 12,479; Plancoët, 12,891; Pl...; lan, 4,688; Ploubalay, 8,785; Saint-Jouan-de-l'Isle.... 8,752. Total de l'arrond., 111,876.

Guimgamp. Bégard, 10,490; Belle-Isle, 12,61...; Bourbriac, 9,782; Callac, 14,918; Guingamp .....; 15,889; Maël-Carhaix, 9,132; Plouagat, 9,16...; Pontrieux, 11,168; Rostrenen, 13,878; Saint-Nic .....; las-du-Pelem, 10,620. Total de l'arrond., 120,6...

Lannion. Lannion, 17,053; La Roche-Derrie....; 13,027; Lézardrieux, 13,592; Perros-Guirec, 12,4...; Plestin, 15,144; Plouaret, 20,248; Tréguier, 17,2...; Total de l'arrond., 108,749.

Loudéac. Collinée, 6,888; Corlay, 7,405; Go ....; rec, 8,288; La Chèze, 10,597; Loudéac, 15,49...; Merdrignac, 11,028; Mur, 5,653; Plouguenast .....; 13,410; Uzel, 15,361. Total de l'arrond., 92,124.

Saint-Brieuc. Châteleaudren, 12,578; Etabl.....; 11,830; Lamballe, 14,634; Lanvollon, 12,869; Mo.....; contour, 15,250; Paimpol, 20,445; Pléneuf, 8,05...; Plœuc, 14,496; Plouha, 8,714; Quintin, 14.54.....; Saint-Brieuc (Nord), 18,859; Saint-Brieuc (Su.....; 22.331. Total de l'arrond., 174,152.

CREUSE, 278,029 âmes (4 arrond., 25 canton.....; 266 comm.).

Aubusson. Aubusson, 12,562; Auzances, 10,55...; Bellegarde, 11,839; Chénérailles, 10,355; Croc .....; 12.384; Evaux, 10,742; Felletin, 13,069; Gentiou .....; 7,635; La Courtine, 7,985; Saint-Sulpice-le-.....; Champs, 8,359. Total de l'arrond., 105,454.

Bourganeuf. Bénévent, 9,537; Bourganeu.....; 12,535; Pontarion, 9,762; Royerre 8,754. Total .....; l'arrondissement, 40,568.

Boussac. Boussac, 10,512; Chambon, 8,7...; Châtelus, 11,008; Jarnage, 7,867. Total de l'arron.....; 37.890.

Guéret. Ahun, 10,987; Bonnat, 11,785; Du.....; 16,170; Grandbourg, 9,048; Guéret, 17,059; .....; Souterraine, 14,594; Saint-Vaury, 11,494. Tot.....; de l'arrond., 94,137.

DORDOGNE, 490,263 âmes (5 arrond., 47 canto.....; 585 comm.).

Bergerac. Beaumont, 8,986; Bergerac, 16,94.....; Cadouin, 6,597; Eymet, 6,782; Issigeac, 9,067; .....; Force, 9,224; Lalinde, 9,455; Montpazier, 6,4...; Saint-Alvère, 6,729; Sigoulès, 10,556; Véline .....; 8,748; Villamblard, 12,591; Villefranche-de-Lon.....; chapt, 6,392. Total de l'arrond., 118,504.

Nontron. Bussières-Badil, 8,690; Champagn.....; 7,132; Jumilhac, 9,886; La Nouaille, 13,409; M .....; reuil, 10,263; Nontron, 14,985; Saint-Pardou .....; 10,195; Thiviers, 9,738. Total de l'arrond., 83,88.

Périgueux. Brantôme, 11,320; Excideuil, 10,9.....; Hautefort, 10,248; Périgueux, 18,257; Saint-As.....; 12,674; Saint-Pierre-de-Chignac; 11,009; Sa.....; gnac-les-Eglises, 10,862; Thenon, 9,260; Ver.....; 11,146. Total de l'arrond., 105,755.

Riberac. Montagrier, 9,548; Montpont, 7,68.....; Mussidan, 8,755; Neuvic, 9,505; Riberac, 12,25.....; Saint-Aulaye, 10,587; Verteillac, 12,446. Total .....; l'arrond., 70,974.

Sarlat. Belvès, 9,553; Bugue, 8,559; Carlu.....; 7,270; Domme, 13,804; Montignac, 15,489; Sai.....; Cyprien, 12,005; Salignac, 8,358; Sarlat, 14,2.....; Terrasson, 14,526; Villefranche-de-Belvès, 7,5.....; Total de l'arrond., 114,343.

DOUBS, 275,997 âmes (4 arrond., 27 cantons,.....; comm.).

Baume. Baume, 10,259; Clerval, 9,516; .....;

errefontaine, 9,091; Rougemont, 11,058; Vercel, 10,515. Total de l'arrond., 7,522;

Amancey, 7,057; Audeux, 12,585; (Nord), 15,864; Besançon (Sud), 22,520; 7,803; Marchaux, 9,702; Ornans, 12,546. Total de l'arrond., 100,054.

Audincourt, 11.545; Blamont, Russey, 6,568; Maîche. 9,422; Montbéliard, 18,385; Pont-de-Roide, 7475; Saint-Hippolyte. Total de l'arrond., 59,444.

Levier, 9,975; Montbenoit, 7,778; 17,255; Mouthe, 9,285; Pontarlier, 14,810. Total de l'arrond., 49,101.

511,498 âmes (4 arrond., 28 cantons, comm.).

courdeaux, 4,501; Châtillon, 6,609; Crest 1,986; Crest (Sud), 9,116; Die, 7,975; La Vercors, 5,067; La Motte-Chalençon, 5,260; Saillans, 5,068. Total de l'arrond., 66,005.

Dieulefit, 12,169; Grignan, 10,330; 10.013; Montélimart, 14,841; Saint-les-Châteaux, 18,536. Total de l'arrond.,

Le Buis, 10,096; Nyons, 12,026; Rémuzat; Séderon, 8,834. Total de l'arrond.,

Bourg-du-Péage, 20,274; Chabeuil, Grand-Serre, 12,542; Loriol, 10,518; 1,924; Saint-Donat, 6,858; Saint-Jean, 7,544; Saint-Vallier, 16,863; Tain, Valence, 22,281. Total de l'arr., 144,146.

25,780 âmes (5 arrond., 36 cantons, 791

Ecos, 10,065; Etrépagny, 9,735; Fleury, 13,319; Gisors, 11,470; Les Andelys; Lyons-la-Forêt, 8,818. Total de l'arrond.,

Beaumesnil, 8,659; Beaumont, 11,185; 25,722; Brionne, 15,254; Broglie, 11,752; 14,858. Total de l'arrond., 80,588.

Breteuil, 12,175; Conches, 11,987; 6,844; Evreux (Nord), 18,827; Evreux Nonancourt, 9,278; Pacy, 8,883; 11,467; Saint-André, 15,259; Verneuil, 11,961. Total de l'arr., 123,256.

Amfreville, 11,595; Gaillon, 15,863; 18,969; Neubourg, 12,525; Pont-de-l'Arche, 12,488. Total de l'arrond., 69,240.

Beuzeville, 11,959; Bourgtheroulde; Cormeilles, 9,656; Montfort, 9,522; Pont-Audemer, 14,258; Quillebœuf, 7,889; Routot; Saint-Georges, 10,855. Total de l'arrond.,

-LOIR, 286,568 âmes (4 arrond., 24 comm.).

Auneau, 11,956; Chartres (Nord), Chartres (Sud) 20,506; Courville, 9,889; Janville, 11,047; Maintenon, 15,811; Total de l'arrond. 106,570.

Bonneval, 12,754; Brou, 11,847; 15,855; Cloyes, 15,409; Orgères; Total de l'arrond., 62,618.

Auet, 12,644; Brezolles, 10,085; Châteauneuf, 10,064; Dreux, 16,560; La Ferté-Vidame; Nogent-le-Roi, 11,459; Senonches; Total de l'arrond., 70,845.

Authon, 12,436; Laloupe, 12,715; Thiron, 10,344. Total de l'arrond., 46,355.

BREST, 576,068 âmes (5 arrond., 43 cantons, communes).

Brest, 1ᵉʳ canton, 18,894; 2ᵉ canton, canton, 14,860; Daoulas, 16,412; Landivisiau 16,068; Landilis, 14,585; Lesneven, 2,494; Plabennec, 13,951; Plou-

dalmezeau, 15,536; Ploudiry, 6,175; Saint-Renan, 12,674. Total de l'arrond., 182,665.

Châteaulin. Carhaix, 15,235; Châteaulin, 17,568; Châteauneuf, 16,651; Crozon, 15,600; Huelgoat, 11,994; Le Faou, 6,657; Pleyben, 16,835. Total de l'arrond., 100.520.

Morlaix. Landivisiau, 14,142; Lanmeur, 14,951; Morlaix, 18,086; Plouescat, 12.015; Plouigneau, 15,258; Plouzévédé, 13,420; Saint-Pol-de-Léon, 19,780; Saint-Thégonnec, 12,787; Sizun, 9,101; Thaulé; 9,592. Total de l'arrond., 139,912.

Quimper. Briec, 6,055; Concarneau, 7,009; Douarnenez, 14,648; Fouesnant, 6,698; Plogastel-Saint-Germain, 15,066; Pont-Croix, 16,746; Pont-l'Abbé, 15,600; Quimper, 19,479; Rosporden, 5,883. Total de l'arrond., 109,775.

Quimperlé. Arzano, 4,128; Bannalec, 9 568; Pontaven, 10,778; Quimperlé, 10,561; Scaër, 8,225. Total de l'arrond., 43,198.

GARD, 576,062 âmes (4 arrond., 58 cantons, 545 comm.).

Alais. Alais, 20,728; Anduze, 9,522; Barjac, 5,874; Génolhac, 11,164; Lédignan, 4,502; Saint-Ambroix, 15,251; Saint-Jean-du-Gard, 5,751; Saint-Martin, 9,210; Vézénobres, 6,568. Total de l'arrond., 88,370.

Nîmes. Aiguesmortes, 4,988; Aramon, 12,095; Beaucaire, 14,194; Marguerite, 7,256; Nîmes, 1ᵉʳ canton, 17,551; 2ᵉ canton, 16,562; 3ᵉ canton, 15,451; Saint-Gilles, 7,623; Saint-Mamert, 7,108; Sommières, 15.705; Vauvert, 16,524. Total de l'arrond., 154,757.

Uzès. Bagnols, 16,210; Lussan, 6.249; Pont-Saint-Esprit, 15,694; Remoulins, 6,525; Roquemaure, 11,617; Saint-Chaptes, 8,568; Uzès, 15,797; Villeneuve, 7,138. Total de l'arrond., 87,596.

Vigan. Alzon, 4,414; Lasalle, 6,594; Le Vigan, 15,060; Quissac, 4,659; Saint-André-de-Valborgne, 4,387; Saint-Hippolyte, 8.059; Sauve, 5,408; Sumène, 7,125; Trèves, 3,580; Valleraugues, 6,778. Total de l'arrond., 65,559.

GARONNE (HAUTE-), 468,074 âmes (4 arrond., 59 cantons, 593 comm.).

Muret. Auterive, 9,819; Carbonne, 8.782; Casères, 11,938; Cintegabelle, 8,040; Fousseret, 7,922; Montesquieu, 8,050; Muret, 14,450; Rieumes, 8,257; Rieux, 5,732; Saint-Lys, 6,412. Total de l'arrond., 89,082.

Saint-Gaudens. Aspet, 18 875; Aurignac; 12,618; Bagnères-de-Luchon, 9,518; Boulogne, 12,265; L'Isle-en-Dodon, 11,810; Montréjeau, 11,722; Saint-Béat, 12,725; Saint-Bertrand, 11,442; Saint-Gaudens, 19,584; Saint-Martory, 6,691; Salies, 13,871. Total de l'arrond., 144,116.

Toulouse. Cadours, 8,347; Castanet, 5,513; Fronton, 12,601; Grenade, 11,671; Leguevin, 5.599; Montastruc, 7,862; Toulouse (Centre), 25,766; Toulouse (Nord), 33,117; Toulouse (Ouest), 22,640; Toulouse (Sud), 26,613; Verfeil, 5,145; Villemur, 6,789. Total de l'arrond., 171,243.

Villefranche. Caraman, 10,760; Lanta, 6,014; Montgiscard, 10,721; Nailloux, 8,616; Revel, 13,009; Villefranche, 14,540. Total de l'arrond., 63,650.

GERS, 311,147 âmes (5 arrond., 29 cantons, 470 comm.).

Auch. Auch (Nord), 11,786; Auch (Sud), 14,658; Gimont, 9,229; Jégun, 7,604; Saramon, 7,531; Vic-Fezensac, 9,975. Total de l'arrond., 60,565.

Condom. Cazaubon, 15,096; Condom, 15,092; Eauze, 10,641; Montréal, 10,401; Nogaro, 14,074; Valence, 10,494. Total de l'arrond., 71,708.

Lectoure. Fleurance, 12,868; Lectoure, 14.555; Mauvezin, 9,885; Miradoux, 6,507; Saint-Clar, 8,525. Total de l'arrond., 52,440.

Lombez. Cologne, 6,669; L'Isle-Jourdain, 12,628; Lombez, 11,600; Samatan, 8,806. Total de l'arrond., 42,403.

Mirande. Aignan, 8,063 ; Marciac, 9.740 ; Masseube, 10,756 ; Miélan, 11,685 ; Mirande, 13,874 ; Montesquiou, 10,321 ; Plaisance, 8,738 ; Riscle, 11,456. Total de l'arrond., 84,633.

GIRONDE, 568,034 âmes (6 arrond., 48 cantons, 544 comm.).

Bazas. Auros, 7,314 ; Bazas, 11,312; Captieux, 3.505; Grignols, 5,512 ; Langon, 12,689; Saint-Symphorien, 5,383 ; Villandraut, 8,919. Total de l'arrond., 54,634.

Blaye. Blaye, 14,578 ; Bourg, 13,512 ; Saint-Ciers-la-Lande, 13,550 ; Saint Savin, 15,547. Total de l'arrond., 57,187.

Bordeaux. Audenge, 6,482 ; Belin, 9.163 ; Blanquefort, 11,756 ; Bordeaux, 1ᵉʳ canton, 17,791 ; Bordeaux, 2ᵉ canton, 20,860 ; Bordeaux, 3ᵉ canton, 24,914 ; Bordeaux, 4ᵉ canton, 16,895 ; Bordeaux, 5ᵉ canton, 19,577 ; Bordeaux, 6ᵉ canton, 14,952 ; Cadillac, 11,895 ; Carbon-Blanc, 20,322 ; Castelnau, 14,978 ; Créon, 14,790 ; La Brède, 10,858 ; La Teste, 6,879 ; Pessac, 10.575 ; Podensac, 17,235 ; Saint-André, 8,790. Total de l'arrond., 258,490.

La Réole. La Réole, 14,979 ; Monségur, 7,675 ; Pellegrue, 5,535 ; Saint-Macaire, 9,983 ; Sauveterre, 8,806 ; Targon, 6,073. Total de l'arrond., 55 051.

Lesparre. Lesparre, 16,700 ; Pauillac, 10,464 ; Saint Laurent, 5,404; Saint-Vivien, 6,051. Total de l'arrond., 38,613.

Libourne. Branne, 10.232 ; Castillon, 10,927; Coutras, 11,803 ; Fronsac, 11,525 ; Guitres, 12,142; Libourne, 20,280 ; Lussac, 9,454 ; Pujols, 9,507; Sainte-Foi, 10,789. Total de l'arrond., 106,659.

HÉRAULT, 367,343 âmes (4 arrond., 36 cantons, 326 comm.).

Béziers. Agde, 15,791 ; Bédarieux, 14,340 ; Béziers, 1ᵉʳ canton, 14,757; Béziers, 2ᵉ canton, 17,558; Capestang, 6,198 ; Florensac, 6,340 ; Montagnac, 9,956 ; Murviel, 8,187 ; Pézénas, 12,644 ; Roujan, 6,693; Saint Gervais, 9,366 ; Serviau, 7,205. Total de l'arrond., 131,033.

Lodève. Caylar, 3,452 ; Clermont, 14,188 ; Gignac, 15,072 ; Lodève, 16,587 ; Lunas, 6,550. Total de l'arrond., 55,849.

Montpellier. Aniane, 5,707 ; Castries, 6,717; Cette, 13,413 ; Claret, 2,001 ; Frontignan, 4,712 ; Ganges, 9,351 ; Lunel, 13,410 ; Matelles, 2,902 ; Mauguio, 4,385; Mèze, 12,802 ; Montpellier, 1ᵉʳ canton, 17,640; Montpellier, 2ᵉ canton, 18,420 ; Montpellier, 3ᵉ canton, 13,577 ; Saint-Martin-de-Londres, 4,778. Total de l'arrond., 131,815.

Saint-Pons. La Salvetat, 6,918 ; Olargues, 11,400 ; Olonzac, 9,119 ; Saint-Chinian, 9,230 ; Saint-Pons, 11,979. Total de l'arrond., 48,646.

ILLE-ET-VILAINE, 549,417 âmes (6 arrond., 43 cantons, 347 comm.).

Fougères. Antrain, 15,184 ; Fougères (Nord), 15,550; Fougères (Sud), 12,859; Louvigné du Désert, 14,176 ; Saint-Aubin-du-Cormier, 9,748 ; Saint-Brice, 14,259. Total de l'arrond., 81,676.

Montfort. Bécherel, 10,419 ; Montauban, 8,346; Montfort, 14,612 ; Plélan, 13,697 ; Saint-Méen, 10 502. Total de l'arrond., 57,576.

Redon. Bain, 13,777; Fougeray, 5,862 ; Guichen, 14,794; Le Sel, 6,225; Mauro, 9,487; Pipriac, 13,105; Redon, 13,088. Total de l'arrond., 76,055.

Rennes. Châteaugiron, 14,974 ; Hédé , 10,464 ; Janzé, 15.262 ; Liffré, 9,810 ; Mordelles, 7,413 ; Rennes (Nord-Est), 21,212; Rennes (Nord-Ouest), 16,427; Rennes (Sud-Est), 12,425; Rennes (Sud-Ouest), 13,205; Saint Aubin-d'Aubigné, 13,876. Total de l'arrond., 135,460.

Saint-Malo. Cancale, 14,966 ; Châteauneuf, 12,452; Combourg, 14,133 ; Dol, 13,776 ; Pleine-Fougères, 14,505 ; Pleurtuit, 11.395 ; Saint-Malo, 13,445 ; Saint-Servan, 12,882 ; Tinténiac, 10,744. Total de l'arrond., 119,778.

Vitré. Argentré, 13,429 ; Châteaubourg, 9,265 ; La Guerche , 15,936 ; Rhétiers, 15,552 ; Vitré (Nord), 13,498 ; Vitré (Sud), 13,212. Total de l'arrond., 80,892.

INDRE, 253,076 âmes (4 arrond., 25 cantons, 248 comm.).

Châteauroux. Ardentes, 7,632 ; Argenton, 12,040 ; Buzançais, 14,004 ; Châteauroux, 21,849 ; Châtillon, 10,764 ; Ecueillé, 6,559 ; Levroux, 10,305 ; Valençay, 12,103. Total de l'arrond., 95,036.

Issoudun. Issoudun (Nord), 19,748 ; Issoudun (Sud), 7,814 ; Saint-Christophe, 10,090 ; Vatan, 9,364. Total de l'arrond., 47,016.

La Châtre. Aigurande, 12,352 ; Eguzon, 7,752 ; La Châtre, 17,406 ; Neuvy, 10,318 ; Sainte Sévère, 6,763. Total de l'arrond., 34,591.

Le Blanc. Bélabre, 8,702 ; Le Blanc, 12,446 ; Mézières, 7,402 ; Saint-Benoit, 12,965 ; Saint-Gaultier, 6.980 ; Tournon, 7,940. Total de l'arrond., 56,453.

INDRE-ET-LOIRE, 306,366 âmes (3 arrond., 24 cantons, 282 comm.).

Chinon. Azay-le-Rideau , 13,092 ; Bourgueil, 16,203 ; Chinon, 17,239 ; Langeais, 12,105 ; L'Ile-Bouchard, 9,481 ; Richelieu, 12,584; Sainte-Maure, 9,273. Total de l'arrond., 89,674.

Loches. La Haye, 7,780 ; Le Grand-Pressigny, 9,593 ; Ligueil, 9,762 ; Loches, 16,690; Montrésor, 8,540 ; Preuilly, 10,404. Total de l'arrond., 62,679.

Tours. Amboise, 14,953; Bléré, 15,571; Château-la-Vallière, 11,234; Château-Renault, 14,823; Montbazon , 14,904 ; Neuillé-Pontpierre , 8.752 ; Neuvy-le-Roi, 10,564; Tours (Centre), 28,694 ; Tours (Nord), 11,510; Tours (Sud), 13,597; Vouvray, 13,217. Total de l'arrond., 154,015.

ISÈRE, 588,660 âmes (4 arrond., 45 cantons, 556 comm.).

Grenoble. Allevard, 8,616 ; Bourg d'Oisans, 16,596 ; Clelles, 4,151; Corps, 5,542; Domène, 10,453 ; Goncelin, 12,583; Grenoble (Est), 21,165, Grenoble (Nord), 18,904 ; Grenoble (Sud), 9.440 ; Lamure, 12,241; Mens, 7,300 ; Monestier-de-Clermont , 4,858; Saint-Laurent-du-Pont , 12,400 ; Sassenage, 6.888 ; Touvet, 13,819 ; Valbonnais, 5,979; Vif, 8,187; Villard-de-Lans, 5,722; Vizille, 13,695; Voiron, 20,297. Total de l'arrond., 248,534.

La Tour-du-Pin. Bourgoin, 20,299 ; Crémieu, 18,226 ; La Tour-du-Pin, 15,765 ; Lemps, 14,405 ; Morestel, 20,419 ; Pont-de-Beauvoisin, 18,954 ; Saint Geoire, 10,957 ; Virieu , 10,959. Total de l'arrond., 132,960.

Saint-Marcelin. Pont-en-Royans, 7,963 ; Rives, 15,824 ; Roybon, 10,527 ; Saint-Étienne-de Saint-Geoire, 12,522 ; Saint-Marcelin, 17,903 ; Tullins, 11,615 ; Vinay, 10,019. Total de l'arrond., 86,173.

Vienne. Beaurepaire, 11,878 ; Heyrieu, 12,402; La Côte-Saint-André, 13,950 ; Meyzieu, 16,812 ; Roussillon, 16,974 ; St-Jean-de-Bournay, 15,922; Saint-Symphorien, 15,089 ; Verpillère, 14,428 ; Vienne (Nord), 14,604; Vienne (Sud), 19,457. Total de l'arrond., 151,493.

JURA, 316,734 âmes (4 arrond., 52 cantons, 580 comm.).

Dôle. Chaumergy, 5,558 ; Chaussin, 9,908 ; Chemin, 8,741 ; Dampierre, 6,792; Dôle, 18,070; Gendrey, 4,972; Montbarrey, 7,957; Montmirey, 7,153 ; Rochefort, 6,989. Total de l'arrond., 75,940.

Lons-le-Saulnier. Arinthod, 10,063; Beaufort, 10,911; Bletterans, 10,974; Clairvaux, 7,759; Conliége, 8,888 ; Lons-le-Saulnier, 18,578; Orgelet, 9,870; Saint-Amour, 7,675; Saint-Julien, 6,540; Sellières, 8,805; Voiteur, 9,370. Total de l'arrond., 109,251.

Poligny. Arbois, 13,535; Champagnole, 13,826; Les Planches, 4,584; Noseroy, 9,936; Poligny, 18,038; Salins, 13,994; Villers-Farlay, . Total de l'arrond., 80,505.

Saint-Claude. Les Bouchoux, 5,864; Moirans, 4742; Morez, 12,527; Saint-Claude, 16,740; Saint-Jaurent, 9,295. Total de l'arrond., 50,908.

ILANDES, 288,077 âmes (5 arrond., 28 cantons, 699 comm.).

Dax. Castets, 9,008; Dax, 20,051 ; Montfort, 4,654; Peyrehorade, 13,228; Pouillon, 14,455; Saint-Esprit, 15,612 ; Saint-Vincent-de-Tyrosse, 14,544 ; Soustons, 9,015. Total de l'arrondiss., 95,345.

Mont-de-Marsan. Arjuzanx, 7,093 ; Gabarret, 6516 ; Grenade, 7,872; Labrit, 5,778 ; Mimizan, 8870; Mont-de-Marsan, 16,045; Parentis-en-Born, 8870; Pissos, 6,324; Roquefort, 11,506 ; Sabres, 7,144; Sore, 4,268; Villeneuve, 8,887. Total de l'arrond., 94,145.

Saint-Sever. Aire , 11,992 ; Amou , 13,579 ; Geaune , 9,278 ; Hagetmau , 12,462 ; Mugron , 10,038; Saint-Sever, 15,522; Tartas (Est), 8,094; Tartas (Ouest), 7,822. Total de l'arrond., 88,587.

LOIR-ET-CHER, 249,462 âmes (5 arrond., 24 cantons, 296 comm.).

Blois. Blois (Est), 23,816; Blois (Ouest), 4,460; Bracieux , 11,536 ; Contres , 12,105 ; Herbault , 12,995; Marchenoir, 9,846; Mer, 11,716; Montrichard, 14,396; Ouzouer-le-Marché, 8,504; Saint-Aignan, 13,739. Total de l'arrond., 122,970.

Romorantin. La Motte-Beuvron, 6,117; Mennetou, 5,324; Neung, 4,620; Romorantin, 12,868 ; Salbris, 9,318 ; Selles-sur-Cher, 8,640. Total de l'arrond., 46,887.

Vendôme. Droué, 8,508; Mondoubleau, 11,153; Montoire, 13,579; Morée, 9,670 ; Saint-Amand, 11,428; Savigny, 9,085; Selommes, 4,914; Vendôme, 86,971. Total de l'arrond., 79,605.

LOIRE, 434,085 âmes (5 arrond. , 28 cantons, 445 comm.).

Montbrison. Boën, 13,023; Feurs, 18,548; Mont-Verison, 17,888; Noiretable, 8,521 ; St-Bonnet-le-Château , 16.252; Saint-Galmier , 18,251 ; Saint-Georges-en-Couzan, 7,964; Saint-Jean-Soleymieux, 100,425; Saint-Rambert, 16,288. Total de l'arrond., 126,460.

Roanne. Belmont, 12,283; Charlieu, 15,050; La Pacaudière, 7,542 ; Néronde, 11,376 ; Perreux , 9,812 ; Roanne , 19,350. Saint-Germain-Laval, 100,000; Saint-Haon-le-Châtel, 11,807; Saint-Just-en-Chevalet, 10,568 ; Saint-Symphorien-de-Lay , 010,416. Total de l'arrond., 128,187.

Saint-Étienne. Bourg-Argental, 8,844; Chambon, 16,480 ; Pelussin , 13,682 ; Rive-de-Gier , 25,703 ; Saint-Chamond , 22,073 ; Saint-Etienne (Est) , 57,222 ; Saint-Etienne (Ouest) , 14,898 ; Saint-Genest-Malifaux , 9,017 ; Saint-Héand , 11,519. Total de l'arrond., 179,436.

LOIRE (HAUTE-), 298,137 âmes (5 arrond., 28 cantons, 265 comm.).

Brioude. Auzon, 11,548; Blesle, 6,471; Brioude, 14,790; La Chaise-Dieu, 11,407; Langeac, 12,441; La Voûte-Chilhac, 8,901 ; Paulhaguet , 12,816 ; Pinols, 4,824. Total de l'arrond., 83,198.

Puy. Allègre, 8,414; Cayres, 4,535; Craponne, 9,763; Fay-le-Froid, 7,825; Le-Puy (Nord-Ouest), 020,851; Le-Puy (Sud-Est), 7,921; Loudes, 7,592; Monastier, 12,248; Pradelles, 8,472; Saint-Paulien-Chapteuil, 10,946; Saint Paulieu, 7,127; Saugues, 11,568; Solignac, 4,793; Vorey, 10,755. Total de l'arrond., 152,368.

Yssingeaux. Bas, 12,764; Monistrol-sur-Loire, 12,505 ; Monlfaucon , 11,161 ; Saint - Didier-la-Séauve, 14,522; Tence,13,074; Yssingeaux,18,748. Total de l'arrond., 82,571.

LOIRE INFÉRIEURE, 486,806 âmes (5 arrond., 45 cantons, 206 comm.).

Ancenis. Ancenis, 13,278; Ligné, 7,190; Riaillé, 08,257 ; Saint-Mars-la-Jaille , 7,018 ; Varrades , 010,109. Total de l'arrond. , 46,152.

Châteaubriant. Châteaubriant, 8,728; Derval,

8,803; Moisdon, 7,140; Nort, 15,488; Nozay, 12,484; Rougé, 5,191; Saint-Julien-de-Vouvantes, 6,427. Total de l'arrond., 64,261.

Nantes. Aigrefeuille, 13,871; Bouaye, 14,407; Carquefou, 7,541; Clisson , 11,409 ; La Chapelle-sur-Erdre , 10,578; Légé , 7,291 ; Le Loroux, 14,791; Machecoul , 9,620 ; Nantes , 1ᵉʳ canton , 12,160; 2ᵉ canton , 18,124; 3ᵉ canton, 14,183 ; 4ᵉ canton, 16,276; 5ᵉ canton, 15,088; 6ᵉ canton, 19,252; Saint-Philbert, 9,544 ; Vallet, 9,856 ; Vertou , 12.357. Total de l'arrond., 216,148.

Paimbœuf. Bourgneuf, 7,455; Paimbœuf, 5,859; Pellerin, 12,495; Pornic, 9,498 ; Saint-Père-en-Retz, 8,639. Total de l'arrond., 43,346.

Savenay. Blain, 13,050; Guémené, 8.202; Guéraude, 15,188; Herbignac, 8,065; Le Croisic, 6,456; Pontchâteau, 10,053 ; Saint-Etienne de Montluc, 14,659; Saint-Gildas, 8,168; Saint-Nazaire, 10,974; Saint-Nicolas, 9,950; Savenay, 12,477. Total de l'arrond., 116,899.

LOIRET, 318,452 âmes (4 arrond, 31 cantons , 348 comm.).

Gien. Briare , 10,616 ; Châtillon-sur-Loire , 8.866; Gien, 12,599; Ouzouer-sur-Loire , 5,508; Sully-sur-Loire, 6,799. Total de l'arrond., 44,188.

Montargis. Bellegarde, 6,846; Châteaurenard, 11,143; Châtillon-sur-Loing , 9,905 ; Courtenay, 8,196; Ferrières, 10,605; Lorris. 7.215; Montargis, 16,507. Total de l'arrond., 70,585.

Orléans. Artenay , 6,934; Beaugency, 12,855; Châteauneuf, 10,448; Cléry, 5,870; Jargeau, 8,919; La Ferté-Saint-Aubin, 5,650; Meung, 10,518; Neuville, 9,188; Orléans (Est), 17,340; Orléans (Nord-Est), 10,040; Orléans (Nord-Ouest), 14,275; Orléans (Ouest), 12,978; Orléans (Sud), 12,681; Patay, 6,558. Total de l'arrond., 144,052.

Pithiviers. Beaune, 14,707; Malesherbes, 7,294; Outarville, 11,985; Pithiviers, 18,185; Puiseaux, 7,666. Total de l'arrond., 59,847.

LOT, 287,739 âmes (3 arrondiss. 29 cantons, 307 comm.).

Cahors. Cahors (Nord), 16,929 ; Cahors (Sud), 3,392; Castelnau, 8,907; Catus, 10,826 ; Cazals, 7,536; Lalbenque, 10,552; Lauzès, 7,878; Limogne, 9,451 ; Luzech, 11,787 ; Montcuq , 11,146 ; Puy-l'Évêque, 13,497; Saint-Géry , 5,451. Total de l'arrond., 117,555.

Figeac. Bretenoux, 11,515; Cajarc, 7,721; Figeac (Est', 15,999; Figeac (Ouest), 8,526; La Capelle, 13,852; La Tronquière, 10,430; Livernon, 8,986; Saint-Céré, 12,433. Total de l'arrond., 89,442.

Gourdon. Gourdon, 11,891; Gramat, 11,754; Labastide, 6,972; Martel, 11,748; Payrac, 6,055; Saint-Germain, 8,365 ; Salviac, 6,944 ; Souillac, 9,730; Vayrac, 7,510. Total de l'arrond., 80,944.

LOT-ET-GARONNE , 347,073 âmes (4 arrond., 35 cantons, 512 comm.).

Agen. Agen, 1ᵉʳ canton, 12,832 ; Agen, 2ᵉ canton, 13,088 ; Astaffort , 9,428 ; Beauville , 7,084 ; Laplume, 7,144 ; La Roque , 5,541 ; Port-Sainte-Marie, 13,247 ; Praissac, 8,981 ; Puymirol, 7,676. Total de l'arrond., 85,018.

Marmande. Bouglon , 5,505 ; Castelmoron, 7,652; Duras, 11,124 ; Lauzun, 13,387 ; Le Mas , 9,409; Marmande, 19.577 ; Meilhan, 9,437 ; Seyches , 13,041 ; Tonneins, 14,932. Total de l'arrond., 103,742.

Nérac. Casteljaloux, 6,552; Damazan, 9,784; Francescas, 6,866; Houeillès , 3,896 ; Lavardac, 11,244 ; Mézin , 10,559 ; Nérac, 12,288. Total de l'arrond., 60,989.

Villeneuve. Cancon, 9,521; Castillonnès, 7,205; Fumel, 9,708; Monclar , 8,639; Montflanquin, 12,880; Penne, 10,181 ; Sainte-Livrade , 5,979 ; Tournon, 7,607; Villeneuve, 16,417 ; Villeréal, 9,559. Total de l'arond., 97,524.

LOZÈRE, 140,788 âmes (3 arrond., 24 cantons, 193 comm.).

Florac. Barre, 5,511 ; Florac, 8.762 ; Masse-gro, 1,895 ; Meyrueis , 4,118 ; Pont-de-Montvert, 5,790 ; Sainte-Énimie , 4,124 ; Saint-Germain-de-Calberte, 10,635. Total de l'arrond., 40,655.

Marvejols. Aumont , 4,608 ; Chanac , 4.454 ; Fournels, 4,819 ; La Canourgue, 6,500 ; Malzieu, 4,870 ; Marvejols, 9,049 ; Nasbinals, 2.848 ; Saint-Chély , 5,545 ; Saint-Germain-du-Teil , 6,555 ; Serverette, 4,577. Total de l'arrond., 55,605.

Mende. Bleymard, 6,926 ; Châteauneuf , 3,657 ; Grandrieu , 5,483 ; Langogne , 7,012 ; Mende, 11,471 ; Saint-Amans , 5,947 ; Villefort , 6,052. Total de l'arrond., 46,548.

MAINE-ET-LOIRE, 488,472 âmes (5 arrond., 34 cantons, 376 comm.).

Angers. Angers (Nord-Est) , 23,795 ; Angers (Nord-Ouest), 19,007 ; Angers (Sud-Est), 17,578 ; Briollay, 8,711 ; Chalonnes-sur-Loire, 11,975 ; Le Louroux-Béconnais, 8,845 ; Les Ponts-de-Cé , 23,465 ; Saint-Georges-sur-Loire , 12,516 ; Thouarcé , 18,903. Total de l'arrond., 144,795.

Baugé. Baugé, 15,776 ; Beaufort, 15,193 ; Dur-tal , 12,606 ; Longué , 14,762 ; Noyant , 11,027 ; Seiches, 11,131. Total de l'arrond., 80,495.

Beaupréau. Beaupréau, 18,810; Champtoceau, 11,261 ; Chemillé, 15,997 ; Cholet , 22,110 ; Mont-faucon, 14,598 ; Montrevault, 15,537 ; Saint-Flo-rent-le-Vieil , 15,958. Total de l'arrond., 110,071.

Saumur. Doué, 13,474 ; Gennes , 9,424 ; Mon-treuil-Bellay , 11,559 ; Saumur (Nord-Est), 11,239; Saumur (Nord-Ouest), 9,646 ; Saumur (Sud) , 21,936 ; Vihiers, 16,743. Total de l'arrondiss., 94,021.

Segré. Candé, 9,208 ; Châteauneuf , 12,703 ; Le Lion-d'Angers, 12,604 ; Pouancé, 11,772 ; Segré, 12,805. Total de l'arrond., 59,092.

MANCHE, 597,334 âmes (6 arrond., 48 cantons, 640 comm.).

Avranches. Avranches, 17,424 ; Brecey,11,023, Ducey , 10,196 ; Granville , 16,964 ; La Haye-Pesnel, 10,807 ; Pontorson, 11,451 ; Saint-James, 14,486 ; Sartilly, 10,250 ; Villedieu , 11,339. Total de l'arrond., 113,600.

Cherbourg. Beaumont , 11,101 ; Cherbourg, 25,408 ; Les Pieux , 12,495 ; Octeville , 17,211 ; Saint Pierre-Eglise, 15,759. Total de l'arrond., 79,654.

Coutances. Brébal , 15,896 ; Cérisy-la-Salle, 15,585 ; Coutances , 13,425 ; Gavray, 15,582 ; La Haye-du-Puits, 16,542 ; Lessay , 14,266 ; Mont-Martin-sur-Mer, 12,493 ; Périers , 11,942 ; Saint-Malo-de-la-Lande, 11,054 ; St.-Sauveur-Lendelin, 11,707. Total de l'arrond., 154,087.

Mortain. Bareuton, 9,786 ; Isigny, 6,200 ; Ju-vigny, 6,260; Le Teilleul, 8,258 ; Mortain, 10,977 ; Saint-Hilaire-du-Harcouet , 14,568 ; Saint Pois , 7,625 ; Sourdeval , 10,961. Total de l'arrond. , 74,645.

Saint-Lô. Canizy , 9,803 ; Carentan , 12,375 ; Marigny , 9,502 ; Percy , 11,003 ; Saint-Clair , 10,189 ; Saint-Jean-de-Daye , 9,513 ; Saint-Lô , 15,887 ; Tessy, 10,251 ; Torigni, 13,705. Total de l'arrond., 100,008.

Valognes. Barneville , 10,680 ; Briquebec , 12,504 ; Montebourg, 11.750 ; Quettehou, 18,178 ; Sainte-Mère-Eglise , 13,154 ; Saint-Sauveur-le-Vicomte, 12,958; Valognes, 16,346. Total de l'ar-rond., 95,370.

MARNE, 556,632 âmes (5 arrond. , 52 cantons, 684 comm.).

Châlons-sur-Marne. Châlons-sur-Marne , 20,294 ; Ecury-sur-Coole, 7,554 ; Marson, 7,803 ; Suippes, 7,246; Vertus, 8,591. Total de l'arrond., 51,068.

Epernay. Anglure, 8,106 ; Avize, 6,778 ; Dor-mans, 11,023 ; Epernay, 15,054 ; Esternay, 7.797; Fère-Champenoise , 7,675 ; Montmirail, 9,593 ;

Montmort, 8,037 ; Sézanne, 15,178. Total de l'ar-rond., 89.024.

Reims. Aï, 12,290 ; Beine, 11,055 ; Bourgogne, 17,144; Châtillon, 7.264; Fismes, 12.724; Reims, 1er canton , 15,646; 2e canton, 14,788; 5e canton, 14,410; Verzy, 12,453; Ville-en-Tardenois, 11,475. Total de l'arrond., 128,929.

Sainte-Menehould. Dommartin-sur-Yèvre , 8,974; Sainte-Menehould, 15,584; Ville-sur-Tour-be, 11,680. Total de l'arrond., 36.215.

Vitry-le-Français. Heiltz-le-Maurupt,10,375; Saint Remy-en-Bouzemont , 8,256 ; Sompuis , 4,554 ; Thiéblemont, 11,286; Vitry-le-Français, 16,945, Total de l'arrond., 51,396.

MARNE (HAUTE-), 257,567 âmes (3 arrond., 28 cantons , 550 comm.).

Chaumont. Andelot , 6,613 ; Arc-en-Barrois, 6.574; Bourmont, 10,629 ; Châteauvillain, 11,503 ; Chaumont, 12,244; Clefmont, 7,720; Juzennecourt, 7,509 ; Nogent-le-Roi, 11,976 ; Saint-Blin, 5,607 ; Vignory, 7,019. Total de l'arrond., 87,594.

Langres. Auberive, 7.260 ; Bourbonne, 14,526 ; Fays-Billot, 13,022 ; la Ferté-sur-Amance, 6,768; Langres. 15,917 ; Longeau, 9,896 ; Montigny-le-Roi, 6,700 ; Neuilly-sur-Suize, 8,650 ; Prothoy, 9,540; Varennes, 9,134.Total de l'arrond., 101,595.

Vassy. Chevillon, 6,414; Doulaincourt, 7,149; Doulevant, 8,883; Joinville, 8,452 ; Montierender, 8,424; Poissons, 6,922; Saint-Dizier, 12,179; Vassy, 10,577. Total de l'arrond., 68,780.

MAYENNE, 361,392 âmes (3 arrond., 27 cantons, 275 comm.).

Château-Gontier. Bierné, 9,025, Château-Gon-tier , 20,052 ; Cossé-le-Vivien , 11,913; Craon , 13,157 ; Grez-en-Bouère, 11,195 ; Saint-Aignan-sur-Roë, 9,401. Total de l'arrond., 74,741.

Laval. Argentré , 8,537 , Chailland , 18,062 ; Evron, 15,272; Laval (Est), 15,858; Laval (Ouest), 20,754; Loiron, 15,560; Meslay, 12.639; Montsurs, 7.975; Sainte-Suzanne, 10,449. Total de l'arrond., 124.866.

Mayenne. Ambrières, 11,155 ; Bais , 15,684 ; Couptrain, 15,267; Ernée, 15,704; Gorron, 14,181; Landivi, 12,574; Lassay, 10,034; le Horps, 9,865; Mayenne (Est), 15,955; Mayenne (Ouest), 17,196 ; Pré-en-Pail, 11,574 ; Villaine-la-Jubel , 12,798. Total de l'arrond., 161,785.

MEURTHE, 444,605 âmes (5 arrond., 29 cantons, 714 comm.).

Château-Salins. Albestroff, 12,885 ; Château-Salins, 15,478 ; Delme, 12,640; Dieuze, 12,926 ; Vic, 16,599. Total de l'arrond., 70,326.

Lunéville. Baccarat, 20,096 ; Bayon, 10,754 ; Blamont, 14.559 ; Gerbéviller, 10,478 , Lunéville (Nord), 16,657; Lunéville (Sud-Est), 16,875. Total de l'arrond., 89,179.

Nancy. Haroué, 12.500 ; Nancy (Est), 27,456 ; Nancy (Nord), 16,056; Nancy (Ouest), 21,401; No-meny, 12,735; Pont-à-Mousson, 24,245; Saint-Ni-colas, 16,176; Vézelise, 13,652. Total de l'arrond., 140,899.

Sarrebourg. Fénétrange , 12,590 ; Lorquin , 18,849 ; Phalsbourg , 19,589 ; Réchicourt, 9,236; Sarrebourg, 17,949. Total de l'arrond., 78,2'5.

Toul. Colombey, 14,603 ; Domèvre, 10.255 ; Thiaucourt , 9.888 ; Toul (Nord), 15,512 ; Toul (Sud), 15,928. Total de l'arrond., 65,986.

MEUSE, 326,572 âmes (4 arrond., 28 cantons , 588 comm.).

Bar-le-Duc. Ancerville , 12,068 ; Bar-le-Duc , 18,580; Ligny, 11,234 ; Montiers-sur-Saulx, 6,816; Revigny, 9,680; Triancourt, 7.752; Vaubecourt, 8,574; Vavincourt, 7,625. Total de l'arrond., 82,109.

Commercy. Commercy, 15,945 ; Gondrecourt, 10,831 ; Pierrefitte, 9,991 ; Saint-Mihiel , 17,185 ; Vaucouleurs, 10.794 ; Vigneulles, 12,562 ; Void, 11,100. Total de l'arrond., 88,208.

Montmédy. Damvillers, 9,768; Dun, 9,525; Montfaucon, 9,554; Montmédy, 15,766; Spincourt, 11,248; Stenay, 13,805. Total de l'arrond., 69,664.

Verdun. Charny, 9,974; Clermont, 10,561; Etain, 12,037; Fresnes-en-Voëvre, 15,414; Souilly 8,155; Varennes, 8,490; Verdun, 21,960. Total de l'arrond., 86,591.

MORBIHAN, 446,531 âmes (4 arrond., 37 cantons, 232 comm.).

Lorient. Auray, 13,124; Belle-Ile-en-Mer, 9,591; Belz, 7,627; Hennebon, 13,252; Lorient 1er canton, 22,054; Lorient, 2e canton, 6,993; Plouay, 14,102; Pluvigner, 11,572; Pont-Scorff, 12,655; Port-Louis, 17,897; Quiberon, 7,799. Total de l'arrond., 136,446.

Ploërmel. Guer, 8,459; Josselin, 14,515; La Trinité, 9,425; Malestroit, 12,755; Mauron, 8,704; Ploërmel, 11,799; Rohan, 9,579; Saint-Jean-Brevelay, 14,069. Total de l'arrond., 86,283.

Pontivy. Baud, 14,845; Cléguérec, 13,291; Gourin, 14,451; Guémené, 14,165; Le Faouët, 13,801; Locminé, 13,046; Pontivy, 18,606. Total de l'arrond., 99,151.

Vannes. Allaire, 11,296; Elven, 9,591; Grand-Champ, 8,416; La Gacilly, 11,124; La Roche-bernard, 11,892; Muzillac, 10,523; Questembert, 11,474; Rochefort, 10,517; Sarzeau, 10,535; Vanes (Est), 21,580; Vannes (Ouest), 8,003. Total de l'arrond., 124,451.

MOSELLE, 421,258 âmes (4 arrond., 27 cantons, 612 comm.).

Briey. Audun-le-Roman, 15,408; Briey, 11,527; Conflans, 9,101; Longuyon, 12,209; Longwy, 15,475. Total de l'arrond., 63,420.

Metz. Boulay, 17,619; Faulquemont, 16,927; Gorze, 17,317; Metz, 1er canton, 19,226; Metz, 2e canton, 19,205; Metz, 3e canton, 18,455; Pange, 14,048; Verny, 14,174; Vigy, 10,067. Total de l'arrond., 146,735.

Sarreguemines. Bitche, 15,046; Forbach, 14,925; Grostenquin, 17,154; Rohrbach, 15,274; Saint-Avold, 15,352; Sarralbe, 14,345; Sarreguemines, 21,145; Volmunster, 10,425. Total de l'arrond., 123,644.

Thionville. Bouzonville, 20,385; Cattenom, 17,675; Metzervisse, 14,997; Sierck, 13,758; Thionville, 20,648. Total de l'arrond., 87,464.

NIÈVRE, 305,546 âmes (4 arrond., 25 cantons, 316 comm.).

Château-Chinon. Château-Chinon, 16,896; Châtillon, 14,868; Luzy, 14,074; Montsauche, 14,207; Moulins-en-Gilbert, 12,053. Total de l'arrond., 66,098.

Clamecy. Brinon, 10,900; Clamecy, 14,028; Corbigny, 12,569; Lormes, 14,290; Tannay, 10,426; Varzy, 12,701. Total de l'arrond., 75,254.

Cosne. Cosne, 14,845; Donzy, 14,495; La Charité, 14,507; Pouilly, 10,911; Premery, 10,094; Saint-Amand, 7,824. Total de l'arrond., 70,074.

Nevers. Decize, 12,064; Dorne, 6,489; Fours, 8,019; Nevers, 25,622; Pougues, 13,710; Saint-Benin-d'Azy, 9,865; Saint-Pierre, 9,519; Saint-Saulge, 10,894. Total de l'arrond., 95,920.

NORD, 1,085,298 âmes (7 arrond., 60 cantons, 661 comm.).

Avesnes. Avesnes (Nord), 14,795; Avesnes (Sud), 12,835; Bavay, 14,557; Berlaimont, 8,492; Landrecies, 15,559; Le Quesnoy (Est), 14,199; Le Quesnoy (Ouest), 13,489; Maubeuge, 22,765; Solr-le-Château, 10,283; Trélon, 15,475. Total de l'arrond., 139,248.

Cambrai. Cambrai (Est), 20,883; Cambrai (Ouest), 22,058; Carnières, 22,595; Clary, 23,780; Le Catcau, 27,534; Marcoing, 25,268; Solesmes, 24,773. Total de l'arrond., 166,921.

Douai. Arleux, 13,492; Douai (Nord), 18,306; Douai (Ouest), 17,974; Douai (Sud), 15,198; Mar-

chiennes, 17,151; Orchies, 18,037. Total de l'arrond., 100,158.

Dunkerque. Bergues, 16,459; Bourbourg, 12,755; Dunkerque (Est), 19,926; Dunkerque (Ouest), 16,098; Gravelines, 7,663; Hondschoote, 14,065; Wormhoudt, 15,502. Total de l'arrond., 102,468.

Hazebrouck. Bailleul (Nord-Est), 14,528; Bailleul (Sud-Ouest), 13,726; Cassel, 15,044; Hazebrouck (Nord), 14,460; Hazebrouck (Sud), 13,658; Merville, 19,834; Steenvoorde, 14,524. Total de l'arrond., 105,574.

Lille. Armentières, 16,475; Cysoing, 17,655; Haubourdin, 20,587; Labassée, 14,215; Launoy, 21,489; Lille (Centre), 18,035; Lille (Nord-Est), 20,746; Lille (Ouest), 20,876; Lille (Sud-Est), 20,475; Lille (Sud-Ouest), 21,861; Pont-à-Marcq, 17,240; Quesnoy-sur-Deule, 16,910; Roubaix, 55,998; Seclin, 19,455; Turcoing (Nord), 22,902; Turcoing (Sud), 23,508. Total de l'arrond., 328.005.

Valenciennes. Bouchain, 28,295; Condé, 20,479; Saint-Amand, rive droite, 18,437; Saint-Amand, rive gauche, 16,530; Valenciennes (Est), 19.940; Valenciennes (Nord), 20,075; Valenciennes (Sud), 19 550. Total de l'arrond. 142,924.

OISE, 398,868 âmes (4 arrond., 53 cantons, 699 comm.).

Beauvais. Auneuil, 10,542; Beauvais (Nord-Est), 14,663; Beauvais (Sud-Est), 9,055; Chaumont, 13,541; Coudrey-Saint-Germer, 11,055; Formerie, 10,419; Grandvilliers, 15 222; Marseille, 10,430; Méru, 10,457; Nivilliers, 10,224; Noailles, 10,459; Songeons, 12,015. Total de l'arrond., 132,522.

Clermont. Breteuil, 13,412; Clermont, 14,446; Crèvecœur, 12,479; Froissy, 9,062; Liancourt, 9,770; Maignelay, 9,828; Mouy, 7,448; Saint-Just-en-Chaussée, 13,202. Total de l'arrond. 89,547.

Compiègne. Attichy, 12,108; Compiègne, 16,357; Estrées-Saint-Denis, 10,674; Guiscard, 8,749; Lassigny, 11,014; Noyon, 17,058; Ressons, 10,625; Ribécourt, 10,446. Total de l'arrond., 97,214.

Senlis. Betz, 8,872; Creil, 15,708; Crépy, 14,141; Nanteuil, 9,409; Neuilly-en-Thelle, 10,200; Pont-Sainte-Maxence, 8,942; Senlis, 12,503. Total de l'arrond., 79,775.

ORNE, 442,072 âmes (4 arrond., 56 cantons, 315 comm.).

Alençon. Alençon (Est), 12,819; Alençon (Ouest), 15,258; Carrouges, 16,467; Courtomer, 8,177; Mêle-sur-Sarthe, 9,089; Sées, 10,597. Total de l'arrond., 72.207.

Argentan. Argentan, 9,513; Briouze, 10,866; Ecouché, 12,614; Exmes, 6,525; Gacé, 8,525; La Ferté-Frênel, 8,979; Merlerault, 7,742; Mortrée, 7,501; Putanges, 13,482; Trun, 11,745; Vimoutiers, 11,455. Total de l'arrond., 111,515.

Domfront. Athis, 17,510; Domfront, 21,711; Fiers, 20,292; Juvigny-sous-Andaines, 11,032; La Ferté-Macé, 15,831; Messez, 11,975; Passais, 14,550; Tinchebray, 19,999. Total de l'arrond., 133.500.

Mortagne. Bazoches-sur-Hoëne, 7,660; Bellême, 15,222; Laigle, 14,162; Le Theil, 11,981; Longny, 10,607; Mortagne, 14,495; Moulins-la-Marche, 8,059; Nocé, 10,000; Pervenchères, 11,164; Remalard, 13,899; Tourouvre, 7,201. Total de l'arrond., 125,050.

PAS-DE-CALAIS, 685,021 âmes (6 arrond., 43 cantons, 905 comm.).

Arras. Arras (Nord), 19,081; Arras (Sud), 19,884; Bapaume, 13,905; Beaumets-les-Loges, 13,569; Bertincourt, 16,047; Croisilles, 16,995; Marquion, 17,866; Pas, 13,844; Vimy, 17,635; Vitry, 19,007. Total de l'arrond., 167,598.

Béthune. Béthune, 20,968; Cambrin, 17,530;

Carvin, 17,251; Houdain, 14,588; Laventie, 15,256; Lens, 17,410; Lillers, 16,522; Norrent-Fontes, 14,757. Total de l'arrond., 154,282.

Boulogne. Boulogne, 35,369; Calais, 29,164; Desvres, 10,542; Guines, 13,456; Marquise, 12,214; Samer, 12,598. Total de l'arrond., 115,143.

Montreuil. Campagne, 13,345; Etaples, 8,754; Fruges, 13,676; Hesdin, 14,606; Hucqueliers, 11,878; Montreuil, 17,455. Total de l'arrond., 79,714.

Saint-Omer. Aire, 18,357; Ardres, 14,574; Audruick, 13,954; Fauquembergue, 11,598; Lumbres, 16,828; Saint-Omer (Nord), 15,857; Saint-Omer (Sud), 18,199. Total de l'arrond., 109,444.

Saint-Pol. Aubigny, 11,614; Auxy-le-Château, 15,475; Avesne-le-Comte, 14,359; Heuchin, 13,294; Le Parcq, 11,570; Saint-Pol, 15,033. Total de l'arrond., 81,143.

PUY-DE-DÔME, 587,566 âmes (5 arrond., 50 cantons, 445 comm.).

Ambert. Ambert, 20,589; Arlanc, 13,287; Cunlhat, 11,546; Olliergues, 8,420; Saint-Amand-Roche-Savine, 8,167; Saint-Anthème, 7,707; Saint-Germain-l'Herm, 13,673; Viverols, 8,545. Total de l'arrond., 91,754.

Clermont. Billom, 13,851; Bourg-Lastic, 6,997; Clermont (Est), 12,807; Clermont (Nord), 13,556; Clermont (Sud), 14,921; Clermont (Sud-Ouest), 15,145; Herment, 5,816; Pont-du-Château, 11,003, Rochefort, 14,596; Saint-Amand Tallende, 9,593; Saint-Dier, 15,679; Vertaison, 12,593; Veyre-Mouton, 12,939; Vic-le-Comte, 14,960. Total de l'arrond., 172,258.

Issoire. Ardres, 10,966; Besse, 11,995; Champeix, 10,574; Issoire, 15,248; Jumeaux, 9,902; Latour, 8,931; Sauxillanges, 13,877; Saint-Germain-Lembrun, 10,407; Tauves, 8,076. Total de l'arrond., 99,776.

Riom. Aigueperse, 14,977; Combronde, 9,724; Ennezat, 9,848; Manzat, 12,102; Menat, 11,594; Montaigut, 8,960; Pionsat, 9,978; Pontaumur, 15,389; Pontgibaud, 11,669; Randan, 10,506, Riom (Est), 13,991; Riom (Ouest), 12,679; Saint-Gervais, 12,495. Total de l'arrond., 153,207.

Thiers. Châteldon, 8,087; Courpière, 16,814; Lezoux, 12,550; Maringues, 8,452; Saint-Remy, 12,199; Thiers, 12,709. Total de l'arrond., 70,614.

PYRÉNÉES (BASSES-), 451,685 âmes (5 arrond., 40 cantons, 630 comm.).

Bayonne. Bayonne (Nord-Est), 11,095; Bayonne (Nord-Ouest), 16,295; Bidache, 10,821; Espelette, 8,886; Hasparren, 10,108; Labastide-Clairence, 7,750; Saint-Jean-de-Luz, 12,921; Ustaritz, 9,475. Total de l'arrond., 87,549.

Mauléon. Iholdy, 9,543; Mauléon, 15,868; Saint-Etienne-de-Baïgorry, 13,471; Saint-Jean-Pied-de-Port, 12,422; Saint-Palais, 16,005; Tardets, 10,594. Total de l'arrond., 75,701.

Oloron. Accous, 11,825; Aramits, 7,016; Arudy, 11,785; Laruns, 4,081; Lasseube, 5.555; Moncin, 11,101; Oloron, 16,074; Sainte-Marie, 10,169. Total de l'arrond., 77,582.

Orthez. Arthez, 10,214; Arzacq, 11,510; Lagor, 11,575; Navarrenx, 11,457; Orthez, 16,180; Salies, 16,085; Sauveterre, 9,599. Total de l'arrond., 86,247.

Pau. Claracq, 12,445; Garlin, 9,274; Lembeye, 14,440; Lescar, 9,781; Montaner, 6,102; Morlaas, 12,961; Nay, 11,850; Pau (Est), 13,484; Pau (Ouest), 17,144; Pontacq, 9,812; Thèze, 7,771. Total de l'arrond., 125,054.

PYRÉNÉES (HAUTES-), 244,196 âmes (3 arrond., 26 cantons, 489 comm.).

Argelès. Argelès, 10,597; Aucun, 6,510; Lourdes, 13,869; Luz, 6,159; Saint-Pé, 4,344. Total de l'arrond., 41,479.

Bagnères. Arreau, 8,235; Bagnères, 18,135; Berdères, 5,477; Campan, 6,892; Castelnau-Ma-

gnoac, 11,415; Labarthe, 10,287; Lannemezan, 10,062; Mauléon-Barousse, 8,757; Nestier, 11,969; Vieille-Aure, 5,677. Total de l'arrond., 92,906.

Tarbes. Castelnau-Rivière-Basse, 4,670; Galan, 5,408; Maubourguet, 8,920; Ossun, 12,878; Pouyastruc, 6,865; Rabastens, 8,585; Tarbes (Nord), 16,450; Tarbes (Sud), 15,657; Tournay, 11,854; Trie, 9,600; Vic, 8,724. Total de l'arrond., 109,814.

PYRÉNÉES-ORIENTALES, 173,592 âmes (5 arrond., 17 cantons, 227 comm.).

Céret. Argelès, 14,289; Arles, 7,552; Céret, 10,084; Prats-de-Mollo, 8,467. Total de l'arrond., 40,192.

Perpignan. Latour, 6,656; Millas, 10,077; Perpignan (Est), 16,439; Perpignan (Ouest), 16,589; Rivesaltes, 16,652; Saint-Paul, 6,164; Thuir, 9,134. Total de l'arrond., 81,694.

Prades. Montlouis, 7,173; Olette, 6,275; Prades, 13,494; Saillagouse, 8,809; Sourina, 5,900; Vinça, 12,058. Total de l'arrond., 51,709.

RHIN (BAS-), 560,113 âmes (4 arrond., 33 cantons, 545 comm.).

Saverne. Bouxwiller, 16,256; Drulingen, 15,367; Hochfelden, 17,078; La Petite-Pierre, 14,560; Marmoutier, 15,578; Saar-Union, 16,280; Saverne, 15,781. Total de l'arrond., 108,480.

Schelestadt. Barr, 19,424; Benfeld, 16,628; Erstein, 12,492; Marckolsheim, 18,279; Obernai, 14,614; Rosheim, 14,222; Schelestadt, 16,929; Villé, 18,580. Total de l'arrondiss., 130,895.

Strasbourg. Bishwiller, 25,344; Brumath, 24,542; Geispolsheim, 16,555; Haguenau, 22,255; Molsheim, 22,444; Schiltigheim, 17,178; Strasbourg (Est), 18,155; Strasbourg (Nord), 16,097; Strasbourg (Ouest), 17,628; Strasbourg (Sud), 18,420; Truchtersheim, 14,170; Wasselonne, 18,526. Total de l'arrond., 228,058.

Wissembourg. Lauterbourg, 8,629; Niederbronn, 26,187; Seltz, 16,036; Soultz-sous-Forêts, 18,896; Wissembourg, 16,552; Woerth, 12,400. Total de l'arrond., 92,700.

RHIN (HAUT-), 464,466 âmes (5 arrond., 29 cantons, 490 comm.).

Altkirch. Altkirch, 18,372; Ferrette, 15,915; Habsheim, 18,757; Hirsingen, 13,473; Huningue, 18,225; Landser, 15,805; Mulhouse, 56,026. Total de l'arrond., 154,574.

Belfort. Belfort, 18,029; Cernay, 14,297; Dannemarie, 10,711; Delle, 14,006; Fontaine, 9,451; Giromagny, 12,858; Massevaux, 13,655; Saint-Amarin, 16,819; Thann, 17,552. Total de l'arrond., 127,358.

Colmar. Andolsheim, 15,844; Colmar, 24,517; Ensisheim, 17,195; Guebwiller, 12,666; Kaysersberg, 18,524; La Poutroie, 13,612; Munster, 15,805; Neuf-Brisach, 14,442; Ribeauville, 18,415; Rouffach, 13,284; Sainte-Marie-aux-Mines, 19,549; Soultz, 11,957; Wintzenheim, 15,075. Total de l'arrond., 202,557.

RHÔNE, 500,834 âmes (2 arrond., 25 cantons, 253 comm.).

Lyon. Condrieu, 10,108; Givors, 13,797; L'Arbresle, 13,069; Limonest, 12,957; Lyon, 1ᵉʳ canton, 52,669; 2ᵉ canton, 38,284; 3ᵉ canton, 57,520; 4ᵉ canton, 58,185; 5ᵉ canton, 13,864; 6ᵉ canton, 23,422; Mornant, 10,844; Neuville, 14,976; Saint-Genis-Laval, 17,988; Saint-Laurent-de-Chamoussel, 14,982; Saint-Symphorien, 12,547; Vaugneray, 15,586. Total de l'arrond., 344,795.

Villefranche. Anse, 9,444; Beaujeu, 19,682; Belleville, 14,494; Bois-d'Oingt, 14,183; Lamure, 9,149; Monsols, 12,462; Tarare, 24,759; Thizy, 25,041; Villefranche, 20,610. Total de l'arrond., 156,058

SAÔNE (HAUTE-), 347,627 âmes (5 arrond., 28 cantons, 581 comm.).

Gray. Autrey, 9,970; Champlitte, 10,285; Damqpierre sur-Salon, 13,791; Fresne-Saint-Mamès, 10,239; Gray, 16,765; Gy, 12,101 ; Marnay, 8.566; Pesmes, 9,081. Total de l'arrond., 90,796.

Lure. Champagney, 11,477; Faucogney, 13,685; Héricourt, 14,665; Lure, 18,651 ; Luxeuil, 16,565; Melisey, 14,617; Saint-Loup, 17,076; Saulx, 9,170; Vauvilliers, 11,507; Villersexel, 14,229. Total de l'arrond., 141,422.

Vesoul. Amance, 8,912 ; Combeaufontaine, 8,977; Jussey, 16,188; Montbozon, 11,027; Noroy-le-Bourg, 8,747; Port-sur-Saône, 10,505; Rioz, 10,749 ; Scey-sur-Saône, 12,575 ; Vesoul, 17,633; Vitrey, 10,528. Total de l'arrond., 115,409.

SAONE-ET-LOIRE, 551,543 âmes (5 arrondiss., 48 cantons, 593 comm.).

Autun. Autun,18,757; Couches, 12,616; Epinac, 9,431 ; Issy-l'Evêque, 6,087; Lucenay-l'Evêque, 15,835; Mesvres, 8,369 ; Montcenis, 16,772; Saint-Léger-sous-Beuvray,7,462. Total de l'arrondiss., 95,529.

Châlon. Buxy, 15,510; Chagny, 13,798; Châlon (Nord), 19,928; Châlon (Sud), 9,794; Givry, 13,338; Mont-Saint-Vincent, 9,196; Saint-Martin-du-Plain, 7,628; Saint-Martin-en-Bresse, 6,131; Sennecey-le-Grand, 15,337; Verdun, 17,225. Total de l'arrond., 127,882.

Charolles. Bourbon-Lancy, 9,454 ; Charolles, 12,664; Chauffailles, 11,476; Digoin, 7,119; Gueugnon , 7,595; La Clayette, 13,126; La Guiche, 7,613 ; Marcigny, 10,954; Palinges, 7,105; Paray, 8,422 ; Saint-Bonnet-de-Joux , 6,861 ; Semur, 13,074; Toulon-sur-Arroux, 9,817. Total de l'arrond., 125,077.

Louhans. Beaurepaire,9,987; Cuiseaux, 10,663; Cuisery, 9,721; Louhans,14 669; Montpont, 6,995; Montret, 6,711; Pierre,13,243; Saint-Germain-du-Bois, 13,472. Total de l'arrond., 87,459.

Mâcon. Cluny, 18,201; La Chapelle-de-Guinchay , 10,052; Lugny, 12,395; Mâcon (Nord), 16,173; Mâcon (Sud),13,608; Matour,8,765; Saint-Gengoux-le-Royal, 11,908; Tournus 17,228; Tramayes, 9,465. Total de l'arrond., 117,796.

SARTHE, 470,535 âmes (4 arrond., 33 cantons, 392 comm.).

La Flèche. Brûlon, 13,567; La Flèche, 19,457; Le Lude. 11,731; Malicorne, 11,908; Mayet, 11,590; Pontvallain, 13,777; Sablé, 18,588. Total de l'arrond., 100,398.

Mamers. Beaumont-sur-Sarthe, 16,023; Bonnétable, 12,177 ; Fresnay, 17,288; La Ferté-Bernard, 13,806; La Fresnaye, 7,712; Mamers,18,966; Marolles-les-Braults, 15,210; Montmirail, 8,984 ; Saint-Pater, 12,366 ; Tuffé, 9,292. Total de l'arrond., 168,324.

Le Mans. Ballon, 16,770; Conlie, 15,053; Ecommoy, 16,742; La Suze, 11,640; Le Mans, 1er canton, 25,628 ; 2e canton, 15,884 ; 3e canton, 19,168 ; Loué, 15,545; Montfort,16,948; Sillé-le-Guillaume, 16,946. Total de l'arrond., 131,801.

Saint-Calais. Bouloire, 10,782; Château-du-Loir, 13,427; La Chartre, 10,549; Le Grand-Lucé, 10,955; Saint-Calais, 13,491; Vibraye,9,108. Total de l'arrond., 70,012.

SEINE, 1,494,603 âmes (3 arrond., 20 cantons, 881 comm.).

Paris. 1er arrondissement, 92,246; 2e, 95,583; 3e, 59,796; 4e, 46,430 ; 5e, 85,338 ; 6e, 98,315; 7e, 66,544 ; 8e, 95,532 ; 9e, 47,080 ; 10e, 98,137 ; 11e, 360,580; 12e, 91,880. Total de l'arrond., 935,261.

Saint-Denis. Courbevoie, 17,241 ; Neuilly, 52,834; Pantin, 50,159; Saint-Denis, 31,860. Total de l'arrond., 152,094.

Sceaux. Charenton-le-Pont, 23,297 ; Sceaux, 36,725; Villejuif, 28,804; Vincennes, 18,422. Total de l'arrond., 107,248.

SEINE-INFÉRIEURE, 737,501 âmes (5 arrond., 50 cantons, 759 comm.).

Dieppe. Bacqueville, 17,619 ; Bellencombre, 8,876; Dieppe, 17,014; Envermeu, 15,011 ; Eu, 15,685 ; Longueville, 8.428 ; Offranville, 14,560 ; Tôtes, 15.151. Total de l'arrond., 112,374.

Le Havre. Bolbec, 19,160 ; Criquetot, 12,934 ; Fécamp, 17,947 ; Goderville, 14,091 ; Ingouville, 22,079 ; Le Havre, 27,454 ; Lillebonne, 10,665 ; Montivilliers, 13,636; Saint Romain,11,761. Total de l'arrond., 149,427.

Neufchâtel. Argueil, 8,800 ; Aumale, 8,346 ; Blangy, 14,521; Forges, 12,562; Gournay, 10,625; Londinières, 8,657 ; Neufchâtel, 15,027 ; Saint-Saëns, 9,098. Total de l'arrond., 85,256.

Rouen. Boos, 11,684 ; Buchy, 8,081 ; Clères, 13,529; Darnétal, 18,334; Duclair, 13,576; Elbeuf, 27,984 ; Grand-Couronne , 18,827 ; Maromme, 23,809; Pavilly, 16,289; Rouen, 1er canton, 16,815; 2e canton, 14,780; 3e canton, 16,142; 4e canton, 15,809; 5e canton, 18,945; 6e canton, 13,515. Total de l'arrond., 248,115.

Yvetot. Cany, 14,689 ; Caudebec, 13,560; Doudeville, 15,315; Fauville, 12,526; Fontaine, 10,942; Ourville, 10,621; Saint-Valery, 15,675; Valmont, 17,535; Yerville, 13,243; Yvetot, 18,437. Total de l'arrond., 142,349.

SEINE ET MARNE, 333,260 âmes (5 arrond., 29 cantons, 539 comm.).

Coulommiers. Coulommiers, 16,001; La Ferté-Gaucher, 12,003; Rebais, 11,933; Rozoy, 14,135. Total de l'arrond., 54,074.

Fontainebleau. Château-Landon, 10,565; Fontainebleau, 12,457; La Chapelle-la-Reine, 9,413 ; Lorrez le Bocage,9,857; Montereau, 11,017; Moret, 10,388; Nemours, 10,129. Total de l'arrond., 75,206.

Meaux. Claye, 10,577 ; Crécy, 12,341 ; Dammartin, 11,190; La Ferté-sous-Jouarre, 16,378 ; Lagny, 12,926; Lizy-sur-Ourcq, 12,774 ; Meaux, 17.066. Total de l'arrond., 93,252.

Melun. Brie-Comte-Robert, 9,491; Le Châtelet, 8,349; Melun (Nord), 13,588; Melun (Sud), 7,435; Mormant, 9,958; Tournan, 9,398. Total de l'arrond., 59,899.

Provins. Bray-sur-Seine, 11,456; Donnemarie, 10,038; Nangis, 8,921; Provins, 12,745 ; Villiers-Saint Georges, 9,669. Total de l'arrond., 52,829.

SEINE ET OISE, 470,948 âmes (6 arrond., 36 cantons, 684 comm.).

Corbeil. Arpajon, 13,403; Boissy-Saint-Léger, 14,172; Corbeil. 18,523; Longjumeau, 13,185. Total de l'arrond., 59,283.

Etampes. Etampes, 14,426; La Ferté-Alais, 8,998; Méréville, 9,206; Milly, 8,021. Total de l'arrond., 40,651.

Mantes. Bonnières, 12,075 ; Houdan, 13,516 ; Limay, 9,136; Magny, 12,062; Mantes, 14,012. Total de l'arrond., 60,801.

Pontoise. Ecouen, 11,216; Gonesse, 14,224 ; L'Isle-Adam, 12,554; Luzarches, 10,770; Marines, 14,565 ; Montmorency, 13,771 ; Pontoise, 15,545. Total de l'arrond., 92,645.

Rambouillet. Chevreuse,9,863; Dourdan (Nord), 11,401 ; Dourdan (Sud), 12,364; Limours, 7,127; Montfort-l'Amaury, 14,787; Rambouillet, 11,753. Total de l'arrond., 66,995.

Versailles. Argenteuil, 15,430; Marly-le-Roy, 16,810; Meulan, 12,271; Palaiseau, 10,395; Poissy, 15,961; Saint-Germain-en-Laye, 20,265; Sèvres, 15,421 ; Versailles (Nord), 18,374; Versailles (Ouest), 7,209; Versailles (Sud), 18,439. Total de l'arrond., 150,575.

SÈVRES (DEUX-), 310,203 âmes (4 arrond., 31 cantons, 355 comm.).

Bressuire. Argenton-Château, 10,725 ; Bressuire, 11,049; Cerizay, 9,686 ; Châtillon, 12,519; Saint-Varent, 5,385 ; Thouars, 15,314. Total de l'arrond., 64,678.

Melle. Brioux, 11,582 ; Celles, 10,439 ; Chef-Boutonne, 11,101 ; La Mothe-Sainte-Héraye,

9,476; Lezay, 11,838; Melle, 10,493; Sauzé-Vaussais, 11,906. Total de l'arrond., 76,535.

Niort. Beauvoir, 6,444; Champdeniers, 7,605; Coulonges, 14,165; Fontenay, 8.075; Mauzé, 7,828; Niort, 1ᵉʳ canton, 15,424; 2ᵉ canton, 15,334; Prahec, 6,358; Saint-Maixent, 1ᵉʳ canton, 10,928 ; 2ᵉ canton, 10,640. Total de l'arrond., 102,481.

Parthenay. Airvault, 6,715; Mazières, 9,774 ; Menigoute, 8,396; Moncoutant, 10,887; Parthenay, 9,495; Secondigny, 8,060; Saint-Loup, 6,857; Thenezay, 6,525. Total de l'arrond., 66,509.

SOMME, 559,680 âmes (5 arrond. , 41 cantons, 852 comm.).

Abbeville. Abbeville (Nord), 11,830 ; Abbeville (Sud), 14,380 ; Ailly-Haut-Clocher, 12,729 ; Ault, 13,106; Crécy, 13,255; Gamaches, 11,925; Hallencourt, 12,577; Moyenneville, 10,536; Nouvion, 10,808 ; Rue, 12,424 ; Saint-Valery, 14,270. Total de l'arrond., 134,620.

Amiens. Amiens (Nord-Est), 12,598 ; Amiens (Nord-Ouest), 12,657; Amiens (Sud-Est), 15,476 ; Amiens (Sud-Ouest), 13,964; Conty, 12,188 ; Corby, 21,500; Hornoy, 11,281 ; Molliens-Vidame, 15,123 ; Oisemont, 10,880; Picquigny , 17,507 ; Poix, 11,225; Sains, 13,590; Villers-Bocage, 16,595. Total de l'arrond., 184,166.

Doullens. Acheux, 16,097; Bernaville, 12,013 ; Domart, 14,935; Doullens, 16,641. Total de l'arrond., 59,686.

Montdidier. Ailly-sur-Noye, 10,492 ; Montdidier, 14,222; Moreuil, 14,745 ; Rozières, 15,186 ; Roye, 15,583. Total de l'arrond., 70,226.

Péronne. Albert, 16,222; Bray, 11,465; Chaulnes, 11,004; Combles, 14,199; Ham, 12,246; Nesle, 10,903; Péronne, 16,819; Roisel, 18,124. Total de l'arrond., 110,982.

TARN, 351,656 âmes (4 arrond., 35 cantons, 319 comm.).

Albi. Alban, 8,946 ; Albi, 23,002; Monestiés, 11,288 ; Pampelonne, 8,677; Réalmont, 12,207; Valderiès, 5,873 ; Valence, 8,465; Villefranche, 8,559. Total de l'arrond., 86,817.

Castres. Anglès, 3,936 ; Brassac, 10,604 ; Castres, 21,412; Dourgne,13,718; Labruguière, 7,242; Lacaune, 11,819; Lautrec, 9,625; Mazamet, 18,737; Montredon, 7,609; Murat, 4,584 ; Roquecourbe, 5,890; Saint-Amant-la-Bastide, 9,457 ; Vabre , 9,426; Vielmur, 6,018. Total de l'arrond., 139,847.

Gaillac. Cadelan, 6,458; Castelnau de-Montmiral, 11,206; Cordes, 10,474; Gaillac, 16,728; Lisle, 6,555; Rabastens,9,422; Salvagnac, 5,745; Vaour, 5,662. Total de l'arrond., 71,926.

Lavaur. Cuq-Toulza, 5,815; Graulhet, 10,435; Lavaur, 18,679 ; Puylaurens,10,970; Saint-Paul, 7,467. Total de l'arrond., 53,066.

TARN ET-GARONNE, 239,297 âmes (3 arrond., 24 cantons, 192 comm.).

Castel-Sarrasin. Beaumont, 12,547 ; Castel-Sarrasin,10,745; Grisolles, 7,460; Lavit, 8,124 ; Montech, 10,468 ; Saint-Nicolas, 10,794; Verdun, 11,272. Total de l'arrond., 71,410.

Moissac. Auvillar, 7,733; Bourg-de-Visa, 6,545; Lauzerte, 12,559; Moissac, 16,524; Montaigu, 7,967; Valence, 11,167. Total de l'arrond., 62,295.

Montauban. Caussade, 13,699 ; Caylus, 9,928 ; La Française, 6,394 ; Molières, 7,492 ; Monclar, 6,259; Montauban (Est), 11,142; Montauban (Ouest), 14,469; Montpezat, 7 741; Négrepelisse, 10,348; St.-Antonin, 13,700; Villebrumier, 4,770. Total de l'arrond., 105,592.

VAR , 528,010 âmes (4 arrond. , 55 cantons, 203 comm.).

Brignoles. Barjols, 8,734 ; Besse, 8,834 ; Brignoles, 11,887 ; Cotignac, 10,579 ; Rians, 8,131 ; Roquebrussanne, 5,977 ; Saint-Maximin, 10,176; Tavernes, 4,638. Total de l'arrond., 68,955.

Draguignan. Aups, 5,661; Callas, 8,443; Comps, 5,301; Draguignan, 14,663; Fayence, 10,835; Fré-

jus, 9,959 ; Grimaud, 7,557; Le Luc. 6,507 ; Lorgues, 8,115; Saint Tropez, 5,182; Salernes, 4,513. Total de l'arrond., 84,514.

Grasse. Antibes, 9,619; Cannes, 8,562; Coursegoules, 5,858; Grasse, 12,874; Le Bar, 7,045; Saint-Auban, 4,624; Saint-Vallier, 4,064; Vence, 14,518. Total de l'arrond., 65,464.

Toulon. Collobrières , 3,584 ; Cuers , 8,600 ; Hières , 9,966 ; Le Beausset, 10,619; Ollioules, 4,588; Sollès-Pont, 7,544; Toulon (Est), 25,505; Toulon (Ouest), 25,166. Total de l'arrondissem., 109,379.

VAUCLUSE , 251,080 âmes (4 arrond. , 22 cantons, 148 comm.).

Apt. Apt , 10,666 ; Bonnieux, 6,904 ; Cadenet, 10,703 ; Gordes, 7,390 ; Pertuis, 13,747. Total de l'arrond., 55,410.

Avignon. Avignon (Nord), 19,940 ; Avignon (Sud), 13,904 ; Bedarrides, 10,370 ; Cavaillon , 13,359 ; l'Isle, 15,461. Total de l'arrond., 73,034.

Carpentras. Carpentras, 12,754 ; Carpentras (Sud), 15,843; Mormoiron, 11,288; Pernes, 8,852 ; Sault, 5,317. Total de l'arrond., 54,034.

Orange. Beaumes, 5,254 ; Bollène, 14,505 ; Malaucène, 6,793 ; Orange (Est), 11,525 ; Orange (Ouest), 11,532; Vaison, 10,670 ; Valréas, 8,745. Total de l'arrond., 68,602.

VENDÉE, 356,455 âmes (3 arrond. , 30 cantons, 294 comm.).

Bourbon-Vendée. Bourbon-Vendée, 22,890 ; Chantonnay, 12,733 ; Le Poiré-sous-Bourbon, 13,744; Les Essarts , 11,107 ; Les Herbiers , 13,142 ; Mareuil, 8,346 ; Montaigu, 15,246 ; Mortagne , 14,250 ; Rocheservière , 6,573 ; Saint-Fulgent, 10,355. Total de l'arrond., 128,186.

Fontenay. Chaillé-les-Marais,10,495; Fontenay, 17,744 ; La Châtaigneraie , 20,004 ; l'Hermenault, 11,678 ; Luçon, 13,952 ; Maillezais, 15,209 ; Pouzauges, 14,982 ; Sainte-Hermine , 11,886 ; Saint-Hilaire-des-Loges, 10,914. Total de l'arrond., 126,534.

Les Sables-d'Olonne. Beauvoir, 7,689; Challans, 12,074; l'Ile-Dieu, 2,492 ; La Mothe-Achard, 9,947 ; Les Moutiers-les-Maux-Faits, 9,594 ; Les Sables-d'Olonne, 10,741 ; Noirmoutier , 7,666 ; Palluau, 10,815; Saint-Gilles, 11,675 ; Saint-Jean-de Mont, 9,691 ; Talmont, 10,254. Total de l'arrond., 104,736.

VIENNE, 294,250 âmes (3 arrond. , 31 cantons, 299 comm.).

Châtellerault. Châtellerault, 15,841 ; Dangé, 5,946 ; Leigne-sur-Usseau , 5,707 ; Lencloître, 8,580 ; Plumartin, 9,869 ; Vouneud-sur-Vienne, 8,594. Total de l'arrond., 54,334.

Civray. Availles , 5,002 ; Charroux , 7,756 ; Couhé , 11,930; Civray, 11,622 ; Gençay, 10,400. Total de l'arrond., 46,710.

Loudun. Loudun, 11,606 ; Montcontour, 8,228; Monts , 6,906; Trois Moutiers, 8,624. Total de l'arrond., 35,364.

Montmorillon. Chauvigny, 7,823 ; La Trémouille, 7,442 ; l'Isle-Jourdain , 9,538 ; Lussac, 10,937 ; Montmorillon , 11,319 ; Saint-Savin , 10,160. Total de l'arrond., 57,219.

Poitiers. La Villedieu, 5,857; Lusignan, 14,058; Mirebeau, 8,475 ; Neuville, 9,654; Poitiers (Nord), 14,972; Poitiers (Sud), 15,478; Saint-Georges, 6,752 ; Saint - Julien , 5,854 ; Vivonne , 6,911 ; Vouillé, 12,632. Total de l'arrond., 100,625.

VIENNE (HAUTE-), 292,848 âmes (4 arrond., 27 cantons, 199 comm.).

Bellac. Bellac, 10,457 ; Bessines, 10,828 ; Château-Ponsac, 9,584 ; Le Dorat, 11,118; Magnac-Laval, 10,074; Mézières, 9,848 ; Nantiat, 10,677; Saint-Sulpice-les-Feuilles , 9,525. Total de l'arrond., 84,588.

Limoges. Aixe, 11,299 ; Ambazac, 8,475; Châteauneuf, 11,154 ; Eymoutiers, 14,396 ; Laurière, 5,

6,359 ; Limoges (Nord), 24,597 ; Limoges (Sud) ; 19,159 ; Nieul , 6,604 ; Pierre-Buffière , 8,876 ; Saint-Léonard, 13,072. Total de l'arrond. 120,731.

Rochechouart. Oradour-sur-Vayres , 8,908 ; Rochechouart, 8,777; Saint-Junien, 12,817; Saint-Laurent-sur-Goire, 9,012; Saint-Mathieu, 9 087. Total de l'arrond., 48,601.

Saint Yrieix. Chalus, 8,254; Nexon , 9,157 ; Saint-Germain, 12,039; Saint-Yrieix, 12,498. Total de l'arrond , 41,928.

VOSGES, 419,992 âmes (5 arrond., 30 cantons , 548 comm.).

Épinal. Bains, 12,178; Bruyères, 17,237; Châtel, 10,744 ; Épinal, 21,901 ; Rambervillers , 17,885 ; Xertigny, 17,053. Total de l'arrond., 97,098.

Mirecourt. Charmes, 12,864 ; Darnay, 12,532 ; Dompaire, 12,743; Monthureux-sur-Saône, 8,137; Vittel, 11,708. Total de l'arrond. , 73,276.

Neufchâteau. Bulgnéville, 12,260 ; Châtenois, 11,790; Coussey, 9,278; Lamarche, 16,355 ; Neufchâteau, 15,844. Total de l'arrond., 65,527.

Remiremont. Plombières , 13,282 ; Ramonchamp, 15,663; Remiremont, 22,281; Saulxures, 17,161. Total de l'arrond., 68,386.

Saint Dié. Brouvelieures , 4,557 ; Corcieux , 11,947; Fraize, 16,839; Gérardmer , 6,488 ; Raon-l'Étape, 11,619; Saales, 13,796; Saint Dié, 22,854; Schirmeck , 13,482 ; Senones , 14,125. Total de l'arrond., 115,705.

YONNE, 362,964 âmes (5 arrond. , 37 cantons , 482 comm.).

Auxerre. Auxerre (Est), 11,144 ; Auxerre (Ouest) , 13,074 ; Chablis , 8,626 ; Coulange la-Vineuse , 8,958 ; Coulange-sur-Yonne , 7,872 ; Courson, 8,425; Ligny , 7,474 ; Saint-Florentin, 6,484; Saint-Sauveur, 12,400 ; Seignelay, 8,499 ; Toucy , 12,042 ; Vermanton , 10,985. Total de l'arrond., 114,745.

Avallon. Avallon, 13,069; Guillon, 6,624; l'Isle, 7,103; Quarré-les-Tombes, 8,509; Vézelay, 11,968. Total de l'arrond., 47,073.

Joigny. Aillant, 15,513; Bléneau , 7,347; Brienon, 14,690; Cerisiers, 6,018; Charny, 9,844; Joigny, 17,392; Saint-Fargeau , 6,851 ; Saint-Julien-du-Sault, 7,977; Villeneuve-le-Roi , 10,372. Total de l'arrond., 92,984.

Sens. Chéroy, 8,666; Pont-sur-Yonne , 11,931 ; Sens (Nord), 11,220; Sens (Sud), 11,779; Sergines, 9,977; Villeneuve-l'Archevêque , 9,794. Total de l'arrond., 63,567.

Tonnerre. Ancy-le-Franc, 9,584; Cruzy, 8,898. Flogny, 8,468; Noyers , 7,847 ; Tonnerre , 9,995; Total de l'arrond., 44,792.

11 = 21 NOVEMBRE 1842. — Ordonnance du roi qui fixe les époques auxquelles auront lieu, pour la classe de 1842, les opérations du recrutement relatives aux tableaux de recensement et au tirage au sort. (IX, Bull. DCCCCLVIII, n. 10338.)

Louis-Philippe, etc., vu la loi du 11 octobre 1850, relative au vote annuel du contingent de l'armée, et celle du 21 mars 1852 ; vu la loi du 9 avril 1842, qui a fixé à quatre-vingt mille hommes le contingent à appeler, en 1843, sur la classe de 1842, et qui a déterminé le mode de répartition de contingent entre les départements et cantons du royaume ; sur le rapport de notre président du conseil, ministre secrétaire d'Etat de la guerre, etc.

Art. 1er. Les tableaux de recensement de la classe de 1842 seront ouverts à partir du 1er janvier 1843, et publiés et affichés, ainsi que l'exige l'art. 8 de la loi du 21 mars 1832, les dimanches 22 et 29 dudit mois de janvier. L'examen de ces tableaux et le tirage au sort prescrits par l'art. 10 de la même loi commenceront le 20 février suivant.

2. Immédiatement après le tirage de chaque canton , le sous-préfet enverra au préfet du département une expédition authentique de la liste du tirage, ainsi que le procès-verbal qui aura été dressé en exécution de l'art. 12 de la loi du 21 mars 1832.

5. Au moyen des documents mentionnés dans l'article précédent, le préfet formera un état indiquant, par canton, le nombre des jeunes gens inscrits sur les listes de tirage de la classe Cet état devra être adressé à notre ministre secrétaire d'Etat de la guerre le 22 mars prochain *au plus tard.* Si, par suite de circonstances extraordinaires, le nombre des jeunes gens inscrits sur les listes de tirage n'a pas pu être connu à cette époque pour tous les cantons, ce nombre sera remplacé. pour les cantons en retard, par la moyenne des jeunes gens inscrits sur les listes de tirage des dix classes précédentes, et le préfet indiquera cette moyenne sur l'état prescrit ci-dessus.

4. La répartition du contingent de la classe de 1842 entre les départements sera faite ultérieurement par une ordonnance royale, qui réglera en même temps les autres opérations relatives à l'appel de ladite classe.

5. Notre ministre de la guerre (duc de Dalmatie) est chargé, etc.

5 = 22 NOVEMBRE 1842. — Ordonnance du roi qui règle provisoirement les tarifs pour le transport des voyageurs, bagages , marchandises, bestiaux et objets quelconques , sur les chemins de fer de Lille et de Valenciennes à la frontière de Belgique , entre les stations françaises et belges. (IX, Bull. DCCCCLIX , n. 10347.)

Louis-Philippe, etc., sur le rapport de notre ministre secrétaire d'Etat des travaux publics ; vu notre ordonnance du 15 septembre 1842 (1), qui a réglé provisoirement le tarif pour le transport des voyageurs sur les chemins de fer de Lille et de Valenciennes à la frontière de Belgique ; vu la lettre, en date du 5 de ce mois , par laquelle notre ministre des affaires étrangères informe notre ministre des travaux publics que l'administration belge réclame

(1) Voy. *supra,* p. 343.

diverses modifications au tarif ci-dessus indiqué, et sollicite, en outre. la détermination d'un tarif pour le transport des marchandises, bestiaux et objets quelconques ; vu le tableau dressé, en conséquence, des tarifs à percevoir sur les sections de chemin de fer de Roubaix à Courtray et de Saint-Saulve à Quiévrain ; vu la loi du 15 juillet 1840, et spécialement l'art. 26 de ladite loi, etc.

TARIF INTER   n°

Section de Courtray à Roubaix   n°

TARIF N. 1. —

POINTS DE DÉPART.	Roubaix.			Tourcoing.			Mouscron.			Courtray.		
	1ʳᵉ classe.	2ᵉ classe.	3ᵉ classe.	1ʳᵉ classe.	2ᵉ classe.	3ᵉ classe.	1ʳᵉ classe.	2ᵉ classe.	3ᵉ classe.	1ʳᵉ classe.	2ᵉ classe.	3ᵉ classe.
	fr. c.	fr. c.	fr. c.	fr. c.	fr. c.	fr. c.	fr. c.	fr. c.	fr. c.	fr. c.	fr. c.	fr. c.
Roubaix..	»	»	»	0 75	0 50	0 25	1 00	0 75	0 50	2 00	1 50	1 00
Tourcoing.	0 75	0 50	0 25	»	»	»	1 00	0 75	0 50	2 00	1 50	1 00
Mouscron.	1 00	0 75	0 50	1 00	0 75	0 50	»	»	»	1 25	1 00	0 50
Courtray.	2 00	1 50	1 00	2 00	1 50	1 00	1 25	1 00	0 50	»	»	»
Saint-Saulve.	»	»	»	»	»	»	»	»	»	»	»	»
Blanc-Misseron. . . .	»	»	»	»	»	»	»	»	»	»	»	»
Quiévrain.	»	»	»	»	»	»	»	»	»	»	»	»

TARIF N. 3. — FONDS ET VALEURS.

POINTS DE DÉPART.	Roubaix.			Tourcoing.			Mouscron.			Courtray.			Saint-Saulve.			Blanc-Misseron.			Quiévrain.		
	De 1 à 100 francs.	De 101 à 500 francs.	De 501 à 1,000 fr. par cent.	De 1 à 100 francs.	De 101 à 500 francs.	De 501 à 1,000 fr. par cent.	De 1 à 100 francs.	De 101 à 500 francs.	De 501 à 1,000 fr. par cent.	De 1 à 100 francs.	De 101 à 500 francs.	De 501 à 1,000 fr. par cent.	De 1 à 100 francs.	De 101 à 500 francs.	De 501 à 1,000 fr. par cent.	De 1 à 100 francs.	De 101 à 500 francs.	De 501 à 1,000 fr. par cent.	De 1 à 100 francs.	De 101 à 500 francs.	De 501 à 1,000 fr. par cent.
Roubaix......	(1)						fr. c.	fr. c.	fr.	fr. c.	fr. c.	fr.	(1)						fr. c.	fr. c.	fr.
Tourcoing..... Mouscron..... Courtray...... Saint-Saulve. ... Blanc-Misseron. Quiévrain.....	»	»	»	»	»	»	0 50	0 75	1	0 50	0 75	1	»	»	»	»	»	»	0 50	0 75	1

(1) L'administration française ne se charge pas des transports des fonds et valeurs.

Art. 1ᵉʳ. Provisoirement, les tarifs pour le transport des voyageurs, bagages, marchandises, bestiaux et objets quelconques, sur les chemins de fer de Lille et de Valenciennes à la frontière de Belgique, seront réglés, entre les stations françaises et belges conformément au tableau annexé à la présente ordonnance.

2. Notre ministre des travaux publics (M. Teste) est chargé, etc.

NATIONAL.

et de Saint-Saulve à Quiévrain.

VOYAGEURS.

	Saint-Saulve.			Blanc-Misseron.			Quiévrain.		
	1ʳᵉ classe.	2ᵉ classe.	3ᵉ classe.	1ʳᵉ classe.	2ᵉ classe.	3ᵉ classe.	1ʳᵉ classe.	2ᵉ classe.	3ᵉ classe.
	fr. c.	fr. c.	fr. c.	fr. c.	fr. c.	fr. c.	fr. c.	fr. c.	fr. c.
	»	»	»	»	»	»	»	»	»
	»	»	»	»	»	»	»	»	»
	»	»	»	»	»	»	»	»	»
	»	»	»	1 00	0 75	0 50	1 00	0 75	0 50
	1 00	0 75	0 50	»	»	»	0 75	0 50	0 25
	1 00	0 75	0 50	0 75	0 50	0 25	»	»	»

TARIF N. 2. — BAGAGES.

Roubaix.	Tourcoing.	Mouscron.	Courtray.	Saint-Saulve.	Blanc-Misseron.	Quiévrain.
			Par cent kilogrammes.			
fr. c.	fr. c.	fr. c.	fr. c.	fr. c.	fr. c.	fr. c.
»	0 60	0 60	1 20	»	»	»
0 60	»	0 60	1 20	»	»	»
0 60	0 60	»	0 60	»	»	»
1 20	1 20	0 60	»	»	»	»
»	»	»	»	»	0 60	0 60
»	»	»	»	0 60	»	0 50
»	»	»	»	0 60	0 50	»

TARIF N. 4.

Articles de messagerie ou colis de cinquante kilogrammes et au-dessous.

Transport Roubaix.	Tourcoing.	Mouscron.	Courtray.	Saint-Saulve.	Blanc-Misseron.	Quiévrain.
			Par cent kilogrammes.			
fr. c.	fr. c.	fr. c.	fr. c.	fr. c.	fr. c.	fr. c.
»	0 75	0 75	1 00	»	»	»
75	»	0 75	1 00	»	»	»
75	0 75	»	0 75	»	»	»
0 00	1 00	0 75	»	»	»	»
»	»	»	»	»	0 75	0 75
»	»	»	»	0 75	»	0 75
»	»	»	»	0 75	0 75	»

TARIF N. 5. — VOITURES.

Roubaix.		Tourcoing.		Mouscron.		Courtray.		Saint-Saulve.		Blanc-Misseron.		Quiévrain.	
A quatre roues.	A deux roues.	A quatre roues.	A deux roues.	A quatre roues.	A deux roues.	A quatre roues.	A deux roues.	A quatre roues.	A deux roues.	A quatre roues.	A deux roues.	A quatre roues.	A deux roues.
fr.	fr.	fr.	fr.	fr.	fr.	fr.	fr.	fr.	fr.	fr.	fr.	fr.	fr.
»	»	9	6	9	6	12	8	»	»	»	»	»	»
9	6	»	»	9	6	12	8	»	»	»	»	»	»
9	6	9	6	»	»	9	6	»	»	»	»	»	»
12	8	12	8	9	6	»	»	»	»	9	6	9	6
»	»	»	»	»	»	»	»	9	6	»	»	9	6
»	»	»	»	»	»	»	»	9	6	9	6	»	»

TARIF N. 6.

POINTS DE DÉPART	Roubaix						Tourcoing						Mouscron					
	Trois chevaux.	Deux chevaux.	Un cheval.	Waggon complet de bétail.	Quatre bœufs, dix porcs ou vingt moutons.	Un à deux bœufs, un à cinq porcs ou veaux, un à dix moutons.	Trois chevaux.	Deux chevaux.	Un cheval.	Waggon complet de bétail.	Quatre bœufs, dix porcs ou vingt moutons.	Un à deux bœufs, un à cinq porcs ou veaux, un à dix moutons.	Trois chevaux.	Deux chevaux.	Un cheval.	Waggon complet de bétail.	Quatre bœufs, dix porcs ou vingt moutons.	Un à deux bœufs, un à cinq porcs ou veaux, un à dix moutons.
Roubaix	»	»	»	»	»	»	9	7 50	6	9	6	4 50	9	7 50	6	9	6	4 50
Tourcoing	9	7 50	6	9	6	4 50	»	»	»	»	»	»	9	7 50	6	9	6	4 50
Mouscron	9	7 50	6	9	6	4 50	9	7 50	6	9	6	4 50	»	»	»	»	»	»
Courtray	12	10 00	8	12	8	6 00	12	10 00	8	12	8	6 00	9	7 50	6	9	6	4 50
Saint-Saulve	»	»	»	»	»	»	»	»	»	»	»	»	»	»	»	»	»	»
Blanc-Misseron	»	»	»	»	»	»	»	»	»	»	»	»	»	»	»	»	»	»
Quiévrain	»	»	»	»	»	»	»	»	»	»	»	»	»	»	»	»	»	»

TARIF N. 7. — MARCHANDISES DE ROULAGE. (Bureau restant...)

POINTS DE DÉPART	Roubaix			Tourcoing			Mouscron			Courtray			Saint-Saulve			Blanc-Misseron			Quiévrain		
	1re classe.	2e classe.	3e classe.	1re classe.	2e classe.	3e classe.	1re classe.	2e classe.	3e classe.	1re classe.	2e classe.	3e classe.	1re classe.	2e classe.	3e classe.	1re classe.	2e classe.	3e classe.	1re classe.	2e classe.	3e classe.
Roubaix	»	»	»	15	25	30	15	25	30	20	30	40	»	»	»	»	»	»	»	»	»
Tourcoing	15	25	30	»	»	»	15	25	30	20	30	40	»	»	»	»	»	»	»	»	»
Mouscron	15	25	30	15	25	30	»	»	»	15	25	30	»	»	»	»	»	»	»	»	»
Courtray	20	30	40	20	30	40	15	25	30	»	»	»	»	»	»	»	»	»	»	»	»
Saint-Saulve	»	»	»	»	»	»	»	»	»	»	»	»	»	»	»	15	25	20	15	25	»
Blanc-Misseron	»	»	»	»	»	»	»	»	»	»	»	»	15	25	30	»	»	»	15	25	»
Quiévrain	»	»	»	»	»	»	»	»	»	»	»	»	15	25	30	15	25	30	»	»	»

12 SEPTEMBRE = 24 NOVEMBRE 1842. — Ordonnance du roi qui autorise les concessionnaires du chemin de fer du Creuzot au canal du Centre à établir, sur ce chemin, un transport public de voyageurs. (IX, Bull. DCCCCLX, n. 10351.)

Louis-Philippe, etc., sur le rapport de notre ministre secrétaire d'État au département des travaux publics; vu la demande des concessionnaires du chemin de fer du Creuzot au canal du Centre, tendant à obtenir l'autorisation de transporter des voyageurs sur ce chemin; vu le projet de tarif annexé à cette demande; vu les avis en date des 3 et 19 septembre 1839, par lesquels le préfet de Saône-et-Loire a annoncé au public l'ouverture de l'enquête sur ledit projet de tarif, dans les communes de Torcy, du Creuzot, de Saint-Eusèbe et de Saint-Laurent d'Audenay; vu les certificats des autorités locales, constatant l'accomplissement des formalités d'enquête, laquelle enquête n'a donné lieu à aucune observation ni réclamation; vu les procès-verbaux des délibérations des commissions d'enquête en date des 20 mars et 15 mai 1840; vu les rapports et avis des ingénieurs

CHEVAUX ET BÉTAIL.

Courtray.					Saint-Saulve.					Blanc-Misseron.					Quiévrain.				
Deux chevaux.	Un cheval.	Waggon complet de bétail.	Quatre bœufs, dix porcs ou vingt moutons.	Un à deux bœufs, un à cinq porcs ou veaux, un à dix moutons.	Trois chevaux.	Deux chevaux.	Un cheval.	Waggon complet de bétail.	Quatre bœufs, dix porcs ou vingt moutons.	Un à deux bœufs, un à cinq porcs ou veaux, un à dix moutons.	Trois chevaux.	Deux chevaux.	Un cheval.	Waggon complet de bétail.	Quatre bœufs, dix porcs ou vingt moutons.	Un à deux bœufs, un à cinq porcs ou veaux, un à dix moutons.	Trois chevaux.	Deux chevaux.	Un cheval.	Waggon complet de bétail.	Quatre bœufs, dix porcs ou vingt moutons.	Un à deux bœufs, un à cinq porcs ou veaux, un à dix moutons.
fr. c.	fr.	fr.	fr.	fr. c.	fr.	fr. c.	fr.	fr.	fr.	fr. c.	fr.	fr. c.	fr.	fr.	fr.	fr. c.	fr.	fr. c.	fr.	fr.	fr.	fr. c.
10 00	8	12	8	6 00	»	»	»	»	»	»	»	»	»	»	»	»	»	»	»	»	»	»
10 00	8	12	»	6 00	»	»	»	»	»	»	»	»	»	»	»	»	»	»	»	»	»	»
7 50	6	9	6	4 50	»	»	»	»	»	»	»	»	»	»	»	»	»	»	»	»	»	»
»	»	»	»	»	»	»	»	»	»	»	9	7 50	6	9	6	4 50	9	7 50	6	9	6	4 50
»	»	»	»	»	9	7 50	6	9	6	4 50	»	»	»	»	»	»	9	7 50	6	9	6	4 50
»	»	»	»	»	9	7 50	6	9	6	4 50	9	7 50	6	9	6	4 50	»	»	»	»	»	»

TARIF N. 8. — MARCHANDISES DE ROULAGE. (Remise à domicile.)

POINTS DE DÉPART.	Roubaix.			Tour-coing.			Mous-cron.			Cour-tray.			Saint-Saulve.			Blanc-Misseron.			Quié-vrain.		
	1re classe.	2e classe.	3e classe.	1re classe.	2e classe.	3e classe.	1re classe.	2e classe.	3e classe.	1re classe.	2e classe.	3e classe.	1re classe.	2e classe.	3e classe.	1re classe.	2e classe.	3e classe.	1re classe.	2e classe.	3e classe.
	(1)						c.	c.	c.	c.	c.	c.							c.	c.	c.
R Roubaix.	»	»	»	»	»	»	40	55	65	45	60	75	»	»	»	»	»	»	»	»	»
T Tourcoing.	»	»	»	»	»	»	40	55	65	45	60	75	»	»	»	»	»	»	»	»	»
M Mouscron.	»	»	»	»	»	»	»	»	»	40	55	65	»	»	»	»	»	»	»	»	»
C Courtray.	»	»	»	»	»	»	40	55	65	»	»	»	»	»	»	»	»	»	»	»	»
S Saint-Saulve.	»	»	»	»	»	»	»	»	»	»	»	»	»	»	»	»	»	»	40	55	65
B Blanc-Misseron. . . .	»	»	»	»	»	»	»	»	»	»	»	»	»	»	»	»	»	»	40	55	65
Q Quiévrain.	»	»	»	»	»	»	»	»	»	»	»	»	»	»	»	»	»	»	»	»	»

(1) L'administration française ne se charge pas de la remise à domicile des marchandises de roulage.

des ponts et chaussées, des 10 août et 10 septembre suivants; vu l'avis, en forme d'arrêté, du préfet de Saône-et-Loire, du 14 octobre 1840; vu l'avis du conseil général des ponts et chaussées, du 13 janvier 1841; vu l'ordonnance du 26 décembre 1837, qui a autorisé l'établissement du chemin de fer du Creuzot au canal du Centre, ainsi que le cahier des charges y annexé et spécialement l'art. 55 de ce cahier; notre conseil d'État entendu, etc.

Art. 1er. Les concessionnaires du chemin de fer du Creuzot au canal du Centre sont autorisés à établir, sur ce chemin, un transport public de voyageurs.

2. Les concessionnaires sont également autorisés à percevoir le tarif ci-après déterminé :

| VOYAGEURS, PAR TÊTE ET PAR KILOMÈTRE. | PRIX | | TOTAL. |
	de péage.	de transport.	
Voitures couvertes et suspendues.	0^f 06^c	0^f 04^c	0^f 10^c
Waggons non couverts.	0 05	0 03	0 08

3. Chaque voyageur pourra porter avec lui un bagage dont le poids n'excédera pas quinze kilogrammes, sans être tenu, pour le port de ce bagage, à aucun supplément pour le prix de sa place. Toutes les autres règles indiquées au cahier des charges pour la perception des tarifs relatifs au transport des marchandises seront applicables au transport des personnes.

4. Les concessionnaires ne pourront, pour effectuer les transports, se servir de machines locomotives.

5. A la rencontre des chemins vicinaux ou d'exploitation qui traverseront la voie de fer, à moins de douze cents mètres des points les plus bas de cette voie, les concessionnaires seront tenus d'établir immédiatement des barrières, de part et d'autre de ces chemins, et sur cinquante mètres de longueur, à partir de leur point de rencontre avec la voie de fer.

6. Les concessionnaires seront tenus, en outre, de se soumettre, pour leur exploitation, à toutes les mesures de police dont l'expérience ferait plus tard reconnaître la nécessité.

7. Notre ministre des travaux publics (M. Teste) est chargé, etc.

---

30 OCTOBRE = 24 NOVEMBRE 1842. — Ordonnance du roi portant que des cours d'instruction primaire supérieure seront annexés aux collèges y désignés. (IX, Bull. DCCCCLX, n. 10352.)

Louis-Philippe, etc., sur le rapport de notre ministre secrétaire d'Etat au département de l'instruction publique; vu l'art. 10 de la loi du 28 juin 1833, portant que les communes chefs-lieux de département et celles dont la population excède 6,000 âmes doivent avoir une école primaire supérieure; vu l'art. 4 de notre ordonnance du 21 novembre 1841, portant qu'il sera statué ultérieurement sur la désignation des collèges communaux auxquels des cours d'instruction primaire supérieure devront être annexés; considérant qu'un certain nombre de villes qui possèdent des collèges communaux, et auxquelles s'applique l'art. 10 de la loi du 28 juin 1833, n'ont pu encore satisfaire, sous ce rapport, aux obligations que la loi leur impose; considérant

qu'il importe de pourvoir, dans le plus bref délai, à l'exécution de la loi, et que les conseils municipaux de plusieurs desdites villes ont demandé l'autorisation d'annexer à leurs collèges communaux des cours d'instruction primaire supérieure; vu l'avis du conseil royal de l'instruction publique, etc.

Art. 1er. Des cours d'instruction primaire supérieure seront annexés aux collèges communaux des villes de Sainte-Affrique (Aveyron), Rochefort (Charente-Inférieure), Tulle (Corrèze), Beaune (Côte-d'Or), Bergerac (Dordogne), Périgueux (Dordogne), Condom (Gers), Clermont (Hérault), Pézénas (Hérault), Ploërmel (Morbihan), Estaires (Nord), Cosne (Nièvre), Dieppe (Seine-Inférieure), Alby (Tarn), et au collège royal de Pontivy (Morbihan).

2. Il sera pourvu aux frais d'établissement et d'entretien desdits cours d'instruction primaire supérieure, au moyen des allocations votées à cet effet par les conseils municipaux des villes ci-dessus désignées, et, en cas d'insuffisance constatée desdites allocations, par des prélèvements sur les fonds départementaux ou sur les fonds de l'Etat spécialement affectés à l'instruction primaire.

3. Un instituteur primaire du degré supérieur devra être attaché à chacun des collèges mentionnés en l'art. 1er, à moins que le chef ou l'un des fonctionnaires de cet établissement ne soit pourvu d'un brevet de capacité de ce degré. Ledit instituteur sera placé sous l'autorité du proviseur ou du principal, de même que les fonctionnaires qui pourront être chargés d'une partie des cours d'instruction primaire supérieure.

4. Notre ministre de l'instruction publique (M. Villemain) est chargé, etc.

---

8 = 24 NOVEMBRE 1842. — Ordonnance du roi qui ouvre au ministre de la justice et des cultes, sur l'exercice 1842, un crédit supplémentaire applicable au chapitre 4 du budget des cultes. (IX, Bull. DCCCCLX, n. 10353.)

Louis-Philippe, etc., sur le rapport de notre garde des sceaux, ministre secrétaire d'Etat au département de la justice et des cultes, et de l'avis de notre conseil des ministres; vu les art. 3 et 4 de la loi du 24 avril 1833; vu la loi du 25 juin 1841, portant fixation du budget des dépenses de l'exercice 1842, et contenant, art. 5, la nomenclature des dépenses pour lesquelles la faculté nous est réservée d'ouvrir des crédits supplémentaires en cas d'insuffisance, dûment justifiée, des crédits législatifs; vu les art. 20, 21, 22, 23 et 25 de notre ordonnance du 31 mai 1838, portant règlement général sur la comptabilité publique, etc.

Art. 1er. Il est ouvert à notre ministre secrétaire d'Etat de la justice et des cultes, sur l'exercice 1842, un crédit supplémentaire de soixante et douze mille francs, applicable au chapitre et à l'article du budget des cultes ci-après : Chap. 4.—Frais d'établissement, de bulles et d'informations des archevêques et évêques, 72,000 fr.

2. La régularisation de ce crédit supplémentaire sera proposée aux Chambres lors de leur prochaine réunion.

3. Nos ministres de la justice et des cultes, et des finances (MM. Martin du Nord et Laplagne) sont chargés, etc.

————

8 = 24 NOVEMBRE 1842. — Ordonnance du roi qui reporte à l'exercice 1842 la portion non employée, au 31 décembre 1841, du crédit de cent mille francs affecté par la loi du 25 juin 1841 aux réparations de la cathédrale de Troyes pendant la même année. (IX, Bull. DCCCCLX, n. 10354.)

Louis-Philippe, etc., sur le rapport de notre garde des sceaux, ministre secrétaire d'Etat au département de la justice et des cultes, et de l'avis de notre conseil des ministres ; vu la loi du 25 juin 1841, qui affecte une somme de quatre cent mille francs aux réparations rendues nécessaires à la cathédrale de Troyes par l'événement du 14 décembre 1840, et qui, sur cette somme, ouvre au ministre de la justice et des cultes un crédit de cent mille francs sur l'exercice 1841, et un crédit de cent cinquante mille francs sur l'exercice 1842 ; vu l'art. 3 de la même loi, portant que les fonds non employés pendant un exercice pourront être reportés, par ordonnance royale, sur l'exercice suivant ; vu l'état des dépenses effectuées pendant l'année 1841 et liquidées à quarante et un mille six cent vingt-huit francs onze centimes, d'où résulte sur le crédit de cent mille francs du même exercice un fonds sans emploi de cinquante-huit mille trois cent soixante et onze francs quatre-vingt-neuf centimes, à reporter à l'exercice 1842, etc.

Art. 1er. Il est ouvert à notre ministre

secrétaire d'Etat de la justice et des cultes, sur l'exercice 1842, un crédit extraordinaire de cinquante-huit mille trois cent soixante et onze francs quatre-vingt-neuf centimes (58,371 fr. 89 c.), représentant la portion non employée, au 31 décembre 1841, du crédit de cent mille francs affecté par la loi du 25 juin 1841 aux réparations de la cathédrale de Troyes pendant la même année. Ce crédit viendra en accroissement de celui de cent cinquante mille francs, déjà ouvert par la loi du 25 juin 1841 sur l'exercice 1842. Pareille somme de cinquante-huit mille trois cent soixante et onze francs quatre-vingt-neuf centimes, (58,371 fr. 89 c.) est annulée sur le crédit de cent mille francs attribué par la loi à l'exercice 1841, et ce crédit est ainsi réduit à quarante et un mille six cent vingt-huit francs onze centimes (41,628 fr. 11 c.).

2. La régularisation de la présente ordonnance sera proposée aux Chambres lors de leur prochaine réunion.

3. Nos ministres de la justice et des cultes, et des finances (MM. Martin du Nord et Laplagne) sont chargés, etc.

————

11 = 24 NOVEMBRE 1842. — Ordonnance du roi relative à l'administration des tabacs. (IX, Bull. DCCCCLX, n. 10355.)

Louis-Philippe, etc., vu notre ordonnance du 3 janvier 1831; sur le rapport de notre ministre secrétaire d'Etat au département des finances, etc.

Art. 1er. L'administration des tabacs sera dirigée par un directeur, assisté de deux sous-directeurs et des deux inspecteurs spéciaux du service ayant rang de sous-directeur, qui formeront avec lui le conseil d'administration, qu'il présidera.

2. Sont maintenues les dispositions des art. 2, 3 et 4 de notre ordonnance du 5 janvier 1831. Le conseil d'administration institué par l'art. 3 prendra le titre de *Conseil supérieur des tabacs.*

3. Notre ministre des finances (M. Laplagne) est chargé, etc.

————

14 = 24 NOVEMBRE 1842. — Ordonnance du roi qui ouvre au ministre de l'agriculture et du commerce un crédit supplémentaire pour des créances constatées sur les exercices clos. (IX, Bull. DCCCCLX, n. 10356.)

Louis-Philippe, etc., vu l'état des créances liquidées à la charge du département de l'agriculture et du commerce sur les exercices clos de 1838, 1839 et 1840, additionnellement aux restes à payer constatés par les lois de règlement et comptes de ces exercices; considérant que lesdites créances concernent des services pour lesquels la nomenclature insérée dans les lois de dépenses desdits exercices nous réserve la faculté d'ouvrir des suppléments de crédits en l'absence des Chambres; vu l'art. 9 de la loi du 23 mai 1834 et l'art. 100 de notre ordonnance du 31 mai 1838, portant règlement sur la comptabilité publique, aux termes desquels les créances des exercices clos non comprises dans les restes à payer arrêtés par les lois de règlement ne peuvent être ordonnancées par nos ministres qu'au moyen de crédits supplémentaires accordés suivant les formes déterminées par la loi du 24 avril 1833; sur le rapport de notre ministre secrétaire d'Etat au département de l'agriculture et du commerce, et de l'avis de notre conseil des ministres, etc.

Art. 1ᵉʳ. Il est ouvert à notre ministre secrétaire d'Etat au département de l'agriculture et du commerce, en augmentation des restes à payer constatés par les lois de règlement ou par les comptes des exercices 1838, 1839 et 1840, un crédit supplémentaire de huit cent vingt-six francs (826 fr.), montant des créances désignées au tableau ci-annexé qui ont été liquidées à la charge de ces exercices, et dont les états nominatifs seront adressés en double expédition au ministre secrétaire d'Etat des finances, conformément à l'art. 106 de notre ordonnance du 31 mai 1838, portant règlement général sur la comptabilité publique, savoir : exercices 1838, 235 fr. 20 c.; 1839, 522 fr. 60 c.; 1840, 67 fr. 20 c. Total, 826 fr.

2. Notre ministre secrétaire d'Etat au département de l'agriculture et du commerce est, en conséquence, autorisé à ordonnancer ces créances sur le chapitre spécial ouvert pour les dépenses des exercices clos aux budgets des exercices courants, en exécution de l'art. 8 de la loi du 23 mai 1834.

3. La régularisation de ce crédit sera proposée aux Chambres lors de leur prochaine session.

4. Nos ministres de l'agriculture et du commerce, et des finances (MM. Cunin-Gridaine et Laplagne) sont chargés, etc.

(Suit le tableau.)

pour les services des cultes, sur les exercices clos de 1839 et 1840, additionnellement aux restes à payer constatés par les lois de règlement de ces exercices; considérant que lesdites créances concernent des services pour lesquels la nomenclature insérée dans les lois de dépense desdits exercices nous réserve la faculté d'ouvrir des suppléments de crédits en l'absence des Chambres; vu l'art. 9 de la loi du 23 mai 1834 et l'art. 100 de notre ordonnance du 31 mai 1838, portant règlement général sur la comptabilité publique, aux termes desquels les créances des exercices clos non comprises dans les restes à payer arrêtés par les lois de règlement ne peuvent ordonnancées par nos ministres qu'au moyen de crédits supplémentaires accordés suivant les formes déterminées par la loi du 24 avril 1833, etc.

Art. 1ᵉʳ. Il est ouvert à notre ministre secrétaire d'Etat au département de la justice et des cultes, en augmentation des restes à payer constatés par les lois de règlement des exercices 1839 et 1840, un crédit supplémentaire de deux cent vingt francs, montant des créances désignées au tableau ci-annexé, qui ont été liquidées à la charge de ces exercices, et dont les états nominatifs seront adressés en double expédition à notre ministre secrétaire d'Etat des finances, conformément à l'art. 106 de notre ordonnance du 31 mai 1838, portant règlement général sur la comptabilité publique, savoir : exercices 1839, 200 fr.; 1840, 20 fr. Total, 220 fr.

2. Notre ministre secrétaire d'Etat de la justice et des cultes est, en conséquence, autorisé à ordonnancer ces créances sur le chapitre spécial ouvert pour les dépenses des exercices clos, aux budgets des exercices courants, en exécution de l'art. 8 de la loi du 23 mai 1834.

3. La régularisation de ce crédit sera proposée aux Chambres lors de leur prochaine réunion.

4. Nos ministres de la justice et des cultes, et des finances (MM. Martin du Nord et Laplagne) sont chargés, etc.

(Suit le tableau.)

---

15 = 24 novembre 1842. — Ordonnance du roi qui ouvre au ministre de la justice et des cultes un crédit supplémentaire pour des créances constatées sur des exercices clos. (IX, Bull. DCCCCLX, n. 10357.)

Louis-Philippe, etc., sur le rapport de notre garde des sceaux, ministre secrétaire d'Etat au département de la justice et des cultes, et de l'avis de notre conseil des ministres; vu l'état des créances liquidées,

15 = 24 novembre 1842. — Ordonnance du roi qui accorde au ministre de la justice et des cultes un crédit supplémentaire pour des créances constatées sur un exercice clos. (IX, Bull. DCCCCLX, n. 10358.)

Louis-Philippe, etc., sur le rapport de notre garde des sceaux, ministre secrétaire d'Etat au département de la justice et des cultes, et de l'avis de notre conseil des ministres; vu l'état des créances à solder par notre ministre secrétaire d'Etat au département de la justice et des cultes, additionnellement aux restes à payer constatés, pour le dépenses des cultes, par les comptes définitifs des exercices clos; considérant que ces créances s'appliquent à des services non compris dans la nomenclature de ceux pour lesquels les lois de finances des mêmes exercices ont donné la faculté d'ouvrir des suppléments de crédits; considérant toutefois qu'aux termes de l'art. 9 de la loi du 23 mai 1834, et de l'art. 108 de notre ordonnance du 31 mai 1838, portant règlement général sur la comptabilité publique, lesdites créances peuvent être acquittées, attendu qu'elles se rapportent à des services prévus par le budget de l'exercice 1840, et que leur montant est inférieur aux restants de crédits dont l'annulation a été prononcée, pour ces services, par les lois de règlement dudit exercice, etc.

Art. 1er. Il est accordé à notre ministre secrétaire d'Etat au département de la justice et des cultes, en augmentation des restes à payer constatés par la loi de règlement de l'exercice 1840, un crédit supplémentaire de vingt-trois mille cinq cinquante-huit francs cinquante centimes, montant des créances détaillées au tableau ci-annexé, qui ont été liquidées à la charge de cet exercice, et dont les états nominatifs seront adressés en double expédition à notre ministre secrétaire d'Etat des finances, conformément à l'art. 106 de notre ordonnance du 31 mai 1838, portant règlement général sur la comptabilité publique.

2. Notre ministre secrétaire d'Etat au département de la justice et des cultes est, en conséquence, autorisé à ordonnancer ces créances sur le chapitre spécial ouvert pour les dépenses des exercices clos aux budgets des exercices courants, en exécution de l'art. 8 de la loi du 23 mai 1834.

3. La régularisation de ce crédit sera proposée aux Chambres lors de leur prochaine réunion.

4. Nos ministres de la justice et des cultes, et des finances (MM. Martin du Nord et Laplagne) sont chargés, etc.

(Suit le tableau.)

11 juin 1842, qui a ouvert à notre ministre secrétaire d'Etat des affaires étrangères, sur l'exercice 1841, un crédit extraordinaire de trente-sept mille cinq cent soixante-deux francs quatre-vingt-cinq centimes, affecté au paiement d'indemnités dues aux termes de l'art. 40 du protocole d'exécution de la convention de limites conclue, le 5 avril 1840, entre la France et le grand-duché de Bade; vu les art. 4 et 6 de la loi du 24 avril 1833, et l'art. 12 de celle du 23 mai 1834; vu les art. 26, 27 et 28 de notre ordonnance du 31 mai 1838, portant règlement général sur la comptabilité publique; considérant que, sur le crédit de trente-sept mille cinq cent soixante-deux francs quatre-vingt-cinq centimes sus-énoncé, une somme de deux mille huit cent soixante et dix-sept francs quatre-vingt-cinq centimes seulement a pu être liquidée et ordonnancée avant la clôture de l'exercice 1841; considérant que le solde de trente-quatre mille six cent quatre-vingt-cinq francs, resté disponible sur ce même crédit, se compose de créances exigibles dont le paiement est urgent, et qu'elles s'appliquent à un service qui ne pouvait pas être prévu par le budget; sur le rapport de notre ministre secrétaire d'Etat des affaires étrangères, et de l'avis de notre conseil des ministres, etc.

Art. 1er. Il est accordé à notre ministre secrétaire d'Etat des affaires étrangères, sur l'exercice 1842, un crédit extraordinaire de trente-quatre mille six cent quatre-vingt-cinq francs, destiné à acquitter les indemnités relatives à l'établissement de la limite du Rhin.

2. L'annulation d'une somme égale de trente-quatre mille six cent quatre-vingt-cinq francs, restée disponible sur l'exercice 1841, sera proposée aux Chambres dans le projet de loi de règlement des comptes de cet exercice.

3. La régularisation de la présente ordonnance, quant à l'ouverture du crédit, sera proposée aux Chambres dans leur plus prochaine session.

4. Nos ministres des affaires étrangères et des finances (MM. Guizot et Laplagne) sont chargés, etc.

18 = 24 novembre 1842. — Ordonnance du roi qui accorde au ministre des affaires étrangères, sur l'exercice 1842, un crédit extraordinaire pour le paiement des indemnités relatives à l'établissement de la limite du Rhin. (IX, Bull. DCCCCLX, n. 10359.)

Louis-Philippe, etc., vu la loi du 25 juin 1841, portant fixation du budget des dépenses de l'exercice 1842; vu la loi du

42.

12 = 25 novembre 1842. — Ordonnance du roi portant autorisation de la société anonyme formée à Lyon sous la dénomination de *Compagnie du pont de Pouilly*. (IX, Bull. supp. DCXXVIII, n. 17028.)

Louis-Philippe, etc., sur le rapport de notre ministre secrétaire d'Etat de l'agriculture et du commerce; vu l'ordonnance royale du 29 septembre 1834, qui autorise

25

l'établissement d'un pont suspendu sur la Loire, à Pouilly-sous-Charlieu (Loire) ; vu l'adjudication passée, le 31 janvier 1835, au profit de M. Étienne Gautier, négociant à Lyon, et approuvée par notre ministre de l'intérieur le 5 mars suivant ; vu les art. 29 à 37, 40 et 45 du Code de commerce ; notre conseil d'Etat entendu, etc.

Art. 1er. La société anonyme formée à Lyon (Rhône) sous la dénomination de *Compagnie du pont de Pouilly* est autorisée. Sont approuvés les statuts de ladite société, tels qu'ils sont contenus dans l'acte passé, le 22 septembre 1842, par-devant Me Hennequin et son collègue, notaires à Lyon, lequel acte restera annexé à la présente ordonnance.

2. La compagnie est substituée à tous les droits comme à toutes les obligations qui dérivent pour le sieur Etienne Gautier de l'adjudication passée à son profit le 31 janvier 1835.

3, Nous nous réservons de révoquer notre autorisation en cas de violation ou de non exécution des statuts approuvés sans préjudice des droits des tiers.

4. La société sera tenue de remettre, tous les six mois, un extrait de son état de situation au ministère de l'agriculture et du commerce, aux préfets des départements du Rhône et de la Loire, et au greffe du tribunal de commerce et à la chambre de commerce de Lyon.

5. Notre ministre de l'agriculture et du commerce (M. Cunin-Gridaine) est chargé, etc.

TITRE 1er. — *Formation de la société.*

Art. 1er. Il est formé, sauf l'approbation du roi, entre les comparants esdits noms et tous ceux qui deviendront cessionnaires des actions dont il sera ci-après parlé, une société anonyme ayant pour objet exclusif et spécial la jouissance des droits de péage du pont suspendu construit sur la Loire, à Pouilly-sous-Charlieu (Loire). Elle prendra la dénomination de *Compagnie du pont de Pouilly.* Son siège sera à Lyon. Elle commencera du jour où elle aura été autorisée par le gouvernement, conformément à l'art. 37 du Code de commerce. Sa durée sera celle de la concession du péage, qui doit expirer le 10 janvier 1909.

TITRE II. — *Fonds social.*

2. Les comparants esdits noms étant seuls propriétaires du droit de péage dont il s'agit, apportent ce droit dans la société, libre de toutes dettes et charges autres que celles qui résultent envers le gouvernement du cahier des charges de l'adjudication. En conséquence, la société jouira et disposera dudit droit de péage comme bon lui semblera ; à l'effet de quoi elle demeure subrogée, sans aucune reserve ni restriction, dans tous les droits, charges et obligations qui dérivent pour lesdits comparants du cahier des charges de l'adjudication. Elle disposera également de tous les objets qui appartiennent aux comparants esdits

noms, comme se rattachant à la construction à l'entretien du pont.

5. Le fonds social consiste dans le droit de percevoir le péage du pont de Pouilly jusqu'à l'expiration de la concession, tel qu'il a été apporté par l'article précédent.

TITRE III. — *Division du fonds social.*

4. Ce fonds est divisé en trois cent vingt actions donnant droit chacune à un trois cent vingtième de la jouissance du pont et de ses dépendances, et qui appartiennent aux susnommés, dans la proportion suivante :   (Suit le détail.)

TITRE IV. — *Nature des actions ; transfert.*

5. Les actions sont nominatives ; elles sont toutes extraites d'un registre à souche, et portant un numéro d'ordre de un à trois cent vingt. Elles sont signées par les membres du conseil d'administration.

6. La cession des actions s'opère par une déclaration de transfert inscrite sur un registre tenu à cet effet au siège de la société, signée par le cédant et le cessionnaire ou leurs fondés de pouvoirs, et visé par un des membres du conseil d'administration, lequel ne fait que constater l'opération sans pouvoir y mettre opposition.

7. Le transfert d'une action emporte au profit du cessionnaire, relativement à la société, la cession du dividende de l'année courante et des dividendes échus non payés au moment du transfert, ainsi que des droits au fonds de réserve dont il sera parlé ci-après.

8. La société ne reconnaît point de fractions d'actions ; en conséquence, si une ou plusieurs personnes se trouvent avoir droit à une seule action, elles seront tenues de se faire représenter par l'une d'elles.

9. Tout propriétaire d'action sera considéré par ce seul fait comme ayant adhéré aux présents statuts.

10. Conformément à l'art. 33 du Code de commerce, les actionnaires ne sont passibles que de la perte du montant de leur intérêt dans la société.

TITRE V. — *Inventaire, partage de l'actif.*

11. Il sera fait tous les ans par l'agent comptable de la compagnie un inventaire de l'actif et du passif de la compagnie. Cet inventaire, après avoir été vérifié par le conseil d'administration, sera soumis à l'approbation de l'assemblée générale des actionnaires.

12. Sur les produits constatés par cet inventaire, il sera prélevé d'abord les sommes nécessaires pour couvrir tous les frais d'administration de la société, de perception du péage et d'entretien annuel du pont. Ce prélèvement fait, ce qui restera constituera le bénéfice.

13. Sur les bénéfices ainsi constatés il sera prélevé chaque année dix pour cent pour former un fonds de réserve spécialement affecté aux grosses réparations du pont ou à des cas imprévus. Ce fonds de réserve sera placé en rentes sur l'État, dont les arrerages seront capitalisés et serviront à son accroissement jusqu'à ce qu'il ait atteint le chiffre de vingt-cinq mille francs. Le chiffre de vingt-cinq mille francs atteint, le prélèvement annuel de dix pour cent cessera et les intérêts du fonds de réserve seront alors ajoutés aux dividendes des actions ; mais chaque fois qu'une partie quelconque de ladite somme aura été employée, le

lèvement annuel de dix pour cent et la capitalisation des intérêts du fonds de réserve recommenceront jusqu'à ce que le chiffre de vingt-cinq mille francs ait été de nouveau atteint.

114. Le surplus des bénéfices sera réparti à titre de dividende entre toutes les actions dans la proportion de un trois cent vingtième par action. A l'expiration de la société, ce qui restera du fonds de réserve après la remise du pont à l'administration et son acceptation définitive sera distribué de la même manière.

TITRE VI. — *Assemblée générale.*

115. Tous les ans dans le courant de janvier, il y aura au siège de la société une assemblée générale des actionnaires. L'assemblée générale sera convoquée par lettres adressées quinze jours à l'avance à tous les actionnaires ayant droit d'y assister, et par un avis inséré également quinze jours à l'avance dans un des journaux de Lyon désignés par le tribunal de commerce de cette ville pour la publication des actes de société, conformément à la loi du 31 mars 1833. Pour faire partie de l'assemblée générale, il faudra être propriétaire de trois actions. Les actionnaires ayant droit d'assister à l'assemblée générale pourront se faire représenter par des mandataires porteurs de pouvoirs réguliers; et un actionnaire aura autant de voix qu'il aura de fois trois actions, sans que pourtant un actionnaire puisse réunir, soit par lui-même, soit par ceux qu'il représente, plus de trois voix. L'assemblée générale ne pourra valablement délibérer si elle n'est composée du quart des membres de la société ayant droit de voter, et réunissant, par eux ou par ceux qu'ils représentent, le quart au moins des actions. Dans le cas où une première assemblée ne réunirait pas le nombre d'actions exigé, il en sera immédiatement convoqué une seconde à la diligence du conseil d'administration, dans la même forme que la première. Cette assemblée ainsi convoquée pourra valablement délibérer, quel que soit le nombre des actions représentées; mais les votes ne pourront valablement porter que sur les objets mis à l'ordre du jour dans la première assemblée et indiqués dans les lettres de convocation. Dans la première assemblée générale qui aura lieu, le plus âgé des actionnaires remplira les fonctions de président, le plus jeune celles de secrétaire. Dans les assemblées générales à suivre, le président et le secrétaire du conseil d'administration rempliront les mêmes fonctions. Les délibérations de l'assemblée générale seront inscrites sur un registre spécial et signées du président et du secrétaire.

116. A chaque assemblée générale ordinaire il sera rendu compte, par le conseil d'administration, de la situation de l'entreprise au dernier jour de l'exercice précédent. L'assemblée générale entend, discute et arrête les comptes qui lui sont présentés par le conseil d'administration, et détermine le chiffre du dividende à répartir entre toutes les actions, en se conformant aux art. 12 et 13 ci-dessus. Elle arrête le budget des recettes et des dépenses pour l'exercice de l'année courante; enfin elle délibère sur toutes les propositions qui lui sont soumises par le conseil d'administration ou par tous autres actionnaires. L'assemblée générale peut être convoquée extraordinairement par le conseil d'administration dans la forme prescrite par l'article précédent, et le conseil d'administration est tenu de la convoquer sur la demande

d'actionnaires représentant le tiers des actions au moins.

TITRE VII. — *Conseil d'administration.*

17. Les affaires de la société seront gérées par un conseil d'administration composé de trois membres nommés par l'assemblée générale des actionnaires et choisis parmi les actionnaires propriétaires de dix actions au moins. Leurs fonctions durent trois années. Ils se renouvellent par tiers: les deux premiers sortants sont désignés par la voie du sort et ensuite par l'ancienneté. Les membres sortants sont indéfiniment rééligibles; en cas de démission, retraite ou décès d'un des membres du conseil, les membres restants devront lui choisir un remplaçant provisoire parmi les actionnaires propriétaires de dix actions, jusqu'à la première assemblée générale qui désignera le titulaire définitif. Leurs fonctions sont gratuites; ils choisissent dans leur sein un président et un secrétaire. Le conseil d'administration est spécialement chargé de l'exécution des délibérations de l'assemblée générale. Il détermine provisoirement la quotité du dividende, nomme et révoque tous employés et fixe la quotité de leurs traitements. Il embrasse tout ce qui est relatif à la surveillance et à l'entretien du pont, au recouvrement et au contrôle des recettes; il ordonne toutes les réparations nécessaires, passe tous traités à ce sujet. Il est autorisé à plaider au nom de la société, traiter, transiger, compromettre, nommer tous arbitres, et faire en un mot tous actes judiciaires et extrajudiciaires. Il est de plus autorisé spécialement à donner à ferme le pont et ses dépendances, au prix et sous les charges, clauses et conditions qui lui paraîtront le plus convenables, et sans être astreint à une adjudication publique et aux enchères; mais le bail ne sera valable qu'après l'approbation de l'assemblée générale. Le conseil d'administration convoque l'assemblée générale toutes les fois qu'il le juge utile aux intérêts de la société. Ses délibérations sont transcrites sur un registre spécial et signées par les membres du conseil. Les administrateurs de la société ne contractent, à raison de leur gestion, aucune obligation personnelle ni solidaire relativement aux engagements de la société. Ils ne sont responsables que de l'exécution de leur mandat.

TITRE VIII. — *Agent comptable.*

18. Le conseil d'administration aura sous ses ordres un agent comptable spécialement chargé de la comptabilité, de la tenue des livres et des écritures. Cet agent comptable sera nommé par le conseil d'administration, qui prendra une délibération à cet égard. Il sera assujetti à un cautionnement dont le conseil d'administration déterminera la nature et la quotité.

TITRE IX. — *Dissolution.*

19. Si, par une cause quelconque, la société était dans le cas de se dissoudre avant l'époque fixée par l'art. 1er, la délibération qui ordonnera cette dissolution devra être prise par une assemblée générale représentant les trois quarts des actions et à la majorité des trois quarts des membres présents. L'assemblée générale qui votera la dissolution de la société fixera également le mode de liquidation à suivre; mais la délibération relative au mode de liquidation pourra n'être prise qu'à la simple majorité des membres présents.

TITRE X. — *Droits des tiers.*

20. En cas de décès ou de faillite de l'un des actionnaires, ses héritiers ou ayants-cause ne pourront faire apposer les scellés sur les objets dépendant de la société, ni exiger aucun inventaire judiciaire, ni provoquer aucune licitation. Ils seront tenus de s'en rapporter au dernier inventaire.

TITRE XI. — *Arbitrages.*

21. En cas de contestation entre la société et les actionnaires, ou les actionnaires entre eux, elles seront soumises à deux arbitres respectivement nommés par les parties en opposition d'intérêts; faute par les parties ou l'une d'elles de nommer son arbitre, il y sera pourvu à la requête de la partie la plus diligente par le président du tribunal de commerce de Lyon. Ces arbitres choisissent eux-mêmes un tiers arbitre pour composer entre eux un tribunal arbitral; et, s'ils ne s'accordent pas sur le choix de ce troisième arbitre, il sera nommé par le président du tribunal de commerce. Ces arbitres, ainsi nommés, prononceront à la majorité des voix. Ils jugeront comme amiables-compositeurs, sans s'astreindre aux règles de procédure, et leurs décisions seront souveraines, sans appel, recours en cassation ni requête civile.

22. Dans le cas où l'expérience ferait reconnaître l'utilité d'introduire des modifications dans les présents statuts, ces modifications seront délibérées dans une assemblée générale, qui devra être convoquée extraordinairement à cet effet, et qui ne sera valable qu'autant qu'elle réunira un nombre d'actionnaires représentant au moins les deux tiers des actions; elles seront ensuite soumises à l'approbation royale et ne seront exécutoires qu'après cette approbation.

TITRE XII. — *Election de domicile.*

23. Pour l'exécution des présentes, les comparants font élection de domicile en l'étude, à Lyon, dudit Me Hennequin, sise en ladite ville, rue Lafont, n. 2.

----

14 = 30 NOVEMBRE 1842. — Ordonnance du roi portant autorisation de la société d'assurances mutuelles immobilières contre l'incendie établie à Nantes sous la dénomination de *la Bretagne*. (IX, Bull. supp. DCXXIX, n. 17044.)

Louis-Philippe, etc., sur le rapport de notre ministre secrétaire d'Etat de l'agriculture et du commerce; notre conseil d'Etat entendu, etc.

Art. 1er. La société d'assurances mutuelles immobilières contre l'incendie établie à Nantes sous la dénomination de *la Bretagne*, pour les départements de la Loire-Inférieure, du Morbihan, des Côtes-du-Nord, d'Ille-et-Vilaine, du Finistère, de la Vendée et de Maine-et-Loire, est autorisée. Sont approuvés les statuts de ladite société, tels qu'ils sont contenus dans l'acte passé, le 22 septembre 1842, par-devant Me Tabourier et son collègue, notaires à Paris, lequel acte restera annexé à la présente ordonnance.

2. Nous nous réservons de révoquer notre autorisation en cas de violation ou de non exécution des statuts approuvés, sans préjudice des droits des tiers.

3. La société sera tenue de remettre, au commencement de chaque année, au ministre de l'agriculture et du commerce, et aux préfets des départements compris dans sa circonscription, un extrait de son état de situation arrêté au 31 décembre précédent.

4. Notre ministre de l'agriculture et du commerce (M. Cunin-Gridaine) est chargé, etc.

TITRE Ier. — *De la constitution de la société.*

Art. 1er. Il y a, avec l'autorisation du gouvernement, société d'assurances mutuelles entre les personnes qui ont déjà adhéré et celles qui adhéreront par la suite aux présents statuts, pour la garantie des immeubles contre l'incendie, et les dommages causés, soit par le feu du ciel, soit par l'incendie provenant de l'explosio du gaz à éclairer, conformément aux art. 6 et 7 ci-après.

2. La société a pour titre *la Bretagne*, société d'assurances mutuelles immobilières contre l'incendie.

3. Les opérations de la société s'étendent aux départements de la Loire-Inférieure, Morbihan, Côtes-du-Nord, Ille-et-Vilaine, Finistère, Vendée, et Maine-et-Loire. Elle a son siège à Nantes.

4. L'administration de la société est confiée à un conseil général des sociétaires, à un conseil d'administration, et à un directeur, ainsi que cela est établi par le titre 4 ci-après.

5. La durée de la société est fixée à trente années, à dater du jour de la promulgation de l'ordonnance royale. Cette durée pourra être prolongée, avec l'approbation du gouvernement, par une délibération du conseil général des sociétaires. Cette délibération devra réunir l'adhésion des deux tiers des membres de ce conseil. Toutefois, les sociétaires dissidents pourront se retirer de la société. Elle n'entrera en activité que lorsqu'il existera des engagements pour une somme de dix millions. Elle cesserait d'exister si, à l'expiration d'une période quinquennale, la masse des valeurs assurées descendait au-dessous de vingt millions. Le conseil général, convoqué extraordinairement à ce sujet, prononcerait la dissolution.

TITRE II. — *De l'assurance.*

CHAPITRE Ier. — OBJETS ADMISSIBLES À L'ASSURANCE.

6. La société assure les constructions de toute espèce et tous les objets, immeubles par destination, qui en dépendent, sauf les exceptions prévues aux art. 8 et 9. Elle assure, de plus, les effets du recours que le propriétaire peut exercer contre le locataire, dans le cas prévu par les art. 1733 et 1734 du Code civil; recours connu sous la dénomination de *risque locatif*. Enfin elle garantit, relativement aux immeubles, contre les effets du recours que peut exercer le voisin, mais seulement pour dommages causés par communication d'incendie, recours qui peut résulter des art. 1381 et 1383 du Code civil, et connu sous la dénomination de *recours des voisins*. Elle assure encore les bois taillis, les futaies, résineuses ou non.

7. Elle répond : 1° des dommages causés par l'incendie, quelle que soit la nature de ces dom-

rmages, c'est-à-dire, soit que les objets assurés aient été brûlés, soit qu'ils aient été brisés ou détériorés d'une manière quelconque ; 2° des dommages occasionnés par la foudre ; 3° des dommages résultant des mesures ordonnées par l'autorité en cas d'incendie ; 4° enfin, des dommages et frais provenant du sauvetage des objets assurés.

Chapitre II. — Objets exclus de l'assurance.

8. La société exclut de la garantie les risques relatifs aux bâtiments qui renferment des salles de spectacle, des fabriques de gaz et des fabriques ou dépôts de poudre ou d'artifice en grande quantité ; les risques relatifs aux immeubles qui, sans dépendre desdits bâtiments, en sont néanmoins tellement rapprochés qu'ils présentent les mêmes dangers ; enfin les constructions tout à la fois isolées ou mal bâties.

9. Elle n'assure pas ses membres contre les incendies qui proviennent de guerre, invasion, force militaire ou quelconque, émeute populaire, explosion de manufactures ou de magasins publics de poudre ; elle ne garantit pas, enfin, des sinistres provenant de la volonté de l'assuré. La société se réserve, de plus, le droit de ne point admettre à l'assurance tous les risques qui, pour une cause quelconque, paraîtraient au conseil d'administration devoir être refusés. Elle ne répond que des dommages matériels produits par le sinistre dans l'objet assuré, et nullement des pertes qui résultent de l'impossibilité temporaire d'user de la chose.

Chapitre III. — Estimation des objets à assurer.

§ 1ᵉʳ. — Dispositions générales.

10. L'estimation des objets à assurer est faite immédiatement après l'adhésion par l'agent de la société. Procès-verbal en est dressé et rapporté au conseil d'administration, qui admet ou rejette l'assurance. L'estimation des valeurs admises à l'assurance sert de base aux charges sociales de l'assuré. Cette estimation se fait par sommes rondes de mille francs.

11. En cas d'augmentation ou de diminution notable dans la valeur ou la quantité des objets assurés, pendant la période de l'engagement en cours, le sociétaire est tenu d'en prévenir la société, et il est procédé à une nouvelle estimation, conformément à l'article qui précède. La société a de plus le droit, à toutes les époques, de faire vérifier et de réduire, s'il y a lieu, les estimations antérieures, toutes les fois que l'intérêt commun l'exige. A défaut, par le sociétaire, d'accepter cette réduction, le contrat est résilié par une simple notification. Toutes les fois qu'il y a réduction, le sociétaire ne peut rien répéter de la société, pour les cotisations par lui payées antérieurement.

12. Aucune assurance ne pourra excéder cent mille francs sur un seul risque, tant que la masse assurée ne dépassera pas dix millions. Ce maximum s'accroîtra avec le montant des valeurs assurées, dans la proportion d'un demi pour cent de l'excédant, jusqu'à la concurrence d'un plein de cinq cent mille francs qui ne pourra jamais être dépassé.

§ 2. — Estimation des risques locatifs et de voisinage.

13. Les risques locatifs s'estiment sur la déclaration du proposant, d'accord avec l'agent de l'administration, d'après la valeur des immeubles occupés par ledit proposant, et des immeubles par destination qui en dépendent. L'assurance contre le recours du propriétaire peut porter sur la totalité de l'immeuble. Néanmoins, tout sociétaire peut n'assurer ses risques locatifs que jusqu'à concurrence d'une somme moindre, mais toujours déterminée.

14. L'estimation du risque du voisinage est laissée à l'appréciation du proposant. Le risque de voisinage peut porter sur la totalité des objets immobiliers appartenant aux voisins. Néanmoins, le sociétaire peut n'assurer ses risques de voisinage que jusqu'à concurrence d'une somme moindre, mais toujours déterminée, en spécifiant la portion de cette somme qu'il entend affecter au recours de tel ou tel voisin. L'assurance des risques de voisinage ne s'étend pas au-delà des immeubles contigus à ceux occupés par le proposant.

Chapitre IV. — Classification des objets à assurer.

15. Les biens immeubles qui peuvent donner lieu à l'assurance étant inégalement exposés au sinistre, sont rangés en diverses classes, déterminées par les dangers qu'ils présentent, soit par la nature des constructions, soit par leur contenu, soit par la nature des objets contigus. Ces classes sont rangées en trois catégories de risques, comme suit : Première catégorie, risques de construction ou par nature ; deuxième catégorie, risques par contenu ; troisième catégorie, risques par contiguité.

§ 1ᵉʳ. — Première catégorie.

16. Par nature : les bâtiments et les immeubles par destination qui en dépendent sont divisés en cinq classes : 1° sont rangés dans la première classe par nature, les bâtiments qui, situés dans les villes, sont totalement construits en pierres, moellons ou briques, couverts en tuiles, laves, ardoises ou métaux, et dont les séparations intérieures sont faites mi-partie en matériaux incombustibles, mi-partie en pans de bois. Ils prennent la dénomination de *bâtiments de construction n. 1* ; 2° sont rangés dans la deuxième classe par nature, les bâtiments qui, situés dans les villes, sont construits et couverts comme les précédents, et dont les séparations intérieures sont faites en totalité en pans de bois. Ils prennent la dénomination de *bâtiments de construction n. 2* ; 3° sont rangés dans la troisième classe par nature : 1° les bâtiments qui, situés dans les villes, sont construits mi-partie en matériaux incombustibles et mi-partie en pans de bois, avec remplissage en pierres, briques ou plâtre, et couverts en tuiles, laves, ardoises ou métaux ; 2° les bâtiments qui, situés dans les communes rurales, sont construits en pierres, briques ou moellons sur toutes les faces, couverts en tuiles, ardoises ou métaux, et dont les séparations intérieures sont faites mi-partie en matériaux incombustibles et mi-partie en bois. Ils prennent la dénomination de *bâtiments de construction n. 3* ; 4° sont rangés dans la quatrième classe par nature : 1° les bâtiments qui sont entièrement construits en pans de bois, avec remplissage en pisé, torchis ou bousillage, et couverts en tuiles, ardoises ou métaux, quelle que soit d'ailleurs la nature des séparations intérieures ; 2° les bâtiments qui, situés dans les communes rurales, sont construits comme les précédents, couverts en matériaux incombustibles, et dont les séparations intérieures sont mi-partie en pans de bois et mi-partie en pierres, briques, plâtre, pisé torchis ou bousillage. Ils prennent la dénomination de *bâtiments de construction n. 4* ; 5° sont rangés dans la cinquième classe par nature, les bâtiments qui, situés soit dans les villes, soit dans les com-

munes rurales, sont construits ou non en matières combustibles, soit extérieurement, soit intérieurement, et dont les couvertures sont en bardeaux, en chaume, en roseaux ou toute autre matière analogue. Ils prennent la dénomination de *bâtiments de construction n. 5*. Sont assimilées aux villes les communes où il existe des compagnies de sapeurs-pompiers.

17. La classe à laquelle les objets assurés doivent appartenir détermine le nombre de degrés de risques qu'ils présentent, par nature de construction, et cela dans la proportion suivante : La première classe par nature présente un degré de risque ; la deuxième classe par nature présente deux degrés de risques ; la troisième classe par nature présente trois degrés de risques ; la quatrième classe par nature présente six degrés de risques ; la cinquième classe par nature présente neuf degrés de risques.

§ 2. — *Deuxième catégorie.*

18. Outre ces risques intrinsèques, c'est-à-dire provenant de la nature même, les cinq catégories des constructions déterminées ci-dessus sont exposées, par leur contenu, à des risques nouveaux qui s'ajoutent aux premiers. Aussi cinq nouvelles classes sont formées pour établir les risques par contenu : 1° Sont rangés dans la première classe par contenu, les bâtiments dans lesquels sont déposés des objets qui, bien que combustibles, ne sont pas pourtant de nature à s'enflammer facilement, tels que quincaillerie, marchands de fer, potasses, salaisons, etc. C'est ce qui sera désigné sous la dénomination de *risques par contenu n. 1*. 2° Sont rangés dans la deuxième classe par contenu, les bâtiments dans lesquels l'assuré exerce ou laisse exercer des industries exigeant un mouvement continuel), ou présentant d'autres chances d'incendie pouvant leur être assimilées, comme armuriers sans forge, bijoutiers, marchands de draps, forgerons, grainetiers sans fourrages, pharmaciens, tailleurs, etc. C'est ce qui sera désigné sous la dénomination de *risques par contenu n. 2*. 3° Sont rangés dans la troisième classe par contenu, les bâtiments dans lesquels on exerce des industries dangereuses, ou dans lesquels il existe un ou plusieurs ateliers où l'on travaille des matières très-combustibles, ou professions analogues, comme aubergistes logeant rouliers, marchands de chanvres et lins, apprêteurs d'étoffes à chaud, blanchisseries bertholiennes, toiles peintes, avec dépendance, sans séchoir à chaud, et autres industries analogues. C'est ce qui sera désigné sous la dénomination de *risques par contenu n. 3*. 4° Sont rangés dans la quatrième classe par contenu, les bâtiments dans lesquels sont renfermés de grands amas de matières facilement inflammables, tels que pailles, fourrages, etc., ceux dans lesquels il existe des dépôts ou magasins d'esprits ou eaux-de-vie en grande quantité, produits chimiques dangereux ou autres produits analogues. C'est ce qui sera désigné sous la dénomination de *risques par contenu n. 4*. 5° Sont rangés dans la cinquième classe par contenu, les bâtiments dans lesquels il existe des fabriques ou usines excessivement dangereuses, comme distilleries d'eaux-de-vie, esprits, fabriques de produits chimiques dangereux , de vernis, raffinerie de sucre , etc. C'est ce qui sera désigné sous la dénomination de *risques par contenu n. 5*.

19. Ainsi, pour les risques par nature de construction, la classe à laquelle les maisons assurées doivent appartenir par leur contenu détermine

le nombre de risques qu'elles présentent pour cette deuxième catégorie, et cela dans la même proportion que pour la première, c'est-à-dire : la première classe par contenu présente un degré de risques ; la deuxième classe par contenu présente deux degrés de risques ; la troisième classe par contenu présente trois degrés de risques ; la quatrième classe par contenu présente six degrés de risques ; la cinquième classe par contenu présente neuf degrés de risques.

§ 3. — *Troisième catégorie.*

20. Par contiguïté, les risques peuvent être augmentés, lorsque la propriété proposée à l'assurance est atteinte à d'autres propriétés qui se trouvent exposées , par leur nature ou par leur contenu, aux dangers en vue desquels ont été établies les catégories ci-dessus : 1° Lorsque la propriété faisant l'objet de l'assurance sera atteinte à un autre bâtiment, les risques de l'assuré prendront à titre de contiguïté un degré en sus de ceux qu'ils ont déjà, si ce bâtiment contigu présente par lui-même, soit par la nature de la construction, soit par le contenu, quatre degrés de risques au moins, sans excéder le nombre de six. 2° Lorsque le bâtiment faisant l'objet de l'assurance sera atteint à plusieurs autres bâtiments, les risques de l'assuré prendront, à titre de contiguïté, deux degrés en sus de ceux qu'ils ont déjà, si ces bâtiments contigus présentent par eux-même, soit par la nature de la construction, soit par leur contenu, quatre degrés de risques au moins chacun, ou que l'un d'eux en ait plus de six. Et conséquence, les neuf risques de la première catégorie par nature, les neuf risques de la deuxième catégorie par contenu, et les deux risques de la troisième catégorie par contiguïté produisent de un à vingt degrés de risques. Ainsi le premier risque s'applique aux immeubles de constructions n. 1, lorsqu'ils ne renferment que des meubles meublants et ce qui est nécessaire à la vie commune, et ne présentent, soit à raison du contenu, soit à raison de la contiguïté, aucune des circonstances dangereuses définies au présent article et à l'art. 18. Et ainsi de suite jusqu'au vingtième risque qui s'applique aux immeubles de construction n. 5, dans le cas où leur contenu présente les risques applicables à la cinquième classe de la deuxième catégorie, et que par contiguïté ils se trouvent dans le cas prévu par le troisième alinéa du présent article. Les bois taillis seront classés comme présentant trois degrés de risques par nature. Les forêts résineuses entreront dans le classement comme présentant vingt degrés de risques par nature. La classification est applicable dans toutes ses combinaisons aux risques locatifs et aux recours des voisins.

21. Si l'expérience démontrait que quelques propriétés ont été mal classées dans les catégories qui précèdent, le conseil d'administration pourra prendre à ce sujet , une délibération qui sera exécutoire. après avoir reçu l'approbation du conseil général. Toutefois, ces modifications n'auront point d'effet rétroactif, et elles ne pourront être appliquées qu'aux nouveaux contrats ou aux contrats renouvelés.

TITRE III. — *Engagement social.*

CHAPITRE Ier. — FORMATION DE L'ENGAGEMENT SOCIAL.

22. Tout propriétaire, fermier, locataire, etc., et toute personne ayant intérêt à la conservation des objets que la société assure peut être sociétaire.

23. La demande d'admission dans la société se fait au moyen d'un acte d'adhésion. Cet acte énonce les nom, prénoms, titres et professions du proposant ; la qualité en laquelle il agit ; le domicile par lui élu ; la nature des risques et recours proposés à l'assurance ; la valeur et la désignation sommaire des immeubles pour lesquels l'assurance est demandée ; la durée de l'assurance. Cet acte exprime aussi si l'assurance comprend toutes les constructions, tous les risques locatifs et tous les recours des voisins auxquels le proposant est exposé, ou seulement une partie de ces risques et recours ; s'il existe des assurances antérieures sur ces mêmes constructions et risques.

24. Dans sa plus prochaine réunion, le conseil d'administration, sur le vu de l'acte d'adhésion et après avoir entendu le directeur, décide si le proposant doit être admis ; en cas de refus, il n'est pas tenu de faire connaître ses motifs. La décision du conseil d'administration est immédiatement portée à la connaissance du proposant. Si le conseil d'administration admet l'assurance, l'acte d'adhésion est inscrit sur un journal à ce destiné, tenu sans surcharge ni interligne, côté et paraphé par le président.

25. Immédiatement après l'inscription au journal, l'agent principal délivre une police à l'adhérent : cette police est signée par le directeur. Elle est revêtue du timbre de la société ; elle constate l'adhésion du sociétaire, son inscription et son numéro d'ordre sur le journal ; elle contient, outre les dispositions spéciales de l'assurance, les principales dispositions des statuts. Chaque sociétaire reçoit, pour chacune de ses propriétés non contiguës, une plaque qu'il doit faire apposer dans un endroit apparent. Le prix de la plaque est fixé à un franc et celui de la police également à un franc.

CHAPITRE II. — DURÉE DE L'ENGAGEMENT SOCIAL.

26. Les assurances sont contractées pour cinq années. Néanmoins, tout fermier, locataire, etc., peut être admis à l'assurance pour un temps moindre, en ayant égard à la durée de son bail. Le conseil d'administration peut également décider que certaines assurances peuvent être admises pour un temps moindre que celui ci-dessus fixé. La période de tout engagement commence le premier jour de l'année sociale ; on ajoute à la première période les mois restant à courir de l'année dans laquelle l'adhésion a été admise. L'assurance produit ses effets actifs et passifs à dater du premier jour du mois qui suit celui dans le courant duquel elle a été admise par le conseil d'administration.

27. Chaque exercice social commence le 1er janvier et finit le 31 décembre suivant. Le temps qui s'écoulera entre l'époque de la mise en activité de la société et la fin de l'année suivante composera le premier exercice social.

CHAPITRE III. — CESSATION DE L'ENGAGEMENT SOCIAL.

28. L'engagement social cesse, pour le sociétaire et la société, dans les cas suivants : 1° par la destruction totale des immeubles assurés ; 2° par l'exclusion du sociétaire, prononcée par le conseil d'administration, pour cause de non paiement de la contribution sociale et dans le cas de faillite, etc., à moins que l'assuré ne donne caution ; 3° par l'expiration du temps pour lequel l'engagement a été souscrit, pourvu toutefois que, trois mois avant l'expiration de l'engagement en cours, le sociétaire ait manifesté l'intention de se retirer de la société, au moyen d'une déclaration faite

par l'assuré ou son fondé de pouvoirs, soit à la direction, soit au bureau de l'agent principal de l'arrondissement. Sans l'accomplissement de cette formalité, l'assuré continue à faire partie de la société pendant une année, à partir de l'expiration de son engagement, et il lui est donné avis de la cessation de son engagement ; 4° par la vente de l'objet assuré et par l'effet de toute circonstance entraînant mutation ; 5° par la mort du sociétaire, auquel cas les héritiers profitent de l'assurance jusqu'à la fin de l'année sociale, si les valeurs assurées restent dans les mêmes conditions ; 6° par la cessation de l'intérêt en vue duquel l'assurance aurait été faite par un tiers. Dans tous les cas, l'assuré ou ses ayants-cause supporteront les charges sociales jusques et y compris le mois de sa sortie.

29. Toute circonstance survenue dans le cours de l'assurance et qui est de nature à aggraver les risques assurés par la société, doit être dénoncée dans la huitaine à l'administration, qui fait procéder immédiatement à la vérification des changements, et, sur le vu du procès-verbal, peut annuler le contrat ou changer la classe de l'assurance dans l'intérêt de la société ou dans celui de l'assuré. Si le sociétaire n'a pas rempli cette formalité avant l'incendie, il perd la moitié de l'indemnité due dans ce cas. Tout sociétaire qui, par réticence ou fausse déclaration dans son acte d'adhésion, aurait sciemment induit la société en erreur, sur les risques que courent les choses pour lesquelles il est assuré, n'aurait droit à aucune indemnité.

TITRE IV. — Sinistres.

CHAPITRE Ier. — DÉCLARATION DU SINISTRE OU DES RECOURS.

30. Lorsqu'un incendie se manifeste ou qu'un recours est formé contre l'assuré, il doit en être fait déclaration, dans les vingt-quatre heures, par l'assuré ou en son nom, à l'agent principal de la société pour l'arrondissement dans lequel se trouvent les constructions assurées, si le sinistre a lieu à la résidence de cet agent. Pour les communes de la circonscription, ce délai est augmenté à raison d'un jour par deux myriamètres et demi. Faute par l'assuré d'avoir fait sa déclaration dans le délai ci-dessus, il subit une réduction du dixième de l'indemnité à laquelle il aurait droit. S'il laisse écouler dix jours, la réduction est d'un quart. Outre cet avis immédiat, une déclaration, signée du sociétaire ou de son représentant, doit être faite à la direction au plus tard dans le mois qui suit le sinistre, sous peine de perdre tout droit à une indemnité. Cette seconde déclaration, indiquant les noms, prénoms et qualités du sociétaire, son domicile et les immeubles atteints par le sinistre, le numéro de la police et sa date, doit faire connaître aussi exactement que possible : l'instant auquel le sinistre s'est manifesté ; les causes au moins présumées qui l'ont produit ; l'estimation détaillée des objets immobiliers détruits, dégradés ou endommagés, et de ceux qui ont complétement échappé au sinistre ; la même déclaration fait aussi connaître si le sociétaire est assuré à une autre compagnie ; elle indique le nom de cette compagnie et le montant des sommes pour lesquelles il y est assuré ; enfin, elle contient la nomination de l'expert que l'assuré a choisi, et qui doit opérer en son nom, aux termes de l'article suivant.

CHAPITRE II. — RÈGLEMENT DU SINISTRE.

31. Aussitôt après la reconnaissance du sinistre, qui est faite par l'agent principal de l'arrondissement, le directeur fait procéder à l'expertise détaillée des pertes survenues. Cette expertise se fait par deux experts arbitres désignés par le directeur et par l'assuré ou son ayant-cause. En cas de dissidence, ces experts nomment un tiers-arbitre qui statue sur leur différend. S'ils ne tombent pas d'accord sur le choix, la nomination est faite suivant les règles établies au Code de procédure civile. Le tiers-arbitre est tenu de se renfermer dans les limites des opinions des premiers, mais non pas d'adopter l'une ou l'autre de ces opinions. Les frais d'expertise sont supportés, moitié par la société, moitié par le sociétaire.

32. S'il s'agit des recours exercés contre un sociétaire, le directeur, aussitôt la déclaration qui lui en est faite, est substitué au lieu et place de ce dernier. Il fait procéder à la reconnaissance des dommages contradictoirement avec les parties qui ont formé le recours.

CHAPITRE III. — PAIEMENT DES SINISTRES.

33. Pour prévenir tout retard dans le paiement de l'indemnité et faire face aux charges de la société, il est établi un fonds de prévoyance au moyen du dépôt fait par chaque sociétaire, lors de son entrée dans la société, d'une partie du maximum de la portion contributive dont il peut être possible. Le conseil d'administration détermine, d'après les besoins de la société, quelle doit être cette partie, sans que cette partie puisse excéder le cinquième du maximum. Le conseil arrête l'emploi qui doit en être fait, en laissant toujours en caisse les sommes nécessaires aux besoins courants. Tout sociétaire qui cesse de faire partie de la société après avoir rempli toutes ses obligations envers elle, reçoit la portion du fonds de prévoyance afférente à son assurance. Lorsque les sommes encaissées par le directeur, soit pour constituer le fonds de prévoyance, soit pour tout autre versement, ont atteint le chiffre de cinq mille francs, elles sont déposées dans une caisse publique désignée par le conseil d'administration.

34. L'indemnité due au sinistre, soit qu'elle ait été réglée par le conseil d'administration, d'après les pertes constatées dans les procès-verbaux d'expertise, soit qu'elle ait été fixée par un jugement, est payée dans le mois qui suit, sur la délibération du conseil d'administration, jusqu'à concurrence de l'à-compte fixé par lui.

35. Après avoir soldé l'indemnité, la société est subrogée aux droits de l'assuré, et elle exerce en son nom tous recours contre les personnes responsables du sinistre.

36. L'indemnité due par la société, pour les assurances par elle consenties, ne peut jamais s'élever au-delà des dommages dûment constatés, et sans que, dans aucun cas, le montant de l'indemnité puisse excéder la somme assurée. Si l'objet incendié était assuré par d'autres compagnies concurremment avec la société, elle n'intervient dans le règlement du sinistre qu'au centime le franc de la somme assurée par elle. Dans tous les cas, l'incendié recevra, en diminution de l'indemnité, les objets sauvés ou avariés.

TITRE V. — Répartition des portions contributives.

37. Sont à la charge de la société : les sinistres, les recours exercés contre les assurés, jusqu'à concurrence de la valeur assurée et de la somme à laquelle les risques locatifs et de voisinage ont été réglés ; les frais de sauvetage et indemnités de toute nature relatives à l'incendie, et les frais d'expertise des sinistres et d'action judiciaire, aussi bien que les non valeurs constatées ; le tout indépendamment des remises réglées par l'art. 61, au profit du directeur.

38. Toutes les charges sociales, après avoir été vérifiées par le conseil d'administration, sont acquittées au moyen de portions contributives, réparties au prorata des valeurs assurées. Cette répartition se fait conformément aux règles de la classification établie au chap. 4 du titre 2 ci-dessus, et dans les proportions suivantes : si la portion contributive du premier risque est de un centime, celle du deuxième est de deux centimes, celle du troisième est de trois centimes par mille francs de valeurs assurées, et ainsi de suite, jusqu'au vingtième risque, dont la portion contributive est alors de vingt centimes.

39. Quelles que soient les pertes éprouvées, les portions contributives des sociétaires ne peuvent, dans aucun cas, s'élever annuellement : pour les objets assurés qui présentent un degré de risque, au-delà d'un franc ; pour ceux qui présentent deux degrés, au-delà de deux francs ; pour ceux qui présentent trois degrés, au-delà de trois francs par mille francs de valeurs assurées, et ainsi de suite, jusqu'au vingtième, dont le maximum de portions contributives annuelles est fixé à vingt francs par mille. Ce maximum pourra être modifié par délibération du conseil général, approuvé par le gouvernement. Si les pertes dépassent les sommes produites par les portions contributives ainsi limitées, les assurés sont indemnisés au centime le franc des dommages éprouvés.

40. Après avoir vérifié les pièces sur lesquelles est basée la répartition présentée par le directeur, le conseil d'administration arrête définitivement cette répartition, la déclare exécutoire et charge le directeur d'en suivre le recouvrement par toutes les voies de droit. Toutes les sommes à payer par les sociétaires sont comptées par eux à la direction ou à ses agents, à leur domicile, contre une quittance qui est signée par le directeur.

41. A défaut de paiement de la portion contributive, le directeur peut, quinze jours après un avis donné au retardataire, le faire poursuivre par toutes les voies de droit. Un mois après l'avis donné par le directeur, au moyen d'une lettre chargée qui tiendra lieu de mise en demeure, si le retardataire n'a pas acquitté les cotisations réclamées, le conseil d'administration peut prononcer la résiliation de l'assurance. Les avantages de l'assurance sont suspendus à l'égard du sociétaire qui laisse écouler plus d'un mois sans payer sa portion contributive, après avoir été mis en demeure ; il participe néanmoins, pendant ce temps, aux charges sociales. Si le sociétaire en retard vient à se libérer postérieurement, la police d'assurance reprend son effet à partir du jour du paiement.

42. Les pièces relatives aux répartitions sont conservées à la direction, où tout sociétaire a droit d'en demander la communication sans déplacement.

TITRE VI. — Administration de la société.

CHAPITRE Ier. — CONSEIL GÉNÉRAL DES SOCIÉTAIRES.

43. Le conseil général est composé des cent assurés pour les plus fortes sommes, et pris dans les sept

départements, savoir : seize pour le département de la Loire-Inférieure, et quatorze pour chacun des six autres départements. Un tableau de ces cent sociétaires est dressé par le directeur, qui le soumet à l'approbation du conseil d'administration. Ce tableau est affiché dans les bureaux de la direction. Le conseil général nomme, à la majorité des voix, son président et son secrétaire. En cas de refus, de démission ou de décès de quelques-uns des cent sociétaires assurés pour la plus forte somme, ils sont remplacés de plein droit par ceux qui viennent immédiatement ensuite dans l'ordre d'importance de leurs assurances.

44. Le conseil général se réunit une fois par an, sauf les convocations extraordinaires jugées nécessaires. Les membres du conseil d'administration peuvent assister à toutes ses séances, mais avec voix consultative seulement. Toute convocation se fait par lettres envoyées au domicile élu, et recommandées à la poste.

45. Le conseil général ne peut délibérer valablement s'il ne réunit le tiers au moins de ses membres. Lorsque, à une réunion, ce nombre ne sera pas atteint, l'assemblée sera de droit renvoyée à quinzaine. Cette seconde réunion est valablement constituée, quel que soit le nombre des membres présents ; toutefois, l'assemblée ne peut délibérer que sur les questions mises à l'ordre du jour de la réunion précédente. Les arrêtés du conseil général sont pris à la majorité absolue des voix ; en cas de partage, la voix du président est prépondérante.

46. Dans sa réunion annuelle, le conseil général prend connaissance de l'ensemble des opérations de la société, vérifie et arrête définitivement les comptes de la direction, et statue sur tous les intérêts sociaux.

Chapitre II. — Conseil d'administration.

47. Le conseil d'administration se compose de douze membres nommés par le conseil général. Nul ne peut être élu membre du conseil d'administration : 1° s'il n'est assuré pour une somme de dix mille francs au moins ; 2° s'il est directeur, administrateur ou agent d'une société ou compagnie d'assurance contre l'incendie, exerçant dans la même circonscription.

48. Les membres du conseil d'administration sont renouvelés chaque année par quart ; ils sont indéfiniment rééligibles. Le sort désigne les premiers sortants. Le conseil d'administration, en cas de décès ou de démission d'un de ses membres, peut désigner un sociétaire pour le remplacer jusqu'à la première réunion du conseil général, qui nomme définitivement, pour le temps restant à courir des fonctions du membre remplacé.

49. Au renouvellement de chaque exercice social, le conseil d'administration choisit dans son sein et à la majorité des suffrages un président et deux vice-présidents ; ils peuvent être réélus. Il nomme également son secrétaire. En cas d'absence du président ou des vice-présidents, le plus âgé des membres présents occupe le fauteuil.

50. Le conseil d'administration se réunit dans les derniers jours de chaque mois. Il peut s'assembler plus souvent si les besoins de la société l'exigent.

51. A chaque réunion mensuelle, le conseil d'administration prend connaissance de toutes les assurances proposées depuis la réunion précédente ; des variations survenues dans les assurances souscrites, soit à cause d'augmentation ou de diminution de la valeur des objets assurés, soit par aug-

mentation ou diminution des risques ; des sinistres tombés à la charge de la société, des expertises auxquelles ils ont donné lieu et des contestations survenues entre les sociétaires et la société ; des assurances qui, pour une cause quelconque, seraient dans le cas d'être annulées ; enfin, de tout ce qui touche aux besoins, aux intérêts et à la prospérité de la société. Le directeur et tous les sociétaires sont tenus de se conformer à ses décisions.

52. Le conseil d'administration ne peut valablement délibérer si cinq de ses membres au moins ne sont présents ; il délibère à la majorité des suffrages. En cas de partage, la voix du président est prépondérante, et il en est fait mention au procès-verbal.

53. Dans les trois mois qui suivent chaque exercice, le conseil d'administration reçoit, vérifie et débat le compte que le directeur rend des recettes et des dépenses sociales de l'exercice précédent. Le compte est remis au conseil général, qui l'arrête définitivement, s'il y a lieu, dans sa plus prochaine réunion.

54. Le conseil d'administration fait tous les règlements et prend tous les arrêtés qu'il juge utiles à la prompte et bonne administration des affaires de la société et à son développement, sans pouvoir toutefois s'écarter des statuts. Les membres ne contractent, à raison de leur gestion, aucune obligation personnelle ni solidaire relativement aux engagements de la société ; ils ne répondent que de l'exécution de leur mandat.

55. Les fonctions de membres de ce conseil sont gratuites ; elles donnent seulement droit à des jetons de présence dont le conseil général détermine la valeur.

Chapitre III. — Direction.

56. Le directeur est chargé, sous l'autorité du conseil d'administration, de l'exécution de tous les actes de la société et de toutes les décisions du conseil d'administration. Il nomme ou révoque tous les agents et employés de la société dont il a besoin, dans l'intérêt du service.

57. Le directeur convoque le conseil général toutes les fois qu'il y est autorisé par le conseil d'administration. Il peut assister aux séances de ces deux conseils avec voix consultative.

58. Le directeur fournit aux membres de l'administration les indications et tous les documents relatifs à sa gestion. Il est tenu de donner aux sociétaires les renseignements dont ils peuvent avoir besoin.

59. Le directeur tient le journal de la société et toutes les écritures nécessaires, soit à la comptabilité journalière, soit aux autres opérations de la société. Il entretient les rapports avec les autorités, et il signe la correspondance. Avec l'autorisation du conseil d'administration, il transige, compromet et soutient ou intente toute action judiciaire au nom de la société.

60. Le directeur est chargé à forfait, pendant dix ans, de tous les frais de loyers, agences, assurances, correspondances, éclairage, chauffage, impressions, traitements, jetons de présence, plaques, polices et autres frais quelconques de gestion. A l'expiration de chaque période décennale, ce forfait peut être modifié par le conseil général.

61. Pour faire face à toutes ces dépenses, les sociétaires paieront annuellement au directeur trente-cinq centimes par mille francs de la valeur réelle des objets soumis à l'assurance, sans égard à l'aug-

mentation de la valeur relative produite par la classification suivant la nature des risques. A cent millions, la remise faite au directeur sera réduite à trente centimes; à deux cents millions, à vingt-cinq centimes; à trois cents millions, à vingt centimes; à quatre cents millions et au-delà, à quinze centimes.

62. Pour sûreté de sa gestion, le directeur fournit un cautionnement de la valeur de dix mille francs en rentes sur l'État. Ce cautionnement est accepté par le président du conseil d'administration. Il pourra être ultérieurement augmenté par le conseil général, s'il n'est plus jugé en rapport avec l'importance des valeurs assurées. Le directeur ne peut rentrer en possession de la valeur de son cautionnement qu'après l'apurement définitif de ses comptes arrêtés par décision du conseil d'administration et du conseil général des sociétaires.

63. Le directeur pourra présenter à l'approbation du conseil d'administration un directeur-adjoint, chargé de le remplacer temporairement dans toutes les opérations de la direction. Le directeur est responsable de tous les actes du directeur-adjoint, dont les honoraires sont à sa charge.

64. Le directeur est nommé par le conseil général des sociétaires, sur la proposition du conseil d'administration. Le directeur en fonctions peut être révoqué par décision du conseil général, sur la proposition du conseil d'administration.

65. En cas de décès ou de retraite pour toute cause autre que la révocation, le directeur ou ses héritiers peuvent être admis à proposer son successeur au conseil d'administration, qui peut l'admettre provisoirement, et le soumet ensuite à l'approbation du conseil général.

66. M. Delamarre (Ernest), un des fondateurs, est nommé directeur de la société, sauf la confirmation du conseil général.

TITRE VII. — *Dispositions générales.*

67. Les contestations qui peuvent s'élever entre la société et un ou plusieurs de ses membres sont jugées par deux arbitres, nommés, l'un par le directeur, au nom de la société, l'autre par la partie adverse. Si ces arbitres ne tombent pas d'accord, il est procédé suivant les règles du droit commun.

68. Aucune action judiciaire, autre que celles qui sont indiquées dans l'art. 41, ne peut être exercée sans l'autorisation du conseil d'administration.

69. Tous changements ou modifications aux statuts, dont l'expérience démontrera l'utilité, seront délibérés, sur le rapport du directeur et du conseil d'administration, par le conseil général; ils devront être adoptés à la majorité des deux tiers des membres présents. Chaque société, en adhérant aux présents statuts, donne au conseil général tout pouvoir à cet effet. Les modifications adoptées ne seront exécutoires qu'après l'autorisation du gouvernement et sans avoir d'effets rétroactifs.

70. Si, pendant deux années consécutives, le maximum prévu à l'art. 39 était reconnu insuffisant, le conseil général pourrait, sur la proposition du conseil d'administration, prononcer la dissolution. Dans ce cas, il fixera la marche à suivre et arrêtera définitivement les comptes de l'administration. Cette délibération devra réunir l'adhésion des deux tiers des membres du conseil.

TITRE VIII. — *Dispositions transitoires.*

71. Les frais faits pour arriver à la constitution de la société et ceux de premier établissement seront remboursés au directeur sur un état réglé par le conseil d'administration, et approuvé par le conseil général. Cet état ne pourra comprendre que les frais matériels dûment justifiés.

72. Le conseil d'administration provisoire de la société pourra être complété d'ici à la mise en activité. Il est jusqu'à ce moment composé de :

(*Suivent les noms.*)

73. Le conseil d'administration sera définitivement constitué au plus tard dans le courant du second exercice social. Jusqu'à cette époque, les membres composant le conseil d'administration provisoire pourront s'en adjoindre d'autres pour compléter le nombre fixé en l'art. 47. Le conseil général pourvoira à la composition définitive du conseil.

74. Le conseil d'administration provisoire déclarera la mise en activité des opérations, aussitôt que les conditions fixées à l'art. 5 auront été remplies.

75 *et dernier.* Pour faire publier et afficher ces présentes partout où besoin sera, tous pouvoirs sont donnés au porteur d'un extrait ou d'une expédition.

———————

14 = 30 novembre 1842. — Ordonnance du roi portant autorisation de la société d'assurances mutuelles mobilières contre l'incendie établie à Nantes sous la dénomination de *la Bretagne.* (IX, Bull. supp. DCXXIX, n. 17045.)

Louis-Philippe, etc., sur le rapport de notre ministre secrétaire d'État de l'agriculture et du commerce; notre conseil d'État entendu, etc.

Art. 1er. La société d'assurances mutuelles mobilières contre l'incendie établie à Nantes sous la dénomination de *la Bretagne,* pour les départements de la Loire-Inférieure, du Morbihan, des Côtes-du-Nord, d'Ille-et-Vilaine, du Finistère, de la Vendée et de Maine-et-Loire, est autorisée. Sont approuvés les statuts de ladite société tels qu'ils sont contenus dans l'acte passé le 22 septembre 1842, par-devant Me Tabourier et son collègue, notaires à Paris, lequel acte restera annexé à la présente ordonnance.

2. Nous nous réservons de révoquer notre autorisation, en cas de violation ou de non-exécution des statuts approuvés, sans préjudice des droits des tiers.

3. La société sera tenue de remettre, au commencement de chaque année, au ministère de l'agriculture et du commerce, et aux préfets des départements compris dans sa circonscription, un extrait de son état de situation arrêté au 31 décembre précédent.

4. Notre ministre de l'agriculture et du commerce (M. Cunin-Gridaine) est chargé, etc.

TITRE Ier. — *Constitution de la société.*

Art. 1er. Il y a, avec l'autorisation du gouvernement, société d'assurances mutuelles entre les personnes qui ont adhéré et toutes celles qui adhéreront par la suite aux présents statuts, pour la garantie des objets mobiliers, contre l'incendie, et les dommages causés, soit par le feu du ciel, soit par l'incendie provenant de l'explosion du gaz à éclairer, conformément aux art. 6 et 7 ci-après.

2. La société a pour titre *la Bretagne*, société d'assurances mutuelles mobilières contre l'incendie.

3. Les opérations de la société s'étendent aux départements de la Loire-Inférieure, Côtes-du-Nord, Morbihan, Finistère, Ille-et-Vilaine, Vendée, Maine-et-Loire. Elle a son siége à Nantes.

4. L'administration de la société est confiée à un conseil général des sociétaires, à un conseil d'administration et à un directeur, ainsi que cela est établi par le titre 4 ci-après.

5. La durée de la société est fixée à trente années, à dater du jour de la promulgation de l'ordonnance royale. Cette durée pourra être prolongée, avec l'approbation du gouvernement, par une délibération du conseil général. Cette délibération devra réunir l'adhésion des deux tiers des membres de ce conseil. Toutefois, les sociétaires dissidents pourront se retirer de la société. Elle n'entrera en activité que lorsqu'il existera des engagements pour une somme de six millions. Elle cesserait d'exister si, à l'expiration d'une période quinquennale, la masse des valeurs assurées descendait au-dessous de vingt millions. Le conseil général, extraordinairement convoqué à ce sujet, prononcerait la dissolution.

TITRE II. — *Assurances.*

CHAPITRE Ier. — OBJETS ADMISSIBLES A L'ASSURANCE.

6. La société assure tous les objets mobiliers, y compris ceux que la loi déclare immeubles par destination, les produits naturels et manufacturés, animaux, comestibles, combustibles et marchandises de toute espèce, ainsi que les dommages dont l'incendie desdits objets mobiliers peut être ou devenir la cause. Elle garantit, relativement aux objets mobiliers, contre les effets du recours que peut exercer le voisin, mais seulement pour dommages causés par communication d'incendie, recours qui peut résulter des art. 1382 et 1383 du Code civil, et connu sous la dénomination de *recours des voisins.*

7. La société répond : 1° des dommages causés par l'incendie, quelle que soit la nature de ces dommages, c'est-à-dire, soit que les objets assurés aient été brûlés, soit qu'ils aient été brisés ou détériorés d'une manière quelconque ; 2° des dommages occasionnés par la foudre ou par l'explosion du gaz à éclairer ; 3° des dommages résultant des mesures ordonnées par l'autorité en cas d'incendie ; 4° enfin, des dommages et frais provenant du sauvetage des objets assurés.

CHAPITRE II. — OBJETS EXCLUS DE L'ASSURANCE.

8. La société exclut de sa garantie les effets de commerce, billets de banque, contrats et titres de toute nature ; les lingots et monnaies d'or et d'argent ; les pierreries et perles fines non montées ; les tableaux, dessins, gravures, statues et autres objets d'art, hors du commerce, si le proposant eût attribué une valeur de plus de cinq cents francs chacun ; le mobilier des théâtres ; les mobiliers, ustensiles, machines et marchandises de fabriques de gaz, des fabriques ou dépôts de poudre ou d'artifice en grande quantité, et enfin les objets qui, sans dépendre desdits théâtres ou fabri

ques, en sont cependant tellement rapprochés qu'ils présentent les mêmes dangers.

9. Elle n'assure pas ses membres contre les incendies qui proviennent de guerre, invasion, émeute populaire, force militaire quelconque, explosion de manufactures ou de magasins publics de poudre ; elle ne répond pas, enfin, des sinistres provenant de la volonté de l'assuré. La société se réserve, de plus, le droit de ne point admettre à l'assurance tous les risques qui, pour une cause quelconque, paraîtraient au conseil d'administration devoir être refusés. Elle ne répond que des dommages matériels produits par le sinistre dans l'objet assuré, et nullement des pertes qui résultent de l'impossibilité temporaire d'user de la chose.

CHAPITRE III. — ESTIMATION DES OBJETS A ASSURER.

§ 1er. — *Dispositions générales.*

10. L'estimation des objets à assurer est faite, immédiatement après l'adhésion, par l'agent de la société. Procès-verbal en est dressé et rapporté au conseil d'administration qui admet ou rejette l'assurance. Les produits et marchandises des commerçants étant sujets à des variations fréquentes, soit dans leur valeur, soit dans leur quantité, ils doivent être estimés, non d'après les sommes qu'ils représentent au moment où l'assurance en est proposée, mais d'après leur quantité et leur valeur annuelles, moyennement déterminées par la déclaration du commerçant, et les divers documents qu'il peut fournir à l'appui. L'estimation des valeurs admises à l'assurance sert de base aux charges sociales de l'assuré. Cette estimation ne se fait que par sommes rondes de mille francs.

11. En cas d'augmentation ou de diminution notable dans la valeur ou la quantité des objets assurés, pendant la période de l'engagement en cours, le sociétaire est tenu d'en prévenir la société, et il est procédé à une nouvelle estimation, conformément à l'article qui précède. La société a, de plus, le droit, à toutes les époques, de faire vérifier et de réduire, s'il y a lieu, les estimations antérieures, toutes les fois que l'intérêt commun l'exige. A défaut par le sociétaire d'accepter cette réduction, le contrat est résilié par une simple notification. Toutes les fois qu'il y a réduction, le sociétaire ne peut rien répéter de la société pour les cotisations par lui payées antérieurement.

12. Aucune assurance ne peut excéder cent mille francs sur un seul risque, tant que la masse assurée ne dépassera pas dix millions. Ce maximum s'accroîtra, avec le montant des valeurs assurées, dans la proportion d'un demi pour cent de l'excédant, jusqu'à la concurrence d'un plein de cinq cent mille francs, qui ne pourra jamais être dépassé.

§ 2. — *Estimation des risques de voisinage.*

13. L'estimation du risque de voisinage est laissé à l'appréciation du proposant. L'assurance des risques de voisinage ne s'étend pas au-delà des immeubles contigus à ceux occupés par les proposants.

14. Cette assurance peut porter sur la totalité des objets appartenant auxdits propriétaires ou voisins. Néanmoins, tout sociétaire peut n'assurer des risques de voisinage que jusqu'à concurrence d'une somme moindre, mais toujours déterminée. Dans tous les cas, le sociétaire est tenu de spécifier la partie de cette somme qu'il entend affecter au recours de tel ou tel voisin.

CHAPITRE IV. — CLASSIFICATION DES OBJETS A ASSURER.

15. Les divers objets admissibles à l'assurance étant inégalement exposés au sinistre, sont rangés en diverses classes déterminées par les dangers qu'ils présentent, soit par leur nature, soit par leur position, soit par la nature des objets contigus. Ces classes sont rangées en trois catégories de risques, comme suit : Première catégorie, risques par nature ; deuxième catégorie , risques par position ; troisième catégorie, risque par contiguité.

Première catégorie.

16. Par nature, les objets mobiliers sont divisés en cinq classes. 1° Sont rangés dans la première classe par nature , les meubles meublants , dans les villes, lorsqu'ils sont destinés à l'usage et à l'ornement des appartements où ils se trouvent, comme lits, secrétaires , commodes , tapis, pendules, objets d'art d'une valeur ordinaire , les animaux hors du commerce, et les objets qui, bien que combustibles , ne sont pas pourtant de nature à s'enflammer ou à s'endommager facilement, tels que quincaillerie , potasses , salaisons. C'est ce qui sera désigné sous la dénomination de *risques par nature* n. 1 ; 2° sont rangés dans la seconde classe par nature, les produits et marchandises , dans les villes, lorsque , n'étant ni combustibles ni facilement endommageables , il sont pourtant exposés, par leur fragilité, à être détériorés par l'incendie, comme la poterie, la verrerie , les marchandises et tissus qui peuvent facilement prendre et communiquer le feu. C'est ce qui sera désigné sous la dénomination de *risques par nature* n. 2 ; 3° sont rangés dans la troisième classe par nature, 1° les meubles meublants destinés à l'usage et à l'ornement des appartements où ils se trouvent, comme lits, secrétaires , commodes, tapis, pendules, objets d'art d'une valeur ordinaire, les animaux hors du commerce, lorsque ces divers objets se trouvent dans les communes rurales ; 2° les produits et marchandises dangereuses , les ateliers où l'on travaille des matières très-combustibles, ou autres professions analogues, comme les chanvres et lins (marchands de) , apprêteurs d'étoffes à chaud , blanchisseries bertholiennes , toiles peintes , avec dépendances , sans séchoirs à chaud , et autres industries analogues. C'est ce qui sera désigné sous la dénomination de *risques par nature* n. 3 ; 4° sont rangés dans la quatrième classe , par nature , 1° les produits et marchandises dans les communes rurales, lorsque, n'étant ni combustibles ni facilement endommageables , ils sont pourtant exposés, par leur fragilité , à être détériorés par l'incendie , comme la poterie, la verrerie , les marchandises et tissus qui peuvent assez facilement recevoir et communiquer le feu ; 2° les produits et marchandises qui , sans pouvoir s'enflammer spontanément, sont de nature à prendre feu facilement, et par la plus légère cause, comme les amas de paille, fourrages, etc., les matières alcooliques en grande quantité, les foins, regains engrangés ou en meules, etc. C'est ce qui sera désigné sous la dénomination de *risques par nature* n. 4 ; 5° sont rangés dans la cinquième classe par nature tous les objets produits de marchandises qui peuvent s'enflammer spontanément et être la cause première de l'incendie, comme les fabriques d'essence, fleurs de soufre, manufactures de porcelaines, produits chimiques dangereux, raffineries de sucre, etc. C'est ce qui sera désigné sous la dénomination de *risques par nature*

n. 5 ; sont assimilées aux villes , les communes où il existe des compagnies de sapeurs-pompiers.

17. La classe à laquelle les objets assurés doivent appartenir détermine le nombre des degrés de risques qu'ils présentent par nature, et cela dans la proportion suivante : La première classe par nature présente un degré de risques ; la deuxième classe par nature présente deux degrés de risques ; la troisième classe par nature présente trois degrés de risques ; la quatrième classe par nature présente six degrés de risques ; la cinquième classe par nature présente neuf degrés de risques.

Deuxième catégorie.

18. Outre ces risques intrinsèques, c'est-à-dire provenant de la nature même, les cinq classes déterminées ci-dessus sont exposées par leur position à des risques nouveaux , qui s'ajoutent aux premiers. Aussi cinq nouvelles classes sont formées pour établir les risques par position. 1° Sont rangés dans la première classe par position , les objets mobiliers , dans les villes, lorsqu'ils se trouvent dans des bâtiments de construction mixte , c'est-à-dire mi-partie en pierre et bois, torchis, bousillage, etc., et couverts en tuiles, ardoises, métaux, etc., ou compromettant par leur distribution. 2° Sont rangés dans la deuxième classe par position, les objets mobiliers, dans les villes, lorsqu'ils se trouvent, 1° dans des bâtiments de mauvaise construction , et couverts en chaume, bardeaux, roseaux ou toute autre matière analogue ; 2° dans des bâtiments dans lesquels s'exercent des professions qui nécessitent l'emploi de foyers permanents, comme celles d'armuriers avec forge, bains publics, serruriers, etc. 3° Sont rangés dans la troisième classe par position, les objets mobiliers, dans les villes, lorsqu'ils se trouvent, 1° dans les locaux dangereux par leur destination , comme les bazars, passages, etc. ; 2° dans les bâtiments situés dans les communes rurales, et qui sont entièrement construits en bois, torchis et bousillages, couverts en tuiles , ardoises ou métaux, etc., ou bien dans les bâtiments dans lesquels s'exercent des industries très-dangereuses, où l'on tient un ou plusieurs ateliers, où l'on travaille des matières très-combustibles ; tels sont les apprêteurs d'étoffes à chaud, blanchisseries bertholiennes, bateaux en construction, chanvres et lins (marchands de), châles, imprimeries, etc. 4° Sont rangés dans la quatrième classe par position, les objets mobiliers, lorsqu'ils se trouvent dans des bâtiments des communes rurales , quelle que soit leur construction, s'ils sont couverts en bardeaux, chaume , roseaux ou autres matières analogues, ou bien dans des bâtiments dans lesquels il existe des fabriques à grand nombre d'ouvriers, dans ceux où l'on tient des dépôts ou magasins d'eaux-de-vie et esprits en grande quantité, dans ceux où s'exerce la profession d'acide sulfurique (fabricants de), toiles peintes (fabricants de), et magasins renfermant des matières très-dangereuses, etc. 5° Sont rangés dans la cinquième classe par position , les objets mobiliers, lorsqu'ils se trouvent dans des bâtiments dans lesquels il existe des usines dangereuses , fabriques à foyers considérables ou à machines à vapeur, comme raffineries de sucre , distilleries , féculeries en grand, porcelaines, poteries, vernis (fabricants de), etc.

19. Ainsi que pour les risques par nature, la classe à laquelle les objets assurés doivent appartenir par leur position , détermine le nombre de risques qu'ils présentent pour cette deuxième caté-

gorie, et cela dans la même proportion que pour la première, c'est-à-dire : la première classe par position présente un degré de risques ; la deuxième classe par position présente deux degrés de risques ; la troisième classe par position présente trois degrés de risques ; la quatrième classe par position présente six degrés de risques ; la cinquième classe par position présente neuf degrés de risques.

Troisième catégorie.

20. Par contiguïté, les risques peuvent être augmentés lorsque les objets proposés à l'assurance se trouvent dans des bâtiments attenant à d'autres bâtiments qui sont exposés, par la nature de leur construction ou par leur contenu, aux dangers en vue desquels ont été établies les catégories ci-dessus. 1° Lorsque le bâtiment dans lequel se trouvent les objets assurés sera attenant à un ou plusieurs autres bâtiments construits entièrement en bois, couverts en tuiles, ardoises ou métaux, ou dont le contenu présenterait quatre degrés de risques au moins, sans excéder le nombre six, les risques de l'assuré prendront, à titre de contiguïté, un degré en sus de ceux qu'ils ont déjà ; 2° lorsque le bâtiment dans lequel se trouvent les objets à assurer sera attenant à plusieurs autres bâtiments, les risques de l'assuré prendront, à titre de contiguïté, deux degrés en sus de ce qu'ils ont déjà, si ces bâtiments sont couverts en bardeaux, en chaume, en roseaux ou autres matières analogues, ou s'ils renferment des fabriques ou usines dangereuses. En conséquence, les neuf risques de la première catégorie sur nature, les neuf risques de la deuxième catégorie par position, et les deux risques de la troisième catégorie sur contiguïté, produisent de un à vingt degrés de risques. Ainsi le premier risque s'applique aux meubles meublants, à ce qui est nécessaire à la vie commune et aux industries de la première classe, lorsque ces objets ne présentent, soit à raison de leur position, soit à raison de la contiguïté, aucune des circonstances dangereuses définies au présent article et à l'art. 18. Et ainsi de suite jusqu'au vingtième risque, qui s'applique aux objets mobiliers rangés dans la cinquième classe par nature, dans la cinquième classe par position et, qui, sur contiguïté, se trouvent dans le cas prévu par le troisième alinéa du présent article. La classification est applicable dans toutes ses combinaisons au recours des voisins.

21. Si l'expérience démontrait que quelques-unes des professions ont été mal classées dans les catégories qui précèdent, le conseil d'administration pourra prendre, à ce sujet, une délibération qui sera exécutoire après avoir reçu l'approbation du conseil général : toutefois, ces modifications n'auront point d'effet rétroactif, et elles ne pourront être appliquées qu'aux nouveaux contrats ou aux contrats renouvelés.

Titre III. — Engagement social.

Chapitre Ier. — Formation de l'engagement social.

22. Tout propriétaire, fermier, locataire, etc., et toute personne ayant intérêt à la conservation des objets que la société assure peut être sociétaire.

23. La demande d'admission dans la société se fait au moyen d'un acte d'adhésion. Cet acte énonce les noms, prénoms, titres et profession du proposant ; la qualité en laquelle il agit ; le domicile par lui élu ; la nature des risques et recours, la valeur et la désignation sommaire des objets pour lesquels l'assurance est demandée ; la durée de l'assurance ; cet acte exprime aussi si l'assurance comprend toutes les valeurs renfermées dans le même local et tous les recours des voisins auxquels le proposant est exposé, ou seulement une partie de ces valeurs ou recours ; s'il existe des assurances antérieures sur ces mêmes valeurs.

24. Dans sa plus prochaine réunion, le conseil d'administration, sur le vu de l'acte d'adhésion et après avoir entendu le directeur, décide si le proposant doit être admis ; en cas de refus, il n'est pas tenu de faire connaître ses motifs. La décision du conseil d'administration est immédiatement portée à la connaissance du proposant. Si le conseil d'administration admet l'assurance, l'acte d'adhésion est inscrit sur un journal à ce destiné, tenu sans surcharge ni interligne, coté et paraphé par le conseil d'administration.

25. Immédiatement après l'inscription au journal, l'agent principal délivre une police à l'adhérent ; cette police est signée par le directeur, elle est revêtue du timbre de la société, elle constate l'adhésion du sociétaire, son inscription et son numéro d'ordre sur le journal ; elle contient, outre les conditions spéciales de l'assurance, les principales dispositions des statuts. Chaque sociétaire reçoit, pour chacune des propriétés non contiguës contenant les objets assurés, une plaque qu'il doit faire apposer dans un endroit apparent de ces propriétés. Le prix de la plaque est fixé à un franc, et celui de la police également à un franc.

Chapitre II. — Durée de l'engagement social.

26. Les assurances sont contractées pour cinq années ; néanmoins tout fermier, locataire, etc., peut être admis pour un temps moindre, en ayant égard à la durée de son bail. Le conseil d'administration peut également décider que certaines assurances seront admises pour un temps moindre que celui ci-dessus fixé. La période de tout engagement commence le premier jour de l'année sociale, on ajoute à la première période les mois restant à courir de l'année dans laquelle l'adhésion a été admise. L'assurance produit ses effets actifs et passifs à la date du premier du mois qui suit celui dans le courant duquel elle a été admise par le conseil d'administration.

27. Chaque exercice social commence le 1er janvier et finit le 31 décembre suivant. Le temps qui s'écoulera entre l'époque de la mise en activité de la société et la fin de l'année suivante, composera le premier exercice social.

Chapitre III. — Cessation de l'engagement social.

28. L'engagement social cesse pour le sociétaire et la société dans les cas suivants : 1° par la destruction totale des objets assurés ; 2° par l'exclusion du sociétaire, prononcée par le conseil d'administration, pour cause de non paiement de la contribution sociale, et dans le cas de faillite, etc., à moins que l'assuré ne donne caution ; 3° par l'expiration du temps pour lequel l'engagement a été souscrit, pourvu toutefois que, trois mois avant l'expiration de l'engagement en cours, le sociétaire ait manifesté l'intention de se retirer de la société, au moyen d'une déclaration faite par l'assuré ou son fondé de pouvoirs, soit à la direction, soit au bureau de l'agent principal de l'arrondissement. Sans l'accomplissement de cette formalité, l'assuré continue à faire partie de la société pendant une année à partir de l'expiration de son engagement, et il lui est donné avis de la

cessation prochaine de cet engagement ; 4° par la vente ou l'aliénation totale de l'objet assuré, autre que la vente rentrant dans les faits ordinaires du commerce, et sur l'effet de toute circonstance entraînant mutation ; 5° par la mort du sociétaire, auquel cas les héritiers profitent de l'assurance jusqu'à la fin de l'année sociale, si les valeurs assurées restent dans les même conditions ; 6° par la cessation de l'intérêt en vue duquel l'assurance aurait été faite par un tiers. Dans tous les cas l'assuré ou ses ayants-cause supportent les charges sociales jusques et y compris le mois de sa sortie.

29. Tout déménagement d'un domicile dans un autre, comme toute circonstance survenue dans le cours de l'assurance, et qui est de nature à aggraver les risques assurés par la société, doivent être dénoncés dans la huitaine à l'administration, qui fait procéder immédiatement à la vérification des changements, et, sur le vu du procès-verbal, peut annuler le contrat ou changer la classe de l'assurance dans l'intérêt de la société ou dans celui de l'assuré. Si le sociétaire n'a pas rempli cette formalité avant l'incendie, il perd la moitié de l'indemnité à laquelle il avait droit. Tout sociétaire qui, par réticence ou fausse déclaration dans son acte d'adhésion, aurait sciemment induit en erreur sur les risques que courent les choses pour lesquelles il s'est assuré, n'aurait droit à aucune indemnité.

TITRE IV. — Sinistres.

CHAPITRE Ier. — DÉCLARATION DU SINISTRE.

30. Lorsqu'un incendie se manifeste ou qu'un recours est formé contre l'assuré, il doit en être fait déclaration dans les vingt-quatre heures par l'incendié, ou en son nom, à l'agent principal de la société, pour l'arrondissement dans lequel se trouvent les objets assurés, si le sinistre a lieu à la résidence de cet agent. Pour les communes de la circonscription, ce délai est augmenté à raison d'un jour par deux myriamètres et demi. Faute par l'assuré d'avoir fait sa déclaration dans le délai ci-dessus, il subit une réduction du dixième de l'indemnité à laquelle il aurait droit ; s'il laisse écouler dix jours, la réduction est d'un quart. Outre cet avis immédiat, une déclaration signée du sociétaire ou de son représentant doit être faite à la direction au plus tard dans le mois qui suit le sinistre, sous peine de perdre tout droit à une indemnité. Cette seconde déclaration indiquant les nom, prénoms et qualités du sociétaire ; son domicile et les immeubles atteints par le sinistre ; le numéro de la police et la date, doit faire connaître aussi exactement que possible l'instant auquel le sinistre s'est manifesté, les causes, au moins présumées, qui l'ont produit, l'estimation détaillée des objets mobiliers détruits, dégradés ou endommagés, et de ceux qui ont complétement échappé au sinistre ; les lieux où sont les objets sauvés. La même déclaration fait aussi connaître si le sociétaire est assuré à une autre compagnie ; elle indique le nom de cette compagnie et le montant des sommes pour lesquelles il y est assuré. Enfin elle contient la nomination de l'expert que l'assuré a choisi, et qui doit opérer, en son nom, aux termes de l'article suivant.

CHAPITRE II. — RÈGLEMENT DU SINISTRE.

31. Aussitôt après la reconnaissance du sinistre, qui est faite par l'agent principal de l'arrondissement, le directeur fait procéder à l'expertise détaillée des pertes survenues. Cette expertise se fait par deux experts arbitres, désignés par le directeur et par l'assuré, ou son ayant-cause. En cas de dissidence, ces experts nomment un tiers arbitre qui statue sur leur différend. S'ils ne tombent pas d'accord sur le choix, la nomination est faite suivant les règles établies au Code de procédure civile. Le tiers arbitre est tenu de se renfermer dans les limites des opinions des premiers, mais non pas d'adopter l'une ou l'autre de ces opinions. Les frais d'expertise sont supportés moitié par la société, moitié par le sociétaire.

32. S'il s'agit de recours exercés contre un sociétaire, le directeur, aussitôt après la déclaration qui lui en est faite, est substitué au lieu et place de ce dernier : il fait procéder à la reconnaissance des dommages contradictoirement avec les parties qui ont formé le recours.

CHAPITRE III. — PAIEMENT DES SINISTRES.

33. Pour prévenir tout retard dans le paiement de l'indemnité et faire face aux charges de la société, il est établi un fonds de prévoyance au moyen du dépôt effectué par chaque sociétaire, lors de son entrée dans la société, d'une partie du maximum de la portion contributive dont il peut être passible. Le conseil d'administration détermine, d'après les besoins de la société, quelle doit être cette partie, sans que cette partie puisse excéder le cinquième du maximum. Ce conseil arrête l'emploi qui doit en être fait, en laissant toujours en caisse les sommes nécessaires aux besoins courants. Tout sociétaire qui cesse de faire partie de la société après avoir rempli toutes ses obligations envers elle, reçoit la portion du fonds de prévoyance afférente à son assurance. Lorsque les sommes encaissées par le directeur, soit pour constituer le fonds de prévoyance, soit par tout autre versement, ont atteint le chiffre de cinq mille francs, elles sont déposées dans une caisse publique, désignée par le conseil d'administration.

34. L'indemnité pour les sinistres, soit qu'elle ait été réglée par le conseil d'administration, d'après les pertes constatées dans les procès-verbaux d'expertise, comme il vient d'être dit, soit qu'elle ait été fixée sur un jugement, est payée, dans le mois qui suit, sur la délibération du conseil d'administration, jusqu'à concurrence de l'à-compte fixé par lui.

35. Après avoir soldé l'indemnité, la société est subrogée aux droits de l'assuré, et elle exerce, en son nom, tout recours contre les personnes responsables du sinistre.

36. L'indemnité due par la société, pour les assurances par elle consenties, ne peut jamais s'élever au-delà des dommages dûment constatés, et sans que, dans aucun cas, le montant de l'indemnité puisse excéder la somme assurée. Si l'objet incendié était assuré par d'autres compagnies, concurremment avec la société, elle n'intervient dans le règlement du sinistre, qu'au centime le franc de la somme assurée par elle ; dans tous les cas, l'assuré recevra, en diminution de l'indemnité, les objets sauvés ou avariés.

TITRE V. — Répartitions des portions contributives.

37. Sont à la charge de la société : les sinistres, les recours exercés contre les assurés jusqu'à concurrence de la somme à laquelle les risques de voisinage ont été réglés, les frais de sauvetage et indemnités de toute nature relatifs à l'incendie, et

es frais d'expertise des sinistres et d'actions judiciaires, aussi bien que les non valeurs constatées; le tout indépendamment des remises réglées par l'art. 61, au profit du directeur.

38. Toutes les charges sociales, après avoir été vérifiées par le conseil d'administration, sont acquittées au moyen de portions contributives réparties au prorata des valeurs assurées. Cette répartition se fait conformément aux règles de la classification établie au chap. 4 du titre 2 ci-dessus, et dans les proportions suivantes : si la proportion contributive du premier risque est de 1 cent., celle du deuxième cent. est de 2 cent., celle du troisième est de 3 cent. sur 1,000 fr. de valeurs assurées, et ainsi de suite, jusqu'au vingtième risque, dont la portion contributive est alors de 20 cent.

39. Quelles que soient les pertes éprouvées, les portions contributives des sociétaires ne peuvent, dans aucun cas, s'élever annuellement, pour les objets assurés qui présentent un degré de risque au-delà de 1 fr., pour ceux qui présentent deux degrés au-delà de 2 fr., pour ceux qui présentent trois degrés au-delà de 3 fr., sur 1,000 fr. de valeurs assurées, et ainsi de suite jusqu'au vingtième, dont le maximum des portions contributives annuelles est fixé à 20 fr. par 1,000 fr. Ce maximum pourra être modifié par des délibérations du conseil général, approuvées par le gouvernement. Si les pertes dépassent les sommes produites par les portions contributives ainsi limitées, les assurés sont indemnisés au centime le franc des dommages éprouvés.

40. Après avoir vérifié les pièces sur lesquelles est basée la répartition présentée par le directeur, le conseil d'administration arrête définitivement cette répartition, la déclare exécutoire, et charge le directeur d'en suivre le recouvrement par toutes les voies de droit. Toutes les sommes à payer par les sociétaires sont comptées par eux à la direction ou à ses agents, et à leur domicile, contre une quittance qui est signée par le directeur.

41. A défaut de paiement de la portion contributive, le directeur peut, quinze jours après un avis donné au retardataire, le faire poursuivre par toutes les voies de droit. Un mois après l'avis donné par le directeur au moyen d'une lettre chargée, qui tiendra lieu de mise en demeure, si le retardataire n'a pas acquitté les cotisations réclamées, le conseil d'administration peut prononcer la résiliation de l'assurance. Les avantages de l'assurance sont suspendus à l'égard du sociétaire qui laisse écouler un mois sans payer sa portion contributive, après avoir été mis en demeure; il participe néanmoins, pendant ce temps, aux charges sociales. Si le retardataire vient à se libérer postérieurement, la police d'assurance reprend son effet à partir du jour du paiement.

42. Les pièces relatives aux répartitions sont conservées à la direction, où tout sociétaire a le droit d'en demander la communication sans déplacement.

TITRE VI. — Administration de la société.

CHAPITRE Iᵉʳ. — CONSEIL GÉNÉRAL DES SOCIÉTAIRES.

43. Le conseil général est composé des cent assurés pour les plus fortes sommes, et pris dans les sept départements, savoir : seize pour le département de la Loire-Inférieure, et quatorze pour chacun des six autres départements. Un tableau de ces cent sociétaires est dressé par le directeur, qui le soumet à l'approbation du conseil d'administration. Ce tableau est affiché dans les bureaux de la

direction. Le conseil général nomme à la majorité des voix son président et son secrétaire. En cas de refus, de démission ou de décès de quelques-uns des cent sociétaires assurés pour la plus forte somme, ils sont remplacés de plein droit par ceux qui suivent immédiatement dans l'ordre décroissant des assurances.

44. Le conseil général se réunit une fois par an, sauf les convocations extraordinaires jugées nécessaires. Les membres du conseil d'administration peuvent assister à toutes ses séances, mais avec voix consultative seulement. Toute convocation se fait par lettres envoyées au domicile élu, et par lettres recommandées à la poste.

45. Le conseil général ne peut délibérer valablement s'il ne réunit le tiers au moins de ses membres. Lorsqu'à une réunion ce nombre ne sera pas atteint, l'assemblée sera de droit renvoyée à quinzaine. Cette seconde réunion est valablement constituée, quel que soit le nombre des membres présents; toutefois l'assemblée ne peut délibérer que sur les questions mises à l'ordre du jour de la réunion précédente. Les arrêtés du conseil général sont pris à la majorité absolue des voix; en cas de partage, la voix du président est prépondérante.

46. Dans sa réunion annuelle, le conseil général prend connaissance de l'ensemble des opérations de la société, vérifie et arrête définitivement les comptes de la direction, et statue sur tous les intérêts sociaux.

CHAPITRE II. — CONSEIL D'ADMINISTRATION.

47. Le conseil d'administration se compose de douze membres nommés par le conseil général. Nul ne peut être élu membre du conseil d'administration, 1° s'il n'est assuré pour une somme de six mille francs au moins; 2° s'il est directeur, administrateur ou agent d'une société ou compagnie d'assurances contre l'incendie exerçant dans la même circonscription.

48. Les membres du conseil d'administration sont renouvelés chaque année par quart; ils sont indéfiniment rééligibles : le sort désigne les premiers sortants. Le conseil d'administration, en cas de décès ou de démission d'un de ses membres, peut désigner un sociétaire pour le remplacer jusqu'à la première réunion du conseil général qui nomme définitivement pour le temps restant à courir des fonctions du membre remplacé.

49. Au renouvellement de chaque exercice social le conseil d'administration choisit dans son sein, et à la majorité des suffrages, un président et deux vice-présidents; ils peuvent être réélus : il nomme également son secrétaire. En cas d'absence du président et des vice-présidents, le plus âgé des membres présents occupe le fauteuil.

50. Le conseil d'administration se réunit dans les derniers jours de chaque mois; il peut s'assembler plus souvent si les besoins de la société l'exigent.

51. A chaque réunion mensuelle, le conseil d'administration prend connaissance de toutes les assurances proposées depuis la réunion précédente, des variations survenues dans les assurances souscrites, soit à cause d'augmentation ou de diminution de la valeur des objets assurés, soit par augmentation ou diminution de risques; des sinistres tombés à la charge de la société, des expertises auxquelles ils ont donné lieu, et des contestations survenues entre les sociétaires et la société; des assurances qui, pour une cause quelconque, seraient

dans le cas d'être annulées ; enfin , de tout ce qui touche aux besoins, aux intérêts et à la prospérité de la société. Le directeur et tous les sociétaires sont tenus de se conformer à ses décisions.

52. Le conseil d'administration ne peut valablement délibérer si au moins cinq de ses membres ne sont présents ; il délibère à la majorité des suffrages : en cas de partage, la voix du président est prépondérante , et il en est fait mention au procès-verbal.

53. Dans les trois mois qui suivent chaque exercice, le conseil d'administration reçoit , vérifie et débat le compte que le directeur rend des recettes et des dépenses sociales de l'exercice précédent. Ce compte est remis au conseil général, qui l'arrête définitivement, s'il y a lieu, dans sa plus prochaine réunion.

54. Le conseil d'administration fait tous les règlements et prend tous les arrêtés qu'il juge utiles à la prompte et bonne administration des affaires de la société et à son développement , sans pouvoir toutefois s'écarter des statuts. Ses membres ne contractent , à raison de leur gestion, aucune obligation personnelle ni solidaire relativement aux engagements de la société ; ils ne répondent que de l'exécution de leur mandat.

55. Les fonctions de membres de ce conseil sont gratuites ; elles donnent seulement droit à des jetons de présence dont le conseil général détermine la valeur.

Chapitre III. — Direction.

56. Le directeur est chargé, sous l'autorité du conseil d'administration , de l'exécution de tous les actes de la société et de toutes les décisions du conseil d'administration. Il nomme et révoque tous les agents et employés dont il a besoin dans l'intérêt du service.

57. Le directeur convoque le conseil général toutes les fois qu'il y est autorisé par le conseil d'administration. Il peut assister aux séances de ces deux conseils avec voix consultative.

58. Le directeur fournit aux membres de l'administration les indications et tous les documents relatifs à sa gestion. Il est tenu de donner aux sociétaires les renseignements dont ils peuvent avoir besoin.

59. Le directeur tient le journal général de la société et toutes les écritures nécessaires, soit à la comptabilité journalière, soit aux autres opérations de la société. Il entretient les rapports avec les autorités et il signe la correspondance. Avec l'autorisation du conseil d'administration, il transige, compromet et soutient ou intente toute action judiciaire au nom de la société.

60. Le directeur est chargé, à forfait, pendant dix ans, de tous frais de loyer, agences, assurances, correspondances, éclairage, chauffage, impressions, traitements, jetons de présence , plaques, police et autres frais quelconques de gestion. A l'expiration de chaque période décennale ce forfait peut être modifié par le conseil général.

61. Pour faire face à toutes ces dépenses, les sociétaires paieront annuellement au directeur trente-cinq centimes par mille francs de la valeur réelle des objets soumis à l'assurance, sans égard à l'augmentation de la valeur relative produite par la classification suivant la nature des risques. A cent millions, la remise faite au directeur sera réduite à trente centimes ; à deux cents millions, à vingt-cinq centimes ; à trois cents millions, à vingt centimes ; à quatre cents millions, à quinze cen-

times ; à cinq cents millions et au-delà, à douze centimes.

62. Pour sûreté de sa gestion , le directeur fournit un cautionnement de dix mille francs en rentes sur l'Etat. Ce cautionnement est accepté par le président du conseil d'administration ; il pourra être ultérieurement augmenté par le conseil général , s'il n'est plus jugé en rapport avec l'importance des valeurs assurées. Le directeur ne peut rentrer en possession de la valeur de son cautionnement qu'après l'apurement définitif de ses comptes arrêtés par décision du conseil d'administration et du conseil général des sociétaires.

63. Le directeur pourra présenter à l'approbation du conseil d'administration un directeur-adjoint chargé de le remplacer temporairement dans toutes les opérations de la direction. Le directeur est responsable de tous les actes du directeur-adjoint dont les honoraires sont à sa charge.

64. Le directeur est nommé par le conseil général des sociétaires, sur la proposition du conseil d'administration. Le directeur en fonctions peut être révoqué par décision du conseil général , sur la proposition du conseil d'administration.

65. En cas de décès ou de retraite pour toute cause autre que la révocation, le directeur ou ses héritiers peuvent être admis à proposer son successeur au conseil d'administration , qui peut l'admettre provisoirement et le soumettre ensuite à l'approbation du conseil général.

66. M. Delamarre (Ernest), l'un des fondateurs, est nommé directeur de la société , sauf la confirmation du conseil général.

Titre VII. — *Dispositions générales.*

67. Les contestations qui peuvent s'élever entre la société et un ou plusieurs de ses membres sont jugées par deux arbitres nommés , l'un par le directeur, au nom de la société ; l'autre , par la partie adverse. Si ces arbitres ne tombent pas d'accord , il est procédé suivant les règles du droit commun.

68. Aucune action judiciaire autre que celles qui sont indiquées dans l'art. 41 ne peut être exercée sans l'autorisation du conseil d'administration.

69. Tous changements ou modifications aux statuts , dont l'expérience démontrera l'utilité, seront délibérés , sur le rapport du directeur et du conseil d'administration , par le conseil général ; ils devront être adoptés à la majorité des deux tiers des membres présents. Chaque sociétaire , en adhérant aux présents statuts, donne au conseil général tous pouvoirs à cet effet. Les modifications adoptées ne seront exécutoires qu'après l'autorisation du gouvernement , et sans avoir d'effets rétroactifs.

70. Si, pendant deux années consécutives, le maximum prévu à l'art. 39 était reconnu insuffisant, le conseil général pourrait, sur la proposition du conseil d'administration, prononcer la dissolution. Dans ce cas il fixerait la marche à suivre et arrêterait définitivement les comptes de l'administration. Cette délibération devra réunir l'adhésion des deux tiers des membres du conseil.

Titre VIII. — *Dispositions transitoires.*

71. Les frais faits pour arriver à la constitution de la société, et ceux de premier établissement , seront remboursés au directeur, sur un état réglé par le conseil d'administration et approuvé par le conseil général. Cet état ne pourra comprendre que les frais matériels dûment justifiés.

72. Le conseil d'administration provisoire de la

société pourra être complété d'ici à la mise en activité ; il est , jusqu'à ce moment , composé de :
(*Suivent les noms.*)

73. Le conseil d'administration sera définitivement constitué au plus tard dans le courant du second exercice social. Jusqu'à cette époque, les membres composant le conseil d'administration provisoire pourront s'en adjoindre d'autres pour compléter le nombre fixé en l'art. 47. Le conseil général pourvoira à la composition définitive du conseil.

74. Le conseil d'administration provisoire déclarera la mise en activité des opérations aussitôt que les conditions fixées à l'art. 5 auront été remplies.

75 *et dernier.* Pour faire publier et afficher ces présentes, conformément à la loi, tous pouvoirs sont donnés au porteur d'un extrait ou d'une expédition.

14 = 30 NOVEMBRE 1842. — Ordonnance du roi portant autorisation de la caisse d'épargne établie à Boussac (Creuse). (IX, Bull. supp. DCXXIX, n. 17046.)

Louis-Philippe , etc. , sur le rapport de notre ministre secrétaire d'Etat de l'agriculture et du commerce ; vu la délibération du conseil municipal de Boussac (Creuse), en date du 22 juillet 1842 ; vu les lois des 5 juin 1835 et 31 mars 1837, relatives aux caisses d'épargne ; le comité des travaux publics, de l'agriculture et du commerce de notre conseil d'Etat entendu, etc.

Art. 1er. La caisse d'épargne établie à Boussac (Creuse) est autorisée. Sont approuvés les statuts de ladite caisse, tels qu'ils sont contenus dans la délibération du conseil municipal de Boussac , en date du 22 juillet 1842 , dont une expédition conforme restera déposée aux archives du ministère de l'agriculture et du commerce.

2. Nous nous réservons de révoquer notre autorisation en cas de violation ou de non exécution des statuts approuvés , sans préjudice des droits des tiers.

3. La caisse d'épargne sera tenue de remettre , au commencement de chaque année, au ministère de l'agriculture et du commerce , et au préfet du département de la Creuse , un état de situation arrêté au 31 décembre précédent.

4. Notre ministre de l'agriculture et du commerce (M. Cunin-Gridaine) est chargé, etc.

4 NOVEMBRE = 1er DÉCEMBRE 1842. — Ordonnance du roi qui établit un collège communal de seconde classe dans la ville de Blaye. (IX , Bull. DCCCCLXI, n. 10362.)

Louis-Philippe , etc. , sur le rapport de notre ministre secrétaire d'Etat au département de l'instruction publique ; vu notre ordonnance du 29 janvier 1839 sur le régime des collèges communaux ; vu la délibération prise par le conseil municipal de la ville de Blaye (Gironde), le 3 septembre dernier , tendant à obtenir l'autorisation d'établir dans cette ville un collège communal de deuxième classe ; vu l'avis du conseil royal de l'instruction publique en date du 28 octobre dernier , etc.

Art. 1er. Il est établi un collège communal de deuxième classe dans la ville de Blaye.

2. Le conseil municipal de cette ville portera annuellement à son budget la somme qui sera jugée nécessaire à l'entretien de son collège.

3. Il sera passé bail authentique , au profit de la ville, pour un espace de cinq années consécutives, à partir du 1er octobre dernier , des bâtiments destinés à recevoir le collège. La ville sera en outre tenue d'en faire l'acquisition dans le même délai, sinon d'acheter un autre immeuble situé à Blaye, afin d'y placer cet établissement.

4. Notre ministre de l'instruction publique (M. Villemain) est chargé, etc.

6 NOVEMBRE = 1er DÉCEMBRE 1842. — Ordonnance du roi portant nouvelle fixation du nombre de conseillers d'arrondissement à élire par les cantons y désignés. (IX , Bull. DCCCCLXI, n. 10363.)

Louis-Philippe , etc. , sur le rapport de notre ministre secrétaire d'Etat au département de l'intérieur ; vu les art. 20 et 21 de la loi du 22 juin 1833 ; vu notre ordonnance du 20 août de la même année, qui a réparti d'après la population des cantons , le nombre des conseillers d'arrondissement dans les arrondissements où il y a moins de neuf cantons ; vu nos ordonnances des 31 juillet 1837 et 17 novembre 1839 , qui ont modifié cette répartition pour quarante-quatre cantons , par suite des changements survenus dans leur population et constatés par le recensement officiel de 1836 ; vu les tableaux officiels du recensement de la population du royaume, dressés en 1841 et approuvés par notre ordonnance du 25 octobre dernier , d'où il résulte des modifications dans le rang que les cantons de plusieurs arrondissements occupaient, en 1836, selon leur population, etc.

Art. 1er. Le tableau de répartition des conseillers d'arrondissement entre les cantons, arrêté par nos ordonnances des 20 août 1833, 31 juillet 1837 et 17 novembre 1839, est modifié ainsi qu'il suit :

42.

26

DÉPARTEMENTS.	ARRONDISSE- MENTS.	CANTONS.	POPULA- TION.	NOMBRE de conseillers.
Ain..	Trévoux. . . .	Thoissey..	13,230	1
		Trévoux	13,253	2
Aisne.	Vervins. . . .	Guise	17,724	2
		Vervins.	17,395	1
Aube.	Nogent-sur-Seine.	Nogent-sur-Seine. .	10,166	2
		Romilly-sur-Seine . .	10,475	3
Bouches-du-Rhône. .	Arles.	Arles (Est).	10,535	1
		Château-Renard. . .	14,418	2
Finistère. . . .	Châteaulin. . .	Châteauneuf. . . .	16,651	1
		Pleyben	16,835	2
Ille-et-Vilaine. .	Vitré.	Argentré.	13,429	1
		Vitré (Nord). . . .	13,498	2
Indre.	Issoudun.. . .	Issoudun (Nord). . .	19,748	3
		Issoudun (Sud). . .	7,814	2
Isère, ...	La Tour-du-Pin. .	Bourgoin.	20,299	1
		Morestel	20,419	2
Jura.	Poligny. . . .	Arbois.	13,535	1
		Salins.	13,994	2
Loire-Inférieure..	Ancenis. . . .	Ligné.	7,490	2
		Saint-Mars-la-Jaille. .	7,018	1
Lot..	Figeac.. . . .	Figeac (Est). . . .	15,999	2
		La Capelle.	13,832	1
Lozère.. . . .	Mende. . . .	Bleymard.	6,926	1
		Langogne.	7,012	2
Meurthe. . . .	Lunéville.. . .	Blamont.	14,339	1
		Lunéville (Nord). . .	16,637	2
Nord.	Douai.. . . .	Douai (Ouest).. . .	17,974	2
		Marchiennes. . . .	17,151	1
	Valenciennes. .	Condé.	20,479	2
		Valenciennes (Nord). .	20,073	1
Pyrénées-Orientales..	Perpignan. . .	Perpignan (Est). . .	16,439	1
		Perpignan (Ouest). .	16,589	2
Bas-Rhin. . . .	Saverne. . . .	Bouxwiller. . . .	16,236	1
		Saar-Union.. . . .	16,280	2
	Wissembourg. .	Seltz	16,036	1
		Wissembourg. . . .	16,552	2
Seine-et-Oise.. . .	Rambouillet.. .	Dourdan (Nord). . .	11,101	1
		Rambouillet. . . .	11,753	2
Deux-Sèvres. . .	Bressuire. . . .	Argentan-Château . .	10,725	1
		Bressuire.	11,049	2
Var..	Toulon. . . .	Toulon (Est). . . .	25,503	2
		Toulon (Ouest). . .	25,166	1
Vienne. . . .	Châtellerault.. .	Lencloître.	8,380	1
		Vouneuil-sur-Vienne .	8,591	2
Vosges.	Mirecourt.. . .	Darney.	12,532	1
		Dompaire.	12,743	2

2. Les cantons dont le contingent doit être réduit de deux à un ou de trois à deux, en vertu de l'article précédent, subiront cette réduction lorsqu'il y aura lieu de pourvoir, soit au renouvellement de la série dont ils font partie, soit au remplacement d'un de leurs conseillers en cas de vacance partielle. Les cantons dont le contingent doit être augmenté éliront alors le nouveau conseiller qui leur est attribué par le même article.

3. Notre ministre de l'intérieur (M. Duchâtel) est chargé, etc.

18 NOVEMBRE = 1er DÉCEMBRE 1842. — Ordonnance du roi qui ouvre, sur l'exercice 1842, un crédit extraordinaire pour secours aux étrangers réfugiés en France. (IX, Bull. DCCCCLXI, n. 10364.) [.

Louis-Philippe, etc., sur le rapport de notre ministre secrétaire-d'État au département de l'intérieur, et de l'avis de notre conseil des ministres; vu la loi du 25 juin 1841, portant fixation du budget des dépenses de l'exercice 1842; les art. 4 et 6 de la loi du 24 avril 1833 et l'art. 12 de celle du 23 mai 1834 ; les art. 26, 27 et 28 de notre ordonnance du 31 mai 1838, portant règlement général sur la comptabilité publique, etc.

Art. 1er. Il est ouvert à notre ministre secrétaire d'État de l'intérieur, sur l'exercice 1842, un crédit extraordinaire de trois cent vingt-cinq mille francs, pour subvenir aux dépenses urgentes qui n'ont pu être prévues par le budget dudit exercice, et qui se rattachent au chapitre spécial ci-après : Chap. 22. *Secours aux étrangers réfugiés en France*, 325,000 fr. pour complément de distribution de secours nécessité par la prolongation du séjour en France de réfugiés espagnols exclus des amnisties qui ont été accordées par le gouvernement de la reine Isabelle II.

2. La régularisation de ce crédit sera proposée aux Chambres lors de leur session prochaine.

3. Nos ministres de l'intérieur et des finances (MM. Duchâtel et Laplagne) sont chargés, etc.

---

19 NOVEMBRE = 1er DÉCEMBRE 1842. — Ordonnance du roi portant que les dispositions de l'art. 6 de la loi du 17 juin 1841 sont applicables aux officiers généraux de l'artillerie et de l'infanterie de marine. (IX, Bull. DCCCCLXI, n. 10365.)

Louis-Philippe, etc., sur le rapport de notre ministre secrétaire d'État au département de la marine et des colonies, etc.

Art. 1er. Les dispositions de l'art. 6 de la loi du 17 juin 1841, sur l'admission des officiers généraux de l'armée de mer à la réserve, sont applicables aux officiers généraux de l'artillerie et de l'infanterie de marine.

2. Notre ministre de la marine et des colonies (M. Duperré) est chargé, etc.

---

22 NOVEMBRE = 1er DÉCEMBRE 1842. — Ordonnance du roi qui ouvre au budget du ministère des finances, exercice 1841, deux chapitres destinés à recevoir l'imputation des paiements faits pour rappels d'arrérages de rentes viagères et de pensions antérieurs à 1841. (IX, Bull. DCCCCLXI, n. 10366.)

Louis-Philippe, etc., vu l'art. 9 de la loi du 8 juillet 1837, lequel est ainsi conçu : « Pour le service de la dette viagère et des « pensions, et pour celui de la solde et « autres dépenses payables sur revues, la « dépense servant de base au règlement des « crédits de chaque exercice ne se composera « que des paiements effectués jusqu'à l'épo- « que de sa clôture. Les rappels d'arrérages « payés sur ces mêmes exercices, d'après « les droits ultérieurement constatés, con- « tinueront d'être impulés sur les crédits « de l'exercice courant ; mais en fin d'exer- « cice, le transport en sera effectué à un « chapitre spécial, au moyen d'un virement « de crédit autorisé chaque année par une « ordonnance royale, qui sera soumise à la « sanction des Chambres avec la loi de ré- « glement de l'exercice expiré » ; vu l'art. 102 de notre ordonnance royale du 31 mai 1838, portant règlement général sur la comptabilité publique ; considérant qu'il y a lieu, en ce qui concerne les rentes viagères et les pensions, d'appliquer les dispositions ci-dessus de l'exercice 1841, qui a atteint le terme de sa clôture et dont le règlement doit être incessamment proposé aux Chambres ; sur le rapport de notre ministre secrétaire d'État des finances, et de l'avis de notre conseil des ministres, etc.

Art. 1er. Il est ouvert au budget du ministère des finances, pour l'exercice 1841, deux nouveaux chapitres spécialement destinés à recevoir l'imputation des paiements faits pendant cet exercice, pour rappels d'arrérages antérieurs à l'année 1841, des rentes viagères et des pensions. Ces chapitres prendront le titre de *rappels d'arrérages de rentes viagères antérieurs à 1841*; *rappels d'arrérages de pensions antérieurs à 1841*.

2. Les paiements effectués pour ces rappels d'arrérages, et montant, d'après le tableau ci-annexé, à deux cent vingt-six mille huit cent vingt-neuf francs dix-sept centimes (226,829 fr. 17 c.), sont, en conséquence, déduits des chapitres ordinaires ouverts au budget de l'exercice 1841, pour les rentes viagères et les pensions, et appliqués comme il suit aux nouveaux chapitres désignés par l'article précédent : rappels d'arrérages de rentes viagères antérieurs à 1841, 143,630 fr. 78 c.; rappels d'arrérages de pensions antérieurs à 1841, 83,198 fr. 39 c. Total, 226,829 fr. 17 c.

3. Les crédits ouverts par la loi de finances et par des lois spéciales, pour le service des rentes viagères et des pensions pendant l'année 1841, sont réduits de la somme ci-dessus de deux cent vingt-six mille huit cent vingt-neuf francs dix-sept centimes, qui demeure provisoirement appliquée aux deux nouveaux chapitres sus-indiqués, savoir : rentes viagères, 143,630 fr. 78 c. Pensions civiles, 1,427 fr. 29 c.; à titre de récompenses nationales, 675 fr.; militaires, 68,504 fr 45 c.; ecclésiastiques, 3,182 fr. 71 c.; de donataires dépossédés, 9,608 fr. 94 c. Total, 226,829 fr. 17 c.

4. La présente ordonnance sera annexée au projet de loi portant règlement définitif du budget de l'exercice 1841.

5. Notre ministre des finances (M. Laplagne) est chargé, etc.

(Suit le tableau.)

---

29 NOVEMBRE = 6 DÉCEMBRE 1842. — Ordonnance du roi qui ouvre provisoirement à l'importation et au transit de certaines marchandises les bu a de douanes placés aux stations de Tur

coing, de Roubaix et de Saint-Saulve, sur les chemins de fer de la frontière belge à Lille et à Valenciennes. (IX, Bull. DCCCCLXII, n. 10373.)

Louis-Philippe, etc., vu la loi du 15 juillet 1840, qui a autorisé l'établissement des chemins de fer de Lille et de Valenciennes à la frontière de Belgique; vu nos ordonnances en date des 15 septembre et 5 novembre 1842, qui ont réglé l'exploitation de ces chemins de fer; vu les lois du 28 avril 1816 et du 27 mars 1817, sur les douanes; vu l'art. 1er de la loi du 17 mai 1826, relatif à l'importation des laines en masse; vu la loi du 9 février 1832, sur le transit; vu l'art. 4 de la loi du 5 juillet 1836, portant que des ordonnances royales pourront déterminer les bureaux ouverts au transit et à l'importation de certaines marchandises; sur le rapport de nos ministres secrétaires d'État au département de l'agriculture et du commerce et au département des finances, etc.

Art. 1er. Les bureaux de douanes placés aux stations de Turcoing et de Roubaix, sur le chemin de fer de la frontière belge à Lille, et à la station de Saint-Saulve, sur le chemin de fer de la même frontière à Valenciennes, sont ouverts provisoirement, 1° à l'importation des marchandises désignées par les art. 20 de la loi du 28 avril 1816 et 8 de la loi du 27 mars 1817, sauf les restrictions prononcées par l'art. 22 de la loi du 28 avril 1816; 2° à l'importation des laines en masse; 3° au transit des marchandises de toute espèce, sauf les exclusions comprises au tableau n. 1 annexé à la loi du 9 février 1832.

2. Les attributions conférées au bureau de Lille par Halluin et Baisieux, tant pour l'importation que pour le transit, s'appliqueront à ce bureau pour les importations et le transit par Turcoing et Roubaix. La même extension est faite aux attributions du bureau de Valenciennes, pour les opérations d'importation et de transit qui s'effectueront par le bureau de Saint-Saulve.

3. Nos ministres des finances et de l'agriculture et du commerce (MM. Laplagne et Cunin-Gridaine) sont chargés, etc.

29 NOVEMBRE = 6 DÉCEMBRE 1842. — Ordonnance du roi qui ouvre un crédit extraordinaire pour le paiement d'arrérages de rentes consolidées non frappées de déchéance sur les exercices 1838 et antérieurs. (IX, Bull. DCCCCLXII, n. 10374.)

Louis-Philippe, etc., vu le bordereau sommaire dressé en exécution de l'art. 112 de notre ordonnance du 31 mai 1838, portant règlement général sur la comptabilité publique, lequel bordereau indique le montant des arrérages de rentes consolidées

non payés sur les exercices 1838 et antérieurs et présente l'évaluation des sommes susceptibles d'être réclamées en 1843 pour arrérages mis, par diverses causes énoncées au même bordereau, à l'abri de la déchéance prononcée par l'art. 9 de la loi du 29 janvier 1831; vu l'art. 8 de la loi du 10 mai 1838, aux termes duquel les créances de cette nature ne peuvent être ordonnancées par nos ministres qu'après que des crédits extraordinaires spéciaux ont été ouverts à cet effet conformément aux art. 4, 5 et 6 de la loi du 24 avril 1833; vu l'art. 114 de notre ordonnance du 31 mai 1838; vu enfin l'art. 15 de la loi du 5 mai 1842 aux termes duquel les crédits nécessaires au service des arrérages des rentes consolidées sont exceptés de la disposition qui interdit l'ouverture de crédits extraordinaires spéciaux pour les créances des exercices périmés, autrement que par la loi; sur le rapport de notre ministre secrétaire d'État des finances, et de l'avis de notre conseil des ministres, etc.

Art. 1er. Un crédit extraordinaire spécial de la somme de quarante mille cinq cents francs (40,500 fr.) est ouvert à notre ministre secrétaire d'État des finances, sur le budget de l'exercice 1843, pour être appliqué, conformément au détail ci-après au paiement d'arrérages de rentes consolidées non frappés de déchéance sur les exercices 1838 et antérieurs, savoir: rentes cinq pour cent, 35,210 fr. 50 c.; quatre et demi pour cent, 24 fr.; quatre pour cent 57 fr. 50 c.; trois pour cent, 5,208 f. Total égal, 40,500 f.

2. L'ordonnancement des paiements aura lieu avec imputation au chapitre spécial *Dépenses des exercices périmés*, prescrit par l'art. 8 de la loi du 10 mai 1838.

3. La régularisation de ce crédit sera proposée aux Chambres lors de leur prochaine réunion.

4. Notre ministre des finances (M. Laplagne) est chargé, etc.

29 NOVEMBRE = 6 DÉCEMBRE 1842. — Ordonnance du roi qui ouvre au ministre des finances un crédit extraordinaire sur l'exercice 1842. (IX, Bull. DCCCCLXII, n. 10375.)

Louis-Philippe, etc., vu, 1° la loi du 25 juin 1841, portant fixation du budget des dépenses de l'exercice 1842; 2° les art. 4 et 6 de la loi du 24 avril 1833 et l'art. 12 de celle du 23 mai 1834; 3° les art. 26, 27 et 28 de notre ordonnance du 31 mai 1838, portant règlement général sur la comptabilité publique; sur le rapport de notre ministre secrétaire d'État des finances, et de l'avis de notre conseil des ministres, etc.

Art. 1er. Il est ouvert à notre ministre secrétaire d'Etat des finances, sur l'exercice 1842, un crédit extraordinaire de la somme de un million quatre-vingt-deux mille cent francs (1,082.100 fr.), pour subvenir aux dépenses urgentes qui n'ont pu être prévues par le budget dudit exercice, et qui feront l'objet des chapitres spéciaux désignés ci-après : Frais de timbrage des connaissements et lettres de voitures, 1,800 fr.; service administratif et d'exploitation des salines de l'Est et des établissements accessoires, 980,700 fr.; acquisitions d'immeubles pour l'exploitation des tabacs, 99,600 fr. Total égal, 1,082,100 fr.

2. La régularisation de ce crédit sera proposée aux Chambres lors de leur prochaine réunion.

3. Notre ministre des finances (M. Laplagne) est chargé, etc.

29 NOVEMBRE = 6 DÉCEMBRE 1842. — Ordonnance du roi qui ouvre au ministre des finances un crédit supplémentaire sur l'exercice 1842. (IX, Bull. DCCCCLXII, n. 10376.)

Louis-Philippe, etc., vu les art. 3 et 4 de la loi du 24 avril 1833; vu la loi du 25 juin 1841, portant fixation du budget des dépenses de l'exercice 1842 et contenant, art. 5, la nomenclature des dépenses pour lesquelles la faculté nous est réservée d'ouvrir des crédits supplémentaires en cas d'insuffisance dûment justifiée des crédits législatifs; vu les art. 20, 21, 22, 23 et 25 de notre ordonnance du 31 mai 1838, portant règlement général sur la comptabilité publique; sur le rapport de notre ministre secrétaire d'Etat des finances, et de l'avis de notre conseil des ministres, etc.

Art. 1er. Il est ouvert à notre ministre secrétaire d'Etat des finances, sur l'exercice 1842, un crédit supplémentaire de la somme de trois millions six cent quarante-deux mille cent dix-huit francs quatre-vingt-onze centimes (3,642,118 fr. 91 c.), applicable aux chapitres et articles ci-après :

Dette publique. — Chap. 6. *Intérêts et primes des emprunts à rembourser par le trésor.* Art. 3. Divers canaux et navigation du Tarn (loi du 14 août 1822), 968 fr. 91 c. *Service de trésorerie.* — Chap. 33. Frais de trésorerie, 100,000 fr. *Service administratif et de perception des contributions directes dans les départements.* — Chap. 39. *Frais de perception.* Art. 1er. Remises des percepteurs, 92,600 fr. *Service administratif de perception et d'exploitation de l'enregistrement, des domaines et du timbre, dans les départements.* — Chap. 40. *Personnel.* Art. 2. Remises des receveurs, 200,000 fr.

Service administratif et de surveillance des forêts dans les départements. — Chap. 46, *Matériel.* Art. 1er. Avances recouvrables : fournitures de registres et d'impression, 50,000 f. Chap. 47. *Dépenses diverses.* Art. 2. Portion contributive de l'Etat dans la réparation des chemins vicinaux, 80,000 fr. Art. 6. Avances recouvrables : frais d'adjudication, 11,000 fr.

Service administratif et de perception des contributions indirectes et des poudres à feu dans les départements. — Chap. 51. *Personnel des contributions indirectes.* Art. 6. Remises aux entreposeurs de tabacs et aux receveurs buralistes, 205,000 fr. Chap. 53. *Dépenses diverses des contributions indirectes.* Art. 1er. Dépenses administratives, 15,100 fr. Art. 2. Avances recouvrables, 43,400 fr. Chap. 55. *Matériel et dépenses diverses des poudres à feu.* Art. 1er. Remboursement du prix de revient des poudres, 205,050 fr. Art. 2. Constructions et réparations de magasins, 16,000 fr.

Service administratif, de perception et d'exploitation des postes dans les départements. — Administration et perception. Chap. 59. *Personnel.* Art. 2. Remises sur prix de places dans les malles, 12,000 fr. Art. 3. Remises des directeurs sur les taxes de lettres, 193,000 fr.

Transport des dépêches. — Chap. 64. *Dépenses diverses.* Art. 3. Transport par entreprises, 363,000 fr. Chap. 66. *Remboursements sur produits indirects et divers.* Art. 2. Forêts, 130,000 fr. Chap. 67. Répartition des produits de plombage et d'estampillage, etc., en matière de douanes, 145,000 f. Chap. 69. Primes à l'exportation des marchandises, 1,500,000 fr. Chap. 70. *Escompte sur divers droits.* Art. 1er. Escompte du droit de consommation des sels, 105,000 fr. Art. 2. Escompte des droits de douanes, 175,000 fr. Total, 3,642,118 fr. 91 c.

2. La régularisation de ce crédit supplémentaire sera proposée aux Chambres lors de leur prochaine réunion.

3. Notre ministre des finances (M. Laplagne) est chargé, etc.

29 NOVEMBRE = 6 DÉCEMBRE 1842. — Ordonnance du roi qui crée une chambre temporaire au tribunal de première instance de Limoges. (IX, Bull. DCCCCLXII, n. 10377.)

Louis-Philippe, etc., sur le rapport de notre garde des sceaux, ministre secrétaire d'Etat au département de la justice et des cultes; vu l'art. 39 de la loi du 20 avril 1810; vu l'état des travaux du tribunal de première instance de Limoges; considérant qu'il importe d'assurer la prompte expédition des affaires arriérées qui existent dans ce siège; notre conseil d'Etat entendu, etc.

Art. 1er. Il est créé au tribunal de première instance de Limoges une chambre temporaire, dont la durée n'excédera pas une année, à compter du jour de son installation, s'il n'en est par nous autrement ordonné.

2. Notre ministre de la justice et des cultes (M. Martin du Nord) est chargé, etc.

---

29 NOVEMBRE = 6 DÉCEMBRE 1842. — Ordonnance du roi qui crée une chambre temporaire au tribunal de première instance de Nantes. (IX, Bull. DCCCCLXII, n. 10378.)

Louis-Philippe, etc., sur le rapport de notre garde des sceaux, ministre secrétaire d'Etat au département de la justice et des cultes; vu l'art. 39 de la loi du 20 avril 1810; considérant qu'il existe un grand nombre d'affaires civiles arriérées au tribunal de première instance de Nantes (Loire-Inférieure), et qu'il importe de remédier aux inconvénients qui résultent d'un tel état de chose; notre conseil d'Etat entendu, etc.

Art. 1er. Il est créé au tribunal de première instance de Nantes (Loire-Inférieure) une chambre temporaire, dont la durée n'excédera pas une année, à compter de son installation, à moins qu'il n'en soit par nous autrement ordonné.

2. Notre ministre de la justice et des cultes (M. Martin du Nord) est chargé, etc.

---

18 NOVEMBRE = 12 DÉCEMBRE 1842. — Ordonnance du roi portant que les cours d'instruction primaire supérieure sont annexés aux collèges communaux des villes y désignées. (IX. Bull. DCCCCLXIII, n. 10387.)

Louis-Philippe, etc., sur le rapport de notre ministre secrétaire d'Etat au département de l'instruction publique; vu l'art. 10 de la loi du 28 juin 1833, portant que les communes chefs-lieux de département et celles dont la population excède six mille âmes doivent avoir une école primaire supérieure; vu l'art. 4 de notre ordonnance du 21 novembre 1841, portant qu'il sera ultérieurement statué sur la désignation des collèges communaux auxquels des cours d'instruction primaire supérieure devront être annexés; considérant que les conseils municipaux des villes d'Argentan, Coutances, Draguignan, Guéret, Issoudun, Lisieux, Lunéville, Mende, Rethel, Pont-à-Mousson, Saint-Dié, Vannes, ont, par des votes déjà mis à exécution, assuré des allocations suffisantes pour adjoindre aux collèges communaux desdites villes un enseignement primaire supérieur; que cette adjonction, provisoirement effectuée près desdits collèges, n'a eu que de bons résultats, et qu'il importe seulement de la régler d'une manière uniforme et fixe; considérant que les villes de Bourg, Marmande, Orthez, Sarlat, Saint-Flour, Saint-Pol de Léon et Villefranche, lesquelles n'ont pas encore satisfait à l'obligation résultant pour elles de l'art. 10 de la loi du 28 juin 1833, sont dans les conditions qui motivent à leur égard l'application de l'ordonnance du 21 novembre 1841; vu l'avis du conseil royal de l'instruction publique, en date du 18 novembre 1842, etc.

Art. 1er. Des cours d'instruction primaire supérieure sont annexés aux collèges communaux des villes de Bourg, Rethel, Villefranche, Lisieux, Saint-Flour, Guéret, Sarlat, Saint-Pol de Léon, Issoudun, Marmande, Mende, Coutances, Lunéville, Pont-à-Mousson, Vannes, Argentan, Orthez, Draguignan, Saint-Dié.

2. Il sera pourvu aux frais d'établissement et d'entretien desdits cours d'instruction primaire supérieure, au moyen des allocations déjà votées ou qui devront être votées par les conseils municipaux des villes ci-dessus désignées; et, en cas d'insuffisance constatée desdites allocations, il pourra y être ajouté un prélèvement sur les fonds de l'Etat spécialement affectés à l'instruction primaire.

3. Un instituteur primaire du degré supérieur devra être attaché à chacun des collèges communaux mentionnés en l'art. 1er, à moins que le chef ou un des fonctionnaires de cet établissement ne soit pourvu d'un brevet de capacité de ce degré. Ledit instituteur demeurera placé sous l'autorité du principal, ainsi que les fonctionnaires qui pourront être chargés d'une partie des cours d'instruction primaire supérieure.

4. Notre ministre de l'instruction publique (M. Villemain) est chargé, etc.

---

25 NOVEMBRE = 12 DÉCEMBRE 1842. — Ordonnance du roi qui ouvre, sur l'exercice 1843, un crédit extraordinaire pour le service intérieur du Sénégal. (IX, Bull. DCCCCLXIII, n. 10388.)

Louis-Philippe, etc., vu 1º la loi du 11 juin 1842, portant fixation du budget des dépenses de l'exercice 1843; 2º les art. 4 et 6 de la loi du 24 avril 1833, et l'art. 12 de celle du 23 mai 1834; 3º les art. 26, 27 et 28 de notre ordonnance du 31 mai 1838. portant règlement général sur la comptabilité publique; sur le rapport de notre ministre secrétaire d'Etat de la marine et des colonies, et de l'avis de notre conseil des ministres, etc.

Art. 1er. Il est ouvert à notre ministre

secrétaire d'État de la marine et des colonies, sur l'exercice 1843, un crédit extraordinaire de cent mille francs, pour subvenir aux dépenses urgentes qui n'ont pu être prévues par le budget dudit exercice.

2. Au moyen de ce crédit, l'allocation de trois cent vingt mille francs, comprise, pour le service intérieur du Sénégal, au chap. 23 du budget du département de la marine, pour l'exercice 1843, sera portée à quatre cent vingt mille francs.

3. La régularisation de ce crédit sera proposée aux Chambres lors de leur prochaine session.

4. Nos ministres de la marine et des colonies, et des finances (MM. Duperré et Laplagne) sont chargés etc.

29 NOVEMBRE = 12 DÉCEMBRE 1842. — Ordonnance du roi qui ouvre, sur l'exercice 1842, un crédit supplémentaire pour un prix de l'Académie royale de médecine. (IX, Bull. DCCCCLXIII, n. 10389.)

Louis-Philippe, etc., vu les art. 3 et 4 de la loi du 24 avril 1833; vu la loi du 25 juin 1841, portant fixation du budget des dépenses de l'exercice 1842, et contenant, art. 3, la nomenclature détaillée des dépenses pour lesquelles la faculté nous est réservée d'ouvrir des crédits supplémentaires en cas d'insuffisance, dûment justifiée, des crédits législatifs; vu les art. 20, 21, 22, 23 et 25 de notre ordonnance royale du 31 mai 1838, portant règlement général sur la comptabilité publique; sur le rapport de notre ministre secrétaire d'État de l'instruction publique, et de l'avis de notre conseil des ministres, etc.

Art. 1er. Il est ouvert à notre ministre secrétaire d'État de l'instruction publique, sur l'exercice 1842, un crédit supplémentaire de cinq cents francs, applicable aux chapitre et article ci-après, savoir : Chap. 19. — Établissements divers. Art. 1er. Académie royale de médecine; partié du prix annuel de 1837, remis au concours de 1842, 500 fr.

2. La régularisation de ce crédit supplémentaire sera proposée aux Chambres lors de leur prochaine session.

3. Nos ministres de l'instruction publique et des finances (MM. Villemain et Laplagne) sont chargés, etc.

2 = 12 DÉCEMBRE 1842. — Ordonnance du roi qui ouvre au ministre de la guerre un crédit supplémentaire sur l'exercice 1842. (IX, Bull. DCCCCLXIII, n. 10391.)

Louis-Philippe, etc., vu les art. 3 et 4 de la loi du 24 avril 1833; vu la loi du 25 juin 1841, portant fixation des dépenses de

l'exercice 1842, et contenant, art. 3, la nomenclature des dépenses pour lesquelles la faculté nous est réservée d'ouvrir des crédits supplémentaires en cas d'insuffisance, dûment justifiée, des crédits législatifs; vu les art. 20, 21, 22, 23 et 25 de notre ordonnance du 31 mai 1838, portant règlement général sur la comptabilité publique; sur le rapport de notre ministre secrétaire d'État de la guerre, président du conseil, et de l'avis de notre conseil des ministres, etc.

Art. 1er. Il est ouvert à notre ministre secrétaire d'État de la guerre, sur l'exercice 1842, un crédit supplémentaire de trois millions deux cent vingt-deux mille sept cent cinquante-huit francs (3,222,758 fr.), applicable aux sections, chapitres et articles ci-après, savoir :

Ire SECTION. — Divisions territoriales de l'intérieur.

Chap. 5. Article unique. Gendarmerie. Renchérissement des fourrages de la gendarmerie, 521,094 fr.
Chap. 22. Poudres et salpêtres (matériel). Art. 1er. Dépenses ordinaires d'exploitation; commande supplémentaire de poudres pour la marine, 70,000 fr.

IIe SECTION. — Algérie.

Chap. 9. 2e partie. Vivres et chauffage. Art. 2. Vivres. Renchérissement du prix des denrées, 1,562,952 fr. Art. 3. Chauffage. Renchérissem. des combustibles, 52,142 fr.
Chap. 13. Article unique. Fourrages. Renchérissement du prix des fourrages, 1,036,570 fr. Total égal, 3,222,758 fr.

2. La régularisation de ce crédit supplémentaire sera proposée aux Chambres lors de leur prochaine réunion.

3. Nos ministres de la guerre et des finances (MM. duc de Dalmatie et Laplagne) sont chargés, etc.

2 = 14 DÉCEMBRE 1842. — Ordonnance du roi qui ouvre, sur l'exercice 1842, un crédit extraordinaire pour les dépenses de l'Algérie. (IX, Bull. DCCCCLXIV, n. 10399.)

Louis-Philippe, etc., vu 1o la loi du 25 juin 1841, portant fixation des dépenses de l'exercice 1842; 2o les art. 4 et 6 de la loi du 24 avril 1833, et l'art. 12 de celle du 25 mai 1834; 3o les art. 26, 27 et 28 de notre ordonnance du 31 mai 1838, portant règlement général sur la comptabilité publique; sur le rapport de notre ministre secrétaire d'État de la guerre, président du conseil, et de l'avis de notre conseil des ministres, etc.

Art. 1er. Il est ouvert à notre ministre

secrétaire d'Etat de la guerre, sur l'exercice 1842, un crédit extraordinaire de quatre millions deux cent quatre-vingt-cinq mille quatre cent cinquante-quatre francs (4,285,454 fr.), pour dépenses urgentes qui n'ont pu être prévues par le budget dudit exercice, et qui concernent les chapitres spéciaux ci-après de la deuxième section du budget de la guerre (Algérie), savoir : Chap. 9. Solde et entretien des troupes, 1,554,954 fr. Chap. 10. Habillement et campement, 140,000 fr. Chap. 12. Transports généraux, 406,000 fr. Chap. 13. Remonte générale, 884.500 fr. Chap. 14. Harnachement, 5,000 f. Chap. 27. Services militaires irréguliers en Algérie, 1,295,000 fr. Total égal, 4,285,454 fr.

2. La régularisation de ce crédit extraordinaire sera proposée aux Chambres lors de leur prochaine réunion.

3. Nos ministres de la guerre et des finances (MM. duc de Dalmatie et Laplagne) sont chargés, etc.

———

6 = 14 DÉCEMBRE 1842. — Ordonnance du roi qui ouvre, sur l'exercice 1842, un crédit extraordinaire de soixante-cinq mille francs, pour solder les dépenses des obsèques de S. A. R. le duc d'Orléans, prince royal. (IX, Bull. DCCCCLXIV, n. 10400.)

Louis-Philippe, etc., vu les art. 26, 27 et 28 de notre ordonnance du 31 mai 1838, portant règlement général sur la comptabilité publique ; vu notre ordonnance du 18 juillet 1842, qui ouvre à notre ministre secrétaire d'Etat au département de l'intérieur un crédit extraordinaire de quatre cent mille francs, pour les dépenses des obsèques de notre bien-aimé fils le duc d'Orléans, prince royal ; attendu que ce crédit est insuffisant pour faire face à ces dépenses ; sur le rapport de notre ministre secrétaire d'Etat de l'intérieur, et de l'avis de notre conseil des ministres, etc.

Art. 1er. Un crédit extraordinaire de soixante-cinq mille francs (65,000 fr.) est ouvert, sur l'exercice 1842, à notre ministre secrétaire d'Etat au département de l'intérieur, pour solder les dépenses des obsèques de notre bien-aimé fils le duc d'Orléans, prince royal.

2. La régularisation de ce crédit sera proposée aux Chambres lors de leur prochaine session.

3. Nos ministres de l'intérieur et des finances (MM. Duchâtel et Laplagne) sont chargés, etc.

———

2 = 14 DÉCEMBRE 1842. — Ordonnance du roi qui ouvre au ministre de la guerre un crédit supplémentaire pour des créances constatées sur des exercices clos. (IX, Bull. DCCCCLXV, V. n. 10401.)

Louis-Philippe, etc., vu l'état des créances à solder par notre ministre secrétaire d'Etat au département de la guerre, additionnellement aux restes à payer constatés par les comptes définitifs des exercices 1839 et 1840 ; considérant qu'aux termes de l'art. 9 de la loi du 25 mai 1834, et de l'art. 108 de notre ordonnance du 31 mai 1838, portant règlement général sur la comptabilité publique, lesdites créances peuvent être l'objet de crédits supplémentaires en l'absence des Chambres ; attendu qu'elles se rapportent à des services prévus par les budgets des exercices 1839 et 1840, et que leur montant est inférieur aux restants de crédits dont l'annulation a été ou sera prononcée sur ces deux exercices ; sur le rapport de notre ministre secrétaire d'Etat de la guerre, président du conseil, et de l'avis de notre conseil des ministres, etc.

Art. 1er. Il est ouvert à notre ministre secrétaire d'Etat de la guerre, en augmentation des restes à payer constatés par les comptes définitifs des exercices 1839 et 1840, un crédit supplémentaire de cinquante mille huit cent quatre-vingt-quinze francs quatre-vingt-quatorze centimes, montant des créances détaillées par article au tableau ci-annexé, qui ont été liquidées à la charge de ces exercices, et dont les états seront adressés en double expédition au ministre secrétaire d'Etat des finances, conformément à l'art. 106 de notre ordonnance précitée du 31 mai 1838, savoir : exercices 1839, 11,100 fr. 43 c. ; 1840, 39,795 fr. 51 c. Total égal, 50,895 fr. 94 c.

2. Notre ministre secrétaire d'Etat au département de la guerre est, en conséquence, autorisé à ordonnancer ces créances sur le chapitre spécial ouvert pour les dépenses des exercices clos aux budgets des exercices courants, en exécution de l'art. 8 de la loi du 25 mai 1834.

3. La régularisation de ce crédit sera proposée aux Chambres lors de leur prochaine session.

4. Nos ministres de la guerre et des finances (MM. duc de Dalmatie et Laplagne) sont chargés, etc.

(Suit le tableau.)

———

10 = 14 DÉCEMBRE 1842. — Ordonnance du roi qui supprime les droits de transit établis par l'art. 15 de la loi du 9 février 1832. (IX, Bull. DCCCCLV, n. 10402.)

Louis-Philippe, etc., sur le rapport de nos ministres secrétaires d'Etat au département de l'agriculture et du commerce et au département des finances, etc.

Art. 1er. Les droits établis par l'art. 15 de la loi du 9 février 1832, sur les marchandises étrangères expédiées en transit à travers le royaume, sont supprimés.

2. Nos ministres des finances et de l'agriculture et du commerce (MM. Laplagne et Cunin-Gridaine) sont chargés, etc.

31 OCTOBRE = 15 DÉCEMBRE 1842. — Ordonnance du roi qui autorise, à titre d'établissement d'utilité publique, la fondation, dans le diocèse de Grenoble, d'une maison de retraite pour les prêtres âgés ou infirmes. (IX, Bull. supp. DCXXXII, n. 17088.)

Louis-Philippe, etc., sur le rapport de notre garde des sceaux, ministre secrétaire d'État au département de la justice et des cultes; le comité de législation de notre conseil d'Etat entendu, etc.

Art. 1er. Est autorisée, à titre d'établissement d'utilité publique, la fondation, dans le diocèse de Grenoble, d'une maison de retraite pour les prêtres âgés ou infirmes. L'administration de cette maison appartiendra à l'évêque, conformément aux statuts dressés par lui, lesquels sont approuvés, et dont la copie restera annexée à la présente ordonnance.

2. Seront applicables audit établissement, la loi du 2 janvier 1817 et les ordonnances des 2 avril 1817 et 14 janvier 1831, concernant les dons, legs, remboursements, placements, acquisitions, aliénations, échanges, et tous actes translatifs de propriété; l'arrêté du 21 frimaire an 12, relatif aux formalités à observer pour les transactions; le titre 4 du décret du 6 novembre 1813, sur l'administration des biens des séminaires, en celles de ses dispositions qui ne sont point contraires aux statuts dont il est parlé à l'article précédent, et généralement les dispositions qui régissent les établissements ecclésiastiques.

3. Expédition du règlement mentionné en l'art. 10 desdits statuts sera transmise à notre garde des sceaux, ministre de la justice et des cultes, dans un délai de six mois, à partir de la promulgation de la présente ordonnance.

4. Notre ministre de la justice et des cultes (M. Martin du Nord) est chargé, etc.

2 = 24 DÉCEMBRE 1842. — Ordonnance du roi qui ouvre au ministre de la guerre un crédit supplémentaire pour des créances constatées sur des exercices clos. (IX, Bull. DCCCCLXVI, n. 10404.)

Louis-Philippe, etc., vu l'état des créances à solder par notre ministre secrétaire d'Etat au département de la guerre, sur les exercices clos 1839 et 1840, additionnellement aux restes à payer constatés par les comptes définitifs de ces deux exercices; considérant que lesdites créances s'appliquent à des services pour lesquels la nomenclature comprise dans les lois de finances desdits exercices nous réserve la faculté d'ouvrir des suppléments de crédits en l'absence des Chambres; vu l'art. 9 de la loi du 23 mai 1834, et l'art. 100 de notre ordonnance du 31 mai 1838, portant règlement général sur la comptabilité publique, aux termes desquels les créances des exercices clos non comprises dans les restes à payer arrêtés par les lois de règlement ne peuvent être ordonnancées par nos ministres qu'au moyen de crédits supplémentaires, accordés suivant les formes déterminées par la loi du 24 avril 1833; sur le rapport de notre ministre secrétaire d'Etat de la guerre, président du conseil, et de l'avis de notre conseil des ministres, etc.

Art. 1er. Il est ouvert à notre ministre secrétaire d'Etat de la guerre, en augmentation des restes à payer constatés par les comptes définitifs des exercices 1839 et 1840, un crédit supplémentaire de soixante-quatre mille huit cent soixante et dix-sept francs soixante et quatorze centimes, montant des créances détaillées par article au tableau ci-annexé, lesquelles ont été liquidées à la charge de ces exercices, et dont les états nominatifs seront adressés en double expédition au ministre secrétaire d'Etat des finances, conformément à l'art. 106 de notre ordonnance précitée du 31 mai 1838, savoir : exercices 1839, 30,675 fr. 57 c.; 1840, 34,202 fr. 17 c. Total égal, 64,877 fr. 74 c.

2. Notre ministre secrétaire d'Etat de la guerre est en conséquence autorisé à ordonnancer ces créances sur le chapitre spécial ouvert pour les dépenses des exercices clos au budget des exercices courants, en exécution de l'art. 8 de la loi du 23 mai 1834.

3. La régularisation de ce crédit sera proposée aux Chambres lors de leur prochaine réunion.

4. Nos ministres de la guerre et des finances MM. duc de Dalmatie et Laplagne) sont chargés, etc.   (Suit le tableau.)

6 = 24 DÉCEMBRE 1842. — Ordonnance du roi qui ouvre au ministre des finances un crédit supplémentaire pour des créances constatées sur des exercices clos. (IX, Bull. DCCCCLXVI, n. 10405.)

Louis-Philippe, etc., vu l'état des créances liquidées à la charge du département des finances, sur les exercices clos de 1839 et 1840, additionnellement aux restes à payer constatés par la loi de règlement du premier exercice, et par le compte définitif des dépenses du dernier ; considérant que lesdites créances concernent des services pour lesquels la nomenclature insérée dans les lois de dépenses desdits exercices nous réserve la faculté d'ouvrir des suppléments de crédits en l'absence des Chambres ; vu l'art. 9 de la loi du 23 mai 1834 et l'art. 100 de notre ordonnance du 31 mai 1838, portant règlement général sur la comptabilité publique, aux termes desquels les créances d'exercices clos non comprises dans les restes à payer arrêtés par les lois de règlement ne peuvent être ordonnancées, par nos ministres, qu'au moyen de crédits supplémentaires accordés suivant les formes déterminées par la loi du 24 avril 1833 ; sur le rapport de notre ministre secrétaire d'Etat des finances, et de l'avis de notre conseil des ministres, etc.

Art. 1er. Il est ouvert à notre ministre secrétaire d'Etat au département des finances, en augmentation des restes à payer constatés par la loi de règlement de l'exercice 1839, ainsi que par le compte définitif des dépenses de l'exercice 1840, un crédit supplémentaire de sept mille quatre cent soixante et seize francs vingt-neuf centimes (7,476 fr. 29 c.), montant des créances désignées au tableau ci-annexé, qui ont été liquidées à la charge de ces exercices, et dont les états nominatifs ont été dressés en double expédition, conformément à l'art. 106 de notre ordonnance du 31 mai 1838, portant règlement général sur la comptabilité publique, savoir : exercices 1839, 1,760 fr. 23 c.; 1840, 5,716 fr. 6 c. Total, 7,476 fr. 29 c.

2. Notre ministre secrétaire d'Etat des finances est, en conséquence, autorisé à ordonnancer ces créances sur le chapitre spécial ouvert pour les dépenses des exercices clos aux budgets des exercices courants, en exécution de l'art. 8 de la loi du 23 mai 1834.

3. La régularisation de ce crédit sera proposée aux Chambres lors de leur prochaine réunion.

4. Notre ministre des finances (M. Laplagne) est chargé, etc.

(Suit l'état.)

———

6 = 24 DÉCEMBRE 1842. — Ordonnance du roi qui apporte des changements au tableau de classement des places de guerre et postes militaires. (IX, Bull. DCCCLXVI, n. 10406.)

Louis-Philippe, etc., sur le rapport de notre ministre secrétaire d'Etat de la guerre ; vu la loi du 17 juillet 1819, qui a fixé définitivement la nature des servitudes attribuées aux places des différentes classes et aux postes militaires, ainsi que l'étendue des zones dans lesquelles ces servitudes devaient être circonscrites ; vu la loi du 10 juillet 1791, dans les dispositions auxquelles se réfère la loi du 17 juillet 1819 vu l'ordonnance du 1er août 1821, rendue pour l'exécution de la loi du 17 juillet 1819, qui fixe le mode d'application de ces servitudes ; vu le tableau de classement des places et postes annexé à cette ordonnance ; vu l'ordonnance royale du 5 juillet 1831 relative au classement de la ville de Ham ; vu l'avis de la commission de défense de 1836, qui a proposé les changements à apporter au classement de quelques places du royaume ; vu les avis du comité des fortifications sur les propositions de cette commission ; voulant exonérer des servitudes défensives les populations de quelques villes dont le maintien sur le tableau des places fortes n'importe plus essentiellement à la défense de l'Etat, et réduire pour d'autres les servitudes actuellement imposées, etc.

Art. 1er. Sont définitivement rayés du tableau de classement les places et postes militaires ci-après désignés : Hesdin, château de Sierck et Sisteron (ville), figurant comme places de la première série au tableau annexé à l'ordonnance royale du 1er août 1821, Ardres, Bapaume, Valence (ville et château) et Agde, qui figurent au même tableau comme places de la deuxième série ; Ham (ville), classée comme poste par l'ordonnance du 5 juillet 1831 ; Guise (ville), Carignan, Donchéry, Bramont et Vivario, figurant comme postes au tableau précité.

2. Ne seront plus classées que comme places de la deuxième série les places ci-après désignées qui figurent parmi celles de la première série au même tableau : Béthune, Aigues-Mortes, les forts de Cette et le château de Lourdes.

3. Ne seront plus classées que comme simples postes, 1° la citadelle de Doullens, qui fait actuellement partie des places de la première série du même tableau ; 2° les quatre places ci-après désignées, qui figurent parmi celles de la deuxième série : Saint-Venant, Ham (château), Chaumont et Carentan.

4. La présente ordonnance sera publiée et affichée dans les communes intéressées.

5. Nos ministres sont chargés, chacun en ce qui le concerne, de l'exécution de la présente ordonnance, qui sera insérée au Bulletin des lois.

(Contresignée duc de DALMATIE.)

———

6 = 24 DÉCEMBRE 1842. — Ordonnance du roi qui ouvre au ministre des finances un crédit supplémentaire pour des créances constatées

sur des exercices clos. (IX, Bull. DCCCCLXVI. n. 10407.)

Louis-Philippe, etc., vu l'état des créances liquidées à la charge du département des finances sur les exercices clos 1839 et 1840, additionnellement aux restes à payer constatés par la loi de règlement du premier exercice et par le compte définitif des dépenses du dernier ; considérant que ces créances concernent des services non compris dans la nomenclature de ceux pour lesquels les lois de dépenses des mêmes exercices ont donné la faculté d'ouvrir des suppléments de crédits ; considérant toutefois qu'aux termes de l'art. 9 de la loi du 23 mai 1834 et de l'art. 108 de notre ordonnance du 31 mai 1838, portant règlement général sur la comptabilité publique, lesdites créances peuvent être acquittées, attendu qu'elles se rapportent à des services prévus par les budgets des exercices 1839 et 1840, et que leur montant n'excède pas les restants de crédits dont l'annulation a été ou sera prononcée sur les services par la loi de règlement desdits exercices ; sur le rapport de notre ministre secrétaire d'Etat des finances, et de l'avis de notre conseil des ministres, etc.

Art. 1er. Il est ouvert à notre ministre secrétaire d'Etat des finances, en augmentation des restes à payer constatés par la loi de règlement de l'exercice 1839, ainsi que par le compte définitif des dépenses de l'exercice 1840, un crédit supplémentaire de cinq mille trois cent soixante-cinq francs trente-deux centimes (5,365 fr. 32 c.), montant des créances désignées au tableau ci-annexé, qui ont été liquidées à la charge de ces exercices, et dont les états nominatifs ont été dressés en double expédition, conformément à l'art. 106 de notre ordonnance du 31 mai 1838, portant règlement général sur la comptabilité publique, savoir : exercices 1839, 777 fr. 35 c.; 1840, 4,587 fr. 97 c. Total, 5,365 fr. 32 c.

2. Notre ministre secrétaire d'Etat des finances est en conséquence autorisé à ordonnancer ces créances sur le chapitre spécial ouvert pour les dépenses des exercices clos aux budgets des exercices courants, en exécution de l'art. 8 de la loi du 23 mai 1834.

3. La régularisation de ce crédit sera proposée aux Chambres lors de leur prochaine session.

4. Notre ministre des finances (M. Laplagne) est chargé, etc.

(Suit le tableau.)

───────

6 = 24 décembre 1842. — Ordonnance du roi qui ouvre au ministre des finances un crédit complémentaire sur l'exercice 1841. (IX, Bull. DCCCCLXVI, n. 10408.)

Louis-Philippe, etc., vu la loi du 16 juillet 1840, portant fixation du budget des dépenses de l'exercice 1841, et l'art. 6 de la même loi, contenant la nomenclature des services pour lesquels la faculté nous est réservée d'ouvrir, aux ministres, des suppléments de crédits ; vu les art. 4 et 5 de la loi du 24 avril 1833, et l'art. 29 de notre ordonnance du 31 mai 1838, portant règlement général sur la comptabilité publique ; considérant que la liquidation des dépenses de l'exercice 1841 a fait ressortir des insuffisances de crédits pour des services compris dans la nomenclature ci-dessus rappelée ; sur le rapport de notre ministre secrétaire d'Etat des finances, et de l'avis de notre conseil des ministres, etc.

Art. 1er. Un crédit complémentaire de la somme de deux cent cinquante-neuf mille cinq cent dix francs vingt-trois centimes (259,510 fr. 25 c.) est ouvert à notre ministre secrétaire d'Etat des finances, sur l'exercice 1841, pour couvrir les insuffisances de crédits des services prévus au budget dudit exercice dont le détail suit :

DETTE PUBLIQUE. — 2e section. Services d'emprunts spéciaux contractés pour canaux et travaux divers.

Chap. 6. Intérêts et primes des emprunts à rembourser par le trésor. Art. 2. Divers canaux et rivière d'Oise (loi du 5 août 1821), 178,656 fr. 20 c. Chap. 8. Charges annuelles des emprunts contractés à des conditions diverses. Art. 2. Pont de Libourne, 1,488 f. 42 c.

Service des remboursements et restitutions, non valeurs, primes et escomptes.

Chap. 69. Répartitions de produits d'amendes, saisies et confiscations en matière d'impôts indirects. Art. 4. Contributions indirectes, 79,365 fr. 61 c. Total, 259,510 fr. 25 c.

2. La régularisation de ce crédit sera proposée aux Chambres par le projet de loi de règlement de l'exercice 1841.

3. Notre ministre des finances (M. Laplagne) est chargé, etc.

───────

8 = 24 décembre 1842. — Ordonnance du roi qui fixe le tarif des droits de navigation à percevoir sur le canal de la Somme, à partir du 1er janvier 1843. (IX, Bull. DCCCCLXVI, n. 10409.)

Louis-Philippe, etc., vu la loi du 5 août 1821, relative à l'achèvement du canal de la Somme ; vu le tarif des droits de navigation, et la convention annexée à ladite loi ; vu l'ordonnance du 12 septembre 1821, vu les ordonnances des 5 mars 1841 et 12 juin 1842 ; vu la délibération en date du 22 novembre 1842, par laquelle le conseil d'administration de la compagnie des Trois-Canaux réclame, conformément à ses résolutions précédentes, le relèvement successif du tarif ; sur le rapport de notre ministre secrétaire d'Etat au département des finances, etc.

Art. 1er. A partir du 1er janvier 1843, les droits de navigation établis sur le canal de la Somme seront perçus conformément au tarif annexé à la présente ordonnance.

2. La quotité des taxes portées audit tarif sera réduite à moitié, conformément à l'art. 2 de l'ordonnance royale du 12 septembre 1821, pour toute la navigation à suivre depuis Amiens jusqu'à Saint-Valery, et depuis Saint-Valery jusqu'à Amiens.

3. Le tarif n'aura d'effet que jusqu'au 1er janvier 1844.

4. Notre ministre des finances (M. Laplagne) est chargé, etc.

(Suit le tarif.)

———————

8 = 24 DÉCEMBRE 1842. — Ordonnance du roi portant prorogation du tarif fixé par l'ordonnance du 21 mai 1839, pour la perception des droits de navigation établis sur le canal des Ardennes. (IX, Bull. DCCCCLXVI, n. 10410.)

Louis-Philippe, etc., vu la loi du 5 août 1821, relative à la construction du canal des Ardennes ; vu le tarif des droits de navigation et le cahier des charges annexé à ladite loi ; vu l'ordonnance du 21 mai 1839, portant réduction des droits sur ledit canal ; vu les ordonnances de prorogation des 5 mars 1841 et 28 février 1842 ; vu la délibération du 22 novembre 1842, par laquelle le conseil d'administration de la compagnie des Trois-Canaux consent au maintien provisoire du tarif actuel ; sur le rapport de notre ministre secrétaire d'Etat au département des finances, etc.

Art. 1er. Les droits de navigation établis sur le canal des Ardennes continueront d'être perçus, jusqu'au 1er janvier 1844, conformément au tarif fixé par l'ordonnance du 21 mai 1839.

2. Notre ministre des finances (M. Laplagne) est chargé, etc.

———————

9 = 24 DÉCEMBRE 1842. — Ordonnance du roi qui ouvre au ministre des travaux publics un crédit supplémentaire pour des créances constatées sur des exercices clos. (IX, Bull. DCCCCLXVI, n. 10411.)

Louis-Philippe, etc., vu l'état des créances liquidées à la charge du département des travaux publics, additionnellement aux restes à payer constatés par les comptes définitifs des exercices clos de 1839 et 1840 ; considérant que ces créances concernent des services non compris dans la nomenclature de ceux pour lesquels les lois de dépenses des mêmes exercices ont donné la faculté d'ouvrir des suppléments de crédits ; considérant, toutefois, qu'aux termes de l'art. 9 de la loi du 23 mai 1834 et de l'art. 108 de notre ordonnance du 31 mai 1838, portant règlement général sur la comptabilité publique, lesdites créances peuvent être acquittées, attendu qu'elles se rapportent à des services prévus par les budgets des exercices 1839 et 1840, et que leur montant n'excède pas les restants de crédits dont l'annulation a été ou sera prononcée sur ces services par les lois de règlement desdits exercices ; sur le rapport de notre ministre secrétaire d'Etat des travaux publics, et de l'avis de notre conseil des ministres, etc.

Art. 1er. Il est ouvert à notre ministre secrétaire d'Etat des travaux publics, en augmentation des restes à payer constatés par la loi de règlement de l'exercice 1839 et par le compte définitif des dépenses de l'exercice 1840, un crédit supplémentaire de huit cent quatre-vingt-huit francs quinze centimes (888 fr. 15 c.), montant des créances désignées au tableau ci-annexé qui ont été liquidées à la charge de ces exercices, et dont les états nominatifs seront adressés en double expédition au ministre secrétaire d'Etat des finances, conformément à l'art. 106 de notre ordonnance précitée du 31 mai 1838, savoir : exercices 1839, 7 fr. 78 c. ; 1840, 880 fr. 37 c. Somme pareille, 888 fr. 15 c.

2. Notre ministre secrétaire d'Etat des travaux publics est, en conséquence, autorisé à ordonnancer ces créances sur le chapitre spécial ouvert pour les dépenses des exercices clos aux budgets des exercices courants, en exécution de l'art. 8 de la loi du 23 mai 1834.

3. La régularisation de ce crédit sera proposée aux Chambres lors de leur prochaine réunion.

4. Nos ministres des travaux publics et des finances (MM. Teste et Laplagne) sont chargés, etc.

(Suit le tableau.)

———————

9 = 24 DÉCEMBRE 1842. — Ordonnance du roi qui règle le budget de la Légion-d'Honneur pour l'exercice 1843. (IX, Bull. DCCCCLXVI, n. 10412.)

Louis-Philippe, etc., vu l'art. 14 de la loi du 11 juin 1842, qui évalue les ressources destinées au service de la Légion-d'Honneur à sept millions cinq cent quatre-vingt mille six cent quatre-vingt-dix-huit francs, pour l'exercice 1843 ; vu l'art. 1er de la loi du même jour, 11 juin 1842, lequel ouvre un crédit de sept millions cinq cent quatre-vingt mille six cent quatre-vingt-dix-huit francs, applicable aux dépenses de l'ordre pour le même exercice ; sur la proposition de notre grand-chancelier de l'ordre royal de la Légion-d'Honneur et le rapport de notre garde des sceaux, ministre secrétaire d'État au département de la justice et des cultes, etc.

Art. 1er. Les recettes de la Légion-d'Honneur, pour l'exercice 1843, sont réglées à la somme de sept millions cinq cent quatre-vingt mille six cent quatre-vingt-dix-huit francs, savoir :

1° Revenus propres de l'ordre : rentes cinq pour cent sur le grand-livre de la dette publique, 6,746,653 fr. ; action sur les canaux d'Orléans et du Loing et sur le canal du Midi, 165,000 fr. ; rentes données en remplacement des anciens chefs-lieux de cohorte, 28,843 fr. ; versements par des titulaires de majorats, 2,000 fr. ; étang de Capestang (intérêts sur le produit de la vente), 3,202 fr. ; domaine d'Ecouen (produit de la vente des bois), 13,000 fr. 2° Montant présumé des sommes qui seront versées, en 1843, par les parents des élèves de la maison royale de Saint-Denis, tant pour l'indemnité du trousseau fourni aux frais de la Légion-d'Honneur à chaque élève lorsqu'elle est admise dans la maison, que pour pension due par chaque élève non gratuite, 94,000 fr. 3° Supplément à la dotation de l'ordre : somme allouée dans le budget de l'État, en vertu des art. 3 et 6 de la loi du 6 juillet 1820, de l'art. 1er de la loi du 19 avril 1832, de l'art. 6 de la loi du 21 du même mois, de la loi du 16 juin 1837, et pour suffire à la dépense des traitements des sous-officiers et soldats des armées de terre et de mer nommés dans l'ordre depuis le 6 juillet 1820, et étant en activité de service à la date de leur nomination, 528,000 fr. Total, 7,580,698 fr.

2. Le crédit de sept millions cinq cent quatre-vingt mille six cent quatre-vingt-dix-huit francs pour les dépenses de la Légion-d'Honneur, pour l'exercice 1843, est réparti ainsi qu'il suit :

Chap. 1er. *Grande-chancellerie*. (Personnel.) Art. 1er. Traitement du grand-chancelier, 25,000 fr. Art. 2. Traitement du secrétaire général, 10,000 fr. Art. 3. Traitement des chefs et commis des bureaux, 118,650 fr. Art. 4. Gage des huissiers, concierge, garçons de bureau, etc., 12,400 fr. Total, 166,050 fr.

Chap. 2. *Grande-chancellerie*. (Matériel.) Frais d'impressions et fournitures de bureaux ; habillement des gagistes ; chauffage et éclairage ; entretien du palais, et indemnité de logement à M. le secrétaire général, 46,950 fr.

Chap. 3. Traitement des membres de l'ordre, 6,535,000 fr.

Chap. 4. Gratifications aux membres de l'ordre, 20,000 fr.

Chap. 5. *Maison royale de Saint-Denis.* (Personnel.) Art. 1er. Traitements des dames, des professeurs, des aides et des filles de service, 88,910 fr. Art. 2. Supplément de traitement au délégué de la grande-chancellerie, 800 fr. Art. 3. Service de la chapelle, 7,700 fr. Art. 4. Service de santé, 11,400 fr. Total, 108,810 fr.

Chap. 6. *Maison royale de Saint-Denis.* (Matériel.) Art. 1er. Nourriture des élèves et dépenses relatives à l'enseignement, 374,000 fr. Art. 2. Grosses réparations ; entretien des bâtiments, et dépenses diverses et imprévues, 50,000 fr. Total, 424,000 fr.

Chap. 7. *Succursales de la Légion-d'Honneur.* (Personnel.) Art. 1er. Première succursale, à Paris, 10,500 fr. Art. 2. Deuxième succursale, aux Loges, 6,100 fr. Total, 16,600 fr.

Chap. 8. *Succursales de la Légion-d'Honneur.* (Matériel.) Art. 1er. Somme allouée aux dames de la congrégation de la Mère-de-Dieu qui desservent les deux maisons, pour la nourriture et l'entretien des élèves et les dépenses relatives à l'enseignement, 340,000 fr. Art. 2. Trousseaux de quatre-vingt-cinq élèves qui pourront entrer pendant l'année 1843, à raison de deux cents francs, 17,000 fr. Art. 3. Grosses réparations, entretien des bâtiments, et dépenses diverses et imprévues, 30,000 fr. Total, 287,000 fr.

Chap. 9. *Pensions diverses.* Art. 1er. Dames sorties des maisons d'éducation d'E couen et de Saint-Denis, 38,159 fr. Art. 2. Employés et veuves d'employés, 22,641 fr. Art. 3. Élèves sorties des maisons d'éducation, 10,000 fr. Total, 70,800 fr.

Chap. 10. Commissions aux receveurs généraux chargés des paiements, 25,600 fr.

Chap. 11. Décorations pour les membres de l'ordre, 48,000 fr.

Chap. 12. Fonds afin de venir au secours de quelques élèves à leur sortie des maisons royales d'éducation, 2,000 fr.

Chap. 13. Dépenses diverses et imprévues, 18,888 fr.

Chap. 14. *Domaine d'Ecouen.* Art. 1er. Gages des concierges, garde et portiers ; habillement des gens de service, et menus frais, 3,040 fr. Art. 2. Entretien de l'intérieur du parc, 750 fr. Art. 3. Frais relatifs à l'adjudication des coupes de bois, 650 fr

Art. 4. Entretien des bâtiments du château et des murs du parc, 5,200 fr. Art. 5. Contributions, 3,360 fr. Total, 13,000 fr.

Chap. 15. Dépenses des exercices clos dont le paiement pourrait être réclamé en 1843, *pour mémoire*. Total général, 7,580,698 fr.

3. Notre ministre de la justice et des cultes, et notre grand-chancelier de l'ordre royal de la Légion-d'Honneur (MM. Martin du Nord et Gérard) sont chargés, etc.

9 = 24 DÉCEMBRE 1842. — Ordonnance du roi qui ouvre au budget de la Légion-d'Honneur, exercice 1841, deux chapitres destinés à recevoir l'imputation des paiements faits pour rappels d'arrérages de traitements et de pensions antérieurs à 1841. (IX, Bull. DCCCCLXVI, n. 10413.)

Louis-Philippe, etc., vu l'art. 9 de la loi du 8 juillet 1837, lequel est ainsi conçu : « Pour le service de la dette viagère et des « pensions, et pour celui de la solde et « autres dépenses payables sur revues, la « dépense servant de base au règlement « des crédits de chaque exercice ne se com- « posera que des paiements effectués jus- « qu'à l'époque de sa clôture. Les rappels « d'arrérages payés sur ces mêmes exer- « cices, d'après les droits ultérieurement « constatés, continueront d'être imputés « sur les crédits de l'exercice courant ; « mais en fin d'exercice, le transport en « sera effectué à un chapitre spécial au « moyen d'un virement de crédit autorisé, « chaque année, par une ordonnance royale, « qui sera soumise à la sanction des Cham- « bres avec la loi de règlement de l'exer- « cice expiré ; » vu l'art. 102 de notre or- donnance royale du 31 mai 1838, portant règlement général sur la comptabilité pu- blique; considérant qu'il y a lieu, en ce qui concerne les traitements des membres de l'ordre royal de la Légion-d'Honneur et les pensions, d'appliquer les dispositions ci-dessus à l'exercice 1841, qui a atteint le terme de sa clôture et dont le règlement définitif doit être proposé aux Chambres; sur la proposition de notre grand-chance- lier de l'ordre royal de la Légion-d'Hon- neur et le rapport de notre ministre secré- taire d'Etat au département de la justice et des cultes, et de l'avis de notre conseil des ministres, etc.

Art. 1er. Il est ouvert au budget de la grande-chancellerie de l'ordre royal de la Légion-d'Honneur, pour l'exercice 1841, deux nouveaux chapitres spécialement des- tinés à recevoir l'imputation des paiements faits pendant cet exercice pour rappels d'arrérages antérieurs à 1841, des traite-

ments des membres de l'ordre et des pen- sions. Ces chapitres prendront le titre de : *Rappels d'arrérages de traitements des mem- bres de l'ordre antérieurs à 1841* ; *rappels d'arrérages de pensions antérieurs à 1841.*

2. Les paiements effectués pour ces rap- pels d'arrérages, et montant, d'après le tableau ci-annexé, à soixante-neuf mille huit cent cinquante-six francs quatre-vingt- cinq centimes, sont en conséquence dé- duits des chapitres ordinaires ouverts au budget de l'exercice 1841 pour les traite- ments des membres de l'ordre et des pen- sions, et appliqués comme il suit aux nou- veaux chapitres désignés par l'article pré- cédent : Rappels d'arrérages de traitements des membres de l'ordre antérieurs à 1841, 69,794 fr. 35 c. ; rappels d'arrérages de pensions antérieurs à 1841, 62 fr. 50 c. Total, 69,856 fr. 85 c.

3. Les crédits ouverts par la loi de fi- nances pour le service des traitements des membres de l'ordre et des pensions pen- dant l'année 1841 sont réduits de la somme ci-dessus de soixante-neuf mille huit cent cinquante-six francs quatre-vingt-cinq cen- times, qui demeure provisoirement appli- quée aux deux nouveaux chapitres sus indi- qués, savoir : Traitements des membres de l'ordre, 69,794 fr. 35 c. ; pensions, 62 fr. 50 c. Total, 69,856 fr. 85 c.

4. La présente ordonnance sera annexée au projet de loi portant règlement définitif du budget de l'exercice 1841.

5. Notre ministre de la justice et des cultes, et notre grand-chancelier de l'ordre royal de la Légion-d'Honneur (MM. Martin du Nord et Gérard) sont chargés, etc.

(Suit l'état.)

9 = 24 DÉCEMBRE 1842. — Ordonnance du roi qui crée une justice de paix à la résidence de Constantine. (IX, Bull. DCCCCLXVI, n. 10415.) (.C)

Louis-Philippe, etc., vu les art. 3, n. 4, et 13, § 1er, de l'ordonnance royale du 26 septembre 1842 ; sur le rapport de notre ministre secrétaire d'Etat de la guerre, président du conseil, et de notre garde des sceaux, ministre de la justice et des cul- tes, etc.

Art. 1er. Il est créé une justice de paix à la résidence de Constantine.

2. L'organisation de cette justice de paix sera la même que celle des tribunaux de paix institués par l'ordonnance royale du 26 sep- tembre 1842.

3. Le traitement du juge de paix de Constantine est fixé à trois mille francs.

4. Notre ministre de la guerre (duc de Dalmatie) est chargé, etc.

10 = 24 décembre 1842. — Ordonnance du roi qui crée une sous-direction de l'intérieur à la résidence de Philippeville, en Algérie. (IX, Bull. DCCCCLXVI, n. 10416.)

Louis-Philippe, etc., vu l'ordonnance royale du 26 septembre 1842, portant institution d'un tribunal de première instance à Philippeville; sur le rapport de notre ministre secrétaire d'Etat de la guerre, président du conseil, etc.

Art. 1er. Il est créé, à la résidence de Philippeville, en Algérie, une sous-direction de l'intérieur, dont l'organisation et les attributions administratives seront les mêmes que celles des sous-directions de l'intérieur établies à Bône et Oran.

2. La ville de Constantine ressortira, en tout ce qui a rapport à l'administration civile, de la sous-direction de l'intérieur de Philippeville.

3. Notre ministre de la guerre (duc de Dalmatie) est chargé, etc.

11 = 24 décembre 1842. — Ordonnance du roi qui annule deux délibérations du conseil général du département de la Corse. (IX, Bull. DCCCCLXVI, n. 10418.)

Louis-Philippe, etc., sur le rapport de notre ministre secrétaire d'Etat au département de l'intérieur; vu la délibération prise par le conseil général du département de la Corse dans sa séance du 7 octobre 1840, et par laquelle, ne se trouvant pas suffisamment éclairé sur une affaire administrative sur laquelle il avait un avis à émettre, il nomme une commission de trois membres qu'il charge de se rendre sur les lieux, d'entendre les parties et d'en faire rapport à sa session suivante; les observations que notre ministre secrétaire d'Etat de l'intérieur a chargé le préfet du département de la Corse de mettre sous les yeux du conseil général du département; la délibération prise par le conseil général du département dans sa séance du 22 septembre 1842, et par laquelle ce conseil déclare qu'il regarde la délégation d'une commission permanente comme l'exercice d'un droit propre aux conseils généraux; l'art. 14 de la loi du 22 juin 1833, ainsi conçu : « Tout acte ou « toute délibération d'un conseil général « relatifs à des objets qui ne sont pas léga- « lement compris dans ses attributions sont « nuls et de nul effet : la nullité sera pro- « noncée par ordonnance du roi »; vu la loi du 10 mai 1838, sur les attributions des conseils généraux; considérant que s'il appartient aux conseils généraux de nommer des commissions prises dans leur sein, qui, pendant le temps de leur session, feront toutes les vérifications propres à éclairer leurs votes; que s'ils peuvent émettre des vœux sur les moyens d'instruction auxquels l'administration peut recourir dans les affaires soumises à leurs délibérations, ils ne sont pas autorisés à déléguer, soit un ou plusieurs de leurs membres, soit d'autres personnes, pour remplir, hors de la session, des fonctions que la loi ou les règlements ne leur ont pas confiées; notre conseil d'Etat entendu, etc.

Art. 1er. Les délibérations ci-dessus visées du conseil général du département de la Corse sont et demeurent annulées dans celles de leurs dispositions ayant pour objet de nommer une commission, qui doit, hors du temps de la session du conseil général, se transporter sur les lieux, entendre les parties et faire un rapport dans la prochaine session.

2. La présente ordonnance sera transcrite au registre des délibérations du conseil général.

3. Notre ministre de l'intérieur (M. Duchâtel) est chargé, etc.

13 = 24 décembre 1842. — Ordonnance du roi relative à l'importation et au transit de la librairie. (IX, Bull. DCCCCXLVI, n. 10419.)

Louis-Philippe, etc., sur le rapport de notre ministre secrétaire d'Etat au département de l'intérieur; vu l'art. 8 de la loi du 6 mai 1841, relative aux douanes, etc.

Art. 1er. Le certificat d'origine prescrit par l'art. 8 de la loi du 6 mai 1841, et sous la garantie duquel jouiront du transit et seront reçus à l'importation des livres en langue française dont la propriété est établie à l'étranger, ou qui seront une édition étrangère d'ouvrages français tombés dans le domaine public, sera souscrit par l'expéditeur, confirmé et dûment légalisé par l'autorité administrative du lieu de l'expédition. Il sera placé dans le colis, au-dessus des livres auxquels il se rapportera, et de manière à être facilement aperçu.

2. Les livres en langue française imprimés à l'étranger, les dessins, gravures, lithographies et estampes, avec ou sans texte, ne pourront entrer, soit pour l'acquittement des droits, soit pour le transit, que par les seuls bureaux de douanes qui, dans le tableau annexé à la présente ordonnance, sont marqués d'une astérisque.

3. Seront ouverts à l'importation et au transit de la librairie en langues mortes étrangères tous les bureaux compris dans le même tableau.

4. Pourront être importés par ces derniers bureaux, quelle que soit la langue dans laquelle ils auront été imprimés, les

livres destinés pour Paris, et les dessins, gravures, lithographies et estampes ayant la même destination : ils seront, après simple reconnaissance sommaire aux bureaux frontières, dirigés, sous double plomb et par acquit-à-caution, sur les bureaux du ministère de l'intérieur, où les colis les renfermant ne seront ouverts et vérifiés qu'en présence des employés des douanes délégués à cet effet. Ceux-ci signeront conjointement avec les agents du ministère de l'intérieur, les certificats de vérification. L'enlèvement des livres, dessins, gravures, lithographies et estampes, ne sera permis qu'après que les droits auront été payés ou garantis.

5. Les dispositions des trois articles précédents sont applicables, en ce qui concerne les restrictions d'entrée et les expéditions sur Paris, aux livres qui auront été exportés de France, et dont la réimportation, à défaut de vente à l'étranger, aura été autorisée par notre ministre de l'intérieur. Ces livres ne seront admissibles, sous les conditions énoncées dans la loi précitée, que s'ils sont présentés brochés ou reliés.

6. La demande en réimportation des livres spécifiés dans l'article qui précède fera connaître le nom et la résidence de l'expéditeur, ainsi que le bureau de douanes par lequel l'introduction aura lieu : elle sera accompagnée d'une liste certifiée par le pétitionnaire, et indiquant, 1º le titre des ouvrages ; 2º le nom de l'auteur, s'il est connu ; 3º le nom et la demeure de l'éditeur ; 4º le nom et la demeure de l'imprimeur ; 5º la date de l'impression ; 6º le format ; 7º le nombre d'exemplaires. Les livres servant d'échantillon pourront être réimportés sans autorisation préalable, lorsqu'ils auront été estampillés à la douane de sortie et qu'il n'en sera présenté à la réimportation qu'un seul exemplaire de chaque espèce.

7. Les dispositions de l'art. 1er de la loi du 27 mars 1817, d'après lesquelles les livres qui sont taxés à moins de cent cinquante francs par cent kilogrammes doivent être emballés séparément par espèce, seront dorénavant entendues en ce sens qu'on permettra la réunion de plusieurs espèces dans le même colis, pourvu que chacune d'elles fasse l'objet d'une division bien tranchée : en cas de mélange, le droit le plus élevé sera exigé sur le tout. Les livres présentés au transit devront, s'ils se composent de plusieurs espèces, être également emballés conformément à cette disposition, à défaut de quoi ils seront refusés.

8. Les contrefaçons en librairie, exclues du transit par la loi du 6 mai 1841, ne

pourront être reçues dans les entrepôts.

9. Il sera établi, par les soins du département de l'intérieur, dans chaque bureau frontière ouvert à l'entrée de la librairie en langue française, un agent spécial chargé de procéder, conjointement avec les préposés des douanes, à la vérification des livres venant de l'étranger : cet agent délivrera un certificat de ses opérations.

10. Nos ministres de l'intérieur et des finances (MM. Duchâtel et Laplagne) sont chargés de l'exécution de la présente ordonnance, qui recevra son application à dater du 1er janvier 1843.

Tableau des bureaux de la frontière ouverts à l'importation et au transit de la librairie.

Dunkerque, *Lille, par Halluin et Baisieux, *Valenciennes, par Blancmisseron ; Forbach, Sierck, Wissembourg, Strasbourg, Saint-Louis, Verrières de Joux, Les Rousses, Bellegarde, Pont de Beauvoisin, Chapareillan, *Marseille, Perpignan, par le Perthu ; Behobie, Bayonne, Bordeaux, Nantes, Caen, le Havre, Rouen, Boulogne, Calais, Ajaccio, Bastia.

23 = 25 DÉCEMBRE 1842. — Ordonnance du roi portant création de ministres d'Etat. (IX, Bull. DCCCCLXVII, n. 10423.)

Louis-Philippe, etc., sur le rapport de notre président du conseil des ministres, ministre secrétaire d'Etat au département de la guerre, etc.

Art. 1er. Ceux qui auront rendu à l'Etat, dans les hautes fonctions publiques, civiles ou militaires, des services éminents, pourront recevoir de nous le titre et le rang de ministres d'Etat.

2. Nul ne peut être nommé ministre d'Etat s'il n'est ou n'a été ministre secrétaire d'Etat, chancelier de France, président de la Chambre des Pairs, président de la Chambre des Députés, maréchal de France, amiral, ambassadeur, grand-chancelier de la Légion-d'Honneur, premier président de la Cour de cassation, procureur général près la Cour de cassation, premier président de la Cour des comptes, procureur général près la Cour des comptes, vice-président du conseil d'Etat, gouverneur des invalides, gouverneur général ou commandant en chef d'une armée, commandant supérieur des gardes nationales de la Seine, premier président de la Cour royale de Paris, procureur général près la Cour royale de Paris.

3. Lorsque nous jugerons convenable de réunir auprès de notre personne un conseil privé, il sera formé, 1º des princes de notre famille ayant atteint l'âge de la ma-

jorité ; 2° des ministres secrétaires d'État en exercice ; 3° de ceux des ministres d'État que nous y aurons appelés par une convocation spéciale.

4. Notre président du conseil et notre garde des sceaux (MM. duc de Dalmatie et Martin du Nord) sont chargés, etc.

---

15 = 31 DÉCEMBRE 1842. — Ordonnance du roi qui reporte sur l'exercice 1842 une partie des crédits affectés par la loi du 25 mai 1842, pour l'exercice 1841, au rétablissement des communications interrompues par la crue et le débordement des eaux. (IX, Bull. DCCCCLXVIII, n. 10425.)

Louis-Philippe, etc., vu les art. 1 et 2 de la loi du 23 novembre 1840, qui ouvrent au ministère des travaux publics, sur l'exercice 1840, 1° un crédit d'un million de francs, à l'effet de pourvoir au rétablissement des communications interrompues sur les routes royales et sur les voies navigables par la crue et le débordement des eaux; 2° un crédit de cinq cent mille francs pour être appliqué, à titre de secours extraordinaires, dans les départements qui ont souffert de la crue et du débordement des eaux, au rétablissement des communications interrompues sur les routes départementales ; vu l'art. 3 de la même loi, portant que les fonds non consommés sur un exercice pourront être reportés, par ordonnance royale, sur un exercice ultérieur; vu les art. 2, 4 et 6 de la loi du 25 mai 1842, sur les crédits supplémentaires et extraordinaires des exercices 1841 et 1842, desquels articles il résulte que la somme d'un million trois cent douze mille neuf cent seize francs quarante-quatre centimes, formant la portion des crédits rappelés ci-dessus non employée au 31 décembre 1840, a été reportée sur ces deux exercices à titre de crédits extraordinaires, savoir : sur l'exercice 1841, un million cent soixante-deux mille neuf cent seize francs quarante-quatre centimes; sur l'exercice 1842, cent cinquante mille francs ; vu notre ordonnance du 22 juin 1842 qui a reporté sur l'exercice 1842 une somme de deux cent vingt mille francs, faisant partie de celle de un million cent soixante-deux mille neuf cent seize francs quarante-quatre centimes, affectée à l'exercice 1841 par la loi du 25 mai 1842 précitée ; vu la situation des dépenses de l'exercice 1841; sur le rapport de notre ministre secrétaire d'État des travaux publics, et de l'avis de notre conseil des ministres, etc.

Art. 1er. Il est ouvert à notre ministre secrétaire d'État des travaux publics, sur l'exercice 1842, un crédit extraordinaire

de soixante et dix mille francs (70,000 f.), pour le rétablissement des communications interrompues sur les routes royales et sur les voies navigables par la crue et le débordement des eaux. Les crédits affectés à ce service pour l'exercice 1841, par la loi du 25 mai 1842 précitée, sont réduits de pareille somme de soixante et dix mille francs.

2. Il est également ouvert à notre ministre secrétaire d'État des travaux publics un crédit extraordinaire de vingt-deux mille six cent quatre-vingt-onze francs vingt-sept centimes (22,691 fr. 27 c.), pour être appliqué, à titre de secours extraordinaire dans les départements qui ont souffert de la crue et du débordement des eaux, au rétablissement des communications interrompues sur les routes départementales. Les crédits affectés à ce service par la loi du 25 mai précitée, pour l'exercice 1841, sont réduits de pareille somme de vingt-deux mille six cent quatre-vingt-onze francs vingt-sept centimes.

3. La régularisation de la présente ordonnance sera soumise aux Chambres lors de leur prochaine réunion.

4. Nos ministres des travaux publics et des finances (MM. Teste et Laplagne) sont chargés, etc.

---

15 = 31 DÉCEMBRE 1842. — Ordonnance du roi qui reporte à l'exercice 1843 une partie des crédits ouverts sur l'exercice 1841, par la loi du 31 janvier 1841, pour la réparation des dommages causés par les inondations. (IX, Bull. DCCCCLXVIII, n. 10426.)

Louis-Philippe, etc., vu les art. 1er et 2 de la loi du 31 janvier 1841, qui ouvrent au ministère des travaux publics, sur l'exercice 1841, 1° un crédit de trois millions de francs pour réparation des dommages causés par les inondations extraordinaires aux routes royales et départementales, aux voies navigables ainsi qu'aux digues et levées qui bordent les rivières ; 2° un crédit de six cent mille francs pour subventions aux compagnies concessionnaires des ponts suspendus qui ont été emportés ou endommagés par les eaux, à la charge par ces compagnies de leur donner l'élévation réclamée par les nouveaux besoins de la navigation; vu l'art. 3 de la même loi, portant que les fonds non consommés sur un exercice pourront être reportés, par ordonnance royale, sur l'exercice suivant; vu la loi du 25 mai 1842, sur les crédits supplémentaires et extraordinaires des exercices 1841 et 1842, et notre ordonnance du 29 juin suivant qui reporte sur ce dernier exercice une portion des crédits rappelés ci-dessus ; vu l'état des dépenses constatées pour l'exercice 1841, duquel il résulte que les fonds qui sont restés affectés à cet exercice n'étaient pas consommés en totalité au 31 décembre 1841; considérant que les fonds reportés sur l'exercice 1842 paraissent être suffisants pour le paiement des dépenses de cet exercice, et qu'il convient de prendre dès à présent des mesures pour assurer l'acquittement de celles qui pourront être faites dans le commencement de l'année 1843; sur le rapport de notre ministre secrétaire d'État au département des travaux publics, et de l'avis de notre conseil des ministres, etc.

Art. 1er. Il est ouvert à notre ministre secrétaire d'Etat au département des travaux publics, sur l'exercice 1843, un crédit extraordinaire de cent mille francs (100,000 fr.), qui seront employés à la réparation des dommages causés par les inondations extraordinaires aux routes royales et départementales, aux voies navigables ainsi qu'aux digues et levées qui bordent les rivières. Toutefois les subventions pour les travaux relatifs aux routes départementales et aux digues et levées qui n'appartiennent pas à l'Etat ne pourront excéder les deux tiers de la dépense. Le crédit affecté aux réparations dont il s'agit par la loi du 31 janvier 1841, pour l'exercice 1841, est réduit en conséquence à deux millions cent mille francs.

2. Il est également ouvert à notre ministre secrétaire d'Etat des travaux publics, sur l'exercice 1843, un crédit extraordinaire de cent mille francs, pour subventions aux compagnies concessionnaires des ponts suspendus qui ont été emportés ou endommagés par les eaux, à la charge par ces compagnies de leur donner l'élévation réclamée par les nouveaux besoins de la navigation. En conséquence, le crédit affecté à ces subventions par la loi du 31 janvier 1841, pour l'exercice 1841, est réduit à deux cent mille francs.

3. La régularisation de la présente ordonnance sera proposée aux Chambres lors de leur prochaine réunion.

4. Nos ministres des travaux publics et des finances (MM. Teste et Laplagne) sont chargés, etc.

15 = 31 DÉCEMBRE 1842. — Ordonnance du roi qui reporte à l'exercice 1843 une partie du crédit ouvert sur l'exercice 1842, par la loi du 22 mai 1842, pour la réparation des dommages causés par la crue et le débordement des eaux. [IX, Bull. DCCCCLXVIII, n. 10427.]

Louis-Philippe, etc., vu l'art. 1er de la loi du 22 mai 1842, qui ouvre au ministère des travaux publics, sur l'exercice 1842, un crédit de quatre millions de francs des-

tinés à la réparation des dommages causés aux digues et levées qui bordent la vallée du Rhône, entre Lyon et la mer, ainsi qu'au canal d'Arles à Bouc; par la crue et le débordement des eaux; cet article portant que pour les digues et levées qui n'appartiennent pas à l'État, la dépense pourra être acquittée entièrement sur les fonds du trésor, mais seulement en ce qui concerne la réparation des dommages causés par les inondations survenues postérieurement à la loi du 13 juin 1841; vu l'art. 2 de la même loi, portant que les fonds non consommés sur un exercice pourront être reportés, par ordonnance royale, sur l'exercice suivant; considérant que les dépenses faites et à faire, en 1842, pour les réparations auxquelles le crédit dont il s'agit est destiné, n'absorberont pas la totalité de ce crédit; considérant qu'il importe de ne pas interrompre les travaux en cours d'exécution, et de pourvoir au paiement des dépenses qui pourront avoir lieu dès le commencement de l'année 1843; sur le rapport de notre ministre secrétaire d'Etat au département des travaux publics, et de l'avis de notre conseil des ministres, etc.

Art. 1er. Il est ouvert à notre ministre secrétaire d'Etat au département des travaux publics, sur l'exercice 1843, un crédit de cinq cent mille francs (500,000 fr.), qui seront employés à la réparation des dommages causés aux digues et levées qui bordent la vallée du Rhône, entre Lyon et la mer, ainsi qu'au canal d'Arles à Bouc, par la crue et le débordement des eaux. Pour les digues et levées qui n'appartiennent pas à l'Etat, la dépense pourra être acquittée entièrement sur les fonds du trésor, mais seulement en ce qui concerne la réparation des dommages causés par les inondations survenues postérieurement à la loi du 13 juin 1841. Pareille somme de cinq cent mille francs est annulée sur le crédit de l'exercice 1842.

2. La régularisation de la présente ordonnance sera soumise aux Chambres lors de leur prochaine réunion.

3. Nos ministres des finances et des travaux publics (MM. Laplagne et Teste) sont chargés, etc.

15 = 31 DÉCEMBRE 1842. — Ordonnance du roi qui réimpute, sur l'exercice 1842, une portion des crédits de la seconde section du budget du ministère des travaux publics, exercice 1841. (IX, Bull. DCCCCLXVIII, n. 10428.)

Louis-Philippe, etc., vu l'art. 1er de la loi de règlement définitif du budget de 1837, en date du 6 juin 1840, portant que le fonds extraordinaire créé par la loi du 17 mai 1837 pour l'exécution des travaux publics, et les crédits ouverts par les lois annuelles de finances ou par des lois spéciales pour en acquitter la dépense, sont et demeurent réunis au budget ordinaire de l'Etat; vu l'art. 2 de la même loi portant que ces dépenses formeront une deuxième section du budget du ministère des travaux publics, et seront l'objet d'une série spéciale de chapitres par nature principale d'entreprises; vu l'art. 3 de la même loi portant que la portion des crédits spéciaux énoncés à l'art. 1er qui n'aura pas été employée dans le courant d'une année pourra être réimputée sur l'exercice suivant au moyen de crédits supplémentaires qui seront ouverts provisoirement par ordonnance royale et soumis à la sanction des Chambres dans le projet de loi que le ministre des finances est chargé de présenter conformément à l'art. 5 de la loi du 24 avril 1833; vu la situation des dépenses de la deuxième section du budget de l'exercice 1841, de laquelle il résulte que la totalité des fonds affectés à ces dépenses n'était pas employée au 31 décembre 1841; vu notre ordonnance du 24 juillet dernier, qui a déjà reporté sur l'exercice 1842, une portion des fonds de 1841 restant disponibles; sur le rapport de notre ministre secrétaire d'Etat au département des travaux publics, et de l'avis de notre conseil des ministres, etc.

Art. 1er. Il est ouvert à notre ministre secrétaire d'Etat des travaux publics sur l'exercice 1842, un crédit supplémentaire de deux cent soixante et quinze mille francs (275,000 fr.) à répartir entre les chapitres désignés ci-après dans les proportions suivantes, savoir : Chap. 6. Amélioration de rivières, 200,000 fr.; 6 bis. Idem (lois spéciales), 15,000 fr.; 11 bis. Etablissement de nouveaux canaux (lois spéciales), 60,000 fr. Somme égale, 275,000 fr. Pareille somme de deux cent soixante et quinze mille francs, demeure annulée sur les crédits ouverts de la deuxième section du budget de l'exercice 1841.

2. La régularisation de la présente ordonnance sera proposée aux Chambres lors de leur prochaine réunion.

3. Nos ministres des travaux publics et des finances (MM. Teste et Laplagne) sont chargés, etc.

───────

15 = 31 décembre 1842. — Ordonnance du roi qui réimpute, sur l'exercice 1843, une portion du crédit du chapitre 2 de la seconde section du budget du ministère des travaux publics, exercice 1841. (IX, Bull. DCCCCLXVIII, n. 10429.)

Louis-Philippe, etc., vu l'art. 1er de la loi de règlement définitif du budget de 1837,

en date du 6 juin 1840, portant que le fonds extraordinaire créé par la loi du 17 mai 1837, pour l'exécution de travaux publics et les crédits ouverts par les lois annuelles de finances ou par des lois spéciales pour en acquitter la dépense, sont et demeurent réunis au budget ordinaire de l'Etat; vu l'art. 2 de la même loi du 6 juin 1840 portant que ces dépenses formeront une deuxième section du budget du ministère des travaux publics, et seront l'objet d'une série de chapitres par nature principale d'entreprises; vu l'art. 3 de la même loi, portant que la portion des crédits spéciaux énoncés en l'art. 1er, qui n'aura pas été employée dans le courant d'une année, pourra être réimputée sur l'exercice suivant au moyen de crédits supplémentaires qui seront ouverts provisoirement par ordonnance royale, et soumis à la sanction des Chambres dans le projet de loi que le ministre des finances est chargé de présenter, conformément à l'art. 5 de la loi du 24 avril 1833; vu la situation des dépenses sur les fonds du chap. 2, exercice 1841, de laquelle il résulte que ces fonds n'étaient pas dépensés en totalité au 31 décembre 1841; considérant que le crédit de ce chapitre pour l'exercice 1842 paraît devoir être suffisant pour couvrir les dépenses de cet exercice, et qu'il importe de prendre des mesures pour le paiement des dépenses qui auront lieu dès le commencement de 1843; sur le rapport de notre ministre secrétaire d'Etat au département des travaux publics, et de l'avis de notre conseil des ministres, etc.

Art. 1er. Il est ouvert à notre ministre secrétaire d'Etat au département des travaux publics, sur l'exercice 1843 (chap. 2 de la 2e section du budget), un crédit supplémentaire de cent vingt mille francs (120,000 fr.), pour les routes royales classées depuis le 1er janvier 1837. Pareille somme de cent vingt mille francs demeure annulée sur les crédits de la deuxième section du budget de 1841.

2. La régularisation de la présente ordonnance sera soumise aux Chambres lors de leur prochaine réunion.

3. Nos ministres des travaux publics et des finances (MM. Teste et Laplagne) sont chargés, etc.

───────

15 = 31 décembre 1842. — Ordonnance du roi qui réimpute, sur l'exercice 1843, une portion des crédits de la seconde section du budget du ministère des travaux publics, exercice 1842. (IX, Bull. DCCCCXLVIII, n. 10430.)

Louis-Philippe, etc., vu l'art. 1er de la loi de règlement définitif du budget de 1837, en date du 6 juin 1840, portant que le fonds extraordinaire créé par la loi du 17 mai 1837, pour l'exécution des travaux publics, et les crédits ouverts par les lois annuelles de finances ou par des lois spéciales, pour en acquitter la dépense, sont et demeurent réunis au budget ordinaire de l'Etat; vu l'art. 2 de la même loi du 6 juin 1840, portant que ces dépenses formeront une deuxième section du budget du ministère des travaux publics et seront l'objet d'une série de chapitres par nature principale d'entreprises; vu l'art. 3 de la même loi, portant que la portion des crédits spéciaux énoncés en l'art. 1ᵉʳ qui n'aura pas été employée dans le courant d'une année, pourra être réimputée sur l'exercice suivant au moyen de crédits supplémentaires qui seront ouverts provisoirement par ordonnance royale et soumis à la sanction des Chambres, dans le projet de loi que le ministre des finances est chargé de présenter, conformément à l'art. 5 de la loi du 24 avril 1833; considérant que les dépenses faites et à faire en 1842, pour les chapitres 2, 4 et 5 de la deuxième section du budget, n'absorberont pas les fonds de cet exercice; considérant qu'il importe de ne pas interrompre les travaux en cours d'exécution et de pourvoir au paiement des dépenses qui devront être faites dès le commencement de l'année 1843; sur le rapport de notre ministre secrétaire d'Etat au département des travaux publics, et de l'avis de notre conseil des ministres, etc.

Art. 1ᵉʳ. Il est ouvert à notre ministre secrétaire d'Etat au département des travaux publics, sur l'exercice 1843 (2ᵉ section du budget), un crédit de deux cent soixante mille francs (260,000 fr.) à répartir entre les chapitres désignés ci-après, dans les proportions suivantes, savoir: Chap. 2. Routes classées depuis le 1ᵉʳ janvier 1837, 80,000 f.; 4. Routes stratégiques de l'Ouest, 30,000 fr.; 5. Ponts, 150,000 fr. Total, 260,000 fr. Pareille somme de deux cent soixante mille francs demeure annulée sur les crédits de la deuxième section du budget, exercice 1842.

2. La régularisation de la présente ordonnance sera soumise aux Chambres lors de leur prochaine réunion.

3. Nos ministres des travaux publics et des finances (MM. Teste et Laplagne) sont chargés, etc.

16 = 31 DÉCEMBRE 1842. — Ordonnance du roi portant prorogation du tarif des droits de navigation actuellement perçus sur le canal latéral à la Loire, de Digoin à Briare. (IX, Bull. DCCCCLXVIII, n. 10431.)

Louis-Philippe, etc., vu la loi du 14 août 1822, relative à la construction du canal latéral à la Loire; vu le cahier des charges annexé à ladite loi; vu l'ordonnance du 11 septembre 1842, qui a maintenu temporairement les réductions précédemment consenties sur le tarif des droits de navigation dudit canal; vu la lettre de la compagnie des Quatre-Canaux, en date du 9 décembre 1842; sur le rapport de notre ministre secrétaire d'Etat au département des finances, etc.

Art. 1ᵉʳ. Le tarif des droits de navigation actuellement perçus sur le canal latéral à la Loire, de Digoin à Briare, est prorogé jusqu'au 1ᵉʳ juillet 1843.

2. Notre ministre des finances (M. Laplagne) est chargé, etc.

16 = 31 DÉCEMBRE 1842. — Ordonnance du roi portant prorogation du tarif des droits de navigation actuellement perçus sur les canaux de Bretagne. (IX, Bull. DCCCCLXVIII, n. 10432.)

Louis-Philippe, etc., vu la loi du 14 août 1822, relative à l'achèvement des canaux de Bretagne; vu le cahier des charges annexé à ladite loi; vu l'ordonnance du 11 septembre 1842 qui a maintenu temporairement les réductions précédemment consenties sur le tarif des droits de navigation desdits canaux; vu la lettre de la compagnie des Quatre-Canaux, en date du 9 décembre 1842; sur le rapport de notre ministre secrétaire d'Etat au département des finances, etc.

Art. 1ᵉʳ. Le tarif des droits de navigation actuellement perçus sur les canaux du Blavet, d'Ille-et-Rance et de Nantes à Brest, est prorogé jusqu'au 1ᵉʳ juillet 1843.

2. Notre ministre des finances (M. Laplagne) est chargé, etc.

20 = 31 DÉCEMBRE 1842. — Ordonnance du roi qui modifie les art. 140 et 198 de l'ordonnance du 25 décembre 1837, relatifs au supplément de solde et aux suppléments d'indemnité de logement ou d'ameublement pour résidence dans Paris. (IX, Bull. DCCCCLXVIII, n. 10433.)

Louis-Philippe, etc., vu la loi du 11 juin 1842, portant fixation du budget des dépenses de l'exercice 1843; vu notre ordonnance du 25 décembre 1837, portant règlement sur le service de la solde et sur les revues; sur le rapport de notre ministre secrétaire d'Etat de la guerre, etc.

Art. 1ᵉʳ. Les art. 140 et 198 de notre ordonnance du 25 décembre 1837, relatifs aux suppléments de solde et aux suppléments d'indemnité de logement ou d'ameublement pour résidence dans Paris, sont remplacés par les deux articles dont la teneur suit:

Art. 140. Ont droit aussi au supplément de solde pour séjour à Paris, 1° les officiers sans troupe, jusqu'au grade de colonel inclusivement, ainsi que les officiers de santé, officiers d'administration et employés militaires pourvus de lettres de service pour exercer leurs fonctions dans l'une des localités indiquées en l'art. 139 ; 2° les officiers de troupe et sans troupe, jusqu'au grade de colonel inclusivement ; les officiers de santé, officiers d'administration et employés militaires appelés et retenus temporairement dans l'une de ces places par ordre de notre ministre de la guerre et pour un objet de service; 3° les aides-de-camp de MM. les maréchaux de France résidant à Paris ; 4° les officiers élèves de l'école d'application du corps royal d'état-major; 5° les militaires en activité de service appelés à Paris . soit comme membres d'un conseil de guerre ou d'un conseil d'enquête, soit comme témoins devant un tribunal civil ou militaire.

Art. 198. Les suppléments aux indemnités de logement ou d'ameublement accordés pour le séjour à Paris sont dus à tout officier ayant droit au supplément de solde dans cette place, s'il y est logé ou meublé à ses frais ; mais ils ne sont pas dus aux officiers des corps de troupe qui se trouvent stationnés dans les différentes places de la banlieue désignées à l'art. 139, pour le temps pendant lequel ces officiers ne sont point de service dans Paris. Les officiers généraux et les intendants militaires qui sont pourvus de lettres de service pour exercer leurs fonctions à Paris, ou qui y sont appelés et retenus temporairement par ordre de notre ministre de la guerre , pour un objet de service, ont droit aux suppléments d'indemnité de logement ou d'ameublement. Les inspecteurs généraux d'armes exerçant leurs fonctions dans la banlieue y ont également droit. Ces suppléments sont alloués par quinzaine dans les cas prévus par les art. 188 et 193.

2. Les officiers et employés militaires qui, ne jouissant pas encore du supplément de Paris, y auront droit en vertu de la présente ordonnance, le toucheront à dater du 1er janvier 1843.

Dispositions transitoires.

3. Les troupes de la division hors Paris continuent d'avoir droit au supplément de solde de Paris , quels que soient les divers points de la banlieue où elles se trouvent placées. Les officiers appartenant à cette division , qui sont baraqués sur ces mêmes points, conservent en outre la jouissance du supplément d'indemnité d'ameublement de Paris.

4. Notre ministre de la guerre (duc de Dalmatie) est chargé , etc.

20 ═ 31 DÉCEMBRE 1842. — Ordonnance du roi qui ouvre au ministre des finances un crédit extraordinaire sur l'exercice 1843. (IX , Bull. DCCCCLXVIII, n. 10434.)

Louis-Philippe , etc. , vu, 1° la loi du 11 juin 1842, portant fixation du budget des dépenses de l'exercice 1843 ; 2° les art. 4 et 6 de la loi du 24 avril 1833 et l'art. 12 de celle du 23 mai 1834 ; 3° les art. 26, 27 et 28 de notre ordonnance du 31 mai 1838, portant règlement général sur la comptabilité publique ; sur le rapport de notre ministre secrétaire d'État des finances , et de l'avis de notre conseil des ministres , etc.

Art. 1er. Il est ouvert à notre ministre secrétaire d'État au département des finances , sur l'exercice 1843 , un crédit extraordinaire de la somme de deux millions trois cent trente-huit mille six cent cinquante francs (2,338,650 fr.), pour subvenir aux dépenses urgentes qui n'ont pu être prévues par le budget dudit exercice , et qui feront l'objet des chapitres spéciaux désignés ci-après : Douaire de S. A. R. madame la duchesse d'Orléans , 300,000 fr. ; service des sels dans le pays de Gex , 42,000 fr. ; service administratif et d'exploitation des salines de l'Est et des établissements accessoires, 1,961,400 fr.; frais de recouvrement des produits des chemins de fer du Nord, 35,250 fr. Total, 2,338,650 fr.

2. La régularisation de ce crédit sera proposée aux Chambres lors de leur prochaine réunion.

3. Notre ministre des finances (M. Laplagne) est chargé , etc.

20 ═ 31 DÉCEMBRE 1842. — Ordonnance du roi qui ouvre, sur l'exercice 1843, un crédit extraordinaire pour l'acquisition de presses mécaniques destinées à la fabrication des monnaies. (IX , Bull. DCCCCLXVIII, n. 10435.)

Louis-Philippe, etc. , vu, 1° la loi du 11 juin 1842, portant fixation du budget des dépenses de l'exercice 1843 ; 2° les art. 4 et 6 de la loi du 24 avril 1833 et l'art. 12 de celle du 23 mai 1834 ; 3° les art. 26, 27 et 28 de notre ordonnance du 31 mai 1838 , portant règlement général sur la comptabilité publique : sur le rapport de notre ministre secrétaire d'État au département des finances, et de l'avis de notre conseil des ministres, etc.

Art. 1er. Il est ouvert à notre ministre secrétaire d'État des finances, sur l'exercice 1843 , un crédit extraordinaire de la somme de quarante mille francs (40,000 fr.) , pour subvenir à la dépense urgente et non prévue au budget de cet exercice , d'une acquisition de presses mécaniques destinées à la fabrication des monnaies.

2. La régularisation de ce crédit sera

proposée aux Chambres lors de leur prochaine réunion.

3. Notre ministre des finances (M. Laplagne) est chargé, etc.

---

15 décembre 1842 = 1ᵉʳ janvier 1843. — Ordonnance du roi qui ouvre, sur l'exercice 1842, un crédit supplémentaire pour le service du prêt autorisé en faveur de la compagnie du chemin de fer de Paris à Rouen. (IX, Bull. DCCCCLXIX, n. 10437.)

Louis-Philippe, etc., vu la loi du 25 juin 1841 sur les travaux publics extraordinaires, laquelle règle les allocations afférentes à l'achèvement des travaux extraordinaires du service des ponts et chaussées; vu la loi du 23 juin 1841, portant fixation du budget des dépenses de l'exercice 1842, et contenant, art. 5, la nomenclature détaillée des dépenses pour lesquelles la faculté nous est réservée d'ouvrir des crédits supplémentaires en cas d'insuffisance dûment justifiée, des crédits législatifs; vu les art. 3 et 4 de la loi du 24 avril 1833; vu les art. 20, 21, 22, 23 et 25 de notre ordonnance du 31 mai 1838, portant règlement général sur la comptabilité publique; vu la loi du 15 juillet 1840, autorisant notre ministre des travaux publics à consentir, au nom de l'État, sous certaines conditions y exprimées, un prêt de quatorze millions à la compagnie du chemin de fer de Paris à Rouen; sur le rapport de notre ministre des travaux publics, et de l'avis de notre conseil des ministres, etc.

Art. 1ᵉʳ. Il est ouvert à notre ministre secrétaire d'État des travaux publics, sur l'exercice 1842, un crédit supplémentaire de six millions de francs (6,000,000 fr.), applicable au chap. 10 de la deuxième section du budget, ainsi qu'il suit : Chap. 10. *Garantie d'intérêt et prêts aux compagnies concessionnaires de chemins de fer.* Chemins de fer de Paris à Rouen, 6,000,000 fr.

2. La régularisation de ce crédit supplémentaire sera proposée aux Chambres lors de leur prochaine session.

3. Nos ministres des travaux publics et des finances (MM. Teste et Laplagne) sont chargés, etc.

---

5 décembre 1842 = 1ᵉʳ janvier 1843. — Ordonnance du roi qui réduit les crédits alloués, sur l'exercice 1841, pour les travaux de divers monuments et édifices publics, et ouvre des crédits sur l'exercice 1842 pour les mêmes travaux. (IX, Bull. DCCCCLXIX, n. 10438.)

Louis-Philippe, etc., vu les lois des 15 juin et 6 juillet 1836, 18 juillet 1838, 10 juin et 15 juillet 1840, 24 mars et 13 juin 1841, et 24 mai 1842, qui ont autorisé, pour des sommes déterminées, les travaux de divers monuments et édifices publics; vu les lois des 10 mai 1838, 9 août 1839, 6 et 17 juin 1840, 10 et 11 juin 1841, et 25 mai 1842, qui ont consacré, pour le service des monuments et édifices publics, le principe du report des crédits non employés pendant l'exercice auquel ils étaient primitivement attribués, lorsque ces crédits font partie d'allocations générales déterminées par des lois spéciales; considérant qu'il résulte de la situation des dépenses de 1841 que les crédits affectés à cet exercice, pour les services qui ont été l'objet des lois mentionnées ci-dessus, n'ont pas été employés en totalité, et qu'il importe de maintenir la destination des fonds attribués à des travaux dont la dépense totale a été votée par les Chambres; sur le rapport de notre ministre secrétaire d'État des travaux publics, et de l'avis de notre conseil des ministres, etc.

Art. 1ᵉʳ. Les crédits alloués pour l'exercice 1841, pour les travaux ci-après du service des monuments et édifices publics, en vertu des lois spéciales rappelées ci-dessous, sont réduits d'une somme de quatre cent quarante-huit mille six cent huit francs cinquante et un centimes (448,608 fr. 51 c.) savoir : Chap. 18 *bis*. Travaux de la Chambre des Pairs (loi du 15 juin 1836), 37,834 fr. 39 c. Chap. 18*ter*. Achèvement de divers monuments de la capitale (loi du 6 juillet 1836), 15,132 fr. 88 c. Chap. 19 Achèvement de divers édifices (lois des 18 juillet 1838 et 13 juin 1841), 307,003 fr. 95 c. Chap. 19 *bis*. Travaux divers du service des monuments et édifices publics (lois du 15 juillet 1840 et du 24 mai 1842), 1,240 fr. 04 c. Chap. 19 *ter*. Travaux à exécuter dans les bâtiments occupés par les bureaux du ministère de la guerre (loi du 10 juin 1840), 41,567 fr. 73 c. Chap. 29. Construction d'un édifice à affecter à l'école normale (loi du 24 mars 1841), 45,829 fr. 52 c. Somme pareille, 448,608 fr. 51 c.

2. Des crédits s'élevant ensemble à pareille somme de quatre cent quarante-huit mille six cent huit francs cinquante et un centimes (448,608 fr. 51 c.) sont ouverts, sur l'exercice 1842, à notre ministre secrétaire d'État des travaux publics, savoir : Chap. 18 *bis*. Achèvement de divers monuments de la capitale (loi du 6 juillet 1836), 15,132 fr. 88 c. Chap. 18 *ter*. Travaux de la Chambre des Pairs (loi du 15 juin 1836), 37,834 fr. 39 c. Chap. 19. Achèvement de divers édifices (lois des 18 juillet 1838 et 13 juin 1841) 307,003 fr. 95 c. Chap. 19 *bis*. Travaux à exécuter dans les bâtiments occupés par les bureaux du ministère de la guerre (loi du 10 juin 1840) 41,567 fr. 73 c.

Chap. 19 ter. Travaux divers du service des monuments et édifices publics (lois des 15 juillet 1840 et 24 mai 1842) 1,240 fr. 04 c. Chap. 19 quater. Construction d'un édifice à affecter à l'école normale (loi du 24 mars 1841), 45,829 fr. 52 c. Somme pareille, 448,608 fr. 51 c.

3. La régularisation de ces virements de crédits sera proposée aux Chambres lors de leur prochaine réunion.

4. Nos ministres des travaux publics et des finances (MM. Teste et Laplagne) sont chargés, etc.

———

15 DÉCEMBRE 1842 = 1er JANVIER 1843. — Ordonnance du roi qui réduit les crédits alloués, sur l'exercice 1842, pour les travaux de divers édifices publics, et ouvre des crédits sur l'exercice 1843 pour les mêmes travaux. (IX, Bull. DCCCCLXIX, n. 10439.)

Louis-Philippe, etc., vu les lois des 18 juillet 1838, et 24 mars 1841, qui ont autorisé, pour des sommes déterminées, les travaux de divers monuments et édifices publics ; vu les lois des 10 mai 1838, 9 août 1839, 6 et 17 juin 1840, 10 et 11 juin 1841 et 25 mai 1842, qui ont consacré, pour le service des monuments et édifices publics, le principe du report des crédits non employés pendant l'exercice auquel ils étaient primitivement attribués, lorsque ces crédits font partie d'allocations générales déterminées par des lois spéciales ; considérant que les dépenses faites et à faire pendant l'exercice 1842, pour les services qui ont été l'objet des deux lois mentionnées ci-dessus, n'absorberont pas en totalité les crédits affectés à cet exercice ; considérant qu'il importe de ne pas interrompre les travaux en cours d'exécution, et de pourvoir au paiement des dépenses qui devront avoir lieu dès l'ouverture de l'exercice 1843 ; sur le rapport de notre ministre secrétaire d'Etat des travaux publics, et de l'avis de notre conseil des ministres, etc.

Art. 1er. Les crédits alloués pour l'exercice 1842 (y compris ceux résultant de notre ordonnance de ce jour), pour les travaux ci-après du service des monuments et édifices publics, en vertu des lois rappelées ci-dessous, sont réduits d'une somme de neuf cent trente mille francs (930,000 fr.), savoir : Chap. 19. Achèvement de divers édifices (loi du 18 juillet 1838), 500,000 fr. Chap. 19 quater. Construction d'un édifice à affecter à l'école normale (loi du 24 mars 1841), 430,000 fr. Somme pareille, 930,000 fr.

2. Des crédits s'élevant ensemble à pareille somme de neuf cent trente mille francs sont ouverts, sur l'exercice 1843, à notre ministre secrétaire d'Etat des travaux publics, savoir : Chap. 19. Achèvement de divers édifices, 500,000 fr. Chap. 19 bis. Construction d'un édifice à affecter à l'école normale, 430,000 fr. Somme pareille, 930,000 fr.

3. La régularisation de ces virements de crédits sera proposée aux Chambres lors de leur prochaine réunion.

4. Nos ministres des travaux publics et des finances (MM. Teste et Laplagne) sont chargés, etc.

———

8 DÉCEMBRE 1842 = 5 JANVIER 1843. — Ordonnance du roi portant autorisation de la société anonyme formée à Lyon sous la dénomination de *Compagnie des moulins à vapeur de Perrache.* (IX, Bull. supp. DCXXXIV, n. 17127.)

Louis-Philippe, etc., sur le rapport de notre ministre secrétaire d'Etat de l'agriculture et du commerce ; vu les art. 29 à 37, 40 et 45 du Code de commerce ; notre conseil d'Etat entendu, etc.

Art. 1er. La société anonyme formée à Lyon (Rhône) sous la dénomination de *Compagnie des moulins à vapeur de Perrache*, est autorisée. Sont approuvés les statuts de ladite société, tels qu'ils sont contenus dans l'acte passé, le 3 octobre 1842, par-devant Me Troyon et son collègue, notaires à Paris, lequel acte restera annexé à la présente ordonnance.

2. La présente autorisation n'aura d'effet qu'après l'accomplissement des formalités prescrites pour la purge des hypothèques des immeubles apportés à la société.

3. Nous nous réservons de révoquer notre autorisation en cas de violation ou de non exécution des statuts approuvés, sans préjudice des droits des tiers.

4. La société sera tenue de remettre, tous les six mois, un extrait de son état de situation au ministère de l'agriculture et du commerce, au préfet du département du Rhône, à la chambre de commerce et au greffe du tribunal de commerce de Lyon.

5. Notre ministre de l'agriculture et du commerce (M. Cunin-Gridaine) est chargé, etc.

Formation de la société.

Art. 1er. Il est formé entre les comparants, et sauf l'approbation du roi, une société anonyme ayant pour objet spécial l'exploitation des moulins à blé, mus par la vapeur, dont il a été parlé ; les achats de grains nécessaires pour leur alimentation, la vente de leurs produits, et généralement tout ce qui se rattachera à l'exploitation de l'usine.

2. Cette société est contractée pour vingt années, à partir de la date de l'ordonnance royale qui l'autorisera.

3. Son siège est établi à Lyon.

4. Elle prend la dénomination de *Compagnie des moulins à vapeur de Perrache.*

5. Toutes autres opérations que celles prévues à l'art. 1ᵉʳ, et qui ne s'y rattacheraient pas, sont formellement interdites.

Apport, fonds social.

6. Le comparant déclare, au nom de ses mandants, faire apport à la société, sous toute garantie de droit : 1° d'une masse de terrain de la contenance de dix-huit mille cinquante-neuf mètres vingt-cinq centimètres carrés, cotée B sur sur le plan de la presqu'île Perrache (cette masse composant les terrains inutiles au service de l'usine de la société, et qui doivent être vendus, ainsi qu'il est dit aux art. 7, 15 et 31); 2° d'une masse de terrain de cinq mille trois cent deux mètres soixante-cinq centimètres carrés, cotée C sur le plan de la presqu'île Perrache, déduction faite de la portion dont il est parlé ci-après; les deux masses de terrain portées en cet article et dans le précédent appartiennent aux associés, par suite, 1° de l'acquisition, faite de la ville de Lyon, conjointement avec MM. Gonon et Gaillard, de trois masses A, B, C, suivant contrat passé devant Mᵉ Duguey et son collègue, notaires à Lyon, le 29 septembre 1826, enregistré, avec les charges et les avantages résultant dudit contrat d'acquisition, et dont une expédition restera annexée à la minute des présentes, expliquant toutefois que la ville de Lyon, qui s'était réservé de pouvoir exiger que le nombre de tournants fût porté à douze, n'ayant pas exercé ce droit dans le délai stipulé, les associés se trouvent affranchis de cette charge; 2° et de l'acte de partage intervenu devant Mᵉ Coste et son collègue, notaires à Lyon, le 16 octobre 1829, aussi enregistré, duquel il résulte que la masse A a été attribuée auxdits MM. Gonon et héritiers Gaillard, et que le surplus, soit les masses B, C, est échu aux associés ci-dessus dénommés (il est excepté de la masse C une portion de terrain qui a été aliénée à MM. Contéat et Aguettant, suivant acte passé devant ledit Mᵉ Coste et son collègue, le 22 janvier 1834, enregistré, mais dont le prix, soit 15,500 fr., étant encore dû, appartiendra à cette société); 3° des constructions élevées sur la masse C, composées, 1° d'un bâtiment sur le cours, servant de logement, de comptoir, de magasin et d'ateliers de menuiserie et de forge, composé de rez-de-chaussée et d'un étage au-dessus; 2° d'un grand bâtiment sur la cour, appelé *bâtiment des moulins*, composé de caves voûtées, rez-de-chaussée, quatre étages et greniers, contenant tous les moulins, les mécanismes et les provisions de grains et farines; 3° un autre bâtiment bas, contigu, dans lequel sont la chaudière et la machine à vapeur; 4° un petit hangar en bois dans la cour, au nord; 5° les murs servant de clôture à l'usine et toutes les dépendances; lesdites constructions, machines et matériel industriel composant l'usine des moulins à blé mus par la vapeur, autorisée par arrêtés de M. le préfet du Rhône, en date des 21 janvier et 4 avril 1829; 4° d'une machine à vapeur de la force de trente chevaux, ensemble les huit tournants actuellement en activité et tout le matériel industriel; 5° enfin, de la somme de cinq cent soixante-cinq mille quatre cent cinquante et un francs soixante et seize centimes, devant former le fonds de roulement de ladite usine. Le tout ainsi qu'il est plus amplement écrit et détaillé dans l'inventaire descriptif annexé au présent acte. Le comparant déclare, au nom de ses mandants, que les immeubles mis en société sont francs et libres de toutes dettes, privilèges et hypothèques; que la propriété en est régulièrement établie entre leurs mains, et que le prix en a été complètement soldé, ainsi que de tout ils justifieront par la production de tous titres, à leurs frais. La société entrera en jouissance des biens apportés à compter du jour de son autorisation; elle en percevra les revenus et en supportera les charges à compter de ce jour; elle remplira toutes les formalités nécessaires pour purger les immeubles apportés de tous privilèges et hypothèques; et si, pendant l'accomplissement des formalités de la purge, il se trouve ou survient des inscriptions grevant lesdits immeubles, les propriétaires de l'apport en rapporteront main-levée et certificat de radiation dans le délai de trois mois de la notification qui leur en sera faite, et ils supporteront tous frais extraordinaires de transcription. Enfin, les propriétaires de l'apport ne seront valablement libérés du montant des actions qui leur seront attribuées par l'art. 8 ci-après, à raison de leur mise en société, et les titres de ces actions ne leur seront délivrés qu'après l'autorisation royale, la remise des titres de propriété, la justification de l'entier paiement du prix d'acquisition, l'accomplissement des formalités de purge et hypothèque, et la radiation de toutes les inscriptions qui pourraient grever les biens mis en société.

7. Le fonds social se compose des valeurs immobilières et mobilières énumérées dans l'article précédent, à l'exception de la masse de terrains cotée B, et qui doit être vendue comme il est dit au n. 1ᵉʳ dudit article. Le fonds social est divisé en deux cent quarante parts ou actions, donnant droit chacune à un deux cent quarantième de la propriété et des produits de tout l'avoir social.

8. Ces deux cent quarante actions sont réparties ainsi qu'il suit :

(Suivent les noms.)

Des actions.

9. Les actions sont nominatives : elles seront extraites d'un registre à souche et à talon, et revêtues de la signature du directeur et de deux membres du conseil d'administration; elles porteront un numéro d'ordre, et seront frappées du timbre de la société.

10. Les actions sont indivisibles : la société ne reconnaît pas de fractions d'action. En conséquence, si, par quelque cause que ce soit, une action devient la propriété commune de plusieurs personnes, elles seront tenues de désigner un seul titulaire de l'action à l'égard de la société.

11. Dans aucun cas, le décès, l'absence, la faillite ou l'incapacité d'un actionnaire, ne pourront entraîner la dissolution de la société ou sa liquidation totale ou partielle, ni donner lieu à aucun inventaire extraordinaire ni aucune formalité judiciaire.

Du transfert.

12. La cession des actions s'opère par une déclaration de transfert inscrite sur les registres de la société, et signée par le cédant, le cessionnaire ou leurs fondés de pouvoirs. Cette cession a pour effet de substituer purement et simplement le nouveau titulaire aux lieu et place, bénéfices et charges de l'ancien titulaire. Toute personne qui deviendra propriétaire d'actions de la société sera considérée, par ce seul fait, comme ayant adhéré aux présents statuts.

Administration de la société.

13. Les affaires de la société sont gérées par un

directeur, sous la surveillance et l'autorité d'un conseil d'administration.

Du directeur.

14. Le directeur de la société est nommé, sur la proposition du conseil d'administration, par l'assemblée générale des actionnaires, qui peut le révoquer. Il peut être pris en dehors des associés. Avant d'entrer en fonctions, il devra verser dans la caisse de la société un cautionnement d'une somme de vingt-cinq mille francs, ou justifier qu'il est titulaire au moins de cinq actions de la société. Dans le premier cas, la somme versée sera placée en rentes sur l'Etat, au nom de la société, et les intérêts provenant de ce placement seront remis au directeur ; dans le second cas, les titres d'actions seront déposés chez le notaire de la société, et demeureront inaliénables pendant la durée des fonctions du directeur, jusqu'après l'apurement définitif du compte de sa gestion. Il en sera de même pour le cautionnement versé en espèces, qui ne pourra être retiré avant cette époque. Le directeur jouira d'un traitement annuel, dont la quotité sera fixée par l'assemblée générale ; ce traitement sera payable par trimestre. Le directeur aura son domicile à l'établissement.

15. Les fonctions du directeur consistent dans la régie des moulins et la direction des affaires commerciales de l'entreprise ; ce qui comprend l'achat des grains nécessaires pour l'alimentation des moulins, la vente de leurs produits ; la souscription, l'endossement et la négociation de tous effets de commerce ; la traite et l'acceptation de toutes lettres de change, le recouvrement de toutes sommes, la poursuite des débiteurs, le droit de transiger et de compromettre, avec l'autorisation du conseil d'administration, et généralement de représenter la société dans tous ses rapports avec des tiers. Le directeur ne peut faire aucun achat de blé qui dépasserait cinquante mille francs sans l'autorisation du conseil d'administration, consignée sur le registre de délibération de ce conseil. Le directeur est également chargé de la location et de la vente des terrains inutiles au service de l'usine, ainsi qu'il est expliqué aux art. 6 et 7 ; mais il doit obtenir préalablement l'autorisation du conseil d'administration.

16. Le directeur choisit et nomme les employés et ouvriers nécessaires à l'établissement ; il les révoque, il fixe, conjointement avec le conseil d'administration, leurs appointements et salaires. La nomination du caissier et du teneur de livres appartient au conseil d'administration.

17. Le directeur rend compte des opérations de l'entreprise au conseil d'administration, et dresse les inventaires annuels.

18. Le directeur assiste aux délibérations du conseil d'administration quand il y est appelé, et y a voix consultative ; il assiste également aux assemblées générales et peut prendre part aux votes, mais seulement à raison des actions dont il est titulaire et dans le cas où il ne s'agirait pas de faits relatifs à sa gestion.

19. Le caissier de la compagnie sera assujetti à un cautionnement, dont la quotité sera fixée par le conseil d'administration ; ce cautionnement sera fourni, soit en actions, soit en espèces, et soumis aux mêmes conditions que celles ci-dessus établies à l'art. 14 pour le directeur.

Du conseil d'administration.

20. Le conseil d'administration délibère sur tous les intérêts de la société, et donne au directeur toutes autorisations nécessaires pour les diverses opérations ; il contrôle toutes les écritures de la société et les actes du directeur. Ce conseil est composé de cinq membres nommés par l'assemblée générale, à la majorité absolue, et pris parmi les actionnaires. Leurs fonctions durent cinq ans. Ils sont renouvelés chaque année par cinquième. Le sort détermine l'ordre des sorties pendant les quatre premières années ; à partir de la cinquième, le renouvellement a lieu suivant le rang d'ancienneté : les membres sortants sont indéfiniment rééligibles.

21. Le conseil d'administration nomme parmi ses membres un président et un secrétaire, dont les fonctions durent une année et qui peuvent être réélus. En cas d'absence du président et du secrétaire, ils sont remplacés, le premier, par le plus âgé, et le second, par le plus jeune des membres présents. En cas de vacance d'une ou deux places d'administrateurs, le conseil y nomme provisoirement ; l'assemblée générale la plus prochaine y pourvoit définitivement.

22. Le conseil d'administration s'assemble au moins une fois par mois, sur la convocation du président, ou, en cas d'absence de celui-ci, sur la convocation de celui qui le remplace parmi les membres du conseil. Il peut délibérer au nombre de trois membres. Les délibérations sont prises à la majorité des voix : en cas de partage, celle du président est prépondérante. Les délibérations sont consignées sur un registre tenu à cet effet et signées par les membres présents. Les membres du conseil ne peuvent se faire représenter.

23. Les fonctions d'administrateur sont gratuites. Les administrateurs ne contractent, à raison de leur gestion, aucune obligation personnelle ni solidaire relativement aux engagements de la société ; ils ne sont responsables que de l'exécution de leur mandat. Il est délivré à chaque administrateur qui assiste aux réunions du conseil un jeton de présence, dont la valeur est déterminée par l'assemblée générale.

24. Le conseil d'administration convoque, par l'entremise de son président, les assemblées générales ordinaires et extraordinaires. Il suspend, s'il y a lieu, le directeur de ses fonctions, sauf à en référer à une assemblée générale convoquée extraordinairement dans le délai d'un mois ; dans ce cas, il nomme un directeur provisoire en remplacement de l'ancien.

Des assemblées générales.

25. L'assemblée générale est formée de tous les actionnaires. Une action donne droit à une voix, trois actions donnent droit à deux voix, cinq actions à trois voix, huit actions à quatre voix, dix actions et plus à cinq voix, sans que, dans aucun cas, aucun actionnaire puisse avoir plus de cinq voix, quel que soit le nombre des actions dont il soit propriétaire ou qu'il représente. Tout actionnaire peut se faire représenter à l'assemblée générale, mais seulement par un autre actionnaire.

26. L'assemblée générale est convoquée par lettres adressées à chacun des actionnaires, au domicile par lui indiqué sur le registre des transferts d'actions, un mois au moins avant le jour fixé pour la réunion. Un avis est en outre publié dans l'un des journaux de la ville de Lyon désignés pour la publication des actes de société par le tribunal de commerce de cette ville, conformément à la loi du 31 mars 1833.

27. Pour que les délibérations de l'assemblée générale, réunie sur une première convocation, soient valables, il faut qu'elle soit composée au moins du quart des actionnaires possédant entre eux la moitié plus une des actions ; si l'assemblée n'est pas ainsi composée, il en est dressé procès-verbal, et la réunion est renvoyée à un mois. Les actionnaires sont de nouveau convoqués par lettres et par un nouvel avis inséré dans un journal de Lyon, comme il est dit ci-dessus, quinze jours au moins avant le jour indiqué pour la réunion. Toute délibération prise par cette nouvelle assemblée est valable, quel que soit le nombre d'actionnaires présents et celui des actions représentées, pourvu qu'elle ne porte que sur les points qui étaient à l'ordre du jour de la première assemblée, et qui sont indiqués dans les lettres de convocation.

28. L'assemblée générale nomme son président et son secrétaire. Les décisions sont prises à la majorité des voix. Les procès-verbaux des séances sont signés par le président et le secrétaire seulement. L'assemblée générale est convoquée au moins une fois chaque année, dans les trois mois qui suivent la clôture de l'inventaire, pour entendre le rapport du conseil d'administration sur les affaires de la société, recevoir le compte annuel du dernier exercice, le discuter, l'arrêter, s'il y a lieu ; fixer le dividende à distribuer aux actionnaires, procéder au remplacement des administrateurs, enfin pour délibérer sur toutes les questions d'amélioration et autres qui lui seront soumises par le conseil d'administration ou par le directeur ou les actionnaires eux-mêmes.

29. L'assemblée générale peut être convoquée extraordinairement par le conseil d'administration, qui est tenu, en outre, de la réunir sur la demande d'actionnaires représentant au moins la moitié des actions ; dans tous les cas, la convocation est faite conformément à l'art. 26.

30. Toute décision prise par les assemblées générales tenues régulièrement est obligatoire pour tous les actionnaires, même pour ceux qui n'y ont pas concouru.

De l'inventaire.

31. Les écritures de la société sont arrêtées le 31 août de chaque année par le directeur, qui dresse inventaire de l'exercice clos et le soumet, conformément à l'art. 17, au conseil d'administration. Cet inventaire est divisé en deux parties distinctes : l'une, représentant le résultat des opérations industrielles ; l'autre, établissant les opérations de vente des terrains composant la masse cotée B. Sur le prix des ventes, une somme de deux cent seize mille six cent huit francs sera appliquée à l'augmentation du fonds de roulement ; le surplus, s'il y en a, sera partagé en deux portions égales, et de ces deux moitiés, l'une sera portée au fonds de réserve dont il est parlé à l'art. 33 ci-après, et l'autre sera répartie entre les actionnaires : si le fonds de réserve était complet, la totalité de ces sommes sera distribuée aux actionnaires. Dans la rédaction de la première partie de l'inventaire, relative à l'exploitation de l'usine, il sera tenu compte de la dépréciation du matériel d'exploitation dans la proportion, par année, de dix pour cent au moins du prix d'acquisition.

32. L'inventaire annuel est soumis à l'approbation de l'assemblée générale. Après cette approbation, le conseil d'administration fixe l'époque du paiement du dividende à répartir entre les actionnaires sur les bénéfices nets. Les paiements se font à Lyon, à la caisse de la société, dans les trois mois de l'approbation des comptes par l'assemblée générale.

33. Il est établi un fonds de réserve destiné à subvenir aux dépenses occasionnées par les grosses réparations et autres besoins extraordinaires de l'établissement. Ce fonds de réserve est formé au moyen d'une retenue de dix pour cent sur les bénéfices nets annuels de la société, et avant tout prélèvement de dividende et de la portion dont il est parlé à l'art. 31, du prix des terrains qui doivent être vendus par la société. Cette retenue n'a lieu que jusqu'à ce que le fonds de réserve soit porté à cent mille francs ; lorsque ce chiffre est atteint, la retenue cesse : elle reprend son cours jusqu'à due concurrence, si le fonds de réserve se trouve réduit au-dessous de cent mille francs. Le fonds de réserve sera placé en valeurs d'une réalisation facile, par les soins du directeur et avec l'autorisation du conseil d'administration. La réserve ne peut être entamée que pour des besoins extraordinaires et avec l'autorisation de l'assemblée générale.

34. Les bénéfices ne se déterminent que prélèvement fait de toutes les dépenses, frais et autres charges quelconques de la société.

Liquidation de la société.

35. La dissolution de la société ne pourra être arrêtée qu'en assemblée générale composée et votant comme il est dit à l'art. 37, et sur la demande des propriétaires des deux tiers au moins des actions. La dissolution sera de droit si, par le résultat d'un ou de plusieurs inventaires, l'entreprise éprouve des pertes successives qui, après épuisement de la réserve, absorbent sur la valeur du capital social une somme de trois cent mille francs. Dans tous les cas où il y aura lieu à la liquidation de la société, une assemblée générale en fixera le mode, sans qu'aucun actionnaire puisse demander la licitation. La liquidation sera faite par le directeur, sous la surveillance du conseil d'administration.

Arbitrage.

36. Toutes difficultés qui pourraient survenir, soit entre la compagnie et les actionnaires, soit entre les actionnaires eux-mêmes, relativement aux affaires de la société, seront jugées souverainement, sans opposition, appel ni recours en cassation, par un tribunal arbitral composé de trois arbitres nommés, savoir : les deux premiers, par chacune des parties, et le troisième, par les deux premiers arbitres nommés ; et, si les deux arbitres ne s'entendent pas sur le choix du troisième, celui-ci sera nommé par le président du tribunal de commerce de Lyon. A défaut par l'une ou l'autre des parties de nommer son arbitre dans les trois jours de la sommation qui lui en sera faite, il sera nommé d'office par le président du tribunal de commerce de Lyon, à la requête de la partie la plus diligente. Les arbitres prononceront comme amiables compositeurs.

Modification des statuts.

37. La compagnie se réserve d'apporter aux présents statuts les changements et modifications dont l'expérience peut faire reconnaître l'utilité. Les modifications devront être délibérées, sur la proposition du conseil d'administration, par une assemblée générale convoquée extraordinairement

dans les formes déterminées par l'art. 26 ci-dessus : les délibérations prises à cet égard ne seront valables qu'autant que les deux tiers des actions seront représentés à l'assemblée, et qu'elles auront été adoptées à la majorité des trois quarts des voix des membres présents. Les modifications adoptées dans cette forme ne seront exécutoires qu'après avoir été approuvées par le gouvernement. Les lettres de convocation à cette assemblée énonceront toujours le motif de cette réunion.

Élection de domicile.

38. Pour l'exécution de tout ce que dessus, le comparant, pour ses mandants, fait élection de domicile à Lyon, en l'étude de Me Coste, notaire de la société.

---

25 NOVEMBRE 1842 = 7 JANVIER 1843. — Ordonnance du roi qui ouvre, sur l'exercice 1843, un crédit extraordinaire pour les dépenses de formation et d'entretien d'un corps de cavalerie africaine à employer au Sénégal. (IX, Bull. DCCCCLXX, n. 10440.)

Louis-Philippe, etc., vu, 1o la loi du 11 juin 1842, portant fixation du budget des dépenses de l'exercice 1843 ; 2o les art. 4 et 6 de la loi du 24 avril 1833, et l'art. 12 de celle du 23 mai 1834 ; 3o les art. 26, 27 et 28 de notre ordonnance du 31 mai 1838, portant règlement général sur la comptabilité publique ; sur le rapport de notre ministre secrétaire d'Etat de la marine et des colonies, et de l'avis de notre conseil des ministres, etc.

Art. 1er. Il est ouvert à notre ministre secrétaire d'Etat de la marine et des colonies, sur l'exercice 1843, et sur le chap. 22 (*Services militaires aux colonies, personnel*) un crédit extraordinaire de 92,000 fr., destiné à pourvoir aux dépenses de formation et d'entretien d'un corps de cavalerie africaine à employer au Sénégal, dépenses qui n'ont pas été prévues au budget de cet exercice.

2. La régularisation de ce crédit sera proposée aux Chambres lors de leur prochaine session.

3. Nos ministres de la marine et des colonies, et des finances (MM. Duperré et Laplagne) sont chargés, etc.

---

15 DÉCEMBRE 1842 = 7 JANVIER 1843. — Ordonnance du roi relative à la comptabilité des écoles normales primaires. (IX, Bull. DCCCCLXX, n. 10441.)

Louis-Philippe, etc., vu la loi du 28 juin 1833, sur l'instruction primaire ; sur le rapport de notre ministre secrétaire d'Etat au département de l'instruction publique, etc.

Art. 1er. Notre ministre secrétaire d'Etat de l'instruction publique continuera de fixer le prix des bourses et pensions pour chaque école normale primaire, après avoir pris l'avis de la commission de surveillance de l'école, celui du préfet et celui du recteur.

2. Le produit des bourses et pensions, après avoir été centralisé au trésor, sera versé dans la caisse de l'école, sur mandat du préfet : il servira à payer les frais de nourriture, de blanchissage et d'entretien des habits et du linge, de chauffage, d'éclairage, d'infirmerie, les honoraires du médecin, le salaire du cuisinier et des domestiques.

3. Les excédants des recettes sur les dépenses de chaque école normale pourront être annuellement employés en acquisition, soit de meubles, soit de rentes sur l'Etat inscrites au profit de l'établissement et en son nom, soit d'immeubles, sauf déduction de la portion de cet excédant que la commission de surveillance jugerait nécessaire de conserver en caisse pour assurer le service courant de l'école.

4. Les délibérations des commissions de surveillance des écoles normales primaires, relatives à des acquisitions, aliénations et échanges de propriétés, devront être approuvées par une ordonnance royale. Toutefois l'autorisation de notre ministre de l'instruction publique sera suffisante lorsqu'il ne s'agira que d'une valeur n'excédant pas 20,000 fr.

5. Notre ministre de l'instruction publique (M. Villemain) est chargé, etc.

---

20 DÉCEMBRE 1842 = 7 JANVIER 1843. — Ordonnance du roi qui ouvre, sur l'exercice 1843, un crédit supplémentaire pour des prix de l'Institut et de l'Académie royale de médecine. (IX, Bull. DCCCCLXX, n. 10442.)

Louis-Philippe, etc., vu les art. 3 et 4 de la loi du 24 avril 1833 ; vu la loi du 11 juin 1842, portant fixation du budget des dépenses de l'exercice 1843, et contenant, art. 9, la nomenclature détaillée des dépenses pour lesquelles la faculté nous est réservée d'ouvrir des crédits législatifs ; vu les art. 20, 21, 22, 23 et 25 de notre ordonnance royale du 31 mai 1838, portant règlement général sur la comptabilité publique ; sur le rapport de notre ministre secrétaire d'Etat de l'instruction publique, et de l'avis de notre conseil des ministres, etc.

Art. 1er. Il est ouvert à notre ministre secrétaire d'Etat de l'instruction publique, sur l'exercice 1843, un crédit supplémentaire de dix-sept mille cinq cents francs (17,500 fr.), applicable aux chapitres et articles ci-après, savoir :

CHAPITRE 12.—*Institut.*

Art. 2. *Académie des inscriptions et belles-lettres.* Prix arriérés de 1837 et de 1841, remis au concours de 1843, 3,500 fr. **Art. 3.** *Académie des sciences.* Prix arriérés des années 1837, 1839, 1840, 1841, remis au concours de 1843, 12,000 fr. **Art. 5.** *Académie des sciences morales et politiques.* Prix arriéré de 1840, remis au concours de 1843, 1,500 fr.

CHAPITRE 19.—*Établissements divers.*

Art. . . . *Académie royale de médecine.* Partie du prix arriéré de 1839 ajoutée au prix de 1843, 500 fr. Somme égale 17,500 f.

2. La régularisation de ce crédit supplémentaire sera proposée aux Chambres lors de leur prochaine session.

3. Nos ministres de l'instruction publique et des finances (MM. Villemain et Laplagne) sont chargés, etc.

20 DÉCEMBRE 1842 = 7 JANVIER 1843. — Ordonnance du roi qui ouvre au ministre des finances un crédit supplémentaire pour des créances constatées sur les exercices clos. (IX, Bull. DCCCCLXX, n. 10443.)

Louis-Philippe, etc., vu l'état des créances liquidées, à la charge du département des finances, sur les exercices 1839 et 1840, additionnellement aux restes à payer constatés par la loi de règlement du premier exercice et par le compte définitif des dépenses du dernier; considérant que lesdites créances concernent des services pour lesquels la nomenclature insérée dans les lois de dépense desdits exercices nous réserve la faculté d'ouvrir des suppléments de crédits en l'absence des Chambres; vu l'art. 9 de la loi du 23 mai 1834 et l'art. 100 de notre ordonnance du 31 mai 1838, portant règlement général sur la comptabilité publique, aux termes desquels les créances des exercices clos non comprises dans les restes à payer arrêtés par les lois de règlement ne peuvent être ordonnancées par nos ministres qu'au moyen de crédits supplémentaires accordés suivant les formes déterminées par la loi du 24 avril 1833; sur le rapport de notre ministre secrétaire d'État au département des finances, et de l'avis de notre conseil des ministres, etc.

Art. 1er. Il est ouvert à notre ministre secrétaire d'État au département des finances, en augmentation des restes à payer constatés par la loi de règlement de l'exercice 1839, ainsi que par le compte définitif des dépenses de l'exercice 1840, un crédit supplémentaire de quatre mille neuf cent soixante et douze francs deux centimes

(4,972 fr. 2 c.), montant des créances désignées au tableau ci-annexé, qui ont été liquidées à la charge de ces exercices, et dont les états nominatifs ont été dressés en double expédition conformément à l'art. 106 de notre ordonnance du 31 mai 1838, portant règlement général sur la comptabilité publique, savoir : exercices 1839, 304 fr. 2 c.; 1840, 4,668 fr. Total 4,972 fr. 2 c.

2. Notre ministre secrétaire d'État des finances est, en conséquence, autorisé à ordonnancer ces créances sur le chapitre spécial ouvert pour les dépenses des exercices clos aux budgets des exercices courants, en exécution de l'art. 8 de la loi du 23 mai 1834.

3. La régularisation de ce crédit sera proposée aux Chambres lors de leur prochaine réunion.

4. Notre ministre des finances (M. Laplagne) est chargé, etc. (*Suit le tableau.*)

20 DÉCEMBRE 1842 = 7 JANVIER 1843. — Ordonnance du roi portant que des cours d'instruction primaire supérieure seront annexés au collège communal de Nevers. (IX, Bull. DCCCCLXX, n. 10444.)

Louis-Philippe, etc., sur le rapport de notre ministre secrétaire d'État au département de l'instruction publique; vu l'art. 10 de la loi du 28 juin 1833, portant que les communes chefs-lieux de département, et celles dont la population excède six mille âmes, doivent avoir une école primaire supérieure; vu l'art. 4 de notre ordonnance du 21 novembre 1841, portant qu'il sera ultérieurement statué sur la désignation des colléges communaux auxquels les cours d'instruction primaire supérieure devront être annexés; considérant que le conseil municipal de la ville de Nevers a voté les fonds nécessaires pour assurer l'existence de cours d'instruction primaire supérieure dans son collège communal; vu l'avis du conseil royal de l'instruction publique, etc.

Art. 1er. Des cours d'instruction primaire supérieure seront annexés au collège communal de Nevers.

2. Il sera pourvu aux frais d'établissement et d'entretien desdits cours d'instruction primaire supérieure, au moyen des allocations déjà votées par le conseil municipal.

3. Un instituteur primaire du degré supérieur devra être attaché au collége de Nevers, à moins que le chef ou un des fonctionnaires de cet établissement ne soit pourvu d'un brevet de capacité de ce degré. Ledit instituteur demeurera placé sous l'autorité du principal, ainsi que les fonctionnaires qui pourront être chargés d'une partie des cours d'instruction primaire supérieure.

4. Notre ministre de l'instruction publique (M. Villemain) est chargé, etc.

22 DÉCEMBRE 1842 = 7 JANVIER 1843. — Ordonnance du roi qui ouvre, sur l'exercice 1842, un crédit extraordinaire applicable aux dépenses des paquebots transatlantiques. (IX, Bull. DCCCCLXX, n. 10445.)

Louis-Philippe, etc., vu, 1° les lois du 25 juin 1841, portant fixation du budget général des dépenses de l'exercice 1842; 2° les lois des 25 mai et 11 juin 1842, portant allocation de crédits supplémentaires et extraordinaires au département de la marine et des colonies; 3° les art. 4 et 6 de la loi du 24 avril 1833 et l'art. 12 de celle du 23 mai 1834; 4° les art. 26, 27 et 28 de notre ordonnance du 31 mai 1838, portant règlement général sur la comptabilité publique; considérant que sur les douze millions cent neuf mille sept cents francs accordés au chap. 8 (*Travaux du matériel naval, ports*), sur l'exercice 1841, par les lois des 16 juillet 1840 et 15 juin 1841, pour les dépenses afférentes aux paquebots transatlantiques, une somme de deux millions cinq cent mille francs est restée disponible; sur le rapport de notre ministre secrétaire d'Etat de la marine et des colonies, et de l'avis de notre conseil des ministres, etc.

Art. 1er. Il est ouvert à notre ministre secrétaire d'Etat de la marine et des colonies, sur l'exercice 1842 et sur le chap. 8 (*Travaux du matériel naval, ports*), un crédit extraordinaire de deux millions cinq cent mille francs, applicable aux dépenses des paquebots transatlantiques.

2. L'annulation d'une somme égale de deux millions cinq cent mille francs, restée disponible sur l'exercice 1841, sera proposée aux Chambres dans le projet de loi de règlement des comptes de cet exercice.

3. La régularisation de ce crédit extraordinaire sera demandée aux Chambres lors de leur prochaine session.

4. Nos ministres de la marine et des colonies, et des finances (MM. Duperré et Laplagne) sont chargés, etc.

22 DÉCEMBRE 1842 = 7 JANVIER 1843. — Ordonnance du roi qui ouvre au ministre de la marine et des colonies un crédit extraordinaire sur l'exercice 1842. (IX, Bull. DCCCCLXX, n. 10446.)

Louis-Philippe, etc., vu, 1° les lois du 25 juin 1841, portant fixation du budget général des dépenses de l'exercice 1842; 2° les lois des 25 mai et 11 juin 1842, portant allocation de crédits supplémentaires et extraordinaires au département de la marine et des colonies; 3° les art. 4 et 6 de la loi du 24 avril 1833 et l'art. 12 de celle du 23 mai 1834; 4° les art. 26, 27 et 28 de notre ordonnance du 31 mai 1838, portant règlement général sur la comptabilité publique; sur le rapport de notre ministre

secrétaire d'Etat de la marine et des colonies, et de l'avis de notre conseil des ministres, etc.

Art. 1er. Il est ouvert à notre ministre secrétaire d'Etat de la marine et des colonies, sur l'exercice 1842, un crédit extraordinaire de neuf cent cinquante-trois mille francs, pour subvenir à l'ordonnancement des dépenses urgentes qui n'ont pu être prévues au budget dudit exercice et qui s'appliquent aux chapitres ci-après, savoir : Chap. 6. Hôpitaux, 329,600 fr. Chap. 17. Matériel des services d'administration des ports et objets divers, 94,000 fr. Chap. 18. Sciences et arts maritimes (personnel), 5,000 fr. Chap. 23 *bis*. Subventions à divers établissements coloniaux, 526,400 f. Somme égale, 953,000 fr.

2. La régularisation de ce crédit extraordinaire sera proposée aux Chambres lors de leur prochaine session.

3. Nos ministres de la marine et des colonies, et des finances (MM. Duperré et Laplagne) sont chargés, etc.

22 DÉCEMBRE 1842 = 7 JANVIER 1843. — Ordonnance du roi qui ouvre au ministre de la marine et des colonies un crédit extraordinaire sur l'exercice 1843. (IX, Bull. DCCCCLXX, n. 10447.)

Louis-Philippe, etc., vu, 1° la loi du 11 juin 1842, portant fixation du budget des dépenses de l'exercice 1843; 2° les art. 4 et 6 de la loi du 24 avril 1833 et l'art. 12 de celle du 23 mai 1834; 3° les art. 26, 27 et 28 de notre ordonnance du 31 mai 1838, portant règlement général sur la comptabilité publique; sur le rapport de notre ministre secrétaire d'Etat de la marine et des colonies, et de l'avis de notre conseil des ministres, etc.

Art. 1er. Il est ouvert à notre ministre secrétaire d'Etat de la marine et des colonies, sur l'exercice 1843, un crédit extraordinaire de cinq cent mille francs, pour subvenir à l'ordonnancement des dépenses urgentes qui n'ont pu être prévues au budget dudit exercice et qui s'appliquent aux chapitres ci-après, savoir : Chap. 22 *bis*. Dépenses des services militaires aux colonies (matériel); 300,000 fr. Chap. 25. Subventions à divers établissements coloniaux, 200,000 fr. Somme égale, 500,000 fr.

2. La régularisation de ce crédit extraordinaire sera proposée aux Chambres lors de leur prochaine session,

3. Nos ministres de la marine et des colonies, et des finances (MM. Duperré et Laplagne) sont chargés, etc.

22 DÉCEMBRE 1842 = 7 JANVIER 1843. — Ordonnance du roi qui ouvre au ministre de la marine et des colonies un crédit supplémentaire

pour des créances constatées sur des exercices clos. (IX, Bull. DCCCCLXX, n. 10448.)

Louis-Philippe, etc., vu l'état des créances liquidées à la charge du département de la marine et des colonies, additionnellement aux restes à payer constatés par les comptes définitifs des exercices clos 1839 et 1840 ; considérant que ces créances concernent des services non compris dans la nomenclature de ceux pour lesquels les lois de dépense des mêmes exercices ont donné la faculté d'ouvrir des suppléments de crédits ; considérant toutefois qu'aux termes de l'art. 9 de la loi du 23 mai 1834, et de l'art. 108 de notre ordonnance du 31 mai 1838, portant règlement général sur la comptabilité publique, lesdites créances peuvent être acquittées, attendu qu'elles se rapportent à des services prévus par les budgets des exercices 1839 et 1840, et que leur montant n'excède pas les restants de crédits dont l'annulation a été prononcée sur ces services par la loi de règlement desdits exercices ; sur le rapport de notre ministre secrétaire d'Etat de la marine et des colonies, et de l'avis de notre conseil des ministres, etc.

Art. 1er. Il est ouvert à notre ministre secrétaire d'Etat de la marine et des colonies, en augmentation des restes à payer constatés par la loi de règlement de l'exercice 1839, et par le compte définitif des dépenses de l'exercice 1840, un crédit supplémentaire de cinquante-cinq mille huit cent soixante et un francs soixante et treize centimes, montant des créances désignées au tableau ci-annexé, qui ont été liquidées à la charge de ces exercices, et dont les états nominatifs seront adressés, en double expédition, au ministre secrétaire d'Etat des finances, conformément à l'art. 106 de notre ordonnance du 31 mai 1838, portant règlement général sur la comptabilité publique, savoir : exercices 1839, 19 fr. 45 c.; 1840, 55,842 fr. 28 c. Total, 55,861 f. 73 c.

2. Notre ministre secrétaire d'Etat de la marine et des colonies est, en conséquence, autorisé à ordonnancer ces créances sur le chapitre spécial ouvert, pour les dépenses des exercices clos, aux budgets des exercices courants, en exécution de l'art. 8 de la loi du 23 mai 1834.

3. La régularisation de ce crédit sera proposée aux Chambres lors de leur prochaine session.

4. Nos ministres de la marine et des colonies et des finances (MM. Duperré et Laplagne) sont chargés, etc.

(Suit le tableau.)

27 DÉCEMBRE 1842 = 7 JANVIER 1843. — Ordonnance du roi qui autorise le ministre de la guerre à accepter la donation d'une somme de cent mille francs, faite à l'armée par M. le maréchal-de-camp baron de Feuchères. (IX Bull. DCCCCLXX, n. 10449.)

Louis-Philippe, etc., vu l'art. 910 du Code civil et l'ordonnance réglementaire du 2 avril 1817 ; vu l'acte passé par-devant notaire, à Nimes, le 31 octobre 1842, et aux termes duquel M. le général baron de Feuchères déclare faire donation à l'armée d'une somme de cent mille francs, sous les conditions ci-après exprimées dans ledit acte : « La somme de cent mille francs sera « immédiatement employée à l'acquisition « d'une rente perpétuelle sur l'Etat, cinq « pour cent consolidés, qui sera inscrite au « nom de l'armée. L'intérêt de ce capital « sera divisé en seize lots égaux constituant « seize prix, pour être affectés annuelle- « ment, savoir : dix aux régiments d'in- « fanterie, quatre aux régiments de cava- « lerie, deux aux régiments d'artillerie et « du génie. Chacun de ces lots sera donné, « à titre d'encouragement, à celui des en- « fants de troupe reconnu le plus digne par « le conseil d'administration du régiment « dont le numéro sera désigné par un tirage « au sort : ce tirage se fera par arme, chaque « année, en se conformant du reste aux « dispositions établies pour le prix sem- « blable constitué en 1818. Le trente-sep- « tième régiment d'infanterie de ligne, que « le donateur a eu l'honneur de commander « pendant six ans, ne concourra pas à ce « tirage au sort, la volonté du donateur « étant qu'il reçoive annuellement, à per- « pétuité, pour la même destination, cette « prime d'encouragement comme un sou- « venir de son colonel : ce prix comptera « parmi ceux affectés à l'arme de l'infan- « terie » ; sur le rapport de notre ministre secrétaire d'Etat de la guerre, président du conseil ; notre conseil d'Etat entendu, etc.

Art. 1er. Notre ministre secrétaire d'Etat de la guerre est autorisé à accepter la donation d'une somme de cent mille francs, faite à l'armée par le maréchal de camp baron de Feuchères, suivant l'acte et aux conditions ci-dessus visées. Il sera procédé, pour le tirage des lots attribués aux différentes armes et pour toutes autres dispositions non prévues dans l'acte de donation, conformément aux règles établies pour une fondation semblable par l'ordonnance royale du 21 janvier 1818.

2. Notre ministre de la guerre (duc de Dalmatie) est chargé, etc.

FIN DE LA PREMIÈRE PARTIE.

SECONDE PARTIE.

ORDONNANCES, CIRCULAIRES ET DOCUMENTS DIVERS NON INSÉRÉS AU BULLETIN DES LOIS OFFICIEL.

MONARCHIE CONSTITUTIONNELLE. — LOUIS-PHILIPPE.

26 mars 1842. — Rapport au roi sur l'administration de la justice civile dans les colonies pendant les années 1834, 1835 et 1836. (Mon. du 16 juin 1842.)

Sire, depuis 1825, le département de la justice présente annuellement au roi le compte rendu de l'administration de la justice criminelle en France, et, à partir de 1831, il a mis sous les yeux de Votre Majesté une série de comptes analogues pour l'administration de la justice civile. Les résultats des travaux de chaque année se réunissent et se coordonnent ainsi dans des tableaux auxquels on a reconnu le premier avantage, de soumettre l'administration de la justice à son propre contrôle, d'entretenir une salutaire émulation entre toutes les juridictions du royaume, et d'assurer le progrès en constatant les améliorations obtenues. Ces travaux successifs offrent aux méditations du publiciste de hauts enseignements; les chiffres qui constatent la tâche accomplie par chaque juridiction révèlent l'état matériel et moral de la société, et offrent ainsi au législateur des données précieuses et fécondes que la science elle-même s'empresse de recueillir. L'exemple donné par le département de la justice a été suivi même dans les pays étrangers : chacun des Etats de l'Europe a publié des comptes judiciaires. En France, des travaux analogues ont été entrepris pour les juridictions spéciales qui ressortissent à d'autres départements ministériels : des comptes de la justice militaire et des comptes de l'administration judiciaire de l'Algérie ont notamment été rendus à Votre Majesté par le ministre de la guerre. Le département de la marine ne pouvait méconnaître l'importance des travaux de cette nature, et depuis plusieurs années il avait cherché à réunir, pour les juridictions coloniales, les éléments d'un double compte de la justice civile et de la justice criminelle; mais les documents qu'il avait pu re-

cueillir jusqu'à présent étaient trop imparfaits pour être mis sous les yeux de Votre Majesté. Quelques données générales sur l'administration de la justice dans nos principales colonies avaient seulement pu en être déduites; elles se trouvent consignées dans des rapports ci-joints qui me furent faits à ce sujet en 1836, par M. le conseiller d'Etat directeur des colonies, mais qui s'arrêtent à 1833. Je n'ai point encore reçu de nos diverses colonies des éléments suffisants pour réunir, dans le premier compte général que j'ai l'honneur de présenter ici à Votre Majesté, toutes les années postérieures à 1833 : ce compte ne comprend donc que les années 1834, 1835 et 1836, ce qui concerne les années 1837 et suivantes sera l'objet d'un compte ultérieur. Quant à la forme de ces comptes, j'ai pensé qu'elle devait être semblable, autant que possible, à celle qu'a adoptée le département de la justice, afin de rendre plus faciles les rapprochements. Ces rapprochements sont devenus plus utiles et plus opportuns depuis la promulgation de l'ordonnance du 28 juillet 1841, qui, en faisant intervenir le département de la justice dans le choix des magistrats coloniaux, les a appelés à faire désormais partie intégrante du corps judiciaire de la métropole. L'organisation judiciaire de nos principales colonies est, d'ailleurs, calquée sur celle de la mère-patrie, et les différences (à part celles qui résultent de l'éloignement), tendent à s'effacer graduellement à mesure que s'efface elle-même la diversité des classes dont se compose leur population. Les colonies de la Martinique, de la Guadeloupe, de la Guiane et de l'île Bourbon, placées sous l'empire de l'action directe des pouvoirs législatifs du royaume, se trouvent seules dans des conditions qui permettaient d'entreprendre dès à présent pour elles 'e travail dont j'apporte à Votre Majesté les premiers résultats.

Ces quatre colonies sont pourvues de cours royales comprenant dans leur ressort sept cours d'assises, huit tribunaux de première instance et dix-huit justices de paix. Les travaux judiciaires sont répartis entre ces diverses juridictions de la manière suivante : les affaires civiles et commerciales se classent en quatre ordres de compétence, savoir : 1° la compétence des justices de paix en premier et dernier ressort, sous le seul contrôle des cours royales par voie d'annulation ; 2° celle des justices de paix en premier ressort, sauf l'appel devant les tribunaux civils en dernier ressort, et le pourvoi devant la cour de cassation ; 3° celle des tribunaux civils en premier et dernier ressort, sauf le pourvoi en cassation ; 4° celle des tribunaux civils en premier ressort, sauf l'appel devant les cours royales et le pourvoi en cassation.

Quant à la justice répressive, elle comprend : d'une part, les travaux concernant la police judiciaire, attribués à divers degrés : 1° aux procureurs du roi, 2° aux juges d'instruction, 3° aux chambres d'accusation, remplissant à la fois les fonctions exercées en France par les chambres du conseil des tribunaux de première instance et par les chambres d'accusation ; d'autre part, les travaux dévolus à des juridictions distinctes suivant la nature des affaires, lesquelles se classent en quatre ordres de compétence, savoir : 1° la compétence des tribunaux de police en premier et dernier ressort, sauf recours en annulation devant les cours royales ; 2° celle des tribunaux de police en premier ressort seulement, sauf l'appel devant les tribunaux de première instance jugeant en dernier ressort, le recours en annulation ne demeurant ouvert qu'au ministère public, et uniquement dans l'intérêt de la loi ; 3° celle des chambres correctionnelles des cours royales en premier et dernier ressort, avec faculté de pourvoi devant la cour de cassation ; cette faculté demeurant restreinte, pour l'île Bourbon, au seul recours du procureur général dans l'intérêt de la loi (1) ; 4° enfin celle des cours d'assises en premier et dernier ressort, avec la même faculté de pourvoi en cassation, et pareille restriction en ce qui concerne l'île Bourbon. La restriction dont la colonie de Bourbon a été l'objet, à l'égard du pourvoi en matières criminelle et correctionnelle, a été déterminée par le grand éloignement où cette île se trouve de la métropole ; les délais considérables que de semblables pourvois eussent

entraînés auraient eu de fâcheuses conséquences pour les intérêts de l'ordre social, et souvent pour ceux des condamnés eux-mêmes. Au surplus, les inconvénients de cette interdiction de pourvoi sont atténués par la faculté attribuée au gouverneur d'ordonner, après délibération en conseil, le sursis à l'exécution de tout arrêt criminel, lorsque quelque circonstance paraît militer en faveur du condamné.

Le compte que je viens soumettre à Votre Majesté est divisé en deux parties : l'une est consacrée à la justice civile, l'autre à la justice criminelle, correctionnelle et de police, comprenant ensemble un total de soixante-seize tableaux.

Justice civile.

Instituées à des époques diverses dans nos différentes colonies, les justices de paix, plus d'une fois supprimées et rétablies, n'ont eu, dans ces établissements, une existence assurée que depuis la promulgation des ordonnance royales des 30 septembre 1827, 24 septembre et 21 décembre 1828, sur l'organisation judiciaire des colonies. Elles ont eu à lutter, pour se naturaliser, contre des habitudes et des préjugés qui, dans quelques localités, atténuent encore le bien que l'on est en droit d'attendre de leur action. Quoique toutes soient soumises aux mêmes règles, les limites de leur compétence ne sont pas identiques : des conditions particulières d'isolement, et d'autres circonstances locales, ont fait déterminer, d'une manière plus ou moins large, le chiffre de cette compétence. Ainsi, pour les colonies d'Amérique, le taux en a été fixé, en premier et dernier ressort, à 150 fr., et à 300 fr, en premier ressort seulement. Mais la position exceptionnelle de l'île Saint-Martin, qui ne possède point de juridiction plus élevée, et qui n'a avec son chef-lieu (la Basse-Terre, Guadeloupe) que des communications irrégulières, a dû faire élever jusqu'à 500 fr. la limite du dernier ressort de la justice de paix, et à 1,000 fr. celle du premier ressort. Pour Bourbon, le taux de compétence est de 250 fr. en premier et dernier ressort, et de 500 fr. en premier ressort seulement. Les travaux des justices de paix coloniales offrent trois points à considérer : en premier lieu, le nombre des affaires soumises à la décision des juges de paix ; en second lieu, les affaires qui leur sont déférées en qualité de conciliateurs ; enfin les appels déclarés contre les jugements des tribunaux de paix.

---

(1) Les affaires de commerce étranger et de douanes constituent, dans toutes nos colonies, une matière spéciale dévolue exceptionnellement à la juridiction des tribunaux de première instance en premier ressort seulement, le second degré étant attribué à une commission spéciale d'appel.

set le résultat de ces appels. L'ensemble des affaires portées au jugement des tribunaux de paix pendant les trois années 1834, 1835 et 1836, s'élève à 8,905, offrant une moyenne de 2,968 par année, réparties entre les 18 cantons dans l'ordre suivant :

TRIBUNAUX DE PAIX.	1834.	1835.	1836.	MOYENNES.
1. Pointe-à-Pitre (Guadeloupe).	614	606	665	628
2. Cayenne (Guiane).	475	361	484	440
3. Saint-Pierre (Martinique).	375	362	451	396
4. Fort-Royal (Martinique).	213	225	284	241
5. Basse-Terre (Guadeloupe).	170	227	289	229
6. Trinité (Martinique)..	186	208	182	192
7. Moule (Guadeloupe).	153	177	226	185
8. Saint-Denis (Bourbon).	204	138	169	170
9. Marie-Galante (Guadeloupe).	125	96	96	106
10. Marin (Martinique).	72	41	109	74
11. Saint-Paul (Bourbon).	107	54	58	73
12. Saint-Martin (Guadeloupe).	43	72	34	50
13. Sainte-Suzanne (Bourbon)..	40	65	43	49
14. Saint-Benoît (Bourbon)..	30	36	50	48
15. Capesterre (Guadeloupe).	31	41	42	38
16. Saint-Pierre (Bourbon).	30	22	22	25
17. Sinamary (Guiane).	10	27	25	21
18. Saint-Louis (Bourbon).	17	14	9	13
TOTAUX.	2,895	2,772	3,238	2,968
MOYENNES GÉNÉRALES.	161	154	180	165

La moyenne générale, par justice de paix par année, est donc de 165 affaires. En France, la moyenne a été, pendant les mêmes années, de 185 affaires par canton. La moins importante de toutes les justices de paix coloniales, sous le rapport du nombre des affaires qui y sont jugées, est celle de Saint-Louis (Bourbon), qui n'a eu (moyennement) à expédier par an que 13 affaires. Quelque faible que soit ce chiffre, il est supérieur à celui des affaires jugées par un certain nombre de tribunaux de paix de la métropole. La justice de paix devant laquelle est introduit le plus grand nombre d'affaires, aux colonies, est celle de la Pointe-à-Pitre (Guadeloupe) qui a eu (moyennement) à juger un total de 628 affaires. On trouve en France beaucoup d'arrondissements entiers où la masse des affaires de cette nature ne s'élève point aussi haut ; sur les 2,846 justices de paix de la métropole, il y en a au plus 50 qui aient à remplir une tâche égale ou supérieure ; à Paris même, la moyenne ne dépasse guère celle de la Pointe-à-Pitre.

De la comparaison du chiffre des affaires portées devant les justices de paix à celui des affaires inscrites au rôle des tribunaux de première instance, M. le garde des sceaux a tiré les plus favorables inductions sur l'utilité de ces juridictions, plus rapprochées des justiciables, plus promptes à terminer leurs différends. Une comparaison semblable est loin d'être aussi satisfaisante pour les colonies : en France, la masse totale des causes déférées aux tribunaux de paix est plus que double de celle des affaires portées aux tribunaux de première instance ; aux colonies, la proportion est renversée : les tribunaux de première instance y jugent moyennement plus de 5,000 affaires par an, tandis que les tribunaux de paix en jugent à peine 3,000 ; mais ces calculs n'ont pas toute la signification qu'ils semblent présenter au premier abord, et il est des considérations de circonscription qui ne doivent pas être perdues de vue dans le parallèle à établir entre les résultats obtenus en France et ceux que nous offre la statistique judiciaire des colonies.

En France, il existe 2,846 justices de paix réparties dans le ressort de 361 tribunaux de première instance : c'est environ 8 justices de paix par tribunal d'arrondissement. Dans les quatre colonies qui font l'objet spécial du présent compte, il ne se trouve que 18 justices de paix, ressortissant à 8 tribunaux de première instance : ce n'est guère plus de 2 justices de paix par tribunal d'arrondissement. Il n'existe donc point, de part et d'autre, des analogies telles que les inductions tirées des résultats métropolitains puissent être appliquées, en sens inverse, aux résultats coloniaux. On a remarqué en France qu'il y avait eu, en 1834, 1 affaire par 66 habitants ; en 1835, 1 par 63 ; en 1836, 1 par 57 : moyenne, 1 affaire par 62 habitants. Aux colonies, en

42.

ne tenant compte que de la population libre, la seule qui ait des intérêts civils à débattre devant les tribunaux, la moyenne est d'une affaire par 37 habitants : c'est une proportion fort élevée, qui ne dépasse cependant point celle qui a été observée dans plusieurs ressorts de la France continentale. Voici, au surplus, pour les trois années 1834, 1835 et 1836, le relevé comparatif des résultats métropolitains et coloniaux sous ce rapport :

	1834.	1835.	1836.	MOYENNES.
	habitants.	habitants.	habitants.	habitants.
1. GUIANE. Une affaire par.	10	13	10	11
2. Corse.	16	14	12	14
3. GUADELOUPE.	25	26	24	25
4. Agen.	35	35	33	34
5. Toulouse.	40	40	31	37
6. Grenoble.	44	37	32	38
7. MARTINIQUE.	43	45	39	42
8. Pau.	52	48	35	45
9. Riom.	52	46	40	46
10. Lyon.	50	50	44	48
11. Montpellier.	58	51	44	51
12. Nîmes.	56	52	47	52
13. Bourges.	53	50	47	53
14. Dijon.	56	58	50	55
15. Limoges.	47	67	58	57
16. Poitiers.	67	58	52	59
17. Colmar.	63	60	59	61
18. Besançon.	67	62	56	62
19. Metz.	76	66	54	65
20. Orléans.	69	69	69	69
21. Aix.	71	70	65	69
22. Nancy.	73	70	66	70
23. Bordeaux.	87	71	65	74
24. Paris.	75	76	71	74
25. Rouen.	81	88	83	84
26. Caen.	95	90	88	91
27. BOURBON.	79	108	105	97
28. Amiens.	105	106	109	107
29. Angers.	111	108	116	112
30. Rennes.	123	121	112	119
31. Douai.	197	199	197	198

Il résulte de là que, dans son rapport avec la population, le nombre des petits litiges est plus considérable dans le ressort de la cour royale de la Guiane que dans tout autre ressort du royaume ; que la Guadeloupe vient immédiatement après la Corse, c'est-à-dire au troisième rang, et que la Martinique se place au septième rang, entre les ressorts de Grenoble et de Pau. Quant à Bourbon, la proportion du nombre des litiges à la population est tellement faible, qu'on ne trouve en France une proportion moindre que dans les quatre ressorts d'Amiens, d'Angers, de Rennes et de Douai. Au surplus, il a déjà été remarqué que la proportion des litiges est généralement d'autant plus forte que la population dotée des mêmes institutions judiciaires est moins considérable : ce résultat ne peut se remarquer entre les quatre colonies, à l'exception de la Martinique où les litiges ont été proportionnellement beaucoup plus nombreux qu'à l'île Bourbon, dont cependant la population est moins considérable. Il y aura intérêt à rechercher si cette différence ne provient pas de la multiplicité des affranchissements qui, à la Martinique, ont grossi la population libre d'une plus grande quantité de prolétaires, tandis que la population de Bourbon a pu trouver, dans une plus grande aisance et dans une plus grande extension de l'industrie agricole, des préservatifs contre l'esprit de litige.

On a comparé, en France, le nombre des affaires de justices de paix à la superficie totale du royaume. Les éléments de cette comparaison manquant en général pour les colonies, je m'abstiens d'établir ici de semblables calculs, dont les résultats offriraient peu de certitude, et, par conséquent, peu d'utilité. Les juges de paix sont saisis des contestations privées, soit par citation directe, soit par comparution volontaire, et cette dernière voie dénote que les parties ont dans l'équité du juge un degré de consiance qu'il est précieux de constater. On a observé sous ce point de vue, en France, les résultats les plus divers, suivant les localités ; aux colonies, le chiffre des comparutions volontaires est minime dans les affaires d'audience : l'ensemble des trois années 1834, 1835 et 1836 présente en effet 3,726 citations directes, et seulement 181 comparutions volontaires : c'est la même proportion que dans le ressort de la cour royale d'Orléans, et la proportion est beaucoup plus défavorable encore dans le ressort de Rouen. Mais ce n'est point toujours d'après les relevés des greffes que doit être estimée la masse des affaires volontairement déférées à la décision des juges de paix : souvent une grande quantité de contestations se termine sans aucune procédure, par la seule influence des conseils du magistrat, et cet indice est des plus significatifs pour apprécier l'utilité d'une juridiction dont la mission principale est d'a-

paiser les contestations dès leur origine : il est difficile de préciser le chiffre de ces arbitrages officieux, qui sont fréquents dans la plupart des cantons ; des renseignements fournis par des magistrats coloniaux indiquent qu'à la Basse-Terre, 140 affaires en 1834, 180 en 1835 et 172 en 1836 ; à la Pointe-à-Pitre, 315 en 1834, 310 en 1835, 297 en 1836, ont été terminées par arrangement amiable et sans écritures, par les juges de paix de ces deux cantons ; c'est environ, pour chacun d'eux, la moitié du nombre des affaires d'audience. La procédure étant simple et prompte devant les justices de paix, il n'y a presque jamais d'affaires arriérées : ces avantages se manifestent aux colonies aussi bien qu'en France ; mais la manière dont les affaires sont terminées dans les juridictions coloniales n'est point répartie de la même manière que dans la métropole, ainsi que le montre le relevé suivant :

	AUX COLONIES.				EN FRANCE.
	1834.	1835.	1836.	MOYENNES.	MOYENNES.
Sur 100 affaires, il en a été terminé :					
Par jugement contradictoire. .	30	36	40	35	28
Par jugement de défaut. . . .	55	47	46	49	14
Par arrangement à l'audience..	8	10	10	10	42
Par abandon.	7	7	4	6	16

Des communications moins faciles, et peut-être une plus grande insouciance, expliquent aisément l'élévation du chiffre des défauts aux colonies. Comme bureaux de conciliation, les tribunaux de paix des colonies ont eu à s'occuper, dans les trois années que comprend le présent compte, de 1,268 affaires, sur lesquelles 128 seulement ont été conciliées. Le chiffre des affaires et la proportion des conciliations paraissent minimes l'un et l'autre : le département de la marine avait remarqué depuis longtemps, avec regret, le peu d'avantages qu'offrait aux colonies le préliminaire de conciliation, et il avait expressément invité les magistrats chargés de fournir les éléments du présent compte à indiquer, par une note spéciale, si l'art. 48 du Code de procédure civile était exécuté, ou si les dispositions en étaient éludées. Partout la réponse a été la même : les dispositions de la loi sont méconnues ou ne reçoivent qu'une exécution de pure forme, à défaut de comparution personnelle des parties ; les juges de paix déplorent cet état de choses, et allèguent, en faveur de la probabilité

des conciliations si la comparution avait lieu, le succès qu'ils ont obtenus dans tous les cas où, sur simple invitation de leur part, les parties sont venues s'expliquer et s'entendre devant eux ; « mais, dit l'un de ces magistrats, la susceptibilité des plaideurs est telle, qu'ils se refusent à tout accommodement lorsqu'une citation par huissier leur a été donnée, à quelque titre que ce soit. » Le plus grand obstacle aux conciliations, c'est, de l'aveu de tous, la faculté laissée aux parties de se faire représenter par un mandataire qui, presque toujours, est un officier ministériel intéressé à multiplier les procédures. « Nous affirmons avec certitude, dit le plus ancien des juges de paix institués aux colonies, que, sur les 1,500 à 2,000 affaires portées devant le tribunal civil, un tiers n'eût pas dépassé le seuil du prétoire de paix, si la loi n'eût pas été éludée à cet égard. » Il y a donc quelque mesure à prendre pour assurer aux justices de paix coloniales l'efficacité d'action qui leur appartient sous ce rapport, et j'espère que le compte que je rends aujourd'hui à Votre Majesté des inconvénients et de l'irrégularité de la marche actuelle du service, en cette partie, retentira assez haut dans nos établissements d'outre-mer pour y provoquer une rigoureuse observation de l'esprit plus encore que de la lettre des dispositions légales relatives aux conciliations. C'est surtout à Bourbon et à la Guadeloupe que ces dispositions ont été beaucoup trop négligées : il me suffit d'en faire l'observation pour que la surveillance active du ministère public s'applique à faire disparaître désormais tout motif de blâme sur ce point. Les appels des justices de paix étant portés devant les tribunaux de première instance, ils figurent parmi les travaux de cette dernière juridiction : il y a cependant intérêt à les considérer ici sous le point de vue de l'appréciation du bien ou mal jugé en premier ressort. Sous ce rapport, les sentences contradictoires des juges de paix sujettes à appel se sont élevées, pendant les trois années du présent compte, à un total de 943, contre lesquelles il n'a été déclaré que 102 appels, et ceux-ci n'ont donné lieu qu'à 45 infirmations; la proportion entre les confirmations et les infirmations est donc, aux colonies, de 0,70 à 0,30, tandis qu'elle n'est, en France, que de 0,57 à 0,43. Une autre voie de réformation des jugements des tribunaux de paix existe dans la faculté de recours en annulation devant les cours royales, contre ceux de ces jugements qui sont rendus en dernier ressort; mais il ne s'est offert, aux colonies, dans les trois années, aucun exemple de l'exercice de cette faculté.

Je passe à ce qui concerne les tribunaux de première instance. Le chiffre des affaires civiles introduites devant cette juridiction se proportionne ainsi qu'il suit entre les divers arrondissements des colonies :

	1834.	1835.	1836.	MOYENNES.
1. Pointe-à-Pitre (Guadeloupe).	1,405	1,256	1,190	1,284
2. Saint-Pierre (Martinique).	750	680	680	698
3. Fort-Royal (Martinique).	679	632	783	698
4. Saint-Denis (Bourbon).	481	428	351	420
5. Cayenne (Guiane).	426	349	324	366
6. Basse-Terre (Guadeloupe).	249	231	312	264
7. Marie-Galante (Guadeloupe).	251	295	214	253
8. Saint-Paul (Bourbon).	220	167	152	186
TOTAUX.	4,461	4,038	4,006	4,169
MOYENNES GÉNÉRALES.	558	505	501	521

La moyenne générale des mêmes années pour les 361 tribunaux de première instance de la France continentale, n'est que de 335 causes inscrites par tribunal, et il y a 112 tribunaux (ou près d'un tiers de la totalité) qui ont moins d'affaires à juger que celui de Saint-Paul, le moins important de nos colonies. Le tribunal de la Pointe-à-Pitre, qui est au contraire le plus chargé, prime, par le nombre des affaires, presque tous ceux de la métropole, puisque les quatre tribunaux de Paris, Lyon, Bordeaux et Rouen, ont seuls une tâche annuelle plus considérable. J'ai déjà fait observer plus haut que la population libre, ayant seule des intérêts civils, il y avait lieu de ne tenir compte que du chiffre des personnes libres dans le calcul comparatif du nombre de procès à celui de la population; toutefois, cet élément de comparaison, susceptible de fournir pour les colonies entre elles des résultats à peu près homogènes, ne peut être employé pour des rapprochements entre les colonies et la métropole. Ici, la proportion moyenne est d'une affaire pour 260 habitants; aux colonies, elle est d'une affaire pour 26 habitants libres. Mais il faut considérer que la population sur laquelle, en France, est basé le calcul, comprend une masse de prolétaires qui est hors de toute comparaison avec le petit nombre de ceux des colonies, et qui elle-même a bien rarement à débattre des intérêts civils. Enfin, on doit reconnaître que, si les esclaves n'ont pas personnellement d'intérêts civils, ils doivent être, dans les colonies, l'occasion et le sujet de beaucoup de procès, dont la cause analogue n'existe pas en France. Dans les comptes de la justice métropolitaine, le chiffre des affaires inscrites est encore rapproché de celui de la contribution foncière; ce dernier élément ne peut être employé pour les colonies, où les contributions sont généralement assises sur la production; et quelle que soit la part des impôts coloniaux susceptible d'être considérée comme représentative de la contribution foncière, les calculs d'assimilation que l'on tenterait d'asseoir sur une telle base auraient trop peu de certitude pour qu'il convienne de s'en occuper ici. Quant à la manière dont les affaires civiles portées devant les tribunaux de première instance ont été terminées aux colonies, elle se trouve indiquée dans le résumé ci-après, comparativement aux résultats obtenus en France pour les mêmes juridictions :

	AUX COLONIES.				EN FRANCE.
	1834.	1835.	1836.	MOYENNES.	MOYENNES.
Sur 100 affaires, i. en a été terminé :					
Par jugement contradictoire définitif.	38	42	37	39	51
Par jugement de défaut. . .	54	47	57	53	23
Par transaction, abandon ou radiation.	8	10	6	8	26

Comme pour les affaires des tribunaux de paix, on voit prédominer ici le nombre des jugements par défaut : on croit en trouver la cause dans le peu de facilité des communications et dans l'insouciance habituelle des parties.

Il est un point de vue important sous lequel il y aurait intérêt à considérer encore les procès civils ; c'est la matière même des litiges. En attendant le perfectionnement dont il appartient à M. le garde des sceaux de donner l'exemple dans les travaux de statistique judiciaire, le département de la marine n'a point négligé de chercher quelques améliorations sous ce rapport. Un tableau de développement compris dans le présent compte offre donc la distinction des affaires dans chaque tribunal, suivant qu'elles sont sommaires ou non sommaires, de premier ou de dernier ressort, personnelles et mobilières, ou réelles et mixtes.

Le nombre des causes restant à juger dans les divers arrondissements des colonies a été, en 1834, de 579, sur un total de 4,910 affaires à juger ; 1835, de 382, sur un total de 4,617 ; 1836, de 358, sur un total de 4,388. — Moyenne, 440, sur un total de 4,638 affaires à juger.

La proportion est de moins d'un dixième ; en France, elle est de plus d'un tiers.

Le nombre total des causes restant à juger à la fin de chaque année ne doit point être considéré comme un arriéré proprement dit ; celui-ci se compose seulement des affaires qui ont plus de trois mois d'inscription au rôle. Il s'en est trouvé aux colonies, en 1834, 138 ; 1835, 157 ; 1836, 112. — Moyenne, 136. C'est moins d'un tiers des affaires restant à juger, et un 34e seulement, ou environ 3 pour 100 de la totalité des causes portées au rôle de l'année. En France, le chiffre des causes arriérées est à peu près égal aux deux tiers des affaires restant à juger, et il n'est pas moindre de 23 pour cent de la totalité du rôle ; cette proportion varie beaucoup entre les divers ressorts ; mais celui de la cour royale de Bastia est le seul où l'arriéré ne soit pas beaucoup plus considérable qu'aux colonies.

Le nombre des jugements préparatoires et interlocutoires s'est élevé aux colonies, en 1834, à 2,611 ; 1835, 1,076 ; 1836, 1,036. — Moyenne, 1,574. C'est environ 34 pour 100 du nombre total des affaires à juger ; et cette proportion est la même que dans le ressort de la cour royale de Montpellier ; elle est plus forte dans les ressorts d'Angers et de Bastia. Mais il convient de tenir compte d'une augmentation extraordinaire et non expliquée de plus de 1,500 jugements préparatoires pendant l'année 1834, en sus des travaux habituels du seul tribunal de la Pointe-à-Pitre ; en déduisant cette surcharge, la proportion se trouverait réduite pour les colonies à 23/100 du nombre des causes à juger, rapport moindre que celui qui a été constaté dans le ressort des cours de Nîmes, Besançon, Rennes, Bourges, Poitiers, Nancy, Aix, Limoges, Orléans, Montpellier, Angers et Bastia. On a remarqué, en France, que les jugements d'instruction se multipliaient surtout dans les ressorts les moins chargés d'affaires ; cette observation n'a point, aux colonies, une application générale ; on aurait, au contraire, à féliciter d'une juste proportion des décisions préparatoires dans la masse des affaires, suivant l'importance des tribunaux, si les deux tribunaux de Bourbon, et surtout celui de la Basse-Terre (Guadeloupe), n'offraient un excédant considérable. Les procédures d'ordre et de contribution sont, en général, terminées avec lenteur qui a excité l'attention de M. le garde des sceaux ; pour les ordres, la moyenne des procédures terminées n'est, en France, que de 43 pour 100 du nombre total ; elle est seulement de 37 pour 100 quant aux contributions. Le résultat offert par les tribunaux des colonies est le même en ce qui concerne les ordres : sur une moyenne de 102 procédures de cette espèce, il en a été terminé 44 ; mais le rapport est beaucoup plus favorable pour les colonies, en ce qui concerne les contributions, puisque, dans les trois années du présent compte, il en a été (moyennement) ouvert 46 et terminé 26 par année.

Aux colonies, où l'institution des tribunaux de commerce n'a point été introduite, les affaires commerciales sont jugées par les tribunaux civils, dont la tâche annuelle est ainsi accrue d'une manière notable. En France, les jugements commerciaux rendus par les tribunaux civils, dans les villes où il n'y a pas de tribunal de commerce, n'augmentent guère que d'un 8ᵉ la masse des affaires ; aux colonies, cet accroissement est de près d'un quart. Voici comment cette surcharge est répartie entre les divers tribunaux :

	1834.	1835.	1836.	MOYENNES.
1. Pointe-à-Pitre.	420	522	394	445
2. Saint-Pierre.	305	245	262	271
3. Fort-Royal.	91	92	141	108
4. Saint-Denis.	78	67	85	77
5. Cayenne.	56	44	50	50
6. Basse-Terre.	22	35	32	30
7. Marie-Galante.	23	25	13	20
8. Saint-Paul.	12	7	8	9
TOTAUX.	1,007	1,037	985	1,010
MOYENNES GÉNÉRALES.	126	130	123	126

Il résulte de ce relevé que les tribunaux ont, sous le rapport du nombre des causes commerciales à juger, le même ordre d'importance que leur assigne le nombre des affaires civiles ; et, en comparant ces chiffres à ceux de la métropole, on remarquera que la moyenne annuelle de 126 causes commerciales jugées par les tribunaux civils des colonies dépasse de moitié celle de 83, afférente aux 185 tribunaux civils jugeant commercialement dans la France continentale. On peut ajouter que la grande majorité des tribunaux de commerce institués en France n'a point une tâche spéciale aussi considérable que celle dont le tribunal de la Pointe-à-Pitre, et même celui de Saint-Pierre, ont à s'occuper accessoirement à leurs attributions civiles ; enfin, quelques tribunaux de commerce métropolitains ont moins d'affaires à juger que le tribunal civil de la Basse-Terre, et n'en ont guère plus que celui de Marie Galante. Les affaires de cette nature ont été terminées ainsi qu'il suit, tant aux colonies qu'en France :

	AUX COLONIES.				EN FRANCE.
	1834.	1835.	1836.	MOYENNES.	MOYENNES.
Sur 100 affaires, il en a été terminé :					
Par jugement contradictoire. . . .	37	26	35	33	29
Par jugement de défaut.	59	70	60	63	55
Par transaction, radiation, etc. . .	4	4	5	4	16

Il y a toujours, aux colonies, une plus grande proportion de jugements par défaut. Les appels déclarés contre les jugements des tribunaux de première instance forment, en matière civile et en matière commerciale, l'attribution spéciale des cours royales, dont j'aurai à examiner tout à l'heure les travaux. Mais le nombre et l'issue de ces appels, dans leur rapprochement comparatif avec les travaux des tribunaux de première instance, étant à l'égard de ceux-ci l'élément d'appréciation le plus certain, je m'en occuperai d'abord ici sous ce point de vue particulier. Le nombre des jugements coloniaux sujets à appel s'est élevé à 4,175 pour les trois années 1834, 1835 et 1836 ; les appels déclarés ont été de 1,407 ou 33 pour 100 du nombre total ; et ils ont donné lieu à 218 confirmations contre 100 infirmations ; d'où il résulte un rapport moyen de 67 pour 100 à 35 pour 100 : ce rapport est, en France, de 0,69 à 0,51 ; mais, sur les 27 cours royales du continent, il y en a 14 où la proportion des infirmations dépasse 35 pour 100. Après ce coup d'œil sur les appels, au point de vue des tribunaux de première instance, contre les décisions desquels ils sont dirigés, il y a lieu de les considérer par rapport aux cours royales qui les jugent. Les affaires de cette nature se sont réparties ainsi qu'il suit, entre les quatre colonies, de 1834 à 1836 :

	1834.	1835.	1836.	MOYENNES.
1. Martinique.	147	141	128	139
2. Guadeloupe.	100	113	88	100
3. Bourbon.	112	86	81	93
4. Guiane.	55	30	33	39
TOTAUX.	414	370	330	371
MOYENNES GÉNÉRALES. . . .	104	93	83	93

On peut remarquer de prime-abord, en rapprochant ces résultats de ceux que présentent les documents métropolitains, que la cour royale de la Guadeloupe est plus chargée d'affaires que celle de Bastia, et que la cour royale de la Martinique prime, sous ce rapport, celle d'Angers ; sous un point de vue plus général, la moyenne annuelle des causes civiles et commerciales jugées par les cours royales des colonies est seulement de 93 causes pour chaque cour : en France, le nombre moyen des affaires inscrites est de près de 400 par cour royale ; d'où il résulterait que la tâche annuelle des magistrats métropolitains est plus que quadruple de celle des magistrats coloniaux. Mais cette disproportion énorme n'est qu'apparente, car les juridictions de cet ordre sur le continent comptent, en totalité, 750 conseillers, et environ 63 conseillers auditeurs, ensemble 813 magistrats, ayant à juger un total moyen de 10,776 affaires, soit à peu près 13 affaires par magistrat. Les cours royales coloniales ne comptent ensemble que 30 conseillers et 11 conseillers auditeurs, total 41 magistrats, ayant à juger annuellement 371 affaires, soit environ 9 affaires par magistrat. Le nombre des affaires terminées est à peu près égal à celui des affaires inscrites : il se proportionne ainsi qu'il suit, quant au mode suivant lequel elles reçoivent leur solution :

	AUX COLONIES.				EN FRANCE.
	1834.	1835.	1836.	MOYENNES.	MOYENNES.
Sur 100 affaires, il en a été terminé :					
Par arrêts contradictoires.	86	77	77	80	68
Par arrêts de défaut.	5	14	13	11	9
Par transaction, radiation, etc. . .	9	9	10	9	23

On peut remarquer ici que la proportion des défauts, si considérable devant les justices de paix et les tribunaux de première instance, est fort petite au contraire devant les cours royales : l'importance des litiges triomphe alors de l'insouciance des parties et de la difficulté des déplacements. Toujours rendus en dernier ressort, les arrêts des cours royales sont néanmoins susceptibles d'être infirmés par la cour de cassation ; et le nombre relatif des pourvois, de même que la proportion des rejets et des annulations, offrent en général, à l'égard des arrêts des cours royales, un moyen d'appréciation intéressant. Le nombre des pourvois reçus à la cour de cassation contre des arrêts de cours royales des colonies a été seulement de 46 pour les trois années, sur une masse, de 4,955 arrêts contradictoires définitifs ; en France, pendant le même temps, il y a eu 1,430 pourvois sur 22,374 arrêts : ainsi, en France, le nombre annuel des pourvois formés contre les arrêts contradictoires définitifs des cours royales est d'environ un seizième ; il n'est pour les colonies que d'un cent huitième : la principale cause d'une proportion si faible est, sans doute, dans l'éloignement de ces possessions à l'égard du siége de la cour régulatrice. Quant à l'issue des pourvois formés, il résulte des comptes du département de la justice que, sur 100 pourvois, il y a, en France, 59 rejets et 41 admissions devant la section des requêtes ; et qu'arrivés devant la section civile, ces 41 pourvois admis donnent lieu à 17 nouveaux rejets, et à 24 cassations seulement. En ce qui concerne les colonies, la proportion des cassations doit être beaucoup plus élevée, car la rareté des pourvois donne lieu de présumer que généralement on n'a recours à cette juridiction qu'autant qu'on a de grandes chances de succès ; aussi trouve-t-on que les rejets devant la section des requêtes ne figurent que pour 55 centièmes des pourvois, et que, sur les 47 centièmes restants, la section civile rejette encore 16 centièmes ; d'où il résulte, en définitive, que les cassations s'élèvent à 41 centièmes des pourvois. Mais ces proportions sont calculées sur des chiffres trop faibles pour qu'elles puissent être regardées, quant à présent, comme une expression suffisamment approximative du résultat des pourvois formés contre les arrêts des cours royales des colonies. Ce n'est que par l'accumulation des données annuelles qu'il sera possible d'obtenir des indications moins incertaines. C'est, en effet, la condition générale de tous les travaux statistiques, que leurs résultats n'acquièrent de certitude et d'autorité qu'avec le temps et en raison de la multiplicité des éléments d'où ils sont déduits.

Tel est, Sire, l'aperçu général des travaux judiciaires de la magistrature coloniale, en matière civile et en matière commerciale, pendant les trois années 1834, 1835 et 1836. Je me suis attaché à montrer, quant à la somme du travail, le rang qui appartient à chaque juridiction, parallèlement aux juridictions du même ordre dans la mère-patrie ; et ce rapprochement, quoique difficile et incomplet à beaucoup d'égards, suffit, du moins pour constater que, sous aucun rapport, les tribunaux civils de nos colonies ne sont au-dessous de la tâche que leur a imposée la confiance de Votre Majesté. Mais ce travail ne peut offrir, sur les habitudes morales des justiciables, des indices comparables à ceux qu'il y a lieu de déduire de la statistique criminelle, dont il me reste à entretenir Votre Majesté.

Justice répressive.

Si, dans le travail relatif à la *justice civile*, il n'a dû être tenu compte que de la population libre, la seule qui ait aux colonies des intérêts civils, il n'en est pas ainsi, en ce qui concerne la *justice répressive*, qui s'applique nécessairement aux deux classes de la population. Toutefois, ce double élément de population, et l'état en quelque sorte intermédiaire du nouvel affranchi, qui, bien qu'appelé de primeur abord à jouir de tous les droits de l'homme libre, conserve nécessairement encore quelques-unes des habitudes de l'esclave ; les conflits particuliers qui doivent résulter du contact continuel de ces divers éléments de population ; enfin la législation pénale qui régit spécialement les esclaves : tout cela constitue, quant aux colonies, sous le rapport de la justice criminelle, de graves distinctions, qui ne doivent pas être perdues de vue dans l'appréciation des détails, et qui empêchent d'attacher trop d'importance à la comparaison des résultats coloniaux avec les résultats métropolitains. A l'exemple du compte de la justice criminelle annuellement présenté à Votre Majesté par M. le garde des sceaux, les tableaux corrélatifs du présent compte sont distribués en six sections : 1° travaux des cours d'assises ; 2° affaires correctionnelles ; 3° récidives ; 4° affaires de simple police ; 5° marche et durée de l'instruction criminelle ; 6° pourvois en cassation. Grâce aux commutations et réductions de peines. Les cours d'assises étant saisies des faits les plus graves, c'est sur les travaux de cette juridiction que l'attention est surtout éveillée ; aussi tiennent-ils le plus de place dans la série de tableaux que j'ai l'honneur de mettre sous les yeux du roi ; le nombre et la nature des crimes, la proportion des condamnations, la distinction des accusés libres ou esclaves, suivant le sexe, l'âge, et, pour les premiers, l'état civil et de famille, le degré d'instruction, la profession, en forment la partie principale. Les sept cours d'assises coloniales ont été saisies, pendant les trois années 1834, 1835 et 1836, d'une somme totale de 407 accusations ainsi réparties :

	1834.	1835.	1836.	MOYENNES.
Saint-Pierre (Martinique).	27	27	33	29
Point-à-Pitre (Guadeloupe).	31	23	17	24
Saint-Denis (Bourbon).	18	27	24	23
Fort-Royal (Martinique).	15	21	23	20
Basse-Terre (Guadeloupe).	14	11	19	15
Saint-Paul (Bourbon).	12	17	14	14
Cayenne (Guiane).	15	10	9	11
TOTAUX.	132	136	139	136
MOYENNES GÉNÉRALES.	19	19	20	19

La moyenne de 19 accusations par cour d'assises est égale à celle qu'offre, en France, la cour d'assises de la Creuse, et supérieure à celle de 12 accusations, que présente la cour d'assises des Hautes-Alpes; mais la tâche annuelle des cours d'assises est généralement beaucoup plus considérable en France, puisqu'elle atteint une moyenne de 60 accusations. En distinguant les crimes, suivant qu'ils s'attaquent aux personnes ou aux propriétés, on trouve la proportion des premiers répartie ainsi qu'il suit entre les divers ressorts de cours d'assises des colonies.

	1834.	1835.	1836.	MOYENNES.
Sur 100 crimes, il en a été commis sur les personnes :				
Saint-Paul (Bourbon).	42	59	50	50
Saint-Pierre (Martinique).	48	48	45	47
Pointe-à-Pître (Guadeloupe).	55	39	47	47
Saint-Denis (Bourbon).	28	44	41	38
Fort-Royal (Martinique).	13	38	39	30
Cayenne (Guiane).	47	40	»	29
Basse-Terre (Guadeloupe).	36	9	31	25
MOYENNES GÉNÉRALES.	38	40	36	38

En France, la moyenne des crimes de même nature, énoncée dans le travail du département de la justice, a été de 30 pour 100 en 1834, de 34 en 1835, et de 29 en 1836, ce qui donne une moyenne générale de 31 pour 100 sur les trois années; cette proportion est plus favorable que le résultat obtenu aux colonies; mais le caractère des populations réunies sur le territoire français produit une grande diversité dans le rapport des deux classes de crimes, et, si l'on concentre son attention sur les départements méridionaux, où doivent plus naturellement se trouver des analogies de caractère avec les populations de nos colonies, on trouvera les crimes contre les personnes proportionnellement beaucoup plus nombreux, non seulement que dans les départements du nord, mais encore que dans les colonies elles-mêmes; il suffit d'en indiquer les exemples suivants :

	1834.	1835.	1836.	MOYENNES.
Sur 100 crimes, il en a été commis contre les personnes :				
Corse.	85	92	87	88
Pyrénées-Orientales.	55	59	56	57
Ariége.	39	61	61	54
Lot.	60	53	47	53
Haute-Loire	45	40	55	50
Lozère.	32	55	57	48
Isère.	46	53	37	45
Ardèche..	46	39	47	44
Hautes-Alpes.	45	31	50	42
Basses-Pyrénées..	40	50	37	42
Puy-de-Dôme.	37	52	34	41

On voit que le maximum accidentel de 59 pour 100, qui s'est présenté, en 1835, dans une de nos colonies, est atteint ou dépassé par celui qu'ont offert diverses cours d'assises de la France continentale. Sur les 407 accusations portées, dans les trois années, devant les cours d'assises coloniales, 164 ont été admises en entier; 131 ne l'ont été qu'en partie, savoir : 20 en laissant au fait poursuivi le caractère de crime, et 111 en lui donnant le caractère d'un simple délit; 112 ont été complètement écartées. La proportion moyenne qui en résulte n'est point la même chaque année, et elle n'est pas non plus la même qu'en France, ainsi que le montre le relevé ci-après :

| | AUX COLONIES. | | | | EN FRANCE. |
	1834.	1835.	1836.	MOYENNES.	MOYENNES.
Sur 100 accusations, il en a été :					
Admis entièrement.	45	39	37	40	43
Modifié en laissant au fait le caractère de crime.	4	6	6	5	9
Modifié en donnant au fait le caractère de délit.	25	24	32	27	17
Rejeté entièrement.	26	31	25	28	31

Les 407 accusations ont amené devant les cours d'assises 849 accusés, c'est-à-dire une moyenne annuelle de 283 accusés, laquelle, comparée à la population totale, offre la proportion d'un accusé par 1,308 âmes : proportion forte, quoique inférieure cependant à celle qu'offre en France le ressort de la cour d'assises de la Seine, où l'on compte un accusé par 1,265 habitants. Des 849 accusés, 380 étaient traduits en justice pour des crimes contre les personnes, et 469 pour des crimes contre la propriété ; ce qui donne, pour les premiers, la proportion de 45 sur 100 ; l'élévation de ce chiffre doit être attribuée en majeure partie, à quelques attentats contre l'ordre social des colonies, dont on a rapporté la cause au retentissement des vues d'émancipation qui dès lors préoccupaient de généreux esprits dans la mère-patrie. En 1834, où deux affaires de cette nature ont fait comparaître 93 accusés devant les cours d'assises de Saint-Pierre (Martinique) (1) et de la Basse-Terre (Guadeloupe), la proportion des accusés de crimes contre les personnes s'est élevée jusqu'à 55 pour 100, tandis qu'elle n'a été que de 38 pour 100 dans les deux autres années.

Considérés sous le rapport des sexes, les 849 accusés se partagent en 771 hommes et 78 femmes, d'où il suit que ces dernières ne comptent moyennement que pour neuf centièmes sur le nombre total des accusés ; ce rapport était de 7 en 1834, de 10 en 1835, de 11 en 1836. En France, la proportion des femmes est plus considérable ; on en comptait 17 pour 100 en 1834, pareil nombre en 1835 et 29 pour 100 en 1836 : moyenne des trois années, 18 pour 100. En établissant la proportion des femmes non plus sur le total des accusés, mais successivement sur le nombre d'accusés de crimes contre les personnes et de crimes contre les propriétés, on reconnaît qu'elles comptent, dans le premier cas seulement, pour six centièmes, tandis qu'on en trouve

11 à 12 pour 100 dans le second cas : résultat conforme à ceux que fournit sur ce point la statistique judiciaire de la métropole. Sous le rapport de l'âge, les accusés se trouvent répartis ainsi : 48 n'avaient pas 16 ans ; 228 avaient de 16 à 25 ans ; 283 avaient de 25 à 35 ans, et 197 étaient plus âgés ; l'âge des 93 autres n'est point constaté. Ces chiffres, comparés à ceux de France, et en ne tenant compte que des âges connus, offrent les résultats suivants :

Sur 100 accusés, il y en a :

	AUX COLONIES.	EN FRANCE.
De moins de 25 ans. .	36	34
De 25 à 35 ans. . .	38	32
Au-dessus de 35 ans. .	26	34

Dans les climats où, comparativement à la France, l'adolescence est plus précoce et la vie généralement moins longue, on devait s'attendre à trouver la proportion des jeunes accusés plus forte, celle des hommes mûrs beaucoup moindre ; les chiffres qui constatent la criminalité par séries d'accusés du même âge peuvent servir à une utile recherche dans la limite moyenne qui, de part et d'autre, sépare les accusés en deux groupes à peu près égaux, ou, en d'autres termes, détermine le point où la progression de criminalité s'arrête pour décroître ensuite ; cette limite, aux colonies comme en France, est inférieure à 30 ans et supérieure à 25 ans, mais diversement placée entre ces deux termes : en effet, sur 100 accusés, on en compte.

	AUX COLONIES.	EN FRANCE.
De moins de 30 ans. .	55	52
De plus de 30 ans. . .	45	48

La proportion dans laquelle se présentent, en les classant par âge, les accusés de crimes contre les personnes et les accusés de crimes contre les propriétés, peut être résumée ainsi qu'il suit, comparativement aux résultats de la métropole :

(1) Affaire de la Grande-Anse, comprenant, à elle seule, 88 accusés.

	AUX COLONIES.		EN FRANCE.	
	contre les personnes.	contre les propriétés.	contre les personnes.	contre les propriétés.
Sur 100 accusés :				
De moins de 21 ans.	40	60	18	82
De 21 à 30 ans.	47	53	30	70
De 30 à 40 ans.	49	51	28	72
De 40 à 50 ans.	51	49	23	77
De 50 à 60 ans.	52	48	28	72
De plus de 60 ans..	67	33	32	68

On voit que la proportion des accusés de crimes contre les personnes suit, dans les colonies, une progression constamment croissante avec l'âge, tandis qu'en France il existe, de 21 à 45 ans, une période de décroissement presque symétriquement balancée par la période croissante qui vient ensuite. La statistique criminelle de la métropole tient grand compte de la position civile et de famille des accusés, et les mêmes distinctions ont été consignées, pour les colonies, dans les tableaux que j'ai l'honneur de mettre sous les yeux de Votre Majesté. Cependant il est une circonstance qui doit modifier beaucoup la portée de ces indications, c'est qu'à très-peu d'exceptions près l'esclave n'a point de famille légalement constituée : il y a donc peu d'intérêt à rapprocher des chiffres où, d'une part, l'esclave grossirait constamment le nombre des célibataires, et souvent celui des invidus vivant dans le concubinage, tandis que, d'autre part, ces indications de célibat et de concubinage constatent généralement une vie de désordre et d'instabilité. Il convient donc, sous ce point de vue, de distinguer d'abord les accusés d'après la classe de population à laquelle ils appartiennent. Sur les 849 accusés poursuivis pendant les trois années du présent compte, 375 étaient libres, 474 esclaves; en comparant respectivement ces nombres à la masse des populations libre et esclave, on trouve :

	1834.	1835.	1836.	MOYENNES.
Un accusé libre sur.	621	1,120	1,046	929
Un accusé esclave sur.	1,754	1,470	1,788	1,671

Mais il y a lieu de rappeler qu'en 1834 des crimes politiques ont doublé le nombre des accusés libres, et changé ainsi la proportion qu'il convient de prendre pour élément d'un calcul statistique; en écartant cette donnée purement accidentelle, il faudrait compter seulement, en 1834, 1 accusé sur 1,287 habitants libres, et, pour la moyenne des trois années, 1 accusé sur 1,151 habitants libres. Sur 100 accusés, 44 sont des libres et 56 des esclaves; sur 100 libres, 43 sont poursuivis à raison d'attentats contre les personnes et 57 pour atteintes à la propriété; sur 100 accusés esclaves, la proportion de ces deux ordres de coupables est de 55 à 65 : c'est la même que celle qui a été constatée plus haut à l'égard des femmes. En se bornant à considérer les accusés libres sous le rapport de l'état civil et de la position de famille, et en défalquant 25 accusés dont l'état est inconnu, on aura, sur un total de 350 accusés, pour les trois années 1834, 1835 et 1836, 292 célibataires et 58 mariés ou veufs, dont 45 ayant des enfants et 13 sans enfants; ces chiffres, comparés entre eux et avec les résultats métropolitains, offrent les proportions suivantes :

Sur 100 accusés, il y en a :

	AUX COLONIES.	EN FRANCE.
Célibataires.	83	59
Mariés ou veufs ayant des enfants.	13	33
Mariés ou veufs sans enfants.	4	8

D'où il suit que, dans les colonies, la différence est plus tranchée encore qu'en France entre le nombre des accusés célibataires et celui des accusés mariés ou veufs; mais il ne faut pas perdre de vue que, dans le nombre des célibataires, figurent ici des individus sortis depuis plus ou moins de temps de l'esclavage, et à l'égard desquels on ne peut raisonnablement tirer aucune induction morale de cette qualification de célibataire. Sous le point de vue de la nationalité et du domicile, la grande majorité des accusés poursuivis étaient nés et domiciliés dans le ressort de la cour d'assises où ils ont été jugés ; les nombres relatifs à ce mode de classement pour une année moyenne , soit en comprenant dans le calcul tous les accusés sans distinction, soit en le restreignant aux seuls accusés libres, se proportionnent ainsi qu'il suit :

	AUX COLONIES.		EN FRANCE.
	Pour la totalité des accusés.	Pour les accusés libres seulement.	
Sur 100 accusés, il y a eu :			
Nés et domiciliés dans le ressort.	62	73	71
Domiciliés dans le ressort , et nés ailleurs. . . .	33	20	17
Nés et domiciliés hors du ressort.	4	3	6
Sans domicile fixe.	»	»	2
Étrangers.	1	4	4

Il en résulte qu'en considérant exclusivement les accusés libres des colonies, le rapport mutuel des catégories entre lesquelles ils sont ici distribués se rapproche beaucoup plus de celui que présentent les documents métropolitains. Des 849 accusés traduits en justice pendant les trois années du compte, 417 habitaient des communes rurales et 432 des communes urbaines ; la proportion est de 49 pour 100 quant aux premiers, et de 51 pour 100 quant aux seconds ; on obtient le même rapport, soit pour la totalité des accusés libres et esclaves, soit pour chacune de ces deux classes séparément. La population urbaine comptant pour un quart de la population coloniale , il en résulte que la proportion des accusés est de 1 sur 2,000 âmes de population rurale et de 1 sur 645 âmes de population urbaine ; en France , la proportion est de 1 accusé sur 2,128 habitants dans le premier cas et de 1 accusé sur 869 habitants dans le second cas : ce qui montre que c'est presque entièrement sur la population urbaine que porte le surcroît de criminalité que j'ai dû constater plus haut à l'égard des colonies, comparativement au résultat moyen obtenu pour la France continentale. Il est un nouveau point de vue sous lequel il y a lieu de considérer encore les accusés : je veux parler de leur degré d'instruction. Sur les 849 accusés portés au présent compte, 677 (comprenant la presque totalité des esclaves) ne savaient ni lire ni écrire ; 62 (dont trois esclaves seulement) savaient lire et écrire imparfaitement ; des 110 autres (tous libres), 74 savaient bien lire et écrire et 36 avaient reçu une instruction supérieure à ce premier degré. En déterminant la proportion dans laquelle chacun de ces nombres entre dans le chiffre total, soit pour la population entière sans distinction de libres ni d'esclaves, soit exclusivement pour la population libre, et en rapprochant ces résultats de ceux de la métropole, on obtient le résumé comparatif suivant :

	AUX COLONIES.		EN FRANCE.
	Sur la totalité des accusés.	Sur les accusés libres seulement.	
Sur 100 accusés, il y a :			
Ne sachant ni lire ni écrire.	80	55	58
Sachant lire et écrire imparfaitement.	7	16	30
Sachant bien lire et écrire.	9	20	9
Ayant reçu une éducation supérieure.	4	9	3

NOTA. Dans ces rapprochements et dans ceux qui suivent, ces deux dernières catégories ne comprennent que des personnes libres.

Ces proportions varient suivant l'âge des accusés ; en ne s'occupant ici que des libres, on constate que, sur le nombre des accusés âgés de moins de 21 ans, il y en a 67 pour

100 ne sachant ni lire ni écrire; de 21 à 40 ans, on en trouve 50 pour 100; au-dessus de 40 ans, 54 pour 100. Sous le rapport des sexes, sur 100 accusés on en compte, parmi les hommes, 59 ne sachant ni lire ni écrire; la proportion est de 70 sur 100 parmi les femmes. Et si l'on recherche quelle est, suivant le degré d'instruction, comme on l'a fait plus haut pour les âges, la tendance de la criminalité à s'attaquer aux personnes ou aux propriétés, on trouvera les résultats suivants à mettre en parallèle avec ceux qu'a procurés la statistique métropolitaine.

	AUX COLONIES.		EN FRANCE.	
	Crimes contre les personnes.	Crimes contre les propriétés.	Crimes contre les personnes.	Crimes contre les propriétés.
Sur 100 accusés :				
Ne sachant ni lire ni écrire.	58	42	26	74
Sachant lire et écrire imparfaitement. . . .	53	47	28	72
Sachant bien lire et écrire.	55	45	28	72
Ayant reçu une éducation supérieure. . . .	58	42	35	65

Mais je rappellerai ici que, dans ces calculs, figurent un nombre considérable d'accusés de crimes politiques, qu'il conviendrait peut-être d'en écarter; les proportions successives de 58, 53, 55 et 58 pour 100, afférentes au nombre des accusés de crimes contre les personnes, seraient alors remplacées par celles de 37, 40, 50 et 58 pour 100 qui se succèdent dans une progression croissante, ainsi que cela a pareillement lieu en France. La profession des accusés et les circonstances dans lesquelles elle est exercée peuvent aussi avoir, sur les tendances de la criminalité, une influence qu'il importe de rechercher; sur les 849 accusés, 20 seulement ont été indiqués comme vivant dans une complète oisiveté; 235 travaillaient pour leur propre compte et 594 pour le compte d'autrui; ainsi, sur 100 accusés, on en trouve :

	AUX COLONIES.	EN FRANCE.
Travaillant pour leur propre compte.	22	32
Travaillant pour le compte d'autrui.	70 (1)	52
Vivant dans l'oisiveté.	2	16

Parmi les premiers, en écartant du calcul les accusés de crimes politiques, la proportion des accusés de crimes contre les personnes est de 49 pour 100; elle est seulement de 34 pour 100 parmi les seconds; quant aux derniers, le nombre en est trop petit pour qu'on en puisse tirer, quant à présent, aucune induction plausible. Les tableaux annexés au présent compte offrent, sous divers aspects, le classement des accusés, suivant leur genre de profession, en neuf catégories principales, à l'exemple des divisions adoptées pour le même objet par M. le gardes des sceaux. On y trouve les éléments de comparaisons nombreuses et variées, de manière à déterminer tour à tour quelle proportion d'accusés chaque profession fournit à la masse commune, dans quel rapport se trouvent, dans chaque catégorie, les crimes contre les personnes et les crimes contre les propriétés; quelle part, dans chacun de ces cas, il faut faire à la population libre, quelle part à la population esclave, et autres rapprochements d'où les sciences morales et politiques peuvent tirer des inductions d'un plus ou moins grand intérêt.

Jusqu'ici je n'ai entretenu Votre Majesté que des accusations et des accusés; j'ai maintenant à lui faire connaître les résultats des poursuites. Sur les 849 accusés jugés contradictoirement pendant le cours des trois années réunies dans le présent compte, 534 ont été condamnés, savoir :

(1) Dont 14 libres et 56 esclaves.

	CRIMES communs.	CRIMES politiques.
A mort.	12	15
Aux travaux forcés à perpétuité.	27	6
Aux travaux forcés à temps.	140	3
A la réclusion.	25	1
Au bannissement perpétuel.	»	29
A la détention.	»	3
A des peines correctionnelles.	242	9
A la surveillance de la haute police, sans autre peine.	»	16
Enfants à détenir par voie de correction.	6	»
	452	82

534

Les condamnations correctionnelles comptent, dans le total, pour plus de moitié; le nombre s'en est considérablement accru en 1836, où il a été de près des deux tiers; conséquence de l'application aux colonies, par la loi du 22 juin 1855, des modifications apportées en France, en 1832, aux dispositions du Code pénal de 1810. Cette influence d'une législation plus douce n'est cependant appréciable que sur le nombre des condamnés de la classe libre; car, pour les esclaves, la législation pénale qui leur est spécialement applicable, tout en armant le juge de moyens très-sévères de répression, fait en même temps une large part à l'indulgence, surtout en ce qui concerne les crimes qui ne portent atteinte qu'à la propriété; en sorte que l'atténuation des peines à l'égard des esclaves n'est point l'exercice d'une faculté nouvelle, mais la continuation d'un ordre de choses qui a pour lui la sanction du temps et de l'expérience. Des 27 condamnés à mort, 11 seulement ont été exécutés; 10 étaient coupables d'assassinat; 1 d'empoisonnement; les 16 autres condamnés ont obtenu de la clémence royale la commutation de leur peine, savoir : 1 esclave coupable d'assassinat, en celle des travaux forcés à perpétuité; les 15 autres, coupables de crime politique, en celle des travaux forcés à temps, commuée elle-même bientôt en une détention temporaire. Sur la totalité des accusés, la proportion des acquittements a été de 57 pour 100; celle des condamnés, de 65 pour 100, dont 30 ont été frappés de peines afflictives et infamantes, et 35 de simples peines correctionnelles. Mais, si l'on écarte les accusations de crimes politiques, on trouve sur 100 accusés 38 acquittés, 28 condamnés à des peines afflictives et infamantes, et 34 condamnés à de simples peines correctionnelles. Cette proportion varie pour chacune des classes de population : car, sur 100 accusés libres, on compte 48 acquittés, 16 condamnés à des peines infamantes, et 36 condamnés à des peines correctionnelles; tandis que, sur 100 accusés esclaves, ces proportions sont exprimées par les nombres 52, 35 et 33. Les acquittements se répartissent ainsi qu'il suit, relativement au degré d'instruction des accusés :

Sur 100 accusés :	AUX COLONIES.	EN FRANCE.
Entièrement illettrés, il en a été acquitté.	34	33
Sachant lire et écrire imparfaitement.	51	38
Sachant bien lire et écrire.	48	43
Ayant reçu une instruction supérieure.	58	57

En France la répression des crimes contre les personnes est généralement moins forte que celle des crimes contre les propriétés : la proportion des acquittés est de 54 sur 100 parmi les premiers, et de 33 seulement parmi les seconds. Une différence analogue se fait aussi remarquer aux colonies; mais elle est moins considérable, puisqu'elle se renferme entre 59 acquittés sur 100 dans le premier cas, et 35 sur 100 dans le second. En établissant la comparaison entre les diverses espèces de crimes prises séparément, on obtient les moyennes indiquées dans le résumé suivant, borné aux crimes les plus graves ou les plus fréquents.

	AUX COLONIES.	EN FRANCE.
	MOYENNES des 3 années.	MOYENNES de 10 années.
Sur 100 accusés pour chaque espèce de crimes, il en a été acquitté, savoir :		
Empoisonnement.	71	60
Meurtre.	62	51
Vols.	61	31
Faux.	55	50
Infanticide.	42	49
Blessures graves.	34	57
Assassinat.	30	41
Blessures envers des ascendants ou envers des libres (de la part des esclaves).	29	47
Viol (principalement sur des enfants).	9	37

On voit que l'échelle croissante de répression, bien qu'offrant aux colonies plusieurs analogies avec les résultats métropolitains, ne suit pas néanmoins une progression uniforme; ainsi l'empoisonnement est le crime sur lequel, de part et d'autre, porte le minimum de la répression, mais le maximum s'applique, dans les colonies, au crime de viol, tandis qu'il tombe en France, sur les vols. Au surplus, le nombre de crimes sur lequel a été calculée la proportion est trop peu considérable pour qu'il soit possible de présenter ces chiffres comme autre chose qu'un premier aperçu, destiné à se modifier par les résultats que procureront les travaux des années ultérieures. Les cours d'assises, toujours moins sévères à l'égard des femmes, en ont acquitté 53 sur 100, tandis que, pour les hommes, les acquittements ont à peine été de 36 sur 100 accusés. Sous le rapport de l'âge, la différence est moins tranchée : sur 100 accusés âgés de moins de 21 ans, il y a eu 44 acquittés, et moins de 40 sur les accusés plus âgés. Outre les accusés qui ont pu être mis sous la main de la justice, les cours d'assises coloniales ont eu à s'occuper, dans les trois années 1834, 1835 et 1836, de 52 affaires poursuivies contre 115 accusés contumax, dont 66 libres et 49 esclaves : sur ce nombre, 6 accusés, dont 4 libres et 2 esclaves ont seuls été acquittés ; les autres ont été jugés avec la sévérité habituelle en ces sortes de procédures, et il a été prononcé contre eux 52 condamnations à mort. Les contumax repris et jugés contradictoirement ont éprouvé, au contraire, l'indulgence des cours d'assises devant lesquelles ils ont comparu : dans 6 affaires contre 6 accusés, 4 ont été acquittés, et les 2 autres punis seulement de peines correctionnelles.

Divers renseignements ont encore, à l'exemple de ce qui a eu lieu au département de la justice, été consignés dans les tableaux ci-joints, comme éléments d'appréciation des influences que les saisons et le climat, ou certaines passions déterminées, peuvent avoir sur la criminalité, avec des indications sur les instruments et les moyens qui ont servi à commettre les crimes capitaux. Ce n'est qu'après avoir accumulé les documents de cette nature qu'on en pourra faire un sujet de méditation et de calcul de quelque portée. Après ce coup d'œil général sur les travaux des cours d'assises, je vais offrir à Votre Majesté un résumé rapide de ceux qui se sont accomplis dans les autres juridictions de nos colonies. Les affaires correctionnelles sont déférées, suivant leur nature, aux cours royales ou aux tribunaux de première instance : les délits communs forment l'attribution des premières, les délits spéciaux de douane et de commerce étrangers sont jugés en premier ressort par les seconds. Les chambres correctionnelles des quatre cours royales ont été saisies, dans les trois années du présent compte, de 1,009 affaires ainsi réparties :

	1834.	1835.	1836.	MOYENNES.
Martinique.	98	159	125	127
Guadeloupe.	82	139	88	103
Bourbon.	69	100	85	85
Guiane.	25	16	23	21
TOTAUX.	274	414	321	336
MOYENNES GÉNÉRALES.	91	138	107	112

Ces 1.009 affaires ont été poursuivies contre 1,431 prévenus, dont 1,121 libres, et seulement 310 esclaves; parmi ceux-ci, 221 appartenaient à la colonie de Bourbon; les 89 autres se répartissent ainsi entre les trois colonies d'Amérique : la Guiane en compte 46, la Guadeloupe 24 et la Martinique 19. Cette extrême inégalité entre nos colonies, dans la répression des délits des esclaves par voie correctionnelle, semble indiquer qu'à Bourbon l'autorité disciplinaire du maître, à l'égard de ceux-ci, intervient beaucoup plus rarement que dans nos colonies d'Amérique. Parmi les prévenus se trouvaient 193 femmes, ce qui donne la proportion de 13 sur 100. Les délits les plus nombreux ont été, en première ligne, les coups et blessures (359 affaires, 500

prévenus), puis les vols (220 affaires, 286 prévenus, dont 230 esclaves), ensuite les outrages et violences envers des fonctionnaires ou agents de la force publique (135 affaires, 162 prévenus), et encore les contraventions en matière de contributions publiques (132 affaires, 134 prévenus); tous les autres délits n'ont donné lieu ensemble qu'à 163 poursuites contre 259 prévenus. La grande majorité de ces affaires étaient poursuivies directement par le ministère public, 74 seulement ont été introduites par les parties civiles.

Les acquittements se sont élevés à 502, ce qui, pour 1,431 inculpés, offre le rapport de 35 sur 100. Les condamnations ont frappé 929 prévenus, dans les proportions suivantes :

	1834.	1835.	1836.	TOTAUX.
Emprisonnement d'un an et plus. . . .	30	23	26	79
Emprisonnement de moins d'un an. . .	141	189	176	506
Chaîne de police pour un an et plus. . .	14	10	2	26
Chaîne de police pour moins d'un an. .	79	37	28	144
Fouet, sans autre peine.	7	11	4	22
Amende seule.	34	40	78	152
TOTAUX GÉNÉRAUX.	305	310	314	929

Quant aux délits spéciaux de douane et de commerce étranger, dont la connaissance est attribuée aux tribunaux de première instance jugeant correctionnellement, le nombre total des affaires a été de 86 pour les trois années; le nombre des prévenus a été de 77, celui des acquittés de 20, celui des condamnés de 24; des transactions ont été opérées avant jugement dans 10 affaires; pour le surplus, il y a eu simple confiscation des objets saisis, les délinquants étant restés inconnus. 2 appels seulement ont été interjetés contre des jugements de cette espèce, lesquels ont été confirmés. Une série de 9 tableaux, formant la troisième section du compte de la justice répressive, est consacrée aux récidivistes, tant en matière criminelle qu'en matière correctionnelle. Il en résulte que, parmi les 849 accusés jugés par les cours d'assises coloniales, en 1834, 1835 et 1836, 43 avaient subi des condamnations antérieures, savoir : une seule condamnation correctionnelle, 26; deux condamnations correctionnelles, 5; une seule condamnation infamante, 8; deux condamnations, la première correctionnelle, la deuxième infamante, 1; deux condamnations infamantes, 2; trois condamnations, dont deux infamantes et une correctionnelle, 1; total égal, 43. Sur ce nombre, il y a eu 9 acquittés, ou environ 21 pour

100, proportion qui est à peu près la même qu'en France. Parmi les 1,431 prévenus poursuivis pendant la même période devant les chambres correctionnelles, il s'en trouvait 59 en état de récidive, dont 3 seulement ont été acquittés. Devant les tribunaux de simple police, 4,273 affaires ont été poursuivies pendant les trois années du présent compte, savoir : 3,922 à la requête du ministère public et 351 seulement par parties civiles. Elles ont été dirigées contre 5,168 inculpés, sur le nombre desquels 1,050 (c'est-à-dire 20 sur 100) ont été acquittés; cette juridiction s'est déclarée incompétente à l'égard de 67 autres, et il y a eu 4,051 condamnés, dont 516 à l'emprisonnement avec ou sans amende et 3,535 à l'amende seule. Sur les 4,273 jugements rendus, 44 seulement ont donné lieu à l'appel; de ceux-ci 25 ont été confirmés et 19 infirmés. D'un autre côté, le ministère public a déféré, dans l'intérêt de la loi, à la censure des cours royales 44 autres jugements rendus en dernier ressort, et, à l'égard de ces derniers, il y a eu 8 rejets et 36 annulations; le total des jugements de police, qui, de part et d'autre, ont ainsi été frappés d'une infirmation quelconque, se réduit donc à 55, ce qui n'est guère plus d'un centième des jugements rendus. Pour compléter le compte de l'administration ble la justice répressive dans nos colonies, se dois encore faire connaître à Votre Majesté les travaux de police judiciaire dévolus au ministère public, aux juges d'instruction lieutenant de juges et aux chambres d'accusation. Les procureurs du roi ont eu à s'occuper, dans le cours des trois années, de 4,822 plaintes, dénonciations ou procès-verbaux, ce qui offre une moyenne annuelle de 1,607 affaires, ainsi réparties : classées au parquet sans poursuites, 709 ; renvoyées devant la juridiction compétente, 157 ; communiquées aux juges d'instruction, 372, transmises directement aux procureurs généraux, 278 ; restées en suspens, 91 ; total égal, 1,607. De leur côté, les procureurs généraux ont eu à s'occuper d'un total de 2,263 affaires pour les trois années, soit moyennement 754 affaires par an, dont 557 provenaient des procureurs du roi et des juges d'instruction, et le surplus avait été reçu directement ou connu par la poursuite des parties civiles. Elles sont ainsi réparties, quant à la suite qui leur a été donnée : classées au parquet sans poursuites, 157 ; renvoyées à l'instruction, 4 ; portées directement à la chambre correctionnelle, 209 ; renvoyées devant une autre juridiction, 6 ; soumises à la chambre d'accusation, 377 ; laissées en suspens, 21 ; total égal, 754. L'ensemble des plaintes et dénonciations laissées sans poursuites, s'élevant à 2,538, soit moyennement 846 par année, ou à peu près la moitié du nombre total des affaires (déduction faite des doubles emplois), se répartit ainsi : faits dont les auteurs sont restés inconnus, 209 ; faits non coupables, 163 ; faits coupables, mais sans gravité, 253 ; faits écartés à défaut de preuves, etc., 221. Total égal, 846.

A ce tableau doit être joint celui des morts accidentelles, des suicides et des duels venus à la connaissance du ministère public, qui a dû en vérifier les circonstances. Dans les trois années du présent compte, il y a eu en somme 240 morts accidentelles 78 suicides et 28 duels, dont 16 suivis de mort. Les détails consignés au présent compte montrent que, sur 240 morts accidentelles qui ont frappé 19 libres et 221 esclaves, plus de la moitié, quant aux premiers, a eu lieu par apoplexie, et, quant aux seconds, par submersion dans les torrents débordés. Sur les 78 suicidés, 15 étaient libres, 63 esclaves ; pour les premiers, moitié s'est donné la mort par strangulation ou suspension, et moitié par l'emploi des armes à feu ; plus de moitié des esclaves a eu recours à la strangulation ou suspension : les motifs présumés de ces actes de désespoir sont trop incertains pour qu'on en puisse tirer aucune induction. Quant aux juges d'instruction, il leur est parvenu, dans les trois années, un total de 1,180 affaires, d'où se déduit une moyenne annuelle de 393 affaires : il en est instruit dans l'année 375 ; une seule donne lieu à évocation, et il en reste 7 en cours d'instruction. Reprenant la moyenne de 377 affaires par an, soumises aux chambres d'accusation, on trouve que les décisions intervenues se proportionnent ainsi qu'il suit : renvois aux assises, 146 ; en police correctionnelle, 136 ; en simple police, 3 ; devant une autre juridiction, 1 ; arrêts de non lieu à suivre, 91. Total égal, 377. Outre les 273 arrêts de non lieu à suivre, qui, pendant ces trois années, ont renvoyé des poursuites tous les prévenus sans distinction, il a été rendu 136 autres arrêts déchargeant une partie seulement des prévenus ; il en résulte une somme de 409 arrêts qui ont renvoyé des poursuites 728 prévenus, sur le nombre duquel 264 seulement avaient été arrêtés avant l'instruction, et avaient subi une détention préventive ainsi graduée :

	RENVOYÉS des poursuites par les chambres d'accusation.	ACQUITTÉS ou condamnés à l'amende seule par les chambres correctionnelles.	ACQUITTÉS par les cours d'assises.	TOTAL.
Moins d'un mois.	95	27	16	138
Un à deux mois.	93	29	52	174
Deux à trois mois.	58	8	79	145
Trois à six mois.	18	1	143	162
Six mois et plus.	"	"	25	25
TOTAUX.	264	64	315	643

Ainsi qu'en France, la majorité des détentions préventives est de moins d'un mois pour les prévenus renvoyés par les chambres d'accusation, d'un à deux mois pour les acquittés en matière correctionnelle, et de trois à six mois pour les acquittés en matière criminelle. La marche des procédures, sous le rapport de la célérité, offre

42.

des résultats qui sont en général satisfaisants ; les chambres d'accusation sur 100 arrêts en ont rendu 88 dans les trois mois du crime ou du délit : en France, la proportion n'est que 68. Le nombre des accusations jugées par les cours d'assises, dans les six premiers mois du crime, a été de 83 sur 100 ; en France la proportion est de 66 seulement : à l'égard des accusés, on trouve que 92 sur 100 ont été jugés dans les six mois de leur arrestation, et cette proportion est la même qu'en France. La juridiction correctionnelle n'a terminé que 62 affaires sur 100, dans les trois premiers mois du délit, tandis qu'en France la proportion est de 93 sur 100, mais il faut tenir compte de l'attribution de ces matières aux cours royales dans les colonies ; ce qui rend naturellement l'instruction plus longue et les poursuites plus tardives. Un seul fonctionnaire public, receveur des contributions à Saint-Louis (Bourbon), a été inculpé de crime dans l'exercice de ses fonctions ; l'autorisation de poursuivre a été accordée, et il a été condamné par contumace. Quant à la composition des colléges d'assesseurs pour le service des assises, deux tableaux font connaître, d'une part, la composition des listes générales, d'où sont extraits les 30 assesseurs formant le collége ou la section de collége affectée à chaque cour d'assises coloniale, et parmi lesquels sont tirés au sort les quatre assesseurs appelés à siéger pendant chaque session. Il en résulte que les listes générales ont présenté une moyenne de 1,561 noms, sur lesquels ont été choisis 210 assesseurs, dans les proportions suivantes :

	LISTES générales.	COLLÉGES d'assesseurs.
1° Eligibles au conseil colonial (qui n'étaient ni décorés des ordres royaux ni fonctionnaires publics).	1,378	180
2° Membres des ordres royaux.	58	8
3° Fonctionnaires publics en activité (qui n'étaient point décorés des ordres royaux).	70	16
4° Fonctionnaires publics en retraite.	6	»
5° Anciens juges de paix, avocats, professeurs, médecins, notaires, anciens avoués.	49	6
	1,561	210

Les sept cours d'assises ont tenu, dans l'espace des trois années, 86 sessions, qui ont duré en tout 447 jours, et pendant lesquels 3,544 témoins ont été entendus, ce qui donne environ 5 jours et 41 témoins pour chaque session : en France, la moyenne est de 10 jours et 127 témoins par session. Après avoir ainsi parcouru le cercle entier des travaux de la magistrature coloniale, en ce qui concerne la justice répressive, je n'ai plus à m'occuper que du petit nombre d'arrêts qui ont donné lieu, soit à des pourvois en cassation, soit à des recours à la clémence royale. Dans le cours de trois années auxquelles s'applique le présent compte, 22 arrêts seulement (21 criminels et 1 seul correctionnel) ont été déférés par les parties à la censure de la cour régulatrice ; et sur ce nombre il n'est intervenu que 6 cassations contre 16 rejets. Par suite des 6 cassations prononcées, 7 accusés ont comparu devant les cours de renvoi : 2 ont été acquittés ; 4 ont vu leur peine abaissée d'un degré, et la condamnation du dernier a été maintenue. Trois pourvois ont, en outre, été formés dans l'intérêt de la loi contre des arrêts des chambres d'accusation (2 de la Martinique et 1 de la Guadeloupe) (1). Quant aux grâces, commutations et réductions de peines, le nombre des condamnés qui en ont obtenu pendant ces trois années est de 93, dont 24 étaient punis pour crime politique. La bonne conduite des autres, pendant l'expiation de leur peine, a été le principal motif des dispositions d'indulgence dont ils ont été l'objet, de la part de Votre Majesté, sur la proposition de mon département.

Telle est, Sire, l'analyse sommaire des travaux de la justice coloniale, pour les trois années 1834, 1835 et 1836. Le développement en est consigné dans les tableaux qui accompagnent le présent rapport : c'est là, pour me servir des expressions de M. le garde des sceaux, le compte ouvert à chaque juridiction, de chaque tribunal, et, en quelque sorte, de chaque magistrat de nos colonies, faisant connaître, pour chacun d'eux, quelle était sa tâche, et comment il l'a accompli. C'est aussi une sorte de bilan

(1) Le pourvoi dans l'intérêt de la loi est seul admis par les ordonnances d'organisation judiciaire des colonies contre les arrêts de cette nature.

de la moralité des populations coloniales. Sous ce double point de vue, la statistique judiciaire a une haute portée, et j'ai pensé que le moment où se préparent d'importantes mesures qui intéressent essentiellement l'état social et politique de nos colonies donnait un nouveau degré d'opportunité à la réunion et à la publication de ces documents.

Je suis avec le plus profond respect, Sire, de Votre Majesté, le très-humble, très-obéissant et fidèle serviteur, *le ministre secrétaire d'Etat au département de la marine et des colonies.* AMIRAL DUPERRÉ.

10 AVRIL 1842. — Rapport au roi sur l'administration de la justice civile et commerciale pendant l'année 1840. (Mon. du 21 avril 1842.)

Sire, les comptes annuels des travaux de la magistrature offrent une utilité qui est universellement reconnue, j'ai dû chercher à les rendre aussi complets que possible, en continuant l'œuvre de mes prédécesseurs. La statistique est une science toute nouvelle; et quoiqu'elle ait fait de très-rapides progrès, c'est seulement à l'aide de l'expérience qu'elle peut atteindre au degré de perfection désirable. En présentant à Votre Majesté le compte général de l'administration de la justice civile et commerciale, pendant les années 1837, 1838 et 1839, j'ai fait connaître les améliorations qui avaient pu être réalisées. Celui de 1840, que j'ai l'honneur de mettre sous ses yeux, en contient de nouvelles. Il est plus détaillé et signale à l'attention du législateur et du publiciste des résultats qu'il n'avait pas encore été possible d'indiquer. Ainsi, dans la seconde partie consacrée aux cours royales : 1° une distinction importante a été faite entre les affaires portées devant ces cours par appel des décisions des tribunaux inférieurs, et celles dont elles sont saisies directement, puis entre les affaires sommaires et les affaires ordinaires ; 2° les appels en matière commerciale ont été classés séparément des appels en matière civile ; 3° on a cessé de confondre les causes inscrites pour la première fois avec celles qui étaient réinscrites après avoir été radiées précédemment comme terminées ou abandonnées ; 4° dans le cas de radiation, par suite de transaction ou de désistement, on a séparé les causes qui avaient été l'objet d'avant faire droit de celles qui n'avaient été soumises en aucune façon à l'appréciation des cours royales ; 5° le nombre des arrêts par défaut frappés d'opposition, et celui des arrêts rendus en chambre du conseil, ont été indiqués ; 6° on a fait connaître la durée des procès terminés ainsi que les délais déjà écoulés depuis l'inscription aux rôles de ceux sur lesquels

il restait à statuer le 31 décembre 1840; 7° enfin les affaires jugées contradictoirement par les cours royales ont été classées, suivant leur nature, d'après le mode adopté pour les arrêts de la cour de cassation. Des améliorations de même nature ont été introduites dans la troisième partie, qui concerne les tribunaux de première instance. Seulement il n'a pas été possible d'obtenir encore le classement des affaires par ordre de matières. Un premier essai a cependant été tenté pour un certain nombre d'affaires, et l'on arrivera ainsi successivement à une classification complète.

Un tableau spécial est consacré aux ordres et aux contributions, et de nombreux renseignements ont été recueillis pour pouvoir constater la cause des lenteurs qu'éprouvent ces procédures importantes. Un autre tableau indique : 1° le nombre des jugements préparatoires et interlocutoires sur plaidoiries ; 2° celui des ordonnances rendues par le président de chaque siége, et dans quelles circonstances elles sont intervenues ; 3° celui des poursuites disciplinaires exercées contre des officiers ministériels.

La quatrième partie, relative aux affaires commerciales, a reçu d'importants développements. On y a recueilli de nombreux documents sur les actes de sociétés déposés aux greffes des tribunaux de commerce, sur les faillites ouvertes pendant l'année, et sur leurs résultats. Le mode de l'ouverture de la faillite, la position du failli pendant la liquidation, le montant du passif de chaque faillite, le dividende obtenu par concordat ou par liquidation des syndics dans les cas d'union des créanciers, ont été constatés. Ces renseignements sont donnés par tribunal de commerce, et récapitulés par département et par ressort de cour royale.

Dans la cinquième partie, concernant les juges de paix, on s'est appliqué à obtenir une classification plus complète, plus exacte et plus uniforme des renseignements fournis par ces magistrats. On y fait connaître, outre leurs travaux comme juges et conciliateurs, ceux qu'ils ont accomplis dans leurs attributions extrajudiciaires, le nombre des conseils de famille convoqués et présidés, les actes de notoriété délivrés, les actes d'adoption et d'émancipation reçus, les appositions et les levées de scellés.

Les divisions du compte général de l'administration de la justice civile et commerciale pendant l'année 1840 sont, au surplus, les mêmes à peu près que celles du compte de 1837-39. Toutefois les travaux des cours royales forment une partie distincte, tandis qu'auparavant ils étaient confondus avec ceux des tribunaux civils de première instance ; et l'on a réuni tous les renseignements relatifs à ces tribunaux, au lieu de les distribuer, comme précédemment, dans deux parties. Ce compte est donc divisé en six parties, et chacune d'elles correspond à l'un des degrés de juridiction que comprend notre organisation judiciaire. Les travaux de la cour de cassation, des cours royales, des tribunaux civils de première instance, des tribunaux de commerce, des justices de paix et des conseils de prud'hommes, se trouvent ainsi successivement exposés, suivant le rang qu'occupent ces cours et tribunaux. Un appendice termine le compte et présente quelques renseignements qui n'ont pu entrer dans les divisions précédentes; ce sont : 1° les dispenses pour mariage, d'alliance, de parenté et d'âge; 2° les mutations opérées, par ressort de cour royale, dans les divers degrés de la hiérarchie judiciaire, et parmi les avocats à la cour de cassation, les avoués, les greffiers, les notaires, les huissiers, les commissaires-priseurs. Je suivrai dans ce rapport les divisions du compte général.

Le nombre des pourvois formés en 1840 s'élève à 549, qui, réunis aux 591 dont la chambre des requêtes se trouvait déjà saisie le 31 décembre 1839, forment un total de 1,140.

Le nombre des nouveaux pourvois est le même, en 1840, à une unité près, que celui de 1839; mais il est bien inférieur à celui des années précédentes; et je dois faire remarquer à Votre Majesté que, depuis 1832, le chiffre des recours en cassation a diminué, chaque année, d'une manière sensible. Si l'on divise les neuf dernières années en trois périodes égales de trois ans chacune, on a, pour la première période, de 1832 à 1834, un total de 1,900 pourvois, ou 633 par année; pour la deuxième période, 1835 à 1837, 1,752 pourvois, ou 584 par année; enfin, pour la troisième période, 1838 à 1840, un total de 1,687 pourvois, ou 562 par année moyenne. Cette progression décroissante est d'autant plus remarquable qu'elle correspond à un accroissement annuel du nombre des arrêts rendus par les cours royales; et il en résulte que le rapport du nombre des pourvois à ces arrêts, après avoir été, pendant la première période, de 55 sur 1,000, est descendu à 52 sur 1,000 dans la seconde, et à 46 sur 1,000 dans la troisième. Ce résultat est très-satisfaisant, car il atteste que, chaque jour, le nombre des questions dont la solution pouvait paraître douteuse diminue, que la loi est mieux comprise, qu'elle est appliquée avec un soin scrupuleux, et que les justiciables ont un plus grand respect pour les décisions des tribunaux. La chambre des requêtes a statué, en 1840, sur 474 pourvois; elle a

rendu 276 arrêts de rejet et 198 arrêts d'admission. C'est la proportion de 58 sur 100 pour les premiers, de 42 sur 100 pour les seconds. Outre les 198 pourvois admis en 1840 par la chambre des requêtes et portés devant la chambre civile, cette dernière chambre était déjà saisie de 375 pourvois antérieurs au 1er janvier de cette année. C'est un total de 573 : 238 ont été jugés pendant l'année, et 335 restaient pendants au 31 décembre. Sur les 238 arrêts rendus en 1840 par la chambre civile, 77 (0,32) rejettent les pourvois, et 161 (0,68) y font droit en cassant les arrêts et jugements attaqués. Ainsi, sur 100 pourvois déférés à la cour de cassation, 31 seulement ont pour résultat l'annulation des décisions attaquées; 54 sont d'abord rejetés par la chambre des requêtes, et 15 le sont ensuite par la chambre civile. Les 549 pourvois formés en 1840 s'appliquaient : 396 à des arrêts de cours royales du continent, 17 à des arrêts de cours royales des colonies, 106 à des jugements de tribunaux civils, 6 à des jugements de tribunaux spéciaux de commerce, 5 à des jugements de tribunaux de paix, 1 à une sentence arbitrale, 18 enfin à des décisions de jurys spéciaux d'expropriation pour cause d'utilité publique. Le rapport des pourvois formés contre des arrêts de cours royales du continent au total des arrêts rendus par ces cours est de 43 sur 1,000. Pour les tribunaux civils de première instance, ce rapport est beaucoup moins élevé : 103 pourvois seulement ont été formés contre des jugements émanés d'eux; et, si l'on compare ce nombre au total des jugements qu'ils ont rendus en 1840 (104,606), on obtient la proportion d'un pourvoi sur 1,016 jugements. Cette proportion serait d'un pourvoi pour 448 jugements, si l'on tenait compte seulement des jugements en dernier ressort, qui sont au nombre de 46,159. Le petit nombre des pourvois dirigés contre les décisions des tribunaux de commerce ou des juges de paix rend toute comparaison impossible et sans objet. Il est d'ailleurs évident que le plus grand nombre proportionnel de pourvois formés contre les arrêts des cours royales tient uniquement à ce que c'est devant ces cours que sont portées, en dernier ressort, toutes les contestations d'un grave intérêt, et que les différends jugés définitivement par les tribunaux de première instance civils et de commerce sont en général de trop peu d'importance pour que les parties condamnées n'hésitent pas à recourir à la voie coûteuse du recours en cassation. Pour toutes les cours royales du royaume prises ensemble, le rapport des pourvois aux arrêts rendus est de 43 sur 1,000; mais ce rapport diffère beaucoup d'une

cour à l'autre , quand on les considère isolément. Le nombre des arrêts de cassation,
comparativement au nombre des pourvois,
est de 31 sur 100 ; ce rapport varie suivant
les degrés de juridiction desquels émanaient
les décisions attaquées. La proportion est
de 22 cassations sur 100 pourvois formés
contre des arrêts de cours royales , tandis
qu'elle s'élève à 60 sur 100 quand il s'agit
des jugements des tribunaux civils et de
commerce ou des décisions des jurys spéciaux. Il diffère également d'une cour royale
à l'autre. Les divers arrêts rendus par la
cour de cassation ont été, comme les années
précédentes , classé par ordre de matières ,
suivant les dispositions de lois dont l'application était l'objet de la critique des pourvois. Sous ce point de vue, les 514 arrêts définitifs rendus, en 1840, tant par la chambre
des requêtes que par la chambre civile, se
classent de la manière suivante : 213 ont
statué sur des pourvois qui signalaient la
fausse application de quelques dispositions
du Code civil; 38 de ces arrêts seulement
(18 sur 100) ont annulé les décisions attaquées. 59 arrêts ont jugé des pourvois relatifs à l'application de divers articles du Code
de procédure civile. En cette matière , le
nombre des arrêts de cassation s'élève à 21;
c'est 36 sur 100. 28 arrêts s'appliquent au
Code de commerce; 5 sont des arrêts de
cassation : ce qui donne un rapport de 18
sur 100. Un seul arrêt de rejet s'applique
au Code forestier. Enfin 213 arrêts ont
statué sur des pourvois qui avaient pour
objet l'application de différentes lois spéciales relatives à l'organisation judiciaire ,
à la compétence, à l'enregistrement, aux
douanes , aux élections. Dans ces matières
diverses, la proportion des arrêts de cassation s'est élevée à 46 sur 100.

Les titres du Code civil qui ont donné
lieu le plus fréquemment à des pourvois
sont, dans le deuxième livre, le titre des
servitudes ; il présente 18 arrêts, dont 3 de
cassation; dans le livre 3, le titre des successions, 16 arrêts, dont 4 de cassation; le titre
des donations et des testaments , 13 arrêts,
dont 2 de cassation ; le titre des contrats et
obligations conventionnelles en général, 66
arrêts, dont 12 de cassation ; le titre du
contrat de mariage et des droits respectifs
des époux, 12 arrêts, tous de rejet ; le titre
de la vente, 11 arrêts, dont un seul de cassation ; le titre des priviléges et hypothèques, 15 arrêts, dont 5 de cassation , et
enfin celui de la prescription, 14 arrêts,
tous de rejet.

Chaque titre du Code de procédure civile a été l'objet d'un très-petit nombre
d'arrêts. Le titre des ajournements en
compte 5 ; celui des jugements, 4 ; celui

de l'appel et de l'instruction sur appel , 6;
celui de la saisie immobilière , 6.

En général , les pourvois en matière de
procédure ont eu plus fréquemment pour
résultat l'annulation des arrêts qu'ils atta-
quaient, qu'en matière de droit civil. C'est
sans doute parce que, dans le premier cas,
il s'agit de questions de forme , et que les
violations de la loi y sont plus faciles à reconnaître et à établir que dans des questions
relatives au fond du droit, dont la solution
dépend presque toujours d'une appréciation
de faits qui ne peut pas être portée devant
la cour suprême. Dans le Code de commerce , les titres des sociétés , de la lettre
de change , des faillites et banqueroutes,
sont presque les seuls qui aient occupé la
cour de cassation. A l'égard des matières
diverses, les lois de l'enregistrement et des
domaines comptent 48 arrêts , dont 35 de
cassation (73 sur 100) ; la loi sur l'expropriation forcée, 22 arrêts, dont 12 de cassation (55 sur 100) ; les lois relatives à l'organisation judiciaire et à la compétence,
36 arrêts, dont 9 de cassation, etc. On se
tromperait gravement si l'on voulait conclure d'une manière absolue, du nombre de
pourvois concernant telle ou telle partie de
la législation , que les dispositions dont
l'application est le plus fréquemment l'objet de l'examen de la cour de cassation sont
moins claires et d'une interprétation plus
difficile. L'analyse, que je vais présenter à
Votre Majesté , des travaux des cours
royales fera ressortir la principale cause
de la fréquence des pourvois dans une matière plutôt que dans une autre. Elle prouvera, en effet, que les parties de la législation qui ont donné lieu à plus de recours
en cassation sont celles qui ont été souvent
appliquées par les cours royales et les tribunaux , parce qu'elles régissent un grand
nombre d'actes, et font naître par conséquent beaucoup de contestations. La seconde partie du compte embrasse les travaux des cours royales. Les décisions de
ces cours y sont envisagées : 1° en elles-
mêmes, afin de constater l'importance des
services rendus par chaque cour; 2° dans
leur rapport avec les jugements des tribunaux inférieurs soumis à leur critique ; 3° enfin dans leurs relations avec les
différentes parties de la législation. C'est
sous ce triple point de vue que j'analyserai
cette seconde partie. Le nombre des affaires nouvelles inscrites aux rôles des cours
royales , pendant l'année 1840 , a été de
10,517, c'est 578 de moins qu'en 1839. Aux
10,517 affaires nouvelles , il faut ajouter,
1° 6,936 affaires qui restaient à juger le
31 décembre 1839 ; 2° 308 qui ont été réinscrites en 1840, après avoir été radiées pré-

cédemment comme abandonnées ou terminées par transaction ; 3° enfin 168 affaires reportées à l'audience sur opposition à des arrêts par défaut des années antérieures, et l'on obtient ainsi un total de 17,929 affaires à juger. De ces 17,929 affaires, 17,188 venaient sur l'appel de décisions des tribunaux inférieurs, 12,238 en matière ordinaire, 4,950 en matière sommaire ; 741 avaient été portées directement devant les cours royales, soit pour l'interprétation ou l'exécution d'arrêts précédents émanés d'elles, soit en matière électorale sur appel d'arrêts de l'autorité administrative. 11,539 ont été terminées dans l'année. 8,134 (0,70) par des arrêts contradictoires, 1,004 (0,09) par des arrêts par défaut, 2,401 (0,21) par transaction, désistement, radiation. 342 de ces dernières avaient donné lieu à des arrêts préparatoires ou interlocutoires sur plaidoiries.

Les cours royales restaient saisies, le 31 décembre 1840, de 6.390 causes, 546 de moins qu'au 31 décembre 1839. Le nombre de ces causes est, relativement à celles qui ont été expédiées, dans le rapport de 36 à 64. Si l'on compare les travaux des cours royales pendant les deux années, on trouve qu'elles ont rendu, en 1840, 216 arrêts contradictoires de plus qu'en 1839 et 14 arrêts par défaut de moins. Elles ont réduit de 546 le nombre des affaires restant à juger. Le compte général de 1837-1839 constatait également les louables efforts des cours pour diminuer chaque année l'arriéré qui chargeait leurs rôles, et il y a lieu d'espérer que, grâce à leur zèle persévérant, cet arriéré disparaîtra complètement. Déjà même, à la fin de 1840, dans plusieurs cours, il existait à peine sur les rôles quelques affaires réputées arriérées aux termes du décret du 30 mars 1808, qui ne considère comme telles que celles qui sont inscrites depuis plus de trois mois. La cour royale de Dijon ne comptait à cette époque que 66 procès à juger et 4 seulement avaient plus de trois mois d'inscription ; la cour royale d'Amiens n'avait que 56 causes inscrites, dont 7 seulement depuis plus de trois mois ; celles de Poitiers, d'Aix, de Douai, de Bastia, d'Angers, d'Orléans, avaient de 36 à 76 affaires, mais il n'y en avait pas plus de 10, 11, 13, 14 et 20 arriérées aux termes de la loi. Dans les cours de Metz, de Pau, de Rouen, très-peu d'affaires restaient également à juger, et les rôles de ces trois cours n'en présentaient que 24, 34 et 42, dont l'inscription remontât au-delà du mois d'octobre. Ainsi ces onze cours royales n'avaient, en réalité, aucun arriéré. Les cours où le nombre des causes restant à juger était le plus considérable, le 31 dé-

cembre 1840, sont celles de Caen, de Lyon, de Toulouse, de Nîmes, de Bordeaux, d'Agen, de Grenoble. Le nombre de ces causes était, dans la première, de 851, dont 665 inscrites depuis plus de trois mois ; dans la seconde, de 457, dont 370 inscrites depuis plus de trois mois ; dans la troisième, de 499, dont 360 inscrites depuis plus de trois mois ; dans la quatrième, de 401, dont 300 inscrites depuis plus de trois mois ; dans les trois autres, les affaires qui sont considérées par la loi comme arriérées s'élevaient à 262, 255 et 222. La cour royale de Paris avait encore à statuer, le 31 décembre 1840, sur 721 causes, dont 310 arriérées ; mais ces chiffres n'ont rien d'extraordinaire, quand on les rapproche du grand nombre de procès jugés annuellement par cette cour. Sur les 6,390 affaires pendantes devant les cours royales à la fin de 1840, 2,397 (0,37) n'avaient pas encore trois mois d'inscription au rôle ; 1,025 (0,16) avaient de trois à six mois ; 1,479 (0,23) de six mois à un an ; 1,060 (0,17) d'un an à deux ; 456 (0,07) plus de deux ans. Des 11,539 affaires terminées pendant l'année, 866 étaient inscrites depuis plus de deux ans ; 3,254 avaient d'un à deux ans d'inscription ; 3,627 de six mois à un an ; 1,623 de trois mois à six ; 2,169 seulement (0,19) ont été terminées dans les trois mois.

Les cours royales ont rendu 843 arrêts préparatoires ou interlocutoires sur plaidoiries ; c'est 1 avant faire droit pour 14 affaires terminées. Sur 1,513 arrêts par défaut prononcés par elles, 509 ont été attaqués par la voie de l'opposition ; c'est 1 sur 3. Pour être appréciés d'une manière exacte et rigoureuse, les travaux des cours royales doivent être évalués en tenant compte du personnel des magistrats qui y ont concouru, et ce personnel n'est pas le même dans tous les ressorts.

Les 27 cours royales du royaume se divisent en trois classes : 2 ont 5 chambres chacune, 9 en ont 4, et 16 n'en comptent que 3. Dans les unes comme dans les autres, une chambre est uniquement occupée, toute l'année, à statuer sur les mises en accusation ; une seconde juge les appels de police correctionnelle, mais elle participe en même temps au jugement des affaires civiles et commerciales, en vertu d'une ordonnance royale en date du 24 septembre 1828. Les 2 cours de la première classe sont celles de Paris et de Rennes : l'une compte 60 conseillers et 6 conseillers auditeurs ; l'autre 40 conseillers seulement. La première, celle de Paris, a terminé, en 1840, 2,009 affaires civiles et commerciales. Si l'on répartit ces affaires entre les trois chambres civiles et la chambre des appels de police correctionnelle qui ont concouru à leur jugement, on a pour chacune 502 affaires. La cour royale de Rennes en a terminé 305, ce qui fait 76 pour chaque chambre. Les 9 cours de la deuxième classe ont chacune 30 conseillers, auxquels s'adjoignent, dans la plupart d'entre elles, des conseillers auditeurs dont le nombre varie de 1 à 3. Dans cette seconde classe, deux chambres civiles et la chambre des appels de police correctionnelle participent au jugement des causes civiles et commerciales. Les 9 cours de la troisième classe ont prononcé ensemble sur 4,208 contestations; la division entre les 27 chambres qui y ont concouru donne pour chacune 156 procès; mais le nombre moyen varie beaucoup d'une cour à l'autre. Ainsi les 3 chambres de la cour royale de Caen ont terminé chacune 216 affaires; celles de Rouen, 202; celles de Bordeaux, 199; celles de Lyon, 174; celles de Toulouse, 162; celles de Riom, 150; celles de Grenoble, 125; celles de Douai, 106; celles de Poitiers, 68. Parmi les 16 cours de la troisième classe, 15 comptent chacune 24 conseillers, et la seizième, celle de Bastia, n'en a que 20. Dans ces 16 cours, 2 chambres seulement concourent à l'expédition des affaires civiles et commerciales. Ces 32 chambres ont jugé ensemble 5,017 causes, soit 157 par chaque chambre; mais, comme dans la première et la seconde classe, la proportion est différente dans chaque cour. Les 2 chambres de la cour royale de Montpellier, de Limoges, de Nimes, ont terminé chacune de 250 à 255 procès: celles d'Agen, 212; celles de Pau, 190. Dans les cours de Metz, de Bastia, d'Angers, chaque chambre n'a expédié que de 62 à 67 affaires. Pour compléter l'ensemble des travaux des cours royales, il faut ajouter à 111,539 affaires civiles et commerciales terminées en 1840, 7,164 arrêts rendus par les chambres d'accusation, 4,702 arrêts sur des appels de police correctionnelle, et enfin 2,692 affaires criminelles jugées par la cour d'assises du département où siège la cour royale. Des conseillers désignés à cet effet doivent en outre concourir, comme présidents, au jugement des affaires criminelles soumises aux cours d'assises des autres départements du ressort. Ainsi que je l'ai dit plus haut, parmi les affaires portées devant les cours royales, figurent en première ligne les appels des tribunaux de première instance, civils et de commerce. Pendant l'année 1840, ces cours ont été saisies de 8,123 appels de jugements rendus en matière civile, et de 2,054 appels en matière commerciale. Un tableau fait connaître de quels tribunaux émanaient les décisions attaquées par la voie de l'appel,

et si ces décisions ont été confirmées ou modifiées par les arrêts intervenus. Il a été jugé, dans l'année, 6,778 appels en matière civile; 4,671 jugements ont été confirmés et 2,107 infirmés en totalité ou en partie; les arrêts confirmatifs forment les 7/10es à peu près du nombre total, 69 sur 100.

En matière commerciale, les cours royales ont jugé 1,654 appels; elles ont prononcé 1,158 arrêts de confirmation et 496 d'infirmation. Les arrêts confirmatifs sont un peu plus nombreux en cette matière; leur rapport au nombre total est de 70 sur 100. Parmi les jugements confirmés ou infirmés en matière commerciale, 143 émanaient des tribunaux civils jugeant commercialement, et 1,511 des tribunaux spéciaux de commerce. La proportion des arrêts confirmatifs est la même à un centième près pour les deux classes de tribunaux. Le chiffre des jugements réformés par les cours royales, proportionnellement à celui des appels interjetés, montre avec quel soin, avec quelle consciencieuse exactitude la loi est appliquée par les tribunaux inférieurs. Votre Majesté reconnaîtra, d'ailleurs, lorsque je lui rendrai compte des travaux de ces tribunaux, que celles de leurs décisions qui ont été attaquées par la voie de l'appel sont peu nombreuses. Les comptes généraux antérieurs à celui-ci ne contenaient aucun renseignement sur la nature des affaires jugées par les cours royales; c'est donc une amélioration véritable dans le compte de 1840, que le classement par ordre de matière des arrêts contradictoires émanés de 22 cours; et, quelque incomplet que soit encore ce premier essai, il offre déjà un grand intérêt. Ces renseignements, recueillis pendant un certain nombre d'années, et obtenus plus tard des tribunaux de première instance, fourniront d'utiles données sur les diverses parties de notre législation qui sont le plus fréquemment appliquées, et aideront à reconnaître les modifications qu'il serait nécessaire d'y introduire. Ils pourront servir aussi à constater, dans chaque département, le degré de moralité des classes supérieures, dont les passions viennent se dévoiler devant les tribunaux civils, comme celles des classes inférieures sont mises à nu, par leurs tristes résultats, sur les bancs des cours d'assises et des tribunaux de police correctionnelle. La statistique de la justice civile a, en effet, la même utilité que celle de la justice criminelle: son étude doit fournir, sur l'état de la société, de semblables enseignements aux législateurs, aux publicistes et aux moralistes. C'est à la coopération de MM. les premiers présidents, présidents de chambre et conseillers, qu'est due l'amélioration que je signale à l'attention de Votre Majesté : les éléments de cette partie du compte général ont été puisés dans les notices sommaires rédigées par ces magistrats, sur chaque affaire civile ou commerciale jugée contradictoirement en appel, et cette coopération est d'autant plus louable qu'elle ne pouvait être demandée qu'à leur zèle pour le bien du service. Les décisions rendues contradictoirement par les cours royales qui ont fourni les notices sont au nombre de 6,237. Elles se divisent d'abord de la manière suivante : 4.064 ont été jugées par l'application de diverses dispositions du Code civil, et elles se distribuent entre les différents titres et chapitres de ce Code : des subdivisions détaillées auraient augmenté, sans avantages réels, les difficultés d'exécution ; 1,132 présentaient à résoudre des questions de procédure, et c'est sous les titres du Code de procédure civile qu'elles doivent être classées ; 753 se rangent dans les divisions du Code de commerce ; 51 appartiennent au Code forestier, et 257 enfin à diverses lois spéciales dont les plus fréquemment appliquées sont les lois relatives aux élections, au notariat, à la compétence administrative et judiciaire, au recrutement, etc.

Sur les 4,064 arrêts qui ont appliqué des dispositions du Code civil, 320 ont statué sur des questions personnelles régies par le premier livre de ce Code. La distribution s'en fait ainsi entre les divers chapitres : 81 arrêts en matière de séparation de corps ; 25 qui règlent des contestations relatives aux obligations qu'engendre le mariage, et notamment des demandes de pension alimentaire formées par les père et mère contre les enfants, ou par ceux-ci contre les premiers ; 20 ont déterminé quelles étaient l'étendue et les limites des droits et des devoirs respectifs des époux dans des espèces données ; 14 ont statué sur des oppositions à mariage ; 6 ont décidé des questions d'absence ; 26 enfin ont apprécié des difficultés nées à l'occasion de comptes de tutelle, etc. 703 arrêts ont appliqué diverses dispositions du second livre relatif aux biens et aux différentes modifications de la propriété. Dans 341 procès jugés par ces arrêts il s'agissait de décider à qui appartenait la propriété de terrains ou d'autres immeubles en litige ; 332 autres procès présentaient à résoudre des questions de servitudes et à déterminer dans leur nature, leur forme, leur étendue ou leur durée, les charges réclamées sur certains héritages par les héritages voisins. 3,041 arrêts ont statué sur des questions de transmission de propriété par voie gratuite ou onéreuse (livre 3 du Code civil). Il n'est pas un seul titre de ce troisième livre dont quelques articles n'aient été appliqués par les cours royales dans une ou plusieurs affaires. 422 arrêts appartiennent au titre des successions ; en cette matière, les cours ont dû, par 264 décisions, terminer un nombre égal de contestations qu'avaient fait naître le partage ou la liquidation des droits successifs ; 58 arrêts ont déterminé s'il y avait lieu à rapport, ou dans quelles limites le rapport devait être effectué ; 23 ont décidé si certains actes de l'héritier direct constituaient une acceptation de sa part, ou si la renonciation lui était encore permise ; 24 cas de rescision en matière de partage ont été appréciés par autant d'arrêts. Le titre des donations et testaments compte 213 arrêts ; dans les procès terminés par ces arrêts, les cours ont eu tantôt à examiner la capacité des donateurs et testateurs ou des donataires ; tantôt à fixer la quotité disponible et à décider s'il y avait lieu ou non à réduction des libéralités ; tantôt enfin à rechercher si, dans les partages faits par père et mère ou autres ascendants entre les descendants, il n'y avait pas eu violation des règles tracées par la loi. 685 arrêts appartiennent aux divers chapitres du titre des contrats ou obligations conventionnelles en général. Le nombre infini d'actes que régissent les dispositions de ce titre explique le grand nombre de procès dans lesquels ces dispositions ont dû être invoquées. 172 arrêts s'appliquent au titre des engagements qui se forment sans convention ; 167 au titre du contrat de mariage et des droits respectifs des époux ; 107 des contrats qu'il s'agissait d'interpréter avaient pour base le régime de la communauté légale ou conventionnelle ; 60 le régime dotal. Le titre de la vente a fourni matière à 470 arrêts ; celui du contrat d'échange, à 11 ; celui du contrat de louage, à 346 ; celui du contrat de prêt, à 30 ; celui du dépôt et séquestre, à 23 ; celui des contrats aléatoires, à 13 ; celui du mandat, à 154 ; celui du cautionnement, à 29 ; celui des transactions, à 6 ; celui de la contrainte par corps en matière civile, à 15 ; celui du nantissement, à 21 ; celui des priviléges et hypothèques, à 139 ; celui de l'expropriation forcée, à 7 ; celui de la prescription, à 83. Dans le Code de procédure civile, c'est le livre 5 de la première partie, de l'Exécution des jugements, qui compte le plus grand nombre de procès portés devant les cours royales : 647 affaires sur les 1,132 qui sont relatives à la procédure se distribuent entre les divers titres de ce cinquième livre ; 92 appartiennent au titre des saisies-arrêts ou oppositions ; 82 à celui des saisies-exécutions ;

186 aux deux titres réunis de la saisie immobilière et des incidents sur sa poursuite ; 79 au titre de l'ordre ; 80 au titre des référés. 288 affaires se classent dans les divisions du livre 2, *des Tribunaux inférieurs* ; 30 s'appliquent au titre des ajournements ; 57 au titre des exceptions ; 42 au titre des enquêtes ; 27 au titre des rapports d'experts ; 19 au titre de la péremption. Le livre 3, *des Cours royales,* comprend 58 affaires ; le livre 4, *des Voies extraordinaires pour attaquer les jugements*, en compte 32. Dans la deuxième partie, consacrée aux *Procédures diverses*, 105 affaires se divisent entre les différents titres que renferment les trois livres. Le premier livre du Code de commerce, relatif au *commerce en général,* comprend 465 affaires ; 252 ont été décidées par l'application des dispositions du titre 8, *de la Lettre de change et du Billet à ordre,* etc.; dans 44, il s'agissait d'appliquer les règles qui régissent les diverses espèces de sociétés ; dans 103, de mettre fin à des contestations entre associés. 45 affaires appartiennent au livre 2, *du Commerce maritime;* 155 au livre 3, *des Faillites et des Banqueroutes :* dans ces dernières affaires, les cours royales ont eu, soit à déterminer l'époque de l'ouverture de la faillite, soit à statuer sur les incidents nés dans le cours de sa liquidation. Des questions de compétence de la juridiction commerciale ont été résolues par 88 arrêts, qui sont classés dans le livre 4. Dans le Code forestier, la section 8 du titre 3, *des Droits d'usage,* a seule reçu de fréquentes applications : 51 affaires ont été jugées d'après les règles qu'elle trace. Les lois diverses en dehors des codes, dont les cours royales ont été appelées à appliquer les dispositions, se rangent sous 44 articles distincts, entre lesquels se distribuent 237 affaires. Les questions à décider dans ces affaires sont aussi variées que nombreuses. C'est le droit coutumier qu'il s'agissait d'interpréter dans 17 causes ; les lois prohibitives de la féodalité, dans 10 ; les lois communales, dans 14 ; les lois relatives à la compétence administrative ou judiciaire, dans 15 ; la loi sur la contrainte par corps, en matière commerciale, dans 20 ; la loi sur le notariat, dans 54, etc.

En même temps qu'elles ont été distribuées entre les divers titres des Codes auxquels elles appartenaient par la nature des questions à résoudre, les affaires ont été réparties entre les cours royales qui les ont jugées. Quand ces renseignements auront été recueillis pendant quelques années, on pourra faire des rapprochements à l'aide desquels il sera facile de connaître quelle est la nature des contestations qui se reproduisent le plus fréquemment devant telles ou telles cours, d'en apprécier les difficultés, et de déterminer alors l'importance des travaux de chacune d'elles. Outre la nature des affaires, les mêmes tableaux indiquent les qualités des parties : ils font connaître le nombre des procès dans lesquels des majeurs jouissant de tous leurs droits, des mineurs ou des interdits, des femmes mariées autorisées par leurs maris ou par justice, des communes, des hospices, l'Etat enfin, étaient intéressés. Les formes de la procédure sont modifiées sous quelques rapports dans l'intérêt de ces différentes classes de personnes, et il a paru utile de constater le nombre des procès qui se sont trouvés compliqués par l'intervention de parties auxquelles la loi a accordé des garanties spéciales. Des 6,237 affaires distribuées par ordre de matières, 3,763 (0,60) mettaient en présence seulement des majeurs dans la plénitude de leurs droits ; des mineurs ou des interdits étaient intéressés dans 461 ; l'Etat ; dans 90 ; des communes ou des hospices, dans 304 ; des femmes mariées, dans 1,818 : dans 191 de ces dernières affaires, les femmes ont dû être autorisées par la justice, sur le refus ou en l'absence des maris.

La troisième partie du compte embrasse, dans leur ensemble, les travaux des tribunaux de première instance. Un premier tableau présente toutes les affaires civiles qui ont été portées devant ces tribunaux, classés par arrondissement, d'après la date de leur mise au rôle, leur nature sommaire ou ordinaire, leur résultat et leur durée. Un second tableau indique les différentes espèces d'avant faire droit prononcées pendant l'année, les ordonnances rendues par le président de chaque siége et les poursuites disciplinaires exercées contre les officiers ministériels. Un troisième contient, pour la première fois, la classification, par arrondissement, de certaines affaires dont il a été possible de connaître la nature. Les ordres et les contributions sont distribués dans un quatrième tableau. Un cinquième enfin, offre, pour chaque tribunal, le résumé complet de ses travaux en matière civile, commerciale et criminelle, mettant en regard de ces travaux divers renseignements propres à constater l'importance des arrondissements, l'étendue superficielle, la population, le montant de la contribution foncière. La composition de chaque tribunal, le nombre des notaires de l'arrondissement et celui des actes qu'ils ont reçus dans l'année y sont également indiqués. En matière civile, les tribunaux de première instance ont été saisis, en 1840, de 125,051 affaires nouvelles ; c'est juste 1,000 affaires de plus que la moyenne des trois années précédentes 1837 à 1839 , et 5,678 de plus que pendant l'année 1839 prise isolément. Aux 125,051 causes nouvelles portées devant les tribunaux civils pendant l'année , il faut en ajouter 50,519 dont leurs rôles restaient chargés à la fin de l'année précédente , 5,852 qui ont dû être réinscrites à la demande des parties, après avoir été radiées antérieurement comme terminées par transaction ou abandon, et enfin 1,558 reportées à l'audience sur opposition à des jugements par défaut rendus avant le 1er janvier 1840. On se trouve ainsi en présence d'un total de 182,940 affaires civiles à juger par les 361 tribunaux du royaume. De ces 182,940 affaires , 92,345 étaient sommaires, c'est-à-dire qu'à raison du peu d'importance des intérêts en litige ou de la nécessité d'une prompte solution , ont été dispensées de l'instruction à laquelle les affaires ordinaires ont été assujetties. Ces dernières étaient au nombre de 90,595, un peu moins que la moitié du nombre total.

Les tribunaux ont prononcé sur 135,119 affaires : 74,216 (0,55) ont été terminées par des jugements contradictoires ; et 30,590 (0,22) par des jugements par défaut ; 50,513 (0,23) ont dû être rayées des rôles, par suite de transactions, de désistement ou d'abandon. Il en restait 47,821 à terminer le 31 décembre 1840 ; c'est un peu plus du quart (0,26) du nombre total. L'arriéré légué par l'année 1839 était plus considérable : il s'élevait à 50,519 et formait les 28 centièmes du nombre total des affaires à juger dans l'année. Cette diminution de l'arriéré pendant l'année 1840 mérite d'autant mieux d'être signalée, que les tribunaux ont été saisis, comme il a été exposé plus haut, d'un nombre de causes supérieur à celui de l'année précédente. Parmi les affaires qui restaient à terminer le 31 décembre 1839 , près des 2/5 (0,38) avaient été l'objet de jugements préparatoires ou interlocutoires. Le nombre des causes jugées contradictoirement , en 1840, a été plus considérable que les années précédentes. De 1835 à 1839 , il avait été de 51 sur 100 seulement , tandis qu'il s'élève à 55 sur 100 pendant l'année 1840. La proportion des jugements par défaut est demeurée la même (0,22) ; mais il y a eu moins d'affaires terminées par transaction ou par abandon. Sur les 104,606 jugements contradictoires ou par défaut prononcés en matière civile, 46,159 sont en dernier ressort , et règlent définitivement les contestations dans lesquelles ils sont intervenus ; 58,447 sont sujets à appel : 8,123 seulement ont été attaqués par cette voie. C'est un appel sur 7 jugements : ce serait une proportion assez élevée, si les résultats de ces appels devant les cours royales n'attestaient que les 7/10 ont été reconnus mal fondés. Le tribunal de Paris est le seul qui n'ait pu, à cause du grand nombre de procès qui lui sont soumis chaque année , faire connaître leur durée. En déduisant les 9,914 affaires jugées par ce tribunal du nombre de celles qui ont été terminées dans tout le royaume , 135,119 ; il en reste 125,205 dont la durée a pu être exactement constatée. De ces 125,205 causes , 47,540 seulement (0,58) ont été terminées dans les trois mois de leur inscription au rôle ; 22,409 (0,18) du troisième au sixième mois ; 31,619 (0,25), du sixième au douzième ; 16,785 (0,13), dans la deuxième année ; 6,854 (0,06), après deux ans d'inscription. Parmi les affaires restant à juger le 31 décembre, 16,829 (0,35) avaient moins de trois mois d'inscription au rôle ; ce sont les seules qui , aux yeux de la loi , ne fussent pas arriérées ; 8,000 étaient inscrites depuis plus de trois mois et moins de six ; 10,036 , depuis plus de six mois et moins d'une année ; 6,154, depuis plus d'un an et moins de deux ; 5,176, depuis plus de deux ans. Les 11,330 procès qui comptaient plus d'une année d'inscription au rôle, appartenaient aux ressorts de cours royales dont les noms suivent : Grenoble , 1,755 ; Riom , 1,255 ; Pau , 1,225 ; Caen , 1,105 ; Nîmes , 856 ; Rennes , 667 ; Lyon , 638 ; Toulouse, 564. Dans chacun de ces ressorts , trois ou quatre tribunaux au plus devaient statuer sur ces anciennes affaires : ce sont ceux de Grenoble, Valence, Saint-Marcellin, Brioude, Issengeaux, Mauriac, Bagnères, Tarbes, Oloron, Saint-Lô, Avranches, Falaise, Argentan, Marvejols, Uzès, Largentière, Nantes, Montbrison, Roanne, Nantua, Saint-Etienne, Saint-Gaudens et Toulouse. Dans d'autres ressorts, le nombre des affaires inscrites depuis plus d'un an, et restant à terminer le 31 décembre, excédait à peine 60 ; ce sont ceux de Bastia , où il y en avait 8 ; Metz , 21 ; Orléans , 55 ; Poitiers , 43 ; Amiens , 60 ; Nancy , 61 , et Rouen , 62.

L'expérience de l'année 1840 est venue confirmer ce que j'avais eu l'honneur d'annoncer à Votre Majesté sur les heureux résultats de la loi du 11 avril 1838, qui a augmenté le personnel de certains tribunaux et diminué celui de quelques autres. Les 32 tribunaux qui ont obtenu , 29, un quatrième juge, 3, une chambre entière , ont continué presque tous, en 1840, à réduire leur arriéré d'une manière très-sensible. Le nombre des affaires restant à juger devant ces tribunaux s'élevait à 15,347 le 31 décembre 1839 ; il était descendu à 11,823 le 31 décembre suivant ; et cependant leurs rôles avaient reçu , durant la dernière année, 2,388 inscriptions d'affaires nouvelles de plus que pendant la précédente. Dans les 17 tribunaux dont le nombre des juges a été réduit de 9 à 7, l'expédition des affaires n'a nullement souffert de cette réduction. Saisis, en 1840, de 331 affaires de plus qu'en 1839, ces tribunaux n'en ont pas moins diminué leur arriéré, qui n'a plus été que de 843 au lieu de 904. Les 4 tribunaux d'Argentan, de Bayeux, de Schelestadt et d'Altkirch, que j'avais cru devoir signaler l'année dernière à Votre Majesté, comme ne paraissant pas avoir mis à profit les nouvelles ressources que leur avait créées la loi du 11 avril 1838, par l'addition d'un quatrième juge, ont beaucoup amélioré leur situation en 1840; ils ont expédié un bien plus grand nombre d'affaires qu'ils ne l'avaient fait en 1838 et 1839, et leur arriéré se trouvait considérablement réduit à la fin de l'année. Les tribunaux ont rendu, en 1840, 32,689 jugements préparatoires ou interlocutoires sur plaidoiries : c'est un peu moins d'un avant faire droit pour 4 affaires terminées (24 sur 100); cette proportion avait été de 30 sur 100 en 1836, et de 27 à 28 sur 100 pendant les années 1837, 1838 et 1839. 20,610 des avant faire droit sont intervenus dans des matières où la loi prescrivait ces moyens d'instruction : dans des instances en séparation de corps ou de biens, des partages, des ventes de biens de mineurs, etc. A l'égard des autres, au nombre de 12,072, ils ont été jugés nécessaires pour la manifestation de la vérité. Le rapport de ces derniers au nombre des affaires terminées est de 1 sur 11 ou 9 sur 100. Parmi les 32,689 jugements préparatoires ou interlocutoires, on compte : 618 jugements ordonnant un délibéré sur rapport (art. 93 du C. de pr. civ.), 90 ordonnant une instruction par écrit (art. 95), 2,724 la comparution personnelle des parties (art. 119); 327 une vérification d'écritures (art. 195); 1,696 une enquête sommaire; 3,852 une enquête par écrit; 700 une descente sur les lieux; 12,474 un rapport d'experts; 1,203 enfin, un interrogatoire sur faits et articles; 1,596 jugements déféraient le serment : 626 d'office, et 970 à la demande d'une partie,

Comme les années précédentes, le nombre des avant faire droit a continué de varier beaucoup d'un tribunal à l'autre, et il est toujours plus élevé proportionnellement dans les tribunaux qui jugent peu d'affaires que dans ceux qui en expédient un très-grand nombre. A Paris, on ne compte qu'un avant faire droit pour 8 affaires terminées; dans les 15 tribunaux qui ont jugé le plus d'affaires après celui de la Seine, la

proportion est de 16 sur 100; dans les 15 tribunaux qui en ont jugé le moins, elle est de 41 sur 100; et cependant les appels ne sont pas proportionnellement plus nombreux dans les premiers tribunaux que dans les derniers, et il n'y a pas plus de jugements infirmés sur ces appels.

Indépendamment de leur participation comme juges aux travaux des tribunaux à la tête desquels ils sont placés, les présidents sont investis de la mission spéciale de statuer par des ordonnances dans divers cas d'urgence, soit sur requête des parties, soit en référé. On n'a pas pu indiquer d'une manière complète dans tous les arrondissements combien il est intervenu de ces ordonnances en 1840; cependant le nombre de celles qu'il a été possible de connaître ne s'élève pas à moins de 62,403 pour les 361 tribunaux. Le président du tribunal de la Seine en a rendu 5,781; celui de Grenoble, 1,599; celui de Bordeaux, 1,389; celui de Meaux, 1,341; celui de Versailles, 1,100; celui de Marseille, 1,047. Les différents cas dans lesquels ces ordonnances peuvent être provoquées et obtenues sont trop nombreux pour être énumérés : j'ai dû seulement en faire connaître quelques-uns; ainsi on compte 7,556 ordonnances d'ouverture et de constat de testament; 1,523 sont relatives à des demandes en séparation de corps; 661, venant en aide à l'autorité paternelle méconnue, ont autorisé l'arrestation et la détention par voie de correction de 446 garçons et de 215 filles, à la requête des parents. 412 de ces dernières ordonnances émanent du président du tribunal de la Seine, 60 de celui de Bordeaux, 25 de celui de Marseille, 22 de celui de Toulouse. Le nombre des décisions rendues par les tribunaux en matière disciplinaire a été de 385, sur lesquelles 331 ont accueilli, en totalité ou en partie, les réquisitions du ministère public qui demandait la répression d'infractions plus ou moins graves. 213 de ces décisions s'appliquent à des huissiers, 126 à des notaires, 57 à des avoués, 3 à des greffiers, 3 à des commissaires-priseurs, etc.

Ainsi que je l'ai déjà dit dans ce rapport, les difficultés que présente la classification des affaires civiles suivant leur nature et par ordre de matières n'ont pas encore permis de l'obtenir des tribunaux de première instance. Toutefois, il m'a été possible de faire connaître, dans le compte de 1840, le nombre des demandes en désaveu de paternité, en nullité de mariage, en interdiction, en nomination de conseil judiciaire, en séparation de corps et de biens, en nullité d'hypothèques, en résolution de vente d'immeubles et en nullité de testaments. Il résulte des renseignements recueillis sur ces divers points qu'il a été porté devant les 361 tribunaux du royaume 21 demandes en désaveu de paternité, dont 12 ont été accueillies et 9 rejetées ; 17 demandes en nullité de mariage, dont 13 ont été accueillies et 4 rejetées. 542 interdictions ont été provoquées par les familles, et 56 par le ministère public. Il a été statué, en outre, sur 225 demandes de nominations de conseils judiciaires, et 11 seulement ont été rejetées. Les tribunaux ont jugé 743 demandes en séparation de corps et 3,642 demandes en séparation de biens; ils ont accueilli 642 des premières et 3,589 des dernières. 29 jugements prononçant des séparations de biens ont été attaqués par les créanciers du mari, et ceux-ci ont obtenu, dans 14 affaires, l'annulation de la séparation prononcée en fraude de leurs droits. 266 actions en nullité d'hypothèques ont été intentées ; 195 ont été accueillies favorablement. Sur 1,570 demandes en résolution de ventes d'immeubles portées devant les tribunaux, 1,357 ont été admises et 213 rejetées. Le nombre des demandes en nullité de testaments est de 184, savoir : 116 de testaments notariés, 4 de testaments mystiques, 64 de testaments olographes. 85 testaments ont été déclarés valables et 99 annulés. Enfin 87 actes d'adoption ont été soumis à l'homologation des tribunaux. L'intérêt qui s'attache à ces sortes d'affaires, ainsi qu'aux demandes en séparation de corps, m'a déterminé à recueillir sur les unes et les autres des renseignements plus complets, qui sont résumés dans deux tableaux spéciaux. Dans le premier on a indiqué, outre le nombre des demandes en séparation de corps et leurs résultats, par qui ces demandes ont été formées, du mari ou de la femme ; quelle était la condition sociale des époux; la durée du mariage dont la dissolution était demandée; s'il en était issu ou non des enfants; enfin les motifs de la demande. Ce tableau fait connaître que 940 actions en séparation de corps ont occupé les tribunaux : c'est 168 de plus qu'en 1839. Peut-être cette augmentation tient-elle, en grande partie, à ce que les recherches ont été mieux faites en 1840. Sur ces 940 demandes portées devant les tribunaux, 197 ont été retirées avant jugement ou rayées du rôle : 12 par suite du décès de l'un des époux ; un certain nombre parce que les fonds ont manqué aux femmes demanderesses pour poursuivre; les autres par suite de réconciliation entre les époux ; les tribunaux ont statué sur 743 : ils en ont déclaré 101 mal fondées, et 642 jugements ont prononcé la séparation. Dans 45 affaires, il y avait eu demande reconventionnelle de la part de l'époux contre lequel avait été introduite l'action principale, et quelquefois c'est la demande reconventionnelle qui a été admise. Sur les 940 demandes principales, 882 (0,94) ont été intentées par les femmes, et 58 seulement par les maris. 835 étaient motivées sur des excès, sévices ou injures graves soufferts par les demandeurs ; 21 sur la condamnation des défendeurs à une peine infamante, et 192 enfin sur l'adultère : presque toutes les demandes formées au nom des maris (55 sur 58) l'étaient par ce dernier motif. La durée du mariage a pu être indiquée à l'égard de 814 procès seulement : elle avait été de moins d'une année dans 26 affaires, d'un an à 5 ans dans 161, de 5 à 10 ans dans 192, de 10 à 20 ans dans 269, de plus de 20 ans dans 166. 407 unions avaient été stériles ; il était né des enfants de 494. Ce renseignement n'a pas été recueilli cette année dans 39 affaires. 294 demandes en séparation ont été formées par des propriétaires, des rentiers ou des individus appartenant aux professions libérales : c'est le tiers du nombre total (0,34); 179 (0,21) par des marchands ou négociants, 146 (0,17) par des cultivateurs, 237 (0,28) par des ouvriers. Les demandes en séparation de corps se distribuent fort inégalement entre les divers départements. Il en a été jugé 107 par le tribunal de la Seine, 40 dans le département de la Seine-Inférieure, 33 dans le Calvados, 29 dans la Meuse, 28 dans la Manche, 24 dans le Nord, 23 dans l'Eure, 22 dans la Marne, 21 dans le Pas-de-Calais et dans la Seine-et-Oise. Aucune n'a été intentée dans le département de Tarn-et-Garonne, et plusieurs autres départements n'en comptaient qu'une seule pendant l'année. Le nombre des adoptions soumises à l'homologation des tribunaux en 1840 est de 87; c'est 5 de plus qu'en 1839. 85 jugements ont déclaré qu'il y avait lieu à adoption ; 2 demandes seulement ont été rejetées. Les 87 actes d'adoption comprenaient 93 individus, 49 hommes et 44 femmes ; 56 étaient enfants naturels des adoptants, et 15 avaient été reconnus par eux ; 12 étaient neveux ou nièces, 5 leurs parents à d'autres degrés, 22 ne leur étaient unis par aucun lien de parenté ou d'alliance. Les motifs de l'adoption ont toujours été puisés dans les sentiments d'affection que des soins et des secours donnés aux adoptés, pendant leur minorité, avaient fait naître entre eux et les adoptants. 103 personnes ont concouru aux 87 actes d'adoption : 16 de ces actes ont été l'œuvre des deux époux conjointement, 57 ont été faits par des hommes veufs ou célibataires, et 34 par des femmes dans la même condition. Les jugements d'homologation rendus par les tribunaux civils ont été, conformément à l'art. 357 du Code civil, soumis aux cours royales, qui en ont confirmé 76 et infirmé 4. Elles n'avaient pas encore prononcé sur 7 jugements le 31 décembre 1840. Les procédures d'ordre et de contributions ont été, dans le compte de 1840, l'objet d'une étude toute spéciale, et les renseignements recueillis permettent de mieux apprécier que par le passé l'état de ces procédures. Le nombre des ordres et des contributions dont les tribunaux ont eu à s'occuper est de 12,607 (11,036 ordres et 1,571 contributions); c'est 472 de moins qu'en 1839; 4,899 ont été ouverts en 1840, 3,831 en 1839, 1,380 en 1838, 553 en 1837, 292 en 1836, et 792 antérieurement; 26 de ces derniers datent de 1808 à 1820, 165 de 1821 à 1830, les autres de 1831 à 1835. Il n'a pas été possible d'indiquer cette année la date de l'ouverture des ordres et des contributions du département de la Seine. Sur ces 12,607 procédures, 5,444 seulement ont été réglées, et 7,164 restaient à terminer le 31 décembre. Le rapport de ces dernières au nombre total est de 57 sur 100; il était à peu près le même en 1839. Les ressorts dans lesquels il y a eu, à la fin de l'année 1840, le plus grand nombre d'ordres et de contributions arriérés, sont ceux de Grenoble, de Riom, de Caen, de Limoges, de Lyon, de Nîmes, de Pau, de Bordeaux, de Bourges, de Montpellier. Les lenteurs qu'éprouve, dans certains tribunaux, cette classe d'affaires ont éveillé toute ma sollicitude; j'espère que, grâce à l'active surveillance recommandée aux magistrats, je pourrai constater sur ce point une amélioration réelle dans le compte général de 1841; mais si leur zèle ne suffisait pas pour surmonter les obstacles qui, en retardant le cours de ces procédures, nuisent aux intérêts des justiciables, il deviendrait nécessaire de demander à la loi des moyens plus efficaces. Parmi les procédures terminées, 379 l'ont été à l'amiable, 310 ont disparu des rôles par suite de l'abandon des parties poursuivantes, 100 ont dû être jointes à d'autres, et 4,654 ont été réglées définitivement par les juges-commissaires. Sur les 4,600 ordres terminés, 355 avaient pour objet la répartition de sommes inférieures à 1,000 f.; 1,879 des sommes de 1,000 à 5,000 fr.; 984, des sommes de 5,000 à 10,000 fr.; 1,125, des sommes de 10,000 à 50,000 fr.; 115, des sommes de 50,000 à 100,000 fr.; 65, des sommes supérieures à 100,000 fr. Le montant des sommes à distribuer n'a pu être déterminé pour 79 ordres. Les 743 contributions terminées avaient pour objet la distribution, 250, de sommes de 1,000 fr. et au-dessous; 275, de sommes de 1,000 à 5,000 fr.; 88, de sommes de 5,000 à 10,000 fr.; 88, de sommes de 10,000 à 50,000 fr., 8, de sommes de 50,000 à 100,000 fr.; 5, enfin, de sommes excédant 100,000 fr. Il n'a pas été possible d'indiquer les sommes à répartir dans 29 contributions. 20 ordres sur 100 seulement ont été réglés définitivement dans les six mois de la nomination des juges-commissaires; 38 sur 100, du septième au douzième mois; 25 sur 100, dans la deuxième année; et 17 sur 100, plus tard. 37 contributions sur 100 ont été terminées dans les six premiers mois; 34 sur 100, du septième au douzième; 17 sur 100, dans la deuxième année, et 12 sur 100, après deux ans. Ainsi les délais sont en général un peu moins longs dans les contributions que dans les ordres; mais dans les uns comme dans les autres, le montant des sommes à distribuer n'influe en rien sur la durée des procédures, et la répartition éprouve les mêmes lenteurs, qu'il s'agisse de sommes importantes ou minimes. J'ai pris des mesures pour pouvoir constater, dans le compte général de 1841, la nature des incidents auxquels auront donné lieu les ordres et les contributions. A l'aide de ces nouveaux documents, il sera possible de connaître d'une manière exacte les divers genres d'obstacles qui s'opposent à la prompte expédition de ces affaires, et d'aviser plus sûrement alors aux moyens de les faire cesser. Le dernier paragraphe de la troisième partie résume et présente dans leur ensemble tous les travaux des tribunaux de première instance, quelle qu'en soit la nature. On y a réuni les affaires civiles jugées tant à l'audience qu'en chambre du conseil, les ordonnances des présidents, les ordres, les contributions, les causes commerciales jugées par les tribunaux civils dans les arrondissements où n'existent pas de tribunaux spéciaux de commerce, les ordonnances en matière criminelle rendues par les chambres du conseil, les affaires correctionnelles jugées soit en première instance, soit en appel, enfin les accusations portées devant les cours d'assises, dans les chefs-lieux de département, autres que ceux où siègent les cours royales. En regard de ces indications sont placés des renseignements d'une autre nature, propres à déterminer l'importance de l'arrondissement, son étendue superficielle, sa population, le montant de la contribution foncière qu'il paie, le nombre des membres du tribunal de première instance, celui des justices de paix, des avocats, des avoués, des huissiers, des notaires, des actes reçus par ces derniers. On peut ainsi, d'un coup d'œil, d'une part, apprécier l'ensemble des travaux effectués dans l'année par chaque tribunal, les comparer aux ressources qu'offrait sa composition ; et d'une autre part, rechercher quelle influence exercent, sur le nombre des procès l'étendue territoriale, la population, la richesse foncière ou industrielle. Le rapport du nombre des procès à l'étendue superficielle, à la population et à la contribution foncière, reste à peu près le même tous les ans. En 1837, 1838 et 1839, on comptait un procès pour 426 hectares d'étendue superficielle, 271 habitants et 1,256 fr. de contribution foncière. En 1840, ces proportions ont été d'un procès pour 424 hectares, 268 habitants et 1,248 fr. de contribution. En comparant les départements entre eux, on reconnaît que ces trois éléments de prospérité, l'étendue, la population et la richesse qu'indique la contribution foncière, ont besoin de se trouver réunis pour exercer une influence sur le nombre des procès civils, et que, isolés les uns des autres, ils n'en exercent presque aucune. Les chiffres du tableau dans lequel j'ai fait classer les 86 départements suivant l'ordre qu'ils occupent entre eux, sous ces divers rapports, confirment généralement cette observation. Ainsi quelques départements, tels que la Corse, les Landes, l'Allier, la Vienne, qui se placent aux premiers rangs par leur étendue, mais qui n'ont pas une population nombreuse et paient peu de contributions, comptent un très-petit nombre de procès, tandis que quelques autres, qui sont aux derniers rangs par l'étendue, et aux premiers par la population ou la contribution foncière, sont aussi les plus féconds en procès. De ce nombre sont notamment la Seine, le Rhône, le Haut et le Bas-Rhin. Les tribunaux civils de première instance sont, comme les cours royales, divisés en classes, d'après le nombre de magistrats dont ils sont composés. Les 361 tribunaux civils forment huit classes. Le tribunal de la Seine est seul de la première classe ; il a 8 chambres, et il comptait, en 1840, 1 président, 8 vice-présidents, 40 juges et 16 juges suppléants qui faisaient le service simultanément et concurremment avec les juges (1). Les tribunaux de la deuxième classe sont au nombre de 5. Ils ont 3 chambres, 1 président, 2 vice-présidents, 9 juges et 6 suppléants chacun. 2 tribunaux de la troisième classe, 40 de la quatrième, 2 de la cinquième et 31 de la sixième, ont chacun 2 chambres, 1 président et 1 vice-président ; mais le nombre

des juges varie d'une classe à l'autre : il est de 8 dans la troisième, de 7 dans la quatrième, de 6 dans la cinquième, de 5 dans la sixième : 4 juges suppléants sont adjoints aux juges titulaires dans les divers tribunaux de ces quatre classes. 77 tribunaux de la septième classe et 205 de la huitième n'ont qu'une seule chambre. Les premiers comptent 1 président et 3 juges, et les derniers, 1 président et 2 juges seulement ; 3 juges suppléants sont en outre attachés à chacun de ces tribunaux. Le tribunal de la Seine a terminé, en 1840, 9,914 affaires, ou 1,239 par chaque chambre. Les 5 tribunaux de la deuxième classe, avec leurs 15 chambres, en ont terminé 8,363, ou 558 par chaque chambre. Cette proportion est de 268 affaires par chaque chambre, pour les tribunaux de la troisième classe ; de 263 pour ceux de la quatrième ; de 323 pour ceux de la cinquième ; de 211 pour ceux de la sixième ; de 460 pour ceux de la septième, et enfin de 224 pour ceux de la huitième. Si le nombre proportionnel des affaires terminées a varié suivant les classes, les tribunaux du même ordre, pris isolément, ont présenté des différences bien plus grandes encore ; ainsi, dans la seconde classe, chaque chambre du tribunal de Lyon a expédié 701 affaires, et chaque chambre du tribunal de Marseille, 436 seulement. Dans la quatrième classe, les tribunaux du Puy et de Valence, avec leurs deux chambres, ont expédié, l'un, 1,990 affaires, l'autre, 1,479 ; ceux d'Epinal, de Draguignan, de Laon, avec le même personnel, en ont terminé, le premier, 172, le second, 225 ; le troisième, 236. Des deux tribunaux de la cinquième classe, Toulouse et Lille, le premier a jugé définitivement 953 affaires, et le second, 330. Dans la sixième classe, les tribunaux de Caen et de Saint-Etienne ont expédié, l'un, 1,272, l'autre, 1,018 causes. Les tribunaux de Quimper, de Mont-de-Marsan, de Vannes, de Saint-Brieuc, de Saint-Omer et de Niort, qui ont également deux chambres, n'ont terminé que 81, 130, 142, 146, 147 et 153 affaires. C'est beaucoup moins que plusieurs tribunaux de la septième et de la huitième classes, qui n'ont qu'une seule chambre ; mais ces derniers tribunaux n'ont pas, comme ceux de la sixième classe, à juger des appels de police correctionnelle et des affaires criminelles en cour d'assises Les différences sont peut-être plus grandes encore entre les tribunaux des septième et huitième classes. Dans la septième, il a fallu créer une

---

(1) L'organisation de ce tribunal a été modifiée par la loi du 25 avril 1841, qui a porté à 56 le nombre des juges, et réduit à 8 celui des juges suppléants, en assimilant ceux qui seraient nommés à l'avenir aux juges suppléants près les autres tribunaux de première instance du royaume.

chambre temporaire près de six tribunaux, pour assurer le service : ce sont ceux de Bourgoin, de Saint-Gaudens, de Saint-Girons, de Saint-Marcellin, de Bagnères et de Saint-Lô. Ces tribunaux ont statué sur 1,062, 1,034, 985, 826, 745 et 674 causes. Plusieurs autres siéges de la même classe, avec une seule chambre, ont expédié de 7 à 900 affaires. On distingue, en première ligne, ceux de l'Argentière, de Limoges, d'Argentan, d'Alais, de Tournon ; d'autres, au contraire, tels que ceux de Douai, de Morlaix, de Lorient, d'Hazebrouck, etc., n'ont terminé que de 100 à 150 affaires. Dans la huitième classe, enfin, sur les 203 tribunaux qu'elle comprend, 14 ont expédié de 4 à 600 affaires ; 34, de 3 à 400 ; 61, de 2 à 500 ; 72, de 100 à 200 ; 22 en ont terminé moins de 100. Parmi ces derniers, le tribunal d'Ancenis n'en compte que 16 ; celui de Quimperlé, 35 ; ceux de Lombez, de Paimbœuf, d'Arcis-sur-Aube, de Redon, de Céret, 50 à 60. Les tribunaux de la huitième classe qui ont jugé le plus d'affaires sont ceux d'Ambert (606), de Bernay (594), de Château-Chinon (507), de Belley (486), de Brioude (469), d'Autun (473). La quatrième partie du compte général de 1840 fait connaître d'abord, comme les années précédentes, le nombre des affaires commerciales portées devant chaque tribunal, et le résultat de ces affaires ; mais elle a été complétée par l'addition de quelques renseignements relatifs aux actes de société déposés aux greffes des tribunaux, en vertu de l'art. 42 du Code de commerce, et aux faillites ouvertes et liquidées. Ces renseignements recueillis avec soin, chaque année, serviront à constater, d'une part, le mouvement et les progrès de l'industrie, de l'autre ses souffrances. Ils permettront aussi de suivre et d'étudier les effets des modifications apportées par la loi du 28 mai 1838 à notre législation sur les faillites. Les affaires commerciales sont jugées par des tribunaux spéciaux institués à cet effet dans les arrondissements où la multiplicité des transactions commerciales et, par suite, des différends qu'elles engendrent, a rendu cette création nécessaire ; dans les autres arrondissements, par les tribunaux civils qui tiennent des audiences exclusivement consacrées à ces affaires. On compte 220 tribunaux spéciaux de commerce, et 170 tribunaux civils jugeant commercialement. Ces derniers ont terminé, en 1840, 23,610 affaires, soit 139 chacun en moyenne ; tandis que les autres en ont expédié 140,580, ou chacun 639. Le nombre total des affaires commerciales soumises aux divers tribunaux est de 170,323, dont 5,828 avaient été inscrites avant le 1ᵉʳ janvier 1840, et 161,495

l'ont été dans le cours de cette année. Il a été terminé 164,190 affaires : 44,613 ont été l'objet de jugements contradictoires : c'est 27 sur 100 ; 91,951 (0,56), de jugements par défaut ; 5,480 (0,03) ont été renvoyées devant arbitres, et 22,146 (0,14) ont disparu des rôles par suite de transaction ou de désistement. Le nombre des affaires commerciales terminées en 1839 avait été de 162,487, le même, à 1,700 près, qu'en 1840. 6,133 affaires seulement restaient à juger le 31 décembre 1840. Ce petit nombre de causes reportées d'une année sur l'autre, comparativement au total de celles qui ont été inscrites pendant l'année, fait ressortir toute la célérité avec laquelle s'expédient les procès devant la justice consulaire. Cette célérité est due à l'extrême simplicité des formes de la procédure, et au peu de gravité de la plupart des contestations dont cette juridiction est saisie, ainsi que l'atteste la proportion élevée des jugements par défaut (0,56). Devant les tribunaux civils, 22 affaires sur 100 seulement sont jugées par défaut. Sur les 164,190 affaires commerciales jugées définitivement en 1840, 41,864, plus du quart, l'ont été par le tribunal de la Seine ; celui de Lyon en a terminé 7,320 ; celui de Rouen, 4,225 ; celui de Bordeaux, 4,197 ; celui de Marseille, 2,478 ; celui de Toulouse, 2,363. Très-peu d'appels ont été formés contre les décisions des tribunaux de commerce : sur 136,564 jugements contradictoires ou par défaut, 2,054 seulement ont été déférés aux cours royales ; c'est 1 appel pour 76 jugements. Dans le compte général de 1841, la distinction qui sera faite entre les jugements rendus en premier ou en dernier ressort permettra d'établir un rapport plus exact entre les appels et les jugements qui pourraient être attaqués par cette voie. Pendant l'année 1840, il a été déposé aux greffes des divers tribunaux de commerce 2,138 actes de sociétés commerciales : 1,634 en nom collectif et 504 en commandite ; 176 de ces derniers s'appliquaient à des sociétés par actions. 18 sociétés de commerce anonymes ont été autorisées par ordonnances royales. Sur les 2,138 actes déposés, 644, près du tiers, l'ont été au greffe du tribunal de commerce de Paris, 249 à celui de Lyon, 85 à celui de Bordeaux, 58 à celui de Rouen, 57 à celui de Marseille, 47 à celui de Nantes, 41 à celui de Lille. Les tribunaux de commerce ont eu à s'occuper de 3,709 faillites en 1840 ; 2,618 avaient été déclarées dans l'année et 1,091 remontaient à 1839. D'après un état publié dans le compte général de 1831, le nombre moyen annuel des faillites déclarées, de 1817 à 1826, avait été de 1,227 seulement. Les jugements déclaratifs de 34 faillites ont été rapportés par les tribunaux ; la poursuite de 73 a dû être abandonnée pour insuffisance de l'actif ; dans 1,347 il est intervenu un concordat ; dans 564 il y a eu union de créanciers et liquidation par les syndics. 1,691 restaient à régler le 31 décembre. Sur les 1,911 faillites réglées par concordat ou liquidées par les syndics, 1,231 avaient été ouvertes par la déclaration des faillis, 561 sur les poursuites des créanciers, et 119 sur les poursuites d'office du ministère public. Il n'a pas été possible d'indiquer la position personnelle de tous les faillis pendant la liquidation. Mais il résulte des renseignements fournis sur ce point, à l'égard de 1,165, que 72 seulement étaient en fuite ; 1,093 se sont mis à la disposition des créanciers ou ont été arrêtés : 170 ont été incarcérés ; 94 placés sous la garde d'un officier de police ; 337 dispensés de la mise en dépôt ; 492 enfin ont obtenu des sauf-conduits. Le montant du passif de 1,826 faillites a pu être déterminé d'une manière certaine : il était de 5,000 fr. et au-dessous dans 114 faillites ; de 5 à 10,000 fr. dans 287 ; de 10 à 50,000 fr. dans 914 ; de 50 à 100,000 fr. dans 251 ; 260 faillites enfin présentaient un passif de plus de 100,000 fr.

Après avoir constaté le montant du passif de chaque faillite, il importait de faire connaître le dividende obtenu par les créanciers. Ce renseignement a été recueilli pour 1,638 faillites seulement, dont 1,278 réglées par concordat, et 360 liquidées par les syndics. Les créanciers ont reçu de 75 à 100 pour 100 dans 70 faillites réglées par concordat ; de 51 à 75 pour 100 dans 36 ; de 26 à 50 pour 100 dans 296 ; de 10 à 25 pour 100 dans 745 ; dans 131, ils ont dû accepter moins de 10 pour 100. Des 360 faillites liquidées par les syndics, 127 ont produit moins de 10 pour 100 ; 146, de 10 à 25 pour 100 ; 72 de 25 à 50 ; 15 seulement ont donné plus de 50 pour 100. Le montant total des bilans de 1,826 faillites dont le passif a pu être indiqué s'est élevé à 123,194,066 fr. ; ce serait, en moyenne, 64,665 fr. pour chaque faillite. Si l'on divise ces 123,194,066 fr. entre les diverses catégories de faillites qui ont été énumérées plus haut, on obtient : pour les 114 faillites d'un passif inférieur à 5,000 fr., un total de 404,869 fr. ; en moyenne, 3,551 fr. par faillite. Pour les 287 faillites d'un passif de 5 à 10,000 fr., un total de 2,169,718 fr. ; en moyenne, 7,560 fr. par faillite. Pour les 914 faillites d'un passif de 10 à 50,000 fr., un total de 21,920,016 fr. ; en moyenne, 23,982 fr. par faillite. Pour les 251 faillites d'un passif de 50 à 100,000 fr., un total de 17,730,945 fr. ; en moyenne, 70,641 fr.

par faillite. Enfin, sur 260 faillites d'un passif de plus de 100,000 fr., un total de 80,968.518 fr. ; ce qui fait, en moyenne, 311,417 fr. par faillite. Le passif de 763 faillites du département de la Seine s'élevait à 56,775,630 fr. ; c'est presque la moitié du chiffre total. Les départements dans lesquels le passif total des faillites a été le plus considérable, sont, après celui de la Seine, ceux de l'Isère, où il était, dans 35 faillites, de 7,329,324 fr. ; de la Seine-Inférieure (102 faillites et un passif total de 5,331,191 fr.) ; de la Somme (39 faillites et un passif total de 5,022,018 fr.) ; de la Gironde (54 faillites et un passif total de 3,876,956 fr.) ; de la Meurthe (21 faillites et un passif total de 3,619,720 fr.) ; du Rhône (40 faillites et un passif total de 3,106,648 fr.). Aucune faillite n'a été ouverte dans le département de la Corse, en 1840 ; une seule l'a été dans le département de la Lozère.

Un dernier tableau classe les faillites réglées et liquidées d'après le dividende obtenu, depuis 1 jusqu'à 100 pour 100. Le dividende moyen de toutes les faillites prises ensemble est de 25 pour 100.

Les travaux des juges de paix sont exposés dans la cinquième partie du compte, avec beaucoup de détails, par canton, par arrondissement, par département et par ressort de cour royale. Le tableau qui les présente est divisé en trois parties, pour répondre à la triple nature des attributions de ces magistrats : la première est relative aux affaires dont ils ont connu comme juges ; la seconde, à celles dans lesquelles ils sont intervenus comme conciliateurs ; la troisième, aux actes principaux accomplis par eux extrajudiciairement : convocation et présidence de conseils de famille, délivrance d'actes de notoriété, réception d'actes d'adoption et d'émancipation, apposition de scellés, etc. Les comptes précédents indiquaient, par canton, le nombre des notaires ; il m'a paru utile d'ajouter, cette année, le nombre des actes reçus par eux. Ce document révèle le mouvement des transactions dans chaque canton, et peut servir à expliquer la quantité des affaires qui, devant certains tribunaux de paix, n'est nullement en rapport avec la population des cantons et leur étendue superficielle. Le nombre des notaires en exercice dans tout le royaume, pendant l'année 1840, était de 9,975 : 414 de la première classe, 1,431 de la seconde, et 8,130 de la troisième. Ils ont reçu ensemble 5,451,555 actes de toute nature ; c'est 544 actes par notaire, et un acte pour 10 habitants (environ 98 sur 1,000), si on les compare à la population totale du royaume,

Cette proportion est exactement celle du département de la Seine ; mais elle varie beaucoup dans les autres départements. Ainsi, dans la Corse, on ne compte qu'un acte pour 36 habitants ; dans les Côtes-du-Nord, les Landes, la Haute-Saône, 1 pour 21, 20, 19 ; dans le Finistère, l'Ille-et-Vilaine, le Doubs, la Moselle, les Vosges, le Morbihan, 1 pour 17, 16, 15. Dans l'Indre-et-Loire, Loir-et-Cher, Eure-et-Loir, au contraire, le rapport est d'un acte pour 6 habitants ; il est d'un acte pour 7 habitants dans la Nièvre, Seine-et-Marne, Seine-et-Oise, l'Yonne, le Puy-de-Dôme, Tarn-et-Garonne. Le nombre des affaires portées devant les 2,846 tribunaux de paix du royaume, en 1840, pour recevoir jugement (art. 8 et suiv. du Code de procédure civ.), s'est élevé à 904,219. Il en a été introduit 533,137 (0,59) par citation, et 371,082 (0,41) par comparution volontaire des parties ou sur un simple avertissement du juge de paix. Il restait, en outre, 6,221 affaires à juger de l'année précédente ; 901,089 causes ont reçu une solution dans l'année, et 9,351 sont restées pendantes le 31 décembre. Des jugements ont statué sur 881,813 procès ; 175,930 étaient contradictoires, et 105,883 par défaut ; 444,180 causes ont été arrangées à l'audience par les juges de paix, et 175,096 par suite de transactions intervenues entre les parties ou du désistement des demandeurs, ne sont pas venues à l'audience qui leur était assignée. Les jugements contradictoires sont, du total des affaires terminées, dans la proportion de 20 pour 100 ; cette proportion est de 12 sur 100 pour les jugements par défaut, de 49 sur 100 pour les causes arrangées à l'audience, et de 19 sur 100 pour les affaires abandonnées. Ces deux dernières classes d'affaires se sont accrues d'une manière sensible depuis la loi du 25 mai 1838, et c'est là un des effets nécessaires et prévus de ses dispositions. En prescrivant aux juges de paix d'appeler les parties devant eux, à l'aide d'avertissements sans frais, avant d'autoriser aucune citation, cette loi a ménagé à ces magistrats plus de facilité pour amener des arrangements amiables entre les plaideurs. Quelque simple et rapide que soit la procédure devant les tribunaux de paix, il devient souvent nécessaire, pour la manifestation de la vérité, d'ordonner, par des avant faire droit, des enquêtes, des expertises, des transports sur les lieux ; c'est ainsi que 84,905 jugements préparatoires ou interlocutoires ont été prononcés en 1840. Ils sont, au total des affaires terminées, dans le rapport de 95 sur 1,000, un peu moins de 1 sur 10 : ce rapport était de 1 sur 8 en

1838 et 1839. Devant les tribunaux civils de première instance, on compte 24 jugements préparatoires ou interlocutoires par 100 affaires terminées. Les avant faire droit ordonnés par les tribunaux de paix avaient pour objet : 59,197, des enquêtes ; 7,731, des expertises ; 20,302, des transports sur les lieux. La nature des autres, au nombre de 27,675, n'a pas été indiquée. Une distinction utile a pu être faite, cette année, entre les jugements rendus en premier ou en dernier ressort par les tribunaux de paix. Sur les 281,813 jugements émanés d'eux, 73,063 seulement (0,26) étaient sujets à appel. 4,121 ont été attaqués par cette voie : c'est 1 sur 18. La moitié des jugements déférés à la censure de la juridiction supérieure (2,048) a été confirmée ; 1,379, un tiers à peu près, ont été infirmés en tout ou en partie ; les autres appels ont été suivis de désistement. La proportion des appels aux jugements qui pouvaient être attaqués par cette voie est moins élevée pour les tribunaux de paix que pour les tribunaux civils de première instance : la différence est de 1 sur 18 à 1 sur 7. Si l'on rapproche du total des affaires introduites devant les justices de paix, en 1840, le nombre de celles qu'ils avaient eu à juger les années précédentes, on trouve qu'elles ont presque doublé pendant les sept dernières années, en s'élevant à 904,219 en 1840, au lieu de 491,797 en 1834. Quelques explications deviennent ici nécessaires pour qu'on ne se méprenne pas sur la valeur relative de ces nombres, et que l'on n'attribue pas exclusivement à un accroissement réel du chiffre des affaires ce qui est dû, en partie, à des relevés plus exacts. C'est en 1834 qu'il a été demandé, pour la première fois, aux juges de paix, de rendre compte de leurs travaux. Ces magistrats, en général, n'avaient point de registres réguliers, sur lesquels pussent être recueillis avec exactitude les éléments des états qu'ils devaient fournir : de là, pour eux, la nécessité de les puiser dans les minutes des jugements et dans quelques notes d'audience, qui ne faisaient pas mention de toutes les affaires. Aussi, les états des premières années se ressentirent inévitablement de cet état de choses, et beaucoup de contestations qui avaient occupé les tribunaux de paix furent omises ; mais, peu à peu, des registres ont été établis dans toutes les justices de paix, et leur tenue régulière a mis les magistrats à même de mieux se rendre compte de leurs travaux, et d'en donner, à la fin de l'année, un résumé plus fidèle et plus complet. Ce qui prouve l'exactitude de cette observation, c'est que l'accroissement des affaires, pendant les dernières années, a surtout porté sur les causes introduites par comparution volontaire, celles qui, arrangées plus facilement, laissaient moins de traces de leur passage dans les greffes. Le nombre de ces affaires est presque quintuplé en 1840, tandis que le nombre des procès introduits par citation s'est accru de 30 pour 100 seulement.

Mais, tout en faisant ainsi la part à une plus grande exactitude, il est impossible de ne pas reconnaître qu'il y a eu une augmentation réelle dans les travaux des tribunaux de paix. Elle se révèle d'une manière incontestable par le nombre des citations, et surtout par celui des jugements rendus, qu'il était facile de constater, en 1834, puisque les minutes étaient à la disposition des juges de paix, et dont tout porte à croire, par conséquent, qu'il a été rendu compte exactement à toutes les époques.

J'ai déjà eu l'honneur de faire connaître à Votre Majesté que le nombre des citations était de près d'un tiers plus élevé en 1840 qu'en 1834; celui des jugements a suivi la même progression à peu près, puisqu'il était de 208,187 en 1834, et qu'il est de 28 ,815 en 1840; différence de 33 pour 100 entre les deux totaux. Cet accroissement s'est fait sentir principalement depuis 1838, et, quelque considérable qu'il paraisse, il s'explique très-bien par l'extension de la compétence des tribunaux de paix, par la facilité que la loi du 25 mai 1838 a donnée aux plaideurs d'arriver sans frais devant la justice, enfin par l'augmentation de la population et les développements incessants de l'industrie, du commerce et des transactions de toute espèce qui doivent nécessairement engendrer de plus nombreux différends. Le nombre des affaires de la compétence des tribunaux civils de première instance, soumises au préliminaire de la conciliation devant les juges de paix, ne s'est pas accru depuis 1832, comme celui des affaires introduites devant ces magistrats pour recevoir jugement. Il a, au contraire, diminué de près d'un cinquième. 82,419 affaires seulement ont été portées devant les tribunaux de paix en 1840, conformément aux art. 48 et suivants du Code de procédure civile; 58,360 ont été introduites par citation; 24,059 par comparution volontaire des parties ou sur simple avertissement. Les défendeurs ont comparu personnellement dans 63,845 affaires, et par mandataires dans 6,214; dans les autres, au nombre de 12,360, ils ont fait défaut, aimant mieux encourir l'amende prononcée par l'art. 56 du Code de procédure civile, que de se soumettre au vœu de la loi : c'est donc dans 70,059 affaires seulement que, demandeurs et défendeurs se trouvant en présence, il a été possible aux juges de paix de tenter de les concilier; les efforts de ces magistrats ont été couronnés de succès dans 41,400 affaires (0,59), et ils ont échoué dans 28,659 (0,41), qui ont dû alors être portées devant les tribunaux de première instance. Outre leurs travaux comme juges et comme conciliateurs, les juges de paix ont eu à accomplir beaucoup d'actes extrajudiciaires également importants : ils ont convoqué et présidé 77,778 conseils de famille, délivré 11,323 actes de notoriété, reçu 130 actes d'adoption, et 9,461 actes d'émancipation; ils ont enfin procédé à 18,439 appositions et à 17,488 levées de scellés. Cette longue énumération des services rendus par les juges de paix, dans leurs attributions diverses, démontre de nouveau toute l'utilité de cette institution.

Les conseils de prud'hommes, institués dans un petit nombre de villes de fabrique pour régler les différends qui s'élèvent entre les fabricants, les chefs d'ateliers, les ouvriers, compagnons et apprentis, réunissent, comme les juges de paix, le double caractère de conciliateurs et de juges. Le nombre de ces conseils est très-limité : 64 seulement ont été organisés, et il n'y en a pas eu plus de 59 en exercice pendant l'année 1840. Ils sont répartis entre 34 départements, dont 19 en ont un seul; 9, deux; 5, trois; et un dernier, celui du Nord, sept. Les 59 conseils en exercice ont été saisis, en 1840, de 15,578 contestations; c'est 571 de moins qu'en 1839. 13,664 de ces contestations seulement ont été portées devant le bureau particulier pour être soumises au préliminaire de conciliation. 1,914 ne se sont pas présentées à l'audience fixée, par suite sans doute d'arrangement amiable entre les parties. 12,672 affaires (0,93), ont été conciliées par le bureau particulier : et il a échoué dans ses tentatives de conciliation à l'égard de 992, qui ont dû être renvoyées devant le bureau général pour être jugées. 468 seulement y sont parvenus, les autres ayant été terminées par transaction ou abandonnées. les 468 affaires portées devant les conseils de prud'hommes en bureau général ont été jugées, 297 en dernier ressort, et 171 sauf appel. Les parties ont appelé de 14 jugements seulement (1 sur 12). Les conseils de prud'hommes qui ont été le plus occupés sont ceux de Lyon, de Saint-Étienne, de Rouen, d'Amiens, de Nancy, de Mulhausen, de Reims. Ils ont été saisis, le premier, de 3,900 contestations; le second, de 2,133; le troisième, de 1,593; le quatrième, de 636; le cinquième, de 565; le sixième, de 547; le septième, de

1840. Les conseils de Vire, d'Armentières, de Limoux, de Thiers, n'ont eu que 6, 8 et 9 affaires : ceux de Castres, d'Orléans, de Lodève, d'Alais, d'Alençon, d'Avignon, d'Orange, de Niort, de 11 à 21. Moins de 50 ont été portées devant plusieurs autres. Ces tribunaux sont également investis par la loi, concurremment avec la justice ordinaire, de la connaissance de certains délits tendant à troubler l'ordre et la discipline des ateliers. Deux d'entre eux seulement ont exercé ce droit en 1840 : ce sont ceux de Lille et de Lyon ; le premier a condamné 2 inculpés, et le second 3.

Tel est, Sire, le résumé des travaux de la magistrature, en matière civile et commerciale, pendant l'année 1840. Il prouve que le zèle de ses membres ne s'est pas ralenti ; et je suis heureux de pouvoir, en terminant ce rapport, assurer à Votre Majesté que, dans tout le royaume, la sagesse qui préside à leurs jugements, et la célérité avec laquelle ils prononcent sur les différends qui leur sont soumis doivent, à l'avenir, éviter des frais aux justiciables et diminuer le nombre des procès.

Je suis, avec le plus profond respect, Sire, de Votre Majesté, le très-humble et très-fidèle serviteur. *le garde des sceaux de France, ministre secrétaire d'État de la justice et des cultes,*

N. MARTIN (du Nord).

26 AVRIL 1842. — Rapport au roi sur l'administration de la justice militaire pendant l'année 1839. (Mon. du 7 juin 1842.)

Sire, j'ai l'honneur de mettre sous les yeux de Votre Majesté le compte général de l'administration de la justice militaire pendant l'année 1839. Bien que rien ne soit négligé pour sa plus prompte publication, Votre Majesté remarquera que, si elle est toujours un peu arriérée, comparativement à celle de même nature qui émane du ministère de la justice, le retard n'en doit être attribué qu'à la difficulté de réunir avec toute l'exactitude nécessaire les renseignements qui doivent servir à l'établir, en ce qui concerne les tribunaux de l'Algérie, et notamment ceux d'Oran, de Bonne et de Constantine, au milieu des expéditions militaires dont ces contrées éloignées sont le théâtre. Déjà cependant, les efforts tentés pour obtenir, dans le plus bref délai possible, les renseignements nécessaires, ne sont point demeurés stériles, et j'ai été assez heureux pour lui présenter les comptes rendus de deux années, dans l'année courante. Ainsi que pour les exercices précédents, sept tableaux offrent sous le rapport

des juridictions et de la position des hommes, des développements statistiques qui conduisent à des comparaisons propres à faire apprécier l'état moral de l'armée. Les six premiers tableaux font connaître d'abord la classification des délits, et ensuite celle des militaires, en raison du titre sous lequel ils étaient entrés au service, de leur arme, de leur grade et de leur rang, de leur temps de service, et, enfin, du degré de leur instruction élémentaire. Le septième tableau indique, par armes, le nombre des militaires condamnés, soit par les cours d'assises, soit par les tribunaux correctionnels, et la nature des crimes et délits qui ont motivé les condamnations.

PREMIÈRE PARTIE. — RENSEIGNEMENTS GÉNÉRAUX.

En 1839, l'armée se composait de 317,578 hommes, y compris la garde municipale et les sapeurs-pompiers de la ville de Paris. 4,367 ont été mis en jugement, ce qui donne une proportion de 1 sur 73. Il faut toutefois remarquer que, dans ce nombre de 4,367, sont compris 76 indigènes de l'Algérie, qui, d'après l'organisation judiciaire établie spécialement pour cette contrée, et aux termes de la loi du 13 brumaire an 5, se trouvaient justiciables des conseils de guerre, bien qu'ils ne fussent ni militaires, ni assimilés aux militaires. Sur les 4,367 militaires mis en jugement, 28 ont été renvoyés devant les tribunaux ordinaires pour incompétence, et 1,310 ont été acquittés. Pour ces derniers, la proportion est des trois dixièmes du nombre total des hommes traduits devant les conseils de guerre. Le nombre des militaires condamnés est de 3,029, ce qui fait 1 sur 105 de l'effectif total de l'armée. Les diverses condamnations se divisent ainsi, savoir : A mort, armée française, 98 ; indigènes de l'Algérie, 14 ; à la détention, 1 ; aux travaux forcés ou aux fers, 243 ; à la réclusion, 76 ; au boulet et au double boulet, 220 ; aux travaux publics, 419 ; à la prison, 1,951 ; à la destitution, 3 ; à l'amende, 4. Total égal, 3,029.

Si l'on considère maintenant dans quelle proportion, comparativement à l'effectif des troupes, ont été infligées les peines afflictives et infamantes, on voit : 1° que la peine de mort a été appliquée dans la proportion de 1 sur 3,241, pour 98 condamnations seulement sur 112, les 14 autres étant particulières à des indigènes de l'Algérie ; 2° que la peine des fers ou des travaux forcés l'a été dans la proportion de 1 sur 1,484, en raison de 214 condamnations seulement sur 243, les 29 autres étant particulières aussi à des indigènes de l'Algérie ; 3° et que la peine de la réclusion l'a été dans la proportion de 1 sur 4,179. Les peines correctionnelles comprennent le boulet, les travaux publics et l'emprisonnement. Celle du boulet, peine toute militaire, et grave par son appellation, sa durée et ses conditions, ne diffère cependant point des deux dernières, relativement à l'état civil des hommes. Le double boulet n'atteint que ceux qui ont déjà été condamnés au boulet simple, et qui commettent de nouveaux délits aux ateliers. Les peines du boulet, des travaux publics et de l'emprisonnement, ont été prononcées, la première, dans la proportion de 1 sur 1,444; la seconde, dans celle de 1 sur 758, et la troisième, dans celle de 1 sur 163. Dans le nombre des 4,367 militaires prévenus, 1,565 ont été jugés dans le mois du délit, 1,331 dans les deux mois, et 1,471 après les deux mois. Ces différences de durée de l'instruction résultent des incidents survenus dans le cours des procès, de leur nature, du nombre et de l'éloignement des témoins, et, en outre, de ce qu'un certain nombre de prévenus ne sont pas mis sous la main de la justice, aussitôt après la perpétration du crime ou du délit qui leur est imputé La détention préventive n'a pas toujours la durée du temps qui s'est écoulé entre l'époque du délit et le jugement définitif. Cette observation concerne particulièrement les délits de désertion, d'insoumission et d'absence illégale. Il est même à remarquer, d'un côté, que les 1,471 prévenus jugés après les deux mois du délit comprennent 1,025 déserteurs, insoumis ou absents illégalement, sur un total de 1,491 délits de cette nature, et que, de l'autre, sur 2,876 prévenus de délits autres que ceux ci-dessus spécifiés, 1,290 ont été jugés dans le mois du délit, 1,140 dans les deux mois, et 446 seulement après les deux mois. Mais, toutes les fois que la procédure se prolonge au delà des délais ordinaires, j'ai soin de me faire signaler les motifs du retard, pour m'assurer qu'il ne tient qu'à des circonstances inhérentes à l'affaire même, et non à la négligence de ceux qui concourent à l'action de la justice. Le nombre des jugements n'est pas toujours égal à celui des hommes jugés. Il y a des affaires dans lesquelles plusieurs prévenus du même fait donnent lieu à des jugements collectifs; il arrive aussi que plusieurs jugements sont rendus dans la même affaire, par suite, soit des annulations des conseils de révision, soit des jugements de plus ample informé et d'incompétence. Par exemple, les 4,367 individus qui ont paru devant les conseils de guerre, n'ont produit que 4,079 jugements, et, si l'on retranche de ce nombre 96 jugements annulés et 12 jugements de plus ample informé ou d'incompétence, on

n'a plus que 3,971 sentences définitives. Pour ces 3,971 affaires jugées définitivement, 13,510 témoins ont été entendus. Les frais de procédure se sont élevés à 88,563 fr., ce qui porte le terme moyen des frais de chaque affaire à 22 fr. 30 c. Les condamnations militaires n'ont pas toutes été exécutées, telles que les conseils de guerre les avaient prononcées; en général, l'inflexible précision de la loi militaire n'admet point la latitude des lois criminelles ordinaires, et ne donne pas les moyens d'adopter une pénalité moins rigoureuse, alors même que des circonstances atténuantes viennent recommander l'accusé à l'indulgence du juge; mais le cœur du roi s'est ému devant la sévérité de la loi: vous avez voulu, Sire, qu'en attendant la révision de notre Code militaire, et l'introduction d'un minimum et d'un maximum dans l'échelle des peines, il fût sursis à toute sentence ordonnant la mort ou prononçant, pour des faits d'insubordination, une peine afflictive et infamante, et qu'en faveur du coupable repentant ou digne de commisération, on pût faire, en temps utile, un appel à votre clémence. Depuis 1830, les ordres de Votre Majesté ont été ponctuellement suivis. Les lettres de grâce, de commutation et de réduction de peines, accordées par Votre Majesté, sur des propositions spéciales auxquelles ont concouru les deux départements de la guerre et de la justice, ont toutes été motivées, soit sur la recommandation des juges eux-mêmes, soit sur l'existence de circonstances atténuantes, soit à l'égard des hommes subissant leur peine, sur des preuves de repentir et d'amendement.

Dans le cours de l'année 1839, 1,219 individus condamnés en 1839 ou antérieurement, en ont éprouvé le bienfait. De plus, dans le cours de l'année 1840, la même faveur s'est étendue à 200 individus condamnés pendant le cours de 1839. Ces grâces se répartissent de la manière suivante : sur 3,029 individus, condamnés en 1839, 169 ont obtenu, dans le courant de la même année, savoir : 3, grâce entière; 120, commutation; 27, réduction de durée; 19, grâce de la peine qu'il leur restait encore à subir. Mais, ainsi que la remarque en a déjà été faite, il a, en outre, été accordé, pendant le cours de l'année 1840, 4 grâces entières, 124 commutations, 17 réductions et 75 grâces du restant de la peine, faveurs qui s'appliquent à des condamnations prononcées en 1839, et dont le total est de 389. En 1839, il a aussi été fait, à des militaires condamnés antérieurement à cette année, 2 grâces entières, 72 commutations de peine, 498 réductions dans la durée et 478 grâces de la peine restant à subir, en tout 1,050, qui, jointes aux 169 concernant des militaires condamnés en 1839, portent à 1,219 la totalité des grâces accordées dans le courant de l'année 1839. Enfin, 8 militaires, qui, pendant l'année 1839, avaient été déclarés incapables de servir dans l'armée, ont été relevés de cette incapacité, savoir : 1 en 1839 et 7 en 1840.

C'est notamment sur les condamnations à la peine capitale que s'est portée la sollicitude de Votre Majesté; aussi, sur les 112 qui ont été prononcées, 5 seulement ont reçu leur exécution. Ces 112 condamnations se divisent ainsi qu'il suit : pour désertion, 36; pour trahison, espionnage et embauchage, 5; pour insubordination, 52; pour meurtres et assassinats, 10; pour coups et blessures volontaires, 3; pour vols qualifiés, 2; pour ventes d'effets militaires, 4. Total égal, 112.

Les condamnations relatives aux trois derniers faits s'appliquent à des hommes qui subissent déjà une peine dans les ateliers de travaux publics ou de travaux avec boulet, conformément à la législation spéciale à ces ateliers. (Arrêté du 19 vendémiaire an 12.) Les 5 sentences qui ont reçu une exécution ont toutes été rendues en Afrique; elles se subdivisent comme ci-dessous : troupes françaises, assassinat, 1; indigènes, assassinats et meurtres, 4. Total, 5.

Quant aux peines infamantes prononcées contre des militaires pour des faits d'insubordination, conformément au vœu de Votre Majesté, et ainsi qu'on l'a dit plus haut, la plupart, avant que les jugements eussent reçu, par la dégradation militaire, le commencement d'exécution qui leur imprime le caractère infamant, ont été commuées en des peines correctionnelles, soit en celles du boulet, des travaux publics ou de l'emprisonnement. Il en résulte que des hommes coupables de fautes dont la répression sévère est commandée par l'intérêt de la discipline, mais qui ne constate pas la dépravation des sentiments, ne sont point perdus pour l'armée, lorsque de bons services et des antécédents recommandables militent en leur faveur.

DEUXIÈME PARTIE. — SPÉCIFICATION DES DÉLITS.

CHAP. Ier. — *Des crimes et délits militaires.*

Désertion.

Les diverses espèces de désertion présentent 606 prévenus, sur lesquels 407 ont été condamnés. Du point de vue général, la désertion a donc fourni 14/100es des hommes traduits devant les conseils de guerre, ou 1 sur 521 de l'effectif total de l'armée, et 13/100es des hommes condamnés, ou 1/780e de l'effectif total des troupes. À l'intérieur, la désertion simple est celle qui se commet le plus fréquemment; elle compte 332 prévenus, ou plus de la moitié de 606, nombre total des hommes mis en jugement pour désertion, et 208 condamnés, ou plus de la moitié de 407, nombre total des condamnations prononcées pour désertion. La désertion étant de service ou avec escalade de remparts a eu 7 prévenus et 3 condamnés; celle de l'armée, ou d'une place de première ligne, 34 prévenus, sur lesquels 29 ont été condamnés; celle non individuelle, 12 prévenus et 5 condamnés; celle à l'intérieur, avec armes et effets, 111 prévenus et 80 condamnés; celle à l'intérieur, par récidive, 5 prévenus et 4 condamnés; celle à l'étranger et simple, 55 prévenus et 41 condamnés; celle étant en faction, 4 prévenus qui ont été condamnés; celle après grâce, 8 prévenus, sur lesquels 7 ont été condamnés; celle comme chef de complot, 1 prévenu qui a été acquitté; enfin la désertion à l'ennemi ou devant l'ennemi, 39 prévenus, sur lesquels 26 ont été condamnés. Ces diverses condamnations s'appliquent à des militaires qui ont déserté dans les années 1821 et suivantes, jusques et y compris l'année 1839. Ce sont les seuls qui soient l'objet des recherches de l'autorité; Votre Majesté, par son ordonnance du 28 août 1830, ayant accordé amnistie pleine, entière et sans condition de service aux militaires qui, entrés au service antérieurement à l'année 1821, avaient déserté avant cette dernière époque. Dans le cours de l'année 1839, 1,865 militaires ont été signalés déserteurs. Au 1er janvier 1840, le nombre des déserteurs restant à poursuivre s'élevait à 7,923.

Insoumission.

Ce délit, qui est la désobéissance à la loi du recrutement, a donné 881 hommes mis en jugement, ou 20/100es des 4,567 militaires traduits devant les conseils de guerre, soit 1 sur 360 de l'effectif de l'armée. Sur ces 881 prévenus, il y a eu 471 condamnés, ou 16/100es de 3,629, formant le nombre total des condamnations prononcées, ou 1 sur 674 de l'effectif total des troupes. Les condamnations prononcées pour insoumission concernent, comme pour la désertion, des jeunes soldats des classes de 1821 jusqu'à ceux de la classe de 1838 inclusivement : l'ordonnance d'amnistie du 28 août 1830 s'appliquait aux insoumis des classes antérieures à 1821. Dans le cours de l'année 1839, 1,163 jeunes soldats ont été signalés comme insoumis. Le nombre des insoumis restant à poursuivre au 1ᵉʳ janvier 1840 était de 9,013.

Absence illégale.

Avant la promulgation de la loi du 19 mai 1834, ce délit, qui ne s'applique qu'aux officiers, était confondu avec la désertion. Il se subdivise ainsi qu'il suit : 1° *Absence illégale pendant plus de trois mois*. Sur 4 prévenus, 3 ont été condamnés ; 2° *Résidence hors du royaume pendant plus de quinze jours, sans autorisation du roi*. Il n'y a eu aucun prévenu.

Trahison, espionnage, embauchage. 12 prévenus ont été mis en jugement : 7 ont été condamnés.

Insubordination. Ce délit comprend depuis le refus formel d'obéissance jusqu'aux voies de fait envers les supérieurs. Il a amené devant les conseils de guerre 379 prévenus, sur lesquels 252 ont été condamnés. C'est 1 sur 12 du total des hommes mis en prévention, et 1 sur 12 du total des militaires condamnés. Relativement à l'effectif de l'armée, c'est 1 prévenu sur 833 et 1 condamné sur 1,252.

Vol, infidélité, corruption des fonctionnaires. Il y a eu 4 prévenus qui, tous, ont été condamnés.

Vol de deniers appartenant à l'État ou à des militaires, commis par des militaires qui en sont comptables. Sur 33 prévenus, 15 ont été condamnés.

Vol chez son hôte. Sur 10 prévenus, 5 ont été condamnés.

Vol de deniers ou effets appartenant à l'État ou à des militaires, commis par des militaires qui n'en sont pas comptables. Pour ce délit, 443 militaires ont été mis en jugement ; 517 ont été condamnés, ce qui donne la proportion de 1 sur 10, tant des hommes mis en jugement que des condamnés. C'est 1 prévenu sur 712 et 1 condamné sur 999 de l'effectif de l'armée.

Vente d'effets d'habillement, d'armement, de campement et de grand équipement. Ce délit offre 244 prévenus et 209 condamnés, c'est 1 sur 17 du total des prévenus et 1 sur 14 des condamnés. Sur l'effectif de l'armée, c'est 1 prévenu sur 1,293 et 1 condamné sur 1,510.

Vente d'effets de petit équipement et dissipation ou mise en gage d'effets d'habillement, d'armement, de campement et de grand équipement. Ces divers délits ont donné 905 prévenus, sur lesquels 791 ont été condamnés. La proportion est de 1 sur 5 du nombre total des prévenus et de 1 sur 4 du nombre total des condamnés. Relativement à l'effectif de l'armée, c'est 1 prévenu sur 351 et 1 condamné sur 401.

Pillage, dévastation, incendie. Ces crimes offrent 2 prévenus, qui ont été acquittés.

Vol en prenant par fraude, à boire et à manger, avec menaces et violences. Sur 14 militaires qui ont été mis en jugement pour ce fait, 8 ont été condamnés. C'est 1 sur 312 du nombre total des prévenus et 1 sur 579 du nombre total des condamnés. D'après l'effectif de l'armée, c'est 1 prévenu sur 22,684 et 1 condamné sur 39,697.

Même délit que ci-dessus, sans menaces ni violences. 58 militaires ont été mis en prévention, et 44 ont été condamnés. C'est 1 sur 75 du nombre total des prévenus et 1 sur 69 du nombre total des condamnés. Comparativement à l'effectif de l'armée, c'est 1 prévenu sur 5,475 et 1 condamné sur 7,218.

Faux par supposition de personnes, en écriture et autres. On trouve pour ce fait 51 prévenus et 17 condamnés. C'est 1 prévenu sur 141 et 1 condamné sur 178. Eu égard à l'effectif de l'armée, c'est 1 prévenu sur 10,244 et 1 condamné sur 18,681.

Évasions des détenus. L'évasion simple n'est un délit qu'autant qu'elle a lieu des ateliers des travaux avec boulet ou des travaux publics. La pénalité infligée pour ce délit, aux termes de l'arrêté du 19 vendémiaire an 11, est : 1° pour les évadés des travaux avec boulet, soit une durée double de la peine qu'ils doivent subir, soit le double boulet pendant le reste du temps de leur détention ; 2° pour les évadés des ateliers des travaux publics, la peine du boulet. Ces évasions ont amené devant les conseils de guerre, savoir : aux ateliers des travaux avec boulet, 24 prévenus, dont 22 ont été condamnés. Sur 873, nombre total des hommes formant, durant l'année 1839, l'effectif moyen de ces ateliers, c'est 1 prévenu sur 36 et 1 condamné sur 40. Aux ateliers des travaux publics, 17 prévenus, dont 15 ont été condamnés. L'effectif moyen de ces ateliers, pendant l'année 1839, ayant été de 1,268, c'est 1 prévenu sur 75 et 1 condamné sur 98.

Autres délits que ceux ci-dessus spécifiés. Enfin, pour les délits militaires, autres que ceux qui viennent d'être indiqués, et dont la variété et, en général, le peu de gravité, dispensent de multiplier les détails d'une nomenclature déjà bien chargée, il y a eu encore 41 mises en prévention et 17 condamnations, ce qui donne les proportions de 1 sur 107 du nombre total des prévenus et de 1 sur 178 du nombre total des condamnés. Relativement à l'effectif des troupes, c'est, pour les mises en jugement, de 1 sur 7,746, et, pour les condamnés, 1 sur 18,681. Le total des délits militaires autres que ceux de désertion et d'insoumission, présente 2,217 hommes mis en jugement et 1,721 condamnés, soit 51/100es de 4,367, nombre total des prévenus, et 57/100es de 3,029, nombre total des condamnés. D'après l'effectif des troupes, c'est 1 sur 143 pour les hommes mis en jugement et 1 sur 185 pour les condamnés.

CHAPITRE II. — *Des crimes et des délits communs prévus par la loi ordinaire et jugés par les tribunaux militaires.*

Fausse monnaie. 6 hommes ont été mis en jugement pour ce fait et 5 ont été condamnés.

Évasion des détenus avec violence et bris de prison. 12 hommes ont été mis en jugement et tous condamnés.

Dégradation de monuments publics. Sur 29 prévenus, 22 ont été condamnés.

Cris séditieux. Ce délit n'offre aucun prévenu.

Meurtres. Sur 17 accusés, 11 ont été condamnés.

Assassinats. Sur 23 accusés, 5 seulement ont été condamnés; 6 ont été renvoyés devant les tribunaux ordinaires, pour cause d'incompétence; les 12 autres ont été acquittés.

Coups et blessures volontaires. Sur 83 accusés, 41 ont été condamnés. C'est, d'après le nombre des prévenus, 1 sur 53, et, d'après le nombre des condamnés, 1 sur 74. Ces chiffres, comparés à celui de l'effectif de l'armée, donnent pour résultat 1 prévenu sur 3,826, et 1 condamné sur 7,746.

Homicides et coups et blessures involontaires. Sur 5 accusés, un seul a été condamné.

Attentats aux mœurs. Sur 7 prévenus, 5 ont été condamnés.

Viol. Sur 6 accusés, 3 ont été condamnés.

Faux témoignage. Ce fait offre 6 accusés et 1 condamné.

Vols qualifiés. Ces crimes comptent 94 accusés et 67 condamnés. C'est 1 prévenu sur 43 et un condamné sur 45, ou sur l'effectif de l'armée, 1 accusé pour 3,378, et 1 condamné pour 4,740.

Vols non qualifiés, larcins, filouteries. De tous les délits communs, ceux-ci sont presque toujours les plus fréquents. Ils ont amené devant les conseils de guerre 178 prévenus, sur lesquels 116 ont été condamnés. C'est, pour les prévenus, 1 sur 25, et pour les condamnés, 1 sur 26. Comparativement à l'effectif de l'armée, on trouve 1 homme mis en prévention sur 1,784 et 1 condamné sur 2,738.

Escroqueries. On compte pour ce délit 40 prévenus et 31 condamnés.

Abus de confiance. Sur 52 militaires prévenus de ce délit, 42 ont été condamnés.

Destructions, dégradations, dommages sur les propriétés particulières. Ces divers faits offrent 3 prévenus, qui ont été condamnés.

Délits autres que ceux ci-dessus spécifiés. On comprend dans cette dénomination, les divers délits qui, en raison de leur peu d'importance, ne sont pas de nature à exiger des détails particuliers. On compte, sous ce rapport, 98 prévenus et 62 condamnés. C'est 1 prévenu sur 45, et 1 condamné sur 49. Soit, sur l'effectif de l'armée, 1 prévenu sur 3,241, et 1 condamné sur 5,222.

Le nombre total des hommes appartenant à l'armée, mis en prévention pour crimes et délits communs, c'est-à-dire pour les faits prévus et punis par le Code pénal ordinaire, est de 659, sur lesquels 427 ont été condamnés; 12 ont été renvoyés devant les tribunaux ordinaires pour cause d'incompétence; et 220 ont été acquittés; ce qui donne environ 15/100 de 4,367, nombre total des prévenus, et 14/100 de 3,029, nombre total des condamnés. D'après l'effectif de l'armée, c'est 1 prévenu sur 482, et 1 condamné sur 744.

En résumé, les mises en prévention devant les conseils de guerre, et les condamnations prononcées, se divisent ainsi qu'il suit : savoir :

Mises en prévention.

Désertion et insoumission	1,491	donnant pour proportion du chiffre total.	34/100e
Délits militaires	2,217	Idem.	51/100e
Délits communs	659	Idem.	15/100e
Total	4,367	Total.	100/100e

Condamnations.

Désertion et insoumission	881	donnant pour proportion du chiffre total.	29/100e
Délits militaires	1,721	Idem.	57/100e
Délits communs	427	Idem.	14/100e
Total	3,029	Total.	100/100e

TROISIÈME PARTIE. — Prévenus considérés sous le rapport du titre en vertu duquel ils faisaient partie de l'armée ou qui les rendait justiciables des tribunaux militaires.

Les engagés volontaires présentaient, en 1839, un effectif de 28,432. Ils ont eu 992 prévenus, et 737 condamnés, ou 1 prévenu sur 29 et 1 condamné sur 39. Les jeunes soldats, c'est-à-dire ceux qui ont été appelés par le sort, et qui servent en personne, présentaient, en 1839, un effectif de 145,379. Ils ont eu 1,615 prévenus, et 1,025 condamnés, ou 1 prévenu sur 90 et 1 condamné sur 142. Les remplaçants, qui offraient, dans la même année, le nombre de 70,405, ont eu 1,638 prévenus, et 1,189 condamnés. C'est un prévenu sur 42, et un condamné sur 59. Enfin les rengagés, qui offraient un effectif de 13,655, ont eu 32 prévenus et 24 condamnés. C'est 1 prévenu sur 426, et un condamné sur 568. Il résulte de ces calculs que les mises en prévention et les condamnations portent dans une proportion beaucoup plus forte, d'abord sur les enrôlés volontaires, et ensuite sur les remplaçants, que sur les jeunes soldats servant pour leur propre compte, et que sur les rengagés, puisque la réunion des deux premières catégories, qui ne s'élève qu'à 98,857 hommes, a fourni 60/100 des mises en prévention, et 64/100 des condamnations, tandis que le total des deux dernières catégories qui présentent 159,014 hommes, n'a fourni que 38/100 des mises en prévention, et 34/100 des condamnations. Les élèves des écoles militaires, en d'autres termes, les militaires entrés dans l'armée à titre d'élèves, sortant des écoles, ont eu 2 prévenus, qui ont été acquittés. Les gagistes, qui reçoivent un traitement et sont attachés à des corps en vertu d'un contrat particulier, pour y exercer une industrie (les tailleurs, bottiers, cordonniers, etc.), ont eu 4 prévenus et 2 condamnés. Pour compléter la série des individus justiciables des conseils de guerre, on rappellera ici que les indigènes de l'Algérie qui, d'après la législation spéciale à cette contrée, se sont trouvés soumis à cette juridiction, ont présenté 76 prévenus et 52 condamnés.

QUATRIÈME PARTIE. — Prévenus considérés sous le rapport de l'arme a laquelle ils appartenaient au jour de leur mise en jugement.

Le corps d'état-major a eu 2 prévenus, qui ont été acquittés. Le corps de l'intendance militaire, les invalides, soit de l'hôtel royal, à Paris, soit de la succursale d'Avi-

gnon, n'ont eu aucun prévenu. La gendarmerie, qui formait un effectif de 14,007 hommes, a eu 1 seul prévenu, et il a été condamné. La garde municipale de Paris, dont l'effectif était de 2,010 hommes, a aussi eu 1 seul prévenu, qui a été condamné. Les sapeurs-pompiers de la ville de Paris, qui avaient à l'effectif 641 hommes, ont compté 5 prévenus, qui ont été condamnés. C'est 1 sur 128. L'infanterie, qui se composait, en 1839, de 67 régiments de ligne, de 21 régiments d'infanterie légère, des bataillons d'infanterie d'Afrique, de la légion étrangère et des zouaves, moins les compagnies de discipline, sur un effectif de 208,206 hommes, a eu 2,371 prévenus et 1,787 condamnés. C'est 1 prévenu sur 88 et 1 condamné sur 117. La cavalerie, qui se composait de 53 régiments, y compris les chasseurs d'Afrique, et offrait un effectif de 42,580 hommes, a fourni 445 prévenus et 307 condamnés. C'est 1 prévenu sur 96 et 1 condamné sur 139. L'artillerie, les pontonniers, les compagnies d'ouvriers d'artillerie, les escadrons des parcs d'artillerie, dont l'effectif était de 25,178 hommes, ont eu 265 prévenus et 179 condamnés. C'est 1 prévenu sur 95 et 1 condamné sur 141. Le génie, composé de 6,041 hommes, y compris les ouvriers du génie, a fourni 31 prévenus et 19 condamnés, ou 1 prévenu sur 195 et 1 condamné pour 318. Le corps du train des équipages, les ouvriers du train des équipages, les ouvriers d'administration, les soldats d'ambulance, etc., composés de 4,879 hommes, ont eu 41 prévenus et 28 condamnés, ou 1 prévenu sur 111 et 1 condamné sur 174. Les compagnies sédentaires, ou corps de vétérans, dont l'effectif a été de 4,478 hommes, ont eu 31 prévenus et 19 condamnés. C'est 1 prévenu sur 144 et 1 condamné sur 236. Les officiers de santé, au nombre de 1,449, ont eu 2 prévenus, dont 1 a été condamné. Les élèves des écoles militaires, durant leur séjour comme élèves, ont eu 2 prévenus qui ont été acquittés. Les employés brevetés ou commissionnés des administrations militaires, ont eu 2 prévenus qui ont été acquittés. Les compagnies de discipline, fortes de 1,400 hommes, ont fourni aux tribunaux militaires 108 prévenus, sur lesquels 83 ont été condamnés, ce qui présente la proportion, pour les mises en prévention, de 1 sur 13, et, pour les condamnations, de 1 sur 17. Ainsi que dans les années précédentes, ces compagnies offrent des prévenus et des condamnés dans une proportion beaucoup plus forte que les autres corps de l'armée, ce qui provient de ce qu'elles se recrutent, soit parmi les soldats qui ont simulé des infirmités pour se soustraire au service, soit parmi les militaires incorrigibles, et contre lesquels tous les moyens de punitions disciplinaires ont été précédemment épuisés. En 1839, 641 soldats sont sortis des rangs de l'armée pour être incorporés dans les compagnies de discipline, savoir : jeunes soldats, 116 ; engagés volontaires, 205 ; rengagés, 11 ; remplaçants, 309. Total, 641.

En sorte que, d'après le nombre d'hommes de chacune de ces catégories sous les drapeaux, pendant cette même année, comme on l'a vu dans la troisième partie, les envois dans les compagnies de discipline ont eu lieu dans les proportions suivantes, savoir : Les jeunes soldats, de 1 sur 1,253 ; les engagés volontaires, de 1 sur 138 ; les rengagés, de 1 sur 1,240 ; les remplaçants, de 1 sur 228. De même que dans les années précédentes (et c'est une triste réflexion à reproduire), les engagés volontaires, et après eux les remplaçants, ont encore principalement alimenté les compagnies de discipline. Quant aux jeunes soldats, Votre Majesté remarquera que, sur le nombre 116, il y en a eu 25 qui avaient simulé des infirmités pour se soustraire au service. Contrairement à la marche suivie dans les comptes établis pour les autres années, on a fait une distinction entre les engagés volontaires et les rengagés ; et par suite, il a été constaté que, pour ces derniers, les envois dans les compagnies de discipline ont eu lieu à peu près dans la même proportion que pour les jeunes soldats qui servent pour leur propre compte. On ne doit donc pas les comprendre dans la même catégorie que les engagés volontaires qui contribuent le plus au recrutement des compagnies de discipline.

Les ateliers des travaux avec boulet et des travaux publics renfermant, en 1839, 2,141 condamnés, dont 873 au boulet, et 1,268 aux travaux publics ; ils ont fourni aux conseils de guerre 92 prévenus, sur lesquels 65 ont été condamnés. C'est 1 prévenu sur 23 et 1 condamné sur 33. Les individus attachés à l'armée ou à la suite, qui se trouvaient, aux termes de la loi du 13 brumaire an 5, justiciables des conseils de guerre, ont eu 8 prévenus, dont 6 ont été condamnés.

CINQUIÈME PARTIE. — Prévenus considérés sous le rapport de leur grade et de leur rang, au jour de leur mise en jugement.

Les officiers, sur un total de 17,448, ont eu 12 prévenus, sur lesquels 4 seulement ont été condamnés. Les 19,784 sous-officiers ont eu 59 prévenus, sur lesquels 25 ont été condamnés. C'est 1 prévenu sur 335 et 1 condamné sur 791. Les caporaux ou brigadiers, au nombre de 24,477, ont eu 168 prévenus sur lesquels 92 ont été condamnés, ou 1 prévenu pour 167, et 1 condamné pour 266. Les soldats, parmi lesquels se trouvent compris les soldats musiciens, tambours, ouvriers, etc., s'élevaient au nombre total de 256,902. Ils ont eu 4,044 prévenus, et 2,850 condamnés. C'est 1 prévenu sur 63 et 1 condamné sur 90.

SIXIÈME PARTIE. — Prévenus considérés sous le rapport du temps de service qu'ils avaient accompli au jour de leur mise en jugement.

Militaires ayant moins d'une année de service :

Prévenus de désertion.	214	Condamnés pour désertion.	135
Prévenus d'autres délits.	1,405	Condamnés pour d'autres délits.	903
	1,619		1,038

Militaires ayant d'un an à trois ans de service :

Prévenus de désertion.	211	Condamnés pour désertion.	148
Prévenus d'autres délits.	1,116	Condamnés pour d'autres délits.	835
	1,327		982

Militaires ayant de trois ans à cinq ans de service :

Prévenus de désertion.	80	Condamnés pour désertion	63
Prévenus d'autres délits.	549	Condamnés pour d'autres délits.	396
	629		359

Militaires ayant de cinq ans à sept ans de service :

Prévenus de désertion.	62	Condamnés pour désertion.	34
Prévenus d'autres délits.	361	Condamnés pour d'autres délits.	269
	423		303

Militaires ayant plus de sept ans de service :

Prévenus de désertion. 47	Condamnés pour désertion. 31
Prévenus d'autres délits. 242	Condamnés pour d'autres délits. . . . 160
289	191

Ainsi les militaires ayant sept ans de service et au-dessous ont eu 3,998 prévenus et 2,773 condamnés. Sur 245,985 , c'est 1 prévenu pour 62 et 1 condamné pour 89. Les militaires de plus de sept ans de service qui ont eu 289 prévenus et 191 condamnés, et qui figuraient dans l'armée pour 11,866, donnent la proportion de 1 prévenu sur 41 et de 1 condamné sur 62. De même qu'en 1837 et en 1838, il a été, en 1839, constaté que les militaires qui avaient plus de sept années de service, ont produit proportionnellement un nombre de prévenus et de condamnés plus considérable que les militaires qui étaient depuis moins de temps sous les drapeaux. Les tableaux statistiques dressés pour les années antérieures à 1837, et déjà publiés , paraîtraient présenter un résultat contraire, si l'on se bornait à comparer le nombre des hommes comptant plus de sept ans de service militaire avec le chiffre général des prévenus et des condamnés sur la totalité de l'armée. Mais, si on veut bien faire attention que le nombre des militaires ayant dépassé le terme de sept ans de service est très-restreint, et que, parmi eux, celui des prévenus et des condamnés est assez considérable, relativement à l'effectif des hommes qui n'ont point accompli le même temps de service, on se convaincra que si, pour les années antérieures à 1837, on établissait des proportions, ou trouverait qu'à ces mêmes époques, comme en 1837 et dans les années suivantes, ce sont les militaires les plus anciens de service qui ont donné le plus de prévenus et le plus de condamnés. Ne devrait on pas s'attendre à des résultats contraires ? Ne semblerait-il pas que les vieux militaires, pliés par une longue habitude à l'obéissance passive, et plus intelligents de leurs devoirs, dussent se soumettre plus volontiers à la discipline et éviter les écarts qui les conduisent devant les tribunaux ? Quelles que soient les réflexions que puissent faire naître de semblables rapprochements, ce n'est point le lieu de s'en occuper ; je n'ai ici à constater que les faits.

SEPTIÈME PARTIE. — PRÉVENUS CONSIDÉRÉS SOUS LE RAPPORT DE L'INSTRUCTION QU'ILS AVAIENT ACQUISE.

Sur 4,367 prévenus mis en jugement. 2,421 savaient lire et écrire et ont pu, en conséquence, signer leur interrogatoire. 1,946 étaient complétement illettrés. Bien

que ces chiffres révèlent un progrès, ils sont cependant loin d'être aussi satisfaisants qu'on pourrait le désirer ; mais j'ai lieu d'espérer qu'au moyen de l'enseignement régimentaire qui embrasse aujourd'hui tous les corps, et que , notamment par l'introduction dans l'armée de la méthode Roland, qui a déjà produit de si excellents résultats, on parviendra à y développer ces premières notions d'instruction indispensables dans l'état social, et dont on voit avec peine que la moitié de notre population est encore privée.

HUITIÈME PARTIE. — MILITAIRES JUGÉS PAR LES TRIBUNAUX ORDINAIRES.

166 militaires ont été , pendant le cours de l'année 1839, l'objet de condamnations prononcées par les cours d'assises et les tribunaux correctionnels.

Les divers corps d'infanterie en ont eu..	124
Les corps de cavalerie.	23
L'artillerie.	12
Le génie.	2
Le corps du train des équipages. . .	1
Les vétérans.	1
La gendarmerie.	2
La légion étrangère.	1
Total.	166

Les crimes et délits qui ont motivé ces condamnations se résument ainsi qu'il suit :

1° Meurtres.	1
2° Coups et blessures.	28
3° Faux en écriture.	5
4° Attentats aux mœurs.	4
5° Vols..	49
6° Escroquerie.	9
7° Abus de confiance.	6
8° Faux en matière de recrutement.	19
9° Délits divers.	45
Total.	166

Les condamnations prononcées par les tribunaux ordinaires embrassent : 1° les militaires qui étaient hors de leur corps avec ou sans permission ; 2° ceux qui voyageaient isolément ; 3° ceux qui avaient des complices de l'ordre civil et non assimilés à des militaires ; 4° en ce qui concerne la gendarmerie, ceux pour lesquels il s'agissait de faits relatifs à leurs fonctions, comme auxiliaires de la justice; 5° et enfin ceux qui se sont rendus coupables de fraudes en matière de recrutement. Le tableau qu'on vient de dresser ne saurait être considéré comme une indication rigoureusement exacte des condamnations de cette nature, par la raison que les militaires auxquels elles s'appliquent n'étant point sous les drapeaux, lorsqu'ils sont traduits devant les tribunaux, il arrive souvent que les jugements qui les frappent ne sont pas sur le-champ portés à ma connaissance. Pour remédier à cet inconvénient, des mesures ont été prises, de concert avec M. le garde des sceaux, pour que désormais MM. les procureurs généraux et procureurs du roi près des cours et tribunaux fassent connaître immédiatement aux corps les jugements qui concernent les militaires, et pour que des extraits de ces mêmes jugements soient fournis à mon département. Des moyens de contrôle ont aussi été établis dans le but de vérifier si tous les jugements qui me sont adressés sont notifiés aux corps, et s'ils me sont régulièrement transmis. Ces mesures d'exécution me fixeront à l'avenir sur toutes les condamnations prononcées contre des militaires, et je pourrai prévenir la réadmission dans l'armée, soit comme remplaçants, soit comme rengagés, de ceux qui se sont rendus indignes de figurer dans ses rangs. Avant de terminer, j'ajouterai quelques observations que je crois nécessaires pour l'intelligence de certains points qui, dans les documents que renferme ce travail, m'ont paru le plus susceptibles d'exciter l'intérêt de Votre Majesté. Et d'abord je me hâte d'arrêter son attention sur ce premier fait, qu'en 1839 comme en 1838, aucun militaire n'a été traduit devant les conseils de guerre pour cris séditieux. Je le mentionne ici avec d'autant plus d'empressement, qu'il n'en avait pas été ainsi des années précédentes, dans le cours desquelles on avait eu à sévir contre quelques délits de cette nature. Cette heureuse amélioration est donc la meilleure preuve que l'armée est animée d'un excellent esprit ; qu'elle reste étrangère aux passions politiques et aux influences de l'esprit de parti, en un mot, qu'elle comprend ses devoirs dans toute leur étendue. Le chiffre des déserteurs et insoumis traduits devant les conseils de guerre peut, sans doute, paraître minime en raison tant de celui des déserteurs et insoumis signalés dans le courant de l'année 1839, que du nombre des déserteurs et insoumis qui restent à poursuivre ; mais Votre Majesté remarquera que beaucoup de militaires réputés déserteurs, parce qu'ils ont disparu des corps, ou insoumis, parce qu'ils ne s'y sont jamais rendus, sont, plus tard et pour divers motifs, rayés des contrôles de la désertion et de l'insoumission, sans être pour cela traduits devant les tribunaux militaires ; par exemple, les

hommes décédés, ceux qui ont justifié de leur absence, ceux qui sont rentrés dans les délais de grâce, les déserteurs qui n'ont pas été mis en jugement par les lieutenants-généraux commandant les divisions militaires, en vertu des pouvoirs qui leur sont conférés (car la faculté de refuser l'information n'existe que pour la désertion seule); enfin les condamnés pour d'autres crimes ou délits qui ont encouru des peines plus fortes et qui ne peuvent conséquemment figurer dans la statistique actuelle. Ainsi on a vu, en 1839, que le nombre des militaires signalés déserteurs a été de 1,865, et que le nombre des jeunes soldats signalés insoumis a été de 1,163. Cependant, bien qu'il n'ait été livré aux conseils de guerre que 606 déserteurs et 881 insoumis, le nombre des déserteurs restant à poursuivre ne s'est accru que de 312, et le nombre des insoumis que de 74. On ne doit pas oublier non plus que sur le chiffre des déserteurs et des insoumis restant à poursuivre, chiffre qui paraît considérable, quelques hommes sont décédés, et que d'autres ne se sont pas rendus sous les drapeaux, par des motifs qui peuvent être plus tard reconnus légitimes ; car, tant que l'autorité n'a pas connaissance des causes d'empêchement, son devoir est de continuer d'inscrire ces hommes sur les contrôles des déserteurs et des insoumis à rechercher. Si l'on considère ensuite que ce même chiffre résume une période de dix-huit années, et que la désertion et l'insoumission sont des délits successifs qui ne peuvent s'éteindre par la prescription, on est conduit à en inférer qu'en raison de l'effectif immense qui a passé sous les drapeaux durant ce laps de temps, les moyens de poursuite et de répression ont produit tous les résultats que l'on avait droit d'en attendre.

Une observation qui n'échappera pas à Votre Majesté, c'est que les condamnations dans l'armée offrent une proportion beaucoup plus forte que dans les populations. Mais il faut reconnaître que les conseils de guerre sont appelés à prononcer sur un grand nombre de faits purement militaires, qualifiés crimes ou délits par une législation spéciale, et qui ne seraient pas même de légères infractions dans la vie civile ; il faut dire aussi que l'armée se compose, en majorité, de jeunes gens ; que la vie aventureuse des garnisons et des camps contribue à développer leurs passions ; que parmi eux on compte près d'un tiers d'engagés volontaires et de remplaçants, la plupart d'une moralité équivoque, et que ce sont ces deux classes qui fournissent les 64/100es des condamnés. Il semble, au premier abord, qu'on pourrait regretter de voir l'armée chargée d'hommes qui n'y cherchent un refuge qu'alors que la société les repousse. Cependant, en y réfléchissant, on ne tarde pas à se convaincre que, si la sévérité de la discipline échoue parfois dans ses tentatives pour les ramener au bien, la loi militaire, dans sa rigueur, oppose un frein salutaire à leurs mauvais penchants, et que ces caractères, qu'excite souvent un excès d'énergie, viennent plus tard se plier au devoir sous le joug du régime pénitentiaire. En partant de ce point de vue, l'admission de pareils sujets dans l'armée peut donc être regardée comme un bien dans la société, puisqu'en définitive elle produit un véritable amendement dans la conduite et le moral des individus.

Cette dernière considération m'amène naturellement à entretenir Votre Majesté du mode d'exécution des sentences rendues par la justice militaire, mode qui doit avoir pour objet non seulement de faire subir aux coupables le châtiment de leurs fautes, mais encore de les rendre meilleurs à la société. Je n'ai point à m'occuper des condamnés à des peines afflictives et infamantes, puisque la dégradation militaire et l'incapacité de servir dans les armées sont pour eux les conséquences des jugements qui les ont frappés ; je ne veux parler que des peines correctionnelles à l'expiration desquelles les condamnés rentrent dans la vie militaire. Ces peines sont, pour les officiers, la destitution, et, pour les sous-officiers et soldats, les travaux avec boulet, les travaux publics et l'emprisonnement. Le peu de destitutions prononcées dispense d'entrer dans quelques détails sur l'application de cette peine. Pour celle du boulet, des ateliers sont établis en France, à Belle-Ile-en-Mer, et, en Afrique, à Alger. Celle des travaux publics a des ateliers en France, à l'île d'Oléron et à Belle-Croix, et, en Afrique, au fort de Mers-el-Kebir, près d'Oran. Tous ces établissements sont encore soumis aux dispositions de l'arrêté du 19 vendémiaire an 12, qui a force de loi, et qui a tracé les principes d'après lesquels ils doivent être administrés ; mais, depuis longtemps, le besoin d'apporter des modifications importantes à leur régime intérieur s'est fait sentir, et un nouveau règlement pourvoira bientôt à cette nécessité. Il n'a pas encore été possible de ne faire subir la peine de l'emprisonnement militaire que dans des maisons spécialement affectées aux condamnés de l'armée. Cependant on en compte déjà un grand nombre dans la plupart des divisions militaires, et j'ai tout lieu d'espérer qu'avant peu de temps je serai en mesure d'opérer une séparation complète entre les prisonniers militaires et ceux de l'ordre civil. Le régime pénitentiaire, créé par l'ordonnance royale du 3 décembre 1832, n'a reçu jusqu'à ce jour d'application qu'en ce qui concerne la peine de l'emprisonnement : mon intention est d'en étendre le principe aux ateliers de condamnés au boulet et aux travaux publics. Le premier pénitencier militaire fondé en janvier 1833, dans la prison militaire de Montaigu, à Paris, a été, en 1836, transféré au château de Saint-Germain-en-Laye. C'est là qu'il a pu prendre tous les développements dont il était susceptible, et des dispositions ont été faites pour que cet établissement fût en état de recevoir constamment 500 détenus.

Presque tous jeunes encore, les condamnés militaires sont punis correctionnellement de délits qui, bien que très-blâmables relativement à la discipline, ne permettent pas moins de penser que les coupables restent accessibles au repentir. Le système a pour double objet : *la moralisation des condamnés ; la compensation de tous les frais d'entretien, par le travail.*

Les principaux moyens d'actions sont : *le travail en commun et silencieux ; la détention cellulaire pendant la nuit.* Et comme correction plus sévère : l'emploi des cellules ténébreuses Les détenus sont occupés dans des ateliers ouverts à des industries de diverses natures. Le gain de la journée de travail est au minimum de 1 fr. Les trois quarts sont destinés à acquitter les frais d'entretien, de nourriture, d'habillement, de blanchissage, etc.; le dernier quart reste la propriété du détenu ; il sert d'abord à former la masse individuelle ou régimentaire presque toujours obérée, et il en est mis une portion à la disposition de l'homme, comme deniers de poche, lorsque sa conduite est régulière. Les dimanches et fêtes, les détenus, après avoir assisté à une instruction religieuse qui précède l'office divin, reçoivent des leçons de lecture, d'écriture, d'arithmétique et de calcul décimal. Presque tous, j'ai besoin de le dire, apportent à ces études, comme dans leurs autres travaux, un zèle soutenu et un vif désir d'apprendre. Aussi, presque tous sortent-ils du pénitencier instruits et bons ouvriers. Aucun moyen de moralisation n'est négligé pour les ramener au bien et pour les rendre dignes de rentrer, avec le sentiment du devoir, dans les rangs de l'armée. Une épreuve de près de dix années a réalisé toutes les espérances. Aujourd'hui, le pénitencier de Saint-Germain suffit, par ses produits, à toutes ses dépenses, et les militaires que l'inconduite ou l'insubordination y a amenés n'en sortent qu'avec une instruction première et un état qui, dans toutes les situations, leur permettent de gagner honorablement leur vie; ils en sortent avec quelque chose de plus précieux encore, l'aversion pour l'oisiveté, l'habitude de l'ordre et le goût de l'économie. Malgré l'occupation continuelle et journalière à laquelle ils sont astreints, il y a, parmi les condamnés, beaucoup moins de malades que dans la plupart des corps de l'armée en garnison dans les localités les plus saines. N'est-ce pas là une preuve de plus que le travail, que l'ordre, qu'une vie régulière, sont les meilleures conditions d'une bonne santé?

Une autre observation d'une haute importance, c'est que, depuis la fondation de l'établissement, on ne cite pas un seul militaire qui y ait été renvoyé par récidive. Les mouvements de l'effectif du pénitencier militaire, depuis qu'il a été créé jusqu'en 1839, présentent les chiffres suivants : Années 1833, 160; 1834, 150; 1835, 150; 1836, 100; 1837, 150; 1838, 320; 1839, 410.

Des mesures ont été arrêtées pour que le régime pénitentiaire fût appliqué, à dater du 1er janvier 1842, à la prison militaire de Lyon, qui déjà est en état de recevoir 300 condamnés. Il le sera successivement dans toutes les autres prisons de l'intérieur et de l'Algérie, au fur et à mesure que l'appropriation des localités et les prévisions du budget le permettront. Je me suis enfin concerté avec M. le garde des sceaux pour faire jouir des mêmes avantages les militaires condamnés à des peines correctionnelles, par les cours et tribunaux ordinaires, et qui, après les avoir subies, continuent d'appartenir à l'armée.

Tel est le compte rendu de l'administration de la justice militaire pour 1839. Comparé à celui des années antérieures, il constate une nouvelle diminution dans les crimes et délits jugés par les conseils de guerre, et Votre Majesté ne verra pas sans une vive satisfaction que, sous ce rapport, la progression du bien a suivi son cours. En appelant toute votre attention, Sire, sur ces résultats, je me plais à reconnaître ici que c'est au zèle avec lequel les membres des tribunaux militaires remplissent leurs difficiles et délicates fonctions, qu'ils sont dus en grande partie, et qu'il y a d'autant plus lieu de leur en savoir gré, que leur mission, comme juges, n'a jamais nui à leurs devoirs comme officiers.

Le président du conseil, ministre secrétaire d'État de la guerre, maréchal DUC DE DALMATIE.

———

27 MAI 1842. — Rapport au roi sur l'administration de la justice criminelle en France pendant l'année 1840. (Mon. du 4 juin 1842.)

Sire, j'ai l'honneur de soumettre à Votre Majesté le compte général de l'administration de la justice criminelle pendant l'année 1840. Ce compte renferme le même nombre de tableaux que celui de l'année précédente. Il est divisé en six parties : les deux premières, la quatrième et la sixième, sont consacrées à résumer les travaux de la cour de cassation, des cours d'assises, des tribunaux de police correctionnelle et de simple police. La troisième embrasse tout ce qui concerne les récidives criminelles ou correctionnelles; la cinquième, tout ce qui est relatif à l'instruction. Cette dernière partie fait connaître, en même temps, la la composition des listes du jury, le nombre des jurés défaillants, les motifs d'excuse qu'ils ont fait valoir devant les cours d'assises; enfin, le nombre des fonctionnaires ou agents du gouvernement inculpés dont la mise en jugement a été accordée ou refusée par les administrations compétentes ou par le conseil d'État. Un appendice présente divers documents qui n'ont pu être classés méthodiquement dans l'une des six divisions du compte.

La première partie expose les travaux des cours d'assises. Ces cours ont jugé contradictoirement 6,004 accusations, qui comprenaient 8,226 accusés. En 1839, le nombre des accusations contradictoires avait été de 5,621, et celui des accusés de 6,858. Cette dernière année, comparée aux deux précédentes, offrait une diminution dans le nombre des accusations et des accusés : l'année 1840 présente, au contraire, une augmentation. Le nombre des accusations excède de 225 (4 pour 100) la moyenne des trois années antérieures, et celui des accusés s'est accru dans la même proportion. Les 6,004 accusations jugées en 1840 avaient pour objet : 1,622 (0,27) des crimes contre les personnes, et 4,382 (0,73) des crimes contre les propriétés. En 1839, la proportion des accusations était de 28 sur 100 pour les crimes contre les personnes, et de 72 pour les crimes contre les propriétés. Ces chiffres attestent que l'augmentation signalée plus haut n'a pas porté sur les attentats contre les personnes, les plus graves par leurs conséquences et les plus funestes à l'ordre social. Une seule espèce de crimes, parmi ceux qui s'attaquent aux personnes, a augmenté d'une manière notable, et a continué à suivre un mouvement ascendant : ce sont les viols et les attentats à la pudeur avec violence sur des enfants de moins de 15 ans. Les cours d'assises ont statué, en 1840, sur 284 accusations de ce genre : c'est presque trois fois autant qu'elles en avaient jugé en 1830 et 1831. On compte aussi 25 accusations d'assassinat de plus qu'en 1839 ; mais le nombre des accusés a diminué de 14 ; le chiffre des empoisonnements est descendu de 51 à 40 ; celui des infanticides, qui, depuis 1854, n'avait pas cessé de s'accroître, a subi une légère réduction. Parmi les crimes contre les propriétés, c'est sur les vols que l'augmentation porte presque exclusivement. Il y a eu 298 accusations de cette espèce de plus qu'en 1839 (3,497 au lieu de 3,199). Le nombre des incendies s'est également accru : de 126 en 1838, de 138 en 1839, il s'est élevé à 163 en 1840. Sur les 6,004 accusations soumises à l'appréciation du jury, 3,059 (0,51) ont été admises complétement. 1,352 (0,22) ont été modifiées par la suppression de tout ou partie des circonstances aggravantes ; enfin, 1,593 (0,27) ont été entièrement rejetées. En 1838 et 1839, le nombre proportionnel des accusations rejetées entièrement avait été de 28 sur 100, et celui des accusations accueillies complétement n'avait été que de 48 sur 100. Les résultats obtenus en 1840 sont donc plus satisfaisants. Parmi les accusés condamnés, 185 n'ont été déclarés coupables par le jury qu'à la simple majorité de sept voix. Les cours d'assises ont usé, à l'égard de trois de ces accusés seulement, de la faculté que leur donne l'art. 352, § 2, du Code d'instruction criminelle, de renvoyer l'affaire à une autre session pour être soumise à de nouveaux débats. L'un des trois accusés ainsi renvoyés a été acquitté par le second jury ; mais les deux autres ont été condamnés aux peines qu'ils auraient encourues d'après le premier verdict. 8,226 accusés étaient compris dans les 6,004 accusations jugées en 1840. C'est 137 accusés pour 100 accusations. Le nombre des accusés de crimes contre les propriétés a été de 142 pour 100 accusations. Celui des accusés de crimes contre les personnes n'a été que de 130, ce qui semble indiquer que les malfaiteurs qui s'attaquent aux propriétés éprouvent plus le besoin de s'associer que ceux qui s'attaquent aux personnes. Le nombre des accusés est, à la population totale du royaume, dans le rapport d'un accusé sur 4,077 habitants. En 1839, il était d'un accusé sur 4,268 habitants ; en 1838, d'un sur 4,185 ; en 1837, d'un sur 4,144. Pour bien apprécier la différence qui existe entre ces rapports, il faudrait connaître quel a été, pendant ces dernières années, l'accroissement de la population. Le rapport du nombre des accusés à la population a continué à présenter, d'un département à l'autre, de très-grandes différences. C'est tou-

jours dans le département de la Seine que le nombre des accusés a été le plus considérable relativement à la population. En 1840, on y trouve un accusé sur 1,245 habitants. Les départements qui comptent le plus grand nombre proportionnel d'accusés après celui de la Seine, sont le Haut-Rhin, 1 accusé sur 2,014 habitants ; la Seine-Inférieure, 1 sur 2,050 ; les Pyrénées-Orientales, 1 sur 2,080 ; la Corse, 1 sur 2,121 ; la Vienne, 1 sur 2,182. Le département de l'Isère est, en 1840, celui qui présente le nombre proportionnel d'accusés le moins élevé ; il n'a eu qu'un accusé sur 15,037 habitants. Après lui, viennent la Creuse, qui a eu 1 accusé sur 9,869 habitants ; l'Ain, 1 sur 8,877 ; les Hautes-Pyrénées, 1 sur 8,720 ; la Haute-Saône, 1 sur 8,373 ; le Jura, 1 sur 8,253. Parmi les départements que je viens d'énumérer, il en est quelques-uns dont la position, sous ce rapport, est à peu près la même chaque année : mais, pour les autres, leur situation, en 1840, est tout à fait accidentelle. 2,108 accusés étaient poursuivis pour des crimes contre les personnes, et 6,118 pour des crimes contre les propriétés. Les premiers forment 26 centièmes du nombre total, et les derniers 74 centièmes : ces proportions étaient de 28 et 72, en 1839 ; de 27 et 73, en 1838. Le département de l'Indre est celui de tous où le nombre proportionnel des accusés de crimes contre les personnes a été le moins élevé. Sur 41 accusés jugés dans ce département, en 1840, 3 seulement ont eu à répondre à des accusations de crimes contre les personnes. C'est une proportion de 7 sur 100. Cette proportion a été de 10 sur 100 dans la Seine, de 12 sur 100 dans le Calvados et Tarn-et-Garonne, de 13 sur 100 dans l'Aisne et la Seine Inférieure, de 15 sur 100 dans le Cher et dans la Marne, de 16 sur 100 dans le Doubs, dans l'Orne et dans Seine-et-Marne. La Corse a présenté 88 accusés de crimes contre les personnes sur 100 ; la Creuse, 61 ; la Corrèze, 60 ; l'Ariége, 55 ; les Basses-Alpes, 49 ; la Haute-Loire et l'Aveyron, 48 ; l'Ain et le Lot, 46. Les accusés ont été classés, comme précédemment, d'après le sexe, l'âge, l'état civil, l'origine, le degré d'instruction et la profession, pour faciliter les moyens de rechercher quelle influence ces différentes circonstances peuvent exercer sur la criminalité. Les 8,226 accusés se divisent en 6,815 hommes et 1,411 femmes. Ces dernières forment 17 centièmes du nombre total, un peu moins qu'en 1838 et 1839, où la proportion avait été de 18 sur 100. Si l'on rapproche le nombre des accusés de chaque sexe de la fraction correspondante de la population, on trouve un accusé sur 2,415 pour les hommes, 1 sur 12,105 pour les femmes. 344 femmes (0,27) étaient poursuivies pour des crimes contre les personnes, et 1,067 (0,73), pour des crimes contre les propriétés. A l'égard des hommes, ces proportions sont de 0,26 et de 0,74. Quelques-uns des crimes contre les personnes sont presque exclusivement commis par les femmes : ce sont les infanticides, les avortements, les suppressions d'enfants. Sur 205 accusés de ces trois espèces de crimes poursuivis en 1840, 184 étaient des femmes. Parmi les autres attentats contre les personnes, le crime d'empoisonnement est le seul qui ait été commis plus souvent par des femmes que par des hommes ; sur 46 accusés de cette espèce de crime, on compte 24 femmes. Parmi les crimes contre les propriétés, ceux qui sont commis le plus fréquemment par les femmes sont les vols domestiques : le rapport des femmes aux hommes, relativement aux crimes de cette nature, est de 34 sur 100, tandis qu'il est de 13 sur 100 seulement pour les autres crimes contre les propriétés. Si le nombre proportionnel des hommes et des femmes accusés diffère suivant la nature des crimes, il ne varie pas moins suivant les départements. Dans la Corse, le nombre des femmes accusées est toujours très-restreint. En 1840, sur 100 accusés, on n'y compte que 4 femmes. Il y en a 6 sur 100 dans Lot-et-Garonne, 7 dans l'Aveyron, 8 dans l'Ardèche et les Hautes-Alpes, 9 dans le Lot, la Drôme et les Pyrénées-Orientales. Dans d'autres départements, au contraire, le nombre proportionnel des femmes accusées est très-élevé : ainsi, il est de 32 sur 100 dans le Pas-de-Calais, de 31 dans la Manche, de 30 dans la Haute-Vienne, de 29 dans la Creuse, de 27 dans le Cher, et de 26 dans la Nièvre. Sous le rapport de l'âge, les accusés se classent de la manière suivante : 86 étaient âgés de moins de seize ans ; 1,380, de seize à vingt-un ans ; 1,326, de vingt-un à vingt-cinq ans ; 1,345, de vingt-cinq à trente ans ; 2,107, de trente à quarante ans ; 1,243, de quarante à cinquante ans ; 495, de cinquante à soixante ans ; 185, de soixante à soixante-dix ; et 59, de plus de soixante-dix ans. Parmi les accusés âgés de moins de seize ans, 2 n'avaient pas atteint leur dixième année ; 1 était dans sa onzième ; 4, dans leur douzième ; 5, dans leur treizième ; 11, dans leur quatorzième ; 20, dans leur quinzième ; 43, dans leur seizième. Sur un nombre moyen de 100 hommes accusés jugés en 1840, 18 étaient âgés de moins de vingt-un ans ; sur 100 femmes accusées, 15 seulement n'avaient

pas atteint leur vingt-unième année. La nature des crimes varie suivant les âges dans des proportions qui se reproduisent régulièrement chaque année. Ainsi, sur 100 accusés de moins de vingt-un ans, 18 seulement étaient poursuivis pour des crimes contre les personnes : sur 100 accusés âgés de plus de cinquante-cinq ans, 35, presque le double, étaient accusés de crimes semblables. Parmi les 8,226 accusés, 4,665 (0,57) étaient célibataires ; 3,159 (0,39) étaient mariés ; 356 (0,04) vivaient dans le veuvage. Parmi les accusés mariés, 2,599 (0,83) avaient des enfants ; 560 (0,17) n'en avaient pas. Parmi les accusés vivant dans le veuvage, 275 (0,77) avaient des enfants, et 81 (0,23) n'en avaient pas. Le nombre proportionnel des femmes était de 17 sur 100 parmi les accusés célibataires ; de 0,15 parmi les accusés mariés ; et de 0,38 parmi les accusés vivant dans le veuvage. Il a été constaté, pour 170 accusés, qu'ils étaient enfants naturels ; pour 159, qu'ils appartenaient à des familles dont quelques membres avaient été précédemment l'objet de poursuites judiciaires ; et, pour 419 enfin, qu'ils vivaient dans le concubinage ou qu'ils étaient d'une immoralité notoire. Ces 419 derniers sont, au nombre total des accusés, dans le rapport de 5 pour 100. Pour les femmes considérées isolément, le rapport est de 25 sur 100, sans y comprendre les accusés d'infanticide, dont la conduite n'avait pas donné lieu à des reproches avant le fait qui a motivé leur mise en accusation. 5,592 accusés (0,68) appartenaient par la naissance et le domicile au département dans lequel ils ont été jugés. 88 (0,01), nés dans ce département, l'avaient quitté pour aller demeurer dans un autre ; 1,478 (0,18) domiciliés dans ce département, étaient nés dans un autre ; 1,068 (0,13) n'appartenaient, ni par la naissance ni par le domicile, au département dans lequel ils ont été jugés. Parmi ces derniers, 296 étaient sans asile, et 297 étaient étrangers à la France. Sur les 7,900 accusés qui avaient un domicile connu, 4,860 (0,62) demeuraient dans des communes rurales, et 3,040 (0,38) habitaient des communes urbaines. Sous le rapport des professions, les accusés sont distribués en 50 catégories, groupées en 9 classes, suivant l'analogie que présentent entre elles les diverses professions. La première classe est celle des individus occupés habituellement à l'exploitation du sol, tels que les laboureurs, journaliers, bûcherons, terrassiers, mineurs, bergers, etc. Cette classe est la plus nombreuse : elle comprend 3,041 accusés, c'est-à-dire 37 centièmes du nombre total. Les deuxième, troisième et quatrième classes, dans lesquelles sont rangés les individus appliqués aux diverses industries qui ont pour objet de mettre en œuvre les produits du sol, renferment 2,721 accusés, 33 centièmes du nombre total. La cinquième classe est formée des accusés qui étaient occupés du commerce. Ces accusés sont au nombre de 559, 7 pour 100 du nombre total. Les mariniers, voituriers, commissionnaires, et en général tous ceux qui s'occupaient des transports, forment la sixième classe des accusés; leur nombre est de 330. La septième classe, divisée en deux sections, comprend : d'une part, 134 accusés cabaretiers, logeurs, aubergistes, cafetiers ; de l'autre, 580 domestiques attachés à la personne. La huitième classe embrasse les accusés qui exerçaient des professions libérales ou qui vivaient de leur revenu ; ils sont au nombre de 419. La neuvième et dernière classe est composée des gens sans aveu : mendiants, vagabonds, contrebandiers, filles publiques; elle renferme 442 accusés, 5 centièmes du nombre total. Sur 100 accusés appartenant aux professions libérales (huitième classe), 36 sur 100 (plus du tiers) étaient poursuivis pour des crimes contre les personnes; cette proportion est de 34 sur 100 pour les accusés de la première classe, ceux qui sont attachés à l'exploitation du sol; de 32 sur 100, pour les aubergistes, cabaretiers, logeurs, etc.; de 23 sur 100, pour les artisans et ouvriers de toute espèce des deuxième, troisième et quatrième classes; de 20 sur 100, pour les mariniers, voituriers, rouliers, etc.; de 15 sur 100, pour les accusés de la neuvième classe, ou les gens sans aveu ; de 13 sur 100, pour les accusés de la cinquième classe, marchands, commerçants, etc.; enfin, de 12 sur 100, pour les domestiques attachés à la personne. Sur les 8,226 accusés, 4,627 (0,56) étaient complétement illettrés ; 2,837 (0,35) savaient lire et écrire imparfaitement; 605 (0,07) possédaient ces connaissances de manière à pouvoir en tirer parti; et 157 (0,02) avaient reçu dans les colléges ou dans d'autres établissements un degré d'instruction supérieur. La proportion des accusés illettrés était la même en 1838 et en 1839. Parmi les femmes qui ont été jugées par les cours d'assises, en 1840, il y en avait 75 sur 100 ne sachant ni lire ni écrire. Le nombre des accusés illettrés diffère suivant les départements. Dans vingt-un départements, le nombre des accusés sachant au moins lire excédait celui des accusés qui ne le savaient pas : ces départements sont ceux de l'Oise, du Doubs, du Jura, de la Haute-Saône, du Haut et du Bas-Rhin, de la Corse, de la Côte-d'Or, de la Haute-Marne, des Hautes-Alpes, de la Drôme, de l'Ain, de la Moselle, de la Meurthe, de la Meuse, des Vosges, du Gard, de la Lozère, de la Marne, de la Seine et de Seine-et-Oise. Dans deux de ces départements, ceux du Doubs et du Haut-Rhin, la proportion des accusés qui savaient au moins lire s'élevait à 77 sur 100. Dans seize autres départements, la proportion des accusés sachant au moins lire n'atteignait pas le quart du nombre total. Ces départements sont : le Lot, la Sarthe, la Dordogne, le Cher, la Creuse, la Haute-Vienne, l'Aude, les Landes, les Basses-Pyrénées, les Deux-Sèvres, la Vienne, les Côtes-du-Nord, le Finistère, le Morbihan, l'Allier et le Tarn-et-Garonne.

J'ai eu l'honneur de faire connaître à Votre Majesté comment les accusés se distribuent entre les divers départements du royaume, et de quelle manière ils se classent, suivant le sexe, l'âge, la condition sociale et le degré d'instruction. Il me reste maintenant à exposer quel a été le résultat des poursuites à l'égard de ces accusés en général, et dans chaque classe en particulier. Sur les 8,226 accusés traduits, en 1840, devant les cours d'assises, 2,750 ont été acquittés; 5,476 ont été condamnés, savoir : 51 à mort, 185 aux travaux forcés à perpétuité, 1,056 aux travaux forcés à temps, 1,032 à la réclusion, 2 à la dégradation civique et à l'emprisonnement, 2,520 à plus d'un an d'emprisonnement, 589 à moins d'un an, et 9 à l'amende seulement. Enfin, 32 enfants, acquittés comme ayant agi sans discernement, ont été envoyés dans des maisons de correction. Les condamnations à mort avaient été moins nombreuses en 1839 qu'elles ne l'ont été en 1840; sur les 51 accusés condamnés, dans cette dernière année, à la peine capitale, 45 ont été exécutés ; Votre Majesté a daigné user de clémence envers les 6 autres, et commuer leur peine en travaux forcés à perpétuité (1). 3 des condamnés à mort qui ont été exécutés ne s'étaient pas pourvus en cassation. Le tableau suivant, dans lequel la nature et le nombre des peines prononcées sont indiqués pour plusieurs années, permet de suivre d'un coup d'œil les modifications que la répression subit annuellement.

---

(1) 3 autres condamnés à mort ont obtenu une commutation de peine en 1840; mais leur condamnation remontait à 1839.

NATURE DES PEINES.	NOMBRE DES CONDAMNÉS											
	DE 1825 à 1831 inclusivement.		EN 1832.	EN 1833.	EN 1834.	EN 1835.	EN 1836.	EN 1837.	EN 1838.	EN 1839.	EN 1840.
	TOTAL.	MOYENNE annuelle.									
Mort.	796	114	74	42	25	54	30	33	44	39	51
Travaux forcés à perpétuité.	1,901	272	228	127	151	151	148	177	198	197	185
Travaux forcés à temps.	7,350	1,050	882	784	825	777	751	782	883	852	1,056
Réclusion.	7,949	1,136	851	726	694	796	763	856	923	861	1,032
Bannissement.	8	1	»	»	3	»	»	»	»	1	»
Déportation.	1	»	»	»	»	»	.	»	1	»	»
Détention.	»	»	1	»	1	1	1	»	»	2	2
Carcan.	37	5	1	»	»	»	»	»	2	»	»
Dégradation civique.	11	2	»	»	»	»	»	»	»	»	»
Peines correctionnelles.	11,489	1,641	2,369	2,405	2,437	2,599	2,904	3,230	3,072	3,081	3,118
Détention correctionnelle.	333	48	42	25	25	20	26	39	38	30	32
TOTAUX.	29,875	4,269	4,448	4,105	4,161	4,398	4,623	5,117	5,161	5,063	5,476

Ce tableau constate une augmentation assez marquée, pendant l'année 1840, dans le nombre des condamnations à des peines afflictives et infamantes. Sur 100 accusés déclarés coupables par le jury, il y en a eu 43 condamnés à des peines de cette nature et 57 seulement l'ont été à des peines correctionnelles. En 1839 et 1838 ces proportions étaient de 40 sur 100 pour les peines afflictives et infamantes et de 60 sur 100 pour les peines correctionnelles. Le nombre proportionnel des acquittements a diminué en même temps que celui des condamnations à des peines afflictives et infamantes éprouvait une augmentation. Il n'y a eu que 33 acquittés sur 100 accusés, tandis qu'on en comptait 37, 36 et 35 sur 100 en 1837, 1838 et 1839. Enfin, parmi les peines correctionnelles prononcées, il y en a eu un moins grand nombre d'une courte durée. En 1838 et 1839, sur 100 condamnés à l'emprisonnement, 22 n'avaient eu à subir qu'un an ou moins de détention ; en 1840, la proportion est de 18 seulement. Cette modification dans la répression est digne de remarque. Elle atteste à la fois de la part des magistrats plus de soin dans la poursuite et la constatation des crimes ; de la part du jury plus de fermeté dans l'accomplissement de ses devoirs ; de la part des cours d'assises, enfin, plus de sévérité dans l'application des peines, 4,524 accusés ont été déclarés coupables de crimes, et le jury a reconnu qu'il existait des circonstances atténuantes en faveur de 3,107 (0,69). La proportion avait été de 0,70 en 1839; 0,69 en 1838, 1837 et 1836; 0,62 en 1835; 0,60 en 1834; 0,59 en 1833. Je me suis borné à indiquer jusqu'à présent quel a été le résultat des poursuites exercées en 1840, pour tous les crimes sans distinction. Il me reste à faire connaître à Votre Majesté comment la répression a varié suivant la nature des crimes, suivant le sexe, l'âge et le degré d'instruction des accusés, enfin suivant les départements. Sur un nombre moyen de 100 accusés de crimes contre les personnes traduits aux assises, 41 ont été acquittés, 28 ont été condamnés à des peines afflictives et infamantes et 31 à des peines correctionnelles. Pour les accusés de crimes contre les propriétés, ces rapports sont de 31 acquittés sur 100 accusés; 28 condamnés à des peines afflictives et infamantes et 41 à des peines correctionnelles. Le tableau ci-après, qui donne le résultat des poursuites pour un certain nombre de crimes pendant quinze années, démontre que le nombre proportionnel des acquittements varie bien plus encore d'un crime à l'autre.

NATURE DES CRIMES IMPUTÉS AUX INDIVIDUS ACQUITTÉS.	TABLEAU DES ACQUITTEMENTS en prenant le chiffre 100 pour terme de comparaison.						
	MOYENNE de 1825 à 1830.	MOYENNE de 1831 à 1835.	1836.	1837.	1838.	1839.	1840.
Parricide..	48	52	45	30	27	39	30
Infanticide.	48	47	39	39	31	40	39
Assassinat.	40	39	30	27	37	29	25
Tentative d'assassinat.	»	»	»	43	40	30	26
Empoisonnement.	63	56	32	35	24	32	33
Tentative d'empoisonnement.	»	»	»	61	55	50	64
Meurtre.	51	52	40	34	37	21	37
Tentative de meurtre.	»	»	»	42	30	37	45
Viol et attentat à la pudeur.	52	53	49	42	51	41	48
Viol sur des enfants.	36	34	29	30	29	29	23
Coups et bless. suivis de mort sans intention.	»	55	56	52	48	54	49
Blessures et coups graves.	56	57	44	53	50	55	48
Blessures envers des ascendants.	48	47	32	46	42	34	36
Incendie d'édifices habités.	72	65	64	60	60	59	57
Tentative d'incendie.	»	»	»	55	50	50	62
Incendie d'autres objets.	82	72	65	54	63	53	39
Faux en matière de recrutement (1).	»	»	68	61	56	68	65
Faux en écriture de commerce.	39	33	31	35	30	32	28
Faux en écriture authentique.	48	45	60	57	54	53	47
Faux en écriture privée (2).			33	38	34	30	33
Fausse monnaie.	63	45	39	40	41	42	60
Vol.	30	31	27	28	28	28	25
Tentative de vol.	»	»	»	32	26	31	26

L'influence du sexe, de l'âge et du degré d'instruction sur le résultat des poursuites n'est pas moins grande que celle qu'exerce la nature des crimes. Ainsi sur 100 hommes accusés, 32 ont été acquittés; 30, condamnés à des peines afflictives et infamantes, et 38 à des peines correctionnelles. Sur 100 femmes accusées, 41 ont été acquittées; 21, condamnées à des peines afflictives et infamantes, et 38 à des peines correctionnelles. Parmi les accusés âgés de 16 à 21 ans, on compte, terme moyen, sur 100 accusés, 28 acquittés seulement, 18 condamnés à des peines afflictives et infamantes et 54 condamnés à des peines correctionnelles. Parmi les accusés de 21 à 25 ans, ces proportions sont de 32 acquittés sur 100 accusés, de 27 condamnés à des

(1 et 2) Depuis 1834, on a divisé les faux autrement qu'ils ne l'avaient été jusqu'alors : ainsi on a fait une classe des faux en matière de recrutement, et l'on a distingué les faux en écriture publique et authentique de ceux en écriture privée.

peines afflictives et infamantes et de 41 condamnés à des peines correctionnelles. Sur 100 accusés, âgés de 55 à 50 ans, elles sont de 34 acquittés, de 32 condamnés à des peines afflictives et infamantes et de 34 condamnés à des peines correctionnelles. Enfin, sur 100 accusés, âgés de plus de 50 ans, il y a eu 40 acquittés, 28 condamnés à des peines afflictives et infamantes et 32 condamnés à des peines correctionnelles. Les accusés qui ne savent ni lire ni écrire sont toujours l'objet d'une répression plus forte. Sur 100 accusés de cette classe, il n'y a eu que 30 acquittés, 30 ont été condamnés à des peines afflictives et infamantes et 40 à des peines correctionnelles. Pour les accusés qui savaient lire et écrire imparfaitement, ces proportions sont de 36 acquittés sur 100, de 27 condamnés à des peines afflictives et infamantes et de 37 condamnés à des peines correctionnelles. A l'égard des accusés qui savaient assez bien lire et écrire pour pouvoir en tirer parti, elles sont de 42 acquittés sur 100, de 24 condamnés à des peines afflictives et infamantes et de 34 condamnés à des peines correctionnelles ; pour les accusés qui ont reçu un degré d'instruction supérieure, elles sont de 54 acquittés sur 100, de 29 condamnés à des peines afflictives et infamantes et de 17 condamnés à des peines correctionnelles.

Il existe, enfin, dans le résultat des poursuites, une différence très-grande d'un département à l'autre. La moyenne de 33 acquittements sur 100 accusés, qui est celle de tout le royaume, a été dépassée dans 38 départements, et dans quelques-uns elle l'a été d'une manière notable : sur 100 accusés, il y en a eu 68 acquittés dans le Doubs, 60 dans la Vendée, 52 dans les Pyrénées-Orientales, 50 dans les Basses-Alpes, 49 dans la Lozère, 48 dans Seine-et-Marne, 47 dans le Cher, 46 dans la Haute-Vienne ; dans quelques-uns de ces départements, et notamment dans le Doubs, les Pyrénées Orientales, le Cher, ces proportions élevées dans les acquittements se sont dues à des causes accidentelles ; dans d'autres, elles se reproduisent habituellement. Les départements où la répression a été le mieux assurée en 1840, sont ceux des Hautes-Pyrénées, de l'Aveyron, de la Creuse, des Hautes-Alpes, du Rhône, du Cantal, de l'Aisne, du Jura, de la Haute-Saône, de la Seine-Inférieure, d'Indre-et-Loire, du Tarn, du Calvados, de la Corse, des Landes et de la Moselle. Dans les Hautes-Pyrénées, on ne compte que 14 acquittés sur 100 accusés ; dans l'Aveyron, 17 sur 100; dans la Creuse, 18 ; dans les Hautes-Alpes, le Rhône, le Cantal, 20 ; dans l'Aisne, 21 ; dans le Jura, la Haute-

Saône, la Seine-Inférieure, 22 ; dans l'Indre-et-Loire, le Tarn, 23 ; dans le Calvados, la Corse, les Landes, 24 ; dans la Moselle, 25.

Sur 100 accusés, 50 ont été condamnés à des peines afflictives et infamantes dans la Creuse ; 47 dans l'Aveyron, Eure-et-Loir, les Hautes-Pyrénées ; 45 dans le Rhône. Il n'y a eu que 7 condamnés à des peines afflictives et infamantes, sur 100 accusés, dans les Deux-Sèvres ; 12, dans la Vendée ; 13, dans l'Yonne, les Pyrénées-Orientales, le Doubs ; 16, dans le Bas-Rhin ; 17, dans le Haut-Rhin, l'Indre, la Lozère, l'Ille-et-Vilaine ; 18, dans le département de Vaucluse ; 19, dans la Meuse et les Basses-Alpes.

La peine accessoire de l'exposition publique est attachée par la loi à toute condamnation aux travaux forcés et à la réclusion sauf l'exception établie en faveur des mineurs de dix-huit ans et des septuagénaires. Mais les condamnés aux travaux forcés à temps et à la réclusion peuvent être dispensés de cette peine accessoire, quand ils ne sont pas en état de récidive ou reconnus coupables de faux. Sur les 2,086 accusés condamnés en 1840 aux travaux forcés à temps et à la réclusion, 327, qui étaient en récidive ou faussaires, ont dû nécessairement subir l'exposition ; 30 en étaient affranchis par la loi en raison de leur âge, ce qui réduit à 1,729 le nombre de ceux que les cours d'assises avaient la faculté de dispenser de l'exposition. Elles ont usé de cette faculté à l'égard de 1,100 ; c'est 64 sur 100, plus des trois cinquièmes du nombre total : cette proportion était de 0,66 en 1839 et de 0,60 en 1838.

Indépendamment des 6,004 accusations que les cours d'assises ont jugées contradictoirement, ces cours ont statué, sans l'assistance du jury, sur 590 accusations, comprenant 628 accusés contumax ; 7 de ces accusés seulement ont été acquittés ; 21 ont été condamnés à mort ; 29, aux travaux forcés à perpétuité ; 308, aux travaux forcés à temps ; 261, à la réclusion ; 1, à la dégradation civique et 1 à l'emprisonnement. Parmi les accusés qui ont été jugés contradictoirement, en 1840, 186 avaient été précédemment condamnés par contumace ; pour quelques-uns, de très-longs délais s'étaient écoulés entre l'arrêt par contumace et celui qui est intervenu contradictoirement. Ces délais étaient de 15 à 20 ans pour 8 contumax repris ; de 10 à 15 ans, pour 10 ; de 5 à 10 ans, pour 29 ; de 2 à 5 ans, pour 33 ; de 1 an à 2, pour 29 ; de 6 mois à 1 an, pour 34 ; de moins de 6 mois, pour 43. La répression est toujours très-faible à l'égard des accusés qui sont traduits devant les cours d'assises pour purger leur contumace. Sur les 106 accusés de cette classe jugés, en 1840, 75 (0,40) ont été acquittés; 3 ont été condamnés à mort; 3, aux travaux forcés à perpétuité; 24, aux travaux forcés à temps; 24, à la réclusion, et 57, à des peines correctionnelles.

La première partie du compte renferme onze tableaux consacrés au classement des crimes suivant les mois de l'année où ils ont été commis, à l'indication de la nature et de la valeur approximative des objets volés, enfin à l'énumération des motifs présumés des crimes d'empoisonnement, d'incendie, de meurtre et d'assassinat. La distribution des crimes entre les différents mois de l'année se fait toujours d'une manière fort régulière. Il y a lieu de remarquer seulement une légère augmentation dans certains attentats contre les personnes pendant les mois du printemps et de l'été; et durant les mêmes mois, une réduction assez sensible dans le nombre des vols, qui sont toujours plus nombreux l'hiver, à raison de l'accroissement des besoins de la classe indigente, et de la plus grande rareté des travaux. Le nombre des soustractions frauduleuses compris dans les 3,497 accusations de vol portées, en 1840, devant les cours d'assises, a été de 6,008 : 473 tentatives et 5,535 vols consommés. Ces derniers vols avaient pour objet : 1,849, de l'argent monnayé, des effets de commerce ou autres billets; 401, de l'argenterie ou des bijoux; 490, des marchandises; 864, du linge ou des habillements; 798, des effets mobiliers, divers; 199, des comestibles; 558, du blé ou de la farine; 518, des animaux domestiques vivants; 258 enfin, tout ce que les voleurs avaient pu enlever sans distinction. Il n'a été possible de déterminer la valeur des objets soustraits que pour 4,959 vols; et le produit approximatif de ces vols a été de 1,180,336 fr. La répartition de ce produit total entre tous les vols qui ont concouru à le former donne, pour chaque vol, un produit moyen de 238 fr. Ce produit moyen était de 380 fr., en 1859; de 250 fr., en 1858; de 208 fr., en 1857; enfin, de 541 fr., en 1856. Les vols d'argent et de billets dont le produit approximatif a pu être déterminé sont au nombre de 1,742, et le préjudice qu'ils ont causé s'élève à 831,616 fr., c'est-à-dire à plus des sept dixièmes du produit total des 4,959 vols dont la valeur est indiquée. Le produit moyen de chacun des vols de cette première catégorie a été de 447 fr.; ce produit moyen a été de 264 fr., pour les vols de marchandises; de 253 fr., pour les vols d'argenterie et de bijoux; de 147 fr., pour les vols d'objets divers sans distinction · de

118 fr., pour les vols d'animaux domestiques vivants; de 52 fr., pour les vols de linge et de vêtements; de 44 fr., pour les vols d'objets mobiliers et pour les vols de blé et de farine, enfin de 13 fr., pour les vols de comestibles. Le produit moyen des vols varie beaucoup d'un département à l'autre. Il a été de 1,436 fr. par vol, dans l'Ariége; de 932 fr., dans la Lozère; de 708 fr., dans l'Aisne, de 603 fr., dans la Nièvre; de 541 fr., dans l'Isère; de 474 fr., dans les Bouches-du-Rhône; de 461 fr., dans l'Aude; de 449 fr., dans la Haute-Vienne, et de 443 fr., dans la Seine. Le produit total des vols dont la valeur a été connue s'est élevé, dans ce dernier département, à 180,641 fr. Il était de 209,459 fr. en 1859, et de 352,733 fr. en 1838. C'est dans le Doubs que le produit moyen de chaque vol a été le moins considérable en 1840; il n'a pas dépassé 40 fr. Il a été de 47, et de 49 fr., dans l'Ardèche et dans l'Orne; de 54 et 57 fr. dans la Corrèze et la Manche. La valeur des objets volés est toujours prise en grande considération par le jury dans l'appréciation des accusations de vol; sa sévérité suit la progression du préjudice causé. Les motifs présumés des crimes d'empoisonnement, d'incendie, d'assassinat et de meurtre sont exposés avec soin dans cinq tableaux; c'est un fait assez digne de remarque que l'uniformité avec laquelle les mêmes causes, les mêmes passions engendrent, chaque année, à peu près le même nombre de crimes. 813 de ces crimes graves ont été jugés en 1840. 144 (0,18) avaient été inspirés par la cupidité. Le désir de voler les victimes a été le mobile de 73 attentats à leur vie; 21 autres avaient pour but le désir de hâter l'ouverture de successions, d'éteindre des rentes viagères. 50 incendies ont été allumés par les propriétaires des bâtiments incendiés, qui les avaient fait assurer au-delà de leur valeur. L'adultère a été le motif déterminant de 44 crimes; 13 ont été causés par la jalousie ou une passion contrariée; 46 par la débauche et le concubinage; 95, par des dissensions domestiques et des discussions d'intérêt entre parents; 246 par la haine et la vengeance; 83, par des contestations au jeu ou au cabaret, pour les motifs les plus frivoles. Les autres crimes sont dus à d'autres causes diverses. Le nombre des lettres de réhabilitation accordées en 1840 a été de 21 seulement; il y en avait eu 26 en 1838 et 1839.

Pendant l'année 1840, les cours d'assises ont jugé 5 délits de presse périodique, 8 délits de presse non périodique et 19 délits politiques; 53 prévenus étaient impliqués dans les poursuites : 38 ont été acquittés;

17 ont été condamnés ; 5, à un an et plus d'emprisonnement ; 5, à un an , et 7 , à l'amende. La cour d'assises de la Seine n'a jugé que 6 délits de presse non périodique.

Les travaux des tribunaux de police correctionnelle sont exposés dans la deuxième partie du compte. Ces tribunaux ont jugé, en 1840, 152,892 affaires correctionnelles, et 204,401 prévenus. Ces chiffres offrent une augmentation d'environ 10,000 affaires et 12,000 prévenus sur les trois années précédentes. Pour déterminer exactement l'importance de cette augmentation, il est nécessaire de diviser les affaires jugées en deux classes, l'une ayant pour objet les délits communs, l'autre les contraventions fiscales. Les affaires de cette dernière classe s'élevaient à 84,992, et comprenaient 114,291 prévenus; celles de la première étaient au nombre de 67,900, elles comprenaient 90,110 prévenus. L'augmentation a porté également sur les deux classes: elle est de 5,000 environ pour chacune : mais il y a lieu de faire ici une remarque. Le nombre des délits communs a suivi, depuis 1825, une progression aussi constante que régulière. En 1840, ce mouvement n'a fait que se continuer : seulement l'accroissement a été, dans cette dernière année, un peu plus considérable que dans les précédentes. Les contraventions fiscales, au contraire , avaient diminué en 1839 ; et après l'augmentation de 1840, le nombre n'en est guère plus élevé qu'il ne l'était en 1837 et 1858. L'augmentation a , d'ailleurs , porté uniquement sur les contraventions forestières, de même que toute la diminution avait porté sur ces mêmes contraventions. Parmi les délits communs, l'accroissement se répartit sur un assez grand nombre d'affaires ; mais ces affaires appartiennent presque toutes à la classe des infractions aux lois qui protégent les propriétés. Les délits contre les personnes n'ont pas augmenté , et ceux qui intéressent plus spécialement l'ordre public n'ont éprouvé qu'une augmentation légère. Il faut excepter les délits de mendicité et de vagabondage, qui se sont accrus, les premiers de près d'un tiers, et les derniers d'un sixième à peu près. Le nombre des délits de vol simple s'est élevé de 17,972, en 1839 ; à 19,531, en 1840. On en comptait moins de 10,000 de 1826 à 1830 ; 12,000 de 1831 à 1835 ; et le nombre moyen annuel a été de 16,905 pendant la période de 1836 à 1840. Les délits d'escroquerie, d'abus de confiance ont été aussi plus nombreux. Les prévenus ont été classés suivant le sexe et l'âge. Parmi les prévenus de délits communs, dont le nombre est de 90,110, on comptait 74,356 hommes et 15,354 femmes. 5,298 hommes étaient

âgés de moins de seize ans; 8,855, de seize à vingt et un ans; et 57,465 , de plus de vingt et un ans. 645 femmes avaient moins de seize ans ; 1,318, de seize à vingt et un ans; et 13,062 , plus de vingt et un ans. L'âge de 4,740 hommes et de 729 femmes est resté inconnu. Les 114,291 prévenus de contraventions diverses se divisent en 87,926 hommes et 26,365 femmes : 1,832 hommes et 891 femmes n'avaient pas atteint leur seizième année. L'âge des autres n'a pu être que très-imparfaitement indiqué, parce qu'en cette matière les jugements sont le plus souvent prononcés par défaut. Parmi les prévenus de délits communs , le nombre des femmes est à celui des hommes dans le rapport de 17 à 83. Ce rapport est le même que pour les accusés traduits devant les cours d'assises. Parmi les prévenus de contraventions fiscales, les femmes sont proportionnellement plus nombreuses. On en compte 25 sur 100. Sur 100 hommes prévenus de délits communs , il y en avait un peu moins de 5 (47 sur 1,000) âgés de moins de seize ans, et 15 étaient âgés de seize à vingt et un ans. Sur un nombre égal de femmes, 4 étaient âgées de moins de seize ans, et 9 de seize à vingt et un ans. Pour tous les prévenus indistinctement les poursuites ont eu les résultats suivants : 25,437 ont été acquittés ; et 179,419 condamnés; 1,545 enfants, âgés de moins de seize ans, ont été déclarés coupables des faits qui leur étaient imputés : mais les tribunaux ont reconnu qu'ils avaient agi sans discernement. Ils en ont envoyé 897 dans des maisons de correction pour y être élevés ; ils ont remis les 648 autres à leurs parents qui les réclamaient, et dont la moralité était attestée. 28 jeunes vagabonds, ainsi remis à leur famille, ont été néanmoins placés jusqu'à 20 ans sous la surveillance de la haute police, conformément au paragraphe 2 de l'art. 271 du Code pénal. Sur les 179,419 prévenus qui ont été condamnés , 7,498 l'ont été à un an et plus d'emprisonnement ; 43,103 à moins d'un an ; 128,797 à l'amende ; et enfin 21 délinquants forestiers ont été condamnés à démolir des constructions qu'ils avaient élevées trop près des forêts. 3,178 condamnés ont été placés sous la surveillance de la haute police; 173 ont été interdits des droits mentionnés en l'art. 42 du Code pénal, et 11 ont été assujettis à faire réparation ou à s'éloigner de lieux déterminés, conformément aux art. 227 et 229 du Code pénal. 30,277 condamnés ont joui du bénéfice de l'art. 463 du Code pénal, presque tous étaient coupables de délits communs. En cette matière l'art. 463 a été appliqué à 42 condamnés sur 100, terme moyen; il l'avait été à 40 seulement en 1839 , et à 39 en

1838. Pour les femmes condamnées, la proportion a été de 56 sur 100 ; elle a été de 39 sur 100 seulement pour les hommes. L'indulgence des tribunaux correctionnels à l'égard des femmes, se manifeste seulement par l'atténuation des peines encourues, car en général la proportion des acquittements est la même pour les femmes que pour les hommes. Sur le nombre total des prévenus, 23,437 ont été acquittés ainsi que je l'ai déjà dit : c'est 11 et 1/2 sur 100 (115 sur 1,000). Ce rapport était de 12 et 1/2 sur 100 en 1839 ; mais les enfants reconnus avoir agi sans discernement, et rendus à leur famille, avaient été confondus jusqu'en 1840 parmi les acquittés ; si on les y réunissait encore pour cette dernière année, le nombre moyen des acquittements s'élèverait à 11/54 sur 100 : la répression a donc été plus forte en 1840 qu'elle ne l'avait été en 1839. Sur 100 prévenus jugés à la requête des administrations publiques, 4 seulement ont été acquittés ; il y en a eu 17 sus 100 parmi les prévenus jugés à la requête du ministère public, et 45 sur 100 parmi ceux qui étaient poursuivis directement par les parties civiles. En 1859 ces proportions étaient de 5, 18 et 44 sur 100.

Les mêmes causes produisent tous les ans cette différence considérable dans les résultats des poursuites, suivant qu'elles sont exercées par des administrations publiques, par le ministère public ou par des parties civiles. Les actions intentées par les administrations sont presque toujours appuyées sur des procès-verbaux qui font foi jusqu'à inscription de faux ; et les parties civiles, n'écoutant trop souvent que la passion, n'apportent pas dans leurs poursuites la prudence et la réserve du ministère public. La durée de la détention se divise de la manière suivante entre les 51,498 prévenus condamnés à l'emprisonnement ou envoyés dans des maisons de correction ; elle est de moins de six jours, pour 6,405 ; de six jours à un mois, pour 14.665 ; d'un mois à six, pour 17,791 ; de six mois à un an, pour 4,274 ; d'un an, pour 2,119 ; elle a été élevée d'un à deux ans, pour 2,270 ; de deux à cinq ans, pour 889 ; à cinq ans, pour 791, et à plus de cinq ans, pour 296. La proportion des condamnations à un an et plus est de 16 sur 100 ; la même à peu près qu'en 1839. Sur les 102,179 délinquants forestiers condamnés à l'amende, 6.026 ont été emprisonnés par voie de contrainte par corps, en vertu des art. 211, 212 et 215 du Code forestier ; 5,059 ont fait attester leur insolvabilité, conformément à l'art. 420 du Code d'instruction criminelle, et ils ont été remis en liberté : 1,606 après quinze jours de détention,

2,076 après un mois, 800 après deux mois et moins de quatre, 377 après quatre mois. 987 condamnés solvables n'ont été mis en liberté qu'après le paiement des condamnations pécuniaires ; 815 ont été détenus moins de quinze jours ; 68, de quinze jours à un mois ; 68, plus d'un mois et moins de deux ; 56, plus de deux mois. 7,513 jugements rendus par les tribunaux de police correctionnelle ont été attaqués par la voie de l'appel : c'est un peu moins de 5 sur 100 du nombre total ; 4,597 jugements, les trois cinquièmes, ont été confirmés purement et simplement. Les appels formés intéressaient 9,697 prévenus ; 5,874 étaient appelants ; 2,950, intimés par le ministère public ; 873 étaient à la fois appelants et intimés. Les décisions des juges d'appel n'ont rien changé au sort de 5,784 prévenus ; 586, acquittés en première instance, ont été condamnés en appel, et la peine de 707 a été aggravée ; 725 ont été déchargés des condamnations prononcées contre eux par les premiers juges, et 1,432 en ont obtenu l'atténuation ; à l'égard de 173 il y a eu déclaration d'incompétence de la juridiction correctionnelle, ou réformation des jugements qui prononçaient cette incompétence. Dans 323 affaires, les juges d'appel ont ordonné une nouvelle comparution de témoins.

La troisième partie du compte embrasse tout ce qui concerne les récidives criminelles et correctionnelles. Sur les 8,226 accusés traduits, en 1840, devant les cours d'assises, 1 905 étaient en récidive ; 1,161 avaient subi une condamnation antérieure ; 558 en avaient subi deux ; 192, trois ; 95, quatre ; 50, cinq ; 20, six ; 15, sept ; 5, huit ; 2, neuf ; 7, dix ou un plus grand nombre. 174 étaient des forçats libérés ; 107 étaient libérés de la réclusion ; 946, de l'emprisonnement de plus d'une année ; 976, de l'emprisonnement de moins d'un an ou de l'amende. Le nombre des accusés en récidive est, au total des accusés jugés en 1840, dans le rapport de 25 sur 100. En 1838 et 1839 il était de 22 sur 100. Le rapport s'élève à 43 sur 100 dans le département du Jura ; à 40, dans l'Aube ; à 36, dans le Pas-de-Calais ; à 34, dans le Rhône ; à 33, dans la Moselle et l'Aude ; à 52, dans le Nord, et à 51, dans la Somme, le Bas-Rhin, la Haute-Marne, Loir-et-Cher, la Marne et la Seine. Dans quelques autres départements, le rapport du nombre des récidivistes à celui des accusés n'excède pas un dixième. Il est de 4 sur 100 seulement dans la Creuse ; de 5, dans l'Indre ; de 7, dans la Haute-Loire ; de 10, dans les Vosges et dans la Vienne.

Il y avait 172 femmes parmi les accusés en récidive. Ce nombre, rapproché du total des femmes accusées, donne la proportion de 12 sur 100, bien inférieure à celle des hommes, qui s'élève à 25 sur 100. La répression est en général sévère pour les accusés en récidive. Sur les 1,903 accusés de cette classe, qui ont été jugés en 1840, 14 ont été condamnés à mort; 52, aux travaux forcés à perpétuité; 571, aux travaux forcés à temps; 362, à la réclusion, et 624, à l'emprisonnement; 280 ont été acquittés. La proportion des récidivistes condamnés à des peines afflictives et infamantes est de 52 sur 100; celle des condamnés à des peines correctionnelles, de 33; celle des acquittés, de 15. Tandis que sur 100 accusés qui comparaissaient pour la première fois devant la justice, on en compte 21 condamnés à des peines afflictives et infamantes; 40, condamnés à des peines correctionnelles, et 39, acquittés. 308 accusés en récidive étaient poursuivis, en dernier lieu, pour des crimes contre les personnes, et 1,595 pour des crimes contre les propriétés A l'égard des premiers, la proportion est de 16 sur 100. Cette proportion est de 28 sur 100 pour les accusés jugés pour la première fois. Le vol avait motivé les premières condamnations subies par 1,244 accusés en récidive. Le nombre de ceux qui avaient à répondre, en dernier lieu, à des accusations de crimes de cette nature était de 1,416, près des trois quarts (74 sur 100) du nombre total. Parmi les accusés jugés pour la première fois, 53 sur 100 seulement étaient poursuivis pour vol. 48 accusés en récidive étaient traduits devant les cours d'assises pour crimes d'assassinat; 14 avaient été poussés par la cupidité à commettre ces crimes. Parmi les prévenus jugés, en 1840, par les tribunaux de police correctionnelle, 11,842 étaient en récidive; il n'y en avait eu que 10,661 en 1839, et 10,258 en 1838. 1,855 des prévenus en récidive de l'année 1840 ont été jugés, pendant cette même année, deux, trois, quatre et cinq fois, soit par le même tribunal, soit par des tribunaux différents. Ces prévenus ont dû être comptés autant de fois qu'ils ont subi de jugements dans l'année, et il en résulte que le chiffre apparent des récidivistes est de 14,077. Sur les 1,854 prévenus en récidive, jugés plusieurs fois pendant l'année 1840, 856 l'ont été deux fois par le même tribunal; 113, trois fois, et 28, jusqu'à quatre et cinq fois; 106 l'ont été deux fois, et 10, trois fois par des tribunaux différents du même département; 574 l'ont été deux fois; 157, trois fois, et 31, quatre ou cinq fois par des tribunaux de différents départements.

C'est dans le département de la Seine que l'on remarque toujours le plus grand nombre de récidivistes jugés plusieurs fois dans le cours de la même année. Sur les 2,398 prévenus en récidive traduits en 1840 devant le tribunal de ce département, 343 ont été jugés deux fois; 88, trois fois, et 24, quatre ou cinq fois. Plusieurs de ces individus ont été poursuivis pour infraction de ban et condamnés à des peines de très-courte durée. 6,828 des prévenus en récidive avaient subi une seule condamnation précédente; 2,925 en avaient subi deux; 1,561, trois; 950, quatre; 577, cinq; 412, six; 280, sept; 200, huit; 119, neuf; 244, dix et plus. 710 avaient été condamnés précédemment aux travaux forcés; 591, à la réclusion; 3,624, à plus d'un an d'emprisonnement; 8,666, à moins d'un an, et 486, à l'amende seulement. Parmi les 11,077 prévenus en récidive en 1840, 4,796, près d'un tiers, étaient poursuivis, en dernier lieu, pour vol; 2,973, pour infraction de ban; 1,518, pour vagabondage; 1,136, pour mendicité; 4,068, pour coups et blessures volontaires; 824, pour rébellion et outrages envers les fonctionnaires ou agents de la force publique; 621, pour abus de confiance ou escroquerie. La réunion de ces sept classes de prévenus en récidive forme un total de 12,936, plus des neuf dixièmes (0,92) du nombre total. La proportion des prévenus de vol est de 28 sur 100, seulement parmi les prévenus de délits communs jugés pour la première fois; elle s'élève à 34 sur 100 parmi ceux de ces prévenus qui étaient en récidive.

Si l'on compare le nombre des prévenus en récidive au total des prévenus jugés en 1840 à la requête du ministère public, les seuls dont les antécédents aient pu être constatés, on obtient le rapport d'un peu plus de 17 récidivistes sur 100 prévenus. En 1839 et en 1838, la proportion était d'un peu moins de 17 sur 100. Le rapport du nombre des récidivistes à celui de tous les prévenus jugés sur les poursuites du ministère public, s'est élevé à 0,30 dans le département de la Seine; à 0,23, dans le Pas-de-Calais; à 0,22, dans la Sarthe; à 0,21, dans la Somme, le Nord, l'Isère, le Loiret, Seine-et-Marne, Ille-et-Vilaine; à 0,20, dans le Bas-Rhin, les Côtes-du-Nord, la Seine-Inférieure. Ce rapport a été de 0,03 seulement dans la Corse; de 0,05, dans la Lozère; de 0,06, dans la Haute-Loire; de 0,07, dans les Basses et Hautes-Alpes, les Deux-Sèvres; de 0,08, dans l'Allier; de 0,09, dans la Creuse, l'Ardèche, les Landes Pour mettre à même d'apprécier l'influence de la détention dans les bagnes et les maisons centrales, douze tableaux du compte de 1840 font connaître combien de récidives ont été constatées chaque année parmi les condamnés libérés de ces établissements en 1836, 1837, 1838, 1839 et 1840. Dans les comptes précédents, de 1836 à 1839, on a indiqué, comme dans celui de 1840, le nombre des condamnés libérés des bagnes et des maisons centrales pendant chacune de ces années, la durée de la détention qu'ils avaient subie, le montant de la masse qui leur avait été remise à leur sortie et le degré d'instruction qu'ils possédaient. Il est donc possible de déterminer jusqu'à quel point la durée de la détention, l'élévation du pécule, enfin une instruction plus développée ont pour effet d'écarter ou d'éloigner les effets de la récidive. En 1840, les trois bagnes de Brest, de Rochefort et de Toulon ont rendu à la société 400 forçats libérés, dont 146 avaient été détenus cinq ans et moins, et 294 plus de cinq ans. 9 de ces forçats libérés n'avaient pas de pécule quand ils sont sortis des bagnes ; 55 ont reçu moins de vingt francs ; 160, de vingt à cinquante francs ; 135, de cinquante à cent francs ; 81, de cent à quatre cents francs. 167 savaient au moins lire ; 273 étaient complétement illettrés. Durant la même année 1840, il est sorti des dix-neuf maisons centrales du royaume 6,142 individus, 4,789 hommes et 1,353 femmes, qui y avaient subi, les uns la peine de la réclusion, les autres celle de plus d'un an d'emprisonnement. 3,914 avaient été détenus deux ans et moins ; 2,228, plus de deux ans. 83 libérés n'ont pas reçu de masse à leur sortie ; 1,389 ont reçu moins de vingt francs ; 1,705, de vingt à cinquante francs ; 1,256, de cinquante à cent francs : 988, de cent à deux cents francs ; 404, de deux à trois cents francs ; 184, de trois à quatre cents francs ; 153, enfin, plus de quatre cents francs. La masse de quelques-uns de ces derniers s'est élevée jusqu'à mille francs et au-dessus. 3,485 libérés des maisons centrales ne savaient ni lire ni écrire ; 2,657 savaient au moins lire, et plusieurs de ceux-ci l'avaient appris dans la prison. Sur les 440 condamnés libérés en 1840, 59 ont été l'objet de nouvelles poursuites avant le 31 décembre de la même année ; 10 ont même été jugés deux fois, et 1, trois fois : tous ont été condamnés ; 6 l'ont été à des peines afflictives et infamantes ; 11, à plus d'un an d'emprisonnement, et 42 à moins d'un an. Ces derniers s'étaient, en général, rendus coupables d'infraction de ban. Sur les 6,142 condamnés libérés des maisons centrales en 1840, 723 ont été jugés de nouveau pendant le courant de la même année ; 451 ont été l'objet de deux, trois et quatre

jugements dans ce bref délai. 50 ont été acquittés ; 51, condamnés à des peines afflictives et infamantes ; 306, à plus d'un an d'emprisonnement, et 336, à moins d'un an. 465 condamnés libérés des bagnes en 1839 avaient déjà fourni 118 récidives, plus de 25 sur 100, le 31 décembre 1840. 5,811 libérés des maisons centrales présentaient, dans le même laps de temps, 1,419 récidivistes, de 24 à 25 sur 100. Sur les 518 condamnés libérés en 1838 des bagnes. 147 (0,28) avaient comparu de nouveau devant les cours d'assises ou les tribunaux correctionnels au 31 décembre 1840. Il y avait eu, à la même époque, 1,761 récidives (0,31) parmi les condamnés libérés des maisons centrales pendant la même année 1838. Sur les 664 forçats sortis en 1837 des bagnes, 213 (0,52) avaient été traduits de nouveau en police correctionnelle ou devant le jury dans les quatre ans écoulés depuis le jour de leur libération jusqu'au 31 décembre 1840 Sur les 5,707 condamnés libérés des maisons centrales, 1,896 (0,33) ont été dans le même cas. Enfin, sur 585 forçats libérés des bagnes, et 5,321 condamnés sortis des maisons centrales en 1836. les cours et tribunaux avaient jugé de nouveau 172 (0,29) des premiers, et 1,808 (0,34) des seconds, de 1836 à 1840.

Les récidivistes sont toujours un peu moins nombreux parmi les libérés des bagnes que parmi ceux des maisons centrales ; mais les premiers sont, en général, poursuivis pour des faits plus graves. Ainsi sur 709 forçats libérés, de 1836 à 1840, qui ont été repris depuis leur libération jusqu'au 31 décembre de cette dernière année, 262 (0,37) ont été jugés pour des vols qualifiés ou d'autres crimes ; 195 (0,28), pour des vols simples, des abus de confiance, ou des escroqueries ; 252 (0,35), pour infraction de ban, vagabondage, mendicité et autres délits divers. Sur 7,607 condamnés libérés des maisons centrales dans les cinq années, qui ont été repris et jugés de nouveau, 1,472 (0,19) ont été poursuivis pour des vols qualifiés ou d'autres crimes ; 3,511 (0,46), pour vol simple, abus de confiance ou escroqueries ; 2,624 (0,35), pour infraction de ban, vagabondage, mendicité et autres délits. Par cela même que les forçats libérés repris étaient poursuivis pour des faits plus graves que les repris des maisons centrales, le résultat des poursuites a été plus sévère à leur égard. Le rapport des récidives aux libérations, un peu moins élevé parmi les libérés des bagnes que parmi ceux des maisons centrales, varie beaucoup d'un bagne et d'une maison centrale à l'autre. Si l'on prend pour point de comparaison les libérés de 1836, qui ont été repris jusqu'à la fin de 1840, on trouve que, sur 100 forçats libérés du bagne de Brest, 13 ont été repris et jugés de nouveau. Il y en a eu 21 sur 100 libérés de Rochefort, et 33 sur 100 libérés de Toulon. Sur 100 condamnés libérés en 1836 de la maison centrale de Poissy, 55 étaient tombés en récidive avant le 31 décembre 1840. Les condamnés libérés de la même maison, en 1837, ont fourni 57 récidives sur 100; ceux de 1838, 53 sur 100; ceux de 1839, 46 sur 100; enfin ceux de 1840, dans l'espace de moins d'une année, ont fourni 21 récidives sur 100. Ces proportions sont, pour la maison centrale de Melun, de 20 récidives sur 100 libérations, pour les libérés de 1840; de 39 pour ceux de 1839; de 45 et 42, pour ceux de 1838, 1837 et 1836. Pour toutes les maisons centrales prises ensemble, on a 11 8 10 récidives sur 100 libérés de 1840; 24 4 10 sur 100 libérés de 1839; 30 2 10 sur 100 libérés de 1837; 34 sur 100 libérés de 1836.

Les 2,680 tribunaux de simple police du royaume ont prononcé, en 1840, 165,702 jugements, dont 134,855 contradictoires et 30,847 par défaut. En 1839, ils en avaient rendu 155,666 et en 1838, 154,088. Sur les 165,702 jugements prononcés en 1840, 159,043 ont été rendus à la requête du ministère public, et 6,659 à la requête des parties civiles. 58,375 jugements ont statué sur les contraventions aux lois et réglements qui concernent la tranquillité et la sûreté publique; 15,966, sur les contraventions aux lois et réglements relatifs à la propreté et à la salubrité; 56,558, sur des contraventions rurales; 34,803 enfin, sur d'autres contraventions de différente nature. Le nombre des inculpés jugés par les tribunaux de simple police s'élève à 228,140 : 14,949 de plus qu'en 1839, où déjà il y en avait eu 10,777 de plus qu'en 1838. 25,774 inculpés (0,11), ont été acquittés; 192,460 (0,85) ont été condamnés à l'amende, et 8,995 0,04), à l'emprisonnement. Il y a eu déclaration d'incompétence à l'égard de 912 inculpés. Les tribunaux de police du département de la Seine ont rendu, en 1840, 24,581 jugements; c'est 1,925 de plus qu'en 1839; mais ce nombre reste encore bien moins considérable qu'en 1837 et 1838, où il avait été de 29,304 et 31,890.

Le nombre des plaintes, dénonciations et procès-verbaux dont le ministère public a eu à s'occuper pendant l'année 1840 s'élève à 160,668, sans y comprendre les délits jugés sur la poursuite directe des administrations publiques, au nombre de 82,791, et les contraventions de simple police portées directement devant les juges des paix. Sur ces 160,668 plaintes, dénonciations ou

procès-verbaux, 934 restaient à examiner de l'année précédente; 13,066 ont été adressés directement au ministère public, et 236 aux juges d'instruction par les parties lésées; 49,118 ont été transmis par la gendarmerie; 10,668 par les juges de paix; 25,823, par les maires et adjoints; 38,934, par les commissaires de police; 6,782 par les gardes champêtres; 15,087 sont parvenus à la connaissance de MM. les procureurs du roi de diverses autres manières. Le ministère public a donné la direction suivante à ces différentes affaires. Il en a communiqué 61,278 aux juges d'instruction, pour être instruites et soumises à l'appréciation des chambres du conseil. 37,960 ont été portées directement devant les tribunaux de police correctionnelle : 28,303, à la requête du procureur du roi, et 9,657, à la requête des parties civiles; 3,754 ont été renvoyées devant d'autres juridictions : les tribunaux de simple police et les tribunaux militaires; 56,744 n'ont été suivies d'aucune poursuite; et 982 enfin restaient à examiner le 31 décembre 1840. Outre les 61,778 affaires communiquées aux juges d'instruction en 1840, ces magistrats restaient saisis de 5,217 de l'année antérieure, ce qui formait un total de 66,495 affaires à instruire dans le cours de l'année. L'instruction de 4,684 de ces affaires n'avait pu être terminée le 31 décembre. Les autres, au nombre de 61,761, ont été réglées par des ordonnances des chambres du conseil. 6,707 ont été renvoyées devant les chambres d'accusation; 53,213, devant les tribunaux de simple police, et 402 devant une autre juridiction. Il est intervenu des ordonnances de non lieu dans 21,280. Les chambres d'accusation ont eu à statuer sur 6,707 affaires renvoyées devant elles en 1840, et sur 334 dont elles avaient été saisies antérieurement. Elles ont prononcé 6,274 arrêts de renvoi en cours d'assises, 217 arrêts de renvoi en police correctionnelle, 12 arrêts de renvoi devant une autre juridiction, et enfin 558 arrêts de non lieu à l'égard de tous les prévenus. Les 558 affaires terminées par des arrêts de non lieu des chambres d'accusation intéressaient 767 prévenus. Les arrêts de non lieu ont été motivés sur ce qu'il n'y avait ni crime ni délit à l'égard de 137 prévenus; sur l'insuffisance des charges, à l'égard de 610; sur divers autres motifs, à l'égard de 20. Sur les 21,041 affaires terminées par des ordonnances de non lieu des chambres de conseil, 5,646 présentaient, au début de l'instruction, le caractère du crime; et 15,375, le caractère de délit. 9,453 ordonnances de non lieu ont été motivées sur ce que les faits ne constituaient ni crime ni délit; 9,060, sur ce qu'il n'y avait pas charges suffisantes contre les auteurs désignés ; 2,528, sur ce que les auteurs sont restés inconnus. 24,746 inculpés ont été déchargés des poursuites par les chambres du conseil : 13,641 avaient été arrêtés, et 11,105 étaient restés en liberté.

Les affaires criminelles sont, en général, instruites et jugées avec une célérité qu'il paraît bien difficile de rendre plus grande sans nuire à la manifestation de la vérité ; aussi, depuis quelques années les résultats présentés par les comptes généraux de la justice criminelle, sous ce rapport, sont-ils presque toujours les mêmes. En 1840, les chambres du conseil ont réglé 94 affaires sur 100, dans les trois mois de la perpétration des crimes ou délits ; les chambres d'ac-cusation ont terminé 65 affaires sur 100 dans le même délai. Devant les cours d'assises, 65 affaires sur 100 ont été jugées dans les six mois, à partir de la date du crime ; devant les tribunaux correctionnels, 6 affaires sur 100 seulement ont reçu une solution après le sixième mois. Les magistrats mettent surtout un soin extrême à hâter l'instruction des affaires dans lesquelles les inculpés ont été placés sous la main de la justice, afin de prolonger le moins possible la durée de la détention préventive. Le tableau suivant fait connaître quelle a été cette durée, pour tous les individus arrêtés préventivement qui ont été déchargés des poursuites.

INDIVIDUS DÉTENUS.	DURÉE DE LA DÉTENTION AVANT JUGEMENT.					
	Moins d'un mois.	1 à 2 mois.	2 à 3 mois.	3 à 6 mois.	6 mois et plus.	TOTAUX.
Renvoyés des poursuites par les chambres du conseil.	11,455	1,714	335	107	30	13,641
Renvoyés des poursuites par les chambres d'accusation.	160	242	134	52	8	596
Acquittés par les tribunaux correctionnels.	2,556	975	231	85	50	3,897
Acquittés ou absous par les cours d'assises.	291	445	607	1,176	242	2,761
TOTAUX.	14,462	3,876	1,307	1,420	330	20,895

120 fonctionnaires publics ou agents du gouvernement ont été poursuivis, en 1840, pour des crimes ou délits commis dans l'exercice de leurs fonctions. Ce sont 32 maires, 6 adjoints, 1 commissaire de police, 1 conducteur des ponts et chaussées, 1 directeur de maison centrale, 1 syndic des gens de mer, 69 brigadiers et gardes forestiers et 9 douaniers. L'autorisation de les mettre en jugement a été demandée aux administrations compétentes ou au conseil d'Etat. Elle a été refusée pour 49 ; et accordée par les administrations pour 39 ; par le conseil d'Etat, pour 34. Sur les 73 fonctionnaires ou agents dont la mise en jugement a été autorisée, 4 ont été déchargés des poursuites par des ordonnances de chambre du conseil, 11 par des arrêts de chambre d'accusation ; 9 ont été acquittés par les tribunaux correctionnels et 22 par les cours d'assises ; 2 ont été condamnés à la réclusion, 9 à moins d'un an d'emprisonnement, 16 à l'amende.

Les listes générales, dressées en 1839 pour le service du jury pendant l'année 1840, comprenaient 234,536 citoyens : 14,179 de plus que celle de l'année précédente. Ils ont été inscrits sur les listes aux titres suivants : 216,828 comme électeurs ; c'est sur cette catégorie que porte l'augmentation qui vient d'être signalée ; 780, comme fonctionnaires publics nommés par le roi à des fonctions gratuites ; 4,612, comme officiers des armées de terre ou de mer en retraite jouissant d'une pension de 1,200 fr. au moins ; 7,405, comme docteurs, licenciés ; correspondants de l'Institut et autres sociétés savantes ; 3,869, comme notaires ; 842 enfin, comme plus imposés, pour compléter le nombre de 800 jurés dans les départements des Basses et des Hautes-Alpes, de la Corse, de la Lozère et des Hautes-Pyrénées. Les cours d'assises ont tenu, en 1840, 384 sessions ; elles ont siégé pendant 4,131 jours ; la durée moyenne de chaque session a donc été de 13 jours. En Corse, il y a eu des sessions de 41 et 43 jours de durée. 15,560 jurés avaient été appelés pour faire le service des 384 sessions d'assises ; 15,424 ont fait leur service ; 166 étaient décédés à l'époque de la convocation ; 9 qui n'ont pas fait valoir d'excuses admissibles, ont été condamnés à l'amende ; 243 ont été rayés de la liste du jury, parce qu'ils ont justifié qu'ils étaient septuagénaires ou dans un état permanent d'infirmité ; les autres, au nombre de 1,718, ont été dispensés du service pendant la durée de la session seulement. 58,617 témoins ont été entendus devant les cours d'assises ; 53,963 avaient été assignés à charge, à la requête du ministère public, et 4,654 à décharge, à la requête des accusés.

La section criminelle de la cour de cassation a été saisie, en 1840, de 1,436 pourvois, c'est 84 de plus qu'en 1839. Parmi ces pourvois, 300 étaient formés par le ministère public, et 1,136 par les parties intéressées. Elle a rendu 1,461 arrêts : 827 en matière criminelle, 565 en matière de police correctionnelle, et 157 en matière de simple police : 75 arrêts ont statué sur des pourvois formés contre des décisions de conseils de discipline de la garde nationale, 55 sur des demandes en règlement de juges, 2 enfin sur des demandes en renvoi pour cause de suspicion légitime ou de sûreté publique. 117 arrêts ont déclaré qu'il n'y avait lieu à statuer sur les pourvois ; 315 les ont accueillis, et 1,029 les ont rejetés. Parmi les arrêts rendus en matière criminelle et correctionnelle, 25 statuaient sur des pourvois formés contre des décisions des cours et tribunaux des colonies. Sur les 6,076 arrêts contradictoires rendus, en 1840, par les cours d'assises, tant en matière criminelle qu'en matière de délits politiques ou de la presse, 770 ont été l'objet de pourvois en cassation ; 711 de ces pourvois ont été entièrement rejetés, et 59 arrêts seulement ont été cassés en tout ou en partie. Les motifs qui ont donné lieu le plus souvent à la cassation ont été la position de questions complexes, au jury et la fausse application des dispositions de la loi sur la contrainte par corps en matière criminelle. Sur les 59 arrêts qui ont prononcé des cassations, 32 ont annulé les déclarations du jury avec les arrêts auxquels elles avaient servi de base, et ont renvoyé les affaires devant d'autres cours d'assises pour être soumises à de nouveaux débats ; 6 ont maintenu les déclarations du jury et cassé seulement les arrêts intervenus sur ces déclarations, parce qu'ils avaient fait une fausse application de la loi ; 19 ont annulé seulement quelques dispositions accessoires des arrêts des cours d'assises ; enfin 2 ont été rendus dans l'intérêt de la loi. L'annulation des premiers arrêts a eu, en général, un résultat favorable pour les accusés qu'ils concernaient. Ces accusés étaient au nombre de 41 : 7 seulement ont subi une aggravation de peine ; 11 ont eu devant la seconde cour d'assises le même sort que

devant la première, et 25 ont obtenu une atténuation de peine. Sur 6 accusés condamnés à mort par les premiers arrêts, 2 ont été condamnés à la même peine, 3 n'ont été condamnés qu'aux travaux forcés à perpétuité, et 1 a été acquitté par la seconde cour d'assises.

L'appendice est divisé en dix tableaux. Le premier présente le résumé des travaux du petit parquet du tribunal de la Seine. Les trois magistrats qui siègent à ce petit parquet, et qui ont pour mission d'assurer l'exécution de l'article 93 du Code d'instruction criminelle, ont été saisis, en 1840, de 9,327 affaires : c'est 919 de plus qu'en 1839. 11,545 inculpés étaient impliqués dans ces affaires. Ils ont été interrogés dans les vingt-quatre heures, et 4,745 ont été mis immédiatement en liberté. Les autres ont été placés sous mandat de dépôt pour que l'instruction fût continuée à leur égard. Le nombre des arrestations opérées, en 1840, dans le département de la Seine a été de 15,624 : il y en avait eu, en 1839, 60 de moins. 11,983 de ces arrestations ont été faites à Paris, et 3,641 dans la banlieue. 2,229 individus ont été arrêtés en vertu de mandements de justice émanés des autorités judiciaires du département de la Seine ; et 176 sur des mandements délivrés par les autorités judiciaires des autres départements. L'arrestation des 13,219 autres a été motivée par le flagrant délit, le défaut d'asile ou de ressources. Parmi les individus arrêtés, il y avait 13,587 hommes et 2,237 femmes. 4,102 étaient mineurs ; 8,808 n'avaient pas d'antécédents connus ; 6,816 avaient déjà été arrêtés une ou plusieurs fois ; et, dans ce nombre, on compte 143 libérés des travaux forcés, 135 libérés de la réclusion, 675 libérés de peines correctionnelles, et 138 filles publiques. Sur les 15,624 individus arrêtés, 13,934 ont été traduits devant l'autorité judiciaire du département de la Seine, et 70 devant les autorités judiciaires des autres départements ; 611 ont été relaxés immédiatement ; 311 renvoyés dans les départements ou à la frontière, avec secours de route ; 607 admis dans les hôpitaux ou dans les dépôts de mendicité ; 68 remis à l'autorité militaire, etc. Sous le rapport de la nationalité, ces individus se divisaient en 1,072 étrangers et 14,552 Français : 288 des premiers appartenaient au royaume de Sardaigne, 192 à la Belgique, 104 au duché de Parme, 82 à la Suisse, 67 à la Prusse, 66 à la Hollande. Parmi les Français, 5 étaient nés dans les possessions d'outre-mer et 33 en pays étrangers ; les autres sont répartis entre les 86 départements d'une manière fort inégale. Les départements qui en ont présenté le plus après la Seine , sont ceux de Seine-et-Oise , 803 ; de Seine-et-Marne , 438 ; de l'Oise , 417 ; de la Moselle , 405 ; de la Somme et du Nord , 355 ; de l'Aisne , 355 ; de la Seine-Inférieure, 318 ; de l'Yonne , 315. La Corse n'en a donné que 5 ; le Gers et la Drôme , 9 ; les Hautes-Pyrénées , 11. Presque toutes les professions ont contribué dans une proportion plus ou moins élevée au nombre total des individus arrêtés. On compte 6,087 journaliers , 760 maçons , 675 ébénistes , 525 cochers et voituriers , 495 serruriers 444 cordonniers , 434 domestiques , 414 couturières , 368 fileurs , et 329 tailleurs.

Le nombre des morts accidentelles dont le ministère public s'est occupé , parce que leurs causes pouvaient paraître suspectes , a été , en 1840, de 6,805. Elles sont classées par département et d'après la nature des accidents. 244 de ces malheureux événements appartiennent au département de la Seine ; 225 à celui du Nord ; 200, à celui de Seine-Inférieure ; 162 , au Finistère ; 160 , à la Gironde; 156 , au Pas-de-Calais. 2,684 individus ont péri par submersion ; 614 ont été tués par des voitures ou des chevaux ; 361 , par des éboulements de terrains, 168, par la chute de corps durs ; 164, par des roues de moulins et de machines, ou des explosions de mines ; 95 ont été victimes d'explosion d'armes à feu ; 259 sont morts de froid , de fatigue ou de faim ; 242 , par suite de l'usage immodéré du vin ou des liqueurs fortes. Les autres ont succombé à divers accidents qu'il serait trop long d'énumérer , ou à des morts subites causées par des maladies. Depuis que le nombre des suicides est constaté dans les comptes généraux de la justice criminelle, il a été croissant chaque année. Cependant , en 1840, on en compte 5 de plus seulement qu'en 1839. Ils sont classés par département , suivant le sexe, l'âge et la profession des suicidés, les moyens qu'ils ont employés pour se donner la mort, les motifs présumés de leur détermination, et enfin les mois dans lesquels ils l'ont accomplie. Le département de la Seine est toujours celui qui présente le plus grand nombre de suicides. Il en compte 511, en 1840: 1 sur 2,166 habitants. Le rapport pour tout le royaume est de 1 sur 12,188 habitants. Les départements du Nord, de la Seine-Inférieure, de Seine-et-Oise, de l'Oise, de l'Aisne, de Seine-et-Marne, de la Marne, de la Somme, du Pas-de-Calais, sont ceux qui en présentent le plus après la Seine. 712 femmes figurent parmi les suicidés ; c'est un peu plus du quart du nombre total (26 sur 100). 20 suicidés étaient âgés de moins de seize ans ; 132 avaient de seize à vingt et un ans; 450, de vingt et un à trente

ans; 459 , de trente à quarante ans; 610, de quarante à cinquante ans ; 446 , de cinquante à soixante ans ; 332. de soixante à soixante-dix ans ; 153, de soixante-dix à quatre-vingts ans ; 45 étaient octogénaires : l'âge des autres n'a pu être indiqué. 801 suicidés appartenaient à la classe des cultivateurs, laboureurs, journaliers; 175 étaient des militaires ou anciens militaires; 168, des propriétaires ou rentiers vivant de leur revenu ; 158 , des domestiques attachés à la personne. On en compte dans toutes les professions. Les moyens le plus souvent employés par les suicidés pour attenter à leurs jours ont été , comme les années précédentes , la submersion, la strangulation et la suspension ; 197 ont eu recours à l'asphyxie par le charbon. L'emploi de ce moyen devient de plus en plus fréquent, surtout dans le département de la Seine.

Les motifs des suicides restent souvent tout à fait inconnus, et ils peuvent rarement être déterminés d'une manière très-exacte. D'après les renseignements recueillis sur les causes des suicides qui ont eu lieu en 1840 , il faudra en attribuer 429 à la misère, à des revers de fortune ou à des pertes de toute espèce ; 354 , à des chagrins domestiques de divers genres ; 433 , à la jalousie, aux remords ou au dégoût de la vie causés par la débauche et l'inconduite ; 547 , à des contrariétés diverses, au désir de se soustraire à des poursuites judiciaires ou à la crainte du résultat de ces poursuites , à des souffrances physiques ; 686 enfin à des maladies cérébrales.

Le dixième anniversaire de l'avénement de Votre Majesté a été pour elle l'occasion d'étendre les bienfaits de sa clémence sur un certain nombre de condamnés détenus dans les bagnes et les maisons centrales. Sur une population de 6,192 forçats que renfermaient les trois bagnes de Brest , de Toulon et de Rochefort, au mois de janvier 1840 , l'administration en avait choisi 187, qui , par leur bonne conduite et leur repentir, lui paraissaient les plus dignes d'obtenir un adoucissement à leur sort. Votre Majesté a daigné accorder à 40 de ces condamnés la remise du reste de leur peine , et commuer ou réduire celle de 70 autres. 661 condamnés détenus dans les maisons centrales, choisis également comme les plus dignes d'une mesure d'indulgence parmi les 17,529 qui forment la population de ces établissements, ont été proposés par l'administration pour obtenir leur grâce entière, une réduction ou une commutation de peine. Votre Majesté a daigné accueillir ces propositions à l'égard de 342 condamnés : elle a accordé à 156 la remise du reste de la peine , et commué ou réduit celle de 186.

86 condamnés à des peines de courte durée qu'ils subissaient dans ces maisons de correction, ont aussi obtenu des grâces ou des réductions de peine.

Je termine ici l'analyse du compte que j'ai l'honneur de présenter à Votre Majesté. On y trouve la preuve que la célérité imprimée à l'instruction des affaires criminelles ne s'est pas ralentie en 1840, et que le progrès dans la sûreté et la fermeté de la répression, déjà signalé en 1839, est devenu encore plus sensible et plus marqué. Ces résultats sont dus aux efforts persévérants, au zèle consciencieux des magistrats et des jurés. Je remplis un devoir en leur payant ici un juste tribut d'éloges.

Je suis, avec le plus profond respect, Sire, de Votre Majesté, le très-humble et très-fidèle serviteur, *le garde des sceaux, ministre de la justice et des cultes*, N. MARTIN (DU NORD).

——————

16 AOUT 1842. — Circulaire du ministre de la justice relative aux frais de justice criminelle. (Mon. du 24 août 1842.)

Monsieur le procureur général, les frais de justice criminelle se sont considérablement accrus depuis quelques années. Cette dépense, qui n'était que de 3,434,383 fr. en 1831, s'est élevée, en 1840, à 4,571,325 fr. Elle n'est jamais couverte par les prévisions du budget, et son augmentation toujours croissante impose la nécessité de demander chaque année des crédits supplémentaires. Un pareil état de choses a vivement excité la sollicitude du gouvernement. Je viens vous recommander d'employer, pour atténuer une charge si pesante, tous les moyens qui peuvent se concilier avec la marche ferme, rapide et régulière de la justice criminelle. Je vous rappellerai quelques règles dont la stricte observation, en faisant disparaître tous les frais inutiles, amènera, je l'espère, le résultat qui doit être l'objet de nos efforts.

1° Les affaires jugées par les cours d'assises ont augmenté de près d'un cinquième depuis 1831, et cependant les modifications apportées en 1832 au Code pénal, ayant enlevé à plusieurs faits punis par la loi la qualification de crime, ont dû être une cause de diminution importante dans le nombre des accusations.

J'ai appris par ma correspondance que les jurés ont à prononcer assez souvent sur des affaires dans lesquelles les circonstances aggravantes ne sont pas bien établies. On éviterait des acquittements, des déplacements longs et préjudiciables aux témoins et des frais en pure perte, si ces affaires étaient envoyées en police correctionnelle.

J'appelle sur ce point votre attention et celle des magistrats qui composent la chambre d'accusation.

La formation du rôle des cours d'assises, c'est-à-dire la fixation du jour où chaque affaire doit être appelée, peut avoir une grande influence sur l'augmentation ou la diminution des frais.

Aux termes des art. 271 et 272 du Code d'instruction criminelle, le procureur général est chargé de mettre en état de recevoir jugement toutes les affaires qui doivent être portées aux assises. Il faut, en calculant l'éloignement des témoins et les difficultés de leur transport, déterminer l'audience où les causes seront appelées, de manière à ce qu'elles arrivent toujours en ordre utile. Je vous engage à vous concerter, pour la formation du rôle, avec le président des assises. Ce magistrat a pris une connaissance approfondie des procédures; il peut mieux que personne apprécier la durée probable des débats. Avec son concours, il vous sera facile de fixer le jour où chaque affaire pourra être jugée. Vous éviterez ainsi des renvois à une autre audience qui occasionnent de nouvelles taxes de comparution et des indemnités de séjour aux témoins, ou des renvois à une autre session, qui forcent à recommencer la dépense déjà faite.

2° L'augmentation des affaires correctionnelles donne lieu à une observation importante. Le nombre de ces affaires suivies d'office par le ministère public était de 36,169 en 1831, et il a été de 59,946 en 1840. Celles qui ont été jugées à la requête des parties civiles n'ont pas éprouvé à beaucoup près la même progression. On en comptait 8,348 en 1831; elles se sont élevées à 8,619 en 1840. Leur nombre est resté presque stationnaire; le rapprochement de ces chiffres est digne de fixer votre attention. Mes prédécesseurs ont recommandé constamment aux magistrats du ministère public d'user d'une grande circonspection dans l'initiative des poursuites. Ces magistrats ne doivent agir d'office qu'après s'être assurés, par des renseignements recueillis avec soin, que les délits qui leur sont dénoncés intéressent véritablement la vindicte publique. Je vous prie de vérifier si vos substituts se conforment à ces instructions.

Dans les poursuites correctionnelles que le procureur du roi exerce d'office, il doit toujours examiner s'il lui est possible d'employer la voie de la citation directe et ne requérir une information préalable que dans le cas où elle est nécessaire. En consultant les officiers de police judiciaire qui ont connu les affaires, il recueillera souvent des renseignements propres à tenir lieu et à dispenser de cette information.

3° Les opérations de médecine légale ont une telle importance qu'on ne doit en charger que des hommes qui ont obtenu la confiance des tribunaux. Il convient même, comme le recommande l'instruction générale du 30 septembre 1826, que chaque procureur du roi indique à l'avance à ses auxiliaires, et notamment aux juges de paix, les hommes de l'art par lesquels ils doivent se faire assister dans les cas prévus par les art. 43 et 44 du Code d'instruction criminelle. On préviendra ainsi les opérations mal faites, qui causent à la justice un tort souvent irréparable ou la nécessité de les faire recommencer, qui entraîne une grande augmentation de frais.

4° Ce n'est pas assez de n'appeler à l'aide de la justice que des médecins dignes de cette mission; il faut, en outre, que les réquisitions qui leur sont adressées contiennent des instructions précises sur la nature et le nombre des opérations qui leur sont confiées. Les magistrats doivent, autant que possible, assister à ces opérations, les surveiller et les diriger.

5° Les experts, surtout ceux qui sont chargés de vérifier des comptes ou d'opérer dans les affaires de faux et de banqueroute, ont présenté quelquefois des mémoires fort exagérés. Ces mémoires ne doivent être passés en taxe qu'après que les magistrats se sont assurés par eux-mêmes que les vacations, soit de jour, soit de nuit, qui y figurent, sont réellement dues. Aucun moyen de contrôle ne doit être négligé pour constater leur exactitude et leur sincérité. C'est un point que je recommande particulièrement à la sollicitude de vos substituts et des juges d'instruction.

6° Cet article de dépense a suivi la même progression que les autres. Le transport des magistrats est souvent utile, quelquefois indispensable, mais l'emploi trop fréquent de ce moyen d'instruction serait un abus. En général, on ne doit l'ordonner que pour les crimes graves, lorsque la connaissance des lieux est nécessaire, et lorsqu'on craint de ne pas atteindre le même but en déléguant les juges de paix. Toutes les fois qu'on adressera une délégation à ces magistrats, on devra y joindre des instructions claires et précises sur les faits qu'ils seront chargés de constater, sur le nombre et la nature des opérations dont la direction leur sera confiée.

7° Je ne m'occuperai ici que des droits qui occasionnent la plus forte dépense, c'est-à-dire de ceux qui sont dus pour la délivrance des expéditions ou copies d'actes

judiciaires et des extraits des arrêts ou jugements.

Les magistrats ne sauraient veiller avec trop de soin à ce que les expéditions, qui sont payées proportionnellement au nombre des rôles, ne soient jamais délivrées que dans les cas expressément prévus par la loi, les règlements et les instructions émanés de mon ministère. Il faut aussi tenir strictement la main à ce qu'elles contiennent toujours le nombre de lignes à la page et de syllabes à la ligne déterminé par l'art. 48 du décret du 18 juin 1811. Ce n'est qu'après une vérification qui aura constaté que cet article a été observé, qu'on peut valablement apposer le visa prescrit par l'art. 57 du même décret. Ce visa doit indiquer le nombre de rôles qui a été admis. En prenant note avec exactitude de ce nombre sur le registre qui doit être tenu, à cet effet, au parquet, les procureurs du roi se trouveront toujours en mesure de contrôler les mémoires des greffiers, et de les faire réduire, s'il y a lieu, avant qu'ils soient revêtus de l'exécutoire du juge.

Quelques magistrats du ministère public négligent, je le sais, de tenir, dans leurs parquets, le registre dont je viens de parler. Je vous prie de rappeler à l'exécution de l'art. 57 du règlement du 18 juin 1811 ceux de vos substituts qui commettent cette négligence.

8° L'art. 70 du même règlement autorise la signification sur la minute des jugements dont il n'a pas été levé d'expédition. Ce mode de procéder très-économique doit être employé toutes les fois qu'on peut le faire sans inconvénient. Quelques greffiers manifestent de la répugnance à confier momentanément leurs minutes aux huissiers; ils craignent de compromettre leur responsabilité, qui est cependant toujours couverte par le récépissé qu'ils sont en droit d'exiger. On peut les rassurer en adoptant un usage qui s'est établi dans beaucoup de tribunaux. Cet usage est d'admettre les huissiers au greffe pour y faire la copie des jugements sans déplacement des minutes. Il en résulte un double avantage: celui de mieux assurer la conservation de ces minutes, et celui d'étendre la faculté de signifier les jugements sans lever expédition, au cas même où la partie à laquelle la signification doit être faite résiderait très-loin du chef-lieu judiciaire. Je recommande l'adoption générale de cet usage, et je compte sur la fermeté des magistrats pour vaincre les résistances mal fondées qu'elle pourrait éprouver.

9° Les copies dues aux accusés, en vertu de l'art. 305 du Code d'instruction criminelle, sont délivrées gratuitement. Elles occasionnent au trésor une forte dépense qui n'est pas recouvrable. J'engage les magistrats du ministère public à s'assurer soigneusement que ces copies ne reproduisent que les pièces dont parle l'article précité, c'est-à-dire les procès-verbaux constatant le délit et les déclarations écrites des témoins Il faut, en outre, qu'ils veillent toujours à ce qu'il ne soit délivré qu'une seule copie pour chaque affaire, quel que soit le nombre des accusés présents.

10° Les extraits d'arrêts ou de jugements ne donnent lieu qu'à un droit fixe qui est peu considérable. Mais leur multiplicité porte à une somme totale assez élevée la dépense annuelle que leur délivrance nécessité. Il faut donc ne demander et ne passer en taxe que les extraits dont la délivrance est prescrite ou autorisée par les instructions émanées de mon ministère, et en restreindre le nombre pour chaque affaire dans les limites des besoins du service.

11° Le paiement des salaires des huissiers est l'une des plus fortes dépenses imputables sur les fonds généraux des frais de justice criminelle. Elle a été, en 1840, de 1,249,050 francs.

Les huissiers sont employés dans toutes les phases des procédures ; leurs actes sont très-nombreux : de graves abus ne tarderaient pas à s'introduire dans le règlement des frais qu'ils occasionnent, si les magistrats, par une vigilance qui ne doit jamais se ralentir, ne s'efforçaient pas de les prévenir.

12° Les magistrats, avant de viser ou de taxer les mémoires des huissiers, doivent exiger qu'on fournisse à l'appui les réquisitions en vertu desquelles les actes qui y sont compris ont été faits.

13° Ces mémoires doivent être rédigés par ordre de dates, et indiquer les affaires auxquelles chaque article est relatif, en désignant succinctement la nature et les circonstances des crimes, délits et contraventions qui ont motivé les diligences. La même indication devant se trouver sur le registre qui est tenu au parquet, conformément à l'art. 83 du décret du 18 juin 1811, il suffit de faire avec soin la comparaison de chaque article de dépense pour être certain qu'il est réellement dû, que le montant n'en est pas exagéré, et que par conséquent il doit être alloué.

14° Les huissiers sont astreints, par l'art. 48 du décret du 14 juin 1813, à indiquer, en marge de l'original de chaque acte, le détail de tous les frais formant le coût total de cet acte. Cette règle est générale ; elle doit donc être observée aussi

exactement en matière criminelle qu'en matière civile, et, afin que le décompte puisse faciliter la taxe régulière des frais, il doit toujours indiquer séparément, et de la manière la plus claire, les divers articles de dépense, tels que le timbre et l'enregistrement, le prix de l'original, le nombre et le coût des copies, le nombre des myriamètres parcourus, quand il y a eu transport, le nombre de rôles des copies de pièces. Ces copies de pièces ne doivent, du reste, être allouées que quand la délivrance en est expressément exigée. Il n'est pas inutile de rappeler qu'aux termes de l'art. 71, paragraphe 10, du décret du 18 juin 1811, le premier rôle ne devant jamais être porté en taxe, quand les copies ne comportent qu'un seul rôle, elles ne doivent donner lieu à aucune rétribution.

15° Il y a beaucoup d'actes judiciaires dont la signification n'est pas nécessaire ; ils sont indiqués dans l'instruction générale du 30 septembre 1826, paragraphe 57. Si donc les huissiers les avaient signifiés, il faudrait retrancher de leurs mémoires les salaires qu'ils réclameraient à ce sujet, et cette suppression s'étendrait naturellement aux indemnités de transport pour les voyages que les significations frustratoires auraient pu occasionner.

16° Il faut aussi empêcher que les originaux d'exploits ne soient multipliés sans nécessité. Ainsi, il suffit ordinairement d'un seul original pour citer les témoins qui résident dans la même commune et qui doivent être entendus dans la même affaire, quand ce serait à des jours différents. La même règle doit être suivie pour les prévenus.

17° Les droits de capture sont plus ou moins élevés, suivant l'importance de l'acte ou de la condamnation dont l'exécution a été opérée.

Ils ne sont dus qu'en cas d'exécution forcée de l'acte en vertu duquel ils sont réclamés. Ainsi, il doivent être refusés quand la personne incarcérée se trouvait déjà sous la main de la justice, ou quand elle s'est présentée volontairement, soit pour obéir au mandat décerné contre elle, soit pour subir la peine à laquelle elle a été condamnée.

L'exécution même forcée des mandats d'amener et de dépôt ne donne jamais lieu aux droits de capture. Ils sont dus pour celle du mandat d'arrêt. C'est un motif pour que les magistrats ne décernent ce dernier mandat, au début d'une procédure, que lorsqu'il paraît indispensable.

18° L'art. 71, § 6, du décret du 18 juin 1811, attribue aux huissiers un salaire variable suivant les localités, pour l'extraction de chaque prisonnier, sa conduite devant le juge et sa réintégration dans la prison.

Toute autre extraction, notamment celle opérée pour conduire le prisonnier dans une autre prison, ne donne pas droit à ce salaire Il ne faut pas non plus l'allouer quand le prévenu ou l'accusé est emmené hors du prétoire, soit pendant que la séance est suspendue et doit être reprise le même jour, soit pendant qu'on interroge ses coprévenus ou ses coaccusés et qu'on entend des témoins qu'on juge nécessaire de faire déposer hors de sa présence. Dans tous ces cas, le prévenu ou l'accusé est ordinairement conduit dans une salle à ce destinée du palais de justice; et, quand bien même il serait momentanément déposé dans la prison, on ne pourrait pas considérer ce dépôt comme la réintégration dont parle la disposition précitée. Le salaire pour l'extraction ne doit donc être alloué qu'une fois pour chaque prévenu ou accusé, pour chacune des audiences employées aux débats du procès.

19º Ces indemnités se sont élevées, en 1840, à 1,786,291 fr., plus du tiers de la somme totale à laquelle s'élèvent annuellement les frais de justice criminelle. Il faut redoubler de soins et d'efforts pour réduire une dépense aussi considérable.

20º Sans doute on ne saurait tracer une règle fixe au sujet des témoins qui doivent être entendus; leur nombre varie à l'infini suivant la nature et l'importance des affaires et suivant les difficultés que peut présenter l'instruction. Leur choix doit donc être abandonné à la prudence des magistrats; s'il est fait avec discernement, outre qu'il produit une économie toujours désirable, il débarrasse l'information de redites qui la chargeraient sans l'éclaircir, et donne à la marche des procès la célérité si utile pour en assurer le succès.

21º C'est en prenant à l'avance des renseignements précis auprès des officiers de police judiciaire sur les personnes qui peuvent avoir eu une connaissance directe ou indirecte des faits incriminés, ainsi que des circonstances qui les ont accompagnés, qu'on parviendra presque toujours à n'appeler que des témoins véritablement utiles. Cette marche doit être généralement suivie, soit qu'il s'agisse d'une information préalable, soit qu'il y ait lieu de saisir le tribunal par la voie de la citation directe. Il faut éviter d'entendre, sur les mêmes faits, un trop grand nombre de personnes dont les dépositions seraient identiques.

22º Quand l'affaire est renvoyée, après instruction, en police correctionnelle, le choix des témoins à citer n'offre plus aucune difficulté. Tous les éléments de ce choix se trou-

vent dans la procédure écrite, et il n'y aurait pas d'excuse si l'on n'en profitait pas pour n'appeler que ceux dont la déclaration paraît vraiment concluante.

23º C'est surtout dans les procès renvoyés devant les cours d'assises qu'il faut user de la plus grande circonspection pour concilier l'économie dans la dépense qu'ils nécessitent avec les graves intérêts soumis aux débats de ces cours. Cette dépense est d'autant plus forte, que les témoins appelés au chef-lieu judiciaire du département ont presque toujours de longues distances à parcourir, et sont bien souvent en droit de réclamer et de cumuler les indemnités de transport et de séjour.

En 1831, le nombre des témoins entendus devant les cours d'assises était d'un peu plus de 50,000; il est resté pendant plusieurs années presque stationnaire; il s'est élevé à 53,317 en 1837, à 55,661 en 1838, à 55,369 en 1839; enfin, en 1840, il a atteint son maximum : 58,617.

Ces chiffres sont à peu près en rapport avec l'accroissement annuel et successif des procès criminels. Mais ce qui me porte à croire que le choix des témoins entendus devant les cours d'assises n'a pas toujours été fait avec tout le discernement nécessaire, c'est qu'en comparant, pour 1831 et pour 1840, le nombre des témoins cités devant les cours d'assises avec celui des témoins entendus dans l'information, on trouve que le premier de ces nombres a été au second, dans le rapport de 66 sur 100 pour 1831, et de 70 sur 100 pour 1840. Ainsi il est certain que le nombre relatif des témoins entendus devant les cours d'assises s'est accru de quatre centièmes; ce qui a entraîné nécessairement une augmentation correspondante dans les frais. Il est donc indispensable de rechercher la cause de cette augmentation afin de la faire cesser, s'il est possible.

Je crois qu'il faut l'attribuer, au moins en partie, à un fâcheux état de choses qui m'a été fréquemment signalé dans la correspondance de MM. les procureurs généraux et de MM. les présidents d'assises. Les juges d'instruction attendent trop souvent l'approche de l'ouverture des assises pour mettre en état les procédures criminelles dont ils sont chargés. Les affaires arrivent ensemble et en grand nombre devant la chambre d'accusation. Pour réparer le temps perdu et ne pas retarder le jugement de trois mois, on est obligé de faire le travail avec une précipitation qui ne permet pas d'apporter, dans la formation de la liste des témoins, le soin réfléchi qu'elle exige.

Afin de remédier à un inconvénient aussi grave, veuillez recommander de nouveau a vos substituts et aux juges d'instruction d'activer autant qu'il dépendra d'eux la marche des informations criminelles et l'envoi des procédures à la chambre d'accusation. Les affaires seront ainsi examinées avec plus de maturité, et, indépendamment de cet avantage, on pourra éviter de faire transférer tardivement les accusés dans la maison de justice. Ces translations tardives, dont on s'est plaint souvent avec raison, entraînent des renvois à une autre session ou forcent les accusés de consentir à renoncer au droit de se pourvoir en nullité contre l'arrêt de mise en accusation.

24° Je terminerai ce que j'avais à dire sur les témoins par une observation qui s'applique à toutes les juridictions. La comparution en justice pour déposer est un devoir public dont aucun citoyen ne peut s'affranchir. Mais, comme l'accomplissement de ce devoir peut entraîner des dépenses que les témoins seraient hors d'état d'acquitter; que, dans d'autres circonstances, il peut leur causer un véritable préjudice, la loi a décidé que des indemnités de comparution, de transport et de séjour, leur seront accordées dans les cas qu'elle détermine, *et lorsqu'ils les réclameront.* (Art. 82 du Code d'instruction criminelle; art. 26 du décret du 18 juin 1811.)

La dernière disposition que je viens de citer n'est pas toujours exactement observée. Je suis informé que, dans quelques siéges, les taxes sont faites à l'avance, et qu'on en offre le paiement aux témoins sans attendre qu'ils le réclament. Cet abus met à la charge du trésor une dépense qu'il ne devrait pas supporter. Je vous recommande de prendre les mesures nécessaires pour le faire cesser, partout où il peut exister.

Cette circulaire n'a rapport qu'aux principaux articles de dépense. Il existe un grand nombre d'autres actes rétribués sur les crédits de mon département dont je n'ai pas parlé. Je m'en réfère, pour ce qui les concerne, aux diverses instructions de mes prédécesseurs, et notamment à l'instruction générale du 30 septembre 1826; elles conservent toute leur force, et on doit continuer de les observer.

C'est en se pénétrant bien de ces instructions et des règles que je viens de tracer, que les magistrats pourront prévenir ou repousser toutes les demandes abusives. Je compte trop sur leur zèle pour ne pas être certain que, sans entraver jamais l'action de la justice répressive, ils feront régner la plus sévère économie dans les dépenses nombreuses qu'elle occasionne.

Je vous prie, monsieur le procureur général, de m'accuser réception de cette circulaire, dont je vous transmets des exemplaires en nombre suffisant pour en adresser à tous vos substituts et aux juges d'instruction.

Recevez, monsieur le procureur général, l'assurance de ma considération distinguée. *Le garde des sceaux, ministre de la justice et des cultes*, N. MARTIN (DU NORD).

———

20 AOUT 1842. — Circulaire du ministre de la justice relative à l'exécution de l'ordonnance du 10 octobre 1841 sur le tarif des frais relatifs aux ventes judiciaires des biens immeubles (1).

Monsieur, j'ai été consulté sur plusieurs questions qu'a fait naître l'exécution de l'ordonnnace du 10 octobre 1841, contenant le tarif des frais et dépens relatifs aux ventes judiciaires de biens immeubles. Afin que

(1) Les solutions de cette circulaire sont attaquées dans un mémoire rédigé par M. Latroffe-Montmeylian, avocat à la cour de cassation, et revêtu de l'adhésion de plusieurs membres distingués du barreau de Paris et des principales villes du royaume.

Quelques tribunaux ont cru cependant devoir appliquer l'ordonnance du 10 octobre 1841, conformément aux vues de la circulaire, et la cour de cassation va être appelée à prononcer sur les pourvois formés par les avoués qui croient que les jugements contiennent une violation de l'ordonnance de 1841.

Je n'entends pas émettre d'opinion sur les questions qui sont discutées dans le mémoire. Mais il renferme une phrase qui me paraît exprimer une idée fausse, et donner aux esprits une dangereuse impulsion. Que mes savants et honorables confrères me pardonnent de m'expliquer avec tant de liberté sur une partie de leur œuvre. Je suis convaincu qu'ils se sont trompés, et que leur erreur n'est point sans danger pour ceux-là même dans l'intérêt de qui ils ont été consultés. C'est pour moi un devoir de le dire.

Après avoir transcrit la lettre de M. le garde des sceaux, le rédacteur du mémoire s'exprime ainsi :

« Cette circulaire, personne ne se le dissimule, est un premier pas fait contre ce qu'on appelle la vénalité des offices. »

Je confesse que, pour ma part, il m'est impossible de voir l'attaque même la plus indirecte à la transmission des offices dans les solutions qu'a données M. le garde des sceaux aux questions sur lesquelles il a été consulté.

L'ordonnance de 1841 a alloué aux officiers ministériels des émoluments convenables et en juste proportion avec les travaux dont ils sont chargés. Tous l'ont formellement reconnu.

Quelques-unes des dispositions de cette ordonnance ont paru susceptibles d'interprétations différentes : les questions ont été résolues par M. le ministre de la justice contrairement aux prétentions et à l'intérêt des officiers ministériels. Qu'est-ce que cela peut avoir de commun avec la vénalité des offices? La conséquence des décisions de M. le garde des sceaux peut être de diminuer le produit des études, mais non d'empêcher ou d'entraver leur transmission. Il est bien vrai que plus le tarif est

l'application de ce tarif soit, à l'avenir, la même dans tous les ressorts, je crois devoir vous adresser des instructions interpréta-tives des dispositions dont le sens a pu paraître douteux.

I. L'art. 1ᵉʳ alloue aux greffiers un droit

libéral, plus les revenus des charges sont considérables, plus le prix en est élevé. D'un autre côté, la diminution du tarif peut avoir pour effet, et encore cela n'est-il pas toujours vrai, de diminuer la valeur des offices. Mais jamais cette diminution ne sera considérée comme une atteinte, même indirecte, au droit reconnu par la loi de 1816 de présenter au roi un successeur.

Sans doute, si les offices étaient absolument improductifs, personne ne voudrait les acheter; il faut dire plus, personne ne voudrait en être titulaire; et l'on voit donc que ce n'est qu'en exagérant sans mesure et sans motifs la partie d'une observation juste et vraie en elle-même, qu'on peut donner quelque apparence de raison à la proposition que je conteste.

N'est-il pas d'ailleurs fâcheux et nuisible de laisser s'accréditer cette opinion que l'administration est animée d'intentions hostiles pour les officiers ministériels? Sur quels actes peut-on fonder cette pensée? Est-ce sur l'ordonnance du 10 octobre 1841? Évidemment non. Personne n'oserait le soutenir. Or, c'est cependant dans cet acte que le gouvernement pouvait librement manifester son mauvais vouloir. Il procédait en vertu de la délégation de la loi, il exerçait le pouvoir législatif, il était maître absolu, arbitre souverain, et cependant il a montré, on en convient, une impartialité parfaite, une justice pleine de bienveillance. Dans une circulaire, au contraire, M. le garde des sceaux ne peut qu'émettre une opinion que les tribunaux ont le droit d'adopter ou de repousser. Ce serait bien mal choisir l'occasion de se montrer hostile. Il y aurait un calcul bien faux à engager la lutte sur un terrain où la résistance est possible, lorsqu'on pouvait, dans une autre position, dicter ses volontés.

L'honorable rédacteur du mémoire, dont personne plus que moi n'estime le caractère et le talent, reconnaîtra, j'en suis sûr, que son zèle pour ceux qui ont réclamé son patronage lui a fait illusion, et les officiers ministériels eux-mêmes sentiront, je l'espère, que mes observations sont justes, et surtout qu'elles n'ont rien de contraire à leurs véritables intérêts. A mon avis, l'administration n'a et ne peut avoir pour eux d'intentions hostiles; et il importe beaucoup qu'ils en soient bien convaincus.

Voici, au surplus, comment s'exprime M. le garde des sceaux dans son rapport au roi, sur l'ordonnance du 4 janvier 1843 relative au notariat :

« Le gouvernement regarde comme hors d'atteinte le droit de transmission des offices créé par la loi du 28 avril 1816. A aucune époque il n'a songé à admettre ni à proposer aucune altération de ce droit, et les inquiétudes qui ont pu se répandre à ce sujet n'ont jamais eu le moindre fondement. »

J'ai eu occasion d'examiner, dans l'intérêt des notaires, une question née de l'interprétation de l'art. 11 de l'ordonnance de 1841. Je crois devoir reproduire ici la solution que je lui ai donnée.

J'ai soutenu que les notaires devant lesquels a été renvoyée une vente d'immeubles peuvent invoquer la disposition de cet article, portant que la remise proportionnelle accordée aux avoués sur le prix des ventes doit être calculée sur le prix de chaque lot séparément lorsque les lots sont composés d'immeubles distincts.

« L'économie de l'ordonnance du 10 octobre, ai-je dit, ne peut, lorsqu'elle est bien comprise, laisser aucun doute sur la solution.

« Le législateur a divisé d'une manière claire et précise les attributions des notaires et des avoués dans le cas où il y a renvoi devant les premiers.

« Aux notaires est confié le soin de rédiger le cahier des charges et de procéder à l'adjudication.

« Aux avoués est donnée la mission d'accomplir tous les actes de procédure qui peuvent être nécessaires.

« Les rémunérations et les honoraires se partagent entre ces deux classes d'officiers publics, en raison des opérations qu'ils sont appelés à faire.

« Cette distribution est tellement juste, elle est fondée sur une base si vraie, que, quelles que soient les exigences de l'intérêt privé, on n'a pas un instant songé sérieusement à combattre le système qui a été adopté.

« Ainsi les notaires reçoivent le prix des travaux qu'ils accomplissent, les avoués touchent la rétribution des actes qu'ils font.

« Ce qui se partage ainsi, lorsque la vente est renvoyée devant notaire se confond, lorsqu'elle a lieu devant le tribunal. Dans ce dernier cas, tous les actes de la procédure et la rédaction du cahier des charges rentrent dans les attributions de l'avoué. Par conséquent, à lui seul appartiennent et les émoluments des actes et la remise proportionnelle fixés par l'ordonnance.

« Lorsque, au contraire, l'intervention du notaire a lieu, il était indispensable de choisir entre les divers éléments de rémunération celui qui devait être le prix de la rédaction du cahier des charges, de la réception des enchères et de l'adjudication, opérations confiées au notaire; et l'on a décidé que c'était la remise proportionnelle qu'il convenait de lui attribuer, en réservant à l'avoué le coût de chaque acte de son ministère.

« Cette combinaison ne devait pas, toutefois, être adoptée sans restriction et sans réserve. La remise proportionnelle n'est pas fixée d'une manière irrévocable; il a paru sage de l'élever, dans le cas où l'expertise ne serait pas ordonnée par le tribunal. D'une part, l'économie des frais de l'expertise permettait d'accorder une rémunération plus étendue à l'avoué; d'un autre côté, il était juste de lui allouer, puisque, presque toujours, c'est par son zèle et son travail que le tribunal parvient à fixer la mise à prix, sans avoir besoin de consulter les experts.

« Il était donc équitable de lui réserver l'excédant de remise ordinaire, alors même que la vente était renvoyée devant notaire; car cet excédant est précisément la récompense de soins tout spéciaux.

« Il est possible qu'en fait, les renseignements que transmet le notaire à l'avoué aident celui-ci à éclairer la conscience des juges, mais en droit, c'est dans l'exercice de ses fonctions que l'avoué fournit au tribunal les documents qui rendent l'expertise inutile : c'est l'avoué qui doit recevoir l'honoraire.

« Cette distinction a été bien accueillie, elle repose aussi sur cette pensée que là où est le travail, là doit être la rémunération, et que lorsque le premier augmente, la seconde doit s'élever.

« Toujours fidèle à ce principe, l'ordonnance du 10 octobre 1841 a prévu le cas où la vente se com-

se 15 fr. pour communication tant du ca-
ɔiier des charges que du procès-verbal d'ex-
ɪɔertise.

) Ce droit, dès que la loi a autorisé la
ɔommunication, est dû par cela seul que
ɛɛs intéressés peuvent la requérir, et bien
ʼɔu'elle n'ait pas été réclamée. Au surplus,

elle sera toujours nécessaire dans le cas de
licitation, puisqu'alors l'expertise et le cahier des charges ne se signifient plus.

Ce droit est également dû dans les ventes
sur saisies immobilières, quoiqu'elles ne
puissent jamais donner lieu à des expertises; elles nécessitent, en effet, de la part

ɛɔsait de plusieurs lots formés d'immeubles dis-
ɔnncls, et reconnaissant que le lotissement présen-
liait, dans ce cas, un surcroît d'études, de soins et de
ɪɛɔsponsabilité, elle a voulu que la remise fût cal-
ɔlinlée sur le prix de chaque lot séparément, et non
ɔɔr la somme totale formée de la réunion des prix
ɛe tous les lots ; ce qui est un moyen de l'élever,
ɪɔuisqu'elle va en décroissant à mesure que le prix
ɔlotal de la vente s'élève.

ɔ « Mais on comprend que le but serait manqué,
ɔɔne l'esprit de l'ordonnance serait évidemment mé-
ɔɔconnu, si cette augmentation était donnée à celui
ɔɔui n'a pas fait le travail, ou plutôt n'était pas
ɔɔonnée à celui qui l'a fait.

ɔ « Lorsque le renvoi devant notaire a été ordonné,
ɛɔ'est le notaire, ce n'est pas l'avoué, on le sait, qui
ɔɪesse le cahier des charges et qui fait le lotisse-
ɛɔment. Il serait donc injuste de donner à l'avoué la
ɔlétribution spécialement affectée à cette dernière
ɔqɔération ; il ne serait pas moins inique de ne pas
ɔɔa donner au notaire.

ɔ « Ces résultats sont incontestables si l'on s'attache
ɪ ɪ l'esprit qui a dicté les dispositions de l'ordon-
ɪɔrance; il faudrait donc une disposition bien for-
ɛɔmelle du texte pour la faire repousser.

ɔ « Il est vrai que la remise est accordée aux no-
ɪɪɛaires et aux avoués par deux articles différents, et
ɔɪɔue la disposition qui, dans l'article 11, prescrit la
ɛɔmanière de calculer la remise des avoués, au cas où
ɛɛɔs lots sont composés d'immeubles distincts, n'est
ɛɛɔas reproduite dans l'article 14, relatif aux no-
ɪɪɛaires.

ɔ « Mais cette circonstance (et c'est la seule qu'on
ɪɔɔuisse invoquer pour combattre l'assimilation entre
ɛɛɛs avoués et les notaires), cette circonstance ne peut
ɪɛɔvidemment faire refuser aux derniers ce qui est
ɔɔɔccordé aux premiers.

ɔ « La raison qui a fait introduire un moyen avan-
ɛɔɔɛgeux de calculer la remise, étant la même, quel
ɔɔɔue soit l'officier qui ait préparé les lots, il semble
ɔɔɔue l'article 14 aurait dû se borner à fixer le droit
ɪɔllɛs notaires pour la grosse du cahier des charges, à
ɔɔɪndiquer que les avoués restaient chargés des actes
ɔɪɪle la procédure, et qu'ils avaient droit aux émo-
ɛɔmluments de ces actes; en ajoutant que la remise
ɛɪɪɛtait pour les notaires la même que pour les avoués.

ɔ « Mais ce renvoi pur et simple aurait eu un in-
ɪɔɔɔnvénient, il aurait attribué aux notaires le prix
ɪɔɔspécialement affecté aux soins par lesquels l'avoué
ɔ ɛa réussi à empêcher l'expertise. Il y avait donc né-
ɛɛɔxcessité de reproduire les chiffres indicatifs de la quo-
ɔɪɪlité de la remise, tels qu'ils étaient fixés par l'ar-
ɛɛnticle 11, et d'ajouter que l'augmentation, pour le
ɛɛɔcas de non expertise, restait acquise aux avoués.

ɔ « Voilà l'unique motif qui a fait introduire dans
ɪɛ'llʼarticle 14, une disposition détaillée, sans cela on
ɔɪɪɛeût renvoyé purement et simplement à l'article 11.

ɔ « Ceci expliqué, on comprend qu'il n'y a rien à
ɔɔ conclure de ce que toutes les dispositions de l'arti-
ɪɔlɛ cle 11 ne sont pas transcrites dans l'article 14, l'o-
ɪɛɪ mission de quelques-unes d'elles tient seulement à
ɛɔ ɛe ce qu'il n'y avait pas nécessité de les rappeler pour

établir la distinction qui vient d'être indiquée; elle
ne suffit point pour prouver qu'on n'a point voulu
accorder aux notaires ce qui est alloué aux avoués.

« L'argument puisé dans le texte se trouvant ainsi
écarté, les raisons qui ont été précédemment exposées et qui conduisent à cette conséquence que les
notaires et les avoués doivent être traités de la même
manière, lorsqu'il s'agit de rémunérer le travail du
lotissement, conservent toute leur force.

« Une dernière observation vient confirmer la solution que le soussigné croit devoir donner à la
question qui lui a été soumise.

« S'il y avait quelque différence entre le chiffre
de la remise accordée aux notaires et celui de la remise attribuée aux avoués, si on fixait d'une manière invariable l'émolument accordé aux premiers, et si l'on admettait une augmentation pour
les seconds dans certains cas, on pourrait peut-être
soutenir qu'il n'est pas possible de substituer à un
chiffre expressément posé par le législateur, un
chiffre différent.

« Le soussigné croit cependant que, même dans
cette hypothèse, l'analogie serait tellement puissante et l'intention de l'ordonnance tellement manifeste, qu'il faudrait encore admettre la modification.

« Mais la rédaction de l'article 14 n'a rien qui ré-
pugne à l'application de la disposition de l'article
11. En effet, celle-ci dit comment doit se calculer
la remise dans le cas où la vente est divisée en plusieurs lots, et où chaque lot est composé d'un immeuble distinct. L'article 14, après avoir reproduit
les chiffres de l'article 11, se tait sur une hypothèse
que prévoit celui-ci. Certainement ce silence ne
suffit pas pour qu'on doive décider que la règle établie est inapplicable, lorsque la difficulté qu'elle
tranche, au lieu de se présenter dans une vente faite
devant le tribunal, se rencontre dans une vente
renvoyée devant notaire. Loin de là, il est incontestable que les mêmes raisons doivent faire admettre la même solution.

« Tout se réduit à ceci, le cas où les lots sont composés d'immeubles distincts, n'est pas prévu dans
l'article 14; cette circonstance sera-t-elle considérée comme non avenue? Quoiqu'il y ait plus de
soins et de travaux, l'émolument restera-t-il le
même; et cela uniquement parce que la sage et
équitable disposition qui proportionne la récompense à la peine, n'est pas textuellement répétée?
Ou bien décidera-t-on que, dans le silence de la loi
sur une hypothèse se réalisant dans une vente devant notaire, il faut appliquer les règles faites pour
la même hypothèse se présentant dans une vente
devant le tribunal de première instance? La question ramenée à ces termes, ne peut être un instant
douteuse. Les différentes parties d'une loi s'inter-
prètent les unes par les autres. L'article 11 a posé
un principe dont on doit se servir pour combler
la lacune que présente l'article 14. On doit d'autant
plus étendre ainsi la disposition que les situations
sont les mêmes, les raisons identiques, et qu'une
autre solution consacrerait une véritable injustice.

du greffier, à peu près les mêmes frais et les mêmes soins que les ventes sur licitation.

Le droit de communication de l'acte d'aliénation déposé au greffe est dû en cas de vente par suite de surenchère sur aliénation volontaire prévue par l'art. 2185 du Code civil, parce que c'est là une véritable vente judiciaire de biens immeubles. Au contraire, le droit n'est pas dû lorsque la surenchère n'est, comme dans la saisie immobilière, qu'un incident de la poursuite : si, dans ce dernier cas, on l'accordait, il se trouverait, par le fait, perçu deux fois pour la même vente. Il en est de même de la vente sur folle-enchère.

II. Le tarif a résolu une question controversée, en attribuant aux huissiers exclusivement chargés de la copie du titre en vertu duquel la saisie est faite, le droit alloué pour cette copie. Les magistrats doivent veiller à ce que la règle posée dans le troisième paragraphe de l'art. 3 soit exactement observée, et, s'il y a lieu, diriger des poursuites disciplinaires contre les officiers ministériels qui chercheraient à l'éluder.

III. L'art. 9, en accordant à l'avoué une vacation pour prendre communication du cahier des charges en cas de renvoi devant notaire, ne l'autorise pas, par voie de conséquence, à réclamer une indemnité de transport, lorsque la distance à parcourir pour se rendre en l'étude du notaire lui eût donné droit à cette indemnité d'après le tarif du 7 février 1807. L'ordonnance du 10 octobre 1841 est spéciale, et ne peut s'expliquer par les dispositions du tarif général. C'est en rapprochant les différents articles dont elle se compose qu'il faut en apprécier l'économie, et le soin qu'on a pris de dire qu'un droit de transport est dû dans le cas des art. 5 et 15, indique suffisamment que ce droit n'est point alloué lorsqu'elle n'en fait pas mention comme dans les art. 9 et 10. On se convaincra, au surplus, qu'en pareil cas, le transport jugé nécessaire par l'avoué dans l'intérêt de son client ne pouvait être rétribué si l'on considère que la remise proportionnelle accordée par l'art. 11 pourvoit aux dépenses extraordinaires.

IV. En se pénétrant de l'esprit dans lequel a été conçue l'ordonnance, on reconnaît facilement que le droit de 25 fr., alloué par les art. 9 et 10, n'est dû qu'à l'avoué poursuivant. Les autres avoués en cause ne sont pas appelés à faire, pour la fixation de la mise à prix, s'il s'agit d'une vente, ou pour l'estimation et la composition des lots, s'il s'agit d'un partage, les mêmes démarches que l'avoué chargé de provoquer la vente ou le partage. Ils ne sont pas tenus aux mêmes travaux et aux mêmes soins : ils ont seulement le droit de critiquer les bases soumises au tribunal. Lorsque la vente a lieu, les avoués colicitants sont rémunérés des démarches qu'ils ont pu faire, par la portion qui leur est attribuée dans la remise proportionnelle ; et, lorsqu'il n'est pas procédé à la vente, on ne saurait, sans méconnaître l'esprit de la loi, qui a voulu simplifier les formalités et réduire les dépens, leur accorder l'indemnité de 25 fr.

V. J'ai pensé qu'en cas de renvoi d'une vente d'immeuble devant notaire, l'avoué aurait droit à l'émolument alloué pour vacation à l'adjudication ; mais il est bien entendu que ce droit n'appartient qu'à l'avoué poursuivant. La rédaction de l'article 11 ne laisse pas de doute à cet égard, et, d'ailleurs, les actes de procédure étant indivisibles, le poursuivant a seul caractère pour les faire.

L'avoué poursuivant ne peut jamais réclamer qu'un seul droit fixe de vacation, quel que soit le nombre des lots. En effet, l'augmentation du droit est accordée en raison des soins qu'exige le lotissement ; or l'avoué, par suite du renvoi devant notaire, demeurant étranger à ce travail, il n'y a aucun motif pour que ces émoluments s'accroissent dans la proportion du nombre des lots.

Il n'est dû, par les motifs énoncés ci-dessus n. 3, aucun droit de transport à l'avoué poursuivant qui se rend chez le notaire devant lequel a lieu l'adjudication. Dans ce cas, il est indemnisé par la vacation qui lui est allouée, et aussi par la portion qui lui est attribuée dans la remise proportionnelle, s'il y a lieu.

VI. Je ferai remarquer ici que, dans les adjudications qui ont lieu à la barre du tribunal, les magistrats doivent veiller à la composition des lots qui, je n'en doute pas, sera toujours faite dans l'intérêt des parties.

VII. Lorsque les tribunaux renverront des ventes d'immeubles devant notaires, les droits de ceux-ci, pour la minute du cahier des charges, seront évalués en calculant ce que cette minute produirait de rôles à raison de vingt-cinq lignes à la page et douze syllabes à la ligne.

L'ordonnance accorde aux avoués, quand l'expertise est facultative et n'a pas été ordonnée, un droit à la différence entre la remise allouée par l'art. 11 et la remise fixée par le paragraphe 2 de l'art. 14. La rédaction du dernier paragraphe de cet article ne semble pas laisser d'incertitude sur l'étendue du droit qu'on a voulu concéder aux avoués. Ils ne peuvent prétendre qu'à la *différence* entre la remise dont parle l'art. 11 de l'ordonnance et celle indiquée en l'art. 14. Ainsi, lorsque la remise allouée par l'art. 11 est égale ou inférieure à celle fixée par l'art. 14, les avoués n'ont rien à réclamer. Cette disposition s'explique naturellement par la modicité du prix de la vente ; il fallait, en effet, restreindre, autant que possible, les frais dans des ventes de peu d'importance.

VIII. Quelques notaires ont prétendu avoir le droit de faire les affiches des ventes renvoyées devant eux et d'en surveiller l'insertion dans la feuille des annonces. Cette prétention est évidemment repoussée par le dernier paragraphe de l'art. 14 de l'ordonnance qui dit positivement que les avoués restent chargés de l'accomplissement des actes de la procédure autres que la rédaction du cahier des charges ou la réception des enchères et de l'adjudication. La nature des institutions respectives des avoués et des notaires aurait dû suffire, d'ailleurs,

pour écarter toute équivoque. Les notaires devront donc demeurer complétement étrangers aux affiches des ventes et à leur insertion dans la feuille d'annonces ; ce sont là de véritables actes de procédure qui continueront à rester dans les attributions exclusives des avoués. Telles sont, Monsieur, les explications qui m'ont paru nécessaires. Je désire qu'elles servent de règles à MM. les juges taxateurs. En accordant aux officiers ministériels la juste rémunération à laquelle ils ont droit, il convient de rester exactement dans les limites que l'ordonnance du 10 octobre 1841 a tracées. Toute interprétation qui conduirait à une augmentation de taxe serait contraire non seulement aux dispositions du tarif, mais aussi aux intentions qui ont animé le législateur, lorsqu'il a modifié les articles du Code de procédure civile relatifs aux ventes judiciaires d'immeubles.

Recevez, Monsieur, l'assurance de ma considération très-distinguée. *Le garde des sceaux, ministre secrétaire d'Etat de la justice et des cultes,* **N. Martin** (du Nord).

FIN DE LA DEUXIÈME PARTIE.

TABLE CHRONOLOGIQUE

DES LOIS, RÉGLEMENTS,

AVIS DU CONSEIL D'ÉTAT, CIRCULAIRES, ETC.

Insérés dans le volume 1842 et dans le Bulletin des Lois, année 1842, comprenant depuis le Bulletin DCCCLXXIX jusqu'au Bulletin DCCCCLXX inclusivement, et depuis le Bulletin DLXXX jusqu'au Bulletin DCXXXIV, partie supplémentaire.

———— ❦❦❦ ❦❦❦ ————

Les actes à la suite desquels se trouve l'indication du Bulletin sont ceux que nous n'avons pas cru devoir insérer dans notre Collection, et ceux qui ne sont insérés que par extrait même dans le Bulletin.

Quant aux actes qui sont insérés dans notre Collection, on trouve l'indication de la page, avec une mention expresse pour ceux qui sont placés dans la seconde partie.

———————

1816.

17 *janv.* — Ord. qui accorde des lettres de naturalité au sieur Gado, Bull. supp. n. 16504.

1817.

29 *oct.* — Ord. qui accorde des lettres de naturalité au sieur Honné, Bull. supp. n. 16549.

1825.

9 *oct.* — Ord. qui accorde des lettres de naturalité au sieur Schneider, Bull. supp. n. 16550.

1837.

4 *août.* — Ord. qui classe l'enceinte agrandie de Grenoble dans la première série des places de guerre, p. 231.

1838.

28 *janv.* — Ord. qui accorde des lettres de naturalité au sieur Merello. Bull. supp. n. 16704.

1839.

10 *mars.* — Ord. qui accordent des lettres de naturalité aux sieurs Baillard et Garsons, Bull. supp. n. 16658 et 16659.

1840.

8 *avril.* — Ord. qui autorise M. Cousin à ajouter à son nom celui de Montauban, Bull. n. 10192.

1841.

28 *janv.* — Ord. qui admet le sieur Hoffmann à jouir des droits de citoyen français, Bull. supp. n. 16190.

3 *mai.* Statuts de la banque de Rouen (annexe de la loi du 5 juin 1842), p. 260.

19 *mai.* — Ord. qui autorise les sieurs Ege et Siefert à établir leur domicile en France, Bull. supp. n. 16529.

29 *juin.* Ord. qui prescrit la consolidation des bons du trésor appartenant à la caisse d'amortissement au 31 décembre 1840, p. 71.

23 *juillet.* — Ord. qui prescrit la consolidation des bons du trésor délivrés à la caisse d'amortissement du 1er janvier 1841 au 30 juin suivant, p. 71.

11 *août.* — Ord. qui admet le sieur Fontana à jouir des droits de citoyen français, Bull. supp. n. 16191.

4 *sept.* — Ord. qui autorise le sieur J. Victor à ajouter à son nom celui de Malteau, Bull. n. 9840.

Ord. qui autorise M. V. Morel à ajouter à son nom celui de Zoon, Bull. n. 10218.

6 *oct.* — Ord. qui autorise le sieur François à ajouter à son nom celui de Chabran, Bull. n. 9876.

7 *oct.* — Ord. qui autorise le sieur Leschassier de Méry à ajouter à son nom celui de Monferrand Bull. n. 9877.

9 *nov.* — Ord. relatives à diverses usines, Bull. supp. n. 16211, 16212.

12 *nov.* — Ord. qui autorisent la construction ou le maintien de plusieurs moulins et usines, Bull. supp. n. 16213 et 16214.

Ord. qui concède des mines de lignite, Bull. supp. n. 16215.

13 *nov.* — Ord. qui autorise les sieurs de Saint-Julien père et fils à ajouter à leur nom celui de Muiron, Bull. n. 9867.

16 *nov.* — Ord. qui autorisent la construction ou le maintien de divers moulins et usines, Bull. supp. n. 16216.

17 *nov.* — Ord. qui autorisent la construction ou le maintien de divers moulins et usines, Bull. supp. n. 16217.

22 *nov.* — Ord. qui autorisent l'acceptation de legs ou donations faits à des desservants, fabriques, séminaires, pauvres, congrégations religieuses, communes, évêchés et écoles secondaires ecclésiastiques, Bull. supp. n. 16228 et 16234.

Ord. qui érige une chapelle en chapelle de secours et une église en chapelle vicariale, Bull. supp. n. 16235 et 16236.

23 *nov.* — Ord. modifient ou approuvent les tarifs d'octroi de plusieurs communes, Bull. supp. n. 16203 à 16205.

Ord. relatives à l'exploitation de forêts domaniales, aux défrichement, délimitation, délivrance, vaine pâture, construction à proximité des forêts, ouverture de chemins, vente, exploitation de divers bois et forêts, et rejettent plusieurs demandes, Bull. supp. n. 16206 à 16210, 16233, 16242, 16243 et 16251.

24 *nov.* — Ord. qui autorisent la construction ou le maintien en activité de divers moulins et usines, Bull. supp. n. 16218.

Ord. qui établit le syndicat de défense de la plaine de Tournon, Bull. supp. n. 16219.

29 nov. — Ord. qui autorisent l'acceptation de dons ou legs faits à des communes, à des desservants, fabriques et pauvres de plusieurs autres et à une école secondaire ecclésiastique, Bull. supp. n. 16252.

Ord. qui érige une église en chapelle, Bull. supp. n. 16253.

30 nov. — Ord. qui accorde des lettres de naturalité au sieur Hoeffner, Bull supp. n. 16192.

Ord. qui érige diverses églises en chapelles, une autre en annexe, et autorisent l'établissement d'une chapelle domestique, Bull. supp. n. 16291 à 16294.

Ord. qui autorisent l'acceptation de dons ou legs faits à des séminaires, religieuses, bureaux de bienfaisance ; aux fabriques, desservants et pauvres de diverses communes, Bull. supp. n. 16306.

1er déc. — Ord. qui affecte au département des travaux publics pour le service des ponts et chaussées diverses parcelles de terrain, Bull. n. 9816.

Ord. qui prescrivent la rectification de 4 routes royales, Bull. n. 9817.

Ord. qui classent 2 chemins parmi les routes départementales de l'Indre et de la Haute-Saône, Bull. n. 9818.

Ord. qui autorisent la construction ou le maintien en activité de divers moulins et usines, Bull. supp. n. 16220 et 16222.

Ord. qui autorisent le domaine de l'État à maintenir ou remettre en activité 3 salines, Bull. supp. n. 16221.

7 déc. — Ord. qui ouvre, sur l'exercice 1841, un crédit extraordinaire pour des travaux exécutés au palais et dans la prison du Luxembourg, p. 2.

Ord. qui reporte sur l'exercice 1842 une partie des crédits affectés, pour 1841, au rétablissement des communications interrompues par le débordement des eaux, p. 2.

Ord. qui reporte sur l'exercice 1842 une partie des crédits de 1841, pour la réparation des dommages causés par les inondations, p. 3.

Ord. qui reporte sur l'exercice 1842 une partie du crédit ouvert sur 1841, pour la réparation des dommages causés aux voies navigables par le débordement des eaux, p. 3.

Ord. qui annulle une somme de 180,000 fr. sur les crédits de la seconde section du budget des travaux publics, exercice 1840, et ouvre sur 1842 un crédit supplémentaire de cette somme, p. 4.

Ord. qui affecte un bâtiment domanial pour la reconstruction d'un pont, Bull. n. 9819.

Ord. qui prescrivent la rectification de deux routes départementale et royale, Bull. n. 9820.

8 déc. — Ord. qui accorde des lettres de naturalisation aux sieurs Rubando-Defandini, Scharsrky, Stalani et Stark, Bull. supp. n. 16193, 16194.

13 déc. — Ord. qui accorde des lettres de naturalisation aux sieurs Jacquemin et Salgat, Bull. supp. n. 16195.

15 déc. — Ord. qui érige trois églises en succursales, Bull. supp. n. 16307.

Ord. qui autorisent des délivrances de bois, ouverture de chemins, abatages d'arbres, exploitations, ventes et aménagement de divers bois ; rejettent deux demandes, et approuvent des procès-verbaux de délimitation, Bull. supp. n. 16257 à 16259.

16 déc. — Ord. qui autorise l'acceptation d'un legs fait aux détenus de la prison de Vienne (Isère), Bull. supp. n. 16237.

19 déc. — Ord. qui établissent divers syndicats de défense contre les inondations, Bull. supp. n. 16223.

Ord. qui admet le sieur Pichioni à établir son domicile en France, Bull. supp. n. 16201.

20 déc. — Ord. qui autorisent l'acceptation des dons et legs faits à la maison des orphelines de Nancy, à des bureaux de bienfaisance, hospices, fabriques, communes et aux pauvres de plusieurs autres, Bull. supp. n. 16238 et 16308.

21 déc. — Ord. qui approuvent ou modifient les tarifs d'octroi de diverses communes, Bull. supp. n. 16260 à 16262.

Ord. qui soumet une forêt au régime forestier, Bull. supp. n. 16263.

23 déc. — Ord. qui ouvre sur 1841 un crédit applicable au chemin de fer de Strasbourg à Bâle, p. 4.

Ord. qui accorde des lettres de naturalité aux sieurs Arent, Koll, Thilmann et Bast, Bull. supp. n. 16196 et 16197.

24 déc. — Ord. qui établit des octrois dans plusieurs communes, Bull. supp. n. 16264 à 16267.

Ord. qui approuvent les procès-verbaux de délimitation de diverses forêts, autorisent un défrichement, diverses constructions à proximité des forêts et rejettent plusieurs demandes, Bull. supp. n. 16268 à 16270.

26 déc. — Ord. qui prescrivent la rectification de 2 routes départementale et royale, et classent un chemin au rang des routes départementales de l'Yonne, Bull. n. 9829 et 9830.

Ord. qui autorisent des constructions, le maintien en activité ou la conversion d'usines et de moulins, Bull. supp. n. 16224.

Ord. qui règle la police et l'usage de la rivière de Vaucouleurs, Bull. supp. n. 16225.

Ord. qui concèdent des mines, Bull. supp. n. 16226 et 16227.

Ord. qui approuvent le procès-verbal de délimitation de divers cantons de bois, autorisent des délivrances, exploitations, constructions à proximité des forêts, ouvertures de chemins, aménagements, extractions de terres, élargissements de chemins ; soumettent divers bois au régime forestier et rejettent plusieurs demandes Bull. supp. n. 16271 à 16276, 16287 et 16288.

31 déc. — Ord. qui autorise l'inscription au trésor d'une pension au nom de la veuve d'un vétéran du camp de Juliers, Bull. supp. n. 16232.

Ord. qui approuve ou modifie les tarifs d'octrois de diverses communes, Bull. supp. n. 16289.

1842.

1er janvier. — Ord. qui accordent des pensions de retraite à 68 militaires, Bull. supp. n. 16187 et 16188

4 janv. — Ord. qui convoque le conseil général de la Haute-Saône, p. 1.

Ord. relative au corps royal d'artillerie de la marine, p. 5.

Ord. qui autorise la ville de Bourg à élever un monument à la mémoire de Bichat, p. 19.

Ord. qui autorise l'acceptation, sous bénéfice d'inventaire, d'un legs fait à un hospice, Bull. supp. n. 16239.

5 janv. — Ord. qui augmente le nombre des membres du tribunal de commerce de Lyon, p. 1.

Ord. qui accordent des lettres de naturalité aux sieurs Repetto, Falconnet, Reggio, Bull. supp. n. 16198 à 16200.

6 janv. — Ord. qui concèdent des mines de sel et de houille, Bull. supp. n. 16328 et 16329.

7 janv. — Ord. qui autorisent l'acceptation de dons ou legs faits à des communes, villes, fabriques, bureaux de bienfaisance, hospices, maisons de charité, séminaires et pauvres de divers communes, Bull. supp. n. 16309 et 16310.

8 janv. — Ord. qui accordent des pensions à 46 veuves de militaires, et autorisent l'inscription au trésor de deux pensions de donataires, Bull. supp. n. 16229 et 16230.

9 janv. — Ord. qui modifie celle du 7 septembre 1840 sur le gouvernement du Sénégal, p. 12.

Décision qui fixe à 30 ans l'âge d'admissibilité aux épreuves des concours pour les chaires des professeurs dans les facultés de médecine, p. 19.

Ord. qui établit une école préparatoire de médecine et de pharmacie à Bordeaux, p. 23.

Ord. qui autorise l'administration des fondations anglaises à aliéner des bois, Bull. suppl. n. 16311.

10 janv. — Ord. portant érection, réunion ou limitation de diverses communes, Bull. n. 9808.

Ord. qui autorisent l'acceptation de dons ou legs, faits à des fabriques, bureaux de bienfaisance, curés, hospices, congrégations religieuses; aux institutions royales des jeunes aveugles et des sourds-muets; aux villes d'Ajaccio, Beaulieu, Paris, Besançon et Pontarlier; à diverses communes et aux pauvres de plusieurs autres, Bull. supp. n. 16312 et 16313.

11 janv. — Ord. qui ajoute le bureau de Propriano pour l'importation de certaines marchandises en Corse, p. 2.

Ord. sur l'organisation des équipages militaires, p. 12.

Ord. modificative du règlement du mont-de-piété de Limoges, p. 19.

Ord. qui approuve des modifications aux statuts de la compagnie d'assurances maritimes l'*Avenir*, p. 20.

Ord. qui autorise la société anonyme du Pont-de-Champ, p. 21.

Ord. qui autorise l'établissement d'usines, Bull. suppl. n. 16277.

Ord. qui autorisent l'acceptation de dons ou legs faits à des hospices, bureaux de bienfaisance; à une commune et aux pauvres de plusieurs autres, Bull. supp. n. 16314 et 16315.

12 janv. — Ord. qui abroge le décret qui a affecté les bâtiments domaniaux dits de la *Basse-Cour* de l'évêché de Coutances au séminaire de ce diocèse, Bull. n. 9890.

Ord. qui admet les sieurs Fessart, Restlé (Jean), Restlé (Joseph), Messon-Delapommeraye et Henzé à établir leur domicile en France, Bull. supp. n. 16202.

Ord. qui autorise l'établissement de diverses usines, Bull. supp. n. 16278.

Ord. qui autorise la ville de Vaucouleurs à établir un abattoir public, Bull. supp. n. 16279.

Ord. qui autorisent l'acceptation de dons ou legs faits à des fabriques, religieuses et desservants, Bull. supp. n. 16423.

13 janv. — Ord. qui supprime le commissariat de police de Clermont (Oise), et en crée un à Sumène (Gard), Bull. n. 9826 et 9827.

Ord. qui autorise l'établissement ou la conservation de divers moulins et usines, Bull. supp. n. 16330.

Ord. portant règlement pour la police et l'usage des eaux de deux rivières, Bull. supp. n. 16331.

Ord. qui concède des mines de lignite et de houille, Bull. supp. n. 16332 et 16333.

15 janv. — Ord. qui autorisent l'inscription au trésor d'une pension au nom de la veuve d'un vétéran du camp de Juliers, et accordent des pensions aux veuves et orphelins de 9 personnes du département de la marine, Bull. supp. n. 16231 à 16239.

16 janv. — Ord. qui déclare d'utilité publique la construction d'un pont sur le Tarn à Layrac (Haute Garonne), Bull. n. 9837.

Ord. qui autorisent l'acceptation des legs faits à un dépôt de mendicité et à un hospice, Bull. supp. n. 16316.

17 janv. — Ord. qui accordent des lettres de naturalité aux sieurs Godon, Pomet et Hennuyer, Bull. supp. n. 16282 à 16284.

18 janv. — Ord. qui autorisent l'acceptation de dons ou legs faits à des hospices, pauvres, bureaux de bienfaisance, fabriques, desservants et églises, Bull. supp. n. 16336.

19 janv. — Ord. qui convoque le 6ᵉ collège électoral du Bas-Rhin, Bull. n. 9824.

Ord. qui crée un commissariat de police à Roufach (Haut-Rhin), Bull. n. 9828.

Ord. qui autorisent l'établissement à Troyes de la communauté des sœurs de Saint-Vincent-de-Paul, et à Oloron des sœurs de Saint-André, Bull. n. 9835 et 9836.

Ord. qui classe divers chemins au rang des routes départementales de la Somme, Bull. n. 9856.

Ord. qui prescrit la construction d'un nouveau pont à Saint-Flour et la rectification de la route royale l'avoisinant, Bull. n. 9857.

Ord. qui prescrit la rectification de deux routes départementales du Fot et du Cantal, Bull. supp. n. 9861.

Ord. qui autorisent divers particuliers à construire ou maintenir des moulins et usines, Bull. supp. n. 16334.

21 janv. — Ord. qui ouvre le bureau de navigation d'Arras au jaugeage des bateaux, p. 23.

Ord. qui prescrit la consolidation des bons du trésor délivrés à la caisse d'amortissement du 1ᵉʳ juillet au 31 déc. suivant, p. 72.

Ord. qui accordent une pension à un ancien commissaire-général du roi, à un commissaire particulier et à 3 employés près la régie des salines de l'Est, Bull. supp. n. 16244 à 16246.

Ord. qui homologuent les règlements de pêche arrêtés par le préfet de l'Ain et du Doubs, Bull. supp. n. 16355 et 16356.

Ord. qui modifie ou approuve les tarifs d'octroi de diverses communes, Bull. supp. n. 16357.

Ord. qui rejette la demande d'une commune en distraction du sol forestier, Bull. supp. n. 16361.

Ord. qui autorise plusieurs particuliers à élever ou à conserver diverses constructions à proximité des forêts, et rejette trois demandes, Bull. supp. n. 16363.

Ord. qui homologue un acte d'échange de droits d'usage en bois reconnu dans une forêt domaniale, Bull supp. n. 16374.

Ord. qui approuvent un procès-verbal de délimitation de bois, convertissent en futaie une forêt domaniale, soumettent divers bois au régime forestier, autorisent des délivrances, et rejettent plusieurs demandes, Bull. supp. n. 16358 à 16360, 16362, 16371 à 16373, 16377 et 16378.

23 janv. — Ord. qui convoque le conseil-général du Gard, p. 48.

Ord. qui crée à la faculté de théologie de Lyon une chaire spéciale pour l'enseignement de l'Écriture-Sainte, p. 23.

Ord. qui autorisent l'acceptation de dons ou legs

faits à des communes, bureaux de bienfaisance, hospices et pauvres de diverses communes, Bull. supp. n. 16317 et 16318.

Ord. qui accordent des secours annuels aux orphelins de 8 militaires, des pensions à 33 veuves et à 66 militaires, Bull. supp. n. 16247 à 16250.

25 janv. — Ord. sur la contribution à percevoir en 1842 pour les dépenses des chambres et bourses de commerce, p. 23.

Ord. qui approuve une modification aux statuts de la société d'assurances la France, p. 29.

Ord. qui autorise la société des bateaux à vapeur entre Dunkerque et Hambourg, p. 30.

Ord. qui proclame les brevets d'invention délivrés pendant le quatrième trimestre de 1841, Bull. n. 9878.

Ord. qui autorise l'établissement de diverses usines, Bull. supp. n. 16290.

26 janv. — Ord. qui transfère à Axat la justice de paix de Roquefort (Aude), p. 19.

Ord. qui accordent des lettres de naturalité aux sieurs Bouverat et Velu, Bull. supp. n. 16285 et 16286.

Ord. qui autorisent l'acceptation de dons ou legs faits à des fabriques, curés, séminaires, congrégations religieuses, desservants, et aux pauvres de diverses communes, Bull. supp. n. 16424.

27 janv. — Ord. qui autorisent l'acceptation des dons ou legs faits à des hospices, églises, communes, fabriques, congrégations religieuses, maisons de charité, bureaux de bienfaisance ; à la société philanthropique de Paris et aux pauvres de diverses communes, Bull. supp. n. 16319, 16337, 16338 et 16425.

29 janv. — Ord. qui autorisent l'inscription au trésor de 27 pensions, Bull. supp. n. 16320 et 16321.

30 janv. — Ord. qui crée à l'école préparatoire de médecine et de pharmacie de Poitiers une troisième chaire de professeurs adjoints, p. 25.

Ord. qui crée un commissariat de police à Vichy et à Bonnieux, Bull. n. 9841.

31 janv. — Tableau du prix des grains, régulateur des droits d'importation et d'exportation, Bull. n. 9831.

Ord. qui nomme M. Durocheret directeur du personnel au ministère de la guerre, Bull. n. 9842.

Ord. qui accordent des pensions de réforme à 6 officiers et à 58 militaires, Bull. supp. n. 16254 à 16256.

5 février. — Ord. qui proroge le délai fixé par l'art. 4 de l'ordonnance du 15 février 1837 relative au poids des voitures de roulage et des voitures publiques, et rapporte l'art. 3, p. 32.

Ord. qui accorde des pensions à 53 veuves de militaires, Bull. supp. n. 16280.

6 fév. — Ord. qui prescrivent la rectification de routes départementales de l'Ardèche, de la Côte-d'Or, d'Indre-et-Loire, Loir-et-Cher et Sarthe, et classent des chemins au rang des routes départementales de la Moselle et du Nord, Bull. n. 9891, 9892, 989x et 9899.

Ord. qui autorise une délivrance de bois, Bull. supp. n. 16379.

Ord. qui autorise l'établissement de 3 moulins, Bull. supp. n. 16394.

7 fév. — Ord. qui attribue les fonctions de secrétaire du conseil des travaux de la marine à un sous-ingénieur des constructions navales, p. 25.

Ord. concernant l'organisation de l'ordre judiciaire et l'administration de la justice dans les établissements français de l'Inde, p. 54.

Ord. qui crée un commissariat de police à Buzançais (Indre), Bull. n. 9847.

Ord. qui prescrivent la rectification d'une route royale et classent un chemin au rang des routes départementales de l'Ariége, Bull. n. 9900 et 9901.

Ord. qui accordent des pensions de retraite à 11 veuves et à 17 personnes du département de la marine, Bull. supp. n. 16340 à 16342.

Ord. qui autorise des prises d'eau, l'établissement de divers moulins et usines, Bull. supp. n. 16395.

Ord. qui accorde à un particulier la concession d'un desséchement de marais, Bull. supp. n. 16396.

Ord. qui réunit en sociétés les propriétaires intéressés à l'entretien des digues de l'Ouvèze et de l'Isère, Bull. supp. n. 16397.

Ord. qui accorde des lettres de naturalité au sieur Neuckens, Bull. supp. n. 16299.

8 fév. — Ord. qui admet les sieurs Fischer et Florensa à établir leur domicile en France, Bull. supp. n. 16302.

Ord. qui accordent des lettres de naturalisation aux sieurs Biga, Engel, Enria, Gavi, Resilé, Weiss, Battenberg, Clavel, Steinmetz et Wolf, Bull. supp. n. 16511 et 16516.

Ord. qui autorise l'acceptation des legs faits aux fabriques, églises, desservants et pauvres de diverses communes, Bull. supp. n. 16487.

9 fév. — Ord. qui maintient M. le lieutenant-général Pelletier dans la première section du cadre de l'état-major général, p. 25.

10 fév. — Ord. qui déclarent d'utilité publique la construction de ponts à Port-à-la-Duc (Côtes-du-Nord) et à Toulouse, Bull. n. 9848 et 9862.

Ord. qui autorisent la demoiselle Sutter à substituer à son nom celui de Koch, les sieurs Magot celui de Magol, Couillard celui de Roger, et le sieur Valdruche à ajouter celui de Montreny, Bull. n. 9893, 9912, 9978 et 10018.

Ord. qui accorde une pension à un ancien sous-préfet, Bull. supp. n. 16281.

Ord. qui autorise l'acceptation de dons ou legs faits à des hospices, bureaux de bienfaisance, églises, à une commune et aux pauvres de plusieurs autres, Bull. supp. n. 16308.

11 fév. — Ord. qui classe dans la première série des places de guerre l'ouvrage à cornes d'Harraucourt sur la rive droite de la Seille, p. 25.

Ord. qui accorde un entrepôt réel de douanes à la ville de Saint-Etienne, p. 26.

Ord. qui ouvre le bureau de Tellancourt (Moselle) à l'importation et à l'exportation des céréales, p. 26.

Ord. qui autorisent les caisses d'épargnes établies à Agde et à Gannat, p. 33.

Ord. qui autorisent les sieurs Dupin à ajouter à leur nom celui de Lèzes, Bloyet celui de Ausquer, et les sieurs Pantin à y substituer celui de Soland, Bull. n. 9858, 9882, 9959.

Ord. qui établissent des foires dans diverses communes, Bull. supp. n. 16326 et 16327.

Ord. qui autorise l'établissement d'un clos d'équarrissage, Bull. supp. n. 16335.

Ord. qui accordent des pensions de retraite à 10 personnes du département de la marine, à 8 veuves, à 30 militaires et un secours à un orphelin, Bull. supp. n. 16297, 16343 et 16344.

Ord. qui autorise la ville de St.-Esprit (Landes) à établir un abattoir public, Bull. supp. n. 16345.

12 fév. — Ord. qui autorise l'inscription au trésor d'une pension au nom de la veuve d'un ancien vétéran du camp de Juliers, Bull. supp. n. 16304.

Ord. qui autorise l'inscription au trésor de 208 pensions, Bull. supp. n. 16324.

13 fév. — Ord. qui répartit le produit du centime de non valeur attribué au ministère des finances par la loi du 25 juin 1841, p. 26.

Ord. relative à la composition des conseils d'instruction, de discipline et d'administration du collége royal militaire, p. 28.

Ord. qui autorise la société anonyme l'Union, compagnie des messageries d'Alençon à Caen, p. 51.

Ord. qui fixe à 8 le nombre des avoués du tribunal de Moulins, Bull. n. 9808.

Ord. qui fixe le nombre des huissiers du tribunal de Barcelonnette, Bull. n. 9869.

Ord. qui prescrit la rectification d'une route départementale, Bull. n. 9902.

Ord. qui accorde des pensions à deux conseillers maîtres et à un conseiller référendaire honoraire à la Cour des comptes, Bull. supp. n. 16305.

Ord. qui admettent 22 étrangers à établir leur domicile en France, Bull. supp. n. 16303.

Ord. qui autorisent l'établissement ou le maintien en activité de divers moulins ou usines, Bull. supp. n. 16398 et 16399.

Ord. qui établit un syndicat dans la commune de Védennes (Vaucluse), Bull. supp. n. 16400.

Ord. qui autorisent un défrichement, des délivrances de bois, et rejettent plusieurs demandes, convertissent une forêt domaniale en futaie, et soumettent divers bois au régime forestier, Bull. supp. n. 16380, 16382 à 16384.

Ord. qui approuve ou modifie les tarifs d'octroi de diverses communes, Bull. supp. n. 16381.

Ord. qui autorisent l'acceptation de dons ou legs faits à une commune et aux fabriques, bureaux de bienfaisance, école secondaire ecclésiastique, religieuses, desservants et pauvres de diverses autres, Bull. supp. n. 16438.

Ord. qui accorde des pensions de retraite à 18 militaires, Bull. supp. n. 16385.

14 fév. — Ord. qui autorisent l'acceptation de dons et legs faits à des hospices, bureaux de bienfaisance, fabriques, communes et pauvres de plusieurs autres, Bull. supp. n. 16439, 16456 et 16457.

15 fév. — Ord. qui érige une église en chapelle vicariale, Bull. supp. n. 16490.

Ord. qui autorisent l'acceptation de dons ou legs faits à des religieuses, desservants, curés et fabriques, Bull. supp. n. 16489.

16 fév. — Ord. qui prescrit l'adjudication des travaux d'établissement d'un pont sur la Marne, en remplacement du bac de Try (Marne), Bull. n. 9903.

Ord. qui prescrivent la rectification de diverses routes royales et départementales et de la route départementale d'Arbois à Gex avec concession d'un péage, Bull. n. 9904, 9906 et 9907.

Ord. qui autorisent des prises d'eau et l'établissement ou le maintien en activité de divers moulins ou usines, Bull. supp. n. 16411 et 16412.

18 fév. — Ord. qui autorise la publication des bulles d'institution canonique des archevêques de Bourges et de Cambrai et des évêques de Beauvais et de Viviers, p. 27.

Ord. qui accordent des lettres de naturalité aux sieurs Daniel, Muller, Tramontini et Rolland, Bull. supp. n. 16300 et 16301.

20 fév. — Ord. qui nomme un nouveau membre de la commission d'examen des questions relatives à la comptabilité des matières appartenant à l'État, Bull. n. 9870.

Ord. qui accorde des pensions de retraite à 42 militaires, Bull. supp. n. 16186.

Ord. qui approuve ou modifie les tarifs d'octroi de diverses communes, Bull. supp. n. 16385.

Ord. qui autorisent des délivrances, exploitation, ventes de bois, ouvertures de chemins ou tranchées, aménagement, soumettent des bois au régime forestier, et approuvent des procès-verbaux de délimitation, Bull. supp. n. 16405 à 16410.

22 fév. — Ord. qui autorise l'enregistrement au conseil d'État des statuts des Ursulines de Jésus établies à Mallet (Aveyron), Bull. n. 9864.

Ord. qui prescrivent la rectification de cinq routes royales, Bull. n. 9914 à 9916.

Ord. qui accorde des lettres de naturalité aux sieurs Beauri, Bolinger et Evrard, Bull. supp. n. 16325.

Ord. qui accordent des pensions à des veuves, à 10 personnes du département de la marine et une pension temporaire à un orphelin, Bull. supp. n. 16375 et 16376.

Ord. qui autorisent l'établissement ou le maintien en activité de divers moulins, Bull. supp. n. 16435 et 16436.

Ord. relative au desséchement de la vallée d'Ayran, Bull. supp. n. 16437.

Ord. qui concède des mines de houille, Bull. supp. n. 16438.

Ord. qui autorisent l'acceptation de dons ou legs faits à l'Institut de Saint-Yon, à une cathédrale, aux religieuses, desservants, bureau de bienfaisance et pauvres de diverses communes, Bull. supp. n. 16470 et 16491.

Ord. qui érige deux églises en chapelles vicariales, Bull. supp. n. 16492 et 16493.

23 fév. — Ord. qui déclare d'utilité publique la construction d'un pont sur le Gave d'Oloron, Bull. n. 9871.

24 fév. — Ord. portant érection, réunion ou limitation de diverses communes; Bull. n. 9872.

Ord. qui autorisent l'acceptation de dons, fondation, legs ou offres faits à un département, à un collége, à une ville, à des hospices, à un bureau de bienfaisance et aux pauvres d'une commune, Bull. supp. n. 16471.

25 fév. — Ord. sur la pêche de la morue, p. 27.

Ord. qui autorisent la commune de l'Ile-en-Dodon (Haute-Garonne) à transférer son abattoir sur un nouveau terrain et les villes de Marvejols et d'Épinal à en établir un, Bull. supp. n. 16365 à 16367.

Ord. qui autorisent l'établissement de diverses usines, Bull. supp. n. 16364 et 16449.

Ord. qui établit des syndicats contre les débordements de la Durance, Bull. supp. n. 16450.

26 fév. — Ord. qui autorise l'inscription au trésor de quatre pensions de donataires, Bull. supp. n. 17026.

27 fév. — Ord. qui autorise l'acceptation d'un legs fait à l'Institut de Saint-Yon, Bull. supp. n. 16472.

28 fév. — Ord. qui transfère la Cour des comptes au palais d'Orsay, p. 32.

Ord. qui proroge le tarif du canal des Ardennes, p. 33.

Ord. qui modifie celle du 15 novembre 1830 en ce qui touche la pêche des ablettes, p. 33.

Ord. relative à la cession à la ville de Narbonne des bâtiments et terrains de l'ancien archevêché, p. 54.

Ord. qui établit une caisse spéciale d'épargne et de prévoyance en faveur des institutrices communales de la ville de Paris, p. 68.

Tableau du prix des grains, régulateur des droits

d'importation et d'exportation, Bull. supp. n. 9859.

Ord. qui soumettent divers bois au régime forestier, autorisent des défrichements et pacages, Bull. supp. n. 16451 à 16434.

Ord. qui autorise l'acceptation d'un legs fait aux évêques successifs de Beauvais, Bull. supp. n. 16494.

1er mars. — Ord. qui convoque le conseil général d'Eure-et-Loir, p. 32.

Ord. qui prescrit la rectification d'une route royale, Bull. n. 9936.

Ord. qui autorise l'établissement ou le maintien en activité de plusieurs moulins ou usines, Bull. supp. n. 16451.

2 mars. — Ord. qui érige une église en chapelle de secours, Bull. supp. n. 16576.

Ord. qui autorise l'acceptation de dons ou legs faits aux fabriques, desservants, hospices et pauvres de plusieurs communes, Bull. supp. n. 16575.

4 mars. — Ord. qui crée un commissariat de police à Pontarlier (Doubs), Bull. n. 9883.

Ord. qui nomme M. Cousin membre du conseil royal de l'instruction publique, Bull. n. 9917.

5 mars. — Ord. qui accorde des lettres de naturalisation au sieur Castelli, Bull. supp. n. 16352.

6 mars. — Ord. qui établit une école préparatoire de médecine et de pharmacie à Bordeaux, p. 55.

Ord. qui accordent des pensions de réforme à 3 officiers, à 44 veuves et à 74 militaires, Bull. supp. n. 16348 à 16351 et 16369.

7 mars. — Ord. du roi qui affecte à l'exercice 1842 le crédit ouvert sur l'exercice 1841 par la loi du 13 juin 1841 pour la réparation des dommages causés aux voies navigables et par le débordement des eaux, p. 67.

8 mars. — Ord. qui admet les officiers jouissant d'une pension de réforme et non écartés de l'armée par mesure de discipline à concourir pour les places vacantes aux invalides, p. 51.

9 mars. — Ord. qui surhausse de 15 pour cent, à dater du 1er avril 1842, les taxes de pilotage, p. 51.

Ord. qui accorde des lettres de naturalité aux sieurs Ottevaere, de Schalatter, Sartais et Schucker, Bull. supp. n. 16353 et 16354.

10 mars. — Ord. qui accorde des pensions de retraite à 17 militaires, Bull. supp. n. 16370.

Ord. qui autorise l'acceptation d'une donation faite à des religieuses, Bull. supp. n. 16577.

11 mars. — Ord. qui crée un commissariat de police à Fumay (Ardennes), Bull. n. 9918.

Ord. qui autorise l'adjudication de l'entreprise d'un pont, Bull. n. 9937.

Ord. qui prescrivent la rectification d'une route royale et d'une route départementale, Bull. n. 9943 et 9944.

Ord. qui autorisent l'établissement, la modification ou le maintien en activité de divers moulins ou usines, Bull. supp. n. 16453 et 16454.

Ord. qui autorise le domaine de l'État à maintenir en activité la saline de Salins, Bull. supp. n. 16452.

12 mars. — Ord. sur la pêche de la baleine, p. 34.

Ord. relative aux droits de navigation établis sur le canal latéral à la Loire, de Digoin à Briare, Bull. p. 55.

Ord. relative aux droits de navigation établis sur les canaux de Bretagne, p. 55.

Ord. qui autorise la caisse d'épargne de Tarare, p. 65.

Ord. qui approuve des modifications aux statuts de la caisse d'épargne de Pont-Audemer, p. 65.

Ord. qui autorise la société anonyme la Concorde pour la formation et la gestion de sociétés mutuelles d'assurances sur la vie, p. 73.

Ord. qui autorise l'inscription de 169 pensions au trésor, Bull. supp. n. 16386.

Ord. qui approuve ou modifie les tarifs d'octroi de diverses communes, Bull. supp. n. 16446.

13 mars. — Ord. relative à la fixation du prix de inscriptions à acquitter par les élèves en pharmacie, p. 56.

Ord. qui autorise l'acceptation de dons et legs faits à des fabriques, congrégations religieuses et séminaires, Bull. supp. n. 16578 à 16580.

14 mars. — Ord. qui règle des moulins sur la Bresle, Bull. supp. n. 16460.

Ord. qui autorisent l'acceptation de dons ou legs faits à une commune, aux religieuses, fabriques, hospices, pauvres, desservants et séminaire de plusieurs autres, Bull. supp. n. 16581 et 16582.

Ord. qui érige une chapelle en chapelle de secours, Bull. supp. n. 16583.

Ord. qui accorde des lettres de naturalité au sieur Costamagna, Bull. supp. n. 17029.

16 mars. — Ord. qui convoque le conseil général de la Haute-Marne, p. 56.

Ord. qui arrête un nouveau tarif pour les bacs et bateaux de la Haute-Vienne, Bull. n. 9919.

Ord. relative au nouveau passage d'eau entre les communes d'Évry et Etiolles, Bull. n. 9924.

Ord. qui approuvent un cantonnement, le procès-verbal de délimitation de divers cantons de bois, autorisent diverses constructions à proximité des forêts et rejettent 8 demandes, Bull. supp. n. 16543 à 16545, 16553 et 16554.

17 mars. — Ord. qui accorde des pensions de retraite à 13 personnes du département de la marine et aux veuves et orphelins de 9 autres personnes, Bull. supp. n. 16401 et 16402.

Ord. qui autorise l'acceptation d'un legs fait à l'institut de Saint-Yon, Bull. supp. n. 16473.

18 mars. — Ord. qui augmente le nombre des membres du tribunal de commerce du Havre, p. 5 i.

Ord. qui reçoit le bref qui confère à l'archevêque d'Aix les titres honorifiques d'évêque assistant au trône pontifical et de comte romain, p. 67.

Ord. qui reçoit le bref qui confère à l'évêque du Mans les titres honorifiques d'évêque assistant au trône pontifical et de comte romain, p. 68.

Ord. qui fixe le nombre des avoués près le tribunal de première instance d'Hazebrouck, Bull. n. 9925.

Ord. qui autorise l'acceptation de dons ou legs faits aux fabriques, desservants et pauvres de diverses communes, à un évêché et à une école secondaire ecclésiastique, Bull. supp. n. 16584.

Ord. qui crée deux syndicats dans des communes marécageuses, Bull. supp. n. 16462.

Ord. qui autorise une prise d'eau et le maintien d'un moulin en activité, Bull. supp. n. 16461.

19 mars. — Ord. qui autorisent l'inscription au trésor d'une pension au nom de la veuve d'un vétéran du camp de Juliers et de deux pensions de donataires, Bull. supp. n. 16389 et 16390.

20 mars. — Ord. qui autorise l'acceptation de dons ou legs faits aux élèves indigents de l'institution royale des sourds-muets, à des hospices, bureaux de bienfaisance, communes et aux pauvres de plusieurs autres, Bull. supp. n. 16536.

22 mars. — Ord. qui convoque le deuxième col-

lége électoral du Lot-et-Garonne et le premier du Var, Bull. n. 9896 et 9897.

Ord. portant plusieurs réunions de communes et érection de deux communes en municipalités, Bull. 2ᵉ sect. n. 9926.

Ord. qui accordent des pensions à 10 personnes et aux veuves de 8 personnes du département de la marine et un secours annuel à 1 orphelin, Bull. supp. n. 16403 et 16404.

Ord. qui autorise l'acceptation de dons ou legs faits à des communes, aux hospices, bureaux de bienfaisance et pauvres de diverses autres, Bull. supp. n. 16537.

23 mars. — Loi qui concède l'église de la Madeleine à la ville de Paris, p. 56.

Loi relative à la police de la grande voirie, p. 57.

Ord. qui accordent des pensions de retraite à 113 militaires, Bull. supp. n. 16391 à 16393.

24 mars. — Ord. qui érige une église en chapelle vicariale, Bull. supp. n. 16585.

Ord. qui autorise l'acceptation de legs faits à des fabriques et religieuses, Bull. supp. n. 16586.

25 mars. — Ord. qui convoque le conseil général de l'l ère, p. 61.

Ord. qui autorise la cession de 3 terrains domaniaux à la ville de Bayonne, p. 69.

Ord. qui autorise la caisse d'épargne de Joigny, p. 69.

Ord. qui autorise la société anonyme le Sauveur compagnie d'assurances à primes contre l'incendie, p. 81.

Ord. relative aux passages d'eau dits de Pont de Vabres et de Pontès (Haute-Loire), Bull. 9927.

Ord. qui crée un commissariat de police à Bazas et à Auray, Bull. n. 9928.

Ord. qui crée à Châteauroux (Indre) deux places d'agents de change, courtiers de marchandises, et fixe leur cautionnement, Bull. n. 9947.

Ord. qui autorise l'acceptation de dons ou legs faits à des communes et aux hospices, bureaux de bienfaisance, fabriques et pauvres de plusieurs autres, Bull. supp. n. 16540.

Ord. qui approuve ou modifie les tarifs d'octroi de diverses communes, Bull. supp. n. 16555.

Ord. qui autorise des délivrances de bois et rejette deux demandes, Bull. supp. n. 16556.

Ord. qui autorise l'établissement de diverses usines, Bull. supp. n. 16463.

Ord. qui accordent des pensions à 2 anciens inspecteurs de la vente des sels de l'Est, et augmentent celle d'un directeur, Bull. supp. n. 16416 et 16417.

Ord. qui établissent des foires, Bull. supp. n. 16447 et 16448.

Ord. qui autorisent l'établissement d'un abattoir à Thiancourt et Rambouillet, Bull. supp. n. 16464 et 16465.

26 mars. — Rapport au roi sur l'administration de la justice civile dans les colonies pendant les années 1834, 1835 et 1836, p. 431.

Ord. qui autorise l'académie des sciences morales et politiques, celle des sciences physiques et mathématiques et la société centrale et royale d'agriculture de Paris à accepter chacune le legs fait par le baron de Morogues, Bull. n. 9929.

Ord. qui accorde des lettres de naturalisation aux sieurs de Gaprez, Pastor-Corder et Tavolaro, Bull. supp. n. 16505.

27 mars. — Ord. qui établit un syndicat pour la conservation des digues et l'assèchement des bas fonds de diverses communes, Bull. supp. n. 16467.

Ord. qui autorise l'établissement ou le maintien en activité de plusieurs moulins ou usines, Bull. supp. n. 16466.

28 mars. — Ord. portant nouvelle organisation du personnel de l'inspection générale des finances, p. 61.

Ord. qui prescrit la rectification de deux routes royales, Bull. n. 9948.

Ord. qui autorise l'inscription au trésor de 159 pensions pour services dans l'ancienne compagnie des salines de l'Est, Bull. supp. n. 16418.

Ord. qui autorise l'établissement d'un moulin et de deux usines, Bull. supp. n. 16468.

Ord. qui érige une église en succursale, Bull. supp. n. 16587.

Ord. qui autorise l'acceptation de legs faits à des fabriques, hospices, séminaires et pauvres, Bull. supp. n. 16588.

29 mars. — Ord. qui répartit entre les départements les 80,000 hommes appelés sur la classe de 1841, p. 62.

30 mars. — Ord. qui approuve les nouveaux statuts de la caisse d'épargne de Saint-Brieuc, p. 85.

31 mars. — Ord. qui maintient le lieutenant-général Buchet dans la première section du cadre de l'état-major général, p. 63.

Tableau du prix des grains régulateur des droits d'importation et d'exportation, Bull. n. 9905.

Ord. qui autorise l'acceptation des dons ou legs faits à des fabriques et à un séminaire, Bull. supp. n. 16389.

Ord. qui autorisent l'acceptation de dons ou legs faits aux fabriques et pauvres de plusieurs communes, Bull. supp. n. 16590.

Ord. qui autorise la dame Vermesch à rentrer en France, Bull. supp. n. 16525.

Ord. qui admet les sieurs Abonati, Fontana, Reimann et Müller à établir leur domicile en France, Bull. supp. n. 16526.

2 avril. — Ord. qui accordent des lettres de naturalisation aux sieurs Cottignies, Genero, Hugonier, Orselli, Van Maldère et Perotti, Bull. supp. n. 16506 à 16508.

3 avril. — Ord. qui autorise la construction d'un pont, Bull. n. 9991.

Ord. qui prescrit la rectification de deux routes royales, Bull. n. 9994 et 9995.

Ord. qui autorisent l'établissement, le maintien en activité ou la modification de diverses usines, Bull. supp. n. 16530.

4 avril. — Ord. qui prescrivent la rectification d'une route royale et classent diverses routes départementales, Bull. n. 9996 et 9997.

Ord. qui autorisent la construction de plusieurs moulins, Bull. supp. n. 16531.

Ord. qui règle le partage des eaux de la Magel entre les deux bras de Molkirch et de Rosheim, Bull. supp. n. 16532.

5 avril. — Ord. qui prescrit la publication de l convention provisoire et additionnelle de commerce et de navigation conclue le 9 février dernier avec le Danemarck, p. 63.

Ord. qui fixe la contenance du terrain à céder par le collège d'Orléans à la compagnie du chemin de fer, Bull. supp. n. 16591.

6 avril. — Ord. qui convoque le 5ᵉ collège électoral de la Gironde, Bull. n. 9922.

Ord. qui autorisent l'acceptation de dons ou legs faits à la ville de Rouen, à plusieurs communes, et aux fabriques, hospices, pauvres et école cléricale de diverses autres, Bull. supp. n. 16592.

Ord. qui accorde une pension à deux anciens

stationnaires des lignes télégraphiques, Bull. supp. n. 16419 et 16420.

7 avril. — Loi qui ouvre un crédit extraordinaire pour complément des dépenses secrètes de l'exercice 1842, p. 65.

Ord. qui accordent des pensions à 60 veuves de militaires et des secours à 5 orphelins, Bull. supp. n. 16421 et 16422.

8 avril. — Ord. qui crée un commissariat de police à Remiremont, Bull. n. 9949.

9 avril. — Loi portant qu'il sera fait, en 1843, un appel de 80,000 hommes sur la classe de 1842, p. 65.

Lois relatives à des changements de circonscriptions territoriales, p. 66.

10 avril. — Ord. portant que la cour d'assises de la Seine sera divisée en quatre sections pendant les deux derniers mois du 2ᵉ trimestre et le premier mois du 3ᵉ trimestre de 1842, p. 66.

Ord. qui crée à l'école préparatoire de médecine et de pharmacie de Lyon une chaire spéciale de pathologie et de thérapeutique générales, p. 70.

Ord. qui oblige les élèves des écoles préparatoires de médecine et de pharmacie aspirant soit au doctorat en médecine ou en chirurgie, soit au titre d'officier de santé, à faire, pendant une année, le service d'un hôpital, p. 70.

Rapport au roi sur l'administration de la justice civile et commerciale pendant l'année 1840, p. 415.

Ord. qui autorisent l'acceptation d'une donation faite à l'Institut des frères de Saint-Yon, et aux frères de l'instruction, Bull. supp. n. 16593 et 16594.

12 avril. — Ord. qui ouvre les bureaux de douanes d'Agon (Manche), de Marchipont et de Gognies-Chaussées (Nord), à l'importation et à l'exportation des céréales, p. 68.

Ord. relative au recrutement des régiments de chasseurs d'Afrique, p. 68.

Ord. qui établit une chambre consultative des arts et manufactures à Montbéliard, p. 70.

Ord. qui proroge la société anonyme des verreries et cristalleries de Vonèche-Baccarat, p. 85.

Ord. qui approuve deux délibérations des actionnaires de la papeterie d'Essonne, p. 85.

Ord. qui autorise la caisse d'épargne de Pamiers, p. 85.

Ord. relative à des brevets d'invention, Bull. n. 9942 et 9973.

Ord. qui autorisent l'établissement de diverses usines, Bull. supp. n. 16469.

Ord. qui accordent des lettres de naturalisation aux sieurs Finamore, Asinelli et Montrieux, Bull. supp. n. 16509 et 16510.

13 avril. — Ord. qui accordent des lettres de naturalisation aux sieurs Haffner, Lequin, Michelini, Piper, Ravier, Bil el Laemmlé, Bull. supp. n. 16512 à 16514.

Ord. qui admet le sieur Cordes à jouir des droits de citoyen français, Bull. supp. n. 16511.

14 avril. — Ord. qui créent un commissariat de police à Port-Louis et à Ernée, Bull. n. 9950 et 9951.

15 avril. — Ord. qui accordent des pensions de réforme à 2 officiers et à 116 militaires, Bull. supp. n. 16426 à 16430.

17 avril. — Ord. qui crée un commissariat de police spécial à Toulon, Bull. n. 9952.

Ord. relative aux bourses entretenues par la ville de Nevers dans son collége communal, Bull. n. 9953.

18 avril. — Ord. qui oblige tout concessionnaire

de mines à élire un domicile qu'il fera connaître au préfet du département, p. 95.

Ord. qui reconnaît comme établissement d'utilité publique la société d'encouragement au travail en faveur des Israélites indigents du Bas-Rhin, p. 236.

Ord. qui autorisent la construction de 3 ponts, Bull. n. 9945, 9960 et 9963.

Ord. relative au tarif d'un passage d'eau, Bull. n. 9961.

Ord. portant réunions, érection et dénomination de communes, Bull. n. 9962.

Ord. qui approuve des concessions de logements dans des bâtiments du domaine de l'État, Bull. n. 9974.

Ord. qui prescrivent la rectification d'une route départementale et d'une route royale, Bull. n. 10004 et 10005.

Ord. qui érige une église en succursale, Bull. supp. n. 16759.

Ord. qui autorisent des délivrances de bois, des délimitations, des ouvertures et des suppressions de chemins, des aménagements, des constructions à proximité des forêts, exploitations, soumettent divers bois au régime forestier et rejettent diverses demandes, Bull. supp. n. 15533, 15534, 15557 à 15569, 15599 et 15600.

Ord. qui crée l'acceptation de dons ou legs faits à un département et aux fabriques, hospices, bureaux de bienfaisance, maisons de charité, séminaires, à la maison de retraite pour les prêtres âgés et infirmes, et aux pauvres de diverses communes, Bull. supp. n. 16620, 16694 et 16760.

20 avril. — Ord. qui prescrit la construction d'un pont et la rectification d'une route royale, Bull. n. 10019.

Ord. qui autorisent l'établissement ou le maintien en activité de divers moulins ou usines, Bull. supp. n. 16535.

21 avril. — Ord. portant que des cours d'instruction primaire supérieure seront annexés aux collèges communaux de diverses villes, p. 95.

Ord. qui règle la police de la pêche de la morue à l'île de Terre-Neuve, p. 96.

Ord. qui autorise un Français à accepter un emploi à l'étranger, Bull. supp. n. 16503.

Ord. qui accorde des lettres de naturalisation au sieur Spittler, Bull. supp. n. 16515.

Ord. qui accordent des pensions de retraite à 10 personnes et à 9 veuves du département de la marine, Bull. supp. n. 16595 et 16596.

24 avril. — Lois qui autorisent deux départements à s'imposer extraordinairement, p. 70.

Ord. qui autorisent des congrégations religieuses établies à Quimper, à Greonx et Lesigneux, Bull. n. 9964 à 9966.

25 avril. — Ord. qui nomme M. Lacave-Laplagne ministre des finances, p. 69.

Ord. qui autorisent l'acceptation de dons ou legs faits à un bureau de bienfaisance et à diverses communes, Bull. supp. n. 16695.

26 avril. — Rapport au roi sur l'administration de la justice militaire pendant l'année 1839, p. 467.

Ord. qui accorde des pensions à 47 postillons, Bull. supp. n. 16476.

Ord. qui autorisent l'inscription au trésor de 257 pensions militaires et de 2 pensions de donataires, Bull. supp. n. 16474 et 16475.

27 avril. — Ord. qui accordent des lettres de naturalité aux sieurs Arent, Mahy et Cerize, Bull. supp. n. 16517 et 16518.

28 avril. — Ord. qui place le corps des spahis sous

le commandement d'un colonel et de deux lieutenants-colonels, p. 94.

Ord. qui autorisent la formation à Fons et à Cau-
terets d'un établissement de congrégations religieuses, Bull. n. 9967 et 9968.

Ord. qui convoque un collége électoral , Bull.
n. 9975.

Ord. qui autorisent l'acceptation d'un legs fait
à des fabriques, hospices, communes, à un bureau
de bienfaisance , et qui rapporte une ordonnance
d'autorisation, Bull. supp. n. 16696 et 16761.

29 avril. — Loi qui autorise le département de la
Côte d'Or à contracter un emprunt et à s'imposer
extraordinairement, p. 73.

Ord. qui autorisent la formation à La Grasse et à
Avesnières d'un établissement de congrégations religieuses. Bull. n. 9971 et 9972.

Ord. qui nomme M. Laplagne-Barris administrateur chargé des actions relatives aux biens personnels du duc d'Aumale, Bull. n. 9993.

30 avril. — Tableau du prix des grains pour servir de régulateur aux droits d'importation et d'exportation, Bull. n. 9954.

Ord. qui autorisent l'acceptation des dons ou legs
faits aux fabriques, cathédrales , desservants et séminaires de diverses communes, Bull. supp. n.
16762.

Ord. qui accordent des lettres de naturalisation
aux sieurs Gallieni, Bartelot-Mollier, Bongiovanni
et Salomoné, Bull. supp. n. 16519 et 16520.

Ord. qui accordent des pensions à 66 veuves de
militaires et des secours à des orphelins, Bull. supp.
n. 16458 et 16459.

Ord. qui autorise l'inscription au trésor de 4 pensions de donataires, Bull. supp. n. 16477.

1er mai. — Ord. qui autorise l'acceptation d'un
legs fait à une fabrique, Bull. supp. n. 16855.

2 mai. — Ord. qui prescrivent la rectification de
routes royales et départementales, Bull. n. 10065
et 10066.

Ord. qui autorisent une prise d'eau et l'établissement ou le maintien en activité de divers moulins, Bull. supp. n. 16671.

Ord. qui concèdent diverses mines de lignites,
Bull. supp. n. 16682.

3 mai. — Loi portant réglement définitif du budget de 1839, p. 89.

4 mai. — Ord. qui approuve des tarifs d'octroi,
Bull. supp. n. 16601.

5 mai. — Ord. qui autorise l'acceptation d'une
donation faite à 2 communes, Bull. supp. n. 16697.

Ord. qui règlent l'exploitation de forêts domaniales et approuvent des procès-verbaux de délimitation, Bull. supp. n. 16602 à 16605.

6 mai. — Ord. qui augmente le nombre des juges
suppléants au tribunal de commerce du Havre,
p. 94.

Ord. qui autorise l'administration de la marine
à acquérir des terrains situés à Brest, Bull. n. 9982.

Ord. qui accordent des pensions de retraite à
10 personnes du département de la marine et à 10
veuves, Bull. supp. n. 16597 et 16598.

7 mai. — Ord. qui accorde des pensions de retraite à 40 militaires, Bull. supp. n. 16481.

Ord. qui autorise l'inscription au trésor de 186
pensions civiles et militaires, Bull. supp. n. 16482.

8 mai. — Ord. relative aux douanes, p. 94.

Ord. qui autorise la société anonyme le Dragon
compagnie d'assurances contre l'incendie, p. 119.

Ord. qui autorise la société anonyme le Dragon,
compagnie d'assurances maritimes, p. 142.

Ord. qui autorise la cession d'un terrain domanial à la ville d'Abbeville, p. 146.

Ord. qui autorise la formation à Noyal-sur-Vi-
laine d'un établissement de religieuses , Bull.
n. 9985.

Ord. qui autorisent l'établissement de diverses
usines, Bull. supp. n. 16485 et 16486.

Ord. qui autorisent l'établissement d'un abattoir à Lectoure et à Pignan, Bull. supp. n. 16480
et 16484.

Ord. qui établissent des foires dans diverses communes, Bull. supp. n. 16478 et 16479.

9 mai. — Ord. qui convoque un collége électoral,
Bull. n. 9980.

Ord. qui approuve ou modifie les tarifs d'octroi
de diverses communes, Bull. supp. n. 16619.

Ord. qui autorisent des exploitations, délivrances,
ouvertures de chemins, défrichement de bois ;
approuvent des procès-verbaux de limitation, soumettent divers bois au régime forestier, et rejettent
diverses demandes, Bull. supp. n. 16606, 16627 à
16642.

10 mai. — Ord. qui autorise la cession d'un immeuble domanial à la ville de Brest, p. 147.

Ord. qui autorise l'adjudication de la construction d'un pont sur la Durance, Bull. n. 10067.

Ord. qui soumettent un canton de bois au régime
forestier, autorisent un aménagement et l'ouverture d'un chemin, Bull. supp. 16643 à 16645.

11 mai. — Ord. qui autorisent l'établissement de
congrégations religieuses à Malet, la Côte-St-André,
Tuffé et Légé, Bull. n. 9986 à 9989.

Ord. relative à la construction d'un débarcadère,
Bull. n. 10068.

Ord. qui prescrivent la rectification de quatre
routes départementales, Bull. supp. n. 16069.

Ord. qui autorisent une prise d'eau et l'établissement ou le maintien en activité de divers moulins
ou usines, Bull. supp. n. 16683.

Ord. qui autorise la formation d'une commission spéciale pour juger les contestations relatives
au dessèchement du marais de la Sevre-Niortaise,
Bull. supp. n. 16684.

Ord. qui autorisent l'acceptation de dons ou legs
faits à des fabriques, séminaire et école secondaire
ecclésiastique, Bull. supp. n. 16856.

12 mai. — Ord. portant proclamation des brevets
d'invention délivrés pendant le premier trimestre
de 1842, Bull. n. 10054.

Ord. qui autorise le sieur Cheval à s'appeler à
l'avenir Chevals, Bull. n. 10244.

Ord. qui accordent des lettres de naturalisation
aux sieurs Jacques, Rivollet, Waltker, Bull. supp.
n. 16521 et 16522.

Ord. qui autorisent les sieurs Montandon et Mau-
laz à établir leur domicile en France , et la dame
Tisson à y rentrer, Bull. supp. n. 16527 et 16528.

Ord. qui autorisent l'acceptation de dons ou
legs faits à des communes et fabriques, Bull. supp.
n. 16698 et 16857.

13 mai. — Ord. qui autorisent l'acceptation de
dons ou legs faits à une commune, et aux hospices,
bureau de bienfaisance et pauvres de plusieurs autres, Bull. supp. n. 16699.

14 mai. — Ord. qui ouvre le bureau de Guildo
(Côtes-du-Nord) à l'importation et à l'exportation
des grains et farines, p. 95.

Ord. qui autorise la société anonyme du Pont de
Neublans, p. 147.

Ord. qui autorise la caisse d'épargne de Dax,
p. 150.

Ord. qui autorise la caisse d'épargne de Clermont-l'Hérault, p. 150.

Ord. qui autorise la société d'assurances mutuelles contre la grêle établie à Mâcon, p. 150.

Ord. qui autorisent l'acceptation de dons ou legs faits à la ville de Langres, à une commune, à l'institut de St-Yon, à l'Œuvre de la Miséricorde, à des établissements philantropiques, et aux églises, hospices, bureaux de bienfaisance, fabriques et pauvres de diverses communes, Bull. supp. n. 16738 et 16739.

Ord. qui établissent des foires, Bull. supp. n. 16570 et 16571.

Ord. qui autorisent l'établissement de plusieurs usines, Bull. supp. n. 16574.

15 mai. — Ord. concernant les aspirants au doctorat en médecine ou en chirurgie ou au titre de pharmacien, admis dans le service de santé de la marine, p. 116.

Ord. qui fixe le nombre des avoués près le tribunal de Confolens, Bull. n. 10020.

Ord. qui fixe le nombre des huissiers près le tribunal de Saint-Sever, Bull. n. 10021.

Ord. qui affecte au département des travaux publics plusieurs parcelles de terrain, Bull. n. 10070.

Ord. qui autorise des délivrances de bois, exploitations d'arbres, défrichements de taillis et futaies, ouvertures de fossés, chemins, aménagements; approuvent des procès-verbaux de délimitation, soumettent des bois au régime forestier et rejettent plusieurs demandes, Bull. supp. n. 16646 à 16648 et 16669.

Ord. qui autorisent l'établissement ou le maintien en activité de barrages, prise d'eau, moulins ou usines, Bull. supp. n. 16685.

16 mai. — Ord. qui approuve les nouveaux statuts de la société d'assurances mutuelles contre la grêle, établie à Versailles, p. 156.

Ord. qui fixe la cotisation à percevoir pendant l'exercice 1842 sur les coupons, parts ou écluses de bois de charpente, sciage et charronnage, flotté, servant à l'approvisionnement de Paris, p. 238.

Ord. qui prescrit la rectification de quatre routes royales et d'une route départementale, Bull. n. 10071 à 10073.

Ord. qui autorisent l'établissement ou le maintien en activité de divers moulins et usines, Bull. supp. n. 16686.

Ord. qui autorise la formation d'un syndicat pour la régie du canal de Vaucluse, Bull. supp. n. 16687.

17 mai. — Ord. relative à la condition publique des soies de Saint-Étienne, p. 142.

Ord. qui autorise la société d'assurances immobilières contre l'incendie, la Sauvegarde, établie à Bordeaux, p. 160.

Ord. qui approuve les nouveaux statuts de la caisse d'épargne de la Rochelle, p. 166.

Ord. qui approuve les nouveaux statuts de la caisse d'épargne de Sarreguemines, p. 166.

Ord. qui autorise la société d'assurances mobilières contre l'incendie, la Sauvegarde, établie à Bordeaux, p. 183.

Ord. qui autorise la société anonyme des mines de Decize, p. 183.

Ord. qui accordent des lettres de naturalisation aux sieurs Dinimeo, Hergarten, Knopp, Klinger et Lamprecht, Bull. supp. n. 16523 et 16524.

Ord. qui changent ou établissent diverses foires, Bull. supp. n. 16572 et 16573.

Ord. qui autorisent les dons ou legs faits à la ville de Toulouse et à diverses communes, Bull. supp. n. 16740.

19 mai. — Ord. qui accordent des pensions de retraite à 72 militaires, Bull. supp. n. 16501 et 16502.

20 mai. — Ord. qui prescrit la rectification d'une route royale, Bull. n. 10077.

Ord. qui autorise une prise d'eau, des recherches de minerai ou bitume dans une forêt et l'établissement ou le maintien de divers moulins ou usines, Bull. supp. n. 16688.

Ord. qui concède des mines de houille, Bull. supp. n. 16689.

22 mai. — Loi qui ouvre un crédit pour la réparation des dommages causés aux digues et levées qui bordent la vallée du Rhône, etc., par le débordement des eaux, p. 101.

Ord. qui transfère l'école royale des ponts et chaussées à l'hôtel n. 24 de la rue des Saints-Pères Bull. n. 10078.

Ord. qui érigent des églises en annexes ou succursales, Bull. supp. n. 16858 et 16859.

24 mai. — Loi relative à la saisie des rentes constituées sur particuliers, p. 102.

Ord. qui ouvre au ministre des travaux publics des crédits supplémentaires sur les exercices 1841 et 1842, p. 109.

Ord. relative aux portions de routes royales délaissées par suite de changement de tracé ou d'ouverture d'une nouvelle route, p. 110.

25 mai. — Loi sur les crédits supplémentaires et extraordinaires des exercices 1841 et 1842 et des exercices clos, p. 117.

Loi qui approuve un échange de bois conclu entre l'État et les sieurs Vivaux frères, p. 119.

26 mai. — Ord. qui autorisent MM. Bandon de Mony à ajouter à son nom celui de Colchen, Pricot celui de Sainte-Marie, Pierrot celui de Desceilligny, Bull. n. 10047, 10057 et 10109.

27 mai. — Rapport au roi sur l'administration de la justice criminelle en France pendant l'année 1840, p. 477.

Ord. qui accorde des pensions à 54 veuves de militaires, Bull. supp. n 16552.

28 mai. — Ord. qui autorisent l'inscription au trésor d'une pension au nom de la veuve d'un vétéran du camp de Juliers et de deux donataires, Bull. supp. n. 16614 et 16615.

29 mai. — Ord. qui autorisent des délivrances de bois, rejettent des demandes, et approuvent des délimitations, Bull. supp. n. 16670 à 16673.

Ord. qui autorisent un legs et une donation faits à deux communes, Bull. supp. n. 16741.

30 mai. — Ord. qui accorde des lettres de naturalisation aux sieurs Feldhaus et Fortina, Bull. supp. n. 16551.

31 mai. — Tableau du prix des grains pour servir de régulateur aux droits d'importation et d'exportation, Bull. n. 10001.

2 juin. — Ord. relative aux tarifs d'octroi de plusieurs communes, Bull. supp. n. 16674.

Ord. qui accordent des pensions de réforme à 4 officiers et 35 militaires, Bull. supp. n. 16607 à 16610.

3 juin. — Ord. qui accordent des pensions de retraite à 12 personnes du département de la marine et à des veuves et orphelins de 9 autres personnes, Bull. supp. n. 16621 et 16622.

4 juin. — Lois qui autorisent six départements à s'imposer extraordinairement ou à contracter des emprunts, p. 123.

Lois qui autorisent plusieurs départements à s'imposer extraordinairement, p. 124.

Lois qui autorisent les départements de l'Aisne

des Hautes-Alpes et du Finistère à s'imposer extra-
,ordinairement, p. 126.

Lois qui autorisent les villes de Beauvais, Bourges,
Lyon et Vannes à s'imposer extraordinairement ou
à contracter des emprunts, p. 127.

Lois relatives à des changements de circonscriptions territoriales, p. 127.

Lois relatives à des changements de circonscriptions territoriales, p. 128.

Lois relatives à des changements de circonscriptions territoriales, p. 128.

Ord. qui autorise l'inscription au trésor de deux
pensions de donataires, Bull. supp. n. 16610.

Ord. qui autorise l'acceptation de dons et legs
faits à des communes, Bull. supp. n. 16742.

5 juin. — Loi relative à la banque de Rouen,
p. 129.

Ord. relative au tarif d'un passage d'eau, Bull.
n. 10022.

Ord. qui prescrit l'établissement de chemins nécessaires au raccordement du port de Roquemaure
avec diverses communes, Bull. n. 10147.

Ord. qui classe un chemin parmi les routes départementales, Bull. n. 10148.

Ord. relatives à la construction d'usines, Bull.
supp. n. 16773 à 16776.

Ord. qui autorisent l'acceptation de dons ou legs
faits à des desservants, séminaires, fabriques, pauvres, commune et établissement de charité, Bull.
supp. n. 16860.

Ord. qui approuvent ou modifient plusieurs tarifs et règlements d'octroi, Bull. supp. n. 16675,
16676, 16679.

Ord. qui érige une église en chapelle de secours,
Bull. supp. n. 16877.

Ord. portant distraction de divers hameaux de
deux succursales et réunion à une autre, Bull.
supp. n. 16876.

Ord. qui autorisent des délivrances de bois et
rejettent plusieurs demandes, Bull. supp. n. 16677,
16678, 16680, 16681, 16706 et 16707.

6 juin. — Ord. qui autorise la formation à Mortagne d'un établissement de religieuses, Bull.
n. 10032.

Ord. qui autorisent l'acceptation de legs faits à
diverses communes, à la ville de Lyon et à l'institut de Saint-Yon, Bull. supp. n. 16612, 16743 et
16744.

8 juin. — Ord. qui autorisent l'établissement de
sœurs de charité à Courgenard et à Arquenay, Bull.
n. 10039 et 10040.

Ord. qui autorisent des prises d'eau et l'établissement ou le maintien en activité de divers moulins ou usines, Bull. supp. n. 16777.

Ord. qui accorde des pensions à deux anciens
conseillers référendaires à la Cour des comptes,
Bull. supp. n. 16611.

Ord. qui autorisent l'acceptation des legs faits
aux monts-de-piété et hospice de diverses villes,
à des paroisses, bureaux de bienfaisance, pauvres
et séminaires, Bull. supp. n. 16745 à 16747.

Ord. relative à l'alimentation d'un haut fourneau. Bull. supp. n. 16778.

Ord. relatives au régime forestier, défrichement,
exploitation, délivrances, ventes, ouvertures de
chemins ou tranchées, constructions à proximité
des forêts, délimitation de divers bois et forêts, et
rejettent plusieurs demandes, Bull. supp. n. 16708
à 16712, 16721 à 16728.

9 juin. — Ord. qui prescrivent la rectification de
diverses routes royales et départementales et la
construction d'un pont, Bull. n. 10149 à 10153.

Ord. qui classe un chemin parmi les routes départementales, Bull. n. 10154.

Ord. relatives au régime forestier, défrichement,
exploitation, délivrance de divers bois et forêts, et
rejettent diverses demandes, Bull. supp. n. 16729
à 16734.

Ord. qui accorde des lettres de naturalité aux
sieurs Maglione, Teissière, Fasce et Bonjean, Bull.
supp. n. 16660 à 16663.

Ord. qui accordent des pensions aux veuves de
11 personnes du département de la marine et à 10
personnes du même département, Bull. supp.
n. 16623 et 16624.

Ord. qui autorisent le maintien en activité de
deux moulins, Bull. supp. n. 16779.

10 juin. — Ord. qui crée un commissariat de
police à Lude (Sarthe), Bull. n. 10058.

Ord. qui modifie le tarif d'octroi d'une commune, Bull. supp. n. 16735.

11 juin. — Proclamations qui prononcent la
clôture de la session de 1842 des Chambres,
p. 140.

Loi relative à l'établissement de grandes lignes
de chemins de fer, p. 166.

Loi qui proroge celles des 21 avril 1832, 1er mai
1834 et 24 juillet 1839, relatives aux étrangers réfugiés, p. 181.

Loi qui accorde un crédit extraordinaire pour
dépenses relatives aux essais d'une télégraphie de
nuit, p. 181.

Loi qui reporte à l'exercice 1842 la portion non
employée au 31 décembre 1841 du crédit affecté à
l'exécution de peintures et de sculptures au palais
de la Chambre des Pairs, p. 181.

Loi qui affecte une somme de 896,800 fr. aux
constructions nouvelles à faire aux bâtiments du
palais de justice de Rouen, p. 181.

Loi qui ouvre un crédit pour la célébration du
douzième anniversaire des journées de Juillet,
p. 181.

Loi qui établit une imposition extraordinaire
sur le département de la Meuse, p. 182.

Loi qui autorise la ville de Bordeaux à s'imposer
extraordinairement, p. 182.

Lois qui autorisent 9 villes à contracter des emprunts, p. 182.

Loi qui fixe le budget des dépenses de l'exercice
1843, p. 184.

Loi qui fixe le budget des recettes de l'exercice
1843, p. 202.

Loi relative à la perception de l'impôt sur le
sucre indigène, p. 222.

Ord. pour l'exécution de l'art. 6 de loi du 11
juin 1842 relatif aux lettres de voitures et aux connaissements, p. 222.

Loi qui ouvre un crédit pour subvention à la
caisse des retraites du service des haras et des écoles
vétérinaires, p. 222.

Loi qui ouvre un crédit spécial et extraordinaire
pour la réimpression des œuvres scientifiques de
Laplace, p. 223.

Lois qui autorisent plusieurs départements à s'imposer extraordinairement ou à contracter des emprunts, p. 224.

Lois relatives à des changements de circonscriptions territoriales, p. 227.

Ord. qui fixe le tarif des droits à percevoir par
les courtiers-interprètes et conducteurs de navires
du port de Marseille, p. 229.

Ord. qui accorde au département de la marine
et des colonies, sur l'exercice 1842 des crédits supplémentaires et un crédit extraordinaire, p. 232.

Loi qui ouvre un crédit extraordinaire pour l'exécution de la convention conclue le 5 avril 1840 entre la France et le grand-duché de Bade, p. 234.

Loi sur le prolongement jusqu'au Havre du chemin de fer de Paris à Rouen, p. 240.

Ord. qui autorise la société d'assurances mutuelles mobilières contre l'incendie établie au Mans, p. 250.

Ord. relative à la société d'assurances mutuelles contre la grêle dite de l'*Etoile*, p. 250.

Ord. qui cède plusieurs îlots au département de l'agriculture et du commerce, Bull. n. 10086.

Ord. qui autorisent l'inscription au trésor d'une pension au nom de la veuve d'un vétéran du camp de Juliers et 4 de donataires, Bull. supp. n. 16649 à 16651.

Ord. qui autorise l'établissement d'une fabrique d'allumettes chimiques à Strasbourg, Bull. supp. n. 16690.

Ord. relative aux octrois de diverses communes, Bull. supp. n. 16736.

12 juin. — Ord. qui dissout la Chambre des Députés et convoque les collèges électoraux et les Chambres, p. 141.

Ord. qui désigne les villes dans lesquelles se réuniront les collèges électoraux convoqués pour le 9 et le 12 juillet, p. 141.

Ord. qui proroge le tarif fixé par l'ordonnance du 5 mars 1841, pour la perception des droits de navigation établis sur le canal de la Somme, p. 224.

Ord. relative à la surveillance à exercer sur les opérations des sociétés d'agences tontinières, p. 238.

Ord. qui autorisent des délivrances de bois, rejettent plusieurs demandes et modifient le mode d'exploitation d'une forêt, Bull. supp. n. 16737, 16753 à 16756.

Ord. qui autorise la ville de Tarbes à établir un abattoir, Bull. supp. n. 16692.

Ord. qui autorise l'établissement d'une usine, Bull. supp. n. 10691.

Ord. qui autorisent l'acceptation de dons ou legs aux hospices, bureaux de bienfaisance et pauvres de diverses communes, Bull. supp. n. 16748.

13 juin. — Ord. relative à l'état-major particulier de l'artillerie, p. 236.

Ord. qui autorise la construction d'un pont, Bull. n. 10074.

Ord. qui autorisent l'acceptation de dons ou legs faits aux bureaux de bienfaisance, hospices, fabriques, églises et pauvres de diverses communes, Bull. supp. n. 16749, 16763 et 16764.

Ord. qui accorde des lettres de naturalisation au sieur Bordone, Bull. supp. n. 16604.

14 juin. — Ord. qui autorise la communauté des sœurs de charité, établie à Ecommoy (Sarthe), Bull. n. 10042.

Ord. qui prescrivent la rectification de trois routes royales et la construction d'un pont, Bull. n. 10155 à 10157.

Ord. qui autorisent l'acceptation de dons ou legs faits à des fabriques, congrégations religieuses, séminaires, desservants, bureau de bienfaisance, cathédrale, commune, pauvres, églises, hospices et écoles secondaires ecclésiastiques, Bull. supp. n. 16878, 16882 et 16884.

Ord. qui érigent diverses églises en chapelles, chapelles vicariales et annexe, Bull. supp. n. 16883, 16885.

42.

15 juin. — Ord. qui annule des brevets d'invention, Bull. n. 10079.

Ord. qui prescrivent la rectification de trois routes royales, Bull. n. 10158.

Ord. qui autorisent la construction ou le maintien en activité de divers moulins et usines, Bull. supp. n. 16693, 16780 et 16781.

16 juin. — Ord. qui accordent des pensions de retraite à 10 personnes du département de la marine et aux veuves de 9 personnes du même département, Bull. supp. n. 16625 et 16626.

17 juin. — Ord. qui autorise l'acceptation d'un legs fait à l'institut de Saint-Yon, Bull. supp. n. 16750.

18 juin. — Ord. concernant le tarif des douanes à la Martinique et à la Guadeloupe, p. 232.

Ord. qui réunit deux communes, Bull. n. 10059.

Ord. qui autorise l'inscription au trésor de 281 pensions civiles et militaires, Bull. supp. n. 16652.

Ord. qui accorde des pensions de retraite à 6 militaires, Bull. supp. n. 16617.

19 juin. — Ord. concernant les escadrons de spahis stationnés dans la province d'Oran, p. 237.

Ord. qui autorise la cession à la ville de Thouars des terrains d'un ancien couvent, p. 247.

Ord. qui fixe le tarif d'un passage d'eau, Bull. n. 10087.

Ord. qui autorisent l'acceptation de dons ou legs faits à des fabriques, pauvres et communes, Bull. supp. n. 16765 et 16886.

Ord. qui autorise des délivrances de bois et rejette plusieurs demandes, Bull. supp. n. 16757.

20 juin. — Ord. qui fixe la cotisation à percevoir en 1842 sur les bois flottés servant à l'approvisionnement de Paris, p. 267.

Ord. portant création et réunions de diverses communes, Bull. n. 10110 et 10127.

Ord. qui prescrivent la rectification de dix routes royales ou départementales et classent une rue de Cosne parmi les routes départementales de la Nièvre, Bull. n. 10159.

Ord. qui autorisent la construction ou le maintien en activité de divers moulins et usines, Bull. supp. n. 16782.

Ord. relative à la concession de mines, Bull. supp. n. 16783.

Ord. qui accepte la renonciation à concession de mines de fer, Bull. supp. n. 16784.

Ord. qui autorisent l'acceptation de dons ou legs faits à diverses communes, villes, curés et aux pauvres, bureaux de bienfaisance, fabriques et hospices de plusieurs autres, Bull. supp. n. 16766 et 16785.

21 juin. — Ord. qui autorise la publication des bulles d'institution canonique de MM. Angebault, Guitton et Croizier pour les évêchés d'Angers, de Poitiers et de Rodez, p. 237.

Ord. qui accordent des pensions de retraite à 72 militaires, Bull. supp. n. 16654 à 16656.

22 juin. — Ord. qui ouvre un crédit pour la translation provisoire de la bibliothèque Sainte-Geneviève dans les bâtiments de l'ancienne prison de Montaigu, p. 239.

Ord. qui reporte à 1842 une partie des crédits de 1841 affectés au rétablissement des communications interrompues par le débordement des eaux, p. 268.

Ord. qui prescrit la division du territoire, en ce qui concerne le service des chemins de fer, en cinq inspections, p. 268.

Ord. qui soumet à l'avis d'une commission supérieure le choix des tracés pour l'établissement des grandes lignes de chemins de fer, p. 269.

33

Ord. qui prescrit la formation d'une commission administrative pour la révision et le contrôle des documents statistiques sur les chemins de fer, p. 269.

Ord. qui prescrivent la rectification de six routes stratégique, royale ou départementales, Bull. n. 10160.

Ord. qui fixe le nombre des avoués près le tribunal de Pontivy, Bull. n. 10088.

Lettres-patentes relatives à l'échange d'immeubles affectés au majorat de M. de Juigné, Bull. supp. n. 17013.

Ord. relative au règlement d'une usine, Bull. supp. n. 16843.

Ord. qui autorise le prolongement du chemin à rails en bois de Saint-Paul-les-Dax à Magesq, Bull. supp. n. 16842.

Ord. qui autorisent divers particuliers à maintenir en activité divers moulins et usines, Bull. supp. n. 16841.

Ord. qui accordent des lettres de naturalisation aux sieurs Burkard, Doucet, Ensel, Reuter et Blandeis, Bull. supp. n. 16665 et 16666.

Ord. qui réintègre le sieur Blanchard dans la qualité et les droits de Français, Bull. supp. n. 16657.

Ord. qui autorisent l'acceptation de legs faits à une ville, à des églises, séminaires, communes, fabriques, pauvres, hospices, à la ville de Paris et à des bureaux de bienfaisance de diverses autres, Bull. supp. n. 16786, 16787.

23 juin. — Ord. portant remise des amendes résultant de contraventions en matière de police de roulages antérieures au 24 juin, p. 305.

Ord. qui affecte au service du département des travaux publics un terrain domanial, Bull. n. 10161.

Ord. qui prescrit la rectification d'une route départementale, Bull. n. 10162.

Ord. qui autorisent divers particuliers à maintenir leurs moulins en activité, Bull. supp. n. 16844.

Ord. qui érige en succursales ou chapelles de secours les églises de diverses communes, Bull. supp. n. 16894 et 16895.

Ord. qui autorisent l'acceptation de dons ou legs faits à des fabriques, chapelle, pauvres et desservants, Bull. supp. n. 16893.

Ord. qui autorise les sieurs William John, James et Charles Jackson à établir leur domicile en France, Bull. supp. n. 16668.

24 juin. — Ord. qui accorde des lettres de naturalisation au sieur Ranqué, Bull. supp. n. 16667.

25 juin. — Ord. qui concède un logement dans un bâtiment dépendant du domaine de l'État, p. 248.

Ord. qui autorise la cession d'un terrain domanial à la ville de Roanne, p. 251.

Ord. qui autorise l'acceptation d'un legs fait au corps royal du génie, Bull. n. 10089.

Ord. qui autorise diverses communes à faire pacager leurs bêtes à laine dans les forêts, Bull. supp. n. 16758.

26 juin. — Ord. relative à diverses modifications aux droits de douane, p. 234.

Ord. qui dissout les commissions de liquidation et de révision créées pour la répartition de l'indemnité mexicaine, p. 240.

27 juin. — Ord. qui autorise une congrégation de religieuses établie à Rouen, Bull. n. 10064.

Ord. portant érection ou réunions de communes, Bull. n. 10090.

Ord. qui autorisent l'acceptation dons ou legs

faits aux hospices, bureaux de bienfaisance et pauvres de diverses communes, Bull. supp. n. 16789.

Ord. qui accorde une pension à un ancien maître des requêtes en service ordinaire, Bull. supp. n. 16618.

28 juin. — Ord. qui accorde des lettres de naturalisation au sieur Eisenbart, Bull. supp. n. 16717.

29 juin. — Ord. relative à la comptabilité du receveur central du département de la Seine, p. 247.

Ord. qui reporte à 1842 une partie des crédits de 1841, affectés à la réparation des dommages causés par les inondations, p. 269.

Ord. qui fixe le tarif de deux passages d'eau, Bull. n. 10091 et 10092.

Ord. qui crée un commissariat de police pour la surveillance du chemin de fer de Lyon à Saint-Étienne et de celui de Saint-Étienne à Andrézieux, Bull. n. 10097 et 10098.

Ord. qui crée un commissariat de police pour la surveillance du chemin de fer d'Andrézieux à Roanne et de Montbrison à Montronel, Bull. n. 10099.

Ord. qui accordent des pensions à 59 veuves de militaires et à 3 orphelins, Bull. supp. n. 10702 et 10703.

30 juin. — Ord. qui reporte à l'exercice 1842 la portion non employée en 1841 du crédit affecté à la construction du tombeau de l'empereur, p. 249.

Tableau du prix des grains pour servir de régulateur aux droits d'importation et d'exportation, Bull. n. 10053.

Ord. qui autorise M. Lemercier à ajouter à son nom celui de Moussaux, Bull. n. 10204.

Ord. qui affecte à l'établissement du séminaire diocésain l'ancien couvent des Ursulines de Nevers, Bull. supp. n. 16219.

Ord. qui autorisent l'acceptation de donations faites à trois communes, Bull. supp. n. 16790.

1er juillet. — Ord. qui créent un commissariat de police à Bidache et à Cadenet, Bull. n. 10100 et 10101.

Ord. qui autorise le sieur Rougeot à substituer à son nom celui de Ver-Huell, Bull. n. 10102.

2 juillet. — Ord. qui supprime une fondation de bourses, Bull. n. 10093.

Ord. relative aux bourses à la charge de la ville de Toulon dans son collège communal, Bull. n. 10094.

Ord. qui autorise la construction d'un pont sur la Dordogne, Bull. n. 10103.

Ord. qui autorise l'administration des fondations anglaises en France à aliéner un terrain, Bull. supp. n. 16791.

Ord. qui autorise l'inscription au trésor d'une pension au nom de la veuve d'un ancien vétéran du camp de Juliers, Bull. supp. n. 16751.

3 juillet. — Ord. qui convoque les conseils d'arrondissement, p. 248.

Ord. qui réimpute, sur l'exercice 1841, une portion des crédits du budget du ministère des travaux publics, exercice 1840, p. 298.

Ord. qui réimpute, sur l'exercice 1842, une portion des crédits du budget des travaux publics, exercice 1840, p. 299.

Ord. qui prescrit la rectification d'une route départementale, Bull. n. 10205.

Ord. qui autorisent divers particuliers à maintenir en activité leurs moulins ou usines, Bull. supp. n. 16845.

4 juillet. — Ord. qui prescrit la rectification d'une route départementale, Bull. n. 10206.

Ord. qui autorisent l'acceptation de dons ou

il legs faits à des bureaux de bienfaisance, hospices,
pauvres, fabriques, desservants, communes, orphelins, églises, établissements de charité, aux frères
de la doctrine chrétienne, et à l'école Lamartinière
de Lyon, Bull. supp. n. 16793, 16825 à 16827,
16861 à 16863 et 16955.

Ord. qui érige une église en succursale, Bull.
supp. n. 16954.

Ord. qui accorde une pension à 2 anciens stationnaires des lignes télégraphiques, Bull. supp.
n. 16713 et 16714.

5 juillet.—Ord. qui maintient les lieutenants-généraux Doguereau et Pelet dans la 1re section du
cadre de l'état-major-général, p. 248.

Ord. qui reporte, à l'exercice 1842 une somme
de 20 millions non employée sur les crédits ouverts
en 1841 pour les travaux de fortifications de Paris,
p. 248.

Ord. portant répartition supplémentaire du
fonds commun affecté aux travaux de construction des édifices départementaux d'intérêt général
pendant 1842, p. 249.

Ord. qui modifie l'organisation du tribunal consulaire de Constantinople, p. 250.

Ord. qui fixe le nombre des avoués près le tribunal d'Orthez, Bull. n. 10095.

Ord. qui crée un commissariat de police à Pi-
gnau (Hérault), Bull. n. 10104.

Ord. qui proroge la perception du péage sur le
pont de Nevers, Bull. n. 10207.

Ord. qui prescrit l'adjudication des travaux d'é-
tablissement d'un pont sur la Garonne à Auvillars,
Bull. n. 10208.

Ord. qui autorisent divers particuliers à modifier,
construire ou conserver leurs moulins ou usines,
Bull. supp. n. 16846.

Ord. qui autorisent l'acceptation d'une donation
faite à l'institut de St-Yon, et à une fabrique, Bull.
supp. n. 16793 et 16956.

9 juillet.—Ord. qui prescrivent la rectification
de routes royales et départementales, Bull. n.
10220 à 10222.

Ord. qui autorisent l'inscription au trésor de 3
pensions de donataires, Bull. supp. n. 16767 et
16768.

10 juillet.—Ord. qui ouvre, sur l'exercice 1841,
un crédit supplémentaire pour missions extraordinaires et dépenses imprévues, p. 267.

11 juillet.—Ord. qui prescrit la publication d'une
convention de poste conclue avec les Deux-Siciles,
p. 255.

Ord. qui autorisent l'établissement de congrégations religieuses à St-Omer, Bourges, Digne, Chi-
rassimont et Chés-Pagnon, Bull. n. 10111 à 10115.

Ord. qui autorisent l'acceptation de dons ou
legs faits à des chapelles, fabriques, séminaires,
hospices et desservants, Bull. supp. n. 16958.

Ord. qui érige une chapelle en chapelle de secours, Bull. supp. n. 16957.

12 juillet.—Ord. qui prescrit la rectification d'une
route royale, Bull. n. 10223.

Ord. qui autorisent divers particuliers à conserver ou modifier leurs moulins ou usines, Bull.
supp. n. 16847.

Ord. qui accordent des lettres de naturalisation
aux sieurs Bechem, Chevaillier-Laporte et Hittorf,
Bull. supp. n. 16719 et 16720.

Ord. qui autorise le sieur Lafont à prendre du
service militaire dans le royaume de Panjàb, Bull.
supp. n. 16718.

14 juillet. — Ord. qui convoque les chambres,
p. 249.

Règlement pour le service des bâtiments à vapeur affectés aux communications entre Toulon
et les possessions françaises du Nord de l'Afrique,
p. 272.

Ord. qui accordent des pensions de réforme à
6 officiers et à 5 militaires, Bull. supp. n. 16715
et 16716.

15 juillet.—Ord. relatives aux droits établis sur
les fils et tissus de lin ou de chanvre importés
par les bureaux d'Armentières à la Malmaison,
p. 249.

Ord. qui ouvre au ministre des affaires étrangères, sur 1842, un crédit pour missions extraordinaires et dépenses imprévues, p. 250.

Ord. qui ouvre au ministre des finances un crédit supplémentaire sur l'exercice 1841, p. 251.

Ord. qui ouvre, sur l'exercice 1841, un crédit
pour le renouvellement de chaudières des paquebots du Levant, p. 252.

Ord. qui ouvre au ministre des finances un
crédit supplémentaire sur l'exercice 1842, p. 252.

Ord. qui ouvre au ministère des finances un crédit extraordinaire sur l'exercice 1842, p. 252.

Ord. qui ouvre au ministre des finances un crédit extraordinaire sur l'exercice 1842, p. 253.

Ord. qui ouvre au ministre des finances un crédit supplémentaire pour des créances constatées
sur des exercices clos, p. 253.

Ord. qui ouvre au ministre des finances un crédit supplémentaire pour des créances constatée
sur des exercices clos, p. 254.

Ord. concernant les aides de l'essayeur du bureau de garantie, p. 254.

Ord. qui autorisent M. Jean-Baptisse à ajouter
à son nom celui de Cazenave, et le sieur Blanc celui de Coste, Bull. n. 10224 et 10225.

16 juillet. — Ord. qui autorise l'inscription au
trésor de 126 pensions civiles et militaires, Bull.
supp. n. 16752.

18 juillet.—Ord. qui ouvre un crédit pour les obsèques du duc d'Orléans, p. 255.

Ord. qui ouvre au ministre de la justice un
crédit supplémentaire pour des créances constatées
sur des exercices clos, p. 270.

Ord. qui accorde au ministre de la justice un
crédit supplémentaire pour des créances constatées sur des exercices clos, p. 271.

19 juillet.—Ord. qui attribue aux bataillons de
chasseurs à pied la dénomination de chasseurs
d'Orléans, p. 259.

Ord. qui ouvre, sur l'exercice 1842, un crédit
extraordinaire pour les dépenses de l'Algérie,
p. 300.

Ord. qui convoque le premier collège électoral
de Vaucluse, Bull. n. 10125.

Ord. qui accorde des pensions de retraite à
27 militaires et à 20 veuves, Bull. supp. n. 16769
et 16770.

Ord. qui autorise l'acceptation de legs faits à des
fabriques, séminaires, orphelins, etc. Bull. supp.
n. 16864.—Ord. qui ouvre, sur l'exercice 1842,
un crédit pour le douaire de la duchesse d'Orléans,
p. 255.

Ord. qui ouvre un crédit sur l'exercice 1842,
p. 259.

Ord. qui ouvre, sur l'exercice 1842, un crédit
pour les dépenses d'entretien des forêts, p. 263.

Ord. qui ouvre un crédit extraordinaire sur
l'exercice 1842, p. 263.

Ord. qui autorisent l'acceptation de legs faits à
des fabriques et pauvres, Bull. supp. n. 16959.

21 juillet. — Ord. qui répartit le fonds commun affecté aux dépenses ordinaires des départements, en 1843, p. 263.

22 juillet. — Ord. qui ouvre un crédit pour des créances constatées sur des exercices clos, p. 265.

Ord. qui autorisent l'acceptation de legs faits à des hospices, pauvres, etc., Bull. supp., n. 16865 et 16960.

24 juillet. — Ord. qui ouvre un crédit supplémentaire pour créances constatées sur des exercices clos, p. 266.

Ord. qui ouvre, sur 1842, un crédit pour timbrage des connaissements et lettres de voiture, p. 266.

Ord. qui détermine la composition du conseil de famille du comte de Paris et du duc de Chartres, p. 276.

Ord. qui réimpute, sur 1842, une portion des crédits du budget des travaux publics, exercice 1841, p. 300.

Ord. qui crée un commissariat de police à Saint-Aubin-du-Cormier, Bull. supp. n. 10164.

25 juillet. — Ord. qui accorde des lettres de naturalisation aux sieurs Schroër et Thiry, Bull. supp. n. 16771 et 16772.

31 juillet. — Ord. qui ouvre le bureau de douanes d'Abbevillers à l'importation et à l'exportation des céréales, p. 267.

Ord. qui autorise la régie des contributions à faire vendre des cigares dites *panatellas*, p. 271.

Ord. qui autorise la société anonyme des mines de houille d'Azincourt, p. 282.

Ord. qui autorise la compagnie d'éclairage de la ville de Tours par le gaz, p. 285.

Ord. qui approuve des modifications aux statuts de la caisse d'épargnes de Metz, p. 288.

Ord. qui approuve les nouveaux statuts de la caisse d'épargnes de Saint-Germain-en-Laye, p. 288.

Ord. qui autorise la cession d'une portion de terrain domanial à la ville de Toulouse, p. 289.

Tableau du prix des grains régulateur des droits d'importation et d'exportation, Bull. n. 10128.

Ord. qui autorise la ville de Mâcon à fonder des bourses dans son collège royal, Bull. n. 10165.

Ord. relatives aux tarifs de passage de divers bacs de la Charente-Inférieure, de la Corrèze et de Castelnau, Bull. n. 10166, 10167 et 10173.

Ord. qui autorise le sieur Wierzbinski à établir son domicile en France, Bull. supp. n. 16796.

Ord. qui autorise l'acceptation de legs faits à des pauvres et école chrétienne, Bull. supp. n. 16866.

Ord. qui autorise les habitants de diverses communes à faire pacager leurs bêtes à laine dans leurs forêts; des délivrances de bois, défrichement, ventes, ouvertures de chemins, délimitation et constructions à proximité des forêts, Bull. supp. n. 16821 à 16824 et 16831.

Ord. relatives aux foires de diverses communes, Bull. supp. n. 16839 et 16840.

Ord. qui autorisent divers particuliers à conserver ou modifier leurs moulins ou usines, Bull. supp. n. 16848, 16849, 16852 et 16853.

Ord. portant création de deux associations syndicales et modification d'une autre, Bull. supp. n. 16849 à 16851.

1er août. — Ord. qui proclame les brevets d'invention délivrés dans le 2e trimestre de 1842, Bull. n. 10248.

2 août. — Ord. qui accordent des lettres de naturalité aux sieurs Civelli, Consdorff, Dietz, Bertrand, Cuginet, Ricglis et Moore-Williamson, Bull. supp. n. 16797 à 16800.

5 août. — Ord. portant réunion, érection et limitation de communes, Bull. n. 10168.

Ord. qui crée un commissariat de police à Tournon (Ardèche), Bull. n. 10175.

Ord. qui autorisent la construction de trois ponts sur la Charente, Bull. n. 10174, 10177, 10183.

Ord. relative à l'exploitation de deux bois, Bull. supp. n. 16832.

Ord. qui accordent des pensions de retraite à 19 veuves et à 20 personnes du département de la marine, Bull. supp. n. 16867 et 16868.

Ord. qui autorise l'acceptation de dons ou legs faits à des pauvres, fabriques, bureaux de bienfaisance et hospices, Bull. supp. n. 16896.

6 août. — Ord. qui autorise la société anonyme du journal le *Courrier de Lyon*, p. 302.

Ord. qui accordent des pensions de retraite à 47 militaires, Bull. supp. n. 16806 et 16807.

Ord. qui autorisent l'acceptation de dons ou legs faits à des communes, hospices et pauvres, Bull. supp. n. 16915.

7 août. — Ord. qui annexe à divers collèges des cours d'instruction primaire supérieure, p. 289.

Ord. relative à l'indemnité de logement des ministres des cultes protestant et israélite, p. 301.

Ord. qui applique le tarif de passage des bacs de la Loire à celui d'Alais, Bull. n. 10178.

Ord. qui admettent les sieurs Hermann, Mikerdix, Oliba, Schrotter et la demoiselle Parhay à établir leur domicile en France, Bull. supp. n. 16801.

Ord. qui accorde une pension à la veuve d'un conseiller de préfecture, Bull. supp. n. 16812.

Ord. qui autorise des hospices à défricher un bois, Bull. supp. n. 16833.

Ord. qui annulle le majorat de M. de Plancy, Bull. supp. n. 16922.

Ord. qui autorise le sieur Brayer à rentrer en France, Bull. supp. n. 16802.

Ord. qui autorise l'acceptation de dons et legs faits à des fabriques et séminaires, Bull. supp. n. 17002.

8 août. — Ord. qui érigent trois églises en succursale, chapelle et chapelle vicariale, Bull. supp. n. 17003.

Ord. qui autorisent l'acceptation de dons et legs faits à des fabriques, pauvres, religieuses, desservants, évêché, séminaires, églises et dames charitables, Bull. supp. n. 17004.

10 août. — Ord. qui crée un commissariat de police à Sos (Lot-et-Garonne), Bull. n. 10225.

Ord. qui prescrit la rectification de diverses routes royales ou départementales, Bull. n. 10256.

Ord. qui accordent des lettres de naturalisation aux sieurs Pirard et Carpentier, Bull. supp. n. 16809 et 16810.

Ord. qui accorde une pension à un ancien sous-préfet, Bull. supp. n. 16808.

Ord. qui autorisent divers particuliers à construire ou maintenir en activité des moulins, Bull. supp. n. 16945.

Ord. portant concession de mines de houille, Bull. supp. n. 16946.

11 août. — Ord. relative aux vacances de la Cour des comptes, Bull. n. 10180.

13 août. — Ord. qui ferme les bureaux de douanes de Dunkerque à Longwy à la sortie des fils et tissus de lin ou de chanvre de provenance tierce expédiés en transit, p. 270.

Ord. qui prescrit la publication de la convention de commerce conclue avec la Belgique, p. 275.

14 *août.* — Ord. qui déclare d'utilité publique les travaux pour le redressement du coude de la Scarpe (Pas-de-Calais), Bull. n. 10257.

Ord. qui prescrit la rectification de diverses routes royales ou départementales, Bull. n. 10258.

Ord. qui autorisent divers particuliers à établir, modifier, maintenir en activité des moulins et usines, Bull. supp. n. 16947.

Ord. portant règlement pour le curage d'une rivière et pour 13 usines, Bull. supp. n. 16948.

Ord. portant concession et délimitation des mines de bois fossile et de houille, Bull. supp. n. 16949 et 16950.

Ord. qui accorde des pensions aux veuves de 10 personnes du département de la marine, à 9 personnes du même département et à la veuve d'un conseiller maître à la Cour des comptes, Bull. supp. n. 16813, 16869 et 16870.

16 *août.* — Ord. concernant la perception de l'impôt sur le sucre indigène, p. 277.

Ord. qui répartit le crédit accordé pour les dépenses du ministère de la justice en 1843, p. 282.

Circulaire du ministre de la justice relative aux frais de justice criminelle, p. 493.

17 *août.* — Ord. qui créent un commissariat de police à Forcalquier et à Saint-Laurent-d'Aigouze, Bull. n. 10226 et 10227.

18 *août.* — Ord. qui convoque les conseils généraux et les conseils d'arrondissement, p. 290.

Ord. qui admet le sieur Saly à jouir des droits de citoyen français, Bull. supp. n. 16927.

Ord. qui accordent des lettres de naturalisation aux sieurs Bacri, Zenovardo et Tavolara, Bull. supp. n. 16819 et 16820.

19 *août.* — Ord. qui maintient les lieutenants-généraux Wathiez et Deponthou dans la première section du cadre de l'état-major général, Bull. n. 10186 et 10187.

Ord. qui accordent des pensions de retraite à 77 militaires et des secours à 6 orphelins, Bull. supp. n. 16814 à 16818.

Ord. qui autorise l'établissement d'un abattoir à Mulhausen, Bull. supp. n. 16854.

20 *août.* — Ord. qui établit une chambre de commerce à Châlons-sur-Saône, p. 303.

Ord. qui approuve les nouveaux statuts de l'établissement d'association tontinière formée à Paris sous la dénomination d'*Agence générale de placement sur les fonds publics*, p. 305.

Ord. qui autorise la société d'assurances mutuelles contre la mortalité des bestiaux, *la Mayenne*, établie à Laval, p. 311.

Ord. qui autorise l'établissement d'associations tontinières formé à Paris sous la dénomination de *la Minerve*, p. 318.

Ord. qui autorise la société anonyme d'éclairage par le gaz de Saint-Chamond, p. 323.

Ord. qui approuve des modifications aux statuts de la caisse d'épargnes de Périgueux, p. 325.

Circulaire du ministre de la justice relative à l'exécution de l'ord. du 10 octobre 1841, sur le tarif des frais relatifs aux ventes judiciaires des biens immeubles, p. 497.

Ord. qui autorise l'établissement d'un abattoir à Alby, Bull. supp. n. 16892.

Ord. qui autorisent l'inscription au trésor de 22 pensions civiles et militaires et de 2 donataires, Bull. n. 16889 et 16890.

Ord. relatives aux foires de diverses communes, Bull. supp. n. 16923 et 16924.

Ord. qui autorisent divers particuliers à établir ou conserver des ateliers et usines. Bull. supp. n. 16951 et 17001.

21 *août.* — Ord. qui autorise la publication des bulles d'institution canonique de M. Naudo pour l'archevéché d'Avignon, et de MM. Régnier, Bardou et Berthaut pour les évêchés d'Angoulême, Cahors et Tulle, p. 303.

Ord. relative au transport des correspondances entre la France et les Deux-Siciles, p. 303.

Ord. qui accordent des pensions de réforme à 3 officiers, à 5 militaires et à 45 veuves, Bull. supp. n. 16828 à 16830.

Ord. relatives à des délivrance, défrichement, constructions à proximité des forêts, exploitation et vente de bois, ouvertures de fossés, routes et chemins, et qui approuvent des procès-verbaux de délimitation, Bull. supp. n. 16834 à 16838.

Ord. qui érige cinq églises en succursales, Bull. supp. n. 17005.

22 *août.* — Ord. qui nomme MM. J. Lefebvre et F. Delessert membres de la commission de surveillance de la caisse d'amortissement, Bull. n. 10193.

23 *août.* — Ord. qui convoque le sixième collège électoral de la Marne, Bull. n. 10199.

25 *août.* — Ord. qui convoque le premier collège électoral de la Charente, Bull. n. 10200.

Ord. qui prescrit la rectification d'une route royale, Bull. n. 10259.

Ord. qui concède une mine de fer, Bull. supp. n. 16953.

Ord. qui autorisent divers particuliers à construire, maintenir en activité, etc., des moulins et usines. Bull. supp. n. 16952.

Ord. qui accordent des lettres de naturalisation aux sieurs Burckhard et Monfort, Bull. supp. n. 16871.

26 *août.* — Ord. qui autorisent l'acceptation de dons et legs faits à des hospices et pauvres, Bull. supp. n. 16916.

29 *août.* — Ord. qui autorisent l'acceptation de dons et legs faits à des villes et communes, Bull. supp. n. 17016.

30 *août.* — Loi sur la régence, p. 290.

Proclamations qui prorogent les Chambres des Pairs et des Députés, p. 298.

Ord. qui répartit les crédits ouverts pour les dépenses du ministère de la guerre en 1843, p. 304.

Ord. qui érige en école normale primaire d'institutrices l'établissement normal préparatoire d'Argentan, p. 316.

Ord. qui érige en école normale primaire d'institutrices l'établissement normal préparatoire de Bagnères-de-Bigorre, p. 316.

Ord. qui crée à Besançon une école normale primaire d'institutrices, p. 316.

Ord. qui établit un collège communal de seconde classe à Château-Salins, p. 316.

Ord. qui crée à Lons-le-Saulnier une école normale primaire d'institutrices pour le Jura, p. 325.

Ord. qui crée à Nevers une école normale primaire d'institutrices pour la Nièvre, p. 326.

Ord. qui convoquent le troisième collège électoral de la Creuse, les quatrième et septième de l'Eure, le quatrième d'Eure-et-Loir, le douzième du Nord, Bull. 10201 à 10203, 10213.

Ord. qui autorisent l'enregistrement au conseil d'État des statuts de diverses congrégations religieuses, Bull. n. 10211, 10232, 10233 et 10257.

Ord. qui accordent des lettres de naturalisation aux sieurs André, Gulielma, Kesmodi, Burgauller, Mayer et Mouton, Bull. supp. n. 16872 à 16875.

31 août. —Tableau du prix des grains, pour servir de régulateur aux droits d'importation et d'exportation, Bull. n. 10190.

1er septembre. — Ord. qui accordent des lettres de naturalité aux sieurs Chevrand, Sanchez, Preis et Suarès, Bull. supp. n. 16906 et 16907.

2 sept. — Ord. qui autorise un échange de terrains entre le domaine de la couronne et la commune de Saint-Gobain, p. 317.

Ord. qui étend l'application du tarif des bacs de Lot-et-Garonne au passage de Cocussotte, Bull. n. 10246.

Ord. qui autorisent les habitants de diverses communes à faire pacager leurs bêtes à laine dans leurs bois, et approuvent des procès-verbaux de délimitation, Bull. supp. n. 16911 à 16914.

Ord. relative aux octrois de diverses communes, Bull. supp. n. 16910.

Ord. qui autorisent l'acceptation de dons faits à des communes, Bull. supp. n. 17017.

3 sept. — Ord. qui accorde une pension à la veuve d'un ancien sénateur, Bull. supp. n. 16897.

4 sept. — Ord. qui ouvre un crédit extraordinaire pour indemnités relatives à l'établissement de la limite du Rhin, p. 304.

Ord. qui déclarent d'utilité publique l'exécution de divers ponts, Bull. n. 10228, 10229 et 10249.

Ord. qui autorisent l'acceptation des dons et legs faits à des établissements de bienfaisance, fabriques, hôpitaux et pauvres, Bull. supp. n. 17018.

5 sept. — Ord. qui ouvre un crédit pour dépenses urgentes du service des douanes près les chemins de fer du Nord, p. 317.

Ord. qui crée un commissariat de police à Sarreguemines, Bull. n. 10230.

6 sept. — Ord. qui répartit le crédit accordé au département de la marine et des colonies pour les dépenses de 1843, p. 326.

Ord. qui autorisent les sieurs Destriche de Baracé à ajouter à ses noms celui de Le Noir, d'Aiguevives celui de Malaret, Giraud celui de Duplessis, Bull. n. 10308, 10369 et 10420.

Ord. qui admettent les sieurs Braun et Slinysby à établir leur domicile en France, Bull. supp. n. 16881.

Ord. qui autorisent l'acceptation des dons et offres faits à des hospices et bureau de bienfaisance, Bull. supp. n. 17019.

7 sept. — Ord. qui détermine les formes dans lesquelles il sera procédé à une enquête préalable, lorsqu'une loi spéciale pour le classement de l'exécution d'une route départementale sera réclamée par un département, p. 351.

Ord. qui accorde des lettres de naturalisation au sieur Boerr, Bull. supp. n. 16908.

9 sept. — Ord. qui prescrit la rectification d'une route royale, Bull. n. 10320.

Ord. qui autorisent divers particuliers à établir ou conserver des moulins et usines, Bull. supp. n. 17062, 17064 et 17065.

Ord. qui concèdent des mines de fer, Bull. supp. n. 17063.

Ord. qui érige diverses églises en succursales, Bull. supp. n. 17097.

10 sept. — Ord. qui charge M. Villemain de l'intérim du ministère de l'intérieur, Bull. n. 10215.

Ord. qui autorise l'inscription au trésor de deux pensions de donataires, Bull. supp. n. 16899.

Ord. qui autorise l'inscription au trésor de deux pensions aux noms de veuves d'anciens vétérans des camps de Juliers et d'Alexandrie, Bull. supp. n. 16898.

11 sept. — Ord. qui proroge le tarif des droits de navigation du canal de Digoin à Briare, p. 318.

Ord. qui proroge le tarif des droits de navigation des canaux de Bretagne, p. 318.

Ord. qui crée un commissariat de police à Loches, Bull. n. 10247.

Ord. qui déclare d'utilité publique l'exécution d'un pont sur la Charente, à Sireuil (Charente), Bull. n. 10250.

Ord. qui arrête le tarif des droits de passage sur les bateaux établis pour la traversée de la Rance, de Dinard aux ports de Saint-Malo et de Saint-Servan, Bull. n. 10262.

Ord. qui accordent une pension à deux anciens stationnaires des lignes télégraphiques, Bull. supp. n. 16900 et 16901.

Ord. qui soumettent divers bois au régime forestier, autorisent des défrichements, Bull. supp. n. 16938 à 16944, 16967 à 16975.

Ord. qui autorisent divers particuliers à construire ou maintenir des moulins et usines, Bull. supp. n. 17066 et 17068.

Ord. portant concession des mines de houille, Bull. supp. n. 17067.

Ord. qui autorisent l'acceptation de dons et legs faits à des hospices, pauvres, bureaux de bienfaisance, communes et fabriques, Bull. supp. n. 17020 à 17024, 17098 à 17102.

12 sept. — Ord. qui augmente le nombre des membres du tribunal de commerce de Mulhausen, p. 305.

Ord. qui autorise la publication du décret tendant à faire constater la validité de la procédure commencée pour la canonisation de J.-B. de la Salle, fondateur de la congrégation des frères des écoles chrétiennes, p. 342.

Ord. qui autorise les concessionnaires du chemin de fer du Creuzot au canal du Centre à établir, sur ce chemin, un transport public de voyageurs, p. 380.

Ord. qui autorisent l'enregistrement au conseil d'Etat des statuts de congrégations religieuses, Bull. n. 10242 et 10243.

Ord. qui déclare d'utilité publique la construction d'un pont sur l'Oise à Lacroix-Saint-Ouen, Bull. n. 10263.

Ord. qui prescrit la rectification de quatre routes royales, Bull. n. 10321.

Ord. qui autorisent divers particuliers à établir, conserver ou modifier des moulins et usines, Bull. supp. n. 17069.

Ord. qui autorisent l'acceptation de dons et legs faits à des bureaux de bienfaisance, hospices et pauvres, Bull. supp. n. 17103.

14 sept. — Ord. qui accorde des lettres de naturalisation au sieur Defresne, Bull. supp. n. 16909.

15 sept. — Ord. sur l'exploitation provisoire au compte de l'Etat des chemins de fer de Lille et de Valenciennes à la frontière de Belgique, p. 343.

Ord. qui ouvre, sur l'exercice 1842, un crédit extraordinaire pour les frais d'exploitation des chemins de fer de Lille et de Valenciennes à la frontière de Belgique, p. 351.

Ord. qui prescrit la rectification de deux routes royales et départementales, Bull. n. 10322.

16 sept. —Ord. qui prescrit la rectification d'une route royale, Bull. n. 10323.

Ord. qui classe un chemin parmi les routes départementales, Bull. n. 10324.

Ord. qui accordent des pensions à 34 veuves et 31 militaires, Bull. supp. n. 16902 à 16904.

Ord. qui autorisent divers particuliers à conserver ou construire des moulins et usines, Bull. supp. n. 17034.

17 *sept.* — Ord. qui ouvre au ministre des travaux publics un crédit supplémentaire pour des créances constatées sur des exercices clos, p. 352.

Ord. qui déclare d'utilité publique les travaux projetés pour le redressement du lit de la Somme canalisée, Bull. n. 10325.

Ord. qui autorise l'inscription au trésor public de 168 pensions civiles et militaires, Bull. supp. n. 16917.

20 *sept.* — Ord. qui prescrivent la rectification et le prolongement de routes royales et départementales, Bull. supp. n. 16326 à 16332.

Ord. qui autorisent des défrichements, constructions à proximité des forêts, soumettent divers bois au régime forestier, et approuvent des procès-verbaux de délimitation, Bull. supp. n. 16977 à 16983.

Ord. qui autorisent divers particuliers à établir ou conserver des moulins et usines, Bull. supp. n. 17070.

Ord. qui règle le cours d'une rivière, Bull. supp. n. 17071.

Ord. qui autorisent l'acceptation de dons et legs faits à des hospices, fabriques, séminaires, bureaux de bienfaisance, pauvres, orphelins et commune, Bull. supp. n. 17104.

Ord. qui autorise la perception d'un droit au passage du port de By sur la Veyle (Ain), Bull. n. 10273.

Ord. relative aux octrois de diverses communes, Bull. supp. n. 16976.

Ord. qui admettent les sieurs de Kontski et Tyszkiewiez à établir leur domicile en France, Bull. supp. n. 16937.

21 *sept.* — Ord qui fixe le tarif des droits de passage du pont d'Huningue, Bull. n. 10278.

Ord. qui prescrit la rectification d'une route royale, Bull. n. 10333.

Ord. qui déclare d'utilité publique les travaux d'établissement d'une gare à l'embouchure du canal de Bourgogne, Bull. n. 10334.

Ord. qui autorise la construction d'un pont sur l'Isac à Pont-Mini (Loire-Inférieure), Bull. n. 10335.

Ord. relatives au régime forestier, à des délivrance de bois, redressement, ouverture de chemins, exploitation, vente et aménagement de bois, Bull. supp n. 16984 à 16986.

Ord. qui autorisent divers particuliers à établir ou conserver des moulins et usines, Bull. supp. n. 17072.

Ord. portant concession de mines de graphite et de manganèse, Bull. supp. n. 17073.

Ord. qui autorisent l'acceptation de dons faits à des communes, Bull. supp. n. 17105.

22 *sept.* — Ord. qui accorde des pensions de retraite à 6 militaires, Bull. supp. n. 16905.

Ord. qui autorisent l'acceptation des dons et legs faits à des bureaux de bienfaisance, hospices, pauvres et communes, Bull. supp. n. 17106.

23 *sept.* — Ord. qui déclare d'utilité publique les travaux de prolongement des levées de la rive gauche de la dérivation de l'Oudan sur le canal de Roanne à Digoin, Bull. n. 10336.

Ord. qui prescrit l'adjudication des travaux de construction d'un débarcadère au port de Mortagne, Bull. n. 10339.

Ord. qui prescrit la rectification de routes royale et départementales, Bull. n. 10340 à 10342.

Ord. qui autorisent divers particuliers à établir

ou conserver des moulins et usines, Bull. supp. n. 17074.

Ord. qui autorisent l'acceptation de dons et legs faits à des bureaux de bienfaisance, hospices, fabriques, séminaires et pauvres, Bull. supp. n. 17107.

25 *sept.* — Ord qui autorisent une communauté religieuse à Saissac et à Sommières, Bull. n. 10254 et 10255.

Ord. qui nomme M. de Cambry directeur de la monnaie de Paris, Bull. n. 10274.

Ord. qui prescrit la rectification de routes royales et départementales, Bull. n. 10343 à 10346.

Ord. qui autorise la construction d'un pont à Castelmoron, Bull. n. 10368.

Ord. qui accorde une pension à un ancien secrétaire général de préfecture, Bull. supp. n. 16918.

Ord. qui autorise deux communes à défricher des cantons de ses bois, Bull. supp. n. 16997 et 16998.

Ord. qui accorde des lettres de naturalisation aux sieurs François Philippe et Beneditti, Bull. supp. n. 16928 et 16929.

Ord. qui autorisent divers particuliers à établir ou maintenir des moulins et usines, Bull. supp. n. 17075 et 17076.

Ord. portant concession de mines d'antimoine, Bull. supp. n. 17083.

Ord. portant concession du dessèchement des marais de Baux, Bull. supp. n. 17084.

Ord. qui créent les syndicats des marais de Saint-Vivien, des digues de Saint-Ismier, et fixe les attributions du syndicat de Grignon, Bull. supp. n. 17085 et 17086.

Ord. portant règlement pour le curage d'un ruisseau, Bull. supp. n. 17087.

26 *sept.* — Ord. sur l'organisation de la justice en Algérie, p. 326.

Ord. qui fixe le traitement de la magistrature en Algérie, p. 334.

27 *sept.* — Ord. qui prescrit la rectification d'une route royale, Bull. n. 10348.

Ord. qui autorise le département des travaux publics à prendre possession d'une île et de trois îlots situés dans le lit de la Loire, Bull. n. 10349.

Ord. qui autorisent divers particuliers à établir ou conserver des moulins, Bull. supp. n. 17089.

Ord. portant concession de mines de lignite, Bull. supp. n. 17090.

28 *sept.* — Ord. qui ouvre, sur l'exercice 1842, un crédit extraordinaire applicable aux travaux de reconstruction et d'appropriation des bâtiments des bureaux du ministère de la guerre, p. 352.

Ord. qui accordent des pensions de réforme à 3 officiers et à 17 militaires; Bull. supp. n. 16919 et 16920.

29 *sept.* — Ord. qui accordent des lettres de naturalisation au sieur Vanschoor et Bastien, Bull. supp. n. 16930 et 16931.

Ord. qui autorise l'acceptation de deux legs faits à l'école préparatoire de médecine et de pharmacie de Besançon, Bull. supp. n. 17025.

30 *sept.* — Tableau du prix des grains pour servir de régulateur aux droits d'importation et d'exportation, Bull. n. 10231.

Ord. qui autorise le sieur Gallien à se faire naturaliser Suisse, Bull. supp. n. 16963.

Ord. qui accorde une pension à un ancien maître des requêtes, Bull. supp. n. 16921.

Ord. qui autorisent l'acceptation de dons et legs faits à des fabriques et communes, Bull. supp. n. 17108 et 17109.

2 *oct.* — Ord. qui ouvre, au ministre de l'agri-

culture et du commerce, un crédit pour des créances constatées sur des exercices clos, p. 354.

Ord. qui ouvre un crédit, sur l'exercice 1842, pour les dépenses de la commission de surveillance des tontines, p. 335.

Ord. qui ouvre, au ministre de l'agriculture et du commerce, un crédit supplémentaire pour des créances constatées sur des exercices clos, p. 335.

Ord. qui ouvre, sur l'exercice 1842, un crédit extraordinaire pour dépenses urgentes de nouvelles routes en Algérie, p. 336.

Ord. qui crée, à l'école préparatoire de médecine et de pharmacie de Bordeaux, une troisième place de professeur-adjoint, p. 342.

Ord. qui ouvre, sur l'exercice 1842, un crédit extraordinaire pour frais de translation, dans le palais du quai d'Orsay, des objets mobiliers et des archives de la Cour des comptes, p. 347.

Ord. qui supprime la demi-bourse mise à la charge de la ville de Saint-Amand au collége de Douai, et autorise cette ville à en fonder une dans son collége communal, Bull. n. 10279.

4 oct. — Ord. qui autorise le sieur de la Ferté-Meun Molé de Champlatreux à s'appeler à l'avenir de la Ferté-Meun, Bull. n. 10310.

5 oct. — Ord. qui accorde une prime pour l'arrestation des individus qui se livreront à la fabrication illicite des poudres à feu, qui en vendront en fraude à leur domicile ou qui en colporteront, p. 347.

Ord. qui accordent des pensions de retraite à 9 personnes et 10 veuves et orphelins du département de la marine et à 22 veuves de militaires, Bull. supp. n. 16925, 16961 et 16962.

Ord. qui accordent des lettres de naturalisation aux sieurs Van-Eeckhante, Hermann, Meyers, Waterlot, Secber et Silva, Bull. supp. n. 16932 à 16936.

6 oct. — Ord. qui autorise M. Dutey à s'appeler désormais Dutey-Harispe, Bull. n. 10360.

7 oct. — Ord. qui fait cesser l'intérim du département de l'intérieur, p. 336.

8 oct. — Ord. contenant le texte officiel du Code de procédure civile, Bull. n. 10264.

Ord. qui autorise l'inscription au trésor de deux pensions de donataires, Bull. supp. n. 16987.

9 oct. — Ord. qui ouvre, au ministre de l'intérieur, un crédit supplémentaire sur l'exercice 1842, p. 348.

Ord. qui accorde des pensions de retraite à 5 militaires, Bull. supp. n. 16926.

Ord. qui autorisent l'acceptation des dons faits à une congrégation, à une ville et aux frères des écoles chrétiennes, Bull. supp. n. 17037 et 17038.

10 oct. — Ord. qui autorisent des délivrances et approuvent des procès-verbaux de délimitation de bois, Bull. supp. n. 16999 et 17000.

Ord. qui autorisent l'acceptation de dons et legs faits à des communes, Bull. supp. n. 17110.

11 oct. — Ord. qui autorisent l'acceptation de dons faits à des desservants et fabriques, Bull. supp. n. 17111.

Ord. qui érige une chapelle en oratoire particulier, Bull. supp. n. 17112.

13 oct. — Ord. qui autorise la caisse d'épargnes de Roubaix (Nord), p. 350.

Ord. qui autorise la caisse d'épargnes de Digne (Basses-Alpes), p. 350.

Ord. qui autorise la caisse d'épargnes de Montbrison (Loire), p. 350.

Ord. qui autorise la caisse d'épargnes de Guéret (Creuse), p. 349.

Ord. qui approuve les nouveaux statuts de la caisse d'épargnes de Bagnères (Hautes-Pyrénées), p. 349.

Ord. qui autorise la caisse d'épargnes de Marmande (Lot-et-Garonne), p. 349.

Ord. qui autorise la société anonyme du théâtre de Saint-Amand (Cher), p. 361.

Ord. qui approuve des modifications aux statuts de la compagnie Elbeuvienne d'éclairage par le gaz, p. 360.

Ord. qui autorise la société d'assurances mutuelles immobilières contre l'incendie, la Messine, établie à Metz, p. 355.

Ord. qui fixe le tarif des droits à percevoir par les courtiers-interprètes et conducteurs de navires des ports de Nantes et de Paimbœuf, Bull. n. 10270.

Lettres de naturalisation accordées aux sieurs Crœsi et Ycard, Bull. supp. n. 16965 et 16966.

Lettres-patentes qui autorisent le sieur Sestopis à accepter les fonctions de consul du roi des Pays-Bas à Mexico, Bull. supp. n. 16944.

Ord. qui autorise la ville de Vic Bigorre à établir un abattoir, Bull. supp. n. 17091.

Ord. qui autorisent l'établissement ou le transfert de diverses usines, Bull. supp. n. 17092.

14 oct. — Ord. qui réduit le droit payable à la sortie des amandes, p. 339.

Ord. qui approuve des modifications aux statuts de la société anonyme compagnie d'assurances contre l'incendie, le Nord, établie à Lille, p. 363.

Ord. qui établissent des foires dans plusieurs communes, Bull. supp. n. 17032 et 17033.

Ord. qui autorise l'extension d'une usine, Bull. supp. n. 17093.

15 oct. — Ord. qui prescrit la publication des articles supplémentaires à la convention du 31 mars 1831 relative à la navigation du Rhin, p. 339.

16 oct. — Ord. qui ouvre, au ministère des affaires étrangères, un crédit supplémentaire pour missions extraordinaires et dépenses imprévues, p. 339.

Ord. qui nomme M. Montanier directeur du mouvement général des fonds, Bull. n. 10275.

Ord. portant diverses réunions de communes, Bull. n. 10289.

Ord. qui convoque le septième collége électoral de la Seine-Inférieure, Bull. n. 10291.

Ord. qui crée un commissariat de police à Gordes (Vaucluse), Bull. n. 10369.

Ord. qui autorise la ville de Laval à fonder des bourses dans son collége royal, Bull. n. 10370.

Ord. qui autorisent l'acceptation de dons et legs faits à une école communale, à des hospices, bureaux de bienfaisance et pauvres, Bull. supp. n. 17113, 17115.

18 oct. — Ord. qui affecte des terrains au service du département des travaux publics, Bull. n. 10371.

19 oct. — Ord. qui prescrivent la rectification de routes royales et départementales, Bull. n. 10379 et 10380.

Ord. qui autorisent le maintien ou l'extension de divers moulins et usines, Bull. supp. n. 17094 à 17096.

20 oct. — Ord. qui autorisent l'acceptation de dons et legs faits à des hospices, communes et pauvres, Bull. supp. n. 17115.

21 oct. — Ord. qui nomment le maréchal duc de Reggio, gouverneur des Invalides ; le maréchal Gérard, grand-chancelier de la Légion-d'Honneur, et M. Jacqueminot, commandant supérieur des gardes nationales de la Seine, Bull. n. 10284 à 10286.

22 oct. — Ord. qui autorise la compagnie du chemin de fer de Paris à Orléans à contracter un emprunt de dix millions, p. 347.

Ord. qui nomme le maréchal-de-camp Carbonel chef d'état-major général des gardes nationales de la Seine, Bull. n. 10293.

Ord. qui autorise l'inscription au trésor de 95 pensions civiles et militaires, Bull. supp. n. 16994.

Ord. qui autorisent l'acceptation de dons et legs faits à des communes, bureaux de bienfaisance, et aux villes de Vernon et Lisieux, Bull. supp. n. 17117 à 17119.

24 oct. — Ord. qui fixe les époques d'ouverture de la session du conseil général et de la deuxième partie des conseils d'arrond. de la Seine, p. 348.

25 oct. — Tableaux de population du royaume, p. 363.

Ord. qui prescrit la rectification d'une route royale, Bull. n. 10392.

Ord. qui dénomme le bassin de Calais *bassin d'Orléans*, Bull. n. 10393.

Ord. qui accorde une pension à un ancien commissaire général de la navigation et de l'approvisionnement de Paris, Bull. supp. n. 17027.

Ord. qui autorise le maintien en activité d'un moulin, Bull. supp. n. 17035.

26 oct. — Ord. qui accorde une pension à un ancien contrôleur au change près la monnaie de Nantes, Bull. supp. n. 16995.

Ord. qui approuve les procès-verbaux de délimitation de diverses forêts, Bull. supp. n. 17015.

Ord. qui annulle le majorat de M. de Coislin, Bull. supp. n. 17014.

27 oct. — Ord. qui convoque le conseil général d'Indre-et-Loire, Bull. n. 10300.

28 oct. — Ord. qui proroge les chambres temporaires des tribunaux de Saint-Girons et de Saint-Gaudens, p. 349.

Ord. qui fixe le nombre des avoués près le tribunal de Doullens, Bull. n. 10311.

Ord. qui admet le sieur Kugelmann à établir son domicile en France, Bull. supp. n. 16996.

Ord. qui érige diverses églises en succursales, Bull. supp. n. 17128.

29 oct. — Ord. qui accordent des pensions de retraite à 36 militaires, Bull. supp. n. 17010 et 17011.

Ord. qui autorise l'inscription au trésor de trois pensions de donataires, Bull. supp. n. 17039.

Ord. qui autorisent l'acceptation de dons faits à l'institut des écoles chrétiennes, Bull. supp. n. 17120 et 17121.

30 oct. — Ord. relative au renouvellement triennal des conseils généraux et des conseils d'arrondissement, p. 353.

Ord. portant que des cours d'instruction primaire supérieure seront annexés aux collèges y désignés, p. 382.

Ord. qui accorde une pension à la veuve d'un conseiller maître à la Cour des comptes, Bull. supp. n. 17012.

Ord. qui soumettent deux bois au régime forestier, autorisent l'ouverture de chemins ou fossés, et approuvent des procès-verbaux de délimitation, Bull. supp. n. 17048 et 17051.

Ord. qui autorisent l'acceptation de dons et legs faits à des hospices et pauvres, Bull. supp. n. 17116.

31 oct. — Tableau du prix des grains, pour servir de régulateur aux droits d'importation et d'exportation, Bull. n. 10294.

Ord. qui autorise la fondation à Grenoble d'une maison de retraite pour les prêtres âgés ou infirmes, p. 409.

Ord. qui autorisent l'établissement de diverses congrégations religieuses, Bull. n. 10312 à 10316.

Ord. qui érige diverses églises en succursales. Bull. supp. n. 17129.

Ord. qui autorise l'acceptation de legs faits à des hospices et pauvres, Bull. supp. n. 17130.

1er novembre. — Ord. qui convoque le premier collège électoral de la Seine, Bull. n. 10302.

Ord. qui autorisent divers particuliers à construire à proximité de forêts, et soumet des bois au régime forestier, Bull. supp. n. 17052 à 17054.

2 nov. — Ord. qui proroge les chambres temporaires des tribunaux de Bourgoin, de St-Marcellin, St-Lo, Bagnères et Besançon, p. 353 et 354.

4 nov. — Ord. qui établit un collège communal de seconde classe à Blaye, p. 401.

Ord. qui crée 3 commissariats spéciaux de police pour les chemins de fer de Lille et de Valenciennes, Bull n. 10394.

5 nov. — Ord. qui règle provisoirement les tarifs de transports sur les chemins de fer de Lille et de Valenciennes à la frontière belge, entre les stations française et belge, p. 377.

Ord. qui autorise l'inscription au trésor de deux pensions de donataires, Bull. supp. n. 17040.

6 nov. — Ord. qui fixe le nombre de conseillers d'arrondissement à élire par les cantons y désignés, p. 401.

8 nov. — Ord. qui ouvre au ministre de la justice et des cultes, sur l'exercice 1842, un crédit supplémentaire pour frais de justice criminelle et des statistiques civile et criminelle, p. 354.

Ord. qui ouvre au ministre de la justice et des cultes, sur l'exercice 1842, un crédit supplémentaire applicable au chap. 4 du budget des cultes, p. 382.

Ord. qui reporte à l'exercice 1842 la partie non employée au 31 décembre 1841 du crédit de 100,000 fr. affecté en 1841 aux réparations de la cathédrale de Troyes, p. 383.

Ord. qui accordent des pensions de retraite à 10 veuves et orphelins, et à 10 personnes du département de la marine, Bull. supp. n. 17077 et 17078.

9 nov. — Ord. qui fixe la suspension et la reprise de la session du conseil général de la Seine pour 1842 et l'ouverture de la 2e partie de la session de ses conseils d'arrondissement, p. 354.

10 nov. — Ord. qui ouvre au ministre de la justice et des cultes un crédit extraordinaire pour compléter le traitement des membres du tribunal civil de la Seine en 1842, p. 354.

Ord. qui accordent des lettres de naturalisation aux sieurs Laquesse et Bucchiotti, Bull. supp. n. 17030 et 17031.

11 nov. — Ord. qui ouvre au ministre de la justice et des cultes un crédit supplémentaire pour l'imprimerie royale, p. 355.

Ord. qui fixe, pour la classe de 1842, les époques des opérations du recrutement, p. 377.

Ord. relative à l'administration des tabacs, p. 383.

Ord. qui déclarent d'utilité publique la construction de deux ponts à l'île St-Denis, et d'un autre à Garavet, Bull. n. 10350 et 10372.

Ord. qui classe divers chemins parmi les routes départementales de la Somme, Bull. n. 10421.

Ord. qui autorise un particulier à établir des fours à coke, Bull. supp. n. 17036.

Ord. qui accordent des pensions de réforme à 8 officiers et 8 militaires, Bull. supp. n. 17041 à 17043.

Ord. relatives à des délivrances, défrichement, exploitation, vente et aménagements de bois, ouvertures de chemins et tranchées, etc., Bull. supp. n. 17055 et 17056.

12 nov.—Ord. qui autorise la société anonyme, compagnie du pont de Pouilly à Lyon, Bull. p. 383.

13 nov.— Ord. qui accorde des pensions de retraite à 5 militaires, Bull. supp. n. 17047.

14 nov.—Ord. qui ouvre au ministre de l'agriculture et du commerce un crédit supplémentaire pour des créances constatées sur des exercices clos, p. 383.

Ord. qui autorise la société d'assurances mutuelles mobilières contre l'incendie la Bretagne à Nantes, p. 394.

Ordonnance qui autorise la caisse d'épargne de Boussac (Creuse), p. 401.

Ord. qui autorise la société d'assurances mutuelles immobilières contre l'incendie la Bretagne à Nantes, p. 388.

Ord. qui proclame les brevets d'invention délivrés pendant le 3e trimestre de 1842, Bull. n. 10398.

15 nov.—Ord. qui ouvre au ministre de la justice et des cultes un crédit supplémentaire pour des créances constatées sur des exercices clos, p. 384.

16 nov.—Ord. qui autorise la prise de possession par le département des travaux publics d'un terrain pour l'établissement d'un canal de la Marne au Rhin, Bull. n. 10395.

Ord. qui autorise une commune à défricher un canton de ses bois, Bull. supp. n. 17057.

18 nov.—Ord. qui ouvre, sur l'exercice 1842, un crédit extraordinaire pour secours aux étrangers réfugiés en France, p. 402.

Ord. portant que les cours d'instruction primaire supérieure sont annexés aux collèges communaux y désignés, p. 406.

Ord. qui accorde au ministre des affaires étrangères, sur l'exercice 1842, un crédit extraordinaire pour le paiement des indemnités relatives à l'établissement des limites du Rhin, p. 385.

19 nov.—Ord. qui rend applicable aux officiers généraux de l'artillerie et de l'infanterie de marine l'art. 6 de la loi du 17 juin 1841, p. 403.

Ord. qui autorise l'inscription au trésor de 65 pensions civiles et militaires, Bull. supp. n. 17122.

22 nov.—Ord. qui ouvre au budget du ministère des finances, exercice 1841, deux chapitres destinés à recevoir l'imputation des paiements faits pour rappels d'arrérages de rentes viagères et de pensions antérieures à 1841, p. 403.

Ord. qui nomme les membres de la commission chargée de l'examen des comptes de 1842, Bull. n. 11367.

Ord. qui déclare d'utilité publique l'exécution de ponts à St-Médard, Vernejoux, Curel et Chatonrupt, Bull. n. 10381 à 10383.

Ord. qui accorde des pensions aux veuves et orphelins de 22 personnes du département de la marine et des colonies, Bull. supp. n. 17080.

24 nov.—Ord. qui accordent des lettres de naturalisation aux sieurs Biestre et Margo, Bull. supp. n. 17081 et 17082.

25 nov.—Ord. qui ouvre, sur l'exercice 1843, un crédit extraordinaire pour le service intérieur du Sénégal, p. 406.

Ord. qui ouvre, sur l'exercice 1843, un crédit extraordinaire pour les dépenses de formation et d'entretien d'un corps de cavalerie africaine à employer au Sénégal, p. 427.

Ord. qui nomme le directeur de la banque de Rouen, Bull. n. 10384.

Ord. qui crée un commissariat de police à Pont-l'Abbé, Bull. n. 10385.

Ord. portant établissement d'octroi dans deux communes, Bull. supp. n. 17058.

Ord. qui autorisent des défrichements de bois, Bull. supp. n. 17059 à 17061.

Ord. qui change la dénomination d'une route, Bull. n. 10396.

29 nov. — Ord. qui ouvre provisoirement à l'importation et au transit de certaines marchandises les bureaux de douanes placés aux stations de Turcoing, de Roubaix et de Saint-Saulve, p. 404.

Ord. qui ouvre un crédit extraordinaire pour le paiement d'arrérages des rentes consolidées non frappées de déchéance sur les exercices 1838 et antérieurs, p. 404.

Ord. qui ouvre au ministre des finances un crédit extraordinaire sur l'exercice 1842, p. 404.

Ord. qui ouvre au ministre des finances un crédit supplémentaire sur l'exercice 1842, p. 405.

Ord. qui crée une chambre temporaire au tribunal de première instance de Limoges, p. 405.

Ord. qui crée une chambre temporaire au tribunal de première instance de Nantes, p. 406.

Ord. qui ouvre sur l'exercice 1842 un crédit supplémentaire pour un prix de l'académie royale de médecine, p. 407.

Ord. qui fixe le nombre des huissiers du tribunal de première instance d'Aix, Bull. n. 10386.

30 nov. — Tableau du prix des grains, régulateur des droits d'importation et d'exportation, Bull. n. 10361.

Ord. qui convoque le sixième collège électoral de la Charente-Inférieure, Bull. n. 10390.

2 décembre. — Ord. qui ouvre au ministre de la guerre un crédit supplémentaire sur l'exercice 1842, p. 407.

Ord. qui ouvre, sur l'exercice 1842, un crédit extraordinaire pour les dépenses de l'Algérie, p. 407.

Ord. qui ouvre, au ministre de la guerre, un crédit supplémentaire pour des créances constatées sur des exercices clos, p. 408.

Ord. qui ouvre, au ministre de la guerre, un crédit supplémentaire pour des créances constatées sur des exercices clos, p. 409.

4 déc. — Ord. qui supprime un des commissariats de police de Morlaix, Bull. n. 10397.

5 déc. — Ord. qui accordent des lettres de naturalisation aux sieurs Rodrigues et Charret, Bull. supp. n. 17125 et 17126.

6 déc. — Ord. qui ouvre, sur l'exercice 1842, un crédit extraordinaire pour solder les dépenses des obsèques du prince royal, p. 408.

Ord. qui ouvre, au ministre de finances, un crédit supplémentaire pour des créances constatées sur des exercices clos, p. 409.

Ord. qui apporte des changements au tableau de classement des places de guerre et postes militaires, p. 410.

Ord. qui ouvre, au ministre des finances, un crédit supplémentaire pour des créances constatées sur des exercices clos, p. 410.

Ord. qui ouvre, au ministre des finances, un crédit complémentaire sur l'exercice 1841, p. 411.

Ord. portant que le collège communal de Lorient prendra le nom de collége d'Aumale , Bull. n. 10450.

8 déc. — Ord. qui fixe le tarif des droits de navigation à percevoir sur le canal de la Somme , à partir du 1ᵉʳ janvier 1843, p. 411.

Ord. qui proroge le tarif des droits de navigation établis sur le canal des Ardennes , p. 412.

Ord. qui autorise la société anonyme sous la dénomination de *Compagnie des moulins à vapeur de la Perrache*, p. 423.

9 déc. — Ord. qui ouvre, au ministre des travaux publics, un crédit supplémentaire pour des créances constatées sur des exercices clos, p. 412.

Ord. qui règle le budget de la Légion-d'Honneur pour l'exercice 1843, p. 412.

Ord. qui ouvre, au budget de la Légion-d'Honneur, exercice 1841, deux chapitres destinés à recevoir l'imputation des paiements faits pour rappels d'arrérages de traitements et de pensions antérieurs à 1841, p. 414.

Ord. qui crée une justice de paix à la résidence de Constantine, p. 414.

Ord. qui fixe le nombre des avoués près le tribunal de Vitré, Bull. n. 10403.

Ord. qui autorise la formation , à Arras, d'un établissement de sœurs de Saint-Vincent-de-Paul , Bull. n. 10414.

Ord. qui crée un commissariat de police à Auvillar et Guebwiller, Bull. n. 10422.

Ord. qui accordent des pensions de réforme à 3 officiers et 4 militaires , Bull. supp. n. 17123 et 17124.

10 déc. — Ord. qui supprime les droits de transit établis par l'art. 15 de la loi du 9 février 1832, p. 408.

Ord. qui crée une sous-direction de l'intérieur à la résidence de Philippeville en Algérie , p. 415.

Ord. qui autorise la formation , à Saint-Satur, d'un établissement de sœurs de la Charité. Bull. n. 10417.

11 déc. — Ord. qui annule deux délibérations du conseil général de la Corse, p. 415.

Ord. portant réunion ou distraction de diverses communes , Bull. n. 10424.

13 déc. — Ord. relative à l'importation et au transit de la librairie , p. 415.

Ord. qui attribue une dotation de bourses royales aux colléges royaux de Laval et de Mâcon , Bull. n. 10451.

15 déc. — Ord. qui reporte, sur l'exercice 1842, une partie des crédits affectés pour 1841 au rétablissement des communications interrompues par le débordement des eaux, p. 417.

Ord. qui reporte à l'exercice 1843 une partie des crédits de 1841 pour la réparation des dommages causés par les inondations, p. 417.

Ord. qui reporte à l'exercice 1843 une partie du crédit de 1842 pour la réparation des dommages causés par la crue des eaux, p. 418.

Ord. qui réimpute , sur l'exercice 1842, une portion des crédits de la seconde section du budget du ministère des travaux publics, exercice 1841, p. 418.

Ord. qui réimpute sur l'exercice 1843 une portion du crédit du chapitre 2 de la seconde section du budget du ministère des travaux publics, exercice 1841, p. 419.

Ord. qui réimpute, sur l'exercice 1843, une portion du crédit de la seconde section du budget du ministère des travaux publics , exercice 1842, p. 419.

Ord. qui ouvre, sur l'exercice 1842, un crédit supplémentaire pour le service du prêt autorisé en faveur de la compagnie du chemin de fer de Paris à Rouen, p. 422.

Ord. qui réduit les crédits alloués sur l'exercice 1841 pour les travaux de divers monuments publics et ouvre des crédits sur l'exercice 1842 pour les mêmes travaux, p. 422.

Ord. qui réduit les crédits alloués sur l'exercice 1842 pour les travaux de divers édifices publics et ouvre des crédits sur l'exercice 1843 pour les mêmes travaux, p. 423.

Ord. relative à la comptabilité des écoles normales primaires, p. 427.

10 déc. — Ord. qui proroge le tarif des droits de navigation sur le canal latéral à la Loire , de Digoin à Briare, p. 420.

Ord. qui proroge le tarif des droits de navigation sur les canaux de Bretagne, p. 420.

20 déc. — Modification des art. 140 et 198 de l'ordonnance du 25 décembre 1837, relatifs aux suppléments de solde , d'indemnité de logement ou d'ameublement pour résidence dans Paris, p. 420.

Ord. qui ouvre au ministre des finances un crédit extraordinaire sur l'exercice 1843, p. 421.

Ord. qui ouvre, sur l'exercice 1843, un crédit extraordinaire pour l'acquisition de presses mécaniques destinées à la fabrication des monnaies, p. 421.

Ord. qui ouvre, sur l'exercice 1843, un crédit supplémentaire pour des prix de l'institut et de l'académie royale de médecine, p. 427.

Ord. qui ouvre au ministre des finances un crédit supplémentaire pour des créances constatées sur des exercices clos, p. 428.

Ord. portant que des cours d'instruction primaire supérieure seront annexés au collége communal de Nevers, p. 428.

22 déc. — Ord. qui ouvre, sur l'exercice 1842, un crédit extraordinaire pour dépenses des paquebots transatlantiques, p. 429.

Ord. qui ouvre au ministre de la marine et des colonies un crédit extraordinaire sur l'exercice 1842, p. 429.

Ord. qui ouvre au ministre de la marine et des colonies un crédit extraordinaire sur l'exercice 1843, p. 429.

Ord. qui ouvre au ministre de la marine et des colonies un crédit supplémentaire pour des créances constatées sur des exercices clos, p. 430.

23 déc. — Ord. qui crée des ministres d'état, p. 416.

25 déc. — Ord. qui change le nom de la commune de Charenton-Saint-Maurice (Seine) en celui de Saint-Maurice, Bull. n. 10452.

27 déc. — Ord. qui autorise le ministre de la guerre à accepter une donation faite à l'armée, p. 430.

31 déc. — Tableau du prix des grains régulateur des droits d'importation et d'exportation, Bull. n. 10436.

FIN DE LA TABLE CHRONOLOGIQUE.

TABLE
ALPHABÉTIQUE ET RAISONNÉE

Des matières sur lesquelles disposent les Lois, Ordonnances et Règlements publiés en 1842.

A.

ABATTOIRS.

— *Etablissement.* Voy. Table chronologique 12 janvier, 11, 25 février, 25 mars, 12 juin, 19, 20 août, 13 octobre 1842.

ABBEVILLE.

— *Emprunt* (11 juin 1842, loi), page 182.

ACADÉMIE ROYALE DE MÉDECINE.

— *Prix.* Crédit supplémentaire (29 novembre 1842, ord.), 407.

AGENTS DE CHANGE, COURTIERS DE MARCHANDISES.

— *Création* de deux places à Châteauroux (25 mars 1842), Bull. n. 9947.

AISNE.

— *Imposition extraordinaire* (4 juin 1842, loi), 126.

ALGÉRIE.

— *Constantine.* Établissement d'une justice de paix (9 décembre 1842, ord.), 414.

— *Crédit extraordinaire* (19 juillet 1842, ord.), 300.

— — (2 octobre 1842, ord.), 336.

— — (2 décembre 1842, ord.), 407.

— *Dépenses* (11 juin 1842, loi, art. 4 et suiv.), 187.

— *Justice.* Organisation (26 sept. 1842, ord.), 326.

— — Administration, art. 1 et 2.

— — Compétence, art. 33 à 53.

— — Juridiction administrative, art. 64 à 67.

— — Procédure, art. 54 à 63.

— — Tribunaux français, art. 3 à 30.

— — Tribunaux indigènes, art. 31 et 32.

— — Traitement de la magistrature (26 septembre 1842, ord.), 334. Voy. *Constantine.*

— *Philippeville.* Création d'une sous-direction de l'intérieur (10 décembre 1842, ord.), 415.

ALLIER.

— *Imposition extraordinaire* (4 juin 1842, loi), 124.

ALPES (BASSES-).

— *Imposition extraordinaire* (4 juin 1842, loi), 124.

ARCHEVÊCHÉS.

— *Institution canonique* de l'archevêque d'Avignon (21 août 1842, ord.), 298.

— — des archevêques de Bourges et de Cambrai (18 février 1842, ord.), 27.

ARDENNES.

— *Circonscription* (11 juin 1842, loi), 227.

— *Imposition extraordinaire* (4 juin 1842, loi), 124.

ARMÉE.

— *Artillerie.* État-major particulier (13 juin 1842, ord.), 236.

— *Cavalerie.* Chasseurs d'Afrique. Recrutement (12 avril 1842, ord.), 68.

— — Corps des spahis. Commandement (28 avril 1842, ord.), 94.

— — Spahis stationnés dans la province d'Oran (19 juin 1842, ord.), 237.

— *Donation.* Autorisation d'accepter celle de M. de Feuchères (27 décembre 1842, ord.), 430.

— *Équipages militaires.* Organisation des corps (11 janvier 1842, ord.), 12.

— *État-major général.* Maintien de M. le lieutenant-général baron Pelletier (9 février 1842, ord.), 25.

— — de M. le lieutenant-général baron Buchet (31 mars 1842, ord.), 63.

— — des généraux baron Pelet et Doguereau (5 juillet 1842, ord.), 248.

— — de MM. Wathiez et Deponthon (19 août 1842, ord.), Bull. n. 10186 et 10187.

— *Infanterie.* Chasseurs à pied prennent la dénomination de chasseurs d'Orléans (19 juillet 1842, ord.), 259.

— *Officiers réformés.* Admission aux invalides (8 mars 1842, ord.), 51.

— *Solde.* Indemnité de logement et d'ameublement. Supplément pour résidence dans Paris (20 décembre 1842, ord.), 420.

ARTILLERIE. Voy. Armée, Marine.

ASSOCIATIONS TONTINIÈRES. Voy. Tontines.

ASSURANCES.

— mutuelles contre la mortalité des bestiaux sous la dénomination de *la Mayenne.* Autorisation à Laval (20 août 1842, ord.), 311.

— mutuelles contre la grêle à Mâcon. Autorisation (14 mai 1842, ord.), 150.

— mutuelles contre la grêle à Versailles. Approbation des nouveaux statuts (16 mai 1842, ord.), 150.

— mutuelles contre la grêle, sous la dénomination de *l'Étoile.* Addition aux statuts (11 juin 1842, ord.), 250.

— contre l'incendie, société de *la France.* Modifications aux statuts (25 janv. 1842, ord.), 29.

— contre l'incendie, sous la dénomination de *le Sauveur.* Autorisation (25 mars 1842, ord.), 81.

— à primes contre l'incendie, à Paris, sous la dénomination de *le Dragon.* Autorisation (8 mai 1842, ord.), 119.

— mutuelles immobilières contre l'incendie à Bordeaux, sous le nom de *la Sauvegarde* (17 mai 1842, ord.), 160.

— mutuelles mobilières contre l'incendie à Bordeaux, sous le nom de *la Sauvegarde.* Autorisation (17 mai 1842, ord.), 183.

— mutuelles mobilières, société établie au Mans. Autorisation (11 juin 1842, ord.), 250.

— mutuelles immobilières contre l'incendie, sous la dénomination de *la Messine* (13 octobre 1842, ord.), 355.

— contre l'incendie, sous la dénomination de *le*

Nord. Modification aux statuts (14 octobre 1842, ord. , 363.

— mutuelles mobilières contre l'incendie, sous la dénomination de *la Bretagne.* Autorisation (14 novembre 1842, ord.), 394.

— mutuelles immobilières contre l'incendie, sous la dénomination de *la Bretagne.* Autorisation. (14 novembre 1842, ord.), 388.

— maritimes, compagnie de *l'Avenir.* Modification aux statuts (11 janvier 1842, ord.), 20.

— — à Paris, sous la dénomination de *le Dragon* (8 mai 1842, ord. , 143.

— sur la vie, sous la dénomination de *la Concorde.* Autorisation 12 mars 1842, ord.), 73.

AVENIR (L'). Voy. Assurances.

AVEYRON.
— *Circonscription* (4 juin 1842, loi), 128.
— — 4 juin 1842, 2ᵉ loi), 129.

AVOUÉS.
— *Nombre.* Fixation. Voy. Table chronologique 13 février, 18 mars, 15 mai, 22 juin, 5 juillet, 28 octobre 1842.

AZINCOURT (MINES DE HOUILLE D').
— *Autorisation* (31 juillet 1842, ord.), 282.

B.

BACCARAT.
— *Compagnie* de verreries et de cristalleries (12 avril 1842, ord.), 85.

BACS ET BATEAUX.
— *Tarif.* Voy. Table chronologique 16, 25 mars, 18 avril, 5, 19, 29 juin, 31 juillet, 7 août, 2 septembre, 9 décembre 1842.

BANQUE DE ROUEN.
— *Directeur.* Nomination (25 novembre 1842, ord.), Bull, n 10354.
— *Renouvellement de privilége* (5 juin 1842, loi), 129.
— *Statuts* (3 mai 1841), 260.

BATEAUX A VAPEUR DE DUNKERQUE A HAMBOURG.
— *Société anonyme.* Autorisation (25 janvier 1842, ord.), 30.
— — entre Toulon et l'Afrique (14 juillet 1842, ord.), 272.

BEAUVAIS.
— *Emprunt* (4 juin 1842, loi), 127.

BIBLIOTHÈQUE SAINTE-GENEVIÈVE.
— *Crédit* pour translation dans les bâtiments de la prison Montaigut (22 juin 1842, ord.), 239.

BICHAT.
— *Monument.* Autorisation pour l'érection à Bourg (4 janvier 1842, ord.), 19.

BOIS.
— *Aménagement.* Voy. Table chronologique 15, 26 décembre 1841 ; 21 janvier, 13, 20 février, 16 mars, 18 avril, 10, 15 mai, 21 septembre, 11 novembre 1842.
— *Chemins* (ouverture de). Elargissements. Voy. Table chronologique 23 novembre, 15, 26 décembre 1841; 20 février, 18 avril, 9, 10, 15 mai, 8 juin, 31 juillet, 21 août, 21 septembre, 30 octobre, 11 novembre 1842.
— *Construction* à proximité des forêts. Voy. Table chronologique 23 novembre, 24, 26 décembre 1841 ; 21 janvier, 16 mars, 18 avril, 9 mai, 8 juin, 31 juillet, 21 août, 20 septembre, 1ᵉʳ, 11, 16 novembre 1842.
— *Crédit extraordinaire* pour entretien et amélioration (20 juillet 1842, ord.), 263.
— *Défrichement.* Voy. Table chronologique 23 novembre 1841 ; 13, 28 février, 15 mai, 9 juin, 31 juillet, 7, 21 août, 11, 20, 25 septembre, 25 novembre 1842.

— *Délimitation.* Voy. Table chronologique 23 novembre, 15, 24, 26 décembre 1841 ; 21 janvier 20 février, 16 mars, 18 avril, 5, 9, 15, 29 mai, 8 juin, 31 juillet, 21 août, 1ᵉʳ, 20 septembre, 10, 26, 30 octobre 1842.
— *Délivrance.* Voy. Table chronologique 23 novembre, 15, 26 décembre 1841 ; 21 janvier, 6, 13, 20 février, 25 mars, 18 avril, 15, 29 mai, 5, 8, 9, 12, 19 juin, 31 juillet, 21 août, 21 septembre, 10 octobre, 11 novembre 1842.
— *Exploitation.* Voy. Table chronologique 23 novembre, 15, 26 décembre 1841 ; 20 février, 18 avril, 5, 9, 15 mai, 8, 9, 12 juin, 5 août, 21 septembre, 11 novembre 1842.
— *Pacage.* Voy. Table chronologique 28 février, 25 juin, 31 juillet, 1ᵉʳ septembre 1842.
— *Régime forestier.* Voy. Table chronologique 21, 26 décembre 1841 ; 21 janvier, 13, 20, 28 février, 18 avril, 9, 10, 15 mai, 8, 9 juin, 11, 20, 21 septembre, 30 octobre, 1ᵉʳ novembre 1842.
— *Rejet de demandes.* Voy. Table chronologique 23 novembre, 15 , 24, 26 décembre 1841 ; 21 janvier, 13 février, 16, 25 mars, 18 avril, 9, 15, 29, mai, 5, 8, 9, 12 juin 1842.
— *Usage.* Homologation d'un acte d'échange de droits d'usage en bois reconnus dans une forêt domaniale (21 janv. 1842, ord.), Bull. supp. n. 16374
— *Vaine pâture.* Voy. Table chronologique 23 novembre 1841.
— *Vente.* Voy. Table chronologique 23 novembre, 15 décembre 1841 ; 9 janvier, 20 février, 8 juin, 31 juillet, 21 septembre, 11 novembre 1842.

BOIS FLOTTÉ.
— *Approvisionnement de Paris.* Fixation de la cotisation à percevoir sur les bois de charpente, etc. (16 mai 1842, ord.), 238.
— — Cotisation à percevoir sur les trains (20 juin 1842, ord.), 267.

BOISSONS.
— *Octroi.* Taxes et surtaxes (11 juin 1842, loi, art. 8, 9 et 10), 209 et 210.

BONS DU TRÉSOR.
— *Consolidation* de ceux appartenant à la caisse d'amortissement au 31 décembre 1840 (29 juin 1841, ord.), 71.
— — de ceux délivrés à la caisse d'amortissement du 1ᵉʳ janvier 1841 au 30 juin suivant (23 juillet 1841, ord.), 71.
— — de ceux délivrés du 1ᵉʳ juillet au 31 décembre suivant (21 janvier 1842, ord.), 72.

BORDEAUX.
— *Imposition extraordinaire* (11 juin 1842, loi), 182.

BOUCHES-DU-RHONE.
— *Emprunt et imposition extraordinaire* (4 juin 1842, loi), 124.

BOURG. Voy. Bichat.

BOURGES.
— *Imposition extraordinaire* (4 juin 1842, loi), 127.

BOURSES DE COMMERCE.
— *Contribution spéciale.* Perception (25 janvier 1842, ord.), 23.

BREVETS D'INVENTION.
— *Annulation.* Voy. Table chronol. 15 juin 1842.
— *Proclamation.* Voy. Table chronologique 25 janvier, 12 avril, 12 mai, 1ᵉʳ août, 13 novemb. 1842.

BUDGET.
— *Ministère des finances.* Ouverture de deux chapitres destinés à recevoir l'imputation des paiements faits pour rappels de rentes viagères et de

pensions antérieurs à 1841 (22 novembre 1842, ord.), 403.

BUDGET DE 1839.
— *Réglement* (3 mai 1842, loi), 89.

BUDGET DE 1843.
— *Dépenses* (11 juin 1842, loi), 184.
— *Recettes* (11 juin 1842, loi), 202.

C.

CAISSE D'AMORTISSEMENT.
— *Commission de surveillance.* Nomination de MM. J. Lefebvre et Delessert (22 août 1842, ord.), Bull. n. 10193. Voy. Bons du trésor.

CAISSES D'ÉPARGNE.
— *Autorisation* à Agde (11 février 1842, ord.), 33.
— — à Bagnères (13 octobre 1842, ord.), 349.
— — à Boussac (Creuse) (14 nov. 1842, ord.), 401.
— — à Clermont-l'Hérault (14 mai 1842, ord.), 150.
— — à Dax (14 mai 1842, ord.), 150.
— — à Digne (13 octobre 1842, ord.), 350.
— — à Gannat (11 février 1842, ord.), 33.
— — à Guéret (13 octobre 1842, ord.), 349.
— — à Joigny (25 mars 1842, ord.), 69.
— — à La Rochelle (17 mai 1842, ord.), 166.
— — à Marmande (13 octobre 1842, ord.), 349.
— — à Metz (31 juillet 1842, ord.), 288.
— — à Montbrison (13 octobre 1842, ord.), 350.
— — à Pamiers (12 avril 1842, ord.), 85.
— — à Perigueux (20 août 1842, ord.), 325.
— — à Pont-Audemer (12 mars 1842, ord.), 65.
— — à Paris. Pour les institutrices communales de Paris (28 février 1842, ord.), 68.
— — à Roubaix (13 octobre 1842, ord.), 350.
— — à St.-Brieuc (30 mars 1842, ord.), 85.
— — à St. - Germain - en - Laye (31 juillet 1842, ord.), 288.
— — à Sarreguemines (17 mai 1842, ord.), 166.
— — à Tarare (12 mars 1842, ord.), 65.

CAISSE DES INVALIDES DE LA MARINE.
— *Retenue* sur les marchés (11 juin 1842, loi, art. 3), 187.

CALAIS.
— *Bassin* de Calais s'appellera à l'avenir Bassin d'Orléans (25 oct. 1842, ord.), Bull. n. 10393.

CANAUX.
— *des Ardennes.* Prorogation du tarif du 21 mai 1839 (28 février 1842, ord.), 33.
— — (8 décembre 1842, ord.), 412.
— *de Bourgogne.* Gare. Etablissement (21 septembre 1842, ord.), Bull. n. 10334.
— *de Bretagne.* Droits de navigation (12 mars 1842, ord.), 55.
— — Prorogation du tarif (11 septembre 1842, ord.), 318.
— — id. (16 décembre 1842, ord.), 420.
— *de Digoin à Briare* (12 mars 1842, ord.), 55.
— *latéral à la Loire*, de Digoin à Briare. Prorogation du tarif (11 septembre 1842, ord.), 318.
— — (16 décembre 1842, ord.), 420.
— *de la Somme.* Fixation des droits de navigation (8 décembre 1842, ord.), 411.
— — Prorogation du tarif du 5 mars 1841 (12 juin 1842, ord.), 224.

CANONISATION
— Publication du décret qui valide la procédure pour J. B. Lasalle (12 septembre 1842, ord.) 342.

CANTONS.
— *Translation* de la justice de paix de Roquefort à Axat (26 janvier 1842, ord., 19.

CENTIME DE NON VALEURS.
— *Répartition* du produit (13 février 1842, ord.), 26.

CHAMBRES CONSULTATIVES DES ARTS ET MANUFACTURES.
— *Etablissement* à Montbéliard (12 avril 1842, ord.), 70.

CHAMBRES DE COMMERCE.
— *Contribution spéciale.* Perception (25 janv. 1842, ord.), 23.
— *Etablissement* à Châlons-sur-Saône (20 août 1842, ord.), 303.

CHAMBRE DES DÉPUTÉS.
— *Dissolution* et convocation des colléges électoraux (12 juin 1842, ord.), 141.

CHAMBRES LÉGISLATIVES.
— *Clôture* de la session (11 juin 1842, ord.), 140.
— *Convocation* (12 juin 1842, ord.), 141.
— — (14 juillet 1842, ord.), 249.
— *Prorogation* (30 août 1842, ord.), 298.

CHAPELLES.
— *Erection, Suppression.* Voy. Table chronologique, 22, 29, 30 novembre, 15 décembre 1841; 15, 22 février, 2, 14, 24, 28 mars, 18 avril, 22 mai, 5, 14, 23 juin, 4, 11 juillet, 8, 21 août, 9 septembre, 11, 28, 31 octobre 1842.

CHASSEURS D'AFRIQUE. Voy. Armée.

CUIRASSIERS A PIED. Voy. Armée.

CHEMINS.
— *Prolongement* du chemin à rail en bois de Saint-Paul-les Dax à Magesq (22 juin 1842, ord.), Bull. supp. n. 10842.

CHEMINS DE FER.
— *Commission.* Formation d'une commission pour la révision et le contrôle des documents statistiques (22 juin 1842, ord.), 269.
— — Etablissement d'une commission supérieure pour le choix des tracés (22 juin 1842, ord.), 269.
— *du Creuzot* au canal du Centre. Autorisation d'un transport public de voyageurs (12 septembre 1842, ord.), 380.
— *Inspections.* Division du service en cinq inspections (22 juin 1842, ord.), 268.
— *Lignes.* Etablissement de grandes lignes (11 juin 1842, loi, 166.
— *de Lille et Valenciennes* à la frontière de Belgique. Exploitation (15 septembre 1842, ord.), 343.
— — Tarif (5 novembre 1842, ord.), 377.
— *du Nord.* Crédit pour dépenses urgentes du service des douanes (5 septembre 1842, ord.), 317.
— *de Paris* à Orléans. Autorisation d'emprunt (22 septembre 1842, ord.), 347.
— — Crédit pour le service du prêt (15 décembre 1842, ord.), 422.
— — Prolongement jusqu'au Havre de la ligne de Paris à Rouen (11 juin 1842, loi), 240.
— *de Strasbourg* à Bâle. Ouverture d'un crédit extraordinaire (23 décembre 1841, ord.), 4.

CIRCONSCRIPTIONS TERRITORIALES. Voy. les noms des départements.

CODE DE PROCÉDURE CIVILE.
— *Texte officiel.* Nouvelle publication (8 octobre 1842, ord.), Bull. n. 10264.

COLLÉGES COMMUNAUX.
— *Aumale (d').* Collège communal de Lorient prendra le nom de collége d'Aumale. (6 décembre 1842, ord.), Bull. n. 10450.
— *Bourses* entretenues par la ville de Nevers dans son collége (17 avril 1842, ord.), Bull. n. 9953.
— — par la ville de Toulon dans son collége (2 juillet 1842, ord.), Bull. n. 10094.
— — à Château-Salins (30 août 1842, ord.), 316.
— Fondation d'une bourse par la ville de Saint-Amand dans son collége (2 octobre 1842, ord.), Bull. n. 10279.

— Suppression des bourses entretenues par la ville de Grasse dans son collége (2 juillet 1842, ord.), Bull. n. 10093.
— Etablissement d'un collége communal à Blaye (4 novembre 1842, ord.), 401.

COLLÉGES ROYAUX.
— Bourses. Fondation dans le collége de Laval (16 octobre 1842, ord.), Bull. n. 10570.
— — Fondation par la ville de Mâcon dans son collége (31 juillet 1842, ord.), Bull. n. 10145.
— — Dotation de bourses attribuées aux colléges de Laval et de Mâcon (13 décembre 1842, ord.), Bull. n. 10451.
— — Suppression des demi-bourses entretenues au collége de Douai par la ville de Saint-Amand (2 octobre 1842, ord.), Bull. n. 10279. Voy. Instruction primaire.

COLLÉGE ROYAL MILITAIRE.
— Conseils d'instruction, de discipline et d'administration (13 février 1842, ord.), 28.

COLONIES.
— Justice civile. Rapport au roi sur l'administration, dans les colonies, pour les années 1834, 1835 et 1836 (26 mars 1842), 431. V. Douanes.

COMMISSARIATS DE POLICE.
— Etablissement, Suppression. Voy. Table chronologique 13, 19, 30 janvier, 7 février, 4, 11, 25 mars, 8, 14, 17 avril, 10, 29 juin, 1er, 5, 24 juillet, 5, 10, 17 août, 5, 11 septembre, 16 octobre, 4, 25 novembre, 4, 9 décembre 1842.

COMMUNES.
— Erection, Limitation, Réunion. Voy. Table chronologique 10 janvier, 24 février, 22 mars, 18 avril, 5, 18, 20, 27 juin, 5 août, 16 octobre, 11 décembre 1842.
— Nom. La commune de Charenton-Saint-Maurice s'appellera Saint-Maurice (25 déc. 1842, ord.), Bull. n. 10452.

COMPIÈGNE.
— Emprunt (11 juin 1842, loi), 182.

COMPTABILITÉ.
— Commission d'examen des questions relatives à la comptabilité des matières appartenant à l'Etat. Nomination d'un nouveau membre (20 février 1842, ord.), Bull. n. 9870.

COMPTES DE 1842.
— Commission. Nomination des membres (22 novembre 1842, ord.), Bull. n. 10367.

COMTE DE PARIS. Voy. Famille royale.

CONGRÉGATIONS RELIGIEUSES.
— Etablissement. Voy. Table chronologique 19 janvier, 22 février, 24, 28, 29 avril, 8, 11 mai, 6, 8, 14, 27 juin, 11 juillet, 30 août, 12, 25 septembre, 31 octobre, 9, 10 décembre 1842.

CONSEILS D'ARRONDISSEMENT.
— Convocation. Première partie de la session (3 juillet 1842, ord.), 248.
— — Deuxième partie de la session (18 août 1842, ord.), 290.
— — Ouverture de la première partie de la session. Seine (24 octobre 1842, ord.), 348.
— — Fixation de l'ouverture de la seconde partie de la session. Seine. (9 nov. 1842, ord.), 354.
— Nombre des conseillers. Nouvelle fixation du nombre à élire par divers cantons (6 novembre 1842, ord.), 401.
— Renouvellement triennal (30 oct. 1842, ord.), 353.

CONSEIL DE FAMILLE. Voy. Famille royale.

CONSEILS GÉNÉRAUX.
— Convocation 18 août 1842, ord.), 290.
— — Eure-et-Loir (1er mars 1842, ord.), 32.
— — Gard (23 janvier 1842, ord.), 18.

— — Indre-et-Loire (27 octobre 1842, ord.), Bull. n. 10300.
— — Isère (25 mars 1842, ord.), 61.
— — Haute-Marne (16 mars 1842, ord.), 56.
— — Haute-Saône (4 janvier 1842, ord.), 1.
— — Seine (24 octobre 1842, ord.), 348.
— Délibération. Annulation de deux délibérations du conseil général de la Corse (11 novembre 1842, ord.), 415.
— Renouvellement triennal (30 octobre 1842, ord.), 353.
— Suspension de la session. Seine (9 novembre 1842, ord.), 354.

CONSTANTINE. V. Algérie.

CONSTANTINOPLE.
— Tribunal consulaire. Modification (5 juillet 1842, ord.), 250.

CONSULATS.
— Tribunal consulaire de Constantinople (5 juillet 1842, ord.), 250.

CONTRIBUTIONS PERSONNELLE MOBILIÈRE ET DES PORTES ET FENÊTRES.
— Répartition (11 juin 1842, loi, art. 2), 202.

CONVENTION POSTALE. Voy. Traités.

CÔTE-D'OR.
— Circonscription (11 juin 1842, loi), 227.
— Emprunt et imposition extraordinaire (29 avril 1842, loi), 73.
— — Imposition extraordinaire (11 juin 1842, loi), 225.

CÔTES-DU-NORD.
— Circonscription (9 avril 1842, lois), 66 et 67.
— — (4 juin 1842, loi), 129.
— — (11 juin 1842, loi), 228.
— Emprunt (4 juin 1842, loi), 123.

COUR D'ASSISES.
— Seine, Division en quatre sections (10 avril 1842, ord.), 66.

COUR DES COMPTES.
— Translation au palais du quai d'Orsay (28 février 1842, ord.), 32.
— Vacances pour 1842 (11 août 1842, ord.), Bull. n. 10180.

COURRIER DE LYON (Journal).
— Autorisation de la société anonyme (6 août 1842, ord.), 301.

COURTIERS, INTERPRÈTES ET CONDUCTEURS DE NAVIRES
— Tarif des droits pour Marseille (11 juin 1842, ord.), 229.
— — Nantes et Painbœuf (13 octobre 1842, ord.), 336.

CRÉDITS.
— Cathédrale de Troyes. Report d'une portion du crédit affecté aux réparations (6 novembre 1842, ord.), 383.
— Chambre des Pairs. Report du crédit affecté à l'exécution de peintures et de sculptures (11 juin 1842, loi), 181.
— Commission de surveillance des tontines (2 octobre 1842, ord.), 335.
— Fortifications. Report à l'exercice de 1842 d'une somme sur les crédits des fortifications (5 juillet 1842, ord.), 248.
— Inondations. Report des crédits destinés au rétablissement des communications interrompues par les inondations (7 décembre 1842, ord.), 2.
— — Report de ceux destinés à la réparation des dommages causés par les inondations (7 décembre 1841, ord.), 3.
— — Pour réparation des dommages causés par

les inondations aux digues du Rhône et au canal d'Arles à Bouc (22 mai 1842, loi), 101.

— — Report de ceux affectés au rétablissement des communications interrompues par les inondations (15 décembre 1842, ord.), 417.

— — Report d'une partie de ceux ouverts par la loi du 31 janvier 1841, pour la réparation des dommages causés par les inondations (15 décembre 1842, ord.), 417.

— — Report d'une partie du crédit affecté par la loi du 22 mai 1842 à la réparation des dommages causés par les inondations (15 décembre 1842, ord.), 418.

— *Limite du Rhin.* Crédit pour indemnités relatives à l'établissement de la limite (4 septembre 1842, ord.), 304.

— *Ministère de la guerre.* Répartition de crédits (30 août 1842, ord.), 304.

— *Ministère* de la justice et des cultes. Répartition. (16 août 1842, ord.), 282.

— *Ministère* de la marine. Répartition (6 septembre 1842, ord.), 306.

— *Napoléon.* Report du crédit affecté au tombeau de Napoléon (30 juin 1842, ord.), 249.

— *Réduction* de crédits alloués pour travaux à divers édifices, et ouverture de nouveaux crédits pour les mêmes travaux (15 décembre 1842, ord.), 422.

— de crédits alloués pour travaux de divers édifices, et ouverture de nouveaux crédits pour les mêmes travaux (15 décembre 1842, ord.) 423.

— *Réimputation* sur 1842 d'une portion de crédit du ministère des travaux publics (3 juillet 1842, ord.), 298.

— — sur 1842 d'une portion de crédit (3 juillet 1842, ord.), 299.

— — sur 1842 d'une portion de crédit du ministère des travaux publics (24 juillet 1842, ord.), 300.

— — d'une portion de crédits de la seconde section du budget du ministère des travaux publics (15 décembre 1842, ord.), 418.

— — d'une portion du crédit du chap. 2 de la seconde section du budget du ministère des travaux publics (15 décembre 1842, ord.), 419.

— — d'une portion de crédits de la seconde section du ministère des travaux publics (15 décembre 1842, ord.), 419.

— *Rouen.* Palais de justice. Crédit pour constructions nouvelles (11 juin 1842, loi), 181.

— *Voies navigables.* Report de ceux destinés à la réparation des dommages causés aux voies navigables, ainsi qu'aux digues enlevées par les inondations (7 décembre 1841, ord.), 3.

— — Affectation à l'exercice 1842 du crédit ouvert pour réparation des dommages causés aux voies navigables (7 mars 1842, ord.), 67.

CRÉDIT COMPLÉMENTAIRE.

— *Ministre des finances* (6 décembre 1842, ord.), 411.

CRÉDITS EXTRAORDINAIRES.

— *Algérie* (19 juillet 1842, ord.), 300.

— — (2 décembre 1842, ord.), 407.

— — pour ouverture de nouvelles routes (2 octobre 1842, ord.), 336.

— *Arrérages de rentes* consolidées, non frappées de déchéance sur les exercices 1838 et antérieurs (29 novembre 1842, ord.), 404.

— *Bibliothèque Sainte-Geneviève.* Translation dans les bâtiments de la prison Montaigu (22 juin 1842, ord.), 239.

— *Chambre des Pairs.* Pour travaux au palais et à

la prison du Luxembourg 7 décembre 1841, ord.), 2.

— *Chemin de fer* de Lille et de Valenciennes à la frontière de Belgique (15 septembre 1842, ord.), 351.

— *Chemin de fer* de Strasbourg à Bâle (23 décembre 1841, ord.), 4.

— *Cour des comptes.* Translation au palais du quai d'Orsay du mobilier et des archives de la Cour des comptes (2 octobre 1842, ord.), 347.

— *Dépenses diverses* pour 1841 et 1842 (25 mai 1842, loi), 117.

— — Ministère des finances (15 juillet 1842, ord.), 252.

— — (15 juillet 1842, ord.), 253.

— — (20 juillet 1842, ord.), 263.

— — (28 septembre 1842, ord.), 352.

— — (29 novembre 1842, ord.), 404.

— — (20 décembre 1842, ord.), 421.

— — Ministère de la marine (11 juin 1842, loi), 232.

— — (22 décembre 1842, ord.), 429.

— — (22 décembre 1842, ord.), 429.

— *Douaire* de madame la duchesse d'Orléans (20 juin 1842, ord.), 255.

— *Forêts.* Entretien et amélioration (20 juillet 1842, ord.), 263.

— *Grand-duché de Bade.* Convention (11 juin 1842, loi), 234.

— *Monnaies.* Fabrication des monnaies. Acquisition de presses mécaniques (20 décembre 1842, ord.), 421.

— *Obsèques* du prince royal (6 décembre 1842, ord.), 408.

— *Paquebots à vapeur* du Levant. Chaudières (15 juillet 1842, ord.), 252.

— *Paquebots transatlantiques* (22 décembre 1842, ord.), 429.

— *Réfugiés* étrangers (18 nov. 1842, ord.), 402.

— *Rhin.* Indemnités relatives à l'établissement de la limite du Rhin (18 novembre 1842, ord.), 385.

— *Sénégal.* Le service intérieur (25 novembre 1842, ord.), 406.

— — Formation et entretien d'un corps de cavalerie africaine au Sénégal (25 novembre 1842, ord.), 427.

— *Timbrage* des lettres de voitures et connaissement (24 juillet 1842, ord.), 266.

— *Tribunal de la Seine* (10 nov. 1842, ord.), 354.

CRÉDITS SUPPLÉMENTAIRES.

— *Académie royale de médecine.* Prix (29 novembre 1842, ord.), 407.

— — (20 décembre 1842, ord.), 427.

— *Annulation.* Ministère des travaux publics. Annulation et réouverture d'un crédit supplémentaire d'une somme de 180,000 fr. (7 décembre 1841, ord.), 3.

— *Chemin de fer de Paris à Rouen* (15 décembre 1842, ord.), 422.

— *Cultes,* ch. 4 (8 novembre 1842, ord.), 382.

— *Dépenses diverses.* Ministère des affaires étrangères. Missions extraordinaires et dépenses imprévues (15 juillet 1842, ord.), 250.

— — Missions extraordinaires et dépenses imprévues (10 juillet 1842, ord.), 267.

— — (10 octobre 1842, ord.), 339.

— — Ministère des finances (15 juillet 1842, ord.), 251.

— — (15 juillet 1842, ord.), 252.

— — (20 juillet 1842, ord.), 259.

— — (29 novembre 1842, ord.), 405.

— —Ministère de la guerre (2 déc. 1842, ord.),407.
— — Ministère de l'intérieur (9 octobre 1842, ord.), 348.
— — Ministère des travaux publics sur 1841 et 1842 (24 mai 1842, loi), 109.
— *Exercices clos* (25 mai 1842, loi), 117.
— — Ministère de l'agriculture et du commerce (2 octobre 1842, ord.), 334.
— — (2 octobre 1842, ord.), 335.
— — (14 novembre 1842, ord.), 383.
— — (2 décembre 1842, ord.), 408.
— — (2 décembre 1842, ord.), 409.
— — Ministère des finances (15 juillet 1842, ord.), 254.
— — (15 juillet 1842, ord.), 253.
— — (6 décembre 1842, ord.), 409.
— — (6 décembre 1842, ord.), 410.
— — Ministère de l'intérieur (22 juillet 1842, ord.), 265.
— — Ministère de la justice (18 juillet 1842, ord.), 270.
— — (18 juillet 1842, ord.), 271.
— — (15 novembre 1842, ord.), 384.
— — (15 novembre 1842, ord.), 384.
— — Ministère de la marine (11 juin 1842, loi), 232.
— — (24 juillet 1842, ord.), 266.
— — (20 décembre 1842, ord.), 428.
— — (22 décembre 1842, ord.), 429.
— — Ministère des travaux publics (17 septembre 1842, ord.), 352.
— — (9 décembre 1842, ord.), 412.
— *Frais de justice criminelle et des statistiques civile et criminelle* (8 novembre 1842, ord.), 354.
— *Imprimerie royale* (11 nov. 1842, ord.), 355.
— *Institut.* Prix (20 décembre 1842, ord.), 427.

CREUSE.
— *Circonscription* (11 juin 1842, loi), 228.
— *Imposition extraordinaire* (4 juin 1842, loi), 123.

CULTE. Voy. Israélites, Protestants.

D.

DANEMARCK. Voy. Traités.

DECIZE (COMPAGNIE DES MINES DE).
— *Autorisation* de la société anonyme (16 mai 1842, ord), 183.

DÉPENSES SECRÈTES.
— *Crédit extraordinaire* de l'exercice 1842 (7 avril 1842, loi), 65.

DESSÉCHEMENTS.
— *Syndicat.* Voy. Table chronologique 24 novembre, 19 décembre 1841 ; 13, 22, 25 février, 18, 27 mars, 16 mai, 31 juillet, 25 sept. 1842.

DOMAINE DE LA COURONNE.
— *Échange* de terrains avec la commune de Saint-Aignan (2 septembre 1842, ord.), 317.

DOMAINE DE L'ÉTAT.
— *Acquisition* de terrains par l'administration de la marine (6 mai 1842, ord.), Bull. n. 9982.
— *Affectation* au séminaire de Nevers de l'ancien couvent des Ursulines (30 juin 1842, ord.), Bull. n. 10219.
— — de bâtiments à la reconstruction d'un pont (7 décembre 1841, ord.), Bull. n. 9819.
— — de terrains au service des ponts et chaussées (1er décembre 1841, ord.), Bull. n. 9816.
— — de terrains au service du ministère des travaux publics (18 oct. 1842, ord.), Bull. n. 10371.
— — d'un terrain au ministère des travaux publics (23 juin 1842, ord.), Bull. n. 10161.
— *Cession* d'un terrain à la ville d'Abbeville (9 mai 1842, ord.), 140.

— — de trois terrains à la ville de Bayonne (25 mars 1842, ord.), 69.
— — d'un terrain à la ville de Brest (10 mai 1842, ord.), 147.
— — à la ville de Narbonne des bâtiments et terrains de l'ancien archevêché (28 février 1842, ord.), 54.
— — à la ville de Roanne (25 juin 1842, ord.), 251.
— — à la ville de Thouars de dépendances du couvent des Ursulines (19 juin 1842, ord.), 247.
— — d'une portion de terrain à la ville de Toulouse (31 juillet 1842, ord.), 289.
— — de diverses îles au ministère des travaux publics (27 sept. 1842, ord.), Bull. n. 10349.
— — de plusieurs îlots au ministère de l'agriculture et du commerce (11 juin 1842, ord.), Bull. n. 10086.
— — de terrains au ministère des travaux publics (15 mai 1842, ord.), Bull. n. 10070.
— — des bâtiments dits la Basse-Cour à l'évêché et au séminaire de Coutances (12 janvier 1842, ord.), Bull. n. 9890.
— — de terrains à la compagnie du chemin de fer par le collège d'Orléans (5 avril 1842, ord.), Bull. supp. n. 16391.
— *Échange* de bois avec les frères Vivaux (25 mai 1842, loi), 119.
— *Logements.* Concession de logements (18 avril 1842, ord.), Bull. n. 9974.
— — d'un logement dans l'hôtel du quai d'Orsay à l'agent chargé du matériel et des dépenses de la Cour des comptes (25 juin 1842, ord.), 248.
— *Possession* (prise de) d'un terrain par le ministère des travaux publics (16 novembre 1842, ord.), Bull. n. 10395.

DONS ET LEGS.
— § 1er. Académie des sciences morales et politiques. Voy. Table chronologique 26 mars 1842.
— II. Académie des sciences physiques et mathématiques. Voy. Table chronologique 26 mars 1842.
— III. Armée. Voy. Armée.
— IV. Bureau de Bienfaisance. Voy. Table chronologique 30 novembre, 21 décembre 1841 ; 7, 10, 11, 18, 23, 27 janvier, 10, 13, 14, 20, 22, 25 mars, 18, 25, 28 avril, 13, 14 mai, 8, 12, 13, 14, 20, 22, 27 juin, 4 juillet, 5 août, 6, 11, 12, 20, 22, 23 septembre, 16, 22 octobre 1842.
— V. Cathédrales. Voy. Table chronologique 22 février, 30 avril, 14 juin 1842.
— VI. Collége. Voy. Table chronologique 24 février 1842.
— VII. Communes. Voy. Table chronologique 22, 29 novembre, 20 décembre 1841 ; 7, 10, 11, 23, 26, 27 janvier, 10, 13, 14 février, 14, 20, 22, 25 mars, 6, 25, 28 avril, 13, 14 mai, 13, 14, 20, 22, 27 juin, 4 juillet, 6, 29 août, 1er, 11, 20, 21, 22, 30 septembre, 10, 20, 22 oct. 1842.
— VIII. Congrégations religieuses. Voy. Table chronologique 22, 30 novembre 1841 ; 10, 12, 26, 27 janvier, 13, 15, 22 février, 10, 13, 14, 24, 28 mars, 14 juin, 8 août, 9 octobre 1842.
— IX. Corps royal du génie. Voy. Table chronologique 25 juin 1842.
— X. Curés et desservants. Voy. Table chronologique 22, 29, 30 novembre 1841 ; 10, 12, 18, 26 janvier, 8, 13, 15, 22 février, 2, 14, 18, 30 mars, 5, 14, 20, 23 juin, 4, 11 juillet, 8 août, 11 octobre 1842.
— XI. Départements. Voy. Table chronologique 24 février, 18 avril 1842.

— XII. Dépôts de mendicité. Voy. Table chronologique 16 janvier 1842.
— XIII. Ecole communale. Voy. Table chronologique 16 octobre 1842.
— XIV. Ecole Lamartinière de Lyon. Voy. Table
chronologique 4 juillet 1842.
— XV. Ecole préparatoire de médecine de Besançon. Voy. Table chronologique 29 septembre
1842.
— XVI. Ecoles secondaires ecclésiastiques. Voy.
Table chronologique 22, 29 novembre 1841 ; 13
février, 18 mars, 6 avril, 11 mai, 14 juin 1842.
— XVII. Eglises. Voy. Table chronologique 18, 27
janvier, 8, 10 février, 14 mai, 8, 13, 14, 22, 23
juin, 4, 11 juillet, 8 août 1842.
— XVIII. Etablissements divers de bienfaisance.
Voy. Table chronologique 7, 27 janvier, 18 avril,
14 mai, 5 juin, 4 juillet, 3 septembre 1842.
— XIX. Evêques et évêchés. Voy. Table chronologique 22 novembre 1841 ; 28 février, 18 mars, 8
août 1842.
— XX. Fabriques. Voy. Table chronologique 22,
29, 30 novembre, 20 décembre 1841 ; 7, 10, 12,
18, 26, 27 janvier, 8, 13, 14, 15 février, 2, 13, 14,
18, 24, 25, 28, 31 mars, 6, 18, 28, 30 avril, 1er,
11, 12, 14 mai, 5, 13, 14, 19, 20, 22, 23 juin, 4
5, 11, 19, 20 juillet, 5, 7, 8 août, 3, 11, 20, 23,
30 septembre, 11 octobre 1842.
— XXI. Frères de la doctrine chrétienne. Voy.
Table chronologique 10 avril, 4, 31 juillet, 9, 29,
octobre 1842.
— XXII. Hospices. Voy. Table chronologique 20
décembre 1841 ; 4, 7, 10, 11, 16, 18, 23, 27 janvier, 10, 14, 24 février, 2, 14, 18, 20, 22, 25, 28,
31 mars, 6, 18, 28 avril, 13, 14 mai, 8, 12, 13, 14,
20, 22, 27 juin, 4, 11, 22 juillet, 5, 6, 26 août,
3, 6, 11, 12, 20, 22, 23 septembre, 16, 20, 30,
31 octobre 1842.
— XXIII. Institut de Saint-Yon. Voy. Table chronologique 20, 22, 27 février, 17 mars, 10 avril,
14 mai, 6, 17 juin, 5 juillet 1842.
— XXIV. Institution des jeunes aveugles. Voy.
Table chronologique 10 janvier 1842.
— XXV. Institution des sourds-muets. Voy. Table
chronologique 10 janvier, 20 mars 1842.
— XXVI. Maison de retraite pour les prêtres âgés
ou infirmes. Voy. Table chronol. 18 avril 1842.
— XXVII. Monts-de-piété. Voy. Table chronologique 8 juin 1842.
— XXVIII. Orphelins (maisons des). Voy. Table
chronologique 20 décembre 1841 ; 4, 19 juillet,
20 septembre 1842.
— XXIX. Pauvres. Voy. Table chronologique 22,
29, 30 novembre, 29 décembre 1841 ; 7, 10, 11,
18, 23, 26, 27 janvier, 8, 10, 13, 14, 22, 24
février, 2, 14, 18, 20, 22, 25, 28, 31 mars, 6,
18 avril, 14 mai, 5, 8, 12, 13, 14, 19, 20,
22, 23, 27 juin, 4, 20, 22, 31 juillet, 5, 6, 8, 26
août, 3, 11, 12, 20, 22, 23 septembre, 16, 20,
30, 31 octobre 1842.
— XXX. Prisons. Voy. Table chronologique 5 décembre 1841.
— XXXI. Séminaires. Voy. Table chronologique
22, 30 novembre 1841 ; 7, 26 janvier, 13, 14,
28, 31 mars, 18, 30 avril, 11 mai, 5, 8, 14, 22
juin, 11, 19 juillet, 7, 8 août, 20 sept. 1842.
— XXXII. Société centrale d'agriculture. V. Table
chronologique 26 mars 1842.
— XXXIII. Société philantropique de Paris. Voy.
Table chronologique 27 janvier 1842.
— XXXIV. Villes. Voy. Table chronologique 7,
10 janvier, 24 février, 6 avril, 14, 17 mai, 6,
20, 22 juin, 29 août, 9, 22 octobre 1842.

DORDOGNE.
— Emprunt et imposition extraordinaire (4 juin 1842,
loi), 123.

DOUANES.
— Corse. Addition du bureau de Propriano pour
l'importation (11 janvier 1842, ord.), 2.
— Crédit extraordinaire pour dépenses urgentes du
service près les chemins de fer du Nord (5 septembre 1842, ord.), 317.
— Entrepôt réel à Saint-Etienne (Loire) (11 février
1842, ord.), 26.
— Exportation. Amandes (14 oct. 1842, ord.), 339.
— — Bureau de Tellancourt, ouvert à l'exportation des céréales (11 février 1842, ord.), 26.
— — id. Bureaux d'Agon, de Marchipont et de
Gognies-Chaussée (19 avril 1842, ord.), 68.
— — du bureau de Guildo (14 mai 1842, ord.), 95.
— — Fermeture de bureau pour la sortie de fils
et tissus de lin ou de chanvre (13 août 1842,
ord.), 270.
— — d'Abbevillers (31 juillet 1842, ord.), 267.
— Importation. Tellancourt (bureau de) ouvert à
l'importation des céréales (11 fév. 1842, ord.), 26.
— — des bureaux d'Agon, de Marchipont et de
Gognies-Chaussée (19 avril 1842, ord.), 68.
— — Ouverture de nouveaux bureaux (8 mai 1842,
ord.), 94.
— — Ouverture du bureau de Guildo (14 mai
1842, ord.), 95.
— — Ouverture du bureau d'Abbevillers (31 juillet
1842, ord.), 267.
— — Tissus et fils de lin ou de chanvre. Proroga-
tion de droits (15 juillet 1842, ord.), 249.
— — Bureau de Turcoing, de Roubaix et de
Saint-Saulve (29 novembre 1842, ord.), 403.
— — Librairie (13 décembre 1842, ord.), 415.
— Martinique et Guadeloupe (18 juin 1842, ord.),
232.
— Tarif. Diverses modifications (26 juin 1842,
ord.), 234.
— Transit. Bureaux (8 mai 1842, ord.), 94.
— — Bureaux de Turcoing, de Roubaix et de Saint-
Saulve (29 novembre 1842, ord.), 403.
— — Librairie (13 décembre 1842, ord.), 415.
— — Droits établis par la loi du 9 février 1832.
Suppression (10 décembre 1842, ord.), 408.

DROME.
— Circonscription (4 juin 1842, loi), 128.
— — (11 juin 1842, loi), 228.
— Imposition extraordinaire (4 juin 1842, loi), 125.

DUC DE CHARTRES. Voy. Famille royale.

E.

EAU. Voy. Cours d'eau.

ECOLE PRÉPARATOIRE DE MÉDECINE ET DE PHARMACIE.
— Elèves. Condition pour l'obtention du doctorat
ou du titre d'officier de santé (10 avril 1842
ord.), 70.
— Etablissement à Bordeaux (9 janv. 1842, ord.), 23.
— — (6 mars 1842, ord.), 55.
— — Création d'une troisième place de professeur
adjoint (2 octobre 1842, ord.), 342.
— — à Lyon. Création d'une chaire spéciale de
thérapeutique, etc. (10 avril 1842, ord.), 70.
— — à Poitiers. Création d'une troisième chaire
de professeur adjoint (30 janvier 1842, ord.), 25.
— Inscription pour les élèves en pharmacie (13 mars
1842, ord.), 56.

ÉCOLES VÉTÉRINAIRES.
— *Crédit* pour subvention à la caisse des retraites (11 juin 1842, loi), 222.

ELBEUVIENNE (COMPAGNIE).
— *Éclairage* par le gaz. Modification aux statuts (13 octobre 1842, ord.), 360.

ÉLECTIONS.
— *Collèges électoraux.* Convocation (12 juin 1842, ord.), 141.
— — Désignation de villes où ils se réuniront (12 juin 1842, ord.), 141.
— — Voy. Table chronologique 19 janv., 22 mars, 6, 28 avril, 9 mai, 19 juillet, 23, 25, 30 août, 16 octobre, 1ᵉʳ, 30 novembre 1842.

EMPRUNT. Voy. les noms des villes et départements.

ENTREPOT RÉEL. Voy. Douanes.

ÉQUIPAGES MILITAIRES. V. Armée.

ÉTABLISSEMENTS BRITANNIQUES.
— Foundations anglaises en France. Autorisation d'aliéner un terrain (2 juillet 1842, ord.), Bull. supp. n. 16791.

ÉTAT-MAJOR GÉNÉRAL. Voy. Armée.

ÉTRANGERS.
— *Domicile.* Voy. Table chronologique 28 janvier, 19 mai, 11 août, 19 décembre 1841 ; 12 janvier, 8, 13 février, 31 mars, 13 avril, 12 mai, 23 juin, 31 juillet, 18 août, 6 septembre, 28 octobre 1842.
— *Naturalité.* Voy. Table chronologique 17 janvier, 26 novembre 1816 ; 9 octobre 1825 ; 28 janvier 1838 ; 10 mars 1839 ; 30 novembre, 8, 13, 23 décembre 1841 ; 5, 17, 26 janvier, 7, 8, 18, 22 février, 5, 9, 14, 26 mars, 2, 12, 13, 21, 27, 30 avril, 12, 17, 30 mai, 9, 13, 22, 24, 28 juin, 12, 25 juillet, 2, 7, 10, 18, 25, 30 août, 1ᵉʳ, 7, 14, 20, 25, 29 septembre, 5, 13 octobre, 9, 24 novembre, 5 décembre 1842.
— *Réfugiés.* Crédit extraordinaire (18 novembre 1842, ord.), 402.
— — Prorogation des lois de 1831, 1834 et 1839 (11 juin 1842, loi), 181.

EURE.
— *Circonscription* (4 juin 1842, loi), 128.

EURE-ET-LOIR.
— *Circonscription* (11 juin 1842, loi), 229.

ÉVÊCHÉS.
— *Institution canonique* des évêques d'Angoulême, de Cahors et de Tulle (21 août 1842, ord.), 298.
— — des évêques de Viviers et de Beauvais (18 février 1842, ord.), 27.
— — des évêques d'Angers, de Poitiers et de Rodez (21 juin 1842, ord.), 237.

ÉVÊQUES.
— *Assistant au trône pontifical.* Réception du bref qui confère à M. Bernet, archevêque d'Aix, les titres d'évêque assistant au trône pontifical, etc. (18 mars 1842, ord.), 67.
— — Réception du bref qui confère à M. Bouvier, évêque du Mans, les titres d'évêque assistant au trône pontifical, etc. (18 mars 1842, ord.), 68.

EXPORTATION. V. Douanes.

F.

FACULTÉ DE MÉDECINE.
— *Concours* pour les chaires des professeurs. Age d'admissibilité (9 janvier 1842, ord.), 19.
— *Doctorat.* Aspirants admis dans le service de la marine (15 mai 1842, ord.), 116.

FACULTÉ DE THÉOLOGIE.
— *Chaire d'Écriture-Sainte* à Lyon (23 janvier 1842, ord.), 23.

FAMILLE ROYALE.
— *Administrateur* des biens personnels du duc d'Au-

male. Nomination de M. Laplagne-Barris (29 avril 1842, ord.), Bull. n. 9993.
— *Conseil de famille.* Composition du conseil de famille du comte de Paris et du duc de Chartres (24 juillet 1842, ord.), 276.
— *Douaire* de madame la duchesse d'Orléans. Crédit extraordinaire 20 juillet 1842, ord.), 255.
— *Prince royal.* Crédit extraordinaire pour ses obsèques (18 juillet 1842, ord.), 255.
— — (6 décembre 1842, ord.), 408.

FINANCES.
— *Inspection générale.* Organisation du personnel (28 mars 1842, ord.), 61.

FINISTÈRE.
— *Circonscription* (11 juin 1842, loi), 228.
— *Emprunt et imposition extraordinaire* (4 juin 1842, loi), 126.

FOIRES.
— *Établissement, Changement, Suppression.* V. Table chronologique 11 février, 25 mars, 8, 14, 17 mai, 31 juillet, 20 août, 14 octobre 1842.

FONDS COMMUN.
— *Répartition* (21 juillet 1842, ord.), 263.
— — supplémentaire (5 juillet 1842, ord.), 249.

FORTIFICATIONS DE PARIS.
— *Crédit.* Report d'un crédit de l'exercice 1841 à celui de 1842 (5 juillet 1842, ord.), 248.

FRAIS ET DÉPENS.
— *Justice criminelle* (circul. du 16 août 1842), 493.
— *Ventes judiciaires* d'immeubles (circulaire du 20 août 1842), 497.

FRANÇAIS.
— *Autorisation* de rentrer en France. Voy. Table chronologique 31 mars, 7 août 1842.
— *Naturalisation* en pays étranger. Voy. Table chronologique 30 septembre 1842.
— *Réintégration.* Voy. Table chronologique 22 juin 1842.
— *Service* en pays étranger. Voy. Table chronologique 21 avril, 12 juillet, 13 octobre 1842.

FROMENT. Voy. Grains.

G.

GARDES NATIONALES DE PARIS.
— *Chef d'état-major.* Nomination de M. Carbonnel (22 octobre 1842, ord.), Bull. n. 10295.
— *Commandant supérieur.* Nomination de M. Jacqueminot (21 oct. 1842, ord.), Bull. n. 10286.

GIRONDE.
— *Imposition extraordinaire* (11 juin 1842, loi), 225.

GRAINS.
— *Tableaux* régulateurs des droits d'importation et d'exportation. Voy. Table chronologique 31 janvier, 28 février, 31 mars, 30 avril, 31 mai, 30 juin, 31 juillet, 31 août, 30 septembre, 31 octobre, 30 novembre, 31 décembre 1842.

GREFFE. V. Impôts.

GRENOBLE.
— *Emprunt* (11 juin 1842, loi), 183. Voy. Place de guerre.

GUADELOUPE. V. Douanes.

H.

HARAS.
— *Crédit* pour subvenir à la caisse des retraites (11 juin 1842, loi), 222.

HAUTES-ALPES.
— *Imposition extraordinaire* (4 juin 1842, loi), 126.

HUISSIERS.
— *Nombre.* Fixation. Voy. Table chronologique 13 février, 8, 15 mai, 29 novembre 1842.

HYPOTHÈQUES (DROITS D'). Voy. Impôts.

I.

ILLE-ET-VILAINE.
— *Emprunt et imposition extraordinaire* (11 juin 1842, loi), 225.

IMPORTATION. V. Douanes.

IMPÔTS.
— *Maintenus* pour 1843 (11 juin 1842, loi), 202.

INDE (ÉTABLISSEMENTS FRANÇAIS DANS L').
— *Organisation judiciaire* et administration de la justice (7 février 1842, ord.). 34.

INDRE.
— *Circonscription* (9 avril 1842, loi), 67.

INDRE-ET-LOIRE.
— *Centimes additionnels*. Affectation spéciale. Imposition extraordinaire (11 juin 1842, loi), 224.

INONDATIONS.
— *Crédit*. Affectation à l'exercice 1842 du crédit ouvert sur 1841 (7 mars 1842, ord.), 67.
— — Ouverture d'un crédit. Réparations des dommages causés aux digues du Rhône et au canal d'Arles à Bouc (22 mai 1842, loi), 101.
— — Report d'un crédit affecté au rétablissement des communications (22 juin 1842, ord.), 268.
— — Report d'un crédit affecté à la réparation des dommages (29 juin 1842, ord.), 269.
— — Report d'une partie des crédits affectés à la réparation des dommages. Loi du 31 janv. 1841 (15 décembre 1842, ord.), 417.
— — Report d'une partie des crédits affectés au rétablissement des communications (15 décembre 1842, ord.), 417.
— — Report d'une partie du crédit ouvert par la loi du 22 mai 1842 pour réparation des dommages (15 décembre 1842, ord.), 418.

INSTITUT.
— *Prix*. Crédit supplémentaire (20 décembre 1842, ord.), 427.

INSTITUTION CANONIQUE. V. Archevêchés et Evêchés.

INSTRUCTION PRIMAIRE.
— *Ecoles normales primaires*. Comptabilité (15 décembre 1842, ord.), 427.
— *Ecoles normales primaires d'institutrices* à Argentan (30 août 1842, ord.), 316.
— — à Bagnères-de-Bigorre (30 août 1842, ord.), 316.
— — à Besançon (30 août 1842, ord.), 316.
— — à Lons-le-Saulnier (30 août 1842, ord), 326.
— — à Nevers (30 août 1842, ord.), 326. Voy. Caisse d'épargnes.

INSTRUCTION PRIMAIRE SUPÉRIEURE.
— *Cours* annexés aux collèges communaux de diverses villes (21 avril 1842, ord.), 95.
— — à divers collèges (7 août 1842, ord.), 289.
— — (30 octobre 1842, ord.), 382.
— — (18 novembre 1842, ord.), 406.
— — (20 décembre 1842, ord.), 428.

INSTRUCTION PUBLIQUE.
— *Conseil royal* de l'instruction publique. Nomination de M. Cousin (4 mars 1842, ord.), Bull. n. 9917.

INVALIDES.
— *Gouverneur*. Nomination du duc de Reggio (21 octobre 1842, ord.), Bull. n. 10284. Voy. Caisse des invalides.

ISÈRE.
— *Convocation* du conseil général (25 mars 1842, ord.), 61.

ISRAÉLITES.
— *Ministres*. Indemnité de logement (7 août 1842, ord.), 301.

J.

JOURNÉES DE JUILLET.
— *Crédit* pour la célébration du douzième anniversaire (11 juin 1842, loi), 181.

JURA.
— *Emprunt* et imposition extraordinaire (11 juin 1842, loi), 226.

JUSTICE CIVILE ET COMMERCIALE.
— *Rapport* au roi pour l'année 1840 (10 avril 1842), 451. Voy. Colonie.

JUSTICE CRIMINELLE.
— *Rapport* au roi (27 mai 1842), 477.

JUSTICE MILITAIRE.
— *Rapport* au roi pour l'année 1839 (26 avril 1842), 467.

JUSTICE DE PAIX. Voy. Algérie.

L.

LA GUILLOTIÈRE.
— *Emprunt* (11 juin 1842, loi), 183.

LANDES.
— *Importation extraordinaire* (24 avril 1842, loi), 71.

LAPLACE.
— *Crédit* pour réimpression de ses œuvres scientifiques (11 juin 1842, loi), 223.

LA SALLE (J. B.).
— *Canonisation*. Publication du décret qui valide la procédure (12 septembre 1842, ord.), 342.

LAVAL.
— *Emprunt* (11 juin 1842, loi), 183.

LÉGION-D'HONNEUR.
— *Budget*. Ouverture de deux chapitres destinés à recevoir l'imputation des paiements faits pour rappels d'arrérages de traitements et de pensions antérieurs à 1841 (9 décemb. 1842, ord.), 414.
— — Réglement du budget pour 1843 (9 décembre 1842, ord.), 412.
— *Grand-chancelier*. Nomination du maréchal Gérard (21 octobre 1842, ord.), Bull. n. 10285.

LEGS. Voy. Dons.

LE HAVRE. Voy. Tribunal de commerce.

LETTRES DE VOITURE. Voy. Timbre.

LIBRAIRIE.
— *Importation et transit* (13 déc. 1842, ord.), 415.

LOIR-ET-CHER.
— *Imposition extraordinaire* (4 juin, 1842, loi), 123.

LOIRE.
— *Circonscription* (11 juin 1842, loi), 229.

LOIRET.
— *Emprunt* et imposition extraordinaire (11 juin 1842, loi), 224.
— *Imposition* extraordinaire (4 juin 1842, loi), 125.

LOT-ET-GARONNE.
— *Emprunt* et imposition extraordinaire (11 juin 1842, loi), 226.

LOZÈRE.
— *Circonscription* (11 juin 1842, loi), 229.

LYON.
— *Emprunt* (4 juin 1842, loi), 127. Voy. Tribunal de commerce.

M.

MACON.
— *Emprunt* (11 juin 1842, loi), 183.

MADELAINE (ÉGLISE DE LA).
— *Concession* à la ville de Paris (23 mars 1842, loi), 56.

MAINE-ET-LOIRE.
— *Circonscription* (9 avril 1842, loi), 66.
— — (4 juin 1842, loi), 128.
— *Emprunt* et imposition extraordinaire (4 juin 1842, loi), 125.

MAISON DE RETRAITE.
— *Prêtres âgés* ou infirmes. Diocèse de Grenoble
(31 octobre 1842, ord.), 409.
MAJORATS.
— *Annulation.* Voy. Table chronologique 7 août,
26 octobre 1842.
— *Echange* d'immeubles. V. Table chr. 22 juin 1842.
MARAIS.
— *Commission* pour juger les contestations relatives
aux desséchements des marais de la Sèvre-Nior-
taise (11 mai 1842, ord.', Bull. supp. n. 16684.
— *Desséchement* des marais de Baux (25 septembre
1842 , ord.), Bull. supp. n. 17084.
— — (7 février 1842, ord.), Bull. supp. n. 16396.
MARINE.
— *Artillerie.* Corps royal d'artillerie de la marine.
Organisation (4 janvier 1842, ord.), 5.
— *Conseil des travaux* de la marine. Fonctions de
secrétaire 7 février 1842, ord.), 25.
— *Officiers-généraux* de l'artillerie et de l'infanterie.
Application de l'art. 6 de la loi du 17 juin 1841
(19 novembre 1842, ord.), 403.
— *Service de santé.* Aspirants au doctorat en méde-
cine et chirurgie et aspirants au titre de pharma-
cien (15 mai 1842, ord.), 116.
MARNE.
— *Centimes extraordinaires.* Affectation de deux cen-
times extraordinaires (4 juin 1842, loi), 125.
— *Emprunt* et imposition extraordinaire (4 juin
1842, loi), 125.
— — (4 juin 1842, loi), 126.
MARNE (HAUTE-).
— *Imposition extraordinaire* (4 juin 1842, loi), 126.
MARTINIQUE. Voy. Douanes.
MAYENNE.
— *Circonscription* (4 juin 1842, loi), 128.
— *Emprunt* et imposition extraordinaire (11 juin
1842, loi), 226.
MEUSE.
— *Imposition extraordinaire* '11 juin 1842, loi), 182.
— — (11 juin 1842, loi), 227.
MINERVE (LA). Voy. Tontines.
MINES.
— *Concessionnaire.* Election de domicile (18 avril
1842, ord.), 95.
— *Concessions.* Voy. Table chronologique 12 no-
vembre, 26 décembre 1841 ; 6, 13 janvier, 22
février, 2, 20 mai, 20 juin, 10, 14, 25 août,
9, 11, 21, 23, 27 septembre 1842.
MINISTÈRE DES FINANCES.
Directeur des fonds. Nomination de M. Montanier
(16 octobre 1842, ord.), Bull. n. 10275.
MINISTÈRE DE LA GUERRE.
— *Directeur* du personnel. Nomination de M. Du-
rocheret (31 janvier 1842, ord.), Bull. n. 9842.
MINISTÈRE DE L'INTÉRIEUR.
— *Intérim.* M. Villemain en est chargé (10 sep-
tembre 1842 , ord.) , Bull. n. 10215.
MINISTRE DES FINANCES.
— *Nomination* de M. Lacave-Laplagne (25 août
1842, ord.), 69.
MINISTRES D'ÉTAT.
— *Création* (23 décembre 1842, ord.), 416.
MONNAIES.
— *Directeur.* Nomination de M. de Cambry pour
la monnaie de Paris (25 septembre 1842, ord.),
Bull. n. 10274.
— *Fabrication.* Crédit pour acquisition de presses
mécaniques (20 décembre 1842, ord.), 421.
MONT-DE-PIÉTÉ.
— *Limoges.* Modification au règlement (11 janvier
1842, ord.), 19.

MOULINS A VAPEUR DE PERRACHE (COMPAGNIE DES).
— *Autorisation* de la société anonyme (8 décembre
1842, ord.), 423.

N.

NANTES.
— *Emprunt* (11 juin 1842, loi), 183.
NAPOLÉON.
— *Crédit.* Report à l'année 1842 d'une portion du
crédit affecté à la construction du tombeau
(30 juin 1842, ord.), 249
NAVIGATION.
— *Bureau* d'Arras, ouvert pour le jaugeage des
bateaux (21 janvier 1842, ord.), 23.
— *Droits.* Canaux de Bretagne (12 mars 1842,
ord.), 55.
— — Canaux de Bretagne. Prorogation du tarif
(11 septembre 1842, ord.), 318.
— — Canal de Digoin à Briare (12 mars 1842,
ord.), 55.
— — Canal latéral à la Loire de Digoin à Briare.
Prorogation du tarif (11 sept. 1842, ord.), 318.
NOMS.
— *Changements.* Additions. Voy. Table chronolo-
gique 8 avril, 4 septembre, 6, 7 octobre , 13 no-
vembre 1841 ; 10, 11 février, 12, 26 mai, 30 juin,
1er, 15 juillet, 6 septembre, 4, 6 octobre 1842.

O.

OCTROI.
— *Tarif.* Voy. Table chronologique 23 novembre,
21, 24, 31 décembre 1841 ; 21 janvier, 13, 20 fé-
vrier , 12 , 25 mars, 4 , 9 mai, 2, 5, 11 juin,
1er, 20 septemb., 25 novemb. 1842. V. Boissons.
— *Taux.* Modification (11 juin 1842, loi, art.8), 209.
OFFICIERS RÉFORMÉS. Voy. Armée.
OFFICIERS DE SANTÉ. Voy. Ecoles de médecine et de
pharmacie.
OR ET ARGENT.
— *Bureau de garantie* de Paris. Aides de l'essayeur
(15 juillet 1842, ord.), 254.
ORLÉANS (DUC D'). Voy. Famille royale.

P.

PAPETERIE D'ESSONNES.
— *Délibération.* Approbation de délibérations des
actionnaires (12 avril 1842, ord.), 85.
PAQUEBOTS A VAPEUR.
— *Crédit* extraordinaire pour renouvellement de
chaudières des paquebots du Levant (15 juillet
1842, ord.), 252.
— — pour les paquebots transatlantiques (22 dé-
cembre 1842, ord.), 429.
PARIS. Voy. Bois flotté. Fortifications.
PÊCHE DE LA BALEINE.
— (12 mars 1842, ord.), 34.
PÊCHE FLUVIALE.
— *Filets* et engins pour la pêche des ablettes (22 fé-
vrier 1842, ord.), 33.
— *Règlement* pour les départements de l'Ain et du
Doubs (21 janvier 1842, ord.), Bull. supp. n.
16355 et 16356.
PÊCHE DE LA MORUE.
— *Armateurs.* Conditions imposées (25 février
1842, ord.), 27.
— *Règlement* sur la police à Terre-Neuve (24 avril
1842, ord.', 96.
PENSIONS.
— *Pensions, civiles et militaires.* Voy. Table chrono-
logique 1er, 8, 15, 21, 23, 31 janvier, 5, 7, 10,
11, 13, 20, 22 février, 6, 10, 17, 22, 23, 25 mars,
6, 7, 15, 21, 26, 30 avril, 6, 7, 19, 27 mai, 2, 3,

8, 9, 16, 18, 21, 27, 29 juin, 4, 14, 19 juillet, 5, 6, 7, 10, 14, 19, 21 août, 3, 11, 16, 22, 23, 25, 28 septembre, 5, 8, 9, 25, 26, 29, 30 octobre, 5, 8, 11, 13, 19, 22 novembre, 9 décembre 1842.

— *Inscription* au trésor. Voy. Table chronologique 31 décembre 1841 ; 8, 15, 29 janvier, 12, 13, 26 février, 12, 19, 28 mars, 26, 30 avril, 7, 28 mai, 4, 11, 18 juin, 2, 9, 16 juillet, 20 août, 10, 17, 23 septembre, 22, 29 octobre 1842.

PHARMACIE.
— *Aspirants* au titre de pharmacien. Service de santé de la marine (15 mai 1842, ord.), 116.

PHILIPPEVILLE. Voy. Algérie.

PILOTAGE.
— *Tarif.* Surhaussement (9 mars 1842, ord.), 51.

PLACES DE GUERRE.
— *Classement.* Changements au tableau (6 décembre 1842, ord.), 410.
— *Grenoble.* Classement dans la première série (4 août 1837, ord.), 231.
— *Harroncourt.* Classement dans la première série (11 février 1842, ord.), 25.
— *Postes militaires.* Tableau de classement (6 décembre 1842, ord.), 410.

PONTS.
— *Constructions.* V. Table chronologique 16, 19 janvier, 10, 16, 23 février, 11 mars, 3, 18, 20 avril, 10 mai, 13, 14 juin, 2, 5 juillet, 5 août, 3, 11, 12, 20, 21, 25 septembre, 11, 22 novembre 1842.
— *Champ.* Autorisation de la société anonyme (11 janvier 1842, ord.), 21.
— *Neublans.* Compagnie du pont suspendu de Neublans. Autorisation (14 mai 1842, ord.), 147.
— *Pouilly.* Autorisation de la société anonyme (12 novembre 1842, ord.), 385.
— *Roquemaure.* Chemins. Établissement de ceux nécessaires au raccordement du pont de Roquemaure avec diverses communes (5 juin 1842, ord.), Bull. n. 10147.

PONTS ET CHAUSSÉES.
— *École.* Translation de l'école des ponts et chaussées à l'hôtel situé rue des Saints-Pères, x. 24 (22 mai 1842, ord.), Bull. n. 10078.

POPULATION.
— *Tableau* (25 octobre 1842, ord.), 363.

PORTS.
— *Mortagne.* Construction du débarcadère au port de Mortagne (23 sept. 1842, ord.), Bull. n. 10339.

POSTE AUX LETTRES.
— *Siciles* (Deux-). Transport des correspondances entre la France et les Deux-Sicile (21 août 1842, ord.), 303.

POSTES MILITAIRES. Voy. Places de guerre.

POUDRES A FEU.
— *Fabrication.* Prime pour l'arrestation de ceux qui fabriquent, vendent ou colportent en fraude (5 octobre 1842, ord.), 347.

PRÊTRES. Voy. Maison de retraite.

PROTESTANTS.
— *Ministres.* Indemnité de logement (7 août 1842, ord.), 301.

PYRÉNÉES (BASSES-).
— *Circonscription* (9 avril 1842, loi), 66.
— — (4 juin 1842, loi), 127.
— — (4 juin 1842, loi), 128.
— — (4 juin 1842, loi), 128.
— — (11 juin 1842, loi), 229.
— — (11 juin 1842, loi), 229.
— *Imposition* extraordinaire (24 avril 1842, loi), 70.

PYRÉNÉES (HAUTES-).
— *Imposition* extraordinaire (11 juin 1842, loi), 224.

R.

RECENSEMENT. V. Contribution.

RECEVEURS GÉNÉRAUX.
— *Seine.* Receveur central. Comptabilité (25 juin 1842, ord.), 247.

RECRUTEMENT.
— *Appel* de 80,000 hommes, classe de 1842 (9 avril 1842, loi), 65.
— *Recensement.* Fixation des époques des opérations relatives aux tableaux de recensement et au tirage au sort (11 novembre 1842, ord.), 377.
— *Répartition* de 80,000 hommes, classe de 1841 (29 mars 1842, ord.), 62.
— *Tirage au sort.* Voy. Recensement.

RÉGENCE (30 août 1842, loi), 290.
— *Droits du régent* (art. 3 et 4).
— *Garde et tutelle du roi mineur* (art. 6).
— *Majorité du roi* (art. 1er).
— *Serment du régent* (art. 5).

RENTES CONSTITUÉES SUR PARTICULIERS. Voy. Saisie.

RHIN.
— *Crédit extraordinaire* pour indemnités relatives à l'établissement d'une limite (18 novembre 1842, ord.), 385.
— *Navigation.* Publication des articles supplémentaires à la convention de 1831 (15 octobre 1842, ord.), 339.

RHÔNE.
— *Imposition extraordinaire* (4 juin 1842, loi), 124.

RIVIÈRE.
— *Cours* d'une rivière. Fixation (20 septembre 1842, ord.), Bull. supp. n. 17071.
— *Prise d'eau.* Autorisation (2 mai 1842, ord.), Bull. supp. n. 16674.
— — (7 février 1842, ord.), Bull. supp. n. 16395.
— *Prolongement* des levées de la rive gauche de la dérivation de l'Oudan (23 septembre 1842, ord.), Bull. n. 10336.
— *Règlement* pour le partage des eaux de la Magel (4 avril 1842, ord.), Bull. supp. n. 16532.
— — pour la police et l'usage de deux rivières (13 janvier 1842, ord.), Bull. supp. n. 16351.
— — pour la police et l'usage de la rivière de Vauconleurs (26 déc. 1841, ord.), Bull. supp. n. 16225.
— — pour le curage d'un ruisseau (25 septembre 1842, ord.), Bull. supp. n. 17087.
— *Redressement* du coude de la Scarpe (14 août 1842, ord.), Bull. n. 10257.
— — du lit de la Somme canalisé (17 septembre 1842, ord.), Bull. n. 10325.
— *Société* pour l'entretien des digues de l'Ouvèze et de l'Isère (7 fév. 1842, ord.), Bull. supp. n. 16397.

ROI.
— *Garde et tutelle* (30 août 1842, loi, art. 6), 290.
— *Majorité* (30 août 1842, loi, art. 1er), 290.

ROULAGE (POLICE DU).
— *Amendes.* Remise des amendes (23 juin 1842, ord.), 305.

ROUTES DÉPARTEMENTALES.
— *Classement* et exécution. Enquête préalable (7 septembre 1842, ord.), 351.
— — *Prolongation.* Rectification. Voy. Table chronologique 1er, 7, 26 décembre 1841 ; 19 janvier 6, 7, 13, 16 février, 11 mars, 4, 18 avril, 2, 11 16 mai, 5, 9, 20, 22, 23 juin, 3, 4, 9 juillet, 16 août, 16, 20, 25 septembre, 11, 25 nov. 1842.

ROUTES ROYALES.
— *Portions* délaissées par suite de changement de tracé ou d'ouverture d'une nouvelle route (26 mai 1842, loi), 110.

— *Rectification*. Voy. Table chronologique 1er, 7, 26 décembre 1841 ; 7, 16, 22 février, 1er, 11, 28 mars, 3, 4, 18, 20 avril, 2, 16, 20 mai, 9, 14, 15, 20, 22 juin, 9, 12 juillet, 10, 14, 25 août, 9, 12, 15, 16, 20, 21, 25, 27, 30 septembre, 19 , 25 octobre 25 novembre 1842.

ROUTES STRATÉGIQUES. Voy. Table chronologique 22 juin 1842.

S.

SAINT-CHAMOND.
— *Société anonyme* d'éclairage par le gaz. Autorisation (28 août 1842, ord.), 323.

SAINT-ÉTIENNE.
— *Condition publique* des soies (7 mai 1842 , ord.), 142.
— *Emprunt* (11 juin 1842, loi), 182.

SAISIE DES RENTES CONSTITUÉES SUR PARTICULIERS. (24 mai 1842, loi), 102.
— *Adjudication* (art. 648), 109.
— *Affiche* (art. 645 et 647), 108 et 109.
— *Appel* des jugements (art. 651 et 652), 109.
— *Arrérages* (art. 640), 106.
— *Cahier des charges*. Dépôt (art. 642), 108.
— — *Publication* (art. 643), 108.
— *Commandement* (art. 636), 102.
— *Concours* de deux saisies (art. 653), 109.
— *Débiteur* de la rente. Formalités (art. 638), 106.
— *Dénonciation* (art. 641), 107.
— *Dires et observations* (art. 644), 108.
— *Distribution du prix* (art. 654), 109.
— *Exploit de saisie-exécution* (art. 637), 104.
— *Folle-enchère* (art. 649), 109.
— *Insertion au journal* (art. 646 et 647), 109.
— *Nullités*. Quand doivent être proposées (art. 650 et 655), 109.
— *Opposition* entre les jugements ou arrêts par défaut (art. 651), 109.
— *Titre exécutoire* (art. 636), 102.

SALINES.
— *Domaine de l'Etat*. Autorisation de maintenir trois salines en activité (1er décembre 1841, ord.), Bull. supp. n. 16221.
— — Autorisation de maintenir en activité la saline de Salins (11 mars 1842, ord.), Bull. supp. n. 16452.

SAÔNE-ET-LOIRE.
— *Circonscription* (11 juin 1842, loi), 228.
— *Emprunt* et imposition extraordinaire (4 juin 1842, loi), 124.

SARTHE.
— *Circonscription* (4 juin 1842, loi), 128.

SEINE-ET-MARNE.
— *Circonscription* (4 juin 1842, loi), 127.

SÉNÉGAL.
— *Crédit* pour formation et entretien d'un corps de cavalerie africaine à employer dans cette colonie (25 novembre 1842, ord.), 427.
— — pour le service intérieur (25 novembre 1842, ord.), 406.
— *Gouvernement*. Modification à l'ordonnance du 7 septembre 1840 (9 janvier 1842, ord.), 12.

SENS.
— *Emprunt* (11 juin 1842, loi), 182.

SOCIÉTÉ D'ENCOURAGEMENT au travail en faveur des Israélites indigents du Bas-Rhin , reconnu comme établissement d'utilité publique (18 avril 1842, ord.), 236.

SOIES.
— *Condition publique* à Saint-Étienne (7 mai 1842, ord.), 142.

SOLDE. Voy. Armée.

SOMME.
— *Circonscription* (4 juin 1842, loi), 127.

SPAHIS. Voy. Armée.

SUCRE INDIGÈNE.
— *Impôt*. Perception (11 juin 1842, loi), 222.
— — (16 août 1842, ord.), 277.

T.

TABACS.
— *Cigares* (de la Havane). Autorisation de la vente par la régie (31 juillet 1842, ord.), 271.
— *Conseil* supérieur (11 novembre 1842, ord.), 383.

TARN-ET-GARONNE.
— *Imposition* extraordinaire (11 juin 1842 , loi), 225.

TÉLÉGRAPHE DE NUIT.
— *Crédit* extraordinaire pour essai (11 juin 1842, loi), 181.

THÉATRE DE ST.-AMAND.
— Autorisation de la société anonyme (13 octobre 1842, ord.), 361.

THOUARS.
— *Cession* de dépendances du couvent des Ursulines (19 juin 1842, ord.), 247.

TIMBRE.
— *Connaissements* (11 juin 1842, loi, art. 6), 208.
— — Exécution de l'art. 6 de la loi du 11 juin (11 juin 1842, ord.), 222.
— *Lettres* de voiture (11 juin 1842, loi, art. 7), 209.
— — Exécution de l'art. 6 de la loi du 11 juin (11 juin 1842, ord.), 222.

TONTINES.
— *Agence* générale de placements sur les fonds publics. Approbation des nouveaux statuts (20 août 1842, ord.), 305.
— *Commission* de surveillance de leurs opérations (12 juin 1842, ord.), 238.
— — *Crédit* pour les dépenses de la commission de surveillance (20 octobre 1842, ord.), 385.
— *Minerve*. Autorisation de l'établissement de la Minerve (20 août 1842, ord.), 318.

TOURS.
— *Compagnie* d'éclairage de la ville de Tours par le gaz. Autorisation (31 juillet 1842, ord.), 285.

TRAITÉS.
— *Belgique*. Publication (13 août 1842, ord.), 275.
— *Danemark*. Publication (5 avril 1842, ord.), 63.
— *Mexique*. Dissolution des commissions de liquidation et de révision de l'indemnité mexicaine (26 juin 1842, ord.), 240.
— *Siciles* (Deux-). Convention postale (11 juillet 1842, ord.), 255.

TRANSIT. Voy. Douanes.

TRIBUNAUX DE COMMERCE.
— *Le Havre*. Augmentation des membres du tribunal du Havre (18 mars 1842, ord.), 56.
— — Augmentation des juges suppléants au Havre (6 mai 1842, ord.), 94.
— *Lyon*. Augmentation du nombre des juges (5 janvier 1842, ord.), 1.
— *Mulhausen*. Augmentation des membres du tribunal de Mulhausen (12 sept. 1842, ord.), 305.

TRIBUNAUX DE PREMIÈRE INSTANCE.
— *Chambre temporaire*. Bagnères. Prorogation (2 novembre 1842, ord.), 353.
— — Besançon. Prorogation (2 novembre 1842 ord.), 354.
— — Bourgoin (2 novembre 1842, ord.), 353.
— — Limoges. Création (29 nov. 1842, ord.), 405.
— — Nantes. Création (29 nov. 1842, ord.), 406.
— — Saint-Gaudens et Saint-Girons. Prorogation (28 octobre 1842, ord), 349.

— — Saint-Lô. Prorogation (2 novembre 1842,
    ord.), 353.
— — Saint-Marcellin (2 nov. 1842, ord.). 353.

U.

UNION (L').
— Compagnie des messageries d'Alençon à Caen.
    Autorisation (13 février 1842, ord.), 51.
USINES.
— Etablissement. Voy. Table chronologique 9, 12,
    16, 17, 24 novembre, 1er, 26 décembre 1841 ;
    11, 12, 13, 19, 25 janvier, 6, 7, 11, 13, 16, 22,
    25 février, 1er, 11, 14, 18, 25, 27, 28 mars, 3,
    4, 12 avril, 2, 8, 11, 14, 15, 16, 20 mai, 5, 8,
    9, 11, 12, 15, 20, 22, 23 juin, 3, 5, 12, 31 juil-
    let, 10, 14, 20, 25 août, 9, 11, 12, 16, 20, 21,
    23, 25, 27 septembre, 13, 14, 19, 25 octobre,
    11 novembre 1842.

V.

VANNES.
— Imposition extraordinaire (4 juin 1842, loi), 127.

VAR.
— Affectation d'une somme de 10,000 fr. (11 juin
    1842, loi , 225.
VIENNE.
— Circonscription (9 avril 1842, loi), 66.
VOIRIE (GRANDE).
— Police (23 mars 1842, loi), 57.
VOITURES PUBLIQUES.
— Poids 5 février 1842, ord.), 32.
VOITURES DE ROULAGE.
— Poids (5 février 1842, ord.), 32.
VOSGES.
— Circonscription (4 juin 1842, loi), 127.

Y.

YONNE.
— Emprunt (11 juin 1842, loi), 227.

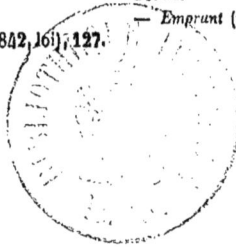

FIN DE LA TABLE ALPHABÉTIQUE.

TABLE

DE CONCORDANCE

Des Lois, Ordonnances, Règlements, etc., présentant, sous la date de chaque
Loi ou Règlement antérieur à 1842, les Lois ou Règlements de 1842 qui
s'y réfèrent.

1778.

Juin. (Édit.) — Tribunal consulaire de Constantinople. Voy. ord. du 5 juillet 1842.

1791.

19-22 juillet. (Loi). — Grande voirie. Voy. loi du
23 mars 1842.

AN 6.

19 brumaire. (Loi, art. 68.) — Bureaux de garantie de Paris. Voy. ord. du 15 juillet 1842.

AN 11.

8 floréal. (Loi.) — Douanes. Voy. ord. du 26
juin 1842.

1810.

21 avril. (Loi, art. 7.) — Mines. Voy. ord. du 18
avril 1842.

1813.

3 janvier. (Décret.) — Mines. Voy. ord. du 18
avril 1842.

1814.

17 décembre. (Loi, art. 34.)—Douanes. Voy. ord.
du 26 juin 1842.

1821.

1er août. (Ord.) — Classement des places de guerre.
Voy. ord. du 6 décembre 1842.
21 novembre. (Ord.) — Police de la pêche de la
morue à Terre-Neuve. Voy. ord. du 24 avril 1842.

1822.

7 août. (Ord.) — Corps royal d'artillerie de la marine. Voy. ord. du 4 janvier 1842.

1823.

26 février. (Ord.) — Organisation du corps des
équipages militaires. Voy. ord. du 11 janv. 1842.

1830.

5 octobre. (Ord.) — Age d'admissibilité aux épreuves des concours pour les chaires de professeurs
dans les facultés de médecine. Voy. décision
royale du 9 janvier 1842.
10 novembre. (Ord.) — Organisation du corps des
équipages militaires. Voy. ord. du 11 janv. 1842.
24 décembre. (Ord.) — Organisation du corps des
équipages militaires. Voy. ord. du 11 janv. 1842.

1831.

5 janvier. (Ord.) — Tabacs. Voy. ord. du 11 novembre 1842.
27 août. (Ord.) — Organisation du corps des équipages militaires. Voy. ord. du 11 janv. 1842.

1832.

1er février. (Ord.) — Organisation du corps de
équipages militaires. Voy. ord. du 11 janv. 1842.
9 février. (Loi, art. 15.) — Douanes. Voy. ord.
du 10 décembre 1842.
3 mai. (Ord.) — Organisation du corps des équipages militaires. Voy. ord. du 11 janv. 1842.
9 juin. (Ord.) — Etat-major particulier de l'artillerie. Voy. ord. du 13 juin 1842.

1833.

24 avril. (Loi.) — Administration de la justice dans
les établissements français de l'Inde. Voy. ord.
du 7 février 1842.
28 juin. (Loi.) —Ecoles normales primaires. Voy.
ord. du 15 décembre 1842.
20 août. (Ord.) — Nombre des conseillers d'arrondissement à élire. Voy. ord. du 6 nov. 1842.

1834.

18 février. (Ord.) — Exécution de routes départementales. Voy. ord. du 7 septembre 1842.

1836.

28 mai. (Loi.) — Tribunal consulaire de Constantinople. Voy. ord. du 5 juillet 1842.
5 juillet. (Loi.) — Douanes. Voy. ord. du 26
juin 1842.
14 juillet. (Ord.) — Tribunal consulaire de Constantinople. Voy. ord. du 5 juillet 1842.

1837.

18 juillet. (Loi.) — Sucre indigène. Voy. ord. du
16 août 1842.
31 juillet. (Ord.) — Nombre des conseillers d'arrondissement à élire. Voy. ord. du 6 nov. 1842.
25 décembre. (Ord., art. 140 et 198.) — Supplément de solde et d'indemnité de logement ou
d'ameublement pour résidence dans Paris. Voy.
ord. du 20 décembre 1842.

1838.

16 mars. (Ord.) — Organisation du corps des équipages militaires. Voy. ord. du 11 janvier 1842.
27 avril. (Loi.) — Mines. Voy. ord. du 18 avril
1842.
4 juillet. (Ord.) — Sucre indigène. Voy. ord. du
16 août 1842.

1839.

17 novembre. (Ord.)—Nombre des conseillers d'arrondissement à élire. Voy. ord. du 6 novembre 1842.

1840.

30 juin. (Loi, art. 8.) — Banques départementales.
Voy. loi du 5 juin 1842.

3 juillet. (Loi.) — Sucre indigène. Voy. ord. du 16 août 1842.

24 août. (Ord.) — Sucre indigène. Voy. ord. du 16 août 1842.

7 septembre. (Ord.) — Gouvernement du Sénégal. Voy. ord. du 9 janvier 1842.

25 septembre. (Ord.) — Organisation du corps des équipages militaires. Voy. ord. du 11 janvier 1842.

1841.

28 février. (Ord.) — Organisation de la justice en Algérie. Voy. ord. du 26 septembre 1842.

3 mai. (Loi.) — Expropriation pour cause d'utilité publique. Voy. loi du 24 mai 1842, art. 3.

6 mai. (Loi, art 8) — Douanes. Voy. ord. du 13 décembre 1842.

25 juin. (Loi.) — Exécution des routes départementales. Voy. ord. du 7 septembre 1842.

8 septembre. (Ord.) — Organisation du corps des équipages militaires. Voy. ord. du 11 janvier 1842.

CHARTE CONSTITUTIONNELLE.

Régence. Voy. loi du 30 août 1842.

CODE DE PROCÉDURE.

Titre 10. De la Saisie des rentes constituées sur particuliers. Voy. loi du 24 mai 1842.

FIN DU TOME QUARANTE-DEUXIEME.

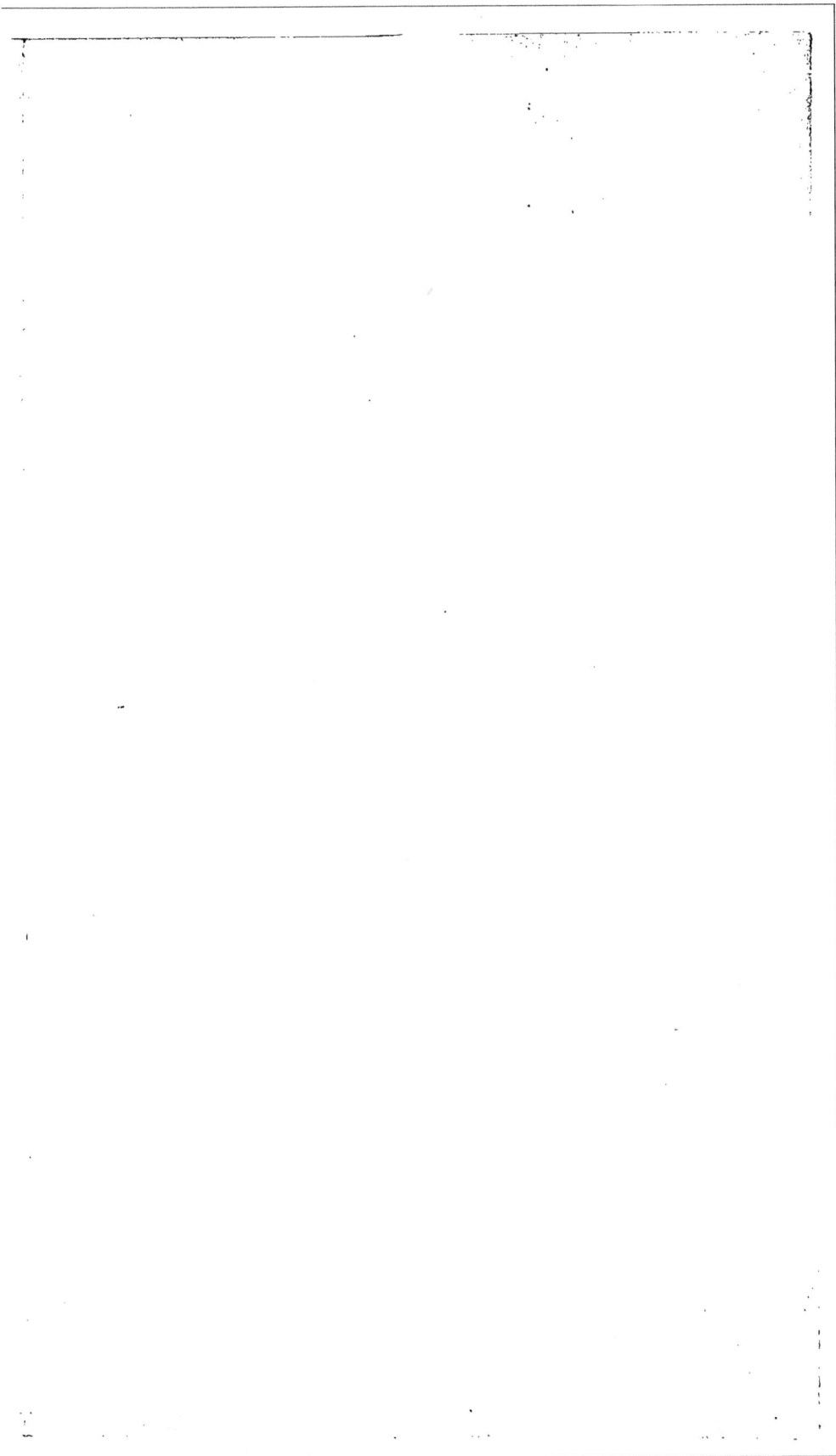

www.ingramcontent.com/pod-product-compliance
Lightning Source LLC
Chambersburg PA
CBHW060904220326
41599CB00020B/2839